中国社会科学院"登峰战略"资深学科带头人项目、
北京外国语大学历史学院、中国中外关系史学会资助出版

耿昇先生与中国中外关系史研究

纪念文集 上

Commemorative Anthology of Geng Sheng and the Study of Sino-Foreign Relations History

主　编　万　明　李雪涛　戴冬梅
执行主编　柳若梅

中国社会科学出版社

图书在版编目（CIP）数据

耿昇先生与中国中外关系史研究纪念文集：全3册/万明，李雪涛，戴冬梅主编. —北京：中国社会科学出版社，2022.8
　ISBN 978 - 7 - 5227 - 0128 - 8

　Ⅰ.①耿… Ⅱ.①万… ②李… ③戴… Ⅲ.①耿昇—纪念文集②中外关系—国际关系史—学术会议—文集 Ⅳ.①K825.81 - 53②D829 - 53

中国版本图书馆 CIP 数据核字（2022）第 066720 号

出 版 人	赵剑英
选题策划	宋燕鹏
责任编辑	金　燕
责任校对	李　硕
责任印制	李寡寡

出　　版	中国社会科学出版社
社　　址	北京鼓楼西大街甲 158 号
邮　　编	100720
网　　址	http://www.csspw.cn
发 行 部	010 - 84083685
门 市 部	010 - 84029450
经　　销	新华书店及其他书店
印　　刷	北京明恒达印务有限公司
装　　订	廊坊市广阳区广增装订厂
版　　次	2022 年 8 月第 1 版
印　　次	2022 年 8 月第 1 次印刷
开　　本	710×1000　1/16
印　　张	84.5
字　　数	1376 千字
定　　价	498.00 元（全三册）

凡购买中国社会科学出版社图书，如有质量问题请与本社营销中心联系调换
电话：010 - 84083683
版权所有　侵权必究

耿昇（1944—2018年，中国社会科学院历史研究所研究员，中国中外关系史学会第五—七届会长）

耿昇年轻时

在法国大使馆授勋时与大使合影（1994年）

东兴会议前在桂林（1997年）

在澳门会议上（1999年）

学会成立20周年暨西北、西南、海上三条丝绸之路比较研究会议（2001年）

在圣方济·沙勿略墓园（2004年）

新疆喀什"丝绸之路与文明对话"期间（2006年）

在明清之际中外关系史学术会议（2007年）

登州与海上丝绸之路国际会议（2008年）

学会成立30周年纪念暨中外关系史学术会议（2011年）

在葡萄牙里斯本（2011年）

城市与中外民族文化交流会议（2012年）

在哈萨克斯坦"一带一路"国际会议期间（2014年）

在河南云台山（2014年）

在第四届太湖文化论坛（2016年）

在法国集美博物馆前（2016年）

耿昇陋室中的书架

中国藏学出版社出版的部分书籍
（一）

中国藏学出版社出版的部分书籍
（二）

尊敬的澳门基金会的吴志良主席
尊敬的澳门基金会与中国中外关系史学会的诸位同仁
尊敬的各位女士们、先生们、诸位

在澳门基金会和吴志良主席的慷慨支持和悉心组织下，"中国历史上的白银问题"国际学术研讨会今天如期隆重开幕了。我作为中国中外关系史学界的一名老兵，以个人的名义并以忝曾经主持过较长时间的一份子和中国中外关系史学会的名义，向大会届国际研讨会的研究者致以祝贺，向澳门基金会和吴志良主席表示衷心的感谢，向从中国乃至世界各地应邀来开会的学者们表示极热烈的欢迎。

各位领导、各位同仁，选择澳门为中国历史上的"白银问题"的国际学术研讨会，这个英明的选择择择。在16—18世纪，广州—澳门是中西贸易和中西文贸易的同情境。这种贸易不仅联结着亚洲、欧洲和美洲的国际贸易网，促进了白银货币的国际化，从而进一步的促成了一批地区和转型与国际关系的新转向。正是这种中西贸易和中外关系，正是这种白银货币的国际化，才把中国强行拉入了近代社会。广州—澳门在白银货币国际化和贸易发展过程中，

耿昇

耿昇手迹

耿昇过后无耿昇
（2018.4.10逝世）

"不是花中偏爱菊，
此花开后更无花。"
（元稹句）

蔡鸿生先生悼词

耿昇先生纪念暨中外关系史学术研讨会全体同仁（2019年）

序　言

时间倏忽而过，一晃间，耿昇驾鹤西去、离开我们已经三年了！三年生死两茫茫，不思量，自难忘……亲人、朋友和同人们对他的缅怀和忆念，并未因光阴流逝而有所消减。三年来，亲人和朋友、同人们，为他写下了不少纪念文章、研究论文和怀念诗歌，现将2019年他逝世一周年召开的"耿昇先生学术纪念会暨中外关系史学术研讨会"的文稿陆续整理出来，加上后来的一些，结集出版，以示纪念。

光阴荏苒，从耿昇进入史学大门，到他离世，近40年时间，他出版的译作和论著已达75部，译介与研究论文200多篇，上亿字。他从不用电脑，所有"成果"都清清楚楚是他一个字一个字爬格子爬将出来的，书桌笔筒中成百上千的用竭内芯之笔，都明明白白是他毕生无比勤奋耕耘的见证……

一　不忘初心　砥砺前行

1979年的一次邂逅，决定了耿昇终身的学术生涯。中国社会科学院历史研究所我们的林甘泉老所长当年眼光远大，初次见面就告诉耿昇历史所需要外语人才翻译大量外国学术论著，以促进中国史学术研究的发展，并于1980年将他正式调入历史所。历史所中外关系史室主任孙毓棠先生曾说："我们搞历史的有不少人看不懂外文书，也不了解国外的研究情况，很吃亏。历史研究所最近来了一位青年，法语不错，现在正让他专门搞国外的汉学介绍。我们室准备培养他搞中外关系史的翻译研究。"

耿昇不负林甘泉先生的厚望，以高昂的热情，艰辛的劳动投入中外关系史翻译工作。现在可以看到，他为所里译的法国著名汉学家戴密微的经典论著《吐蕃僧诤记》写的"译者的话"，是写于1980年8月15日。由此，标志他走上了一条学术翻译之路，与此前的翻译生涯有了极大的转型；也由此，造就了中国中外关系史学界的一员异常勤奋的"骁将"。耿昇一直纪念林老的知遇之恩，直至我们一起去参加林先生的追悼会，他还反复对我忆及与林先生的偶然相遇。偶然成为必然，由此他选择走上了一条异常艰辛的史学翻译道路，并至死矢志不渝。同行都知道，耿昇翻译的有关外国汉学家的论著，都不是所谓"大路货"的中国王朝政治史，或文化通史类论著，而是属于中国史研究的"冷门""绝学"性质，总的可以归于中国中外关系史学科的海外汉学经典论著，而且无论是敦煌学、突厥学、西域学，还是中西文化交流等，也大都可以纳入广义的丝绸之路范畴，原文论著的丰富性和学术高度决定了翻译的复杂性和高难度。

与时代的命运相激荡，才有可能玉成人才。耿昇选择难度最大的史学领域开展自己的翻译事业，确实并非偶然，是深厚的家国情怀、赤子之心使然。改革开放开始时，百废待兴。众所周知，敦煌藏经洞发现后不久，其中的珍宝就被西方探险家所攫取，流散于英、法、俄、日等国的众多公私收藏机构，吸引了西方很多汉学、藏学、东方学等诸多领域的学者加入研究，其中，在法国产生了一批在国际学术界具有影响力的敦煌学研究成果，使敦煌学成为一门世界性学问。而在冯承钧先生逝世于 20 世纪 40 年代以后，法国汉学发生了复兴，产生的大量研究成果，没有人译介到中国。80 年代中国大陆的敦煌学研究不仅在许多领域落后于日本、法国，更是在正规化教育中断了十年，整整少培养了一代人以后，敦煌学的研究队伍与其他学科一样，存在着严重的青黄不接的现象，以致当时曾有"敦煌在中国，敦煌学在外国"之说。这深深刺痛了中华学人之心。平心而论，耿昇近 40 年的史学翻译生涯，正是从中国史学面临的这种困境开始的。治中国学术，需要吸收输入外来之学说而不忘本土学术之地位，此时，耿昇，一个史学界完全陌生的名字，是在这一大背景下以一种特殊的方式义无反顾地投身"敦煌学"研究的大军。一般来说，他译出的法国著名汉学家戴密微的《吐蕃僧诤记》，是一部藏学名著，但实际上了解这部论著的学者都清楚，法国汉学家正是利用敦煌文书做出研究论断的。因此，这里显现了耿昇的译介沟通中外学术交流的重要作用。

为了中国敦煌学的回归，没有中西交通史前辈张星烺、冯承钧先生的早年海外留学经历，不是历史学科班出身，却孜孜于连中国史科班出身都难以读懂的法国汉学经典论著的翻译，其难度真的超乎想象，耿昇需要有多么大的勇气和毅力，才能啃下那些生涩文字和深邃学问。是的，所有的生僻词汇，都需要他自己预先查阅；所有的深奥内容，都需要他自己首先学习和认知。更何况，当时他还缺乏工具书。耿昇以勤奋好学精神迈入了历史学术的殿堂，是向国内外专家虚心求教、苦学勤查的结果。一开始，他不断求教于王尧先生等专家，但即便是这样，文句也是由他自己一字一句地译出，最后由王尧等先生审校的。翻译经典本来就是错误难免，对于批评，他从不过多解释，而是默默接受改正，顶多是不无委屈地对我提及：20世纪80年代，当他一开始接触翻译敦煌学、西方传教士等深奥而复杂的学术领域专业论著时，自己身边只有一部法汉小辞典……是的，一般历史领域的学者也不过翻译一两部本专业的外文书籍，而且也不可能没有错误。何况耿昇既没有中国中外关系史学术前辈张星烺、冯承钧先生早年在西方的留学经历，也没有历史学本科科班的出身，这个从太行山区走出来的农民的儿子，不忘初心，40年砥砺前行，译介了70多部法国汉学经典论著，在敦煌学、突厥学、丝绸之路学、西方传教士、中法关系史、中外文化交流史等方面可谓百花齐放，翻译涉及如此广阔领域的专业学术论著，他边学边译，也算是一个"奇才"了。其实个中甘苦，唯有自心知。我所知道的是，他从来没有在夜间12点以前上床睡觉，也从来没有节假日和星期天，甚至从来没有看过一个完整的春节晚会……由于长期伏案工作，他的两个肘部都结上了厚厚的茧子，不得不用毛巾铺垫……他在蜗居伏案疾书，几十年如一日，让人想起一头老黄牛在永远耕作，生命不息，工作不止……

"不忘初心，方得始终"，改革开放以后，很多外语学人下海，而在学术著作出版遭遇困难的情况下，耿昇始终坚守热爱的史学学术翻译，从未改变初衷去翻译一些畅销书。但他翻译的书却格外畅销，许多不仅一版再版，甚至被多次盗版，并曾进入地铁销售。1998年，中外关系史家谢方曾专文介绍耿昇，指出自20世纪40年代中期以后直到70年代末，由于冯承钧先生的去世，对法国汉学的翻译介绍几成空白。而在第二次世界大战后，法国的汉学重新兴起，研究领域也比过去更加广泛而深入，涌现了韩伯诗、石泰安、戴密微、谢和耐、荣振华等著名汉学家，名著迭出。而中国的中外关系史研究基本上停留在史料整理阶段。直到改革开放以后，学术研究才普遍开展，引进和借鉴国外汉学研究成果才又提到日程上来。他写道："在史学界中，一位翻译介绍西方汉学研究的新人便应运而生"，"从80年代开始到现在，15年间他翻译法国的汉学名著硕果累累，不但填补了冯承钧去世以后的空白，而且在翻译的数量上和内容的广度上，都超越了前人，成为近年来出现在汉学译坛上一员少见的骁将"。

耿昇的译作往往一版再版，而他的再版译著大多是增加了新的内容的增订版。如中国藏学出版社2013年出版法国汉学家戴密微的世界名著汉文版《吐蕃僧诤记》已是第四版，其中又补充了三篇相关论文，并做了修订。译者的"新版前言"道出了当年的个中甘苦，不妨引述于下："戴密微是一位世界级的中国学大师，《吐蕃僧诤记》又是一部世界范围内的多学科领域中的名著。书中广征博引，引证了大量的稀见敦煌文书和其他西域出土文书、颇难核对的汉文典籍和藏文、梵文以及当代东西方学者的有关著述。就其文字而言，书中大量使用了当代西方语言、日文、藏文、梵文、突厥文、蒙古文和其他西域死文字。为了迎合西方读者的鉴赏力，作者又利用西方哲学，特别是天主教的术语来论述藏传佛教，用西方的行政词汇来论述中国的典章制度。这样一来，若将该书从法文译作英文或当代其他西文，则相对容易，而译成汉文就太难了。我记得英国学者吕埃格曾对译者讲过，英美有不少学者想把此书译成英文出版，终未成功。当译者与法国学者讲到已将该书译成汉文时，他们都惊讶地表示'难以置信'。由此可见本书翻译的困难程度。"

戴密微先生的这部书，涉及唐史、吐蕃史、唐蕃关系史、西域史、佛教史、禅宗入蕃史等诸多领域。他的学生和事业继承人，后任法兰西学院教授和科学院院士的谢和耐先生于1979年在《通报》中撰文称该书"每一条注释都堪称百科全书的一大条目"。日本著名敦煌学家藤枝晃称该书是"当代欧洲佛教学和中国学的最高权威"。此书关于吐蕃僧诤大辩论的论述，促成了法国研究相关吐蕃古代史的敦煌文书的一次高潮，而且波及了欧洲、日本、中国等许多国家。耿昇翻译这部巨著时，他的翻译工作刚刚起步，王尧教授从头至尾审读了译稿。新本前面的"译者的话"是在1980年8月写就，而接续的"新版前言"则是作于2013年1月，两篇"译者的话"，跨过了30多年，充分反映了耿昇学术翻译之路的艰辛和他怀抱勇于担当的初心而砥砺前行的足迹。

改革开放以后，中国史学的发展是显而易见的，其中，中国中外关系史是发展最为迅速的学科之一。因为在此前，这个学科的许多领域属于禁区。耿昇接续了冯承钧先生的工作，译介了大量法国汉学成果，大幅度扩展充实了中国中外关系史学者的国际眼光，他所选择翻译的书籍，都是视野宽广、学术精当、功力深厚的专业论著，对于推动改革开放以来中国中外关系史学科的长足猛进，对于刚刚从中西交通史扩展到中外关系史的宽广领域，而某些领域还处于拓荒阶段的中国中外关系史学术体系的开拓与发展，他是有开拓之功的。他全身心投入搭建中外学术交流桥梁的工作，推进了中国学术与海外学术的水准逐渐接近，一些领域如敦煌学等取得了超越西方学术的骄人成就，也有他的一份贡献。

2010年敦煌史家郑炳林主编《法国汉学研究丛书》，收入耿昇译《法国敦煌学精粹》《法国西域学精粹》《法国藏学精粹》共10册，书前郑炳林先生有《法国汉学研究丛书缘起》一文，对于耿昇的贡献有所评述，现引部分如下：

> 法国敦煌学研究一直受到国内外敦煌学界的关注。从伯希和起，法国敦煌学研究一直领先西欧诸国，出现一批敦煌学研究的著名专家……从事研究人数之多，涉及领域之广泛，研究水平之高，都是西欧其他国家无法比拟的。20个世纪80年代在将法国敦煌学研究成果介绍给中国敦煌学界方面，耿昇先生做出了巨大的努力和贡献，我们大部分人研究中接受、利用法国敦煌学界的研究成果，基本上都借助于耿昇先生的译著。目前，敦煌学研究已经走过了百年的历程，探讨百年来敦煌学研究取得的成绩和今后敦煌学研究发展的方向，是近年来学术界开始起来的一项工作，而这项工作中最难点，是对国外敦煌学研究状况的总结和展望。耿昇先生的研究工作，就处在这项工作的最难点，也是制高点。

他指出耿昇对学术研究的热中和执着是我们每个人无法比拟的，他不仅致力于法国敦煌学研究成果的译介，同时还在敦煌学、藏学、西域史的研究上成绩卓著，他的成果是我们从事这些研究必须参考的论著。并认为他的工作具有总结展望法国敦煌学研究的学术史，指导中国敦煌学研究进一步发展的意义。

在北京外国语大学法语系毕业的耿昇，立志将源远流长，辉煌了两个世纪的法国汉学系统介绍到中国。耿昇进入历史所，他不仅注意翻译法国汉学家的敦煌学、突厥学、藏学等专业论著，也特别注意翻译中法关系，特别是中法文化交流的专门论著，在具有相当的学术积累以后，他开始有计划地展开对法国汉学形成体系的译介与研究，也即从法国汉学扩展到法国当代中国学的整体译介。《法国当代中国学》一书在1998年翻译出版，此后他用心在原基础上联系法国学界组织收集资料和撰写，对原译文进行全面校订修改，又增补新译文20余万字，2010年出版了《法国中国学的历史与现状》，此书是对于法国中国学的全面系统译介，包括六个部分：法国的中国学研究史、法国历史上的中国学家、法国当代中国学研究、法国对中国学各学科的研究、法国各大学与科研机构的中国学研究、法国的中国学刊物与图书文献中心，并附录了法国中国学家名录。他在"译者的话"中指出：世界性的中国学研究崛起于17—18世纪，而18世纪也广泛地被人称为"法国世纪"。18、19世纪以后，巴黎被誉为"西方汉学之都"。法国在中国学或汉学领域中，创造了无数个第一，成绩斐然，人才辈出。法国是首先向中国派遣科学传教的国家，也是首先使中国学登入大学殿堂设立了第一个"汉学讲座"的国家，还首先创建了亚细亚学会，最早创办了国际汉学刊物《通报》和《亚细亚学报》等，最早出版大批中国学书籍（17—18世纪）；最早在亚洲设立汉学机构——法兰西远东学院以及稍后的巴黎大学北京汉学研究中心等。因此，耿昇于1994年访法时，联系交往多年的老朋友法国著名汉学家、法兰西汉学领军人物戴仁先生，他们共同遍访巴黎中国学的名家，由戴仁先生主编，法国各学科、各单位的代表人物亲自撰写了这部全面系统的法国中国学专著，由耿昇译出。他在1998年版译序中说：经过多年酝酿和筹备，奉献出此书，"这一者可以飨中国学术界，二者可以实现法国汉学家朋友们希望让中国同行了解其科研成果的夙愿，三者也是译者这十多年来工作的一次小结"。可以毫不夸张地说，书中的每一篇短文，都代表着一个庞杂的学科，耿昇以一人之力翻译，完成这项平常人难以胜任的工作，不能不说他为此竭尽了全部心力。

由于耿昇对于中法文化交流的贡献，1995年他获得法国政府文学艺术勋章，由法国驻华大使颁发。

有学者评述："耿昇先生一生中译著众多，他对每一著作的选择都非常慎重，始终秉承'三个最重要'的标准：法国汉学界最重要著作，法国最著名研究专家所作，以及中国学术界最需要的参考文献。"

立足于中国中外关系史，耿昇特别关注中西文化的交流与互动。关于中国对于法国文化的影响，他翻译了法国学者维吉尔·毕诺的《中国对法国哲学思想形成的影响》，那是研究17—18世纪（1640—1740）中法乃至整个中西哲学思想和文化交流的一部高水平的学术专著。在1996年版的"译者的话"中，他写道："提起中西哲学思想和科学文化的交流，人们会情不自禁地想到西方对中国的影响。但在17—18世纪，中国对西方的影响可能要比西方对中国的影响还要大，这一点却很少有人提到。中国的重农主义、文官科举制度、修史传统、伦理道德、完整的治国之术、多种文化派别的并存与争鸣以及哲学思想界经常出现的大论战等，都对西方哲学思想的形成起了巨大的作用。欧洲持续了两个多世纪的中国礼仪之争，在西方哲学、神学和理论界，留下了深刻的影响。当时的法国哲学大师伏尔泰、魁奈、孟德斯鸠、圣西门、马勒勃朗士、蒙田等人在形成他们各自的哲学体系时，都从历史悠久而博大精深的中国文化中汲取了丰富的营养。虽然，法国启蒙时代的这些哲学巨匠们从未到过中国，也都不懂中文，他们都是通过入华耶稣会士们的介绍而间接地利用中国资料以构筑其理论体系的。因此，他们对中国文化的认识往往不准确，不全面，甚至带有主观臆想，生硬地用西方的思想来解释中国文化的成分。但是，这是欧亚大陆两极的两种哲学思想和文化首次大规模的冲撞和最早的交流，它代表着中西文化交流的开创阶段，也可以说是这种交流的源头。所以这一阶段的历史尤其应该作深入地探讨。"

关于西方传教士的研究，直接关乎中西文化交流的主题，而这方面的研究，在改革开放以前是禁区。改革开放以后，耿昇为西方传教士的研究成果大量译介到中国做出了重要贡献，推动中国中外关系史学界相关研究发生了令人瞩目的变化，开始客观评价传教士在中西文化交流中的作用。法国费赖之著有一部《在华耶稣会士列传》，有1938年冯承钧先生译本。20世纪70年代法国学者荣振华对费赖之的著作做了许多重要补充和修正，著有《在华耶稣会士列传及书目补编》，耿昇译本70多万字，于 1995 年由中华书局出版。谢方先生认为是"构成耶稣会士研究的一套完整的资料性工具书"。而其后他更是广搜博征，译出了荣振华等著《16—20 世纪入华天主教传教士列传》达 130 万字，由三部关于传教士列传著作组成，收录了长达 5 个世纪法国派到中国的天主教绝大多数传教士的传记，是一部研究中西文化交流史、基督教传播史和海外汉学发展史的重要工具书，嘉惠学林。

在系统翻译和介绍法国汉学几十年的学术积累以后，他出版了《中法文化交流史》，收录了 30 多年他所撰写的有关中法文化交流研究的系列论文。从法国汉学史、法国入华传教士与中西文化交流、法国汉学界对海上丝路的研究、对西北丝路及西南丝路的研究等诸多方面，全面梳理了中法文化交流的历史。他还出版了《法国汉学史论》（上下册）。收入的文章共分四部分：第一部分是关于法国汉学家们所写的有关汉学史和汉学家的著作；第二部分是他撰写的有关法国汉学的论文；第三部分是法国汉学界对中西文化交流史的研究概况；第四部分是有关法国汉学界对西北、西南与海上三条丝绸之路研究状况的综述。文集涉及他几十年着重研究的几个方面，侧重于中外关系史，所选之文，均为法国汉学界的重大课题，也是整个国外汉学界关注的中心议题。鉴于耿昇对中国中外关系史学科的贡献，有学者特别提出应该研究"耿昇现象"。

耿昇曾说：他坚持不懈地翻译法国汉学家名著，"基本上都集中在中外关系史、西域史、西南民族史与南海交通史诸学科，可以统称之为'丝绸之路'研究领域"。关于法国学者的丝绸之路研究，他曾专门多次发文加以介绍（1996、2002、2014、2016）。曾说："'丝绸之路'研究早已经成为一门国际显学。法国汉学界以及法国的整个东方学界，始终在这一领域中占据优势地位。""我本人在与'丝绸之路'相关的领域中，共翻译出版了 4 部法文著作的中译本。这是我 30 多年来始终酷爱的一个领域，故而成果也算丰硕。"他所说的 4 部书即：

1. ［法］布尔努瓦著《丝绸之路》，这部书是耿昇从外交口调入中国社会科学院历史所，进入史学翻译领域翻译出版的第一部书，于 1982 年新疆人民出版社出版。"译者的序"中介绍这部书原著于 1963 年，是法国出版的第一本真正科学的、具有严格限定意义的丝路专著。书中既使用了丰富的波斯—阿拉伯、希腊—罗马、汉文—藏文及印度古代资料，又使用了近现代各国学者的论著,特别是对丝绸之路沿途各民族之间的关系做了深入探讨,重点研究的是丝路的历史概况和丝绸贸易史。此书在问世后的30多年间,其法文本先后修订三次重版,又陆续被译成德文、西班牙文、英文、波兰文、匈牙利文、日文等文本出版,是一部经久不衰的国际畅销书。

2. [法]布尔努瓦著《丝绸之路:神祇、军士与商贾》,是法国丝绸之路史专家布尔努瓦继第一部丝绸之路专著以后重新写作的又一部丝绸之路专著,格局进行了拓展,内容增加了近1倍,主要是"新丝绸之路"的研究成果,也就是与当代现实相结合的如联合国教科文组织的丝绸之路考察项目的研究成果,是近半个世纪以降世界学术界丝绸之路研究的一部集大成之作。

3. [法]阿里·玛扎海里著《丝绸之路:中国—波斯文化交流史》,是阿里·玛扎海里的代表作,是作者二十多年心血的硕果。此书是法国谢和耐先生购买寄赠耿昇翻译的,耿昇通过布尔努瓦教授与玛扎海里先生建立了联系,为译本专门写了序,并为原书《丝绸之路》特意加了《中国—波斯文化交流史》的副标题。此书的翻译不仅为促进中法两国学者的学术交流,为进一步促进中国和伊朗以及丝绸之路沿途诸民族之间的友好关系,同时为促进中国在这一领域的研究做出了贡献。

4. [法]于格夫妇著《海市蜃楼中的帝国:丝绸之路上的人,神与神话》,耿昇以《法国学者的丝绸之路研究》作为跋尾。

其实,他所译介的关于丝绸之路的论著,又何尝只有他自己所说的4部呢?他大部分的译著都可以归入广义丝绸之路的范围。在丝绸之路方面,还有不能不提的法国东方学家戈岱司的《希腊拉丁作家远东古文献辑录》一书,耿昇于1981年年底译出,1987年由中华书局出版。此书在一定程度上突破了张骞(公元前?—前114年)"开辟"丝绸之路之说的框架,而研究早期丝绸之路的学者,无不广征博引此书,特别是有关"赛里斯人"(丝国之人,中国人)的资料。老一辈治中西关系史的学者,都特别重视此书,如冯承钧、向达、张星烺、陈垣、方豪、朱杰勤、章巽等先生,都在著作中征引此书。在20世纪80年代初于改革开放之始,"近代"、"现代"和"当代"学术迎面扑来,甚至还出现了"未来学",在这样热闹的学术氛围中,耿昇却是逆潮流而动。戈岱司此书于1910年由埃尔奈斯特·勒鲁（Ernest leroux）出版社出版，又是研究公元前4世纪—公元14世纪文献的，可算是"老古董"了。但译者认为，历史文献只有诠释的与时俱进，而原始文献永远不失其历史价值。他坚信没有"老死"的历史资料，只有陈腐的学术观点。同类的还有耿昇译法国东方学家费琅的《阿拉伯波斯突厥人远东文献辑注》，1989年由中华书局出版。耿昇认为这两部书形成了一对姊妹篇，均为研究古代"一带一路"最基础的著作，对于国内学术界的丝路研究，产生了很好的促进作用。

还有他翻译的古代阿拉伯马苏第《黄金草原》，成为丝绸之路研究的必备书籍。《黄金草原》一书问世1000多年来，其名声经久不衰，颇受世界历代学者的注意，至今仍是研究中世纪史、伊斯兰教史、中亚史、阿拉伯和波斯史的重要原始史料。为了繁荣中国的学术研究与对外学术交流，促进中国中外关系史学科的发展，耿昇于1985年就译好了《黄金草原》1—2卷。因学术书籍的出版不易，拖到1998年才由青海人民出版社出版。又如［法］鲁保罗著《西域的历史与文明》（后译名《西域文明史》）勾勒出西域自古迄今的文明发展轨迹，揭示了西域各民族和各种文化之间的内在联系。此外，他所翻译的一系列敦煌学、突厥学、藏学、中西文化交流史的译著，大都可以列入广义丝绸之路范畴，也都是在中国中外关系史的范畴。

耿昇一直致力于全面介绍法国汉学的丝绸之路研究，一个重要方面是先后翻译了有关伯希和西域探险团的《伯希和西域探险记》（云南人民出版社2001年版）、《伯希和敦煌石窟笔记》（甘肃人民出版社2007年版）和《伯希和西域探险日记1906—1908》等。《伯希和西域探险日记1906—1908》洋洋70余万字，日记与书信互补互证，反映了当时中国西域，也即丝绸之路的整体面貌。这是他于2011年到法国时，由我陪他几经辗转，多处奔走，才成功购得了法文版。回国后，他花费了一年半时间笔耕不辍，出版了中译本。他在"译者的话"中坦承道："此书的翻译实在是难于上青天。其中最大的难度是地名的核查，几乎每个地名都需要翻阅大量方志与地图。有时一整天也只能解决一两个地名的译名。"他说出版此书"既为国内广大读者，为中国的学术研究作一点绵薄贡献，也为中法文化交流添加几块砖瓦"。在去世前，他正在看打字员打印的《伯希和生平及其著述》（暂定名）校样，这部书的文稿很多已散失，我希望今后将收集的文稿结集出版。

因此,可以说耿昇所倡导引领的丝绸之路研究高潮,正是缘起于他所出版的一系列译著,耿昇译介的这批丝绸之路学的权威著作,从研究内容、理论方法乃至研究范式都对中国的丝路学成长极具示范性与借鉴性,尤其对中国丝绸之路研究的学术话语体系构建更具启发性。季羡林先生在读了他翻译的《丝绸之路:中国—波斯文化交流史》后写道:"我读了耿译的《丝路》以后,眼前豁然开朗,仿佛看到了一个崭新的'丝路'。我原来根本没有想到的问题,书中提出来了;我原来想得不深的问题,书中想得很深了。这大大地提高了我对'丝路'的认识。……他这一部书,即使难免还有一些不足之处,但总起来看,它超过了所有前人(所写这一题目)的著作。我手不释卷,欲罢不能,在繁忙的工作和会议之余,几乎是一气读完。我应该十分感谢阿里·玛扎海里先生,我应该十分感谢耿昇同志。"

耿昇认为关于丝绸之路的所有翻译都是中外关系史:"丝绸之路"的提法,最早是外国人的发明,后来又被中国学者认同和采纳,现已成为一个国际通用学术名词,远远地超越了"路"的地理范畴和"丝绸"的物质范畴。自从李希霍芬首次将中国经中亚与希腊—罗马社会的交通路线称为"丝绸之路"后,"便在世界范围内逐渐流传开,而且使用得越来越广泛,其外延也越来越大。甚至成了中西乃至整个中外多领域交流的代名词"。他对于形成以丝绸之路为内核的中国中外关系史学科体系建设,发挥了重要作用。耿昇参与主编"中国大探险丛书"(云南人民出版社2001年版)、"亲历中国丛书"(北京图书馆出版社2004年版)、"行走中国丛书"(云南人民出版社2015年版)三大丛书,都是对中国中外关系史学术研究做出的贡献。

鉴古知今,传统的法国汉学,侧重于中西交通史、西域南海史地考证和文献考证等诸领域。耿昇的翻译,对此情有独钟。他曾说:"30年后一回首,惊奇地蓦然发现,陷入了'丝绸之路'的怪圈:西北丝绸之路、西南丝绸之路与海上丝绸之路等。我在向国内学术界同行们系统介绍法国传统汉学研究成果时,实在说,中国学术界最熟悉、最注重和最爱参照的是美国汉学、日本汉学以及欧陆的英国汉学。中国学者们对于国外发轫最早的法国汉学,当时基本上仍是依靠不完整和不系统的译本,对于法国汉学家们的许多重要成果颇为陌生。甚至国内学术界对法国汉学研究成果的了解，也大都要通过英译本，甚至借助于日本的译介。"正是出于这种考察，耿昇多年坚持以翻译整部著作为主，以撰写评介性的文章为辅。他尽心尽力地翻译介绍西方汉学到中国，评介性文章也是国内学术界所需要的，大多是在国内首次介绍，是国内学者从未做过的研究，足以使人耳目一新，对中国学术界是非常有益的贡献。

不言而喻，耿昇对汉学名著的翻译过程，也就是他对汉学研究问题的学习与研究过程。在每本译作前面，都有一篇他撰写的《译者的话》，是他的学习与研究心得，无怪谢方先生说"有些《译者的话》无疑就是一篇很有水平的学术论文""是一篇近万字的研究文章"，包括公正客观的评述，而有时他也会指出书中一些错误。每一篇《译者的话》，都是关于专著作者与著述的介绍和导读。再版时，他往往加入新的相关论文，展现研究的发展脉络。他不仅将一大批法国汉学家的经典论著形成体系介绍到中国，并且开展了自己的学术研究。例如《从法国安菲特利特号船远航中国看17—18世纪的海上丝绸之路》(《西北第二民族学院学报》2001年第2期)在中国学术界首先全面揭示了在法国于17—18世纪掀起的"中国热"过程中，以希腊海洋女神命名的法国船舶安菲特利特号(L'Amphitrite，海神号)两次远航中国起到的重要作用。他指出：由于资料匮缺，国内学者对于该船远航中国的动机、过程与结果的研究甚少．安菲特利特号或海神号船肯定是现在所知的第一艘在中国海岸停泊过的法国大船．这当然并不是说法国直到那时为止从未在中国采取过重大商业、宗教和文化活动，自从耶稣会的教祖方济各·沙勿略于1522年死于广东上川岛，巴黎外方传教会于1660年创建和路易十四于1685年派遣6名"国王的数学家"耶稣会士赴华（其中有5位于1687年莅华），于1688年创建了法国北京传教区以来，法国便在华开展了大量的文化和宗教活动。安菲特利特号船两航中国，既是法国长期在华活动的结果和形成的一次高潮，又为法国后来在华活动开辟了道路，特别是促进了海上丝绸之路的发展。

又如关于第二次鸦片战争英法在圆明园劫掠的《孟斗班与第二次鸦片战争——新公布的档案文献揭露英军焚毁圆明园之真相》一文(《学术月刊》2006年第1期)，首次揭示了圆明园被劫掠是英法侵略军联手，而圆明园被焚毁则是英军单独所为，法军没有参与。他的《传教士与远征军——法国传教士艾嘉略第二次鸦片战争亲历记》，也是利用所见法国档案文献结合中国文献做出的研究成果，详细揭示了国内学者鲜知的中外关系重要事件的内幕。他的《从基督宗教的第 3 次入华高潮到西方早期中国观的形成》《康熙大帝·路易十四与天主教入华》《从西方发现茶叶到海上茶叶之路的繁荣》《16—18 世纪广州对外贸易与国际白银市场》等学术论文，都是在丰富的中外历史档案资料基础上撰写的，推动了中外关系史学术研究向纵深发展。

二　中国中外关系史学科开拓者与带头人

耿昇是继冯承钧先生之后在学术翻译界贡献最大、成就最显著的学者，而他的贡献还不仅在于学术翻译，还有对于中国中外关系史学会做出的贡献，即对中国中外关系史学科建设的杰出贡献。

中国中外关系史学科，是改革开放以后建立起来的新兴学科。改革开放，给中国中外关系史学科带来了发展的最佳契机，耿昇的学术生涯也应运而生。1981 年中国中外关系史学会成立，是民政部所属一级学会，挂靠在中国社会科学院历史所。第一任理事长是历史所中外关系史研究室主任孙毓堂先生，由中国社会科学院宦乡副院长任名誉理事长。耿昇自 1980 年进入历史所，在前辈的引领下，耿昇站在法国汉学巨人的肩膀上，进行一系列译介与研究，并参与中国中外关系史学会的日常工作。

中国中外关系史是对于中国古代与世界关系的历史及其规律的研究，学科覆盖面宽广，是具有多学科交叉之特性的一门综合学科。中国中外关系史在老一辈中西交通史学术体系奠定的基础上一路走来，学会成为中国中外关系史学术共同体的坚实平台，耿昇的奉献良多。他不忘初心，牢记时代使命，明确方向，不仅是一位学术翻译的骁将，学术译介跨越多个学科、多种语言和诸多的学术领域，留下了具有极大影响力的大量海外汉学译述，而且长期以来积累了渊博的学科知识和深刻的学术见解，使他成为名副其实的中国中外关系史学科开拓者与带头人。

耿昇对于中国中外关系史学科建设的贡献，主要表现在他自己做出重要学术贡献的两个方面：海外汉学与丝绸之路（或称丝路学）。这两大领域形成了中国中外关系史学术体系的两大重心。

第一，将海外汉学正式纳入中国中外关系史学科体系。具体来说，耿昇对于中国中外关系史学界的最大贡献之一，是凭借自己法语的特长，成为中国中外关系史与国际汉学沟通的一架桥梁,将历史悠久、学术传统深厚的法国汉学学术体系全面系统地介绍到中国,在中外关系史研究中引入海外汉学,将海外汉学研究正式纳入了中国古代中外关系史的范畴,开拓了中国中外关系史的海外汉学研究方向,阐明了中国中外关系史研究与海外汉学接轨的价值,丰富了中国中外关系史研究的内容,发掘了中国历史与世界关系的接通方式,引领了海外汉学研究的一批生力军加入中国中外关系史研究队伍,极大地拓展了中国中外关系史知识体系、学术体系,使中国与世界关系的历史传统得以发扬光大,使中国中外关系史学术体系结构与格局面目全新,对当代中国中外关系史发展做出了杰出贡献。1999年,在学会第四届理事会上,耿昇开始担任副会长兼秘书长,当年学会召开"海外汉学及中国与东南亚关系史"为主题的国际会议,在他的引领下,将海外汉学正式纳入了中国中外关系史学科,不仅开拓了中国中外关系史学科体系,而且夯实了中国中外关系史学术体系,并促进了中国学术思想解放和与海外汉学家对话进行学术创新,分享和交流海外哲学社会科学研究方法、学术成果,着力打造中国中外关系史的国际化,提升中国历史学话语体系,开创了中国中外关系史学科发展新的大格局,极大地推动了中国中外关系史学科体系、学术体系、话语体系的建设发展。耿昇引领海外汉学进入中国中外关系史学科,其本人起了率先垂范的作用,形成了学科发展新的学术增长点和学术发展的一支重要生力军,促进了中国中外关系史学会在20世纪90年代以降的蓬勃发展。这是对于中国中外关系史学科建设和学术体系、话语体系发展的一大贡献。

第二,大力开拓以丝绸之路为重心的中国中外关系史研究。丝绸之路,是耿昇本人学术译介与研究的重心,首先他译介大量有关丝绸之路论著到中国,已见上述。其次是组织学会召开相关学术研讨会和学术活动。21世纪伊始,2001年,在学会第五届理事会上耿昇当选为会长,他站在新时代的高度,这一年组织召开"纪念学会20周年暨西北、西南与海上三条丝路比较研究"国际会议,那是在中国首次召开的多条丝绸之路比较研究会议,而就在这一年,他组织和参与召开了丝绸之路国际国内学术会议四次,为中国中外关系史学术体系开拓了一个新的大格局,引领、掀起了21世纪中国丝绸之路研究热潮,为加强中国中外关系史知识体系,拓展中国中外关系史学术体系,提升中国中外关系史话语体系,切实推动中国中外关系史学科建设发展，做出了重大贡献。而极大地推动中国学术界开展古代丝绸之路研究，将中国丝绸之路研究推向了高峰，也开创了中国中外关系史学科发展的黄金时期。

一般来说，中外关系史研究的学人都有各自的专业，或者是中国史，或者是世界史，而且还可细分下去，是研究哪个断代史，哪个国别与地区史，更可以分为专题或专门史，如敦煌学、文化史、科技史等。中国中外关系史学科的多语种，无疑使中国史学者却步；多学科交叉，也足以使世界史学者退缩。耿昇从译者的宽广视角突破了中国史和世界史的二元界限，拓展中国中外关系史研究的宽度和深度，架起了中国史与世界史之间的一座桥梁，也是中外学术交流的一座桥梁，既是中国传统历史学术的传承人，也是中外文化交流互鉴的忠诚使者。自1992年中国中外关系史学会第三届理事会开始，耿昇作为学会的副秘书长，积极配合韩振华会长参与学会组织工作。1999年第四届理事会夏应元先生任会长，耿昇任副会长兼任秘书长，因夏先生常年在日本访问，学会实际工作由耿昇担当。这一年学会在厦门召开了以海外汉学为主题的国际会议，海外汉学自此登堂入室，正式成为中国中外关系史学科的重要组成部分，两年后根据民政部规定夏先生因年龄关系不能继续任职，2001年第五届理事会由耿昇接任会长，从此耿昇任第五届至第七届中国中外关系史学会会长达12年之久，他以火一样的热情投入中国中外关系史学会工作，占据了其个人学术生命的大部分，成为名副其实的中国中外关系史学科建设带头人。在他的倡导引领下，2000年兰州会议，丝绸之路研究已成为学会年会的主题。在此再次提及2001年学会成立20周年，在云南召开纪念大会，会议的主题是"西北、西南与海上三条丝路比较研究"，这次学术讨论会是在全国首次将研究西南、西北和海上三条丝绸之路的专家学者，会集在一起，进行多学科和多视角的丝绸之路比较研究，被学者们戏称为"炒三丝"，由此掀起了全国丝绸之路的研究高潮。由此，他正式提出了"丝路学"："丝路研究可成为东方学中的一门新显学——丝路学。"曾总结道："2001年是我国学术界对于陆路和海路丝绸之路研究大丰收的一年，许多学者又称之为'丝绸之路年'。这一年，我国学术界分别于昆明、泉州、湛江、宁波和广州召开了丝路研究的学术讨论会。云南的这次大型专题学术讨论会，使诸多学科的专家济济一堂。突破了过去对三条丝路单独研究的壁垒与旧例，带来一股新风,最早吹响了全国丝绸之路研究高潮的号角。"并且评价说:"我国学术界对于中外关系史,特别是对于丝绸之路的研究,既轰轰烈烈,又扎扎实实。对于学术界长期争论的焦点,有了深入研究;对于过去从未涉及过的问题,已经逐渐有所触及。当然,这与2001年我国在外交上的几个突破有关,但更重要的却是学术自身发展的趋势、需要与后果。我们期待一个新的研究高潮在新世纪的出现。"

从2013年10月,习近平主席提出了21世纪"一带一路"国家倡议。2014年耿昇带领中国中外关系史学会专家团队,参加他参与组织的以"丝绸之路——中西文化交流的永恒通途"为主题的太湖文化论坛巴黎峰会,这次学术活动是中国中外关系史学科队伍走向世界,走出了中国特色、中国风格和中国气派的一次重要国际学术活动,进一步拓宽了中国中外关系史学科,扩展了中国中外关系史学术视野,丰富了中国中外关系史学术体系的内容,培养了中国中外关系史研究的学术团队。

耿昇成为海外学术前沿成果最多产的翻译者,也是中国中外关系史学科最好的无私奉献者。他先后任中国中外关系史学会秘书长、副会长、会长和名誉会长,自1992年任副秘书长直到去世时的在任名誉会长,总共为学会奉献了近20年的学术生命,是为中国中外关系史学科的无私奉献。具体来说,耿昇自第五届理事会至第七届理事会(2001—2012年)担任12年会长,不忘初心,牢记使命,以满腔热忱投入学会工作。他在任期间,对于中国中外关系史学科的发展有开拓引领之功,将国际汉学领域的研究纳入了中国中外关系史学术体系,更架起了一座沟通中外文化交流互鉴的丝绸之路研究学术桥梁,广泛团结各个史学与外语学科诸多领域的专家学者,搭建了中国中外关系史学会这个学术共同体的坚实平台,组织学术会议展现国际前沿和历史重大问题的研究,极大地起到了引领推动中国中外关系史学科发展的作用。尤其是在起初高校学界普遍缺乏研究经费的时期,各个领域的专家学者会聚在学会,开拓了中国中外关系史研究的新领域,促进了中国中外关系史学科各个领域的交流发展,为培养中国中外关系史学科的人才做出了贡献,通过组织中国中外关系史学术会议,主办中国中外关系史论丛等学术交流方式培养了一批中国中外关系史的研究队伍,不断焕发中国中外关系史的研究活力,推动研究范式的多元化转换,为丝绸之路研究贡献中国历史视角的经验,构建中国中外关系研究的新格局。

并在中国中外关系史研究领域倡导文献记载与实地考察相结合的研究方法，每次学会召开会议，会后都有组织地开展实地考察，推动学者发掘文献资料和现场考察提升学术认知，提升了中国中外关系史研究的整体水平，成为中国中外关系史学科体系、学术体系、话语体系建设的一个高峰时期。

在2011年学会成立30周年回顾的时候，我们有一个统计数字：自1981年学会建立到2011年，学会共组织国际国内学术会议33次，其中1981—1999年，18年间共召开8次会议，而自耿昇接任会长以后10年间共组织国际国内学术研讨会24次，平均一年2次，最多时一年达到4次；学会会员从学会建立时的50多人，到此时已达到800多人。他为人朴实，坦承待人，热情似火，所以能够广泛团结中国中外关系史学科诸多领域的学者参与学会的学术交流活动，并极力提携新人，曾亲自为学历不够的年轻人写推荐信，报考博士生；为有发展前景的年轻人参与学会活动获得单位报销，特地推荐为学会理事；还有推荐年轻学者参加国际学术会议，为年轻学者新著出版而不遗余力，更不用说多少次高兴地为朋友同人的新著撰写热情洋溢的前言等。通过对于学会工作的无私奉献，在中外学术之间穿针引线，引领中国本土中国中外关系史学科体系建设、学术体系的形成，中国与世界学界研究接轨，提升中国学术话语体系的国际影响力，不遗余力地发挥了重要作用。

有学者评论："耿昇先生是一位站在学术交叉点上的学者，在中国学术百废待兴的时代，在很少有人能读法语著作的年代，先生以一支译笔奋力疾书，为诸多学科领域的发展贡献了养料。"他"把法国相关领域的丰富内容展现给中国学术界，更将法国的学术文化介绍到中国，使一代又一代中国学者从多方面受益"，故可以说耿昇先生"书写了当代中国学术的历史，奠定了多个领域的学术基础"；"通过翻译，先生将世界上的优秀学术成果引入国内，在我国现代学术复兴的过程中起到了奠基性的作用；通过以中外关系史学会为中心组织的学术活动，先生推动了国内学术的交流和长足发展。先生架起了中国学术与世界学术的桥梁，通过个人的学术魅力和影响力，使国外学界了解和尊重中国学者和学术"。

"不忘初心，方得始终。"耿昇将自己近40年的全部心血贡献给了海外汉学译介研究和中国中外关系史学会，读书译书是他终生的最大爱好，至死不变。去世的前一年，他还与好友、中国藏学出版社的文群先生等去法国又选购了一些法国汉学论著,并制订了翻译出版的规划,只要谈到书,他的眼睛就会发光,透露出一种永远的热忱。去世前一晚,他还告诉我一定要先看完打字员打出的《伯希和生平及其著述》文稿校样,再与我去阜外医院看病……

为了缅怀耿昇对于中国中外关系史学科的卓越贡献,记住他毕生凝结的学术功业,继承他锲而不舍的学术精神,和他对于中国中外关系史学会的无私奉献,2019年4月13日在他逝世周年之际,于他的母校北京外国语大学召开了"耿昇先生学术纪念会暨中外关系史学术研讨会",现在,将参会以及迄今同仁惠赐的纪念文与论文结集出版,以告慰耿昇的在天之灵。

在此,我衷心感谢主办"耿昇先生学术纪念会暨中外关系史学术研讨会"的中国社会科学院古代史研究所、中国中外关系史学会、北京外国语大学法语语言文化学院、北京外国语大学历史学院以及承办及支持单位中法人文交流研究中心、北京外国语大学全球史研究院的各位领导和友人,衷心感谢端木美先生帮助联系法语语言文化学院,并衷心感谢参与会议和文稿收入此集的朋友、同仁;怀着感恩的心向所有怀念和关心耿昇的朋友、同仁们致以深挚的谢忱!

最后,我还要衷心感谢执行主编柳若梅教授,由于疫情,大家可以想见她编辑工作的辛苦备增,她为此集写有"编后记"见后;衷心感谢宋燕鹏编审的辛勤付出。在这里需要说明的是,此集分为追思篇和问学篇,追思篇第一部分是按照会议安排发言程序排列(包括代读),以我在会场的答谢词结束;第二部分是追思文,而问学篇是同仁们在会议上的学术研讨与后来赐与的文稿。

还应提到,此集附录了中国国家图书馆尹汉超先生编"耿昇先生专著、译著、文章目录",衷心感谢他花费了大量精力,根据国家图书馆收藏编辑了这一细致的目录。目录分为专著,编著,译著,译文,论文和专著序言及附录文章六个部分,其中专著2种,编著(含主编)9种,译著58种138册,译文239篇,论文171篇,专著序言及附录文章133篇。这是耿昇毕生辛勤耕耘的见证。

万　明

写于耿昇逝世三周年

2021年4月15日

目 录

（上）

追 思 篇

北京外国语大学为耿昇校友自豪	李雪涛	3
耿昇先生与中国中外关系史学会	马建春	5
纪念耿昇——推动中外关系史研究并做出巨大学术贡献的人	王震中	7
纪念母校最敬爱的校友耿昇先生	吴志良	9
致敬我们的学长耿昇先生	王 鲲	11
书路人生——永远感念敬爱的耿昇先生	张倩红	13
来自"太湖世界文化论坛"的追思	太湖文化论坛	16
耿昇赞——学者风度与工匠精神的统一	蔡鸿生	17
祝我的学弟耿昇一路平安	阎纯德	20
耿昇——伟大的翻译家、杰出的学术领导者和品格高尚的伟大学者	张西平	23
耿昇先生——译介法国东方学传统、建设中国中外关系史研究的第一功臣	王邦维	26
一支译笔润春秋——追念耿昇先生	荣新江	28
怀念我的挚友耿昇	彭 卫	34
忆念耿昇兄	宋 岘	37
以发展学术来纪念我们忠厚实诚的校友耿昇先生	金国平	41

· 1 ·

永久的怀念	韩　琦	43
耿昇先生与国家图书馆海外中国问题研究资料中心	卢海燕	45
耿昇先生与清史纂修工程	黄兴涛	50
怀念耿昇先生　兼谈学术翻译	钱婉约	52
怀念为中国当代学术的恢复与发展而努力的耿昇先生	龚缨晏	62
我所认识的耿昇	赵连赏	64
忆耿昇	吴　兵	68
缅怀耿昇先生	乌云高娃	70
答谢词：怀念耿昇、感念今天的活动	万　明	72

为了法国与中国的文化因缘——译坛骁将耿昇	谢　方	75
永恒的纪念——追思同辞世挚友耿昇的交往	陈佳荣	80
一位有国际眼光的学术行动者	戴建兵	85
杜鹃声凝碧，字字皆珠玉——纪念耿昇先生	冯玉雷	88
但愿耿昇先生不再为不畅之事烦心	何培忠	99
振聋发聩，令人深省 　　——重读耿昇先生相关佛教译著有感	胡同庆	102
怀念耿昇先生	贾永会	107
耿昇与东方海上丝绸之路	刘凤鸣	109
耿昇先生与中外关系史研究	刘蔚然	118
往事如烟故人犹在——纪念耿昇先生二三事	陆　芸	130
追忆大侠：耿昇	马大正	134
法文译史巨擘耿昇先生西域史译著的贡献	马建春　杨　璇	139
一份感念送别耿昇先生	马丽华	155
中国丝路学学科建构中的"耿昇现象"研究	马丽蓉	158
山高水长　明月松风——追忆耿昇先生	马　强	178
学者的信念与坚持——怀念耿昇先生	聂静洁	181
记与耿昇先生二三事兼述其学术成就	牛海洋	190

耿昇与他的"绝学"	欧阳哲生	216
祭耿昇	曲玉维	221
悼念耿昇	沈福伟	222
永远的怀念——追思耿昇先生	孙 泓	224
耿昇先生与西域史研究	田卫疆	233
风度翩翩一侠士——追忆耿昇先生	田卫平	237
怀念耿昇先生	王东方	240
数数手上的日子我比你多	文 群	242
耿昇先生——我心中的神坛	温淑萍	245
以文会友是一种境界		
——怀念耿昇先生	武 斌	247
怀念耿昇先生	薛正昌	252
金针度人 学界津梁		
——耿昇先生对敦煌学、藏学、丝路研究之		
贡献	杨富学 周芳利	256
中西文化交流史研究的柱石：追忆耿昇先生	张西平	266
我学术生涯中的师长——耿昇先生	郑炳林	273
我心中的"译语人"——纪念耿昇先生	韩 香	279
斯人已逝 风范犹存——忆耿昇先生一二事	周萍萍	282
耿昇先生追悼会暨遗体告别仪式简讯	中国中外关系史学会秘书处	285

问 学 篇

中国第一艘轮船的由来	龚缨晏	289
昂昂溪文化与红山文化的关系	孙文政	299
从秦象郡到南越国交趾、九真二郡	古小松	305
张骞探险之地早期东西方文化交流：考古资料学习札记	张国刚	335
南方丝绸之路研究的几个问题		
——谨以此文纪念尊敬的耿昇先生	段 渝	349

浅议甘英为何出使大秦 ·················· 姚　胜　358
安石榴的输入及其实用价值的认知 ············ 石云涛　367
唐诗中的中外关系 ···················· 耿引曾　379
高昌名僧辑考 ······················ 王　欣　391
唐代后期在华新罗侨民问题再探 ············· 杨晓春　402

追思篇

北京外国语大学为耿昇校友自豪

李雪涛

请大家安静，我们的会议现在开始。耿昇先生学术纪念会暨中外关系史学术研讨会，现在开始。首先请大家起立，向耿先生默哀一分钟。

（默哀一分钟）……默哀毕，请大家入座。

尊敬的万明会长，各位与会的学者，女士们、先生们，大家早上好！

耿昇先生是我国中外关系史著名的研究专家、著名的翻译家、法国汉学研究的学者、法国文学艺术勋章的获得者。耿先生毕生从事中外文化交流史的翻译与研究工作，治学广涉敦煌学、突厥学、藏学、蒙古学、中国与阿拉伯关系史、明清之际入华耶稣会士、传教士等多个学科和领域，译著多达70余部，学问博大精深，令人高山仰止。尤其在引入法国史学理论、法国汉学史、推进中法学术交流、推动国际汉学进入中国中外关系史研究领域、促进民族古文字学与文学和文献研究的进步和发展方面，做出了巨大的贡献。

耿先生自20世纪80年代开始，长期负责中国中外关系史学会的日常工作。在担任会长的十余年间，中外关系史学会在全国各地多次召开学术会议，极大地加强了中外关系史学者之间的交流与合作，引领了中国中外关系史研究的学术潮流，推动了中外关系史研究朝多学科跨文化方向的发展，为中外关系史研究的学术体系的建构与学科的建设做出了巨大的贡献。

---

* "耿昇先生学术纪念会暨中外关系史学术研讨会"（2019年4月13日）会议开幕式致辞（以发言先后为序）

耿先生于2018年4月11日离我们而去，为了表达对耿昇先生的追思之情，缅怀先生的学术贡献，继承先生的学术品格。今天在耿先生逝世周年之际，我们在北京外国语大学召开耿昇先生学术纪念会暨中外关系史学术研讨会。

我本人跟耿昇先生的认识是在1989年的春天，距今已经30年。当时我记得很清楚是在文津街的北京图书馆的敦煌吐鲁番中心，当时耿先生风华正茂，至今依然记得他每次给我讲到他在翻译当中有新的发现时候的喜悦。

学术的功用究竟何在？我以为除了纯粹的研究公用外，学术也应当成为侍奉生命诸阶段大事的手段。耿昇先生毕生从事于中外交流的工作，他毕业于北京外国语大学，一直关心支持母校的发展，担任了北外很多刊物丛书的编委，也担任了中法人文交流研究中心的顾问，耿先生为促进北外的学科发展、扩大学术影响做出了巨大的贡献。北京外国语大学也为有耿昇先生这样杰出的校友而感到自豪。

谢谢大家。

（作者为北京外国语大学教授）

耿昇先生与中国中外关系史学会

马建春

各位前辈、各位老师、各位先生，大家早上好！

今天在北京外国语大学纪念耿昇先生的会议现场真是群贤毕至、名家满座，这么多的学者、学术大家聚集在一起，只有一个共同的目的——为了追忆耿昇先生，深切怀念或者纪念耿昇先生，我很荣幸受中外关系史学会以及会议主办者的委托，简要介绍耿昇先生的学术生平以示怀念。

耿先生在1969年毕业于北京外国语学院法语系，1980年初进入中国社会科学院历史所。从此开始了他的在中外关系史这样一个翻译与研究生涯，将近40年孜孜以求，以四个大的学术方向——西域史、中西文化交流史、丝绸之路史以及法国汉学史方面展开学术翻译和研究，毕生献身学术，勤奋耕耘、刻苦钻研，取得了极其丰硕的成果，学术成就卓著，译著达70多部，译作200多篇，学术论文以及相应的介绍文章有130多篇，法国汉学家、藏学家、敦煌学家的许多的重要著作大部分由耿昇先生译介到我们中国，填补了我们国内以往中外关系史资料文献的不足以及许多的缺憾，为国内学者的研究提供了非常重要的参考。耿先生一生在学术上的追求已然达到忘我的境界，是一个非常纯粹的学者，视学术为生命，为中国学术的发展、中法学术交流做出了巨大贡献，1994年法国政府授予他文学艺术勋章。

20世纪90年代以来，耿先生为中外关系史学会发展付出了很多精力。早在1992年，就被选为第三届中外关系史学会的副秘书长。实际上在这一届学会的后两年，基本上是代理夏应元先生做会长工作。1999年11月耿昇被正式选任为第四届中国中外关系史学会的会长。2013年10月卸任会长后，耿先生一直还是担任我们学会的名誉会长。这样算来，耿先生担任我们学会的领导工作前后大约有20年，耿先生20年的辛苦付出使中外关系史学会有了飞跃性的发展。

耿先生致力于发展中外关系史研究这个学科领域，加强学会对学科发展的学术引领，事必躬亲地做了大量工作，如多方联系为学会筹措经费、与近50多所国内院校和科研机构保持沟通与交流等。耿先生担任会长期间，举办了四十多次学术会议，加强学会与学者之间的学术交流，壮大了学术研究队伍，扩大了学会在海内外的学术影响。会员人数从1999年时的近300人起，逐年不断上升，到2001年发展到500人，到2005年以后达到800多人，耿先生对整个中国中外关系史学会的学科发展做出了卓越的贡献。中外关系史学会能有今天这样广泛的影响，成为中国史学界一个重要的学术组织，耿先生堪称居功至伟。我们都是耿先生学术成就的获益者，耿先生和他的著述将永载中外关系史学术史册，流芳百世。

谢谢大家。

（作者为暨南大学教授）

纪念耿昇——推动中外关系史研究并做出巨大学术贡献的人

王震中

今天来参加纪念耿昇先生的追思会，心情非常复杂。

耿先生是 1980 年初来到中国社会科学院历史所的，我是 1982 年初考研究生来到历史所的，然后就开始了我们在历史所共事的 38 年的经历。

今天，作为耿昇 30 多年的同事和朋友，我对耿先生的逝世表示哀悼，同时追忆他的学术成果、学术成就和贡献。

刚才有朋友提到，耿先生留下中法文化交流史研究成果 70 多万字，翻译的著作达 70 余部，共计两三千万字，以一己之力取得这样的成就实属不易。早在 1994 年，当时我是社科院历史研究所的科研处的副处长，当时法国授予耿先生文化艺术勋章，在法国驻华大使馆由大使授予，当时也是所里面派我去参加了这个活动。在我国近代也有一些翻译家留下重要译著，当代就在我们所里也有学者在学术翻译方面卓有建树，但是像耿先生这么大的翻译量，可以说在学术史上都应属凤毛麟角。尤其耿先生译著中涉及的一些非常专业的学术领域，如西域、西藏、中外关系、古丝绸之路以及蒙古等，十分艰涩。耿先生的译著大都是厚厚的大部头，如谢和耐关于中国社会史的著作，译著出版后耿先生送了我一本，很厚。

近 20 年来倡导中国文化走出去的声音很高，其实历史上文化的交流是双向的，现在也是如此，。我们既需要把我们中国的文化介绍出去，这是不言而喻的，但也需要及时吸收国外的优秀成果。从这个意义上说，耿先生这方面做的工作，对我们学术界，特别是对中法汉学研究，应该说是一个典范，是难能可贵的突破。

耿先生在中外关系史研究领域耕耘几十年，担任中国中外关系史学会的会长多年，对推动我国的中外关系史的研究，发挥了重要作用。我在历史所担任过九年的副所长，这期间我分管的一些事情里面有一项就是学会中心和历史所在各地的基地。中外关系史学会学术活动的学术分量、学术氛围和学术水准是相当高的，其中体现了耿先生的学术旨趣。有几次会议耿先生邀请我们去出席，比如2008年中外关系史学会在青州举办的一次会议。会议地点很有意义，青州是陆上丝绸之路和海上丝绸之路的交会点。会议期间我们还参观了魏晋南北朝时期的一些佛像，了解了当地正在开展的一些项目。可以说，中外关系史学会的这些高水平的会议，跟主办者，跟会长的学术视野、学术眼光是密不可分的。后来我为那次会议写了一篇关于山东半岛春秋战国时期的丝绸之路的问题，即关于中国与韩国、日本的交流问题。

所以说耿先生一生不仅自己从事学术研究和学术翻译，还做了大量的学术组织工作，全心投身于学术，是一位很纯粹的学者。在此我们为我们历史所有耿先生这样的学者而骄傲。当然，我们缅怀耿先生的同时，也应该发扬耿先生的学术精神，在我们今后的工作中向他学习并进一步发扬光大。在此我再次对耿先生的学术贡献和他对学术的推动表示敬意，这既是我个人发自内心的追忆，也代表我们历史所表达对耿先生的怀念和对耿先生的夫人——我们所万明研究员的慰问。

（作者为中国社会科学院学部委员、中国社会科学院历史学部副主任）

纪念母校最敬爱的校友耿昇先生

吴志良

尊敬的万明会长、王震中所长、各位朋友，早晨好！

我们最敬爱的校友——中西文化交流史研究领域最重要的学者耿昇先生离开我们整整一年了。耿昇先生的离去，是中外学术界不可弥补的一大损失，他一生在中法关系史、蒙古学、藏学、敦煌学、突厥学等领域勤奋耕耘，以其敏锐的学术洞察力和无与伦比的刻苦精神，一生翻译出版繁难艰深的学术译著70余部近3200万字，是真正可以称之为"著译等身"、绝无仅有的学者。

耿昇先生翻译出版的《1552—1880年入华耶稣会士列传及书目补编》《耶稣会士中国书简集》《16—20世纪入华天主教传教士列传》等学术巨著，是每一名关注中西文化交流史的学者不可或缺的案头必备之作，为中国学术界从根源上把握中西文化交流史提供了基础。法国汉学研究的代表性著作，伯希和、安田朴、毕诺、谢和耐、戴仁、沙伯里等法国汉学历史上的和当代的这些名人名著，经由耿昇先生勤奋不倦的笔，源源不断地呈现在中国学者面前，将法国汉学的丰富内容展现给中国学术界，更将法国的学术文化介绍给中国，使一代又一代中国学者从多方面受益无穷，从而促进了当代的中法学术交流。除了在文字上促成中法文化交流和学术交流，耿昇先生还特别热情，乐于助人，身体力行，以实际行动扩大中西文化交流史研究的学术队伍，不遗余力地支持学术研究的长久发展和后继人才的成长。2003年，时任中国中外关系史学会会长的耿昇先生积极促成中外关系史学会在中西文化交流的故地澳门召开学会的学术代表大会，将中西文化交流史研究聚焦于澳门这个历史上中西交流的肇始之地，强化了从根源上梳理和把握中西文化交流史的核心意识，引导了中西文化交流史研究的良性发展，推动了澳门与大陆学术界以中西文化交流研究为中心的学术交流。

今天，在我们的母校——北京外国语大学缅怀和纪念耿昇先生，我们感怀他以丰厚的学术成就回馈母校的壮举，学习他的勤勉、刻苦精神和对学术的执着追求，将继续为中西文化交流史研究的发展努力奋进。

谢谢大家！

（作者为澳门基金会行政委员会主席）

致敬我们的学长耿昇先生

王 鲲

各位来宾、各位学者、老师们、同学们：

感谢参加此次纪念会，今天在座的有远道而来的嘉宾、各界的学者、耿昇老师的同事学友、亲朋、好友，更有耿昇先生当年在北外读书时候的同学，特别要感谢今天到场的耿昇先生的5位同学：在中国民航总局工作的陈钦彬校友、在中华人民共和国公安部工作的王东海校友和邓自立校友、在中国建筑科学研究院工作的张清滨校友、在中华人民共和国工业和信息化部工作的周光斌校友，感谢你们的到来。

看到这个场地，我就想起来，还差一个半月的四年前，2015年5月27日，耿昇先生在这个会场讲《法兰西学院"汉学讲座"二百年》，当时我就坐在第二排那儿，那时我这个门外汉，第一次听耿昇先生讲法国汉学，最后还第一个举手提了个问题。

我还清楚地记得，就是在这里，当听到先生讲中国的别名"丝绸之国"——塞里斯时，感到耳目一新；当听到先生说"法兰西公学院是个没有注册生，不发文凭的奇怪的学校"时，会心一笑；听到先生讲雷慕沙首先在法兰西公学院讲授《汉语文学》时，肃然起敬；听到先生敲黑板：历史学是为了"冲破了天主教束缚而诞生的"时，振聋发聩。

所以，在我的印象里，耿昇先生就是这样一个人：亲和，渊博，执着。他是北京外国语大学的知名校友，也是法语语言文化学院的杰出系友，是我们外语学人的楷模。我们都知道，耿昇先生翻译了大量法国汉学经典名著，在汉学研究领域成果斐然，在"明清之际来华耶稣会的中国研究""法国汉学史""法国当代中国学的状况"等学术领域，进行系统的译介和研究，凭借他勤奋的笔耕不辍，推进了中法学术交流，极大拓展了中国海外汉学研究的视野。作为外语学人，他真正做到了学以致用，把在北外的所学充分应用到了中法人文交流、中外关系史学研究和海外汉学研究领域。

同时，他也非常关心支持母校发展，特别支持母校北外和法语系（学院），为促进学院学科建设提出了宝贵建议。2017年6月22日，还是在北外，在法语学院会议室，在我们的邀约下，先生欣然允诺担任我们中法人文交流研究中心的顾问。他曾经满怀热忱地说过一段话，估计在座的很多人听到这段话都会感到耳熟，先生说："法国历史上有许多很好的汉学著作，不是一个人做得成的，只有法语系可以，要组织一批人，做基础性项目。比如从1906年到1908年，Paul Pelliot（伯希和）在新疆搞的东西，（文献资料研究）一直没人做（没有翻译成汉语）。法语系是得天独厚的。过去我和法语系联系少，工作主要是在历史界，在我的研究中，中法文化交流占有很多篇幅，希望法语系能够多参加这些学术活动，如果愿意，我来做联络人。"耿昇先生还是我们法语学院学术期刊——《法语国家与地区研究》的编委，为扩大学院的学术影响做出了非常多的努力。

2018年，对于海外汉学研究是一个巨星陨落的年份，3月，谢和耐先生去世，4月，耿昇先生离开了我们，引起我们无限的唏嘘和感慨。我们总是感叹时间过得太快，真要行动起来抓紧做点什么，因此我也要借此机会感谢中国中外关系史学会，感谢万明会长，感谢北外历史学院，感谢李雪涛教授，让我们法语学院参与进来一起举办这次纪念会。

我们今天的纪念会，就是希望创造这样一个机会，对耿昇先生其人其事进行追思，对他的学术思想进行梳理，对他的治学精神进行继承与发扬。希望通过今天的纪念会，每位参会者都能够从对耿昇先生的追思中、对他学术志业的研讨中，再多汲取一点光和热，再多汲取一点人生的感悟，汲取一点学术的精神。希望我们法语的学人在耿昇先生精神的感召下，为中法人文交流做出自己的一份努力和贡献。最后，祝今天的纪念会和研讨会取得圆满的成功。

（作者为北京外国语大学法语学院副院长、教授）

书路人生——永远感念敬爱的耿昇先生

张倩红

尊敬的万明会长、各位学界的前辈、中外关系史学会的朋友们，大家好！

耿昇先生离开我们已经一年多了，但是每次想起来都会心痛，有时候还觉得他离我们很近。所以在耿先生刚刚去世不久，我曾经跟我的学生说，我们要把耿先生对中外关系史学会的贡献收集一下，所以我一个学生就写了一篇关于耿先生与中外关系史研究信息的一个综述，那么随着这个会越来越临近，我自己又觉得好像有很多的话想表达，有很多的感思想说一说。所以在今年清明节的时候，我就写了一篇大概4000字的文章，叫《书路人生——缅怀耿昇先生》。所以在这里我就以书为切入点，谈对先生的一些记忆，也缅怀这样一位可敬的长者，我就沿着这个思路说几点。

第一，读书做学问是耿先生最大的爱好。

2014年的时候，耿昇先生在《社会科学战线》上发表了一篇文章。这个文章的题目很长，副标题是"我的治学之道"。文中他对于读书做学问有一些描述，也是他自己的一些感悟。他说，读书始终是自己最大的爱好，终生难以改变。由于偶然的机遇，于1981年调到中国社会科学院历史研究所，从事法国汉学的研究与翻译工作，我真正的人生似乎从此而开始，有了自己热爱的职业，从事自己所喜欢的工作。耿先生的学识非常渊博，刚才各位主持人、引言人、致辞人都已经谈到了。那么他这么多年来，所关注的大多数学问都是冷门绝学，他一直"坐冷板凳"。他做着自己喜欢的事情，像丝绸之路研究现在是显学，但是其实耿先生对这个问题的关注由来已久。他自己说30多年来他一直喜欢的一个领域就是丝绸之路研究，他在这方面翻译的4本书应该说影响非常大，特别是翻译的伊朗学者阿里·玛扎海里的《丝绸之路：中国—波斯文化交流史》这一本书。季羡林先生为这个书写了很大一段评价，季先生说他读了耿译的这个书之后，眼前豁然开朗，看到了一条崭新的思路，以前没有想到的这本书里都提到了。最后他还特别说他应该十分感谢作者，十分感谢耿昇同志。所以这是我想说的他的第一个方面。

第二，翻译写作是先生人生价值的集中体现。

这一部分我就不讲了，因为刚才大家都提到耿先生数量惊人的译著、论著，我们的材料上已经谈到了。同时他在中外关系史学会会长的12年期间组织了32次国际、国内的会议，留下了15本会议的文集，所以我想这些都是先生留给我们的。那么他的影响力不仅在国内学术界，在整个法国的学界、文化界影响都非常巨大。而且耿昇先生又是一个十分谦虚的人，他自己曾经说过这样一段话：书山有路，学者无涯，读书做学问难，翻译更难。他回首自己30多年来爬格子或者码字的生涯感受良多，说他已经进入古稀之年，回首往事，虽然未因碌碌无为和虚度年华而感到痛心，却也常常为自己走过的许多弯路和造成的许多败笔而抱憾终生。我觉得他对自己的评价特别谦虚。

第三，学者本色是其亮丽的人格魅力。

作为一位有影响的学者，耿昇先生总是那么谦虚，总是保持敦厚、淳朴、儒雅率真的学者本色。先生待人真诚，和蔼可亲，善于换位思考，替别人着想，顾及他人的感受。各个年龄段的人都喜欢和他交往、交流。耿先生性格爽朗幽默，我特别有感受。我在文章里面回忆2014年3月底到4月初，我们跟耿先生、万明先生等很多老师一起去法国，参加在法国举办的丝绸之路高峰论坛。一路上耿先生在哪里笑声就出现在哪里，大家喜欢跟他聊天，喜欢跟他开玩笑。记得有一天晚上我们是散会以后直接走到塞纳河边，他背的包很重，当天晚上风很大，他老是背着这个包，我们好几个男同志都要给他背包，他坚决不让。后来我们就逗他，跟他开玩笑说耿先生你这包里什么珍贵的东西不让大家看，他说这都是我的细软，不能告诉你们。后来我们又问他，我说，耿先生你翻译这么多书，攒了多少银子。他说不能告诉你，都在我的包里。然后他自己拉开背包拉链，里面装的全是书，是当天开会的会场，别人送他的书。然后他又给我们讲，他每次来巴黎都要去买书，特别了解巴黎哪个书店卖哪方面的书。然后说书店的人都知道，说他是一个对书十分痴迷的中国老头。这一次法国之行，我们随行的人都深深地感到耿先生性格随和可爱、平易近人。

第四，因书牵线，使我得以与先生结下了亦师亦友的浓厚的情缘。

细细想起来，我和耿先生相识是2005年，他在大象出版社出了《中国的犹太人》那本书之后。有一天，突然接到耿先生打来的电话。我以前读过耿先生的书，但是却一直无缘谋面。耿先生电话里称呼我"先生"，弄得我当时特别紧张：德高望重的耿先生竟然称呼我"先生"。我诚惶诚恐地继续着我们的电话通话，也从此就认识了耿先生。再后来耿先生就邀请我参加中外关系史学会的活动，最后我们就邀请他来河南到开封、郑州去讲学。再以后我就在中外关系史学会这个平台上跟先生有了很多的交流和交往。

最后一次和先生打电话是在2017年6月份，就是我们青岛会议之后。我们电话谈了很长时间。耿先生说他很忙，因为当时我跟他约一个事儿。耿先生说他特别忙，手头有很多的文字债，还有开会干不完的事情，说还要熬夜。最后我谈到了茶叶，因为耿先生特别喜欢喝茶。他的特点是不分红茶、绿茶，生茶、熟茶，只是喜欢喝浓茶。所以我们就谈到茶叶。他跟我说你知道"茶"在马可波罗笔下怎么说？我说我不知道。他说马可波罗说它是神奇的东方小草，就这个描述太好了。这最后一次比较长时间电话通话大概有半个小时，我跟耿先生说：明年新茶下来的时候，我给你寄去河南的新茶信阳毛尖。他说好的好的。可是其实这过了一年新茶还没有下来，先生就已经走了。留下了我心中"茶叶"这个无限遗憾的话题。

我想在这里只能祈求先生在另一个世界里拥有一个从容安静的大书斋，去读他没有读完的书，去品他没有品完的茶，去做他没有做完的学问，去遇见跟他一样纯粹的人。

清茶一杯做文章，惠风和畅品书香！永远感念敬爱的耿昇先生！

谢谢。

（作者为郑州大学教授）

来自"太湖世界文化论坛"的追思

耿昇先生学术纪念会暨中外关系史研讨会筹备委员会：

值此耿昇先生逝世周年之际，贵组织举办耿昇先生学术纪念会暨中国中外关系史研讨会非常有意义，太湖世界文化论坛预祝会议圆满成功，借此表达论坛对耿昇先生的追思之情。

耿昇先生作为太湖世界文化论坛的首席专家，从论坛成立伊始，就热情参与和支持论坛工作，为中外文化交流做出了卓有成效的贡献。在论坛工作中，耿昇先生一直积极倡导和推动"一带一路"倡议，在学术上给予了大力支持和指导，特别是在2014年中法建交50年之际，论坛在法国巴黎召开了以"丝绸之路——中西方文化交流的永恒通途"为主题的太湖文化论坛2014年巴黎会议。

耿昇先生是整个会议的主要策划者和组织者之一，本次会议在海内外引起了热议，在平时工作中耿昇先生关怀青年学者，团结学术界的老中青三代一起工作，品德高尚，淡泊名利，敢于担当，甘于奉献，给我们留下了一个社会科学工作者的崇高形象。我们对他的逝世感到痛惜，先生千古。

太湖世界文化论坛

2019年4月8日

耿昇赞——学者风度与工匠精神的统一

蔡鸿生

【编者按语：会议召开之时，广东人民出版社的柏峰总编为会议带来蔡鸿生先生纪念耿先生的寄语，并代为宣读。现将柏峰总编的说明与蔡先生遥寄纪念之情的深情赠语一并刊出。】

蔡鸿生先生今年86岁，年事已高，我在2017年年底的时候万明老师向我提到，希望请蔡老师写一篇文章回忆耿昇先生。回粤后转达蔡老师后，他老人家欣然同意。上周周一时，我打电话给蔡老师询问文章一事，蔡老师让周四前往取稿。我当时不太明白为什么选周四去拿。周四晚上，我来到蔡老师家。蔡老师拿出了一本书和他写好的稿子，书名是《突厥历法研究》，然后他在《突厥历法研究》的扉页上写下这样一行字："耿昇过后无耿昇。2018年4月10日。"读罢这行字，我顿时明白了为什么让我4月11日来拿稿件，他的稿件是4月10日写成的。下面我代蔡先生读一下他关于耿先生的追忆。——柏峰】

2018年4月间，突然传来耿昇先生在京逝世的消息。暮春时节，痛失斯人，我立即从书架上抽出他译的《突厥历法研究》，在这部难度堪称"天书"的扉页上，写了一段如下的悼词：

耿昇过后无耿昇

（2018年4月10日逝世）

"不是花中偏爱菊，此花开尽更无花。"（元稹句）

这是个人"心祭"之言,未经琢磨,也许有些情绪化了。现在,到了他周年祭的时候,我想应该用赞词来代替哀思,澄清心境,就算为故友编制一个花环吧。

耿昇先生是一位"半路出家"的大家。人到中年,才从外事部门转入学术部门。由于脚踏实地,奋励潜研,没过多久,他就变外行为内行,并从内行中上升到出类拔萃的行列中了。其业绩是令人刮目的:30年间,共翻译出版了近60部法国汉学名著,涵盖了中外关系史、西域史、西南民族史与南海交通史诸学科,同时发表了数十篇评介性和导读性的文章。译、述并举,在学术界中享有"前冯(冯承钧)后耿(耿昇)"的盛誉。用不着捧,用不着炒,耿昇是通过"荆棘路"而"寂寞红"的,实至名归。相信他的"身后名"还会更大,更响亮。

耿先生是农家子,与书香门第无缘。显露头角之后,依然朴实谦和,保持泥土气息。译了那么多洋书,但不沾洋气,更不会唯洋学霸的马首是瞻。对大名鼎鼎的伯希和,其是非功过如何,耿昇是算过细账的。他曾经公开地严词谴责这位"西方汉学教皇"的霸气:"伯氏一生酷爱写书评,几乎对当时西方的所有重要汉学著述,都曾言辞刻薄地发表评论。伯氏自认为自己学富五车,满腹经纶,从而目空一切,唯我独尊,对他人鼓励不足,鞭笞有余,以国际汉学界的宪兵或警察自居。他喜欢对别人指手画脚,贬低别人而抬高自己。在世界学术史上,这样的耄老恶少也并不罕见。"(引自《伯希和西域探险与中国文物的外流》)耿昇既然将自命不凡、称王称霸视为学者之大忌,他也就知所自律,待人以诚。即使在"群贤毕至"的研讨会上,偶尔与"初生牛犊不怕虎"的后辈(不是"恶少")发生碰撞,他绝不会失言失态,真正做到"学问深时意气平"。难得的学者风度,难得的君子风度!

耿昇呈献给学术界的海量译著,几乎都是爬格子爬出来的。按原著的知识结构,往往是多语种又多学科,写作风格"八仙过海,各显神通"。译者如果轻举妄动,译文难免遍体硬伤。从古代语言的转写,到中国文献中地名、人名、书名、官名的还原,直至双语对应词的搜索,他都耐得住烦,在精神生产中坚持工匠精神,一心一意为读者搭起便桥,虽踏破铁鞋而无悔。难得,难能。

已矣耿昇,"何日君再来"？鄙人无可奉告,只好请一位善问善答的南宋文人来代言:"后世而无先生者乎？孰能志之；后世而有先生者乎？孰能待之！"

二〇一九年四月十日于广州

（作者生前为中山大学历史学系教授）

祝我的学弟耿昇一路平安

阎纯德

世界上有许多事是不可预料的，但是最不可预料的是人生：2018年4月10日，耿昇在北京去世。

这个噩耗真的使我们这些他的朋友没法接受。就在他去世的前几天，只是前几天，他给我打电话说要来北京语言大学和我聚聚，并送我几本新的著作。还说他每年都有数本再版的或新的作品问世，等备齐了，他会将七十来部作品一起送我。那时候我正忙着《汉学研究》（春夏卷）的出版，便对他说，耿兄，再晚几天吧，比如5月假期。到那时候《汉学研究》就出版了，你可以和万明一起来我家做客，我还有一些问题要请教。他说也好，我就先忙我那一篇稿子。就这样一个令我后悔终生的事情发生了。

说起来耿昇算是我的小学弟。我北京大学中文系毕业后，作为国家汉语出国师资，到北京外国语大学进修法语。耿昇是本科生，我是零起点的进修生。那时他们1963届和1964届的小同学一起，还有当时在北外进修英语的李肇星，我们都住在一个楼。所以我脑海里至今还保留着他们的青春面孔。

1993年我创办《中国文化研究》杂志，其中有多个关于汉学研究的栏目，知道学术研究方面耿昇在翻译法国汉学著作和文献，这样我们开始有了联系。1994年3月的时候，中国中外关系史学会在深圳大学召开第五次学术研讨会，我被邀请参加这次会议，但是我因为编务太忙，就派了一个编辑前往参加会议，自己没有成行。

1995年我又创办了辑刊《汉学研究》，这个时候耿昇变成了我这两个杂志的铁杆作者，几乎每期都有他的长文，后来我不仅在汉学研究上给他开了一个"耿昇专栏"，还逼他为"列国汉学史书系"写了一部数十万字的《法国汉学史论》。在他作为法人代表和会长主持的中国中外关系史学会的十多年中，我几次参加他张罗的学术会议，还曾数次单独会面、接受他的赠书，也曾爬楼梯到他蜗居的石景山永乐东区44号楼4门403号，一睹他南墙书架上的那些宝贵的书、那些他自己的著作以及那些关于汉学、藏学、西夏学、蒙学的外文著作。

1993年我在巴黎闲居和写作。第二年的六月，北京外国语大学的张西平教授和法国法兰西汉学院汉学研究所所长魏丕信，联袂在巴黎法兰西学院主办了"雷慕莎及其继承者：纪念法国汉学两百周年学术研讨会"。

本来我还和耿昇相约那次会后去巴黎花幽梦修道院，因为那座修道院曾经住过帮助李治华教授完成《红楼梦》法译的汉学家铎尔孟。但那一次修道上院之行没有成行，但我们非常高兴地沿着塞纳河散步，饱览了巴黎的风景，历数法国汉学家在中国文化大地上，在中华文化大地上散落的足迹。还有一次，在巴黎的16区，在吉美博物馆的一次关于法国汉学的会，具体时间我记不清了。那天上午11点他们的会还在举行，我买了张票进去了。耿昇知道我来了，就借机溜达出来，还喜气洋洋地带我走马观花地看了博物馆的一些文物。我说我熟悉这个博物馆，因为它离中国大使馆很近，离我住的地方也不远，所以我在巴黎教书的时候曾经多次（参观）这个博物馆。上午那场研讨结束后，我和耿昇在博物馆前合影留念，还有几个学者跑来和我们一起合影留念。

耿昇是一个翻译大家，或者说是一个伟大的翻译家。他的译著有《丝绸之路》《西藏史诗与说唱艺人的研究》《中国社会史》《黄金草原》《中国和基督教》《中国和欧洲文化比较》《明清天主教耶稣会士入华与中西汇通》等将近70来部，还有论文和散文。他的论文有200多近300篇。他写作是不用电脑的，近3000万字的书稿完全是一笔一画先写在纸上，然后再请人录成电子文本，他再看一遍。他那部130万字的《16—20世纪入华天主教传教士列传》，好几斤重，是他综合法国几位汉学家所写的关于传教士的列传而成的一部大的著作。这个著作是我经常翻阅的大书，看起来就吓死人。可是他却像早出晚归的农民耪地一样，一锄一锄耕耘，耕耘出一个学者的丰收。

耿昇翻译的不是小说，不是日常生活人物对话，而是汉学家笔下的历史、学术文化，攻破的是汉学家笔下各个领域那些最难译的专业术语。他属于这些领域在中国的一个专业开拓者。他担任中国中外关系史学会会长的十余年中，呕心沥血组织了那么多次的学术会议，是一个尽心尽力的学术楷模、劳动模范。他翻译的著作涉及中法关系史、中西交通史、敦煌学、突厥学、藏学、西夏学、吐鲁番学、蒙学、考古学、文献学、科技史、传教士、汉学家等多个领域。由于他的特殊贡献，1995年获得法国政府颁发的文学艺术勋章，2016年荣获国际中国文化研究终身成就奖。在这个领域如有所谓"实至名归"，耿昇先生是第一个。我知道他退休后被聘为北京师范大学的客座教授，依然非常忙碌。从前几年起，我不止一次地对他说学术会议可以少参加点儿，不必到处跑，你虽然比我年轻，但毕竟也有一个客观的岁数了，每一次他就是"嘿嘿"地笑笑。

耿昇走了，在他学术研究旺盛之时离开了我们。尽管人有悲欢离合，月有阴晴圆缺，但是他走得太突然，令他的亲人和朋友悲痛欲绝，无法接受。他走了。我们的汉学研究阵地少了一位冲锋陷阵的大将军。在他离开我们周年的时候，愿他一路平安。

（作者为北京语言大学教授）

耿昇——伟大的翻译家、杰出的学术领导者和品格高尚的伟大学者

张西平

尊敬的万明会长：

在这个追思会上，我代表《国际汉学》和北外海外汉学研究中心讲几句话。我因 1995 年创办《国际汉学》而结识耿昇。《国际汉学》的创刊号上他有三篇文章，当时如果没有他的支持，《国际汉学》是无法办起来的。在跟耿昇的交往中我总结了他这么三个方面。

首先，耿昇是一位伟大的翻译家。

过去说冯承钧是伟大的翻译家，但耿昇的著作在数量、范围上都要远远超过冯承钧，这样来说耿昇是当代伟大的翻译家。在其他学术领域就包括英语、德语界，我们所知的学术翻译无人超过耿昇，确实在整个学术领域里在数量和范围上都没有能超过耿昇的，因为耿昇所涉及的范围特别广泛。我和耿昇接触主要是从《耶稣会书简集》开始，我们一起到大象出版社，在周常林先生支持下我们跟大象开始了合作。在将近 20 年的传教士汉学的翻译方面，耿昇做的贡献是非常大的。2014 年我们共同策划和法兰西学院汉学研究所魏丕信在法国举办"雷慕莎及其继承者：纪念法国汉学两百周年学术讨论会"，受到法国汉学家的高度评价。在会上我感觉到耿昇在法国汉学家中的地位，许多重要的汉学家一一找他合影送书，是在场的所有中国学者都不可比拟的。可见耿昇在法国汉学界的地位是非常高的，他的学术影响是超越中国国界的，并不是仅在中国学术界有这么重大的影响。

其次，耿昇是一位杰出的学术领导者。

1998 年我和黄时鉴先生、荣新江等一起在杭州召开"中西文化交流史

研讨会"，当时耿昇还不是中外关系史学会的会长。后来他进入领导班子，学会夏会长荣退以后，在耿昇当会长期间，我们连续跟与耿昇领导下的中国中外关系史学会合作办过三次会议。耿昇当会长以来中外关系史学会早期的发展中，我一直跟随耿昇，后来他也把我推荐为中外关系史学会的副会长，使我在中外关系史学会这个领域接触到很多前辈同人和非常优秀的学者，对我的学术滋养起到重要的影响。所以耿昇是一位杰出的学术领导者。虽然现在我们自己也组织一些学术会议，但是现在回想起来，像耿昇先生这样一年一光华在全国各地不同的领域、不同地点主办会议，实在是太少见了，组织任何一个学术会议都要耗费自己的时间。这里表现了一个学者的高尚的无私品格，以学术为天下公器。学术会议的组织者，基本上是为别人做贡献的，所以他是一个伟大的翻译家，杰出的领导者。

最后，耿昇是一位品格高尚的伟大学者。

耿昇的父亲是老革命，是红军，是张家口地区第一任政委。因为他父亲去世后，他母亲带他回到了农村，他从农村考到了北京外国语大学，所以在耿昇身上始终有一种非常质朴的性格。我记得去他家的时候，我住万寿路，与耿昇的居所鲁谷路离得特别近，有一段时间我们几乎每周都要见面。我第一次拜访耿昇居所时大为震惊：天气炎热，没有空调，伏案的耿昇光着膀子，桌子上有60个笔筒，每一个笔筒都插满了笔。耿昇不会打字，翻译全靠手写。我没见过一个学者用过的笔，能把60个笔筒全都插满。我当时特别感动。耿昇帮助后学、提携后学，不遗余力。所以中外关系史学会能到今天，很大的原因是有过这样的一位学者带领，才能发展起来。耿昇自己的学问好，同时谦虚待人、提携后学。面对不同意见大度地给予宽容。他自己也说过，在问学之路上坎坎坷坷走了很多弯路，在这3000多万字点点滴滴中，一些缺点无法加以修改。所以他对自己是非常自省的。

所以说，我感到耿昇的逝世正像蔡鸿生先生所说的"耿昇过后无耿昇"，想再产生一个这样的学者已经非常艰难了。记得在耿昇的家里我看到他学蒙文、学藏文的课本，作为法文出身的学者学蒙文、满文、藏文，这就非常不简单，所以他有一个高尚的品格。耿昇作为一名学者生前无官，过着清贫的生活，但是能得到学界这样高的评价，来自全国各地的学者会聚一起，我们都是为了一个共同的学术目的，这是一名学者的最高荣誉，得到学术界的最高承认。我觉得耿昇虽然走了，但是他的学术品格、他的学术贡献、他开拓的学术事业一直指引着我们。在这里我对北外历史学院、北外法语学院和中外关系史学会能召开这样的会议深表感谢和敬意，这是做了一件非常好的事情，同时向万明先生致敬。

谢谢大家。

（作者为北京外国语大学教授）

耿昇先生——译介法国东方学传统、建设中国中外关系史研究的第一功臣

王邦维

今天到场的我们都是耿昇先生的朋友、同事,刚才前面几位都做了很好的准时发言,时间有限,我想就简单地谈三点。

第一点当然是为什么来,因为耿昇先生跟我也是老朋友了,我们的相识大概是在1983年,好像应该是在杭州召开的东方学之路会议上。之后我们就一直有交往,尽管不是特别密切的交往。

我个人对耿昇先生的印象,就像刚才大家和蔡鸿生先生等谈到的,我感到他最大的一个特点是农家子弟。但刚才从张西平先生的发言中得知,其实耿昇先生是农家子弟的同时,还是高干子弟。所以说,耿昇先生为人朴实、待人诚恳这是很难得的。也正如刚才阎纯得先生谈到的,我觉得耿先生给我们留下的记忆,他常将自己的很多译著给朋友们,送了很多,这也不容易。我自己也是受益者。大家知道那个时代赠书给别人,都是用自己的稿费买来送的,其实大家也不是很有钱之人。

我想耿先生的成果我们都不用多说了,前无古人,后无来者,耿昇之后无耿昇。我认为真的不可能以后再有人像这么大规模的翻译、介绍国外关于中国的积极的一些学术著作。

第二点我回忆到的也是大家刚才讲的,就是耿昇先生翻译的覆盖面很宽,有汉学、有敦煌学、有藏学、有突厥学、有蒙古学、有丝绸之路研究、有耶稣会士的研究……这里我还想补充一点。我记得在90年代的时候,耿昇先生来找过我,拿出一部抄写的译稿,他说他已经在开始翻但尚未完成的,是一位比利时学者叫拉莫特的《印度佛教史》。这个书好像到现在为止没有出版,他是不是翻译完了我也不知道,当时给我看,他说他

准备翻这个书,已经做了一些了,他说你看这个书怎么继续做下去,跟我谈这个问题。后来我知道这个书难度很大,我说这个书很难。但是我知道耿先生有一个最大的了不起的地方,是知难而进。刚才万明先生说了,一生只做一件事,他就是这么个精神,抱定一个东西他就能做下去,但这个书稿后来没见出版。拉莫特的这部《印度佛教史》是欧美学术界公认的一部名著。所以其实可以说耿昇先生的范围还不止刚才我们说的这些学科,还有包括印度学,如《印度佛教史》这部著作,虽然最后可能耿先生没有完成。所有的这些都体现了耿昇先生的学术眼光。他看到法国的大的学术背景,就是把这些学科整合在一块,成为法国的东方学的研究传统。耿昇先生是近代以来到现在在译介法国东方学论著方面做得最好的,把法国东方学传统的一些长处介绍到中国来。

第三点我觉得耿昇先生还有一个很大的特点,他不仅自己翻译书,不仅做研究,更重要的是他舍得出气力去做学科建设的工作,建设中外关系史学会。关于这个学会的前后情况我也有一定程度的了解,耿昇投入的精力很大。在耿昇的努力之下,中外关系史学会在全国各地召开学术会议。主办一次会议需要联络方方面面,涉及很多头绪,而且需要他同每一个地方去联络,需要投入大量的精力、要说大量的话、要跟大量的人沟通。正是在耿昇先生的努力之下,今天的中外关系史学会、今天的中国中外关系史研究才能够达到今天的局面,应该说耿昇先生是第一功臣。

这就是我想表达的对耿昇先生的一点追思之言,谢谢。

(作者为北京大学外国语学院教授)

一支译笔润春秋——追念耿昇先生

荣新江

一年前耿昇先生突发心脏病，离我们而去，终年74岁。按照古人的看法，这个年龄已经是"古来稀"了；但在医疗比较发达的现在，又显得走得太早，走得太快。我当时在南方旅途中，听到这个消息感到十分震惊，因为在我的心目中，耿先生的身体很好，说话气壮如牛，有使不完的劲儿，怎么会一下子就走了呢。

一年过去了，今日中外关系史学会和北京外国语大学召开耿昇先生纪念会，正好梳理一下我所理解的耿先生学术贡献以及我与他的学术交往，以表追思之情。这两天翻检书架上耿先生的译著，对他的学术贡献略作归纳。他的学术领域宽广，我所接触的以下几个方面，值得特别表彰。

一 以翻译推动敦煌学、藏学、突厥学的发展

我与耿昇先生的交往，主要集中在20世纪八九十年代，那时候我们的关注点主要都在敦煌学，旁及吐蕃、突厥、回鹘、吐鲁番、于阗等。

我们知道，20世纪70年代末80年代初，是中国学术复兴的时代，经过"文革"的中断，中国学术百废待兴，传统的学术和新的学科有许多方面都落后于欧美和日本，中国学者努力奋起直追。但要与国外学者较量，首先要阅读外国学者的专业论著，当时大多数学人是学俄语、英语和日语出身的，能兼通法语者可谓极其稀罕。在这种情形下，从外交界转入学术界的耿昇先生，以他一支不停转动的笔，在多个学科领域为学术界做出了杰出的贡献。

对于敦煌学而言，耿先生翻译的谢和耐（J. Gernet）《中国5—10世纪的寺院经济》（甘肃人民出版社1986年版），产生了巨大的影响。这部著

作是用法国社会学的理论，高屋建瓴地驾驭零散琐碎的敦煌材料的佳作。延续此书做了更深入研究的，有姜伯勤《唐五代敦煌寺户制度》（中华书局1987年版）、郝春文《唐后期五代宋初敦煌僧尼的社会生活》（中国社会科学出版社1998年版）等，耿昇的译著对于这方面的研究给予了很多的帮助。耿先生还把法国学者历年来撰写的敦煌学研究论文，翻译汇集为《敦煌译丛》第1辑（甘肃人民出版社1985年版）和《法国学者敦煌学论文选萃》（中华书局1993年版），其中包括有关禅宗入藏、古藏文文书、社会经济、佛教文献、图像、民俗文学作品、占卜、诗文集、写本断代与形式、纸张颜色等许多方面，极其方便中国学者在法国学者的基础上向前推进。他还把《伯希和敦煌石窟笔记》译出，甘肃人民出版社1993年版；2007年又出版了新一版，附录三篇与伯希和敦煌考察相关的论文。我们知道，伯希和1908年记录的敦煌壁画和抄录的壁画题记，后来由于种种原因不存在或看不清楚了，所以耿昇翻译的伯希和笔记成为中国学者研究敦煌莫高窟的基本材料。此外，他还翻译了伯希和一系列有关西域、敦煌考察的论文，编成《伯希和西域探险记》（云南人民出版社2001年版）。后来，法国吉美博物馆出版了《伯希和西域探险日记（1906—1908）》，他随即翻译成中文出版（中国藏学出版社2014年版），让国人第一时间了解伯希和考察队的整个过程。

在利用敦煌文献研究藏学的方面，对于中国学界最重要的参考书，要数耿昇翻译的戴密微（P. Demiéville）著《吐蕃僧诤记》（甘肃人民出版社1984年版；西藏人民出版社2001年版）。这是戴密微利用敦煌文献研究禅宗入藏的专著，在东西方影响非常之大，在此基础上，我们也可以参与到禅宗入藏的讨论当中去了。中国敦煌吐鲁番学会主编的《国外敦煌吐蕃文书研究选译》（甘肃人民出版社1992年版），也大多数出自耿昇的译笔，其中部分用他的笔名"岳岩"。此外，他还翻译了麦克唐纳（A. Macdonald）的长文《敦煌吐蕃历史文书考释》，作为专著出版（青海人民出版社1991年版），还有石泰安（R. A. Stein）的一些敦煌藏文文献研究论文以及他的《西藏的文明》（西藏社会科学院西藏汉文文献编辑室1986年版）、《西藏史诗与说唱艺人的研究》（西藏人民出版社1993年版）、《川甘青藏走廊古部落》（四川民族出版社1992年版），也都和敦煌学有关联。

在与敦煌学相关的突厥学方面，耿昇很早就翻译了哈密屯（J. Hamilton）

《五代回鹘史料》（与穆根来合译，新疆人民出版社1982年版）以及他的一些重要的单篇论文，这些是我们研究甘州回鹘、西州回鹘、沙州归义军必备的参考书，对于我做这方面的研究帮助尤大。更为重要的是，他翻译出版了难度很大的路易·巴赞（L. Bazin）《突厥历法研究》，中华书局1998年版；2014年中国藏学出版社再版，改题《古突厥社会的历史纪年》。这是有关敦煌吐鲁番回鹘文献断代的皇皇巨著，极富参考价值。在突厥学方面，他还翻译了吉罗（R. Giraud）《东突厥汗国碑铭考释——骨咄禄、默啜和毗伽可汗执政期间（680—734年）》（新疆社会科学院历史研究所1984年版）。

在吐鲁番研究方面，耿昇翻译了莫尼克·玛雅尔（M. Maillard）《古代高昌王国物质文明史》（中华书局1993年版）。这是法国中亚美术史家利用西方探险队的材料，对吐鲁番盆地古代建筑等物质文化层面的研究，对于我们认识古代吐鲁番的文明很有帮助。

二 对中外关系史、丝绸之路研究的贡献

虽然耿昇先生在从事学术翻译的开始阶段以敦煌学著作为主，但他很有眼力选择的第一本翻译的书，就是布尔努瓦（L. Boulnois）《丝绸之路》（新疆人民出版社1983年版）。这本书用通俗的笔法，从西方人的视野，讲述了古代丝绸之路的历史，雅俗共赏，对于国人认识丝绸之路，产生了很好的效应，因此这个译本也不断地重印，有2001年山东画报出版社版、2016年中国藏学出版社版。1993年，他又出版所译阿里·玛扎海里（Aly Mazahéri）《丝绸之路：中国—波斯文化交流史》（中华书局1993年版；新疆人民出版社2006年版），是研究中国与波斯之间经丝绸之路的文化交流，特别是物质文化的交流。

从90年代开始，耿昇先生就把更多的精力放在中外关系史著作的翻译上，大力推动中国的中外关系史和丝绸之路研究。2001年，他出任中国中外关系史学会会长，更是把精力全部投入其中，在组织大家从事学术研究、学术考察之外，笔耕不辍，不断推出新的译注，也有旧译新编，内容从古到今，涉及方面极其广泛。我从自己的书架上快速搜寻一番，就有：戈岱司（G. Coedès）《希腊拉丁作家远东古文献辑录》，中华书局1987年版；费琅（G. Ferrand）《阿拉伯波斯突厥人东方文献辑录》（与穆根来合译），中华书局1989年版；鲁保罗（J. - P. Roux）《西域的历史与文明》，

新疆人民出版社 2006 年版；马苏第（Ma'sudi）《黄金草原》，青海人民出版社 1998 年版；贝凯（J. Becquet）与韩百诗（L. Hambis）译注《柏朗嘉宾蒙古行纪》（与何高济合译），中华书局 1985 年版；伯希和《卡尔梅克史》，中华书局 1994 年版；于格夫妇（F. - B. Huyghe & E. Huyghe）《海市蜃楼中的帝国：丝绸之路上的人、神与神话》，新疆人民出版社 2004 年版；荣振华（J. Dehergne）与莱斯利（李渡南，D. D. Leislie）《中国的犹太人》，中州古籍出版社 1992 年版，大象出版社 2005 年版；荣振华《1552—1800 年入华耶稣会士列传》，中华书局 1995 年版；谢和耐《中国和基督教》，上海古籍出版社 1991 年版；沙百里（J. Charbonnier）《中国基督徒史》（与郑德弟合译），中国社会科学出版社 1998 年版；安田朴（R. Etiemble）、谢和耐等《明清间入华耶稣会士和中西文化交流》，巴蜀书社 1993 年版；维吉尔·毕诺（Virgile Pinot）《中国对法国哲学思想形成的影响》，商务印书馆 2000 年版；安田朴《中国文化西传欧洲史》，商务印书馆 2000 年版；等等。

三　中法汉学界的桥梁

耿昇先生在翻译法国学者的专业论著时，也和法国汉学、中亚学等方面的学者建立了深厚的友谊，他时常有机会访问法国，与各门学科的学者交流，并获赠大量图书，加上自己的购买和复印，他无疑是对法国汉学最为了解的中国学者。他利用这一优势，曾动员法国研究中国学的各位学者，从自己所长的方面，撰写文章，分门别类地介绍法国汉学，这就是由戴仁（J. - P. Drège）主编的《法国当代中国学》，耿昇译出，由中国社会科学出版社 1998 年出版。此外，他还翻译有关法国汉学史方面的文章，结集为《法国中国学的历史与现状》，上海辞书出版社 2010 年版。可以说，耿昇通过翻译，沟通了中法汉学界，使双方可以对话，增进了许多方面的学术交流与合作。

此外，耿昇先生还有很多译著涉及西域、西藏、蒙古、探险史，西方人看中国等方面，为避免琐碎，不一一提及。上面只就我所熟悉的领域，略述他在几个方面做出的学术贡献，可以说他用自己的一支译笔，书写着丰富的历史，润色着多彩的春秋。

至于我本人和耿昇先生的交往，印象较深的有下面一些事情。

20 世纪 80 年代初，也正是我主要研究敦煌学、藏学、西域史的时期，所以和耿昇先生交往甚密，十分关注耿先生在敦煌学及其相关领域的翻译成果，对于他翻译的一些法文论著，曾加以精读，受益很多。可以说我自己的成长，受到耿先生极大的影响。他送给我很多书，但他的习惯一般不在书上题写赠语，我有的书上写了"耿昇同志赠，新江记"，有的没来得及写，但肯定也是他送的，所以我书架上还保留着耿译的许多初版本。耿昇先生对晚辈非常慷慨，每次见面，都会送书，据我观察，这不仅仅是对我，对很多年轻人都是如此。

记得80年代中期，中国敦煌吐鲁番学会主编一套"敦煌吐鲁番学研究译丛"，请耿昇先生主其事。他知道我翻译了一些有关于阗的论文，就约我编一本《于阗研究译文集》，对我鼓励有加。随后我就着手准备，翻译了贝利、蒲立本、哈密屯、恩默瑞克、德莱斯顿、乌瑞等多位学者的论文，集结了大约三十万字的稿子，交给出版社。但后来因为我的译稿太过冷门，没有能够出版，但这件事我还是要感激耿昇先生。在他的敦促下，我至少做了一组文章的翻译，得到了历练，外文有所进步，专有名词也知道去哪里找了。我的译稿后来陆续发表在《新疆文物》《国外藏学研究译丛》等刊物上面，也算是对学界有所贡献。

耿昇先生家住石景山永乐东小区，虽然离北大较远，但我也常常登门造访，因为在当时的北京，不论公家图书馆还是私人收藏，许多法文书或者论文，只有耿昇那里有，如果想用，就必须去耿先生府上借阅。我做中外关系史研究，更偏重于伊朗系统的文化如何进入中国，他翻译的《丝绸之路：中国—波斯文化交流史》一书，对我十分有用。但书中没有翻译中文史料部分，因为他觉得这些中文材料都在，对中国学者没有太大的意义。但我觉得还是有必要了解作者是如何理解、翻译中文史料的，这对于他的论说一定产生影响。所以我就跑到他家，从他那里借来原书，复印了相应部分。记得某一年，他从巴黎回来，电话里说他把伯希和所有的著作、论文、书评全部收集回来。那时候还没有 Hartmut Walravens 编的《伯希和的生平与著作：目录编》[*Paul Pelliot (1878 – 1945): His Life and Works – a Bibliography*, Bloomington: Research Institute for Inner Asian Studies, Indiana University, 2001]，找到伯希和的全部论著，包括大量的论文和书评，是十分不易的一件事。我跑去他家翻看，果然数量巨大，许多此前难以觅见。这不仅仅是耿昇先生本人的收获，也是中国学术积累的一项重要工作。

　　最后还有件事一定要讲一讲。耿昇先生心无旁骛，刻苦翻译，出产量极大，稿费又多，所以极易遭人嫉妒，在评职称等事情上给他小鞋穿。1998年5月，黄时鉴先生在杭州召开以大航海时代为主题的学术研讨会，会期刚好和西安的一个唐史研究会接着，我放弃与胡戟先生去麟游探访九成宫的机会，从西安经石家庄转飞到杭州。因为有一段时间没有和耿昇先生见面，原本碰到时应当是热情寒暄，但我感到他有点冷淡。到了晚上，他沉不住气到我的房间，说道：你小子真不够义气，社科院高评委会上，有人声称你说耿昇翻译的书开篇就错。我一听就蒙了，这都是哪对哪呀。我从来没有和任何人说过这样的话，我也绝不会说这样的话，因为我对读过的耿先生的翻译，都是完全可靠的，怎么会有这样的话出来呢。我和他声明后，他说他也不相信这是我说的，也知道这是"借刀杀人"，不过他也着实憋了很长时间，不吐不快。我真的非常感激他把这事直截了当地和我说了，如果他不说，一直暗中记恨，那我可就背了一辈子黑锅，跳进黄河也洗不清了。我们又重新畅谈，他还是大方地送他的新书给我。

　　走笔到此，想想我自己的学术道路，先做敦煌、西域，略微涉及藏学和回鹘，后来转向中外关系史，好像冥冥中受到耿昇先生的影响。只是我没有他那么高的天分，也没有他那么刻苦，所以迄今为止，我基本上停留在汉唐时期的中外关系史一段，没有敢特别涉猎耿先生后来着力所在的明清以后的中外关系史，因此他每次召开中外关系史学会的会议都给我发出邀请，但我往往望而却步。今天耿昇先生虽然走了，他留下丰厚的学术遗产供我们学习。希望在他的学养滋润下，我也可以慢慢拓展自己的学术领域，书写历史的新篇章。

2019年4月13日初稿，28日改订

（作者为北京大学历史学系教授）

怀念我的挚友耿昇

彭 卫

谢谢万明先生的邀请。

我的心情跟在座所有嘉宾一样非常沉重。

去年这个时候我们得到了耿昇先生去世的消息，我是怎么都不能相信。因为在此之前的一个多月，我在我们单位见到了耿先生，耿昇先生看着我就说一句话，这句话也是他最后留给我的：好，彭卫你老了。

现在想起来真是无限的感慨。我也觉得自己确实是老了。很难受，每想到这个细节就很难受。时间比较紧张，我就把我写的短文念一下吧。

初识耿昇先生是1985年4月，当时我来中国社会科学院历史研究所（现在已更名的"古代史研究所"）报到不久。胡耀邦同志提议组建中央国家机关讲师团，分赴全国各地帮助地方的教育工作。所长让我参加首批讲师团（所长给我下了命令、下了指示）。从所领导办公室出来后，一位先生从我身边匆匆经过（步履急、快）时说，你是新来的吧？我请教他的大名，他说我是耿昇。言毕，又匆匆而去。他的步速很快，这和历史所多数先生大不一样，给我留下了很深的印象。

20世纪80年代是一个令人难忘的岁月。在思想解放运动和改革开放的召唤下，我们的学术视野和思想视野得到了极大的开拓。今天回首那段岁月，至今仍为之怦然心动。当时对域外学术著作和学术思想的翻译，乃是推动学术进步的重要力量。正如刚才前面各位先生所说的，翻译著作数量巨大，涉及领域极为广泛，以及驰骋在翻译与研究两大领域，这些是耿先生鲜明的学术特征。耿昇先生翻译了70多部著作，都是名篇，对我们的帮助非常之大。完成这些工作不仅需要艰苦的努力，更重要的是每一部著作，就是一个新的东西，如果没有强大的意志力，反复的琢磨、反复的研究，孜孜以求，如果没有这样一种坚强的品质，那是不可能达成目标的。在这方面耿先生以自己数十年的学术实践为我们做出了表率。我不止一次听到一些中国学者和法国学者，赞誉耿先生是一座架通中法学术的桥梁。我以为这是一个非常恰当的评价，可以不夸张地说，如果没有耿先生的不懈努力，我们对法国汉学的认识肯定不会像现在这样的广泛、全面和深入。

耿昇先生不仅是北京外国语大学的骄傲，也是中国社会科学院历史研究所的骄傲。1990年9月，我和耿昇先生同时搬到了鲁谷永乐小区，为邻十年。我对耿昇先生的工作和为人有了近距离的和更多的了解。印象最深的是，耿昇先生起居完全没有规律，是一个彻底的工作狂。工作起来吓人，拼命三郎劲头，随便买点熟食，便可以吃好几天，有的时候买来的食物都变质了。耿先生患有严重的胃病，他说是在中国驻法国使馆工作时留下的毛病。但在我看来，这和他长期以来拼命工作、不注意身体关系更大。

与耿昇先生为邻，我深深感受到耿昇先生为人的真诚和热情。我到鲁谷小区最初几年还是单身。他买了好吃的食物，总是要拉我一同去他家吃饭。有时听见敲门声，我就想又有好吃的东西了。有时在家里接待法国学者，他就当起了翻译。后来我发现在翻译时他全神贯注，根本顾不上吃饭。这让我心里非常过意不去。那时候装电话很不易，耿昇先生家中有电话，这在我们小区是不多的。我的居所没有电话，因此和家里老人联系就是借用耿昇先生家中的电话。这给耿昇先生增添不少麻烦。但是耿先生从来不嫌麻烦，老是跟我说你要用电话到我家来。

耿昇先生的故乡是河北阜平。1937年10月聂荣臻将军将晋察冀军区指挥机关由山西五台山搬至这里，率领晋察冀人民同侵略者斗争。著名的《晋察冀日报》前身《抗敌报》也是在这里创刊的。因此阜平也就成为日寇的重点围剿地区。耿昇先生的多位长辈就牺牲在日寇的屠刀下。每说及此事，耿昇先生总是悲泪欲下。他的这些回忆让我感受到了燕赵儿女的英勇，感受到了抗日战争胜利的来之不易。遗憾的是，当时虽有做口述记录的打算，但总是想时间还长，下次再说。拖延的后果，就是耿昇先生对历史包括中华人民共和国成立一些重大事件，如他亲历的"文化大革命"期间的外交部的故事就没有写下来,现在想来真是可惜。

耿昇先生有一颗童真的心。我们在一起聊天时,他总是把自己经历的有趣的故事告诉我,然后像孩子一样纵声大笑。他说,一次在新疆开会,他做完报告后,不止一个人赞扬说:"你的汉语说得不错!"他问我:"我长得像外国人吗?"我说:"有点像!"他很不服气,反复嘀咕道:"我比你长得还像中国人呢。"

耿昇先生对万明先生的感情是很深厚的。他们结婚的时候,我已经搬离了鲁谷小区。只有在单位才能见到耿先生。有两次我在历史所见到耿先生,他问我:"万明在哪里?万明在哪里?你见到万明了吗?"没有任何掩饰的关切之情,溢于言表。

耿昇先生虽然离开了我们。但他的学术贡献将永存于世。

最后想说一句话,希望万明先生多保重自己的身体,谢谢大家。

(作者为中国社会科学院学部委员、古代史研究所研究员)

忆念耿昇兄

宋 岘

耿昇兄毕业于北京西三环上的北京外国语大学法语专业，1964年毕业，供职于外交部，后因林甘泉副所长决定，历史研究所接收之，于1980年调入历史研究所编辑翻译室供职。其间，他的主业是法国界的史学理论与中亚历史、考古学文献、专著的法译汉工作。1978—1980年间，我尚在世界宗教研究所所长任继愈手下当《世界宗教研究》杂志的编辑，因我的阿拉伯文导师郅溥灏的引荐，我与耿昇相识。耿兄当时遇到法文著述中的不明白的古代阿拉伯语名词，就三天两次地向其近邻郅老师讨教，也逐渐多地垂问于宋岘。渐渐的，该所中外关系史研究室主任孙毓棠、马雍得知宋岘"有历史感，还懂阿拉伯语，可培养"，可从事中亚史研究，于是历史所主持常务的林甘泉副所长，人事管理处的黎然将我从世界宗教研究所调入历史研究所中外关系史研究室，因我国史学研究须配合联合国教科文组织国际中亚文化理事会编写《中亚文明史》的工作，1979年10月在天津饭店，我国成立中国中亚文化研究协会，孙毓棠、马雍被选为副理事长（包尔汗是理事长），协会秘书处设在我所在的中外关系史研究室，协会秘书是陈翰笙理事长的老部下谢孝萍先生。1983年8月，经谢孝萍先生推荐，在乌鲁木齐召开的中国中亚文化协会通过，我担任该协会秘书处专职秘书。1985年9月5日、1985年12月8日孙、马两位先生相继过世。在他们生前，马雍与耿兄因是近邻，接触交流频繁。他们对法国历史的纪年进行有针对性的讨论，我置身于两者之间，感觉耿兄特别适合调入我的研究室，专治中亚史、丝绸之路经济文化史的研究。但耿先生、马雍先生之间没有这类话题。

1986年6月中亚协会在苏州铁道师范学院召开学术研讨会，副会长、历史研究所所长陈高华主持会议。北京大学的张广达，季羡林的学生王邦维和段晴、王邦维的学生钱文忠，贵州师范大学的项英杰先生及蓝琦、吴筑星、马骏骐，西北民族学院的王继光，南京大学的刘迎胜还有铁道师范学院的老师芮传明，秘书长穆顺英都出席了会议。历史所出席会议的有宋晓梅、吴焯、吴玉贵、王鹦、余太山等。在会后返程的火车硬卧车厢里，我当着吴焯、宋晓梅、吴玉贵的面，主动对耿昇说：孙先生、马先生逝世了，我们研究室人气锐减。你译的书基本是我们中亚的情况，你就专搞中亚吧，你就调到我们研究室来吧。我的提议得到吴焯、宋晓梅等的附和。耿昇当即接受了我的邀请。研究室新任主任夏应元当时在日本，我是室主任学术秘书，是室里的二把手。我的想法得到所长兼协会领导陈高华研究员的赞同与支持。回北京后的6月，耿昇兄正式调入中外关系史研究室。

我同耿昇兄有如下几方面的互动。

1. 语言互动。耿昇在翻译法文版的《黄金草原与珠玑宝藏》的过程中，前已述及，我和郅溥灏解决了其中的大量问题。可能是对我的过于信任，他对一些词义，缺乏细致推敲，其文略显粗糙。但态度诚恳、谦虚。他的翻译风格是：不墨守成规。我是能读阿拉伯语原著的人，看他的译著，很有帮助。

2. 耿昇兄是我从零开始学法语的业师。1982—1984年前后，他不舍昼夜地翻译法语文献之际，知道我这个中亚协会的小秘书要接触一些法国文化，接待说法文的人士，须懂一些法文。因此，在我提出向他学习法语时，他深明大义，一口答应，波澜不惊地悄悄教起来。整个教、学过程，正赶上他积劳成疾、患上严重胃炎的时候。在他的宿舍里齐着房子的对角线搭着一个布帘子，布帘左侧，是他带我诵读法语的联诵句型。而在布帘的右侧，小炉上砂锅里正煎熬着的治疗其胃炎的汤药。这种教学关系持续了很长时间。他从没有收过我一分钱"束脩"。我到北京二外西语系，其系党总支书记、法语专家林小安教授认为，我掌握的法语的读音挺标准（林教授至今仍是UNISCO的法语同声翻译）。那段时间，陈高华所长命我陪同国际中亚理事会副主席、法籍匈牙利人游览了明八达岭居庸关、明十三陵的定陵，山东大学的黄靖同行。陈高华所长还命我陪同法国阿拉伯古钱币学家——吕德维克·卡吕斯探访了北京牛街礼拜寺后院的两座元代从西域来华的波斯籍谢赫（Shaykh，意为"大教长"）的墓冢。陈高华所长还命我和王𪬢陪同国际中亚协会副主席、巴基斯坦的达尼先生。在路上，达尼说，克什米尔的姑娘最美丽！原来，达尼先生的家乡就在印度占领的克什米尔。这位七十多岁的国际友人在思乡。没有耿昇老师认真教我法语，我就没有这些经历。

3. 无私帮助建立科学家学术交流网。耿昇兄将世界科学史界的著名女数学史科学家林丽娜蒔姆拉介绍给我相识。这位美女，原系突尼斯的犹太人，她被耿昇带到复兴路36号我的家，内子刘沂包饺子，大家谈笑风生。林丽娜蒔姆拉很惊奇：中国史学界怎么有会懂阿拉伯语、还能研究阿拉伯医学的？于是乎，她将我陆续介绍给国际科学技术史界的各领域的掌门人，如叙利亚阿勒颇的科学史研究院院长，在北京地安门大街为我邀约了京都产业大学的梵文教授、印度数学史科学家——矢野道雄。林丽娜还亲自到法国国立图书馆为我查到了李约瑟博士提及的阿拉伯文手抄本《马术与战争策略》及其编号，其内有中国火药用于阿拉伯人的战争的资料。遗憾的是，我至今没有去过法国。在耿昇兄的栽培下，我在科学技术史的研究中具备了看世界的自觉意识。

4. 我为耿昇写书评。耿昇所翻译的阿里·玛扎海里著作《丝绸之路》在中华书局刊布后，影响广大。耿昇兄在学界发挥了重要作用。如今看，他为"一带一路"大局发展做出了巨大贡献。当时，有目瞎之人歪曲之。甚或，严重影响了耿兄职称的正常评定。有大贤建议我出手，于是，我为此书的出版撰写了一篇书评。我的这篇书评，很幸运地被刊登在国家古籍整理规划领导小组的门面刊物《传统文化与现代化》上。很快，人民文学出版社的《新华月报》转载其95%的文字。再后来，《陕西伊斯兰文化研究》予以全文转载。北京大学历史系教授、我们历史研究所老所长邓广铭在中国社会科学院纪念历史研究所成立五十周年大会上，高度赞扬耿昇的这部译著。他最后讲：我未及看这本书，我是看了由宋岘写的书评，写书评的人也很不简单！我在此书评里讲到，公元644—656年成书的《古兰经》共114章，其中一章的名字叫"壁垒"（Suud），原指波斯萨珊王朝（公元224—651年）为了阻击其北面的游牧民族——可萨突厥（Khazar）对该国农耕土地的侵扰，遂动用了大力，建筑了一个巨大的长墙巨垒。西北从高加索山脉的东端开始，沿着里海岸修到里海的东南。当今其遗址，尚存于里海的东南地区。据宋岘的研究，因蒙古西征，使伊斯兰世界都知道，中国的正北面有个巨大的长城。相当于元朝时的一位阿拉伯王子（张星烺的《中西交通史料汇编》记之为"阿布肥达"）来过中国，因此，他在其《地理志》（*Tagweim Buladani*）将中国的长城随了全世界穆斯林的经典——《古兰经》，也被呼作"壁垒"了。其后不久出现的《伊本·白图泰游记》也用《古兰经》的"壁垒"称呼中国的长城了。北京外国语大学柳若梅教授指导的意大利籍博士生维克多丽娅·胜丽（Vicdolia Arment）在撰写博士论文时发现，伊本·白图泰在中国的广州和泉州确已讨论到长城，用的即古兰经里的"壁垒"一词；他听别人说，因中国的长城有吃活人的妖怪，所以决定不去看长城。以前中国学术界有人不知道穆斯林文化的细节，因此武断地说伊本·白图泰没有提到"长的墙"，所以他未必来过元大都，其游记是否真实也被怀疑。意大利维克多丽娅·胜丽的结论是客观真实的，撕碎了历史虚无主义的雾霾。胜丽还正确地写到，阿拉伯文版的《伊本·白图泰游记》里的地名 ganjufu 根本不是"镇江"，而是中国元朝的赣州府。中国海洋出版社出版的《伊本·白图泰游记》因此犯了历史地理错误，将长江边上镇江市，错误地搬到浙江省温岭一带的东海畔。镇江，镇江，它不"镇江"，而是镇海去了！（读者可参见海洋出版社出版的游记的第一幅汉文地图）。显然，他山之石，可以攻玉，其导师柳若梅教授功不可没。

我深知，柳若梅、张西平、李雪涛乃至中华书局的谢方都是耿昇先生开展海外汉学研究的同道。我们深知，耿昇兄正是"一带一路"上的骁将！我们要学习他、纪念他，在新的征程中，战不旋踵，勇往直前。

（作者为中国社会科学院世界历史研究所研究员）

以发展学术来纪念我们忠厚实诚的校友耿昇先生

金国平

谢谢我的母校为我们的校友耿昇先生举办这样一个追思会，我想谈谈我跟耿昇先生的一些交往。

刚才就是王邦维老师讲到，耿昇先生向友人赠送译著很多。实际上他不光赠送给中国友人，当时我还在国外，也收到了耿昇先生的赠书。赠书上面没有这个签名，但盖了印章，我得到的耿先生赠书就是这样，印章上面有"耿昇"这两个字，而且印泥很浓很厚，所以还放了隔纸，我记得特别清楚。回忆到这些，我就想，北京有个词是"实诚"，我虽然不是北京人，但我是在北京长大的，耿昇是河北人，我所认识的耿昇，我感到用"实诚"一词形容他最贴切。我跟耿昇是邻居——他住在永乐小区，我住在重兴园小区，所以最近七八年我们接触比较多，在一起吃饭也比较多。每次耿先生都不让我付钱，每次都是他付钱，而且点的菜很多，我们每次两个人他也点够四个人吃的菜。

回忆耿先生，其他方面大家都讲过的我就不讲了。我想讲一讲，耿先生在对中古研究和藏学研究方面的贡献。在藏学方面，实际上耿昇先生翻译的有些书原文是葡萄牙文，葡萄牙文还有很多原始的文件。感谢耿先生把译成法文的葡萄牙文著作介绍给中国学者，大大推进了中国藏学的研究。

2017年底2018年初，我们还和耿先生一起评审了双屿港史料记忆，这可能是我跟他参加的最后一次学术活动。另外关于葡萄牙在中国的情况，耿先生一直跟我讲要翻一部1944年出版的、当时一个法国外交家写的书《葡萄牙人在中国沿海的航海图》，这本书是很经典的，可惜到目前为止，没有中译本，所以中国使用这部书的人也不多。所以我希望中外关系史学会组织翻译出版这部著作，作为对耿先生的一种纪念。

另外我跟耿先生最近一直在讨论要出版的一本书是荣振华的《中国传教地理》。耿先生翻译的就是荣振华关于入华耶稣会士的补编和其他后来比较大的合集，都很有用。但是荣振华先生还有这七、八篇分省的中国传教地理，是荣振华根据档案资料将当时设有教堂、有传教士的地方都做了记录，形成的这部著作。除此以外，荣振华先生还有一部很有名的书是《海南基督社团》。这本书也是有七八十页，对研究整个海南岛的宗教历史很有用。另外，除了这两部著作以外，还有一部很重要的著作，叫《明代的基督教社团》，就是明代的天主教社团，这部书中国学者用的也很少。我会积极推动翻译出版这三部著作，作为对耿昇先生最好的纪念。

谢谢大家。

（作者为国际知名旅葡学者）

永久的怀念

韩 琦

真的是历史中的一种缘分，实际上在座各位之中我最早认识的就是万明先生，因为她的母亲跟我舅父张秀梅先生是同事，所以早在 1979 年我来北京时候就见到万明先生，万先生的高堂还健在。接着从 1985 年开始，我就读研究生以后因为学法语，后来接触到耿先生翻译的一些文章，那时候书还比较少，所以很多文章发表在一些刊物上，比方说《中国史研究动态》等。所以当时我就开始知道荣振华的一些相关的研究，包括发表在远东学院院刊上的关于耶稣会士在中国的调查。从这些文章开始了我的相关的研究。所以在 1987 年前后，我就冒昧地联系耿先生，后来又去拜访。当时耿先生还住在建国门附近社科院历史所的筒子楼里。第一次跟耿先生见面的印象非常深刻，当时他正在桌上翻译谢和耐关于中国和基督教那部书。耿先生向我介绍了法国的很多研究的进展，包括很有名的尚蒂伊会议的一些东西。所以经耿先生介绍，后来我就去国家图书馆查阅这些书，然后耿先生又把中华书局出版的他翻译荣振华的《在华耶稣会士列传及书目补编》也借给我，所以我在实行改革开放不久就从耿先生那里得到这本书复印了一份，当然后来我又得到原本。但是这个复印本我一直保存至今，这是我接触在华耶稣会士研究的开端，因为耿先生翻译的荣振华这部著作，对于研究明末清初中西交流来说是非常重要的一本著作。后来他还给我介绍了荣振华的一些故事、与之的会面和交往……

刚才荣新江先生提到耿先生的译著对于敦煌学、藏学的贡献，我想除此之外，在明末清初中西文化研究领域，很多人都像我一样得到耿先生译著的影响。我觉得耿先生的贡献还在于很重要的一点，是在中国实行改革开放之初就把法国关于中西文化交流的很多内容介绍到中国来，一是因为他在法国买了很多书，二是因为他本人与法国很多学者有一些非常广泛的交往，比如耿先生翻译了谢和耐关于中国基督教的著作，与谢和耐有直接交往；翻译荣振华的著作，与荣振华也有直接交往。正是因为耿先生与这些学者有非常亲近的接触，使他对涉及中西文化交流的各个领域都能把握得这么好。耿先生的一生译著等身，这些译著对我们在座的各位、对中国学术界都产生了非常大的影响，也与他同中外学术界的广泛交往有很大的关系。

另外我想提到一点，就是我想耿先生还有很多正在翻译的著作，刚才王邦维先生也讲到一些关于印度的佛教的书，可能还处于译稿阶段尚未来得及出版。我非常期待万明先生能整理耿先生留下的译稿。我记得在1995年我在法国广播电台接受一个采访，是我现场采访戴廷杰，同时耿先生远程录音与戴对话，当时耿先生讲已经翻译了戴廷杰关于戴名世的书，即将出版。所以我非常期待能将耿先生这些没有出版的手稿尽快出版。在那次采访之后，戴廷杰先生把当时采访的录音给了我一份，录音中有一些耿先生的对话，我想这是一个很珍贵的材料。以后我如果下次能找出来的话，可以复制一份给万明先生。

所以我是非常感谢耿先生所做的大量的翻译。耿先生留下的这些译著对我有很大影响。耿先生的著作译著，我基本上都有的，现在也一直在读。我认为耿昇先生以超越时代的姿态推进了中国的敦煌学、中西文化交流研究。我会永久地怀念耿昇先生。

谢谢大家。

（作者为浙江大学教授）

耿昇先生与国家图书馆海外中国问题研究资料中心

卢海燕

我能在自己的职业生涯中得到耿昇先生的帮助与呵护,源于我的学姐万明老师。万明与我是在北大攻读硕士学位时的同级同学,虽然不是一个专业,但是因为我们的宿舍是斜对门,自然有了交往。毕业后,我到北京图书馆工作(1999年更名为国家图书馆,对外称中国国家图书馆,以下简称国图),又与万明的母亲戚志芬先生同在一个部门工作,享有耳提面命之幸,与万明的往来随之更加密切起来。与万明母女两代人的情缘,使我对耿昇先生从读其文到识其人顺利地完成过渡。

一 耿昇先生对国家图书馆"海外中国学文献研究中心"的支持

在国图众多的业务部门中有一个专门服务国家立法和政府决策的机构"立法决策服务部"。伴随全球政治经济一体化和我国社会经济的快速发展,国家立法和政府决策机构对国外智库机构和学术研究机构的有关中国研究越来越重视,他们关注世界怎么看中国,中国应该在政治经济一体化中如何把握自身的角色,从而为国家的发展制定出更具前瞻性的发展战略。在这样的需求背景下,国图开始筹备建立中国学文献研究中心,以适应发展的需要。2007年11月29日,国图召开"中国学文献研究、开发与服务座谈会"。当时特邀耿昇先生出席,耿昇先生对国图中国学文献资源建设的定位、如何开展中国学文献的研究与服务都提出了宝贵的建议。2008年7月7日,国家图书馆正式成立"海外中国学文献研究中心"(2011年更名为"海外中国问题研究资料中心")。中心成立伊始,便承担着筹备中国学阅览室、承办"互知·合作·分享——首届中国学文献信息研究与服务学术研讨会"和建设海外中国学文献研究中心网站的三项艰巨任务①。前两项任务被纳入2009年9月国图百年馆庆系列重要纪念活动的组成内容。

为此，我们在制定筹建中国学阅览室和"互知·合作·分享——首届中国学文献信息研究与服务学术研讨会"（国家图书馆主办，美国匹兹堡大学东亚图书馆、中国社会科学院国外中国学研究中心、北京外国语大学中国海外汉学研究中心协办）工作方案时，除了主承办方的办会思路，还多方听取相关领域学者的意见。耿昇和万明夫妇即是我们当时重点拜访的学者。从会议内容的策划、国内外相关学者的推荐、中国学最新研究文献资料的采选等，都为国图提出了非常有意义的建议。2009年9月8日，会议在国家图书馆举行，来自美国、德国、英国、法国、加拿大、俄罗斯、日本、韩国、泰国等国家，中国香港、澳门和台湾地区以及中国大陆的中国学研究机构、中国学研究文献资源典藏与服务机构的100余位代表参加了会议。与会学者分别围绕"中国学研究历史与展望""中国学研究中的文献信息服务"的专题作了报告和发言。北京大学哲学系教授汤一介先生亲临会议作主旨报告，并为中国学阅览室剪彩。新华社、《光明日报》、中新社、《文汇报》、《中国青年报》、国际广播电台、新浪网、人民网、中国网十余家媒体进行了报道和采访；《中华读书报》《社会科学报》《中国文化报》《中国教育报》《新华书目报》等随后也陆续刊出深度报道。

这次会议不仅仅是一次基于文献和学术交流的研讨会，还是图书馆等中国学文献典藏服务机构与中国学研究机构交流、沟通的平台，它是在国际视野下的中国学研究成果交融、交会的折射，更是多元文化平等对话的互动。会议的成功举行，得益于包括耿昇先生在内的众多学者对国家图书馆事业的帮助和支持。

二 耿昇先生与国家图书馆中国学文献建设

耿昇先生是国图忠实的读者，更是我们中国学文献建设的导师。为了不断提升国图在中国学领域文献采访和收藏的质量，2010年国图建立了文献咨询专家制度。并从中国社会科学院、北京大学、清华大学等教学研究

---

① 尹汉超：《国家图书馆海外中国问题研究资料中心十年历程回顾与思考》，国家图书馆编：《2018年国家图书馆青年学术论坛论文集》，国家图书馆出版社2018年版，第38页。

机构聘请了数位馆藏建设咨询专家，耿昇先生即是其中之一。先生曾多次到中国学阅览室查阅相关文献，并为中心发展和文献的收藏出谋划策。2013年耿昇先生在一次学术会议上得知，中华人民共和国成立初期巴黎外方传教会在云南维西地区，特别是茨中教堂的传教士们撤离之后，在教堂里留下了一批西文书籍（主要是拉丁文和法文）。由于受到专业学科知识和语言的限制，当地收藏机构一直没有考证清楚这批西文书籍的真实情况。

2015年6月13日，耿昇、万明夫妇受到特别邀请，奔赴香格里拉德钦县，对这批外文藏书做了初步考察。先生在考察后撰写的文章中谈到，"茨中教堂的这批西文书籍（德钦特藏）是历任外国神父陆续搜集到的，还包括他们个人编写的传教教材和个人札记……特别是收藏着一批价值很大的传教士们的账目、教科书和手书札记等。'德钦特藏'直接出自巴黎外方传教会，又集中在中国西南边陲的藏族与其他多民族的杂居区，所以它对于研究天主教神学、天主教发展史、天主教入华史及其在中国的本土化过程，都具有很高的价值，是一批重要的文化遗产"[①]。

基于对"德钦特藏"文化价值重要性的认识，以及该批文献在德钦有限的存藏条件的担忧，耿昇、万明夫妇特别找到时任国家图书馆立法决策服务部主任的我（"国家图书馆海外中国问题研究资料中心"为立法决策服务部的业务机构之一），建议国图能够考虑将这批文献通过合适的方式入藏。我遂将此信息迅速报告主管我们立法决策服务部工作的副馆长孙一钢。馆领导高度重视，明确"如果纸质文献直接入藏国家图书馆现阶段不能实现，我们可以出经费通过数字化方式扫描，为国内外学者提供服务。同时还可以将数字化版的'德钦特藏'赠送德钦备存"。我将向馆领导汇报的情况旋即反馈给耿昇先生，先生非常兴奋，并将德钦方的具体联系人李钢先生的通信信息告诉我，也专门与对方联系，说明国家图书馆有收藏"德钦特藏"的意愿。后来因为德钦方面的原因，此事在不断等待"领导批示"中终至未能实现。去年耿昇先生突然病逝，李钢先生得知后非常悲伤，对先生在世时未能完成"德钦特藏"落户国图的愿望深表遗憾。

---

① 耿昇：《香格里拉的"德钦特藏"》，《社会科学战线》2015年第11期，第71—79页。

三 耿昇先生与"中法国家图书馆合作网站"

法国国家图书馆与中国国家图书馆自 2007 年起开始战略合作。2015 年，法国国家图书馆与中国国家图书馆续签战略合作协议（2015—2018）。协议内容之一即是双方共同建设"中法文化门户"网站（le Site France-Chine）。作为此项工作的中方主要承办机构，该网站专设"中法交流"栏目，以系统展示中国法国学文献，供中法两国学者研究使用。该网站筹建期间，耿昇先生曾多次到国图中国学阅览室查阅法国耶稣会士的资料，有一次，中国学阅览室负责人尹汉超副研究馆员专门为先生介绍正在建设中的该网站的"法国中国学"栏目，出于专业的敏感，耿先生认为"法国中国学"栏目收集的相关数字资源信息，对于我国学术界研究耶稣会士来华的历史具有重要的史料价值。耿昇先生的肯定，给我们很大的鼓励。为提高该网站的影响力，在该专栏正式开通为读者服务之前，中法两国国家图书馆约定，各自负责邀请本国一位著名学者为网站撰写《序》。我们第一个想到的就是耿昇先生。当我们登门拜访耿昇先生并说明我们的来意时，先生毫不犹豫地答应下来，并在手中译稿压身、出版社不断催交译稿的情况下，很快将亲笔写好的序《搭建中法文化交流的友谊虹桥》交给我们。2016 年 6 月 30 日，时任国务院副总理的刘延东同志在巴黎与法国外长艾罗（Jean-Marc Ayrault）共同主持中法高级别人文交流机制第三次会议，中法门户网站在此次会议上成功展示，获得中法政府领导人高度肯定。中心网站的建设，是中法两个文化大国源远流长的友谊关系在互联网时代的延续与彰显。同时也提升了国家图书馆海外中国问题研究资料中心与国外图书馆合作共建的能力与水平①。

2018 年 4 月耿昇先生突然离世带给我们巨大的震惊，痛惜之情无以言表。学术界对于耿昇先生的评价"学问博大精深，令人高山仰止，尤其在引入法国史学理论、法国汉学史，推进中法学术交流，推动国际汉学进入中国中外关系史研究领域，促进民族古文字、语文与文献研究的进步与发展方面，做出了巨大贡献"，表达出学术界对这位勤奋一生、踏实耕耘、忠厚待人的学者的由衷敬意。但是从我的角度来看，耿昇先生的学术成就

---

① 尹汉超：《国家图书馆海外中国问题研究资料中心十年历程回顾与思考》，国家图书馆编：《2018 年国家图书馆青年学术论坛论文集》，国家图书馆出版社 2018 年版，第 40 页。

意义远不止于此。先生对于国家图书馆、为中法文化交流所做出的努力，以不同载体方式、作为中华文化思想宝库的重要组成部分，存藏于中国国家的总书库，并要世世代代传承下去、福泽后人。我认为这是作为一名学者对于中华文化乃至中法两国文化交流和发展所做出的最大的贡献，也是先生应该享受的当之无愧的殊荣。

（作者为中国国家图书馆中国学文献中心原主任）

耿昇先生与清史纂修工程

黄兴涛

尊敬的万明先生、各位学者，大家好！

耿昇先生逝世已经一年了，我非常怀念他。每当想到他的时候，他那种笔耕不辍、永不停歇、不断的探索求知的纯学者的风采，他那种满面春风、虚怀若谷、豁达开朗、乐于助人的暖人的神情，还有他那勇于任事、不断组织各种学术交流活动的奔忙的身影，就会出现在我的眼前。刚才好多学者谈到耿先生身上很多很不简单的、难能可贵的地方——他的学术领域是那么广、他的那么多的著作。我一直对耿昇先生这位纯学者充满了敬意。前不久我读了他的《我的治学之路》，文章中讲到他咬定青山的那种学术追求，还有他那种海纳百川、知难而进的这样一种学术态度，给我留下非常深刻的印象，可以说就加深了我对他的了解。

我跟耿先生认识20多年了，大家都知道我是研究清史的，清史涉及自从全球化早期发展以来的时期，想非常完整深刻地认识清史，不了解东西交流是不可能的。耿先生向我不断地强调说，你们清史学界法文好的人还是不够，这对清史和近代史的研究有很大的影响。他就鼓励说，你们要多开一些中西文化交流的会，把这些搞中西文化交流的学者和你们研究清史的学者聚在一起。你们这样多开会的话，对你们提高研究能力、认识能力是有好处的。所以在他和好多学者的建议下，我们也开过好多会。特别是2006年那一次"西学与清代文化"的会，当时把北京地区搞清史的好多相关学者都请来了，规模很大。耿先生就说，你这样搞是对的，我觉得那一次的交流讲得非常好，讲得非常好。

我想今天这个场合时间有限，我不能多说别的，我讲讲耿昇先生与清史纂修的关系。其实耿昇先生涉及的很多领域，比如中法文化的交流、特别是耶稣会士，对清前期的东西方文化交流影响都是很大的。还有耿先生对明清入华传教士这一领域的好多具体的问题，都有很深的理解。耿先生和我们国家的清史纂修工程也很有关系。我们清史工程在2002年正式启动以后，在2004年到2012年间，我们有一个清史编译组，就是想要更大程度地对东西方文化交流有更系统的认识。在编译组的时候，当时就把耿昇先生还有好多老师请来了，特别是很多研究中西关系史的学者，当时计划编一个叫"编译丛刊"，就是专门翻译东西方文化交流史的内容，包括中法文化交流等，很多国家的有关文献都是关于清史研究的重要资料，特别是档案资料。当时规划时想至少翻译100部著作。我记得。后来还有好多，都体现在《清史译丛》中。现在看来后来在"编译丛刊"中涉及清史的外国著作已经有70多部得到翻译，《清史译丛》共出版了11辑。而这两项工作耿昇先生从头到尾都参加了。他出任"编译丛刊"和《清史译丛》的编委，而且提供了很多很好的建议，比如缺哪些东西、要翻哪些东西、怎么利用已经翻译的这方面的成果等。耿先生还主持完成了课题"清史法文文献档案的整理"。可以说清史工程进行的八年期间耿先生一直不断参加有关的工作，对工程的开展做了很切实的贡献。

今天回想以往的好多事情，我想如果有机会再把耿先生的有关贡献写出来，那对我们了解这个学科、对我们的清史研究，都有更大的推动作用。

我就说这么多，谢谢。

（作者为中国人民大学历史学院教授）

怀念耿昇先生 兼谈学术翻译

钱婉约

2018年4月，耿昇先生突发心脏病不幸去世，到现在转眼一年时间过去了。今天，我们在这里纪念耿昇先生的为人为学，寄托哀思，追述他给我们留下的学术遗产，借此讨论中外关系史研究、学术翻译、治学方法等论题。我觉得非常有意义。

我与耿先生相识于2010年前后的一次海外汉学研究学术研讨会上，在这之前，由于教学与研究的需要，读过、浏览过耿先生翻译的不少著作，如《柏朗嘉宾蒙古行纪》《清宫洋画家》《中国文化西传欧洲史》《耶稣会士中国书简集》等。折服于耿先生巨大的翻译工作成效和译介之功。2011年，我邀请耿先生到我所在的学校做演讲，同时，对他进行了学术专访。随后，写成《积跬步以至千里的翻译家——耿昇先生访谈录》（钱婉约、贾永会合作），2012年发表在《汉学研究》第14辑上。这次访谈，使我对于耿先生的为学道路和翻译成就及研究领域，有了比较全面的了解，对他的尊敬更加具体和加深。在此后的七、八年里，由于参加中外关系史学会的年会或分会，与耿先生又有多次接触与交往，见证了他主持与组织中外关系史学会活动、推进中外关系史学术研究所做的贡献。

耿先生给我的印象是：待人诚挚恳切，为己克勤克俭，为学有喷薄的热情与坚卓的毅力。是一位一心扑在学术与翻译事业上的纯粹的、令人尊敬的人。

在过去的40年里，在中外关系史、中法文化交流、海外汉学特别是法国汉学乃至丝绸之路、来华耶稣会传教士、藏学等研究领域中，耿先生的译著数量巨大、蔚为壮观、影响广泛，可以用一个词——"耿译"，来指代他众多翻译著作出版存世这一学术现象吧。

下面，我就个人粗浅的阅读与认识，谈谈关于对耿先生翻译（"耿译"）的理解。

一　耿先生一生到底翻译出版了多少著作、多少万字？

（一）法语专业—外交部—历史所

耿先生，河北阜平县人，以一介农家子弟，1964年考入北京外国语大学法语专业，属于语言学本科出身，1968年毕业后，被分配到外交部任法文翻译，一直到1979年，十年间，在巴黎中国驻法使馆做翻译。用他的话说："驻外使馆的翻译更像办事员，经常用到的外语很有限，因此，外语水平并没什么提高。……这个工作性质对我个人不是很适合，因为我更喜欢读书。"[1]

1981年，转入中国社会科学院历史研究所，从事涉及中外关系史的法国汉学学术著作的翻译。在此基础上，他也成为我国对于法国汉学研究最具有学术视野、最具有一手资料积累的法国汉学介绍与研究者。他自己甚至说："我的真正人生，似乎正是从此而开始。"

"1981年调到中国社会科学院历史研究所，从事法国汉学的研究与翻译工作。我的真正人生，似乎正是从此而开始，有了自己热爱的职业，从事自己所喜欢的工作。"[2]

（二）耿译知多少

那么，1979年以来到2018年去世的39年中，耿先生翻译出版的著作，到底有多少？

1998年，谢方先生的文章中，称翻译著作在"1600多万字"。

2011年，我们采访他时，经他自己确认的数字是："翻译法文学术著作57部，3000多万字，涉及中亚史、敦煌学、突厥学、藏学、蒙古学、中国与阿拉伯—波斯关系史等诸领域。"

---

[1] 钱婉约、贾永会：《积跬步以至千里的翻译家——耿昇先生访谈录》，《汉学研究》第14辑，学苑出版社2012年版。

[2] 耿昇：《搭中法文化交流之虹桥，涉中外关系史之学海——我的治学之道》，《社会科学战线》2014年第1期。文中有"1969年毕业后，到中国人民解放军4582部队'接受工农兵再教育'。1979—1980年间，本人被分配到外交部任法文翻译"。怀疑部队受教育是短期的，这里的"1979—1980"应该是"1969—1980"。

耿译著作目录，目前我所见有两种。

（1）"耿昇1979—2004年译著、译文、论文与介绍文章目录"，统计是"截至2004年止，已出版译著46部，发表译文180多篇、论文及介绍性文章77余篇"。见2018年5月15日，北外全球史通讯。

（2）"耿昇1979—2013年已发表译著、译文、论文与介绍文章目录"，应该是耿先生为了自己七十岁寿辰而写《我的治学之道》一文时，对自己学术工作的一个总结统计，统计是"从1980年到2013年，共出版译著60部66册、论著1部、论文和介绍评论文近120篇、译文近200篇"。① 先生逝世后，多为网络学术网站或个人博客援引。如2018年4月11日，杨福泉博客文，国际藏学的网站。

这份2013年的目录，列出译著57种，加上三种已交出版社尚待出版的。笔者检索目录，发现2014年以来确实出版，可补充2013年57种著述表的耿译有：

58. ［法］伯希和著：《伯希和西域探险日记：1906—1908》，70万字，中国藏学出版社2014年版（在三种待出版之列）。

59. 《丝绸之路：神祇、军士与商贾》：布尔努瓦著；云南人民出版社2015年版（即三种待出版中的同作者的《丝绸之路2000年》）。

60. 《西藏的黄金和银币：历史、传说与演变》，布尔努瓦著；中国藏学出版社2015年版（未见待出版者）。

其中上面目录称2013年待出版的伯希和的《唐代吐鲁番的道路》，20万字，中国藏学出版社。目前尚未检索到正式出版信息。

耿译学术著作，在60种以上是确定的。

在耿先生去世后，《人民日报》刊出杜廷广先生的纪念文，他的说法是：

> 他致力于中外关系史及相关领域的研究达30年，涵盖西域史、丝绸之路史、藏学、敦煌学、阿拉伯—伊斯兰史及法国汉学史等诸多学问，译著70多部，论著1部，论文100多篇，译文200多篇。如果按字数计，即达数千万。还有几部译稿尚待出版。②

---

① 《耿昇部分译著》，见《社会科学战线》2014年第3期。
② 杜廷广：《耿昇：敦厚长者 译坛骁将》，载《人民日报》2018年5月1日第8版。

随着时间的推移，耿译的数目以46部、57部，60种以上、70多部依次递进，全部字数在1600多万字、3000万字或者数千万字，并没有得到一个准确的统计（希望有人专门梳理与统计）。但是，无论如何，以个人之力，近四十年间持续不断，庶几做到了生命不息、译作不止，做出了如此数量的翻译工作，是非常惊人的。不是超越常人的专注力、志趣、毅力，以及放下常人的诸多现实追求与人生享受，是不能达到的。

什么是献身学术、献身自己钟爱的事业？我想，耿先生以近40年的翻译生涯和已出版的皇皇译著，回答了这个问题。

二 "耿译"的学术成就与贡献

耿先生的译著，广泛涉及中亚史、丝绸之路、敦煌学、突厥学、藏学、蒙古学、中西文化交流特别是明末来华耶稣会士，还有中国与阿拉伯—波斯关系史，以及法国汉学史诸领域。如此广泛的学术范畴，后人要对他的译著做全面的、学术性的评价，几乎是很难想象的。

（一）呼应国内学术需要，不畏冷僻，引进法国汉学成果

耿先生的翻译，首先是呼应国内学术发展的需要，在了解法国汉学界动向、选择翻译领域，决定翻译版本上，都是很值得称道的，为中国学界及时引进了法国汉学成果。

耿昇先生自己介绍说：刚到中国社会科学院历史所时，首先翻译了"中亚史""丝绸之路"的著作，如翻译出版了布尔努瓦的《丝绸之路》、戴密微的《吐蕃僧诤记》、韩百诗的《柏朗嘉宾蒙古行纪》等。随着1983年"中国中亚文化研究协会"及"中亚文化研究国际协会"相继成立，中亚史研究变得热起来。于是，他转向敦煌学领域，应敦煌研究院段文杰院长之邀，关注法国的敦煌学研究，翻译了如麦克唐纳的《敦煌吐蕃历史文书考释》、伯希和的《伯希和敦煌石窟笔记》《伯希和西域考古报告》《新疆考古日记》，还有法国外交部资助项目《法国学者敦煌学论文选萃》等。另外，由于王尧先生的邀请，耿昇先生又进入对于国人来说，更为偏僻的藏学研究领域的翻译，翻译了石泰安的《西藏的文明》、古伯察的《鞑靼西藏旅行记》《西藏和蒙古的宗教》《西藏佛教密宗》等。这些著作的选择，一是由于当时国内相关学术领域了解西方研究状况的需要，受学术领域领军式人物的指点与请托，有的时候，一本译作，起到推动与引领

一个领域的学术发展；另一方面也是在这种需求的感召下，得益于耿先生对于法国汉学家以及汉学出版界的了解与熟悉。

以一本小书为例，伯德莱是巴黎艺术博物馆教授，1997年他出版了集40年搜集、研究之心力而成的《18世纪入华耶稣会士画家》一书，同年，耿昇从美国旧金山大学教授马爱德来华讲演时的交谈中，得知有这本书。书中图文并茂，收有130多幅彩画作品，书价昂贵，400多法郎。译者利用1999年到法国学术访问之便，从巴黎凤凰书店购得此书，就有心译介给中国读者。幸得山东书画社吴兵先生的支持，2002年得以出版此书。可见，在译书的选择上，耿昇先生是多方获得信息、多方留意购入，自己投入时间与资金，买书、译书、联系出版，把最新的成果，以最快的效率，介绍给中国学术界。

"我不想做那些特别热门的、时髦的学问，也不想做那些花哨的学问。我倒愿意做一些比较冷门的、能够存在下来的学问，踏踏实实去做，在文化积淀中体现这些学问的价值和个人工作的意义。"①

1998年，中华书局编审、中外交通史研究家谢方先生写了《为了法国与中国的文化因缘——译坛骁将耿昇》一文②，肯定了耿译的学术史地位，认为耿昇是20世纪20年代以来，继张星烺、冯承钧之后中国中外交通史、中外文化交流史上的"译界骁将"。耿译对于20世纪80年代以后中国学术界百废待兴，特别是中外关系史领域长期禁锢造成的学术空白，起到了填补空白，促进学术起步和交流的重要作用。

（二）知难而进，啃硬骨头，译他人所不能译，戛戛独造

耿译的翻译内容如上述所言，涉及广泛的史学领域，而且涉及汉唐以来亚非欧广大地区的多民族、多语种的著作。这些翻译工作所需要的学术素养、语言技能乃至勇气与毅力，是可以想象的。为了过语言关，耿昇曾经参加过中央民族大学举办的各期少数民族语言的培训班，比如王尧先生主持的藏文班，贾敬颜先生主持的蒙文班，耿世民老师举办的突厥文班，以增进对这些语言的认识了解。耿先生还购买数十种语言字典、词典，某

---

① 钱婉约、贾永会：《积跬步以至千里的翻译家——耿昇先生访谈录》，《汉学研究》第14辑，学苑出版社2012年版。
② 谢方：《为了法国与中国的文化因缘——译坛骁将耿昇》，《世界汉学》1998年第2期。

一外语与汉语字典不用说，更涉及两种外语之间的字典，如《英荷字典》《法日字典》《汉译对照梵和大辞典》等，必须学习、查阅多种语言的字典。耿先生说："当时学的还可以，现在不用就有些生疏了，但需要时总还能使用。"（钱贾访谈录）可以说，耿昇先生具有一股一般学者难以想象的"啃硬骨头的精神"，咬紧牙关，耐住寂寞，乐在其中，把别人不敢译、不能译的艰深冷僻的东西译出来了。

这里仅以《吐蕃僧诤记》为例。

此书为戴密微著，1952 年出版。初名《拉萨僧诤记》，全书内容是"中印僧侣于 8 世纪在拉萨举行的一次有关禅的大会辩论"。书中大量利用汉文资料，特别是来自伯希和、王重民提供的敦煌卷子，书中仔细考辨与读解、首次发布。全书只由两章——"第一章 有关吐蕃僧诤会的汉文史料译注""第二章 史料疏义"组成，却厚达 500 多页，其中一半是小号字的注文。全书广征博引，除了敦煌卷子以外，还引用了大量西域文书、汉文、藏文、梵文的古代资料，以及当代东西方学者的有关著述。"就其文字而言，书中大量使用了当代西方语言、日文、藏文、梵文、突厥文、蒙古文和其他西域死文字"（作者"新版前言"），另一方面，戴密微书出版后，引起国际学界对于这次僧诤会的争论，如僧诤会的地点在拉萨吗？到底举行过几次等。后来，戴密微根据日、英、法、意、匈、新加坡及我国港台学者的研究，纠正自己的研究，将书名改为"吐蕃僧诤记"。古今东西语言的复杂性，研究文本本身的深奥复杂，造成此书的艰涩繁难，别说是翻译，就是现在我们阅读汉文，也觉得很不容易。翻译工作的难度是可想而知的。

耿昇在"新版前言"中说，英国学者吕埃格曾对译者说，英美有不少学者想把此书译成英文而未成功，当译者对法国学者说，已经将此书翻译成汉文出版了的时候，法国学者都惊讶地表示"难以置信"。此书初版于 1984 年，用作者的话说是"初涉学术译坛时"的译作，大概多少应了那句"初生牛犊不怕虎"的心理吧，竟然完成了外国学者所不敢做的工作。

又举《黄金草原》为例。这是一部关于古代阿拉伯世界的历史名著，是由 9—10 世纪阿拉伯学者、旅行家马苏第写成的"学术旅行纪行"，堪称阿拉伯世界中世纪的"百科全书"。翻译它，不仅是一个知难而上、不畏艰难的过程，而且对于版本的辨析，也非常重要。此书有三种版本。

1. 阿拉伯文古代原本，共四卷，有散佚。

2. 19世纪后半叶，法国学者出版了阿拉伯文与法文的对照本，分为九卷。20世纪二三十年代，重印出版。我国顾颉刚、徐炳昶、向达等前辈先生，曾约请我国著名阿拉伯历史学家、阿拉伯语教育家纳忠先生翻译而未果。

3. 20世纪60年代，法国亚细亚学会著名阿拉伯文教授，又对原阿拉伯文与法译本精行校订与修改。在六七十年代，先后出版阿语版五卷本与法语版五卷本，法译本由法国亚细亚学会作为"东方研究丛刊"之一出版。

由于耿昇先生在法国文化界的信誉，争取获得了法国亚细亚学会的授权，法国当时把新旧两种法文本，连同"当时法国尚未出版的本书第四卷的校订清样"寄给译者。耿先生1985年就翻译了前2卷，可惜的是，（1）1998年才由青海人民出版社得以出版。（2）、后3卷终于没有来得及翻译、出版。我在上引杜廷广一文中，看到耿先生对于《黄金草原》只翻译出版了前2卷，也曾经有"能力有限""有生之年，剩余篇幅恐无法完成"之叹。

这个例子又可见，不畏艰难、啃硬骨头的勇士精神，也是与面对客观、知所进退的学者理性相结合的。

三 兼谈学术翻译

（一）关于粗糙与失误

如此巨大的翻译工程，耿译存在粗糙和失误的地方，在所难免。没有一个人可以完全避免出现错误，尤其是如此涉猎广大而数量众多的翻译量。瑕不掩瑜，正如谢方先生的文章中说：

> 冯承钧先生生前曾把费赖之的《入华耶稣会士列传》全部翻译出来了，对我国明末清初中西文化交流史的研究是一很大贡献。但无论费赖之的原书和冯先生的翻译，失误的地方都不少。……本世纪70年代法国学者荣振华曾对费赖之书做了许多重要的补充和修正，写成《在华耶稣会士列传及书目补编》，现耿昇又将它译为中文，共70多万字，1995年由中华书局出版。冯译和耿译二书都是必要的，可以互为补充，构成耶稣会士研究的一套完整的资料性工具书，嘉惠学林。

因此，缺点和不足是可以补正的，而成绩是有目共睹的事实。①

耿译在专业用词、学术理解上的失误，有专业研究者指出其错误所在，实属理所应该，只要是专业性的、公正的学术指正，或者正是译者与学者的耿昇先生所乐于看到的。

学术翻译最重要的是准确理解与把握书中的学术性与思维逻辑性，这要求译者对于所翻译的学术原著的领域有所熟悉，掌握基本的知识素养，翻译敦煌学著作，就要了解敦煌学发展概况，翻译中国古代版本学著作，对于中国印刷术、版本学方面的术语不能不了解。这就是耿昇先生所说的"我不是历史学科班出身，而是外语出身，所以需要大量阅读和补课。我翻译一本书，一定要找遍这个问题相关的所有书，通过购买、借阅和复印各种方式。"（钱贾访谈录），即便如此，那些被专家指出的"失误"，往往源于相关领域专业知识的不足与疏忽。

三十多年间，耿先生有近百篇署名文章，发表在学刊杂志或论文集上，他自己为这些文章标为"论文与介绍文"，有些文章正是在他所翻译的基础上，将法国汉学研究的相关成就率先介绍给中国学术界相关研究领域，发表在《中国史研究动态》《中国中外关系史研究通讯》《中国敦煌吐鲁番学会研究通讯》《世界宗教研究资料》《国外中国学研究译丛》《国外藏学研究动态》等杂志上的，这些文章，不用说，译介之功甚大，是有益于学术界的。有网文将这样的文章归为"先译后抄"现象，并且说"涉嫌学术道德问题"，我个人觉得过于苛刻，缺乏善意与尊重。术业有专攻，学思有浅深，天赋有高下，有道是"勤能补拙"，"不积跬步无以至千里"，"桃李不言，下自成蹊"，"躬自厚而薄责于人"，好像说的就是耿先生这样默默耕耘的人。

（二）关于照直翻译

汉语翻译的文风问题，不是一个新问题。前辈翻译家与翻译学学者多有提到。从"信达雅"，到"归化""异化"的翻译理论，广为熟知，但一般更被理解为是针对"文学性"的小说、戏剧、诗歌而言的。至于学术翻译，就会觉得似乎不必太在意词句表达和文风，照直翻译就可以了。

---

① 谢方：《为了法国与中国的文化因缘——译坛骁将耿昇》，《世界汉学》1998年第2期。

"照直翻译"，好的话，能够看得懂，但逐渐造成"欧化的文风"，五四以来，欧风劲吹，20世纪八九十年代盛行的《读书》文体，大家也不陌生；不好的话，就难免"生硬拗口"，距离中文表述习惯太远，甚至造成中国人看不懂中文的情况。

我自己中文系出身，也曾翻译过几本日本汉学著作，对于学术翻译略有自己的体会。中外文是两种不同的语言，其词汇含义、感情色彩等或有不对等，语法结构顺序不相同，表述习惯也不一样。翻译者应该遵循"尊重汉语表述习惯"的原则来做，具体来说，一是要尽量寻找意义匹配对等的汉语词汇来对译原文词汇，二是要把不同的语法顺序颠倒过来，变成像中国人在说中国话、写中国文章那样，三是最终做到全句译文，与原句在意义大小、程度深浅、情感色彩等方面基本等值，从而达到准确地传达原文，而且又文通字顺。在此基础上，如果又能以简洁典雅的中文写出，那就是上乘译著了。

就我个人阅读的体会，耿先生的翻译属于"照直翻译"，带有欧化文风，其中也不免存在冗赘之词、生硬之处，但是，还是完全能够读通与理解的。举例如下：

> 1946年，他在法兰西学院主持中国语言和文学讲座，继承了悲惨地死在集中营中的其故友马伯乐。在伯希和于同年逝世和葛兰言于1940年去世后，他成了法国汉学界的领头人，也是有了一个半世纪古老传统的继承人。[1]
>
> 如果说很难同时表示丝绸之路会身负着如此之多美梦、如此之多含糊不清的内容，那也是因为随着研究人员们越来越透彻地理解这些道路，这些名词的意义也不停地在扩大其内涵。[2]

相信读者会赞同我以上这样的体会。

最近读余光中先生的一本论翻译的书《翻译乃大道》，其中多篇文章就谈到一个现象——由于大量阅读西文著作及欧化的汉译西文著作，带来

---

[1] 谢和耐：《戴密微传》，耿昇译，载《吐蕃僧诤记》，中国藏学出版社2013年版，第513页。
[2] F. B. 于格、E. 于格：《海市蜃楼中的帝国：丝绸之路上的人、神与神话》，耿昇译，中国藏学出版社2013年版。

"中文式微"。

中文式微的结果,是舍简就繁,舍平易就艰拗。……(比如)"关于李商隐的《锦瑟》这一首诗,不同的同学们是具有很不相同的理解方式。""陆游的作品里存在着极高度的爱国主义的精神。"类此的赘文冗句,在今日大学生的笔下,早已见惯。简明的中文,似乎已经失传。上文的两句话,原可分别写做"李商隐《锦瑟》一诗,众说纷纭","陆游的作品富于爱国精神"。

我教翻译多年,往往面对英文中译的练习,表面上是在改翻译,实际上主要是在批作文。把"我的手已经丧失了它们的灵活性"改成"我的两手都不灵了"。[①]

耿译的句子,如果让诗人、散文家、翻译教授余光中先生来批改,那不免是要"卷面圈红"的,当然这是更高的要求。

综上所述,耿译之书,大多是专深的学术著作,初印不多,却能够不断再版。一种译本初版后,往往多次印刷再版,且有不同出版社重印再版,至有两三种、三四种不同版本。比如戴密微《吐蕃僧诤记》,1984年甘肃人民出版社初版后,台湾千华书局1993年再版,2001年西藏人民出版社与中国书店同时再版,2013年又有中国藏学出版社再版。马苏第《黄金草原》1998年青海人民出版社初版以后,2013年中国藏学出版社重印再版。再如谢和耐《中国5—10世纪的寺院经济》,1987年甘肃人民出版社出版后,又有台湾千华、上海古籍、中国书店、中国藏学出版社等多家出版社出版。这样的情况,在耿译中举不胜举。这一现象正说明,耿昇先生埋首书海,勤奋译介的成果,适应时代学术之需要,为中国学术界相关领域所需要,对中国学术界贡献之大。

翻译之事非小道,经典著作经得起一译再译。随着我国学术界"耿译"相关学术领域研究的深入拓展,相信会有更好的译本推陈出新,更上层楼。

(作者为北京语言大学人文学院教授)

[①] 余光中:《翻译乃大道》,外语教学与研究出版社2014年版,第107页。

怀念为中国当代学术的恢复与
发展而努力的耿昇先生

龚缨晏

刚才段先生是从西南来的，我是从东南沿海过来的，我们都发自内心地怀着怀念之心来到这里。

在来京的火车上，我不断回想我跟耿先生交往的经历。1998年时，我第一次在杭州去火车站迎接耿先生。当时是为了筹备中外关系史学会会议，我去接他时，我这个小伙子感到耿先生走路比我还快，讲话声音很洪亮，很清脆。像刚才彭卫先生说得一样。后来我到北京，耿先生第一次请我吃饭的情形我记得很清楚。两人进餐可他点的菜四五个人都吃不完，要知道那个时代是没有报销的，全部是自己掏钱，这一点我印象很深。后来在我的人生经历中，可以说我是一方面读他的书在成长，另一方面也不断地受到他的提携，耿先生既是我的兄长又是我的老师。我从中外关系史学会的会员到副秘书长、后来到副会长，一路跟随耿先生到海南、到云南、到沈阳到全国各地去开会。

关于耿先生的贡献，大家都提到过两个很突出的方面，一是他通过翻译给中国学术界介绍国际上最重要的学术成果，在中国改革开放之后学术复兴的过程中，这些译著发挥了奠基的作用；二是耿先生通过中外关系史学会，以超人的组织能力推动了整个中国学术的复兴。我觉得在此基础上耿先生对中国还有一个重要贡献，就是他架起了中国学术跟世界学术的桥梁。在当代中国学术复兴的过程中，耿先生是得到外国人发自内心的钦佩的一位中国学者，当今中国这样的学者少而又少。耿先生通过他的个人的影响力和学术魅力，使世界了解到中国学术的发展情况，也使中国学术界获得了世界学术界的承认和尊敬，所以这也是耿先生一个很重要的贡献。

由于时间关系我就不再多讲了，有一个小小的建议，因为我觉得耿先生的这些译著，既属于他个人的，同时也是属于中国学术界的，他见证了中国当代学术的复兴和发展的过程，所以有可能的话汇总编辑出一个全集，使后人能够了解中国当代学术是如何从一个废墟中逐渐恢复、发展的。

我就讲这些，谢谢大家。

（作者为宁波大学历史系教授）

我所认识的耿昇

赵连赏

大约是1980秋冬的一天上午,在社科院后院小道上,迎面走过来一位个头不高、面颊清瘦的男子,用一口语速较快且不太清楚的普通话问我:"请问,三号楼是哪个?"我侧身随手指了指身后不远处的三号楼,答道:"那个就是!"过了一段时间,再遇这位问路者,他跟我说:"我叫耿昇,在历史所编译组工作。"

在此后的数年时间里,我们虽然同在一个研究所,但我和耿昇没有什么实质的接触,有限的接触也就是在大院里相遇点点头而已,有时候碰到他,我主动跟他点头打招呼,他却眼睛直直地与我擦肩而过,口里好像还在自言自语地念叨着什么,完全无视他人的存在。

真正与耿昇交集较多,始于他担任中外关系史学会会长之后。或许出于我是他来历史所最早认识的同事之一,或许是为了丰富学会学科门类,又或许是为了发展壮大学会队伍等因素考虑吧,他多次邀请我参加学会组织的一些活动,并动员我加入学会。因我多年一直从事中国古代服饰史和物质文化史研究,当时的研究涉及中外关系史的内容甚少,担心自己没有什么这方面的成果,怕被学会其他学者耻笑,所以,拖了很久方才入会。自从加入学会后,我便开始关注中外关系史领域的研究,逐渐了解学会情况,也因为参加学会各种学术活动而比较多地接触到耿昇。

这些年来,客观地说,我对耿昇的了解并不是很多,但他留给我的印象确实比较深刻。首先,耿昇在生活上十分简朴:八九十年代,一年四季的大多数时间,他的着装都是一件半旧的灰色西装,不论在所里图书馆、还是在院里食堂,几乎没有什么变化;其次,耿昇为人坦诚直率:他在学会会长的任上，操办各类事宜多多，须与各界方方面面的人打交道，其办事风格基本上都是直来直去，有事说事，直奔主题，就连帮助别人，他也是这种风格。记得有一次耿昇问我，你工作中经常拍照，除了拍需要的文物和文物具体局部细节外，拍不拍大一点的场面和地形类照片？我告诉他，这些内容是摄影中另外一种技艺，一般都是考古队等专事考古工作者的工作范围，我们是不拍的。他听后说，研究中外关系史是需要大场面和地形照片的，你得注意这类问题，练练拍摄。我回答他，那是需要有视野感的。聊完后的某一天，在楼道与耿昇相遇，他对我说，给你本大场面摄影的书，我怕麻烦他，随口说了句"不用了"。已经迎面走过我的他，头也不回地说了一句："书在我办公室！"他就是这样一位简单而待人真诚的学者。

生活中性格如此，在学术上，耿昇依然是这种风格。长期以来，他所从事的翻译工作，涉猎范围广泛，涵盖丝绸之路研究、敦煌学、吐鲁番学、突厥学、藏学、西域文明史、蒙古学、中西文化交流史与法国汉学史等众多学术领域。众所周知，翻译高端的学术研究专著，不同于一般的作品翻译，从事这项工作的学者，必须对不同的专著内容有比较全面深入的了解和研究，方能较为准确地把握学术问题，翻译好相应的著作。耿昇从实际出发，找准方向，直接抓住具体学科的关键学术问题，通过对这些重要问题锲而不舍、持之以恒的学习攻关，他的翻译水平和学术水平达到了很高水准。

耿昇凭着他对自己这份工作的热爱和对学术的执着追求，成功是必然的，随之而来的是各种翻译和研究成果频频涌现。据万明介绍，耿昇曾统计过自己的成果：从80年代初到2018年4月他去世之前的三十多年中，先后出版了《丝绸之路——中国—波斯文化交流史》《海市蜃楼中的帝国：丝绸之路上的人、神与神话》《阿拉伯波斯突厥人东方文献辑录》《西域文明史》《法国西域史学精粹》《伯希和西域探险记》《唐代吐鲁番的道路》《古代高昌王国物质文明史》《东突厥汗国碑铭考释》《蒙古的宗教》《西藏的宗教》《法国学者敦煌学论文选萃》《1552—1800年入华耶稣会士列传》等近70部译著，译文近200篇。此外，他还出版了专著1部，论文和各种介绍、评论文章近120篇，成果数量达到惊人的程度。

我是耿昇大量出版著作赠书的受赠者之一，这些年，收到的耿昇赠书估计不下二三十本。其中,绝大多数是他送给我的,也有个别是我向他"预定"的。起初,我拿到书后还能慢慢地看,到后来,都是上一本没读完,又收到他的新书,而且新书源源不断,甚是惊诧。这种译书快,读书慢的情况,大概在学界,我是独一份吧!对耿昇出书的神速,尤其是每每收到他的赠书时,心中总是隐隐有种疑惑,这些涉及多种内容的译著,叠加起来的数量,仅录入就得耗费多少时间啊?更何况是专业的学术译著。我至今才出版了几部著作,速度和效率实在无法与之相比,甚至还有些难以理解。有一次,在一同参会的路上,我终于忍不住问他:"耿兄,你这些大作都是怎么完成的?速度怎么这么快?"他歪着头看了看我,微微一笑,没做回答。这个疑问直到前些天,为写这篇小文,打电话向万明请教耿昇著作出版情况时,才得到答案。我们在电话中聊起耿昇,聊到他对待工作的认真态度,万明告诉我,耿昇从来没有节假日,一年到头都在看书工作,没有过过一个年。说到这里,万明声音哽咽,掩饰不住内心的难过、悲伤。至此,我终于明白,耿昇这些海量的成果是怎么得来的了。正是这种忘我的拼搏精神,耿昇做出的成就得到了国内外学界的高度赞誉和认可。在学界,除了长期担任中外关系史学会会长外,他还在中国敦煌吐鲁番学会、中国蒙古史学会和中国海交史学会担任理事,并受聘北京外国语大学、西北民族大学、华东师范大学、泉州海交史博物馆担任兼职教授或研究员。1995年,法国政府鉴于他的出色成就,特别向他颁发了法国文学艺术勋章,这一殊荣,他是该奖项设立以来的第四位获奖者,足见它的含金量之高。

耿昇出书多,送书多,买书和藏书也多,书是他获得挚友和成功的桥梁。他经常自豪且颇为得意地向同行和朋友们炫耀他的藏书数量和特色种类,看得出,书对他有多么的重要。不过,有时藏书多也会给他带来困扰,找书就成了他的一大烦恼。尽管他为图书分了类,还为方便找书,专门为自己准备了一个梯子,但仍然是经常为找不到需要查阅的书籍而着急上火。对此,耿昇打趣自己还有一句"名言":"书到用时方恨少,书到找时方恨多。"

除了翻译和学术外,耿昇还有一项工作,就是经营和管理学会各种事务。自耿昇担任中国中外关系史学会秘书长开始,经副会长到会长,任会长3届共12年。在此期间,学会各方面建设,不论是规模的扩大、举办学术会议的次数、社会影响力等都取得了长足的发展。在他当会长任上,达到了会员人数过千、定期刊发会刊、确定会徽,并组织大小学术会议几十个,且会议足迹从东到西、从南到北,遍布全国各地,为广大中外关系史学会会员的研究工作,提供了交流和实地考察的诸多便利,大大推动了中外关系史学会的发展。

73年的人生历程,耿昇用不懈的努力和辛勤的耕耘,让自己的学术生涯十分精彩,辉煌之际,猝然离世,我们虽万般不舍和遗憾,但这却也是他人生的完美谢幕。

在耿昇逝世一周年之际,谨以此文字怀念。

(作者为中国社会科学院古代史研究所研究员)

忆耿昇

吴 兵

我与耿昇先生相识于1999年，我是到北京市石景山区永乐东小区他的家里拜访他的。房间不大，书架占据了大部分空间，他的书桌上堆满了书籍和字典。耿先生朴素又平易，说话带着河北乡音。通过与他交谈，我增长了不少有关中外文化交流的知识，并对这方面产生了浓厚的兴趣。

我与他商定，把他翻译的《丝绸之路》重新修订再次出版。这是法国汉学家布尔努瓦的著作，学术性和可读性都很高。后来他又提出多种他可以翻译的外国书籍，让我选择出版。这样我就有了把中外关系交流这方面内容的书，做一个连续出版的想法。这就是"西方发现中国丛书"的由来。

我与耿昇先生相见，大都是在他的家里。有一次见耿先生，他对我说："布尔努瓦去世了。"说完他陷入了沉默，显然是陷入回忆与怀念中。有一次见耿先生，他说每年法国研究机构都提供经费邀请他去做研究工作。"我哪有空啊。"他无奈地说。他的书桌上堆满了译稿。

多次在耿昇先生那里，到了吃饭时间了，我想我们两人简单吃点就挺好。他去打电话了，我以为是有什么事，原来他是把夫人万明老师叫来了，我们一起出去吃饭。万明老师来，那路可是不近啊。耿先生对学术对朋友，是一样的热心肠。唉！

有一次见耿昇先生，我说起"西方发现中国丛书"继续往下出书的事。我们商定他翻译传教士殷弘绪把制瓷技艺传往西方的一本书。后来电话里我多次询问译事，他依然是那么客气，只是说眼下实在是太忙了。此书未能出版，只能说是遗憾了。

有一次见耿昇先生，他说他心脏不舒服。我说你是不是太累了？他似乎看到我有些焦虑，又说吃了药了，神情变得放松，好像一吃药病就好了。之后，我不经意间会想起，耿先生的心脏怎样了？

耿昇先生在国外图书馆，自费复印了不少他认为重要的书籍带回国内，以备翻译。他的书架上这样的复印本颇多。他曾给我说过一本伯希和点校过的《马可·波罗游记》，说这个点校本纠正了过去版本中的许多错误。我说你快把它翻译出来吧。他若有所思，没说话。大概这需要很大的时间和精力，他一时可能还来不及。

我与耿昇先生一起游走过曲阜的孔府、孔庙孔林，还与他及其他学者一起去过甘南的拉卜楞寺以及后来经沙漠公路穿越塔克拉玛干沙漠做考察……

自 2001 年 10 月至 2003 年 8 月，山东画报出版社"西方发现中国丛书"共编辑出版了耿昇先生的四种译著，分别是《丝绸之路》《发现中国》《清宫洋画家》《西来的喇嘛》。我是这四种书出版的责任编辑。

他太累了，常年伏案翻译不辍，耿昇先生的学术贡献毋庸置疑。耿昇先生辞世一年了，是良师、是益友、是兄长，这就是耿昇先生。

2019.4.11 夜，济南

（作者为山东画报出版社编审）

缅怀耿昇先生

乌云高娃

耿昇先生是著名的法国汉学家、翻译家。我于1996年来中国社会科学院历史研究所中外关系史研究室工作时认识耿昇先生。认识耿昇先生之前，我买过先生翻译的《西藏与蒙古宗教》，但是，刚来所里工作时，并不知道耿昇先生就是翻译《西藏与蒙古宗教》的译者。后来，聊天中得知耿昇先生翻译了很多与蒙古学有关的法文译著。

耿昇先生性格开朗，爱开玩笑，爱笑。经常笑得像孩童一样。当时，他是中国中外关系史学会的秘书长，因此，每次学会召开年会时，他都会邀请研究室的年轻人参加会议。我们都是受益于耿昇先生的学术影响。

当时，国际汉学、传教士的研究比较热，因此，学会年会经常围绕国际汉学、传教士、丝绸之路等主题开展。我第一次参加学术会议，就是得益于耿昇先生的提携，于1997年参加在广西召开的学会年会。当时，耿昇先生让我帮学会收会费，因此，我开始参加学会每年的年会。通过参加学会的年会我开阔了视野，也认识了很多前辈学者，包括我读博时的导师刘迎胜先生也是在1998年学会在杭州的年会上认识的。

耿昇先生特别提携年轻人，我发表的第一篇论文是关于帖木尔在中亚的统治，当时，余太山先生认为这篇小文章没有达到发表的程度。但是，耿昇先生认为对年轻人来讲，写到这种程度就可以发表。在耿昇先生的坚持下，我的第一篇论文在《中西初识》第二期发表，对从文学专业改行到历史专业的我来说是莫大的鼓励。

耿昇先生译著非常多，当时，年轻人没有经费买书，耿昇先生每出版译著都会给研究室的年轻人签名送书，这也使我们受益匪浅。因为，耿昇先生翻译的译著涉及面广、内容丰富。从蒙古学、藏学、丝绸之路到传教士研究。

耿昇先生工作认真、特别勤奋。工作效率非常高。他翻译著作等身，学会的工作也是处理得井井有条。

因当时未普及互联网，因此，1996年我来所后，耿昇先生带着研究室的年轻人每年邮寄会议通知和中国中外关系史学会通信录。因此，每年有几天的时间我们都会搬出一堆信封写地址，然后，拖着几麻袋信件和通信录到邮局邮寄。当时，我问耿昇先生会议通知每年寄是必须的，为何通信录也要年年寄？耿昇先生说通信录每年也是有变化的，会员就是根据通讯录上的地址，可以相互联系。

后来，耿昇先生担任中国中外关系史学会的会长，使学会工作蒸蒸日上，学会在国内外的影响力剧增。耿昇先生为法国汉学、丝绸之路研究，学会工作做出了自己应有的贡献。

耿昇先生过早地离开了我们，我们永远缅怀耿昇先生！

（作者为中国历史研究院古代史所研究员）

答谢词：怀念耿昇、感念今天的活动

万 明

各位来宾、各位同人好友：大家上午好！

  时光荏苒，岁月如梭，我们走进了 2019 年，但是耿昇却永远留在了 2018 年 4 月 10 日。今天我们齐聚在耿昇的母校——北京外国语大学，共同纪念耿昇逝世一周年，追思耿昇勤奋译著的一生。在此，我的心情格外激动。首先，我代表我个人向举办这次会议的北外历史学院李雪涛院长、柳若梅教授、褚丽娟老师，法语学院戴冬梅院长、王鲲副院长、全慧老师，以及参与办会的全体老师与同学，中国社会科学院历史所领导王震中、彭卫，以及历史所和中国中外关系史学会的同人好友，还有特别从全国各地远道而来的怀有深情厚谊的各位同人好友，表示最诚挚的谢意！最由衷的谢忱！

  回顾往事，我模糊的不只是眼睛，还有茫然的心……去年的今天（2018 年农历二月二十五日），耿昇走了，悄然无声的，没有给我留下一句话，从此我们阴阳两隔……桌上平铺着他那没有校完的《伯希和生平与著作》校样，表明他有着永远也干不完的"活儿"……1979 年，当他第一次遇到中国社会科学院历史研究所林甘泉老所长的时候，其后当他一步踏进中国社会科学院历史研究所大门的时候，他就选择了一条异常艰辛的人生道路。面对艰苦繁复的翻译生涯，他从没有半句怨言，终生无悔。从外交的口头翻译，到法国汉学大师级史学专著的笔译，这需要有多么大的勇气来承担！他曾经对我说，自己不是学史出身，只从手边一部法汉小词典起家，而他所面对翻译的都是法国汉学大师级的史学经典论著，涉及的领域方方面面，要知道那些经典能够读懂的人真不多，而他所面临的难度异乎寻常也可想而知。

从此，近40年来他心无旁骛，夜以继日，勤奋地匍匐在蜗居桌前，白天，他从来没有休息过一个节假日，也从来没有星期日；晚上，他从来没有看过一个完整的电视节目，即便是春节晚会也是如此；没有一个晚上不见他伏案疾书的身影，几乎没有一天是12点以前上床睡觉，困了就趴在桌上打个盹儿，醒来继续工作。他的肘部下方早已磨出了厚厚的茧皮，每天工作时都需要垫着毛巾，只见小毛巾换了一批又一批，他却犹如铁打的机器般伏在桌前……由于住房小而书多，我们多少年来不得不在一个城市里过着分居生活，往事如烟，多少事再也没有时间弥补……他异乎常人的几十年如一日辛勤耕作，产出了有异常人的工作成果：几千万字写在方格纸上，形成了70余部译著与200多篇译著文，还有研究心得之著述……

耿昇才思敏捷，记忆力过人，为人率真如孩童，喜言谈，但不尚空谈。当他论说古今挥洒才华时，当他提笔立就发言稿时，当我们阅读他的大量译著时，就会发现他坐拥丝绸之路、中法关系史、国际汉学、中外关系史的渊博知识，文化修养与学术见识，是集政治、经济、军事、法律、社会、文化多种领域知识的综合。他早已超出了普通法语翻译的范畴，而成为21世纪中国中外关系史学科的开拓者与带头人。与他接触过的人都会感觉到在他身上散发出永不熄灭的生命活力，也可以说是性格的魅力，多少人被他的魅力所感召，走上了中国中外关系史研究之路。他并非一个单一的翻译者，他既能不厌其烦地爬满稿纸上的一个个格子，更能为我们勾勒出中国中外关系史学术体系的大格局，特别是丝绸之路、海外汉学的研究图景。这绝非一般的翻译所能企及，没有传统文化的深厚根底，没有对中国与法国文化的真挚热爱，就不会选择作为翻译史学论著的学术道路，这是一条多么艰辛的道路！多少年了，他倾力搜求购买全国各省市的地图，当他终于买全的时候，就露出了孩子般高兴的笑容，这笑容至今犹在我的眼前……我曾陪他执着地跑遍法国巴黎他所了解的所有书店，寻找《伯希和探险日记》一书，当失望一直伴随我们的时候，还好，最后还有书店邮购的选择，于是又一部伯希和的著作中译本在2017年诞生了。他锲而不舍的精神，将永远激励我在学术道路上前行……

1981年中国中外关系史学会成立，从中西交通史到中外关系史，发展到国际汉学、整体丝绸之路、全球史研究。到2021年学会将迎来成立四十周年。耿昇与中国中外关系史学会结下的是不解之缘。从 2001 年担任会长，直至 2013—2018 年任名誉会长，整整 18 年。他的学术人生成就了一座桥梁，这座桥梁催生了中国中外关系史研究的黄金时期。这正是耿昇独特人生的意义所在。学会从成立至今组织召开国际国内学术会议 50 次，有 32 次是在他任会长期间召开的，一年最多时曾召开过 4 次学术会议，而且每次会议他都会撰写开幕式致辞，每次会议他都会提交一篇论文，为了中国中外关系史学科建设，他做出了杰出贡献。

今天大家以这样的方式纪念他，在这里，我也代表学会对长期以来关心和支持耿昇工作的各位同人好友，致以最衷心的谢意！感谢大家的付出与支持，才使中国中外关系史学科有了今天的硕果累累。"不忘初心，方得始终"，我坚信，耿昇锲而不舍的精神，他阅尽人生百态的淡定，坚持不懈的学术定力，必将激励我们为中国中外关系史学科建设做出更大贡献。

最后，我要再一次感谢会议主办方对本次会议的精心筹办，以及所有参加"耿昇先生学术纪念会暨中外关系史学术研讨会"的朋友与同人！各位的关怀和慰问，给了我莫大的安慰，在此我由衷地向你们表示崇高的敬意和最诚挚的谢忱！

（作者为耿昇先生夫人、中国社会科学院古代史研究所研究员）

为了法国与中国的文化因缘——
译坛骁将耿昇

谢 方

【编者按语：1998年中华书局中外关系史丛书编辑室主作谢方先生在《世界汉学》杂志发表《为了法国与中国的文化因缘——译坛骁将耿昇》一文，盛赞耿昇在中外关系史领域勤奋耕耘的成就。谢方先生从中华书局荣休后与家人定居上海。在耿昇去世之时，谢先生年事已高难再写作。2021年5月31日，谢方先生在上海辞世。这里辑录谢方先生文章，以寄托对谢、耿二位先生的追念。】

欧洲汉学自19世纪开始摆脱了教会的羁绊之后，便在高等学府研究机构中形成了一门独立的学问。除设立汉学讲座、出版汉学杂志和一批学术专著外，还出现了不少权威性的学者，在法国，就有像雷慕沙、儒莲、沙畹等俨然欧洲汉学牛耳的人物，其后又有考狄、马伯乐、伯希和、葛兰言、烈维等名家辈出。在20世纪20年代以前，法国汉学在欧洲汉学的发展中一直占有重要的地位。到了20—30年代，正值中国的中西交通史研究处于草创阶段，介绍和借鉴西方东西交通史研究的成果成为中西交通史研究创立的有力催生剂。张星烺、冯承钧两先生为此曾做出杰出的贡献。特别是冯承钧先生的法国汉学翻译成就突出，共翻译出版了西方汉学名著四十余种，在数量和质量上都达到了空前的高水平。他翻译沙畹、伯希和、马伯乐、费琅等人的著作和论文，至今学者仍受其赐。冯先生不但是史学界著名的介绍法国汉学的大家，也是中西交通史研究的开创者之一。

然而自40年代中期以后直到70年代末，由于冯先生的去世，对法国汉学的翻译介绍都几成空白。而二战后法国的汉学不但又重新兴起，而且研究的领域也比过去更广泛、更深入。如韩伯诗、石泰安、戴密微、谢和耐、荣振华等，真是代有传人，名著迭出。但80年代以前中国的中外关系史研究却仅停留在史料整理阶段上。直到改革开放以后，学术研究普遍开展，引进和借鉴国外汉学研究成果才又提到日程上来。于是，在史学界中，一位翻译介绍西方汉学研究的新人便应运而生，这就是本文介绍的耿昇先生。从80年代开始到现在，15年间他翻译法国的汉学名著硕果累累，不但填补了冯承钧去世以后的空白，而且在翻译的数量和内容的广度上，都超越了前人，成为近年来出现在汉学译坛上少见的一员骁将。

耿先生进入汉学译坛纯属偶然。他于1944年生于河北阜平县，1968年毕业于北京外国语学院法语系，其后分配到外交部工作。1979年便要求调离外事口，到了中国社会科学院历史研究所。从此他才和史学结了不解之缘，并从一个对中国古代文化知识知之不多的"门外汉"，成为在中国很有影响的专业翻译。现在是中国社会科学院译审，中国中外关系史学会副会长兼秘书长。这中间他无疑经历了一个刻苦奋斗的艰辛过程。请看这一不寻常的数字：到目前为止，他已翻译出版了法国汉学专著39种，计1399万字；翻译法国汉学论文187篇，248万字；撰写了介绍西方汉学的文章44篇，54万字；总计已发表的文字达1641万字之多，其数量在当今译坛上尚无其匹。法国政府根据他对中法文化交流的杰出贡献，于1994年特授予他文学艺术勋章。他翻译的《中国和基督教》（谢和耐著）一书也在1993年获中国社会科学院优秀图书二等奖。

耿昇先生翻译介绍的法国汉学主要是历史方面，特别是中外关系史方面的内容，这也是法国汉学的传统和精华部分。原作者大部分都是二战后成长起来的汉学家。从耿昇的翻译中，我们基本上可以看到40年来法国汉学的主要成果。其中大部分都是中国史学界所忽略的。如在敦煌学方面，耿昇译有《法国学者敦煌学论文选萃》《敦煌吐蕃历史文书考释》《伯希和敦煌石窟笔记》；藏学方面有《吐蕃僧净记》《西藏的文明》《西藏史诗与说唱艺人的研究》《西藏和蒙古的宗教》《西藏佛教密宗》《鞑靼西藏旅行记》《一个巴黎女子的拉萨历险记》《西藏的黄金与银币》等；西域学方面有《卡尔梅克史评注》《古代高昌王国物质文明史》《五代回鹘史料》《柏朗嘉宾蒙古行纪》；基督教传教士来华方面有《中国和基督教》《明清间入华耶稣会士和中西文化交流》《在华耶稣会士列传及书目补编》《中国基督徒史》；文化交流方面有《中国文化西传欧洲史》《中国对法国哲学思想形成的影响》《丝绸之路：中国—波斯文化交流史》（获1994年中国社会科学院历史所图书一等奖）《华乐西传法兰西》《中国的犹太人》《丝绸之路》；中国社会史方面有《中国5—10世纪的寺院经济》《中国社会史》；法国汉学方面有《当代法国的中国学研究》，等等。其中不少是享誉世界的汉学名著。借鉴这些著作，不但可使中国史学界拓宽思路，开阔视野，而且还可丰富中国史研究的方法和内容，对提高我们的研究水平大有好处。正如著名学者季羡林先生在读了《丝绸之路：中国—波斯文化交流史》（玛扎海里著）后说："我读了耿译的《丝路》以后，眼前豁然开朗，仿佛看到了一个崭新的'丝路'。我原来根本没有想到的问题，书中提出来了；我原来想得不深的问题，书中想得很深了。这大大地提高了我对'丝路'的认识。他这一部书，即使难免还有一些不足之处，但总起来看，它超过了所有前人（所写这一题目）的著作。我手不释卷，欲罢不能，在繁忙的工作和会议之余，几乎是一气读完。我应该十分感谢阿里·玛扎海里先生，我应该十分感谢耿昇同志。"①

在18年里翻译出1600多万字的汉学著作，也许会有人怀疑它的质量是否可靠，是不是粗制滥造。我也曾请一些熟谙法文的学者对他的翻译做过检查，但都说基本上忠于原著。当然其中也有值得推敲的译文和一些个别的错误。要知道这些汉学原著都是非常专门、生僻的学问，一般人已难于读懂；其中还常常夹有古代的文字，古汉语不用说，还有藏语、梵语、古波斯语、阿拉伯语、拉丁语和多种少数民族语言，连专家也感棘手，翻译时都要查阅多种参考书和工具书，其工作量之大，可以想见。耿译对原书中的大量引用的汉籍引文，都找出古籍原文查对，因此在他的翻译中，人名、地名、官名、制度名物等都很少错误。如谢和耐的《中国和基督

---

① 季羡林：《丝绸之路与中国文化——读〈丝绸之路〉的观感》，《北京师范大学学报》（社会科学版）1994年第4期。

教》一书中大量引用传教士和古代中国学者的著作，他都一一查考原书，这就比此前出版的另一译者翻译此书的质量要好得多。至于他译的藏学专著，也是他不断向国内外藏学专家虚心求教、苦学勤查的结果。不少人读了他的译书，都以为译者就是这方面的专家。由此可见他翻译的态度是慎重的，他的成就也是很多人认可的。

耿对汉学名著的翻译过程，其实也是他对这一问题的研究过程。他在所译名著的前面，都撰有一篇《译者的话》，反映他的研究所得，有些《译者的话》无疑就是一篇很有水平的学术论文。他为《西藏史诗与说唱艺人的研究》一书所写的《译者的话》，就是一篇近万字的研究文章。文中包含了对原作者石泰安生平及著作公正客观的论述，对著名史诗《格萨尔王》的分析论述，同时也指出了书中一些错误论点。由于耿昇善于在工作中进行研究和探讨，因此他在国内敦煌学、藏学、佛学、西域学、中外文化交流史学各领域中，都有建树，成了知名人物。耿昇先生现为中国敦煌研究院的兼职研究员，中国敦煌吐鲁番学会理事，中国中外关系史学会、中国中亚文化学会、中国民族史学会、中国蒙古史学会、中国唐史学会、中国海外交通史学会、中国太平洋史学会、中法比较文化协会等全国学术团体的会员，法国亚细亚学会会员和法国政府文学艺术勋章获得者。

当然，耿译也有粗糙和失误的地方，这是难免的。但他基本上把难啃的东西啃下来了，把别人不敢译的东西译出来了，这是主要的成绩。再举一例。冯承钧先生生前曾把费赖之的《入华耶稣会士列传》全部翻译出来了，对我国明末清初中西文化交流史的研究是一很大贡献。但无论费赖之的原书和冯先生的翻译，失误的地方都不少。现在已有人将冯译全稿加以订正，准备出版，这是一件大好事。20世纪70年代法国学者荣振华曾对费赖之原书做了许多重要的补充和修正，写成《在华耶稣会士列传及书目补编》，现耿昇又将它译为中文，共70多万字，1995年由中华书局出版。冯译和耿译二书都是必要的，可以互为补充，构成耶稣会士研究的一套完整的资料性工具书，嘉惠学林。因此，缺点和不足是可以补正的，而成绩是有目共睹的事实。

最后，我忽然想起了孙毓棠先生在1979年对我说的一段话："我们搞历史的有不少人看不懂外文书，也不了解国外的研究情况，很吃亏。历史研究所最近来了一位青年，法语不错，现在正让他专门搞国外的汉学介绍。我们室（孙当时是中外关系史研究室主任）准备培养他搞中外关系史的翻译研究。"这位青年就是现在驰骋在译坛上的骁将耿昇，他终于不负孙先生的厚望，以他特有的勤奋好学精神迈上了最高学术殿堂。现在耿先生还在盛年，可以预料，在不久的将来，一定会对国外汉学的翻译和研究做出更多的贡献。

（作者生前为中华书局高级编审）

永恒的纪念——追思同辞世挚友耿昇的交往

陈佳荣

2018年4月10日10时，是一个令人久思而心痛的时刻。是时，挚友耿昇教授不幸与世长辞、驾鹤西游！当噩耗由京迅传至港，自己顿感摧心彻肺地哀痛莫名，伤悼久久难以平息。自己比耿兄弟痴长整整七载，正当其继续笔耕、回馈人间之际，竟先余而去，怎能让人接受如此残酷的现实。当刻，自己一切笔头工作均告停止，唯一自然而然的顺势动作是在拙网"南溟网"最新学术信息上，击打"中国中外关系史学会老会长耿昇（1944—2018）于2018年4月10日10时仙逝，耿先生永垂不朽！"一行。

耿昇（1944.12.27—2018.4.10）是中国社会科学院历史研究所中外关系史研究室原研究员，长期担任中国中外关系史学会会长、名誉会长。他除青年时学习法语并从事短暂的外交工作外，由卅六岁的中壮年起就以全副身心投入法国汉学、中外交通史诸方面的翻译与研究工作，同时贡献极大精力于中外关系史学会的组织领导工作，至死而不渝。

由于学术志趣相近，自己与耿先生的相逢、相知及几乎全部交往也都系于中外交通史研究及中外关系史学会的会务工作。不过，我与耿先生的初识，却早于1981年5月中外关系史学会的始创。事缘"文化大革命"结束后不久，改革开放开启，知识界人士都奋发施为，急欲追补回白白耗费的光阴。当时在1980—1981年中央民族学院张锡彤教授及（北大）张广达教授父子府宅，一度成为北京部分学人麇集的中心，好些人为探究学术经常出入张府、不期而遇，其中包括谢方（时正主持《大唐西域记》的校注）、陈佳荣（时正编纂《古代南海地名汇释》）、耿昇（时正翻译《丝绸之路》等法国汉学名著),以及研究边疆史地的耿世民、王尧、胡振华诸君。彼时大家多属"点头之交",后来诸部学术著作均有所成而面世。

中外关系史学会成立于1981年5月的厦门大学。谢方和我均为创会会员,也同属后排之站立者。后来我播迁南溟而移居香江,唯在廿世纪内学会每届年会都北上参加,21世纪初也每年与会一次。正是在1988年8月,自己与耿昇同时参加了中外关系史学会北戴河会议,自此经扬州、深圳、东兴、杭州、厦门、兰州、昆明……,我们每年都相见和交流。自己目睹他由扬州会议(1992)的三届常务理事,到东兴会议(1997)的四届副会长兼秘书长,到厦门会议(1999),昆明会议(2001),延吉会议(2005),蒙自会议(2009)的四、五、六、七届会长,对其卓越的组织能力和善于纳众的宽容胸怀,由衷地赞赏和钦佩,深感学会得人。确实,自耿昇会长上任以来,学会的学术会议多了,由数年一次到每年一次或多次,会众也日益增加,号称"八百"壮士。会议研讨范畴也从最初的西域、南海,拓展到西南、中南、北疆乃至东北,可谓覆盖全国、门类齐全。

▲1988年8月,与耿昇同时参加了中外关系史学会北戴河会议,上图为会后与学友合影于北京(左起:宋岘,夏应元,耿昇,陈玉龙,陈佳荣,谢方)

▲2014年10月赴郑州大学参加中外关系史学会年会，11日晚与老友戴可来、耿昇等聚会。

中图左起为：万明，耿昇，戴可来，陈佳荣，于向东，古小松。

右图为2014年10月13日于白马寺、龙门石窟游览时合影。

正当中外关系史学会事业亟待提升、学术质量正在逐步改善之际，耿昇老会长却撒手尘寰，舍吾等而去，这不能不说是中国中外关系史学术界的一大损失！然斯人虽逝，他的光辉业绩却永留世间，尤其是其本人译著之丰、作品之富，已成中外学界一笔难以估量的宝贵财富。

认真算来，耿昇学友从事中外关系的法译，不过卅八载，然其涉猎之广、数量之多，若非出版物斑斑可考，简直匪夷所思、令人难以置信。他虽专注于法文翻译，却涵盖了入华耶稣会士与中西文化交流研究的诸多方面，涉及法国汉学、敦煌学、突厥学、吐鲁番学、藏学、蒙古学、中亚史、中国与阿拉伯—波斯关系史及丝绸之路史的各种领域。据他本人2013年8月同时发表在中外关系史学会网站和南溟网的学术小传及著译目录，截至2009年6月底，已出版译著57部、著作1部，译文近200篇，论文及介绍文100余篇。及后综合统计，则有译著70多部、论文300多篇。除了"著作等身""车载斗量"外，真不知还有何等词汇好形容了。

可以毫不夸张地说，耿昇教授是继冯承钧先生之后，中法汉学界及中外交通史法译及研究的伟大人物，他填补了本学界20世纪后期及21世纪初期的空白！

值此耿昇兄弟辞世周年，同他交往的岁月犹历历在目、恍若隔日，不觉浮想联翩、夜不能寐。谨草此文及下列对联，遥祭北国：

笔耕勤奋译著等身创辟中西交通史研究全新世代
献身学界引领超群奠立中外关系史学会广阔天地

附录：

*中国中外关系史学会老会长耿昇（1944—2018）于2018年4月10日10时仙逝，耿先生永垂不朽！

http：//www.world10k.com/blog/？p=3585

*耿昇与中外关系史学会

http：//www.world10k.com/blog/？p=1061

*耿昇学术小传

http：//www.world10k.com/blog/？p=3586

*耿昇《我的治学之道》（上）

http：//www.world10k.com/blog/？p=3587

*耿昇《我的治学之道》（下）

http：//www.world10k.com/blog/? p=3588

［以上两文先后在2013年9月、2014年3月刊于中外关系史学会官方网站（南溟网同时转载）］

*耿昇先生生平：http：//www.world10k.com/blog/? p=3594

2018-04-13（由赵现海学友整理）

2019年2月24日于香港

（作者为香港麒麟书业有限公司原出版总监兼总编辑）

一位有国际眼光的学术行动者

戴建兵

这两天看明清河北的一些地方志，经常会读到其中的一句话："燕赵之地常出异者！"让我深有感慨，正好收到了我国著名的敦煌学者郑炳林先生所赠《敦煌碑铭赞辑释》三本大作，不由得又让我想起了我们共同的朋友耿昇先生。

任何人看到耿昇先生的著作目录时，都会心生感慨，一个人怎样才能做这么多事情，而且是人们所认为的高端学术研究。除了这些长长的著作目录，人们还知道他1969年毕业于北京外国语学院法文系，一直到1980年在北京市外交人员服务局工作前，曾担任周恩来总理译员，后来长期在中国社会科学院历史研究所工作。1994年获得法国政府文学艺术勋章。长期致力于服务中国中外关系史学会。

耿昇先生是一位有着国际眼光的学术大师，他不仅自己的学问做得好，更重要的是，他是一个学术的行动者，在他的影响和行动下，中外关系史的研究在中国大地上如火如荼地开展起来了，如今国人对中外关系史的认知已然翻天覆地。

作为一个学术的晚进者，我却和耿昇先生相识很早，实际上纯粹就是学术志趣，纯粹就是读他的著作。在自己的学术阅读领域里，喜读书的一大部类就是相关敦煌以及从敦煌、丝绸之路和与之相关的世界，虽然无能力从事这方面的研究，但这是最让人精神向往的，因为问题难解，所以心潮澎湃。年轻的时候多少次和朋友们一直谋划一起开车去新疆，耿昇先生的《丝绸之路》《东突厥汗国碑铭考释》《西藏的文明》《从希腊到中国》，新疆出版的斯文·赫定（Sven Hedin）的《大马的逃亡》，大漠狼烟，长河落日，烽火年代，……多年以后，当亲自站在七个星佛寺的山脚下，想起玄奘和斯坦因的足迹，总是能够让人平静下来的只有在学术世界里。就是在学术著作的海洋里，我通过他一系列翻译自法国学者的著作认识了耿昇先生，心向往之。

第一次见面记得好像是在鲁东大学，他和鲁东大学一起办中外关系史学会的年会，记得那个会议日本的大使和他的夫人也参加了，他们对于日本僧人圆仁当年从山东经河北到五台山十分有研究，因为五台山离耿昇先生的家乡近，因而谈了很多，一睹耿昇先生的风采，由此结缘。

之所以说耿昇先生是一个有国际眼光的学术行动者，是从此以后，他常常和我说一件事，就是河北很少有学者搞中外关系史，希望能够在河北有一个小小的根据地，把中外关系史的研究推广开来。

河北是天主教传播历史比较早，影响比较大的地区，元朝石家庄旁边的正定县，是拖雷和他的夫人庄圣皇太后的封地，而庄圣皇太后是也里可温。我也对也里可温的相关学术问题感兴趣，特别是对一些历史遗留的实物，包括鄂尔多斯式青铜器，乃至于元代也里可温的各种类型的青铜十字架，莲花石棺等。很长时间非常想一睹真容，记得有一年耿昇先生在榆林召集会议，利用这个机会专门跑到鄂尔多斯博物馆去看历史文物，多年后与内蒙古的十字莲花石棺及泉州发现的早期也里可温墓碑相比较，有很多学术的感触。

也非常荣幸地被耿昇先生带着一起去巴黎参加中法学者之间的重要学术会议，那时习近平总书记访问法国正在联合国教科文组织畅谈世界文化的交融，中外学者在吉美博物馆进行学术交流。我早就有一个愿望，一定开车经过丝绸之路一直到法国的吉美博物馆，在现实中看看历史的世界！法国吉美博物馆（Musée Guimet）是里昂工业家埃米尔·吉美（Emile Guimet）1889年创立的，收藏了大量的古代埃及、希腊、罗马、中国和其他亚洲国家的历史宗教文化文物。这个愿望在耿昇先生的学术引领下，竟然提前实现了，也结识了很多新的朋友。那一次因为在法国的亲友送了几瓶葡萄酒，先生还特别叮嘱过海关时要特别说明，没想到因为生产酒的酒庄有中国人的股份，一路绿灯。

记得有一次和耿昇先生在澳门，我们一起去看马礼逊的墓，马礼逊是一位中西文化早期交流的行动者。1834年8月1日52岁病逝，安葬在澳门前东印度公司墓地其前妻玛丽身旁。为了纪念他，澳门兴建了位于东方基金会新会址边的永久墓园内著名的马礼逊教堂。在那里我们追忆了中西文化交流以及对于世界文明和中国文化发展的重要性，我也在那里第一次知道了明清之变时澳门是红衣大炮的重要出口地。这好像是第三次和耿昇先生一起在南国开学术研讨会。

这一次会议后不久，有一天突然接到耿昇先生的电话，他要送我一套《马礼逊文集》，很快厚厚的一套书就寄过来了，这批珍贵的资料现在在我们大学的图书馆里。

我最欣赏也最喜爱、最感念耿昇先生的地方，就是学术要有国际眼光，要有人类命运共同体的人性关怀；学术不只是在书斋里，学术需要行动。他曾给我们精神的财富，也曾领导着我们走在学术研究的大道上。我想中外关系史学会的同人，一定会沿着耿昇先生开辟的学术研究之路，坚定地行动着。

（作者为河北师范大学教授）

杜鹃声凝碧，字字皆珠玉——纪念耿昇先生

冯玉雷

尊敬的耿昇先生是法国铁十字勋章获得者，译著颇多。法国汉学薪火相传，其中佼佼者伯希和在敦煌学建立中功勋卓著。而译介伯氏重要著作者是耿昇先生。除此之外，伊朗丝绸之路学方面著作也是先译为法语，耿先生再译介到中国。因此，耿先生作为一代翻译大家、中外交流关系史研究专家，也是功勋卓著！2012年9月，我有幸与先生在新疆开会认识。耿先生是一座雄伟高峰，是一座文化大山，作为后学，我只能仰望和虔诚地阅读。多年来，我主要从事丝绸之路文学创作，受先生学术恩泽颇多，先生为人谦和热忱，堪为人师！孰料，天妒英杰，耿先生竟然于2018年4月10日上午猝逝，晴天霹雳，痛何如哉！……想起几年来与耿先生交往的诸多细节，既温暖，又痛楚，而更多的是由衷敬意和绵绵思念。谨从本人创作实践中撷取一些回忆，以期管窥耿先生的丰功伟绩，并寄托无限感恩！

如果从"神交"时间算起，我与耿昇先生的交情始于1998年，当时，创作敦煌题材长篇小说《敦煌百年祭》和《敦煌·六千大地或者更远》，参考伯希和在敦煌藏经洞活动情况的资料都是耿先生翻译的。2008年，我的长篇小说《敦煌遗书》结稿，进入作家出版社出版环节。我计划用30年时间写三部敦煌文化长篇小说，每部大约写10年，100万字，分别反映吐蕃攻陷河西走廊前后、吐蕃占领敦煌时期及归义军时期。通过这种宏大书写对抗越来越严重的浅阅读及碎片化阅读。完成这三部大书，算是告慰平生文学梦。为这个计划中的首部长篇小说《野马，尘埃》做学术准备阶段，大量阅读敦煌学论著及德国作家黑塞等西方作家的小说，其中研读时间最多的是法国汉学家戴密微先生著述、关于"中印僧侣于8世纪在拉萨

举行的一次有关禅的大辩论会"史料的《吐蕃僧诤记》，翻译者就是耿昇先生，2001年6月西藏人民出版社出版。这是我首次接触到耿昇先生的著作。戴密微先生是欧洲汉学大家，他依据的材料是"前河西观察判官、朝散大夫、殿中侍御史"王锡为佛教史料《顿悟大乘正理决》所作序、两份给吐蕃赞普上奏的草稿、大辩论汉文档案及摩诃衍呈交赞普的三道表章，另外还有大量有关唐蕃关系的敦煌汉文文书。这些史料因储存于敦煌藏经洞而得以保护下来。据研究，《顿悟大乘正理决》写作时间不晚于公元1000年，远远早于目前流行的众多藏文教法史料。戴密微先生选择这些出自藏经洞的文献史料完全按照中国传统考据学家的治学方法进行研究，可谓远见卓识，高屋建瓴。《吐蕃僧诤记》涉及佛学、唐朝和吐蕃历史、军事制度、中国古代哲学等方面知识，大开大合，容量极大，疏义者知识渊博，"治大国烹小鱼"，竟然能把中国中古时期的"渐顿之铮"及历史背景用法文撰述出来，令人惊叹；而耿昇先生竟然也能恰如其分地翻译成中文，更让人拍案称奇：他不但要对法国语言文化深入了解，而且必须对原著涉及的大量深奥知识相当熟悉才能译得如此精妙、生动。因此，我逐字逐句，通读了两遍。并且用毛笔在宣纸上抄录《顿悟大乘正理决》，体验古代抄经人生活。这部译著直接影响到我对《野马，尘埃》及计划中的另外两部长篇小说的构思：都以禅宗传播为主要线索。摩诃衍最初受赤松德赞之请赴卫藏传教，受挫时去了青海宗哥（就是宗喀，"宗曲"意为湟水），并且在相当困难的环境中建立禅宗传播基地。北宋《岷州广仁禅院碑》记载："西羌之俗，自知佛教，……其诵贝叶傍行之书，虽侏离诀舌之不可辨，其意琅然如千丈之水赴壑而不知止。又有秋冬间，聚粮不出，安坐于庐室之中，曰坐禅。是其心岂无精粹识理者，但世莫知耳。"可知两个世纪之后河湟一带西蕃佛教仍保持着修禅特点。前弘期（吐蕃时期）藏族禅宗发祥地在晚唐五代时又成为卫藏后弘期佛教文化复兴发祥地，应该说都是受了"顿渐之争"的巨大影响。

创作小说过程中尽管认真研读《吐蕃僧诤记》，如痴如醉，但从没敢奢望过会与耿先生相识。2012年5月底，工作变化关上了我的一扇窗户：履职《丝绸之路》杂志后我肯定没有充足时间继续创作完成计划中的另外两部长篇小说，但打开另外一扇新的窗户，正如胡秉俊兄说的，我能够在更大平台上观察，思考，交游。

果然，当年9月，我就与耿昇先生在参加"现代视野下的龟兹文化发展变迁暨第六届龟兹学术研讨会"时认识了。我9月18日到乌鲁木齐，19日清晨出发，到库尔勒参观铁门关，20日早晨前往阿克苏，参加两天学术会议，并且考察温宿大峡谷、克孜尔石窟、阿艾石窟等。正巧，耿昇先生也参加会议。19日开始我们乘坐同一辆车，当时车上还有陈国灿、陈应时、柴剑虹、李华瑞、刘进宝等学者，大家精神饱满，谈笑风生，大多是学术问题，也互相开玩笑。柴剑虹说起耿昇先生早年当驻法国大使时的往事。那时，耿先生回国休假，英姿飒爽，衣着入时，引起两个小偷注意，尾随到家中，手持作为装饰用的古剑胁迫他交出"巨款"。耿先生说存款单夹在书中，让他们寻找。小偷翻很多书，累得满头大汗，一无所获，沮丧离开……大家畅笑，求证。耿先生说当时剑尖直逼喉咙，刺疼他了。因为这件趣事，我对耿先生的陌生感瞬间消失，便问：我可否将这件事写到文章中？耿先生严肃地说："我们不玩花絮，搞学术！"参会代表中胡子最长的宗教文化艺术史学家张总先生开玩笑说："你要写，得付给耿先生一些稿费。"耿先生是当事人，而提供材料的是柴剑虹先生，稿费该给谁还是个问题。后来，我把这件事写到考察文章《龟兹故地行记》中，分两期在《丝绸之路》发表。这篇文章中还涉及与耿先生相关的其他几件事，现在看来弥足珍贵，也摘录：我们考察铁门关时，"对面走来一位维吾尔族男子，牵着一头驮载家什的毛驴和两只狗。他是牧羊人。两只狗没有凶相，但令人生畏。耿昇先生却坦然走过去，要与毛驴合影。我真担心两只狗失去理智，咬伤他的腿肚子。照相结束，安然无恙。……大家就'孔雀河'的名称进行讨论：这里以前到底有没有孔雀生存？耿昇先生坚定地说：'孔雀河与一个民间传说有关。'那是《塔依尔与卓赫拉》的故事。传说古焉耆国王公主卓赫拉与牧羊人塔依尔相爱，丞相卡热汗唆使国王抓捕塔依尔，要将他处死。卓赫拉设法救出，夜奔出关，不幸坠入深涧。后人在铁门关对面公主岭上造了塔依尔与卓赫拉'麻扎'，缅怀这对为爱情和自由而死的恋人"。到阿克苏后的学术会议中，耿昇先生介绍了伯希和西域探险日记中有关库车地区的记述。那时，他正在翻译、审订《伯希和探险日记》。伯希和曾于1906—1908年在西域探险，但他的日记直到2008年才在巴黎出版。这也是我多年来关注的题材。耿先生谈到翻译之苦，案头摆着沙雅、库车、温宿等地的地方志，要花大量时间对地名。而且，伯希和喜欢掉书袋，引经据典，东拉西扯很多东西，令他"备受煎熬"。尽管先生再三喊苦，但谁都能感受到其中的乐趣。我注意到，耿昇先生和陈国灿、霍旭初、柴剑虹、陈应时、李鹏海、温玉成等年过古稀的学者不但认真准备了学术论文，而且，自始至终，从不离席，都专心致志地听会，谦和地提出问题，与大家讨论。孔子曰："人不知而不愠，不亦君子乎？"这些醉心于民族文化的先生，或儒雅，或严谨，或率性，或内敛，他们不温不躁，"皓首穷经"，多年来在自己研究的领域内恬然淡然地享受着清淡的乐趣，根本不关心外在世俗的一切。"晚上，耿昇、刘进宝先生意犹未尽，把宾馆大厅变成会议分会场，讨论到深夜。"第二天，汽车顶着热浪，穿越寂静荒滩，到达1999年4月才被牧羊人阿布来提发现的阿艾石窟。石窟在克孜里亚（维语，意味红色山崖）大峡谷中，很远。大多数学者首次到达这里，因此，在陡峭迂回的峡谷中踏着沙地，艰难穿越。难能可贵的是，耿昇、陈国灿、霍旭初等老学者也凭借着顽强意志顺利完成考察。

2012年11月，我又到陕西师范大学参加了耿昇先生主持的一个重要学术会。那次会议上，与易华兄认识。由于以前"神交"时间较长，这两次会议后，我与耿先生交情升温很快，隔三岔五就通一次电话。那时候先生还不会使用微信，他的主要学术活动和行踪都是打电话交流。手机短信、微信普及后，每年春节给朋友拜年大都用这种方式。但是，耿昇先生大年初一就打来电话拜年，我很感动。

耿先生经常给我寄些书，其中包括中国藏学出版社出版的《吐蕃僧诤记》。《丝绸之路》杂志社聘请耿昇先生为编委，2012年下半年开始经常刊发他的文章，并且连载他翻译的《伯希和西域探险日记》。

2014年3月14日上午，到兰州大学一分部，得到郑炳林先生赠送耿昇翻译法国敦煌学著作10本，涉及藏学、西域史学、敦煌学。该套书出版的时间是2011年。粗翻一下，很震撼。说法国是欧洲的汉学中心，毫不夸张。其中有哈密屯先生的《仲云考》，大多引用敦煌卷子，列举于阗与回鹘之间的交流情况，考证非常详尽。法国突厥学界的3位大师路易·巴赞、哈密屯和雷米·多尔（Rémi Dore）都是地道的历史语言学家。哈密屯1921年3月14日出生于美国，2003年逝世。我在3月14日得以阅读他的大作，真是巧合。哈密屯是汉学家，他特别关心古代突厥语回鹘研究，引用卷子也大多是回鹘文，当然也有不少汉文史料。

2015年3月8—10日，成都博物院、雅安市博物馆、教育部人文社会科学重点研究基地四川师范大学巴蜀文化研究中心、四川师范大学南方丝绸之路研究所联合在四川省雅安市召开举办的"南方丝绸之路学术研讨会"。3月8日下午五点多，我到达成都。晚餐时与先期到达的耿昇先生及夫人万明教授、四川师范大学巴蜀文化研究中心主任段渝教授、成都市博物馆馆长王毅等人相见。"南方丝绸之路学术研讨会"的举办地在雅安市。会议安排先参观古迹、博物馆，然后再进行学术讨论。3月9日清晨，大家乘车开赴雅安。车上、餐桌旁或者徒步考察时，大多时候在一起，无拘无束交流。中午在严道镇用简餐，耿昇先生开玩笑说对甘肃很了解："甘肃三大宝，土豆、洋芋、马铃薯。"我想给大家照相，可是总有学者看手机，属于现在流行的"低头一族"。耿昇先生例外，他低头是因为在包里翻腾着找什么药。餐后大家站在马路边晒会儿太阳，聊会儿天，即往严道古城。这座古城位于荥经县六合乡古城村中峻山下荥河南岸第三阶地上，现存南墙和东北角墙体，中段发现城门遗迹。城内故地现为良田，长满油菜花，煞是耀眼，我提出给耿昇先生与万明教授拍摄合影。很有效果。

耿昇先生还提起我们共同的朋友，法国语言学家罗端，2014年他们在法国相见。罗端托他问候我，到严道古城才转达到，整整耽搁七个月。

2015年，《丝绸之路》杂志社与上海科学技术文献出版社联合编辑出版《丝绸之路文化丛书》，报选题需要几位重量级学者写推介信。我自然而然想到了耿先生。电话联系，尽管他很忙，但一点都没推辞，很快写好发来：

《丝绸之路文化丛书》推介信

耿昇　中国社会科学院历史研究所研究员

丝绸之路不仅承载着历史，还肩负着中国与亚欧各国共迎国际化时代的现实使命，深入理解历史，对建立更开放、更通畅、更繁荣的未来有着重要的意义。

党的十八大以来，习近平总书记发表了一系列重要讲话，对事关党和国家发展的重大理论和实践问题进行了深刻阐述，提出了许多治国理政的新思想、新观点、新论断、新要求。2013年9月7日，习近平总书记在哈萨克斯坦发表重要演讲，提出用创新的合作模式共建"丝绸之路经济带"。2015年4月8日，由中共中央对外联络部牵头和组织的"一带一路"智库合作联盟理事会成立暨专题研讨会在北京举行。根据中联部的要求，"一带一路"智库有以下两项基本要求：一是将研究成果转化为政府决策；二是促进"一带一路"沿线国家间的"人文交流"，即强调"走出去"，与"一带一路"沿线国家智库和重要机构衔接，宣传中国的"一带一路"政策，消融沿线国家间的文化差异和心理隔膜。为了建立一个与交大地位相匹配的、特色鲜明的和有影响力的智库，很有必要推出这套丛书。

古丝绸之路自形成之始，就成为人类社会发展史中无法忽视的文化事件，尤其是在中国古代社会文化发展的地位中，它的作用与意义远远超越了它自身存在的三千余年的时光。然而，就当下来看，现有的文化产品中严重缺乏系统、全面介绍、解读古丝绸之路的既有学术价值且通俗易懂的产品，更是缺乏数字、动漫这种轻松、愉悦、寓教于乐的文化产品。如此，不仅给我们优秀的民族文化的一个单元的传播、传承造成了一定的缺失和遗憾，同时也给当下的传播留下了极大的必要性，也留下了较大的市场空间。

《丝绸之路文化丛书》及相关文化产品的生产与面世，不仅响应了十七届六中全会文化改革发展奋斗目标的要求，推动中华文化走向世界，同时会带动西部相关省区的旅游业和相关经济的发展，也将会成为申报世界物质文化遗产有力的佐证。

2015年9月23日

我到《丝绸之路》杂志社任职后，特别重视文化考察，策划组织"玉帛之路"系列文化考察、"语言文化考察"等活动。2017年，我还计划举办一次"黄河文化考察"，从兰州出发，顺流而下到甘肃景泰五佛镇结束。这个活动邀请耿先生和万明教授参加。这年5月，耿先生竟然学会使用微信，我在2017年5月23日的日记有记："伟大的耿昇先生竟然学会微信，他在私聊中说：'我，是耳火。'我推测可能是耿先生手写中把'耿'分成两部分了，问一下，果然！与时俱进的大学者！紧接着语音聊天，得知先生在法国工作一个月，最近回国，又是接二连三的学术会，但希望能尽快见面。发了多少回合语音，耿先生忽然说：'你不是冯玉雷先生吧？你是他的助手吧？'我一笑解乏，回复说：'我就是冯玉雷啊！'我从来没有助手，即便有助手，怎么可能让助手与耿先生沟通呢！……昨夜梦见母亲身体有微恙，早晨打电话，果然母亲周六着凉感冒，嗓子疼，发音吃力。常言说母子连心，难道我的嗓子也受影响，使耿先生听不出我的声音？"

2017年6月，先生到西宁开会，希望能够见面，但那个时段我带队到阿右旗考察，不能前往。我再三请他在兰州休整两天，但他急着要回京翻译一些法文资料。我回兰州，他也回京了。2017年9月中旬，我在北京出差，16日与耿先生相约小聚。耿先生得知我的住地，非要就着我的方便，打车带来一些书和一盒月饼。我们用餐时聊了很多话题，当晚发微信、微博，写了这段文字："他开门见山说，万明说冯玉雷咋回事，老拍些乌鸦窝。我愣一下，乌鸦没窝啊，我到哪里去拍？应该是喜鹊吧？万明老师是北京人，分不清喜鹊和乌鸦，耿先生来自太行山区，了解很多鸟类、虫类、兽类知识，于是大部分话题就围绕这些。他说以前见过小乌鸦啄些嫩玉米去孝敬老鸦的情景。当然也啄高粱，农民驱赶，放'二踢脚'轰，就把乌鸦赶进了城，作'天然清道夫'，处理城市垃圾。最集中的地方在？（忘了，容以后问）。还有松鼠偷粮，多者达几十斤。松鼠偷粮？我知道有一种'仓老鼠'专干这营生。自然世界中，这些精灵们按照自己的游戏规则生活着，也很精彩。"

怎么也想不到，那次竟然是与耿先生的永诀！

2018年4月9日，我到北京参加新闻出版专业方面的培训，打算过两天去看望耿先生，孰料，4月10日晚，易华兄发来短信说，耿先生是日上午不幸猝逝。

晴天霹雳，太突然，惊讶至极！房间没开灯，黑暗越来越浓，我浑身无力，在床上静静躺了很久很久，回忆以前交往的种种……培训班管理很严，不让请假。加之我实在无法面对耿先生猝逝的现实，我实在没有勇气参加先生的告别仪式。我怎么忍心向先生告别啊！

2018年4月11日，我写一首短诗：

耿昇先生是一座高峰
我总是虔敬仰望
现在
只能凝望他

越来越远的背影了
　　悲苦难言
　　天山脚下
　　秦岭山中
　　雅安道上
多少往事依然鲜活
　　……

2018年4月12日晨，又写《天鹅之歌》，深切怀念：

滔滔江河水，
凝噎向大海。
缅怀耿昇师，
万物皆欲言。

宇宙有大美，
天鹅歌以传。
文以载道兴，
岁月勤勉长。

河北出壮士，
幼沐燕赵风。
动静在正道，
志坚如太行。

弱冠赴京华，
四海常为家。
孜孜惜流年，
从此不清闲。

杜鹃声凝碧，
字字皆珠玉。
春风化雨时，
芳华到天涯！

卓荦观世事，
妙手著文章。
功成名就后，
依然在路上。

人品高如山，
气质美如兰。
先生行大道，
恩泽润四方。

相识天山路，
从此忘冬夏。
曾往汉中游，
又访雅安道。

时光匆匆过，
相聚能几何？
君子有高义，
义重泰山轻。

先生突然去，
方觉天地空。
思来泪如泉，
伤悲无以言。

天鹅终生唱，
声声俱凄美。
曲终人未散，
天长落日远！

遥望太行山，
慨叹复慨叹。
有道人不孤，
清气满乾坤！

2018年9月22日，再次写《耿昇先生》，怀念：

> 早在结识耿昇先生之前
> 就读他的译著
> 如痴如醉
>
> 丝绸之路上
> 如果没有先生构建的桥梁
> 那是何等荒凉
> 何等贫乏
>
> 可是，
> 当丝绸之路文化持续增温时
> 耿先生猝然仙逝
> 这个中秋节
> 倍感清冷
>
> 对我而言
> 纪念耿昇先生最好的方式
> 就是继续
> 沉醉在他的译著中

2019年，我早早就收到在北京外国语大学举行纪念耿昇先生的活动邀请函。3月16日父亲辞世，按照乡俗，不能参加纪念耿昇先生的活动。我思想并不守旧，主要原因，还是内心无法承受失去耿昇先生——这位兄长般大成就者的痛苦。父亲辞世后，我心痛不已。二弟按国家政策在白银主持，简单办丧事，我给所在单位领导、同事都没说。亲戚、同学和一些偶然得知消息的朋友参加。家父辞世的巨大痛苦如山倒，如抽丝，觉得浑身都是伤口，风一吹都疼，任何人的任何安慰都没用，只能自己紧捂伤口，独自默默承受。对耿先生，我也是如此感受。我害怕任何熟悉的情景或朋友会勾起耿先生已然驾鹤西游的残酷现实。我总觉得太突然，因为耿先生始终精神饱满地工作，出席学术活动，我竟然忘记了他的年龄！

唉！悔之晚矣！从2012年9月与先生相识以来，虽然经常联系，由于杂志社公务繁忙，我们竟然很少坐在一起长谈！我和耿先生是忘年交，君子之交，一切似乎都平平淡淡，可是，先生突然辞世，让我长时间沉浸于内心悲伤。我不时地在微信、微博中写诗、写随笔寄托对先生的怀念之情。长歌当哭，短文当哭，谁又能理解我内心深处的悲苦和哀伤呢！

耿先生学术造诣非常高，在中外交流史上的贡献也很大，怎么评价都不为过。耿先生云水情怀，他的译介成果和人格魅力像春风化雨，滋养了一代又一代学者，这种滋养，也是一种"薪火相传"，必将永远继续下去。于我，因为文学创作对丝绸之路（敦煌）文化题材的喜好，先是与耿先生著作结缘，后来又非常幸运地与先生相识。耿先生谦和、超越、博雅，是我的良师益友。文学创作带给我的快乐，有三方面：第一，为创作小说进行的学术准备，阅读各位学者的学术论著，让自己视野不断拓展，认识不断提高，其乐无穷；第二，有机缘向相关学者请教，往往醍醐灌顶，其乐无穷；第三，那就是在小说创作中把学术成果进行艺术化转换，其乐无穷。我从1998年开始丝绸之路（敦煌）文化题材小说创作，到最近要出版的百万字长篇小说《野马，尘埃》，都与耿先生道德文章的熏染密不可分！

《左传·襄公二十四年》："太上有立德，其次有立功，其次有立言，虽久不废，此之谓三不朽。"耿先生筚路蓝缕，以启山林，栉风沐雨，砥砺前行，立德、立功、立言，名副其实做到了"三不朽"；又，诗人李白手书《上阳台帖》自咏四言诗："山高水长，物象千万，非有老笔，清壮何穷。"对先生的感恩和怀念非语言所能穷尽，我想，现在、未来的学者和作家们都会注入自己的学术成果或文学作品中吧！

2020年6月15—16日初稿

（作者为《丝绸之路》杂志社社长）

但愿耿昇先生不再为不畅之事烦心

何培忠

初识耿昇先生是20世纪80年代，那是我刚到中国社会科学院工作不久，因常陪同海外学者访问历史研究所，又因同为耕耘中外文化交流之人，自然就有了一些相互关注，而引起我对耿昇先生大为关注以致敬佩，是因为他1994年获得法国政府颁发的"文学艺术勋章"之事。

要知道，那是一个了不起的奖项，是一个国家的政府对一位外国人推动文化交流做出贡献的肯定，其意义与分量之重，非常规奖项可比。

耿昇先生被誉为翻译家、"译坛骁将"，其翻译出版的法国有关中国研究的著作之多令人惊叹，在孔夫子旧书网上输入"耿昇"名字，就可以看到长长的一大串书名，多达50页，如《一个巴黎女子的拉萨历险记》《敦煌吐蕃历史文书考释》《中国对法国哲学思想形成的影响》《中国与基督教》《丝绸之路》《西域文明史》等，可谓译著等身。我想象不出，如此众多的学术译著、数千万字的出版成果，耿昇先生是怎么做到的，只知道这一切成就是他用时间、心力、心血甚至是生命拼搏出来的。他的努力工作，拓展了中国海外汉学的研究视野，推进了中法学术交流，在中法、中外文化交流方面做出了常人做不到的重要贡献。

尽管如此努力，耿昇先生申评正高级职称之路并不平坦。在学术界，评职称是个大事，那是对一个人的学术水平、工作业绩给予肯定的一种标志。但在现在的评价体系以及实际操作中，职称评审，往往受名额所限，也受对学术的认识以及人际关系等各种因素影响，有些人能顺风顺水，有的人就要多经历些磨难。耿昇先生对此并没太在意，而是勤耕不辍，继续推出新的成果。

2015年10月20日,上海社会科学院举办第六届世界中国学论坛大会,我和耿昇先生同去参加会议,我是第7圆桌会议"中国学的现状与未来"会议主持人,在该圆桌会议"中国研究的深化与拓展"小组会上,耿昇先生做了"法国汉学家白乐日及其国际视野"的学术报告,席间我问他对我国学界中有人主张使用汉学,有人主张使用中国学称谓海外有关中国研究,以致长久辩论不休的情况有什么看法,他淡淡一笑,说自己从不介入这类争论,因为加入这些争论会耗费很多时间,还不如"认认真真、踏踏实实搞自己的研究有收获",这几句看似平淡的话道出了耿昇先生的治学态度,也似乎透露了他之所以能推出那么多学术成果的秘诀,即他是在排除或摒弃一切自己认为不必要的"耗费很多时间"的事情,看淡许多事情,抓紧一切宝贵时间,投身于自己认为值得做的事情,才做出了常人难以做出的成就。

在海外汉学(中国学)研究领域,耿昇的大名几乎是无人不晓。这不仅是因为耿昇先生是较早从事这一学术研究领域的学者,而且也是因为耿昇先生做出了常人难以达到的成就。而后人在进入这一领域或叙述这一领域研究发展时,耿昇先生发表的成果,必然是个引子。我们从事这一领域研究的老一点的学者,大体都经历过这些事情。连我本人也曾发现,一些人的文章所叙述的事情,明明是自己在什么什么时候、什么什么刊物上发表过的,但后人叙述这些事情时,并不一定会说是引用了、参考了谁谁的文章。在不重视学术规范的一些人眼里,抄用他人发表的内容,稍加改变,成为自己的成果是常事。真要去计较,是很累人的,就会像耿昇先生顾及的那样,是要"耗费很多时间"的。名气越大、出版的成果越多,这种事情遇到的恐怕也会越多。所以,"谁让你是耿昇,不抄你的抄谁的"一句看似戏谑的话,道出了耿昇先生在这一领域的多产、贡献与地位。

那以后,再遇到耿昇先生时,他果真没再提这件事。没提这件事不一定是因为他心里真的放下了,我认为,还是因为他一贯主张的,不能为一些事"耗费很多时间"。

2016年6月16日,国际中国文化研究学会秘书处给我们几个副会长发来邮件,说会长张西平教授建议在6月23日举办的"中国文化的世界性意义高端论坛暨全国高校国际汉学研究学术研讨会"上,给长年从事这一领域研究、年过八旬的李明滨、阎纯德、严绍璗和耿昇先生颁发"国际中国文化研究终身成就奖"，以表彰他们在研究事业上取得的不凡成就，我欣然同意这一建议。6月23日，当我作为颁奖人之一，在会上把这个奖递给耿昇先生时，看到的是一脸笑容的耿昇，那笑容之灿烂，久久印在我的心中。在某些文章中，应该提及耿昇先生大名的没有提，但我们学术界在应该提及耿昇先生大名时，我们做到了，这也是给耿昇先生心中一个安慰，也是给我们这些与他一样长年在研究领域耕耘，不愿为琐事"耗费很多时间"的人一种尊重的表示。

2018年4月14日，在耿昇先生的送别仪式上，我见到了外国语大学的张西平教授和李雪涛教授。我们一方面唏嘘耿昇先生的突然辞世，一方面也为及时做了一件让他释然的事情而庆幸。但愿耿昇先生真的释然了，不再为不畅之事烦心。

2021年5月3日

（作者为中国社会科学院文献信息中心研究员）

振聋发聩，令人深省

——重读耿昇先生相关佛教译著有感

胡同庆

耿昇先生的译作《吐蕃僧诤记》《中国5—10世纪的寺院经济》《伯希和敦煌石窟笔记》分别出版于1984年10月、1987年5月和1993年4月，都是耿昇先生的早期译作，也是笔者自1984年到敦煌后最早读到的国外学者研究敦煌的重要著作，当时便有耳目一新的感觉。

时光荏苒，如今再读耿昇先生的这几部译作，温故而知新，加上斯人已去，感慨甚多。

回想起来，当时耿昇先生敢于翻译和出版社敢于出版这几部译作，实属不易。20世纪80年代初期，虽然国家已步入改革开放，人们的思想有所解放，但在许多问题上人们仍然心有余悸。特别是在敦煌学方面，因一句"敦煌在中国，敦煌学研究在日本"引起学界乃至全国人民爱国热情的高涨，如果翻译出版外国人的敦煌学研究成果，难免会令自尊心极强的国人更感脸上无光。因此尽管学界许多专家学者期望了解国外有关敦煌学的研究情况，正如季羡林先生在1984年所说："时至今日，我们要学习的东西日益增多，我们要研究的课题之广度与深度日益加强，我们不可能广泛阅读所有原著，我们更有必要参看别人的翻译。这一点，对敦煌吐鲁番学的研究来说，更是迫在眉睫。"而"我常常看到或听到有人在有意与无意之间流露出鄙薄翻译之意"[1]。当时要出版这些译作非常不容易，也正如耿昇先生在1987年时所感慨："译出之后，又苦于无处出版。经过多年

---

[1] 季羡林：《敦煌吐鲁番学研究译丛》序，[法]戴密微：《吐蕃僧诤记》，耿昇译，甘肃人民出版社1984年版，第2页。

周折之后，甘肃人民出版社高兴地接受出版。没有学术界和出版界的慷慨帮助和热情操劳，这本书的汉译本是很难与中国学术界见面的。所以，这部译著是一种'千人糕'式的集体成果。"①

由于几十年来的文化封闭，当时面对所谓的"敦煌在中国，敦煌学研究在日本"这个说法，虽然激起了国内学术界人士的爱国热情，虽然许多学者憋着一口气，试图奋起直追，高呼要大雪国耻，但当时国内的绝大多数学者连国外有关敦煌学的研究具体是什么情况，他们的研究方向、研究方法、研究内容和范围，以及究竟是什么水平，等等，几乎茫然不晓。为此季羡林等先生清醒地认识到："学习他人之长，包括一切方面。专就敦煌吐鲁番学研究而论，同样有向别的国家学习的任务。……特别是日本学者和法国学者在这方面的成就，更是值得我们借鉴。"②

因此，耿昇先生当时出版的这几部译作和其他先生的一些译作，再加上一些原著，对于国内学界人士来说，具有大开脑洞的意义。不仅令学者们大开眼界，既看到自己的差距，也看到自己的长处，同时在研究内容和研究方法等方面，也得到许多有益的启示。如法国学者谢和耐先生的《中国5—10世纪的寺院经济》一书，书中"以社会学的观点，根据汉籍、印度经文、敦煌和其他西域文书，分析了从南北朝到五代期间的中国寺院经济。书中对于佛图户、寺户、僧祇户、常住百姓、碾户、梁户、长生库、社邑、斋供、三阶教无尽藏都作了深入探讨"，是研究敦煌经济文书的一部重要著作。不仅"日本学者十分重视这部著作，多次发表书评。法国学者也将此书与戴密微先生的《吐蕃僧诤记》并列为两大敦煌学名著"，"我国学者、中山大学历史系的姜伯勤先生对此书颇有研究，多次在论著中引用该书的观点和资料。我国敦煌学界的其他学者也很重视它"③。另外，当时的中国学者，也从池田温、松本荣一等日本学者那里学习到许多有益的东西，甚至到了21世纪的2011年，仍然还有中国学者在参考引用

---

① [法]伯希和：《伯希和敦煌石窟笔记》，耿昇、唐健宾译，甘肃人民出版社1993年版，第415页。
② 季羡林：《敦煌吐鲁番学研究译丛》序，[法]戴密微：《吐蕃僧诤记》，耿昇译，甘肃人民出版社1984年版，第1、2页。
③ [法]谢和耐：《中国5—10世纪的寺院经济》，耿昇译，甘肃人民出版社1987年版，第3页。

池田温等外国学者数十年前的研究成果①。

戴密微先生的《吐蕃僧诤记》，原著于 1952 年在法国巴黎出版；谢和耐先生的《中国 5—10 世纪的寺院经济》，原著是 1956 年在当时尚设在西贡的法兰西远东学院发表的一篇博士论文，作为《法兰西远东学院丛刊》第 38 卷刊布；《伯希和敦煌石窟笔记》则是伯希和 1908 年在我国新疆、甘肃探险时，在敦煌逗留期间，在莫高窟时留下的，在法国最早是以《笔记本 A》《笔记本 B》的影印件而流传。也就是说，这几部著作的撰写年代，实际上距今长达六十多年甚至一百一十一年了，分别反映了当时法国汉学家的学术研究水平。现已相隔半个多世纪甚至一个世纪，但现在重读这些著作，其中的许多内容仍然令人有新鲜感，其中的许多研究方法仍然值得我们今天借鉴。正如耿昇先生 2013 年 7 月 12 日在《法国汉学史论》"自序"中所指出：法国汉学家的"这些论文中谈到的问题，在中国基本上没有人涉及过，大都是首次被论及。它们在中国学术界，纵然不算是'创新'，那也应该是全新的。它们必为中国学坛带来一股清新之风，使人视野开阔、耳目一新，开辟了新领域，提供了新的思考课题"②。

到了改革开放以后，学者们，特别是从事敦煌吐鲁番研究的学者逐渐看到不少日本、法国、英国等国家学者的研究论著，其研究内容和研究方法对中国学者产生了一定的影响。如近三十年来有关敦煌吐鲁番学的研究与其他学科相比，相对学术性更强、学术氛围更浓，其研究的内容较为具体、实在，假大空现象较少，学术论著的质量相对较高，应该承认这与该学界人士较多地学习、借鉴日、法、英等国学者的研究经验有关。

不过，当笔者重新阅读耿昇先生所翻译的《吐蕃僧诤记》《中国 5—10 世纪的寺院经济》《伯希和敦煌石窟笔记》等著作，再关注、审视、反思国内的学术研究情况，感到我们仍然需要保持清醒的头脑，要看到尽管这些年来敦煌学研究人才不断涌现，发表的文章和出版的著作成倍增长，但其质量与半个世纪甚至一个世纪前的戴密微、谢和耐、伯希和的论著相比，差距仍然很大。如近些年有关敦煌学研究的杂志所刊发的文章大多仍

---

① 参见张荣强《唐代吐鲁番籍的"丁女"与敦煌籍的成年"中女"》，《历史研究》2011 年第 1 期。

② 耿昇：《法国汉学史论》（上册），学苑出版社 2015 年版，第 2 页。

然是考证壁画内容、年代和校勘敦煌文献的文章，另外出版的著作也大多是考证壁画图像或泛泛介绍敦煌艺术的内容，像戴密微、谢和耐先生那样从宗教学、社会学等角度进行敦煌学研究的论著很少。笔者进一步注意到，之所以敦煌哲学研究出现这个情况，是因为我国现在的哲学、美学、伦理学等学科的论文或著作几乎也都是这类空泛的内容。由此可见，戴密微、谢和耐先生的论著，其研究的深度和广度以及关注现实的态度，不仅值得敦煌学界借鉴，同时也值得我国哲学、美学、伦理学等学界人士反思。

这次重读耿昇先生的译作，注意到一个情况，即如果将一些法国人（包括一些日本人）的著作或论文中的作者姓名改换成中国人的姓名，几乎都看不出是外国人写的东西，似乎都是中国人写的自己国家的东西。这些法国人（包括一些日本人）的著作或论文是从世界人、地球人的角度进行客观考察、介绍和分析研究的。而中国学者写的国外的东西，几乎都是从中国人角度写的，探讨的大多是中国和该国的关系，特别关注该地区的中国元素，关注中国对该国的影响，如关注陶瓷、丝绸、青铜器等，一看就知道是中国学者写的。犹如当前许多中国旅游者，到国外博物馆，最关注的是该博物内所珍藏的中国文物；中国学者亦是，很少关注具有该国该地区特色的文物古迹。

特别是重读距今一个世纪的《伯希和敦煌石窟笔记》，感慨更多。中国学者到国外的所谓学术考察，大多是走马观花，或拍拍照、搜集一堆资料，很少有像伯希和这样认真进行考察、编号、记录和分析研究的。如中国学者到印度考察，关注的大多是与中国有密切关系的佛教遗迹，很少关注和研究印度的印度教等其他内容。如果说在国外考察可能受到经费等诸多原因的限制，在国内考察应该是很方便了，但我们很少看到国内学者有像伯希和这样在实地详细考察、记录和分析石窟内容的，大多也是拍照和作一些简单的记录或抄录一些自己需要的题记等资料。特别需要指出的是，我们的许多专家学者，缺乏伯希和所具有的渊博知识和学术研究水平，没有能力像伯希和那样在实地便能对许多考察内容的价值作出比较科学的判断，只有回家后慢慢查资料进行研究。笔者孤陋寡闻，至今没有发现哪位国内学者的学术研究水平有超过伯希和、戴密微、谢和耐等先生的。

同时我们还应该认识到，将中国整体的敦煌学研究与法国或日本的整体的敦煌学研究进行攀比，既不科学，也不合理。我们是用大量的人力、物力来进行我们自己国家的语言文字和历史文化研究，外国则只是有那么几个或几十个人在从事我国的语言文字和历史文化研究。如果一定要攀比，就应该看我们中国人是如何进行法国、日本或印度等国家的语言文字和历史文化研究的情况。而且，还不应该只看某一种学科的研究情况，还要结合考察其他如哲学、美学、伦理学、社会学、宗教学乃至经济学等其他学科的研究情况。否则，便有可能出现"一白遮十丑"的片面看法。

重读耿昇先生的这几部译作，再结合阅读耿昇先生近几年的《法国敦煌学精粹》、《法国藏学精粹》、《法国西域史学精粹》（甘肃人民出版社2011年版）、《伯希和西域探险日记1906—1908》（中国藏学出版社2014年版）和《法国汉学史论》（学苑出版社2015年版）等译作或著作，收获甚多。不仅对法国学者的有关研究情况以及治学态度和研究方法有进一步的了解，同时结合当前国内学界的许多情况，备感耿昇先生在复杂多变的国内环境中，从不随波逐流，长期以来始终坚持自己的观点，敢于客观介绍国外学者的学术研究成果和正确评价伯希和等人功过，实在不易。耿昇先生人品之高尚，学风之严谨，治学之广泛，学问之博大精深，确实是我国当代学者之楷模。

（作者为敦煌研究院副研究员）

怀念耿昇先生

贾永会

2018年4月10日傍晚，恩师钱婉约教授给我传来信息，悲痛地说，耿昇先生于当天仙逝。从对先生的访谈，到会议的再次相遇，再到登门拜访，与先生的数次往来不断在我脑海回放。书橱中先生的赠书，先生之于我的恩情与教诲，在我心头萦绕。以为不久的将来，学有所成之后，便可以再次向先生拜访致谢，然而，却永远失去了机会。

"您当年是如何选择了法语专业的？"我与先生的初次见面，对其人其学的了解，正是以这样独特的访谈方式开场的。那是2011年冬季，耿先生受钱老师之邀，到北京语言大学做讲座。讲座开始之前，钱老师特别安排了一个访谈环节，并让我做助手。在近两个小时的访谈里，先生以带着乡音的普通话，回答着我们大大小小的问题，态度之平易、知识之广博、见解之独特，学术大家风范，令人景仰。

两年后的春天，我奉钱老师之托，代其向先生送书，拜访先生。作为一个年轻的研究生，受到了先生的热情接待。先生不仅亲自为我沏茶倒水，还主动关心我的学业，就将来国内读博还是出国深造为我指点迷津。先生待人亲切和蔼，正如当时吹动着槐香的春风。临别前，先生不仅让我转赠给钱老师他的新作，还特意挑选了他的多本著作专门赠送予我，让我受宠若惊。在回去的地铁里，拎着满满重重的两袋书，感觉自己是世界上最富有、最幸福的人。我清楚，这是一代前辈在为年轻学子的学术之路铺路搭桥。本以为还有机会再见到先生，没想到先生目送我离去的那一刻，竟是永别。

耿先生的一生，学五车，著等身。不大的居室，满眼望去都是藏书。

最宽敞的唯有面对窗户的那张大书桌和一把老式的座椅。午后的阳光照射进来，光影斑驳，一片静谧，一片温情。那等身的译著，便是在这里，日复一日，经年累月，一字一句，千锤百炼，诞生出来。

先生在2011年北语的那次"实用汉学与学术汉学之争"讲座上谈到，法国汉语讲座有着以培养翻译官、外交官等实用型人才以及以培养学者、研究者等学术型人才的两个传统。先生自己也经历了从实用法语到学术法语的转型。1968年从北京外国语学院法文系毕业后，先生作为国家急需的翻译人才，进入外交部门，赴法国从事翻译工作，一做便是十年。先生在访谈中说自己更喜欢学术，所以回国后进入中国社会科学院历史研究所工作。从此，先生毕生致力于学术研究与译介事业，矢志不渝。

耿先生耕耘在法国汉学史、中亚史、藏学、敦煌学、传教士、蒙古学等多个领域。每个领域在当时都处于待兴的状态，先生不畏艰辛，在没有捷径的翻译研究之路上，脚踏实地，为后人拓荒。这些领域如今都成为显学。先生勇当先锋的精神，留给后人70余部译著的不朽功绩，都值得后人敬仰和缅怀。

潜心研究与翻译四十年，先生正处于学术生涯的巅峰，原本还会给世人更多佳作，却在整理报刊的时候，永远离开了我们，令人无限叹惋。作为一位承蒙先生恩泽的晚辈，此刻却不能亲自为先生送别，只有将悠悠悲痛与怀念化作文字，泣拜先生！

（作者为华侨大学讲师）

耿昇与东方海上丝绸之路

刘凤鸣

一

2007年10月初,我的一部书稿《山东半岛与东方海上丝绸之路》准备在人民出版社出版,为了扩大该书稿的影响,出版社编辑提议请国内知名专家写个序言,我首先想到了中国社会科学院历史研究所耿昇先生。耿先生当时是中国中外关系史学会会长,而当时中国中外关系史学会在广东、江苏、福建、浙江沿海的港口城市均召开过"海上丝绸之路"的学术研讨会,中国中外关系史学会为宣传中国的"海上丝绸之路"做了大量有效的工作,并引起了联合国有关组织的高度关注。但当时山东半岛在历史上对海上丝绸之路的贡献,并没有进入国内外专家的视野,我撰写《山东半岛与东方海上丝绸之路》一书的目的,就是宣传东方海上丝绸之路,即古代中韩日海上丝绸之路,以期引起国内外专家对"东方海上丝绸之路"的关注。但当时我与耿先生并不相识,也没有任何往来,我怀着忐忑不安的心情,很冒昧地给耿先生写了一封信,并附了我书稿的提纲,试探着请求他能否给我的书稿写个序,使我惊喜的是,耿先生很快就给我回了电话,同意为书稿写序,并让我把书稿传给他。

2007年10月29日,耿昇先生就把他为书稿写的《序言》传给了我,使我想不到的是,耿先生为书稿写了5600多字。我原以为,耿先生当时承担了那么多的课题任务,还有学会的事务,工作缠身,能为书稿写千儿八百字就不错了,但耿先生不仅阅读了书稿,还为一个素不相识的人写了这么多的文字，着实令我非常感动。当时给我的感觉是（今天仍然这样认为），耿先生不是在为我的书稿写序，而是和我一起在为山东半岛的海上丝绸之路呐喊，而也正是因为耿昇先生，山东半岛的海上丝绸之路才进入了国内外专家们的视野，确立了它应有的历史地位。

耿先生在《序言》中写道：

> 纵观中国的丝绸之路研究史，总体来说，专家学者们始终都偏重于研究西北陆路丝绸之路，在对海上丝绸之路研究中，又更多的是注重于南方海上丝绸之路，对于广东、江苏、福建和浙江沿海港口的研究始终为重中之重。但是，对于经过山东半岛的"东方海上丝绸之路"，过去没有给予应有的重视。《山东半岛与东方海上丝绸之路》在大量史料的基础上，系统地对山东半岛不同历史时期的中朝日三国的经贸、文化交流和友好往来，作了坚实而深入的探讨，它是一部填补空白或充实薄弱环节的力作①。

耿昇先生希望学术界能重视"经过山东半岛的'东方海上丝绸之路'"，他在《序言》中还提到："山东半岛与东方海上丝绸之路，在时代上可谓源远流长。《山东半岛与东方海上丝绸之路》的作者以历史为经，从'东方海上丝绸之路'的角度着眼，全面论述了中朝日之间的政治、经贸和文化交流的2000多年的历史。这是国内外学术界过去的弱点，也是本书的重点，当然会形成一大亮点。"② 耿昇先生也希望借《山东半岛与东方海上丝绸之路》一书的出版，进一步推动对"东方海上丝绸之路"的研究和宣传。

当时为书稿写序的还有联合国开发计划署丝绸之路区域项目办公室技术总顾问、波兰华沙大学终身教授侯伟泰博士，他也给了书稿很高的评价③。出版社的编辑希望将侯伟泰博士的序言放在第一位，但我认为耿昇先生写的序言更具学术价值，特别是他为东方海上丝绸之路的呐喊，会为山东半岛的海上丝绸之路的宣传带来更大的影响力，我坚持将耿昇

---

① 刘凤鸣：《山东半岛与东方海上丝绸之路》，人民出版社2007年版，序言第6页。
② 刘凤鸣：《山东半岛与东方海上丝绸之路》，人民出版社2007年版，序言第7页。
③ 刘凤鸣：《山东半岛与东方海上丝绸之路》，人民出版社2007年版，序言第9—10页。

先生写的序言放在第一位，出版社的编辑尊重了我的意见。但直到2007年底书稿正式出版，我也没见到耿昇先生，但因为"东方海上丝绸之路"，我和耿昇先生有了紧密的联系，为了深入研究和广泛宣传东方海上丝绸之路，耿昇先生又做了许多卓有成效的工作。

二

我第一次见到耿昇先生，是2008年3月在海南三亚召开的中国中外关系史学会年会上。在本次会议之前，耿先生通过信函邀请我加入了中国中外关系史学会，我则希望学会能在山东半岛召开一次关于"东方海上丝绸之路"的专题研讨会，耿昇先生表示他也有此意，并希望我能参加三亚的会议，一同商讨一下在山东半岛开会的事宜。在三亚，我第一次见到了耿昇先生，给我的印象是：耿先生和蔼可亲，在学会中有很强的凝聚力、号召力。在三亚会议上，经耿昇先生提议，我被增补为中国中外关系史学会常务理事。耿先生还对如何开好"东方海上丝绸之路"的专题研讨会谈了了非常具体而明确的意见，我依据耿先生的意见筹备了这次会议，会议取得了非常好的成效，彰显东方海上丝绸之路研究的成果，也扩大了东方海上丝绸之路的影响。

2008年10月11日至13日，"登州与海上丝绸之路国际学术研讨会"在山东省蓬莱市召开，研讨会由中国中外关系史学会和联合国泛丝绸之路系列活动组委会等共同主办。山东省政协副主席王志民，联合国泛丝绸之路活动组委会秘书长董建国，日本前驻华大使阿南惟茂，韩国国际商学会会长、群山大学金德洙教授，韩国著名中韩关系史专家、韩国学术论文集评价委员长、东国大学名誉教授林基中教授，中国秦汉史学会会长王子今教授，中国世界古代中世纪史研究会名誉会长刘明翰教授，中国中外关系史学会副会长万明研究员、晁中辰教授、贺圣达教授，韩国国立海洋遗物展示馆馆长成洛俊先生，美裔日籍著名中日友好人士、学者阿南史代女士，日本关西大学亚洲文化交流中心主任松浦章教授等知名中外专家、学者参加了研讨会。会议集中了中、日、韩三国从事海上丝绸之路研究的一流专家，是一次高层次的国际性学术盛会。研讨会围绕东方海上丝绸之路，山东半岛在中韩日关系史中的作用与地位等论题，展开深入而广泛的研讨交流。

"登州与海上丝绸之路国际学术研讨会"开幕式主席台

会后,《光明日报》2008年10月15日以《东方海上丝绸之路引起学界关注》为题发表了消息,称:"'应重视连接韩国和日本的东方丝绸之路研究,为山东省对外文化、经济交流注入新的动力'。这是在刚刚结束的'登州与东方海上丝绸之路国际学术研讨会'上60多名中、日、韩专家学者的共识。"

耿昇先生以中国中外关系史学会会长身份代表会议主办方在大会发言,其中讲道:

> 登州乃至整个山东半岛,自古以来就是中国对外政治经济、文化交流的一个窗口。以现代学术语言,则称之为"海上丝绸之路"。登州与明州(宁波)、泉州和广州,应并列为中国海上丝绸之路的四大始发港。与其他几个海港相比,登州港通航时间早、持续时间长,它在历史上的发展始终很平缓,没有遭遇太多的大起大落。这是由山东学脉绵长和物产丰富所决定的。不可讳言,登州港东方海上丝绸之路的研究,较其他几个港口,特别是与南方海上丝绸之路的研究,略显滞后。不过,我们仍有不少学者,尤其是山东学者,多年来孜孜不倦地从事山东半岛与东方海上丝绸之路的研究,特别是中、日、韩之间政治、经济、文化诸领域交流史的研究,已经取得令人瞩目的成果①。

---

① 耿昇主编:《登州与海上丝绸之路国际学术研讨会论文集》,人民出版社2009年版,第6页。

耿昇先生对东方海上丝绸之路研究的现状，存在的问题，取得的成就都谈了很中肯的意见，对扩大东方海上丝绸之路的影响，及深入开展东方海上丝绸之路的研究起到了很大的推动作用。会后，耿昇先生还主编了《登州与海上丝绸之路国际学术研讨会论文集》，2009年4月由人民出版社出版，在论文集封面折页上有《论文集内容简介》，其中写道："这些论文展示了登州与山东半岛悠久丰厚的历史文化底蕴，彰显出登州在中韩、中日漫长交往中的重要地位，反映了海上丝绸之路及中韩、中日关系史等方面研究的最新成果与动态，填补和加强了以往研究的空白与薄弱环节，具有很高的学术价值；结尾部分是《烟台日报》记者撰写的会议综合评述，此评述被新华网、中国网、凤凰卫视网、中国经济网、中国国学网等许多全国性的知名网站转载，使本次国际学术研讨会在社会上引起较大反响。"[1] 由此可见，耿昇先生为宣传东方海上丝绸之路，为推动海上丝绸之路研究所做出的努力和贡献。

耿昇先生对我筹办这次会议也非常满意，因海上丝绸之路而共有的目标和责任，也加深了我们之间的友谊。

2008年10月，本文作者与耿昇、万明夫妇考察蓬莱水城时合影

---

[1] 耿昇主编：《登州与海上丝绸之路国际学术研讨会论文集·封面折页》，人民出版社2009年版。

三

因成功举办了"登州与海上丝绸之路国际学术研讨会",我和耿昇先生有了更紧密的联系,在耿昇先生的鼓励和指导下,2010年,我撰写的《山东半岛与古代中韩关系》一书在中华书局出版,耿先生的爱人,时任中国中外关系史学会常务副会长、中国社科院历史所博士生导师万明研究员还为该书写了序言。

2012年,我负责的课题组完成的《落帆山东第一州——明代朝鲜使臣笔下的登州》一书,在人民出版社出版,该书的主要内容是经海路出使明朝的朝鲜使臣对山东半岛登州府城的全方位的描述,是明代中朝(韩)海上文化交流的一个缩影,也是明代东方海上丝绸之路文化的重要内容。为了宣传这部书稿,进一步弘扬东方海上丝绸之路文化,2013年8月,山东省齐鲁文化研究院和鲁东大学胶东文化研究院联合召开"登州与东方海上丝绸之路暨《落帆山东第一州》中韩学术研讨会",耿昇先生不仅愉快地接受了会议的邀请,而且还在研讨会上做了热情洋溢的发言,再次为"东方海上丝绸之路"发声。我依据保存的录音资料,摘录了耿昇先生当时的以下讲话:

《落帆山东第一州——明代朝鲜使臣笔下的登州》这本书,我读了好几遍,我感觉非常好,我认为它有以下突破:

第一,它丰富、充实、发展了山东的齐鲁文化。过去我们一想到齐鲁文化,就想到了儒家文化。胶东文化,严格来说,它属于齐鲁文化的范围,但它又和齐鲁文化又有所不同。特别是它的仙道文化,它的对外开放性文化,非常明显。我觉得用胶东文化去丰富齐鲁文化,是一个很好的办法,也取得了实际的效果。

第二,它突破了丝绸之路。过去传统上说丝绸之路,一条是沙漠之路,西北丝路;一个是西南丝路,也是陆路上的;一个是海上丝路,从东南沿海、南方沿海出发的。我们还应该把东方这一块,到朝鲜、韩国、日本去的丝绸之路,放到里面去。

第三,这本书里面,它利用了咏登州的诗和景观诗,把诗当作史料来研究,就像我们把一些早期的历史小说来当作历史资料研究一样。它应该说是有可行性、真实性，也有可读性，这本书在资料运用方面，具有很大的突破。

第四，对于域外汉文献的使用方面，这本书大量运用了朝鲜的《燕行录》。朝鲜《燕行录》，是朝鲜人自己写的，当时朝鲜人用汉字来写的。对于这些文献，究竟应该怎么用？需要深入研究之后，才能用。这本书，对这些材料的运用，我感觉，还是很不错的，它的取材还是很合适的。

再一个突破，就是在商贸和文化发展之间的关系上。《落帆山东第一州》既讲胶东文化，又讲海上贸易，在商务之中来传播文化，这本书值得好好研究，有好多这方面的例子。还有一个半岛地区的文化的特征，也突出在这本书里。半岛地区，是海洋文化与陆地文化的接合地带、混合处。半岛文化，是对外交流的一个窗口。山东半岛，有它的各方面的开放性和便利条件，怎么把这个利用起来，并且发展好我们这儿的经济文化事业，是一个很重要很重要的事情。

从以上摘录的耿先生讲话可以看出，耿先生对"东方海上丝绸之路"的研究是用了脑子、下了功夫的。他是研究法国文化的专家，因为中国中外关系史学会的工作，才涉足中国各地的丝路文化，他担任会长十多年来，每年都举行"丝绸之路"的学术研讨会，学会的工作也得到了全国各地的支持。也为后来中央政府提出的"一带一路"（"丝绸之路经济带"和"21世纪海上丝绸之路"）倡议，做了舆论上的准备，提供了坚实的理论基础。由于对"东方海上丝绸之路"的研究开展的比较晚，因而耿先生也特别关注，为了推动这些研究工作，也看了不少书，我所在的鲁东大学东方海上丝绸之路研究所，就得到过先生多方面的帮助和指教。

2013年8月登州学术会议期间，我还陪同耿昇先生和中国人民大学的孙家洲、毛佩琦教授考察了庙岛群岛，在耿先生的指导下，我带领课题组成员完成了《明代朝鲜使臣笔下的庙岛群岛》一书，2014年9月在人民出版社出版，该书在2016年还获得了山东省优秀社科奖二等奖。在耿昇、万明先生的指导下，我们课题组申报的《明末朝鲜使臣笔下的山东研究》书稿，被批准为2017年国家社科基金后期资助项目（人民出版社2019年11月已出版），万明先生还为书稿写了评语，称赞该书"无论就史料本身而言，还是就研究视角的独特性而言，都有突出的学术价值，值得充分肯定"①。2017 年，万明先生还为我们课题组的另一部书稿《妈祖文化与明末朝鲜使臣》也写了评语，称赞该书"不仅展现了妈祖文化影响朝鲜半岛的重要历史见证，阐释了妈祖文化的巨大魅力，也是对明末中朝海上丝绸之路文化交流研究的推进"②。该书出版后，人民网、人民日报海外网等知名网站都发表了评论，予以推荐。我们课题组申报的另一部书稿《戚继光军事思想对朝鲜壬辰战争期间的影响》也被批准为 2019 年国家社科基金后期资助项目，这个项目虽然是在耿昇先生去世后完成的，但课题的确立，也是在 2013 年 8 月登州学术会议期间参观蓬莱戚继光故居时，耿昇先生提议的。自 2008 年耿昇先生指导我们开展海上丝绸之路研究以来，我带领的课题组共获得省部级优秀社科奖二等奖四项，三等奖二项，获得国家社科基金后期资助项目二项，教育部人文社科重点基地项目一项。应该说，正是在耿昇、万明先生的指导下，鲁东大学的海上丝绸之路研究才取得这样多的丰硕成果。

2013 年 8 月，作者陪同耿昇、中国人民大学孙家洲和毛佩琦教授等考察庙岛群岛

---

① 陈爱强、刘晓东：《明末朝鲜使臣笔下的山东研究》，人民出版社 2019 年版，"后记"，第 378 页。

② 刘晓东、祁山：《妈祖文化与明末朝鲜使臣》，中国海洋大学出版社 2019 年版，"序言"第 3 页。

我和耿先生最后一次见面是 2017 年在青岛召开的中国中外关系史学会第九届年会上。因当时我已年近七十，希望在换届时辞去学会的常务理事职务，但身为学会名誉会长的耿先生还笑着对我说："我岁数比你大，还在为学会工作，你还是做完这一届吧，东方海上丝绸之路的研究还等着你们的成果呢。"与耿先生建立的十多年的友谊，我只能听耿先生的，继续在先生的鼓励和指导下，做好东方海上丝绸之路的研究工作。可我万万没想到的是，2018 年 4 月得到的竟是耿先生离世的噩耗，使我失去的不仅仅是一位可亲的好朋友、好兄长，更失去了一位学术上的领路人，我唯有牢记先生的嘱托，做好东方海上丝绸之路的研究工作，才能对得住我们十多年来建立的友情，才能告慰耿先生的在天之灵。

（作者为鲁东大学教授）

耿昇先生与中外关系史研究

刘蔚然

耿昇先生（1944—2018）于1944年12月27日出生于河北省保定市阜平县吴王口乡磨子口村，1968年从北京外国语大学法文系毕业后，在外交部从事翻译工作。自1979年12月开始，耿昇先生在中国社会科学院历史研究所从事研究工作，2004年12月退休。耿昇先生是我国中外关系史研究领域的重要学者，他把一生都贡献给了我国的中外关系史研究，并做出了重要贡献。

耿昇先生视学术研究如自己的生命，毕生耕耘不辍，正如他自己所言，"我于1981年调到中国社会科学院历史研究所，从事法国汉学的研究与翻译工作。我真正的人生，似乎正是从此而开始，有了自己热爱的职业，从事自己所喜欢的工作"[①]。耿昇先生一生共出版译著70多部，发表文章100多篇，译文200多篇。到目前为止，这些作品在国内被引用次数已达2593次之多。

耿昇先生的研究涉及中外关系史的多个领域，包括法国汉学史、中西文化交流史、西域史、丝绸之路研究、敦煌学和藏学，并且在这些领域皆有建树。究其原因，这与耿昇先生对这些领域海外经典名著的译介分不开。

一 对法国汉学史及中西文化交流史的研究

（一）法国汉学史

欧洲的汉学研究最早由葡萄牙、西班牙、荷兰这些航海大国发起，但

[①] 耿昇：《搭中法文化交流之虹桥 涉中外关系史之学海——我的治学之道》，《社会科学战线》2014年第1期，第228页。

是法国很快后来居上。耿昇先生在该领域译介的代表作品有谢和耐（Jacques Gernet，1921-2018）先生的《中国5—10世纪的寺院经济》和《中国社会史》。

《中国5—10世纪的寺院经济》[1] 提供了认识中国古代经济的一个新视角。少有经济史学家如谢和耐一样通晓佛教律法，不通晓佛教律法，就不能理解寺院经济的教理依据。书中大量利用敦煌出土文书，内容上不仅涉及经济问题，还涵盖戒律、政治、社会等多方面。从常住、无尽财等基本概念讲到佛教因权贵利用和底层攀附而衰落的大历史进程，从寺户、布施、做斋等佛教经济生产消费的微观层面讲到佛教对中国基层社会组织、商业伦理和国家经济的影响。该书资料翔实、考证详细、结构清晰，是研究寺院经济史一部不可多得的参考书。耿昇先生还非常用心地考订了人名、地名和年份，纠正了原文中的多处错误。该书的学术观点对中国学人颇有启发。谢和耐在《中国社会史》中没有一般西方学者那般"西方中心主义"的天然优越感，更多地以一种平视的视角来论述问题，在此著作中提出许多自己独特的观点。首先，他认为一再指摘中国传统社会停滞、往复循环、重蹈相同社会结构与政治观念的覆辙，这种指责无非是对一段未知历史作价值宣判。其次，我们所惯于在君主制和民主制之间确立的区别过分专断了，历史上从未出现过绝对的民主，中国社会中的君主制度并没有排除所有的节制性机制与民意表达形式。最后，他还否认西方国家使中国脱离千年孤独，令其认识科学文明与工业文明，不得不向世界开放这种观点。他认为华夏文明是一种技术文明，中国文明初期就拥有青铜器、战车和文字，中国的印刷术早于欧洲500年，水稻种植技术的进步，又促使中国形成了一次城市发展的高潮[2]。该书最早于1995年由江苏人民出版社出版，后数次重印，到目前为止，已被期刊、论文引用超过200次。

通过耿昇先生的翻译，我们可以了解到法国汉学大家对中国问题的独到见解和对中华文明的肯定，这不仅有助于促进国内相关研究的发展，还有助于我们民族自信心与自豪感的提升。

---

① ［法］谢和耐：《中国5—10世纪的寺院经济》，耿昇译，上海古籍出版社2004年版。
② ［法］谢和耐：《中国社会史》，耿昇译，江苏人民出版社1995年版，第2—21页。

(二) 中西文化交流史

在中西文化交流史领域，耿昇先生共翻译 15 部相关法文论著，代表作品有《在华耶稣会士列传及书目补编》《中国与基督教》《中国文化西传欧洲史》等。

"明清之际，在中国与外部世界大变迁的同步发展过程中，西方入华传教士正好适逢其时地充当了中西文化交流与撞击的媒介。"[1] 鉴于这些传教士在中西文化交流中所起到的特殊作用，对他们的研究是中西文化交流史必不可少的环节。对基督教入华传教士的研究离不开一部重要参考书和工具书——《在华耶稣会士列传及书目补编》[2]。该书为法国入华耶稣会士荣振华（Joseph Dehergne, 1903–1990）所著，书中提供了大量有关入华耶稣会士的翔实资料，备受学者重视。由于书中人名、地名、书名多使用专有名词及缩写，而且还存在多种欧洲文字拼写的汉字，因此该书翻译难度极大。谢和耐在他的《中国与基督教》[3] 一书中提出了一些观点，给人耳目一新之感。例如，谢和耐认为，中国同西方基督教世界接触与交流是可能的，甚至中西方之间可以以基督教作为交流的渠道达成部分共识，但是中国不存在被彻底"基督教化"的可能。中国有自己的传统文化和伦理道德体系，中国文化虽然具有包容性，但是也有同化性。历史上，先后传入中国的各种文化最终都被同化，因此基督教在中国也会被本土化。另外，16—18 世纪中西之间的初次文化交流，实际上是一种文化撞击。西方关心的是向中国传播基督教及其文化，而中国对基督教并没有兴趣，关注的重点是西方的科学技术，双方各怀心思，各有打算。"16 世纪末欧洲科学传入中国，主要不应归功于传教士的积极性，而是取决于中国人自己的需要，因为传教士们并不是为了讲授数学和天文学才远涉重洋来到中国的。"[4] 谢和耐此书在西方学术界赢得了很高的支持率和普遍的好评。耿昇先生的中译本于 1993 年获中国社会科学院优秀图书二等奖。目前，国内

---

[1] 耿昇：《法国对入华耶稣会士与中西文化交流的研究》，《国际汉学》2004 年第 2 期，第 131 页。
[2] [法] 荣振华：《在华耶稣会士列传及书目补编》，耿昇译，中华书局 1995 年版。
[3] [法] 谢和耐：《中国与基督教》，耿昇译，商务印书馆 2013 年版。
[4] 耿昇：《法国汉学界对中西文化首次撞击的研究（上）》，《河北学刊》2003 年第 4 期，第 174 页。

论文及期刊文章对耿昇先生该译本的引用次数已超300次。值得一提的是，入华传教士在传教过程中不可避免会与中国官府、传统知识分子以及地方势力发生冲突，产生了多起"教案"。耿昇先生译介的图书《清末教案：法文资料选译》中包含最重要的几个教案资料，于2000年由中华书局出版。此外，由于中西文化交流，入华耶稣会士于18世纪发现了河南开封犹太人。耿昇先生曾于2000年发表《西方汉学界对开封犹太人调查研究的历史与现状》①一文，囊括了从公元9世纪末外国旅行家和传教士们在游记中对中国犹太人的论述到20世纪末法国学者对开封、上海犹太社团的研究，该文也成为研究中国境内犹太人不得不读之作。

值得强调的是，"在明清之际中西之间的初次文化交流中，中国不仅吸收了西方的先进科学技术，而且中国以自身独有的魅力对欧洲文明的发展打上了深深的烙印"。②耿昇先生认为，当时的法国出版了大量有关中国的论著，其中"礼仪之争"③是时人关注的焦点，而关于"礼仪之争"的讨论，促使欧洲形成了一股"中国热"风潮，震撼了整个欧洲，从而促进了中国文化在欧洲的传播，造成了中西文化交流史上的首次"中学西渐"。孟德斯鸠的三权分立思想就受到过中国文化的影响。在其理论形成过程中，他研究过中国的政治制度、文官政府、科举制等问题，并给予了高度评价。在此之后，孟德斯鸠才确立了其政府体制理论。当时拥有"欧洲的孔夫子"之名的伏尔泰也对中国文化十分关注，并运用经传教士传入法国的中国思想为其理论服务。虽然伏尔泰只是运用"中国热"中传入法国的思想服务其反封建、反专制的理论，但是无可否认的是他从中国文化中汲取营养，儒学是影响其哲学思想体系形成的一个重要因素④。法国比较文学大家、社会学家、政治评论家安田朴（René Etiemble，1909 - 2002）先生的著作《中国文化西传欧洲史》系统论述了从罗马帝国时期至法国大革

---

① 耿昇：《西方汉学界对开封犹太人调查研究的历史与现状》，《西北第二民族学院学报》（哲学社会科学版）2000年第4期。

② 耿昇：《十六—十八世纪的中学西渐和中国对法国哲学思想形成的影响》，《传统文化与现代化》1996年第1期，第93页。

③ 礼仪之争关注的核心问题在于，教区是否允许已接受基督教归化的中国人在不伤害基督教正统的前提下，实施具有儒家文化特征的尊孔祭祖礼仪；是否可以将基督徒们的"Dieu"比定为儒家学派的"上帝"或"天"；是否能以"天主"之名而祈祷之。

④ 耿昇：《中国儒家文化于17—18世纪在法国的传播与影响》，《齐鲁文化研究》2002年第1辑。

命时期中国文化对欧洲的影响。"中国的'开明政治'成了西方的理想政府模式；中国的重农风尚促使西方形成了以魁奈为首的重农学派；魁奈将'无为'这个道家概念理论化，用以阐明其经济学思想，成就了魁奈'近代第一个经济学家'的美名；中国古老的冶炼术成了西方金属工业的基础"①……凡此种种，安田朴先生都在书中如数家珍般地做了介绍。安田朴因该书享誉西方学术界，成为从事中西方文化比较研究的著名学者。耿昇先生对该书的成功翻译无疑有助于中国中西文化交流史的研究，裨益于当代学者。从书中我们还可以看到16—18世纪西方学者对中国文化的崇敬，这无疑会增强我们的民族自信心与自豪感。该书中译本由商务印书馆2000年出版，2013年商务印书馆再版。该书目前已被国内相关学术研究引用达232次。另外，30多年来，耿昇先生共发表中法文化交流史方面的相关论文40多篇，于2013年由云南人民出版社结集出版，书名《中法文化交流史》。

二 对于西域史研究的追踪

西域史研究始终是中外学术界的一个热门话题，西域无论从政治、经济、文化哪方面看，都具有重要意义。在东西方之间，亚、非、欧三大洲之间，从未停止以那里为走廊从事丰富多彩的交流，既有友好往来，也有军事对峙，而且无论研究东方还是西方的历史，都不可能不涉及西域问题。西域史作为一个统称的学科，它囊括了许多分支，包括西域文明史、吐鲁番学、突厥学和蒙古史，耿昇先生对以上各领域均有涉猎。

在西域文明史领域，耿昇先生共出版过8部译著。其中《西域文明史》②是一部综合论述西域文明的史著。该书由法国国立科研中心研究员鲁保罗（Jean‐Paul Roux，1925‐2009）先生个人独立完成。全书共29章，每一章都分为若干个小节，每一节都论述一个内涵丰富的问题。这本书给出了西域史研究的大致轮廓，也把目前为止西域史研究的一些具有争议性的问题列了出来。对于西域史感兴趣的人，每个人都可以或多或少地从中找到一点对自己有用的信息。耿昇先生译著一经出版就受到中国读者的广泛关注，在2006年由新疆人民出版社出版之后，人民出版社和中国

---

① 安田朴：《中国文化西传欧洲史》，耿昇译，商务印书馆2000年版，第2—3页。
② 鲁保罗：《西域文明史》，耿昇译，中国藏学出版社2014年版。

藏学出版社又两次重版。此外，提及西域文明史研究，不得不提到耿昇先生翻译的阿拉伯人马苏第（Ma'sudi）的历史名著《黄金草原》，该书为了解和研究中亚以及与中国相关的西域地区的历史提供了丰富的资料和独特见解，在内容上该书还涉及王统世系、民族分布、宗教、文化、历法、地理、军事征服、名胜古迹等，因此该书也被称作中世纪的百科全书。全书共6卷，耿昇先生翻译了其中1—2卷。耿昇先生的译著分别由青海人民出版社和中国藏学出版社于1998年和2014年出版。

在吐鲁番学领域，耿昇先生译介的代表作之一是《中世纪初期吐鲁番绿洲的物质生活》[1]，原书为法国汉学家莫尼克·玛雅尔（Monique Maillard，1939－2010）所作。莫尼克依托欧洲丰富的史料研究和文物收藏，对不同民族和宗教在吐鲁番地区留下的建筑、服装、丧葬等门类众多的物质文明状况进行了深入、细致的研究，展示了这一地区的历史风貌。吐鲁番地区虽然只是西域的一小部分，但它是河西走廊通向西域乃至中亚的门户，也是受中原影响最深的地区之一。中西方文化、物品、艺术、宗教在此交融，再马背驼扛地带给双方，因此该书具有很高的参考价值。到目前为止，耿昇先生的中译本已重版了4次。

在突厥学方面，耿昇先生曾翻译法国著名突厥学者路易·巴赞（Louis Bazin，1920－2005）的《古突厥社会的历史纪年》[2]。在书中巴赞先生以历史语言学为出发点，广泛涉及历史学、考古学、民族古文字学、天文学、地理学、气象学、动植物学等诸多领域。在时间方面，他从公元5—6世纪一直讲到18—19世纪，涉及十多个世纪的历史长河。在空间方面，他从漠北蒙古地区的突厥人，经中亚突厥语诸民族，一直讲到巴尔干的吉不里阿耳人，横跨亚欧两大洲。在民族方面，他讲到了汉族、突厥各部、波斯、回鹘、蒙古、库蛮和土库曼等几十个民族。在语言学方面，他讲到了汉藏语系、阿尔泰语系、斯拉夫语系、芬兰—乌戈尔语系的诸多语言以及当今主要东西方语言。该书填补了中国突厥语言历史学的空白，对中国的突厥学研究十分有益。书中所反映的法国学者严谨的治学态度、广泛的知识加上全面实地调查的研究方法，也是值得国内学术界人士思考和借鉴

---

[1] 莫尼克·玛雅尔：《中世纪初期吐鲁番绿洲的物质生活》，耿昇译，中国国际广播出版社2012年版。

[2] 路易·巴赞：《古突厥社会的历史纪年》，耿昇译，中国藏学出版社2014年版。

的。耿昇先生的汉译本《突厥历法研究》于1998年由中华书局出版，2014年中国藏学出版社再版。

在蒙古史领域，耿昇先生翻译的代表作之一是《柏朗嘉宾蒙古行纪 鲁布鲁克东行纪》①，原书为伯希和学生韩百诗（Louis Hambis, 1906–1978）所著，内容主要为柏朗嘉宾（Jean de Plan Carpin, 1182–1252）与鲁布鲁克（Guillaume de Rubrouck, 1220–1293）于13世纪出使蒙古的旅行报告。13世纪蒙古人入侵东欧，西欧教会方面急于了解蒙古人的虚实，不断派出教士前往蒙古地区进行活动。柏朗嘉宾作为比马可·波罗更早前往东方的旅行家，其行纪中介绍的有关蒙古及中亚的许多情况实属首次传入欧洲。该资料至今仍是研究蒙古和中国北方地区历史的宝贵参考资料，同时该书与《马可·波罗游记》共同唤起了西方人对东方的向往。该书于2001年由中华书局出版，2013年由中华书局再版②。

三 有关丝绸之路问题的研究

在丝绸之路研究领域，耿昇先生共出版过4部法文译著，发表了4篇相关学术文章。对于丝绸之路的研究，法国汉学家一直在该领域占据优势。有关中国与西域关系的经典著作首先被法国汉学家们译为法文，然后才被西方学术界所熟知。正是在法国学者的研究基础上，普鲁士地理学家、旅行家、东方学家李希霍芬（F. V. Richthofen, 1833–1905）才得以推出自己的《中国：亲身旅行的成果和以之为根据的研究》一书，在19世纪末提出了"丝绸之路"的概念。世界范围内第一部从事纯学术研究丝绸之路的著作是法国学者布尔努瓦（Lucette Boul–nois, 1931–2010）夫人的《丝绸之路》，耿昇先生译本在中国已出版多达3个版本，可见其受欢迎程度。

耿昇先生翻译的法籍伊朗裔中亚史和伊斯兰史专家阿里·玛扎海里（Aly Mazaheri, 1914–1991）的《丝绸之路：中国—波斯文化交流史》，于1994年获中国社会科学院历史所图书一等奖。无论中国人还是西方人所写的历史都难以避免以自我为中心的倾向，而该书为一个伊朗人所作，完全是原始史料的翻译，仅在注释部分加上作者本人的观点，为了解中国

---

① ［法］韩百诗：《柏朗嘉宾蒙古行纪 鲁布鲁克东行纪》，耿昇译，中华书局2002年版。
② 耿昇：《我与法国汉学》，《国际汉学》2014年第1期，第193页。

和丝绸之路提供了一个新的视角。从书中诸位异邦人的亲身经历和所见所闻中,可以发现当时的中国,纵然是在腐朽的晚明,依然是一个极其富裕、强大的国家。18世纪之前的中国是世界上唯一的、最大的"工业国"①。中国输出的各式各样的工艺品都极其抢手、昂贵,而且质地最佳。"丝绸之路仅依靠中国,而完全不依赖西方。这不仅仅是由于是中国发现并完成了这条通向西方的道路,而且这条路后来始终都依赖中国对它的兴趣……中国丝毫不需要西方及其产品,相反的是西方需要中国并使用各种手段讨好它。"②中国本身就是世界文明的心脏,丝绸之路就是文明的大动脉,中国的文化和技术通过丝绸之路一路由阿拉伯人、波斯人、拜占庭人经历漫长的路途和时间,各种语言文化的转手,让中华文明对世界的影响力模糊了背影,但它始终默默浸润着人类文明的走向。季羡林先生对此书赞誉有加,"我读了耿译的《丝路》以后,眼前豁然开朗,仿佛看到了一个崭新的'丝路'。我原本没有想到的问题,书中提出来了;我原来想得不深的问题,书中想得很深。这大大地提高了我对'丝路'的认识……我应该十分感谢阿里·玛扎海里先生,我应该十分感谢耿昇同志"③。该书受到学术界的高度好评,耿昇先生的中译本最早于1993年由中华书局出版,之后由中华书局、新疆人民出版社、中国藏学出版社重版了三次。

此外,耿昇先生还曾发表《法国学者对丝绸之路的研究》④一文,总结了法国学者研究丝绸之路的背景与机构、法国学者对于陆上与海上丝绸之路的研究以及法国学界参与组织的以丝路为主题的其他科研活动及成果,对于中国学者的研究也颇有裨益。

四 对敦煌学与藏学研究的关注

在敦煌学方面,耿昇先生译有法国敦煌学名著《伯希和敦煌石窟笔记》《敦煌吐蕃历史文书考释》等8本经典著作。敦煌学在国际上早已成

---

① [法]阿里·玛扎海里:《丝绸之路:中国—波斯文化交流史》,耿昇译,新疆人民出版社2006年版,第244页。
② [法]阿里·玛扎海里:《丝绸之路:中国—波斯文化交流史》,耿昇译,新疆人民出版社2006年版,第8页。
③ 季羡林:《丝绸之路与中国文化——读〈丝绸之路〉的观感》,《北京师范大学学报》1994年第4期,第2页。
④ 耿昇:《法国学者对丝绸之路的研究》,《中国史研究动态》1996年第1期。

为一门显学，法国在该学科始终占据举足轻重的地位，耿昇先生的成果无疑对中国学术界具有很高的参考价值。其中《伯希和敦煌石窟笔记》① 对伯希和（Paul Pelliot，1878 – 1975）西域敦煌探险团在我国新疆和甘肃各站，特别是在敦煌从事考察和劫掠文物的史事作了钩沉。《笔记》中不仅记录了许多敦煌洞窟当时的真实状况以及洞壁上各个年代香客留下的字迹，而且在《笔记》中还保存了大量的图片，这是有关敦煌最早最全的影像，有很大的史料价值。

由于耿昇先生对西藏文化的爱好和对西藏文明的崇拜，因此对西方藏学名著的翻译一直是他的学术着力点。耿昇先生翻译出版了法文藏学著作有 17 部之多，代表作有《吐蕃僧诤记》《鞑靼西藏旅行记》《西藏史诗和说唱艺人》《西藏的黄金和银币：历史、传说与演变》。法国的藏学研究，早期主要由赴藏旅行家们书写，晚期由具体研究者以伯希和搜集的敦煌藏文写本为基础展开。最能反映法国藏学早期研究的著作是，耿昇先生翻译的法国遣使会传教士古伯察（Évariste Régis Huc，1813 – 1860）的《鞑靼西藏旅行记》②。书中记述了古伯察 1843 年从内蒙古的西湾子出发经宁夏、甘肃、青海数省，越过唐古拉山脉，长途跋涉 18 个月来到拉萨，再从拉萨翻越崇山峻岭到达四川成都的一段传奇经历。书中将旅行期间的曲折辗转与风物山川娓娓道来。古伯察的传奇之处在于他虽然不是西方进入西藏的第一人，但却是从那里活着出来的第一人。该书是第一本向西方读者详细描述西藏这个谜一样世界的书籍，古伯察因此作品而广为人知，其书在西方多国存有译本，且多次重版。耿昇先生的中译本由中国书店出版一次，中国藏学出版社重版三次。晚期法国藏学研究的代表作品之一是耿昇先生翻译的《吐蕃僧诤记》③。该书为法国汉学家戴密微（Paul Demiéville，1894 – 1979）所著，资料主要来源于敦煌文书以及其他敦煌与西域出土文献。书中详细探讨了禅宗入藏史、唐蕃关系史、佛教史、吐蕃与西域以及吐蕃与印度关系史。耿昇先生的译本一经出版就饱受好评，1985 年由甘肃人民出版社出版，其后又由台湾千华图书公司、中国藏学出版社等 4 家出版社再版。通过耿昇先生的研究，中国学者可以窥见塞纳河畔、卢浮宫旁

---

① ［法］伯希和：《伯希和敦煌石窟笔记》，耿昇译，甘肃人民出版社 2007 年版。
② ［法］古伯察：《鞑靼西藏旅行记》，耿昇译，甘肃人民出版社 2006 年版。
③ ［法］戴密微：《吐蕃僧诤记》，耿昇译，西藏人民出版社 2001 年版。

藏学研究的点点滴滴，法国学者处理资料的手段、观察问题的角度、以他方的观点来看待西藏传统文化的态度，都值得我们借鉴，会对我们产生不少启发。

结　语

长期以来，耿昇先生为国内译介了多部法国汉学优秀作品，促进了中法学术交流，拓展了国内相关研究的内容，推动了中国中外关系史研究的发展。其学术贡献主要表现在以下方面。

第一，耿昇先生大量译介法国汉学界优秀学术作品，为我们了解国外的汉学研究打开了一扇窗。由于耿昇先生具有良好的语言基础，再加上其扎实的历史专业知识、认真负责的态度，其译介作品广受好评。外文著作的翻译，一方面需要精通所在国语言，另一方面需要本专业的专业知识，两者缺一不可，如此翻译才能达到信、达、雅的程度。语言学家从事翻译，仅精通语言而无专业方面的知识，难以与文字背后的文化发生对话，而专业学者往往受限于语言的桎梏，难以明白外文的曲折婉转之处。耿昇先生翻译的作品具有准确、流畅、文句简洁的特点。耿昇先生所翻译的外文著作都是非常专业的学问，文中常夹杂着古文字以及波斯语、阿拉伯语、藏语等其他民族语言，因此翻译难度极大。耿昇先生翻译时，对原书中引用的中文文献都找到原文进行查对，因此其翻译中地名、人名等细节之处很少出错。当涉及其他民族语言及不懂的专业知识时，他都虚心向国内外专家请教。"如谢和耐《中国和基督教》一书中所引用传教士和古代中国学者著作，他都一一查考原书。至于他翻译的藏学专著，也是他不断向国内外藏学专家虚心求教的结果。"[①]

第二，耿昇先生与国际学界交流紧密，同国际上的汉学大家建立了深厚的友谊，其研究始终处于学术研究领域的最前沿。在耿昇先生主要关注的法国汉学中外关系史领域，耿昇先生的翻译基本上囊括了二战以来法国汉学界领域的精华部分。耿昇先生还曾多次应邀赴法国进行学术交流，法

---

① 谢方：《为了法国与中国的文化因缘——译坛骁将耿昇》，《世界汉学》1998年第3期，第198页。

国政府鉴于他的杰出贡献授予其"文学艺术勋章",并由法国驻中国大使亲自颁发。值得一提的是,耿昇先生与法国汉学研究大家、法国铁十字勋章获得者谢和耐先生是故交。谢教授重要的汉学著作均由耿先生翻译出版,并且亲自撰写中文版序言,谢教授的著作也大都无偿向中国转让版权。耿昇先生谈及谢教授时说,"谢和耐教授对法国敦煌学研究的贡献功不可没,令人仰止"①。两人之间的长期学术交流与合作也是学术界高山流水觅知音的佳话。

第三,透过耿昇先生译介的作品,我们得以以西方人的视角看待中国问题,从而得出全新的认识。近代西方人有许多亲历历史事件的记述,它们虽然凌乱,却是第一手的重要资料,又不见诸中国官私史书,"对于我们澄清某些事实,还原历史真相,具有很大的学术价值"。② 以他者的目光,从不同的立场出发,所作记述完全可与汉文和当地民族文字记述相对照、补充和印证,从而促进国内学术研究的发展。

第四,作为中国中外关系史学会的会长,耿昇先生还经常组织学术会议及活动,为中外学者提供了发声的平台和交流的舞台,有力地促进了中国中外关系史研究的发展。

耿昇先生自20世纪80年代开始,长期参与中国中外关系史学会的日常工作,曾担任中外关系史学会会长12年,2013年后任中国中外关系史学会名誉会长。在耿昇先生担任中外关系史学会会长期间,中外关系史学会组织主办了32次丝绸之路等国内和国际学术会议,均取得了令人满意的效果,受到了学术界的高度好评。主编会议论文集15部,推动中外关系史研究迈向多学科、跨文化的方向发展,为学科建设做出了杰出贡献。

一个人的精力是有限的,在耿昇先生大量的译介作品中存在疏漏之处也是难免的,耿昇先生对此也十分惋惜,在其作品《我的治学之道》中,他坦然承认自己的不足之处——"我已进入古稀之年,回首往事,虽然并未因碌碌无为和虚度年华而感到痛心,却也为自己走过的许多弯路和造成

---

① 耿昇:《法国学者对敦煌文本的研究与谢和耐教授的贡献》,《国际汉学》2005年第6期,第258页。

② 耿昇:《考察草原丝绸之路的法国人》,《北方民族大学学报》(哲学社会科学版)2009年第6期,第28页。

的许多败笔而抱憾终生"。① 这番表达体现了耿昇先生谦逊的品格。耿昇先生已经离去，但他的学术精神、学术贡献学人们会永远铭记。认真研读耿昇先生的著作，继承其精神遗产继续中外关系史研究，为中国的学术大厦不断增砖添瓦，这大概是我们缅怀耿昇先生的最好方式。

（作者为郑州大学历史学院博士研究生）

---

① 耿昇：《搭中法文化交流之虹桥 涉中外关系史之学海——我的治学之道》，《社会科学战线》2014年第1期，第233页。

往事如烟故人犹在——纪念耿昇先生二三事

陆 芸

我的主要研究方向之一是中国与阿拉伯的关系，我的导师陈达生先生与耿昇先生是老朋友，所以我很早就知道耿先生，拜读过他的文章。2001年在湛江召开的"海上丝绸之路与中国南方港"学术会议上，我认识了耿昇研究员。"海上丝绸之路与中国南方港"的主办单位是广东省人民政府参事室、文史研究馆，湛江市人民政府和中国海外交通史研究会，邀请了来自北京、广东、福建等地的100多位专家、学者，围绕着港口、贸易、航路、文化传播等议题展开，我提交的论文是《伊斯兰教对海上丝路的影响》，耿先生的论文是《从18世纪广州的对外贸易看广州在海上丝绸之路中的作用和地位》。这次会议使我和耿先生初识，他询问我有关陈达生的近况，以及福建社会科学院海上丝绸之路研究中心的一些情况，虽交谈寥寥数语，但耿先生给我留下了深刻的印象，因为当时他穿着笔挺的黑蓝色西服、严谨地打着领带，即使会后在参观徐闻古港时亦是如此，他走在一群穿着五颜六色便服的人群中十分瞩目。

后来我加入了中国中外关系史研究会，记得当时填表格时需要介绍人，我填写的介绍人是耿昇、陈达生。耿会长成为我的领导。我积极参加中外关系史学会举办的会议，和耿会长的接触更多了，他平易近人，乐于提携后辈。他曾送给我他的著作《明清间耶稣会士入华与中西汇通》，他在此书的"代序"中介绍了基督教传入中国的3次高潮，指出"基督宗教首次传入中国，出现在唐代，其主要代表是基督宗教的一个异端派别聂斯脱利派（Nestorianisme）……基督宗教向中国传播的第2个高潮约在13—

14世纪的中国元代前后,而在元代传入中国的基督宗教,则以天主教的方济各会为代表……基督宗教传入中国的第3次高潮,是从方济各·沙勿略于1552年进入并客死于广东上川岛开始的,而其高潮则是17—18世纪西方耶稣会士的大举入华"①。"16—18世纪的入华耶稣会士们,基本上都是属于中上层社会出身的人。这样一来,他们在中国热衷走'上层路线',注重科学文化与艺术事业,采纳'中国文化适应政策'的桩桩件件行为,便是顺理成章的事了。"②《明清间耶稣会士入华与中西汇通》是耿先生多年来翻译工作的成果,收录了43篇翻译文章,其中40篇是法国学者的文章,法国谢和耐教授有9篇。除翻译外,耿先生也做有关西方传教士、外交官与中西交流的研究,我曾读过他的《法国对入华耶稣会士与中西文化交流的研究》《明末西班牙传教士笔下的广东海岸》《十八世纪在广州的法国商贾和外交官》等文章。

耿先生翻译的《阿拉伯波斯突厥人东方文献辑注》是我经常翻阅的一本书,此书是法国学者费琅编著和校注的,由耿昇和穆根来共同翻译,此书收集了8—18世纪大量阿拉伯人、波斯人和突厥人的原始资料,它们对于我们今天的研究仍是十分珍贵的,虽然近年来其中的有些著作有了全译本,如宋岘翻译的伊本·胡尔达兹比赫《道里邦国志》,伊本·库达特拔就是伊本·胡尔达兹比赫,《道里郡国志》即《道里邦国志》,此书是9世纪阿拉伯地理学的代表作之一。马苏第的《黄金草原》共6卷,耿先生翻译了1、2卷,共72万字,1998年由青海人民出版社出版,此书介绍了阿拉伯半岛、印度、中国的一些情况,是10世纪重要的历史学和地理学著作。《阿拉伯波斯突厥人东方文献辑注》里收集的许多著作目前还没有中文全译本,所以此书是我的重要参考书之一。

法国学者阿里·玛扎海里的《丝绸之路:中国—波斯文化交流史》是另一本我经常翻阅的专著。根据译者耿昇先生的介绍:"本书内容共分四编。第一编是《波斯史料》。作者在这一编中译注了3种古代波斯文著作:《沙鲁哈遣使中国记》、阿克伯的《中国志》以及《纳迪尔王和乾隆在中

---

① [法]谢和耐、戴密微等:《明清间耶稣会士入华与中西汇通》,耿昇译,东方出版社2011年版,第1页,"代序"第5页。
② [法]谢和耐、戴密微等:《明清间耶稣会士入华与中西汇通》,耿昇译,东方出版社2011年版,"代序"第19页。

亚的较量》……原书的第二编为《汉文史料》……考虑到本书篇幅很长，而且这一部分史料也是中国学者十分熟悉的。所以我在翻译时把这一编删去了……原书的第三编即本书的第二编是《希腊—罗马史料》。作者对托勒密、普罗科波、泰奥法纳、科斯马、马尔塞林和梅南德著作中有关波斯的段落做了辑录和译注。原书的第四编即本书的第三编为《丝绸之路和中国物质文明的西传》。作者主要是介绍了中国的谷子、高粱、樟脑、桂皮、姜黄、生姜、水稻、麝香和大黄的栽培史、用途以及经波斯传向西方的过程。"① 《沙鲁哈遣使中国记》介绍了1419—1421年帖木尔国王沙鲁哈派遣使团访问明朝的详细经过和见闻，它的另一中文翻译版本是何高济翻译的，2002年由中华书局出版发行。大多数学者可能更熟悉《中国志》的另一翻译名字《中国纪行》，《中国纪行》的作者是阿里·阿克巴尔（Sa'ld Ali Akbar Khatai），即上文的阿克伯，此书为阿里·阿克巴尔于公元1500年来华游历的见闻录，1988年三联书店出版发行的《中国纪行》是由张至善等人翻译的。

　　耿昇先生的社会活动能力很强，在他担任中外关系史学会会长期间，中外关系史学会与许多高校、科研机构联合举办了许多相关学术会议，吸收了许多年轻学者参加，中外关系史学会目前是中国最大的学会，会员从事历史学、考古学、文学、社会学、人类学等各个方面，影响力越来越大，我在参加会议期间，不但认识了许多专家、学者，而且也逐步确定了自己的研究重点。有一次，我和耿会长、万明老师聊天时，耿先生认为学者的研究视野要广阔，不能格局太小，"螺蛳壳里做道场"不可取。万明老师同意这一观点，补充说写文章要以小见大，以微见著，科研人员的兴趣要广泛些，不可太窄。这是两位伉俪的研究心得，耿昇先生的研究涉及敦煌学、突厥学、藏学、蒙古学、中国与阿拉伯—波斯关系史诸多领域，翻译了大量法国作家的作品。万明老师从明史研究出发，对中国海外交通史、中西文化交流等均有研究心得。这段话对我启发颇大，所以时至今日我仍记忆犹新。

　　耿先生是一个热爱生活、热爱家人的人，他有时会亲自逛街给妻子、

---

① [法] 阿里·玛扎海里：《丝绸之路：中国—波斯文化交流史》，耿昇译，中华书局1993年版，"译者的话"第2—3页。

子女、孙辈购买礼物。有一年在杭州开完会议后，耿会长、孙泓、周萍萍和我一起去杭州丝绸市场购买丝巾、衣服。孙泓能辨别出真假丝巾的区别，挑选丝巾的眼光好，所以我们决定一起行动，最后选择了一家规模比较大的丝巾店。进门后，孙泓和我忙着挑选丝巾，耿先生看了一会儿，可能是丝巾太多，他决定在我俩挑选的基础上再做选择。杭州丝绸市场的产品需要讨价还价，购买数量比较多时店家会给点优惠。挑选好丝巾后，孙泓、周萍萍、我一起和店主商量价格，耿先生挑选好丝巾后也加入我们，不过，我们是在压价，耿先生是加价，例如一条丝巾我们还价到100元，店主还在考虑中，耿先生可能是等得不耐烦了，问店家110元卖不卖。当然，最后在孙泓、周萍萍和我的努力下，我们还是以100元的价格买了六七十条丝巾，耿先生买得最多，我问他为什么买那么多，他说买回去后可以让妻子、女儿、儿媳挑选，侄女两个月后要来北京，也帮她买了几条，剩下的以后可以送给朋友。耿先生的儿子、女儿有了孩子后，耿先生和我们一起逛街时，会关注玩具店，有一次他和万明老师一起购买了小孩衣服送给孙辈。

耿先生还是一个关心后辈的长者。马一虹是中国社会科学院历史研究所副研究员，曾担任过中外关系史学会的副秘书长，2010年病逝。在她患病期间，耿先生夫妇多次到医院探望她，以个人名义送了2000元给她。有一次耿先生谈到马一虹时，十分惋惜她的早逝，感叹生命的短暂。2018年4月10日得知耿先生不幸去世的消息时，我不敢相信，因为上次见到耿先生时他精神奕奕，步履矫健，在餐桌上和我们提到了他的翻译计划，还说以后要少参会，将更多的精力放在学术研究和翻译上。后来得知耿先生是由于突发心脏病而离世，我十分悲痛，认识耿先生17年，他不仅是优秀的学者，还是一位睿智的老者。今天我们怀念耿先生，更是怀念我们在中外关系史学会一起度过的日子，往事如烟，故人犹在。

（作者为福建社会科学院"海上丝绸之路"研究中心副研究员）

追忆大侠：耿昇

马大正

　　大侠耿昇西行，走得很是仓促，让每一个熟悉他的人猝不及防、痛心万分，即使时光已流逝了 20 个月，隐痛犹存！

　　圈内学人素称耿昇为大侠，源自他具备一般学人缺少之豪气。

　　耿昇从不掩饰自己所从事的研究领域的重要性和自己在这一研究领域具备的实力和优势地位，每言及法国的汉学传统和法国学者涉中国边疆诸地的名著，滔滔不绝，豪气溢于言表。他是法语专业高才生，又是自觉离开多少人觉得高不可攀的外交部跳进中国社科院学坛，且有所作为的学界奇才。耿昇为有此实力而自豪！

　　耿昇出书无数，但与同行交往中每每终是告知自己出了啥书，有时还面带微笑告之，这已是第几版了，可少见主动赠书。弦外之意我辈心知肚明：你有兴趣自己买，你若无兴趣，送你也是浪费。有次我曾当面向耿昇求证，他哈哈大笑默认。不过我还是有幸获他赠送多册，其中伯希和《卡尔梅克史评注》，还在扉页上写上"马先生指正！耿昇 1995 年 3 月 6 日"，还特意加上一句"何时再获先生大著？"耿昇确知伯希和《卡尔梅克史评注》是我很想一读的，真是知我者，耿昇也。

　　确乎，耿昇不同于学人圈中常见的谦谦君子型，故称其为大侠，当也实至名归！

　　我与耿昇相识是否在 1983 年乌鲁木齐的"中国中亚文化研究会学术讨论会"上，记忆已模糊，但相识在 1983 年前后大约不会有错，算起来有近 40 年的学术交往了。

　　当时耿昇入职中国社会科学院历史研究所不久，我则就职在民族研究所，都是属于研究所里的"小字辈"。我正在从事卫拉特蒙古史和隋唐民族关系史研究，对西域历史多有涉猎，还十分关注西方学者有关卫拉特蒙古历史研究文献书目的收集，因此与耿昇致力法国汉学研究与翻译，在兴趣上、工作中多有交流的话题，这成了我与耿昇学术交往的缘起。

耿昇言及治学内容时归纳自己从事研究和译著的领域有：丝绸之路研究、西域史研究、敦煌学与藏学研究、中西文化交流与法国汉学史研究四大方向，而西域史和法国汉学史是他倾注心力最多的领域，也正是在这两个领域上我们在研究工作中多有交集，成了耿昇与我学术交往的主要内容。

西域史研究方面，耿昇关注西域文明史、吐鲁番学、突厥学、蒙古史四个领域，其中突厥学和蒙古史与我对隋唐民族关系史和卫拉特蒙古史的研究直接相关。耿昇翻译法国早期突厥学家吉罗（1906—1962）《东突厥汗国碑铭考释》，我读到的是1984年新疆社会科学院的内部铅印本，当时有如获至宝之喜悦；伯希和记述卫拉特蒙古土尔扈特部从俄国伏尔加河回归祖邦故土历史的《卡尔梅克史评注》（1994年中华书局出版），于我知识的增长也有雪中送炭之感。

记得我们还就法国、德国、俄国、英国有关卫拉特蒙古研究进行了交流，耿昇对我撰写的《苏联史学界利用俄国档案研究准噶尔历史概述》颇有好评。

2001年，我和耿昇受云南人民出版社之邀主编"中国大探险丛书"，丛书第一批选题有四种：《伯希和西域探险记》《云南游记——从东京湾到印度》《扁舟三峡》《1907年中国记忆》。耿昇嘱我为丛书撰写一篇前言，我推辞遭拒，应命写了前言一篇，全文引述如次：

> 19世纪中叶以后，在日趋腐朽的清王朝统治下，中国危机四伏，清朝统治者既无法缓和国内阶级矛盾，也无力抵抗外国侵略者的入侵，强盛一时的清王朝的衰亡已不可逆转。与此同时，西方列强在对海外殖民地分割完毕之后，又掀起了一股世界性的考古探险热潮。在加紧侵华的大背景下，众多的外国传教士、学者、商人、官员以及形形色色的冒险家纷纷涌入中国进行考察和探险。他们每个人所抱的目的不同，方法各异，但正是在这些探险考察活动中，他们为后人留下

了一批考察报告、探险实录、相关札记和游记。今天，人们面对这样一份值得研究的历史资料应如何正确认识和利用呢？

首先，有相当一部分的考察报告是当时的现场实录和实地测量的第一手材料，尤其对那些一经破坏性发掘后即被西方殖民者洗劫一空或历经战乱已荡然无存的中国古代文化遗迹来说，这些记录就越显珍贵，对相关学科的研究有着基础材料的重要价值。

其次，大量的札记、游记类作品中，尽管有的因作者政治观点和立场不同，带有浓厚的殖民色彩；有的因行色匆匆，道听途说，对事物的认识有很大的片面性和局限性，但由于作者是当事人或同时代人，他们的亲身经历、耳闻目睹，对当时当地的社会风貌、民族民俗、宗教、地理以及重大历史事件所进行的描述和记录，仍为人们从一个侧面了解历史提供了具有研究参考价值的史料。

最后，19世纪至20世纪中期，外国探险家们在中国的考察活动，曾是西方列强进行殖民侵略的一项内容。因此作者在记述中有意无意都涉及对中国主权的损害，有的更直言不讳对中国资源、文物的劫掠和盗窃，这就为帝国主义侵华史中那段令国人深感屈辱痛心的历史留下了真实的记录。

长期以来，这些相关著作或因深藏国内外书库而难以觅见，或因涉及多种文种而不易为人们阅读，难以为研究者所利用，更无法进入广大读者的阅读视野，成了迫切需要利用此类图书的研究者和关心此类题材读者的遗憾。在云南人民出版社的鼎力支持下，我们推出"中国大探险丛书"正是为弥补这种缺憾，为让更多的读者利用这份历史资料创造条件。

"中国大探险丛书"选题范围以19—20世纪上半叶外国来华各类人士所撰的报告、游记、笔记为主，包括整个中国的范围，侧重于中国的西部；

"中国大探险丛书"只收探险者本人亲历纪实，内容力求客观、真实，并兼顾知识性和可读性；

"中国大探险丛书"译文力争信、达、雅，一般不作删改，以保持原作风貌；

"中国大探险丛书"每种选题均邀请译者或专家撰写一篇导读性

前言，以帮助读者了解作者生平、著作写作背景以及本书的价值所在。

外国探险家有关中国的考察实录近年汉译本已不在少数，我们由衷希望本丛书能为读者扩大阅读面提供一个新的侧面。

果若如此，斯愿足矣！

2001年3月31日

于北京·中国边疆史地研究中心

这篇前言今天成了耿昇与我愉快合作的难得的见证。

21世纪后与耿昇的学术交集还有二件事值得一记。

一是，耿昇主持中外关系史学会工作后，我曾多次应命与会，并先后出任副会长、顾问之职。中外关系史学会在耿昇的运筹下，学术活动开展的风生水起，我最欣赏的是每次会议后均有论集面世，这是将学术会议成果载入史册的明智之举，不是所有学术会议组织者能重视和坚持实施的。为此，我要为耿昇大大点赞！

二是，2003年国家清史纂修工程启动，国家清史编纂委员会成立了编译组，重点开展有关清史的海外文献和著作的收集和翻译，并主编"编译丛书"和《清史译丛》。耿昇担任了《清史译丛》编委。他在《清史译丛》第一辑上刊发了《用世界眼光看清史——兼谈中国文化于17—18世纪在法国的传播》。

耿昇有关法国汉学的丰厚知识积累，成了国家清史编纂委员会编译组倚重的专家之一，耿昇也乐于相助，有求必应。他在百忙中还主持了编译类项目《国内外收藏清代法文文献档案搜集与整理》，2005年1月完成了阶段性成果，内容包括：（1）法国清史档案及内容提要；（1）清代法国人有关中国的记述著作提要；（3）法国里昂出版的《传信年鉴》中有关中国的资料目录及内容提要。

近40年与耿昇的学术交往虽不频密，但有如湍湍流水、平静流淌，在流淌中互助互补，学术之交淡定温馨、学术之谊与日俱增。

耿昇发表于2014年的《搭中法文化交流之虹桥、涉中外关系史之学海——我的治学之道》中对自己学涯和学思做了回顾与总结，并畅谈了

"我的治学路径与治学经验",真知灼见值得同辈共勉、后学学习。

归言之有:

一是,学问首先是要"学",才能"问"为什么,养成一种读书的爱好,能够静下心来读书,才是敢于讲"做学问"的前提;

二是,做学问必须持之以恒,锲而不舍;

三是,一旦确定目标,就要不为外界所动;

四是,读书做学问要海纳百川,胸怀宽阔,取百家之长;

五是,学问要从具体问题做起。资料是"实践",理论出自实践,实践检验理论,当然,"资料"也有个"去伪存真"的繁杂工程去完成;

六是,"学贯中西"是对大学问家的盛赞,"熟悉中西"则是从事中西文化交流史学者的必备。

斯人已逝,诤言永存!

追忆大侠——耿昇!

2020 年 1 月 12 日草

(作者为中国社会科学院中国边疆研究所研究员)

法文译史巨擘耿昇先生西域史译著的贡献

马建春 杨 璇

自西方汉学兴起伊始，法国学者便据有重要地位。20 世纪初以来，随着诸多西方汉学著述被引入、译介，中西交通史亦在冯承钧、张星烺等先生的翻译研究推动下，获得较大发展，并渐为学人所重视。耿昇先生是继冯承钧之后，国内学界难得的法国汉学翻译研究巨擘。先生凭勤奋之态，乘开放之势，呕心沥血，频频译出许多法语文献。其译著等身，填补了国内中西交通史研究之诸多缺憾。

耿昇先生 1968 年毕业于北京外国语大学法文系。1980 年调入中国社会科学院历史研究所，自此与史学结下不解之缘，开始了他于学术领域的辛勤耕耘工作。先生曾云："我真正的人生与学术生涯，似乎正是从此开始的。"[1] 耿先生的学术翻译和研究，主要集中在中外关系史学科四大专业领域：西域史、中西文化交流史、丝绸之路（西北、西南与海上丝路史）、法国汉学史。其著述在各个领域均有大量呈现，成就卓著，造诣甚高。先生一生出版译著达 70 余部，发表论文及译介文章 130 多篇，译文 200 多篇，另完成有 90 万字的《中法文化交流史》巨著。几乎所有法国汉学家、藏学家、敦煌学家的重要著作均由先生译介到中国。先生以宏量的学术成果，践行了其"生命不息，研究不止"的学术追求。

学界对耿昇先生的翻译研究成果早已给予重视。1998 年，谢方先生《为了法国与中国的文化因缘——译坛骁将耿昇》[2] 一文，对耿昇先生的翻

---

[1] 耿昇：《我与法国汉学》，《国际汉学》2014 年第 1 期。
[2] 谢方：《为了法国与中国的文化因缘——译坛骁将耿昇》，《世界汉学》1998 年第 1 期。

译成就进行了总结归纳，并对其当时主要的翻译著作给予了评述。耿昇先生自传性文章《我与法国汉学》①，也就个人于此领域的成果予以系统总结。此外，2011年钱婉约、贾永会《积跬步以至千里的翻译家——耿昇先生访谈录》②，对先生的治学精神和研究成果做了系统介绍。本文拟以先生于西域史领域的翻译研究为中心，就其相关成果加以梳理，以证先生对国内西域史研究所做之杰出贡献。

法国汉学界在西域史领域的研究成果颇丰，且具有较大影响力。这些著述多以汉文、蒙古文、突厥文、阿拉伯文、波斯文、拉丁文及其他语言文献为基础，综合考释相关问题。由于论著多以原始材料为重，使研究成果颇具学术价值。20世纪50年代以来，国内已难以看到法文原版著作，能阅读法文西域史著作者亦较少见。因鉴于此，改革开放伊始，耿昇先生即投身于法文西域史成果翻译，潜心钻研，为国内学界译介出法国学界研究的大量重要著述。这些著述成为国内学界探究历史上西域及丝绸之路等领域不可或缺的重要参考文献。

一　西域（新疆）研究文献之译著

汉代以来，狭义之西域指玉门关、阳关以西，帕米尔以东，巴尔喀什湖东南的今新疆广大地区。我国史书对西域（新疆）史实虽不乏记载，但正史之《西域传》，以及《大唐西域记》《西域土地人物略》等古代著述，摄取资料均以汉文为中心，且其关注问题视角亦有限。近代以来，欧洲尤其是法国学界，利用多语种文献及西方探险家获取的诸多实物及考古资料，对新疆地区历史文化展开广泛而深入的研究，涌现出大批具有影响力的成果。耿昇先生对这些成果的及时翻译、推介，大大开拓了国内学者的视野，不仅为新疆历史文化研究提供了宝贵的文献，也推动了国内学界于此领域的深入探究。

法国著名东方史学家鲁保罗教授《西域的历史与文明》③一书，出版于1997年。书中阐述了新疆地区从公元前3世纪到20世纪以来错综复杂的历史脉络，书中涉及新疆多个历史王朝的演变，当地居民的文化、宗

---

① 耿昇：《我与法国汉学》，《国际汉学》2014年第1期。
② 钱婉约、贾永会：《积跬步以至千里的翻译家——耿昇先生访谈录》，《汉学研究》第十四辑，学苑出版社2012年版。
③ [法] 鲁保罗：《西域的历史与文明》，耿昇译，新疆人民出版社2006年版。

教、农耕、商贸、风俗及与周边地区民族政权的交往、战争等，基本梳理了新疆地区发展演进之概况。该著作是西方学者以其独特的视角，对新疆地区历史文化给予全面观察研究的典范之作。作者对新疆自古至今文明脉络发展的勾勒，以及就西域各民族历史文化演进的内在联系之多层次分析，有颇多可借鉴之处。此外，由著作史料运用看，作者熟悉历史上西域民族史料及西方相关文献，其运用自如得法，为国内学者相关研究提供了重要的资料线索。该著由耿昇先生及时翻译出版后，为国内学界所重视，并成为新疆历史文化研究的重要参考著述。

耿昇先生旁涉法语学术诸多领域，他在翻译该著的同时，也敏锐注意到鲁保罗著述之存在的问题。即就具体问题的探讨缺乏深入，对关涉新疆历史的中文史料之运用略显薄弱，且作者因参考运用他人成果较多，故观点表述少有自己之创见，等等。可以说，先生就该著的客观评述，为国内学界合理认识这一法语学术界重要著述给予了有益的指引。

莫尼克·玛雅尔女士的《古代高昌王国物质文明史》[①]，是法国学界罕见的专注于吐鲁番古代文明研究的著作。书中大量使用了欧洲探险家及考古团队在吐鲁番发掘的文献资料，这些资料在国内大多已难以看到。而书中所附诸多吐鲁番文物图版，乃使该著更具文献价值。作者先后引用了勒柯克《和卓传》、格隆维德尔《关于1902—1903年冬季在亦都护城附近的考古工作报告》、克莱门茨《圣彼得堡皇家科学院吐鲁番考古队报告》、S. 奥登堡《有关俄国探险团对新疆考察的初步报告》等重要文献。并于文末附以雷格尔绘制的达奇亚奴斯城图、奥登堡测绘的雅尔城城北建筑平面图和胜金口9号修道院平面图、斯坦因发掘之阿斯塔纳墓地绘图等。20世纪90年代，耿昇先生翻译出版此书后，对其时再次兴起的吐鲁番学犹如雪中送炭，书中珍贵的文献资料弥补了国内相关研究的缺憾，从而给吐鲁番学界注入了活力。

近代以来，西方列强在其海外殖民地区，兴起世界性的考古探险热潮。这一热潮也蔓延到中国，一些西方传教士、商人、学者、探险家亦渐次深入中国新疆地区进行考察和探险。他们中最为著名的伯希和团队，于新疆考察中获取了大量的文物和文献，这些文物与文献对历史上新疆地区

---

① [法] 莫尼克·玛雅尔：《古代高昌王国物质文明史》，耿昇译，中华书局1995年版。

的民族、宗教文化研究提供了重要的资料和实物依据。耿昇先生根据法国已公布的伯希和探险团队发掘报告、笔记、来往书信和日记等，整理、翻译出《伯希和西域探险记》[①] 一书。先生就此谈道："近四五十年来，我国对英、俄、德、日、美和瑞典等国的西域探险及游记译介较多，但对法国人的西域探险，尤其是伯希和西域探险却只知道一个梗概，对这次探险的具体过程、获取文物的数量和价值、现今的储存状态和研究成果却不甚知之，许多有关伯希和探险的史料也多是从英、日等其他国家的文献二手转入，错误较多。"[②] 而伯希和作为著名的汉学家和语言学家，对敦煌文物中一般的卷子不感兴趣，但对中国史书中未刊登的经典以及民族文字爱不释手，因此其挑选的很多资料都是死文字，例如吐火罗文、粟特文、佉卢文等。从这一层面上看，伯希和带回的卷子史料价值颇高[③]。为了让国内学界能够及时了解伯希和探险团队所获文献、文物的相关信息，耿昇先生多次前往法国当地图书馆搜寻资料，并将零散的资料结集成册，整理翻译为《伯希和西域探险记》，借以能为国内专家学者的研究提供线索和文献指引。该译著包含了伯希和一行对西北地区的考察报告，以及其于三仙洞、库车、敦煌等地的探访记录和相关札记、游记。其中相当一部分资料是伯希和团队现场实录和测量的一手报告，抑或是他们的亲身经历及描述记录，包括伯希和探险团路易·瓦扬的札记。它不仅记载了伯希和西域探险队的基本工作情况，还记录了团队从喀什到图木舒克及其考古遗址，再由图木舒克到库车、乌鲁木齐、玛纳斯、吐鲁番、哈密、沙州等一路的测绘报告，以及沿途地区天文观测记录。译著随处可见的稀缺资料，大大弥补了国内学者于此领域的文献之憾。

为使学界更详细了解伯希和团队西域考察的具体内容，耿先生随后又翻译了2008年由法国吉美博物馆新近整理出版的《伯希和西域探险日记1906—1908》[④]。该书原名《旅途中的笔记本：1906—1908年》，是伯希和在中国新疆等地探险考察期间的日记，可与《伯希和西域探险记》相互对

---

① [法] 伯希和等：《伯希和西域探险记》，耿昇译，云南出版社2001年版。
② [法] 伯希和等：《伯希和西域探险记》，耿昇译，云南出版社2001年版，第37页。
③ 钱婉约、贾永会：《积跬步以至千里的翻译家——耿昇先生访谈录》，《汉学研究》第十四辑，学苑出版社2012年版，第30—31页。
④ [法] 伯希和：《伯希和西域探险日记1906—1908》，耿昇译，中国藏学出版社2014年版。

照，互为补充。书中还收录了伯希和给"中亚与远东历史、考古、语言及人种学考察国际协会"法国分会长色纳尔先生的回信。多为"学术信札"，亦是向法国分会所写书面调查报告。回信与日记相互佐证，翔实反映了其西域考察的基本情况，成为今天新疆史地研究难得的资料。日记出版不久，耿昇先生在法国几经辗转求得此书，为早日以飨国内学界，先生以其花甲之年，不辞辛劳，耗时一年半之余，使这一70万字的巨著得以翻译完成，实现了其对伯希和西域考察著述完整译介的宏愿。

耿昇先生治学慎严。在为学界译介该日记的同时，他也明确指出：因此书以日记形式呈现，其原本只是伯希和个人的考察笔记，故书中存在一些专用名词拼写不统一，历史典故介绍不实等问题，且缺乏考证，遂希望学者运用时能认真辨析[①]。

有关伯希和的另一重要著作《西域佛教遗址考察记》[②]，也由耿昇先生翻译介绍给国内学界。20世纪末，在完成伯希和西域探险译著后，耿昇先生又专门搜集伯希和对西域佛教遗址的考察资料，经系统整理、编辑，翻译汇成《西域佛教遗址考察记》一书。译著包含有伯希和本人于西域所获文物珍宝及其在法国收藏的现状，亦收录了部分法国汉学家就西域佛教相关问题的研究成果。其中有关喀什与图木舒克的考古笔记、三仙洞水磨坊探珍、库车地区考古笔记、大海道踏古记、敦煌藏经洞访书记等资料，对我国西域佛教遗址研究弥足珍贵。

伯希和对西域蒙古史亦颇有研究。耿昇先生的译著《卡尔梅克史评注》[③]，是伯氏探究西蒙古土尔扈特部回归伊犁的重要著述。伯希和之前，已有英国学者巴德利涉足这一问题的探究，并形成著作——《俄国·蒙古·中国》。但巴德利使用文献主要为俄文资料，对清代汉文史料运用不够。伯希和在其基础上广泛搜集资料，不仅弥补了巴德利原著汉文史料的欠缺，还就其加以校释，对其中蒙古人、物、地名等汉文对音字，复原为蒙古文给予考证。耿昇先生以为伯氏的评注细致入微，学术价值甚高，遂将其译介到国内学界。该著有关卡尔梅克人世系的补充、修正，多为国内学

---

① [法]伯希和：《伯希和西域探险日记1906—1908》，耿昇译，"译者的话"第7页。
② [法]伯希和等：《西域佛教遗址考察记》，耿昇译，《新编世界佛学名著译丛》第122册，中国书店出版社2010年版。
③ [法]伯希和：《卡尔梅克史评注》，耿昇译，中华书局1994年版。

者所引鉴，亦使学界对土尔扈特部回归新疆的历史有了更加全面的了解。

耿昇先生翻译出版的三册本《法国西域史学精粹》①，是法国学界就西域历史文化研究的经典成果汇集。书中有大量国内学界少见的资料与信息，包括法国学界对西域史研究的学术梳理等。其中九姓乌古斯与十姓回鹘考、西域的吐火罗语写本与佛教文献、于阗王统世系等成果，为国内西域研究提供了重要参考。而且这些成果的作者基本为法国西域研究的权威学者，他们中有伯希和、韩百诗、哈密屯、路易·巴赞、布尔努瓦、石泰安等。这些重要的成果，经由耿昇先生的整理、编辑与翻译，方得以被中国学界所认识和参考运用。

耿昇先生对西域（新疆）研究的贡献，不仅限于其译著。先生还以其所长，综合利用中外资料撰写文章，探讨相关问题。其发表的《西方人视野中的喀什》②一文，系统考察了近代以来英国探险家荣赫鹏、领事马继业及其夫人，以及斯克林、傅勒铭、安娜·菲力普等大量欧洲人对喀什的记载与评述。文章阐释了西方人记述下近代喀什的基本状况，给学界就其与国内史料相互对照，深入探究相关问题提供了可能。

二　西域民族宗教著述之翻译

广义的西域大地，地域广阔，民族众多。生活于其中的人们于自身发展过程中相互往来，频繁交流，连接了东西方世界，使欧亚地域之间发生着密切的联系，亦使这一区域内多民族色彩浓厚，加之宗教文化属性的丰富性，使之成为近代以来西方学界争相关注的重要对象。法国参与西域民族宗教的学者众多，其成果卓著，在西方学界颇为活跃。为使国内学界及时了解其相关文献与成果，掌握其研究动态，耿昇先生付出甚多。他不断给国内相关研究领域奉上一部部厚重的译著，为中西学者相互切磋交流奠定了良好的基础

涉及西域民族宗教的多语种文献是西域史研究的重要资料，耿昇先生据法文文本对一系列史料先后加以译介，弥补了国内西域相关问题研究的资料缺憾，使该领域学者获益良多。

---

① 郑炳林主编：《法国西域史学精粹》（共三册），耿昇译，甘肃人民出版社2011年版。
② 耿昇：《西方人视野中的喀什》，《西北第二民族学院学报》（哲学社会科学版）2007年第1期。

古代阿拉伯马苏第《黄金草原》① 一书,是西域史研究必备的文献。该书资料大多来自古代传说、波斯古史、宗教经典,以及诸如瓦基迪、麦格底西等阿拉伯历史学家的著述②,同时包括马苏第自 10 世纪初游历中亚各地及中国海后,据沿路所见所闻、传述史料完成的学术著作,是研究古代及 10 世纪阿拉伯世界、印度乃至中国的重要文献。早期阿拉伯文献,历经战争浩劫,许多珍贵史籍损失殆尽,但因《黄金草原》一书的存世,使一些资料得以保留,这是该书最宝贵的价值所在③。该书多由细节入手,以小见大。如所描写海洋之潮汐规律、金字塔奥秘、麦加—克尔白历史等,均为其他史籍中少有的珍贵史料。特别是有关西域史的内容,马苏第不仅叙述了回鹘、突厥、吐蕃等民族的历史,还记载了其时中国中原王朝及其与周边民族的关系,一些记载可与中国正史比较互证。

马苏第的一些记载尽管略有偏颇,但其著述在史料收集中力求信史,其所见所闻亦多可靠,故其可信程度较高,是学界研究西域史的阿拉伯文重要史料。按耿昇先生所言,《黄金草原》是"现今保存下来的最重要的中世纪穆斯林历史著作之一,在阿拉伯世界中居首位"④。早在 19 世纪前,西方就有了这一著述的法译本和阿拉伯文、法文合璧本。国内之前曾有张星烺先生的片段译介,北京外国语大学纳忠先生也曾以阿拉伯文版着手翻译,但终究未果。20 世纪末,为西域史研究需要,耿昇先生据最新法译本,译出该著第一、二卷,计 72 万字,乃使《黄金草原》被国内学界系统认识,其珍贵资料为学者所充分运用。

《柏朗嘉宾蒙古行纪》⑤ 是柏朗嘉宾其人就 13 世纪新兴蒙古及西域诸民族记述的重要文献。1245 年,柏朗嘉宾奉教皇之命,怀揣使命从法国里昂启程,出使蒙古。他沿途获取蒙古军队的兵力、动向和战术等,并利用在乞瓦、哈剌和林居留机会,搜集到蒙古等民族之地理位置、宗教信仰、生活风俗等。因其资料来源多为个人亲身经历,以及旅途所遇基督徒告知的信息。故其记述多数真实,相关评述亦颇客观,是其时关于蒙古等民族

---

① [古阿拉伯] 马苏第:《黄金草原》,耿昇译,中国藏学出版社 2013 年版。
② [古阿拉伯] 马苏第:《黄金草原》,耿昇译,"汉译本序"第 3 页。
③ 夏祖恩:《人类所知的一切都应归功于历史——谈马苏第〈黄金草原〉的史识问题》,《福建师范大学福清分校学报》2009 年第 3 期。
④ [古阿拉伯] 马苏第:《黄金草原》,耿昇译,"译者的话"第 2 页。
⑤ [法] 贝凯、韩百诗译注:《柏朗嘉宾蒙古行纪》,耿昇译,中华书局 1985 年版。

的一手资料，亦为留存至今的13世纪蒙古史、西域史珍贵西文史料。法国汉学家韩百诗就此评论道："他有关蒙古人的第一部拉丁文著作于可靠性和明确程度方面在一段相当长的时间内一直是首屈一指和无可媲美的。"① 英国学者克里斯朵夫·道森认为该书"写下了西方基督教世界和远东之间第一次接触的第一手绝对可信的记载"。②《蒙古史》一书，作为柏朗嘉宾东行见闻录，先后出版有拉丁文、德文、英文、俄文和法文等版本，余大钧先生曾根据1957年苏联沙斯契娜夫人俄译本翻译过该书，但影响有限。1965年法国美洲和东方书店出版之韩百诗和贝凯合译《柏朗嘉宾的〈蒙古史〉》，被认为是西方学界普遍使用的版本。耿昇先生依据此版本给予译注，以《柏朗嘉宾蒙古行纪》为名于国内刊行，为学者探究13世纪西域史、蒙古史提供了重要的史料参考。

突厥、回鹘民族在西域史上有着重要的影响，西方学界就其关注颇多，并先后有不少成果呈现。这些成果在耿昇先生的翻译下，得以陆续和中国学者见面。法国学者J. R. 哈密屯的《五代回鹘史料》③，是其颇具代表性的考据力作。该书概述、考证、整理、总结了9世纪新疆及甘肃境内回鹘汗国的各种文献。20世纪80年代，耿昇、穆根来先生合作译注，使这一学术名著得以和中国学者见面，为国内回鹘等民族研究打开了视野，增补了资料。如第二章对《旧五代史》《五代史记》《五代会要》有关回鹘及其毗邻部族——突厥、吐蕃和党项传记的译文注释，第三章就巴黎国立图书馆所藏第2992号伯希和敦煌汉文写本中三封书函的译文与注释，均可补正史之缺。而书中有关汉语和突厥—回鹘语的对音、古代汉文拼写突厥语的相关规则等，则有助于读者了解认识突厥—回鹘语。耿昇、穆根来先生翻译该著时，尽量尊重作者原著之意。但于注释中，就其所引汉籍的断句、分段和标点，以及敦煌汉文写本给予质疑，并予以指正。从而为学者正确利用该文献提供了有益的指引。

近代以来在欧亚草原陆续发掘了一些突厥汗国碑铭文献。这些碑铭文是研究突厥民族历史文化、习俗人物、地理风土的重要史料，填补了突厥

---

① [法] 贝凯、韩百诗译注，耿昇译：《柏朗嘉宾蒙古行纪》，"前言"第13页。
② [英] 克里斯朵夫·道森编：《出使蒙古记》，吕浦译，中国社会科学出版社1983年版，"绪言"第1页。
③ [法] J. R. 哈密屯：《五代回鹘史料》，耿昇、穆根来译，新疆人民出版社1982年版。

史研究文献的严重不足，引中国及西方学者纷纷争相展开探究，他们中就有著名的法国学者巴赞和勒内·吉罗。《东突厥汗国碑铭考释》①（又名《天突厥汗国史》），便是勒内·吉罗就19世纪末出土的暾欲谷碑、阙特勤碑和毗伽可汗碑进行考释、整理研究的著述，是研究鄂尔浑碑铭和突厥史的重要著作。该书阐述了诸碑铭文献及其意义，并分别就突厥历史、政治、社会、军事、地理、信仰、语言等给予考释。著作对认识骨咄禄——颉跌利施可汗、默啜可汗和毗伽可汗执政期间突厥汗国历史有一定的指导意义。耿昇先生在参考岑仲勉先生《突厥集史》以及相关突厥史料的基础上，成功翻译该著，乃扩充了国内突厥学文献使用范围，推进了这一学科研究的发展。

《突厥历法研究》②，是耿昇先生翻译的又一突厥学著作。该书作者是法国历史语言学家路易·巴赞。著作由突厥历法入手，将阙特勤碑中汉文和突厥文献进行比较，考证出8世纪突厥官方文献沿用的历法是唐朝官历的改变本。著作同时考证以为，《吐鲁番突厥文书》中拉克玛蒂的回鹘文历法也应沿用了同时代中国历法。巴赞的研究与以往学者就突厥历法和历史纪年的探讨相异，他独辟蹊径，将涉及古代突厥历法的材料：突厥文碑铭、敦煌文书、吐鲁番文书、佛教和伊斯兰经典、汉文古籍、民俗文学、口碑文学等网罗殆尽③，在借鉴运用前人研究成果基础上，综合交叉诸学科知识，以其吻合性作为基础，展开论述④，使之成为不可多得的突厥学著述和历史语言学代表性著作。耿昇先生就该著的翻译，可谓"抛玉引玉"⑤，在向中国学界推介这一学术名著的同时，亦为国内突厥学研究提供了新思路。

法国东方学者费琅《阿拉伯波斯突厥人东方文献辑注》⑥一书，是一部有关阿拉伯、波斯、突厥等西域族类文献的重要著述。编撰者费琅将其多方收集的中古罕见的46种阿拉伯文、11种波斯文、1种突厥文等多语种伊斯兰原始文献，整理编译为法语并加以校注，同时又增补了5种汉文、

---

① [法] 勒内·吉罗：《东突厥汗国碑铭考释》，耿昇译，新疆社会科学院历史研究所，1984年。
② [法] 路易·巴赞：《突厥历法研究》，耿昇译，中华书局1997年版。
③ [法] 路易·巴赞：《突厥历法研究》，耿昇译，"译者的话"第2页。
④ [法] 路易·巴赞：《突厥历法研究》，耿昇译，"汉译本序"第1页。
⑤ [法] 路易·巴赞：《突厥历法研究》，耿昇译，"译者的话"第3页。
⑥ [法] 费琅：《阿拉伯波斯突厥人东方文献辑注》，耿昇、穆根来译，中华书局1989年版。

1种日语、1种泰米尔文、1种卡韦（kawi）文和2种马来文文献①，使之成为探究东西交通史和西域南海史非常珍贵的资料，其学术价值极高。该著早先曾得到向达和冯承钧先生的高度评价，但却一直未能被汉译刊出。耿昇先生进入史学研究领域后，深悉国内西域研究者少有阿拉伯、波斯和突厥文文献参考，遂不遗余力地翻译出版了这一重要著述。既弥补了中国学术之缺，又填补了众学者之憾，普惠学界。学者评论道："本书的出版引起了各方面的广泛关注，也大大便利和促进了对中世纪东西交通史和西域南海的历史、地理、社会、经济等各方面的研究。"② 耿昇先生以己之力倾其心血将这一文献译介到中国，其功莫大焉。

历史上一些犹太商人、旅行家曾自西域和天竺等地零星辗转进入中国。11世纪他们主要居于开封，形成犹太聚居区。至17—18世纪，逐步发展为一个较大的民族宗教社团。明末利玛窦获悉开封犹太人相关信息后，中国境内居有犹太人的消息传至欧洲，乃引起西方学界对之广泛关注。犹太人在中国的生活状况、宗教文献和信仰、是否被同化等，都成为西方热衷探究的问题，并因此产生出许多文献资料。由于这些文献为西文撰成，国内学者研究时使用不便，加之20世纪90年代国内就犹太社团的研究尚显薄弱，为弥补学界的缺憾，耿昇先生乃于1992年翻译出版了法国学者荣振华与澳大利亚学者李渡南合撰的《中国的犹太人》③ 一书。

这是一部有关在华犹太人的重要文献，为国内学术界提供了宝贵的史料。此前中国学界就开封犹太人的关注有限，原因是除其遗留的几块碑文和稀少的报道外，难以找到反映其社会生活的资料。而就开封犹太人的经典、其与传教士的关系以及西方耶稣会为何对开封犹太人产生兴趣等问题，亦未有深入讨论。至该书译注出版，乃为国内学界探究在华犹太人打开了视野，丰富了内容。该书以入华耶稣会士未刊书简为核心，包括当时传教士对开封犹太人实地考察的基本情况，涉及开封犹太人的历史、宗教信仰、经书和风俗习惯，以及犹太教堂的碑题、会堂内外景和其他图案绘制等④，许多资料非常稀有。耿昇先生以为该书实质上是一部资料集，如

---

① 纪宗安主编：《中外关系史名著提要》，中国华侨出版社2002年版，第326页。
② 纪宗安主编：《中外关系史名著提要》，第326页。
③ ［法］荣振华、［澳］李渡南：《中国的犹太人》，耿昇译，大象出版社2005年版。
④ ［法］荣振华、［澳］李渡南：《中国的犹太人》，耿昇译，"译者的话"第3页。

书中收录之利玛窦在《基督教远征中国史》中所言其与开封犹太举子艾田会见的记述，葡萄牙入华耶稣会士、中国副省会长和巡按使何大化于1644年为罗马教廷提交开封犹太人的报告，以及17—18世纪赴开封调查中国犹太人的入华耶稣会士名录等①，都是明清开封犹太人研究的重要文献。张礼刚先生在言及该书翻译出版的意义时曰：其不光保存了18世纪前后开封犹太人的基本情况，还回答了国内学术界一直关注却悬而未决的问题，并提供了西方学者独特的视角和观点②。

2005年该书重新出版时，耿昇先生又收入了西班牙耶稣会士管宜修《开封府犹太人碑题》一文。该文所录当时开封犹太教堂中的牌匾与楹联，今已遗失殆尽，故管宜修之载录尤为珍贵。娜婷·佩伦《犹太人在中国》以及考狄与伯希和的相关论著，亦在重刊中被翻译收入，乃使开封犹太人研究文献更加充实，为国内学者深入探究中国犹太人历史提供了方便。

译著之外，耿昇先生还先后发表《西方汉学界对开封犹太人调查研究的历史与现状》③ 与《西方人对中国犹太教的调查始末》④ 等文章，系统梳理了西人对开封犹太人研究的过程。

耿昇先生对西域史中的景教研究也有所涉及，他曾发表《中外学者对大秦景教碑的研究综述》⑤《外国学者对西安府大秦景教碑的研究》⑥ 等文章。就中外学界于大秦景教碑研究中出现的问题，如发现地点和时间的讨论，国外学者对该碑的译注，以及中国文献就其之载记、碑铭真伪的争议等予以总结归纳，使学界就大秦景教碑出土后对中西学术产生的影响有深入的认识和了解。

三　丝绸之路西域成果之译介

众所周知，"丝绸之路"一名由德国地质学家李希霍芬于晚清对中国多次考察后，首先在其《中国》一书中提出。之后国内外学界相沿

---

① ［法］荣振华、［澳］李渡南：《中国的犹太人》，耿昇译，"译者的话" 第3页。
② 张礼刚：《荣振华、李渡南等编著：〈中国的犹太人〉》，《学海》2006年第1期。
③ 耿昇：《西方汉学界对开封犹太人调查研究的历史与现状》，《西北第二民族学院学报》（哲学社会科学版）2000年第4期。
④ 耿昇：《西方人对中国犹太教的调查始末》，《河南大学学报》（社会科学版）2007年第2期。
⑤ 耿昇：《中外学者对大秦景教碑的研究综述》，《明清之际中国和西方国家的文化交流——中国中外关系史学会第六次学术讨论会论文集》，1997年11月，第167—200页。
⑥ 耿昇：《外国学者对西安府大秦景教碑的研究》，《世界宗教研究》1999年第1期。

成习，常以"丝绸之路"之名探究这一连接欧亚非大陆，影响沿线政治、文化及技术发展，决定东西方历史走势的陆上通道。而在西方丝绸之路研究中，法国学者的著述颇丰，他们的学术成果一度引领着丝绸之路研究的新方向，对学界影响深远。耿昇先生尝云：在其涉猎的学术领域中，他最酷爱的就是"丝绸之路"，故先生的译著成果亦多体现在这一领域。

法国第一本真正意义上的丝绸之路著作，是研究中亚和南亚经济贸易史的学者布尔努瓦于1963年出版的综合性论著《丝绸之路》①。该书由古代传说言至近代，就千年来"丝绸之路"的历史和丝绸贸易史展开研究，亦就丝路沿途各民族之间的关系作了深入探讨。该书文献运用丰富，上至希腊—罗马、波斯—阿拉伯、汉文—藏文以及古印度文资料，下至近现代各国学者的论著，都得以引用参考。该书法文版曾先后三次再版，且陆续被翻译为德文、日文、西班牙文、英文、波兰文、匈牙利文出版，于国际学界影响甚大。为使国内学界了解法国学者丝绸之路研究状况，耿昇先生辛勤翻译，终使布尔努瓦《丝绸之路》中文译本得以在国内出版。该书中文版的面世，对中文世界系统认识丝绸之路的发展沿革意义重大，也为学界丝绸之路研究打开了广阔的视野。

法国学者玛扎海里的《丝绸之路：中国—波斯文化交流史》②，也是一本颇具影响力的著作。该著初版于1983年，它不仅为丝绸之路研究提供了丰富的史料，也就丝绸之路的认识路径给予指引。该书在法国丝绸之路研究领域具有特殊的地位，正如布尔努瓦夫人所言："这部《丝绸之路》不仅包括将西域君主遣使赴15世纪中国宫廷的出使报告自波斯文译成法文，而且还包括一大批注释，以及波斯文、拉丁文、希腊文和中文等有关丝绸之路的史料。这是作者整整一生耕读的成果，它们使这部著作变得格外宝贵。"③

1986年，耿昇先生因法国学者谢和耐的介绍得知此书后，亲自前往法国与玛扎海里先生切磋中文翻译事宜，在作者的热情支持下，耿昇先生着

---

① ［法］布尔努瓦：《丝绸之路》，耿昇译，山东画报出版社2001年版。
② ［法］阿里·玛扎海里：《丝绸之路：中国—波斯文化交流史》，耿昇译，新疆人民出版社2006年版。
③ ［法］布尔努瓦：《法国的丝绸之路研究》，耿昇译，《传统文化与现代化》1998年第4期。

力开展翻译工作。该书内容丰富,汉译本删去了国内学界熟悉的《汉文史料》一编,由三编组成,第一编是波斯史料《沙哈鲁遣使中国记》、阿克伯《中国志》和《纳迪尔王和乾隆在中亚的较量》的编辑译注。玛扎海里将此三种关乎中国和波斯历史关系的波斯文著述译为法文,并加以详细批注,其注释所提供的资料亦同样颇具价值,且富有创新性。第二编是关于希腊与罗马丝绸之路的史料,作者就托勒密、科斯马、马尔赛林等对波斯的相关记述做了译注和辑录。第三编则是丝绸之路中国物质文明西传的集中论述,主要介绍了中国谷子、高粱、樟脑、桂皮、姜黄、生姜、水稻、麝香和大黄的栽培、用途,以及经波斯西传的过程。玛扎海里的侄子彼埃·玛扎海里认为这本巨著的意义在于"其中大量学术性很强的注释与史料疏证,它们成了为了解中国、波斯和西方之间的关系以及从中世纪直到近代初期的文明的各种问题。波斯于其中扮演了一种重要的角色,这就使西方人引以为荣的地中海世界的文化霸权相对化弱了"①。季羡林先生谈到该书时亦云:"作者原籍伊朗,波斯文是他的母语,又精通阿拉伯文及多种突厥系语言。他能直接使用这些语言写成的典籍……因此,读此书真如入宝山,到处是宝,拣不胜拣。"他还高度评价耿昇先生为此耗时一年倾力译出这一巨著,称"耿君此举,功德无量"②。

法国学者雷纳·格鲁塞《从希腊到中国》③ 一书,是作者以丝绸之路文化考古旅行为基础而撰就的一部东西文化交流史著述。该书以历史为线索,附以大量图片,阐述希腊文化传入中国的过程。因该著亦属于敦煌艺术研究的重要文献,原敦煌研究院院长常书鸿先生早先于印度得到此著时,如获至宝。"文化大革命"结束后,常先生在耿昇先生帮助下完成该书翻译工作,20 世纪末此书出版,为人们了解丝绸之路这一古老文明之路的艺术交流提供了有益的文献。

《海市蜃楼中的帝国:丝绸之路上的人,神与神话》④ 一书,为法国学者 F.‐B. 于格与 E. 于格所著。2013 年中译本由耿昇先生翻译出版。本书

---

① [法] 阿里·玛扎海里:《丝绸之路:中国—波斯文化交流史》,耿昇译,第466页。
② 季羡林:《古代穆斯林论中西文化的差异——读〈丝绸之路〉札记》,《传统文化与现代化》1995 年第 5 期。
③ [法] R. 格鲁塞:《从希腊到中国》,常书鸿译,浙江人民美术出版社1985年版。
④ [法] F.‐B. 于格(Francois‐Bernard Huyghe)、[法] E. 于格(EdithHuyghe)著:《海市蜃楼中的帝国:丝绸之路上的人,神与神话》,耿昇译,中国藏学出版社2013年版。

自丝绸之路开辟伊始谈起,讲述了从希腊亚历山大到中亚帖木儿时期丝绸之路沿线的历史发展,以及欧亚大陆两端的人们如何打破屏障,开始真正意义上的贸易、文化交流的事迹。这一沉淀着丝绸之路人类精神和物质文明的著述,经耿昇先生之手翻译后,得以在国内学界流布,为学者探究丝绸之路文明间的交融不无裨益。

早在1910年,法国学者戈岱司就编译了一部探究中西交通的著作——《希腊拉丁作家远东古文献辑录》①。该书涵括公元前4世纪至公元14世纪希腊、拉丁著述中所载中国、印度、南海和中亚等国家的记述,其内容多是文献史料,部分史料涉及赛里斯人居住地和丝绸生产。程红梅先生评论道:"戈岱司所收集的文献相当广泛和全面,而且都是一些原始史料,是研究中西交通史的基本史料。因此,此书尽管问世历史颇久,仍不失其重要学术价值。"②此前冯承钧先生以《希腊古地志》为名译注此书,为学界所知。耿昇先生在其基础上,重新给予译注,由书名到内容更与原著相贴切,遂亦为当代国内学界所重。

耿昇先生所译法国学者布罗斯的《发现中国》③,亦是一部主要阐述中西交流的著作。与西域丝绸之路相关内容主要集中在第一章。作者就丝绸之路的历史发展、罗马与中国的商品交易、大食作为亚欧东西两端的中介等情况予以阐述。中译本的出版,对国内学界重新认识丝绸之路诸族群各自的重要作用不无意义。

在大量翻译出版法国学界丝绸之路著述的同时,耿昇先生专门写就《法国汉学界对丝绸之路的研究》④一文,对19世纪以来法国学界丝绸之路研究状况加以概括总结。先生不仅在文中阐述了戴仁、雅克·昂克蒂尔、阿里·玛扎海里、路易·巴赞、鄂法兰等人及其研究成果,而且就法国汉学研究所、亚细亚学会、法国印度支那古迹调查会、沙畹考察团等涉及丝绸之路的研究机构与组织给予介绍。此外,先生还概述了法国举办的数次以丝绸之路为主题的展览、科研会议等。通过耿昇先生系统梳理,中

---

① [法]戈岱司编:《希腊拉丁作家远东古文献辑录》,耿昇译,中华书局1987年版。
② 纪宗安主编:《中外关系史名著提要》,第325页。
③ [法]雅克·布罗斯:《发现中国》,耿昇译,山东画报出版社2002年版。
④ 耿昇:《法国汉学界对丝绸之路的研究》,《西北第二民族学院学报》(哲学社会科学版)2002年第2期。

国学界对法国该领域研究学人、机构、成果等有了清晰的了解和认识，乃有助于中西学界的相互借鉴与交流。

结　语

综观耿昇先生西域诸问题研究译著，数量多，领域广，部头大。其对中国西域学术研究之贡献，称得上居功甚伟。阎纯德教授曾言："他（耿昇）翻译的不是小说，不是日常生活，人物对话，而是汉学家笔下的历史、学术文化，攻克的是汉学家笔下那些最难译的专业术语。在这个领域，他具有专学，在中国，他是一位开拓者！"[①]

首先，自20世纪80年代以来，伴随经济改革开放的春风，中国学术界亦百废待兴，迎来了学术的春天。其时国内历史学界掌握英文、俄文、日文者有之，但熟悉、精通法文者则少见。致使国内对西域研究中居于西方学术前沿的法国学界及其成果缺乏了解，知之甚少。为此，耿昇先生以语言优势，责任担当，全身心投入法国学术文献的译介中。先生尝言："我不是历史学科班出身，而是外语出身，所以需要大量阅读和补课。我翻译一本书，一定要找遍这个问题相关的所有书，通过购买、借阅和复印各种方式。""还有一点，这些著作常常各种文字交织，这需要能看懂很多种语言，会查阅不同的字典，几种文字对照查，方能理清文章的意思。"[②]正是其对学术的认真严谨和孜孜以求，大量法文西域研究文献被译介到国内，为学界认识西方最新的西域研究成果与学术动态提供了极大的帮助。先生西域译著的学科涉及藏学、敦煌学、突厥学、西域宗教史、丝绸之路史等诸多领域。通过其译著，中国学人及时了解掌握了以上诸学科国外研究信息，使国内学界先进者得以于学术研究中与之接轨。如布尔努瓦的《丝绸之路》和《伯希和西域探险日记1906—1908》等著述，都是由耿先生率先翻译介绍到国内，使之颇具学术前沿性。

其次，耿昇先生对大量关涉西域族群与历史文化的文献译介，弥补了国内在这一领域资料的严重不足，不少译著填补了该领域的学术空白。如

[①] 阎纯德：《永载史册的大翻译家——耿昇先生周年祭》，《耿昇先生学术纪念会暨中外关系史学术研讨会会议论文集》，2019年4月，第45页。

[②] 钱婉约、贾永会：《积跬步以至千里的翻译家——耿昇先生访谈录》，第26页。

其译注的《五代回鹘史料》《阿拉伯波斯突厥人东方文献辑注》《丝绸之路：中国—波斯文化交流史》等文献，都是研究西域历史文化极其宝贵的史料，大大丰富了西域研究的资料范畴，至今仍是该学术领域重要的参考文献。不仅对学界广泛掌握西域研究中的史料多元性意义甚大，而且使之能得以与以往中国古代史料比较、互证，从而为推进国内西域研究奠定了文献基础。

最后，耿昇先生的法文译著，也弥补了许多领域专家学者之憾。如有关西域入华犹太人研究，虽然前辈学者根据有限文献进行过探讨，但国内该领域研究于20世纪末仍较为薄弱。在此条件下，耿先生倾力着手翻译了法国学者荣振华与澳大利亚学者李渡南合撰的《中国的犹太人》，从而为国内学界提供了翔实的资料，拓展了该领域研究空间。可以说，正是因为耿昇先生全心勤勉的译介工作，为国内学界源源不断提供了大量新的文献，学界于西域研究中乃逐步有了较大的进步。

耿昇先生法文译著丰厚。其于西域研究领域译著成果的不断拓展，有力推进了国内该领域史学的发展。先生可谓当之无愧的法文史学"译史巨擘"。

（马建春为暨南大学中外关系研究所教授；杨璇为暨南大学中外关系研究所硕士研究生）

一份感念送别耿昇先生

马丽华

当今从事藏学研究的人,若说有谁没有读过耿昇先生的译著,那是不可能的。

当今从事敦煌学、西域史研究的人,如果书架上没有摆放来自译者耿昇提供的文献资料,也是难以想象的。

从蒙古高原到云贵高原,乃至青藏高原、帕米尔高原;从茶马古道到丝绸之路,从边疆史地到中外交流……数百年间经由法文传递的西方视野,在相当程度上被耿昇先生用汉字方式呈现于国人眼前。译笔所向,多为经典且常销不衰。不限于原文照译,有研究,有解读,有品评;读者之众,也不限于专门研究者,但凡对上述地区或领域感兴趣的普通人,无不开卷有益。

起初我本人也是耿先生译著受众之一,忠实读者:20世纪80年代起,每见必买必读。学术专著之外的作品中,早年留下深刻印象的还只是法国女子大卫·妮尔化装入藏之类的故事,后来印象和影响尤为深刻深远的非《发现西藏》莫属。在这本书里,原著作者米歇尔·泰勒综述了西方早在所谓"地理大发现"时代之前就已开始的对于西藏的"发现"脉络,那同时也是一个将西藏从"妖魔化"到"神话化"过程的开端。在历数过不同时期不同身份的一批批闯进这片高地的人物事件之后,作者在本书结尾部分感叹道,对于西藏的"发现","永远是重新开始"。后来每当我想起这句话,必定是自认为对西藏有了新的或者加深了某些认知和体会的时候。

近年间令我爱不释手、四处推荐的还有一本奇书:《丝绸之路:

中国—波斯文化交流史》。原著作者是伊朗裔法国籍学者阿里·玛扎海里，一位激赏中国文明和波斯文明的东方学家，他花费了三十多年时间，借助波斯史料和希腊—罗马史料编著了这部丝路传奇，浓墨重彩地描绘了经由丝绸之路西向传播的中国物质文明，从谷物、稻米到麝香、樟脑种种。其中有关大黄的传奇格外"离谱"，不仅被沿途亚欧诸国视为包治百病的万灵药，与麝香、丝绸并列为来自中国的三大奢侈品之一，还将其赋予精神属性，譬如大黄与蛇作为善与恶、健康与疾病的象征，譬如"人形大黄"幻化而成世间第一对夫妻（人类祖先）等。这类从不同文种史料、不乏古代波斯传说和袄教文献中发掘而来的信息如此珍稀，让我们空前得知了中国之外这些地区有关丝路辉煌的历史记忆，加之"中国的大黄与丝绸之路"这一节涉及从中国走出的大月氏人所建贵霜帝国对于丝绸之路西去南下通道的垄断，并对大黄有过引种栽培经历云云，令我如获至宝，还在本书初排过程中，已然迫不及待地加以概括引用，用在本人长篇纪实《走过印度河》中。

没错，此时的我已不再是单纯的读者受益者。中国藏学出版社成立较晚，没赶上耿昇先生大部分译作初版首印的机会，至1999年方才推出以《发现西藏》为代表的几部"一版"，之后才有了规模化集中出版的计划。正因如此，也才有了与耿先生交谈请教的荣幸。还记得十年前当我看到一幅照片时的震动——多家出版社三十年间出版的五六十部译著整齐排列，颇具视觉冲击力，不由得顿生惊为"天人"之感：耿老师，"神"一般的存在啊！平均每年两本书的速度，且不论翻译的艰难，单单是纸面上手书的工夫，该有多大的工作量！所以对于耿昇先生的突出印象，首先是精力充沛、热情洋溢的学界"劳模"形象。

勤奋高产是表现形式，贯穿全部译著的不光是学识，更有情怀。耿昇先生作为中法文化交流的使者，赢得了无分中外普遍的尊重；他与法国学术界及许多当代作者保持了良好的关系和情谊。他谈到与上述《丝绸之路：中国—波斯文化交流史》作者阿里·玛扎海里的交往，对于中国文明、波斯文明同怀仰慕之心，对于联结两地的丝绸之路一样的珍爱之情，唯一耿耿的是没能让玛扎海里先生于生前见到中译本的出版，这让耿先生遗憾不已。

耿昇先生的译著生涯伴随了迄今为止的整个改革开放时代，六十余部译作多为三版以上再版书，加上多次印刷，印数迄无总量统计，想来惊人，可知受众面之广。人生短暂，能够抓紧时间活得非凡的不太多，而敬爱的耿昇先生就活成一种象征——象征着连通海外文化的津渡风帆，往来舟桥……

谨以此篇小文送别耿昇先生，说不尽的感谢感念。个体生命可以休止，唯有作品与精神长存，耿昇先生千古！

2018 年 4 月 15 日于北京

（作者为中国藏学出版社总编辑）

中国丝路学学科建构中的"耿昇现象"研究*

马丽蓉

耿昇长期致力于法国经典学术著作的译介工作,"在所涉猎的各个领域都成绩斐然,成果数量之多,可谓著作等身:译著 70 多部(3200 余万字),论文 130 余篇,译文 200 余篇,著作百万余字"[1]。耿昇"对汉学名著的翻译过程,其实也是他对这一问题的研究过程。他在所译名著的前面,都撰有一篇《译者的话》,反映他的研究所得,有些《译者的话》无疑就是一篇很有水平的学术论文",其"学术翻译与研究主要集中在四大学科领域:丝绸之路(西北、西南和海上丝绸之路)、西域史(涉及敦煌学、突厥学、藏学、蒙古学、中国与阿拉伯—波斯关系史诸领域)、中西文化交流史(以来华传教士为主)、法国汉学史(主要是译介法国当代汉学家的名著与研究动态)",并在以上诸领域都有所建树而"嘉惠学林"[2]。他曾坦言:"'丝绸之路'研究早已经成为一门国际显学。法国汉学界以及法国的整个东方学界,始终在这一领域中占据优势地位。""我本人在与'丝绸之路'相关的领域中,共翻译出版了 4 部法文著作的中译本。这是我 30 多年来始终酷爱的一个领域,故而成果也算丰硕。"[3]事实上,他是集

---

* 本文系国家社科基金项目"'一带一路'与中国新疆周边国家伙伴关系发展研究"(18BGJ020)、教育部区域国别研究中心项目"伊斯兰合作组织内部机制研究"(17GQYH01)、上海市高校智库内涵建设项目"'一带一路'交汇区宗教极端主义风险因素及其防范"(2019SL01)、上海外国语大学 2019 年度重大课题"基于丝路学视角的习近平外交思想研究"的阶段性成果。

[1] 全慧:《老骥精神 薪火相传——"耿昇先生学术纪念会暨中外关系史与海外汉学学术研讨会"综述》,《国际汉学》2020 年第 1 期。

[2] 谢方:《为了法国与中国的文化因缘——译坛骁将耿昇》,《世界汉学》1998 年第 2 期/《国际汉学》2018 年第 2 期。

[3] 耿昇:《我与法国汉学》,《社会科学战线》2014 年第 1 期。

丝路学经典论著翻译者、丝路学核心议题研究者、丝路学学科建构要素的探索者于一身而构成了独特的"耿昇现象",已成为中国丝路学发展史上极具学科构建意涵的典范,折射出中国丝路学与全球丝路学的艰难对接、中国学术的成长足迹,以及中国丝路学人的担当与贡献,这些都将成为共建"一带一路"新实践中振兴中国丝路学的强大动力,弥足珍贵。

一 丝路学经典论著翻译者:恪守三个重要标准

尽管"耿昇先生一生中译著众多,他对每一著作的选择都非常慎重,始终秉承'三个最重要'的标准:法国汉学界最重要著作,法国最著名研究专家所作,以及中国学术界最需要的参考文献"。"与其他翻译家不一样的是,耿昇并没有给自己太多时间去熟悉一个领域,然后老老实实扎根于此。根据学术界发展的需要,他随时会调整自己的努力方向,几乎每一次都是某一研究方向热闹起来他选择抽身而退,对他来说,冷僻而具有学术价值的方向更值得他付出。他的翻译生涯横跨如此众多学科方向,每一方向都不是随意翻译一两本著作了事,而是形成一个整体的丛书系列,翻译的难度可想而知。"[①] 就他所翻译的 4 部法文丝路学著作而言,就充分反映出他的"三个最重要"的译介标准。2014 年初,耿昇曾专门提及这 4 部译著的出版信息:"布尔努瓦夫人是法国研究丝绸之路的代表人物。她于 1963 年推出一部《丝绸之路》的论著。这是法国乃至世界范围内首部从事纯学术研究的《丝绸之路》。笔者本人的中译本《丝绸之路》,于 1983 年由新疆人民出版社出版,先后再版。布尔努瓦夫人于 2001 年又推出了一部同类新作《丝绸之路 2000 年》,译者于 3 年前就已经译好,云南人民出版社将于 2014 年春季出版。伊朗裔法国学者阿里·玛扎海里于 1983 年推出了一部《丝绸之路:中国—波斯文化交流史》,笔者的中译本于 1993 年由中华书局初版,先后再版。于格夫妇于 1993 年推出了一部《海市蜃楼中的帝国:丝绸之路上的人,神与神话》。笔者的中译本于 2007 年由新疆人民出版社出版,先后再版。这批译著的出版,有力地推动了我国对丝绸之路的科研工作,它们都受到了欢迎与好评。"[②] 其中,布尔努瓦的《丝

[①] 杨富学等:《金针度人 学界津梁——耿昇先生对敦煌学藏学丝路研究之贡献》,《第二届丝绸之路与敦煌历史文化学术研讨会论文集》,万卷出版公司 2020 年版,第 224—231 页。

[②] 耿昇:《搭中法文化交流之虹桥 涉中外关系史之学海——我的治学之道》,《社会科学战线》2014 年第 1 期。

绸之路》一书,"是法国乃至世界汉学界出版的第一本真正学术性的、具有严谨限定意义的丝路专著。书中既使用了丰富的波斯—阿拉伯文、希腊—罗马文、汉文—藏文及印度古代文字资料,又利用了近现代各国学者的科研成果,特别是对丝绸之路沿途各民族之间的关系作了深入探讨,重点研究的是丝路的历史宏观和丝绸贸易史。此书在问世后的30多年间,其法文本先后三次修订再版(1986、1992和2001年),又陆续被译成东西方几乎所有语言的文本"①,确系"一部经久不衰的国际畅销书"②。"为使国内学界了解法国学者对丝绸之路研究的状况,耿昇先生辛勤翻译,终使布尔努瓦《丝绸之路》中文译本得以在国内出版。该书中文版的面世,对中国学界系统认识丝绸之路的发展沿革意义重大,也为丝绸之路的研究打开了广阔的视野。"③布尔努瓦的《丝绸之路2000年》"从赛里斯国讲到了汉唐丝绸之路,从元代的草原丝路讲到明清间的海上丝路的诞生,最后讲到西方探险家们的东来。它在内容上与前一部《丝绸之路》颇具相似性,但在全书架构与语言措辞方面,已经不可同日而语了"④。阿里·玛扎海里的《丝绸之路:中国—波斯文化交流史》一书,"不仅为丝绸之路研究提供了丰富的史料,也就丝绸之路的认识路径给予指引"⑤,使该书在法国丝路研究领域备受瞩目,正如布尔努瓦夫人所言:"这部《丝绸之路》不仅包括将西域君主遣使赴15世纪中国宫廷的出使报告自波斯文译成法文,而且还包括一大批注释,以及波斯文、拉丁文、希腊文和中文等有关丝绸之路的史料。这是作者整整一生耕读的成果,它们使这部著作变得格外宝贵。"⑥不仅如此,这部丝路学经典的意义还在于玛扎海里侄子彼埃·玛扎海里所概括的:"其中的大量学术性很强的注释与史料疏证,它们成了为了解中国、波斯和西方之间的关系以及从中世纪直到近代初期的文明的各种问题,波斯于其中扮演了一种重要角色,这便使西方人引以为荣的

---

① 耿昇:《法国汉学界的丝路研究》,《丝绸之路》2014年第1期。
② 耿昇:《丝绸之路与法国学者的研究》,[法]布尔努瓦:《丝绸之路》,耿昇译,中国藏学出版社2016年再版,第7页。
③ 马建春等:《法文译史巨擘耿昇先生西域史译著的贡献》,《暨南史学》2020年第1期。
④ 耿昇:《法国汉学界的丝路研究》,《丝绸之路》2014年第1期。
⑤ 马建春等:《法文译史巨擘耿昇先生西域史译著的贡献》,《暨南史学》2020年第1期。
⑥ [法]布尔努瓦:《法国的丝绸之路研究》,耿昇译,《传统文化与现代化》1998年第4期。

地中海世界的文化霸权相对化弱了。"① 1986年8—9月，耿昇在法国期间，与玛扎海里叔侄俩多次交流，认为因阿里·玛扎海里"具有阿拉伯和波斯文化的功底，又接受过希腊—罗马文化的培养，所以是最有资格研究丝路的专家之一"②，故能对"有关中国和波斯之历史关系，特别是以丝绸之路为纽带的文化关系的重要古波斯文著作译成法文并作了长篇注释"，进而"对中国文化（也包括印度及中国周边地区的文化）经丝绸之路传到波斯并在波斯得以发展，然后又传向西方（特别是罗马）的问题作了深入探讨"③，并强调"西方古代、中世纪，甚至是近代文明中的许多内容都可以通过丝绸之路而追溯到波斯，进而从波斯追溯到中国。在14—15世纪之前，东方是各种文化的'创造者'，而'西方'在很大程度上是'模拟者'。但由于种种原因，近代的东方却落伍了……希望中国能发扬其有着悠久历史的文化，加强与外国学术界的联系和交流，互相取长补短，进一步发挥现已成为海、陆、空交通的'立体丝绸之路'的交流作用"，这也成为耿昇翻译此书的"初衷"④。于格夫妇的《海市蜃楼中的帝国：丝绸之路上的人，神与神话》一书，"自丝绸之路开辟伊始谈起，讲述了从希腊亚历山大到中亚帖木儿时期丝绸之路沿线的历史发展，以及欧亚大陆两端的人们如何打破屏障，开始真正意义上的贸易、文化交流的事迹。这一沉淀着丝绸之路人类精神和物质文明的著述，经耿昇先生之手翻译后，得以在国内学界流布，为学者探究丝绸之路文明间的交融不无裨益"⑤。

需要指出的是，历代丝路学家非常注重对丝路腹地——西域的研究，使西域研究也因此成为丝路学研究的核心内容，深谙此道的耿昇自然也非常重视译介西域研究经典著作。一般来说，狭义的西域是指新疆，"广义的西域大地，地域广阔，民族众多。生活于其中的人们于自身发展过程中相互往来，频繁交流，连接了东西方世界，使欧亚地域之间产生了密切的

---

① [法]阿里·玛扎海里：《丝绸之路：中国—波斯文化交流史》，耿昇译，中国藏学出版社2014年再版，第561—562页。
② 耿昇：《法国汉学界对丝绸之路的研究》，《西北第二民族学院学报》2002年第2期。
③ [法]阿里·玛扎海里：《丝绸之路：中国—波斯文化交流史》，耿昇译，"译者的话"第2—3页。
④ [法]阿里·玛扎海里：《丝绸之路：中国—波斯文化交流史》，耿昇译，"译者的话"第4页。
⑤ 马建春等：《法文译史巨擘耿昇先生西域史译著的贡献》，《暨南史学》2020年第1期。

联系，亦使得这一区域内多民族色彩浓厚，加之宗教文化的丰富性，使之成为近代以来西方学界争相关注的重要对象。法国参与西域民族宗教的学者众多，其成果卓著，在西方学界颇为活跃。为使国内学界及时了解其相关文献与成果，掌握其研究动态，耿昇先生付出甚多。他不断给国内相关研究领域奉上一部部厚重的译著，为中西学者相互切磋交流奠定了坚实的基础"①。其中，他所翻译的古代阿拉伯马苏第《黄金草原》②，已成为西域史研究的必备文献。"该书资料大多来自古代传说、波斯古史、宗教经典，以及诸如瓦基迪、麦格底西等阿拉伯历史家的著述"③，同时"包括10世纪初马苏第游历中亚各地及中国海后，据沿路所见所闻、传述史料完成的学术著作，是研究古代及10世纪阿拉伯世界、印度，乃至中国的重要文献。早期阿拉伯文献，历经战争浩劫，许多珍贵史籍损失殆尽，但因《黄金草原》一书的存世，使得一些资料得以保留，这是该书最宝贵的价值所在"④。"该书多由细节入手，以小见大，如所描写之海洋潮汐规律、金字塔奥秘、麦加克尔白历史等，均为其他史籍中少有的珍贵史料。特别是有关西域史的内容，马苏第不仅叙述了回鹘、突厥、吐蕃等民族的历史，还记载了其时中国中原王朝及其与周边民族的关系，一些记载可与中国正史比较互证。"⑤ 此外，耿昇译介了法国戴密微的《吐蕃僧净记》（甘肃人民出版社 1984 年版）、英国布洛菲尔德的《西藏佛教密宗》（西藏人民出版社 1990 年版）、意大利图齐的《西藏宗教之旅》（中国藏学出版社 1999 年版）、法国布尔努瓦的《西藏的黄金和银币：历史、传说与演变》（中国藏学出版社 1999 年版）、瑞士米歇尔·泰勒的《发现西藏》（中国藏学出版社 1999 年版）、郑炳林编《法国藏学精粹》的译文（甘肃人民出版社 2011 年版）、法国石泰安的《喜马拉雅的社会与宗教》（中国藏学出版社 2017 年版）等欧洲藏学研究成果，有助于中国学界深化研究宗教文化在丝路沿线国家和地区的本土化进程；耿昇译介了法国伯希和等《伯希和西域探险记》（云南人民出版社 2001 年版）及《伯希和西域探险日记

---

① 马建春等：《法文译史巨擘耿昇先生西域史译著的贡献》，《暨南史学》2020 年第 1 期。
② [阿] 马苏第：《黄金草原》，耿昇译，中国藏学出版社 2013 年版，多次再版。
③ [阿] 马苏第：《黄金草原》，耿昇译，中国藏学出版社 2013 年版，"汉译本序" 第 3 页。
④ 夏祖恩：《人类所知的一切都应归功于历史——谈马苏第〈黄金草原〉的史识问题》，《福建师范大学福清分校学报》2009 年第 3 期。
⑤ 马建春等：《法文译史巨擘耿昇先生西域史译著的贡献》，《暨南史学》2020 年第 1 期。

1906—1908》（中国藏学出版社 2014 年版）、法国鲁保罗的《西域文明史》（中国藏学出版社 2014 年版）、郑炳林编《法国西域史学精粹》的译文（甘肃人民出版社 2011 年版）等法国西域学研究成果，有助于中国学界研究西域民族宗教与西域文明的形成、西域文明圈与丝路文明的形成、西域文献与丝路学的创建等问题；耿昇译介了敦煌文物研究所编辑室编《敦煌译丛·第 1 辑》译文（甘肃人民出版社 1985 年版）、法国谢和耐等《法国学者敦煌学论文选萃》（中华书局 1993 年版）、法国伯希和的《伯希和敦煌石窟笔记》（甘肃人民出版社 1993 年版）、法国麦克唐纳的《敦煌吐蕃历史文书考释》（青海人民出版社 1991 年版）、郑炳林编《法国敦煌学精粹》的译文（甘肃人民出版社 2011 年版）等法国敦煌学研究成果，有助于中国学界研究敦煌与丝路、敦煌研究与丝路研究、敦煌学与丝路学的渊源关系。可以说，"法国西域史研究在西方汉学界中声誉颇高，研究成果丰富，且具有较大影响力。耿昇先生的西域（新疆）研究文献、西域民族宗教著述及丝绸之路成果的译介，为国内学界探究历史上西域及丝绸之路等领域奠定了重要的文献基础。其成就卓著，造诣甚高。中国学界由此亦于西域史研究中有了较大进步"①。"耿先生的学术翻译和研究，主要集中在中外关系史学科四大专业领域：西域史、中西文化交流史、丝绸之路（西北、西南与海上丝绸之路史）、法国汉学史。其著述在各个领域均有大量呈现，成就卓著，造诣甚高。先生一生出版译著 70 余部，发表论文及译介文章 130 多篇，译文 200 多篇，另完成有 90 万字的巨著《中法文化交流史》。几乎所有法国汉学家、藏学家、敦煌学家的重要著作均由先生译介到中国。"② 而且，因耿昇"对学术的认真严谨和孜孜以求，大量法文西域研究文献被译介到国内，为学界认识西方最新的西域研究成果与学术动态提供了极大的帮助。先生西域译著的学科涉及藏学、敦煌学、突厥学、西域宗教史、丝绸之路史等诸多领域。通过其译著，中国学人及时了解掌握了以上诸学科国外研究信息，使国内学界先进者得以于学术研究中与之接轨"③。

必须肯定的是，耿昇译介的这批丝路学权威著作，从研究内容、理论

---

① 马建春等：《法文译史巨擘耿昇先生西域史译著的贡献》，《暨南史学》2020 年第 1 期。
② 马建春等：《法文译史巨擘耿昇先生西域史译著的贡献》，《暨南史学》2020 年第 1 期。
③ 马建春等：《法文译史巨擘耿昇先生西域史译著的贡献》，《暨南史学》2020 年第 1 期。

方法乃至研究范式都对我国的丝路学成长极具示范性与借鉴性，尤其对我国丝路学界的学术话语构建更具启发性，季羡林先生坦言在"读了耿译的《丝路》之后，眼前豁然开朗，仿佛看到了一个崭新的'丝路'。我原来根本没有想到的问题，书中想得很深了。这大大提高了我对'丝路'的认识……他这一部书，即使难免有一些不足之处，但总起来看，它超过了所有前人的著作。我手不释卷，欲罢不能，在繁忙的工作和会议之余，几乎是一气读完。我应该十分感谢阿里·玛扎海里先生，我应该十分感谢耿昇同志"[1]。

事实上，耿昇恪守了三个重要译介标准，在30余年内为中国学界奉献了一批包括丝路学在内多个国际学术前沿领域的权威论著，成为盗取国际学术火种的"普罗米修斯"，泽被后辈，赢得众口交赞：北京大学的荣新江认为："耿昇先生是一位站在学术交叉点上的学者，在中国学术百废待兴的时代，在很少有人能读法语著作的年代，先生以一支译笔奋力疾书，为诸多学科领域的发展贡献了养料"，他"把法国相关领域的丰富内容展现给中国学术界，更将法国的学术文化介绍到中国，使一代又一代中国学者从多方面受益"，故可以说耿昇先生"书写了当代中国学术的历史，奠定了多个领域的学术基础"；北京外国语大学的任大援认为："在20世纪70年代末，中国学术面临新的转折，这个转折过程在各个领域都需要杰出的领路人，耿昇正是在法国汉学史研究领域的杰出代表。这种中西结合的交叉机遇，既是天赐良机，更是由于耿昇先生具备了把握这种天机的充分学术准备"；宁波大学龚缨晏认为"通过翻译，先生将世界上的优秀学术成果引入国内，在我国现代学术复兴的过程中起到了奠基性的作用；通过以中外关系史学会为中心组织的学术活动，先生推动了国内学术的交流和长足发展。先生架起了中国学术与世界学术的桥梁，通过个人的学术魅力和影响力，使国外学界了解和尊重中国学者和学术"；陕西师范大学王欣建议，"耿昇先生本人应可成为学术研究的对象：其学术地位、学术道路等应该构成我国近现代学术史的专门议题，例如可从时代背景，结合先生卓越的学术眼光和扎实的研究功底，讨论先生的学术成就如何应运而

---

[1] 季羡林《丝绸之路与中国文化——读〈丝绸之路〉的观感》，《北京师范大学学报》（社会科学版）1994年第4期。

生；也可以开展专门的'耿译'研究，讨论学术翻译的范式；而先生学术遗产的归纳与传承等问题则亟待解决，多位与会专家亦呼吁尽快予以保护和整理，建立特藏，同时尽早出版耿昇先生的作品全集，以便让后人了解中国学术从废墟中复兴的过程"①。其中，在中国丝路学成长历程中，耿昇现象尤其不容忽视。

二 丝路学核心议题研究者：聚焦"中国与世界古今丝路关系"

2002 年初，耿昇发表《法国汉学界对丝绸之路的研究》（《西北第二民族学院学报》2002 年第 2 期）一文，专论法国丝路学派，从"法国学者研究丝绸之路的背景与机构""法国学者对陆路丝绸之路的研究""法国学者对海上丝绸之路的研究"，及"法国汉学界参与组织的以丝路为主题的其他科研活动及成果"等四个维度，分类梳理了法国丝路学派的如下几个特质：

1. 丝路学名家辈出、名作不断。二战后，法国陆丝研究的名家名作主要包括：格鲁塞的《草原帝国》（1939）、《蒙古帝国》（1941）、《沿着佛陀的足迹》（1947）、《从希腊到中国》（1948）等；布尔努瓦的《丝绸之路》（1963）、《丝绸之路 2000 年》（2001）及论文《天马与龙涎，12 世纪之前丝绸之路上的物质文化传播》（1994）等；戴仁与他人合著《丝绸之路，风景与传说》（1986）、独著《马可·波罗的丝绸之路》（1988）；雅克·昂克蒂尔《丝绸之路》（1992）、《丝绸之路资料集》（1995）；阿里·玛扎海里《丝绸之路：中国—波斯文化交流史》（1983）；让·保尔·鲁《中世纪探险家》（1985）、《瘸子帖木儿传》（1994）、《巴布尔传》（1986）、《西域的历史和文明》（1997）；让 - 诺埃尔·罗伯尔《从罗马到中国——恺撒时代的丝绸之路》（1993）；弗朗索瓦 - 贝尔纳·于格和埃迪特·于格《海市蜃楼中的帝国：丝绸之路上的人，神和神话》（1993）；韩百诗主编《西域的历史和文明》（1977）。法国海丝研究的名家名作主要包括：伯希和《交广印度两道考》（1904）；龙巴尔《十字路口的爪哇》（1991）、与他人合著《雅加达的华人、庙宇与社团生活》（1980）、《13—20 世纪印度洋与中国海上的亚洲商人》（1988）、《海洋亚洲的形象与现实，1200—

---

① 以上均引自全慧《老骥精神 薪火相传——"耿昇先生学术纪念会暨中外关系史与海外汉学学术研讨会"综述》，《国际汉学》2020 年第 1 期。

1800 年的华南与海洋亚洲》（1994）；伯希和于 1914 年在《亚细亚学报》发表《郑和下西洋书评》、于 1933 年在《通报》发表《15 世纪初叶中国人的大航海旅行》、于 1935 年在《通报》发表《有关郑和及其航海的补充札记》、于 1936 年在《通报》发表《再论郑和下西洋》等系列论文；路易·德尔米尼《中国与西方：18 世纪广州的对外贸易（1719—1833 年）》（1964）等。

2. 丝路学名刊成就卓著、贡献巨大。1896 年，由法国汉学家考狄与荷兰汉学家薛力赫联袂创办了东方学刊物《通报》（现已更名，国际汉学刊物），成为当时欧洲唯一研究东亚的国际刊物。先后参与《通报》主编的考狄、薛力赫、沙畹、伯希和、戴密微、何四维等人，均是研究中亚史的名家，所以该杂志刊发与丝路研究有关的文章很多，尤其在伯希和主政期间更是如此。当然，该刊物也广泛覆盖了历史、语言、宗教、文学、考古、艺术。但直到 20 世纪前半叶之前，其重点始终是研究中国与其他地区的关系史。此外，法国亚细亚学会会刊《亚细亚学报》，刊发中亚史与丝路史的文章分量最大，法国《亚细亚丛刊》中，也有不少有关丝路研究的名家之作。为协调、促进和沟通丝路与中亚史研究，法国中亚研究信息协会委托人文科学会馆，自 1994 年起开始出版每年两期的《中亚通讯》，信息量很大，着重报道法国及世界各国的西域、丝路研究机构、著作、人员和基本动向等。

3. 学术机构久负盛名、智库作用渐显。1822 年成立的法国亚细亚学会、1898 年成立的法国印度支那古迹调查会（法兰西远东学院前身）、1920 年成立的法国汉学研究所等机构成为法国丝路学研究阵地，凸显出启民与资政的智库作用：法国亚细亚学会是西方成立最早的亚洲研究学术团体，法国著名汉学家和西域史学家雷慕莎于 1829—1932 年，伯希和于 1935—1945 年曾出任该学会会长，一大批汉学家曾出任副会长。至于领导过该学会的伊斯兰学家、阿拉伯—波斯学家、突厥学家和印度学家则更大有人在；法国印度支那古迹调查会，于 1900 年 1 月易名为法兰西远东学院，旨在从事考古勘察、搜集稿本著作、保护古迹文物、研究从印度到日本的整个远东亚洲的语言文化遗产与历史文明，"三条丝路，特别是西南丝路与海上丝路，更成为其重点研究学科"，沙畹考察团、伯希和考察团在华考古已成为划时代事件，对伯希和敦煌文书的整理与研究更成为远东学院丝路学研究的核心内容；法国汉学研究所，于1959年划属巴黎大学，1968年最终划归法兰西学院，自1932年起陆续推出一套代表法国汉学研究最高水平的著作《法国汉学研究所文库》，"均为法国研究西域史和丝路史的世界性名著"，赢得国际影响力。

4. 教科文组织丝路考察，法国作用突出。联合国教科文组织在1987—1997年间组织了大规模"丝绸之路综合研究，对话的道路"科学考察和研究活动，旨在"于此时和此地，在人类思想中筑起和平的保障"，是有关陆路和海路的科考、研讨、讲演、展览和出版物所组成的系列活动。法国丝路专家广泛参与了这项计划，联合国教科文委员会任命法国汉学家叶利世夫为丝路综合研究国际委员会主席；法国学者雅克·吉埃斯于1990年参与了"中国沙漠之路"的考察，后又筹备举办了有关此次考察的展览与研讨会；以及法国学者贝莱克、于格夫妇参加了1990—1991年的"海上丝绸之路"国际研讨会。1992年，联合国教科文组织法国委员会与法国辛格—波利尼亚克基金会在巴黎组织了题为"丝绸之路，科学和文化问题"的研讨会，出版了《丝绸之路，共同遗产和多种个性》（1994）的会议论文集。此外，法国学者尼古拉·勒维尔、彼埃·勒毕格尔、冯赫伯等分别参与了"丝绸之路上的史诗"研究规划、"沙漠客栈研究和保护"规划、"西域石油勘探法规的研究与制订"规划三项重大国际协调计划等，这些活动进一步促进了法国丝路学的发展。

在系统梳理了法国丝路学派的发展现状后，耿昇判定："法国学者对丝路研究的成果甚丰，始终居欧美之首位。其成果对于中国学者的研究，也颇有裨益。"其中，他从"名家名作名刊名智库"的阐释路径研究法国丝路学派，折射出丝路学的显学品格，使中国学界对法国丝路学人、丝路研究机构、丝路学成果等有了清晰了解，有助于中外丝路学界的相互借鉴与交流合作，耿昇梳理的是"汉学家笔下的历史、学术文化，攻克的是汉学家笔下那些最难译的专业术语。在这个领域，他具有专学，在中国，他是一位开拓者"[①]！

考察了法国丝路学派显学品格后，耿昇回到丝绸之路上思考中外关

[①] 阎纯德：《永载史册的大翻译家——耿昇先生周年祭》，《耿昇先生学术纪念会暨中外关系史学术研讨会会议论文集》，2019年4月，第45页。

系：在历时性考察了草原丝路后，认为"值得作多视角和全方位的研究"，如"西方探险家、人类学家、外交官和传教士对于北方草原丝路的考察固然有为西方殖民主义东进服务的因素，但他们的科学考察成果对于当时的草原丝路在外部世界的传播与影响、对于今天的开发与利用、对于我们的科学研究都是大有裨益的。他们考察了草原丝路的大致走向、所覆盖地区的自然和人文资源、交通路线、天然要塞等，这对于证实草原丝路的存在与运作提供了佐证。他们考察了所跋涉地区的民情民俗、语言文化、宗教信仰等，这是研究草原丝路社会生活史的宝贵资料。他们特别注意物产和资源，这一方面是为了将来的开发，另一方面是为向该地区推销所匮缺的物资。西方人以不同的角度和观点对草原丝路的考察成果，对于我们今天澄清某些事实，还原历史真相，具有很大的学术价值，填补了汉文和地方民族文献在某些方面的空白"①。在他看来，"丝绸之路是沟通中西经济、政治、人员、文化和思想交流的一条大动脉。在海上丝绸之路大举开通之前，陆路丝路东起中国，穿越西域、古印度、阿拉伯—波斯社会，一直通向希腊—罗马世界。丝路输送的并不仅仅是丝绸，而且从时空和交易额方面综观全局，丝路上的丝绸交易所占比例甚小。从狭义上讲，文化交流实际上与物质交流平分秋色，甚至还可能有过之；从广义上讲，正如联合国教科文组织所提倡的那样：'丝绸之路是对话之路'。由陆路丝绸之路又衍生出了诸如'海上丝绸之路''西南丝绸之路''瓷器之路''草原之路''皮货之路''茶叶之路''沙漠之路'和'骆驼队之路'等形形色色的名称。虽然这些耳熟能详的名称之科学性和历史真相，尚有商榷余地，但它们在中外关系史上的作用却不容置疑"。② 布尔努瓦指出："研究丝路史，几乎可以说是研究整部世界史，既涉及欧亚大陆，也涉及北非和东非。如果再考虑到中国瓷器和茶叶的外销以及鹰洋（墨西哥银圆）流入中国，那么它还可以包括美洲大陆。它在时间上已持续了近25个世纪。"③ 耿昇从不同角度认知丝路在中外关系交往中的不可或缺性："丝路研究覆盖了古

---

① 耿昇：《考察草原丝绸之路的法国人》，《北方民族大学学报》（哲学社会科学版）2009年第6期。
② 耿昇：《法国汉学界对丝绸之路的研究》，《西北第二民族学院学报》2002年第2期。
③ 耿昇：《丝绸之路与法国学者的研究》，[法] 布尔努瓦：《丝绸之路》，耿昇译，中国藏学出版社2016年版，第2页。

代四大文明圈（中国、印度、波斯—阿拉伯和希腊—罗马）。当然，自丝路开通以来，在中国至罗马的古代交通中，中西绝少有直接来往，中国与西方货物都是由沿途民族逐站地倒运的……出于商业的利益，西域民族与波斯—阿拉伯人，为垄断丝绸市场而故意隐瞒丝绸和丝路的真相，从而使丝路更蒙上了一层神妙莫测的面纱。"西方学者最早"研究中国主要是为探讨世界民族的起源，因为他们认为全部人类历史都记载于《圣经》中……宣扬中国民族和文明的埃及起源论……19世纪末，西方学者又热衷于研究人类的共同起源和东西方古老历史的互相比较问题。他们的注意力便顺理成章地集中到了丝路上，因为中亚始终是民族大迁移的走廊"。"世界三大宗教——佛教、伊斯兰教和基督教"以及"西域的巫教——袄教、摩尼教、犹太教等，都是经这条路线传入中国的。中国早期的养蚕术、造纸术和印刷术，治国良策、伦理道德和自然科学的无数内容也是经由该路传向世界的"①。阿里·玛扎海里认为，在丝路文明交往中，伴随财富自东至西传播的文明运动，使"西方在这种经济和文化潮流中受益，而且也已由在蒙古人征服时代与西方建立了直接联系的中国和波斯文明的巨大贡献所证实"②。在耿昇看来，马苏第的《黄金草原》，"从地域方面来说，本书涉及了从苏门答腊到中亚、欧洲和非洲的大部分地区，如中国、印度、波斯、阿拉伯半岛、巴比伦、神祇人地区、犹太人地区、阿比西尼亚、北非、拜占庭、法兰克人地区、西班牙，等等；从内容上来说，涉及王统世袭、民族分布、伊斯兰教、基督教、佛教和各种巫教，以及自然地理、人文地理、风土人情、文化、历法、工艺、文学、山川、河流、海洋、军事征服、名胜古迹等"，实为"一部中世纪的百科全书"。自"问世1000多年来，其声名经久不衰，颇受世界历代学者们的注意。它至今仍是研究中世纪史、伊斯兰教史、中亚史、阿拉伯和波斯史的重要原始史料"。"为了繁荣我国的学术研究，加强中外学术交流，促进我国在这一学科的发展，我们将本书译成中文，奉献给我国学术界。"③ 其中，《黄金草原》第十五

---

① 耿昇：《丝绸之路与法国学者的研究》，[法] 布尔努瓦《丝绸之路》，耿昇译，中国藏学出版社2016年版，第2—3页。
② [法] 阿里·玛扎海里：《丝绸之路：中国—波斯文化交流史》，耿昇译，中国藏学出版社2014年版，第568—569页。
③ [古阿拉伯] 马苏第《黄金草原》，耿昇译，青海人民出版社1998年11月版，"译者的话"第2—3页。

章"中国中原和突厥人的国王。阿慕尔后裔们的分布,有关中国及其国王的资料,其王统和他们的政治制度等",追溯了中国先民借丝路开展易货贸易、朝贡往来、路盛国强的历史真相:名为赫拉丹的国王"令人建造了大船,让那些负责出口最为典型的中国产品的人登上船,以前往信德、印度、巴比伦等远近不等和通过海路可以到达的地区",给沿途君主们奉送珍奇昂贵礼物、带回异国奇珍异宝,"还负有致力于了解他们曾参观过的所有民族的政府、宗教、法律和风俗习惯的使命,同时还负责激发外国人对宝石、香料及他们祖国器械的爱好。大船分散于各个方向,在外国靠岸并执行委托给它们的使命。在他们停泊靠岸的所有地方,这些使者便会以他们随身携带的商品样品的漂亮程度而引起当地居民的赞赏。大海流经其疆土的国家的王子们也令人造船,然后载运与该国不同的产品而被遣往中国,从而与中国国王建立联系,作为他们获得该国王礼物的回报而也向他奉献贡礼。这样一来,中国就变得繁荣昌盛了","丰富的物产和公正的法制统治了他们的帝国,暴政已被摒弃","所有国家的商人都通过陆路和海路携带各种商品云集而来"[1],还包括来西安府告赢御状的撒马尔罕商人、慕名求见中国国王的巴士拉富翁等丝路人,远播中国丝路大国形象,助力中外丝路交流。此外,在二战后的法国汉学家中,首先从事陆路丝路研究的是格鲁塞,他在《中国史》(1942)中专辟14页的篇幅来论述"丝绸之路";法国学者让-诺埃尔·罗伯尔的《从罗马到中国——恺撒时代的丝绸之路》一书,研究公元2—3世纪罗马帝国对波斯、印度、远东,尤其是中国的基本政策,成为法国丝路学研究代表性著作;耿昇所译法国学者布罗斯的《发现中国》(山东画报出版社2002年版),虽为中西交流之作,但却阐述了丝路历史、罗马与中国交易、大食作为亚欧东西两端的中介等,对中国学界"重新认识丝路诸族群各自重要作用不无意义"[2],通过大量丝路学论著译介,逐渐形成了耿昇自己的丝路交往观:"丝绸之路"的提法,最早是外国人的发明,后来又被中国学者认同和采纳,现已成为一个国际通用学术名词,远远地超越了"路"的地理范畴和"丝绸"的物质范畴。自从李希霍芬首次将中国经中亚与希腊—罗马社会的交通路线称

---

[1] 耿昇:"译者的话",[古阿拉伯]马苏第《黄金草原》,第161、163—164页。
[2] 马建春等:《法文译史巨擘耿昇先生西域史译著的贡献》,《暨南史学》2020年第1期。

为"丝绸之路"后,"便在世界范围内逐渐流传开,而且使用得越来越广泛,其外延也越来越大。甚至成了中西乃至整个中外多领域交流的代名词"。因为,"丝绸之路实际上是一片交通路线网,从陆路到海洋、从戈壁瀚海到绿洲,途经无数城邦、商品集散地、古代社会的大帝国。来往于这条道路上的有士兵与海员、商队与僧侣、朝圣者与游客、学者与技艺家、奴婢和使节、得胜之师和败北将军。这一幅幅历史画卷便形成了意义模糊的'丝绸之路'"①,中外丝路交往史实为中西交通史亦即中外关系史。

可以说,耿昇从"名家名作名刊名智库"的阐释路径,系统梳理了法国丝路学派发展现状,折射出丝路学的显学品格,中外丝路学家聚焦"中国与世界古今丝路关系"开展研究,并形成丝路学研究的核心议题,与东方学、汉学、中国学有了质的区别。

三 丝路学学科探索者:探讨丝路学基本学科建构要素

耿昇曾坦言:"学问要从具体问题作起。我不反对作理论研究,但从理论到理论,没有'资料'的理论是空洞无物的说教,甚至会误人子弟。理论只能是从资料研究中推断出来的,而不是刻意地去搜集某些资料专门支撑先入为主的理论框架。资料是'实践',理论出自实践,实践检验理论。当然,对于'资料',也有个'去伪存真'的繁杂工程去完成。"② 因此,他从翻译和研究中外关系的具体问题入手探讨丝路学基本学科建构要素,助力构建中国特色的丝路学话语体系:耿昇著《中法文化交流史》(云南人民出版社2013年版),共收录43篇论文,论及法兰西学院的汉学讲座、学术汉学与实用汉学之争、法国汉学界的郑和研究、广州在17—18世纪海丝中的作用与地位、法国汉学界对丝绸之路的研究、古代希腊—罗马人笔下的赛里斯人、考察草原丝路的法国人、格鲁塞的玄奘研究、伯希和西域探险与中国文物外流、马苏第《黄金草原》中有关中国的记载、法国敦煌学论著简介、法国对茶马古道北道的考察,围绕"中国与世界古今丝路关系"这一丝路学核心议题展开分析,形成问题导向型的丝路学研究范式。耿昇参与主编"中国大探险丛书"(云南人民出版社2001年版)、

---

① 耿昇:《法国汉学界对丝绸之路的研究》,《西北第二民族学院学报》2002年第2期。
② 耿昇:《搭中法文化交流之虹桥 涉中外关系史之学海——我的治学之道》,《社会科学战线》2014年第1期。

"亲历中国丛书"（北京图书馆出版社 2004 年版）、"行走中国丛书"（云南出版社 2015 年版）三大丛书，又对丝路学核心议题研究做出了新贡献。

耿昇的《法国汉学史论》（学苑出版社 2015 年版），共收录 7 篇译文、24 篇论文，涉及法国的学术汉学与实用汉学之争、西方学界对中国开封犹太人的调研、法国里昂商会中国考察团队对四川与云南的考察等问题，折射其丝路学研究兼具理论与实践相结合的特色。而且，他还译介了沙畹、伯希和、马伯乐、戴密微、韩百诗、谢和耐等极具国际影响力的法国丝路学名家，揭示其兼具理论研究与实地调研双重技能的成功法宝，彰显出丝路学具有学术性与实践性的双核特质。

值得注意的是，耿昇借助概念辨析来认知丝路学学科内涵及其边界。他认为："丝绸之路是沟通欧亚大陆经济、政治、文化和思想交流的一条大动脉。陆丝绸之路东起中国中原，沿途穿越西域、古印度、阿拉伯—波斯世界，一直通向希腊—罗马社会，丝绸之路成了一条名副其实的经济带和文明对话的道路。""'丝绸之路'研究，早已经成为一门国际显学。法国汉学界以及法国的整个东方学界，始终在这一领域中占据优势地位。"[①]"在学术翻译和研究中，我主要精力集中在四大学科领域：丝绸之路（西北、西南与海上丝路史）、西域史（多领域）、中西文化交流史（以入华传教士为主）、法国汉学史，而且在每个学科领域都有不少成果问世。这些领域基本上都属于中西交通史或中外关系史的大范畴"[②]，因而也隶属丝路学研究范畴，抑或是从不同维度研究"中国与世界古今丝路关系"的学术成果，且"这些译著与译文都是从法国汉学界最重要、最著名和中国学术界最需要的学术名著中，择其精华而选译的，它们的学术价值很高，翻译难度很大，'生命力'也格外强盛"[③]。例如，布尔努瓦的《丝绸之路》、阿里·玛扎海里的《丝绸之路：中国—波斯文化交流史》、于格夫妇的《海市蜃楼中的帝国：丝绸之路上的人，神与神话》等"译著的出版，有力地推动了我国对丝绸之路科研的发展，它们都受到了欢迎与好评"；伯希和的著作"对我国学术界的西域史研究，必然会产生重大影响和积极的促进作用"。"吐鲁番学研究，是西域史学科的一个重要分支。""吐鲁番

---

① 耿昇：《我与法国汉学》，《国际汉学》2014 年第 1 期。
② 耿昇：《我与法国汉学》，《国际汉学》2014 年第 1 期。
③ 耿昇：《我与法国汉学》，《国际汉学》2014 年第 1 期。

史研究,有时与西域相联系,有时又与敦煌学具有许多共同特征,有时甚至又形成一个独立研究领域。法国学者们更多地却是把它放在西域史领域中进行综合研究,而且是把考古遗址、出土文书与汉文或其他民族古文字的典籍相结合,显得格外扎实。""突厥学是世界中国学领域的一个重要学科","当代法国最著名的突厥学家是路易·巴赞、哈密屯和吉罗。为了向中国学术界介绍他们的科研成果,我也翻译了他们三人各自一部突厥学代表作。""蒙古史,特别是西蒙古史,也是大西域史的重要组成部分。我30年来始终关注这一领域。""在我所从事的西域史翻译与研究领域中,蒙古学尚为弱项,我也有意加强这方面的工作。""敦煌学更是法国汉学界历史悠久、人才辈出和成果丰硕的一个学科。这也是我多年来最为关注和倾注心血最多的领域之一。到现在为止,我共翻译出版了法国汉学界的敦煌学著作8部"。"敦煌在中国,敦煌学在世界。敦煌学早已成为一门国际显学,而法国在该学科中一直保持领先地位,中国学术界急需了解法国学者的科研成果。我的译著,还是有很好的参考价值的。""藏学也成了国际学术界的一门显学。法国在国际藏学界中始终占据举足轻重的地位","我已翻译出版了法文藏学著作17部","应该是为促进我国藏学研究的发展,作出了有益的贡献"。"入华传教士与中西文化交流,现在已经成为一门国际显学。法国在这方面的研究也始终呈现出强劲的势头。我30年来,一直在追踪、翻译和研究本学科的法国汉学家们的论著。到目前为止,我共翻译出版15部本学科的法文论著,而且还曾反复再版,起到了良好的社会效果。""法国汉学史,更是我特别关注的一个领域","我30余年来翻译的有关法国汉学史的译文近70篇"结集为《法国中国学的历史与现状》(上海辞书出版社2010年版),"基本上反映了法国汉学的悠久历史和繁荣现状,有力地扭转了国内学术界重英美、轻法德的局面"。[1] 此外,他还辨析了丝路学与汉学等概念的区别,认为"汉学"(Sinotogy)是指海外对于中国传统文化的研究,"中国研究"是指国外对于中国当代问题的研究,"国学"是国人研究本国的学问。由此而得出了三种明确的结论:海外"汉学"意义上的"汉学"是指海外学者对中国传统文化的研究,国内学者研究国学的成果绝不能纳入此范畴;"汉学家"也是指国外学者,国内

---

[1] 耿昇:《我与法国汉学》,《国际汉学》2014年第1期。

学者不能冠此名号;"汉学"的研究中心在海外,其研究对象是中国文化,甚至包括中国学者本身,中国绝非海外汉学研究的中心。①

事实上,耿昇以辨析概念的方式深化解读了丝路学,使中国学界"拓宽思路,开阔视野,而且还可丰富中国史研究的方法和内容,对提高我们的研究水平大有好处"。②

但是,耿昇并非全盘接受西方所主导的丝路学,而是揭示了丝路学的西方殖民主义"胎记",表现出一种客观、辩证且坚持真理的学者本分:在他看来,"自十九世纪下半叶起,西方列强在对海外殖民地分割完备之后,又掀起了一股中亚(西域)探险考古热潮。其实,俄、英、德、瑞典、美、芬兰等国进入西域并从事科考探险的时间,要比法国早一些。西方列强在西域探险问题上,也如同在争夺海外殖民地和海外市场中一样,始终都勾心斗角,互相倾轧"。其中,"西方列强在西域科考与探险方面的竞争,主要是对文物古迹的竞争,形成严重对峙的局面。为了在西域从事更加系统而广泛的考察,分工对几大重点地区进行发掘,他们决定统一协调这方面的工作。1890年,在罗马召开的东方学家代表大会上,决定组建一个'西域和远东历史、考古、语言与民族国际考察委员会'。1902年在汉堡召开的新一届东方学家代表大会上,这个西域国际考察委员会最终组建起来了。其总部设在西方列强中离西域最近的国都——俄京圣彼得堡。在国际委员会之下,还设立了各个成员国的国家委员会。这是帝国主义和殖民主义国家惯用的划定势力范围的老伎俩"。"毋庸置疑,在十九世纪末叶至二十世纪上半叶赴西域的所有外国考古探险家中",被誉为"超级东方学家"的伯希和,"在劫掠西域稀见文字文献、带题记和纪年的文献方面"确实力拔头筹,他所劫掠的西域文物文献,"主宰了法国几代汉学家们的研究方向与领域,造就了法国的几代汉学家,推出了一大批传世名著"。但是,"无论如何,我们对于伯希和也必须采取一分为二的辩证态度。对于他劫掠和盗窃我国文物文献的行为,我们永远要严厉谴责;对于他及其弟子同事们的研究成果,我们也照样介绍和吸取。经过近一个世纪之后,正是他们的探险活动,才在西方发展起了一门敦煌西域学,它于当

---

① 耿昇:《近年蓬勃发展的中外关系史研究》,《中国文化研究》2003年夏之卷。
② 谢方:《为了法国与中国的文化因缘——译坛骁将耿昇》,《世界汉学》1998年第2期/《国际汉学》2018年第2期。

代又成了沟通中外学术交流的一座桥梁。中国和外国学者，都为敦煌学的诞生和发展，作出过贡献。正如我国敦煌学界德高望重的老前辈季羡林教授所指出的那样：敦煌在中国，敦煌学在全世界"。①

耿昇不仅译介全球丝路学经典论著，还非常关注国内丝路学发展进程：他在2001年10月昆明召开的"西南、西北和海上丝绸之路比较研究"学术讨论会发言中指出，李希霍芬首次提出"丝绸之路"概念后，"在近半个世纪期间一直沉寂无闻，国内外老一辈治中西交通史的学者从未采用过该词。甚至就连伯希和在那本权威学者的权威著作《交广印度两道考》中也未曾使用该词。20世纪上半叶法国的大汉学家以及中国的陈垣、向达、张星等，也只采用'中西交通史''南洋交通史'或'海交史'一类的提法。二战之后，西方出现了一时的经济繁荣，与东方的经济文化交流骤增，该词才逐渐变得时髦起来了。中国学者大量使用该词应该是'文革'之后的事了，而且来势汹涌，近乎于一帖万能膏药"。李希霍芬对"丝绸之路"有确指，即从长安出发，经西域、古印度、阿拉伯—波斯世界而一直到达希腊—罗马社会的这条交通大道。"海上丝绸之路""西南丝绸之路""草原丝绸之路"等，"都是晚期的衍生词，它们虽有实用性，但科学性不足"，且"这些名词有些也可以权宜用之，但不可无限拉大其内涵和外延"。中国学界"在丝路的上至下限、内涵外延问题上的看法见仁见智，莫衷一是，距基本统一的观点尚很遥远，但这不妨碍目前的学术研究"②，而"这次学术讨论会是全国首次将研究西南、西北和海上三条丝绸之路的学者聚集在一起，进行多学科和多视角的比较研究，被学者们戏称为'炒三丝'"，"使多学科的人员济济一堂，对三条丝路各抒己见，取长补短。它突破了过去对三条丝路单独研究的壁垒与旧例，带来一股新风，最早吹响了全年丝绸研究高潮的号角"③，"丝路研究可成为东方学中的一门新显学——丝路学"。④事实上，2001年是我国学界丝路研究大丰收的一年，故被称之为"丝绸之路年"。这一年，我国学界分别于昆

---

① 耿昇：《伯希和西域探险与中国文物的外流》，《世界汉学》2005年第1期。
② 耿昇：《丝绸之路研究在中国——昆明丝绸之路学术会议综述》，《西北第二民族学院学报》2002年第4期。
③ 耿昇：《2001年海上丝路研究在中国（上）》，《南洋问题研究》2003年第1期。
④ 耿昇：《丝绸之路研究在中国——昆明丝绸之路学术会议综述》，《西北第二民族学院学报》2002年第4期。

明、泉州、湛江、宁波和广州召开了丝路研究研讨会,"有关中外关系史的丛书一套接一套地推出,使人有些眼花缭乱,目不暇给"。① 对此,耿昇专论这一学术现象道:"我国学术界对于中外关系史,特别是对于丝绸之路的研究,既轰轰烈烈,又扎扎实实。对于学术界长期争论的焦点,有了深入研究;对于过去从未涉及的问题,已经逐渐有所触及。当然,这与2001 年我国在外交上的几个突破有关,但更重要的却是学术自身发展的趋势、需要与后果。我们期待一个新的研究高潮在新世纪的出现。"②

耿昇曾在论及法兰西学院"汉学讲座"200 年辉煌成就时,肯定"伯希和对于西域历史、语言和考古诸学科的授课与研究,解读了西域多种已消逝的语言文字,复活了许多已经湮灭的文明,从而促进了西域史的国际研究",使之从一种"绝学"而成为一门"显学",有力"促进了中国学者自清末以来兴起的西北史地研究的发展,甚至也促生或促进了中国敦煌学、西域学、蒙古学、突厥学、丝路学等学科,使它们成为学术研究中最早中外接轨的学科"。③ 其中,没有耿昇的译介与研究,这一切都将无从谈起。在中外学者致力于通过丝绸之路来思考"中国与世界关系"时,正如布尔努瓦所期待的:"正是通过丝绸之路的海路方面,并且始终是根据'罗马与东方'的观点,有关东西方古代关系的研究重新活跃起来了。或者更准确地说是西方—东方关系,法国的科研人员在思想上是沿这一方向发展的。必须等待另一代人,才能使人从另一端(东方)开始来研究这个问题。"在她看来,关于丝路的"取自历史和传说、地学与文学的著作,已经通过各种语言的译本,而自中世纪起就渗透进各民族的想象内容中了,又经波斯和蒙古从法国传到印度尼西亚。什么样的著作可以更好地象征丝绸之路的概念呢?"④ 布尔努瓦的期待与追问,折射出东、西方丝路学互动中"耿昇现象"的深刻意义,尤其是中国学界如何使丝路学这一内涵丰富且挑战巨大的"绝学"能够成为切实服务于中外共建"一带一路"新实践的"显学",则是吾辈的使命,任重而道远!

---

① 耿昇:《近年蓬勃发展的中外关系史研究》,《中国文化研究》2003 年夏之卷。
② 耿昇:《2001 年海上丝路研究在中国(下)》,《南洋问题研究》2003 年第 2 期。
③ 耿昇:《薪火相传二百年——法兰西学院"汉学讲座"回望》,《南国学术》2014 年第 4 期。
④ [法]布尔努瓦著:《法国的丝绸之路研究》,耿昇译,《传统文化与现代化》1998 年第 4 期。

纵观耿昇著作等身的翻译与研究论著后发现，他由丝路学经典论著翻译者→丝路学核心议题研究者→丝路学学科建构要素的探索者而形成了独特的"耿昇现象"，折射出中国丝路学与全球丝路学艰难对接的历史，表明中国丝路学人砥砺奋进的意义，以及在阐释"中国与世界关系"中成长的中国丝路学的重大现实贡献。在高质量共建"一带一路"之际，中国丝路学肩负着重释百年大变局中"中国与世界关系"的时代使命。研究中国丝路学学科建构中"耿昇现象"，旨在总结经验、吸取智慧、提升能力，以振兴中国丝路学为抓手，加快推进中国丝路学学科建构，使"耿昇现象"真正成为中外丝路学平等对话的现实动力。

（作者为上海外国语大学丝路战略研究所教授）

山高水长　明月松风——追忆耿昇先生

马　强

但凡人生在世，总会遇到一些值得崇敬的人，这些人身上所特有的美德与人性的光辉，会时刻感召着我们，引领着我们向着正确的方向前行。耿昇先生就是我人生中遇到的一位值得我毕生崇敬与怀念的人。

与耿先生相识纯粹是一种工作机缘。2010年前后，我们出版社打算再版耿昇先生编译的《伯希和敦煌石窟笔记》。原版是我社1994年出版的，由于受当时出版条件和印刷技术限制，原版不仅开本小，设计得灰头土脸，还没有收录图片。再版想做得体面一些，并修订增补图文，于是需要解决两个问题：一是与耿先生谈再版合作的事；二是寻找和购买增补图版的使用权。为此，我们经过事先联系，赴京拜访了先生。

在一个堆满书籍和资料的简陋寓所，我第一次见到了先生。先生给我的印象是中等身材，头发花白，语速很快，非常热情。在我这个后学晚辈面前，他没有一点大学者的架子，他和蔼可亲、平易近人的态度很快让我没有了初见时的拘谨。在简陋的书堆里喝着清茶坐下来谈正事，我们讲明来意，先生极其爽快一口答应。合作协议当场签，授权委托书当场写，"稿费标准可以可以，随便随便"，说"这是好事，感谢你们"。同时表示，"所需增补的图版在国图，下午我就陪你们去国图，找我认识的某某某，接洽购买使用权问题"。真是干脆利落，爽快至极！我第一次见识了先生的平易，先生的爽快，先生的诚恳与热情。后来修订版的《伯希和敦煌石窟笔记》荣获第二届中华优秀出版物奖提名奖，为社里带来了荣誉，我向先生报喜，先生也给予我们诚挚的祝贺。然而我心深知，这份荣誉的获得与先生的无私奉献与热情帮助是分不开的。

自此我与先生熟识。先生不仅不以大学者自居，甚至不以长辈自居，给我这个后学晚辈打电话时常称"马强兄"，每每弄得我惶恐汗颜，而先生不以为意，我行我素。

与先生第二次合作是在 2014 年前后，当时我社筹划出版先生编译的《法国汉学精粹》，300 余万字，涉及敦煌学（3 册）、西域史学（3 册）和藏学（4 册）三个学术领域。出版社组织了一个骨干编辑团队承担这个出版项目。当项目进行到后期时，需要与作者方开一个印前的编辑工作研讨会，集中解决前期编辑工作中遇到的编校问题，于是我们邀请耿先生拨冗赴兰州一晤，先生又一次爽快答应了。

当我去接机，70 多岁的先生风尘仆仆从北京赶来，手里还拉着个特别沉重的大行李箱。到宾馆下榻，打开行李箱一看，全是厚厚的书。我不禁奇怪地问先生，先生说，你们此次印前编校遗留的问题，有些我可以当场作答，有些就需要核对相关资料与原文，这些资料网上没有，你们也找不到，只有我有，所以一并带来查阅，争取一次性解决所有问题。学术问题一定要搞精确，不能似是而非，否则出版了会让人笑话的。一席话说得我肃然起敬，一个七旬老人，一个装满书的行李箱，让我见识了耿先生对待工作的认真态度，对待学术的严谨作风，先生的崇高品格深深打动了我，我心里默念：学者就是学者。《法国汉学精粹》后来又荣获第四届中华优秀出版物奖提名奖，足证先生编译的著作是具有很高的学术出版价值的。

我与先生时常通话，年节时有问候，有时年节问候先生倒先我打过来，弄得我十分惭愧，而先生热情依旧。只是时常听说先生社会活动很多，全国各地到处跑，甚至频繁受邀出国参加活动。担任中外关系史学会会长本身工作需要参加必要的社会活动，但他毕竟是七旬的老人，我时常提醒先生注意身体，减少外出，先生虽是答应，但似乎还是奔波忙碌。

记得有一次先生来兰州参会，我特意陪同先生到天水麦积山石窟参观。刚开始先生兴致极好，进了山门刚上了二层栈道，先生就捂着胸口靠在栏杆上说，不行了，心跳过速，我要休息一会儿。我连忙扶先生就近坐下来，缓了一会儿，先生恢复过来，言笑如常。我还是果断取消了参观，扶先生下来在广场长椅上坐下休息。经了解，我第一次知道先生有心脏疾病，长期服用维护性药物。先生说，我昨晚不知怎的没睡好，早上出来又忘了吃丹参丸，没事的，现在感觉好多了。过后良久，先生又幽幽地说，要是万明在，一定会提醒我吃药的……几年了，先生说这话的场景，一直在我脑海存留着。

噩耗传来，先生终因心脏疾病故去，我们出版社所有与先生有交集的编辑都互相念叨着：多好的老人啊，太可惜了！我作为先生的"忘年交"，痛惜之情难以言表，感觉心里被一种无形的东西压抑着、束缚着，长久都无法释怀。

与先生相识，是我人生之幸；与先生之别，又是我人生之痛。先生待人的诚恳、平易、热情，对待学术的严谨，对待工作的兢兢业业，一丝不苟的品德风范，让我受益终生。逝者不可追，川水不西流，唯有先生和蔼的音容笑貌、崇高的懿德风范，如皎皎明月，光鉴后人。愿先生一路走好，愿先生的光辉德范昭示我们、激励我们，继续前行！

2019 年 5 月 30 日

（作者为读者出版集团甘肃人民出版社编审）

学者的信念与坚持——怀念耿昇先生

聂静洁

耿昇先生（1944.12.27—2018.04.10）突然辞世距今已三年有余，先生虽然已经驾鹤西归，但音容宛在，业绩长存；先生所赠书籍尚在，扉页上的留言与签名墨迹鲜明如初；每当参阅先生的译著，总会让我想起与先生共事几年的一些往事，依然感慨不已，怀念与惋惜之情顿生，久久不能消歇。

自1999年7月我入职中外关系史研究室，至2004年12月耿先生退休，耿先生与我共事不到6年时间。认识耿先生时，他已过天命之年，但其精力充沛、效率极高、才思敏捷、言谈幽默，却是当时我们研究室几个晚辈后学所远远不能及的。

在法国汉学研究与翻译领域，耿先生堪称独树一帜的专家学者，译著等身，涉及的学术领域集中在四大学科：西域史、丝绸之路史、中西文化交流史和法国汉学史。耿先生的译著不仅以数量取胜，同时也因学术范围广、研究难度大、专业价值高而著称。对此已有多位学界同人在耿先生生前身后做过详细访谈或评述；耿先生本人也曾在退休的那一年，自行撰文《我的治学之道》（《社会科学战线》2014年第1期），自述治学经历及学术成果。本文因此在这些方面不复赘述。耿先生纪念文集即将结集出版之际，同事邀我写些纪念文字，敬佩先生的为人与才学，敢不从命！逝者已矣，追思无限，零星往事已幻化如吉光片羽，然雪泥鸿爪，或许从中更能得见人的真性情真品格，遂略记于此，谨以纪念耿先生。

一 知难而进，异军突起

耿先生所从事的法国汉学研究与翻译领域，难度颇大。他自己有意选择的，是其中又偏又冷的学问，主动避开了所谓的"热门""显学"，此举可谓知难而进。耿先生的初衷与众不同：他不想赶时髦，追逐所谓的"热点"，反而对一些艰深的冷门学问情有独钟。他倾心于那些有分量的、能够存留下来的学问，追求文化积淀中体现出来的学术价值，陶醉于克服困难、踏踏实实进行工作的意义。而他的初衷，都源自他对于读书的热爱。关于这一点，耿先生曾亲口与我谈及。

有一次，耿先生要去一个印刷厂处理印刷《中外关系史学会通讯》事宜，当时北京地铁交通尚不发达，他从建国门单位出发，要换乘两次公交车才能到达印刷厂，其中一个换乘点恰好离我的住处很近，于是我自告奋勇为耿先生带路，一同走到北京站乘坐公交车。

一路上，我好奇地问起耿先生是什么原因促使他放弃当时令众人颇为羡慕的外交部"驻法大使馆"法文翻译工作，而来到清贫的社科院从事法国汉学研究与翻译工作，他略微沉吟了一下，回答道："是因为我热爱读书。"兴趣与爱好滋生出的信念与勇气，加上数十年如一日的坚持，耿先生最终铸就了自己的辉煌人生。

然后，我与他聊起自己的专业转向问题，露出为难情绪，向他诉说自己不是"科班出身"的苦恼时，耿先生说了如下一句话，让我牢记至今，如重锤敲鼓：

"异军突起的力量是可怕的！"

他语速飞快并且果断坚定，我顿时愣住了，继而为自己的懦弱深感惭愧。正所谓"有志者自有千方百计，无志者只有千难万难"。

耿先生于1964年考入北京外国语大学法语系，尚未毕业"文革"就已经开始。耿先生与我谈起这段大学学习经历，言语之间充满遗憾，他说自己所接受的正规大学教育只有短短两年时间，之后当兵、支工、支农，直到1968年毕业。虽然当时学校的课程停止了，但是热爱读书的耿先生，却从未停下学习的脚步。

当时我们研究室的年轻人都曾听闻耿先生有海量藏书，有人好奇地问起他的藏书大概有多少，他回答说："没统计过，太多了，数不清！我的书多得家里快放不下了。书柜全都装满了，我只好把书摞在书柜顶上，一直摞到屋顶，我找书要架梯子！"大家都流露出艳羡的表情，开玩笑地对他说："什么时候淘汰书啊？淘汰给我们，我们去您家里搬书！"耿先生大量购书，当然不是为收藏，而是为了读书。他没有时间跟我们侃侃而谈，但是，一旦有人向他请教相关学术问题，他一定会耐心细致解答。耿先生所做学问艰深，知识渊博，博闻强记，往往能问一答十，令闻者耳目一新、收获颇多。

在学术论著翻译领域，耿先生的确堪称一支"突起"的"异军"，一人即可抵一个团队，甚至可以毫不夸张地说，超过一个团队。

耿先生并非所谓的"科班出身"，他起初所学的法语专业，与后来从事的历史学众多领域的研究与翻译工作相去甚远，但这一传统观念，无法禁锢、阻挡崛起的"异军"，甚至丝毫不起作用。耿先生凭借自己的热情与执着，最终成了学术界"异军突起"并且大获全胜的典范。

二 "无用"何若，"有为"若何

耿先生出书频率极高，我们研究室的同事们近水楼台，时有获赠。

有一次，耿先生又有新书相赠，一位同事提议，一定让耿先生签名留念，耿先生爽快地答应了。除了签名，他还迅速给每位获赠者都写下了一句赠言。我至今依然清楚地记得其中几句：

  其一：百无一用是书生！
  其二：人生识字糊涂始！
  其三：书中无有黄金屋！
  其四：书中何来颜如玉！
  ……

这些赠言不落俗套，甚至似乎有些出人意料，但细细思量，却具有鲜明的"耿氏风格"。通透若此，知其"不可"而为之，甚至知其"无用"而为之，并且一以贯之坚持到底，是怎样一种信念支撑他几十年如一日？其实答案不言而喻。对于尘世功名的追求与达观，出世与入世的观念，在耿先生那里，居然达到了和谐统一。埋头读书、奋笔疾书之间，心神早已经远离尘嚣，超然物外，漫游在心中的彼岸净土，徘徊在苍凉的学术高原，耿先生宛若藏匿在闹市中的一个"大隐者"。

法国汉学著作以水平高著称于世，翻译难度大，耿先生从海量的论著中精挑细选，以学术价值高作为入选的标准，而难度不在他的考量范围之内。有的论著翻译难度甚至让具有多年翻译经验的耿先生惊呼"难于上青天",但最终还是被他攻克下来。他挑选论著的眼光和方法亦是独到的:"法国好一些的著作,买不到的我也会复印回来,复印的书有两三千本。至于要翻译哪本书,我一个是看原著自己的评判,另一个是参照相关书评。"(钱婉约、贾永会《积跬步以至千里的翻译家——耿昇先生访谈录》一文,刊载于2012年《汉学研究》第14集)。

有人说,翻译家一生从事的事业不过是"为他人作嫁衣裳"。何必如此费力翻译他人论著,不如自己著书立说,可以"藏之名山",流传后世……

从某种意义上来说,耿先生的译著的确是在为人作嫁,但是,这所谓"嫁衣"的分量,是沉甸甸的,惠及后世,令后学们感动不已。耿先生译著专业性之强,翻译之难、范围之广,"不足为外人道也",也不是普通翻译所能比拟。耿先生不仅勤奋,而且勇于克服重重困难,研读大量相关专业论著之外,还要学习相关语言(比如藏文、蒙文、突厥文、波斯文、阿拉伯文、梵文等),向国内相关领域学者请教,接受专家校订译稿,每一项工作都绝非易事。

"无用"何若?"有为"若何?也许每一位学者都曾深思过这一问题。

我想,耿先生一定是最有发言权的专家学者之一,或许他的心中早有答案!

所以,即使放眼望去,前路早已清晰明了,本无更多期待,更兼一路风尘一路辛苦,常人早已放弃,但耿先生却选择做一名勇敢的逆行者,明知道路崎岖却义无反顾知难而进,因为他不是平凡之人。重重困难并不妨碍耿先生享受漫漫长途的绝佳风景,他依然会一次又一次满怀欢喜地出发,并且一路踏歌而行,孤独且坚毅。

三 亦师亦友,善待后学

耿先生为人正直、朴实、大气、率真。或许有人说,某些做学问的人心胸不够豁达,但这句话不适用于耿先生。他像个天真的孩童,或可称之为"老顽童",完全心无城府,为人慷慨大度,没有一丝的狭隘和偏见,对待研究室的晚辈后学一视同仁,都格外关照。

我曾在一个返所日就一些西域历史地名问题请教耿先生,于是在下一个返所日,耿先生就带给我一本冯承钧原编、陆峻岭修订《西域地名》(中华书局1980年版),那是他显然已经翻阅过无数遍的一本书,书内纸张已经泛黄变脆，封皮已经破损严重。他把这本书送给我，说他自己还有一本。当时这本书并没有再版，根本买不到。又一次请教一个翻译问题，他就又赠送我一本辛华编《意大利姓名译名手册》（商务印书馆1981年版），我指着封面作者问辛华是谁？他笑着答说："新华社译名室，谐音啊！"直到今天，我一直珍藏并使用着这两本小小的工具书。

　　二十多年前，给中外关系史学会会员发学术会议通知以及邮寄通信资料，都要靠手写信封，通过邮局邮寄。我们研究室的年轻人几乎每年都要跟着耿先生做这些事情。当时大家都不富裕，耿先生总是很慷慨，每次写完信封、发完信件，都会请大家去建国门周边吃饭，并且一定要挑好的餐馆，点上满满一桌子美食犒劳大家。不过是写写信封这点小事情，举手之劳，但耿先生一定要隆重地答谢大家。

　　"老顽童"耿先生还会忙里偷闲与同事开玩笑。历史所还在建国门院部小二楼办公时，耿先生和余太山先生的办公桌相邻。有一次返所日，研究室例行学习，讨论结束时，忽然听见余先生大声喊了起来："你又来毁我的衣服！上次你往我的裤子上写的字还没洗掉，裤子要废掉了！"闻声望去，耿先生居然不知何时手疾眼快在余先生的衣领后面贴了一张写着字的纸条！同事们忍俊不禁都笑出声来，耿先生也不解释，只是像个孩子一样眯起眼睛得意地笑着，不一会就又跑出研究室，忙他的事情去了。当时我坐在余先生附近，余先生望着耿先生的背影，表情严肃地对我说："耿昇老师非常不容易，他的生活不容易，搞翻译所选学术领域也很不容易！"一张纸条引发的玩笑，余先生的解读居然变成了这几句似乎令人费解的话语！当时我有些不理解余先生的话，若干年后，我回忆起这个场面时，忽然明白，这两位多年的老同事由于难度相似的科研经历而互相理解，成为可以互开玩笑的人。就好比武侠小说中所描写的武功盖世的顶级高手，他们的言行举止有时看上去近乎孩童般天真！常人无法理解，而他们自己了然于心。当时我们研究室的其他同事，是不敢与不苟言笑的余先生开任何玩笑的。被同人誉为"绝顶聪明"的余先生，以其独特的言语方式表达出对耿先生的认可和赞许。

四　老骥伏枥，壮心不已

　　耿先生的翻译计划很庞大。自1980年进入历史所中外关系史研究室以来，耿先生一直在与时间赛跑，他在法国汉学研究与翻译领域辛勤耕耘将近四十年，成为继冯承钧先生之后，又一位重量级的学者。法国汉学在中国的译介从满眼荒芜到一片锦绣，归功于冯先生和耿先生二人。

翻译过外文学术论著的人都知道，在完成某一领域的一部论著之后，如果继续在该领域进行耕耘，就会省去很多力气，特别是在相关专业术语的翻译方面，因为专业术语是翻译学术论著的核心难点。

但是，如果不断挑战新领域，不断拓展学术研究方向，选择研究领域相去甚远的论著进行翻译，却无疑要学习更多不同领域的专业知识，学习各种各样语言文字，购买大量的工具书，重新查找不同的专业术语，相当于一次又一次地"白手起家"，一次又一次地"重新出发"。

耿先生在蒙古学、突厥学、敦煌学、藏学、传教士、佛教、南海等领域都有很多译著，他的译著全面开花，硕果累累。但他仍在不停地挑战自己，不肯停留在一个领域，雄心勃勃的耿先生，临近退休之时，还在思考开拓新的学术领域，他甚至曾经惋惜自己不曾涉足道教领域。

常人眼中不能克服的重重困难，在耿先生这里，最终都奇迹般化解了，甚至变成了不断前行的动力。耿先生似乎丝毫不以为意，他不肯停留在相同的研究领域，转战多个领域，而且越战越勇，"攻城略地"一般，译著五花八门，仅从书名上看就让人目不暇接。他的辉煌战绩停留在他去世的那一刻，以一组令人震惊的数字展现在世人面前：译著70余部，译文200余篇，研究专著1部，评介性文章120余篇。

老同事谢方称赞耿先生为"译坛骁将"。

1995年耿先生获得法国政府"文学艺术勋章"。

耿先生成果卓著，但他非常谦虚，多次谈及自己译著中的"败笔""纰漏"，也有同人谈及耿先生的译著不够"精雕细琢"。但是，比起他以一己之力，倾尽一生精力、以耗尽生命的代价所构建的一个庞大的法国汉学研究译著王国，那些都瑕不掩瑜，显得微不足道。耿先生的译作的确不够"精致"，他实在是没有时间或是不舍得花费时间去反复打磨译著，比起去精修译著使之看似完美，他心目中更为重要的事情是争取更多时间，节省更多精力，不断开拓新领域，努力译介更多重要论著。有同人将此归因于耿先生"卓尔不群的个性和独具一格的治学思路"，并且进一步阐明如下观点："任何研究者在了解耿昇先生庞大的译作数量和不计成本的付出后，对他译作中微小的失误的苛责都应被深深的震撼和敬佩所取代"

(参看杨富学、周芳利《金针度人、学界津梁——耿昇先生对敦煌学藏学丝路研究之贡献》一文,发表于公众号"敦煌民族宗教与文化研究"2020年10月19日)。此言诚为解语,杨先生等堪称耿先生的知己。

在踏踏实实从事研究和翻译工作的同时,耿先生经常应邀出国(特别是赴法国)参加学术会议。他还是国内众多高校和科研机构的兼职教授或研究员,并担任过3届(共12年)中外关系史学会的会长。

特别值得一提的是,耿先生担任中外关系史学会会长期间,该学会获得飞速发展。从共事的那几年开始,我亲眼见证中外关系史学会会员从几十人壮大到几百人,会员人数最多时数以千计。由中外关系史学会主办的学术会议,成为联络学术界同人、促进学术交流的盛会。耿先生曾经组织过数十次国内、国际学术研讨会,每次所选的议题,大多具有耿先生的风格:视野开阔、角度多变、范围宽泛。由此吸引更多学界同人、专家学者加入中外关系史学会,使该学会成为国内社会科学届影响颇大的学会之一。这些都归功于耿先生个人的人格魅力,以及多年来不辞劳苦的付出。

五 长风已逝,尘世余响

自2004年12月27日始,年满60岁的耿先生退休了。这只是他名义上的退休,实际上耿先生一直处于"退而不休"状态。

退休之后,我很少见到耿先生。但是,每年都能收到耿先生的中外关系史学会的会议通知,学会规模不断壮大,影响力逐年提升,会议学术水平越来越高;花甲之年的耿先生译著仍在源源不断地出版,每年两三部的出书速度,并没有因退休而降低。我一边暗自为他高兴,一边担心耿先生的健康。

最后一次见到耿先生,是2017年的春天,耿先生去世的前一年,在建国门院部大楼前。

几年不见,耿先生增添了许多白发和皱纹,显得苍老了许多。但是衰老和疾病从来都挡不住他飞奔的脚步,他依然精神矍铄,身姿挺拔,健步如飞!

"哎呀,真是好累呀,累呀累!"

这是每次看到耿先生时,他经常会说的一句话。这句带有浓重河北乡音的叹语,至今还时常回响在我的耳畔,每当我企图偷懒时,都会惭愧无比。

起初，我问过他哪里不舒服，为什么不去医院检查，他对我说，心脏不太舒服，去过医院了，有医生给开的药，在吃药！

他经常一边忙碌一边喊累，可是大家从未看见他停下来休息。耿先生去世之后，我想起这件事来，很是后悔！后悔自己几乎不与耿先生联系，后悔没有提醒耿先生及其家人让他多注意保重身体。再后来，又转念一想，或许提醒也是没有用的，耿先生不会因为身体不舒服而放弃自己热爱的事业。

他每次返所时，都背着一个黑色的大挎包，里面塞得满满的，都是他利用返所日处理杂事所需资料。口里喊着"真是好累"的耿先生，从来不会在办公室坐下来歇一歇，或与人闲聊，他一到所里，立即抓紧时间处理各种杂事：所里的、中外关系史学会的、出版编辑事务，联系印刷厂，安排邮寄会议通知……事无巨细，事必躬亲，直到忙完琐事离开单位，回家继续忙他的翻译工作，他忙得像陀螺一样转个不停，看得我们年轻人都目瞪口呆！

每逢看见耿先生忙来忙去，我心中总会暗想：这是一个"风一样的男子"，真正的是停不下来的人！

2018年4月10日上午，历史所召开全体党员会议，会议尚在进行中，坐在会议室后门处的我，看见万明老师边接电话边匆匆忙忙从我身边经过走出会议室，我万万没有想到那是听到了关于耿先生突发心脏病的噩耗！

耿先生的确"太累了"，积劳成疾。他为了自己的信念，坚持工作到生命的最后时刻。他在理应悠闲安享退休时光的古稀之年，因劳累过度而逝去。生命戛然而止之前，不知耿先生是否有遗憾，他的遗憾是那些未完成的译著吗？

也许他应该像大多数退休人员一样，停止工作、好好休息、静心养生、开心出游。但是，他的战斗力丝毫不亚于在职之时：70余部译著中，有十多部是在退休之后出版的。

为什么退休了还要这么拼？

我想，耿先生是停不下来的风，如果风停歇了，就不是风了。

他的海量译著，可以视为我们相关研究领域的晚辈后学们可以凭借的风！

这个风一样的男子，终于被迫按下停止键，他也终于可以休息，不用再喊累了。

也许风从未停歇，只不过飘向另一个世界。

只希望耿先生驾鹤西去的路上，也有可堪凌凭乘驭的好风！

耿先生突然离世，让国内同行痛惜不已。作为一位没有"官衔"的学者，耿先生追悼会之隆重，前来悼念人数之多，都证明他得到了知他懂他的同行学者们的敬佩与尊重。

他所奉行的信念，是"静心读书，踏踏实实地做真正的学问"，是对学术矢志不移的追求。而这一切皆源于他顽强的个性以及超乎常人的勤奋，他的坚持如他本人所言，对于所选择的研究方向，一旦确立目标，就不为外界所动，要有"咬定青山不放松"的精神，持之以恒，锲而不舍，抓住几个问题，穷追不舍地探讨下去。在他看来，学问是一个长期积累、去伪存真、由浅入深、由点及面的永无止境的发展过程，学问永远只有下一站，而无终点站。天道酬勤，必然会有成果。他的信念与坚持，最终成就了他的大家风范，令后学们常怀"高山景行"之叹。

2019年秋天，历史所走廊展板上展出有关慰问退休工作人员工作汇报方面的内容，其中有一张耿先生的照片，该照片拍摄于2017年的冬天，那是退休十余年后，已经年过七旬的耿先生正在伏案工作的照片。

耿先生不用电脑处理文件，一直手写译稿。他的书桌上，除了厚厚的一沓抄写得整整齐齐的译稿之外，引起我关注的，是一只只巨大的笔筒，里面插着用尽墨水的数以百计的一次性签字笔，还有各式各样一大堆药品！

当时这张照片看得我泪眼婆娑！

我默默翻拍下这张照片，把它备份在移动硬盘里，一直存留，永不删除。

（作者为中国社会科学院古代史研究所副研究员）

记与耿昇先生二三事兼述其学术成就

牛海洋

2018年4月10日晚饭期间,原本轻松愉悦的气氛随着手机微信的滴滴声而被打破。师弟说,朋友圈里的一位老师发消息,说耿昇先生去世了。听到这个消息,我们惊觉怎么如此突然,不禁唏嘘叹惋。

回研究中心的途中,我思绪万千,想到在这宇宙中,人只是渺渺一粟,其行其迹亦不过是流星烟火、鸿爪雪泥,但生为天地间之人,纵使生命短暂、力量微薄,也应倾尽所能为世有所贡献,方不愧怍此生。就像这些学界的前辈们,他们既有出身书香世家因而以治学为业的先贤,也有因缘际会而走上学术研究道路的宿儒大德,虽然人生轨迹不同,但都秉持"读书不为稻粱谋""但开风气不为师""文以继业"的信念,翻检文献、深入实践,探幽发微、补苴罅隙,追索文明的意义、叩寻文化的内涵,在人类追寻真理的道路上留下浓墨重彩的一笔,为后世的深入研究积累经验。这样的人生纵使短暂却也足够辉煌灿烂,即使在晚年或弥留之际回顾自己的一生,他们也一定不会因曾经碌碌无为、浑浑噩噩而羞愧悔恨;如果他们还有什么值得挂怀的,我想事功未竟而身先死的遗憾会更多一些吧。毕竟对那些值得我们高山仰止的长者而言,家国天下远比个人得失重要得多。

想到此,不由感慨,在现在这样严苛的科研环境下,耿昇先生离开后,是否还会有人像他一样,愿意穷尽一生致力于法文学术经典的翻译和文化译介的工作呢?毕竟,对于专业且严谨的学术研究来说,精准洗练的学术经典译著有着非常重要的意义。

耿昇先生是以对法文学术著作的翻译而为学界所知,他用了近30年的时间翻译了法国学者在西域研究、藏学、敦煌学研究以及汉学研究等方面的经典论著，为国内相关研究的发展提供了助力；而他向国内学界译介的法国中国学、藏学、敦煌学等的研究成果，成为国内了解法国各相关领域学术研究情况的主要来源。根据笔者检索，耿昇先生目前刊印发行的译文及译著等，已有数百篇，虽然有些是同一作品的重版或再版，但其成果的产出量仍然不可小觑，让人叹为观止。

我与耿昇先生曾有一面之缘。2015年1月，我的导师王启龙教授任首席专家的国家社科基金重大项目"近代以来域外中国藏学研究经典整理与研究"举行开题报告会，耿昇先生作为本项目子课题负责人前来参会，同时受邀为相关专业的师生做一场有关法国汉学的学术讲座。当时我还是王启龙教授的硕士生，负责接待耿昇先生及其夫人万明研究员。因为是首次负责接待专家这样的任务，对于身为"新手"的我不免有些紧张，生怕有照顾不周到的地方会给颇有声望的专家留下不良印象。但是这种顾虑在我见到耿昇夫妇后即有所消退：他们是如此的平易近人，没有任何专家的架子，就像普通的两位长者一样，热情地回应我们的问候也主动地和我们聊天。这让我原本紧张的心情感到了些许的舒缓，也让我意识到原来名气与脾气并不是等同的。等带他们到了宾馆安排好相关事宜后，我们便离开，并约好第二天早上我来接他们两位到讲座的会场。翌日我如约来到专家楼下，就看到万明老师搀着耿昇先生从楼前的台阶上下来，耿昇先生手中还提着重重的公文包，里面装的是当天讲座所需要的材料和讲稿。我向他们问候早安，一起向会场走去。路上，耿昇先生问起我是哪里人，我说我是河南开封人。他说，我以前去过开封，寻访那里的犹太遗民，但是这些人的犹太特征都已经不太明显了，而且对自己祖先的记忆也并不深刻。虽然我是一名开封人，也多少知道开封有一些犹太人，但从来没有想过利用地势之便一探究竟。而老先生竟可以为了研究一个问题不远千里跑到这里来，初衷却仅仅是为了搜集材料，做些记录。比较下来，不禁自惭形秽，感到与前辈们的距离差得实在太远。

这是我第一次见耿昇先生，当然也是最后一次。此后，虽有几次因寄送书刊等事情与耿昇先生和万明老师有过联系，但也并不频繁。然而，每每提起法国藏学或者是藏学翻译等事，总不自觉地想起耿昇夫妇来西安参

会的事情。而身边的师姐妹们或是二外修习法语或是法语专业出身的,他
们也时不时地提到耿昇先生所译著述。这让人感觉译者距离我们并不遥
远。或许也正是这种熟悉感,才让人对此突如其来的噩耗感到错愕,茫然
无措。所可做者,别无其他,唯愿逝者安息!

附:耿昇及其成就简述

耿昇先生,1944 年生人,1968 年从北京外国语大学法文系毕业,曾
任外交部法文翻译员。1981 年,耿昇调入中国社会科学院历史研究所,专
事法国汉学的研究和翻译工作。他工作辛勤,在近 30 年的时间里翻译了
法文著述 300 余部。这些译著的内容涉及西域文明史、中西文化交流史及
入华传教士、丝绸之路、法国汉学以及敦煌学和藏学等五个方面,且大多
是这些领域内重要、经典但未曾汉译的学术成果。其频繁积极的译介活
动,一方面为国内相关研究提供了便利,一方面也推动了中法文化的交
流。鉴于此,法国政府于 1995 年授予他"文学艺术勋章",并由当时的法
国驻华大使亲自颁发。此外,耿昇先生还有多种社会职务,他曾先后任职
中国中外关系史学会秘书长、副会长和会长,当选为中国敦煌吐鲁番学
会、中国蒙古史学会和中国海交史学会理事,受聘为北京外国语大学、西
北民族大学、华东师范大学、泉州海交史博物馆的兼职教授或研究员。下
文将按照内容对耿昇先生的译作进行分类并择要简介。

一 西域文明史方面

西域文明史方面,译著 8 部,有戈岱司《希腊拉丁作家远东古文献辑
录》(中华书局 1987/2001 年版,中国藏学出版社 2014 年版),费琅《阿
拉伯波斯突厥人东方文献辑录》(与穆根来合译,中华书局 1989/2001 年
版,中国藏学出版社 2014 年版),鲁保罗《西域文明史》(新疆人民出版
社 2006 年版,人民出版社联盟 2012 年版,中国藏学出版社 2014 年版),
马苏第《黄金草原》(卷 1—2,青海人民出版社 1998 年版,中国藏学出版
社 2013 年版)。译文近 50 篇集结为《法国西域史学精粹》(甘肃人民出版
社 2011 年版)。

二 中西文化交流及入华传教士研究方面

16—18 世纪法国逐渐形成了一股"中国热",商贾、使节和探险家、

传教士等都为中国文化在法国的传播做出了相应的贡献，尤其是传教士的游记及其著述对西方早期中国知识的形成有重要意义，从某种程度上甚至可以说正是这些传教士的活动及其言论开启了"中学西渐"的进程。梳理研究法国入华传教士的活动对理解中国文化对法国的影响、理解法国早期汉学的发展状况都很有价值。法国学者在这方面的研究不少，耿昇择取其中一些重要的研究成果进行翻译，诸如：谢和耐《中国与基督教》、荣振华《1552—1800年入华耶稣会士列传》《明清间入华耶稣会士和中西文化交流》、陈艳霞《华乐西传法兰西》、安田朴《中国文化西传欧洲史》、毕诺《中国对法国哲学思想形成的影响》、沙百里《中国基督教史》、柏德莱《清宫洋画家》《耶稣会士书简集》、荣振华和李渡南《中国的犹太人》、谢和耐和戴密微《明清间耶稣会士入华与中西汇通》等。

谢和耐《中国与基督教》是谢和耐教授为纪念利玛窦入华400周年而作，原版于1982年在巴黎出版。汉译本最早是由上海古籍出版社于1990年出版，后增补谢和耐教授有关此项内容的论文，由上海古籍出版社于2003年再版，2013年商务印书馆再版此汉译本。沙百里《中国基督教史》于1992年在巴黎出版，中译本于1998年由中国社会科学出版社出版。因作者的着眼点以及观察问题的角度不同，因此书中的很多观点难以为中国大陆学者所接受。鉴于此，本书的汉译本有所删节，台湾光启出版社2005年出版了完整的汉译本。

三　法国汉学方面

1.《法国当代中国学》，这是一部论文集。1994年耿昇出访法国时，与当时法兰西汉学院研究所所长戴仁商议，邀请该所各学科和各研究机构的汉学负责人，分头撰写相关领域的文章共计50余篇。回国后，由中国社会科学出版社出版。本书与2010年出版的《法国中国学的历史与现状》可相互补益。对了解法国中国学的历史及其发展现状有非常重要的参考价值。

2. 谢和耐《中国社会史》，是谢和耐历时八年（1964—1972）的成果，1972年由阿尔芒·科兰出版社首次刊印，随即在西方汉学界引起极大的反响，并被译介成英、罗（罗马尼亚）、意、韩、葡、德、西等国文字出版。《史学杂志》称赞这部巨著"是东西方语言中的第一部通史，是一种坚实的、光辉灿烂的、完美的综合"。作者认为"在数千年来不停发展的过程中，中国与远近不同的国家和地区，在政治、制度、法律、记述、经济和文化生活上都是相互影响的"，在此观点指导下，本书从文化交流、相互影响的视角出发，描述了中国历史的整个发展过程，对中国历史、中国文化在世界的影响等作出客观公正的准确评价。

3. 谢和耐《中国5—10世纪的寺院经济》。此书是谢和耐的远东学院博士学位论文，完成于1956年，后被作为《法兰西远东学院丛刊》第39卷刊布。这是法国研究敦煌经济文书的一部重要著作，作者根据汉文史料、印度经文、敦煌和其他西域文书，以社会学的观点和方法，分析了从南北朝到五代期间的中国寺院经济，蒲立本和芮沃寿等人对此都有颇高评价。

4. 雅克·布罗斯《发现中国》。雅克·布罗斯（Jacques Brosse）师从戴密微和格鲁塞，曾在法国国立东方语言学院学习汉语及中国文化，并长期旅居亚洲，熟悉东方生活方式，对东方思想有一定程度的了解。他认为东方人特别是中国人的思想核心是"天人合一"并由此热衷于禅修，曾写过《修禅之初》并有日译本。对于中国文化，他非常注重也非常仰慕，他的这部《发现中国》简明扼要地介绍了中西2000多年的交往史，从西方的角度以欧洲人的世界观塑造了中国形象并论述了西方与中国的关系史。

四 丝绸之路研究方面

耿昇翻译并出版的法文著作的汉译本有：布尔努瓦的《丝绸之路》《丝绸之路——神祇、军士与商贾》、阿里·玛扎海里《丝绸之路——中国—波斯文化交流史》、于格夫妇《海市蜃楼中的帝国：丝绸之路上的人，神与神话》。

阿里·玛扎海里《丝绸之路：中国—波斯文化交流史》，是作者二十多年心血所积，1983年一经出版即引起很大反响。全书一共有四编："波斯史料"，在这一编中作者译注了三种古代波斯文著作《沙哈鲁遣使中国记》、阿克伯《中国志》以及《纳迪尔王和乾隆在中亚的较量》；第二编为"汉文史料"，主要是对《汉书》《后汉书》《魏书》《梁书》《唐书》《悟空行纪》中有关波斯的资料进行辑录和译注，但译本中这一部分被删除；第三编"希腊—罗马史料"，对托勒密、普罗科波、泰奥法纳、科斯马、马尔塞林和梅南德著述中有关波斯的段落作了辑录和译注；第四编"丝绸之路和中国物质文明的西传"，介绍了中国的谷子、高粱、樟脑、桂皮、姜黄、水稻、麝香和大黄的栽培史、用途以及经波斯传向西方的过程。1983年此书在巴黎出版，国内却并未见过此书的原文，只见到国外的书评和广告。1985年春，谢和耐教授来华访问期间，与耿昇谈到了此书，并立刻引起耿昇的兴趣。谢和耐回国后购买此书并寄送给耿昇，随后耿昇通过布尔努瓦教授与阿里·玛扎海里取得联系，提出想把此书翻译成中文的愿望，获得玛扎海里的授权；玛扎海里教授还为此汉译本作序。1986年8—9月，耿昇出访巴黎时，玛扎海里先生及其侄子皮埃·玛扎海里多次接待他。玛扎海里先生曾多次表示西方古代、中世纪甚至是近代文明中的许多内容都可以通过丝绸之路追溯到波斯，进而从波斯追溯到中国。14—15世纪之前，东方是各种文化的创造者，而西方在很大程度上是模拟者，但出于种种原因，近代的东方却落伍了。他一再强调自己对中国文化怀有深厚的感情，希望中国能发扬其历史悠久的文化，加强与外国学术界的联系和交流，补长取短。在玛扎海里先生的热情帮助和鼓励下，1987年耿昇完成此书译文，但出版时却因各方面原因一再拖延，直到玛扎海里1991年去世，此书仍未出版，在他生命的最后日子里他还惦念此书中译本的出版情况。

五　敦煌学、藏学等方面

这一部分主要涉及藏学、敦煌学、突厥学等所谓的"虏学"研究。法国在这方面的研究历史悠久并形成了自己的研究传统和风格。他们以扎实的语言文字功底结合严谨的语文学研究方法，对一些重要的历史和语言问题做出独到且精深的见解。许多研究成果即使放诸今日，依然是不可多得的杰作。而反观国内，20世纪80年代的中国在这方面的研究尚处起步阶段，无论研究方法或指导思想都欠缺科学性。为更好地向在这些方面积累了丰厚经验的国外学者学习，了解他们的研究热点和研究兴趣，译介国外研究成果是非常有必要的。耿昇先生抓住时机，翻译了伯希和、哈密屯、韩百诗、戴密微、麦克唐纳夫人、石泰安等在西域研究、突厥学、藏学等方面有突出贡献和地位的学者的研究著作。

有关伯希和著述的译稿主要有《伯希和敦煌石窟笔记》（与唐健宾合

作）、《伯希和西域探险记》《唐代吐鲁番的道路》《卡尔梅克史评注》等。《卡尔梅克史评注》是伯希和7卷遗作之一，他从20世纪20年代就开始写作这本书，不断修改补充使之臻于完善，前后花费了近20余年的时间，直至逝世也未能如愿最终定稿。他去世后，其弟子韩百诗将其遗稿整理，于1960年由巴黎美洲和东方书店出版。此书是西蒙古史的研究性论著，特别是涉及蒙古土尔扈特部回归祖国的历史，受到国际蒙古学界的一致好评。原书分为上下两卷，上卷是正文、注释和索引，下卷是卡尔梅克人的世系表：杜尔伯特和准噶尔人世系表；和硕特人世系表；土尔扈特人世系表；准噶尔辉特部世系表（第1世系表、第2世系表）、青海辉特部世系表；阿布赖家族世系表、阿布勒必斯家族世系表、巴喇克家族世系表。鉴于这些表相当长且编排困难，而我国蔡志纯、高文德先生出版的《蒙古世系》等书已经利用了其中的材料，所以译著中这部分被删除，而将原书的《索引》改为《译名对照表》。

石泰安是伯希和逝世后，法国另一位重要的东方学家，他一生著述颇丰，领域广泛。特别是在藏学研究方面，贡献突出。耿昇与石泰安交谊深厚，承蒙作者的厚爱和授意，耿昇翻译了石泰安的几部代表性藏学著述：《西藏史诗与说唱艺人的研究》（又作《西藏史诗和说唱艺人》）、《西藏的文明》、《汉藏走廊古部族》（又作《川甘青藏走廊古部落》）。《西藏的文明》汉译本于1985年作为内部资料由西藏社会科学院西藏学汉文文献编辑室印刷出版。《西藏史诗与说唱艺人》此书是石泰安的博士学位论文，于1959年在巴黎作为《汉学研究所丛书》第13卷由法国大学出版社出版，其研究内容涉及格萨尔史诗在世界范围内的研究状况、有关该史诗的藏汉古文献、史诗的起源及各部概貌、各种文本和绘画、格萨尔遗留下的古迹、各种文本和口传本的演变关系、格萨尔的地望及其流传、岭地及附近地理的沿革历史、冲木·格萨尔与岭·格萨尔的关系、史诗的组成内容等，被国际学术界视作当代格萨尔史诗研究的高度凝练的总结性著作，是这一领域研究的最高权威。

藏学方面其他较为重要的译著还有：古伯察《鞑靼西藏旅行记》（汉译本采用的是1924年遣使会设立在北京西什库的遣使会书局所出包世杰本，此本有注释并且在某些章节后面还设有附录）、大卫—妮尔《一个巴黎女子的拉萨历险记》、戴密微《吐蕃僧诤记》、麦克唐纳夫人《敦煌吐蕃历史文书考释》、布尔努瓦《西藏的黄金与银币：历史、传说与演变》[1]、米歇尔·泰勒《发现西藏》、图齐《西藏宗教》、约翰·布洛菲尔德《西藏佛教密宗》、罗伯尔·萨耶《印度—西藏的佛教密宗》、雅克玲·泰夫奈《西来的喇嘛》[2] 等。

突厥学及吐鲁番学等方面的研究中，代表性的译著有莫尼克·玛雅尔《古代高昌王国物质文明史》、路易·巴赞《突厥历法研究》、哈密屯《五代回鹘史料》、吉罗《东突厥汗国碑铭考释》、韩百诗《柏朗嘉宾蒙古行纪》、海西希《蒙古的宗教》等。

《突厥历法研究》是路易·巴赞 1972 年 12 月 2 日于巴黎第三大学通过的国家级博士学位论文《古代和中世纪的突厥历法》的修订本，当时是以打字本影印数十册作为内部参考。此后的 20 年内，作者不断进行补充和修订，直到 1991 年由法国国立科研中心出版社与匈牙利科学院出版社联合公开出版发行。此书一经面世，即在突厥学界乃至整个东方学界获得好评。1986 年，耿昇出访法国时，向路易·巴赞先生索得 1974 年由里尔第三大学学位论文影印部影印的打字本。带回国后，在学界内争相流传。1994 年耿昇再次到法国拜访路易·巴赞时，巴赞协助耿昇先生解决了版权问题并撰写汉译本序言。

根据多年的翻译经验及知识积累，耿昇也发表了不少相关领域的论文，研究主题可以分为汉学研究、中外文化交流及入华传教士研究、丝绸之路研究三个方面。这些论文大多是以各类法文研究论著以及档案、信件资料等为依据，梳理介绍了相关主题的研究概况、增补了相关的历史知识，为相关研究的进一步深入提供了许多有益的文献信息。

---

[1] 布尔努瓦是耿昇的老友，每次耿昇到访法国都会前往布尔努瓦在默东的住所拜访。此书法文原本出版后，布尔努瓦曾赠予耿昇先生，1994 年耿昇访问巴黎，与法国国立科研中心商妥好汉译出版的版权协议，随之着手汉译工作。本书是一本有关亚洲特别是西藏贵金属的专著，但并不是专论黄金的自然科学著作；运用西文、俄文和汉文材料，以西藏的砂金和银币为线索，系统全面地探讨了西藏与中央政府、新疆、尼泊尔、印度等周边民族地区的关系，包括沙皇掠夺西域和西藏黄金的来龙去脉等。原书分为三部分：第一部分阐述了有关西藏生产黄金的资料和传说；第二部分论述尼泊尔与西藏之间因银币铸造而发生的一系列纠葛；第三部分论述了沙皇彼得大帝抢夺叶尔羌以及西域黄金的问题。

[2] 这是法国遣使会档案馆档案员雅克玲·泰夫奈（Jacqueline Thevenet）的著作，1992 年她整理了古伯察自蒙古地区发出的一批信件，并以《谁还想着鞑靼地区?》为名刊印，与古伯察《鞑靼西藏旅行记》共同构成研究古伯察及其行迹的重要资料。

汉学研究：主要有《法兰西学院汉学讲座 200 周年与伯希和的贡献》《法国汉学界的丝路研究》《法国东方学家格鲁塞对玄奘西游的研究》《学术汉学与实用汉学之争》《法国学者对敦煌文本的研究与谢和耐教授的贡献》《法国汉学界对中西文化首次撞击的研究》《16—18 世纪的中学西渐和中国对法国哲学思想形成的影响》《莱布尼茨与中学西渐》等。

中外文化交流及入华传教士研究：《17—18 世纪在广州的法国商人、外交官和十三行行商》《方济各会士出使蒙元帝国，中法关系的肇始》《中国、哈萨克斯坦与丝绸之路经济带》《中国儒家文化通过丝绸之路在法国的传播与影响》《康熙大帝、路易十四与天主教入华》《法国里昂商会中国考察团对四川和贵州养蚕业与丝绸业的考察（1895—1897 年）》《明末西班牙传教士笔下的广东口岸》《澳门在基督宗教第三次入华中的作用与地位》《法国政界与商界对云南茶马古道南北两道的考察》《法国云南东方汇理银行在中国的活动》《从方济各沙勿略客死上川到耶稣会士大举入华》《从基督宗教的第 3 次入华高潮到西方早期中国观的形成》《法国里昂商会中国考察团于 1895—1897 年对云南的考察》《清代西方人视野中的澳门与广州》《从英国传教士韦廉臣夫人的游记看 19 世纪下半叶的烟台与山东半岛》《试论巴黎外方传教会的在华活动》《试论遣使会传教士的在华活动》《从中国最早的犹太人到在华的塞法拉迪和阿什肯纳兹犹太人社团》《西方人对中国开封犹太人的调查始末》《西方人视野中的喀什》《孟斗班与第二次鸦片战争——从新公布的档案文献看英法联军侵华战争》等。

丝绸之路研究：《古丝路重镇龟兹历史文明探索——〈伯希和西域探险日记〉中有关库车绿洲的记述》《伯希和对库车地区的考察成果》《考察草原丝绸之路的法国人》《伯希和西域探险团对库车地区的考察及其所获汉文文书》《试论法兰西学院的中国学讲座》《法国汉学界对丝绸之路的研究》《伯希和西域探险与中国文物的外流》

耿昇译著及著述目录：

一　译著

［法］布尔努瓦：《丝绸之路》，新疆人民出版社 1982 年版；山东画报出版社 2001 年版；中国藏学出版社 2003 年版、2016 年版。

[法] 戴密微：《吐蕃僧诤记》，甘肃人民出版社 1984 年版；台湾千华书局 1993 年版；西藏人民出版社 2001 年版；中国书店 2010 年版；中国藏学出版社 2013 年版。

《敦煌译丛》第 1 辑，甘肃人民出版社 1985 年版。

[法] 韩百诗：《柏朗嘉宾蒙古行纪》，中华书局 1985 年版、2001 年版、2013 年版。

[法] 哈密屯：《五代回鹘史料》（与耿昇合译），新疆人民出版社 1986 年版；中国藏学出版社 2013 年版。

[法] 戈岱司：《希腊拉丁作家远东古文献辑录》，中华书局 1987 年版、2001 年版；中国藏学出版社 2013 年版。

[法] 谢和耐：《中国 5—10 世纪的寺院经济》，甘肃人民出版社 1987 年版；台湾千华书局 1993 年版；上海古籍出版社 2004 年版；中国书店 2010 年版；中国藏学出版社 2013 年版。

[法] 勒内·吉罗：《东突厥汗国碑铭考释——骨咄录、默啜和毗伽可汗执政年间（680—734）》，新疆社会科学院历史研究所 1984 年版；中国藏学出版社 2013 年版。

[法] 石泰安：《西藏的文明》（王尧校订），西藏社会科学院 1985 年版；中国藏学出版社 1999 年版、2004 年版、2013 年版；中国书店 2010 年版。

[法] 格鲁塞：《从希腊到中国》（常书鸿校订），浙江人民美术出版社 1984 年版。

[法] 费琅：《阿拉伯波斯突厥东方文献辑注》2 卷（与耿昇合译），中华书局 1989 年版、2001 年版；中国藏学出版社 2013 年版。

[德] 海西希、[意] 图齐：《西藏和蒙古的宗教》（王尧校订），天津古籍出版社 1989 年版；中国藏学出版社 1999 年版、2004 年版、2013 年版；中国书店 2010 年版。

[英] 布洛菲尔德：《西藏佛教密宗》，西藏人民出版社 1990 年版、1992 年版；中国藏学出版社 2004 年版、2013 年版；中国书店 2010 年版。

[法] 古伯察：《鞑靼西藏旅行记》，中国藏学出版社 1991 年版、2006 年版、2013 年版。

[法] 谢和耐：《中国和基督教——中国和欧洲文化之比较》，上海古籍出

版社 1991 年版。

［法］麦克唐纳：《敦煌吐蕃历史文书考释——吐蕃早期的佛教与民间宗教》（王尧校），青海人民出版社 1991 年版、2011 年版；中国书店 2010 年版。

［法］荣振华、［澳］莱斯利：《中国的犹太人》，中州古籍出版社 1992 年版。

《国外敦煌吐蕃文书研究选译》，甘肃人民出版社 1990 年版，译者 20 万字。

［法］石泰安：《川甘青藏走廊古部落》（王尧校订），四川民族出版社 1992 年版；中国藏学出版社 2013 年版。

［法］玛扎海里：《丝绸之路：中国—波斯文化交流史》，中华书局 1993 年版（法国外交部资助项目）、1995 年版；新疆人民出版社 2007 年版；中国藏学出版社 2013 年版。

［法］伯希和：《伯希和敦煌石窟笔记》，甘肃人民出版社 1993 年版、2007 年版。

［法］谢和耐、安田朴：《明清间入华耶稣会士和中西文化交流》，巴蜀书社 1993 年版。

［法］谢和耐、苏远鸣等：《法国学者敦煌学论文选萃》，中华书局 1993 年版（法国外交部资助项目）。

［法］石泰安：《西藏史诗与说唱艺人的研究》（陈庆英校订），西藏人民出版社 1993 年版（法国外交部资助项目）；中国藏学出版社 2004 年版、2013 年版；中国书店 2010 年版。

［法］伯希和：《卡尔梅克史评注》，中华书局 1994 年版（法国外交部资助项目）；中国藏学出版社 2013 年版。

［法］莫尼克·玛雅尔：《古代高昌王国物质文明史》中华书局 1995 年版（法国外交部资助项目）、2003 年版；中国国际广播出版社 2013 年版。

［法］荣振华：《1552—1800 年入华耶稣会士列传及书目补编》（2 卷本），中华书局 1995 年版。

［法］谢和耐：《中国社会史》，江苏人民出版社 1995 年版（法国外交部资助项目）；中国藏学出版社 2004 年版、2006 年版。

［法］大卫·妮尔：《一个巴黎女子的拉萨历险记》，西藏人民出版社 1987

年版；东方出版社 2002 年版；中国国际广播出版社 2012 年版；中国书店 2010 年版。

［法］沙百里：《中国基督徒史》（与郑德弟合译），中国社会科学出版社 1998 年版；台北：光启文化 2005 年版。

［法］戴仁主编：《法国当代中国学》，中国社会科学出版社 1998 年版。

［古代阿拉伯］马苏第：《黄金草原》（第 1—2 卷合集），青海人民出版社 1998 年版；中国藏学出版社 2013 年版。

［法］路易·巴赞：《突厥历法研究》，中华书局 1998 年版；中国藏学出版社 2013 年版。

［法］陈艳霞：《华乐西传法兰西》，商务印书馆 1998 年版、2013 年版。

［瑞士］米歇尔·泰勒：《发现西藏》，中国藏学出版社 1999 年版、2005 年版、2012 年版。

［意］图齐：《西藏宗教之旅》，中国藏学出版社 1999 年版；中国书店 2010 年版、2013 年版。

［法］布尔努瓦：《西藏的黄金和银币：历史、传说与演变》，中国藏学出版社 1999 年、2013 年版。

［法］罗伯尔·萨耶：《印度—西藏的佛教密宗》，中国藏学出版社 1999 年版、2013 年版、2016 年版；中国书店 2010 年版。

［法］安田朴：《中国文化西传欧洲史》，商务印书馆 2000 年版、2013 年版。

［法］毕诺：《中国对法国哲学思想形成的影响》，商务印书馆 2000 年版、2013 年版。

《清末教案》第 4 册（与杨佩纯合译），中华书局 2001 年版。

［法］伯德莱：《清宫洋画家》，山东画报出版社 2001 年版；云南人民出版社 2013 年版。

［法］雅克·布罗斯：《发现中国》，山东画报出版社 2002 年版；广东人民出版社 2016 年版。

［法］伯希和：《伯希和西域探险记》，云南人民出版社 2001 年版；人民出版社 2012 年版。

［法］雅克玲·泰奈夫：《西来的喇嘛》，山东画报出版社 2003 年版；云南人民出版社 2013 年版。

［法］谢和耐：《中国与基督教——中西文化的首次撞击》，上海古籍出版社 2003 年版；商务印书馆 2013 年版。

［法］杜赫德编：《耶稣会士中国书简集 中国回忆录 4》，大象出版社 2005 年版。

［法］荣振华等：《中国的犹太人 18 世纪入华耶稣会士未刊书简》，大象出版社 2005 年版。

［法］于格夫妇：《海市蜃楼中的帝国：丝绸之路上的人，神与神话》，新疆人民出版社 2007 年版。

［法］鲁保罗：《西域的历史与文明》，新疆人民出版社 2007 年版；人民出版社 2012 年版。

［法］谢和耐等：《法国敦煌学精粹》3 卷本，读者出版集团 2011 年版。

［法］韩百诗、伯希和等：《法国西域史学精粹》3 卷本，读者出版集团 2011 年版。

［法］石泰安等：《法国藏学精粹》4 卷本，读者出版集团 2011 年版。

［法］荣振华等：《16—20 世纪入华天主教传教士列传》，广西师范大学出版社 2010 年版。

［法］戴仁主编：《法国中国学的历史与现状》，上海辞书出版社 2011 年版。

［法］谢和耐等：《明清间耶稣会士入华与中西汇通》，东方出版社 2010 年版。

［法］布尔努瓦：《丝绸之路——神祇、军士与商贾》，云南人民出版社 2015 年版。

［法］石泰安：《喜马拉雅的社会与宗教》，中国藏学出版社 2017 年版。

　　二　著作

《中法文化交流史》，云南人民出版社 2013 年版。

《法国汉学史论》，学苑出版社 2015 年版。

　　三　译文

［法］安娜－玛丽·布隆多：《法国五十年来对西藏的研究》，载《民族译丛》1980 年第 2 期。

［法］哈密屯：《851—1001 年于阗王世系》，载《敦煌学辑刊》，1982 年。

［法］戴密微：《从敦煌写本看汉族佛教传入吐蕃的历史——日文近作简

析》，载王尧编《国外藏学研究选译》，甘肃民族出版社 1983 年版。

［法］韩百诗：《匈人和匈奴人》，载《民族译丛》1984 年第 2 期。

［法］吴其昱：《有关唐代和十世纪奴婢的敦煌卷子》，载《敦煌学辑刊》1984 年第 2 期。

［意］毕达克：《西藏的噶伦协札旺曲结布》，载《国外藏学研究译文集》（第 1 辑），西藏人民出版社 1985 年版。

［法］石泰安：《汉藏走廊的羌族》，载《西北民族研究》1986 年。

［法］路易·巴赞：《蒙古布古特碑中的突厥和粟特人》，载《世界民族》1987 年第 5 期。

［法］巴科：《吐蕃王朝政治史》，载《国外藏学研究译文集》（第 2 辑），西藏人民出版社 1987 年版。

［法］石泰安：《敦煌藏文写本综述》，载《国外藏学研究译文集》（第 3 辑），西藏人民出版社 1987 年版。

［法］今枝由郎、麦克唐纳夫人：《〈敦煌吐蕃文献选〉第二辑序言及注记》，载《国外藏学研究译文集》（第 3 辑），西藏人民出版社 1987 年版。

［匈］乌瑞：《古典藏文 RGod – G – Yun 考》，载《国外藏学研究译文集》（第 3 辑），西藏人民出版社 1987 年版。

［法］麦克唐纳：《〈汉藏史集〉初释》，载《国外藏学研究译文集》（第 4 辑），西藏人民出版社 1988 年版。

［法］布尔努瓦：《西藏的金矿》，载《国外藏学研究译文集》（第 4 辑），西藏人民出版社 1988 年版。

［法］哈密屯：《敦煌回鹘文写本的历史背景》，载《西北民族研究》1988 年第 1 期。

［法］雅克·吉埃：《伯希和特藏和敦煌绘画语言：对于甘肃圣地壁画年代的综合考释（摘要）》，载《敦煌研究》1988 年第 2 期。

［英］桑木丹·噶尔美：《"黑头矮人"出世》，载《国外藏学研究译文集》（第 5 辑），西藏人民出版社 1989 年版。

［法］今枝由郎：《丽江版的藏文〈甘珠尔〉》，载《国外藏学研究译文集》（第 5 辑），1989 年。

［法］麦克唐纳：《五世达赖喇嘛的肖像》，载《国外藏学研究译文集》（第 6 辑），西藏人民出版社 1989 年版。

［法］布尔努瓦：《西藏的牦牛与西方的旅行家和自然科学家》，载《国外藏学研究译文集》（第 6 辑），西藏人民出版社 1989 年版。

［挪］克瓦尔内：《释藏文术语"苯"》，载《民族译丛》1989 年第 3 期。

［法］梅弘理：《根据 P. 2547 号写本对〈斋琬文〉的复原和断代》，载《敦煌研究》1990 年第 2 期。

［法］戴密微：《达摩多罗考》，载《国外藏学研究译文集》（第 7 辑），西藏人民出版社 1990 年版。

［法］石泰安：《古代吐蕃和于阗的一种特殊密教论述法》，载《国外藏学研究译文集》（第 7 辑），西藏人民出版社 1990 年版。

［法］雅克·巴科：《藏传佛教的发展》，载《国外藏学研究译文集》（第 7 辑），西藏人民出版社 1990 年版。

［法］石泰安：《有关吐蕃佛教起源的传说》，载《国外藏学研究译文集》（第 7 辑），西藏人民出版社 1990 年版。

［意］图齐：《吐蕃的佛教》，载中国社会科学院民族研究所《民族译丛》编辑部编《国外藏学研究论文资料选编》，1991 年。

［法］石泰安：《敦煌写本中的印—藏和汉—藏两种辞汇》，载《国外藏学研究译文集》（第 8 辑），西藏人民出版社 1992 年版。

［法］安娜－玛丽·布隆多：《根据〈苯教密咒〉的传说写成的莲花生传及其史料来源》，载《国外藏学研究译文集》（第 9 辑），西藏人民出版社 1992 年版。

［法］安娜－玛丽·布隆多：《〈嘛呢宝训集〉的掘藏师是苯教徒吗?》，载《国外藏学研究译文集》（第 9 辑），西藏人民出版社 1992 年版。

［法］路易·巴赞、哈密屯：《"吐蕃"名称源流考》，载《国外藏学研究译文集》（第 9 辑），西藏人民出版社 1992 年版。

［法］石泰安：《敦煌写本中的吐蕃巫教和苯教》，载《国外藏学研究译文集》（第 11 辑），西藏人民出版社 1994 年版。

［日］上山大峻：《吐蕃僧诤问题的新透视》，载《国外藏学研究译文集》（第 11 辑），西藏人民出版社 1994 年版。

［法］石泰安：《两卷敦煌藏文写本中的儒教格言》，载《国外藏学研究译文集》（第 11 辑），西藏人民出版社 1994 年版。

［法］维吉尔·毕诺：《中国文化对十八世纪法国哲学家的影响》，载《国际

汉学》（第1辑），商务印书馆1995年版。

[法] 谢和耐：《法兰西学院的汉学讲座》，载《汉学研究》（第一集），中国和平出版社1996年版；载戴仁编《法国中国学的历史与现状》，上海辞书出版社2010年版。

[意] 史兴善：《利玛窦入华的行程路线》，载《汉学研究》（第一集），中国和平出版社1996年版。

[法] 戴仁：《法国的敦煌学研究》，载《汉学研究》（第一集），中国和平出版社1996年版。

[法] 鄂法兰：《法国对中国伊斯兰教的研究（1948—1949）》，载《汉学研究》（第一集），中国和平出版社1996年版。

[法] 戴仁：《法国汉学研究所简介》，载《汉学研究》（第一集），中国和平出版社1996年版。

[法] 童丕、蓝克利：《法国对中国古代经济社会史的研究》，载《汉学研究》（第二集），中国和平出版社1997年版。

[法] 布尔努瓦：《天马和龙涎——12世纪之前丝绸之路上的物质文化传播》，载《汉学研究》（第二集），中国和平出版社1997年版；载季成家主编《丝绸之路史话珍藏版·历史卷·古道之谜》，甘肃文化出版社2008年版。

[法] 罗伯尔·热拉-贝扎尔：《法国对中国西域的研究》，载《中国文化研究》，1997年秋之卷；《汉学研究》（第三集），中国和平出版社1999年版。

[法] 石泰安：《观音：从男神变女神一例》，载《法国汉学》（第2辑），清华大学出版社1997年版。

[法] 郭丽英：《中国佛教中的占卜、游戏和清净——汉文伪经〈占察经〉研究》，载《法国汉学》（第2辑），清华大学出版社1997年版。

[法] 谢和耐：《静坐仪，宗教与哲学》，载《法国汉学》（第2辑），清华大学出版社1997年版。

[法] 戴路德：《〈远东亚洲丛刊〉简介》，载《法国汉学》（第2辑），清华大学出版社1997年版。

[法] 戴仁：《法国汉学研究所简介》，载《法国汉学》（第2辑），清华大学出版社1997年版。

［法］汪德迈、程艾兰：《法国对中国哲学史和儒教的研究》，载《世界汉学》（创刊号1），世界汉学杂志社1998年版。

［法］鲁林：《法国对20世纪中国史的研究》，载《世界汉学》（创刊号1），世界汉学杂志社1998年版。

［法］马克：《法国战后对中国占卜的研究》，载《世界汉学》（创刊号1），世界汉学杂志社1998年版。

［法］郭丽英：《法国对汉传佛教研究的历史与现状》，载《世界汉学》（创刊号1），世界汉学杂志社1998年版。

［法］戴仁：《法国汉学研究所》，载《世界汉学》（创刊号1），世界汉学杂志社1998年版。

［法］谢和耐：《二战之后法兰西学院的汉学研究》，载《国际汉学》（第2辑），大象出版社1998年版。

［法］布尔努瓦：《法国的丝绸之路研究》，载《传统文化与现代化》1998年第4期。

［法］马若安：《利玛窦著作中的科学和技术》，载《国际汉学》（第3辑），大象出版社1999年版。

［法］赫·哈尔德：《18世纪的中国"政府"问题》，载《国际汉学》（第3辑），大象出版社1999年版。

［意］彼埃罗·科拉迪尼：《利玛窦与文艺复兴》，载《国际汉学》（第4辑），大象出版社1999年版。

［法］路易·巴赞：《法国对古突厥、回鹘和新疆的研究》，载《汉学研究》（第三集），中国和平出版社1999年版。

［法］马若安、弗朗吉尼、梅泰理：《法国近年来对中国科技史的研究》，载《汉学研究》（第三集），中国和平出版社1999年版。

［丹麦］K.龙伯格：《宋程理学在欧洲的传播》，载《国际汉学》（第5辑），大象出版社2000年版。

［法］谢和耐：《20世纪的法国汉学大师戴密微》，载《国际汉学》（第6辑），大象出版社2000年版。

［法］舒特：《耶稣会士进入中国的过程》，载《西北第二民族学院学报》（哲学社会科学版）2000年第1期。

［法］韩百诗：《高地亚洲元代历史地名的沿革》，载《汉学研究》（第四

集），中华书局 2000 年版。

［俄］克恰诺夫：《北宋与西夏的战争》，载《汉学研究》（第五集），中华书局 2000 年版。

［法］德尼：《法国阿尔泰学研究先驱伯希和》，载《蒙古学信息》2001 年第 3 期。

［法］韩百诗：《蒙古学泰斗伯希和》，载《蒙古学信息》2001 年第 2 期。

［法］路易·勒内、路易·瓦扬、让·菲利奥扎：《法国汉学泰斗伯希和》，载《汉学研究》（第六集），中华书局 2002 年版。

［法］谢和耐：《入华耶稣会士和中国明末社会》，载《汉学研究》（第六集），中华书局 2002 年版。

［法］谢和耐：《中国与欧洲国家观念的比较》，载《汉学研究》（第七集），中华书局 2002 年版。

［法］谢和耐：《17 世纪基督教在中国的本土化问题》，载《汉学研究》（第七集），中华书局 2002 年版。

［法］戴密微：《中国与欧洲早期的哲学交流》，载《国际汉学》（第 7 辑），大象出版社 2002 年版。

［法］阿米·海勒：《布达拉宫的红色和黑色护法神初探》，载《国外藏学研究译文集》（第 16 辑），西藏人民出版社 2002 年版。

［法］伯希和：《秦噶哗和古伯察先生的拉萨之行》，载《国外藏学研究译文集》（第 17 辑），西藏人民出版社 2004 年版。

［法］毕梅雪：《法国对中国考古和艺术史的研究（1950—1994）》，载《世界汉学》（第三辑），2005 年；载戴仁编《法国中国学的历史与现状》，上海辞书出版社 2010 年版。

［法］彼诺：《西域的吐火罗语写本与佛教文献》，耿昇译，载《龟兹学研究》（第三辑），2008 年。

［法］伯希和：《致色纳尔先生的信（选）》，载《大匠之门 9》，耿昇译，2015 年。

［法］布尔努瓦：《汗血宝马：带给汉武帝强盛》，载《书摘》2016 年第 7 期。

［法］伯德莱：《郎士宁与康熙雍正皇帝》，载《书摘》2017 年第 5 期。

四、论文与介绍文

《戴密微、巴拉兹》，载《中国史研究动态》1979年第6期。

《韩百诗》，载《中国史研究动态》1980年第7期。

《谢和耐》，载《中国史研究动态》1980年第8期。

《法国的敦煌学研究概况》，载《中国史研究动态》1981年第9期。

《高汉本》，载《中国史研究动态》1981年第4期。

《法国的敦煌学研究概况（修改稿）》，载《西北民族文丛》1983年第3辑。

《一九七九年巴黎国际敦煌学讨论会概况》，载《敦煌研究》1983年第2期。

《玛塞尔·拉露、戴密微评传》，载《国外藏学研究选译》，甘肃民族出版社1983年版。

《法国〈敦煌学论文集〉第3卷出版》，载《中国敦煌吐鲁番学会研究通讯》1985年第3期。

《法国对中国西域的研究》，载《西北史地》1986年第2期；载牟实库主编《丝绸之路文献叙录》，兰州大学出版社1989年版。

《马苏第〈黄金草原〉一书有关突厥和吐蕃民族的记载》，载《甘肃民族研究》1986年第3期。

《八十年代的法国敦煌学论著简介》，载《敦煌研究》1986年第3期。

《哈密屯〈钢和泰藏卷考释〉述要》，载黄盛璋主编《亚洲文明论丛》，四川人民出版社1986年版；载黄盛璋主编《亚洲文明》第一集，安徽教育出版社1992年版。

《法国的中国学家石泰安》，载《国外中国学研究译丛》第1辑，青海人民出版社1986年版。

《法国的西藏学研究小史》，载《国外藏学研究译文集》1986年第5期。

《18世纪入华耶稣会士对开封—赐乐业教的调查》，载《世界宗教研究资料》（《世界宗教文化》）1987年第1期。

《中法学者友好合作的硕果——〈敦煌壁画和写本〉一书内容简介》，载《敦煌研究》1987年第1期。

《法国近年来对入华耶稣会士问题的研究》，载《中国史研究动态》1987年第3期。

《尚蒂伊国际汉学讨论会综述》，载《中国史研究动态》1987年第6期。

《古代希腊罗马人笔下的赛里斯人》，载《西北史地》1987年第2期。

《敦煌石窟国际讨论会在敦煌研究院举行》，载《中国敦煌吐鲁番学会研究通讯》1987 年第 2 期。

《敦煌回鹘文写本的概况》，载《敦煌研究》1988 年第 1 期。

《论〈伯希和敦煌石窟笔记〉及其学术价值（摘要）》，载《敦煌研究》1988 年第 2 期。

《法国近年来的敦煌学研究》，载《文史知识》1988 年第 8 期。

《路易·巴赞和法国的突厥学研究》，载《新疆社会科学情报》1989 年第 1 期。

《法国学者推出敦煌学新作》，载《中国敦煌吐鲁番学会研究通讯》1989 年第 1 期。

《石泰安教授关于汉藏走廊古部族的研究》，载《青海民族学院学报》1989 年第 1 期。

《法国学者近年来对敦煌民俗文化史的研究》，载《中国史研究动态》1990 年第 6 期。

《法国藏学研究综述》，载《中国藏学》1990 年第 3 期。

《意大利藏学家图齐和〈西藏的宗教〉一书》，载《国外藏学研究动态》1990 年第 4 期。

《法国女藏学家大卫·妮尔传》，载《中国边疆史地研究》1991 年第 2 期。

《伯希和敦煌石窟笔记及其学术价值》，载段文杰主编《敦煌石窟研究国际学术讨论会文集·石窟考古编1987》，辽宁美术出版社 1990 年版。

《法国传教士古伯察及其〈鞑靼西藏旅行记〉》，载《西北民族研究》1990 年第 2 期。

《关于法国传教士古伯察西藏之行的汉文史料》（与继光合作），载《西藏研究》1991 年第 1 期。

《中国中外关系史学会扬州会议纪要》，载《中国史研究动态》1992 年第 9 期。

《国外中外关系史名著简介》，载《中国中外关系史学会通讯》1992 年第 10 期。

《法国藏学家小传》，载《国外藏学研究译文集》，1992 年。

《法国学者近年来对中学西渐的研究》（上、中、下三篇），分载于《中国史研究动态》1995 年第 4、5、9 期。

《十六—十八世纪的中学西渐和中国对法国哲学思想形成的影响》，载《传

·209·

统文化与现代化》1996 年第 1 期；载《西北第二民族学院学报》（哲学社会科学版）1999 年第 3 期。

《中外学者对大秦景教碑的研究综述》，载《明清之际中国和西方国家的文化交流——中国中外关系史学会第六次学术讨论会论文集》，1997 年；载中国中外关系史学会编《中西初识》，大象出版社 1999 年版。

《四海存知己，华文铸友谊——追忆法国著名汉学家龙巴尔教授》，载《中国史研究动态》1998 年第 6 期。

《法国汉学家谢和耐教授》，载《国际汉学》（第 2 辑），大象出版社 1998 年版。

《莱布尼茨与中学西渐——评法国汉学界今年来有关莱布尼茨与中国的几部论著》，载《中国文化研究》1998 年冬之卷。

《外国学者对西安府大秦景教碑的研究》，载《世界宗教研究》1999 年第 1 期。

《法国女藏学家大卫—妮尔的生平与著作》，载《汉学研究》（第三集），中国和平出版社 1999 年版。

《意大利入华画家年修士事迹钩沉》，载《汉学研究》（第四集），中华书局 2000 年版。

《从法国安菲特利特号船远航中国看 17—18 世纪的海上丝绸之路》，载《汉学研究》（第四集），中华书局 2000 年版；载《西北第二民族学院学报》（哲学社会科学版）2001 年第 2 期。

《法国学者对海瑞 16 世纪在淳安县改革的研究》，载《汉学研究》（第五集），中华书局 2000 年版。

《西方汉学界对开封犹太人调查研究的历史与现状》，载《中西初识二编》，大象出版社 2000 年版；载《汉学研究》（第五集），中华书局 2000 年；载《西北第二民族学院学报》（哲学社会科学版）2000 年第 4 期。

《中国对意大利文艺复兴的影响》，载《学习时报》2000 年 12 月 18 日第 4 版。

《16—18 世纪中国文化在法国的影响》，载《学习时报》2001 年 11 月 27 日。

《法国汉学界对入华耶稣会士的研究》，载《光明日报》2001 年 1 月 9 日第 B03 版。

《法国学者对入华耶稣会士和中西文化交流的研究》,载中国人民大学基督教文化研究所主编《基督教文化学刊》(第5辑),宗教文化出版社2001年版。

《伯希和西域探险与中国文物的外流》,载《西北第二民族学院学报》(哲学社会科学版)2001年第4期;载《2000年敦煌学国际学术讨论会论文集》,甘肃民族出版社2003年;载《世界汉学》(第3辑),世界汉学杂志社2005年版。

《中国儒家文化于17—18世纪在法国的传播与影响》,载《齐鲁文化研究》2002年第10期;载澳门《中西文化研究》2002年第1期。

《法国汉学界对丝绸之路的研究》,载《西北第二民族学院学报》(哲学社会科学版)2002年第4期;载澳门《中西文化研究》2002年第2期。

《法国遣使会使古伯察的环中国大旅行与中法外交交涉》,载纪宗安、汤开建主编《暨南史学》(第一辑),暨南大学出版社2002年版;载郑培凯主编《九州学林》2004年第2期。

《丝绸之路研究在中国——昆明丝绸之路学术会议综述》,载《西北第二民族学院学报》(哲学社会科学版)2002年第4期。

《2001年海上丝路研究在中国(上)》,载《南洋问题研究》2003年第1期。

《2001年海上丝路研究在中国(下)》,载《南洋问题研究》2003年第2期。

《近年蓬勃发展的中外关系史研究》,载《中国文化研究》2003年第2期。

《"中国海外贸易与海外移民史"研讨会综述》,载《深圳大学学报》(人文社会科学版)2003年第3期。

《贡斯当与〈中国18世纪广州对外贸易回忆录〉》,载纪宗安、汤开建主编《暨南史学》(第2辑),暨南大学出版社2003年版。

《法国汉学界对中西文化首次撞击的研究(上)》,载《河北学刊》2003年第4期。

《法国汉学界对中西文化首次撞击的研究(下)》,载《河北学刊》2004年第2期。

《法国对入华耶稣会士与中西文化交流的研究》,载《国际汉学》(第10

辑），大象出版社2004年版。

《用世界的眼光看清史——兼谈中国文化于17—18世纪在法国的传播》，载于沛编《清史译丛》（第一辑），中国人民大学出版社2004年版。

《蓬勃发展的中外关系史研究》，载《中外关系史论丛》第7辑，商务印书馆2004年版。

《16—18世纪的入华耶稣会士与中西文化交流——法国汉学界的新热点》，载《汉学研究》（第八集），中华书局2004年版。

《17—19世纪西方人视野中的澳门与广州》，载耿昇、吴志良主编《16—18世纪中西关系与澳门》，商务印书馆2005年版。

《法国入华耶稣会士罗历山对东京王国的研究》，载石源华、胡礼忠主编《东亚汉文化圈与中国关系》，中国社会科学出版社2005年版。

《北圻与中国传统文化——法国入华耶稣会士罗历山及其对"东京王国"的研究》，载《西北第二民族学院学报》（哲学社会科学版）2005年第1期。

《西方人视野中的澳门与广州》，载《中国文化研究》2005年夏之卷。

《法国学者对敦煌文本的研究与谢和耐教授的贡献》，载《国际汉学》（第13辑），大象出版社2005年版。

《传教士与远征军——法国传教士艾嘉略第二次鸦片战争亲历记》，载《杭州师范学院学报》（社会科学版）2005年第4期。

《继承锡文化的悠久传统，开创锡都的光辉未来》，载《锡文化论文集》，个旧市委宣传部、云南社会科学院2005年。

《千年宁波港，荣辱伴中华——西方人视野中的宁波地区》，载《宁波与海上丝绸之路》，科学出版社2006年版。

《孟斗班与第二次鸦片战争——从新公布的档案文献看英法联军侵华战争》，载《学术月刊》2006年第1期；载中外关系史学会编《多元视野中的中外关系史研究——中国中外关系史学会第六届会员代表大会论文集》，延边大学出版社2007年版。

《法国汉学界有关郑和下西洋的研究》，载《中国文化研究》2006年第2期。

《远航600载，环球共注目——法国汉学界有关郑和下西洋的研究》，载杨允中主编《郑和与海上丝绸之路》，香港城市大学出版社2005年版。

《试论法兰西学院的中国学讲座》，载《汉学研究》（第九集），2006年；载王荣华主编《多元视野下的中国：首届世界中国学论坛》，学林出版社2006年版。

《西方人视野中的喀什》，载《西北第二民族学院学报》（哲学社会科学版）2007年第1期。

《西方人对中国开封犹太人的调查始末》，载《河南大学学报》（社会科学版）2007年第2期。

《探索中西关系源头，谱写丝路文化新章——重读丘进先生的〈中国与罗马〉》，载丘进主编《中国与罗马——汉代中西关系研究》，"序"，黄山书社2008年版。

《伯希和西域探险团对库车地区的考察及其所获汉文文书》，载《西北第二民族学院学报》（哲学社会科学版）2008年第6期。

《试论遣使会传教士的在华活动》，载中国人民大学基督教文化研究所主编《汉学与神学 基督教文化学刊》（第17辑），宗教文化出版社2007年版；《海外中国学评论》（第3辑），上海辞书出版社2008年版。

《试论巴黎外方传教会的在华活动》，载《汉学研究》（第十一集），学苑出版社2008年版；载单周尧主编《东西方研究》，上海古籍出版社2012年版。

《登州是中国海上丝绸之路的始发港之一》，载耿昇等主编《登州与海上丝绸之路——登州与海上丝绸之路国际学术研讨会论文集》（2008年），人民出版社2009年版。

《从英国传教士韦廉臣夫人的游记看19世纪下半叶的烟台与山东半岛》，载载耿昇等主编《登州与海上丝绸之路——登州与海上丝绸之路国际学术研讨会论文集》（2008年），人民出版社2009年版。

《法国里昂商会中国考察团于1895—1897年对云南的考察》，载《北方民族大学学报》（哲学社会科学版）2009年第1期。

《清代西方人视野中的澳门与广州》，载叶显恩等主编《"泛珠三角"与南海贸易》，香港出版社2009年版。

《考察草原丝绸之路的法国人》，载《北方民族大学学报》（哲学社会科学版）2009年第6期。

《从基督宗教的第3次入华高潮到西方早期中国观的形成》，载《华侨大学学报》(哲学社会科学版) 2009 年第 2 期。

《从方济各·沙勿略客死上川到耶稣会士大举入华》, 载中国中外关系史学会、浙江大学日本文化研究所、暨南大学华人华侨研究所编《新视野下的中外关系史》, 甘肃人民出版社 2010 年版。

《伯希和对库车地区的考察成果》, 载《"丝绸之路与龟兹中外文化交流"学术研讨会论文集》, 2010 年。

《法国云南东方汇理银行在中国的活动》, 载《北方民族大学学报》(哲学社会科学版) 2010 年第 6 期。

《冯承钧先生学术年表》, 载冯承钧著《中国南洋交通史》, 商务印书馆 2011 年版。

《冯承钧与〈中国南洋交通史〉》, 载冯承钧著《中国南洋交通史》, 商务印书馆 2011 年版。

《谢和耐: 法国汉学大师》, 载《中外文化交流》2011 年第 2 期。

《法国东方学家格鲁塞对玄奘西游的研究》, 载《北方民族大学学报》(哲学社会科学版) 2011 年第 5 期。

《明末西班牙传教士笔下的广东口岸 (上)》, 载《华侨大学学报》(哲学社会科学版) 2011 年第 4 期。

《明末西班牙传教士笔下的广东口岸 (下)》, 载《华侨大学学报》(哲学社会科学版) 2012 年第 1 期。

《澳门在基督宗教第三次入华中的作用与地位》, 载郝雨凡、吴志良、林广志主编《澳门学引论 首届澳门学国际学术研讨会论文集下》, 社会科学文献出版社 2012 年版。

《学术汉学与实用汉学之争》, 载潘世伟、黄仁伟、周武编《中国学》(第 2 辑), 上海人民出版社 2012 年版。

《古丝路重镇龟兹历史文明探索——〈伯希和西域探险日记〉中有关库车绿洲的记述》, 载《丝绸之路》2012 年第 22 期。

《法国里昂商会中国考察团对四川和贵州养蚕业与丝绸业的考察 (1895—1897 年)》, 载《北方民族大学学报》(哲学社会科学版) 2012 年第 3 期。

《法国政界与商界对云南茶马古道南北两道的考察》, 载马明达、纪宗安主编《暨南史学》(第八辑), 暨南大学出版社 2013 年版。

《康熙大帝、路易十四与天主教入华》，载耿昇载建兵主编《历史上中外的和谐与共生：中国中外关系史学会 2013 年学术研讨会论文集》，甘肃人民出版社 2014 年版。

《儒家文化与佛教之间的"礼仪之争"》，载杭州化学院编《吴越佛教》（第八卷），九州出版社 2013 年版。

《我与法国汉学》，载《国际汉学》2014 年第 1 期。

《法国汉学界的丝路研究》，载《丝绸之路》2014 年第 11 期。

《中国儒家文化通过丝绸之路在法国的传播与影响》，载单纯、于建福主编《国际儒学研究》（第二十三辑），九州出版社 2014 年版。

《中法早期关系史：柏朗嘉宾与鲁布鲁克出使蒙元帝国》，载《北方民族大学学报》（哲学社会科学版）2014 年第 3 期。

《搭中法文化交流之虹桥　涉中外关系史之学海——我的治学之道》，载《社会科学战线》2014 年第 1 期。

《中国、哈萨克斯坦与丝绸之路经济带》，载《汉学研究》（总第十九集）2015 年秋冬卷，学苑出版社。

《方济各会士出使蒙元帝国，中法关系的肇始》，载《西部蒙古论坛》2015 年第 1 期。

《十八世纪在广州的法国商人和外交官》，载《海洋史研究》2015 年第 2 期。

《法兰西学院汉学讲座 200 周年与伯希和的贡献》，载《社会科学战线》2015 年第 1 期。

《香格里拉的"德钦特藏"》，载《社会科学战线》2015 年第 11 期。

《法国探险家弥皋对于康藏地区的科学考察》，载《国外藏学研究集刊》（第 1 辑），上海古籍出版社 2017 年版。

（作者为陕西师范大学国外藏学研究中心副教授）

耿昇与他的"绝学"

欧阳哲生

从万明处听到耿昇先生病逝的消息,我心头一震,立即有一种永远失去而难以弥补的遗憾。这不是一般学人离世时常有的那种感觉,真正是一种永远失去的遗憾。人们常以"及身而绝"来形容那些身怀绝技而不幸去世的学人所带走的"绝学"。如果浏览一遍耿昇先生的译著目录,我们很自然地会有这种感觉。

我与耿昇先生的最初接触是在20世纪90年代,一次与人民出版社的朋友在他们单位附近吃午饭,在胡同里遇到耿昇,他肩挎书包,行色匆匆,双方互相打了一个招呼就过去了。过后,我的朋友把耿昇的翻译业绩大大夸奖了一番。那是一个学人靠稿费生活的年代,耿昇已翻译、出版了十多种著作,在京城学界算是很"牛"的人物了。后来在北京语言文化大学《中国文化研究》主编阎纯德先生主办的一次小型座谈会上,我们再次相遇,双方似乎没有什么交谈,散会就分开了。两人的真正直接交流很晚,2014年5月18日应北京外国语大学海外汉学研究中心张西平兄邀请,我参加了《卜弥格文集》出版学术研讨会。会上,我见到了几位久仰而未曾谋面的中西文化交流史研究前辈学者和同人,包括沈定平、金国平、汪前进等,耿昇也参加了这次会议。此前自己因为撰著《古代北京与西方文明》,常常参阅耿昇的译著,他大概也看过我的东西,所以这次会面,两人即有一见如故之感。耿昇不是那种话语很多、大包大揽的豪放派,与他谈话,基本上是我问他答。当年11月上旬,中华炎黄文化研究会、北京外国语大学、维也纳大学、中国文化院在奥地利维也纳共同主办21世纪中华文化世界论坛"中欧文化交流的过去与未来"第八届国际学术研讨会，我和耿昇都在受邀之列，一周多时间的朝夕相处，两人有了较多的接触机会。从那以后，我们时常通过电话或开会联系。2016 年 5 月，我的教育部人文社科基金课题"鸦片战争以前西方人士的'北京经验'研究"结项，我打电话请耿昇做结项评审专家，他欣然答应，亲笔撰写了评语，并送交打印后寄给我，感觉到他做事的那份认真劲儿。

我介入中西文化交流史是从研究"古代北京与西方文明"这一课题入手，耿昇翻译的汉学著作可以说是我案头的常备参考书。耿昇是继张星烺、冯承钧之后，在中西文化交流史、法国汉学方面的又一位大家。他在《我的治学之道》一文中述及自己的学术工作时这样说："在学术翻译和研究中，本人主要精力是集中在四大学科领域：西域史（多领域）、中西文化交流史（以入华传教士为主）、丝绸之路（西北、西南与海上丝路史）、法国汉学史，而且在每个学科领域中都有不少成果问世。这些领域基本上都属于中西交通史或中外关系史。"对一般学人来说，这些领域都是比较冷僻而专门的学问，不要说在这些领域谋取立足之地不易，就是成为其中某一个方向的专家也是常人难以做到的事。对耿昇的整个学术译介事业，我无力评及。但只要通览他的译著书目，我们都会有这样的印象：一是他涉足的领域，如丝绸之路、西域史、蒙古学、吐鲁番学、突厥学、敦煌学，都是傅斯年视之为"四裔问题"的学问，在中国也许是比较冷僻而专门，在国际上却是热门而蔚为显学的，故入门的门槛甚高。如果与国际学术界没有热切联系，就不可能登堂入室；二是这些领域对研究者的语言能力要求极高，它们往往涉及多语种，法语、英语自不待说，还须通晓少数民族语（如蒙古语、藏语等），甚至有些西域、中亚的死语，只有历史研究与语言能力相结合才可得其门而入；三是从耿昇的翻译成果——多达六七十种译著，加上他本人的著作、论文，粗略估计其译著字数约 2000 万字。可以想象，他是一位非常勤奋的翻译家兼学者。没有长年累月、持续不断的努力工作，是不可能如此高产的。耿昇自述："书山有路，学海无涯。读书做学问难，做翻译更难。回首自己 30 多年的爬格子或'码字'生涯，感受多多。成绩固然是一笔一画拼凑而成的，纰漏也是点点滴滴地聚拢起来的。"这应该是他的真实体会。

学术是时代的产物。耿昇是 1981 年调入中国社会科学院历史研究所的，此时正是改革开放启动不久，祖国迎来"科学的春天"，知识分子甩开膀子大干的时候，耿昇迎来了自己人生和事业的转型。他自述："我真正的人生，似乎正是从此而开始，有了自己热爱的职业，从事自己所喜爱的工作。在此后的30多年间，自己锲而不舍，从一个完全不懂历史学的门外汉，也算登堂入室了，现在是中国社会科学院历史所研究员。"不过，从一个法语翻译人员，到法国汉学翻译，再到中外关系史研究，我想这对耿昇来说，殊属不易，这是一个漫长而艰辛的过程。他1968年毕业于北京外国语学院法文系，大学期间恰恰赶上"文革"发生，似乎不可能接受很好的教育。1969年分到中国人民解放军4582部队"接受工农兵再教育"，学业也很难向前推进。他真正走上学术道路应该是在进入中国社科院历史研究所以后。在他的学术转型过程中，几乎都是靠刻苦自修，定然花费了大气力。他进入的中外关系史领域都是非常专门，像西域史、蒙古学、吐鲁番学、突厥学、敦煌学、耶稣会士入华史这些领域，甚至可以说是非常专深的领域，现在人们通称为"绝学"。耿昇从1980年到2013年，共出版译著60部66册，论著1部，论文和介绍评论文近120篇，译文近200篇，几乎年产二部。翻译数量之庞大，可谓举世无出其右。能够取得如此多的成果，与他本人的勤奋努力当然是分不开的。而时代的宽松环境、国家的急迫需要、各方面的协力配合应该说也是非常重要的辅助因素。

中西文化交流史（旧称中西交通史）是一门特殊的专门史。早期开拓这一领域的学者，或像冯承钧留学法国，师从伯希和，通过吸收法国汉学的养料进入国际汉学的殿堂；或像张星烺留学欧美，通晓多种外语，然后刻苦钻研欧美东方学（特别是英国东方学家亨利裕尔的著作），获得这方面的专业素养；或像陈垣进入辅仁大学这样的天主教教会大学，通过与教会史学者接触获得灵感，发掘中文文献材料，在这一领域谋取立足之地；或像朱之谦取道东瀛，通过借助日本历史学者的东西交通史书籍获得这方面的养料，进入中西文化交流史领域。毫无疑问，耿昇是通过自己刻苦钻研法国汉学，吸取法国汉学的精华，将其"最重要、最著名和中国学术界最需要的学术名著"择其精华翻译成中文，介绍给中文学术界同行。他所取路径和行进路线，应该说是比较正宗的，他实际上是通过法国汉学这条便捷路径走上了中西文化交流史研究之路。他为中国学术界打破与外界的隔阂，迅速缩短与法国同行的差距，可以说做出了切实的贡献。

耿昇对自己的法语水平颇自信，他曾在外交部门工作多年，担任过周恩来总理的法语翻译；调到中国社科院历史研究所中外关系史室工作后，又经常赴法国访学，与法国汉学界交往密切，对法国汉学成果了如指掌，是国内这方面难得的人才。他谈及自己与法国汉学界交流的经验时说，我的法语"顶呱呱"，法国学者说汉语结结巴巴，不敢恭维，话语口气中的那种自信和底气在同行中是很少见的。他曾经担任过一位博士生毕业论文的答辩委员，发现该生论文有袭取他的论著之嫌而未加注释，他一方面指出问题所在，一方面又以宽恕待人的仁者之心未加追究，显示他爱护后生的长者风范。

耿昇的翻译工作量太大，引来物议甚至批评，是意料中事。平心而论，耿昇翻译的荣振华等著《16—20世纪入华天主教传教士列传》这样的教会史工具书绝非易事，由于其不同于一般的文学作品翻译，不仅对译者中法双语的语言能力有很高的要求，而且对其相关的专业知识和素养也有相应的要求，这是一项精确度要求极高的翻译工作，一般译者根本无力胜任。书中涉及的专业术语、传教士汉名和各种约定俗成的名称，非有相当的专业素养才能掌握。"'学贯中西'是对大学问家的盛赞，'熟悉中西'则是从事中西文化交流史学者的必备。"耿昇这句话是对自己从事中西文化交流史研究工作的经验总结。有的学者对耿昇译著存在的问题提出批评，从学术上来说，也是合情合理的。但从另一方面来看，一部学术译著的出版需要经过若干环节，某些环节并非译者所能完全掌控，出现误差也就在所难免。面对一个知识谱系复杂、专业术语艰深的领域，译者可能存在难以克服的知识上的盲点。因此，人们在展开学术批评的同时，也须对译者的艰辛多一分"同情的理解"，不可因其出现的一些差误而抹杀他难得的成就。设想一下，如果没有耿昇在法国汉学方面所做的大量译介工作，我们对法国汉学在敦煌学、藏学、西域学、中亚学、蒙古学、突厥学、来华耶稣会士史这些专业领域的成果，很多可能就茫然无知。正因为如此，耿昇的离去，使学术界深感在这些领域无可替代的缺失。胡适逝世时，梁实秋曾以"但恨不见替人"来表达自己的哀痛，以此语说明耿昇在介绍法国汉学中的作用可以说也是颇为适合的。举目四望，环顾海内，我们今天的确暂时找不到像耿昇这样有分量的法国汉学翻译人才。18世纪法国三大汉学名著之一《耶稣会士中国书简集》中译本出版后，在与耿昇的电话交流中，我曾几次怂恿他翻译《中国丛刊》（十六卷），当时他的研究兴趣似已转移到敦煌学、藏学、丝绸之路这方面，他表示自己暂时无力承担这件工作，现在看来要找到适合翻译这套书的人选，恐怕是更难了。

不知是对自己来日无多有某种预感，还是出于对自己译著成果的不放心，耿昇最后十年很大一部分精力是在整理、修订自己的已有翻译成果。他出版了几种集大成式的著作和译著，包括《法国中国学的历史与现状》（上海辞书出版社2010年版）、《16—20世纪入华天主教传教士列传》（广西师范大学出版社2010年版。此书将荣振华著《1552—1800年入华耶稣会士列传》、《入华遣使会传教士列传》和《入华巴黎外方传教会传教士列传》三传合一，汇集成书）、《明清间入华耶稣会士入华与中西汇通》（东方出版社2011年版）、《中法文化交流史》（云南人民出版社2013年版）、《法国汉学史论》（上、下册，学苑出版社2015年版）等，每一本书都是厚达七、八百页，甚至1000多页，给人沉甸甸的分量之感。这些书籍每出一本，我即会毫不犹豫地购买一本，它们对我的研究确有重要的参考价值。

在译介法国汉学之外，耿昇还撰写了一些学术论文，如《试论巴黎外方传教会会士的在华活动》《试论遣使会传教士的在华活动》《法国的传教士与远征军——法国传教士艾嘉略第二次鸦片战争新历记》《孟斗班与第二次鸦片战争——从新公布的档案文献看英法联军侵华战争》《广州与17—18世纪的中法关系》《18世纪的澳门与广州的对外贸易》《17—18世纪在广州的法国商人、外交官与十三行行商》《18世纪的欧洲商船与茶叶贸易》《西方人视野中的澳门与广州》等，对法国入华传教士与中西文化交流、第二次鸦片战争史，广州、澳门与海上丝绸之路这些领域的研究，我以为都有新的拓展，在中文学术界具有填补空白的作用。

耿昇离世时只有73岁，这个年纪在古人虽已过了古稀之年，在当今多少仍给人早逝之感。想象一下，如果他能再活十年、二十年，为我们再译二十、三十部法国汉学名著，中国相关研究领域自然就会有新的更多受惠，情况也许就大不一样。可惜！斯人已逝，不亦悲乎！如今我们只能缅怀他的学术业绩，鞭策自己发奋努力、继续前行。

2021年2月9日于京西水清木华园

（作者为北京大学历史学系教授）

祭耿昇

曲玉维

玉维乘车将欲行,
忽闻京中哀鸣声。
笔耕不辍成津梁,
学林萧萧泣耿昇。

[曲玉维化用李白的《赠汪伦》2018年4月14日于耿昇先生告别仪式时]

(作者为山东省龙口市文化局副局长)

悼念耿昇

沈福伟

我从未想到过我会写出这样的文字：耿先生比我年轻十岁，他的身体向来很健壮，给我的印象是充满活力，谈笑风生，是个能肩负重任的战士。

耿先生对中国与欧洲的文化交流成果累累，声誉卓著。在中外关系史这块学术园地，以往大家都推崇有过留学法国经历的冯承钧，因为他译出了沙海昂译注的足本《马可·波罗行纪》，还有《多桑蒙古史》，以及发表在《通报》上的许多著名学者的论著，他本人撰写了《中国南洋交通史》，按辑了许多有关西北史地和南海交通的文献，进行了缜密的考订与研究，对中法文化交流贡献殊多。耿昇追迹前人，为当今法国东方学和汉学成果搭桥铺路，在他三十多岁的时候，就翻译与介绍法国的学术成就而论，已经超出了冯承钧，后来仍孜孜不倦地奋力工作，译成60部书，2000多万字，他本人也写作了数达200万字的研究与介绍文字，并且奔波在中法两国间，为双方交谊立下功勋，成绩之大，少有人可以与之相比。

我与耿先生见面的次数甚少，只可说是神交之友。记得是在1985年前后，谢方与他路过苏州，一同到我那个坐落在古城小巷中的旧屋中闲聊。我和谢方都称许他翻译的功力与业绩已经胜出冯承钧，感到冯先生开启的这门学科后继有人，找到了合适的继承人。耿昇学习法语是科班出身，不比我这个人，考大学原本是盼着考北大西语系，却进了复旦历史系，学外语只能学俄语，英语从此只能靠自学，因此种下了我对耿昇的羡慕之意。

事过十年之后，借学会在深圳开年会之机，我再次见到耿昇，他主动找我谈谈说说，不嫌弃我这个老土，我们两人还合了影。1995年他荣获法国政府颁发的"文学艺术勋章",是对他为中法文化交流立下的功绩所作的认定,同时也是我们学会的荣誉。所以我也同样受到鼓舞,深感这是他应得的回报,他是我最钦佩的我们学会的领导人。从此我们彼此更是互相交换著作。可是我哪能与他的多产相比,往往是要过好多年才能出一本书:只能多半在教学之余,加时加班地写作,才能多少弥补1978年9月我重回老家从事教学工作以前,七、八年中在农村工作和生活期间对所学专业的荒芜,更不要说有时一本书还要在出版社待上八九年才能面世了。常常是他给我寄来新作,及时给我供应名著名译,其中就有马苏第的《黄金草原》、阿里·玛扎海里的《丝绸之路:中国—波斯文化交流史》、维吉尔·毕诺的《中国对法国哲学思想形成的影响》等名著,还有他自己的著作结集《中法文化交流史》。

在2014年5月我得到《中法文化交流史》一书后,饥不择食地捧读。我写信告诉他,我正在拜读他写的法国遣使会的论文,觉得自己在这方面的知识还很欠缺,有机会一定会引用他的书加以补充。当他得知我正在写作《中国与欧洲文明》时,多次问询出版了没有,答允与我互赠书作。可我这本书在出版过程拖沓了不少时间,直到2018年8月才面世。我匆匆地给耿兄寄出,夹了一封长信,诉说我在2017年去了土耳其,登上了金门湾旁山头上往昔金碧辉煌而现已荡然无存的布拉赫奈(Blachernae)皇宫遗址,了却了我多年来的拜占庭梦。因为我相信这就是拜占庭又称"伏罗尼"的语源,正是在公元502年向洛阳的北魏政权派过使节的"婆罗捺"。不料此书寄出后得到的信息是耿兄停机,无法投递,致被退回。随即获悉耿兄已在4月10日去世,我万万没想到耿兄会先我而去,永远无法见到此信,我与他就此被相隔在两个世界中。

耿兄在我心目中永远还是五十多岁时的风采,他没有老,老起来的是我。世间真的能有几多铁人?何况铁人也会被不断提升的重负压倒。在我们这个从事艰苦的农事的人群中,活到八、九十岁的已经越来越多的时代里,真觉得耿兄不该那么早便撒手离开了我们!

2018年8月30日

(作者为苏州大学社会学院教授)

永远的怀念——追思耿昇先生

孙 泓

耿昇先生是我国中外关系史研究著名专家、翻译家、法国汉学研究专家，毕生从事中外文化交流史的翻译与研究，治学广泛。译著70余部，学问博大精深，令人高山仰止，尤其在引入法国史学理论、法国汉学史，推进中法学术交流，推动国际汉学进入中国中外关系史研究领域，促进民族古文字、语文与文献研究的进步与发展方面，做出了巨大贡献。

2018年4月10日下午，我正在重庆社会主义学院学习，因为上课不允许接电话，看到万明老师的电话，没有接，待到课间回复的时候，电话中传来了痛哭声，万明老师哽咽的声音断断续续传来："耿昇走了……"我惊呆了……怎么可能？不敢相信自己听到的噩耗，耳边断断续续传来万明老师哽咽的声音，在叙说耿昇先生去世的过程，才不得不接受这一事实，去面对这令人久思而心痛的时刻。尊敬的师长耿昇先生真的不幸与世长辞了！

放下电话，遵万明老师委托，协助其准备撰写耿昇先生生平的素材，回到课堂，伤悼久久难以平息。再难听到老师的讲课声，不知不觉已经与耿昇先生相识16载，不敢相信亦师亦友似亲人的耿昇先生竟这样离去了，在其还没有完成自己宏伟计划的时候，竟就这么离去了，想在学会的群里发布这一噩耗，可万明老师不同意，却只能尊重她的意见，强忍悲痛，查找耿昇先生的生平材料。

傍晚，手机快被学会同人打爆了，纷纷求证消息是否可靠，能否代为敬献花圈，无法，再次与万明老师协商，以学会名义正式发布耿昇先生去世的噩耗，到14日追悼会前就收到了近60份要求代为敬献花圈的电话、微信，竟比社科院治丧委员会收到的还要多，可见耿昇先生在学会是多么深得人心。

14日追悼会，更有许多学会同人从外地专程赶到，只为送耿昇老师最后一程。

一　初识耿昇先生

初识耿昇先生是2002年8月在乌鲁木齐召开的中国民族史学会的年会上，经宁夏社会科学院李范文先生介绍，得以认识耿昇先生。他身穿白色衬衫蓝色长裤，身背黑色大公文包，鼓鼓的，拉链都拉不上，拖着一个28寸黑色的大行李箱，这一形象一直保持到他去世，基本没有变化。他朴实、幽默、平易近人，思路开阔清晰，学识渊博，会议期间，与父亲、李范文先生相谈甚欢，使我受益匪浅，并经耿昇先生介绍，加入了中国中外关系史学会，进入了一个崭新的领域。

二　与耿昇先生共事中国中外关系史学会

2002年11月第一次参加了中国中外关系史学会的会议，到2018年耿昇先生去世，共16年间。我亲历了耿昇先生担任中国中外关系史学会会长的十余年间学会的发展壮大。我从2005年担任学会副秘书长开始，逐渐参与学会工作，与耿昇先生的接触逐渐多了起来。

耿昇先生平易近人，任劳任怨，作为会长，每次学术会议的通知，都是他带领秘书处的工作人员一起邮寄，几百份邀请函，一张张地折叠，装入信封，贴上邮票，写上地址，往往一忙就是一天，可他从不因自己是会长，而抱怨自己不该亲自动手，气氛和谐而温馨。

记得2005年延吉换届会议，我当选为副秘书长，因天气原因，连降暴雨，北京通往东北的铁路冲毁，气温骤降，父亲感冒发烧，使我陷入两难境地，一方面学会组织赴符拉迪沃斯托克考察，耿昇先生夫妇因没有因私护照，无法成行，学会方面需要有人领队，我作为会议承办方负责人理所当然应该负起这个责任。一方面父亲生病需要照顾，无法独自返程，作为女儿无论如何放心不下。父亲已经75岁了，心脏做了6个支架，又感冒发烧，一旦出点事，后悔都来不及。父亲为了顾全大局，坚持让我继续带队去符拉迪沃斯托克考察，执意一人返程回沈阳。这时是耿昇先生挺身而出，冒着巨大的风险担负起了护送照顾父亲的重任，在火车上不眠不休，安全将父亲护送到沈阳，交到哥哥的手中。解除了我的后顾之忧。现在想起来，还总是后怕，让我看到了他的敢于担当。

耿昇先生在学会工作中，注意掌控大局，对学会工作从不计较个人得失，在酝酿学会理事会成员的时候，也是以学会大局出发，注意学会的成员构成，做到老中青结合；选人也不在乎个人之间的矛盾，以学识、能力为主要原则，为学会在全国范围的发展布局，迎来了学会的发展壮大。

在耿昇先生任会长期间，学会的学术会议一年竟达三至四次，在学术经费匮乏的年代，这是绝无仅有的，会员人数也逐年增加，一般学会会员也仅二三百人，已算庞大，而中外关系史学会竟达上千人。会议研讨范畴也从最初的西域、南海，拓展到西南、中南、北疆乃至东北，可谓覆盖全国、门类齐全，这与耿昇先生的大视野、大格局是分不开的。据统计耿昇先生担任会长期间共召开学术会议33余次（见附表一），出版论文集16部（见附表二）。

回想这16年，从2002年加入中国中外关系史学会，2005年担任副秘书长，跟随耿昇先生的脚步，多次参加学会召开的学术会议，2010年开始承担学会秘书处的主要工作，直到2013年担任秘书长，一步一步走来，使我获益良多，非常感谢耿昇先生。我自知以我的资历、学识是不足以担任秘书长这一职务的，因副秘书长马一虹的去世，贾建飞的离职，使他无人可用。深知这也是耿昇先生的无奈之举，我所能做的只有努力摆正自己的位置，尽力做好自己的事，认真做好学会的工作，做好顺利过渡交接工作，以报答耿昇先生的知遇之恩。

回望过去，我问心无愧。对得起耿昇先生的在天之灵。

三 生活中的耿昇先生

记得第一次参加中国中外关系史学会深圳会议，耿昇先生特意给我介绍了万明先生，当时他很神秘、很兴奋，又有些迫不及待，孩子气，那种雀跃的心情，我至今记忆犹新，当时还觉得很奇怪，后来从马一虹口中才得知他们之间的关系。让我感受到了他的赤子之心。每次开会他都不忘为万明老师，为小孙子、孙女去选礼物，从衣物到玩具、零食，可以看到他对家人的用心和关爱。

耿昇先生热情、幽默，每次去看他，他都会请我吃饭，因为我对葱、洋葱过敏，他总是一边取笑我，说我是信奉"衣冠教"的，一边耐心地一遍一遍嘱咐服务员，菜品里面一定不要放葱和洋葱。细心而又周到，让人感动。

耿昇先生为人豪爽、朋友遍天下，不管到哪里开会，都有他的朋友，需要帮助的时候，也是一呼百应。每次开会都吸引大批年轻人围绕在他的身边，当年轻人向他请教问题的时候，他都耐心解答，并热心帮助提供资料信息，和蔼可亲、平易近人，是一位令人尊敬的师长。

耿昇先生喜爱喝茶是众所周知的，每到新茶上市，都会有朋友给他寄茶叶；到茶叶产区开会，他也是大包大包地买茶叶；去看他，最好的礼物也是茶叶。在他的家里，茶叶罐可以堆出半面墙，因为翻译书稿，靠茶叶提神，淡茶对于他来说已经没有作用，所以他的茶杯里总是满满的茶叶，几乎看不到水，据他说一年要喝几十斤茶叶。

四 辛勤耕耘 笔耕不辍

从认识耿昇先生开始，印象中他的生活中只有三件事：开会的途中、翻译中、图书塌方整理中……

每次打电话，他或者说我正在哪哪哪开会，或者我正要去哪里开会，或者我刚刚从哪里开会回来，一直在奔波的路上，一篇篇会议论文是他辛苦的收获、奔波的见证。

每次打电话，他或者说我正在翻译某某本书，或者我正在校对某某本书……他的书桌上放着厚厚的法文词典，一摞摞的书稿、稿纸，一盏老式的台灯，因为他不会使用电脑，上百万字、上千万字的稿子都是他一笔一笔、一字一字手写出来的，窗台上、书桌上的笔筒里插满的上百支用过的水性笔，见证了他的辛勤耕耘……

难得不在开会的路上，不在翻译校对中，却是在图书塌方整理中，耿昇先生的家很小，卧室、书房、走廊四壁都堆满了书，一直到天花板，一不小心就会造成塌方，电话、水杯等经常被砸坏，人也被砸伤过很多次。

去年10月搬家的时候，整理图书，竟发现了近30本耿昇先生的译著，都是他历年所赠送的，竟涉及了敦煌学、突厥学、藏学、蒙古学、中国与阿拉伯—波斯关系史、明清之际入华耶稣会士传教史等多个学科与领域。这还仅仅是他译著作品的1/3不到。经常听他提起，要翻译100部，现在已经完成九十多部了，很多已经交出版社了。翻译完100本就不干了，可以休息了，可谁想到他却突然离世，丢下了他一生挚爱的翻译事业，丢下了他未完成的计划，丢下了他未完成的书稿……

留给我们的只有惋惜、遗憾、心疼……

五 永远怀念

记得有人说过：当你做的事情能够记录与延续你脚下那片土地的生命，你的生命就更有意义。当生命与历史的命运紧系在一起，生命价值就得以提升。耿昇先生的学术贡献延续了他的生命，使他的生命更有价值。

我们永远怀念您！

值此耿昇先生去世一周年之际，谨以此文表达对耿昇先生深切的怀念。耿昇先生永垂不朽！

表1　耿昇先生担任会长期间主持召开的学术会议汇总表

序号	时　间	会议名称	地　点	合办单位
1	1998年11月25—28日	"中西文化交流史（1500—1840）"学术研讨会	杭州	北京外国语大学、杭州大学
2	1999年11月28日—12月1日	"海外汉学及中国与东南亚文化交流"学术研讨会	厦门	北京外国语大学、北京语言文化大学、北京行政学院、厦门大学南洋研究院、香港中华万年网
3	2000年8月6—9日	"丝绸之路与西北少数民族的历史"学术研讨会	兰州	西北民族学院
4	2001年10月28日—11月2日	"纪念学会20周年暨西北、西南与海上三条丝路比较研究"学术研讨会	昆明	中国社会科学院边疆史地研究中心、广东社会科学院、云南社会科学院、香港中华万年网、云南大学
5	2001年12月8—10日	"中国历史上的闭关和开放"学术研讨会	宁波	宁波文化局、浙江日本文化研究所
6	2002年12月1—3日	"中国海外贸易与海外移民史"学术研讨会	深圳	深圳大学

续　表

序号	时　间	会议名称	地　点	合办单位
7	2003年8月8—14日	"中国与周边国家关系史"学术研讨会	乌鲁木齐（暨伊犁）	中国社会科学院边疆史地研究中心、西北第二民族学院、北京外国语大学、新疆社会科学院
8	2003年11月2—4日	"16—18世纪的中西关系与澳门"学术研讨会	澳门	澳门理工大学、澳门基金会
9	2004年2月16—19日	"中国与东亚汉文化圈国家关系史"学术研讨会	上海	复旦大学、上海外国语大学
10	2004年11月20—23日	"中外关系史百年学术回顾"学术研讨会	珠海	暨南大学
11	2005年5月18—21日	"明清以来的中外关系史"学术研讨会	杭州	杭州师范学院人文学院
12	2005年8月18—19日	"多元视野下的中外关系史研究"学术研讨会	延吉	延边大学、沈阳东亚研究中心
13	2005年12月10—11日	"宁波海上丝绸之路"学术研讨会	宁波	宁波市文化局、浙江日本文化研究所
14	2006年8月1—3日	"丝绸之路与文明的对话"学术研讨会	喀什	新疆社会科学院、暨南大学文学院、西北民族大学历史文化学院、新疆师范大学历史系、喀什师范学院
15	2006年12月11—12日	"中国对外开放史"学术研讨会	深圳	深圳大学
16	2007年5月26—27日	"明清之际的中外关系史"学术研讨会	沈阳	沈阳故宫博物院、澳门基金会、北京外国语大学海外汉学研究中心
17	2008年3月21—23日	"新视野下的中外关系史研究"学术研讨会	三亚	琼州大学、香港海外交通史学会、浙江工商大学日本文化研究所
18	2008年8月1—3日	"环塔里木中外文化交流"学术研讨会	阿拉尔	塔里木大学西域文化研究所

续 表

序号	时间	会议名称	地点	合办单位
19	2008年10月11—13日	"登州与海上丝绸之路"学术研讨会	蓬莱	联合国泛丝绸之路系列活动组委会、鲁东大学、山东师范大学齐鲁文化研究中心、蓬莱市政府
20	2009年5月27—29日	"草原丝绸之路"学术研讨会	榆林	陕西师范大学西北民族研究中心、华东师范大学海外中国学研究中心、榆林学院
21	2009年9月26—28日	"中国与周边国家关系"学术研讨会	蒙自	云南社会科学院、红河哈尼族彝族自治州政府
22	2010年7月31日—8月2日	"2010年丝绸之路与西北历史文化"	兰州	西北民族大学历史文化学院、兰州大学敦煌学研究所
23	2010年8月19—21日	"丝绸之路与龟兹中外文化"学术研讨会	新和	新疆新和县政府
24	2010年11月8—10日	"东亚区域合作与中日韩关系"学术研讨会	上海	清华大学日本研究中心、复旦大学韩国研究中心
25	2010年11月13—15日	"多元宗教文化视野下的中外关系史"学术研讨会	泉州	华侨大学华大学公共管理学院、华侨大学哲学与社会发展学院、华侨大学华侨华人研究院
26	2011年4月25—26日	"2011年南海文化学术论坛:南海海上丝绸之路"学术研讨会	海口	中国南海研究院、海南师范大学(南海区域文化研究中心)
27	2011年7月28—29日	"三星堆与南方丝绸之路:中国西南与欧亚古代文明"国际学术研讨会	广汉	中国先秦史学会、教育部人文社会科学重点研究基地四川师范大学巴蜀文化研究中心、四川师范大学历史旅游学院、三星堆博物馆
28	2011年8月25—27日	"中国中外关系史学会30周年纪念会暨学术讨论会"	沈阳	辽宁省历史学会、沈阳故宫博物院

续 表

序号	时间	会议名称	地点	合办单位
29	2011年11月13—15日	"广州十三行与清代中外关系"国际学术研讨会	广州	广州大学、广州市社会科学界联合会、中共广州市荔湾区委宣传部
30	2012年10月20—21日	"吴越佛教与海外文化交流"学术研讨会	杭州	杭州市佛教协会、杭州市宗教研究会、杭州佛学院
31	2012年10月31日—11月3日	"城市与中外民族化交流"学术研讨会	西安	陕西师范大学西北民族研究中心
32	2013年8月10—11日	"'南澳一号'与'海上陶瓷之路'"学术研讨会	南澳	南澳县人民政府、汕头市潮汕历史文化研究中心
33	2013年10月19—20日	中国中外关系史学会第八届会员代表大会暨"历史上中外文化的和谐与共生"学术研讨会	石家庄	河北师范大学历史文化学院

表2　　　　耿昇先生担任会长期间出版论文集汇总表

序号	书名	主编	出版时间
1	《中西初识》(明清之际中国和西方国家的文化交流——中国中外关系史学会第六次学术讨论会论文集)	谢方	大象出版社1999年3月
2	《中西初识二集》(明清之际中国和西方国家的文化交流之二)		大象出版社2002年9月
3	《三条丝绸之路比较研究学术讨论会论文集》		香港社会科学出版社2005年5月
4	《"16—18世纪中西关系与澳门"国际学术讨论会论文集》	耿昇、吴志良	商务印书馆2005年8月
5	《"东亚汉文化圈与中国关系"国际学术会议暨中国中外关系史学会2004年年会论文集》	石源华、胡礼忠	中国社会科学出版社2005年10月
6	《丝绸之路与文明的对话》	与暨南大学文学院合编	新疆人民出版社2007年5月

续表

序号	书名	主编	出版时间
7	《多元视野中的中外关系史研究》（中国中外关系史学会第六届会员代表大会论文集）	耿昇、朴灿奎、李宗勋、孙泓	延边大学出版社 2007年4月
8	《宁波与海上丝绸之路》	与宁波"海上丝绸之路"申报世界文化遗产办公室、宁波市文物保护管理所、宁波市文物考古研究所合编	科学出版社 2007年1月
9	《新视野下的中外关系史》（中国中外关系史学会2008年学术研讨会论文集）	与浙江大学日本文化研究所、暨南大学华侨华人研究院合编	甘肃人民出版社 2010年12月
10	《登州与海上丝绸之路》	耿昇、刘凤鸣、张宝禄	人民出版社 2009年4月
11	《中国与周边国家关系研究》	中国中外关系史学会、云南省社会科学院、红河州人民政府	中国书籍出版社 2013年3月
12	《"草原丝绸之路"学术讨论会论文集》	张柱华	甘肃人民出版社 2010年12月
13	《丝路印记——丝绸之路与龟兹中外文化交流》	马国强、邢春林编	甘肃人民出版社 2011年1月
14	《多元宗教文化视野下的中外关系史》	中国中外关系史学会、华侨大学华人华侨研究院	甘肃人民出版社 2012年6月
15	《城市与中外民族文化交流》	王欣主编	陕西师范大学出版总社有限公司 2013年8月
16	《历史上中外文化的和谐与共生——中国中外关系史学会2013年学术研讨会论文集》	耿昇、戴建兵主编	甘肃人民出版社 2014年12月

（作者为中国社会科学院世界历史研究所副研究员）

耿昇先生与西域史研究

田卫疆

人生易老天难老。2018年注定是一个令人唏嘘难忘的年份，我国中外关系史领域几位享有盛名的先生前后仙逝，离我们而去，他们是新疆社科院的马国荣、武汉大学的陈国灿，湖南师范大学的王治来，还有中国社科院历史研究所的耿昇先生。其中耿昇先生在增进当代中法文化交流，以及推动我国中外关系史领域的研究探索方面的贡献尤为突出，据初步统计，耿昇先生一生著译70余部、3200多万字，真正是一位著译等身，学识渊博的学者、智者。高山仰止，历史会永记耿昇先生对中国学术界的巨大贡献。

耿昇先生是本人非常敬重的前辈学者，我们应该是忘年交，他对西域史颇有研究，其成果独步学界，同时对新疆地方史研究工作十分关切，鼎力支持。我本人与他私交甚密。他同新疆史学、考古、出版界老一辈学人的交往联系都很早，20世纪80年代他的第一本法文译作——《东突厥汗国碑文研究》，就是关于我国北方民族史方面的著述，并由我们新疆社科院历史研究所资助内部印刷出版。他翻译布尔努瓦女士的那部社会上流布极广的著作——《丝绸之路》曾被多家出版社一版再版，但是其初版就是由新疆人民出版社出版发行的。新疆地区史学、考古、出版等部门的很多人对他很熟悉，且极为敬重。

耿昇先生在西域史领域的贡献大体可分为三个方面：第一是在译介法国东方学界关于西域史方面的史学、考古领域的学术著作方面多有建树；纵览耿先生的法文学术著作译介生涯，看着他那长长的译文名单，与西域史方面相关内容几乎占据其总数的1/3。众所周知，在近代以来的西方学术界中，法国东方学界对包括新疆史地、宗教和考古方面的"汉学"学术成果一直列居首位，且水平较高，还在1814年12月11日，法国就在法兰西学院创设了第一个汉学讲座，开始关注我国西北史地，法国知名学者早期的如伯希和、沙畹、列维、马伯乐、戴密微等，近期的如谢和耐、韩百诗、哈密屯、路易·巴赞、彼诺、石泰安等都青睐于西域史方面探索。法国学界对西域史地的关注兴趣源于其实证学术传统和近代以后伯希和等人在新疆地区的探险考古活动收获，加之学术传承一直因袭不断，因而在西域史方面的成果具有较高水准，向为国际学术界所重视。近代以后我国西北舆地学的兴起，国人最早接触的西方成果就是法国学术界的，诸如沙畹、伯希和等人的著述，且先贤前辈也是从译介法国学者的成果入手的，如冯承均先生翻译沙畹的《西突厥史料》，以及那套商务印书馆出版的《西域南海史地考证译丛》（9编），至今依然是学者们从事研究工作案头必备的著作。20世纪中叶"文化大革命"之前的我国西域史方面的成果都程度不同地受到这些先生以及他们翻译法国学界成果的影响。改革开放之后，国门打开，最先介绍法国学术界西域史成果的就是耿昇先生，说他是我国第二代中外关系史研究群中的领军人物之一实不为过，尤其是他翻译方面的成就远远超过前人。特别是完整性和系统性方面，他先后翻译出版的法国相关著作中，既有诸如伯希和出版的众多西域探险和研究类著述，也有如阿里·玛扎海里的《丝绸之路：中国—波斯文化交流史》等域外史料类文献，还有诸如哈密屯等人的专题研究类著作，以及一些比较通俗类的著述。可谓题材多样，内容极其丰富。耿先生的译文忠实可信，朴素无华，特别是人名、地名和专业术语的翻译比较准确，尤显其双语文化理解之功力。当然这种功夫源于他严肃认真、孜孜不倦的职业操守，他曾在翻译伯希和的名作《伯希和西域探险日记1906—1908》前言中坦言翻译之苦："此书的翻译实在是难于上青天，其中最大的难度是地名的核查，几乎每个地名都需要翻阅大量方志与地图。有时一整天也只能解决一两个地名的翻译。"（见同书第7页）耿昇先生一大批关于法国学界西域史地和考古的著作极大拓展了我国学者的研究视野，迅速满足了我国学界的文献需求，拉近了我国西域史研究水平与西方国家的差距，同时增进了中法学术界在这一领域的交流协作，对我国中外关系史和西域史研究领域的贡献可谓居功至伟。

耿昇先生在西域史领域的第二个方面的贡献是对于该领域相关专题内容的深入探索和研究成果。除了翻译法国名著，耿先生还兼及著述，如已出版的学术专著《中法文化交流史》（云南人民出版社2013年版）洋洋洒洒75万字，其材料之丰富，观点之先锐在同领域中无人比肩。耿昇先生对于西域史地方面的研究轨迹伴随其对法国学者成果译介的深化而不断进步提升，他最初的论著多为译文的"前言"或者"编辑说明"，大概这也是很多从外语行业进入这一研究领域的学者们的一般路径。所以，耿昇先生的论文越到后期越发炉火纯青，越显出学术创新的深刻内涵，特别是他对法国东方学界西域研究的学术系谱关系，学术观点的创立因袭，材料的出处传承可谓如数家珍，信手拈来，令人分外敬佩，诸如《试论法兰西学院的汉学讲座》《学术汉学与实用汉学之争》《伯希和西域探险与中国文物的外流》《伯希和对库车地区的科考及其所获汉文文书》《法国汉学界对丝绸之路的研究》《考察草原丝绸之路的法国人》，等等。学术史溯源是我们从事研究工作的基本功，更是提升我们能否超越前贤成果的前提条件。往日一般熟稔外语的翻译家很少对之关注，因为这无疑是一件费力不讨好的替他人做嫁衣的工作。但是耿先生陶醉其中，对之孜孜以求，由于熟谙境外学界成果，因而还使其论著能够事半功倍，从一开始就具备较高的学术水准，可补充以往研究之不足。耿先生论述中有关中外关系史和西域史领域中某些重要观点的争议始末、一些学界人物的履历足迹的论断往往石破天惊，起到正本清源、开辟学术创新点的显著作用，使相关方面的学者获益匪浅。他的一些学术观点还充分显示了其非同一般的眼界和理念，如他对法国一些赴新疆地区探险考古活动及其著述的客观评价即属一例，既严厉鞭挞近代以来打着各种旗号赴我国西北地区的西方探险家们的活动对我国主权的侵略行为和文化的掠夺，同时指出这些人在中国历史文化方面的探索给予今天人们学术研究的参考价值。这种历史唯物主义的理论方法给后辈提供了一种思考问题的独特视角。

耿昇先生在西域史领域的第三个方面的贡献是对新疆史学界的高度关注和大力支持；耿昇先生热衷学术，热爱新疆山水和各族人民，同新疆学术界众多专家学者始终保持着密切的学术联系。他生前多次来疆实地考察，积极参与新疆史学、考古界的学术活动，对于新疆学界或朋友的愿望要求也竭其全力予以支持和帮助，同时尽力而为，创造机会给新疆的学者们提供更多参加国内外学术活动的机遇和条件。他每次来疆参会都会带来个人新书惠赠新朋旧友分享，诸凡新疆地区史学界的学术活动邀请，只要时间允许一般不予拒绝，他积极参与了国家社科基金重大项目《新疆通史》两项基础项目翻译工作，并欣然答应新疆人民出版社出版他的西域史论著汇编的请求。耿先生为人坦荡、待人热情，尤其是对后辈学子，更是用力提携，竭诚帮助，在新疆学界青年人中有着很好的人缘。

学术的超越只能来自对于他山之石的敬重借鉴。展望当今国际学术界，任何学者对于异域他国学术成果的广泛吸纳仍然离不开翻译家们的辛勤劳动。相对于有着国际学术深刻背景的新疆史地、考古研究领域来讲，这更是一条被事实所证明的颠扑不破的真理。我们深刻怀念那些为之做出杰出贡献的前辈学人。今天我们社科界守正创新，建立具有中国特色的学术流派，实现伟大复兴的中国梦，更要学习和继承耿昇先生这样的学界前辈为人做事的优秀品质，并认真将之发扬光大，惠泽后人。

（作者为新疆社会科学院研究员）

风度翩翩一侠士——追忆耿昇先生

田卫平

耿昇先生是河北省阜平县人。阜平县的东北面与涞源县为邻,靠近易县;南面靠近获鹿县、正定县。从前者来说,阜平县在战国时期属于燕国、赵国的交界地,当年燕太子丹送别荆轲行刺秦王的出发地——易水河("风萧萧兮易水寒,壮士一去兮不复还!")就源自涞源,流经易县,因此,耿昇先生身上带有一些燕赵侠士之风韵;从后者来说,由于我出生在获鹿县,后来又作为随军家属到正定县生活了若干年,因此被耿昇先生视为同乡,一见面总是先称呼"老乡"再叙旧。

我能够结识耿昇先生,要感谢当时任教于杭州大学的郭世佑教授牵线。1995年10月6日至9日,杭州大学在"董建华文史哲基金会"的资助下,举办了中法关系史研究国际学术讨论会。会议邀请了巴黎第八大学、中国社科院历史所和世界史所、复旦大学、华东师范大学、吉林大学、西南交通大学、中山大学、浙江大学、杭州大学、商务印书馆、《河北学刊》等单位的学者和编辑出席。我作为《河北学刊》编辑部的代表,第一次来到杭州大学,第一次认识了耿昇先生。

记得10月6日报到那天,耿先生来得比较晚。我是晚饭后在会务组房间里见到耿先生的。那年,虽然从实际年龄上说,他已经五十岁了,但从外观上丝毫看不出来。因为,他给我的第一感觉是,不仅相貌俊朗、风度翩翩,而且谈吐优雅、举止得体,与其他学者形成了鲜明对比。

在交谈中,当他得知我来自河北,又是与他家乡比较近的邻县,显得更加热情了,直呼"老乡,老乡",并从包中拿出他刚在杭州购买的小核桃让我品尝。告诉我说:"这是杭州特产,比咱们家乡的大核桃更香。只是皮不好剥，吃的时候需要用牙签往外挑。"正是从他的介绍中，我第一次知道了这种小核桃，并且还买了一些，回河北后，送给了其他朋友。

这次见面，印象颇深，因为从他身上，我感受到了一种值得信赖的豪爽和侠义之气，从此建立起了友谊，以后经常有书信来往。作为编辑，我的目的性当然很强，在赠阅他《河北学刊》的同时，在信中经常向他约稿。他告诉我说，他文章写得比较少，近来主要精力花费在翻译上，正在翻译几本书，无暇他顾，等忙完了，一定为家乡的学术期刊撰写文章。

一晃五六年过去了，我已由编辑岗位转换到社长兼主编的岗位。由于人手少，工作量大，稿源不足，需要经常到各地参加学术会议，并拜访作者，约稿组稿。2003年春，我来到位于北京建国门内大街5号的中国社科院约稿，首先想到了耿昇先生。当他得知我住在社科院后面的四川省政府驻京办事处（贡院西街）后，主动拉上夫人万明一同来看我，并请我在附近的餐馆吃饭。在饭桌上，我叙说了当上主编后的难处，继续表达约稿的意愿，请他对家乡的刊物予以支持。他说道："我欠你的文债一直记着，最近几部书稿已经交到出版社，有点儿空余时间写文章了。"又说："你是我的老乡，不仅我要支持你，我今天拉万明来，也是想让你认识她，她比我有才气，写文章也多，让她也支持你。"听完这话，我十分感动。这让我又一次感受到他身上的侠义之气。

五一节过后，我就收到了他的长文《法国汉学界对中西文化首次撞击的研究》。由于文章比较长，我分为上、下篇，先后发表于《河北学刊》2003年第4期、2004年第2期。

附带一提的是，不知是耿昇先生的侠义之气影响了万明研究员，还是万明研究员本身就有侠义之气，反正是自从2003年我认识万明研究员之后，她也成为我办刊最有力的支持者。2004年春，她就将她的得意之作《明代白银货币化：中国与世界连接的新视角》发给我，文章在《河北学刊》2004年第3期发表后，在学术界引起很大反响，国内的二次文献转载机构纷纷予以关注。

之所以说耿昇先生身上有一股"侠义"之气，还因为，无论我走到哪里办刊，只要我向他求援，他都满口答应、仗义出手，毫无推托之词。

2005年夏，我来到上海，担任《学术月刊》总编辑。当时，人地两生，手中优质稿源匮乏，但又想在短时间内办出影响来，因此，便打电话给他，说明难处，请他支持。不久，他就将《孟斗班与第二次鸦片战争——新公布的档案文献揭露英军焚毁圆明园之真相》发给我，使我在改版后的《学术月刊》2006年第1期历史学栏目有了重磅之文。

2013年夏，我来到澳门大学，帮助筹办大型人文社科期刊《南国学术》，并于次年3月正式推出。2014年9月24日至26日，由中国经济史学会、广东省社会科学界联合会、广东中国经济史研究会、广东省中山市社科联、广东省社会科学院广东海洋史研究中心联合主办的"海上丝绸之路与明清时期广东海洋经济"学术研讨会在中山市召开，在会上我又见到了耿昇先生。寒暄之后，我说："考虑到您已经七十岁了，新创办的《南国学术》不敢再打搅您了。"他说："最近我的确很少写文章了，但你新办《南国学术》，我祝贺的同时，也得以实际行动支持啊。这样吧，我电脑里还有一篇两万字的学术讲座草稿，但实在没有精力修改了。如果你能看上，觉得还有可取之处，那就请你随便修改吧。"这篇讲座草稿的原标题是"法兰西学院汉学讲座200周年与伯希和的贡献"，我经过编辑加工后，以"薪火相传二百年——法兰西学院'汉学讲座'回望"为标题，发表在《南国学术》2014年第4期。

耿昇先生离开我们已经一年了，他的音容笑貌时常浮现在我眼前，他的豪爽侠义之气一直感染着我，成为我办好学术期刊的动力之一。

（作者为澳门大学《南国学术》总编辑）

怀念耿昇先生

王东方

时间过得很快，转眼之间耿昇先生离开我们一年了，在这一年里每每想到耿昇先生不由得心中升起哀思和怀念，想来因为他是值得永远纪念的人。

我认识耿先生许多年，都是在学术会议上。他给我最深的印象有三点。

第一，耿昇先生是勤奋的学者。在每次学术会议上他都是首先发表论文，题目永远是新的，内容丰富论述翔实，而且观点鲜明，就是说每一篇都有重要的学术价值。一年之中他参加多次会议，他就要写多篇论文，当然他有深厚的学术基础，但是也要费功夫的。一次我去藏文出版社看一位朋友，朋友指着靠墙的一排书架对我说，您看架上的书吗，随便拿送给您了。当然我不能把全书架都包下，于是我开始检阅架上满满的书，先挑厚的看，原来几大厚本都是耿昇先生的译著，让我心生敬佩。这些书的内容都是我不知道的，读其书等于换个视角看历史，尤其都是几百年前那些探险者、宗教人士等实地踏查的记录，这些书能够弥补我国史料的缺失。可是想想作者，要花多少时间和辛苦才能完成大部头的译著。我浏览各类书店常能看到耿先生的著作与译著。时间对每个人都是一样多，他为学术界贡献这么多成果，他肯定把每天大部分时间用在科学研究上。当然这还不是他的全部，每年每个会议还出版文集，每本文集都要编辑审校，这也是要付出很大的劳动。他是勤奋的学者，我们学术界的榜样。

第二，耿昇先生是优秀的会长，学术带头人。中外关系史学会过去在学界影响很小，许多人不知道这个学会。十几年的时间，在耿昇会长的带领下发展成现在这样影响很大、规模很大的学会，这其中有他多少苦心设计、多方奔走的付出。其他学会每年一次年会，或者两年一次学术会议，而中外关系史学会每年四、五次学术讨论会。每个会议根据地方不同有不同主题，实在是好办法。他把会议小型化、主题具体化，这样不仅减少主办方的经济压力，而且使讨论更加集中，学术收获更大。当然增加了学会即会长的工作量，办一个会是很麻烦的事，会长都是兼职的，拿出时间来组织会议是需要有奉献精神，有推进学术的热情和责任心的。耿昇先生许多年坚持如此努力与付出，难能可贵，令人敬佩！

"一带一路"是当今重大的话题，是国家重要战略，丝绸之路的学术讨论是中外关系史学会重点抓的课题，讨论时间最长、展开范围最宽，谁说史学无用，史学的现实意义不仅这些，不仅现在。丝绸之路的研究是耿昇任会长期间提出和坚持的，足见其捕捉学术题目的水平是很高的。

第三，耿昇先生很有人格魅力，是优秀的组织者。这是他能够将各方人士组织起来的原因之一。从他的资历、学术水平看是很高大的人物，可是他平易近人、和蔼可亲又显得很普通，与他交谈很随便而且不乏幽默，让人开心愉悦。遇到事情他也能很妥善地处理，曾有一位学者向学会捐款，学会也给了他相应的回报。这件事情没有完，当这位学者退休时向会长索要捐款，这件事让人生气，也很难处理。学会是很穷的，又不收会费（当时），捐款当时花掉了，再从哪里找这笔退款呢？耿先生的处理是从大处着眼的，这件事没有引起任何波澜，保持学会稳定与发展。很可能节外生枝麻烦的事还有，我作为普通会员不得而知。但是，学会一年年稳定发展，像滚雪球一样从小变大，中间经历了多少困难与挫折普通会员是不知道的。

（作者为辽宁省社会科学院研究员）

数数手上的日子我比你多

文　群

　　得知耿昇先生去世的消息时，我正坐在从京都到滋贺的新干线的火车上看着窗外朴素而简单的景色，远阔的田野，天空低低垂挂在灰色农舍的屋脊上，田野大多还裸着，春天也才刚刚铺展开来，只是那些绿色中还带着怯生生的嫩意。空阔而寂寞的田野，应和着想象无边的情绪。
　　那则短信不长："……耿昇先生于今日突发心脏病长眠于世……"短信还简略地写着他拥有的各种头衔，以及学术成果。我茫然无措，只是顺从意识从包里取出耳机，想随便听点声音也是好的，我把声音放到了最大。
　　不知如何面对逝去的人。当然，不是指面对面，大多数时候是不存在面对面的机会的，尽管曾经我有过多次直面逝者的这样的经历，准确讲应该是不知如何应对传来的这样的讯息，尤其是一个突然死去且与你有着密切关联的人。
　　进而，下意识想要提笔记下些什么，却又不知该用怎样的腔调。死去的人固然不会再有活着的消息传来，一切都止息了，但那也意味着过往的所有将会集合起来在你面前一一排列，无论清晰的、模糊的，还是隐身在漫长岁月中被遗忘的往事。
　　耳边乐曲是巴赫的鲁特琴组曲。竟然，听得我泪水直涌，像那种伤风落泪一样哗哗地止不住，我将头尽量扭向车窗，车窗外的田野湿漉漉地模糊起来。那本来不是什么悲伤的曲调，而我却听得悲从心生。在我脑子里想要拼凑出我们交往中那些书稿处理的细节，可是，我能够想起的竟然全是些残缺的碎片，东一块、西一块地在脑袋里失序地飘，甚至凑不成完整的句子构成我悲伤的泛念，不针对具体的事情，而仅仅是悲伤本身而已。好吧，碎片本身也可以是一份整全的纪念。

我们最后一次见面是一个月前，具体日子竟然无从想起。为了谈一部叫《伯希和生平学术贡献》的稿子，其实我是在向耿先生催稿，耿先生告诉我已经收尾了，我当时似乎闪过一个念头：先生的速度显然已经不如三年前那样快了。记得随后我们还谈到另外一部未完成的译稿《敦煌的画与幡》，是法国汉学家玛雅尔的著作。临近告别时我委托他帮我将大卫·妮尔的全部著作目录整理一份资料给我。其实，这样工作的话题只占到我们见面时很少的时间，其实我们的闲扯多过谈工作。每次去时耿先生是一定要请吃中午饭的，我们几乎每年只见面一次，这吃饭的时间也就成了见面时间的延续了。

我对耿先生的声音有种独特的记忆，那是一种从来没有办法说悄悄话的声音，他喊服务员点菜的声音让人觉得在那种几百平方米的餐厅里角角落落都能听到。去年我们在巴黎，乘坐地铁时我就因此和另外一个朋友笑谈耿先生，他也不以为意。也正是这次去巴黎，我才体会到他的勤奋与结交的广泛，巴黎汉学界群体的更替与兴衰都在他眼里了。我们原本说好了在他退休后一起去法国寻找一个大致的选题方向好好合作的，现在斯人已逝，只好作罢了。

我们交往有二十三年，而此刻他的日子息止了，我的日子还在往前走。为此，我有种奇怪的感觉，比如我们一年里见面不会超过两次，二十三年里我们见面的次数加起来也不过三十次吧。在这不到三十次的见面商讨中，我们讨论了耿先生要出版的著作一共有四十四部之多，这还不算正在策划中和临时加入的。也就是说我们在彼此的时间里印证了一部部著述的出版与诞生，但在交往的时间频率上却有诸多空白处，或被遗忘吞噬掉了可资记忆的细节。在我的选题计划中还有 11 种著述未能交付书稿，其中就有《敦煌的画与幡》《伯希和探险团西域考古报告（4 卷）》《伯希和与西域历史文化研究》《唐代吐鲁番的道路》等。我所说的奇怪感觉是我与如此勤奋的人交往了二十三年，却未能染得先生风范之一二，私下里自我检点，实在是愚顽得匪夷所思。

人应是人该是的样子，然而，多数时候却活不出人的样子来。

耿先生逝去时是 73 岁，著述 75 种，这是一个异常惊人的数字。

回到北京后，在我见到万明先生（耿夫人）时，她告诉我耿先生是突然逝去的，那一刻他正在核校《伯希和生平与学术贡献》，只剩下最后两页了，她将最后几页勾画着许多红色符号的稿纸递给我看，她开始轻声抽噎，而我也止不住落泪。

我看着耿先生十平方米左右的书房，一切如同往常，书是这个房间的主人，从地上一直堆上了顶棚。一张促狭的写字台紧靠窗户，上半截放满了插着笔的笔筒，二十多年都是一个样子，只是前几年多了许多我不认识的各种药瓶，空出写字的地方也就有1/3吧。我们谈事时，头顶上给人感觉随时可能有书掉下来。忽然想，从来没有想过在这个房间里与耿先生一起照张相留作纪念，也许只是觉得日子还很长，不需要特意去数它。可是，此刻我数数手上的日子长过了你，又有什么意思呢？

（作者为中国藏学出版社高级编辑）

耿昇先生——我心中的神坛

温淑萍

我和耿昇先生在一起互相交流的时间并不多,但是耿昇先生却是我心中一座神坛!他的学识让我感到高山仰止,他的著作是那么的无限卓越,他的学术思想又是那么的博大精深。

和耿昇先生的相识是在 2006 年,当时我们沈阳故宫博物院承办了中外关系史学会的年会,那时候武斌先生任沈阳故宫博物院的院长,我是办公室主任,在承办这次年会中,认识了前来参会的中外关系史学会会长耿昇先生。

之前武斌先生给我介绍了耿昇先生的经历和学术造诣。他是北京外国语学院法文系毕业的,先是在外交部做外交官工作,后来又转行到中国社会科学院历史研究所从事有关中法关系史、法国汉学诸方面的翻译与研究工作。后来又进入中国社会科学院历史研究所工作,凭借熟悉法文的语言优势,确定中外关系史为研究方向。他翻译出版了很多法国研究汉学、藏学、敦煌学等的学术著作。当时在我感觉耿昇先生简直是出神入化,虽未见其人,但在我心中已筑起一座高高神坛。

我心里认为这样一个有学问的做研究大咖级人物一定是高高在上、不可接近,只能仰望的。到机场去接耿昇先生的时候,我心里是有几分忐忑的,我一直以为他是一位端着架子老态龙钟的老年人,在我第一眼见到耿昇先生时,出乎我的意料,他竟然这么年轻,不仅容貌很年轻,走起路来也像小伙子一样,完全颠覆了我的心里印象。还主动和我握手,微笑着说"辛苦了",我备感亲切,紧张感被消除了。

记得报到的当天晚上,召开了中外关系史学会的小组会议,耿昇先生宣读了学会章程，对学会工作做了点评和总结。我当时感觉到一个学会的工作，竟然有这么样认真，这么样有条理，还是罕见的。第二天上午开大会，耿昇先生，西装革履严肃认真，对学会工作做了总结和部署，当时耿昇先生的讲话内容我记不得了，但是我却被他的治学严谨，严肃认真，风流倜傥所折服了。

感谢耿昇先生和学会老师们的抬爱，在这次中外关系史学会上，我和单位的另外几名同事加入了中外关系史学会，成了会员，也使我在学术研究中多了一个研究方向，虽然我才疏学浅，但是在学会的平台上让我的知识结构有了丰富和提高。

会后，我陪耿昇先生参观了福陵和昭陵，一路上耿昇先生说话很幽默，也很风趣，平易近人，更让我佩服他的人格魅力。在 2011 年我们第二次承办中外关系史学会年会的时候，耿昇先生坚持不搞"特殊化"，他坚持和大家一起坐了大客车去参观考察。所以我陪耿昇先生单独去参观，就那么一次，是唯一的一次，也是最后一次。

后来由于工作的变动等原因，中途几年我没有参加中外关系史学会的活动，在 2018 年 3 月份，我想参加学会的年会，斗胆给耿昇先生打了电话，耿昇先生热情地说同意我来参加，我内心充满着喜悦和期待。我期待着在开会的时候与老会长耿昇先生见面，不料在那一年的 4 月 10 号惊闻耿昇先生仙逝的消息，人生竟然这样无常……

耿昇先生已经去世三年多了，我还时时想起他的音容笑貌。我自己也购买、收藏过几种他翻译的著作，这是我怀念他的一种方式，也让他在我心中更加神化。我想今天的"耿昇"二字，不单纯是一个名字，而是一座丰碑、一代楷模，也是我心中永远的神坛！

（作者为沈阳故宫博物院研究馆员）

以文会友是一种境界

——怀念耿昇先生

武 斌

耿昇先生已经去世三年多了,我还时时想起他。最近,我的著作《新编中华文化海外传播史》就要出版了,我翻出当年耿昇先生为这部著作写的序言,他的鼓励,他的赞扬,还有多年交往的音容笑貌,又都浮现在眼前,心情激动而惆怅。

我原本是读哲学的,大约在20世纪90年代初开始进入中外交流史的研究领域。我开始写作《中华文化海外传播史》,为此读了许多有关中外文化交流的著作和译著,其中许多译著都是耿昇先生翻译的。在我的想象中,耿昇一定是一位老前辈,是一位老先生。老前辈或老先生,就是高山仰止,是高不可及的。后来,在1998年,《中华文化海外传播史》这部著作出版了。对我来说,这是我学术生涯的一件大事,但一部大书出版之后,思想和情绪也进入一个困顿的时期。书还在读,但更重要的是寻找新的研究方向,寻找新的突破口。一时间,我不知道往哪个方向发展,往哪里去。正在这时候,我收到了耿昇先生的一封来信,是用铅笔写的,字迹很工整清秀。他在信中对我的著作都有肯定和鼓励,同时希望我加入他负责的中国中外关系史学会,参加他们的学术活动。

现在想起来这封信,仍然能感受到当时的激动心情。我不擅长写信,也很少与别人进行通信交流。多年以来,有两封信我一直难以忘怀。一封是在1977年末,当时我25岁,在沈阳电信局工作。我收到了南开大学南炳文老师的信,他告诉我,他是南开大学来辽宁招生的老师,已经决定录取我为南开大学的学生,待他返回学校时将由学校正式发来入学通知书,怕你着急,先写信告诉你这个消息。可以想见,对于一个天天盼着的考生来说，这封信是多么大的福音，是多么激动人心啊。多年以后，我在北京故宫的一次学术会议上见到南老师，向他提起了这件事，当面表达我的感激之情，南老师好像并不以为意，也许作老师的对待学生就应该是这样。

还有就是耿昇先生的这封信。据耿昇先生自己说，他是在书店买到了《中华文化海外传播史》这本书，然后就打电话给出版社，几经周折，找到了我的联系方式，给我写了信。我大学毕业后，先是作西方哲学研究，学术界的"朋友圈"都在西方哲学的领域，一直没有同中外关系史研究的同行联系，学术交往的圈子也不在他们那里。做中外文化交流史方面的研究，对我来说，则是单打独斗，散兵游勇，自娱自乐，这实在是很大的缺陷。所以，我给耿昇先生回信说，他让我找到了"组织"。找到了"组织"，就有了归属感，就有了跟着一支大队伍向前进的豪迈。

不久之后，我去北京出差，要拜访耿昇先生。那时候，已经有了手机，他说要请我吃饭。记得是在公主坟附近的一家饭店见面的。初次见面，完全颠覆了我对他的想象，他并不是"老先生"，也没有想象中的老学者的"威仪"，完全和我一样背着一个大书包，比我大几岁的样子。这顿饭就我们两个人，也不喝酒，但吃得很隆重，很热烈，聊的时间也很长，桌上的菜凉了又回锅热了。时间久远，已经记不清都聊了什么，总之还记得的就是他对我的鼓励，希望我在这条路上继续走下去，并且建议我考虑研究一下"相反"的课题，就是外国文化在中国的传播和影响。对于耿先生的这个建议，我当时望而生畏，没有勇气接过来。但这次与耿先生会面，对我来说意义重大，坚定了走出自己原来圈定的限制，走出自己的"彼得堡"，彻底转向中外文化交流史领域的决心。实际上是一次学术思想的觉醒，是一次最终目标的确定，从此在精神上和思想上由被动转向主动。虽然之前我已经完成了《中华文化海外传播史》这部著作，但并不是完全具有学术的自觉，不是作为一项学术研究，而是作为一本书的写作，是很被动的，边读边写，边写边学。在中外文化交流这个课题的学科思想和方法上，还缺乏自觉的理解和认识，缺乏对研究规律的理性了解和学术发展动态的认识。通过与耿先生的会面，有他的当面提点，之后这就是我终生的学术事业了。从那之后，我一直在这条路上走下去了。

以后，我再到北京来，只要是有时间，都要拜访耿昇先生。每次来，他都安排在不同的饭店请吃饭。起初，我很高兴，很快乐，但后来我渐渐觉得，他不但是对我这样，对全国各地来的同行朋友都是这样，谁来了他都请吃饭。现在请人吃饭，花点钱倒不算什么，问题是北京那么大，他住的又远，出来和朋友见个面，吃个饭，往返一次就得大半天。他说他是以文会友，虽然以文会友不是请客吃饭，但以文"会友"也得见面，也得"吃饭请客"。作为学者，我个人的体会，最重要的是时间，最珍惜的是时间。现在谁要是无故耽误我的时间，我会怒不可遏。而耿先生，为了接待来自全国各地的同行朋友，为了和大家商讨中外文化交流史这个学科的发展和学术事业的进步，又要耽误了多少属于他自己研究写作的时间呢？而我们看到，他不时地就推出一本或几本大作，经常是几十万字上百万字的。他把许多时间用在与同行朋友的交往上，回到书房，可能已经很疲倦了，但又要趴在桌子上奋战到多晚啊！我们到北京了，都想拜访耿先生，都想当面听他的指教，可是却往往忽略了对他精力和时间的消耗。

对于这种消耗，耿昇先生从来没有抱怨过。也许，他还有作为中外关系史学术领域领导者的责任和担当。他的事业，不仅是自己几十部的著译，不仅是自己默默地耕耘，而且还有这一领域在全国的建设和发展。他是我国中外关系史研究领域的学问大家，著作丰厚，并长期担任中外关系史学会的领导工作。可以说，在他负责的十几年中，中国中外关系史学会和这门学问的事业，都有了很大的发展。他为人谦和，奖掖后进，在同行中有很高的威望。他是一位热心人。他介绍我参加了中国中外关系史学会，并且推荐我担任了学会的副会长。此后的二十几年间，我一直与耿昇先生保持着密切的联系，并多次参加中国中外关系史学会的学术活动。我进入了中外关系史学科的"朋友圈"，结识了许多学界前辈和同行，研读他们的著作，获得新的学术信息，并有机会直接向相关问题的专家当面请益，从中受到很多启发和教益。实实在在地说，这些活动和交流，对于我的学术成长和进步，有着很直接的影响。

有许多学术会议我是与耿昇先生一起参加的。在这些会议上，我感受到他巨大的人格魅力。走到哪里，他都很受同行们的欢迎。他的"以文会友"，实际上就是广结善缘，把学问的种子播撒到大地上。所"会"的，都是文友、书友、学问之友。他跟我说，他出版的每一部著作，都要买很多书，寄赠给各地的朋友们。确实，我就多次收到他寄来的大作。他说这话的时候，充满了"自鸣得意"的神情，他说这是他的"学风"。其实，更多的是对同行的尊重，对朋友的友情。在我看来，以文会友，就是一种境界，一种文人的境界，一种文化养成的境界。在耿昇先生身上，总能看到现代学术人已经不多见的中国古典文人那种飘逸和温情的风采。

这么多年，我和耿先生聊得很多，受到的教益很多。在耿先生的指点下，《中华文化海外传播史》出版之后，我并没有结束这方面的研究，而是继续在这个领域探索和学习。实际上，在当时，我进行研究的条件是很有限、很艰苦的。那时候，国内学术界对中外关系史的研究还不很充分，可见的资料还是有限的。张西平教授说我的这本书，当时能看到的资料都看到了。这是对我的肯定。但是，我自己知道，"都看到了"也是很"有限"的。所以，在许多方面研究还是不很充分的、不全面、不完整的。最近这些年，我国的学术事业有了很大的发展进步，在中外关系史领域，更可以说是突飞猛进，日益成为一门显学，老一辈学者不断有新著问世，另有一批较年轻的学者进入这一领域，在学术视野、学术观念上都有很大突破。因此，在许多研究课题上，都有了更深入、更全面的研究。大批海外的原始文献和研究著作得以翻译出版，为我们的进一步研究提供了丰富的第一手材料和国外的相关最新研究成果。我这些年中，对这些新材料、新著述都进行了认真的搜集和研读。从2012年末开始，我着手进行《中华文化海外传播史》的修订工作。耿昇先生对我所进行的《中华文化海外传播史》的修订工作一直很关注、很关心、很支持，并提供了许多有益的指导和帮助。在这部著作的修订工作结束后，他又在百忙之中为新版编写了一篇6000多字的长序，充分肯定了这部著作的学术价值和社会意义，认为"这部著作，不仅在研究领域的开拓，还是在对于历史现象的分析和认识上，都具有积极的开创性价值，是中外文化交流史研究领域一部值得引起同行们重视的著作"。他指出："文化传播，从来都不是单向流动和施惠的。中国文化对外传播，不言而喻地会使中国文化对全球文化作出贡献，光耀中国泽被远方。这种传播，通过反馈作用，又强有力地促进了中国文化本身的兴盛、壮大和硕果累累。正是这种文化与文明的交流，才铸成了世界文明共同体，进而促进了人类命运共同体的发展。"

耿先生的序文是对我的肯定，更是很大的鼓励。这篇序文写完之后，他又继续鼓励和鞭策我。他的鼓励和鞭策，就是一种刺激，让你不得停下来。和耿先生交往，你总能感受到一种催人奋进的力量。这种力量，源自他内心的学问精神，源自他自觉的学者的使命。他又向我重提很久之前的那个建议，即进行外国文化在中国传播和影响的研究。有一年八月十五，我给耿先生打电话问候，他再次提到这个话题，说这是一项更为宏大的工程，鼓励我把这件事干起来。这回我认真考虑了，想了一整天，终于下了继续干一个大工程的决心。之后，我把研究和写作的进度随时向耿先生报告。一次，在石家庄参加中外关系史年会，遇到了广东人民出版社副总编柏峰女士。耿先生向柏峰提起了这件事，柏峰也是当机立断，跟我说，这部著作就交给我们出了。其实，当时我这项工程进行还不到1/10。之后，便是柏峰的不断询问，耿先生也不断过问写作的进度。他们是催促，更是激励。以后每次见面，都要聊到这个题目，耿先生和柏峰都对这本书的思想观点、论述重点、篇章设计等方面提出许多具体的指导性意见。我开玩笑地说：你们就是"催生婆"，总是"催"着快点的"生"。现在，这部《中国海外文化接受史》4卷本，300多万字，也马上就要出版了。

我在中外文化交流史领域，两部重要的著作，一是6卷本的《新编中华文化海外传播史》，一是4卷本的《中国海外文化接受史》，很快就要面世了。这在我的学术道路上都是很重要的。我在这里说这件事，是想说，在这个过程中，始终得到了耿先生的热心的、持续的鼓励、支持、指导和帮助，都有他付出的心血。没有他的指导和帮助，这两部大著作是不可能完成的。

现在，这两部著作完成了，马上就要出版了。可是，耿先生却看不见了。想到这里，不觉怅然。

2021年4月4日

（作者为北京外国语大学特聘教授）

怀念耿昇先生

薛正昌

我的书橱里有两本耿昇先生翻译的书。一本是1993年中华书局出版的《丝绸之路：中国—波斯文化交流史》，一本是2017年广东人民出版社出版的《西来的喇嘛》。对于我来说，这两本书承载着我与耿昇先生20多年间神往与交往的经历。

《丝绸之路：中国—波斯文化交流史》，是1993年6月出版的。当时我从《文汇读书周报》看到书讯，心里就兴奋，向中华书局邮购了这本书。书的环衬上写着收到之后的签名和时间，是1993年10月。我有个习惯，但凡邮购的书，总要在书的扉页上留下记忆的文字。那时我在一所师范高等专科学校工作，学校所在的这个城市是汉唐丝绸之路必经之地，因而对丝绸之路的话题很感兴趣。实际上，那个时候还年轻，再加上我的孤陋寡闻，并不了解耿昇先生及其治学，但读了这本书之后，就非常崇敬先生，神往之情顿生。虽然，不敢想象日后还能与先生有缘相见。

数年后兰州的一次学术会议，结识了敦煌研究院的杨富学先生。他说"中国中外关系史学会"很活跃，每年都有学术会议，希望我能参加学会。我没有中外关系史这方面的研究文字，是圈子之外的游兵。学会门槛高，我没有敲门砖。他说："你填表，我推荐。"不久，富学兄寄来一张入会表。就这样，我有幸成为"中国中外关系史学会"的会员。有了这个渠道，我开始有机会参加学会在各地举办的一些学术会议。有参会的机会，就有缘见到会长耿昇先生。神往了多年的心愿，如梦境般变成了现实。

2002年以后，我多次参加学会主办的学术会议，参会期间总是能见到耿昇先生，能听到先生精练简洁的讲话，能感受到他为学会发展与学术研究所付出的辛劳。先生平易敬人，容易接近。无论在海口，还是在新疆，或者其他地方的会议上，都能见面，有短暂的问候，也有或多或少的交流。2013年肇庆会议，印象至深。

2013年11月，由广东肇庆市、肇庆学院承办的"利玛窦与中西文化交流"学术研讨会如期举行，我有幸参加。我由银川乘机，西安经停，再到广州白云机场，改乘大巴前往肇庆。凑巧的是，我和耿先生竟然坐在同一辆大巴上。偶然相遇，自然非常高兴。由广州往肇庆，沿途山水让人悦目。虽然是11月的季节，这里仍是山水相连，满眼绿意，肇庆实际上就在水星湖与西江之间的地理空间上。一路上，耿先生不时还讲一些故事出来，广州至肇庆约2个小时的车程，就在这种感觉中过去了。午后3点30分左右，我们达到会务中心，办理好手续已近4时。耿先生精神状态很好，提出要出去走走。肇庆学院王超杰先生，我们曾在杭州的一次会上见过面，第二次相见，似乎已成老朋友了。他提出陪我们出去。

11月的肇庆，山是绿的，水是绿的，树是绿的。我们三人去爬不远处的仙掌岩，此岩为七星岩之一。山不大，但山峰陡峭，台阶沿山体盘旋而上，可谓峰回路转，柳暗花明。爬山的过程，耿先生没有显出疲困的样子，和我们边聊边爬。在山巅的一个平台上，我们驻足稍事歇息，夕阳温柔地照在仙掌岩上，也照在我们身上。望着被江水浸润着的肇庆这个美丽的城市，先生说：好景色，何不在这里留下一张纪念。我随身带着傻瓜相机，先请先生和王超杰照，超杰再为我和先生照，留下了永恒的记忆。得知先生仙逝后，我从众多的合影里找到了我们在仙掌岩上的留影。当时拍照时随意自然，现在觉得备感亲切，也非常怀念先生。

爬到仙掌岩顶峰，有一座寺庙。寺庙里的香火旺盛，如同圆锥造型一样的大盘香悬吊在空中。香烟袅袅，磬声悠远，南国寺庙的香火远盛于北方。在这里，我们环视了许久。太阳刚刚落山时，先生说：我们该回去了。回到住地，已是夜幕降临时分。看得出，我们心里都很高兴。

近年，我参与《宁夏通史·元明卷》的撰写工作。按照编委会的设计和要求，每卷完成后的其中一个程序，就是要在全国这个研究领域内再请数位专家进行评审指导，提出修改意见并进一步完善。《元明卷》评审专家，我分别请了中国社会科学院的万明先生、耿昇先生，西北师范大学的田澍先生、南京大学华涛先生等。正由于之前与万明先生、耿昇先生的接

· 253 ·

触和了解，我才敢斗胆邀请，先生也很给面子。2017年盛夏时节，各位先生不辞辛苦，不顾炎热，来到了银川。我内心非常高兴，也十分感激。同时，我能感觉到，二位先生也很开心。

1993年10月，邮购到耿昇先生的《丝绸之路：中国—波斯文化交流史》大著后，认真读过，之后还写过一篇《阿里·玛扎海里笔下的文化交流》的文章，在《民族艺林》（1994年第1期）发表。那个时候就对耿先生产生了敬意，很崇拜他，大视野、大手笔。谈到丝绸之路，人们多谈及汉唐丝绸之路，认为明代丝绸之路已经式微，中西文化交流已经很清冷。实际上，每个时代有每个时代的特殊背景和书写形式，我从《丝绸之路：中国—波斯文化交流史》的阅读看到了明代中西文化交流仍有其特点。《宁夏通史·元明卷》的评审，耿先生从中西文化的交流的大背景谈了他的思路，并没有局限在宁夏，也没有局限在中国，而是在更大背景上审视，和国家正在推进的"一带一路"倡议的世界格局是一体的。

耿先生在评审会上提出几个观点：第一，宁夏是一个地域概念，虽然边远但不影响文化的碰撞融合，不能完全拘泥于当下地域。要有向外的眼光，视野要宽，要考虑宁夏与周边地区的联系。第二，外国旅行家，包括传教士在中国的经历，要置于开放的中华大文化背景下来研究。第三，丝绸之路研究，要放在中外关系史的背景下审视，它实际上是一部中外交通史，今天变成了中外文化交流的大通道。

宁夏地域空间不大，但处的地理位置重要。从丝绸之路中西文化交流看，这里是中原农耕文化、草原游牧文化、西域中亚文化交融碰撞的地方。书写《宁夏通史·元明卷》中西文化交流，就是要梳理和研究这个大背景。耿先生谈到的这几个方面的话题，思路开阔，背景深邃，延伸到了历史的深层，对我多有提醒和帮助，尤其是思路与视野的拓展。

离开银川前，耿先生送了他的新著《西来的喇嘛》。这就是我一开始所说的，两本著作牵着两头，一头是开始，一头是尾声，中间是一段长长的岁月，岁月里融进了故事，也是一段缘。现在想起来，先生的神态、笑容、声音如同昨天，但银川相聚竟成了永别。

回忆与先生的几次接触，留下了深刻的印象。从敬业精神与学术研究层面上，先生淡然于世事，倾心于学问，一生致力于自己学术耕耘，为我们留下了丰富而宝贵的精神财富。他一生为中西文化的研究留下数十部著作，在中外译著史上，是一座里程碑。

耿昇先生仙逝周年之际，中外关系史学会为先生举办学术纪念会。作为与先生有过一些接触的学会会员，我十分感念这位老会长，敬仰他的人格和学术精神，推崇他对中西历史文化研究所做出的巨大贡献。放怀于天地外，甘淡泊心常泰。山高水长，幽兰溢香。

写下这些片言只语，仅表达对耿先生的怀念之情。

2019 年 2 月 26 日

（作者为宁夏社会科学院历史研究所研究员）

金针度人 学界津梁

——耿昇先生对敦煌学、藏学、丝路研究之贡献

杨富学　周芳利

翻译在中国有着非常悠久的历史，既有宗教信仰方面的内容，也有科学技术、文学艺术、哲学思想等方面的内容，在几千年中华文明发展史上，翻译之重要，有目共睹，无论怎么强调都不过分。古有四大佛教翻译家鸠摩罗什、真谛、玄奘、不空，近代有严复、林纾，现代翻译家就更多了，然就藏学、敦煌吐鲁番学、丝绸之路与中外关系史以及突厥学、蒙古学和中亚史等领域而言，能够独树一帜者，先有冯承钧，继有耿昇，唯此二人而已。不幸的是，耿先生因病于 2018 年 4 月猝然离世，享年 74 岁。值耿先生仙逝二周年即将到来之际，特撰此文，以缅怀先生不朽之业绩。

一　独具慧眼的人生选择

耿昇先生于 1944 年 12 月诞生于河北省保定市，1968 年毕业于北京外国语学院（今北京外国语大学）法文系，1969—1980 年在外事部门工作，1980 年调任中国社会科学院历史研究所工作。耿先生毕生致力于中外文化交流史的翻译与研究，翻译了大量法国汉学经典名著，拓展了中国海外汉学的研究视野，译作横跨众多领域，且在每一领域都留下经得起历史检验的成果。无论是其作品涉及的广度还是深度，他无疑都是三十多年来我国翻译界中的佼佼者。

在三十多年的翻译生涯中，耿昇先生学术成果的数量远超同行，他翻译、出版的专著有 70 多部，译文 200 余篇，所译作品字数以千万计，另有论著 1 部，介绍评论性文章 120 多篇。三十多年来，他的名字与其译著一起，已经成了专家学者熟悉的朋友。

耿昇先生之所以能够取得如此成就，来自他卓尔不群的个性和独具一

格的治学思想。他有着"静心观水流，冷眼看世界"的睿智，对于当下热门的潮流总会保持一份平常心，不随波逐流。就学术而言，他擅长发掘被视作冷门而又具有较高学术价值的内容，用他自己的话说，就是"不能随风倒，赶时髦，追潮流"。① 这个说起来简单，但如果付诸行动，则不仅需要独到的眼光和高深的学识，更要有敢担当的精神和崇高的责任心，以及面对漫长孤独的勇气。

耿昇先生异于他人的性格在他填报大学志愿时即已初露端倪。他中学所学为俄语，因彼时英语和日语专业热火，他便选择了相对偏门的法语。看似无意的抉择，却成就了他的志向。1981年调入中国社会科学院历史所后，他辉煌的学术事业开始起飞。

斯时，中国学术研究刚刚走上正轨，对于空耗了大半青春的学者们而言，尽快了解西方世界学术现状，借鉴并发展自己的学术成为当务之急。而当时国外汉学研究中，法国汉学卓尔不群。耿昇先生对此有着清醒的认识，相对于美、日两大汉学研究重镇来说，法国汉学更显源远流长，继承了拉丁文化"历史的持久性"与"对外的开放性"两个重要特征。法国汉学家对中国的关注，从最初的"纪游"式的散漫研究到严肃的"学院派"研究，从关注语言层面的历史语言学到中国文明的整体性关注，再细化到各个领域，呈现出层层递进的演化理路②。遗憾的是，对法国学者成果的翻译，除老一代的冯承钧先生外，汉译作品不多，而美国、日本、俄国的汉学著作却大量汉译，对我国学术产生了巨大影响。法国汉学蒙尘于角落，这与其辉煌成就极不相配。对此，耿昇先生洞若观火。

耿先生第一个着眼点在于法国汉学之中亚研究方向，其中尤以西域史、敦煌学、吐鲁番学为重点。1945年以前，法国中亚史研究在西方汉学界处于执牛耳之地位，学者众多，实力雄厚。早在1814年（清朝嘉庆十九年），法兰西学院即已创设"汉学讲座"，开汉学进入西方大学讲堂之先例，二百余年来相沿不绝。讲座导师有雷慕莎（A. Rémusat，1788－1832）、儒莲（S. Julien，1797－1873）、德理文（H. d. Saint－Denis，1823－1892）、沙畹（É. Chavannes）、马伯乐（H. Maspero，1883－1945）、戴密微

---

① 耿昇：《我与法国汉学》，《国际汉学》2014年第1期，第198页。
② 耿昇：《译者的话》，戴仁著《法国中国学的历史与现状》，耿昇译，上海辞书出版社2010年版。

(P. Demiéville, 1894－1979)、石泰安（R. A. Stein, 1911－1999）、谢和耐（J. Gernet, 1921－2018）、魏丕信（Pierre‐Etienne Will），他们都是法国同时也是西方汉学史上之名流。作为"汉学讲座"的补充，法兰西学院在1910年代、1960年代又单独为伯希和（P. Pelliot, 1878－1945）以及韩百诗（L. Hambis, 1906－1978）两位教授设立了"西域史讲座"教习。经过漫长的发展，法国汉学家在中亚地理、考古、佛教、社会史、人类学史等多个方面形成了系统而又独具特色的研究体系。

面对如此丰富的研究成果，任何一个翻译者都会感到兴奋，同时也会备感压力。法国中亚学跨越多个学科，线索复杂，名著众多，一般情况下的理性选择应是将某一方向作为翻译的主要目标，有余力时再兼涉其他。因为按照正常人的翻译速度，仅一个方向就足以耗尽一个人大部分精力。

耿昇先生有着宽广的视野和难得的大局观，他认为研究者需要有多元的阅读经验和多学科的训练，翻译家也不应居于一隅。他是一个充满雄心之人，有着将目标实现的强大执行力，从一开始就同时关注不同的学科领域。1981年耿昇先生进入社科院，一两年后即有成果面世，兹以1982年到1986年四年间的译作为例来观察其领域的宽广：1982年，布尔努瓦夫人（Lucette Boulnois）《丝绸之路》由新疆人民出版社出版；1984年，戴密微著《吐蕃僧诤记》由甘肃人民出版社出版，勒内·吉罗（René Girard）撰《东突厥汗国碑铭考释》由新疆社会科学院历史研究所内部印行；1985年，《敦煌译丛》（第一辑）由甘肃人民出版社出版，石泰安著《西藏的文明》由西藏社会科学院内部印行；1986年，耿先生与穆根来合译哈密屯（James Hamiton）著《五代回鹘史料》由新疆人民出版社出版。

综合上述翻译成果，可以看出，短短几年时间，耿昇先生同时关注敦煌学、突厥学、藏学、回鹘学、吐鲁番学、丝绸之路等诸多领域。尽管在其翻译生涯的不同阶段，关注重心有所不同，但总体框架却是在初入翻译界时即已大体确定，先生实乃早慧之人，对目标早就有着成熟的规划。

二 丰硕的学术成果

由"门外汉"而进入历史学这一陌生领域，耿先生的翻译工作可谓步履维艰。与纯学术研究者相比，翻译要求译者有更加全面的素养。耿先生曾感慨"读书做学问难,做翻译更难"①,要出版一本高质量的翻译作品,需要耗费作者大量心血。译者须熟知两种不同文化之间的差异以及国内外历史研究动态,除此之外,一个难以逾越的大山是中亚古代语言的障碍。中亚史研究由于涉及多种文明的交会,翻译家除了掌握专业外语外,还需要对藏语、梵语、古波斯语、古突厥语、阿拉伯语、吐火罗语、粟特语、于阗语以及拉丁语系等不同语言有所了解。法国汉学家往往是通才型专家,一部专著中会涉及多门语言。明清时期中外文化交流方面的译著同样会面临上述问题,耿昇先生曾谈到明清传教士们经常用荷兰文一支的佛拉芒文来交流,但中国连佛拉芒文字的字典都没有。另外一个现实而琐碎的问题在于查证资料的困难。一部外文专著的引文出自哪一部书,人名、地名、官名、制度等专有名词,从某种文字译成法文,再由法文译成汉文,那就要找到古今汉语的称谓。本人业余从事翻译也有二十多年了,其中甘苦,实不足为外人道也。看似一个个小问题,却是最耗费时间与精力的,都需要披沙拣金的功夫去寻找。为翻译一本书,不得不找遍相关资料,耿昇先生曾笑称自己所藏之书是学者当中最为富有者之一,诚非虚言,不得已而为之也。

观耿先生之学术历程,从1981年受聘为敦煌研究院兼职研究员到1990年代初期,对敦煌学关注甚笃,此一时期他翻译、撰写了大量关于敦煌学方面的综述性文章,尤以介绍性文章居多,相继翻译、撰写有《法国的敦煌学研究概况》《1979年巴黎国际敦煌学讨论会概况》《80年代法国敦煌学论著简介》《中法学者友好合作的成果——〈敦煌壁画和写本〉内容简介》等,发表在《中国史研究动态》《敦煌研究》等刊物上。耿昇先生敦煌学方面译著的出版也主要集中在此段时间,除了《敦煌译丛》(第一辑)和《吐蕃僧诤记》外,还于1987年出版谢和耐代表作《中国5—10世纪的寺院经济》(甘肃人民出版社),1993年出版两本译著,即《伯希和敦煌石窟笔记》(甘肃人民出版社)和《法国学者敦煌学论文选萃》(中华书局)。1983年9月,中国敦煌吐鲁番学会于兰州成立,中国敦煌学快速发展。嗣后,耿先生在敦煌学方面的专著和文章逐渐减少。

这一时期,耿昇先生在中亚史其他领域亦有所建树,总体来看,1980

---

① 耿昇:《我与法国汉学》,《国际汉学》2014年第1期,第198页。

年代中期开始，他投入精力最多的乃为藏学领域，首先从石泰安著《西藏的文明》入手（前文提到的《吐蕃僧诤记》也应计算在内，尽管研究的内容为敦煌写本），由西藏社会科学院1985年内部印行。之后一段时期平均每两年都会有一本或多本藏学译著出版。值得注意的是，如此高的出版频率是在他同时关注其他研究方向前提下完成的。其中，1987年，他翻译大卫·妮尔（A. David-Neel，1868—1969）撰《一个巴黎女子的拉萨历险记》，由西藏人民出版社刊行；1989年，耿昇先生将意大利藏学名家图齐（G. Tucci，1894—1984）和西德蒙古学家海西希（WaltherHeissig，1913—2003）两位学者的专著合并一起，出版了44万字的《西藏和蒙古的宗教》，经王尧先生校订，由天津古籍出版社刊行；1991年出版古伯察（Régis-Evariste Huc，1813—1960）著《鞑靼西藏旅行记》，由中国藏学出版社刊行；同年，出版麦克唐纳女士（A. Macdonald，1938— ）著《敦煌吐蕃历史文书考释》，由青海人民出版社刊行；1992年，翻译英国学者约翰·布洛菲尔德（John Blofeld）著《西藏佛教密宗》，由西藏人民出版社刊行；同年，翻译石泰安16万字著作《汉藏走廊古部族》，由四川民族出版社刊行；1994年，翻译出版石泰安著《西藏史诗与说唱艺人的研究》，由西藏人民出版社刊行。1999年，对于耿昇先生来说，是藏学翻译的丰收之年，此年先生共有三本译著，都是由中国藏学出版社出版，分别为瑞士学者米歇尔·泰勒（Michel Teylor）著《发现西藏》、布尔努瓦夫人著《西藏的黄金和银币：历史、传说与演变》、意大利图齐著《西藏宗教之旅》。及至2000年出版罗伯尔萨耶（Robort Sailley）著《印度—西藏的佛教密宗》以后，耿昇先生西藏题材著作才逐渐减少。

1991年，耿先生翻译了谢和耐著《中国与基督教——中国和欧洲文化之比较》一书，由上海古籍出版社出版，从此他将主要精力倾注在中法文化交流的引介上，这是他翻译生涯后期投入时间最长、耗费精力最多的一个领域，从20世纪90年代初期一直持续到2010年前后。此方向出版了超过二十本译著，内容涉及基督教、中国的犹太人、入华基督教会与中西文化交流、清末教案、中国文化对法国哲学思想的形成以及入华传教士的艺术创作等诸多方面。其中，谢和耐先生对于耿昇先生进入此领域具有重要的引导意义。除《中国与基督教——中国和欧洲文化之比较》一书外，在1993年，他翻译谢和耐、安田朴等学者合著23万字的《明清间入华耶稣会士和中西文化交流》一书，由巴蜀书社出版；2011年又出版谢和耐先生的著作《明清间耶稣会士入华与中西汇通》，由东方出版社出版。1992年前后，耿昇先生开始翻译荣振华（J. Dehergne, 1903－1990）神父的著作，先后翻译了他的《中国的犹太人》《1552—1800年入华耶稣会士列传及书目补编》（上下）和《16—20世纪入华天主教传教士列传》等重要专著。另外他还翻译了沙百里、陈艳霞、毕诺、布罗赛等诸学者的论著。

2010年，耿先生译戴仁（Jean－pierre Drège, 1947－ ）主编《法国中国学的历史与现状》一书由上海辞书出版社出版，计80多万字。2011年，耿先生同时推出了4卷本《法国藏学精粹》、3卷本《法国西域史学精粹》和3卷本《法国敦煌学精粹》，由读者出版集团旗下的甘肃人民出版社刊行，略具翻译生涯小结之意味。2013年，耿先生专著《中法文化交流史》一书由云南人民出版社推出，内容丰赡，见解独到，堪称耿先生几个主要关注方向之学术总结。

三 吹尽黄沙始得金

耿昇先生一生中译著众多，他对每一著作的选择都非常慎重，始终秉承"三个最重要"的标准：法国汉学界最重要著作，法国最著名研究专家所作，以及中国学术界最需要的参考文献。其选择之精，工作之勤，又似一位不倦的淘金人。

耿昇先生强调历史学研究应从具体问题谈起，将原始资料的收集看作整个历史学发展的根基，对于涉及史学研究原始资料方面的著作，耿昇先生格外关注。1987年，他翻译了由法国著名东方学家戈岱司（G. Coedes, 1886－1969）所著《希腊拉丁作家远东古文献辑录》一书，涵盖公元前4世纪到14世纪近二千年间希腊拉丁作家有关远东文献的重要内容，是研究中西交通史的基本史料，由中华书局推出。此书在2001年和2014年分别由中华书局和中国藏学出版社再版。1989年，由耿先生和穆根来合译的法国著名东方学家费琅（G. Ferrand）著《阿拉伯波斯突厥人东方文献辑注》（59万字）由中华书局出版。为撰写此书，费琅先生从8世纪到18世纪一千余年的区间里，在近百部著作中摘录了多达59万字的珍贵资料。本书在1989年由中华书局出版，2001年再版，中国藏学出版社于2014年再版。类似的译著还有1986年的哈密屯先生著作《五代回鹘史料》，亦是由耿昇、穆根来两位合译，由新疆人民出版社出版；1991年推出A. 麦克唐纳女士著作《敦煌吐蕃历史文书考释》，由青海人民出版社出版；1995年翻译荣振华先生著《1552—1800年入华耶稣会士列传及书目补编》，由中华书局出版。诸如此类，不能一一列举。

除了关注基础性资料之外，耿昇先生擅长通过翻译某一学科一批知名学者的经典性专著形成某一方向的基本参考资料。经典学术价值高毋庸多言，但翻译难度常常会更大。耿先生对译著的选择常常是那些他人想为而不敢为或不能为者，这一性格，直到六七十岁时仍一如既往。

1984年10月，耿昇先生翻译的戴密微名著《吐蕃僧诤记》（42万字）由甘肃人民出版社出版，此书被视为法国敦煌学和藏学的代表作之一。戴密微乃20世纪下半叶法国汉学界之代表性人物，与儒莲、沙畹并称"三杰"。他是百科全书式学者，精通汉文、日文、藏文、俄文、梵文等诸多语言，在语言学、佛教文献、哲学、宗教、文学诸多领域耕耘日久，此书显示了他综合全面的学术素养，书中"每一条注释都堪为百科全书的重要条目"①，耿昇先生认为此书"是法国最扎实、最有知识的专家写作风格"。翻译此书时，耿昇先生接触藏学领域时日尚短，但丝毫没有阻挡他翻译此书的雄心，这应是先生在80年代最有挑战性的一次尝试。在书中，戴密微先生发表了诸多敦煌写本，尤其是巴黎国立图书馆藏敦煌汉文写本P.4646《顿悟大乘正理决》等珍贵资料。此书涉及面极宽，将政治、宗教、军事、文化等诸多领域打通，引证繁多而有创见，显示出作者对资料极强的驾驭能力。为了翻译此书，耿先生遍查汉籍资料、敦煌文书、佛经诸多资料，对于文中出现的大量的专业术语以及众多古语言文字，耿昇只能一遍遍反复揣摩、核对，至于自己翻译时出现的错漏之处，他会反复向不同专业的学者请教，本人作为晚辈，对耿先生不耻下问的精神有亲身体会，至今感佩。在此书出版后十余年间，随着敦煌学、藏学等领域的发展，《吐蕃僧诤记》被多次再版，其中1994年被台湾千华图书公司出版繁体本，2001年西藏人民出版社、2010年中国书店、2013年中国藏学出版社多次再版，现在已然成为研究中世纪印度、吐蕃和中国佛教研究方面学者的必读书目。耿昇先生的大多数译著能够成为学术界的常青树，被再版三四次之多的译著不在少数，原因正在于译者超前的眼光和敢于挑战硬骨

---

① ［法］戴密微：《吐蕃僧诤记》，耿昇译，甘肃人民出版社1984年版，第548页。

头的勇气。

四 金针度人，瑕不掩瑜

在中亚史研究领域的诸多专家中，耿昇先生对于伯希和先生的考古报告、研究著作瞩目最多。相对于英、俄、德、日、美、瑞典等国的西域考古和探险家，这位"超级东方学家"取得的成就更加辉煌，但是20世纪80年代以前，国内对伯希和中亚探险的经历知之甚少，资料多从美、日等国转译而来，内容不全，真伪混杂。耿昇先生从80年代末开始重点关注伯希和先生，陆续发表了《论〈伯希和敦煌石窟笔记〉及其学术价值》《伯希和西域探险与中国文物的外流》等文章。遗憾的是，由于伯希和本人常常以"国际汉学界的警察"自居，对其他学者过分苛责，以至于他逝世后，除了他工作过的法国亚细亚学会以外，鲜有其他学者和单位为之发表纪念文章或发起纪念活动；在他的研究生涯中也少有代表性的汉学研究专著出版。一直到80年代，法国才有《伯希和敦煌石窟笔记》（1—6卷）出版。1993年，耿先生和唐健宾合力翻译了其中的1—5卷，由甘肃人民出版社出版，译著的完整本在2007年由甘肃人民出版社出版发行。伯希和在中国西北考察的资料极为重要，法国本地又没有相关著作，耿昇先生只好自己想办法。90年代以来，他每赴法国，必到各大图书馆收集此类资料，2001年，他将自己将近十年收集的伯希和笔记、读书报告、书信、日记等片段资料进行汇编，结集为《伯希和西域探险记》，由云南人民出版社出版。当2008年耿昇先生获悉法国国家远东博物馆和吉美博物馆合作出版《伯希和探险日记1906—1908》一书时，兴奋之情溢于言表。他曾多方求购而未得，直到2011年在夫人万明教授的协助下几经辗转才购得此书。回国后，立刻着手翻译。对于此书的翻译，很少叫苦的耿昇先生都认为此书翻译的难度"实在是难于上青天"。由于此书是伯希和在旅途中所写，流行于当地的诸如汉文、古突厥文、梵文、蒙古文等少数民族语言的拉丁字母转写体系尚未完成，很多名字都是伯希和根据音译随意写成，甚至同一个人名、地名、民族名称往往有多种写法，使耿昇先生对于上述细节的核查上占用了大量的时间和精力，甚至一天只能解决一两个地名的译名。即便如此，仍有很多地名无法查到。耿昇先生日夜伏案于书前，耗时一年半，终将这部70余万字的皇皇巨著完成，由中国藏学出版社出版，而此时，耿昇先生已是将近古稀之人。耿昇先生曾言一个成功的翻译家

"不需要天资多聪明,最重要的是勤奋,要多读,多看"[1]。勤奋确实是一个优秀翻译家的必备素质,但是耿昇先生将之作为成功的最主要标准,这是他对自己翻译生涯躬身实践的最好注解。当下译坛中能像耿昇先生这样,做到将翻译事业看得比自己生命还要重要,以牺牲身体健康以及正常人的轻松生活来实现自己目标的译者,是真正值得我们尊敬的。

有不少研究者指出,耿昇先生的译作存在不少瑕疵。作为诤友与同事,宋岘先生的观点可以作为参考,他在谈到耿昇先生80年代的翻译风格时,认为"他对一些词义缺乏细致推敲,其文略显粗糙,但态度诚恳、谦虚。他的翻译风格是:不墨守成规"[2]。此评切中肯綮。究其原因,不在于耿昇先生不够严谨,而在于他整体的思路与他人不同。

与其他翻译家不一样的是,耿昇并没有给自己太多时间去熟悉一个领域,然后老老实实扎根于此。根据学术界发展的需要,他随时会调整自己的努力方向,几乎每一次都是某一研究方向热闹起来他选择抽身而退,对他来说,冷僻而具有学术价值的方向更值得他付出。他的翻译生涯横跨如此众多学科方向,每一方向都不是随意翻译一两本著作了事,而是形成一个整体的丛书系列,翻译的难度可想而知。他不允许自己半途而废,只能选择与时间赛跑。在面对翻译细节的精细化处理与高效率出版的两难选择中,他选择了后者,在保证效率的前提下最大程度上将疏失减到最低。在初入一个新领域时,耿昇先生往往通过请本领域著名专家为其校订的方式来减少疏漏,并趁此尽快掌握基本技巧,例如他在进入藏学领域时,邀请王尧先生为其校订了《吐蕃僧诤记》《西藏的文明》《甘川青藏古部落》等著作,另外,他身边诸多诤友如穆根来、张毅、崔永乾、宋岘等诸位学者亦是他经常请教的对象。耿昇先生的译书速度之快让人叹为观止。从80年代进入翻译界开始,他基本上保持了一年两到三部专著出版的速度。从一个保守者的眼光来看,耿昇先生完全可以在藏学、敦煌学一类学科中吃老本,每本书拿出足够的时间反复推敲、润色,自己轻松,还不会因细节问题招致异议。对于耿先生来说,他宁愿顶着众多的批评开辟新的领地也

---

[1] 钱婉约等:《积跬步以至千里的翻译家——耿昇先生访谈录》,《汉学研究》第14集,2012年版,第28页。

[2] 宋岘:《对耿昇兄的忆念》,《耿昇先生学术纪念会暨中外关系史学术研讨会论文汇编》,北京,2019年4月,第38页。

不愿裹足不前。他所惋惜的是还有如此多的经典专著尚未翻译完成，不能与国内读者见面，此诚其执拗之处，也是尊严所在。对于自己翻译中出现的问题，耿昇先生在后来的回忆中说："回首往事，虽然并未因碌碌无为和虚度年华而感到痛心，却也为自己走过的许多弯路和造成的许多败笔而抱憾终生。"[①] 任何研究者在了解耿昇先生庞大的译作数量和不计成本的付出后，对他译作中微小失误的苛责都应被深深的震撼和敬佩所代替。

1995 年，耿昇先生荣获由法国驻华大使亲自颁发的"文学艺术勋章"，这是法国政府对他学术成就以及中法文化交流成绩的肯定。他不是一个书斋型的学者，在译书之余，他曾组织数十次国内和国际学术讨论会，组织主办了 30 多次丝绸之路等国际、国内学术会议，我们都深受其益。他先后任中国中外关系史学会秘书长、副会长、会长、名誉会长，兼任中国敦煌吐鲁番学会、中国蒙古史学会、中国海交史学会理事，并被聘为北京外国语大学、西北民族大学、华东师范大学、泉州海交史博物馆的兼职教授或研究员。而在日常生活中，他兼有长者之风，性格豪爽大气而平易近人，奖掖后进而不图回报。中国的学术界，赖先生之力而牖启户明，用"学界津梁"一词以概括其杰出贡献，正是对先生学术生涯最为贴切的评价。

（杨富学为敦煌研究院人文研究部教授；周芳利为内江师范学院四川张大千研究中心教授）

---

① 耿昇：《我与法国汉学》，《国际汉学》2014 年第 1 期，第 198 页。

中西文化交流史研究的柱石：
追忆耿昇先生

张西平

我与耿昇先生的交往是从 1993 年开始的，那年任继愈先生让我负责《国际汉学》的组稿。此时我对国际汉学所知甚少。因为正在编辑利玛窦的著作，我和中华书局的谢方先生开始交往，他告诉我耿昇先生是国际汉学研究的重要学者，并把电话告诉了我。这样在中国社科院的历史所第一次见到了他。红红的面庞，个子不高，身上背个大书包，里面全是书。一听到我说要办《国际汉学》，他马上抓住我的手，说我们到历史所外的小餐馆谈。在这个小酒馆里我们一谈就是 3 个小时，基本上是他说、我听。他对法国汉学如数家珍，滔滔不绝，对汉学火一样的热情，顿时点燃了我对这一研究领域的热情。

后来在《国际汉学》第一期的出版中他做出了重大贡献。在这一期以耿昇名字发表的译文只有一篇，即《中国文化对十八世纪法国哲学的影响》，但同时他用李文昌之名发表了《中国儒教对英国政府的影响》，以方俊名义发表了《十七和十八世纪中欧文化交流》，以李东日名义发表的《从西方发现中国到国际汉学的缘起》，这样算起来他在第一期共发表了 4 篇译文。在后来的《国际汉学》发展中耿昇先生也是最积极的撰稿人，对这份刊物的发展做出了重大的贡献。

1996 年我从德国访学回来后与耿昇先生一起做了两件事，第一件事就是推动大象出版社的"国际汉学书系"的出版。那年周常林先生到北京南沙沟拜访任先生，我也在座。任先生希望大象出版社能把海外汉学作为一个新的发展方向，当时大象社的周常林社长痛快地答应了任先生的这个要求,他甚至说,将来大象社设一个国际汉学研究奖,向全球汉学家发布。周社长是大出版家,他有学术眼光,也有魄力。第二年他就邀请我和耿昇先生一起到郑州大象社做客,当时在周社长办公室定下首先出版《耶稣会士中国书简集》,接着安排崔琰副总编陪我和耿昇到少林寺参观。正是这次郑州之行,《国际汉学》从商务印书馆转到了大象出版社,并确立长期展开国际汉学书系出版合作的决定。

第二件事就是在耿昇先生的联络下,1998年北京外国语大学海外汉学研究中心与杭州大学历史系召开了"中西文化交流史国际研讨会"。我和黄时鉴先生不熟悉,正是通过耿昇先生,我们才相识,从此后我一直与黄时鉴先生以及黄门弟子们保持着很好的学术关系。这个会议也是北外海外汉学研究中心第一次在国内学术界亮相,迈出这一步的领路人是耿昇先生。

从杭州会议后我们开始成为非常亲密的朋友,我成为他鲁谷小区住宅的常客。第一次到他在鲁谷小区的书房至今记忆犹新,那时正值盛夏,天热得厉害。一进屋,看他光着上身,穿个短裤,拿着一个大蒲扇正在写作。书桌前的窗台上满满地排着两排笔筒,足有三十个笔筒。每个笔筒中插满了圆珠笔。我当时惊呆了,从未看到一个学者有这样多的笔筒,笔筒中有这样多的笔。我好奇地问他,你为何买这样多的圆珠笔?他一边擦汗,一边笑着说,那些都是他已经用过的笔,啊!我心中一震,这是近千支笔啊!他是多么勤奋的学者啊!

耿先生的学术成就是与他对学术的执着与热情分不开的,与他的勤奋分不开的,最重要的是与他站在学术整体出发展开学术研究这样的公心分不开的。他不是那种为了几笔小钱就去翻译那些畅销书的人,他有着自己的追求:中国学术的发展。

这首先表现在他在翻译学上的贡献。改革开放以来他翻译出了60多部学术著作,数量之多令学术界震惊。

《柏朗嘉宾蒙古行纪 鲁布鲁克东行纪》《西来喇嘛》《清宫洋画家》《中国对法国哲学思想形成的影响》《印度—西藏的佛教密宗》《活佛转世:源起·发展·历史定制》《蒙古的宗教》《发现中国》《喜马拉雅的社会与宗教》《一个巴黎女子的拉萨历险记》《西藏文明史》《西域的历史与文明》《中国社会史》《阿拉伯波斯突厥东方文献辑注》《中法文化交流

史》《吐蕃僧诤记》《喇嘛王朝的覆灭》《伯希和敦煌石窟笔记》《法国中国学的历史与现状》《汉藏走廊古部族》《西藏史诗与说唱艺人的研究》《丝绸之路》《西藏宗教之旅》《华乐西传法兰西》《西藏的文明》《希腊拉丁作家远东古文献辑录》《伯希和西域探险记》《突厥历法研究》《鞑靼西藏旅行记》《西藏史诗和说唱艺人》《中国的犹太人》《中国5—10世纪的寺院经济》《中国与基督教：中西文化的首次冲突》，等等。当然，还包括耿昇与学者合作翻译或者编辑的学术论文集《耶稣会士中国书简集》《国外藏学研究论文集》《黄金草原》《法国敦煌学精选》等。

  从上面所列出的耿昇译著中，我们会发现他翻译了相当多的法国汉学界关于西藏研究的著作，关于西域文明与历史的著作。对于一个学法语出身的学者能完成这样具有丰富学术内涵的著作，可知耿昇为此付出了极其艰辛的努力。我在他的家中看到有不少法藏、汉藏的词典。他告诉我，为了翻译好这些书，他学习了藏语，虽然并不精通，但对他的翻译起到了重要的作用。这话的确不假，我曾和他一起到中央民族大学王尧老师家，当时讨论的就是藏语翻译的问题；我也和他一起到北京的藏学中心谈他的藏学书翻译出版。目前在全国的法语界能从事西域文明历史翻译的人少之又少，而能从事法国藏学研究翻译的，据我所知仅有耿昇一人。学术界也有学者对耿先生的翻译有些微词，这是很自然的。翻译了这样多的书，不可能一字不错，人非圣贤，孰能无过？关键在于，绝大多数从事法汉翻译的学者都选择了文学等自己熟悉的学术领域来展开翻译，很少有耿昇先生这样迎难而上，选择最难翻译的内容展开自己的翻译事业的人。有一次和孟华先生谈起耿昇的翻译，她说了一句很公道的话，她说，一些人可以批评耿昇的翻译，但他们为何不进入西域文明史和藏学的翻译呢？这些批评者站在最容易的翻译领域，批评正在最困难的领域进行翻译的人，这是不公正的。

  为何耿昇先生选择了最困难的领域展开自己的翻译事业呢？这是他从中国学术的整体出发，从中国学术的全局出发所做出的选择。"东方在东方，东方学在西方""敦煌在中国，敦煌学在法国。"这是刺痛中国学人心的话，百年敦煌学史，是百年流泪史。为扭转这样的局面，必须有学法语的人站出来，为整个中国学术界的进步做出贡献。耿昇先生勇敢地站了出来，冲了上去，并取得了丰硕的成绩。这就是为何耿昇先生去世后有来自西藏，来自新疆，来自甘肃那样多的学术机构和学者都发来唁电和送来花圈。在纪念他去世一周年的追思会上，这些学者说，没有耿昇的译著，中国的敦煌学就走不到今天，没有耿昇的藏学译著，中国的藏学研究无法与西方学术界对话。这是对耿昇先生最好的评价，这些朴实、真实的语言揭示了耿昇先生从事翻译的出发点，我们真希望耿昇先生在九天之上能听到学界朋友的这些赞言。

耿昇先生在谈到自己的翻译时说："30年多年来，我坚持不懈地翻译出版了近60部法国汉学家的名著，基本上都集中在中外关系史、西域史、西南民族史与南海交通史诸学科，也可以统称之为'丝绸之路'研究领域。"① 现在我们可以说，耿昇先生是继冯承钧先生后在学术翻译界贡献最大、成就最为显著的翻译家，其成就超越前辈，是后人也难以超越的一座中国翻译界的丰碑。

耿昇不仅在翻译学上取得了别人难以企及的丰硕成就，在学术研究上也有重要的贡献。这主要表现在他对中法文化交流史、法国汉学史的研究上。

耿昇先生是国内最早介绍和研究16—18世纪中西文化交流史的学者，他所翻译的谢和耐的《中国与基督教：中西文化的首次冲突》和发表的《基督宗教的第三次入华高潮：耶稣会士的在华活动》当时在国内产生了很大的影响，特别是在与郑德弟等人合作翻译，在大象出版社出版的《耶稣会士中国书简集》，成为几乎所有研究中西文化交流史学者案头必备之书。他对中国基督教史的研究是全面的，他的《中外学者对大秦景教碑的研究综述》虽然是综述性文章，但至今这一领域的研究论文仍是必读之文。至今中国基督教史研究的学者尚无一人像他这样全面展开介绍和研究这段历史，从开封犹太人到巴黎外方传教会，再到遣使会入华研究，这些论文都起到了引领性作用。

特别值得一提的是他翻译的《16—20世纪入华天主教传教士列传》这部130万字的皇皇巨作，虽然是翻译著作，但在学术研究所起到的基础性工具书作用，没有任何学术研究著作可以替代。这部书包括了荣振华的《1552—1800年在华耶稣会士列传》、方立中辑录的《1697—1800年在华

---

① 耿昇：《中法文化交流史》，云南人民出版社2013年版，第1页。

遣使会士列传》和遣使会士热拉尔·穆赛和布里吉特·阿帕乌主编的《1659—2004 入华巴黎外方传教会会士列传》，所以这部书基本囊括了法国长达五百年的在华传教士的传记。为何耿先生下如此大气力来做这本书呢？这与他翻译法国关于西域、西藏名著一样，他有一个历史观在背后，这是他的史识，也可以说史观。他说：

> 我们应客观地评价 16—20 世纪入华天主教传教士们的功过。他们不远万里并冒着死亡的危险来到中国，主要是为了传播天主教。但他们在中国既受到了博大精深的中国文化的吸引，又遇到了这种文化强有力的抵抗。为了传教，他们花费大量精力从事中西文化交流的工作。他们在中西文化交流中的作用，在西方汉学创建与发展中的贡献，都是不容置疑的。其实宗教本身就是一种文化事业，传教本身就是文化交流的一种形态和一项内容。宗教是媒介，文化是实质，交流是渠道。翻开中西文化交流的历史，我们不难发现以下现象：在中国与东亚和东南亚国家（印度文化国家）的文化交流中，佛教起了重要的媒介作用；在中国与中亚国家（阿拉伯—波斯文化国家）的文化交流中，伊斯兰教是必不可缺的媒体；在中国与欧洲（希腊—罗马文化国家）的交流中，基督教始终扮演着媒介角色。宗教是一种上层和基层都可以利用的媒介。①

这段话表达了耿昇先生对中西文化交流史的重要判断和认识，而这种认识是建立在整个中外文化交流史研究的基础上得出的。他的75万字的《中法文化交流史》②，是研究中西文化交流史的学者案头必备之书。

他上下二卷本的《法国汉学史论》是他长期研究法国汉学史的结晶之作。耿昇先生是目前对法国汉学史名著翻译最多的学者，为何他对法国汉学下如此大的气力呢？他说："实在说，中国学术界最熟悉、最注重和最爱参照的，始终是美国汉学、日本汉学以及欧陆的英国汉学。中国学者们对于国外发轫最早的法国汉学，基本上仍是依靠不完整和不系统的译本，

---

① [法]荣振华、方立中、热拉尔·穆赛等：《16—20世纪入华天主教传教士列传》，耿昇译，广西师范大学出版社2010年版，第1页。
② 耿昇：《中法文化交流史》，云南人民出版社2013年版。

对于法国汉学家们的许多重要成果颇为陌生。甚至国内学术界对法国汉学研究成果的了解,大都要通过英译本,甚至还要借助于日本人的译介。正是出于这种考察,我才多年来坚持以翻译整部著作为主,以撰写评介性的文章为辅。"① 在这里我再次看到耿昇先生学术的出发点,始终是站在中国学术的整体发展来考虑的一颗跳动的学术公心。有些学者认为耿先生的论文部分是评介性文章,其实他们不知这些文章在当时都是发前人之未发之文,每次这些论文的发表,在学术界都产生了影响。如他所说:"评介性的文章也是国内学术界所需要的,仍有它存在的理由。就本人所写的那些文章而言,且不讲其水平如何,它们都是首次在国内介绍的,都是国内学者从未做过的,完全可以使人耳目一新,借用他山之石。所以,它们对中国学术界是有益的,是对中外文化交流的一种贡献。"②

耿昇先生绝不仅仅是一位著名的翻译家,也是一位法国汉学研究的大家,他自己说:"笔者从事法国汉学的翻译与研究工作,已有30余载。但是,要撰写一部严肃而又完整的法国汉学史,至今仍然难以完成,甚至也怯于命笔。其一是受笔者学识的限制,笔者于30年来仅局限于自己熟悉的几个领域中;其二是受资料限制,法国汉学史的许多代表作,笔者均无法获取;其三是每个人的时间与精力有限,难以通读法国汉学史上的全部代表作。有鉴于此,笔者基本上是选择了法国汉学史中的'中西交通史'或'中外关系史'学科,包括中国西北史地、南海史地、敦煌学、突厥学、蒙古学、藏学、中国与阿拉伯—波斯国家关系史、天主教入华史(包括耶稣会、遣使会、巴黎外方传教会等)、中西文化交流史(特别是中法文化交流史)。……由于种种原因,笔者始终无法完成一部《法国汉学史》。在此期间,笔者也曾几易文稿,总觉得单薄而片面,无法面世。但是,一部《法国汉学史》却是笔者魂牵梦萦的作品,笔者多年来为此而积累资料,总希望能在耄耋之年,向学术界奉献一部既能使自己又能使他人满意的《法国汉学史》。我也衷心希望它能于不太遥远的未来问世。"③

耿先生虽然最终没有实现他的夙愿,但他留下了几百万字的关于法国汉学史、中法文化交流史的研究书稿,这些仍是后辈学者借以研究出发的

---

① 耿昇:《中法文化交流史》,云南人民出版社2013年版,第1页。
② 耿昇:《中法文化交流史》,云南人民出版社2013年版,第1页。
③ 耿昇:《法国汉学史论》,学苑出版社2015年版,"自序"。

前提。他仍是关于法国汉学史研究论文最多的学者。2006年他在《学术月刊》上发表的《孟斗班与第二次鸦片战争——新公布的档案文献揭露英军焚毁圆明园之真相》有1094次下载，他在知网上的论文被下载20398次，这足以说明他的学术研究影响力。

耿昇先生给我们开辟了法国汉学研究的广阔空间，提出了具有前瞻性的研究方向，在这个意义上可以说他是改革开放以来法国汉学史研究和中法文化交流史研究的开拓者与奠基者，对于他所做出的重大的学术贡献我们始终铭记在心。

耿昇先生还有一个角色是不能忘记的，这就是他是一名优秀的学术活动组织者，是中外关系史学会历史上一位为学会发展做出重大贡献而永远值得怀念的老会长。记得在广西防城港会议时，他还不是会长，回北京后不久我们一起到夏应元先生家，我见证了他接过会长重任这个重大的历史性时刻。这样从与厦门大学南洋所联合召开的会议，到在兰州大学召开的会议，新疆大学召开的会议，到在沈阳故宫博物院展开的会议，中外关系史学会几乎每年一个学术会议。他是所有这些会议的组织者、倡议者。会长是学会的灵魂，中外关系史学会在耿昇带领下，使这个学会成为全国最活跃的学术组织，他对推动中外关系史学会的发展，尤其是对中西文化交流史的发展做出了重大贡献。

耿昇先生是我20多年的朋友，我常常当他面说，他是我的半个老师，因为他是我汉学研究和中外关系史研究的引路人，在这条道路上指引我的还有谢方先生和已故的黄时鉴先生。李商隐在《哭刘蕡》中写道：

> 上帝深宫闭九阍，巫咸不下问衔冤。
> 黄陵别后春涛隔，湓浦书来秋雨翻。
> 只有安仁能作诔，何曾宋玉解招魂？
> 平生风义兼师友，不敢同君哭寝门。

这首诗或许最能表达我对耿昇先生的怀念。

2020年10月28日大疫之年写于北京游心书屋

(作者为北京外国语大学教授)

我学术生涯中的师长——耿昇先生

郑炳林

耿昇先生是 2018 年 4 月 10 日心脏病突发去世，当时想写点东西以志纪念，但是写这样的东西很难，特别是为最亲密的师长撰写纪念文章就更难了，难免勾起很多往事，揪的人心里发疼，就像人过度痛苦就哭不出来一样。

我与耿昇先生认识是 1982 年下半年，当时我才大学毕业留校任教，从事敦煌学研究。我是兰州大学历史系 1977 级，应该 1982 年元月毕业，兰州大学为了组建敦煌学研究团队，1981 年 9 月就将我送到北京大学、首都师范大学做访问学者，当时称之为进修，1982 年 7 月进修结束回到学校，当时的兰州大学敦煌学研究应该是要资料没资料，要人才没有人才，说学校还剩余很多经费没有花完，九月份派我到北京买资料，说可以放手去买，没有任何限制。我自己也不知道天高地厚，就欣然接受只身一人去北京购买。从 9 月份到 12 月份不是泡在北京图书馆（现在国家图书馆）线本部复印图书，就是在琉璃厂中国书店和王府井中华书局读者服务部等书店选购图书，用了三个多月选购了两万多册图书，花了一万多块钱。虽然我在学期间听过周丕显先生的《敦煌学概论》和段文杰先生的《敦煌艺术概论》，也在北京大学听了王永兴先生的吐鲁番文书研究、宁可先生的《隋唐经济史》等，对敦煌学研究仍然处于混沌状态，购书基本上就凭借所学的历史学知识放开去购买，今天回忆起来，当时也买了很多像样的书。大约是 10 月份的一天，马明达老师来北京办事，他是兰州大学历史系敦煌学研究室的副主任，所以相约见面，并一起去中国社科院历史所拜会耿昇先生。历史所是在一栋很旧的小二楼，初次见面就给我留下很深的印象，耿昇先生是一个很干练的人，说话语速很快，决定事情很干脆，本来准备很多话，三言两语就说完了。当我们告辞出来时，耿昇先生礼节性送我们到大门口，他送别我们返回时，步伐急匆匆几乎是一路小跑。马老师和耿昇是老朋友了，对这些很习惯，他告诉我，耿昇原来在中国驻法国大使馆工作，是国内为数不多既懂法文又能从事中外关系史研究的学者，对他来说时间非常宝贵，每天都要翻译很多东西，谈话结束送完客人都是一路小跑回去，真正的争分夺秒废寝忘食的工作狂人。所以他的勤奋精神一直给我留下很深印象。此后见到耿昇都是参加敦煌学会议，交流谈话的时间并不多，但是在中国敦煌学发展的初期，借助的成果并不多，特别是国外研究成果国内介绍非常有限，而这些有限的成果还主要集中在日本研究成果的译介上，而法国汉学的研究更少，我们的研究主要借助的是耿昇先生的翻译著作，特别是他翻译戴密微的《吐蕃僧诤记》以及耿昇译的谢和耐、苏远鸣等著《法国学者敦煌学论文选萃》，是我经常借助的书，没有他的翻译成果，计划没有办法开展研究。我于1995年开始敦煌写本解梦书校录研究，在这方面的研究国内虽然有刘文英、高国藩、张兴仁等，但除了刘文英的研究水平较高外，其他的研究可以说都是时髦之作。国外研究主要是法国戴仁的研究，给了我们很多启发，拓展我的研究思路。特别是戴仁关于敦煌写本解梦书的解梦方法，他提出来的方法和刘文英总结出来的方法，可以互补，对我们的研究帮助很多。

同耿昇先生交谈较多的是1996年之后。我是1994年晋升教授，而我同时留校的同学也在1994年前后在厦门大学完成博士学位，调往北京教育部干部管理学院工作，总感觉到自己似乎缺点什么，当时加上牵头申报博士学位授权点受挫，就萌生去外边读博士学位，使自己身上再增加一层光环。记得是1996年的一次学术会议上，有人动员我去他们那里攻读博士学位，自己也很心动，耿昇先生当时也在场，一句话点透我，记得原话很直白，说你现在已经是教授了，学校晋升你是让你牵头申请博士点，你不赶紧做学问，去争那些虚名干什么。耿昇先生的一番话如醍醐灌顶，使我知道自己该干什么。我们兰州大学敦煌学团队经过组织努力，于1998年成功申报获批敦煌学博士点。如果没有当时耿昇先生一语点破，不知道要走多少弯路。耿昇先生直言快语，行事说话从来不转弯抹角。当着对方的面讲出来，多少显得场面有些尴尬。记得那次我们谈了很多，我对他谈了我的困惑和面临的诸多困难，也得到了耿昇先生的很多勉励。经过这次同耿昇先生的交谈，彻底打消了我再去争那些徒有虚名东西，一心一意来建设兰州大学敦煌学平台。经过我们的努力，兰州大学敦煌学研究所发展顺利。1998年建成敦煌学博士学位授权点，并成为甘肃省重点学科，1999年成为首批教育部人文社会科学重点研究基地，2003年建成敦煌学博士后科研流动站。2007年兰州大学敦煌学成为国家重点培育学科。敦煌学还是兰州大学"211""985"工程和双一流建设的学科，使兰州大学敦煌学研究所在科学研究、人才培养、资料建设、学术交流等方面都取得很大的进展，并逐步发挥其优势，在国内外敦煌学界发挥了引领研究发展的作用。对外学术交流上举办学术会议、学术访问、合作研究和聘请国内外专家来研究所住所研究并开展学术交流，使兰大敦煌学研究所在这些方面都有很多作为和成绩，未来还将通过联合共建的形式，与美国密歇根大学中国文化研究中心（Center for Chinese Studies University Of Michigan）、耶鲁大学东亚研究会（Council on East Asian Studies Yale University）、柏林自由大学、勃兰登科学院吐鲁番研究所、日本京都大学以及港台多所高校和研究机构在学术交流、人才培养、学术研究等方面进行合作。促进了本学科向"国际化"的进一步发展，提高兰州大学敦煌学专业的培养水平。在图书资料建设上，采取购买等多种手段加强敦煌学资料的建设工作。兰州大学敦煌学研究所的资料建设开始于1982年，1985年成立了中国敦煌吐鲁番学会兰州大学资料中心，但是大规模的建设是在1999年敦煌学重点研究基地批准之后。经过多年的重点建设，本专业图书资料有了很大的改观，不但购买了齐全的敦煌学研究资料（如俄藏敦煌文献、法藏敦煌西域文献、英藏敦煌文献、永乐北藏、四库全书和续修等大型图书）以及已经出版的所有能购买到的敦煌学研究参考图书，还利用各种办法购置最近台湾地区出版的敦煌学图书和日文版图书。在采购图书中我们采取集中购买与零星购买相结合、个人购买与集体购买相结合等方法，力图在资料购置上做到齐全，为敦煌学专业培养一流的人才出产标志性成果提供必要的研究条件。目前敦煌学研究所拥有12万余册专业图书，基本上保障了敦煌学研究的需要。图书资料建设在科学研究、人才培养和对外交流上发挥了巨大作用，不仅保证了敦煌学专业的科研教学，同时也对敦煌学界提供服务。还创建了敦煌学资料信息服务中心网站，以期在条件成熟后为整个学术界的研究提供网上信息服务。人才培养是兰州大学敦煌学研究所的亮点，利用博士后科研流动站博士授权点积极为学术界培养人才。到 2021 年为止，出站博士后 4 人，博士毕业 160 人，50 人晋升教授，70 余人晋升副教授，20 余人晋升博士生导师。20 人主持国家重大科研项目。多名博士生得到国家建设高水平大学公派研究生项目的资助，赴美国弗吉尼亚大学、密歇根大学、印第安纳大学、澳大利亚悉尼大学等深造学习，1 人获全国百篇优秀博士学位论文奖，2 人获全国百篇优秀博士学位论文提名，5 人获甘肃省优秀博士学位论文，4 人获省级优秀硕士学位论文。所里还注意为国外培养敦煌学研究人才，招收国外和中国港台地区留学生，先后招收的留学生有读博和短期研修两种形式，主要来自韩国国立汉城大学，中国台湾地区南华大学，日本早稻田大学、京都大学、东京大学、九州大学青山学院大学、成城大学、东北大学、东京艺术大学、东京女子艺术大学、龙谷大学，美国密歇根大学等。目前留学生培养趋于成熟，教学和研修效果反应都非常好，得到派出机构的称赞。这些经过培养的留学生也在敦煌佛教艺术研究上崭露头角，出产很多高质量的学术研究成果。2007 年毕业的韩国留学生徐勇完成了《敦煌壁画材料研究》，是第一位外籍敦煌学博士，现在韩国同德女子大学任教授。中国台湾地区杨明芬、杨郁如、赖文英等也相继毕业。与日本朝日新闻社联合培养的敦煌学研修生有 40 余人。接受港台访问师生约 2000 人左右，既加强了国际的敦煌学交流，也为国外培养了敦煌学高层次人才。特别是兰州大学与敦煌研究院的联合共建，将敦煌文献与敦煌艺术研究的优势互补体现出来，这一优势在双方的研究成果和博士生的培养过程中得到体现。今后还要进一步扩大敦煌学的研究范围和研究领域，提高我们的教学和培养水平，出产更多敦煌学复合型研究人才，成为国家敦煌学人才的培养中心。在学术研究上，兰州大学敦煌学研究所承担了一批国家、教育部、国家文物局、高校古籍整理委员会、教育部文科重点研究基地和国际交流基金项目 160 多项，经费 2000 多万元。其中科技部文化支撑项目、国家重大项目、教育部重大攻关项目十余项，陆续出版了"敦煌学研究文库""敦煌学博士文库""西北史地文化研究文库""国际敦煌学丛书""丝绸之路研究文库""敦煌归义军史专题研究""当代敦煌学者自选集""敦煌讲座""敦煌与丝绸之路石窟艺术""敦煌与丝绸之路研究""敦煌吐蕃文献""丝绸之路艺术"等 20 余项系列研究成果丛书，这些研究成果分别获甘肃省优秀成果一等奖4项，教育部人文社科优秀成果二等奖，入选《国家社科基金成果文库》图书3部。兰州大学敦煌学研究所有专职研究人员26人，我们原先优势主要集中在文献和史地研究上，同敦煌研究院合作之后，实现了与艺术研究的优势互补，但是敦煌文献中及西北出土文献中还有记录中古时期中国周边兄弟民族历史的资料，涉及的语言主要有藏文、于阗文、鲁尼文、回鹘文、粟特文、梵文、吐火罗文、叙利亚文、摩尼文、婆罗米文、契丹文、西夏文、蒙古文等。要加强对少数民族历史文化的研究，弥补在胡语文献、宗教等方面的不足，铸牢中华民族共同体意识，为中华民族伟大复兴彰显文化自信做出更大的贡献。我们引进一批从事胡语文献研究专家，白玉冬、吐送江、朱丽双、张丽香等逐渐成为该领域的领军人才，展现出兰州大学敦煌学研究所的研究实力。将兰州大学敦煌西域研究院建成真正的研究敦煌学、西域历史语言和西北民族文化研究的中心，使敦煌所为国家解决西北问题贡献力量，争取成为国家研究西域历史的重要机构。设想没有当时耿昇先生的直言快语指点，我们兰州大学的敦煌学研究还要走很多弯路。

  法国敦煌学研究，一直受到国内外敦煌学界的关注。从伯希和起，法国敦煌学研究一直领先西欧诸国，出现了一批敦煌学研究的著名专家，有从事汉藏佛教关系研究的戴密微，从事敦煌经济史研究的谢和耐和童丕，从事敦煌文化史研究的戴仁、茅甘和侯锦郎，从事壁画研究的苏鸣远。从事研究人数之多，涉及领域之广泛，研究水平之高，都是西欧其他国家无法比拟的。20世纪80年代，在将法国敦煌学研究成果介绍给中国敦煌学界方面，耿昇先生做出了巨大的努力和贡献，我们大部分人研究中接受、利用法国敦煌学界的研究成果，基本上都借助耿昇先生的译著。目前敦煌学的研究已经走过了百年的历程，探讨百年来敦煌学研究取得的成绩和今后敦煌学研究发展的方向，是近年来学术界开展起来的一项工作，而这项工作中最难点，是对国外敦煌学研究状况的总结和展望。耿昇先生的研究工作，就处在这项工作的最难点，也是制高点。耿昇先生是我最敬仰的师长，在我大学毕业的1981年年底就认识了他，他对学术研究的热衷和执着是我们无法比拟的。他不仅致力于法国敦煌学研究成果的译介，同时还在敦煌学、藏学、西域史的研究上成绩卓著，他的成果是我们从事这些研究必须参考的论著。耿昇先生十分关心兰州大学敦煌学研究发展，并兼职于兰州大学敦煌学研究所，承担基地重大项目"法国敦煌学研究成果译介"（10JJD770017），展现在广大读者面前的"法国汉学研究丛书"，就是该项目的最终成果。耿昇先生承担着基地重大项目"法国敦煌学研究成果译介"无疑是对兰州大学敦煌学研究所最大的支持，说到这件事情，使人想起这件事情的原委，2010年我参加西北民族大学举办的一个学术研讨会，会议中场休息期间，我表达了想请他兼职兰州大学敦煌学研究所并能主持基地项目，耿昇先生很爽快地答应了，说他最近计划在甘肃人民出版社出版一套书，主要是关于法国汉学研究论文的翻译，这和我的计划不谋而合，我们也想请人译介法国敦煌学研究成果，当场他就打电话叫来了甘肃人民出版社的李树军，我们几个人当面敲定这个选题和申报计划，这套书由兰州大学敦煌学研究所支持的兰州大学"985"工程项目资助，并作为教育部人文社会科学重点研究基地重大项目立项，这套书在立项的当年就出版了，这体现了耿昇先生的行事风格，不仅说话快人快语，而起干事也干脆利索，从不拖泥带水。只要他承诺的事情，一定会按时完满完成。因此耿昇先生的研究工作就显得十分重要，"法国汉学研究丛书"的出版，不仅是将法国汉学的研究成果介绍给中国敦煌学界，供中国敦煌学研究之参考，而且具有总结展望法国敦煌学研究的学术史，指导中国敦煌学研究进一步发展的意义。

耿昇先生已经故去三年了，但是我们现在提起他，他的一言一行仍然记忆犹新，他架起了中法敦煌学研究的桥梁，是我人生中难得的师长，是我学术生涯中幸遇的指路人。

（作者为兰州大学历史系教授）

我心中的"译语人"——纪念耿昇先生

韩 香

2018年4月10日，突然得知耿昇先生仙逝的噩耗，惊恸不已。在我心目中，耿先生一直都是那个开朗、热情、活力充沛的长辈，对后辈也关爱有加，没有听说生病的他怎么会突然就离开我们了呢？很长一段时间都很难接受这个事实，脑海里浮现的都是他的音容笑貌。

我自1992年在西北大学随周伟洲先生读硕士开始就听闻了耿先生的大名，彼时耿先生早已名震学界，作为晚辈更多是通过读耿先生的书而了解他。当时我随周先生学习中国民族史，此后又对丝绸之路与中西文化交流产生了浓厚的兴趣，耿先生的书就成了我的必备参考读物，如先生翻译的法国布尔努瓦的《丝绸之路》、莫尼克·玛雅尔的《古代高昌王国物质文明史》等都是我最初的入门书，尤其是《丝绸之路》一书，第一次使我可以从西方人的视角来看待丝绸之路与中西交流，颇为震撼。记得王宗维先生上课时极力向我们推荐过耿先生翻译的法国阿里·玛扎海里所著的《丝绸之路：中国—波斯的文化交流史》一书，当时入行不深，觉得此书深奥难懂，现在我从事中西文化交流史方面的研究，这本书一直伴我左右。

耿先生和我的硕、博导师周伟洲先生相识较早，私交很好。记得读研究生的时候就见过耿先生来过西北大学，当时只是怀着崇敬的心情远远仰望，万不敢靠近的。后来开始留校工作并读博士，此后又选择了中西文化交流史作为我的主要研究方向，开始更多地接触到耿先生的著作。我惊诧于耿先生著述如此之丰，涉及领域如此之广，包括西方汉学、藏学、丝绸之路、边疆史、中西交流史等不一而足，感觉就像一座取之不尽的宝藏。

其中耿先生翻译的《希腊拉丁作家远东古文献辑录》《阿拉伯波斯突厥人东方文献辑注》《从希腊到中国》《黄金草原》《西藏的文明》等，还有我前面提到的王宗维老师推荐的《丝绸之路：中国—波斯文化交流史》等书都对我产生重要影响。此外，周先生、王宗维先生等上课时还给我们介绍过耿先生译的《吐蕃僧诤记》《五代回鹘史料》《卡尔梅克史评注》《勃朗嘉宾蒙古行纪》等，亦使我受益匪浅。当然，和耿先生也开始有了近距离的接触，记得1999年、2000年随周先生等去兰州等地开会，有幸和耿先生面对面接触，才发现他其实是一位和蔼可亲、充满童趣的长辈，谈吐幽默、关爱后学，没有一点儿大学者的架子，着实令人不由得感到亲切。

不过最令我印象深刻是在2002年初，在陕西师范大学举行了由西北民族研究中心（彼时我已经跟随周先生等调至该中心）与中亚研究学会等共同承办的中亚文化研讨会第三届年会，当时邀请了耿先生等许多学界知名专家及前辈参加，作为主办方，周先生鼓励我作为参会代表积极提交论文。我战战兢兢地将自己写了很久但又很不成熟的一篇小文《唐代长安译语人》提交上去。当时不知道主办方如何安排，好像每个提交论文的学者都要在大会上发言，面对着下面一众学界权威人士，我紧张得语无伦次、结结巴巴，就想着赶紧讲完，逃下台去。果然还没等我逃下去，我一发完言，就有一位特别知名的学者针对我的文章提出犀利的问题和质疑，没有准备好的我不知道该如何回答，只好支支吾吾，答非所问，面红耳赤。这时候耿先生像救星一样出现了，他不但替我打了圆场，还突然表扬了我，说这篇文章写得很有意思啊，译语人本来就是唐代外交事务中不可或缺的人物，值得研究啊。他还突然打趣道："你们看，我不也是个译语人吗？"大家都笑了起来，气氛一下子轻松了起来，我也终于舒了一口气，安然回到座位上。

虽然耿先生说的是一句玩笑话，但这件事确实对我影响至深。深受鼓励且满怀感激的我继续修改我的这篇小文，后来又勇敢地投出去，2003年终于在《史学月刊》第一期上正式发表，同年度还意外地被人大报刊复印资料全文转载。这对当时刚刚窥得学术门径的我是多么大的鼓舞啊！

大概因为这件事，我觉得和耿先生的距离感一下子缩短了，每次读耿先生的书、听耿先生讲话都特别亲切。他好像也记住了我，此后只要中外关系史学会一开会见面，就马上叫出我的名字，还关切地询问我在做什么研究。记得后来在榆林、西安、蓬莱、青岛、北京、云南等地举办的中外关系史学会上，都和耿先生有很好的交流，并继续得到他的指导和帮助。最近的一次是大概两年前，他和万明老师来西安做讲座，得知他们想去参观多年未去的陕西历史博物馆，我专门陪他们参观了一个下午，和两位先生相谈甚欢，这大概也是我唯一一次能够为耿先生做的事情，也是最后一次见到耿先生，现在想来，颇为感伤。

自 2002 年以后我主要从事中西文化交流史的研究和教学，并多多少少取得一点点成绩，不能不说有相当一部分因素来自耿先生的影响与鼓励，我对此充满深深的感激。先生的长者之风，对后学的关爱与帮助，令我永远难忘。

我知道耿先生涉猎甚广，著作等身，翻译事业只是他对学界贡献的一部分，但先生自谦的那句"译语人"之语却深深印在我的脑海里。他就是我心中神圣的"译语人"，奉献终身、泽被后世，不图功与名，却永远被人铭记。我一直觉得耿先生没有走，他永远活在我们心中。

（作者为陕西师范大学中国西部边疆研究院教授）

斯人已逝　风范犹存——忆耿昇先生一二事

周萍萍

2018年4月，当微信朋友圈发来我国中外关系史研究著名专家、翻译家、法国文学艺术勋章获得者、原中外关系史学会会长、中国社会科学院研究员耿昇先生于4月10日突发心脏病逝世的消息时，我简直不敢相信。感觉太意外太意外了！印象中耿昇先生精神矍铄、思维敏捷、讲话中气十足，万万没有想到突发心脏病而与世长辞。后来在一次学术研讨会上，我遇到中国社科院历史所的一位教授，谈及耿昇先生去世一事，我的眼圈又红了。那位老师也说，大家都没有想到，太突然了。她说当时万明老师正在所里，接到电话，赶紧回去了，大家才得知耿昇老师去世了。

我和耿昇先生初次见面是2003年12月在珠海召开的中外关系史学术会议上（暨南大学承办）。之前，虽然已经读过耿昇先生的许多译著和文章，对我的博士学位论文写作帮助很大，但是我一个小小学子，无缘得见先生。2003年底，当我参加会议、在会场上第一次见到耿昇先生时，虽然很激动主动做了自我介绍，但是想着人家是大学者，怎么可能会记住我这个无名小辈。可是没有想到的是，会议结束向耿昇先生道别时，他居然叫出了我的名字，并鼓励我多参加中外关系史学会的学术活动。耿昇先生的平易近人让我受宠若惊。

之后，我相继参加了在延边大学、杭州师范大学、华侨大学等举办的一系列中外关系史学术研讨会。每次见到耿昇先生，心里都暖洋洋的。后来，耿昇先生得知我是江苏人后，就对我说："你们那个大闸蟹啊，确实是个好东西。可惜我们北方人吃不来，面对那么好吃的大闸蟹，就用牙齿随便啃啃然后吐出来，简直是暴殄天物。"他一边说还一边认真比画吃螃蟹的样子，仿佛又回到了吃螃蟹时的场景，满是遗憾的神情，逗得我们都笑了起来。这时候的耿昇先生，眼睛里闪现的都是孩子般的神情，一点儿不像个老师。

记得在杭州师范大学开会那次，耿昇先生想买一些丝绸织品带给家人，就坐出租车去了当地的丝绸市场。当他看到那么多美丽的丝绸时，兴奋得像个孩子一样，要老板帮他拿这条丝巾、那套睡衣，买了好多好多。同去的一位女老师要帮他砍价，他连连摆手说不用不用。他说这些丝绸居然这么便宜，不用还价了。老板自然很高兴，笑得合不拢嘴。在耿昇先生眼里，这些丝绸已经物超所值了，因此他特别满意。回来的路上，耿昇先生不停地检视这些战利品，说这个是给家里谁谁的，那个是给家里谁谁的，言语中饱含了对家人的无限爱意！

那次杭州会议结束后，应绍兴文理学院老师的邀请，部分学者又去了绍兴。抵达后，首先与绍兴文理学院的老师们进行座谈。之后，大家在绍兴城略作参观，老师们都拍了不少照片。孙泓老师是摄影高手，一直忙前忙后帮大家拍合影，回去后又把合影按照人数冲印出来，并一一按照地址寄送给每一位学者。这件事让耿昇先生非常感动，后来在华侨大学召开的学术研讨会上，耿昇先生不停夸赞孙泓老师做事认真、周到、仔细，有为大家服务的精神。可见，在我们看来的每件小事，耿昇先生都记得很清楚，而且常怀感恩之心。

后来，我因为家里有事，且工作做了调换，故而参加中外关系史学会的活动渐少。2018年，家里琐事可以暂时抛到一边后，我计划重新参加学会的活动，于是积极写邮件与学会秘书孙泓老师联系。可是还没有等见到耿昇先生及一众师友，却惊闻噩耗，简直难以置信。耿昇先生的音容笑貌历历在目，难道真的舍我们而去了吗？我默默地把书架上自己所有的耿昇先生翻译的书全部整理在一起，有如下这些：

《柏朗嘉宾蒙古行纪》《阿拉伯波斯突厥东方文献辑注》《鞑靼西藏旅行记》《中国和基督教》《中国的犹太人》《明清间入华耶稣会士和中西文化交流》《中国基督徒史》《中国文化西传欧洲史》《中国对法国哲学思想形成的影响》《清宫洋画家》《中国与基督教——中西文化的首次碰撞》《耶稣会士中国书简集》《16—20世纪入华耶稣会士列传》等，有的竟同时有原本和复印本两套。细想下来，这些书大多获得于攻读博士学位期间，有的书是因为那时囊中羞涩舍不得花钱购买，有的则是因为版本珍贵已难以购得，于是请人复制而来。虽然侵犯了版权，但当时亦是无可奈何之计。等到毕业工作后，发现耿昇先生翻译的书有的已再版发行，同时自己也感觉复印的书油墨味太重不利于健康，于是花钱重新购买，才有了今天两套的情形。

当然，先生翻译的书远远不止我所拥有的这些。先生翻译的领域还有敦煌学、藏学等，涉及面之广，别人难以企及。我自己曾经翻译过耶稣会士刘松龄的传记，只此一本已让我苦不堪言，常常为如何准确地翻译一个词不停地查询资料，写信向专家请教，感觉不如自己写一本书来得痛快。耿昇先生翻译如此多的著作，可想付出的艰辛有多大，但是这些书却金针度人、功德无量。除翻译的书外，耿昇先生发表的论文、出版的著述都不少，可见学力之深、用功之勤。睹物思人，当我重新翻阅这些让耿昇先生呕心沥血翻译、同时又嘉惠学林、泽被后世的书籍，不由得泪眼婆娑。可以说，耿昇先生的生命虽然终止了，但是他的学术生命永存！耿昇先生的那些学术成就及为人，将激励一代一代学者严谨治学、认真为人！永远缅怀可敬、可爱的耿昇先生！！！

（作者为同济大学人文学院教授）

耿昇先生追悼会暨遗体告别仪式简讯

中国中外关系史学会秘书处

2018年4月10日10时中国中外关系史学会名誉会长耿昇先生因突发心脏病，在北京不幸逝世，享年74岁。中国社会科学院历史研究所离退休老干部工作处崔文科处长、中外关系史研究室乌云高娃等同志组成治丧委员会，在中外关系史研究室全体同人和中国中外关系史学会秘书处的协助下，耿昇先生告别仪式于4月14日10时在八宝山殡仪馆兰厅举行。

前来参加告别仪式的有：中国社会科学院离退休干部工作局刘文俊局长、历史所所长卜宪群、副所长田波、纪委书记兼副所长杨艳秋，人事处处长高淑平、办公室主任刘献敏，以及各处室、职能部门同志。全国部分高校、出版社、图书馆、博物馆、学会，法国使馆等单位前来参加告别仪式的有：北京外国语大学的李雪涛、姚胜、石云涛以及耿昇先生的两位法语系老同学，法国东亚文明研究中心、法国远东学院、法国驻华大使馆文化教育合作处的代表，沈阳故宫博物院原院长武斌先生、黑龙江省社会科学院历史所孙文政先生、廊坊师范学院社会发展学院的老师以及亲朋好友、同事共计150余人。

单位或个人敬献花篮或花圈共计140余个。敬献花篮的有中外关系史研究室全体同人、南京师范大学出版社。敬献花圈的单位和个人有：中国社会科学院离退休干部工作局，中国社会科学院历史研究所党委、工会，中国社会科学院历史所战国秦汉史研究室，中国社会科学院历史所明史研究室，中国魏晋南北朝史学会，中国先秦史学会，中国社会科学院敦煌学研究中心，中国科学院自然科学史所副所长韩琦，中国海外交通史研究会，中国朝鲜史研究会，中国中外关系史学会，北京大学历史学系史睿，清华大学美术学院邵学成，北京外国语大学历史学院柳若梅，北京艺趣博物成长文化中心，北京"从巴米扬到敦煌佛教文化艺术研习营"，南京大学元史研究室刘迎胜、华涛、杨晓春、特木勒、陈波、于磊等先生，宁波大学历史学院龚缨晏，暨南大学古籍研究所叶农，暨南大学中外关系研究所马建春，大连大学东北亚研究中心王禹浪，澳门基金会行政委员会主席吴志良，澳门《文化》杂志原主编黄晓峰先生及其夫人刘月莲，澳门大学历史学院汤开建，澳门科技大学社会科学研究所林广志，香港文化学术界知名学者陈佳荣、钱江、谭广濂先生，台湾师范大学东亚系潘凤娟、江日新教授，知名旅葡学者金国平，法国驻华大使馆文化教育合作处、法国东亚文明研究中心张慧明，法国远东学院等。

中国中外关系史学会秘书处
2018 年 4 月 18 日

问　学　篇

中国第一艘轮船的由来*

龚缨晏

"宝顺轮"是中国引进的第一艘轮船,但长期被学界忽视,直到近几年才开始受到关注,[①]不过许多史实依然不清。本文根据中外文资料,对若干基本问题做一探讨,以推动相关研究的开展。

清代的宁波人以舟山定海为分界线,将中国沿海分为"南洋"和"北洋":"由定海而下,则为南洋,由定海而上,则为北洋。"[②]与此相对应,行驶在南、北洋的船只分别被称为"南船"和"北船",[③]从事南、北洋贸易的商人则被分别称为"南号"(或"南帮")、"北号"(或"北帮")。[④]从咸丰三年(1853)开始,[⑤]宁波北号商人的一个重要任务,就是通过海路为朝廷运送漕粮。而漕粮海运的最大危险,则是海盗的劫掠。在此背景下,宁波北号商人最终决定集资购买外国轮船。清末宁波学者董沛(1828—1895)在《书宝顺轮始末》中写道:运送漕粮的海船于"春夏之交,联帆北上,虽有兵船护行,盗不之畏也……鄞县杨坊、慈溪张斯臧、

---

* 本文受国家社科基金重大项目"天一阁所藏文献分类整理与研究"(编号13ZD089)资助。
① 俞信芳:《中国第一艘现代海轮——宝顺轮的若干问题试探》,柴英主编:《浙东文化集刊(2005年卷)》(第二辑),上海古籍出版社2005年版,第104—109页。龚缨晏:《张斯桂:从宁波走向世界的先行者》,《宁波大学学报》(人文科学版)2008年第6期,第12—16页。倪玉平:《清代漕粮海运与社会变迁》,上海书店出版社2005年版,第153—156页。张守广:《宁波商帮史》,宁波出版社2012年版,第184—185页。
② 段光清:《镜湖自撰年谱》,中华书局1960年版,第91页。
③ 《(光绪)镇海县志》,续修四库全书,影印第178页。
④ 《镇海柏墅方氏宗谱》,第23卷,宁波天一阁博物馆藏。
⑤ 马新骀:《浙江海运全案重编序》,《浙江海运漕粮全案初编》,同治六年(1867)刻本,第1页。

镇海俞斌，久客海上，与洋人习，遂向粤东夷商购买大轮船一艘，定价银七万饼，名曰'宝顺'。设庆成局，延鄞县卢以瑛主之，慈溪张斯桂督船勇，镇海贝锦泉司炮舵。一船七十九人。陈牒督抚，咨会海疆文武官，列诸档册，此甲寅冬季事也"。①

那么，宝顺轮是一艘什么样的轮船呢？它本来的船名是什么呢？宁波商人是什么时候、从哪个"粤东夷商"手中购得这艘轮船的呢？对于这类问题，董沛并没有明确的叙述，其他中文史料也无记载。2009年底，在宁波发现了宝顺轮1855—1856年的一些工资单、采购发票等，其收藏者是当时宝顺轮一位股东的后代。② 这批史料，多数是用英文写的，上面将宝顺轮写作 Paoushun Steamer 或 Paou Shun，并且载明船长（master）名叫 Toms，这就为进一步研究宝顺轮提供了宝贵的依据。

我们知道，1850 年在上海创办的《北华捷报》(North - China Herald)，是近代中国影响最大的英文报纸。在 19 世纪后半期的《北华捷报》上，经常出现一艘名为 Paoushun 的轮船，而且，1855 年该船船长的名字也叫 Toms。特别是 1855 年 7 月 21 日第 204 页的《北华捷报》在报道宁波消息时，选录了"玛高温（Macgowan）医生中文报纸"上的一些内容，③其中第二条是《螺旋桨轮船"宝顺"号》(Screw - steamer "Paoushun")，全文如下："此船现在属于那些从事山东贸易的商人，价格超过 7 万元，但它继续悬挂英国国旗。船上共有 60 多位船员，9 门火炮。从早到晚，一群群令人尊敬的访客聚焦在船上，船长 Toms 及船上的其他官员很有礼貌地接待了这些访客。"显然，这里所说的"从事山东贸易的商人"，就是宁波北号商人；这艘以 Toms 为船长的 Paoushun 轮，可以肯定就是宝顺轮。董沛说此船"定价银七万饼"，《北华捷报》说是"价格超过 7 万元"，两

---

① 董沛：《书宝顺轮始末》，载其所著《正谊堂文集》，续修四库全书，影印第408页。董沛所书《书宝顺轮始末》原碑立于光绪十四年（1888），位于现在的宁波江东庆安会馆内，后不知下落。近年在庆安会馆新刻一碑，章国庆等人所编《甬城现存历代碑碣志》（宁波出版社2009年版，第233—234页）收录了这篇碑文，但文字与《正谊堂文集》中的《书宝顺轮始末》略有差异。

② 吴震宁：《宝顺轮外籍船员工资单150年后现身甬城》，《宁波晚报》2009年11月25日A06版。

③ 1854年5月，美国传教士玛高温（D. J. Macgowan）在宁波创办了中文报纸《中外新报》，此即《北华捷报》所说的"玛高温医生中文报纸"。从1858年12月开始，该报改由另一个美国传教士应思理（E. B. Inslee）主编。参见龚缨晏《浙江早期基督教史》，杭州出版社2010年版，第221—223页。

者相符。此外,董沛在《书宝顺轮始末》中所介绍的宝顺轮战绩,在《北华捷报》中也能找到相应的记载,而且更加详细。例如,董沛写道:"七月七日,在复州洋轰击盗艇,沉五艘,毁十艘。十四日,在黄县洋、蓬莱县洋,复沉四艘,获一艘,焚六艘,余盗上岸逃窜。"在《北华捷报》1855年9月8日第22—23页上,有长篇报道:8月19日(农历七月七日),船长Toms驾驶的宝顺轮船以及英国战船"比特恩号"(Bittern)在复州(Fuhchau)洋面与38艘海盗船交战,击沉、击毁多艘海盗船;8月26日(农历七月十四日),宝顺轮和"比特恩号"在南返的途中,在山东黄县(Hwang)沿海再次大败海盗,多艘海盗船被击毁,还有"6艘被焚烧"。在《书宝顺轮始末》中,董沛还讲述了宝顺轮在石浦两次围剿海盗的事迹。而在《北华捷报》上,则有专门的文章,如1855年9月29日第35页的"在石浦港剿灭海盗"(Destruction Of Pirates In Shih – Poo Harbour)、10月13日第42页的"在石浦港剿灭一支悍匪船队"(The Destruction Of A Strong Piratical Fleet At Shipoo)等。因此,《北华捷报》所说的Paoushun轮,无疑就是宁波北号商人购买的宝顺号轮船。

如果进一步放宽视野,我们还可以在其他英文资料中找到关于Paoushun轮船的更多记载。其中最重要的当推英国劳氏船级社(Lloyd's Register of Shipping)所编的《劳氏英国及外国船舶年鉴》(Lloyd's Register of British and Foreign Shipping)。在这部国际权威的船舶年鉴中,1852年首次出现了如下记载:Paou Shun号,第一级船舶,螺旋桨纵帆轮船(Scw Sr),1851年在美国的纽黑文(Newhaven)建造,按照旧方法计算为461吨,按照1836年元旦后执行的新方法计算为386吨,船主是L. Dent,属于伦敦港,首航从美国纽黑文至英国纽卡斯尔(Newcastle),船长是J. Wade。[1] 由于此船是在1851年建成的,所以在1851年的《劳氏英国及外国船舶年鉴》中并无相关记载。而1853年及1854年的《劳氏英国及外国船舶年鉴》都收录了这艘轮船。在《美国海事学刊》(The American Neptune)上,还有更多的记载:"1851年,John Gray公司在纽黑文为Dent and Co. 建造了一艘木质螺旋桨轮船,总吨位为386吨,此船根据该商号的名字被命名为

---

[1] Lloyd's Register, *Lloyd's Register of British and Foreign Shipping*, 1852, London: Printed by J. &. H. Cox (Brothers), & Wyman, 1852, 字母P第54条。

Paou Shun……1854 年 10 月 26 日，Paou Shun 轮离开加尔各答，船长是 11 天前才被任命的 Walter Toms。"①

《劳氏英国及外国船舶年鉴》说 Paou Shun 轮的主人是 L. Dent。《美国海事学刊》说此船属于一家名为 Dent and Co. 的商号（该商号的另一个名字就是 Paou Shun），船长名叫 Walter Toms。1855 年的《北华捷报》多次提到，宝顺轮受雇于一家名为 Dent，Barle and Co. 的商号，船长为 Toms。② 据此，《劳氏英国及外国船舶年鉴》和《美国海事学刊》所说 Paou Shun 轮，就是《北华捷报》上的宝顺轮。那么，该船最初的主人 L. Dent 是什么人呢？那家名为 Dent and Co. 或 Dent，Barle and Co. 的商号是个什么样的企业呢？上海出版的《1856 年上海年鉴》（*Shanghae Almanac for the Bissextile or Leap Year 1856, and Miscellany*）在介绍上海的洋行时清楚地写道，Dent, Beale & Co. 的中文写法是"宝顺"，③ 即宝顺洋行。这样，董沛在《书宝顺轮始末》中所说的"粤东夷商"，其实就是宝顺洋行。由此看来，宁波商人并不是专程跑到广州或香港去商议购船之事，而是在上海与"粤东夷商"宝顺洋行进行谈判的。

关于宝顺洋行，章文钦有过一段精练的概述："宝顺洋行原称 Thomas Dent & Co.，中国人称为颠地洋行，为英商托玛斯·颠地（Thomas Dent）所创立，后由其侄大鸦片商颠地（Lancelot Dent）接手，发展成为与另一家英商洋行怡和洋行（Jardine, Matheson & Co.）及美商旗昌洋行（Russell & Co.）鼎足而三的大洋行。鸦片战争后，该行借用天宝、同顺两行的行名，将其中文行名称为宝顺洋行。"④ 今天，广州依然保留着"宝顺大街"的地名。1852—1854 年《劳氏英国及外国船舶年鉴》所载的宝顺轮主人 L. Dent，就是"大鸦片商颠地"（Lancelot Dent）。林则徐于 1839 年 3 月初到达广州查禁鸦片时，颠地带头对抗禁烟。⑤ 为此，林则徐于 3 月 22

---

① *The American Neptune*, Vol. 26 – 27, p. 118.
② *North China Herald*, June 9, 1855, p. 182; June 23, 1855, p. 190; Jul. 28, 1855, p. 210; Aug. 11, 1855, p. 8; Sept. 8, 1855, p. 24; Oct. 6, 1855, p. 40; Nov. 10, 1855, p. 60; Nov, 17, 1855, p. 64.
③ "Nort – China Herald" Office, *Shanghae Almanac for the Bissextile or Leap Year 1856, and Miscellany*, Shanghae: printed at the "N. – C. Herald" office, 1856, p. 68.
④ 章文钦：《广东十三行与早期中西关系》，广东经济出版社 2009 年版，第 204 页。
⑤ 张馨保：《林钦差与鸦片战争》，徐梅芬等译，福建人民出版社 1989 年版，第 142—15 页。

日专门颁发了逮捕颠地的通缉令，指出"颠地本系著名贩卖鸦片之奸夷"，"诚为首恶，断难姑容"。① 颠地最后于1853年在英国伦敦去世，所以宝顺轮于1851年在美国建成时，他还是主人。

1842年鸦片战争结束后，宝顺洋行迅速向其他城市扩张，② 于1843年进入上海，③ 并在"1844年租得今九江路靠近黄浦江的第8分地"，成为"在上海最早实现租地的"洋行。④ 鸦片战争后，宝顺洋行还与怡和洋行一起"继续在鸦片贸易中起着领袖作用"。⑤ "在那些贩卖鸦片的'行家里手'中，宝顺洋行最先购置了一条轮船加入到运送鸦片的船队之中，这就是该行于1852年购买的'宝顺'号轮船。"⑥ 因此，宝顺轮最初是宝顺洋行为了更好地贩运鸦片而特地订制的，并且根据该洋行的名称而被命名为"宝顺"。也就是说，宁波商人购得此船后，并没有将其更名，而是继续沿用原来的船名。

19世纪初，欧洲人研制出了实用的蒸汽轮船。1807年，美国发明家富尔顿（Robert Fulton，1765—1815）建造的蒸汽轮船开始从事纽约与奥尔巴尼（Albany）之间的客运，从而成为世界上第一条投入商业营运的轮船。不过，早期轮船是由装置在轮船两侧或尾部的"明轮"推进的。19世纪30年代，欧洲人又发明了螺旋桨作为轮船的推进器，⑦ 使人类的造船史进入一个全新的阶段。由于文献的缺乏，学术界一直认为宝顺轮是一艘明轮轮船。目前陈列在宁波"浙东民俗海事博物馆"（宁波庆安会馆）以及宁波"镇海口海防历史纪念馆"中的宝顺轮模型，也都将其复原为明轮轮船。但根据《劳氏英国及外国船舶年鉴》等资料的记载，宝顺轮其实是一艘由螺旋桨推进的轮船，而不是明轮轮船。1855年宝顺轮刚到宁波时，在宁波生活的玛高温也明确地将其称为"螺旋桨轮船"（Screw－steam-

---

① 中国史学会：《鸦片战争（二）》，上海人民出版社、上海书店出版社2000年版，第244页。
② John King Fairbank, *Trade and Diplomacy on the China Coast*, Cambridge: Harvard University Press, 1953, p. 159.
③ 陈文瑜：《上海开埠初期的洋行》，《上海经济研究》1983年第1期，第27—35页。
④ 周振鹤、罗婧：《上海外滩地区历史景观研究》，《文汇报》2015年4月21日第21版。
⑤ 郝延平：《中国近代商业革命》，陈潮等译，上海人民出版社1991年版，第138页。
⑥ Freda Harcourt, *Flagships of Imperialism: the P & O Company and the politics of empire from its origins to 1867*, Manchester: Manchester University Press, 2006, p. 104.
⑦ 辛元欧：《中外船史图说》，上海书店出版社2009年版，第250—255页。

er）。① 此外，浙江图书馆所藏《浙东镇海得胜图》、② 北京大学所藏《浙江镇海口海防布置战守情形总图》、③ 安徽省博物馆所藏《甲申浙东海防图》④ 上面所绘的宝顺轮图画，其两侧及尾部也均无明轮。

《劳氏英国及外国船舶年鉴》记载，宝顺轮于1851年在美国纽黑文建成后，航行到了英国的纽卡斯尔。根据其他报刊，我们还可以复原出宝顺轮从英国到中国的航程：1852年1月15日，宝顺轮经过43天的航行之后，从英国的普利茅斯（Plymouth）抵达南非好望角之北的塔布尔湾（Table Bay，又译作"桌湾"），1月21日起锚前往中国，⑤同年3月14日最终来到香港，船长是Wade。但3月21日，这艘轮船就离开香港前往印度加尔各答了，船长还是Wade。⑥ 此后，宝顺轮主要为宝顺洋行运送印度所产的鸦片。这里，我们根据1855年几份英文报纸上的一些记载制成一表（见附表），从中可以看出宝顺轮是多么频繁地往来于印度与中国之间。

附表：1855年部分英文报纸上关于宝顺轮的记载

关于宝顺轮的相关记载	资料出处
1852年12月22日，宝顺轮从加尔各答起航，前往香港和澳门，船长是Burt	*Allen's Indian Mail*, Feb. 15, 1853, p. 68.
1853年5月22日，宝顺轮从香港起航（途经新加坡），6月2日从新加坡起航（途经槟榔屿），6月6日从槟榔屿起航，6月12日抵达加尔各答，船长是Burt	*The Times*, Aug. 15, 1853, p. 7. *Allen's Indian Mail*, Aug. 1, 1853, p. 448.

---

① *North China Herald*, Jul. 21, 1855, p. 204.
② 浙江测绘与地理信息局编：《浙江古旧地图集》（上卷），中国地图出版社2011年版，第106—113页。
③ 北京大学图书馆编：《皇舆遐览：北京大学图书馆藏清代彩绘地图》，中国人民大学出版社2008年版，第285—302页。浙江测绘与地理信息局所编《浙江古旧地图集》（上卷，第114—129页）也收录了此图，而且更加清楚。
④ 孟东平：《甲申浙东海防图说》，《安徽史学》2000年第2期，第44—45页；黄秀英：《安徽省博物馆藏〈甲申浙东海防图〉》，《文物》2009年第9期，第88—95页。
⑤ *The Times*, March 15, 1852, p. 5.
⑥ *The Indian New*, May 18, 1852, p. 231. *Allen's Indian Mail*, May 18, 1852, p. 299.

续　表

关于宝顺轮的相关记载	资料出处
1853年6月30日,宝顺轮从加尔各答起航,7月10日到达新加坡,11日从新加坡起航,前往中国,船长是Burt	*Allen's Indian Mail*, Aug. 16, 1853, p. 481. *The Singapore Free Press and Mercantile Advertiser*, July 15, 1853, p. 10.
1853年7月28日,宝顺轮从香港起航(途经新加坡),8月16日从新加坡起航,8月26日抵达加尔各答	*The Times*, Oct. 15, 1853, p. 7.
1853年9月6日,宝顺轮从加尔各答起航,前往新加坡及中国,船长是Burt	*Allen's Indian Mail*, Oct. 31, 1853, p. 645.
1853年12月31日,宝顺轮从加尔各答起航,1854年1月11日抵达新加坡,1月13日从新加坡起航,前往香港,船长是Burt	*The Straits Times*, Jan. 17, 1854, p. 6.
1854年2月28日,宝顺轮从香港起航,3月9日到达新加坡,3月11日从新加坡起航,前往加尔各答,船长是Burt	*The Straits Times*, Mar. 14, 1854, p. 8.
1854年12月18日,宝顺轮从加尔各答抵达香港,船长是Toms	*Allen's Indian Mail*, Mar. 3, 1855, p. 110.
1855年1月2日,宝顺轮从香港起航,前往加尔各答,船长是Toms	
1855年1月23日,从香港起航的宝顺轮抵达加尔各答,船长是Toms	*Allen's Indian Mail*, Mar. 21, 1855, p. 132.
1855年2月8日,宝顺轮从加尔各答起航,前往中国,船长是Toms	*Allen's Indian Mail*, Apr. 4, 1855, p. 167.

　　董沛在《书宝顺轮始末》中写道：宁波北号商人"向粤东夷商"购买宝顺轮后,不仅设立了"庆成局",还"陈牒督抚,咨会海疆文武官,列诸档册,此甲寅冬季事也"。现代学者都根据这段含糊的记载,认为1854年(甲寅)宁波商人就已购得宝顺轮。其实,从附表中可以知道,

1854年宝顺轮还在香港与印度之间穿梭。不过，可以肯定，1854年冬天，宁波商人在上海与宝顺洋行定下了购买宝顺轮之事。正因为如此，进入1855年（乙卯），宝顺轮船逐渐退出了从香港到印度的航运，转而经营从香港到上海之间的航运。在附表中可以看到，1855年2月8日之前，宝顺轮经常出入加尔各答港，但后来就出现在上海了。另一方面，在上海出版的《北华捷报》上，1854年并无关于宝顺轮的记载，但在1855年6月9日第182页上，有两处提到了宝顺轮（船长都是Toms，货主是宝顺洋行）。第一处是在介绍停泊在上海港内的船只时说，宝顺轮是在5月3日进港的。第二处是在介绍"抵达的船只"时说，宝顺轮于5月22日从香港出发，载着鸦片，于6月3日进入上海港。这就表明，宝顺轮来到上海港至迟是在1855年5月3日；在5月3日之后到5月22日之前，宝顺轮还从上海回到了香港。不过，虽然宝顺轮依然在为宝顺洋行忙碌地运送鸦片，但它的主人实际上已经换成了宁波北号商人。1855年5月，上海官员吴煦在一封信中说："惟山东石岛洋面，昨有盗艇拦截，南来卫船及北去沙船均有损失。浙省已购火轮夷船，俟由粤驶到，拟即往捕。"① 此处所说的"浙省已购火轮夷船"，就是宝顺轮。可见，至少在1855年5月，宁波北号商人已经购得宝顺轮，只是付款、移交等手续可能正在办理之中。

《北华捷报》上的一些记载，还向我们展示了宝顺轮更易主人的具体过程。1855年5月22日，宝顺轮载着鸦片从香港起锚，6月3日抵达上海，船长是Toms，货主是宝顺洋行。② 但此时宁波商人大概完成了购船手续，所以宝顺轮此次从香港北上的真正目的，是要转入新主人手中。1855年6月23日第190页的《北华捷报》在介绍停泊在上海港内的船只时这样写道：宝顺轮，6月3日进港，船长是Toms，准备开往宁波及福州。6月28日，宝顺轮付清进出口关税、办妥结关手续（clearance）后，装着一批"压舱货"（Ballast）准备前往宁波。③ 7月初，宝顺轮进入宁波港。《北华捷报》在介绍7月16日停泊在宁波港内的船只时，就提到了宝顺轮，并且说它将前往山东去护航。④ 1855年7月21日第204页的《北华捷

---

① 太平天国历史博物馆编：《吴煦档案选编》（第4辑），江苏人民出版社1983年版，第96页。
② *The North China Herald*, June 9, 1855, p. 182.
③ *The North China Herald*, June 14, 1855, p. 202.
④ *The North China Herald*, Jul. 21, 1855, p. 204.

报》，在"玛高温医生中文报纸"选登中报道了宁波人参观宝顺轮的盛况。这样宁波北号商人购买宝顺轮的过程大体如下：1854 年冬，在上海与宝顺洋行谈妥购轮之事；1855 年上半年，宝顺洋行已经决定将宝顺轮出售，只是相关手续尚未完成；1855 年 7 月，宝顺轮进入宁波港，完全属于宁波商人所有。

但宝顺轮在宁波港首次停留的时间大概只有十来天，因为 7 月 23 日，宝顺轮又驶入了上海港。① 《北华捷报》说，8 月 4 日，宝顺轮在上海办完结关手续；8 月 8 日，宝顺轮与其他几艘船只一起离开上海港前往北方沿海追剿海盗。② 中文史料也证实了这一点。在上海的商人萧缙于农历六月二十六日（8 月 8 日）向吴煦报告说："宝顺与和通今日驶往，大约廿八日可抵石岛矣。"③ 这里所说的"和通"，是萧缙向在沪外国公司租借来的一艘轮船。

宝顺轮是第一艘出现在山东沿海的轮船，所以，当山东官员于 1855 年 8 月 14 日发现宝顺轮及其他几艘船只后，惊慌失措。山东巡抚崇恩疑神疑鬼，借题发挥，特地向咸丰皇帝上奏，要求严查给宝顺轮发放执照的浙江官员。④ 咸丰皇帝接到崇恩的奏章后，一阵紧张。他不分青红皂白，认定宝顺轮就是一艘外国"夷船"，下令"查明严参，不得曲为解释"。⑤ 随后，各级官员不得不寻找各种借口，为自己推卸责任。两江总督怡良故意将宁波商人所购买的宝顺轮说成"浙商所雇"。⑥ 浙江巡抚何桂清、宁绍台道段光清则把宝顺轮说成广东人"仿制"的，只是里面的机器是从"西洋"买来的："该船系粤人仿西洋式制造，惟火轮不能仿制，由粤人买自西洋。"⑦ 这番说辞显然是在糊弄咸丰皇帝，因为宝顺轮是作为一个整体在美国建成的，根本不是由广东人组装起来的，当时的中国人更没有能力进行"仿制"。不过，咸丰皇帝还是很相信这些说辞的。他不仅怒气尽消，

---

① *The North China Herald*, Jul. 28, 1855, p. 210; Aug. 4, 1855, p. 3.
② *The North China Herald*, Aug. 11, 1855, p. 8; Sep. 8, 1855, p. 22.
③ 太平天国历史博物馆编：《吴煦档案选编》（第 4 辑），第 108、110 页。
④ "中央研究院"近代史研究所：《道光咸丰两朝筹办夷务始末补遗》，台北：1982 年，第 366—367 页。
⑤ 文庆等：《筹办夷务始末（咸丰朝）》，《续修四库全书》，影印第 486 页。
⑥ "中央研究院"近代史研究所：《道光咸丰两朝筹办夷务始末补遗》，第 373 页。
⑦ "中央研究院"近代史研究所：《道光咸丰两朝筹办夷务始末补遗》，第 374—375 页；段光清：《镜湖自撰年谱》，中华书局 1960 年版，第 102—103 页。

没有追究浙江官员的责任，而且还在1855年11月3日的上谕中说：既然宝顺轮"据称买自粤东，并非买自西洋，又系商捐产办，与夷人毫无牵涉"，因而也就可以承担漕粮海运的护航任务，"以清洋面而利漕行"。① 1855年，正是咸丰皇帝登基后的第五年，许多欧美人士都期待这位年轻的中国皇帝能够顺应历史潮流、积极对外开放。但生活在宁波的美国传教士丁韪良（W. A. P. Martin）认为咸丰依然是个因循守旧、盲目排外的传统皇帝，其证据之一就是："宁波道台听任该城的一家商号从英国人手中购买了一艘轮船，咸丰皇帝对此甚为恼火；但这位道台仅仅因为对皇帝说了以下这些话就避免了降级的处分：这艘轮船是从广东人手中购得的，而非购自英国人。咸丰皇帝竟然听信了这个愚蠢的谎言。"② 丁韪良的这篇英文文章，就发表在上海出版的《1856年上海年鉴》上。幸好，堂堂大清帝国能够阅读丁韪良这篇文章的人可谓凤毛麟角，咸丰皇帝本人更是不识英文，否则何桂清、段光清很可能会因为欺君之罪而被杀头。不过，也幸亏咸丰皇帝对轮船的无知，才使宁波商人购买的宝顺轮得以在中国沿海合法地行驶，从而揭开了中国轮船时代的序幕。

总之，宝顺轮是由英国宝顺洋行委托美国John Gray公司于1851年建成，并且自建成之日起就以该洋行的名字而被命名为"宝顺"号轮船；这是一艘由螺旋桨推动的轮船，而不是像现在人们普遍认为的那样是一艘明轮轮船；它于1852年3月从英国普利茅斯抵达香港，此后频繁往返于中国与印度之间为宝顺洋行贩运鸦片；1854年冬，宁波北号商人在上海与宝顺洋行谈妥购买宝顺轮之事；1855年上半年，一方面，宁波北号商人积极办理购船手续，另一方面，宝顺轮逐渐退出了前往印度的航运，转而航行于香港与上海之间，以便移交给宁波北号商人；1855年7月，宝顺轮完全为宁波北号商人所有，并且进入了宁波港，但宁波商人依然沿用其原来的船名"宝顺"。宝顺轮是第一艘属于中国人的轮船（尽管是购买而来的），它标志着中国轮船时代的到来。

---

① 太平天国历史博物馆编：《吴煦档案选编》（第4辑），第15—16页。
② "Nort - China Herald" Office, *Shanghae Almanac for the Bissextile or Leap Year 1856, and Miscellany*, p. 440.

昂昂溪文化与红山文化的关系

孙文政

嫩江和西辽河都是中华民族母亲河，嫩江流域和西辽河流域自古以来都是中华民族繁衍生息的地方。在漫长的历史发展进程中，独特的地理环境形成了独特的文化。昂昂溪文化是新石器中晚期，中华先民在嫩江流域创造的北方渔猎文化杰出代表。红山文化是新石器晚期，中华先民在西辽河流域创造的北方渔猎兼农业文化杰出代表。昂昂溪文化与红山文化，不仅在东北历史文化中占有重要的地位，而且在中华民族文化史上也占有重要的地位。

一 昂昂溪文化形成的原因

嫩江流域为什么能在历史上形成如此灿烂的文化？这是由于其地理环境所决定的，有什么样的地理环境，就会产生什么样的历史文化。

嫩江流域地处大小兴安岭之间，东边是小兴安岭，西边是大兴安岭，嫩江从伊勒呼里山出发，自南翁河和南阳河汇流形成嫩江后蜿蜒南行，嫩江两岸大小河流纵横，流域面积辽阔，其中较大的支流，在嫩江东侧有卧都河、克洛河、讷莫尔河、乌裕尔河；嫩江西侧有阿里河、诺敏河、阿伦河、音河、雅鲁河、济沁河、绰尔河等大小河流，有如蛇形网状，径流丰富。昂昂溪文化地处嫩江中游，附近大小河流众多，且有红马山、碾子山、朝阳山、二克山、泰来东翁根山、拜泉太平山、克山莽鼐山等低山丘陵，波状起伏、丘岗交错，使湖泊棋布，每年受春夏两个汛期的影响，使嫩江沿岸成为冲积平原。这里矿产丰富、土壤肥沃、鱼虾鲜美、奇花异草、植物丛生、野生动物繁多，真可谓百鸟争鸣、百兽争宠、百花争艳，这里是神仙的乐园，人间的天堂。这样优越的地理环境，适合古人类在这里居住，是昂昂溪文化形成的重要原因。

二 昂昂溪文化发展源流

昂昂溪原始文化自 1930 年被考古学家梁思永先生发现之时就轰动了华夏，惊动了世界，是当时中国最北部的新石器文化遗址，也是地球上靠近北极较近的新石器人类活动的文化遗址。当时的昂昂溪人已形成村落，开始过着半农业、半渔猎经济生活，人们已能用鹤腿骨制作乐器，腾家岗子的大灰沟当是齐齐哈尔地区最早的城市雏形。也可以说齐齐哈尔早在 7500 年前就出现了城市雏形。这就说明嫩江流域也同长江、黄河一样，可称为中华民族的母亲河，昂昂溪细石器文化是人类文明的曙光。

昂昂溪人是从哪来的呢？又到哪去了呢？这是一个文化的源流问题。梁思永于 1930 年 9 月 28 日到达昂昂溪，29 日至 10 月 3 日对昂昂溪五福遗址进行了科学考古发掘，历时 5 天，共发掘了 3 处沙岗，发掘一处墓葬，采集文物标本 300 余件，又从俄国人卢卡什金手里购买 700 余件，文物分三大类，有石器、陶器、骨器。梁思永撰写了《昂昂溪史前遗址》一文，自此以后，考古学界把松嫩平原发现的同类文化称为昂昂溪文化。梁思永对其文化源流，没有深入的研究，但他说"根据地质学者的观察，昂昂溪一带的沙岗是从前大湖边的堆积，而我们所发现的又是一种水边文化的遗存。这里遗存的兵器大部分是专为打水兽用的猎器。所以在用这种猎器的人的墓葬里发现用鹿肉做祭品，使我们感觉到特别的兴趣。因为这情形使我们联想到东西伯利亚民族也用鹿祭祀"。他断定："昂昂溪的新石器文化不过是蒙古热河的新石器文化东枝而已。"我国著名考古学家裴文忠先生《中国石器时代》一书说："中国的细石器文化，可能发源于苏联西伯利亚的贝加尔湖附近。"关于贝加尔湖附近的石器文化为什么会向南推移，裴文中认为，是受了气候变化的影响。因为贝加尔湖一带的气候逐渐寒冷，附近的人类就渐次向南移动，进入我国蒙古东部和黑龙江，首先是呼伦湖的附近扎赉诺尔一带，一直到齐齐哈尔附近，定居下来。裴文中先生根据扎赉诺尔和昂昂溪遗址具有相同的性质，把其定为龙江期，也就是中国新石器时代初期。他说龙江期文化的后裔，有一支分布到松花江流域，有学者认为是肃慎。龙江期的细石器文化，更有一支，继续向南方偏西一带地区传布，到了林西地方，在生产方面，它们曾向另一个方向发展。因为那里土地肥沃，更能适合农业发展，从出土的石犁、石磨盘可以看出，当时农业发展到了较高水平。林西出土的石农具与昂昂溪出土的石农具非常相似，所以裴文中先生将其定为林西期，也就是中国新石器时代的中期。从林西继续向南推进，到辽西、赤峰长城附近。裴先生说，受到南来彩陶文化影响，已发展成为一种复合型文化。也就是现在的红山文化。辽宁省文物考古研究所研究员熊增珑先生的《红山文化墓葬特点及其相关问题研究》一文说，为什么红山文化在当时盛极一时，后来又衰退了，按常理说，辽西继红山文化后，文化内涵应更加丰富，可后来的红山文化不见了，他认为红山文化衰退的原因是受到气候的影响。考古学界把红山文化分为三个阶段，早期阶段在前6000—前5400年之间，气候不稳定；繁荣发展阶段在前5400—前4800年之间，气候温暖湿润。此时气候适宜农业发展，人们有精力去乞求祖先、自然的保佑，举行各种祭祀仪式和崇拜活动。衰退期在前4800—前4200年之间，气温明显下降，干冷的气候影响农业生产，人们就没有精力去搞各种形式的祭祀活动，也就没有了更多的文化遗存，或者迁徙到气候适宜的地方去了。我认为继续向南推进，环渤海而居，与中原文化融合了。早在原始社会末期，由于生产力水平低下，人类的活动不可能摆脱对生态环境的依赖。所以全球性的气候变化，必然导致动植物区系的变化，影响人类经济活动。人类为了寻找水源、追捕野兽、发现新的食物资源而进行迁徙活动。

昂昂溪文化所在之嫩江中游地区，自古以来就是多民族聚居之所。黑龙江古代民族有三大族系，大兴安岭以西为东胡族，小兴安岭以东为肃慎族，嫩江两岸为秽貊族。这三大族系都在嫩江留下了自己的文化。西边的东胡系来到嫩江流域与秽貊系融合称其为鲜卑人，嫩江支流甘河畔的嘎仙洞已经考证为是入主中原建立北魏政权鲜卑人的先祖石室，鲜卑人魏孝文帝拓跋宏锐意改革，促进了中华民族大融合。契丹人建立辽朝问鼎中原，在嫩江中游留下了辽泰州。肃慎人的后裔女真人建立大金帝国入主中原，在乌裕尔河留下了蒲裕路故城和金长城。已有学者考证昂昂溪是秽貊人的文化遗存，秽貊人的后裔南渡松花江建立了强大的夫余国，后来继续向东南迁建立高句丽国。从嫩江流域的历史文化发展来看，有五次发展高峰，第一个时期是新石器时期以昂昂溪文化为代表；第二个时期是青铜时期以齐齐哈尔大道三家子、讷河二克浅、讷河红马山、富裕小登科、太来平洋墓葬等为代表；第三个时期是辽金时期以辽泰州、金蒲峪路为代表；第四个时期是清末民初以清代黑龙江将军驻地和民国黑龙江省政府所在地齐齐哈尔城为代表；第五个时期是社会主义新时期嫩江流域各大城市的发展与变化。嫩江流域历史文化的不断发展，是以昂昂溪文化为基础发展起来的，昂昂溪文化是嫩江流域文化发展的源头活水。

三 昂昂溪文化与红山文化的联系

昂昂溪文化是原始人受气候变化的影响，从贝加尔湖迁徙到扎赉诺尔，从扎赉诺尔迁徙到昂昂溪，从嫩江流域再迁徙到西辽河创造了红山文化。也就是裴文中先生所说的中国的细石器文化发展的三个时期。我认为昂昂溪文化作为中国细石器文化的中间环节，具有承前启后的作用，昂昂溪文化是红山文化的源头，两种文化存在着共性和承继关系，下面我从几个方面来说明两种文化的联系。

第一，从文化的分布地域来看，昂昂溪文化北到嫩江县，南到吉林省白城市的洮南市，红山文化北到吉林省通榆县，西南到渤海湾，两种遗址大都坐落在不易被洪水冲袭的沙岗上。且昂昂溪文化的南端洮儿河沿岸洮南市与红山文化的北端霍林河沿岸的通榆县是邻县，两种文化的边缘仅隔一道河，这就决定了两种文化一定存在紧密联系。

第二，从聚落群与房址来看，昂昂溪文化密集分布在嫩江流域沿岸，整个嫩江沿岸有300余处遗址，仅昂昂溪境内就有39处遗址遗迹，房址大多数为半地穴式，平面呈圆角形或长方形，边长为3—5米。红山文化密集分布在西辽河流域，仅敖汉旗就有502处遗址，房址也大多为半地穴式，平面呈长方形，边长为3—5米，两种房屋建筑结构相同。

第三，从埋葬特点来看，昂昂溪文化时期的先民，在埋葬死者时，一般都有公共墓地，墓地与居住地是分开的。墓葬为竖穴土坑，有单人葬、双人葬、多人合葬，随葬品有石器、骨器、玉器，且有红土随葬。红山文化时期的先民，在埋葬死者时，墓葬区与居住区在空间上也是相隔离的，死者也葬入公共墓地，前期墓葬以竖穴土坑为主，后期以石棺墓为主，也有单人葬、双人葬，多人葬。随葬品前期石器、骨器、玉器均有，后期以玉器为主。红山文化发现了祭祀坛，昂昂溪的骆驼山有可能是先人祭祀的地方。两种文化的葬俗基本一致。

第四，从经济形态来看，昂昂溪文化时期的经济形态属半渔猎半农业，畜牧业已产生，以渔猎经济为主。红山文化时期的经济形态也属于半渔猎半农业，农牧经济有了较高水平的发展，红山文化鼎盛时期，是农业经济发展的最高阶段，以农业经济为主，红山文化的繁荣是农业进步的反映。两种文化都出土了石磨盘、石斧等相同的农业生产工具，说明两种文化时期的人们生产方式是基本相同的。

第五，从图腾来看，昂昂溪腾家岗子遗址出土了一件以鸟类为题材的雕塑，证明昂昂溪原始先民是个鸟图腾民族，有学者说是鱼鹰，我认为是鹤。因为嫩江流域一直是丹顶鹤的栖息之地，鹤的品行良好，是当时人们图腾的最好选择。辽宁阜新胡头沟红山文化第1号墓中，出土了3件玉鸟，其为人身鸟首，在红山文化遗址中，还出土了玉凤凰。我们知道，凤凰与龙一样，不是实有物候，凤凰是多种鸟图腾符复合的产物。凤凰的复合有孔雀、丹顶鹤等十几种鸟。只是到了红山文化时期，人们的图腾远比昂昂溪文化时期复杂了，但主要还是图腾鹤。

第六，从出土文物来看，昂昂溪文化遗址出土了大量石器、陶器、骨器，也有少量玉器出土。石器种类较多，大都是生产用具。陶器、骨器也是生产生活用具，玉器是装饰品。石器出土数量最多的是石镞，就是用来猎取野兽的箭头，石镞是昂昂溪文化最具代表性的石器。石斧是用来砍伐树木开垦土地的主要工具。同时出土了石磨棒和石磨盘，这是原始人用来磨制带皮粮食的用具，说明当时已有了一定规模的农业生产。梁思永在五福遗址还出土了几件较大型的骨器，磨制成带钩状，这些都属于渔猎工具，小型的骨器还出土了骨针，是原始人做衣服的针，原始人用骨针，穿刃兽筋，用兽皮缝制衣服。在腾家岗子还出土了一端带孔的骨管，骨管通体刻画三角纹几何纹，有学者说它是用大型鸟类的腿骨制作而成骨针管，我分析，在嫩江流域的大型鸟类只有鹤类和鸵鸟，目前在这一地区出土的鸵鸟骨骼都处于化石状态，而腾家岗子出土的骨管还不是化石状态，所以我认为只能是用鹤腿骨做的乐器。也可称之骨笛。出土的陶器主要为泥质夹沙灰陶，器型仅有罐、碗。有压印纹、刻画纹、挫剌纹，纹形有鱼鳞纹、三角纹、圆形纹、鹿马等动物纹样。

红山文化也出土了大量石器、陶器、玉器，很少见骨器。红山文化的石器数量较多，数量超过陶器，磨制石器、打制石器、细石器三者并存，大型石器较多，石耜（音"四"也就是犁铧）是红山文化最具代表性的石器，说明红山文化时，以农业经济为主，渔猎经济次之。陶器主要为夹

· 303 ·

沙灰陶和红陶两类。器型较昂昂溪文化复杂得多，有陶塑人像，纹饰有拍印纹、刻画纹，纹样有各种动物的纹及花卉纹、几何纹等，从陶器的纹饰和器型来看有继承昂昂溪陶器的因素。玉器在红山文化中较昂昂溪文化发达，出土了各种动物玉器造型，玉猪龙是红山文化玉器的代表，玉鸟出土较多，有人身鸟首玉器。从上述出土文物来看，两者的主题文化面貌相似。

第七，从文化遗存的时间来看，昂昂溪文化上限距今7500年，红山文化上限距今6000年，昂昂溪文化要比红山文化早1500年。肇源县的白金宝文化，吉林大安县的汉书文化，内蒙古的兴隆洼文化、赵宝沟文化，夏家店下层文化都是昂昂溪原始先民的后裔，在气候变化的影响下，逐渐南移，在不同时期所创造的新石器文化。著名考古学家干志耿在《古代索离研究》一说："白金宝文化可上溯到昂昂溪文化，又说白金宝文化有昂昂溪文化因素，又有夏家店下层文化因素。夏家店下层文化和小河沿文化又都是红山文化的继续，所以我认为昂昂溪文化是红山文化的源头。"

［本研究为2012年度国家社科基金项目"昂昂溪考古学资料整合报告"（12BKG001）阶段成果］

（作者为黑龙江省社会科学院历史研究所研究员）

从秦象郡到南越国交趾、九真二郡

古小松

从公元前3世纪末到前2世纪后期,先是秦朝在红河下游及周边地区设立象郡,然后南越国在该地区置交趾、九真二郡。这是该地区从原始社会直接向封建社会过渡的分水岭。史籍对这一段历史记述模糊。不过,结合当代大背景,透过历史学、人类民族学等研究,是可以厘清其脉络和梗概的。

一 秦朝开拓岭南

(一) 先秦岭南

1. 地理

先秦华夏人还没有岭南的概念,因为秦朝统一中国之前,五岭以北与五岭以南区域的族群间因五岭阻隔,相互几乎没有多少交流,只是到了秦朝一统中原后才跨过五岭,把今日两广、海南以及今越南中北部纳入中国版图,并把五岭以南地区称为岭南。

岭南作为一个地理单元,它涵盖了珠江流域和红河流域的大部及邻近的一些地区,总面积50万—60万平方公里,两面靠陆,一面向海。北面隔五岭与长江流域为邻,秦朝统一中原以前,楚国就位于五岭以北的广大地区;西面为云贵高原、长山山脉和湄公河流域,由于地理环境的原因,这些地区的开发要晚于岭南地区;东南面是浩瀚的太平洋,海岸线很长,天然港湾很多,往西南经马六甲海峡通印度洋、南亚、中东、非洲、欧洲。岭南地势西北高、东南低,珠江和红河自西向东,横贯两个流域。多山,但通常不太高,多在海拔数百米以下。平原少,但有两个自然条件优越的三角洲,即珠江三角洲和红河三角洲,面积分别为1.1万和1.5万平方公里。

2. 族群

岭南地区各地居民颇为接近,在秦朝南下之前,该地区的族群称为百越①部落。岭南东部居住的是南越,西部为西瓯越,西南部为雒越。

南越。"南越"有多种含义②:一是,中国历史上有"北胡南越"之说,南越是对中国古代南方越人的总称;二是,这里所说的南越,是百越的一支,指古代居住在今广东地区的越人。蒙文通的《越史丛考》说,"《货殖列传》谓衡山、九江、豫章、长沙等郡为南楚,'南楚之南'是即南越"。"南越、西瓯地相毗邻"③,西瓯在南越之西。"越""粤"相通,《汉书》写作"南粤",其意相同,后因此简称广东为粤。南越人是具有浓厚文化特色的古代南方族群,随着中原人的持续大规模南迁,原住民南越人与汉族长期杂居,多数土著居民逐渐与汉族融合,最终被汉化。没有被汉化的土著居民聚居地逐步缩小,这些土著居民后来演变为黎族、壮族等少数族群,退居山地。南越人已经汉化了,与中原已"书同文",但留下了粤方言,读书发音仍然异于中原普通话,还有粤剧等。

西瓯越,简称西瓯。百越有以方位来划分的,如东瓯越和西瓯越。东瓯越在今浙江瓯江一带。蒙文通的《越史丛考》说,"据《淮南子》此言论之,则西瓯当正值镡城、兴安、九疑一线以南,即今广西之地也。《太平御览》卷一七一引郭璞《山海经注》云:'郁林郡为西瓯'"④。西瓯越人在秦朝南进之前主要居住在郁江以北的西江流域,甚至今粤西部分地区也是西瓯越人的范围。西瓯越是百越族群中最强悍的一支,曾在秦攻百越之战中顽强抵抗秦军。他们被秦军打败后,不断地往西、南迁移,到了今中国云南南部、越南北部、老挝、泰国,以及缅甸的掸邦、印度的阿萨姆邦等地,最具独立性的西瓯越人的后裔是今天的泰国和老挝的主体民族,分别建立了今日之泰国和老挝。留在原居住地之西瓯越

---

① "越"与"粤"相通,华东一带有越剧,岭南一带有粤剧。
② "南越"可以有多重含义,从国家和地区的概念来理解,古代岭南有南越国,现代越南曾存在南越政权。这里是从人文族群角度来谈的。
③ 蒙文通:《越史丛考》,人民出版社1983年版,第21页。
④ 蒙文通:《越史丛考》,人民出版社1983年版,第83页。

人的后裔是包括汉族在内的两广、云南境内的多个民族，比如壮族、侗族、布依族、水族、仫佬族、毛南族、傣族以及部分讲粤语和平话的汉族等。

雒越。雒越大部分居住在今广西南部至红河三角洲及周围地区。雒越人的后裔主要包括今越南的主体民族——京族，也称为越族，以及芒族，还有部分广西南部的壮族等。蒙文通先生认为："骆越之与西瓯，自民族言本为二族，自地域言本为二地。"① 雒越人与西瓯越人居住的地区相连接，西瓯在北面，雒越在南面。罗香林先生也认为："西瓯与骆，本为越之二支。"②

秦朝开拓岭南之后，两者的居住地区发生了两次大的变化。第一次是公元前221年秦军攻打岭南，西瓯越人首当其冲，中原人往南迁移，西瓯越人大部被迫往西南迁徙到了郁江流域以南地区，形成瓯雒部落联合地区。左江流域是新来的西瓯越人与原来雒越混杂居住的最集中地区。在离开今广西西南部之前，他们曾在左右江流域以南到红河下游以北地区停顿了一段时间。这一段时间大约是公元前3世纪末到公元前2世纪前叶，秦军南下到赵佗军队西进攻克象郡止。第二次是赵佗割据岭南，进攻桂林郡和象郡，到公元前2世纪初，赵佗大体控制了象郡地区，中原人南下越来越多，瓯雒部落联合地区分解，西瓯越人除部分留在今广西西部，一些留在广西南部与雒越人杂居外，大部离开西江流域，不断往西迁徙到更远的地方。

语言是活化石，从今日的壮语、泰语与越南语的相关情况看，也可以证明古代西瓯越与雒越是百越的两支，地域相连，关系密切，有相同的地方，但毕竟是两个不同的族群。韦树关的《京语研究》说，"144个越南语词语中，与壮语相同相近的词有44个，占30.56%；与泰语相同相似的词有37个，占25.69%"。③ 今日壮族是西瓯越与雒越人的后裔，广西是壮族聚居的地方，而桂西北与桂西南的壮族情况又有所不同，前者是西瓯越的后人为主，后者是西瓯越与雒越融合之后裔，其明显的区别是在语言上，西北壮语发音送气与不送气的辅音："k"与"g"、"p"与"b"、"t"

---

① 蒙文通：《越史丛考》，人民出版社1983年版，第82页。
② 罗香林：《百越源流与文化》，台湾中华丛书委员会1955年版，第66页。
③ 韦树关：《京语研究》，广西民族出版社2009年版，第294—300页。

与"d"不区分，如"开"与"该"、"炭"与"蛋"的读音是一样的，但西南壮民则发音区分清楚。

结合古籍与当今的族群居民分布，大体可以知道，岭南东部，即今广东开发较早，南越人一般来说在秦汉以后已渐渐融入中原文化之中。南越国灭亡后，今广东地区的居民越来越少称之为南越人或越人。而西瓯越，尤其是雒越所在的地区开发要晚一些，他们保持族群的独立性和差异性时间要延后。《史记》和《汉书》都有瓯雒或西瓯、雒越的叫法，到《后汉书》才再也没有瓯雒的称谓了。

3. 先秦岭南社会

公元前221年，岭南以北已是统一的秦朝中央集权的封建国家。此时包括岭南在内的中国南方很多地区尚未进入中国版图。中原地区发展到战国时期，经济文化就已很发达，汉字已发展到比较完善的程度，以至于形成有很多史籍及四书五经等流传至今。中国先秦的历史记载主要是中原地区，岭南地区是公元前3世纪秦朝开拓之后才有文字记载。

先秦岭南的发展还处于部落社会，或者说是原始社会的后期，一些地区有了私人占有的萌芽，但还没有建立国家，没有城市。黄体荣的《广西历史地理》说，"有的（如西瓯越）私有制正在萌芽，有的（骆越）还完全处在原始社会的公有制"[1]。广西宁明花山岩画是战国至西汉时期的作品，岩画的场面"表明当时的阶级分化还不明显，舞蹈场面的中心人物还不是淫威暴虐的奴隶主"[2]。岩画图像以人物为主，人物图像个个均为赤身裸体，这是当时人们生活、活动的真实写照，与《史记》记载完全吻合："其西瓯、骆、裸国亦称王。"[3] 可见，当时岭南东部社会可能已经比较进步了，但岭南西部的西瓯、雒越部落还很原始落后。中国史籍如成书于公元3世纪的《交州外域记》中有一些关于雒越人情况的描述。后来这些史籍失传后，《水经注》等零星保留的一些记载说："交趾昔未有郡县之时，土地有雒田，其田从潮水上下，民垦食其田，因名为雒民。"（《交州外域记》）[4]

---

[1] 黄体荣：《广西历史地理》，广西民族出版社1985年版，第36页。
[2] 余天炽等：《古南越国史》，广西人民出版社1988年版，第251—252页。
[3] 司马迁：《史记》（南越列传），中国友谊出版公司1994年版，第548页。
[4] 引自黄国安等《中越关系史简编》，广西人民出版社1986年版。

岭南先秦还未有能日常使用的文字，更没有文字记载的史籍。根据花山岩画研究专家广西艺术学院李远宁先生的研究，花山岩画是形成文字的前身，称其为图画表意文字。① 也就是说，当时岭南还处在画符记事的阶段。如今残存于广西宁明县的花山岩画，是该地区族群语义表达的最高形式，或者说是象形文字的萌芽。

研究历史最可靠的是考古发掘成果，其次是史籍记载的文字内容，再就是现代科学技术测定的结果了。据北京大学考古系年代测定实验室的《宁明花山岩画^{14}C 年代测定报告》说，"从现有测量数据，似可以认为宁明花山岩画的作画时间在距今 2370 年（公元前 420）至距今 2115 年（公元前 165）左右，即成画时间在战国至西汉"②。花山岩画已经被评为世界文化遗产③，地处广西左江支流明江岸边石山崖壁上，长 100 多米，高 40 多米，图像 1000 多个，包括人物、动物和器物三类，以人物为主，赤身裸体，有男有女，画面雄伟壮观，表达了一种欢乐、庄严的场面，让人有热烈、宏大的观感，作画难度之大为国内外罕见。

不过，公元前 3 世纪的岭南地区在某些方面已发展到了一定的程度，如有了青铜器，人们已制作和使用铜鼓。

（二）秦平岭南

1. 秦朝统一中国

战国时期，中原七国鼎立。秦王嬴政先灭韩、赵、魏、楚、燕、齐，公元前 221 年，秦军攻打齐国，齐王不战而降，至此秦灭六国，一统天下。

秦朝结束了春秋战国五百年来诸侯分裂割据的局面，中国成为历史上第一个多民族共融的中央集权制国家。在中央，秦朝设三公九卿，管理国家大事。社会管理实行书同文、车同轨、统一度量衡。

地方上，秦始皇采纳丞相李斯的建议，取消西周时期流传下来的分封制，推行单一的郡县制，分天下为 36 郡。郡是中央政府下辖的地方行政单位，设有郡守、郡尉、郡监。郡守为郡之最高行政长官，直接受命于中

---

① 李远宁著：《岩画艺术与文字起源研究——左江岩画和右江刻符文与文字起源研究》序一，现代教育出版社 2014 年版。
② 原思训等：《宁明花山岩画^{14}C 年代测定报告》，载覃圣敏等《广西左江流域崖壁画考察与研究》，广西民族出版社 1987 年版，第 230 页。
③ 2016 年花山岩画已被联合国教科文组织确定为世界文化遗产。

央政府，掌全郡政务。郡尉辅佐郡守，掌管全郡的军事。郡监掌管监察工作。郡以下设县或道，内地设县，边地少数民族地区设道。县设有县令，为一县之首，掌全县政务。县令下设有尉、丞。尉掌管县的军事、治安。丞为县令之助手，掌管全县司法。县以下设乡、里、亭。郡县主要官吏均由中央任免。

2. 开拓岭南

秦始皇统一中原后，并没有就此止步，继续对外扩张，北击匈奴，筑长城以拒外敌；南征百越，开拓岭南。

秦始皇平岭南很艰难，从准备到平定，先后用了7年时间。秦军深入岭南，始于公元前219年。"又利越之犀角、象齿、翡翠、珠玑，乃使尉屠睢发卒五十万，为五军，一军塞镡城之岭，一军守九疑之塞，一军处番禺之都，一军守南野之界，一军结余干之水。三年不解甲驰弩，使监禄无以转饷；又以卒凿渠而通粮道，以与越人战，杀西呕君译吁宋；而越人皆入丛薄中与禽兽处，莫肯为秦虏，相置杰骏以为将，而夜攻秦人，大破之，杀尉屠睢，伏尸流血数十万，乃发谪戍以备之。"①

秦皇在总结了前一段的作战经验教训后，又派任嚣、赵佗率军进攻岭南越人。"又使尉佗逾五岭攻百越，尉佗知中国劳极，止王不来，使人上书，求女无夫家者三万人，以为士卒衣补。秦皇帝可其万五千人。"②

秦在开拓岭南过程中，派遣数十万中原人到南方戍守，同时修通南下的道路，开凿灵渠，沟通长江水系同珠江水系，把中原先进的生产技术和工具带到南方，促进了岭南地区经济文化的发展。

二 象郡

红河下游及周边地区从公元前214年至前111年可以分为两段：公元前214年至前207年和公元前206年至前111年，前者为秦朝经略的象郡时期，后者为南越国割据的交趾、九真二郡时期。

(一) 秦设岭南三郡

公元前214年，秦军终于打败越人，平定岭南。秦始皇"三十三年，

---

① 《淮南子·人间训》，转引自郭振铎等主编《越南通史》，中国人民大学出版社2001年版，第134—135页。

② 司马迁：《史记》卷一一八《淮南王传》，第3086页。

发诸尝逋亡人、赘婿、贾人略取陆梁地，为桂林、象郡、南海，以谪遣戍"①。

秦朝在岭南设立的三郡中，南海郡、桂林郡位于北面，象郡位于西南。南海郡、桂林郡由于靠近中原，接受中原移民较多，受中原文化的影响也比较早。

南海郡大体为今广东省为主的地区。南海郡与桂林郡的分界大致是：北面贺江以东属于南海郡，桂江以西属于桂林郡；南面则是岑溪至雷州半岛，以东为南海郡，以西为桂林郡和象郡。黄体荣的《广西历史地理》说，"东部的富川、贺县、苍梧、岑溪等县境，分属南海郡"②。

桂林郡位于今广西境内西江流域的大部分地区。该地区北连楚湘，有灵渠沟通漓江和湘江，交通方便。今广西"东北角的全州、灌阳和资源，这一带分属长沙郡"③，"中部从桂江以西到红水河并向南延伸到郁江、浔江北岸的广大地区，属桂林郡，郡治在布山县（即今贵县和桂平交界处），在这一范围内，相当于历史上西瓯越人分布活动的地区。现在广西的西部及郁江、浔江以南到北部湾畔，分属象郡"④。桂林郡西部的边界则是模糊的，因为当时秦朝还没有在今贵州南部地区设立郡县体系。

上述秦朝在岭南设立的三郡中，南海郡和桂林郡的地域范围及其郡治，后来人们都有一个比较明确的认定，而象郡却是最模糊的，争议很多，包括其地域范围和郡治所在地。

（二）象郡的方位与范围

象郡在秦朝时期是中国大陆的最南部，中央管理鞭长莫及，所以存在两种情况，一是秦军平定岭南设立象郡后，由于面积太大，部落众多，秦朝只是在郡治及一些水陆交通枢纽的地方驻守一些军队，守卫重点地方而已。从官员的设置看，象郡可能设有郡尉。郡尉为秦朝开始设置，作为佐官，掌全郡军事。从史籍记载看，岭南三郡，只记载有南海郡郡尉，桂林和象郡没看到任命谁为郡尉；二是，当地瓯雒部落处于偏远地区，秦朝只是管控一部分地方而已。不管何种情况，当时秦朝对象郡的管制都是很松

---

① 司马迁：《史记》卷六《秦始皇本纪》，第253页。
② 黄体荣：《广西历史地理》，广西民族出版社1985年版，第37页。
③ 黄体荣：《广西历史地理》，第37页。
④ 黄体荣：《广西历史地理》，第37页。

散的。吕士朋在其《北属时期的越南》中说，"盖秦对象郡始终未能施行直接统治，而是采取间接统治，间接统治的方式是把对越民的统治权委诸当地若干土酋手中"①。

关于象郡的方位和范围，后人主要有两种意见：其一，以中国学者为主，加上法国的个别学者认为，象郡位于今广西南部到今越南中北部地区；其二，以越南当代史学家为主，再加上法国的个别学者等认为，象郡不在今越南中北部，而是在今广西西部和贵州南部。

从秦朝南进的态势及后来该区域的演变情况看，秦朝象郡的范围包括从今贵州南部、广西西部和南部至今越南中北部地区，由于整个象郡面积很大，经济社会发展程度还很低，所居住的瓯雒族群很分散，所以从行政区划设置的消失到其概念的完全消失延续了很长时间。这跟第一种意见接近，只是比其认定范围要稍大一些，即向西北扩展一点，涵盖了被忽略的今贵州南部、广西西部。

在法国学者马司帛洛1916年提出象郡在贵州南部、广西西部之说②以前，千百年来越南学者一直持象郡即安南的观点。自从马司帛洛的观点出来后，越南史学家陶维英③等开始改变并跟随马氏的说法。1971年越南社会科学委员会编著的《越南历史》说，"秦朝军队侵占了长江以南各族人民的一些领土，设立了闽中（福建）、南海（广东）、桂林（广西北部）和象（广西西部和贵州南部）等郡（公元前214年）"④。2017年越南社会科学院史学所武维绵主编出版的《越南历史》第1卷依然坚持这一观点⑤。他们的主要依据是《汉书》的一句话：元凤五年，"秋，罢象郡，分属郁林、牂柯"⑥。这有一定理由，但很失于偏颇，只看到了今广西西部和贵州南部，而这仅仅是秦象郡西北部的一小部分，象郡的大部分是今广西南部到今越南中北部。南越国时期象郡就已被赵佗攻灭，西汉武帝时期（公元

---

① 吕士朋：《北属时期的越南》，香港中文大学新亚研究所东南亚研究室1964年版，第17页。
② [法]鄂卢梭著：《秦代初平南越考》，冯承钧译，台湾商务印书馆1971年版，第23页。
③ [越]陶维英著的《越南古代史》（科学出版社1959年版，第164页）说，"象郡即今广西壮族自治区西部和可能加上贵州省南部的一部分地区"。
④ 越南社会科学委员会编著：《越南历史》（第一册），人民出版社1977年版，第49页。
⑤ [越] Vũ Duy Mền chủ biên: Lịch sử Việt Nam, tập 1, Nhà Xuất bản Khoa học xã hội, 2017 [武维绵主编：《越南历史》（第一集），越南社会科学出版社2017年版，第154页]。
⑥ 班固：《汉书》（卷七），中华书局2007年版，第56页。

前141—公元前87年在位）所设的80郡[①]中更是没有象郡了，哪里还有象郡可罢？

象郡从设立到消失与秦军南下及后来赵佗军队西进有密切联系。秦军从北往南进攻，先是打败了位于西江流域的西瓯越，西瓯越人不敌秦军，只好往西、南走，与西面的西瓯越及南面的雒越部落一起抗秦以及对付后来割据南海郡后进攻象郡的赵佗军队。对于瓯雒联合将在本文的后面论述。

认定象郡位于今贵州南部、广西西部和南部到今越南中北部地区的重要依据，首先，赵氏的南越国是在原来秦朝三郡的基础上建立的，其范围即后来整个岭南地区，设置的郡除了南海、桂林外，还把原来的象郡一分为二：交趾和九真两郡。交趾位于红河三角洲及周边地区，九真则在红河三角洲西南的今越南清化、义静一带。

其次，《汉书·地理志》和《水经注》载："日南郡，故象郡，武帝元鼎六年开。"[②] 日南郡是在秦朝、南越国之后，西汉武帝于公元前111年才设置的，位于今越南中部顺化到岘港一带。

再次，宋人周去非说，"汉武帝平南海，离桂林为二郡，曰郁林、苍梧；离象郡为三，曰交趾、九真、日南。又稍割南海、象郡之余壤，为合浦郡。乃自徐闻渡海、略取海南，为朱崖、儋耳二郡"[③]。从周去非的这段话看，当年秦朝划分岭南三郡的地界大体是雷州半岛以东为南海郡地盘，以西为象郡的地域范围。

还有，《汉书》说的，公元前76年，"秋，罢象郡，分属郁林、牂柯"。

以上可见，当年秦朝在岭南所置象郡的地域范围大致是从今贵州南部、广西西部和南部到今越南中北部地区，东面以雷州半岛为界与南海郡相接，北面与桂林郡相连，郁江以北的西江流域属于桂林郡，邕江以南属于象郡。象郡的南部到达了今越南中北部。象郡的西北及西部界限模糊。象郡几乎都是西瓯越及雒越部落，其西北部即今贵州南部和广西西部以西瓯越人为主。今天的贵州南部有黔南布依族自治州和黔西南布依族自治州，布依族与今日壮族都源于百越的西瓯越，语言和生活习俗很接近，只

[①] 班固：《汉书》（卷二十七、二十八），中华书局2007年版，第283—303页。
[②] 班固：《汉书·地理志》，中华书局2007年版，第303页。
[③] 周去非著，杨武泉校注：《岭外代答校注》，中华书局2012年版，第1页。

是由于后来的行政区划变动而有所差异。今越南中北部地区以雒越为主。今广西南部及今中越边境一带为西瓯和雒越混杂居住的地区。由于瓯雒部落居住在岭南西南的偏远地区，跟中原交流少，朝廷中央及岭南的统治者对他们及他们所居住的地区没有多少了解，因此象郡西部和南部边界是比较模糊的。

（三）象郡的治理

象郡在秦朝时期是中国大陆的最南部，中央管理鞭长莫及，所以存在有两种情况，一是秦军平定岭南设立象郡后，由于面积太大，部落众多，秦朝只是在郡治及一些水陆交通枢纽的地方驻守一些军队，守卫重点地方而已。有关象郡官员的设置情况，史书没有看到有相关记录。按秦朝的官僚体系，象郡应该设有郡尉。郡尉为秦朝开始设置，作为佐官，掌全郡军事。从史籍记载看，岭南三郡，只记载有南海郡郡尉，桂林和象郡没看到任命谁为郡尉。"胡北越南，乃秦之所最畏"①，覃圣敏先生认为，岭南偏远，山重水隔，与秦朝中央联系困难，而且岭南诸郡刚征服未久，越人反抗势力强大，所以秦始皇设岭南三郡时，"置南海尉以典之"②。

二是，当地瓯雒部落处于偏远地区，秦朝只是管控一部分地方而已。不管何种情况，当时秦朝对象郡的管制都是很松散的。吕士朋在其《北属时期的越南》中说，"盖秦对象郡始终未能施行直接统治，而是采取间接统治，间接统治的方式是把对越民的统治权委诸当地若干土酋手中"③。

对于象郡的郡治，有学者认为是今天的中国广西崇左，也有认为是在今越南境内，至今仍没有足够的依据可以定论。《岭南文化百科全书》认为，象郡郡治可能是在临尘（今广西崇左境内）。④

象郡的郡治在临尘的可能性比较大，这里就是花山岩画所在的地区。秦朝新郡设立，瓯雒部落联合，人们会举行一些活动。活动地点很有可能就在郡治所在地临尘。史前到象郡成立之前，古代史籍没有记载有关于左

---

① 屈大均：《翁山文钞》卷之三。转引自余天炽等《古南越国史》广西人民出版社1988年版，第13页。
② 《晋书·地理志》。
③ 吕士朋：《北属时期的越南》，香港中文大学新亚研究所东南亚研究室1964年版，第17页。
④ 《岭南文化百科全书》，中国大百科全书出版社2006年版，第28页。

江地区任何重大部落活动。那么，从时间和空间推算，花山岩画的绘制时间与瓯雒联合的时间是可以联系得上的。而明江花山岩画恰好就在西瓯部落迁徙与雒越部落汇合的线路上和象郡郡治所在地一带。

中央对象郡最重要的治理措施就是移民，"秦徙中县之民于南方三郡，使与百越杂处"[①]。中原移民的南下，带来了内地先进的文化、生产技术，为开发红河下游及周边地区做出了贡献。

从时间看，象郡建制存在很短暂，从秦朝到南越国建立，前后仅十来年。但是，秦朝覆灭后，象郡的消亡经历了三个阶段：第一阶段是赵佗建立的南越国攻破象郡后，在今越南中北部设立了交趾、九真二郡。这二郡只是派使者"典主"，部落酋长依然"主民如故"，而今贵州南部、广西西部和南部的西瓯越和雒越地区则处于"自主"状态；第二阶段是公元前111年汉武帝灭南越国，设立郁林郡时，把原来属于象郡的广西西南部的部分地区纳入该郡，同时还把北部湾沿岸的今钦廉至雷州半岛一带割给新设立的合浦郡，但至此象郡西北部仍尚有部分地区处于"自主"状态；第三阶段是一直到公元前76年（元凤五年）秋，才"罢象郡，分属郁林、牂柯"，即把原来象郡西北部的一部分划给郁林郡（即今广西西部），一部分划给牂柯郡（即今贵州南部）。至此，才可以说，原来的象郡已完全分割完毕，并有所归属了。很有可能，早年相关的记事者，他们知道这些瓯雒部落地区是属于原来之象郡的，但他们不用瓯雒部落地区的说法，而用原来的象郡名称让人更容易了解是什么方位。可见，人们对象郡的概念，从秦朝一直用到西汉中后期。这也从《汉书》中反映出来，后来的官史再也不把该地区称为象郡了。但是，一些地方传记，如上述宋朝周去非的《岭外代答》就还是把该地区称为象郡。

三 南越国之交趾、九真二郡

（一）南越国兴亡

公元前210年，秦始皇去世，中原大乱。公元前209年，陈胜、吴广起义。公元前207年，刘邦攻进咸阳，秦二世投降，秦朝灭亡。汉楚相

---

① 《全唐文》卷816。转引自余天炽等《古南越国史》，广西人民出版社1988年版，第24页。

争,刘邦击败项羽,统一中原,公元前202年汉朝建立。

在秦朝大势已去的情况下,南海郡尉任嚣去世前对赵佗说,"闻陈胜等作乱,秦为无道,天下苦之,项羽、刘季、陈胜、吴广等州郡各共兴军聚众,虎争天下,中国扰乱,未知所安,豪杰畔秦相立。南海僻远,吾恐盗兵侵地至此,吾欲兴兵绝新道,自备,待诸侯变,会病甚。且番禺负山险,阻南海,东西数千里,颇有中国人相辅,此亦一州之主也,可以立国。郡中长吏无足与言者,故召公告之"①。

公元前207年,赵佗趁中原之乱,起兵隔绝五岭通中原的道路,先武力击并桂林郡,最后攻取象郡。当时的南海郡范围主要是今广东为主的地区,地盘较小,要自立于中原之外,没有大的腹地作回旋之地。因此,"高祖初破咸阳,佗乘中国方用兵无暇及越,乃率兵以次击并桂林、象郡,自立为南越武王"②。

史籍没有赵佗征服桂林郡的记载,但是对并入南越国的桂林郡有一个实质拓展步骤是,用分封制把族人安置在苍梧。公元前183年(汉高后五年),赵佗封其族弟赵光为苍梧王,在今梧州筑建苍梧王城。

关于赵佗对象郡的征战有一些记述,但并不清晰。象郡偏远,瓯雒联合,所以赵佗攻取之有一个过程。赵佗"怒交趾安阳王叛服不常,亲率兵攻之"③。很有可能一直到公元前2世纪初,赵佗才平定象郡。

越南《大越史记全书》说,安阳王"姓蜀,讳泮,巴蜀人也"。④

成书于15世纪的《岭南摭怪》之《越井传》说,"后任嚣、赵佗将兵南侵(安阳王时),驻军山下,重修庙貌,厚加奉祀"⑤。任嚣打下番禺后,公元前207年就去世了,是否曾经率军打到象郡的地域范围,值得考究。

《越史略》说,"秦末赵佗据桂林、南海、象郡以称王,都番禺,国号越,自称武皇。时安阳王有神人曰皋鲁,能造柳弩,一张十放,教军万人。武皇知之,乃遣其子始为质,请通好焉。后王遇皋鲁稍薄,皋鲁去

---

① 《史记》卷一一三《南越列传》,第2967页。
② 李默等校注:《岭南史志三种》(南越五主传),广东人民出版社2011年版,第217页。
③ 李默等校注:《岭南史志三种》(南越五主传),广东人民出版社2011年版,第223页。
④ 越南《大越史记全书》(中越文本)第4卷,越南社会科学出版社1998年版,第45页。
⑤ 《岭南摭怪》之《越井传》,载《岭南摭怪等史料三种》,中州古籍出版社1991年版。

之。王女媚珠又与始私焉，始诱媚珠求看神弩，因毁其机。驰使报武皇，武皇复兴兵攻之，军至，王又如初，弩折，众皆溃散，武皇遂破之。王衔生犀入水，水为之开，国遂属赵"①。

清朝梁廷枏所撰的《南越五主传》说："汉鼎初定，未暇南顾，佗得设关置守，自保一方，兵力震于荒裔。时与冒顿称北强、南劲。"②赵佗不满安阳王"叛服不常"，就"亲率兵攻之"。安阳王"兵败，为佗灭。以二使者典其地"③。

从《南越五主传》《越史略》《大越史记全书》《岭南摭怪》等所说的情况可知：

一是，瓯雒部落联合地区的领袖很可能是"安阳王"，也就是说安阳王很有可能就是象郡的领导者。如果说安阳王就是象郡的掌权人，那他很有可能就是秦军与瓯雒部落协商推举的领导人蜀泮。蜀泮的具体身世如何？史书有多种说法，难以定论。晋人裴渊写的《广州记》说，"后蜀王子将兵讨骆侯，自称为安阳王"④，认为蜀泮是原来蜀国的王子。《越南历史大纲》说，"雒越人与西瓯人自古就经济文化关系密切。蜀泮是西瓯人居住在文郎部落区域的首领。西瓯部落日益强大"⑤，认为他领导瓯雒越人抗秦有功，所以成为瓯雒共主。

安阳王之所以能得到瓯雒越人的拥护，首先他是有文化的人，有组织领导才能，其次是身边有会制作弓弩的皋鲁，所以当地的瓯雒越人听从其指挥。公元前209年陈胜、吴广起义之后，全国各地纷纷响应，其中刘

---

① 钦定四库全书，史部九，《越史略》。越南《大越史记全书》《岭南摭怪》等也有相似的记述。《岭南摭怪》说："王持七寸文犀，金龟开水，引王入于海去。世传演州郡高舍社夜山，即其处也。佗军到此，茫然无所见。惟媚珠尸在焉。仲始抱媚珠尸，归葬螺城，化为玉石。"演州即今越南的义安一带，赵佗攻灭象郡后在这里设立了九真郡。弩是有臂的弓，《华阳国志·南中志》说："吴人爱蜀侧竹弓弩"，可见蜀弩的战斗力颇不弱。安阳王来自蜀地，对越作战，在弓箭战上可能暂时处于优势。

② （清）梁廷枏：《南越五主传》，载《岭南史志三种》，广东人民出版社2011年版，第223页。

③ （清）梁廷枏：《南越五主传》，载《岭南史志三种》，广东人民出版社2011年版，第223页。

④ （清）阮元监修：《广东通志·前事略》，载李默等校注《岭南史志三种》，广东人民出版社2011年版，第11页。《广州记》为晋人裴渊所撰写，已失传。

⑤ ［越］Trương Hữu Quýnh chủ biên: Đại cương Lịch sử Việt Nam, Nhà xuất bản Văn hóa giáo dục Việt Nam, 2000［张友炯主编：《越南历史大纲》（越南文），越南教育出版社2000年出版，第49页］。

邦、项羽最为突出，尤其是靠近岭南的楚霸王项羽打击秦军最为有力。象郡的巴蜀人蜀泮统合有西瓯越和雒越两大部落，实力不小，所以他也趁中原动乱之时，割据称王，对抗赵佗建立的南越国。《汉书·西南夷两粤朝鲜传》中记载了南越国赵佗上书汉文帝说，在南方的蛮夷中，西面的西瓯、东面的闽粤、北面的长沙均称王。可见，当时各地有一点实力者都在称王。

法国学者鄂卢梭在其《秦代初平南越考》中说，"秦始皇死后，中国大乱，群雄争立，诸郡的守尉如南海郡的任嚣者，各谋自立，则最南的象郡为一蜀王子所侵略，而建一安阳王国，其事亦无足异"①。很有可能巴蜀人蜀泮乘秦末中国大乱，割据象郡而称王，但没有建立一个国家。因为建立一个国家需要一股有组织的政治力量，显然当时的蜀泮并不具备，他只是控制了瓯雒联合的部落而已，最终是很难与训练有素的赵佗军队相抗衡的。

后来由于蜀泮称王后，拉开了与皋鲁的距离，慢待了皋鲁，皋鲁就离开了蜀泮。没有了皋鲁，就没有人会制作和使用弓弩了，也就失去了对抗南越国的有效武器，因而安阳王蜀泮就被赵佗打败了。

二是，赵佗攻打象郡安阳王分为两段：秦朝末年到南越国建立时，他是先稳住南海郡，在此基础上再攻取桂林郡和象郡。赵佗攻占桂林郡没有费很大的力气，所以史籍并没有相关的记载。由于从南海郡到桂林郡有西江水运，交通方便，赵佗的军队很容易就拿下了桂林郡。而且桂林郡有比较多的南下中原移民，他们也比较容易适应新建立的南越国。而象郡的情况就比桂林郡复杂多了。这里是瓯雒部落自治的地盘，赵佗对其情况并不了解，而且西瓯越人在抗击秦军中经受了锻炼，所以赵佗一开始并没有能够完全征服他们，双方僵持了一段时间。这是第一阶段；第二阶段，赵佗改变策略，采取和亲的政策，派人去摸清情况，再派军攻打。这需要一些时间，"经过多次展开进攻，包括通过收买和使用计谋，公元前179年赵佗占领了瓯雒"②，并把瓯雒地区一分为二，设立交趾郡和九真郡。

---

① ［法］鄂卢梭著：《秦代初平南越考》，冯承钧译，台湾商务印书馆1971年版，第65页。
② ［越］Vũ Duy Mền chủ biên: *Lịch sử Việt Nam*, tập 1, Nhà Xuất bản Khoa học xã hội, 2017 ［武维绵主编：《越南历史》（第一集），越南社会科学出版社2017年版，第201页］。

公元前204年南越国正式建立，赵佗开始自称南越武王，为南越首位国王，至公元前137年，在位时间长达67年。赵佗，恒山郡真定县（今河北正定县）人，公元前219年作为50万秦军副帅南下攻打岭南，战后任南海郡龙川县令。《大越史记全书》评价赵佗说，"赵武帝乘秦之乱，奄有岭表，都于番禺，与汉高祖各帝一方，有爱民之仁，有保邦之智，武功慑乎蚕丛，文教振乎象郡，以诗书而化训国俗，以仁义而固结人心，教民耕种，国富兵强……，南北交欢，天下无事……，真英雄才略之主也"[1]。

赵佗去世时，其子仲始已经去世，由其孙赵胡继位为南越国第二代国王[2]，即赵文王，从公元前137年至公元前125年，在位时间12年；第三代为赵胡之子赵明王婴齐，从公元前125年至公元前113年，在位时间也是12年；第四代为婴齐之子赵兴，公元前113年即位仅一年，即被南越相吕嘉集团于公元前112年发动叛乱所杀害，另立婴齐庶子赵建德为南越第五代王。

公元前111年南越国发生内乱，汉武帝刘彻趁机兵分五路南下，很快就攻克了南越国。《汉书》说，"遂以其地为儋耳、珠崖、南海、苍梧、郁林、合浦、交趾、九真、日南九郡"[3]。"自尉佗王凡五世，九十三岁而亡。"[4]

（二）交趾、九真二郡

赵佗在岭南建立起一个带有割据性质的南越国，这是赵佗在割据南海郡的基础上建立起来的。南越国建都于番禺，即今广州，仿照秦汉的长安宫殿，在番禺建设了王宫。1983年，广州象岗发现第二代南越王赵胡墓。1995年、1997年、2000年广东考古人员在今广州中山路一带先后发现了南越国时期的大型地下石构水池、王宫御苑、宫殿遗址。

南越国继承和仿效秦汉，实行郡县制度，共设4个郡，即在维持原来南海郡、桂林郡的基础上，将象郡一分为二，设立交趾郡和九真郡。南越

---

[1]《大越史记全书》卷4，越南社会科学出版社1998年中越文版，第31页。
[2] 赵胡，也称赵眜，号称"南越文王"，其陵墓位于今广州市解放北路的象岗山上，1983年发掘后，建为南越王墓博物馆。
[3]《汉书》卷九五《西南夷两粤朝鲜传》，第3859页。
[4]《汉书》卷九五《西南夷两粤朝鲜传》，第3859页。

国郡县各级官吏设置与汉朝同,有郡监、太守、县令等,既任用"中县人",也任用当地越人,南越国丞相吕嘉就是当地土著越人。

"交趾""九真"作为一个行政区域名称始于此。交趾位于今越南红河三角洲及周边地区,九真位于今越南清化、义安一带。越南的历史书说,"约公元前2世纪到公元前1世纪,交趾郡的区域范围包括今越南北部地区,而九真郡的区域范围包括今越南中部北区"[①]。

赵佗的治理对当地有了较大的促进。"会天下诛秦,南海尉佗居南方长治之,甚有文理,中县人以故不耗减,粤人相攻击之俗益止,俱赖其力。"[②]

南越国开发的重点是南海郡,对交趾、九真二郡的管理相对比较松弛。"越王令二使者,典主交趾、九真二郡民。"[③] "典主"意为掌管、统理,而所谓使者,是指受命出使者,或奉命办事的人,这样任命的官员治理一个地方还很难以到位。而且,从番禺到交趾远隔千里,古代的南方交通,山重水复,车马难行,主要走水路,所以南越国对交趾、九真的治理是很松弛的。史籍中不容易找到南越国桂林、交趾、九真三郡的行政设置、官吏任命等记载。《史记》在说武帝平南越时有一句:"越桂林监居翁,谕瓯骆属汉。"[④] 另《水经注》引《交州外域记》有载,汉朝遣伏波将军路博德征讨越王,伏波将军到达合浦时,"越王令二使者赍牛百头,酒千钟及二郡民户口簿诣路将军"[⑤]。可见,当时官方对当地居民采取户口管理等行政措施。

在经济上,南越国利用岭南高温多雨的优越自然条件,从中原输入牛马等种畜和犁等铁器工具,"教民耕种",推广中原农业耕作技术,使用耕牛和铁农具,改变以前的"刀耕火种""火耕水耨"的落后耕作方式,大量种植水稻,发展渔业,以及制陶业、纺织业、造船业,开展与中原及海外的贸易,促进了生产力的发展,提高了百姓生活水平。交趾、九真二郡

---

① [越] Vũ Duy Mền chủ biên: *Lịch sử Việt Nam*, tập 1, Nhà Xuất bản Khoa học xã hội, 2017 [武维绵主编:《越南历史》(第一集),越南社会科学出版社2017年版,第201页]。
② 《汉书》卷一下《高帝纪下》,第73页。
③ 《史记》(南越列传)索引,转引自蒋祖缘、方志钦主编《简明广东史》,广东人民出版社1993年版,第71页。
④ 《史记》卷一一三《南越列传》,第2977页。
⑤ 转引自郭振铎等主编《越南通史》,中国人民大学出版社2001年版,第143页。

大力发展养牛等畜牧业以及酿酒等加工业。牛用于耕种，酒用于饮用，两者还用于交换、纳贡等。

在人文方面，赵佗实行"和辑百越"的政策，既保护中原移民，也尊重越人风俗，倡导汉越通婚，促进了族群融合。南越国推广先进的汉文化，教化当地居民。随着中原人的移入，汉制的推行，汉字也输入了岭南，这对当地社会文化的发展起到巨大的促进作用。

（三）关于瓯雒联合

1. 所谓"瓯雒国"其实是瓯雒联合地区

从公元前214年秦朝平定岭南设立三郡，到后来赵佗割据岭南建立南越国，岭南地区涵盖了今两广、海南和今越南中北部地区。越南后来的史学家说这一时段越南中北部地区曾经存在过一个名为"瓯雒国"的国家。早期的越南史书是没说有"瓯雒国"的，最早提到"瓯雒国"的是成书于17世纪的《大越史记全书》。这里说的"瓯"就是西瓯越，"雒"就是雒越，瓯雒国就是西瓯越人与雒越人联合的国家。此前作为越南最早的史书《大越史记》（成书于13世纪）尚未提到瓯雒国。后来的越南历史书继承了《大越史记全书》的说法①。

《大越史记全书》说，"甲辰元年（周赧王五十八年，即公元前257年），王既并文郎国，改国号曰瓯雒国"②。这里说的是，秦国公元前316年攻取巴蜀国后，蜀王子泮南下攻取了文郎国，建立瓯雒国。但当代的越南历史学家认为，巴蜀国在中国的四川，离今越南数千公里，有无数的崇山峻岭阻隔，古代交通不便，要到如此远的地方几乎是不可能的。

当代越南史学家陶维英1955年出版的《越南古代史》说，"安阳王虽然与雒王有过战争，但是并没有取得胜利，而后趁与秦军发生战争之后，安阳王方取得了部落联盟首领职位并建立瓯雒国"③。"我们还是认为在秦军的侵略和西瓯及雒越人的共同抗战发生以前——在这一事件以前，西瓯和雒越彼此间没有历史联系——还不至于包括整个

---

① 李延凌：《"瓯雒国"辨》，载《印度支那》1983年第3期。
② 越南《大越史记全书》（中越文本）第4卷，越南社会科学出版社1998年版，第45页。
③ ［越］陶维英著：《越南古代史》，刘统文、子钺译，科学出版社1959年版，第108页。

瓯和雒的两个组成部分的瓯雒国。"① "瓯雒国的建立，只可能在安阳王抗拒秦军的侵略而取得胜利之后。"② "我们推断瓯雒国的建立，是因为安阳王曾经集合西瓯的一部分部落与雒越的各部落而建立成国家的缘故。"③

越南2000年出版的《越南历史大纲》也说，"西瓯人与雒越人曾经顽强战斗"④。"越人在文郎国的地盘上抗击秦军的战争持续进行了五到六年的时间，约从公元前214年至公元前208年。"⑤ "秦军入侵前，雄王与蜀家族已发生未分胜负的冲突。在秦军猛烈的进攻新形势下，双方一起抗击外侵。抗战胜利使蜀泮以指挥者的身份取代了雄王登上了王位，定国名为瓯雒。"⑥ "瓯雒国涵盖了雒越人和西瓯人的居住范围。"⑦ "瓯雒国为首的是蜀安阳王，其下有雒侯协助管理。各地则有雒将领头管理。"⑧ "瓯雒国存在的时间不长，约从公元前的208年至公元前179年。"⑨ 可见，作者是把瓯雒国建立的时间认定在公元前208年，灭亡于公元前179年，共29年。

历史上有没有"瓯雒国"？

首先，要看考古发掘和史籍记载，岭南地区先秦没有文字，很重要的

---

① ［越］陶维英著：《越南古代史》，刘统文、子钺译，科学出版社1959年版，第108页。
② ［越］陶维英著：《越南古代史》，刘统文、子钺译，科学出版社1959年版，第118页。
③ ［越］陶维英著：《越南古代史》，刘统文、子钺译，科学出版社1959年版，第109页。
④ ［越］ Trương Hữu Quýnh chủ biên: *Đại cương Lịch sử Việt Nam*, Nhà xuất bản *Văn hóa* giáo dục Việt Nam, 2000（张友炯主编：《越南历史大纲》第一集，越南文，河内，越南教育出版社2000年版，第48页）。
⑤ ［越］ Trương Hữu Quýnh chủ biên: *Đại cương Lịch sử Việt Nam*, Nhà xuất bản *Văn hóa* giáo dục Việt Nam, 2000（张友炯主编：《越南历史大纲》第一集，越南文，河内，越南教育出版社2000年版，第48页）。
⑥ ［越］ Trương Hữu Quýnh chủ biên: *Đại cương Lịch sử Việt Nam*, Nhà xuất bản *Văn hóa* giáo dục Việt Nam, 2000（张友炯主编：《越南历史大纲》第一集，越南文，河内，越南教育出版社2000年版，第49页）。
⑦ ［越］ Trương Hữu Quýnh chủ biên: *Đại cương Lịch sử Việt Nam*, Nhà xuất bản *Văn hóa* giáo dục Việt Nam, 2000（张友炯主编：《越南历史大纲》第一集，越南文，河内，越南教育出版社2000年版，第49页）。
⑧ ［越］ Trương Hữu Quýnh chủ biên: *Đại cương Lịch sử Việt Nam*, Nhà xuất bản *Văn hóa* giáo dục Việt Nam, 2000（张友炯主编：《越南历史大纲》第一集，越南文，河内，越南教育出版社2000年版，第49页）。
⑨ ［越］ Trương Hữu Quýnh chủ biên: *Đại cương Lịch sử Việt Nam*, Nhà xuất bản *Văn hóa* giáo dục Việt Nam, 2000（张友炯主编：《越南历史大纲》第一集，越南文，河内，越南教育出版社2000年版，第49页）。

就是看中原的史籍了。然而，至今在华南至越南北部地区，没有发现有关于瓯雒国的考古文物。再遍查中国史籍，也没有关于"瓯雒国"的记载。一个在秦朝以后、位于中国南方，包括了西瓯越人和雒越人两大部落群体，存在时间达29年的国家，在中国的史书中没有记载是完全没有可能的。秦朝以后，岭南地区的历史应该首先是依靠中国的史籍。

黎崱的《安南志略》是越南最早的史书之一，成书于14世纪。书中没有说到瓯雒国，只是说，"古南交，周号越裳，秦名象郡。秦末，南海尉赵佗击并之，自立为国，僭号"①。黎崱这里把安南地区早期的历史追溯到传说的中国周朝的越裳，然后就到秦朝的象郡，接着就是南越国了。

其次，从时间看，瓯雒国与南越国存在的时间重叠。越南史书所说的瓯雒国建立和存在的时间是公元前208年至前179年，这正好是秦朝后期，赵佗趁中原大乱击并古象郡，建立南越国的时间。那么公元前208年至前179年又怎么能有瓯雒国的建立和存在？《史记》记载，"秦已破灭，佗即击并桂林、象郡，自立为南越武王"②，说的只是象郡而不是瓯雒国。

再次，从地点看，瓯雒国与秦朝象郡及南越国之交趾、九真二郡重叠。越南史书说瓯雒国包括雒越和西瓯越人居住的范围，公元前208年前后，秦朝设置的象郡是在今贵州南部、广西西部和南部至今越南北部，当时西瓯越人在秦军的打击下，他们很多已被挤到了今广西南部与今越南接壤的地区，即今左江流域一带，这里是瓯雒混合居住的地区。

最后，社会发展条件不具备。所谓"国家"是由领土、人民和管理机构三个要素组成，越南史书所说的"瓯雒国"尚不具备第三个要素。1983年的《印度支那》杂志曾刊载了李延凌先生的文章《"瓯雒国"辨》。文章说，"在公元前3世纪下半叶至2世纪初，今天的越南北部乃至中国广西左江南岸地区，还未进入阶级社会，不可能存在一个真正的国家"③，认为"瓯雒国"不会是一个真正的国家。这是李延凌先生从社会发展进程来看所得出的结论。

---

① （元）黎崱：《安南志略》（武尚清点校），中华书局1995年版，第17页。
② 《史记》卷一一三《南越列传》，第2967页。
③ 李延凌：《"瓯雒国"辨》，载《印度支那》1983年第3期。

既然没有瓯雒国，那么为什么越南史书还有这么一个说法呢？笔者一直有如此的疑问，越南2017年最新出版的《越南历史》给出了答案。该书引用了《史记》中的一句话："且南方卑湿，蛮夷中间，其东闽越千人众号称王，其西瓯骆裸国亦称王。"① 其实，仅凭这么一句话就认为有瓯雒国的存在，是远不足以为证的。首先，《史记》130卷中，就周边的附属国而言只有南越列传（卷113）、东越列传（卷114）、朝鲜列传（卷115）等，并没有关于所谓瓯雒国的列传；其次，《史记》有西南夷列传（卷116），也没有关于西瓯越和雒越的列传，只是把瓯雒作为蛮夷列在象郡、南越国的框架下；最后，蒙文通先生对《史记》中的这句话标点断句②是这样的："传言赵佗于高后崩后，'以兵威边，财物赂遗，闽越、西瓯、骆役属焉'。传又载佗于文帝时上书言：'其西瓯、骆，裸国亦称王。'是皆以'瓯、骆'并举连言，事亦至显。"③ 蒙先生是依据上下文来断句的，前后一致，有说服力，可见《史记》中根本就没有"瓯雒国"这么一说；还有，上述越南2017年最新版的《越南历史》在引述了《史记》的话后，接着说，"此后，班固编写的《汉书》对瓯雒国也有相似的记述"④。其实，《汉书》对这一相同之事的说法是："且南方卑湿，蛮夷中西有西瓯，其众半羸，南面称王；东有闽粤，其众数千人，亦称王；西北有长沙，其半蛮夷，亦称王。"⑤《汉书》这一段话提到了"西瓯"，而没有讲到"雒越"，更压根就没有"瓯雒国"的影子。也就是说，在官方最权威的国史中，记述秦汉历史最重要的从《史记》到《汉书》，对同一件事情的表述中都没有"瓯雒国"这一国名。此外，为什么赵佗把这一区域称为"裸国"呢？因为从秦朝到西汉初期，该地区生产力发展还很低，而且这里的气候温度一般都比较高，所以很多人日常是赤身裸体的，这从保存至今的两千多年前广西宁明花山岩画能得到证实。

---

① ［越］Vũ Duy Mền chủ biên: *Lịch sử Việt Nam*, tập 1, Nhà Xuất bản Khoa học xã hội, 2017［武维绵主编：《越南历史》（第一集），越南社会科学出版社2017年版，第131页］。该引文出自司马迁的《史记》卷一一三《南越列传》，第2970页。

② 中国古文一般是没有标点符号的，主要是通过语感、语气助词、语法结构等断句。一直到19世纪中国才从西方引进标点符号。

③ 蒙文通：《越史丛考》，人民出版社1983年版，第82页。

④ ［越］Vũ Duy Mền chủ biên: *Lịch sử Việt Nam*, tập 1, Nhà Xuất bản Khoa học xã hội, 2017［武维绵主编：《越南历史》（第一集），越南社会科学出版社2017年版，第131页］。

⑤ 《汉书》卷九五《西南夷两粤朝鲜传》，第3852页。

2. 从象郡的消亡看瓯雒联合

关于秦朝时期的岭南，中国史籍记载有象郡，后来的越南史学家撰写的越南史书则主要谈到"瓯雒国"，其概念、内涵、时间、地点比较凌乱。其实，将这些问题置于当时的历史人文大背景来考究，从时间、地点、居民、该地区的历程以及留下来的实证来看，人们就会豁然开朗："瓯雒国"只是一个短暂而松散的瓯雒联合地区或者叫瓯雒联盟，也就是秦朝设的象郡而已。

第一，在时间上象郡与瓯雒国是重叠的。

——象郡：公元前214年设立，公元前206年赵佗攻占，分为交趾、九真二郡，公元前179年安阳王被打败。

——"瓯雒国"：公元前208年建立，公元前179年被赵佗完全攻占。

第二，在地点上也是重叠的。

——象郡：从今贵州南部、广西西部和南部至今越南北部地区。

——"瓯雒国"：今越南北部。

《史记》明确记载，秦始皇三十三年（前214）已"略取陆梁地，为桂林、南海、象郡"三郡，其中的象郡按照《大越史记全书》（外记，卷之一）的说法："象郡，即今安南。"[①] 可见，《大越史记全书》即使说有瓯雒国，同时也认为有秦时的象郡，而且明确象郡就是安南即今越南的北部地区。如此，《大越史记全书》作者说的象郡与瓯雒国存在的区域是重合的，时间也是重叠的。

第三，从居民看族群同是瓯雒越人。

——象郡：贵州南部、广西西部以西瓯越为主，广西南部及今中越边境地区一带为西瓯越与雒越混合居住地区，今越南北部以雒越为主。

"瓯雒国"：今越南北部以雒越为主。

在秦军南下之前，西瓯越人居住的区域主要是郁江以北、桂江以西的西江流域。他们在秦军的打击下往南来到了郁江以南及红河流域，这里是雒越人的地盘。面对西瓯越人的到来，雒越人有可能进行了抵抗。但当时的情况是，位于雒越居住区域北面的西瓯越人，由于与楚湘接壤，吸收了较多的中原先进文化及武器、工具等，雒越人打不过西瓯人，他们更抵挡

---

① 越南《大越史记全书》（中越文本）第4卷，越南社会科学出版社1998年版，第46页。

不住秦军，那在秦军压境的情况下，雒越人只好与西瓯越人联合起来，共同对付强大的秦军。

第四，从秦朝到南越国初期，瓯雒联合抗击秦军和赵佗的军队。

从有关史料看，秦始皇平定岭南时，派遣"尉屠睢发卒五十万为五军"南下，遇到了越人部落联合的激烈反抗，损失惨重，所以后来再派任嚣、赵佗率军继续进攻岭南。因此，从相关的史料所描述的时间、地点以及事件经过大体可以判断，所谓的"瓯雒国"就是西瓯越与雒越结成的反抗秦军以及后来赵佗之军队的部落联盟而已，甚至还达不到紧密联盟的程度，只是一个部落联合地区而已。部落联盟或部落联合地区与国家有什么差异呢？主要在于后者有固定和明确的领土、人民和管理机构，而前者则是一些族群为了应对面临的一定的挑战而临时结成的联合群体，没有强大的管理机构和固定的区域范围，当所应付的对象不存在了，或者自身被打败了，联合群体也就消失了。

瓯雒部落联合很可能从抗秦开始，一直存在至赵佗击并象郡，甚至在南越国建立后还存在一段时间。在秦朝设置象郡的公元前214年至公元前204年南越国建立以前，瓯雒部落联合所在的今贵州南部、广西西部和南部到今越南中北部地区称为象郡。南越国建立后，象郡名称逐步消失，人们取代称之为瓯雒地区。史籍记载，西汉高后时，"佗因此以兵威边，财物赂遗闽越、西瓯、骆，役属焉，东西万余里"①。清朝梁廷枏的《南越五主传》说，赵佗因对"交趾安阳王叛服不常"感到愤怒，而"亲率兵攻之"②。从这两段话可见，赵佗击并象郡后，安阳王领导的瓯雒联合地区有时服从赵佗的统治，有时则是反叛的。因此，赵佗最后不得不亲率大军把安阳王及其瓯雒联合部落彻底打败。

史籍有记载秦朝军队打击西瓯越人，但没有关于打击雒越人的记载，秦朝的军队深入今越南中北部哪些地区？值得探讨。很有可能的情况是，位于北面的西瓯越人被打败后就会往南走，他们就与位于南面的雒越人联合起来反抗秦军以及后来赵佗向西南进攻的军队。秦军由于在岭南西部遇到西瓯越的顽强抵抗，损兵折将，在强大的联合起来的瓯雒部落面前，一

---

① 越南《大越史记全书》（中越文本）第4卷，越南社会科学出版社1998年版，第46页。
② （清）梁廷枏：《南越五主传》，载《岭南史志三种》，广东人民出版社2011年版，第223页。

时半会儿难以消灭越人，双方只好谈判讲和，秦朝在该地区设立羁縻的象郡，任命一些官吏，而瓯雒越人依然保留原来的部落格局，所以后来越南史学家称之为"瓯雒国"。

第五，从西瓯越人的迁徙过程看，瓯雒联合对抗秦军以及后来的赵佗军队是有一个过程的。

秦军南下进攻岭南，一开始重点是在西部，沿湘漓通道南下，遇到了激烈的抵抗，尤其是在今天广西北部的西瓯越，遭到了惨重的损失。后来秦朝采取军事打击和汉人南下移民占领并举的做法，迫使桂林郡北部地区的西瓯越人不断往南迁移。从西瓯越人后来的迁徙路线看，瓯雒部落有过一段时间是联合起来的。西瓯越人的主体部分自公元前214年以前开始从原主要集中居住地往西南迁徙。迁徙分为两段：先是受秦军的攻击被迫沿西江、浔江、郁江，到左江流域与雒越人联合起来，并停留了一段时间；后来由于赵佗军队打败了安阳王，他们大约于公元前2世纪初从左江流域继续往西南方向迁移，沿途范围很广，包括今越南北部、中国云南南部、老挝北部，到达今泰国北部，经过10多个世纪的漫长岁月，他们在到达今泰国北部地区后，于公元13世纪建立了素可泰王国，即今泰国的第一个王朝。还有的西瓯越人后裔14世纪在今老挝北部建立了琅勃拉邦王国。在迁徙的过程中，其他的西瓯越人后裔有的流落居住在今越南北部、中国云南南部、缅甸东北部（掸邦）等地，最远的一支到了今印度东北部的阿萨姆邦。具体迁徙路线大约是：今广西北部—西南部—越南西北部和云南东南部—老挝北部—湄公河中游地区—湄南河流域。

第六，西瓯越人南迁，与雒越人联合起来，共同抵抗秦军以及后来的赵佗军队，这是秦朝汉初岭南地区的重大历史事件，他们留下了真实场面的历史记录——左江岩壁画廊。岩画经过两千多年的日晒雨淋，依然栩栩如生。

上述可见，所谓"瓯雒国"包括了西瓯越和雒越，两者地域相连，即从今贵州南部、广西西部和南部到今越南中北部，"瓯"与"雒"一度联合起来，所以"瓯雒国"就是瓯雒联盟或部落联合地区，也大体就是秦朝所设的象郡了。

3. 左江流域是瓯雒联合的中心

秦军南下攻打岭南，在今广西方向首先是与西瓯越人作战。由于秦军强大，西瓯越人尽管极力抵抗，最终还是被秦军所败，他们沿江来到左江流域地区，即今广西西南地区，打败这里的雒越人，或与当地的雒越人携手联合起来。史籍记载，秦军攻打岭南战争结束，在郁江以南至红河下游地区设立了象郡，一直到后来赵佗割据攻占象郡之前，该区域被越南史学家称为"瓯雒国"，即是西瓯越人与雒越人联合对抗秦军和赵佗军队的地区。

西瓯越人南下与雒越联合，一部分人到达了红河三角洲。罗香林研究认为，"瓯雒之瓯，亦似为于越之于所转称，盖瓯读 ou，于则读 u，求之于古，本同部也"①。古代"瓯"与"于"通用，因此，"西于"也就是"西瓯"。《汉书地理志》载，交趾郡设有西于县。《后汉书马援传》李贤注也说，"西于县，故城在今交州龙编县东"②。可见，一直到汉代，西瓯越人还有生活在红河三角洲的。

邕江以南到红河三角洲主要是雒越人居住，由于抗秦与抗赵佗军队的需要，西瓯越人南下与雒越联合。左江流域位于西江流域与红河三角洲之间，成了瓯雒联合的中心。

近代以来，人们在左江流域发现了古人留下来的岩画。从社会发展程度看，先秦岭南地区还处在原始部落的晚期，还没有文字，如今残存于广西宁明县的花山岩画，是该地区族群语义表达的最高形式，或者说是象形文字的萌芽。花山岩画已经被评为世界文化遗产③，地处广西左江支流明江岸边石山崖壁上，长 100 多米，高 40 多米，图像 1000 多个，包括人物、动物和器物三类，以人物为主，赤身裸体，有男有女，动物有狗，器物有铜鼓等，画面雄伟壮观，表达了一种欢乐、庄严的场面，让人有热烈、宏大的观感，作画难度之大为国内外罕见。

多年来，人们从诸多角度对花山岩画进行了研究，包括人类民族学、宗教学、文字学等，有了很多科研成果。不过，迄今对相关的一些重大问题，如由谁创作的？表现一个什么场面？等等，依然难有一个大家都认可的定论。研究历史最可靠的是考古发掘成果，其次是史籍记载的文字内

---

① 罗香林：《中夏系统中之百越，古代百越分布考》。转引自余天炽等《古南越国史》，广西人民出版社 1988 年版，第 49 页。
② 转引自余天炽等《古南越国史》，广西人民出版社 1988 年版，第 49 页。
③ 2016 年花山岩画已被联合国教科文组织确定为世界文化遗产。

容，再就是现代科学技术测定的结果了。据北京大学考古系年代测定实验室的《宁明花山岩画^{14}C年代测定报告》说，"从现有测量数据，似可以认为宁明花山岩画的作画时间在距今2370年（前420）至距今2115年（前165）左右，即成画时间在战国至西汉"①。在如此一个有科学依据的基础上，把花山岩画放在这一时空和人文环境来做一些历史学、人类学等的思考，是一个值得探讨的角度。

第一，从花山的地理环境看，它属于郁江的左江流域，该地区连接西江流域与红河下游地区。

左江是西江水系上游支流邕江的主要支流之一，发源于越南与中国广西交界地区。上游在越南境内称奇穷河，从中越边境地区进入中国境内的凭祥市后称平而河，流至龙州与其他支流汇合，以下称左江。左江东流，有明江汇入，至崇左江州区交界处，有黑水河汇入。再往东北流至南宁市江南区江西镇同江村三江坡与右江一同汇入邕江。左江干流全长539公里，流域面积32068平方公里，其中有11579平方公里在越南境内。左江流域岩画众多，主要分布在宁明、龙州、崇左、扶绥等的左江及其支流明江沿岸的悬崖峭壁上。目前该地区共发现了79个地点178处崖画，约4500个画像②，其中规模最大的就是花山岩画。

左江及明江河谷在十万大山与大明山之间，地势以丘陵和坡地为主，最高的山峰只有数百米海拔。在古代交通不发达的情况下，北面西江流域与南面红河下游地区之间的族群流动很有可能是走左江通道。如今从广西到越南的铁路和公路主要是走这一路线。

第二，从族群分布看，左江流域北面是珠江水系的西江流域，战国至秦朝汉初，这里是西瓯越人居住的地区。南面是红河下游地区，是雒越人居住的地区。左江流域则是西瓯越人与雒越人交会杂居的区域。那么，花山岩画的作者应该是西瓯越人或雒越人。

花山岩画位于江边的石山断崖上，并不靠近地面宽阔的居民居住点，很有可能是沿江流动的族群所作。历史上主要是北面的西瓯越人往南迁，他们沿江而行，溯郁江到今南宁，这里有两条支流，一条往西北是右江，

---

① 原思训等：《宁明花山岩画^{14}C年代测定报告》，载覃圣敏等《广西左江流域崖壁画考察与研究》，广西民族出版社1987年版，第230页。

② 覃彩銮等：《左江崖画艺术寻踪》，广西人民出版社1992年版，第4—5页。

一条往西南是左江。当年越人出南宁溯左江，先到扶绥、崇左，再到宁明、龙州，沿江作画，所以岩画主要是分布在左江两侧的地区。花山岩画有比较清楚的渡船图，"船为一条弧形粗短线，中间下弯，两头上翘，船上有七个侧身人像，均面向左"①。古代内陆交通还不发达，主要是靠河运，当时的西瓯越人不少人可能是乘船来到左江流域，他们就沿江作画，并留下了渡船图。

第三，就是要看花山所在的左江地区两千多前的历史了。除了花山自身作为历史实物遗存之外，似乎找不到更多的相关联系了。到目前为止，该地区没有发掘出相关的重要考古遗迹和文物，只是"近年来，在崇左县左州乡陇合村咘罗屯、龙州县龙江村及扶绥县昌平等地发现一些铜鼓。崇左铜鼓属于灵山型（或名粤式）的早期形式，年代约汉晋时期。龙州铜鼓属于西盟型的早期形式，约流行于唐宋之际"②。

古代史籍也未记载有左江流域地区战国至秦朝汉初有重大历史事件发生。史籍记载花山岩画最早的是明朝张穆的《异闻录》，书中说："广西太平府有高崖数里，现兵持刀杖，或有无首者。舟人戒无指，有言之者，则患病。"③可见，明朝以前的书籍中都没有关于花山岩画的记录，而且人们认为花山岩画很神秘，甚至对其有恐惧感。

史籍不但没有记载花山岩画的具体情况，也没有记录有该地区历史上曾发生重大事件。这样，从现存的情况推断，瓯雒联合抵抗秦军以及后来的赵佗军队就是该地区最重大的历史事件了。也就是说花山岩画与瓯雒联合抵抗秦军以及后来的赵佗军队之该地区当时最重大的历史事件有关。作画时间大致集中在秦军南下至赵佗击败安阳王止，大约是公元前3世纪末到公元前2世纪初。花山岩画创作在公元前2世纪初结束了，主要原因一是赵佗打败安阳王后，瓯雒部落联合结束了，西瓯越人的主体往西迁徙了。作画者也老矣，甚至过世了，重大主题也没有了，作画的地点也难找到，包括作画的颜料也许不容易找到了；二是瓯雒部落逐步接受汉字，不必再用画画来记事了。从时间上，花山岩画创作与今天人们的科学C-14测定相吻合。

---

① 覃圣敏等：《广西左江流域崖壁画考察与研究》，广西民族出版社1987年版，第131—132页。
② 覃圣敏等：《广西左江流域崖壁画考察与研究》，广西民族出版社1987年版，第13页。
③ 转引自覃彩銮等《左江崖画艺术寻踪》，广西人民出版社1992年版，第4页。

第四，从花山岩画的人物看，都是赤身裸体，没有穿衣，除了有狗、铜鼓、刀之外，没有别的物品，说明当时的社会发展程度还比较低，没有私人财产，尚处于原始部落社会。这符合公元前3世纪岭南西部地区社会发展所处的发展阶段状况。

岩画中的铜鼓很重要。古代铜鼓主要是瓯骆等族群使用。近代以来，从广西南部到越南北部出土了大量的铜鼓。这些铜鼓一般都有一个共同的特征，就是"鼓面中心是太阳纹"①，属于石寨山型铜鼓。花山岩画中画的铜鼓鼓面就是太阳纹的。

铜鼓的使用有多种功能，据蒋廷瑜先生的《古代铜鼓通论》，其中重要的一种作用是，"铜鼓用来召集部众，指挥军阵也是自古有之。《隋书·地理志》载：'自岭南以南，二十余郡，……（诸僚）俗好相杀，多构仇怨，欲相攻，则鸣此鼓，到者如云'"②。可见，花山岩画中的铜鼓主要是用来敲打召集族人集合使用的。

第五，从花山岩画的场景看，这是一个部落聚集场面，带有打斗动员或战斗胜利庆祝的氛围，说明当时的瓯骆联合部落首领有很强的动员能力。岩画描绘有很多人在一起，组合成"众星捧月"图，其中有一个人物形象很突出，这个人很可就是部落首领。他腰挂一把刀，身边有狗和铜鼓，其他人手里都没有武器，显然都是听命于他的。

花山岩画以至整个左江岩画都是以人物图像为主，据统计人物图像占了图像总数的85%以上③，图像形态几乎千人一面。可见岩画所表现的主题一定是人群的集体活动。西瓯越人在秦军的驱赶下，他们来到左江流域，与骆越人在一起，人口密度加大。当时生产力低下，人们还是没有穿衣服的，也没有很多物品，只有头人有刀，部落有铜鼓，人们手里也没有拿什么物品。

早年梁任葆先生研究认为，花山岩画"是古代桂西的壮族为了纪念某一次大规模战争的胜利所制作的"④。根据梁先生发表的文章解读，岩画描述有队伍集合、首领指挥、队伍操练、两军对阵和胜利庆功等场面。

---

① 蒋廷瑜：《古代铜鼓通论》，上海古籍出版社2006年版，第51页。
② 蒋廷瑜：《古代铜鼓通论》，上海古籍出版社2006年版，第229页。
③ 覃彩銮等：《左江崖画艺术寻踪》，广西人民出版社1992年版，第12页。
④ 梁任葆：《花山壁画的初步研究》，《广西日报》1957年2月10日。

史籍有西瓯越人抵抗秦军以及瓯雒部落联合抵抗赵佗军队的记载。花山岩画是不是梁先生所描述的战争从动员到庆功五个步骤方面的内容,可以说是仁者见仁,智者见智的,但是起码这是当时瓯雒越人聚集在一起的重大场面。民族学者覃彩銮先生解读宁明花山岩画为舞蹈场面。"崖壁画中大型的舞蹈场面,反映的是部落或氏族首领及其成员共同欢舞的情形。"①

结　语

第一,公元前3世纪秦朝在红河下游及周边地区设立象郡,该地区开始进入文明社会。

公元前214年至前111年是包括红河下游及周边地区在内的岭南地区从原始社会进入文明社会的分水岭。此前,该地区尚处于原始社会的后期,奴隶社会已经萌芽。由于秦朝南下,以及南越国的建立,在红河下游及周边地区设立郡县,自此该地区逐步向封建社会过渡,开始进入文明社会。

从这一段岭南地区发生的变迁来看,先秦该地区族群社会已发展到了一定的程度。尽管还没有建立国家,但是已有社会组织和动员能力,尤其是西瓯越人,已然能运用游击战争的方式与武器精良的秦军对抗,"夜攻秦人,大破之,杀尉屠睢,伏尸流血数十万",但最终还是败于秦军以及赵佗的军队。为什么岭南地区虽然有很优越的自然条件,越人部落社会也已发展到比较高的一个文明程度,有了铜鼓等青铜器具,但一直出现不了国家,最终被秦朝南下军队打败?笔者认为,最大的缺憾就是没有文字②。文字是人类文化的主要载体,是记录、交流思想的符号,标志着人类进入了文明社会。有了文字人类就可以完善教育体系,提高智慧,后人就可以了解历史,学习技术经验,传承前辈的知识文化,发展科技,促进社会向前进步。中华文化之所以能4000年生生不息,并不断地与周边融合发展,核心就是创造使用了汉字。

---

① 余天炽等:《古南越国史》,广西人民出版社1988年版,第251页。
② 中外不少学者提出文明与国家的三标准为:文字、都市、青铜器。参见常怀颖《近二十年来中国学术界国家起源研究述评》,载《四川文物》2016年第1期。

第二，公元前3世纪末赵佗割据岭南建南越国，在今越南中北部设交趾、九真二郡，瓯雒部落从联合抗秦到抵抗赵佗军队至公元前2世纪初。

先秦岭南西部是西瓯越、雒越人居住的地区。公元前221年秦朝大军南下，首当其冲是北面的西瓯越，他们抵挡不住强大的秦军，往南迁徙来到郁江流域一带，与雒越人联合起来，共同抗秦。秦朝于公元前214年在今贵州南部、广西西部和南部到今越南中北部地区设立了象郡，派出官员"典主"，但基于瓯雒部落还很强大，所以土酋依然"主民如故"。秦朝末年，中原大乱，赵佗趁机割据南海郡，在攻取了桂林郡后继续进攻象郡，并建立了南越国。瓯雒部落联合的领导者即安阳王蜀泮，在抵抗了秦军之后，又迎击赵佗的军队，并在初期取得成效，挡住了赵佗的进攻。后来赵佗采取和亲的办法，打败了安阳王，将瓯雒联合地区即原来的象郡一分为二，设立了交趾郡和九真郡。岭南地区从秦朝的三郡到南越国的四郡，再到公元前111年，汉武帝攻灭南越国，设立九郡，其中南海郡不变，原来的桂林郡一分为二，设立了苍梧郡和郁林郡，在今越南中北部设立了交趾、九真、日南郡，"又稍割南海、象郡之余壤，为合浦郡，乃自徐闻渡海、略取海南，为珠崖、儋耳二郡"①。

象郡、瓯雒部落联合地区即越南史书说的"瓯雒国"的演变及相互关联的情况可以分为五段：第一段，公元前214年秦始皇平定岭南，设立三郡，其中象郡位于岭南的西南部，包括有西瓯和雒越部落；第二段，秦末汉初赵佗击并象郡，建立南越国；第三段，蜀泮联合西瓯和雒越部落，称王（即安阳王）并与赵佗对抗，两者一度处于僵持状态；第四段，公元前179年赵佗打败安阳王，在今越南中北部设立交趾、九真二郡，原来的象郡地区大部置于赵佗的管治之下，但各地的瓯雒部落依然存在，只是没有领头人了；第五段，公元前111年西汉武帝击灭南越国，在今越南中北部设立三郡，加强朝廷对该地区的直接治理，瓯雒部落联合地区最终分解了。《汉书》说，"粤桂林监居翁谕告瓯骆四十余万口降，为湘城侯"②，说明此前瓯雒部落还是存在的，只不过是由于安阳王被赵佗打败后，该联合群体没有领头的了。后来的史籍再也没有"瓯雒"连在一起的提法了。

---

① （宋）周去非著，杨武泉校注：《岭外代答校注》，中华书局2012年版，第1页。
② 《汉书》卷九五《西南夷两粤朝鲜传》，第3358页。

而象郡概念的最终消失要到公元前76年汉昭帝把原来象郡的西北部划分给牂牁郡和郁林郡。

岭南西南部之今越南中北部地区开拓发展经历了一个由北到南、由小到大的过程：从秦朝时期属于象郡，范围主要是今越南北部地区；到南越国时期设立交趾、九真二郡，范围拓展到了今越南中部北区，即清化、义安一带；再到西汉武帝时期设立交趾、九真、日南三郡，范围进一步拓展到今越南中部的顺化、岘港一带。

第三，左江区域是瓯雒联合中心，花山岩画为瓯雒部落联合的历史场景记录。

通过对花山岩画从地点、时间、人文和事件时空背景、场面表现内容等因素分析，似可得出如下结论：地点上，花山岩画所在的区域是连接西瓯越人居住的西江北部流域与雒越人居住的郁江以南至红河下游地区的左江流域；时间上，花山岩画是战国时期到西汉以前的作品，西瓯越人往南迁移与雒越人联合起来正好处于这个时间段；关于花山岩画所在左江流域的历史，在史前没有考古挖掘，有文字记录后也没有记载当地发生过任何重大历史事件，岩画跟当地后来的居民也没有历史联系；再看作者方面，左江流域是西瓯越与雒越混杂居住的地区，作者就是瓯雒越人，而花山岩画位于江边，很可能是从江上来的越人创作的。包括宁明花山岩画在内，从左江下游的扶绥县青龙山崖壁画点到上游的龙州县岩洞山崖画点，形成一条狭长的崖壁画走廊，沿江断断续续，绵延近300公里。

该地区历史上发生过的重大事件就是从秦朝到汉初秦军以及后来的南越国军队进攻西瓯越人，西瓯越人往南从西江流域北部地区南下，沿郁江溯左江，迁徙到左江流域，他们与南面的雒越部落联合起来，对抗秦军及后来的南越国军队，左江流域成为瓯雒联合的中心。当时瓯雒越人文明发展还处在画画记事时代，没有文字，他们就在广西宁明的左江岸边的石山上画下了西瓯越人与雒越人结成联盟，或者设立象郡的热烈场面，岩画就是记录当时活动的绘画。

（作者为广西社会科学院研究员）

张骞探险之地早期东西方文化交流：
考古资料学习札记

张国刚

在著名全球史开拓者麦克尼尔的《西方的兴起》① 构建的全球谱系中，公元前五百年之后，即中国的战国之后，世界进入欧亚平衡的时代。这个时代切分始点，与施本格勒构建的"轴心时代"相契合。后者认为，以这个时间为主轴，古希腊的先哲、犹太人的先知、印度的佛陀，以及中国以老子、孔子为代表的先贤，都出现在这一时代。继农业革命、金属工具（青铜和铁器）广泛使用之后，人类各大文明都实现了精神的超越。换句话说，世界各大文明的文化个性更加鲜明。在历史上这一段时期，也被称为"帝国时代"，从西到东，就是继承了希腊文明遗产的罗马帝国、继承了波斯帝国遗产和亚历山大帝国遗产的帕提亚帝国、贵霜帝国、匈奴帝国、秦汉帝国。公元 1 世纪全球人口约有 2.5 亿，其中罗马帝国统治 5000 万人，汉帝国官方统计为 6000 万人。②

在亚欧大陆四个高度文明的地区中，中东文明版图最广，位于古老的、已受到部分侵蚀的中东高原。在波斯帝国后来多少有些衰落的世界主义中可以识别出中东远古文化的遗产。与中东文明相邻的两个文明较为年轻，也较为凌乱：一个以爱琴海为中心，它的枝丫一直伸展到意大利和西西里；另一个分布于印度北部的印度河和恒河流域。麦克尼尔有一句话概

---

① ［美］威廉·麦克尼尔著《西方的兴起：人类共同体史》，孙岳等译，中信出版社 2013 年版，上下册。
② ［英］拉乌尔·麦克劳克林：《罗马帝国与丝绸之路》，周云兰译，广东人民出版社 2019 年版，第一章第 1 页。

括中国："中国文明几乎是孤立地屹立在遥远的东方，正在向它成熟后的独特形式发展。"这种均势始终是摇摆不定的，尤其是在中东。四个欧亚文明中的三个（希腊、中东、印度）在这里交会，其北面草原是蛮族的发源地。辽阔的中国处于世界性的交会地区之外。

连接亚欧主要文明的另两条路线是：（1）穿过中亚一个个绿洲的商路。自公元前2世纪起，由于几个帝国的组织、保护和设立税卡，形成从中国到黎凡特的"丝绸之路"，从此，商旅络绎不绝。（2）稍晚但依然十分古老、穿越开阔的欧亚草原的商路。在这条商路上，草原游牧部落时而与南方开化的近邻通商，时而对他们进行抢劫。

沿这些商路的贸易变动无常，作为贸易副产品的文化交流，其意义也因此变动无常。一般来说，除因军事行动而造成各个文明交接地带边界的变动之外，欧亚文明相互的借鉴是有选择的、自发的，相对而言作用并不明显。只要任何一个主要文明处于与其他文明大致相同的水平，人们就很难看到为接受外来新奇事物而放弃祖先传统的理由。只有当外来征服和内部衰落严重威胁到既有制度时，文明的传入才会显示出对异己方式的深刻理解。

一　希腊化之前的新疆地区的文化交流

中国与西部世界的交往，最早自然是从新疆开始，但是，对于中原华夏政权统治下史家、作家和文献编者来说，新疆就是他们的"西部"，《史记》《汉书》中的"西域"主体部分就是新疆。张骞西域探险，新疆是往来必经之地，而张骞之前新疆地区所见中西交往，则必须向当今的考古学家求助。

考古学家告诉我们，最早进入新疆腹地的欧洲人群体，是以孔雀河古墓沟墓地遗存为代表的原始欧洲人类型这个群体。由于这一墓地遗存群体中尚未见到东来文化因素，所以我们还不能肯定在距今3800年前的罗布淖尔地区是否已经开启了东西文化的首次接触。

在东疆地区，东来文化因素最早进入该地区的时间是在距今3300年前后形成的焉不拉克类遗存时期，或是稍早一些的雅林办墓地遗存早期阶段。与此同时，北来的欧洲人群体及其文化因素也进入了这一地区。在北疆北部地区，从距今4000年的阿凡纳谢沃文化到安德罗诺沃文化早期阶段，北来的欧洲人群体就已分布在这一带，由此继续东进，他们来到了东疆东部地区。在伊犁河谷地区，这种文化接触过程发生的时间相对较晚。

在南疆西南部地区，从距今约3000年开始，继续向西发展的蒙古人种群体及其东来文化因素，沿天山南坡地带推进到焉耆盆地，在此与东进的地中海东支类型人种群体发生接触和融合，形成了两种来源因素的混合型文化——查吾乎沟口墓地遗存类文化。

在稍后一段时间里，由东来的蒙古人、北来的原始印欧人、西来的中亚两河类型人和地中海东支类型人的不同群体，在天山中部地区进行了广泛的交流和接触，形成了四种文化成分的混合类型文化——鱼儿沟墓地遗存类文化，从而完成了中西文化最初阶段的交融过程。这一过程的完成，比丝绸之路的开辟早300—400年，而这一文化接触、交流、融合的全过程进行，大约进行了1000年时间。由于这些早期中西文化交流的长期发展，才使其后更大范围的中西文化交流，即丝绸之路的开辟，成为历史发展的必然结果。[①]

东西方文化在新疆的传播路线，体现了人与环境相互作用的结果。大多数传播路线是沿着易于通过的自然地理通道向前推进，具体地讲，从东向西传的文化因素有两条主要的传播路线：一是沿河西走廊北山的山前地带，西进到哈密和巴里坤地区，如马厂类型遗存和四坝文化的向西发展；另一条是沿祁连山南坡的山前地带经一些山口进入哈密南部和罗布淖尔北部，这应是卡约文化向西发展的路线，这两条路线在东疆交会后继续西进，则是经吐鲁番盆地和阿拉沟越过天山进入南疆。

新疆地区的塞人文化无疑会传达到河西文化，与这里的西戎文化对接。

1976年，甘肃灵台白草坡发掘了一座西周墓的"人头戟"，属于白种人。类似的头像还见于1980年在陕西扶风一处西周宫殿遗址出土的两件蚌雕，表现出白种人体质特征：长颅、高鼻、深目、窄脸、薄唇。这两个头像也戴着尖顶帽子，但尖顶被锯掉。帽顶锯出的平面上刻着田字符号。

---

① 水涛：《新疆青铜时代诸文化的比较研究——附论早期中西文化交流的历史进程》，罗丰主编《丝绸之路考古》第1辑，科学出版社2018年版，第45—75页。原刊于《国学研究》第一卷，北京大学出版社1993年版。

他们很可能属于同为白种人的吐火罗人。在楼兰、焉耆和龟兹等吐火罗各支系中它们更可能属于月氏人的形象。因为月氏人实际控制着塔里木盆地至鄂尔多斯草原的广大地区。在河西走廊，他们很可能与戎狄、羌人部落发生冲突。

在此，不能不提到具有欧亚草原风格的甘肃天水市张家川回族自治县马家塬墓地出土文物。马家塬类型被定义为东周西戎文化的一种类型。"马家塬类型"的年代，被推定在春秋晚期至战国晚期，除甘肃漳县墩坪墓地年代可早至春秋晚期至战国中期外，其余墓地年代集中于战国中晚期。

在马家塬战国晚期墓地出土的一种釉陶杯，从杯子的风格看，有西戎文化特征，有学者认为来自中亚。

马家塬类型的随葬品以北方系青铜器为主，主要器物为车马器、车马饰件及人体装饰，陶器数量极少，部分墓葬有车作为随葬品。各遗址出土随葬品在数量、器类、制作水平上存在差异，如陈阳川墓地出土器物数量少、种类单一，并不似马家塬墓地出土随葬品之精美奢华，这种差异应是等级差别造成的。

考古工作者在陈阳川墓地采集到一件狮噬羊的铜牌饰，与马家塬墓地出土铜带饰极其相似，这种狮子吞噬羊的装饰题材，在北方草原地带的牌饰中十分常见。但是，马家塬和陈阳川的铜牌饰的不同在于，狮子的鬃毛和尾巴，在背部弯曲成相背的鸟首，有学者认为这种背上有鸟首的图案，可能来源于斯基泰和巴泽雷克文化[①]。从中可以感受到西域文化东向影响力。

甘肃张家川马家塬墓地 M1 号墓出土过一个银杯套，也属于战国晚期西戎文化。这个银杯套是用大约仅 0.05 厘米的薄银片卷成，高 8.4 厘米，口径 6.6 厘米，杯的手柄两侧各嵌有一长铜条，用于把卷起的银杯铆接起来。杯套内可能有竹木制作的内胆。这种杯具无论是材质还是用途，都反映了欧亚草原风格。

学者对马家塬戎人造车的细节及其整车结构做过细致的分析。首先是

---

① 参见王辉《张家川马家塬墓地相关问题初探》，《文物》2009 年第 10 期；张寅《东周西戎文化马家塬类型来源初探》，《考古与文物》2019 年第 2 期。

根据形制分出不同类型。发现马家塬墓地所出土的古车，形制各异，但是也可以看出，其整车设计思路和制作工艺细节上，Ⅰ-Ⅴ型车都有一定的规律性。

二 希腊化时代西域的文化交流

公元前4世纪亚历山大大帝的东征，灭亡了古波斯，即阿契美尼德王朝（Achaemenid Dynasty，前550—前330），占领阿富汗即古代的大夏国之后，兵锋南下印度，未曾及于新疆。公元前324年亚历山大大帝由于极度酗酒死于波斯王宫，帝国迅即陷于分裂，但是，希腊文化和制度却影响了所征服地区，西亚与南亚、中亚被带入希腊化时代，在新疆的西部出现了一个希腊化文化圈。

比如，亚历山大率军入侵印度，留下部分军士驻扎在阿富汗阿伊哈努姆筑城而居。20世纪60年代由法国考古学家挖掘。这是世界上最北边的希腊城市建筑遗址。这里出土了大量青铜器，其中有一尊铜像，高18厘米，宽9厘米，厚3厘米，是希腊神话中的大力神赫拉克勒斯（Heraoles）。同一地方还发现了科林斯柱头、赫尔墨斯柱希腊风格的建筑残存。年代在公元前3世纪到公元前2世纪，相当于战国末到西汉前期。[①]

希腊化文化圈的文明互动是一种互相影响。东方的宗教也传播到西方，大大地促进了罗马帝国和中世纪欧洲的转变。希腊的艺术、宗教也影响到了东方，希腊化文明是一个混合物，而不是来自其他地区的移植物。换一句话说，不要以为希腊化，仅仅是希腊文化单方面对于其他文明的"入侵"，相反，希腊文化元素就像一个触媒，它的渗入引发、激活了所在地区文明的变奏。希腊化的结果是"第三者"。

从地缘政治上说，横跨欧亚非的亚历山大帝国分裂之后，其中波斯及其以东地区为部将塞琉古所控制，公元前305年，塞琉古称王，成为塞琉古王朝（前312—前64），传至安条克二世（前261—前246）发生内乱，斯基泰人的一支帕尔尼人拥立阿尔萨息思在帕提亚称王，脱离塞琉古王国独立，建立了将近470余年的帕提亚帝国（前247—224），中国史书称之

[①] 敦煌研究院编：《丝路秘宝：阿富汗国家博物馆珍品》，文化艺术出版社2017年版，分别见第12、14、15页。赫尔墨斯是希腊神话中的商业、信使与畜牧之神，也是奥林匹斯十二神之一。

为安息，其存在时间，正好与秦始皇统治时期及两汉时期大体相当。当波斯再次独立是在萨珊王朝（Sassanidae Dynasty，224—651）统治时期，萨珊王朝远绍古波斯的一些传统，同时兼有了希腊和安息的影响。因此，萨珊波斯与古波斯是不完全一样的，从某种意义上说，萨珊波斯是希腊化时代所催生出来的一种新的波斯文化。

考古工作者最近数十年的发掘和研究，不断印证着希腊文明的这些因素如何在丝绸之路上重现光芒。

1983年，在伊犁哈萨克自治州新源县境内巩乃斯河畔，发现了一批青铜器，时代定在战国秦汉间（公元前5世纪—前3世纪）。其中有一尊青铜武士像。武士头戴希腊式头盔，帽顶像鸡冠高耸，屈身下蹲，右腿跪地，左腿曲蹲，左脚尖触地。眼睛凝视远方，双手中空，左手置于膝上，右手置于腿部，原来手中应该握有弓箭或者刀矛之类武器。有学者认为，这就是希腊神话中的阿瑞斯战神。阿瑞斯（Ares），是古希腊神话中的战争与武力之神，与宙斯、赫拉、雅典娜、阿波罗等同为奥林匹斯十二主神之一。这尊阿瑞斯战神是远东地区最早见到的立体塑像，战神本身虽是希腊神话人物，其制作工艺则有斯基泰或塞人文化的因素。

同墓还出土了一件对翼兽铜环。有人认为是斯基泰人绞杀牺牲的刑具，战国时期塞人在伊犁河流域活动的遗物。新疆尼勒克县发现被塞人开采的铜矿遗址，时代相当于东周时期。更有人推测，这批青铜器可能是塞人的祭坛，同样反映了对于希腊战神阿瑞斯的崇拜。铜环首的两只翼兽相对而卧，从兽的头部看，像是"斯芬克斯"之类。①

有一件在新疆阿拉沟出土的铜盘，也是战国时期塞人文化的遗物。时代在公元前5世纪到前3世纪。铜盘由镂空的锥形高方底座和宽平折沿的长方盘焊接而成，焊接处尚粗糙，方盘中央有两个瑞兽，抬头面朝同一方向。这件器物具有明显的宗教意义，只是具体用途不详。

新疆伊吾县出土了一枚带柄铜镜。镜呈圆形，镜的上方焊接一个大角鹿，构成手柄。铜镜高16厘米，直径7.7厘米。这种带柄青铜镜在新疆

---

① 葛嶷、齐东方主编：《异宝西来：考古发现的丝绸之路舶来品研究》，上海古籍出版社2017年版，第72—78页。

乌鲁木齐、吐鲁番、伊犁州、和静县、轮台县主要是东疆地区都有发现，主要流行时代在战国秦汉间（公元前5世纪—前1世纪）。带柄铜镜在埃及、希腊、罗马等地中海周边出现很早，新疆的这面铜镜被认为是匈奴人的仿制品。①

新疆鄯善洋海一号墓地M90号墓地出土一件竖琴，琴身为木质，长61厘米，宽9.8厘米，琴弦或为羊肠制作，仅存一根，弦杆22厘米。年代在公元前500年的春秋战国之际。学者找到了这把竖琴的历史文化联系，在扎滚鲁克古墓群（在新疆且木县）、巴泽雷克（在俄罗斯阿尔泰地区）、奥尔比亚（黑海北岸）都有类似的竖琴（角形竖琴）出土，这些竖琴都是5根琴弦，与亚述竖琴9根琴弦不同，也与后来随佛教传入的中亚箜篌（也是一种角形竖琴）不一样。也就是说，这件竖琴与西边更早的亚述竖琴发生了变异，与更晚的中原竖琴也有所不同。文明的交流就是在无意误读与有心创造中发展与变异。

三 "凿空"前后的丝路交流：黄金之丘的宝物

公元前2世纪张骞出使西域的目的地，就是大夏，即今日之阿富汗。此后两汉时期中国内地与西域的交往不绝，在新疆地区设置了西域都护府，管理东西方丝路贸易。考古学家在西邻新疆的敦煌地区所出汉简，即悬泉汉简中发现了大月氏通汉简牍多达17枚，且简文显示，希腊化了的大月氏政权与汉朝的关系十分密切。

在希腊化时期的大月氏即大夏地区的考古发现，为我们提供了许多丝路文化交流的新证据。

考古学家告诉我们，4000年以前第一个农业部落就出现在巴克特里亚平原上，并且建造了祆教庙宇。在以后的千年里神庙被重建了多次。当它的泥砖墙坍塌后，为一个低土包所掩埋。六百年后，在这个长期被遗忘的庙宇遗迹上，一个小村庄发展起来了。但这个小村庄的命运也不长，不久也变成了废墟。但它可能延续了四百年之久直至公历纪元前后。此时，当地权贵们建造了几座黄金坟墓，随后被突然的战争或者其他灾难所掩埋废弃。这个地方现在叫作蒂拉丘地（又作提尔雅·帖帕，TILLYA TEPE）。

---

① 葛嶷、齐东方主编：《异宝西来：考古发现的丝绸之路舶来品研究》，第90—92页。

随着蒂拉丘地变为废墟，巴克特里亚先后遭到了阿契莫尼德波斯帝国和亚历山大希腊后继者的打击。公元前 175 年前后，来自中国新疆地区的大月氏人占领了此地，占领了希腊——巴克特里亚的城池。

1978 年，考古学家在阿富汗蒂拉丘地，即所谓黄金之丘的坟墓里，出土了 20000 多件工艺品，主要是黄金和宝石制品，遗物中还发现了丝绸、汉镜、罗马金币、西伯利亚匕首、驱龙战车等，反映出东西方的广泛贸易的现象。

黄金之丘墓地的年代在公元前后几十年，年代相当于中国的两汉之际，距离张骞第一次来到这里探险，已经一百余年。墓地遗址距大夏首都蓝氏城（今阿富汗马扎里沙里夫附近）约 70 公里，黄金之丘墓地的主人应当是张骞曾经会见过的大月氏人的后裔。①

总共发现 8 座墓地，有 6 座坟墓被发掘。其中只有 4 号墓主是一位男性，身高达 2 米，穿左衽上衣，有腰带，下着裤。陪葬品中有殉葬的马头骨和小骨头，还有长铁剑、金制短剑鞘，剑鞘纹饰精美，另有铁制小刀、箭筒和三翼形铁镞等兵器。有一枚印度金币。显示出这位身材高大的男子，生前可能是一位佩剑的将军。这些墓地很可能就是属于他的王家墓地。这个墓地出土文物还有一副黄金腰带，腰带长 96.6 厘米、宽 4.19 厘米，有人认为金腰带上骑着神兽的人物是希腊的酒神狄奥尼索斯。

此外的 1、2、3、5、6 号墓安葬的都是女性。1 号墓为年约 25—30 岁女性，穿长筒袖上衣，下着裤子。陪葬的黄金饰品较其他墓为少。

2 号墓女主人年龄约在 30—40 岁，上穿马甲，下着裙。陪葬的各种装饰品比较奢华，有所谓"双龙守护国王金头饰"，骑海豚丘比特图案的金领别针，半裸的阿佛洛狄忒黄金艺术品等，兽头的手镯，还有脚镯、雅典娜戒指之类。我们可以设想一下这个贵妇下葬时的场景：一件金盘

---

① 萨连尼迪（V. I. Sarianidi）：《大夏黄金宝藏》，维也纳，1985（Golden Hoard of Bactria, Vienna, 1985）；萨连尼迪等：《大夏金宝：来自阿富汗北部黄金之丘出土墓葬》，列宁格勒（圣彼得堡），1985（Baktrische Gold. Aus den Ausgrabungen der Nekropole von Tillja – Tepe in Nordafghanistan, Leningrad: Aurora – Kunstverlag, 1985）作者在美国《国家地理杂志》1990 年第 3 期上的简要介绍《大夏国的黄金艺术品》译文（李凇译）刊登在《西北美术》1997 年第 2 期，第 51—53 页；又见林梅村《大夏黄金宝藏的发现及其对大月氏考古研究的意义》，见氏著《西域文明——考古、民族、语言和宗教新论》，东方出版社 1995 年版，第 268 页。

构成的光闪闪的覆盖物紧裹着她的身体,身上穿着四至五件衣服,它们都具有自己的华美而丰富的风格;一根手指上戴着印章戒指;下颌紧套着一个金质的宽大颚托;胸前躺着一面中国铜镜;一只金手镯仍旧套在骨骸中,另一只手镯躺在她的手臂下面,两只都现出明显的戴用过的痕迹。

3号墓主女性,是一位年轻少女,身系窄袖束腰长裙。陪葬品有黄金钵、颚饰、足形黄金薄片、黄金项圈、戒指等,有带柄铜镜和汉镜,还有罗马金币、安息银币等。

5号墓主也是一位青年妇女,出土艺术品有黄金护膊、牙柄铜镜、黄金脚镯等。较少的装饰品反映了她较低的地位。

6号墓主也是头戴王冠的王妃,年龄也在25—30岁之间。王冠的形状有些坍斜。出土艺术品有步摇金冠、阿佛洛狄忒神像垂饰、兽头黄金手镯、脚镯、镶嵌宝石的戒指、汉镜、带柄铜镜、罗马玻璃小壶等,最为引人注目的是,该墓主右手有长35厘米的权杖。钱币方面,出土有安息金币和银币。

蒂拉丘地发现的大夏国当地艺术,显示了多种文化的影响。其中希腊化风格比较突出。如古希腊奥林匹斯十二主神之一的爱情与性欲之神阿佛洛狄忒(Aphrodite)金像;希腊神话中的胜利女神图案饰物;丘比特骑海豚金像、丘比特耳夹金饰品;雅典娜图案的吊坠、雅典娜图章戒指。也有"龙"的图案,如戴着王冠的君王及其左右各一条龙;驱龙战车图案,龙图案饰板、双龙造型剑鞘。当然,这些文化要素都已经融为一体了。龙也不再是中国原版的龙。维纳斯也不再是希腊原版的维纳斯,如小巧圆胖源自希腊的维纳斯金像,却插上了大夏式的翅膀以示其神性,维纳斯额上居然有印度式前额印记,象征其已婚身份。①

至于出土文物中的西汉铜镜、罗马金币、安息银币以及饰以雅典娜像并刻有希腊文铭记的金戒指、斯基泰式金剑鞘等,不仅有大月氏(贵霜)本族特征,也有希腊(罗马)、中国、游牧部落、印度等多种外来风格;不仅有典型的外来原样器物(如汉镜),也有多文化元素融合的艺术品。

---

① 参见敦煌研究院编《丝路秘宝:阿富汗国家博物馆珍品》第三部分"蒂拉丘地",文化艺术出版社2017年版,第46—153页。本书所定墓葬文物年代为公元25—50年,即东汉光武帝时期。

它们混搭在一起，显示出墓主人生前生活的多重色彩，是大夏境内多文化交光互影的历史见证。

阿富汗东北部帕尔万省有一处贝格拉姆（Begram）考古遗址，西南距喀布尔约六十公里①。在贝格拉姆新王城Ⅱ号发掘区的10、13号房间，发现了古代封闭的储藏室，室内的大陶罐中装有各种珍贵艺术品，木器箱柜上嵌有精细的象牙雕刻。罐藏物品有罗马的玻璃杯盘碗瓶、希腊罗马的青铜人物铸像及按照希腊神话题材银器复制的石膏浮雕圆板，还有埃及制造的石瓶和石皿，中国东汉时期的彩绘漆器。而上述象牙雕刻则出自印度。这里可能是贵霜王迦腻色迦的夏都，发现的文物年代在公元1世纪前后，即东汉前期。有学者推测，这里应当是丝路上商人的货栈仓库。

文物制作风格体现了东西方文化的交流。10号密室有象牙雕刻的高达55.8厘米的河流女神，还有高达26.7厘米的石膏雕像维纳斯。13号密室文物比较丰富，石膏雕刻作品有表现塞勒涅与恩底弥翁爱情题材的。这两个人的爱情故事在希腊神话里非常有名。塞勒涅爱上了美少年恩底弥翁，众神赐予恩底弥翁青春永驻，但必须在山洞里永远长眠。每夜塞勒涅与他在睡梦中幽会，据说塞勒涅给恩底弥翁生育了50个女儿。石膏圆盘内容是塞勒涅在恩底弥翁睡梦时做爱的场景。

青铜雕像则有塞拉比斯（Serapis），希腊化时期的埃及神祇；鹰身女妖哈耳庇厄，希腊神话中的怪物；哈伯克拉底（Harpocrates），希腊罗马神话中的沉默之神。希腊神话说，维纳斯与战神马尔斯（Mars）私通，生下丘比特，为了不让母亲的家丑外扬，丘比特给了沉默之神哈伯克拉底一束玫瑰花，让其对此事保持沉默。这个房间的半身雕像有维纳斯、马尔斯、丘比特以及哈伯克拉底，故事的人物悉数在场。

此外的青铜器还有墨丘利（Mercury），罗马神话中的通商、畜牧之神，对应于希腊神话中的赫尔墨斯。密涅瓦（Minerva）半身像，她是罗马神话中的智慧、战争、月亮和记忆女神，也是手工业者、学生、艺术家的保护神，罗马十二主神之一，对应希腊神话中的雅典娜女神。当希腊女神

---

① 罗帅：《阿富汗贝格拉姆宝藏的年代与性质》，《考古》2011年第2期，第68—80页。

雅典娜传到罗马，与当地的女神密涅瓦混合。①

总之，以上这些来自东西南北各地的货物，表明当时这里是通往东西方和南亚的交通要冲。有研究者认为，贝格拉姆新王城Ⅱ号发掘区的10、13号房间当初很可能是印度—帕提亚王国时期罗马人经营的一处商站，现在见到的文物是该商站的最后一批存货。印度—帕提亚国王冈德菲斯去世后，贵霜王国的创立者丘就却（Kujūla Kadphises Ⅰ,?—约75），即迦德菲塞斯一世（约15—65年在位），趁机率领贵霜军队攻打贝格拉姆城，从而导致商家逃离、商站废弃。②

四　中西合璧：文化的接榫

上一节我们讨论了希腊化时期大夏即今阿富汗作为丝绸之路的要道而展现的东西方商品和文化的汇聚。下面我们再结合考古发现谈谈两汉时期新疆地区所展现的文化接榫，即西部世界的文明果实如何沿着丝绸之路东行被接引到天山地区和塔里木河流域，乃至河西走廊地区。下面结合考古学家的发掘报告，举如下数例。

新疆交河沟墓地出土的金项饰，时代被定为西汉。同墓出土的还有金戒指、金耳环等。这个金项饰只有残存部分，既像金冠又像金项圈，装饰主题很可能是两只动物搏击。形状与哈萨克斯坦东部七河地区发现的金项饰略微相似。

甘肃省灵台县博物馆收藏的带西文字母纹饰的铅饼。铅饼重110—118克，出土时共有274枚，总重约31.806千克。其形制、图案和西文纹饰，大致相同，凸面是龙形浮雕，凹面是西文字母。同时出土的有汉代的瓦片。类似的铅饼在陕西西安、甘肃礼县甚至安徽六安市都有出土，时间在西汉到东汉间。这些铅饼究竟是帕提亚传入的产品，还是中国境内铸造的？学者还有分歧意见。就其上的希腊文字母而论，显然是西风所致，就其龙形浮雕而言，肯定是中国元素，结合到蒂拉丘地的龙形图案，更显示出凿空后东西方文化元素的互动。这其实代表了丝路开通前后，在西部地区这一文明的边疆所发生的文化交流与互鉴的实态。大约现有帕提亚或巴

---

① 敦煌研究院编：《丝路秘宝：阿富汗国家博物馆珍品》第四部分"贝格拉姆与丝绸之路"，文化艺术出版社2017年版，第156—230页。
② 罗帅：《阿富汗贝格拉姆宝藏的年代与性质》，《考古》2011年第2期，第78页。

克特里亚等中亚风格的铅饼传入,然后为西戎文化所吸收,进行模仿和改造。

蜡染印花棉布(残片)。现藏于新疆维吾尔自治区博物馆,是新疆和田市民丰县尼雅遗址出土。尼雅即古楼兰遗址。时代被推定在东汉时期。棉布画面的主题体裁是人狮搏斗。左下角的女性图像最值得讨论。高鼻梁、大眼睛、小嘴巴,袒胸露乳,正面微微向左侧视。有人认为是贵霜钱币或犍陀罗雕像中的丰收女神。

出土于新疆和田的东邻洛浦县的裤子及其图案。裤子残余部位有缀织的马人和武士形象。武士面部轮廓分明,大眼、方耳、黑发,高鼻厚唇,手持长矛,向右前方向凝视。在武士上面的图案则是另外一幅半人半马的马人形象,马的身体,人的头部,马蹄飞起,向左侧奔跑,人身手扶着管形乐器做吹奏状。人马图案底色是黑色,马身褐红色,人身浅黄色,周围环绕着四瓣花形,图案右侧上方残留着天使的翅膀一角。学者认为这幅图案与斯坦因发现的米兰佛寺壁画主题十分相似,年代定位两汉时期。

玻璃杯。出土于新疆巴音郭楞蒙古自治州的尉犁县的营盘古墓,尉犁县即汉初西域三十六国之一的渠犁或渠黎。位于塔里木盆地北部靠东古丝绸之路的中路边缘,东北是吐鲁番,东南是古楼兰,西边是轮台。此地出土的干尸有欧洲人种体质特征,也有一些蒙古人种因素。还有佉卢文文书、纺织品、黄铜饰品、玻璃杯等,这些文物出自中原和西域,显示出当地中西丝路交通要道的特征。特别要指出的是这个玻璃杯,出土于1995年发掘的一座男女合葬墓中。玻璃杯是由模具吹制而成,外形为半圆锥形,高8.8厘米,口径10.8厘米,底径3.2厘米,犹如半个硕大的鹅蛋。时代大约是4世纪以前。林梅村认为是帕提亚时的作品,徐苹芳定义为萨珊玻璃杯。[1]

红地罽袍。发掘者认为是巴克特里亚制作的精美毛织物,也出土于尉犁县的营盘墓地,出土时穿着在一位25岁左右的男子尸身上。男尸从体制特征看是欧洲人种,但是,也有蒙古人种元素。红色罽袍最大处宽185厘米,长110厘米,织物的纹样左右对称,两组不同的男性形象,裸身披

---

[1] 徐苹芳:《丝绸之路考古论集》,上海古籍出版社2017年版,第103页。

袍，头发卷曲，作格斗状表演。对兽也是两种，公羊和山羊。另外就是一棵树，分杈成两枝，每枝各带若干片树叶。学者判断其年代在东汉至两晋时代。

嵌宝石金戒指。新疆伊犁哈萨克自治州下辖的尼勒克县自古就是塞人、乌孙人、大月氏人游牧之地。在尼勒克喀什河谷的一个墓地出土了这个金戒指。墓葬群的时代为战国至汉晋时期。在大约长 4.8 厘米、宽 2.8 厘米的戒面上，刻着一位坐姿女性，手持花朵，额头上用椭圆形发带束发，并在脑后搭接。女性形象不完全像希腊肖像，但是带有一些希腊化元素。有学者认为是古波斯传说中的水神阿纳希塔（Anahita）。戒指两端各有一个对称设计的鱼头，凸眼张嘴，每个鱼头的两眼各镶嵌一颗红色宝石。[①]

五 后论

张骞探险之地，从河西走廊到西域（新疆）、大夏（阿富汗），考古资料留下了丰富的文化交流记忆。希腊化文化在东西方文化交流过程中扮演了十分重要的角色。除了我们以新疆及张骞探险之地巴克特里亚（大夏）为例之外，最典型的还有犍陀罗文化。

犍陀罗（Gandhara）是公元前 6 世纪已经存在的南亚国家，法显《佛国记》（又名《法显传》）、玄奘《大唐西域记》中都有记述，统治区域位于今巴基斯坦北部和阿富汗东部，是亚欧大陆的心脏地带。这个地方曾经是亚历山大帝国的一部分，后来又被印度孔雀王朝统治。孔雀王朝的阿育王（公元前 303—前 232）将佛教文化推广至此，渐形成独特的犍陀罗式的文化。这一文化就是希腊、印度、波斯文化的复合体，而且还影响到中国佛教艺术。

以佛教雕刻为例，它吸取了古希腊后期雕刻手法，比如人体直立状态下，试图将人体的重心移至一足，使另一足能表现出现实生活中人物的各种自然状态或运动感。这种佛教雕刻被称作犍陀罗式。犍陀罗风格的佛像造型体格雄伟，近似欧洲人；面额宽广，鼻梁直通额部，近似希腊人；下颚宽而凸出，眼大唇薄，头发结为波状或螺旋；身着薄衣，线条强健，背光不加装饰，作圆盘形，佛座也极少用莲花座。犍陀罗佛教雕像兼具古希

[①] 葛嶷、齐东方主编：《异宝西来：考古发现的丝绸之路舶来品研究》，第 93—155 页。

腊、古罗马之写实典雅，又融进了古印度之慈悲神圣，整个佛教雕像显得大气而兼优美，崇高不失精致。从公元前 4 世纪到公元后 4 世纪，犍陀罗不仅是佛教艺术中心，也是最典型的世界各大文明的交会之地，是文明的大道通衢。①

庚子年初夏于北京清华园

（作者为清华大学历史学系教授）

---

① 参见孙英刚、何平《犍陀罗文明史》，生活·读书·新知三联书店 2018 年版。

南方丝绸之路研究的几个问题

——谨以此文纪念尊敬的耿昇先生

段 渝

古代从四川经云南出域外,分别至东南亚、缅甸、印度、阿富汗、中亚、西亚及欧洲地中海地区的国际交通线,学术界称为"南方丝绸之路"或"西南丝绸之路",简称"南丝路"。南方丝绸之路的起点为中国西南古代文明的中心——成都,由此向南分为东、中、西三线南行:西线为从四川经云南、缅甸到印度的"蜀身毒道",东汉时又称"灵关道"或"牦牛道",后称为川滇缅印道,这条线路通往中亚、西亚和欧洲地中海区域;中线为从四川经云南到越南的"步头道"和"进桑道",或又统称为"安南道",后来称为"中越道";东线为从四川经贵州、广西、广东至南海的"牂牁道",或称为"夜郎道"。三条线路中,西线和中线在古代中国西南地区的对外经济文化交流中发挥了积极而重要的作用。

古代中国在西南方向对外部世界的联系和交流,是经由南方丝绸之路进行的,它是古代中国西南地区同东南亚、南亚、中亚、西亚及欧洲地中海地区文明交流互动的载体。

一

中国古代文献关于从西南地区通往缅、印、阿富汗的最早记载,出自《史记·西南夷列传》和《史记·大宛列传》,称此线路为"蜀身毒道",便是后来学术界通称的"南方丝绸之路"。《三国志》裴松之注引三国时人鱼豢的《魏略·西戎传》里,提到罗马帝国"有水通益州(四川)"。此后,《新唐书·地理志》《蛮书》等也对这一交通线路有较详记述。古代中国与中南半岛的关系,则略见于《水经注》引《交州外域记》以及诸史所引《南越志》等。但是,诸书所载史事大多语焉不详,或相互抵牾,颇难缕析。在西方古文献尤其古希腊、古罗马的各种文献里,也有一些关于古代中国西南与印度、中亚和东南亚关系的记载,但大多简略而模糊,足以据信者并不多。

近世以来,中外学者对中国西南的早期国际交通问题颇为关注,不少名家曾对这个问题进行过探讨。梁启超在 20 世纪 20 年代发表《中国印度之交通》一文,根据唐贞元间宰相贾耽的记述,论述中印之间有六条交通线,其中第六条是滇缅路。夏光南于 1940 年出版《中印缅道交通史》,亦据此对早期中印缅交通有所考证。方国瑜在 1941 年发表的《云南与印度缅甸之古代交通》中认为,"中印文化之最初交通,当由滇蜀道"。① 张星烺、冯承钧、丁山、岑仲勉、季羡林、饶宗颐、桑秀云、严耕望、杨宪益、陈炎、徐中舒、蒙文通、任乃强等先生分别从某一或某些方面对古代中缅印和中越交通或文化交流进行过研究。但"诸家所引证的资料未必尽确,且有任意比附之嫌"②,尤其没有引入考古资料所提供的证据,因而许多结论未获学术界认同。

国外学者对古代中缅印交通问题向来十分关注。法国汉学家伯希和(P. Pelliot)的《交广印度两道考》是这一领域的名作③,但详于交广道而略于中印道。美国东方学者劳费尔(B. Laufer),法国汉学家玉尔(Henry Yule)、沙畹(Chavannes)④、日本学者藤田丰八等,先后对此有过专门研究。英国学者哈威的《缅甸史》、缅甸学者波巴信的《缅甸史》,亦对中缅印早期交通进行过阐述,英国学者霍尔的《东南亚史》对此也有涉及⑤,

---

① 参见梁启超《佛学研究十八篇》,中华书局 1989 年版,第 132、133 页;夏光南《中印缅道交通史》,中华书局 1940 年版;方国瑜《云南与印度缅甸之古代交通》,《西南边疆》(昆明版)1941 年第 12 期。
② 方国瑜:《中国西南历史地理考释》,中华书局 1987 年版,第 6—7 页。
③ [法] 伯希和:《交广印度两道考》,冯承钧译,中华书局 1955 年版。
④ 国外学者的有关论文,多收入冯承钧编译《西域南海史地考证译丛》,商务印书馆 1962 年版。
⑤ 参见藤田丰八《中国南海古代交通丛考》,商务印书馆 1936 年版;[法] G. E. 哈威原著《缅甸史》,姚枬译注、陈炎校订,商务印书馆 1957 年版;[缅] 波巴信著《缅甸史》,陈炎译,商务印书馆 1965 年版;[英] D. G. E. 霍尔《东南亚史》(上册),中山大学东南亚历史研究所译,商务印书馆 1982 年版。

但多据伯希和之说，缺乏创新研究。越南陶维英《越南古代史》（科学出版社1959年中译本）、黎文兰等《越南青铜时代的第一批遗迹》[1]，则从越南历史和考古的角度对先秦两汉时期越南与中国西南的文化和族群等关系问题发表了不尽相同的意见，其中明显存在与历史事实不相符合以致歪曲之处。

以上各项成果，主要是从交通路线的角度对古代中国西南与南亚、中亚、西亚和东南亚的关系所进行的考证和论述，对于日后南方丝绸之路研究的广泛开展，有着重要的引导作用。

二

20世纪80年代以来，学术界兴起南方丝绸之路的研究热潮，不但更加深入，而且涉及时空领域都更加广泛，主要集中在以下六个方面。

（一）南方丝绸之路的走向

自20世纪80年代以来，学术界对南方丝绸之路的研究逐步深化，一致认为南方丝绸之路国内段的起点为蜀文化的中心——成都，从成都向南分为东、中、西三条主线：西线经今四川双流、新津、邛崃、雅安、荥经、汉源、越西、喜德、泸沽、西昌、德昌、会理、攀枝花，越金沙江至云南大姚、姚安，西折至大理，这条线路被称为"零关道"（或作"灵关道"，东汉时又称"牦牛道"）。中线从成都南行，经今四川乐山、峨眉、犍为、宜宾，再沿五尺道经今云南大关、昭通、曲靖，西折经昆明、楚雄，进抵大理。中、西两线在大理会合后，继续西行至今永平，称为"永昌道"。从永平翻博南山、渡澜沧江，经保山渡怒江，出腾冲至缅甸密支那，或从保山出瑞丽抵缅甸八莫。东线从四川经贵州西北，经广西、广东至南海，这条线路称为"牂牁道"，或称为"夜郎道"。

南方丝绸之路是中国古代的国际通道，它的国外段有西路、中路和东路三条。西路即历史上有名的"蜀身毒道"，也有学者称"川滇缅印道"，从四川出云南经缅甸八莫或密支那至印度、巴基斯坦、阿富汗、伊朗、土耳其、叙利亚、埃及、希腊。这条纵贯亚洲并延伸到欧洲和北非的交通线，是古代欧亚大陆线路最漫长，历史最悠久的国际交通大动脉之一。中

---

[1] 黎文兰等：《越南青铜时代的第一批遗迹》，河内科学出版社1963年版。

路是一条水陆相间的交通线，水陆分程的起点为云南步头，先由陆路从蜀、滇之间的五尺道至昆明、晋宁，再从晋宁至通海，利用红河下航越南，这条线路是沟通云南与中南半岛的最古老的一条水路。徐中舒教授和蒙文通教授认为，秦灭蜀后，蜀王子安阳王即从此道南迁至越南北部立国①。东路，据《水经·叶榆水注》和严耕望教授考证，应是出昆明经弥明，渡南盘江，经文山出云南东南，入越南河江、宣光，抵达河内②。

（二）南方丝绸之路的开通时代

一种观点认为南方丝绸之路的开凿起于秦并巴蜀之后，通于西汉时期，五尺道为秦灭巴蜀后初创，秦始皇时期基本建成，汉武帝时期完成。最新的研究成果认为，五尺道在秦王朝正式开凿之前就已存在，要比常頞开凿（公元前221年）早得多③。

1986年四川广汉三星堆遗址发掘后，学者们注意到其中明显的印度和近东文明的文化因素集结，于是提出南方丝绸之路在商代即已初步开通的新看法，认为其年代可上溯到公元前14、15世纪，早于曾由季羡林教授所提中、印交通起于公元前4世纪，向达教授所提公元前5世纪，丁山教授所提公元前6世纪，日本藤田丰八所提公元前11世纪等说法。有的学者提出，从考古资料看，南方丝绸之路至迟可以追溯到遥远的旧石器时代晚期。但此说还缺乏科学证据。

（三）南方丝绸之路的性质

学术界认为，南方丝绸之路至少发挥了三种功能：文化交流、对外贸易、民族迁徙。

南方丝绸之路的文化交流功能已为学术界所公认，没有异议。

对外贸易是南方丝绸之路的主要功能之一，这一点也没有人提出异议。学者们指出，先秦时期成都工商业之繁荣，并与中亚、东南亚、东北亚等地发生了直接或间接的经济和文化交往。

古蜀对外贸易中最著名的货物是丝绸。古史传说西陵氏之女嫘祖发明

---

① 徐中舒：《〈交州外域记〉蜀王子安阳王史迹笺证》，《徐中舒历史论文选辑（下）》，中华书局1998年版；蒙文通：《巴蜀史的问题》，《四川大学学报》1959年第4期。
② 严耕望：《汉晋时代滇越通道考》，《"中央"研究院历史语言研究所专刊》第82期，台北中研院历史语言研究所1986年版。
③ 段渝：《五尺道开通时代及相关问题》，《四川师范大学学报》2013年第2期。

蚕桑丝绸并非虚言，青铜器铭文和《左传》等记载均可证实。而四川是中国丝绸的原产地和早期起源地之一，至迟在战国时代已具有相当规模。1936年在阿富汗喀布尔以北考古发掘出许多中国丝绸，学术界认为这些丝绸有可能是从成都经"西南丝道"运到印巴次大陆，然后转手到达中亚①。《史记》多次提到"蜀布"等"蜀物"，是张骞在中亚看到的唯一的中国商品。张骞在中亚大夏（今阿富汗）所看见的"蜀布"，其实就是蜀地生产的丝绸，由蜀人商贾长途贩运到印度出售，而由大夏商人从在印度经商的蜀人商贾手中买回。

为什么张骞把四川生产的丝绸称为"蜀布"呢？印度学者Haraprasad Ray教授指出，在印度阿萨姆语里，"布"可以用来表示"丝"的意义②，因为当时印度没有丝，当然就不会有丝的语词，而用印度语言来替代。大夏商人沿用印度语言也把四川丝绸称为"蜀布"，张骞自然也就沿用了大夏商人的称呼。扬雄《蜀都赋》说蜀地"黄润细布，一筒数金"，意思是蜀地的丝绸以黄色的品质尤佳。印度前任考古所所长乔希（M. C. Joshi）曾指出，古梵文文献中印度教大神都喜欢穿中国丝绸，湿婆神尤其喜欢黄色蚕茧的丝织品③。这种黄色的丝织品，应该就是扬雄所说的"黄润细布"。印度教里湿婆神的出现年代相当早，早在印度河文明时期已有了湿婆神的原型，后来印度教文明中的湿婆神就是从印度河文明居民那里学来的。从印度古文献来看，湿婆神的出现时间至少相当于中国的商代，那时中原尚不知九州以外有印度的存在，而古蜀成都已经同印度发生了丝绸贸易关系，最早开通了丝绸之路。

多数研究者认为，南方丝绸之路国际贸易行用的货币是一种产于印度洋的白色海贝。古代文献对印度洋地区使用贝币有相当多的记载，方国瑜教授认为这种海贝就是货币，彭信威先生认为云南用贝币的历史悠久，是受印度的影响所致。在古蜀腹地三星堆以及云南地区都出土了大量海贝，应是从印度地区交换而来。也有学者认为西南地区出土的海贝是装饰品，

---

① 童恩正：《略谈秦汉时代成都地区的对外贸易》，《成都文物》1989年第2期。
② Haraprasad Ray著：《从中国至印度的南方丝绸之路——一篇来自印度的探讨》，江玉祥译，曾媛媛校，段渝主编：《南方丝绸之路研究论集》（一），巴蜀书社2008年版。
③ 转引自[印]谭中、[中]耿引曾《印度与中国——两大文明的交往和激荡》，商务印书馆2006年版，第71、72页。

或认为海贝来源于南海。

学术界普遍认为，自秦汉以后，南方丝绸之路是由中央王朝掌控的贸易线，而对先秦时期经由南方丝绸之路进行的对外贸易的性质则有不同认识。一种观点认为主要是民间自由贸易，另一种观点认为主要是官方贸易，这可以三星堆遗址为代表的考古发现为证，象牙、海贝等外来文化因素等，更多地集结在像三星堆这样的大型都城和区域统治中心内，应属明证。古蜀经由南方丝绸之路进行的对外贸易，主要有直接贩运和转口贸易两种形式。在转口贸易中，古蜀产品要抵达南亚等地，需由古蜀—滇—外国商人经过多次转口交易来完成。

古代文献记载表明，先秦时期中国西部存在一条由北而南的民族迁徙通道。费孝通先生提出了民族走廊和藏彝走廊概念①。李绍明教授指出，从民族学的角度来看是一条民族走廊，而从历史地理学的角度来看，则是一条古代交通线，南方丝绸之路即是藏彝走廊中的一条通道②。另有学者认为，藏彝走廊是连接南、北丝路的枢纽，而南、北丝路是古代中国最早的世界窗口③。

（四）南方丝绸之路与东南亚文明

1983年童恩正教授发表《试谈古代四川与东南亚文明的关系》，④ 除了提到巴蜀向越南等东南亚大陆地区传播中原文化外，还简略讨论了巴蜀文化本身在北越地区的传播，这主要是指青铜文化。同年蒙文通教授遗著《越史丛考》由人民出版社出版，其中的《安阳王杂考》一章提出，战国末秦代之际，蜀人向越南的大规模南迁，对越南民族的形成产生了很大的影响。⑤ 蒙文通教授的观点，在越南学术界有不同认识。

学术界比较认同的观点是，从远古时代起，中国与东南亚就发生了若干文化联系。在相互间的各种交往中，中国常常处于主导的地位，而东南亚古文化中明显受到中国影响的某些重要因素，其发源地或表现相当集中

---

① 费孝通：《民族研究文集》，民族出版社1988年版，第268—285、295—305页。
② 李绍明：《西南丝绸之路与民族走廊》，四川大学历史系编：《中国西南的古代交通与文化》，四川大学出版社1994年版，第35—48页。
③ 段渝：《藏彝走廊与丝绸之路》，《西南民族大学学报》2010年第2期。
④ 童恩正：《试谈古代四川与东南亚文明的关系》，《文物》1983年第9期。
⑤ 蒙文通：《越史丛考》，人民出版社1983年版。

的地区，就是古代巴蜀，云南则是传播的重要通道。

（五）南方丝绸之路与南亚文明

季羡林教授《中国蚕丝输入印度问题的初步研究》及德国雅各比（H·Jacobi）在普鲁士科学研究会议报告引公元前320—前315年印度旃陀罗笈多王朝考第亚（Kautilya）所著书，说到"支那（Cina）产丝与纽带，贾人常贩至印度"。公元前4世纪成书的梵文经典《摩诃婆罗多》（Mahabharata）和公元前2世纪成书的《摩奴法典》（Manou）等书中有"丝"的记载及支那名称①，陈茜先生认为这些丝织品来自中国四川。② 法国汉学家伯希和考证，"支那"（Cina）一名，乃是"秦"的对音。③ 有学者指出，Cina中译为支那，或脂那、至那等，是古代成都的对音或转生语，其出现年代至迟在公元前4世纪，或更早。印度古书里提到"支那产丝和纽带"，又提到"出产在支那的成捆的丝"，即是指成都出产的丝和丝织品，Cina这个名称从印度转播中亚、西亚和欧洲大陆后，又形成其转生语，如今西文里对中国名称的称呼，其来源即与此直接相关④。而Cina名称的西传，是随丝绸的西传进行的，说明了古蜀丝绸对西方的影响。南方丝绸之路上使用的通用货币为海贝，反映了南亚文明对中国西南文化的影响。三星堆遗址出土的海贝、海洋生物雕像、城市文明、人体装饰艺术、神树崇拜，以及象征南亚热带丛林文化的大量象牙，都从各个不同的方面证实了中国文明与南亚文明的交流关系。何崝教授从文字源流的角度分析了印度河文明的文字与中国商代文字的异同，认为三星堆刻符与印度河文字有紧密联系，在中国原始文字符号传播到印度河地带时起了桥梁作用⑤。日本成家彻郎教授认为，巴蜀古文字与中亚阿拉米文字有关，古代中国的印章发源于四川，而巴蜀印章是从古印度和中亚引入的文化因素⑥。这几

---

① 参见季羡林《中国蚕丝输入印度问题的初步研究》，《中印文化关系史论文集》，生活·读书·新知三联书店1982年版。
② 陈茜：《川滇缅印古道考》，《中国社会科学》1981年第1期。
③ ［法］伯希和：《支那名称之起源》，冯承钧译，《西域南海史地考证译丛一编》，商务印书馆1962年版。
④ 参见段渝《支那名称起源之再研究》，《中国西南的古代交通》，四川大学出版社1994年版，第126—162页；段渝《中国西南早期对外交通》，《历史研究》2009年第1期。
⑤ 何崝：《商代文字来源缺失环节的域外觅踪——兼论三星堆器物刻符》，《四川大学学报》2001年第4期。
⑥ 成家彻郎：《巴蜀印章试探》，《四川文物》2004年第2期。

个问题都至关重要,必须寻找更多的证据进一步加以证实,从而深化对古代中国对外开放与交流的认识。

(六) 南方丝绸之路与近东和欧洲古代文明

考古学证据表明,中国经由西南地区与近东文明之间的接触和交流,在公元前第二个千年的中期就已存在了,其间文化因素的交流往还,就是经由南方丝绸之路进行的。三星堆出土的金杖、金面罩、青铜人物全身雕像、人头像、人面像、包括兽面像等,在文化形式和风格上完全不同于中国本土的文化,在殷商时代的全中国范围内完全找不到这类文化因素的渊源,而青铜人物雕像、金杖、金面罩的传统见于美索不达米亚、埃及和印度,权杖起源于美索不达米亚,古埃及也有使用权杖的传统,黄金面罩也是最早见于美索不达米亚,商代三星堆遗址出土的青铜雕像群和金杖、金面罩,由于其上源既不在巴蜀本土,也不在中国其他地区,但却同上述世界古代文明类似文化形式的发展方向符合,风格一致,功能相同,在年代序列上也处于比较晚的位置,因而就有可能是吸收了上述文明区域的有关文化因素进行再创作而制成。张增祺研究员注意到了西亚文化对中国西南地区古文化的影响,巴蜀和滇文化区西亚石髓珠和琉璃珠的发现,都证明中国西南与西亚地区的经济贸易和文化关系早已发生的事实[①]。张正明教授亦认为,从人类学的角度看,西南夷青铜文化确有西亚文明的因素[②]。

西方地中海的古希腊、古罗马,最早知道的中国丝绸,便是古代蜀国的产品。早在公元前 4 世纪,古希腊人的书中便出现了"赛里斯"(Seres) 这个国名,意为"丝国"。据段渝考证,中国丝绸早在公元前 11 世纪就已西传到了埃及,在西方历史文献中,欧洲人公元前 4 世纪也已知道 Cina 这个名称,并把梵语 Cina (成都) 一词,按照欧洲人的语言,音转成了西语的 Seres,而 Seres 名称和 Sindhu (印度) 名称同传中亚,是从今印度经由巴基斯坦西传的。张骞所说蜀人商贾在身毒进行贸易活动,身毒即是 Sindhu 的汉语音译,指印度西北部印度河流域地区。由此可知,从

[①] 张增祺:《战国至西汉时期滇池区域发现的西亚文物》,《思想战线》1982 年第 2 期。
[②] 张正明:《对古蜀文明应观于远近》,《巴蜀文化研究》第三辑《巴蜀文化研究新趋势国际学术研讨会论文集》,巴蜀书社 2006 年版,第 3—4 页;参见屈小强等主编《三星堆文化》,四川人民出版社 1993 年版,第 536 页注释第 4 条。

中国西南到印度，再从印度经巴基斯坦至中亚阿富汗，由此再西去伊朗和西亚、欧洲地中海地区和北非埃及，这条路线正是南方丝绸之路西线所途经的对外交通线。欧洲地中海地区和埃及考古中均发现中国丝绸，这些丝绸在织法上多与四川丝绸相同，表明四川是古代丝绸之路的重要发源地之一，也是丝绸之路的动力源之一。

（作者为四川师范大学巴蜀文化研究中心教授）

浅议甘英为何出使大秦*

姚 胜

东汉和帝永元九年（97），西域都护班超派遣副使甘英出使大秦，途经十余国，往返三万八千多里，"穷临西海"[①]，遥望大秦，后遇阻而返。这是中国人直接沟通罗马人的第一次尝试。虽然甘英未能完成任务，但他的西行却为东西交通的拓展做出了不可磨灭的贡献。千百余年来，由于史料的匮乏，甘英出使的具体情况，对于后人始终是不解之谜。以往的研究多保留在对其出使路线及其到达的地名的考证，而关于其出使的原因却著述不多。

莫任南先生在《甘英出使大秦的路线及其贡献》[②]一文中指出甘英出使大秦的任务有二：其一，打破安息垄断，探寻直接同大秦贸易的商道；其二，宣扬汉威，招徕外域使臣。笔者认为，莫任南先生的第一种观点并不符合当时的实际情况。中国自商鞅变法以来即重农抑商，西汉甚至有七科谪，[③]凡商人皆在征发戍边之列，可见地位极低。中国乃泱泱大国，皇帝向

---

* 本文为大学本科三年级习作，曾于1999年荣获教育部首届全国历史学人才培养与科研基地优秀论文评选"史学新秀奖"三等奖。获奖之后，本文即束之高阁。2008年8月奥运会前夕，笔者前往新疆阿克苏参加中国中外关系史学会与塔里木大学主办的"环塔里木中外文化交流学术研讨会"，并在会上宣读了本文。会议期间，笔者第一次与时任学会会长的耿昇先生近距离接触，并有幸得到了先生的悉心指导，会后还曾陪同先生畅游塔里木河。先生与笔者交谈，和蔼可亲，毫无架子；笔者听先生讲话，亦如沐春风，获益匪浅。会后，本文在《塔里木大学学报》发表。十余年后，耿昇先生的音容笑貌，仍记忆犹新，谨以本文追忆先生。

① 《后汉书》卷88《西域传》，中华书局1965年版，第2910页。
② 莫任南：《甘英出使大秦的路线及其贡献》，《世界历史》1982年第2期。
③ 张晏云："吏有罪一，亡命二，赘婿三，贾人四，故有市籍五，父母有市籍六，大父母有市籍七：凡七科。武帝天汉四年，发天下七科谪出朔方也。"参见《史记》卷123《大宛列传·正义》，中华书局1963年版，第3176页。

以天子自居，东汉政府官员又怎会主动地进行经贸外交？至于第二种观点，"宣扬汉威，招徕外域使臣"倒有一定可能，但宣扬汉威绝非甘英出使的根本目的。关于甘英出使大秦的目的，还有一些学者做过探讨。日本学者长泽和俊先生在《论甘英之西使》①一文中认为甘英的西使是为了探明丝绸在安息的中继贸易情况和大秦国的实情。龚骏先生在《甘英出使大秦考》②一文中认为，因为大秦是西方大国，多珍贵奇物，又是中国丝缯的消费国，且非常想通使于汉，所以班超很想知道它的详情，遂派甘英出使大秦。余太山先生在《甘英西使小考》③一文中认为甘英的西使是班超下决心了解大秦国情况的结果。总之，这些观点均未超出经济文化的范围。至于一些西方学者所谓班超派甘英侵略西亚国家之说，实属无稽之谈，大秦铁甲尚不能越两河流域一步，罗马三巨头之一克拉苏全军覆没于安息，身首异处，小小的西域都护副使甘英又何以奔袭数万里，进攻西亚国家，况且班超在西域可调动的军队总共不过八万多国部队，④如何侵略？对于"侵略说"，莫任南先生多有批判。⑤

对于甘英为何出使大秦，本文将试图从三个方面加以分析：（1）当时的汉匈关系；（2）班超的个人因素；（3）甘英的出使路线。

一 从当时的汉匈关系看甘英为何出使大秦

欲探究班超为何派甘英出使大秦，必须将其置于整个东汉与北匈奴的关系，以及东汉与北匈奴在西域争夺的大背景中去考察。

永元六年，班超平定西域，东汉在该地的统治达到了顶峰，但从历史上来看，其统治并不稳固。自战国时代冒顿单于兴起后，匈奴雄居漠北二百多年，与汉朝和和战战，始终对汉朝北部与西北部的边境构成威胁。其间匈奴虽接连遭汉武帝的沉重打击，势力急剧衰落，但其仍然同汉朝在西域

---

① ［日］长泽和俊著：《论甘英之西使》，钟美珠译，《丝绸之路史研究》，天津古籍出版社1990年版，第434页。
② 龚骏：《甘英出使大秦考》，《东方杂志》第40卷，第8号。
③ 余太山：《甘英出使大秦考》，载氏著《两汉魏晋南北朝与西域关系史研究》，中国社会科学出版社1995年版，第215页。
④ "（永元）六年秋，超遂发龟兹、鄯善等八国兵合七万人及吏士贾客千四百人讨焉耆……因纵兵钞掠，斩首五千余级，获生口万五千人。"假使班超征这一万五千俘虏中所有男丁为兵，九国合兵不过八万。参见《后汉书》卷47《班梁列传》，第1581页。
⑤ 莫任南：《班超对中西交通的贡献》，《湖南师院学报》1980年第2期；莫任南：《甘英出使大秦的路线及其贡献》，《世界历史》1982年第2期。

进行着激烈的争夺。东汉初年,匈奴利用中原纷乱,东汉王朝政治军事力量比较薄弱,从三个方向给东汉以极大压力。在东北部,匈奴重新控制了乌桓,驱使乌桓与鲜卑联兵侵扰汉地;在北部,匈奴支持中原地方割据势力与东汉对抗,如安定郡三水县(今宁夏固原)的卢芳、代县(今河北蔚县西南)的张晔、渔阳郡(治渔阳县,今北京市密云西南)的彭宠、五原郡(治九原县,今内蒙古包头西南)的李兴,利用他们侵扰东汉;在西北部,匈奴勒索西域,以补充其物资消耗,从而对东汉河西四郡构成威胁。

面对匈奴的威胁,东汉经过多年积蓄力量,开始反攻。永平十六年(73),"明帝乃命将帅,北征匈奴,取伊吾卢地,置宜禾都尉以屯田,遂通西域"。[1] 西域在汉匈之争中处于极其重要的地位,若匈奴控制西域,可以西域为其物资供给基地,专力滋扰东汉北部边境;而若东汉控制西域,则可斩断匈奴右臂,断绝其物资供给来源,同时消除他们与羌人相结为患的可能,孤立匈奴,在西,可以西域为拱卫河西的屏障,在东,则可联合乌桓、鲜卑,夹攻匈奴,消除其对东汉的威胁。因此,汉匈的斗争自始至终都围绕着西域进行。

东汉虽数次打败匈奴,控制西域,但其在西域的统治并不稳固,"自建武至于延光,西域三绝三通"。[2] 汉光武帝以天下初定,未遑外事,拒绝西域内属,明帝北征匈奴,取伊吾卢地,复通西域,此一绝一通;章帝不欲疲敝中国,以事夷狄,乃迎还戊己校尉,不复遣都护,和帝年间,窦宪大破匈奴,班超经营西域,此二绝二通;永初时西域背叛,安帝以其险远,难以应付,乃罢都护,延光间,安帝以班勇为西域长史,屯柳中,破平车师,西域龟兹、疏勒等十七国服从,此三绝三通。一方面,西域的时通时绝,导致匈奴之祸不息,结果是西北汉地不稳;另一方面,匈奴之祸不息,反过来又导致了西域的时通时绝,结果同样是西北汉地不稳。因此,欲稳定西北汉地,必当牢牢控制西域,欲牢牢控制西域,必当杜绝匈奴之祸。这一直令东汉政府费尽心思。

东汉初年,国力疲敝,东汉政府无力抵御北匈奴的侵扰。四十年后,东汉经济恢复过来,国力渐盛,遂对北匈奴施以打击政策,并以彻底消灭

---

[1] 《后汉书》卷八八《西域传》,第2909页。
[2] 《后汉书》卷八八《西域传》,第2912页。

之为其国策。

早在东汉建国之初，就有人主张消灭北匈奴。建武二十七年（51），郎陵侯臧宫、扬虚侯马武上书曰："今命将临塞，厚县购赏，谕告高句丽、乌桓、鲜卑攻其左，发河西四郡、天水、陇西羌胡击其右，如此，北虏之灭，不过数年。"① 和帝永元元年，窦宪、耿秉与南匈奴合力攻击北匈奴，战于稽落山，大破之，追至私渠北鞮海（稽落山、私渠北鞮海，皆在今蒙古国境内），斩名王以下一万三千级。永元二年，北单于被南匈奴击破，逃走。窦宪见北匈奴微弱，意欲灭之。永元三年，窦宪派遣部下击北匈奴于金微山，大破之，克获甚众，北单于远遁，西迁康居。② 安帝延光二年（123），敦煌太守张珰上书："北虏呼衍王常展转蒲类、秦海③之间，专制西域，共为寇钞，今以酒泉属国吏士二千余人集昆仑塞（今甘肃安西），先击呼衍王，绝其根本……"④

东汉政府彻底消灭北匈奴的政策并未实现。虽然东汉于永平十六年，北征北匈奴，取得伊吾卢地；永元元年以及三年，窦宪两次大破北匈奴，迫使其西迁康居，北单于弟于除鞬部（包括后来的呼延部）退至蒲类海，⑤但北匈奴的溃散与西迁，并未从根本上解除其对西域的威胁。十几年后，安帝永初元年（107），西域反叛，北匈奴旋即卷土重来，控制西域诸国，以兵威役属之，共为边患十余岁。⑥ 元初六年（119），北匈奴率车师后王军就共同攻杀敦煌长史索班，击走车师前王，略有北道。⑦ 延光二年，北

---

① 《通鉴纪事本末》卷七《两匈奴叛服》，中华书局1964年版，第521、522页。
② 《后汉书》卷二三《窦融列传》（第818页）：永元三年，"复遣右校尉耿夔、司马任尚、赵博等将兵击北虏于金微山，大破之，克获甚众。北单于逃走，不知所在"。《后汉书》卷四五《袁张韩周列传》（第1520页）："北单于为耿夔所破，遁走乌孙，塞北地空，余部不知所属。"《北史》卷九七《西域传·悦般》（中华书局1974年版，第3219页）："其先，匈奴北单于之部落也。为汉车骑将军窦宪所逐，北单于度金微山，西走康居，其羸弱不能去者，住龟兹北。"关于北单于的去向，当以康居为是。耿夔击走北单于，不知所在，显然北匈奴西迁的距离不短。乌孙在龟兹北，袁安所指当为北匈奴之羸弱者，其主力如《北史》所言到了康居。否则，乌孙地属西域，若北匈奴居于此，班超降服龟兹后，不首先发兵攻乌孙却发龟兹、鄯善等七国之大部分兵力攻焉耆，其后方必为乌孙所虎视，后方不稳，何以平定西域，招服河西。
③ "大秦国在西海西，故曰秦海也。"参见《后汉书》卷八八《西域传》"注一"，第2913页。
④ 《后汉书》卷八八《西域传》，第2911页。
⑤ 《后汉书》卷八九《南匈奴传》，第2953、2954页。
⑥ 《后汉书》卷八八《西域传》，第2911页。
⑦ 《后汉书》卷四七《班梁列传》，第1587页。

匈奴联合车师入侵河西。① 顺帝阳嘉四年（135），北匈奴呼延王率兵侵车师后部。

总之，从安定西北边境的角度来看，两汉在与匈奴争夺西域的斗争中，从未取得过决定性的胜利。汉王朝每每能击溃匈奴，却未能追击匈奴，彻底消灭之，以致西域时通时绝，河西未得永宁。不过应该看到，汉朝之所以未能追击匈奴是有原因的，要彻底消灭匈奴，仅靠汉朝是不够的。联合盟友夹击匈奴是汉朝的基本策略，而仅联合高句丽、乌桓、鲜卑和西域诸国的力量是无法彻底消灭匈奴的。当时，最可联合的力量只能从西方寻找，而安息和大秦是西方最大的两个国家。安息国"地方数千里，小城数百，户口胜兵最为殷盛"。大秦国"地方数千里，有四百余城，小国役属者数十"。② 因此，东汉要消灭北匈奴，唯有联合大秦和安息。班超派遣副使甘英出使大秦就是在这种历史背景下进行的。

二 从班超的个人因素看甘英为何出使大秦

甘英是班超的副手，其出使大秦的行为直接体现了班超的意图。笔者认为，班超意欲联合大秦攻打北匈奴，故而派遣甘英出使大秦。史料虽未直言班超的这一目的，但我们能从中看到一些蛛丝马迹。

班超，字仲升，扶风平陵人，班彪的少子，班固的弟弟。其父兄都是历史学家，而哥哥班固更是《汉书》的作者，班超本人也曾任兰台令史③。生活环境使班超深受历史熏陶，具有较深的史学修养，而这又使他不仅具有缜密的思维和出众的判断能力，更使班超在年少时即胸怀大志和报国之心。班超尝以抄书为业，一日投笔叹曰："大丈夫无他志略，犹当傅介子、张骞立功异域，以取封侯，安能久事笔砚间乎？"④

班超的父亲班彪去世后，其兄班固继承父志，续作《后传》。有人上

---

① 《后汉书》卷八八《西域传》（第2911页）为元初六年，"元初六年……数月，北匈奴复率车师后部王共攻没（索）班等……其后连与车师入寇河西，朝廷不能禁，议者因欲闭玉门、阳关，以绝其患"。按，林幹先生将此事订于安帝延光二年。参见林幹《匈奴历史年表》，中华书局1984年版，第108页；林幹《匈奴史料汇编》，中华书局1988年版，第511页。本文依林注，但"北房连与车师入寇河西，朝廷不能禁"，以致欲闭关自守，北匈奴入寇显然不止一次，不止一年，故笔者认为"北房连与车师入寇河西"，可理解为"北匈奴连年与车师入寇河西"，似不专指"延光二年"这一年。

② 《后汉书》卷八八《西域传》，第2919页。
③ 《后汉书》卷四七《班梁列传》，第1571页。
④ 《后汉书》卷四七《班梁列传》，第1571页。

书汉明帝，诬告班固私作国史，犯弥天大罪。明帝下诏收捕班固，关押于京兆狱。这时正巧赶上同乡苏朗以伪言图谶，被治了死罪。班超害怕其兄遭受郡守拷打，不能为自己辩白，更害怕郡守将班固与苏朗联系起来，故而直奔洛阳，为班固开脱罪名。[①] 这件事初步显示了班超的才能，反映了其思考问题仔细、周到的特点。

永平十六年，明帝开始对匈奴进行军事打击，奉车都尉窦固出击北匈奴，班超任假司马，领军攻击伊吾，与北匈奴战于蒲类海，斩获颇多。窦固看重班超过人的军事才能，派他出使西域。从此，班超在西域与北匈奴进行了长达31年的争夺战。

可见，班超在出使西域之前就已经具备了一个军事家、战略家、政治家的个人素质，而班超在西域的活动则更凸显其政治战略和军事战术的高超过人。

从永平十六年，班超出使西域，到永元六年班超击破焉耆平定西域的22年当中，班超取得了巨大的成功。这是同其运用了正确的战略战术分不开的。从《后汉书·班超传》中，我们能了解到班超平定西域的全过程及其策略：由南道至北道，由北匈奴影响的地区到北匈奴扶植的地区，再到北匈奴直接控制的地区，逐一击破，分别建立亲汉政权。表面上班超是在跟西域诸国斗争（其间还有同月氏、康居的斗争），但从全局来看，班超是在跟北匈奴斗争。

班超出使西域的第一站是鄯善，鄯善是汉朝前往西域南北两道的东端起点，是汉朝交通西域的必经之地。在鄯善，班超在北匈奴来使，鄯善王对待自己的态度发生巨大变化，随时有可能出卖自己的危急时刻当机立断，带领三十六勇士突袭北匈奴使者营地，斩杀北匈奴使者100多人，迫使鄯善王下定决心归附汉朝。随后，班超西行至于阗，计杀亲北匈奴的神巫，迫使于阗王攻杀北匈奴使者，摆脱北匈奴的监护，投降班超。永平十七年，班超由间道至疏勒，擒拿具有龟兹血统的疏勒王兜题，立疏勒故王子忠为王，帮助疏勒复国。元和四年，班超发于阗兵攻莎车，击破龟兹援军后，降莎车。永元三年，北匈奴为窦宪所破，班超降龟兹（其王建为北匈奴所立）。永元六年，班超击破焉耆，俘获掌秉国权的北匈奴侍子北鞬

[①] 参见《后汉书》卷四〇上《班彪列传》，第1334页。

支。至此，西域平定，50余国悉皆纳质内属。

在班超经营西域的前22年中，班超认识到经营西域的艰巨性、重要性和长期性。匈奴不灭，汉地不安。在匈奴之祸绵延两百多年不绝，汉匈斗争反反复复的形势面前，班超决心以谷吉和张骞为榜样，同匈奴斗争到底。建初三年（78），班超上书说："愿从谷吉效命绝域，庶几张骞弃身旷野。"① 同时，班超还认识到联合各个国家夹攻敌人的巨大益处，在建初三年的上书中，班超谈到"以夷狄攻夷狄，计之善者也"。②

章和二年（88），汉匈斗争开始朝有利于东汉的方向转化。当时南单于上书请求："出兵讨伐（北匈奴），破北成南，并为一国，令汉家常无北念。"③ 同年，李恂征拜为谒者，持节领西域副校尉。"北匈奴数断车师、伊吾、陇沙以西，使命不得通。恂设购赏，遂斩虏帅，悬首军门。自是道路夷清，恩威并行。"④ 永元元年，窦宪、耿秉出击北匈奴，大破之。单于逃走，降者二十余万。永元二年，南单于再次上书求灭北庭。左谷蠡王师子等将左右部人千骑出鸡鹿塞，中郎将耿谭遣从事将兵护之，二军合围北单于，北单于仅以身免。此时，窦宪以北匈奴微弱，意欲灭之。永元三年，和帝遣兵击北匈奴于金微山，大破之，北单于逃亡康居。在这种军事形势下，班超"以夷狄攻夷狄"之策击破焉耆，平定西域南北两道。在窦宪意欲灭北匈奴的影响下，以班超之意志和才智，当也意识到这一点。只是班超平定西域之时已是永元六年，距窦宪大破北匈奴已有三年，北匈奴在康居已完全站稳脚跟，恢复元气，而且在蒲类海一带还游弋着一支北匈奴余部。而窦宪已于永元四年被杀，班超可调动的西域诸国兵马总计不过八万，班超不可能倾其全力攻打北匈奴。

当时汉人已经知道在安息以西有一大秦国。然而，古代中国人对中西亚的地理了解得十分肤浅，误以为西迁的北匈奴常在大秦与蒲类海之间活动。延光二年，敦煌太守张珰以为，"北虏呼衍王常展转蒲类、秦海间"。此处的秦海虽有可能不是确指大秦国，但也当指西亚一带。延光二年去永元九年不过26年，班超当也会如张珰一样，有此错误认识。

---

① 《后汉书》卷四七《班梁列传》，第1575页。
② 《后汉书》卷四七《班梁列传》，第1576页。
③ 《后汉书》卷八九《南匈奴列传》，第2952页。
④ 《后汉书》卷五一《李陈庞陈桥列传》，第1683、1684页。

消灭北匈奴，是东汉国策，也是班超经营西域的使命。但是，要实现消灭北匈奴的目标，唯有联合大秦"以夷狄攻夷狄"。其时，班超年逾六十，不能亲往，故派遣副使甘英代为出使。

三 从甘英的出使路线看其为何出使大秦

《后汉书·西域传》云："建武以后其事异于先者（《汉书·西域传》）以为《西域传》，皆安帝末班勇所记云。"而班勇所记材料当来自甘英的出使记录。因为《后汉书·西域传》记载至大秦国西时，说"前世汉使皆自乌弋以还，莫有至条支者"，言者即甘英本人。

从《后汉书·西域传》中能明显地看出一条记述路线："出玉门，经鄯善、且末（今新疆且末）、精绝（今新疆尼雅河流域）……至拘弥（今新疆于田）……其国西接于寘……自于寘经皮山（今新疆皮山），至西夜、子合、德若（皆今新疆莎车南）……自皮山西南经乌秅（今中国新疆与巴基斯坦边境），涉悬度（在帕米尔高原），历罽宾（今克什米尔），六十余日行至乌弋山离国（今巴基斯坦俾路支）……复西南马行百余日至条支（两河流域下游）……转北而东，复马行六十余日至安息……大月氏……西接安息，四十九日行……莎车国西经蒲犁、无雷（皆在帕米尔高原）至大月氏（今阿富汗）……莎车东北至疏勒……东北经尉头（今新疆喀什、乌什间）、温宿（今新疆乌什）、姑墨（今新疆阿克苏）、龟兹至焉耆。"其中由玉门至安息是从东到西记述的，由大月氏到安息，以及由莎车到大月氏是从东到西，由莎车到焉耆又是从西到东。书中记载明显分为四段，虽方向不一，但仍可判断：从玉门西至皮山、从莎车西至大月氏以及从莎车东至焉耆的记载虽不知摘自何人记录，但从皮山西至安息则可以肯定是甘英的记录。可见，甘英是由南西行至条支转走北道东行返回西域的。① 甘

---

① 龚骏先生在《甘英出使大秦考》中认为甘英出使的道路是："南道→皮山→乌秅→悬度→乌弋→条支→安息（和椟及木鹿城）→大月氏（蓝氏）→无雷→蒲犁→莎车→疏勒→经尉须[原文如此]，温宿，姑墨，龟兹而至焉耆。"杨共乐先生在《甘英出使大秦线路及其意义新探》（《世界历史》2001年第4期）中所持观点与之类似。莫任南先生在《甘英出使大秦的路线及其贡献》所持观点与龚骏先生相反："甘英自龟兹它乾城奉命出发，经疏勒、莎车，西入葱岭，过蒲犁、无雷至大月氏，再西出木鹿、和椟、阿蛮国、斯宾国，抵达条支的于罗，西临波斯湾，无法渡海。归来路线自条支东行，经乌弋山离、罽宾、悬度、乌秅、皮山至龟兹它乾城报命。"龚骏先生误将班勇所记述的顺序当作甘英出使的路线，而莫任南先生在文中认为"我国古代史学家记路线总是自东向西"因而把班勇的记述顺序倒过来就是甘英的出使路线，笔者认为值得商榷。

英涉悬度，历罽宾，过乌弋山离至条支，此皆戈壁沙漠，人迹罕至之地。尤其是悬度，"石山也，溪谷不通，以绳索相引而度"，①极其危险。甘英出发时，选择这条道路肯定是不得已而为之。

"自鄯善逾葱岭出西诸国，有两道。傍南山北，陂河西行至莎车，为南道。南道西逾葱岭，则出大月氏、安息之国也。自车师前王庭随北山，陂河西行至疏勒，为北道。北道西逾葱岭，出大宛、康居、奄蔡焉。"② 安息东北与康居相接，且从康居到安息，一路是平坦的草原，道路条件远比南道要好。由于永元三年北单于为窦宪所击破后，逃亡康居，所部皆精壮善战之士。所以，甘英不走北道，却要选择"历罽宾，涉悬度"，显然是害怕像张骞出使大月氏那样为匈奴中道阻截。而且，这条路线应当是班超为甘英设计的。甘英虽然用心良苦，且又历尽艰辛，却不知何故，功亏一篑。真是千年一叹，万世之谜呀。

综上所述，甘英出使大秦的原因即班超的战略意图：联络大秦，夹攻北匈奴。但由于甘英未果而返，班超联合大秦夹击北匈奴的战略终成泡影。当看到已不可能彻底消灭北匈奴，加之年事已高，且身患胸疾，班超遂于永元十二年上书恳请归老，书中不免流露出对西域安危的担忧，希望自己和儿子班勇能活着回归内地，书中言道："如自以寿终屯部，诚无所恨，然恐后世或名臣为没西域。臣不敢望到酒泉郡，但愿生入玉门关。臣老病衰困，冒死瞽言，谨遣子勇随献物入塞。及臣生在，另勇目见中土。"③果不其然，在班超离去后的第五年，即安帝永初元年，西域反叛。匈奴卷土重来，控制西域，共寇边塞。班超三十一年西域生涯的政治成果毁于一旦。

（作者为北京外国语大学历史学院副教授）

---

① 《汉书》卷九六上《西域传》，中华书局1964年版，第3882页。
② 《后汉书》卷八八《西域传》，第2914页。
③ 《后汉书》卷四七《班梁列传》，第1583页。

安石榴的输入及其实用价值的认知*

石云涛

石榴树起源于西亚，移植于世界各地。由于其多样的实用价值，受到各地人民的喜爱，并被赋予各种文化意义，其实用价值和文化寓意在各地之间互相传播。石榴树传入中国，首先供观赏和食用，还有医药价值，给汉地人民带来的利益是多方面的。石榴树在世界各地普遍种植，其实用价值在世界各地有共同性，因此这是一个跨文化研究的课题。本文尝试对汉唐时期石榴和石榴树在汉地日常生活中的作用和人们对其实用价值的认识进行探讨。

一 石榴树的审美观赏价值

花木之美赏心悦目，域外传入的奇花异草、名果佳树更有新奇之感，品尝和观赏之余令人开怀忘忧，因此石榴树审美价值极高。石榴树早已成为西亚人民的所爱，成为其庭院观赏植物。古希伯来《雅歌》中云："你园内所种的结了石榴，有佳美的果子，并凤仙花与哪哒树"；"我下入核桃园，要看谷中青绿的植物，要看葡萄发芽没有，石榴开花没有"；"我们早晨起来往葡萄园去，看看葡萄发芽开花没有，石榴放蕊没有；我在那里要将我的爱情给你"。[①]从《古兰经》里可知，石榴也是阿拉伯人果园的植物，并被视为真主的恩典。"他从云中降下雨水，用雨水使一切植物发芽，

---

* 本文为国家社会科学基金重大项目"汉唐间丝绸之路历史书写和文学书写文献资料整理与研究"（项目编号：19ZDA261）阶段性成果。

① 《圣经·雅歌》，中国基督教三自爱国运动委员会、中国基督教协会，2008 年版，第 654、655、656 页。

长出翠绿的枝叶，结出累累的果实，从海枣树的花被中结出一串串枣球；用雨水浇灌许多葡萄园，浇灌相似的和不相似的橄榄和石榴。当果树结果的时候，你们看看那些果实和成熟的情形吧。对于信道的民众，此中确有许多迹象"；①"在那两座乐园里，有水果，有海枣，有石榴"。②

安石榴在汉代已经传入中国，历来认为石榴是张骞从西域带入汉地。此说最早见于西晋陆机《与弟陆云书》："张骞为汉出使外国十八年，得涂林，安石榴也。"③ "涂林"是梵语 Darim 的音译，云："汉代张骞自西域得石榴、苜蓿之种。"④ 李冗《独异志》云："汉张骞奉使大月氏，往返一亿三万里"，即石榴。《文选》李善注引张华《博物志》："张骞使大夏得石榴。"⑤ 唐封演《封氏闻见记》："得葡萄、涂林安石榴，植之于中国。"⑥ 后世植物学、医药学著作皆沿袭此说。但汉代文献并没有张骞带回安石榴的种子的记载，这与葡萄、苜蓿等一样，未必是张骞带回，后世将成绩记在了他的名下。但石榴树在汉代传入中国是没有问题的。⑦ 安石榴曾出现于东汉张仲景的医学名著《金匮要略》，其"果实菜谷禁忌并治"部分提到"安石榴不可多食，损人肺"。⑧ 除了《金匮要略》，还有其他材料都说明汉代中国的确已经传入石榴，并有石榴树的种植。石榴树引种初期，首先在帝都长安上林苑、骊山温泉宫种植，这就是最早的临潼石榴。相传西汉刘歆撰、东晋葛洪辑《西京杂记》载："初修上林苑，群臣远方各献名果树，有安石榴十株。"书中又注："余就上林令虞渊得朝臣所上草木名二千余种，邻人石琼就余求借，一皆遗弃，今以所记忆列于篇右。"⑨ 因得到汉武帝的喜爱，后又命人将石榴栽植于骊山温泉宫。刘安《淮南子》中提

---

① 《古兰经》第 6 章，马坚译，中国社会科学出版社 1981 年版，第 102—103 页。
② 《古兰经》第 55 章《至仁主》第 68 节，第 416 页。
③ （北魏）贾思勰著，石声汉校释：《齐民要术今释》卷四，中华书局 2009 年版，第 382 页；《太平御览》第九册，上海古籍出版社 2008 年版，第 571—572 页。
④ （唐）封演撰，赵贞信校注：《封氏闻见记校注》卷七，中华书局 1958 年版，第 60 页。
⑤ （南朝梁）萧统编：《文选》卷一六，上海书店 1988 年影印本，第 211 页。
⑥ （唐）李冗：《独异志》卷中，中华书局 1983 年版，第 49 页。
⑦ 美国汉学家劳费尔曾认为石榴树不是在汉代引进中国的，而应该是 3、4 世纪，见氏著《中国伊朗编》，林筠因译，商务印书馆 1964 年版，第 111 页。此说有误。
⑧ （汉）张仲景撰，（清）高学山注：《高注金匮要略》，上海卫生出版社 1956 年版，第 339 页。
⑨ （晋）葛洪辑：《西京杂记》卷一，《汉魏丛书》，吉林大学出版社 1992 年影印本，第 304 页。

到木槿，东汉高诱注云："木槿朝荣暮落，树高五六尺，其叶与安石榴相似。"① 以安石榴相比，说明人们对石榴已经熟知。东汉时石榴已经引种到中原地区。首都洛阳北宫正殿德阳殿北有濯龙苑，种植有安石榴。文学家李尤《德阳殿赋》云："德阳之北，斯曰濯龙。葡萄、安石，蔓延蒙笼。"② 德阳殿是洛阳北宫最大的宫殿。"安石"即安石榴。东汉张衡《南都赋》写南阳园圃中有"樗枣、若榴"。萧统《文选》卷二李善注引张楫《广雅》云："石榴，若榴也。"③ 汉末蔡邕《翠鸟诗》云："庭陬有若榴，绿叶含丹荣。"④ 这些都说明石榴在汉代已经引种中国内地，并在中原地区开始种植。

石榴树的引种给汉地带来了新的观赏植物。石榴树形姿优雅，初春叶碧绿而有光泽；入夏绿叶间红花艳丽如火，花期长；仲秋果实成熟，变红黄色，碧枝间硕果累累，因此春夏秋三季一直给人以视觉的美感，成为重要的庭院树种。在不同季节，石榴树都受到人们的欣赏，中国人尤其喜欢其带有喜庆气氛的红色，满枝的石榴花象征着红红火火的幸福美满生活，故喜在庭院里种石榴树，既欣赏其花枝果叶之美，又有甜美的佳果收获。从汉代石榴树传入中国以后，石榴树华实之美便引起中原文士赞不绝口。文学史上第一首咏及石榴树的诗是蔡邕的《翠鸟诗》，开头便写其花叶之美："庭陬有若榴，绿叶含丹荣。"⑤ 其次是曹植诗《弃妇篇》："石榴植前庭，绿叶摇缥青。丹华灼烈烈，璀采有光荣。光华晔流离，可以处淑灵。"⑥ 此后石榴树便进入中国文人的审美视野，赞美石榴树形象之美成为文学的传统。潘尼《安石榴赋》序："安石榴者，天下之奇树，九州之名果。是以属文之士，或叙而赋之，盖感时而骋思，睹物而兴辞。"⑦ 应贞《安石榴赋》序："余往日职在中书时，直庐前有安石榴树，枝叶既盛，华实甚茂，故为之作赋。"⑧ 外国人把石榴树作为观赏植物的信

---

① （汉）刘安撰，高诱注：《淮南鸿烈解》卷五，文渊阁四库全书本，第9页。
② （唐）欧阳询：《艺文类聚》卷六二，上海古籍出版社1982年版，第1122页。
③ （南朝梁）萧统编：《文选》卷四，上海书店1988年影印本，第52页。
④ （唐）欧阳询：《艺文类聚》卷九二，上海古籍出版社1982年版，第1609页。
⑤ 逯钦立辑校：《先秦汉魏晋南北朝诗》，中华书局1983年版，第193页。
⑥ （三国魏）曹植撰，赵幼文校注：《曹植集校注》卷一，人民文学出版社1984年版，第33页。
⑦ （唐）欧阳询：《艺文类聚》卷八六，上海古籍出版社1982年版，第1480页。
⑧ （唐）欧阳询：《艺文类聚》卷八六，上海古籍出版社1982年版，第1481页。

息也为中国人所知，南朝梁陶弘景说："石榴花赤可爱，故人多植之，尤为外国所重。"① 他们都道出了石榴树惹人喜爱的原因。暮春与夏季既绿叶繁茂，又果实累累，最宜为人所观赏。

魏晋南北朝时，随着石榴树栽种越来越多，歌咏石榴树的作品也多起来，如王筠《摘安石榴赠刘孝威诗》所云："既标太冲赋，复见安仁诗。"当时流行状物咏怀的小赋，据统计流传下来的专咏安石榴的赋完整的达12篇之多，赋散句2句。还有颂1篇，诗5首。文学家们各个逞才使气，极状石榴树之美。晋时许多文人作赋咏叹石榴，左思《吴都赋》有"蒲陶乱溃，石榴竞裂"之名句。② 张载、张协、傅玄、应贞、庾儵、夏侯湛、潘岳、范坚、殷元、徐藻妻陈氏、王伦妻等皆有专以《安石榴赋》为题的作品。从这些作品来看，石榴首先是以外来的新奇树种被称颂，其次花叶之美作为观赏性植物被人们所欣赏，再次以其果实味美为人们所喜爱。石榴是外来物种，这一身世特征突出了其新奇的一面。张载《安石榴赋》云："有若榴之奇树，肇结根于西海。仰青春以启萌，晞朱夏以发采。"③ 夏侯湛《安石榴赋》云："冠百品以奇仰，迈众果而贵。"④ "览华圃之佳树兮，羡石榴之奇生。滋玄根于夷壤兮，擢繁干于兰庭。"⑤ 王筠《摘安石榴赠刘孝威诗》："中庭有奇树，当户发华滋。素茎表朱实，绿叶厕红蕤。"⑥ 这些诗赋作品都不约而同地用了一个"奇"字来形容，表现出石榴树这一外来果木给人们带来了强烈的新鲜感。

这一时期的文人多赞美石榴的花叶树姿等外在形象，石榴开花是在众芳零落后的初夏，一片绿海中如火的石榴花和累累硕果格外引人注目。应贞《安石榴赋》云："挹微露以鲜采，承轻风而动葩。……时移节变，大火西旋，丹葩结秀，朱实星悬。肤拆理阻，烂若珠骈。"石榴果实成熟在秋天，经霜后的果实缀于枝头，榴皮开裂，籽如珍珠灿烂。张协《安石榴赋》："考草木于方志，览华实于园畴，穷陆产于苞贡，差莫（一作英）奇于若榴，耀灵葩于三春，缀霜滋于九秋，尔乃飞龙启节，扬飙扇埃，含

---

① （明）李时珍：《本草纲目》卷三〇，中医古籍出版社1994年版，第756页。
② （宋）李昉等：《太平御览》第九册，上海古籍出版社2008年版，第572页。
③ （唐）欧阳询：《艺文类聚》卷八六，上海古籍出版社1982年版，第1480页。
④ （唐）欧阳询：《艺文类聚》卷八六，上海古籍出版社1982年版，第1481—1482页。
⑤ （唐）徐坚等：《初学记》卷二八，中华书局1962年版，第683页。
⑥ （宋）李昉等：《文苑英华》卷三二二，中华书局1966年版，第1668页。

和泽以滋生,郁敷萌以挺栽。倾柯远擢,沈根下盘;繁茎条密,丰干林攒;挥长枝以扬绿,披翠叶以吐丹;流晖俯散,回葩仰照,烂若柏枝并燃,赫如烽燧俱燎;暾如朝日,晃若龙烛,晞绛采于扶桑,接朱光于若木。尔乃赪萼挺蒂,金牙承蕤,荫佳人之玄鬓,发窈窕之素姿,游女一顾倾城,无盐化为南威。于是天汉西流,辰角南倾,芳实垒落,月满亏盈,爰采爰收,乃剖乃折,内怜幽以含紫,外滴沥以霞赤。柔肤冰洁,凝光玉莹,灌如冰碎,泫若珠迸。"潘岳《河阳庭前安石榴赋》:"有嘉木曰安石榴,修条外畅,荣干内樛。扶疏偃蹇,冉弱纷柔。于是暮春告谢,孟夏戒初。新茎擢润,膏叶垂腴。丹晖缀于朱房,绀的点乎红须。煌煌炜炜,熠烁入蕊,似长离之栖邓林,若珊瑚之映绿水。"[1] 潘尼《安石榴赋》:"朱芳赫奕,红萼参差。含英吐秀,乍合乍披。遥而望之,焕若随珠耀重川;详而察之,灼若列宿出云间。湘涯二后,汉川游女,携类命畴,逍遥避暑。托斯树以栖迟,逆祥风而容与。尔乃擢纤手兮舒皓腕,罗袖靡兮流芳散。披绿叶于修条,缀朱华兮弱干。岂金翠之足珍,实兹葩之可玩。商秋授气,收华敛实";[2] "缤纷磊落,垂老曜质"。[3] 庾儵《安石榴赋》:"绿叶翠条,纷乎葱青;丹华照烂,晔晔荧荧。远而望之,灿若摘绘被山阿;迫而察之,赫若龙烛耀绿波。"[4] 范坚《安石榴赋》:"红须内艳,赪牙外标,似华灯之映翠幕,若丹瑗之厕碧瑶";[5] "萦红根以磐峙,擢修干以扶疏。黄应春以吐绿,葩涉夏而扬朱"。[6] 殷元《安石榴赋》称赞石榴"或珠离于璇琬,或玉碎于雕觞"。[7] 徐藻妻陈氏《石榴赋》:"堆木之珍,莫美若榴,擢鲜葩于青春,结芳实于素秋。"王伦妻《安石榴赋》:"振绿叶于柔柯,垂彤子之衰累。"[8] 赋的特点是铺陈,他们的作品都从花、叶、枝、实、籽等不同方面赞美石榴,又用优美的语言和各种动人的拟人、比喻手法渲染其形色之美。

---

[1] (唐)欧阳询:《艺文类聚》卷八六,上海古籍出版社1982年版,第1481页。
[2] (唐)欧阳询:《艺文类聚》卷八六,上海古籍出版社1982年版,第1480页。
[3] (唐)徐坚等:《初学记》卷二八,中华书局1962年版,第683页。
[4] (唐)欧阳询:《艺文类聚》卷八六,上海古籍出版社1982年版,第1482页。
[5] (宋)李昉等:《太平御览》第九册,上海古籍出版社2008年版,第572页。
[6] (唐)欧阳询:《艺文类聚》卷八六,上海古籍出版社1982年版,第1842页。
[7] (宋)李昉等:《太平御览》第九册,上海古籍出版社2008年版,第572页。
[8] (宋)李昉等:《太平御览》第九册,上海古籍出版社2008年版,第573页。

唐诗中不乏咏石榴之美的名篇，唐代处处种植石榴树，诗人经常目睹石榴树而引发诗情。张谔《岐王山亭》写春色："王家傍绿池，春色正相宜。岂有楼台好，兼看草树奇。石榴天上叶，椰子日南枝。出入千门里，年年乐未移。"① 李白《过汪氏别业二首》其二写夏景："星火五月中，景风从南来。数枝石榴发，一丈荷花开。"② 刘复《夏日》："映日纱窗深且闲，含桃红日石榴殷。"③ 韩愈《题张十一旅舍三咏·榴花》："五月榴花照眼明，枝间时见子初成。可怜此地无车马，颠倒青苔落绛英。"④ 王维《田家》写秋景："多（一作夕）雨红榴折（当作坼），新秋绿芋肥。饷田桑下憩，旁舍草中归。"⑤ 李嘉祐《送卢员外往饶州》亦写秋景："早霜芦叶变，寒雨石榴新。"⑥ 不同季节有不同的美，但总是令诗人赏心悦目。与魏晋南北朝时期的小赋注重铺写不同，唐诗着重心理感受，往往画龙点睛般地一语写出石榴树的花叶给人之鲜明印象。

二　石榴在饮食文化中的价值

石榴果实甜美，营养丰富，石榴树的引进为中国人增添了一种食用佳果。在不同的文化中都有对石榴的赞美。石榴的阿拉伯语名和犹太名都意为"天堂之果"，包含着强烈的赞叹之情。《古兰经》里称真主"创造了许多园圃"种植果木，其中有"石榴"。⑦ 在阿拉伯地区石榴、无花果、橄榄为"天堂三圣果"，认为每个石榴中都有一粒来自天堂，食之可以延年益寿，消除嫉妒和憎恨。在《一千零一夜》的故事里，阿拉伯人款待客人，在烘烤的乳饼上撒满石榴籽；做"加了胡椒粉的糖石榴子"。⑧ 在中国文人的诗赋中往往写到这种佳果滋味甜美，可以待客，有益身心。晋张载

---

① （清）彭定求等：《全唐诗》卷一一〇，中华书局1960年版，第1130页。
② （唐）李白著，瞿蜕园、朱金城校注：《李白集校注》卷二三，上海古籍出版社1980年版，第1339页。
③ （清）彭定求等：《全唐诗》卷三〇五，中华书局1960年版，第3470页。
④ （唐）韩愈著，钱仲联集释：《韩昌黎诗系年集释》卷四，上海古籍出版社1984年版，第382页。
⑤ （唐）王维著，（清）赵殿成笺注：《王右丞集笺注》卷一一，上海古籍出版社1984年版，第211页。
⑥ （清）彭定求等：《全唐诗》卷二〇六，中华书局1960年版，第1293页。
⑦ 《古兰经》第六章，马坚译，中国社会科学出版社1981年版，第108页。
⑧ ［阿拉伯］佚名：《一千零一夜》（第1册），李惟中译，宁夏人民出版社2006年版，第195页。

《安石榴赋》写石榴"紫房既熟,赪肤自拆。剖之则珠散,含之则冰释";①"充嘉味于庖笼,极甜酸之滋液。上荐清庙之灵,下羞玉堂之客"。② 张协《安石榴赋》:"素粒红液,金房缃隔。"③ 夏侯湛《安石榴赋》:"光明怜烂,含丹耀紫;味滋芳袖,色丽琼蕊。"④《石榴赋》云:"赧然含蕤,璀尔散珠;雪醒鲜酲,怡神实气。冠百品以仰奇,迈众果而特贵。"⑤ 潘岳《安石榴赋》:"味滋芳神,色丽琼蕊。"⑥ 潘尼《安石榴赋》:"滋味浸液,馨香流溢。"⑦ 张载写给人的书信中称:"大谷石榴,木滋之最。肤如凝脂,汁如清濑,渴者所思,铭之裳带。"⑧ 唐皮日休《石榴歌》:"萧娘初嫁嗜甘酸,嚼破水精千万粒。"⑨ 这些作品都极力赞美石榴果实甘甜味美。

石榴的甘甜令人心清气爽,这种口感和效果在各地文化中都曾被肯定和夸大。在古希腊神话中石榴被称为"忘忧果",人们相信它的魔力可以使人忘记过去和烦恼。"荷马史诗"中有两个著名故事,一是奥德赛的船队返乡途经忘忧果之岛,三个同伴吃了忘忧果后,不肯再离此岛。二是大地女神得墨忒尔之女珀耳塞福涅,被冥王劫入冥府,在冥王引诱下吃了一枚石榴,从此忘记了自己的身世,不想脱离冥界,成为冥王皇后。中国文化中也强调石榴的食之安神宁志的功效。潘尼《安石榴赋》说它"华实并丽,滋味亦殊,可以乐志,可以充虚"。⑩ 张协《安石榴赋》称食石榴则"含清冷之温润,信和神以理性"。⑪ 都包含着乐以忘忧之意。

石榴在饮食文化中还有其他用途,石榴可以酿酒,古代近东、埃及、东南亚、南亚等地都有以石榴酿酒的记录。古希伯来《雅歌》有云:"我必引导你,领你进我母亲的家,我可以领受教训,也就使你喝石榴汁酿的

---

① (唐)欧阳询:《艺文类聚》卷八六《果部》,上海古籍出版社1982年版,第1481页。
② (宋)李昉等:《太平御览》第九册,上海古籍出版社2008年版,第572页。
③ (唐)徐坚等:《初学记》卷二八,中华书局1962年版,第683页。
④ (清)严可均校辑:《全上古三代秦汉三国六朝文》,中华书局1958年版,第1852页。
⑤ (唐)欧阳询:《艺文类聚》卷八六,上海古籍出版社1982年版,第1481页。
⑥ (清)严可均校辑:《全上古三代秦汉三国六朝文》,中华书局1958年版,第1990页。
⑦ (唐)欧阳询:《艺文类聚》卷八六,上海古籍出版社1982年版,第1480页。
⑧ (宋)李昉等:《太平御览》第九册,上海古籍出版社2008年版,第573页。
⑨ (清)彭定求等:《全唐诗》卷六一一,中华书局1960年版,第7055页。
⑩ (唐)欧阳询:《艺文类聚》卷八六,上海古籍出版社1982年版,第1840页。
⑪ (唐)欧阳询:《艺文类聚》卷八六,上海古籍出版社1982年版,第1481页。

香酒。"①《南史·夷貊传》记载顿逊国"有酒树似安石榴，采其花汁停瓮中，数日成酒"。② 至迟南北朝时南方已经酿制石榴酒。梁简文帝《执笔戏书诗》云："玉案西王桃，蠡杯石榴酒。"③ 梁元帝《赋得石榴诗》云："西域移根至，南方酿酒来。"④ 唐代乔知之《倡女行》诗："石榴酒，葡萄浆，兰桂芳，茱萸香。愿君驻金鞍，暂此共年芳。"⑤ 李商隐《寄恼韩同年》诗："我为伤春心自醉，不劳君劝石榴花。"⑥ 以石榴花代指酒，即石榴酒。石榴酒有营养保健价值，石榴中含有丰富的维生素、氨基酸、矿物质等成分，适于女性饮用，被称为"女人酒"。与同为果酒的葡萄酒工艺不同，石榴酒需要去皮低温发酵，出汁率比葡萄酒低很多，只有28%左右，因此成本高，更加珍贵。石榴酒保持石榴汁原色，入口酸甜丝滑。

石榴可以作羹，而且是佛家、道家养生食品。皮日休《太湖诗·雨中游包山精舍》写受到僧人的款待："道人摘芝菌，为予备午馔。渴兴石榴羹，饥慊胡麻饭。"⑦ 明代朱橚《救荒本草》把石榴树当作灾荒年间救饥果树之一："救饥采嫩叶煠熟，油盐调食。榴果熟时，摘取食之，不可多食，损人肺及损齿令黑。"⑧ 古代还用煮熟的红榴汁作饮料、食品色素等。

三 石榴树的医药养生价值

石榴树根、茎、花、叶和果实都有医药价值，在地中海和近东地区的文化中，石榴的药用价值就受到重视。伊斯兰药典《回回药方》中"泻痢门"有"石榴子末方"、"石榴汤"、"石榴花饼子"（三方）、"干石榴子方"、"石榴膏子"、"干石榴散"（两方）、"干石榴末子"（两方）等11个药方。⑨ 在"众热门"中有"单石榴汤""石榴水膏子"，⑩ 方剂中有

---

① 《圣经·雅歌》，中国基督教三自爱国运动委员会、中国基督教协会2008年版，第656页。
② 《南史》卷七八《夷貊传》，中华书局1975年版，第1991页。
③ （南朝陈）徐陵编，（清）吴兆宜注，程琰删补：《玉台新咏笺注》卷七，中华书局1985年版，第293页。
④ （唐）欧阳询：《艺文类聚》卷八六，上海古籍出版社1982年版，第1480页。
⑤ 周勋初等主编：《全唐五代诗》卷八二，陕西人民出版社2014年版，第1685页。
⑥ （唐）李商隐著，（清）冯浩笺注：《玉溪生诗集笺注》卷一，上海古籍出版社1979年版，第83页。
⑦ （清）彭定求等：《全唐诗》卷六一〇，中华书局1960年版，第7036页。
⑧ （明）朱橚：《救荒本草》卷七，文渊阁四库全书本，第38页。
⑨ 宋岘：《回回药方考释》，中华书局2000年版，第21、22、24、27页。
⑩ 宋岘：《回回药方考释》，中华书局2000年版，第39页。

"酸石榴汤",治恶疮有"石榴膏"。① 在"众花果菜治病门"中专论甜石榴的药性。② 还记载了以酸石榴水为配方的"石榴水膏子","夏月天气养身,治心惊,止黄水,能散昏沉病证"。据宋岘考证,此方剂与中古时期阿拉伯《医典》中的"水果饮料处方"内容相同。③ 中医学重视植物的药用价值,石榴树传入中国,其根茎、花果之药性,逐渐被医家所认识。东汉张仲景医学名著《金匮要略》中提到它,其"果实菜谷禁忌并治"部分讲到"安石榴不可多食,损人肺"。④ 但并没有对其药性有何论述,相反认为多吃有害,被列入禁忌之类,这应该是日常生活经验的总结。西晋潘岳《河阳庭前安石榴赋》赞美石榴:"御渴疗饥,解醒止疾。"⑤ 这似乎反映人们发现了石榴解酒疗病和保健之功效,"疾"者病也,但这个字另外的版本作"醉",⑥ 醉与醒同义,一个句子中不当出现这样的语义重复。潘岳非医家,他并没有指出石榴药性如何,能止何疾。所以李时珍《本草纲目》引前代医家论述石榴药性,最早的是南朝梁陶弘景,陶弘景发现酸石榴更适合入药,其果皮有特殊药效。他说石榴"有甜、酢二种,医家惟用酢者之根、壳。榴子乃服食者所忌"。⑦ 其《名医别录》把安石榴列为下品,论其药性和主治云"其酸实壳,治下痢,止漏精;其东行根治蚘虫、寸白"。⑧ 蚘虫即蛔虫,寸白即寸白虫。宋苏颂《图经本草》云:"花有黄、赤二色。实有甘酢二种,甘者可食,酢者入药。"寇宗奭《图经本草衍义》云:"惟酸石榴入药,须老木所结,收留陈久者乃佳。"⑨ 其治痢的功用与阿拉伯药典相同。

后世医家对石榴医药价值的认识不断深入,唐人苏颂《食疗本草》、陈藏器《本草拾遗》、王焘《外台秘要》、孙思邈《千金方》都详论石榴

---

① 宋岘:《回回药方考释》,中华书局2000年版,第66、87页。
② 宋岘:《回回药方考释》,中华书局2000年版,第114页。
③ 宋岘:《回回药方考释》,中华书局2000年版,第257—258页。
④ (汉)张仲景撰,(清)高学山注:《高注金匮要略》,上海卫生出版社1956年版,第339页。
⑤ (清)汪灏等:《广群芳谱》卷五九,河北人民出版社1989年版,第1384页。
⑥ (清)严可均校辑:《全上古三代秦汉三国六朝文》,中华书局1958年版,第1990页。
⑦ (明)李时珍:《本草纲目》卷三〇,中医古籍出版社1994年版,第756页。
⑧ (南朝梁)陶弘景撰,尚志钧辑校:《名医别录》卷三,人民卫生出版社1986年版,第309页。
⑨ (明)李时珍:《本草纲目》卷三〇,中医古籍出版社1994年版,第757页。

的药性。在传统中医药学中,酸石榴的果实、果皮、根茎、花朵都有药性,李时珍《本草纲目》进行了系统总结①。其一,果实。酸石榴的果实气味"酸、温、涩,无毒"。孟诜曰:"治赤白痢腹痛,连子捣汁,顿服一枚。"李时珍说:"止泻痢崩中,带下。"《本草纲目》记载了以酸石榴作为主料的药方,分别治疗肠滑久痢、久泻不止、痢血五色、小便不禁、捻须令黑等,说明酸石榴有收敛、涩肠、止痢功效。甜石榴吃多了对肺不好,易生痰,导致牙齿发黑,而酸石榴却可以治疗由于甜石榴食用过度对人体造成的不适。其二,果皮。酸榴皮有抑菌和收敛功能。《名医别录》曰:"止下痢漏精。"甄权曰:"治筋骨风,腰脚不遂,行步挛急疼痛,涩肠。取汁点目,止泪下。"酸石榴的果皮中含有碱性物质,有驱虫功效。陈藏器云:"煎服,下蛔虫。"②李时珍说:"止泻痢,下血脱肛,崩中带下。"《本草纲目》记载了用酸榴皮作主料的十个药方,其中旧方六,新方四,分别治赤白痢下、粪前有血、肠滑久痢、久痢久泻、小儿风痫、卒病耳聋、食榴损齿、疗肿恶毒、脚肚生疮等。其三,酸榴根。酸榴根除了治蛔虫、寸白虫,还和榴皮一样有抑菌消炎和收敛之功效,止涩泻痢、带下。苏颂曰:"治口齿病。"甄权指出,榴根"青者入染须用",可以染须发。《本草纲目》记载了以酸榴根为主料的旧方三、新方二,分别治金蚕蛊毒、寸白蛔虫、女子闭经、赤白下痢等。其四,榴花。榴花有止血消肿功能。苏颂曰:"千叶者,治心热吐血。又研末吹鼻,止衄血立效。亦傅金疮出血。"陈藏器说:"榴花阴干为末,和铁丹服,一年变白发如漆。",铁丹即铁粉。《本草纲目》记录了以榴花为主的药方旧一、新二,分别治金疮出血、鼻出衄血、九窍出血等。石榴叶也有止血效果。另外石榴花还可充作杀虫剂,可以作胭脂。石榴果皮、树皮、根皮、果汁中含有鞣酸单宁,可使肠黏膜收敛,分泌物减少,可治疗腹泻、痢疾等症,对痢疾杆菌、大肠杆菌有较强抑制作用。石榴花有止血功能,泡水洗眼,有明目效果。

医家认为,甜石榴也有药用价值,但有副作用。陶弘景说它"味甘、

---

① (明)李时珍:《本草纲目》卷三〇,中医古籍出版社1994年版,第756—758页。
② (明)李时珍:《本草纲目》卷三〇,中医古籍出版社1994年版,第756页。

酸，无毒。主咽燥渴。损人肺，不可多食"。①孟诜《食疗本草》说："榴者，天浆也，止泻、化瘀、清渴、祛火"；"能理乳石毒"；"多食损齿令黑。凡服食药物人忌食之"。②段成式《酉阳杂俎》云："石榴甜者，谓之天浆，能已乳石毒。"③乳石毒指头痛口干，小便浑浊。李时珍《本草纲目》云："制三尸虫。"中医所谓"三尸虫"指弓形虫，寄生于细胞内，随血液流动，到达全身各部位，破坏大脑、心脏、眼底，致免疫力下降。《广群芳谱》甜石榴"性滞，恋膈，多食生痰、损肺、黑齿，服食家忌之"。④

石榴还是配制药酒的原料，西晋时已有以石榴作为制作药酒配料的记载，张华《博物志》记载制作"胡椒酒"的方法："以好春酒五升，干姜一两，胡椒七十枚，皆捣末。好美安石榴五枚押取汁，皆以姜椒末及安石榴汁悉内着酒中，火暖取温，亦可冷饮，亦可热饮之，温中下气。若病久苦觉体中不调，饮之。能者四、五升，不能者可二、三升从意。若欲增姜椒亦可，若嫌多欲减亦可。欲多作者，当以此为率。若饮不尽，可停数日。此胡人所谓荜茇酒也。"⑤这是一种药酒。据这条记载可知，石榴汁是胡椒酒的重要配料，这种胡椒酒制法也是从域外传入的。

中国道家重养生，石榴被道家视为养生佳品，从上引皮日休诗可知，石榴羹和胡麻饭都是道家日常食品。在道家传说中，其功效甚至被夸大。《神仙传》云："刘冯者，沛人也，封桑卿侯，学道于楼丘子。常服石桂英及中岳石榴，垂四百年，如十五幼童。"⑥在道家这里石榴还有奇妙的功效，"道家书谓榴为三尸酒，言三尸虫得此果则醉也。故范成大诗云：'玉池咽清肥，三彭迹如扫'"。⑦以为石榴为三尸酒，肚子里的三尸虫吃了以后会大醉，就不会向天帝告黑状了。道教所谓"三尸虫"又名"三彭""三尸""三尸神"等，包括上尸神、中尸神和下尸神，皆为人身之阴神，即阴气。道书《梦三尸说》云："人身中有三尸虫。"但云三尸虫遇石榴

---

① （南朝梁）陶弘景撰，尚志钧辑校：《名医别录》卷三，人民卫生出版社1986年版，第309页。
② （明）李时珍：《本草纲目》卷三〇，中医古籍出版社1994年版，第757页。
③ （唐）段成式：《酉阳杂俎》前集卷一八，中华书局1981年版，第174页。
④ （清）汪灏等：《广群芳谱》卷五九，河北人民出版社1989年版，第1381页。
⑤ （晋）张华撰，范宁校正：《博物志校正》，中华书局1980年版，第117页。
⑥ （宋）李昉等：《太平御览》第九册，上海古籍出版社2008年版，第571页。
⑦ （明）李时珍：《本草纲目》卷三〇，中医古籍出版社1994年版，第756页。

而醉的说法，出于道家幻想之词。

从汉至唐石榴树自域外移入并得以推广，全国各地普遍种植，受到人们喜爱。从"滋玄根于夷壤"之外来果木成为汉地享誉盛名的"奇树""名果"。石榴的多种实用价值为人类所共享，文化交流使石榴造福于世界各地人民。伴随石榴树的移植，西域石榴文化也传入汉地，世界各地有关石榴的文化寓意有许多共同之处，石榴树在汉地特殊环境中产生出富有民族特色的文化含义，寄托了中国人的理想和愿望，转化为中国传统文化中意蕴丰富的文化符号，体现出文化传播过程中演化生新的倾向。在中国文化中，石榴被赋予吉祥、团圆、喜庆、昌盛、和睦、爱情、多子多福、金玉满堂、才华、长寿、辟邪等多方面的象征意义。石榴是一种世界文化符号，作为一种文化意象，蕴含着深刻而丰富的文化意义，承载着不同民族的共同的生活向往。石榴文化的全球景观揭示了文化交流促进人类文明昌盛的重要作用。

(作者为北京外国语大学中国语言文学学院教授)

唐诗中的中外关系

耿引曾

公元618年至907年,是中国历史上的唐朝。唐朝是个强大的封建帝国,经历了二百九十个年头,以政治统一、经济繁荣、文化兴盛而著称于世,影响遍及亚洲并远至非洲、欧洲。由于唐代国内外水陆交通发达,使它与亚、非、欧一些国家保持着频繁的友好往来、商业贸易与文化交流。唐代载籍中,保存了许多有关外国的以及中外关系的史料。如玄奘的《大唐西域记》、义净的《大唐西域求法高僧传》、《南海寄归内法传》。还有,保存在《通典》中,只有1511字的杜环的《经行记》,和保存在《法苑珠林》等著作中的王玄策的《中天竺国行记》残篇等。这是研究古代中亚、西亚、南亚、东南亚的瑰宝,前人、今人和外人对它们作了许多探讨和研究。另外,在唐代的官修史书、类书和释典、医书以及唐人的文章、诗歌、笔记、小说中,也蕴藏着大量的反映外国和中外关系的材料,有待我们去发掘、整理;提供中外学者研究、参考。以下仅就唐代诗歌中的材料作一介绍。

唐代诗歌现保存下来约五万余首,其中涉及外国和中外关系的不下数百首。这数百首中,诗人们以绚丽的词藻、铿锵的音调,记述了当时中外关系的有关人物和事件。有的单独成章,更多的是散见在诗篇中。诗人们用"开元太平时,万国贺丰岁""梯航万国来,争先贡金帛"[1]来赞颂唐与亚、非、欧几十个国家的外交往来;用"西域灯轮千影合""异国名香

---

[1] 《全唐诗》(以后各卷均为《全唐诗》)卷五四二李肱《省试霓裳羽衣曲》;卷七〇一王贞白《长安道》。

满袖薰"① 来勾绘长安街上的外来景色；还用"海胡舶千艘""岸香番舶月""船到城添外国人""商胡忆别下扬州"② 来形容当时对外通商口岸广州、福州、扬州等地对外贸易的兴旺景象；更用"阑藏异国花""院栽他国树"③ 来描写人民生活中受到的外来影响。从这些诗句中，我们可以了解到唐代的对外交往确实频繁，所受到的外来影响不容忽视。类似的句子举不胜举。值得重视的，还是那些单独成章的诗篇。这些诗篇，比较集中地描写了唐代四邻国家以及与唐交往的情况，比如当时亚洲东北的新罗、日本，东南的安南、林邑、扶南、骠国、昆仑、诃陵，西南面的天竺、狮子，西面的波斯、大食和中亚诸国。诗人笔下的使臣互访、人民友谊、经济文化交流栩栩如生、引人入胜，现分述于下。

新罗　日本

唐初，朝鲜半岛分为高丽、百济、新罗。后来新罗统一了半岛。唐与新罗的关系非常密切。唐诗中反映了国家间的交往频繁，人民的友谊深厚。

诗人以"彼俗媚文史，圣朝富才雄"④ 指唐、新罗各自的文化特点。又以"蟾蜍同汉月"⑤ 来讴歌两国的悠久友谊。诗人们写下了许多送唐使入新罗和送新罗使臣归国的篇章，如用"赤墀奉命使殊方"，"金函开诏抚夷王"⑥ 来送别赴新罗的使臣；又用"复道殊方礼、人瞻汉使荣"⑦ 记叙唐使臣在新罗受到的礼遇。诗人还用"奉义朝中国""知妆重来宾"⑧ 来欢迎入唐的新罗使臣。入唐的新罗使臣还带来礼物，赠唐一头白鹰。白鹰养在皇帝的御花园中。窦巩曾赋诗《新罗进白鹰》一首。国

---

① 卷八九张说《十五日夜御前口号踏歌词二首》；卷五〇六章孝标《少年行》。
② 卷二二三杜甫《送重表侄王砯》；卷四三八白居易《红鹦鹉》；卷六三二司图空《杂题九首》；卷五五九薛能《送福建李大夫》；卷二三〇杜甫《解闷十二首》。
③ 卷六〇三许棠《题开明里友人居》；卷六三八张乔《题兴善寺僧道深院》。
④ 卷三七九孟郊《奉同朝贤送 新罗使》。
⑤ 卷二六六顾况《送从兄使新罗》。
⑥ 卷四九二殷尧藩《送源中丞使新罗》。
⑦ 卷二九五吉中孚《送归中丞使新罗册立吊祭》。
⑧ 卷一四六陶翰《送金卿归新罗》。

家间的交往，除使臣互访外，唐诗中还反映了两件事。一是"安史之乱"时，玄宗仓惶逃到四川后，新罗使臣还到四川去拜访他。为此，玄宗赋诗，以"益重青青志，风霜恒不渝"① 来祝福两国的关系。另一是在春台仙的"游春台"诗序中提到秦中秀才白幽求从新罗王子过海遇见仙人的神话。

入唐的新罗留学生很多。诗中反映不少，金可纪即其中一人②。他们"登唐科弟语唐音"，"想把文章合夷乐"③，在吸收和传播唐文化上尽了很大的力量。后来五代的贯休赋诗《送新罗人及第归》，其中提及"到乡必遇来王使，与作唐书寄一篇"，可见人民间的友谊之深厚。入唐的新罗僧人也不少，他们"东来此学禅，收经上海船"④，诗人还用"山海禅皆遍，华夷佛岂殊"⑤ 来赞喻佛教在两国的传布。新罗的弦惠上人曾请皮日休为灵鹫山周禅师撰写碑文⑥。另外，贾岛还和高丽使共同作《过海联句》一首。可见，两国人民间的友谊是陈述不穷的。

《全唐诗》中还收集了新罗王金真平的女儿金真德、新罗王子金地藏的诗⑦，以及在唐及第并入仕的高丽人崔致远和新罗人金立之、金可纪、王巨仁的诗⑧。

唐与日本的关系更是非常亲切友好。唐遣使臣去，日本派大批"遣唐使"来。唐诗中保存有钱起、许常、曹松⑨等人为赴日的唐使臣送行的诗；也保存了徐凝、唐玄宗为归国日本使臣送行的诗。他们以"犹有中华恋，方同积浪深"⑩ 来表露依依惜别的心情，又以"文王久已同"来颂扬两国的悠久友谊。

当时，随"遣唐使"来的还有留学生和学问僧。他们之中有的长期住在中国，与唐人结下了深厚的友谊。唐诗中送日本僧或送日本友人的诗屡

---

① 逸卷上明皇帝《赐新罗王》。
② 卷五〇六章孝标《送金可纪归新罗》。
③ 卷五〇六章孝标《送金可纪归新罗》。
④ 卷六三八张乔《送新罗僧》。
⑤ 卷四九七姚合《寄紫阁无名头陀自新罗来》。
⑥ 卷六一四皮日休《新罗人弘惠请日休为周禅师碑》。
⑦ 卷七九七卷八〇八。
⑧ 逸卷中卷七三二。
⑨ 卷二三七卷六〇四卷七一六。
⑩ 卷四七四逸卷上。

见不鲜，现将较有影响的人物介绍如下：

晁衡，原名阿部仲麻吕。公元717年（开元五年）入唐的留学生。后来仕于唐。留唐约五十年，卒于长安。诗人王维、赵华、储光羲、李白、包佶①等与他有深交，并为他赋诗。特别是李白的诗《哭晁卿衡》，说明了他们之间的感情之深。晁衡还曾经送过王屋山人魏迈一件用日本布制作的日本裘②；另外，在他自作《衔命还国作》诗中提到"平生一宝剑，留赠结交人"。可想见他与唐人交往的深情厚意了。

空海，公元804年（贞元二十年）入唐的学问僧。最初在福州，后来到长安学习密宗，留学三年归国，开创了日本真言宗。在日本佛教史上有一定的地位。当他在唐居住时，曾赠诗给泉州别驾马总，现在唐诗中有马总回赠空海的诗③。另外，还有胡伯崇的《赠释空海歌》一首。

圆仁，也是入唐的学问僧。公元838年（开成三年）舶抵扬州，后转五台山入长安，经十余年返国，成了日本天台宗的第五代座主。他曾将在唐的见闻写成《入唐求法巡礼行记》一书。唐诗中保存有越中僧栖白的《送圆仁三藏归本国》的诗一首。

圆载，是与圆仁同批来的学问僧。他离唐回日本时，诗人皮日休、陆龟蒙、颜萱都赋诗④为他送别。诗中特别提到他不仅是泪释典、且挟儒书而归。陆龟蒙则说他是"九流三藏一时倾"。在中日文化的交流上，他是做了贡献的。

唐僧人去日本的也不少，其中要以鉴真最突出。他的事迹已永存千古。唐诗中有高鹤林的《因使日本愿谒鉴真和尚既灭度不觌尊颜嗟而述怀》诗一首。

唐僧与日僧的友谊是源远流长的，可以用唐诗中保存的日本相国长屋《绣袈裟缘》诗："山川异域，风月同天。寄诸佛子，共结来缘"来表示。

这里需提上一笔，唐诗中屡见"扶桑"二字。关于"扶桑"，诗人用它指神木，或者指植物，但也有指日本而言的。如韦庄在《送日本

---

① 卷一二七、卷一二九、卷一三八、卷一八四、卷二〇五。
② 卷一七五李白《送王屋山人魏迈还王屋》。
③ 逸卷中。
④ 卷六一四、卷六二六、卷六三一。

国僧敬龙归》的诗中提到"扶桑已在渺茫中,家在扶桑东更东"即一例。

林邑　扶南
骠国　昆仑　诃陵

　　唐诗中多处提到林邑、扶南、骠国、昆仑、诃陵等地方。这些地方属南海及东南亚范围之内。唐诗中反映出它们和唐在经济、文化上息息相关。

　　唐时,南海的交通贸易发达,正如诗人所形容的"映日帆多宝舶来"[1]。安南地处南海交通要道,交州是对外贸易的重要港口,当时商业贸易发达兴旺。张籍的《送南客》诗中提到"夜市连我铜柱",于濆的《南越谣》诗中提到"交趾货"。杜荀鹤则写下"舶载海奴环垂耳、象驼蛮女彩缠身"[2] 的情景。唐与亚洲各个国家的海上贸易大多数是通过安南、林邑进行的,如南海昆仑出的苏方木就是通过林邑入唐[3]。无疑,林邑在促进唐与海外各国的经济文化交流是起了重要作用的。

　　唐诗中提到扶南的篇章不多,有王维的《扶南曲歌词》五首。隋的九部乐中有扶南乐。《新唐书·礼乐志》也提到扶南乐舞。诗人王维特为扶南曲调填五首歌词,看来,扶南曲在当时是很受人欢迎的。它的调子已被唐人吸取,揉合到唐的音乐中去了。另外,诗中见到有"扶南甘蔗甜如蜜"[4] 的句子。当然,出产甘蔗的地方不止扶南,交趾也出,可是唐人心目中最甜的甘蔗还是扶南的。再有,根据《苏方一章》诗[5]提供,商胡舶舟运苏方入唐要通过扶南,可知,扶南还是唐与南海交通的一个枢纽。

　　公元801年(贞元十七年),骠国送乐工三十五人入唐,并乐曲十二种。史书对骠国乐入唐已有明确记载,而诗人则为骠国的乐舞留下了美丽

---

[1] 卷三六一刘禹锡《南海马大夫远示著述兼酬拙诗辄著微诚再有长句时蔡戎未弭故见于篇》。
[2] 卷六九二杜荀鹤《赠友人罢举赴交趾辞命》。
[3] 卷二六四顾况《苏方一章》。
[4] 卷一三三李颀《送刘四赴夏县》。
[5] 卷二六四顾况《苏方一章》。

的篇章。白居易的《骠国乐》诗篇已为人们所熟悉，他对其优美的舞姿作了动人的描写："王螺一吹椎髻耸，铜鼓一击文身踊。珠缨炫转星宿摇，花鬘斗薮龙蛇动。"诗人元稹、胡直钧也为骠国乐赋诗①，"史馆书为朝贡传，太常编入鞮鞻科"，它的传入丰富了中国乐舞的内容。"何事留中夏，长令来化淳"当是唐与骠国文化交流的见证了。

关于昆仑，究竟指什么地方，前人已作过一些考证，有人认为在亚洲，也有人认为在非洲东岸及马达加斯加岛。但《旧唐书·南蛮传》林邑国条明确指出，"自林邑以南，皆卷发黑身，通号为昆仑"，大体是对今天中南半岛南部和南洋群岛一带地方或居民的通称。唐诗中见到的昆仑不乏其词，其中许多是指我国古代昆仑的神话传说或昆仑山而言，但也有关于南海中昆仑的宝贵资料。

昆仑人入唐的很多，有的来做生意，有的是被转卖来的奴隶。诗人张籍笔下的"昆仑儿"是"金环欲落曾穿耳，螺髻长卷不裹头，自爱肌肤黑如漆，行时半脱木绵裘"。崔涯的诗②则是嘲笑当时扬州的妓女，因为贪图苏方、玳瑁等番货，与番人生下昆仑儿。这说明了到扬州一带做生意的昆仑人为数是不少的。关于昆仑奴，史籍记载东晋时就入中国了。唐人传奇中有《昆仑奴传》，其中昆仑奴摩勒故事也被收入唐诗③。

诃陵，当指今天印度尼西亚的爪哇岛。新旧《唐书》均记载诃陵多次派使臣入唐，并送来"异种名宝"。白居易在《送客春游岭南等廿韵》诗中提到"诃陵国分界"。诗人从岭南想到诃陵国绝不是偶然的。

唐诗中还有专门描写"诃陵樽"的诗两首。诃陵樽是皮日休送魏不琢的五样礼物之一④。皮日休在其诗序中提到"有南海鲨鱼壳的樽一，涩锋鳖角，肉玄外黄。谓之诃陵樽"。在诗中又提到"卖须能紫贝，用合对红螺"，看来，杯之得来是不易的。后来，陆龟蒙也有"诃陵樽"一首，对樽的外貌作了一番描写"鱼骼匠成尊，犹残海浪痕"。关于诃陵樽的来龙去脉是值得考证的。

---

① 卷四一九、卷四六四。
② 卷八七〇崔涯《嘲妓》。
③ 卷八〇〇红绡妓《忆崔生》。
④ 卷六一二皮日休《五贶诗》。

天竺　师子

　　唐时，南部亚洲是天竺国，师子国。唐与天竺的交往十分密切，使臣、僧人的互访络绎不绝。其中有两件大事尤为重要，一是王玄策等多次出使天竺，归来写成《中天竺国行记》一书；一是玄奘留学天竺，带回佛经657部，写下《大唐西域记》一书。这两本书促使了唐人对天竺有更深一步的认识与理解，直至今天仍有其重要的价值，可惜前一书已失传，今天只能见到片段。唐诗中对这两件事的反映几乎没有，只有高宗的《谒慈恩寺题奘法师房》一首。诗中反映较多的是关于唐与天竺的佛教交往，而交往又着重在佛经的翻译上。从而，使我们了解到唐人译经和学梵文的情况。

　　唐以前，中国已有梵文本的佛经，并设立了译经道场，译者中外都有。到了唐代，佛经翻译达全盛时期。随着僧人来往的频繁，梵文本佛经还不断传入，正如诗人所述"梵经初向竺僧求"①。唐代各地寺院都有梵文经本，诗人们在写庙宇的篇章中常留下"梵字十数卷""开卷梵天词"②的句子。于是，寺院中出现了"僧唱梵声天""经诵梵书文"③的景象。诗人还用"梵音妙音柔软音"④来形容僧人念法华经的情形。唐代统治阶级和人民很多信佛，念佛经风行一时，"梵声初学误梁尘"⑤说的是妓女都念起佛经来了。翻译佛经当然是热门了，当时官私译场均有。玄奘在慈恩寺译经当然是官场；姚合的《过稠上人院》诗中提到"应诏常翻译"，想稠上人是常入官场译经的一个了。从"归去更寻翻译寺""桂寒自落翻经案"⑥的诗句知道各地寺院皆有自己的译场，大概这是属于私有的了。白居易还有《翻经台》专篇。再从"口翻贝叶古字经""音翻四句偈、字译

---

①　卷二九六司空曙《赠衡岳隐禅师》。
②　卷六一〇皮日休《雨中游包山精舍》；卷七九三皮日休陆龟蒙《独在开元寺避暑颇怀鲁望因飞笔联句》。
③　卷九蜀大妃徐氏《三学山夜看圣灯》；卷五一〇张祜《题惠昌上人》。
④　卷三〇六张湾《同情江师月夜听坚正二上人为怀州转法华经歌》。
⑤　卷二七二杨白《送妓人出家》。
⑥　卷四七六熊孺登《送准上人归石经院》；卷六一四皮日休《访寂上人不遇》。

五天书"①的句中看出当时口、笔译并举。至于译者，中外兼有，韩愈的《赠译经僧》讲的是外来僧人。而唐人懂梵文，并参与译经的大有人在，其中有僧人，也有士大夫。姚合、费岛、陆龟蒙、黄滔②的等人的诗中提到了僧人译经的情况。士大夫中懂梵文的有苑咸、刘长卿、怀素和董评事③。董评事是汉董仲舒的后人。苑咸能书梵字、兼达梵音，王维曾为此赠诗。后来苑咸回敬王维一首，并有序和注④。这些，为总结唐人研究梵文的情况提供了宝贵的资料。

此外，佛经中常见优钵罗花，岑参作《优钵罗花歌》并序。后来五代贯体的诗中也提到此花⑤。岑参在序中说，他得此花是交河小吏从天山之南采来的。而诗中又提到"何不生彼中国兮生西方"。关于优钵罗花入唐的过程还需作进一步考证。

《全唐诗》中还集了义净的六首诗⑥。其中的《与无行禅师同游鹫岭、瞻奉既讫、遐眺乡关、无任殷夏、聊述所怀、为杂言诗》是他在印度作的怀乡之诗，值得重视。

关于师子国，《新唐书·西域传下》有专条。诗中较明确提到的，有韩愈在《送郑尚书赴南海》中的"货通师子国"。这说明当时的唐对外贸易港口之一的广州，是与师子国有交易的。另外韦应物的《寄恒璨》诗中有"思问楞伽字"，这里很可能指的是《楞伽经》。但因师子国有稜伽山，也有用稜（楞）伽来比喻师子国的。"楞伽字"是否指师子国的文字呢？须进一步考证了。

---

① 卷三二七权德舆《锡杖歌送明楚上人归佛川》；卷一九八岑参《观楚园寺璋上人写一切经院南有曲池深竹》。
② 卷四九七姚合《寄灵一律师》；卷五七二贾岛《送觉兴上人归中条山兼谒河中李词空》；卷六二六陆龟蒙《僧袭美题支山南峰僧次韵》；老七〇五黄滔《送僧》。
③ 卷一二九王维《苑舍人能书梵字兼达梵音皆曲尽其妙戏为之赠》；卷一四七刘长卿《送方外上人之常州依萧使君》；卷二三八钱起《送外甥怀素上人归乡侍奉》；卷三五七刘禹锡《闻董评事疾因以书赠》。
④ 卷一二九苑咸《酬王维》。
⑤ 卷八三五贯休《道情偈三首》；卷八三六贯休《闻迎真身》。
⑥ 卷八〇八。

波斯　大食

唐时，波斯、大食属西亚。发源于波斯的波罗球在唐代风行一时。向达先生的《长安打球小考》已作了详细的论述。唐诗中杨巨源的《观打球有作》、李廓的《长安少年行》和花蕊夫人的《宫词》中都引用了有关打球材料，这里就不复述。此外，元棋的《和乐天送客游岭南廿韵》诗中有"舶主腰宝藏"一句，其下注明"南方呼波斯为舶主，胡人异宝多怀藏以避强丐"。这个注解很重要。

大食与唐在公元651年（永徽二年）建立了联系。此后，两国人民的友好往来日益发展。杜甫的《荆南兵马使太常卿赵公大食刀歌》，对大食刀的形状、锋利程度都作了描写。至于大食宝刀怎么落到荆州兵马使大常卿的手里，这将是一个有趣的考证题目。

中　亚

公元658年（显庆三年），唐朝统一了西突厥。西突厥统治下的中亚地区也列入唐的管辖范围。唐朝对这些地区的管辖，是通过这些地区的统治者对唐"称臣纳贡"来实现的。这在客观上促进了唐与当时中亚地区的经济文化交流。综合唐诗反映的有关材料，大致不外两方面，一是歌颂汉人在西域和中亚的业绩，二是入唐的中亚歌舞。

汉武帝为求好马而伐大宛，这是人所共知的。大宛马又称天马，唐代诗人为此花了许多笔墨，"今日歌天马，非关征大宛"、"首登平乐宴，新破大宛归"[1]。大宛马种一直传到唐代，"初得花骢大宛种"[2]的诗句便可证明。大宛马确实是马中良种，杜甫的《房兵曹胡马诗》，对大宛马的特征和性格作过绝妙的描写"胡马大宛名，锋棱瘦骨成，竹批双耳峻，风入四蹄轻。"李白、王昌龄的诗中也不止一次的提到大宛良种马[3]。

---

[1] 卷一三九储光羲《送张太祝冬祭马步》；卷二六五耿沛《入塞曲》。
[2] 卷二一六杜甫《骢马行》。
[3] 卷一四三王昌龄《殿前曲三首》；卷一六二李白《天马歌》。

东汉时，中亚南部的大月支（氏）人曾助班超平定疏勒、击莎车。后来，因为班超不答应与他们联姻，并且还拘留了月支来使。因此，双方交战，结果月支降服。唐人标榜汉人的这一赫赫武功，诗人写下"葱岭秋尘起，全军取月支"，① 无疑，其借喻是为了稳固唐在中亚的统治。另外，李白诗中还提到"笔题月氏书"②，杜甫对月支的花——戎王子入中国也作了描写③。

关于"青云干吕"，此典故出汉东方朔的《十洲记》。汉武帝时，西城远夷来贡要说"常占东风入律，百旬不体，青云干吕，连月不散，意中国有好道之君"。唐诗中有关"青云干吕"的不下四首④。这大概也是用汉朝的强盛来比喻唐朝吧！

唐诗中见到的中亚乐舞有柘枝、胡旋、胡腾、苏摩遮等，其中柘枝的篇章较多。向达先生对这些乐舞的传入，已作了细致的考证。他借助唐诗的材料，认为柘枝和胡腾同出石国，胡旋出自康国，苏摩遮是唐代时行的一种泼胡乞寒戏，演戏时歌舞的辞叫苏摩遮。并从刘言史、白居易、刘禹锡、元稹、张说等人的诗中勾稽出舞者的服饰、容态和所用的乐器。这里不再重复了。他的诗篇还说明，当时柘枝舞已传入内地了，在常州、潭州、杭州⑤等地都曾见到。许浑的《赠萧炼师》一首，序言中提到萧炼是当时宫中柘枝舞的名伎。

通览唐代诗歌，确实保存了反映唐代中外关系的宝贵资料。目前，我仅初步作了收集这些资料的工作。但更重要的是如何研究使用这些资料。首先，必需和它同时代的史书、类书、笔记小说等配合起来，如"货通师子国"就可与李肇《国史补》、杜环《经行记》中提到的师子国船舶情况联系起来考虑。其次，诗中反映了大量有待考证的人、事、物，如董仲舒后人董评事的名字；又如《传灯录》中提天竺如乾竺，而

---

① 卷三一〇于鹄《出塞》。
② 卷一八四李白《寄远十一首》。
③ 卷二二四杜甫《陪郑广文游何将军山林十首》。
④ 卷三一九、卷三三四。
⑤ 卷四四六白居易《看常州柘枝赠贾使君》；卷四九二殷尧藩《潭州席上赠舞柘枝妓》；卷五——张祜《观杭州柘枝》。

诗中多次出现竺乾①，也许是诗人为了合乎平仄而故意倒置的，抑或别有它故？还有"月支绽"、"天竺屐"②究竟是什么形状，如何传入等等。再则，还要注意诗与史的区别，诗可以夸张，史就要重实，如杜甫写番禺有"海胡舶千艘"，而《旧唐书·李勉传》提到广州的西域舶年末有四十余，当以史书为是。所以说，使用这些材料也存在去粗取精、去伪存真的问题。

总之，仅唐诗中的中外关系资料，已经提出了许多有趣的研究课题，有待大家辛勤拼耘，让我们共同为它洒下汗水吧！

（原载中外关系史学会编《中外关系史论丛》第二辑，世界知识出版社 1987 年版）

(作者为北京大学国际关系学院教授)

【附记：

耿昇，我的本家。你是继郝镇华之后的"中外关系史学会"的大管家。那时，会员间传递着"历史所中外关系史研究室吸纳了一位外字号的"。我将此信息告诉了季羡林先生，他说，"这很好，研究中外关系史不能只通晓故纸堆，还要懂点外文。这是新生力量"。我与这位外字号的相见、相识、攀谈是在 1992 年春，在桃红柳绿的扬州召开的"中外关系史学会学术研讨会"期间。你的谈话，至今我还念念不忘。

你一见到我，就开门见山说，"我可遇到了同姓人，我们这个耿姓在现实生活中不多见，不像百家姓里的张、王、李、赵有千千万万。我们是本家，按习惯说法，五百年前是一家人"。我则哈哈大笑地说，"我们就是本家"。

接着你说，"我知道你在中国古书里翻腾，编出近百万字的南亚史料，正在上海古籍出版社印刷中。你甘于坐冷板凳，是个认真仔细的人"。我回应，

---

① 卷四四二白居易《新昌新居书事四十韵因寄元郎中张博士》；卷四四五白居易《和送刘道士游天台》；卷四五三白居易《因萝有悟》；卷三一〇于鹄《哭凌霄山光上人》；卷五五六马戴（题石瓮寺）；卷八二八贯休《舜颂》。

② 卷六七三周朴《福州东禅寺》；卷六一二皮日休《江南书情甘韵寄秘阁韦校书贻之商洛宋先辈垂文二同年》。

"确实,我在古书里爬罗剔抉了八年多,锻炼培养了我认真仔细的习惯"。

跟着你又说,"我读了你的'唐诗里的中外关系'一文,我羡慕你遨游了《全唐诗》。读了唐代的诗,不仅可以领略中国在唐代太平盛世、万国来朝的景象,而且可以陶冶人的情操"。我说,"这是为1986年在宁波召开的中外关系史学术研讨会提供的文章。其中涉及南亚的诗,我还要进一步深究。其他的只是提供出来,供大家探讨"。

而今,我在这纷繁复杂的世上,将"唐诗中的中外关系"一文传递给你,希望你在宁静的天国,在美妙的唐诗中遨游吧。】

高昌名僧辑考

王 欣

【十几年前曾与耿昇先生一同在吐鲁番的炎日之下考察古代高昌佛寺遗址，先生的音容笑貌至今犹在眼前。谨以此文表达对耿先生的怀念、景仰与感恩！——2021年清明

（本文原载《宗教与历史的交叉点：丝绸之路》，陕西师范大学出版总社有限公司2014年版，特此说明。）——作者】

一

地处丝绸之路要冲的高昌（今吐鲁番）地区，自古以来就是多民族活动和东西方各种文化的汇聚与交融之地。在前伊斯兰时期，高昌曾先后经历了车师国、高昌郡、高昌国、唐西州和高昌回鹘等几个历史阶段，正是在这些历史阶段中，这里佛教兴盛，高僧大德频出，为丝绸之路佛教的发展与东西方文化的交流做出了突出的贡献。本文在前人研究的基础上，根据文献记载和考古发现材料，试对车师国、高昌郡、高昌国时期（相当于晋至唐初）高昌佛教高僧及其活动事迹略加考证，进而分析高昌佛教在丝路佛教发展史中的地位与作用。

二

1. 鸠摩罗跋提（Kumârabudhi），又名鸠摩罗佛提，车师王弥寘（弥第）在位时为车师前部国国师。前秦建元十八年（382）正月，鸠摩罗跋提随弥寘入朝到长安，携带来了胡语本的《摩诃钵罗若波罗蜜经》（*Mahapradjnaparamita Sutra*）、《阿毗昙抄》（*Abhidhara Hridaya Sastra*，即《阿

毗昙心论》)、《四阿含暮抄》(*Agamas Sutra*) 等献上。入朝后不久,他就于当年正月十二日至三月二十五日奉命将梵文本的《鼻奈耶》(*Vinaya Sutra*,即《鼻奈经》) 译为晋语 (汉语)①。晋泰 (太) 元十六年冬至次年秋 (391—392),他还应高僧道安的要求,在浔阳南山精舍将自己携来的胡语文本《阿毗昙心论》译成晋语②。由此可知,鸠摩罗跋提入朝后可能并未返回车师,而是在内地从事各种弘法活动,在早期西域佛教东弘汉地方面多有贡献。

在上述这些佛教经典中,《摩诃钵罗若波罗蜜经》为大乘经典,而《鼻奈经》、《阿毗昙心》和《阿含经》则是小乘说一切有部的经典,故鸠摩罗跋提在将大乘与小乘佛教经典传入中土汉地方面曾做出过贡献。③ 此外,鸠摩罗跋提是车师人,可能和龟兹高僧鸠摩罗什 (Kumârajiva) 一样操所谓的胡语 (焉耆—龟兹语),即吐火罗语 (Tocharian Language),同时通晓佛教梵语。鸠摩罗跋提携入长安并译成汉语的《阿毗昙心论》和《阿含经》应该都是用焉耆文 (Tocharian A) 写成,一方面表明龟兹—车师一带流行的可能是小乘律法,另一方面也印证了季羡林先生所云"最初的中译佛经里面有许多音译和意译的字都是从吐火罗文译过来的"④ 的结论。要之,则车师佛教对佛教在汉地的早期传播曾产生过重要影响,只不过由于车师国过早消亡而湮没无闻,而此后汉地高僧大多越过西域前往天竺求法。

2. 道普。北凉时期的高昌高僧。《高僧传》卷二称其"经游西域,遍历诸国,供养尊影,顶戴佛钵,四塔道树,足迹形像,无不瞻觌。善梵书,备诸国语,游履异域"。后入南朝弘法。宋元嘉年间 (424—453),道场慧观法师"志欲重寻《涅槃后分》",遂求得宋太祖的资助,派遣道普带领书吏 10 人西行求经。道普从海路出发前往天竺,至长广郡的时候,因船破伤足,最终因病而卒⑤。道普精通梵文,通晓西域诸国胡语及各地佛教情况,足迹遍及西域与中土,对西域佛教东传汉地应

---

① 释僧祐撰,苏晋仁、萧鍊子点校:《出三藏记集》,中华书局 1995 年版,第 289 页。
② 《出三藏记集》,第 377—378 页。
③ 陈世良:《西域佛教研究》,新疆美术摄影出版社 2008 年版,第 118 页。
④ 季羡林:《季羡林学术论著自选集》,北京师范学院出版社 1991 年版,第 9 页。
⑤ 释慧皎撰,汤用彤校注,汤一玄整理:《高僧传》,中华书局 1992 年版,第 80—81 页。

有贡献。

3. 法盛，北凉时期的高昌高僧。法盛原为陇西人，俗姓李，后流寓高昌，《名僧传》卷二十六有传，其文云：

> （法盛）本姓李，陇西人。寓于高昌。九岁出家，勤精读诵。每日："吾三坚未树，五众生灭，合会有离，皆由痴爱，若不断三毒，何求勉脱。"年造十九，遇沙门智猛从外国还。述诸神迹，因有志焉。辞二亲，率师友，与二十九人，远诣天竺。经历诸国，寻觅遗灵及诸应瑞，礼拜供养，以申三业。□忧长国东北，见牛头旃檀弥勒像，身高八寻，一寻是此国一丈也。佛灭度后四百八十年中，有罗汉名可利难陀，为济人故，舛兜率天，写佛真形，印此像也。常放光明，四众伎乐四时笑乐，远人皆卒从像悔过，愿无不克，得初道果。岁有十数，盛与诸方道俗五百人，愿求舍身，必见弥勒，此愿可谐。香烟右旋，须臾众烟合成一盖，右转三币，渐渐消尽。

北凉僧人智猛赴天竺求法，归国途中曾在高昌停留，年仅19岁的高昌沙门法盛为其事迹感动，遂带领师友29人也前往天竺求法，并作《菩萨投身饲虎起塔因缘经》一部。《高僧传》卷二称其"亦经往外国，立传凡有四卷"[①]。法盛对天竺佛教在高昌传播应有贡献。

4. 法朗。北魏时期的高昌高僧。《高僧传》卷十称其"幼而执行精苦，多诸征瑞，韬光蕴德，人莫测其所阶"。后入内地，师从南朝宋的高行沙门法进习法。据记载，法进"尝闭户独坐，忽见朗在前，问从何处来，答云：'从户钥中入。'云：'与远僧俱至。日既将中，愿为设食。'进即为设食，唯闻匕钵之声，竟不见人。昔庐山慧远以一袈裟遗进，进即以为亲。朗云：'众僧已去，别日当取之。'后见执襆者就进取衣，进即与之。访常执襆者，皆云不取，方知是圣人权迹取也"。

北魏武帝太平真君五年（444）下诏灭法[②]，法朗西返前往龟兹。"龟兹王与彼国大禅师结约：'若有得道者至，当为我说，我当供养。'及朗

---

① 释慧皎撰，汤用彤校注，汤一玄整理：《高僧传》，中华书局1992年版，第81页。
② 《魏书·世祖纪下》所记灭法诏书中云："又沙门之徒，假西戎虚诞，生致妖孽，非所以一齐政化、布淳德于天下也。"

至，乃以白王，王待以圣礼。后终于龟兹，焚尸之日，两眉涌泉直上于天，众叹希有，收骨起塔。后西域人来北土具传此事。"① 法朗在南朝习法，后又返回龟兹，对汉地佛教在西域的传播方面应有贡献。

5. 法进。北凉时期高昌高僧，《高僧传》卷十二有传。法进，又名道进、法迎，俗姓唐，本凉州张掖人。据记载，法进"幼而精苦习诵，有超迈之德，为沮渠蒙逊所重。逊卒，子景环（沮渠无讳）为胡寇所破，问进曰：'今欲转略高昌，为可尅不？'进曰：'必捷，但忧灾耳。'迴军即定"。439 年北凉被北魏所灭。迫于压力，原北凉酒泉太守沮渠无讳于 441 年从敦煌携万余家人口经鄯善进占高昌，法进亦随之迁居高昌。此法进与上录南朝宋之法进是否同为一僧，未敢遽断；若果为一僧，则法进在事沮渠北凉之前，或有赴南朝习法之经历。

法进在高昌以自割身肉与灾民为食的事迹而著称。《高僧传》载："后三年景环卒，弟安周续立。是岁饥荒，死者无限。周既事进，进屡从求乞，以赈贫饿，国蓄稍竭，进不复求。乃净洗浴，取刀盐，至深穷窟饿人所聚之处，次第授以三归。便挂衣钵著树，投身饿者前云：'施汝共食。'众虽饥困，犹义不忍受。进即自割肉，和盐以啖之。两股肉尽，心闷不能自割，因语饿人云：'汝取我皮肉，犹足数日，若王使来，必当将去，但取藏之。'饿者悲悼，无能取者。须臾弟子来至，王人复看。举国奔赴，号叫相属，因舆之还宫。周敕以三百斛麦以施饿者，别发仓廪以赈贫民。至明晨乃绝，出城北阇维之。烟炎冲天，七日乃歇。尸骸都尽，唯舌不烂。即于其处起塔三层，树碑于右。"②

高昌佛教原本就与河西尤其是凉州、敦煌关系密切。《魏书·释老志》云："凉州自张轨后，世信佛教。敦煌地接西域，道俗交得其旧式，村坞相属，多有塔寺。"沮渠无讳从敦煌携河西民众万余家迁居高昌，河西佛教遂在高昌全面传布，法进即其中的代表。

6. 僧尊。北凉时高昌高僧。僧尊俗姓赵，乃法进之弟子。《高僧传》称其"善十颂律，蔬食节行，颂《法华》（*Saddharmapundarika Sûtra*）、《胜鬘》（*Srimala Devi Simhanada Sûtra*）、《金刚波若》（*Vadjra Tchtchhedika*

---

① 《高僧传》，第 387—388 页。
② 《高僧传》，第 447 页。

Pradajnaparamita Sûtra)。又笃厉门人，常忏悔为业"。① 僧尊本为高昌人，后拜法进为师并继承其衣钵"笃厉门人"，此可视为河西佛教在高昌传播、延续的直接案例。

7. 智林（408—487）。南朝齐时期的高昌高僧。他幼时前往长安习法，拜高僧道亮为师，宋元嘉末年（453）随道亮南徙岭南六年，"讲说导众，化陶岭外"；大明年间（459）又随道亮返回长安；晚年回归故乡高昌，并于齐永明五年（487）圆寂，享年79岁②。《高僧传》卷八有传③。传文云：

> 释智林，高昌人，初出家为亮公弟子。幼而崇礼好学，负笈长安。振锡江豫，博采群典，特善《杂心》（当即《杂阿毗昙心论》，*Samyukt Abhidharmahridaya Sastra*）。及亮公被摈，弟子十二人皆随之岭外。林乃憩踵番禹，化清海曲。
>
> 至宋明之初，敕在所资给，发遣下京，止灵基寺。讲说相续，禀服成群，申明二谛义，有三宗不同。时汝南周颙又作《三宗论》，既与林意相符，深所欣迟，乃致书于颙曰："近闻檀越叙二谛之新意，陈三宗之取舍，声殊恒律，虽进物不速。如贫道鄙怀，谓天下之礼，唯此为得焉，不如此非理也。是以相劝，速著纸笔。比见往来者，闻作论已成，随喜充遍，特非常重。又承檀越，恐立异常时，干犯学众。制论难成，定不必出，闻之懼然，不觉兴卧。此义旨趣，似非初开，妙音中绝，六十七载，理高常韵。莫有能传。贫道年二十时，便忝得此义，常谓藉此微悟，可以得道，窃每欢喜，无与共之。年少见长安耆老，多云关中高胜，乃旧有此义。当法集盛时，能深得斯趣者，本无多人。既犯越常情，后进听受，便自甚寡。传过江东，略无其人。贫道捉麈尾以来，四十余年。东西讲说，谬重一时，其余义统，颇见宗录，唯有此途，白黑无一人得者。贫道积年，乃为之发病。既疴衰末命，加复旦夕西旋，顾惟此道从今永绝不言。檀越机发

---

① 《高僧传》，第447—448页。
② 《高僧传》，第286页。
③ 《高僧传》，第309—311页。传称其为"齐高昌郡释智林"，但是在南朝齐代宋（479）之前，阚伯周已经在460年被柔然立为高昌王，高昌进入高昌国时期。智林回到高昌应在这一时期。

无绪，独创方外，非意此音，猥来入耳。且欣且慰，实无以况。建明斯义，使法灯有终，始是真实行道，第一功德。虽复国城妻子，施佛及僧，其为福利，无以相过。既幸以诠述想，便宜广宣，使赏音者见也。论明法理，当仁不让，岂得顾惜众心，以夭奇趣耶。若此论已成，遂复中寝，恐檀越方来，或以此为巨障。往言恳然，非戏论矣。想便写一本，为惠贫道，斋以还西，使处处弘通也。比小可牵故入山取叙，深企赴之。"颙因出论焉。故三宗之旨，传述至今。

  林形长八尺，天姿瑰雅，登座震吼，谈吐若流。后辞还高昌。齐永明五年（公元478）卒，春秋七十有九。著《二谛论》及《毗昙杂心记》，并注《十二门论》（*Dvadasanikaya Sastra*）、《中论》（*Tika*）等。

  智林的一生历经北魏、东晋和南朝宋、齐二朝，活动范围从西域到长江南北，其活动时间之长和空间之广在当时都是十分罕见的。他长期在内地习法，不仅促进了汉地佛教（尤其是岭南佛教）的发展，而且在汉地佛教流布西域方面亦当有贡献。

  8. 静志。高昌郡时期的高昌沙门。他在前秦甘露二年（360）正月廿七日曾作《维摩经义记》（*Vimalakirtti Nirdesa Sûtra*），其部分写本残卷出土于今鄯善吐峪沟[①]。

  9. 宝贤。高昌郡时期的高昌道人。他在北凉神玺三年（399）二月廿日在高昌抄录《贤劫千佛品经》（*Bhadrakalpika Sûtra*），其部分写本残卷在吐鲁番出土。[②]

  10. 法慧。麹氏高昌国时期高昌僧人。俗姓曹，高昌延寿十四年（637）高昌经生令狐善欢写《维摩诘经》，法慧则曾校对写经。该经写本残卷出土于吐鲁番。[③]

  11. 法焕。麹氏高昌国时期的高昌法华斋主、大僧、平事沙门，高昌延寿十四年（637）高昌经生令狐善欢写《维摩诘经》，法焕则负责写本定

[①] 池田温：《中国古代写本识语集录》，东京大学东洋文化研究所1990年版，第76页，No. 38。

[②] 池田温：《中国古代写本识语集录》，东京大学东洋文化研究所1990年版，第78页，No. 47。

[③] 池田温：《中国古代写本识语集录》，东京大学东洋文化研究所1990年版，第183页，No. 501。

稿。该经写本残卷出土于吐鲁番①。或以为法焕拥有"大僧"的称号，应为高昌王国的中央僧官②。

12. 慧嵩。麹氏高昌国时期的高昌高僧。《续高僧传》卷七有传③，其文云：

> 释慧嵩。未详氏族。高昌国人。其国本沮渠凉王避地之所，故其宗族皆通华夏之文轨焉。嵩少出家，聪悟敏捷，开卷辄寻，便了中义，潜蕴玄肆，尤玩《杂心》，时为彼国所重。嵩兄为博士，王族推崇，雅重儒林，未钦佛理，睹嵩英鉴，劝令反俗，教以义方。嵩曰："腐儒小智，未足归赏，固当同诸糟粕，余何可论。"兄频遮碍，乃以《易》林秘隐问之。嵩初不读俗典，执卷开剖，挺出前闻。兄虽异之，殊不信佛法之博要也。嵩以毗昙一偈，化令解之，停滞两月，妄释纷纭，乃有其言，全乖理义。嵩总非所述，聊为一开，泠然神悟，便大崇信佛法，博通玄奥，乃恣其游涉。
>
> 于时元魏末龄，大演经教。高昌王欲使释门更辟，乃献嵩并弟，随使入朝。高氏作相，深相器重。时智游论师，世称英杰，嵩乃从之听《毗昙》《成实》，领牒文旨，信重当时，而位处沙弥更摇声略。及进具后便登元座，开判经诰，雅会机缘，乃使锋锐黩敌，归依接足。既学成望远，本国请还。嵩曰："以吾之博达。义非边鄙之所资也。"旋环邺、洛，弘道为宗。后又重征，嵩固执如旧，高昌乃夷其三族。嵩闻之告其属曰："经不云乎，三界无常，诸有非乐，况复三途八苦，由来所经，何足怪乎。"及高齐天保革命惟新，上统荣望见重宣帝，嵩以慧学腾誉，频以法义凌之，乃徙于徐州为长年僧统，仍居彭沛，大阐宏猷。江表河南，率遵声教。即隋初志念论师之祖承也。以天保年，卒于徐部。

慧嵩自幼在高昌出家，尤其在《杂心》（当即《杂阿毗昙心论》，

---

① 池田温：《中国古代写本识语集录》，东京大学东洋文化研究所1990年版，第183页，No. 501。
② 姚崇新：《中古艺术宗教与西域历史论稿》，商务印书馆2011年版，第188页。
③ （唐）释道宣撰：《续高僧传》卷七，《大正藏》卷五〇，第482—483页。

Samyaktabhidharma Hridaya śāstra）上造诣很深，名重当时，并对佛教教义在高昌的传播产生了重要的影响。北魏普泰初年（531），高昌王麴坚为了交通北魏，遣使入朝①，并献上慧嵩弟兄到中原求法，以使高昌得以"释门更辟"。慧嵩从高昌到洛阳后，便跟随高僧智游研习《毗昙》（*Abhidharma Sûtra*）、《成实》（*Satyasiddhi-śāstra*），学识和声望日盛，并深受北魏权臣、大丞相高欢所器重，以高昌地处"边鄙之所"，二次拒绝高昌征还的命令，而在邺城、洛阳一带弘道，结果终致其在高昌的族人遭受灭顶之灾，成为牺牲品。北齐文宣帝高洋（550—559年在位）代魏自立后，器重僧统法上，而慧嵩与其法义不合，频受欺凌。慧嵩于是前往徐州担任长年僧统，居彭沛之间"大阐宏猷"（正因如此，《续高僧传》径称其为"齐彭城沙门释慧嵩"），其学说的影响反而在当时遍及大江南北，并一直延续到隋初，成为一代宗师。

据《续高僧传》卷十一《释志念传》记载，慧嵩学匡天下，众侣坐随，弟子甚多，沙门道猷、智洪、晃觉、散魏等，并称席中杞梓，慧苑琳琅。而众弟子中却以志念最为杰出。志念的学问很广博，曾随道长学《智论》，又随道宠学《十地》，再随慧嵩学《毗昙》，所以他博通玄极，堪为物依，后来讲学，皆前开《智度》，后发《杂心》，……频弘二论一十余年。学观霞开，谈林雾结。志念的弟子也多，善于《毗昙》者有慧藏、慧净、神素、道岳、道潜、慧休、灵润等。因慧嵩弘传的是《毗昙》，故世人称他为毗昙孔子。

13. 得受。麴氏高昌国时期的高昌僧人。他曾入北魏习法，并于北魏延昌四年（515）五月二十三日在客居的洛阳永明寺写《胜鬘经疏》一部。② 他在北魏与高昌佛教交流方面当有贡献。

14. 道全。麴氏高昌国时期的高昌僧人。他原为高昌丁谷窟（今鄯善吐峪沟石窟）比丘，后可能到敦煌习法，并于北周武成元年（559）十二月廿日出资写《法华经》一部。③ 他在敦煌与高昌佛教交流方面当有贡献。

---

① 《魏书》卷一〇一《高昌传》。
② 池田温：《中国古代写本识语集录》，东京大学东洋文化研究所1990年版，第106页，No. 172。
③ 池田温：《中国古代写本识语集录》，东京大学东洋文化研究所1990年版，第129页，No. 250；姚崇新：《中古艺术宗教与西域历史论稿》，商务印书馆2011年版，第209页。

15. 昙显。麹氏高昌国时期的高昌僧人。高昌延寿十六年（639）七月十日，高昌经生巩达子用纸十二张，写《大方等如来藏经》供养，昙显则负责校对①。

16. 法惠。麹氏高昌国时期的高昌僧人。法惠俗姓李，《名僧传抄》卷二十五有传②，其文云：

> （法惠）本姓李氏，高昌人。少好射猎，酣酒弦歌。其妇美艳，一国无双，高富子弟，争与私通。惠他日出游，为豪富所打。友人报语，惠自思惟，己有大力，必当见杀，避往龟兹，乃愿出家，贫无法服。外国人死，衣以好衣，送尸陀林，辞诀而反。惠随他葬家人去彼，剥死人衣，遇起尸鬼起，相荼奥更为上下。凡经七反，惠率获胜，剥取衣裳，货得三千，以为法服，仍得出家。修学禅律，苦行绝群，蔬食善诱，心无是非。后还高昌，住仙窟寺。德索既高，尼众依止，禀其诚训。唯都郎中寺冯尼每谓惠曰："阿阇梨未好，可往龟兹国金华寺帐下直月间，当得胜法。"惠信尼语，往至龟兹，到见直月。直月欢喜，呼进房内，以蒲陶酒一斗五升，服令其饮。惠大惊愕，"我清净久，本来觅法，翻饮非法之药"，苦执不肯。直月急推令去，惠即退思，遂不敢违，违便顿饮尽，醉问而卧。直月锁房，乃更余行。及惠酒醒，追自拔恼，"我忽犯戒，悔过自责，槌打身体，欲自害命，于此少时，得第三果"。直月还问曰。得和后还高昌，大弘经律，道俗归敬，顾动乡邑。齐永元年（499—501），无疾坐亡。

龟兹当时流行的主要是小乘说一切有部，法惠在龟兹随直月大师所习的也是小乘经律，他在龟兹小乘佛教教义在高昌的传播方面做出了贡献。《大慈恩寺三藏法师传》卷二曾记载道："有高昌人数十于屈支出家，别居一寺，寺在城东南。以法师从家乡来，先请过宿，因就之，王共诸德各还。"③表明和法惠一样到龟兹出家习小乘教义的高昌僧人在当时还有不

---

① 池田温：《中国古代写本识语集录》，东京大学东洋文化研究所1990年版，第184页，No. 503。
② 《大正藏》卷五〇，第946页。
③ 慧立、彦悰：《大慈恩寺三藏法师传》，中华书局2000年版，第25页。

少，并且形成了具有地域（家乡）特点的教团，拥有自己的寺院。这些信奉小乘的高昌僧侣在龟兹集中出家居住，本身就说明小乘佛教在高昌的影响是有限的，同时从一个侧面也证明高昌佛教占统治地位的主要是属于汉地的大乘教派。尽管如此，由于法惠等人的影响，龟兹小乘佛教在高昌的影响还是有迹可循的。有研究者已注意到，吐鲁番出土的高昌国时期文书中可以看到高昌佛教禅师食肉的记载，显然是焉耆、龟兹一带小乘佛教影响的结果①。

20世纪以来，在吐鲁番阿斯塔纳—哈拉和卓古墓群和鄯善洋海古墓群陆续出土了大量晋至唐时期的多种文字和多种类型的古代文书写本，其中仅汉文文书中就保存有大量的僧尼名号，内中有许多属于高昌郡和高昌国时期。据从这些出土文书中统计，仅麹氏高昌王国时期的寺院就不少于165所，僧尼人数达数千之众。② 而且这些寺院一方面呈现出汉地佛教家族信仰的特点，另一方面由于这些寺院中有一些是西域乃至中亚甚至北方游牧民族所建立，从而在佛教信仰上也呈现出多民族的特点。限于篇幅，在此就不一一列举。从这些出土文书中可以看到，这些僧尼虽然大多默默无闻，但是在高昌的政治、经济与文化生活中，他们确曾发挥过十分重要的作用，同时也为高昌佛教的繁盛以及丝路佛教的交流与发展做出了重大贡献。

三

从上述这些材料中我们至少可以得出以下几点结论：

第一，车师佛教在早期佛教的东传汉地中曾发挥过重要作用（如鸠摩罗跋提），易言之，汉地佛教最初有一部分是从西域沿丝绸之路直接传入的；

第二，汉地佛教原本是从西域和中亚地区沿丝绸之路东传并本土化的结果，但是随着这一时期汉地佛教沿丝绸之路西向发展，高昌成为汉地佛教在西域的中心，从而使佛教在丝绸之路上的发展呈现出双向、交融的特征；

---

① 姚崇新：《中古艺术宗教与西域历史论稿》，商务印书馆2011年版，第211—215页。
② 町田隆吉：《吐鲁番出土文书に见える佛教寺院名について》，《东京学艺大学附属高等学校大泉校余研究纪要》第15集，1990年。参见姚崇新《中古艺术宗教与西域历史论稿》，第193页。

第三，地处丝路中段的高昌僧侣，大部分以汉语为母语，精通汉地佛教，另一方面又有很多人通晓西域胡语和佛教梵语，从而使其在东西方佛教在丝绸之路上的双向传播与交融过程中发挥了独特的作用；

第四，高昌除了中亚佛教、西域佛教和汉地佛教汇聚，大乘、小乘教义并存，而且其佛教还具有多民族信仰的特点，这显然是东西方各民族多元文化沿丝绸之路传播和交融的结果，而佛教在这一过程中无疑起到了催化剂的作用；

第五，高昌佛教发展的多元与多样性，集中体现了丝绸之路文化在人类历史上超越国家与民族樊篱，实现文化共享的场景，是值得今人珍视和借鉴的宝贵文化遗产。

（作者为陕西师范大学中国西部边疆研究院教授）

唐代后期在华新罗侨民问题再探

杨晓春

因为唐代后期入华日僧圆仁《入唐求法巡礼行记》对今江苏、山东一带新罗侨民的细致入微的记载，使千载以下，仍有可能详细地探讨这一古代入华侨民重要个案的方方面面。相关的成果已非常多，本文计划基于《入唐求法巡礼行记》的记载，并综合已有的一些研究成果，就相关的细节问题作进一步辨析，特别是从外来侨民中国化程度的角度，再次归纳、观察唐代后期的这一批新罗侨民的社会、文化、民族等方面的特点。

一 新罗侨民聚族而居的基本侨民社会形态

早先引起研究者注意的在唐新罗侨民问题，最集中的关注点便是"新罗坊"。《入唐求法巡礼行记》明确记载有"新罗坊"的为楚州和涟水县，两处都是城中新罗人的聚居地。扬州城中也有新罗人居住，但是否存在"新罗坊"，学者有不同意见[①]。

受"新罗坊"一名的启发，也有学者提出"新罗村"作为乡村中新罗人聚居地的名称，后又为学者所否定；确实，《入唐求法巡礼行记》中并不见"新罗村"一名。也有少数学者把"新罗院""新罗馆""勾当新罗所"等也看作新罗侨民聚落，后亦为学者所否定。

不管是新罗坊还是新罗人聚居的村落，都说明新罗侨民聚族而居的特点。

新罗侨民聚落的人口规模，也有学者做过讨论。讨论中比较可靠的依

[①] 陈尚胜先生认为可能有新罗坊（陈尚胜：《唐代的新罗侨民社区》，《历史研究》1996年第1期）。也有学者认为扬州新罗人的规模尚不足以构成新罗坊（赵红梅：《从在唐新罗人看在唐罗民间关系——以新罗人在唐聚居区为中心》，延边大学硕士学位论文，2003年）。

据,是赤山法华院活动的新罗人的规模——"集会男女,昨日二百五十人,今日二百来人,结愿已后,与集会众授菩萨戒。斋后,皆散去"。对于赤山村这一新罗人聚居村的人口数的估计,有的学者估计有500人[①],有的学者估计至少有300人[②]。不太可靠的是依据,是楚州新罗坊管理的官员为"总管"而《唐六典》载"凡诸军镇,每五百人置押官一人""五千人置总管一人",因而认为楚州新罗坊的新罗人达到了5000人。[③] 先不管军镇的总管所管是指军事人员(下文涉及新罗侨民聚居区管理的时候,会就此作出论述),就算是从一般的人口规模而言,一坊便达到5000人,也是非常惊人的数量了,并不可信。唐令载:"百户为里,五里为乡",在邑居则为坊。[④]《新唐书·地理志》载楚州淮阴郡"户二万六千六十二,口十五万三千"。[⑤] 而这是整个楚州的户口数。

坊又称里,是唐代城市中封闭的居民区,都城长安和洛阳两城中的坊一般为一里见方的模样。通常达到一定的人口数,才可能专立一坊,但是如果不能确定新罗坊中都是新罗人也便无法充分估计新罗坊内新罗人的规模了。不过,至少可以认为新罗坊中新罗人占多数。有学者将新罗坊定位成蕃坊之一种,是可取的。还有学者强调"对内地正州地区已经附贯的蕃人,在制度管理上已与土著百姓没有什么不同。简而言之,附贯蕃人在本质上已为唐人。唐朝政府将附贯蕃人的治理纳入县—乡—里(村)系列的行政体系控制之下,居住地也有村坊之分,但所谓'新罗坊'及'蕃坊'等称谓并未超越村坊制度之上。因为坊是人为划分的居住区,需要作些命名,而'新罗坊'以及'蕃坊'不仅仅是居住区,更重要的还是州县所设的具有某种职能的一种机构或者组织,与纯粹的居民区单位'坊'不尽相同,如楚州新罗坊、涟水县新罗坊长官称总管而不称坊正。因此,《行记》所载新罗坊的一些作用应是其具有处理部分事务职能的体现,而不应

---

① 陈尚胜:《唐代的新罗侨民社区》,《历史研究》1996年第1期。
② 刘再聪:《从"慕道"到"归化":唐正州内迁归化部众居住区的"村"制度——以粟特人"村"和新罗人"村"为中心》,《学术月刊》2011年第9期。
③ 陈尚胜:《唐代的新罗侨民社区》,《历史研究》1996年第1期;朴文一:《试谈在唐新罗坊的特点及其性质》,《延边大学学报》2000年第3期。
④ [日] 仁井田陞:《唐令拾遗》卷九《户令》,"乡里邻保坊村"条,栗劲、霍存福、王占通、郭延德译,长春出版社1989年版,第123—124页。
⑤ (宋) 欧阳修等:《新唐书》卷四一,中华书局1975年版,第1052页。

视为特权的象征"①。

新罗侨民不但聚族而居,而且在楚州、涟水新罗坊内的居民,多从事航海运输业,所以陈尚胜先生认为"新罗坊发挥着商品集散、信息传播和提供运输服务的商业社区功能"。② 还有登州一带新罗村的新罗侨民,陈尚胜先生根据唐昭宗光化四年(901)三月十八日所立的牟平县昆嵛山无染院碑碑文所载"鸡林金清押衙,家别扶桑,身在青社,货游鄞水,心向金田",认为也有人从事商业。密州诸城县大朱山一带的新罗侨民,还有人从事造船和修船业。这都显示了新罗聚落的商业特点。由此来看,新罗侨民聚落分布在东部沿海,不是偶然的。从这一特征出发,我们确实可以拿新罗坊和唐宋文献对广州蕃坊的记载进行一定的比较。

有两个小问题,可以连带着讨论一下。一是"新罗坊"是新罗人聚居的坊的专名还是俗称?从《入唐求法巡礼行记》又称赤山法华院为新罗院(后文有详考)看,"新罗坊"为新罗人聚居的坊名的俗称可能性比较大。一是山东地区未见新罗坊的原因,坊位于城内,山东地区新罗人的聚居地围绕登州文登县的赤山浦海港,远离文登县城,所以未见新罗坊。

二 任用新罗人管理新罗侨民聚居区

新罗人聚居区新罗坊和村的管理状况,学者也有探讨,其中关于新罗人享有怎样的管理权利,还形成一定的争论。在此仅强调一点——新罗侨民聚居区往往任用新罗人来进行管理。以下是《入唐求法巡礼行记》明确记载的三个例子。

其一,《入唐求法巡礼行记》记开成四年(839)六月七日圆仁一行泊登州文登县清宁乡赤山东边(赤山浦),随后有一段关于赤山法华院的介绍,接着记:"当今新罗通事、押衙张咏及林大使、王训等专勾当。"③ 语意似乎未竟,如果照着现在的语句,似乎是指张咏等人作为官员专管赤山法华院。当圆仁巡礼完五台山等地,于会昌五年(845)八月廿七日返回文登县时,"到勾当新罗所。敕平卢军节度同军将兼登州诸军事押衙张咏

---

① 刘再聪:《从"慕道"到"归化":唐正州内迁归化部众居住区的"村"制度——以粟特人"村"和新罗人"村"为中心》,《学术月刊》2011年第9期。
② 陈尚胜:《唐代的新罗侨民社区》,《历史研究》1996年第1期。
③ [日]圆仁原著,[日]小野胜年校注,白化文、李鼎霞、许德楠修订校注,周一良审阅:《入唐求法巡礼行纪校注》卷二,花山文艺出版社1992年版,第166页。

勾当文登县界新罗人户，到宅相见便识，欢喜，存问殷勤"①。此时明确记载了张咏的勾当文登县界新罗人户一职，应该是勾当新罗所的长官，而勾当新罗所则应该是文登县专管新罗人事务的机构。张咏为新罗人。

其二，圆仁来时，从扬州海陵县登岸，再从扬州到楚州，开成四年三月廿二日在楚州新罗坊，"沙金大二两、大坂腰带一，送与新罗译语刘慎言"②。此后与刘慎言多有往来。大中元年（847）六月五日圆仁"得到楚州新罗坊，总管刘慎言专使迎接，兼令团头一人搬运衣笼等，便于公廨院安置。访知明州本国人早已发去。料前程趁彼船的不及，仍嘱刘大使谋请从此发送归国"。③ 会昌五年七月三日"先入新罗坊，见总管当州同军将薛、新罗译语刘慎言，相接，存问殷勤"。④《入唐求法巡礼行记》又载会昌六年（846）"六月十七日，得楚州总管同军薛诠书信"⑤，可知姓名。而大中元年六月时刘慎言已接替薛诠任总管。总管刘慎言管理新罗人事务，他也是新罗人。

其三，开成四年四月五日，圆仁宿海州东海县宿城村新罗人宅，"爰村老王良书云：'和尚到此处，自称新罗人，见其言语，非新罗语，亦非大唐语。见道日本国朝贡使船，泊山东候风，恐和尚是官客，从本国船上逃来。是村不敢交官客住，请示以实，示报，莫作妄语。只今此村有州牒，兼押衙使下有三四人在此探候。更恐见和尚，禁捉入州'云云。……爰军中等的然事由，僧将僧等，往村长王良家，住军中请，具录留却之由与押衙。"⑥ 这位宿城村村老（村长）王良也是位新罗人。

顺带在此讨论一下管理新罗侨民官员的职官问题。通常认为这里的总管、押衙是专管新罗事务的职官名⑦，我认为系军镇系统的职官名，而管理新罗人事务，系其兼职。

《旧唐书·职官志》载："凡诸军镇，每五百人置押官一人，千人置子

---

① 《入唐求法巡礼行记校注》卷四，会昌五年八月廿七日条，第491—492页。
② 《入唐求法巡礼行记校注》卷一，第129页。
③ 《入唐求法巡礼行记校注》卷四，第508页。
④ 《入唐求法巡礼行记校注》卷四，第480页。
⑤ 《入唐求法巡礼行记校注》卷四，第501页。
⑥ 《入唐求法巡礼行记校注》卷一，第128页。
⑦ 陈尚胜：《唐代的新罗侨民社区》，《历史研究》1996年第1期；张学锋：《圆仁〈入唐记〉所见晚唐新罗移民在江苏地域的活动》，《淮阴师范学院学报》2011年第3期。

总管一人，五千人置总管一人。凡诸军镇使、副使已上，皆四年一替；总管已下，二年一替；押官随兵交替。"①《唐六典》所载略同："凡诸军镇，每五百人置押官一人，千人置子总管一人，五千人置总管一人。凡诸军镇使、副使已上，皆四年一替；总管已上，六年一替；押官随兵交替。"②《唐六典》另载："其横海、高阳、唐兴、恒阳、北平等五军，皆本州刺史为使"，注："五千人置总管一人……一千人置子将一人……五百人置押官一人。"③ 所载都是关于军镇置军将的情况。当然这是开元年间的制度，晚唐时期也可能有所变动，但是总管、押官作为军将的性质不会变化。据学者研究，晚唐藩镇军制大体分为三个层次：一是方镇治所州的牙兵（衙军），二是方镇属下各个支州（支郡）的驻兵，三是州下各县军镇；分为四个方面：一是衙军，直属藩镇主帅；二是外军镇，大多位于支郡，军将挂节度副使；三是支郡兵，由支州刺史所领，支州刺史如果领兵，则带有藩镇军职，除节度副使、同节度副使外，还有押衙；四是县镇，均为藩镇军职，县令不领兵④。除了支州刺史所领兵，其他都属于藩镇系统。晚唐楚州由淮南节度使管辖，淮南节度使治扬州；登州由平卢节度使管辖，治青州。《入唐求法巡礼行记》记载的平卢军节度同军将兼登州诸军事押衙张咏和总管楚州同军将（楚州总管同军）薛诠及接替他任总管的刘慎言所带，应该都是藩镇派驻支州的军职。大和八年（834）吕让撰《楚州刺史厅记》云："扬州属都（郡？），楚实甚大，提兵五千，籍户数万，其事雄富，同于方伯。"⑤ 楚州刺史按制管兵5000人，与之相合。

《入唐求法巡礼行记》又称薛诠为"薛大使"。关于楚州的"薛大使"，还有一些记载⑥。而有关楚州大使的如下一段记载，则有助于认识"大使"的内涵：

（开成四年二月廿四日）申后，到楚州城。判官、录事等下船入驿馆

---

① 《旧唐书》卷四三《职官志二》，中华书局1975年版，第1835页。
② （唐）李林甫等：《唐六典》卷五《尚书兵部》，陈仲夫点校，中华书局1992年版，第159页。所引标点略有改动。
③ 李林甫等：《唐六典》卷五《尚书兵部》，第158页。
④ 张国刚：《唐代藩镇研究》（增订版），中国人民大学出版社2009年版，第83—89页。
⑤ 李昉等编：《文苑英华》卷八〇二《编防壁记六》，中华书局1982年版，第4239页。
⑥ 《入唐求法巡礼行记校注》卷四，会昌五年七月三日条、七月五日条、九月廿二日条，第480、482、495页。

拜见大使。请益、留学僧等暮际入馆，相见大使、判官等。大使宣云："到京之日，即奏请益僧往台州之事，雇九个船且令修之事。礼宾使云：'未对见之前，诸事不得奏闻。'再三催劝上奏，但许雇船修理，不许遣台州。蒙敕报称：'使者等归国之日近。自扬州至台州路程遥远。僧到彼，求归期，计不得逢使等解缆之日，何以可得还归本国？仍不许向台州。但其留学僧一人，许向台州，五年之内，宜终给食粮者。'对见之日，复奏，敕全不许。后复重奏，遂不被许。此愧怅者。"①

入楚州，先拜见大使，大使宣云："到京之日，即奏请益僧往台州之事"，既云"到京"，又云"奏请"，大使应为楚州的长官。唐代后期的地方行政区划是州、县二级制还是藩镇（道）、州、县三级制，学界多有争论，从《入唐求法巡礼行记》所载大使到京奏请益僧往台州之事来看，至少可以感受到州、县二级制在形式上的保留。这位"大使"是否"薛大使"不易判断，但应为同样的职务，前面谈过位于支郡的外军镇军将挂节度副使，故而可称"大使"，《入唐求法巡礼行记》前面记有"海陵镇大使刘勉""清海镇张大使"。任总管后之刘慎言，《入唐求法巡礼行记》也称之为"大使"（见前引）。《入唐求法巡礼行记》大中元年最开始的记事，云："张大使从去冬造船，至今年二月功毕。专拟载圆仁等，发送归国。"② 大中元年六月十日圆仁离开时，"前总管薛诠及登州张大使、舍弟张从彦及娘皆送路"。③ "登州张大使"应该就是张咏。张咏为平卢军节度同军将兼登州诸军事押衙，是平卢镇派出的镇将，故称他为"张大使"。

《入唐求法巡礼行记》详细记载宣宗即位后诏书听读的细节：

又从京都新天子诏书来。于州城内第门前庭中铺二毬子，大门北砌上置一几，几上敷紫帷，上着诏书，黄纸上书。州判官、录事等，县令、主簿等，兵马使、军将、军中行官、百姓、僧尼、道士各依职类，列在庭东边，向西而立。从内使君出来，军将二十人在使君前引，左右各十人。录事、县司等见使君出，伏面欲到地。使君唱云："百姓等"，诸人俱唱"诺"。使君于一毬上立，判官亦于一毬上立，皆西面立。有一军将唤诸职名，录事、县司之列，一时唱"诺"。次唤诸军押衙、将军、兵马使之列，

---

① 《入唐求法巡礼行记校注》卷一，第120—121页。
② 《入唐求法巡礼行记校注》卷四，第504页。
③ 《入唐求法巡礼行记校注》卷四，第511页。

军中列,一时唱"诺"。又云:"诸客等",即诸官客、措大等唱"诺"。次云:"百姓等",百姓老少俱唱"诺"。次云:"僧道等",僧尼道士俱唱"诺"。次有二军将取诏书几来,置使君前,一拜,手取诏书,当额揖之。一军将跪坐,袖上受书,擎至庭中,向北而立,唱云:"有敕。"使君、判官、录事、诸军等尽俱再拜。有一军将云:"百姓拜。"百姓再拜,但僧尼道士不拜。令两衙官披诏书,其二人着绿衫。更有衙官两人互替读,声大似本国申政之声。诏书四五纸许,读申稍久,诸人不坐。读诏书了,使君已下诸人再拜。次录事一人、军将一人出于庭中,对使君言谢,走向本处立。使君宣诸司云:"各勤勾当。"判官已上尽唱"诺"。次都使唱云:"僧道等",僧尼道士唱"诺"。次云:"百姓",唱"诺"。次诏书使到使君前再拜。使君下毯,以袖遮之。诸官客等数十人到使君前,伏地屈身而立。军将唱:"好去。"一时唱"诺"。官人、诸军、僧道、百姓于此散去。

"次唤诸军押衙、将军、兵马使之列",显示的就是驻扎在楚州的藩镇系统的军将。

那么,紧接着需要讨论的便是藩镇系统军将兼管新罗人的实质是什么?我认为,这说明唐朝地方对于新罗侨民的管理,与一般百姓由州县管理是不同的。那么,这是不是因为新罗侨民密切的对外联系,事关国家安全的缘故呢?

张咏、刘慎言二人,身为镇将,又是新罗人,由他们来兼管新罗侨民,再合适不过了。

三 新罗侨民拥有专属的宗教场所

《入唐求法巡礼行记》详细记录了一处新罗佛寺——赤山法华院的情况。唐开成四年(839)六月七日圆仁一行泊登州文登县清宁乡赤山东边(赤山浦),此后长时间在此停留,一直到来年的二月廿日出发往五台山巡礼,前后达八个多月。其间基本上就活动在赤山法华院,所以他能够非常细致地记录赤山法华院的情况。圆仁所记,显示了赤山法华院具有鲜明的新罗特色。

其一,寺为新罗人所建。"即文登县清宁乡赤山村。山里有寺,名赤山法华院,本张宝高初所建也。"[①]

---

① 《入唐求法巡礼行记校注》卷二,开成四年六月七日条,第166页。

其二，寺内僧人为新罗僧。法华院起首讲《法华经》，"其集会道俗老少尊卑，总是新罗人，但三僧及行者一人，日本国人耳"。① "道俗"云云，指僧人和俗众。

其三，参与佛教活动的信徒也基本是新罗人。同上引文献。

其四，佛教仪轨也带有新罗的特色，并且使用新罗语。"其讲经礼忏，皆据新罗风俗。但黄昏、寅朝二时礼忏，且依唐风，自余并依新罗语音。"② 讲经仪式中的佛曲也用新罗曲。"赤山院讲经仪式：辰时，打讲经钟，打惊众钟讫，良久之会，大众上堂，方定众钟。讲师上堂，登高座间，大众同音称叹佛名，音曲一依新罗，不似唐音。"③

赤山法华院的设立，就是为在此活动的新罗人服务的。赤山法华院离海港特别近，圆仁称"山头望见泊船处"④。

除了赤山法华院有新罗僧，《入唐求法巡礼行记》记："依新罗僧常寂请，往刘村。"随后还记了个文殊师利托梦刘村新罗人王宪的故事，掘地得佛、菩萨像，"夜头礼佛，道俗会集，施舍通夜"⑤。"道俗会集"，应该以刘村人为主，也许这里还不只常寂一位僧人。刘村是新罗人聚居的村落，此处有可能也有与新罗人相关的佛寺。

关于新罗人专有的佛寺问题讨论，还需对《入唐求法巡礼行记》中多处记载的"新罗院"问题再作一些说明。"新罗院"问题，早已得到不少学者的关注，其中陈尚胜先生讨论较多，也比较深入，他否定了将新罗院直接与新罗侨民联系起来的看法，十分可取。他认为："新罗院是新罗侨民在佛寺内设立专门用以接待客僧的院馆。根据圆仁的记载，在登州文登县赤山法华院、青州城内龙兴寺、淄州长山县醴泉寺，都有新罗院存在。在赤山八月余，圆仁一直'寄住赤山新罗院，过一冬'。离别之时，'院主僧法清相送到勾当新罗使张押衙宅'。到青州龙兴寺时，圆仁也是由'直岁典座（僧）引向新罗院安置'。在淄州醴泉寺时，圆仁仍是由'典座僧引向新罗院安置'。可见这些新罗院都是附属于寺院的，并由新罗侨民所

---

① 《入唐求法巡礼行记校注》卷二，开成四年十一月十六日条，第190页。
② 《入唐求法巡礼行记校注》卷二，开成四年十一月十六日条，第190页。
③ 《入唐求法巡礼行记校注》卷二，开成四年十一月廿二日条，第191页。
④ 《入唐求法巡礼行记校注》卷二，开成四年七月廿三日条，第172页。
⑤ 《入唐求法巡礼行记校注》卷二，开成五年二月十四日条，第208页。

建立。为了提供寺院和新罗院的食粮之需，寺院周围应有一定规模的寺院庄田。除赤山法华院庄田一年可得五百石粮食外，据记载，醴泉寺也有庄园十五所。"① 又认为："赤山法华院本为新罗人所建，专设新罗院用以接待新罗来华求法僧侣，殆无疑义。"② 我的理解与陈尚胜先生有所不同，我认为新罗院是指独立的佛寺或者是寺中之院。以下分别从《入唐求法巡礼行记》所载"新罗院"的具体内容和唐代佛教寺院名称及多院落化两方面入手，作一辨析。

《入唐求法巡礼行记》提到的"新罗院"集中在第二卷山东部分，有八处③，还有一处称"新罗寺院"，合为九处。

第一处，开成四年七月廿八日条载县帖，云：

> 右检案内，得前件板头状报：其船今月十五日发讫，抛却三人，见在赤山新罗寺院，其报如前者。依检，前件人既船上抛却，即合村保板头当日状报，何得经今十五日然始状报？又不见抛却人姓名兼有何行李衣物？并勘赤山寺院纲维、知事僧等，有外国人在，都不申报。事须帖乡专差人勘事由，限帖到当日，具分折状上。如勘到一事不同及妄有拒住，并进上勘责。如违限，勘事不仔细，元勘事人必重科决者④。

前称"赤山新罗寺院"，后称"赤山寺院"。

第二处，开成四年十一月廿二日记"缘事不稳，归于本院"。随后记"赤山院讲经仪式"和"新罗一日讲仪式"详细情况，随后又记：

> "廿九日晚头，此新罗院佛堂经藏点灯供养，别处不点灯⑤。"

此处的"新罗院"也即赤山法华院。

赤山法华院这一座佛寺，《入唐求法巡礼行记》中又常称"此山院"

---

① 陈尚胜：《唐代的新罗侨民社区》，《历史研究》1996 年第 1 期。
② 陈尚胜：《论唐代山东地区的新罗侨民村落》，《东岳论丛》2001 年第 6 期。
③ 《入唐求法巡礼行记校注》"索引"有"新罗院"一处，在第 235 页（实际上在第 234 页）。
④ 《入唐求法巡礼行记校注》卷二，第 175 页。
⑤ 《入唐求法巡礼行记校注》卷二，第 197 页。

"山院""院""赤山院",公文中偶称"赤山寺院""此新罗院"也是指赤山法华院。

第三处,开成五年二月十九日:

> 斋后,出赤山新罗院入县。院主僧法清相送到勾当新罗使张押衙宅。①

此"院主"即"赤山新罗院"之"院主",前文正月十五日条曾详记赤山法华院常住僧众及沙弥等名,其中有法清,注为"去年院主"。②

第四处,开成五年二月廿四日条载文登县牒:

> 牒:检案内,得前件僧状:"去开成四年六月,因随本国朝贡船到文登县青宁乡赤山新罗院寄住,今蒙放任东西。今欲往诸处巡礼,恐所在州县、关津、口铺、路次不练行由,伏乞赐公验为凭,请处分者。"依检:前客僧未有准状给公验,请处分者。准前状给公验为凭者。谨牒③。

所记为开成四年六月事,显然,"赤山新罗院"就是"赤山法华院"。

第五、六、七三处,分别是开成五年三月二日条载圆仁行历、三月五日条载圆仁请公验状、三月十一日条载登州都督府牒,④ 所及仍为开成四年六月事,均作"赤山新罗院"。

第八处,开成五年三月廿一日到青州府龙兴寺宿,随后两日入州衙,廿四日条载:

> 廿四日,春节破阵乐之日。于州内球场设宴。晚头,直岁典座引向新罗院安置⑤。

---

① 《入唐求法巡礼行记校注》卷二,第212页。
② 《入唐求法巡礼行记校注》卷二,第199页。
③ 《入唐求法巡礼行记校注》卷二,第217页。
④ 《入唐求法巡礼行记校注》卷二,第222、225、234—235页。
⑤ 《入唐求法巡礼行记校注》卷二,第243页。

此一"新罗院",当然在青州。小野胜年先生认为是龙兴寺内专门居住新罗僧侣的院落①。

第九处,"开成五年四月三日从青州出发西北行,四月六日到淄州长山县醴泉寺断中。斋后,巡礼寺院毕,随后,典座僧引向新罗院安置"。②

此一"新罗院",则当属醴泉寺。

以上所引,略作归纳,可知《入唐求法巡礼行记》中的"新罗院"主要就是指赤山法华院,系其俗称。"新罗院"这一名称出现的原因,则是因为这是新罗人创建、新罗人活动的佛寺。另有两处,则与其他的佛寺联系在一起,似乎是佛寺中的一部分。

北宋初赞宁《大宋僧史略》引灵裕法师《寺诰》凡有十名寺,并载:"今义加六种:一名窟,如后魏凿山为窟,安置圣像及僧居是也(今洛阳龙门天竺寺有石窟,有如那罗延金刚佛窟等是),二名院(今禅宗住持多用此名也),三名林(律曰:住一林。经中有逝多林也),四曰庙(如《善见论》中瞿昙庙),五兰若(无院相者),六普通(今五台山有多所也)"③ 赞宁称禅宗的寺院为"院",《入唐求法巡礼行记》就明确记载赤山法华院中有轨范、法行和忠信三位僧人系"禅门"。不管怎么说,"院"是佛寺的另一名。而唐代还有大量的具有一定规模的佛寺,由各院构成,这些院都是呈院落形态的,有的可能和具体的宗派或者功能有联系,更多的则只是一座佛寺中的一个院落,根据位置或者建筑物等的特征给予一个名称。《历代名画记》记载了唐代两京大量的佛寺由院构成的情况,如长安的荐福寺有净土院、西廊菩提院、律院、西南院;安国寺有北院、经院、西廊南头院、东廊大法师塔院④。《酉阳杂俎》载慈恩寺"凡八十余院,总一千八百九十七间,敕度三百僧"。⑤ 正是唐代稍具规模的佛寺多院落构成的普遍反映。多院落的情况,在考古发掘资料中也有体现,如西安青龙寺遗址,经过发掘的部分,大约占全寺的1/3(全寺占1/2个坊的面

---

① 《入唐求法巡礼行记校注》卷二,第244页。
② 《入唐求法巡礼行记校注》卷二,第252页。
③ 赞宁:《大宋僧史略》卷上,"创造伽蓝"条,金陵刻经处刻本,第八叶。
④ 张彦远:《历代名画记》卷三《记两京外州寺观画壁》,辽宁教育出版社2001年版,第31—34页。
⑤ 段成式:《酉阳杂俎》卷六《寺塔记下》,方南生点校,中华书局1981年版,第262页。

积），为两个完整的院落①。《入唐求法巡礼行记》载文登县惠海寺有极乐阁梨院②，惠聚寺有北院③，五台山"竹林寺有六院：律院、库院、华严院、法华院、阁院、佛殿院"，④ 五台山"大华严寺十二院，僧众至多"，⑤非常普遍。前述龙兴寺、醴泉寺中的新罗院，应该也是这样的情况。是否如小野胜年先生认为的是专门居住新罗僧侣的院落，尚难最后断定，但是至少可以推测是与新罗人有关的。

《入唐求法巡礼行记》未记青州和淄州长山县有新罗坊或新罗人聚居的村，两地的佛寺中新罗院的出现，陈尚胜先生的解释是："唐朝与新罗之间的友好关系，使沿途的地方政府也易为新罗来华求法僧侣提供更多的优待措施。因此，从登州到淄州沿途中的一些寺院内设置专门的新罗院，也印证了唐朝对于新罗僧侣的特殊友好政策。"⑥ 这不失为一个有说服力的解释。新罗与唐朝之间的佛教交流非常密切，来唐新罗僧非常之多⑦。盛唐时期的僧人义净所著《大唐西域求法高僧传》明确记载了六位新罗求法僧，占往西域求法僧的1/9，而且多数是先到中国来活动的，⑧ 可想而知，来中国的新罗求法僧应该更为普遍。《入唐求法巡礼行记》也记了不少新罗僧。来华新罗僧的数量肯定要多于新罗的使节，而外国来华佛僧往往投宿佛寺——圆仁便是如此，新罗馆之外在佛寺中设新罗院，不失为切实可行的举措。

总之，赤山法华院又俗称作新罗院，正是因为这是一座新罗风格的新

---

① 中国社会科学院考古研究所西安唐城工作队：《唐长安青龙寺遗址》，《考古学报》1989年第2期。
② 《入唐求法巡礼行记校注》卷二，开成五年二月廿日条，第213页。
③ 《入唐求法巡礼行记校注》卷二，开成五年二月廿一日条，第214页。
④ 《入唐求法巡礼行记校注》卷二，开成五年五月二日条，第270页。
⑤ 《入唐求法巡礼行记校注》卷二，开成五年五月十六日条，第276页。
⑥ 陈尚胜：《论唐代山东地区的新罗侨民村落》，《东岳论丛》2001年第6期。
⑦ 关于入唐新罗僧的情况，较早的研究有严耕望《新罗留唐学生与僧徒》（《"中央"研究院历史语言研究所集刊外编》第四种下册《庆祝董作宾先生六十五岁论文集》，台北，1967年；收入严耕望《唐史研究丛稿》，香港新亚研究所1969年版）。拜根兴就各种统计结果作过评述，并给与了最新的统计，他的统计结果为157人（拜根兴：《入唐求法：铸造新罗僧侣佛教人生的辉煌》，《陕西师范大学学报》2008年第3期；拜根兴：《唐朝与新罗关系史论》，"入唐求法新罗僧侣统计表"，中国社会科学出版社2009年版）。
⑧ 义净著，王邦维校注：《大唐西域求法高僧传校注》，中华书局1988年版，附录一"求法僧一览表"，第247—252页。

罗侨民佛寺的缘故。

四　新罗人聚居区内很可能通行着新罗语

前面已经讨论过两位管理新罗侨民的官员，勾当文登县新罗所的押衙张咏，兼任新罗通事、任楚州总管的刘慎言，他曾是新罗译语。通事和译语都是翻译人才，通事是口头翻译，译语是书面翻译，张咏和刘慎言都是通新罗语和汉语两种语言的人才。这种现象，促使我们思考一个问题——为什么会以通新罗语的新罗人来担任管理新罗侨民的官员？最合理的解释，便是新罗侨民内部通行新罗语，所以必须要以通习新罗语、汉语两种语言的人来管理。

新罗侨民聚落内部通行新罗语，还有一个可以作为旁证的故事，也就是前面引过的宿城村村老王良的故事。圆仁于开成四年四月在海州东海县宿城村，企图以新罗僧侣的身份在此留宿，即被该村村老王良以圆仁不会说新罗语而识破。不会说新罗语，便被识破，可想而知，这个村中的新罗人应该基本上也是讲新罗语的。①

此外，赤山法华院佛教活动有新罗信徒参与，活动中使用新罗语，应该也是考虑到这些新罗人的语言状况。

当然，也会有一些新罗人可能已经不会新罗语了。张学锋先生便分析过往楚州运炭的十来个新罗人，似乎已经不懂新罗语，因此被圆仁等骗过，并认为他们可能已是不太懂新罗语的移民后代了。②

五　新罗人的风俗习惯仍大量保留

《入唐求法巡礼行记》记赤山法华院过中秋节情景云：

> 寺家设𩚑饨饼食等，作八月十五日之节。斯节诸国未有，唯新罗国独有此节。老僧等语云："新罗国昔与渤海相战之时，以是日得胜矣，仍作节乐而喜舞，永代相续不息。设百种饮食，歌舞管弦以昼续夜，三个日便休。今此山院追慕乡国，今日作节。"③

---

① 陈尚胜先生引述这个故事，以说明新罗人的语言状况（陈尚胜：《唐代的新罗侨民社区》，《历史研究》1996年第1期）。
② 张学锋：《圆仁〈入唐记〉所见晚唐新罗移民在江苏地域的活动》，《淮阴师范学院学报》2011年第3期。
③ 《入唐求法巡礼行记校注》卷二，开成四年八月十五日条，第178—179页。

这段记载，对于我们了解新罗侨民的社会、文化状况很有价值，值得略作分析。

其一，八月十五之节是新罗人独有的节日，《旧唐书·新罗传》亦载新罗人"又重八月十五日，设乐饮宴，赉群臣，射其庭"。① 甚至有研究者认为中秋最早成为节日就是在新罗。而赤山的新罗侨民保持了这一风俗传统。

其二，在唐的新罗侨民过八月十五日之节，还带有"追慕乡国"的用意。

其三，佛寺在维持新罗文化方面起着核心的作用。佛教活动中保留着新罗的习俗，前述《入唐求法巡礼行记》记录的佛教活动，便多处带有新罗的特色。

此外，新罗人的墓葬习俗——石室墓很可能仍保留着。张学锋先生将江苏连云港"土墩石室"遗存推测为入唐新罗人的墓葬，认为此类遗存与朝鲜半岛5—8世纪横穴式石室墓相仿②。这从另外一个侧面显示了入唐新罗人长时间保存着本族文化特色。

六 小结

总的来看，直到唐代后期，江苏、山东一带的新罗侨民仍然拥有本民族的专门聚落，保持着本民族的文化，而且还保有鲜明的新罗人的民族身份。因此，可以估计新罗侨民的中国化程度是比较有限的。前文引过在唐新罗人讲经礼忏，只是在黄昏、寅朝二时依照唐朝的风俗，可见虽然接受了一些唐朝的做法，总体上仍然依照新罗的做法。而正因为新罗侨民及其后裔保有鲜明的民族身份，才会被清晰地记录在文献中。

在唐的新罗侨民分布较广，聚落众多，但是唐新罗侨民内部、新罗侨民与新罗国内之间联系紧密。陈尚胜先生认为："登、莱、密诸州沿海地区的新罗侨民村落是作为新罗与唐朝的海上交通基地而存在的，不仅当地各个村落之间联系密切，而且这些村落的新罗侨民与楚州、扬州等城的新罗坊内的新罗侨民也有着密切的关系，我们可以从中感受到当时在唐朝的

---

① 《旧唐书》卷一五九上《东夷列传·新罗》，第5334页。
② 张学锋：《江苏连云港"土墩石室"遗存性质刍议——特别是其与新罗移民的关系》，《东南文化》2011年第4期。

新罗侨民之间具有极强的民族凝聚力。或许，这也是新罗能够统一朝鲜半岛三国的一个重要原因。"① 张学锋先生认为："通过频繁的往来，在唐新罗人之间形成了非常发达的社会网络，同胞之间的相互请托成为他们在唐朝社会生存下去的重要资源。"② 两位学者都强调了侨民群体内部紧密的联系对于侨民群体独立性保持的关键作用。

（作者为南京大学历史学院教授）

---

① 陈尚胜：《唐代的新罗侨民社区》，《历史研究》1996 年第 1 期。
② 张学锋：《圆仁〈入唐记〉所见晚唐新罗移民在江苏地域的活动》，《淮阴师范学院学报》2011 年第 3 期。

耿昇先生与中国中外关系史研究

纪念文集 中

Commemorative Anthology of Geng Sheng and the Study of Sino-Foreign Relations History

主　编　万　明　李雪涛　戴冬梅

执行主编　柳若梅

中国社会科学出版社

目　录

（中）

唐宋两朝至中南半岛交通线的变迁	方　铁	417
"迦沙"考	贾衣肯	436
再谈敦煌写卷 P. 2001 号：伯希和与法国的东方学传统	王邦维	449
百年来塔里木历史遗存的调查整理与时代特征	张安福	462
《从希腊到中国》和阿富汗展览背后的故事	邵学成	481
佛教国家诃陵国纪	林　敏	484
元末高邮之役中高丽援军问题考论	陈　昊　吴德义	506
13—14 世纪教宗使者的中国行纪	徐亚娟	515
"草原之路"的起源及有关问题的思考	鲍志成	526
朝鲜王朝前期白银禁用之因由与影响	孙卫国	547
刍议明太祖时期与朝鲜王朝争端三题	王　臻　杜帅荞	568
传入朝鲜的清代禁毁书籍	杨雨蕾	581
韩国汉文文献在中国流传和利用的现状研究	刘永连	593
郑和船队中的外籍航海家——番火长	刘迎胜	618
略论明清册封琉球的航海活动	谢必震	624
读《明史·柯枝传》拾零 ——海上丝绸之路上一朵绚丽的浪花	晁中辰	638
郑和下西洋外交对 21 世纪海上丝绸之路建设的历史借鉴	朱亚非	645
明清中国"大西洋"概念的生成与演变	庞乃明	653

"面包"物与名始于澳门 ……………………………………… 金国平 671

明末南京教案的反教与"破邪" …………………………… 邹振环 680

明末清初耶儒对话中的儒学宗教解释问题 ………………… 贾未舟 701

明清间西方传教经费中转站的盛衰
　　——经济生活视角下的澳门与内地关系 ………… 康志杰　吴　青 722

18世纪荷兰罗耶藏广州外销画册初探 ……………………… 江滢河 734

清初来华传教士对世界地理知识的介绍
　　——以《坤舆图说》为中心所做的分析 ………………… 马　琼 745

清前期来华巴黎外方传教会会士及其传教活动：1684—1732
　　——写在著名学者、中外关系史学会前会长耿昇先生逝世
　　　一周年之际 ……………………………………………… 汤开建 761

清中前期北堂藏书的形成 …………………………………… 赵大莹 812

法国汉学者所谓"郑和海权论"奏谏等不可轻信 ………… 施存龙 828

探析法国园林与岭南园林的互动影响与启示 ……………… 纪宗安 836

童文献与德理文之争
　　——19世纪法国汉学面貌一瞥 ………………… 郭丽娜　陈晓君 848

《诗经·国风》法译本中的女性形象
　　——以顾赛芬和许渊冲的译本为例 ……………………… 孙　越 859

唐宋两朝至中南半岛交通线的变迁

方 铁

一 唐朝对西南边疆的经营及其交通线

唐朝享国 290 年。唐朝对云南地区的管理，若以安史之乱后南诏脱离唐朝控制为界，大致可分为唐朝有效统治云南地区的前 130 余年，以及云南地区被南诏割据之后的 150 余年。前期唐朝能切实控制的区域，从云南的东部和中部推至西部的澜沧江流域，所采取的设治、驻军和整顿交通线等措施亦有成效。安史之乱后，云南地区被南诏割据。其间虽有贞元十年（794）南诏与唐朝修好，并维持 35 年友好的时期，但贞元年间的南诏，已不是受命管辖洱海区域的土官，而是据有云南地区的藩属政权。贞元十年，唐朝遣使册封异牟寻为南诏王，实则是对南诏既有范围的承认。安史之乱之后，唐朝已丧失对云南地区的实际控制权。

唐朝建立后，太宗积极经营边疆地区。他认为封域之内皆唐廷赤子，边疆蕃民"延颈待救"，若施政得法，可使"四海如一家""使穷发之地尽为编户"。因此，太宗竭力经营边疆而不计成本[1]，甚至"空竭府库"亦不足惜[2]。唐朝拓边的效果也十分显著，贞观至开元年间，边疆蛮夷纷纷内属，唐即将其部落设为羁縻府州。全盛之时，唐在边疆地区所置都护府，主要有安北、单于、安西、北庭、安东与安南等六处，下辖 856 余处羁縻府州[3]。唐朝腹地的版图虽不及汉代，若论羁縻府州的范围则远超两

---

[1] 方铁：《论唐朝统治者的治边思想及对西南边疆的治策》，《云南民族学院学报》2001 年第 2 期。

[2] （后晋）刘昫等：《旧唐书》卷九一《张柬之传》张柬之请罢姚州疏，中华书局 1975 年版，第 2940 页。

[3] （宋）欧阳修等：《新唐书》卷四三下《地理七下》，中华书局 1975 年版，第 1119 页。

汉。神功元年（697），权臣狄仁杰说："自典籍所纪，声教所及，三代不能至者，国家尽兼之矣。"① 宋人欧阳忞亦言："（唐地）南北如汉之盛，东不及而西过之。"② 指出唐朝在西部拓展疆土甚广。

唐朝经营云南地区亦如同汉晋，以紧邻蜀地的今川西南、滇东北为基础，向南面及西面扩展。武德元年（618），唐置南宁州，随后置总管府，武德七年，改为南宁州都督府（治今云南曲靖西）。武德元年，改隋代犍为郡为戎州，以后设戎州都督府（治今四川宜宾）③。以后，唐朝将经营重点置于洱海及其以西的地区，以及今滇中以南的区域。麟德元年（664），唐在弄栋川置姚州都督府（治今云南姚安）④。调露元年（679），唐设安南都护府（治今越南河内），管辖今越南的北部、中部以及云南东南部地区。

唐朝积极经营云南地区，与企望恢复前代经其地达邻邦的交通线有关。武帝时，西汉将从今成都过今云南达邻邦的两条便道扩建为官道，其一是由今成都经汉源、西昌、姚安、大理至缅甸的道路，其中自今成都入云南的一段称"灵关道"；另一条是从今成都经宜宾、曲靖至昆明的通道，继续南下可达交趾，其中由今成都至昆明的道路称"五尺道"。灵关道在唐代称"清溪关道"，五尺道则称"石门关道"。此两道在云南中部交会，构成唐代入四夷七要道之一的"安南通天竺道"。贞元年间，宰相贾耽述其走向：从交州经云南今河口、屏边、蒙自、建水、通海、晋宁至昆明，经安宁故城西抵今大理，再过今保山达位于腾冲东南的诸葛亮城分两道，一道经骠国达今印度阿萨姆邦西部；另一路从诸葛亮城过今缅甸密支那以南的丽水城至今孟拱，经大秦婆罗门国，亦达今印度阿萨姆邦西部。⑤ 唐代称安南通天竺道的西段为"西洱河至天竺道"，称东段为"安宁至交州道"或"步头路"。

因地方势力割据，唐立国前经由云南的道路险阻难行。贞观二十二年（648）、永徽二年（651），唐朝两次用兵云南西部，平定道路沿途松外诸

---

① （宋）司马光等：《资治通鉴》卷二〇六《唐纪二十二》神功元年闰十月甲寅，中华书局1956年版，第6524页。
② （宋）欧阳忞：《舆地广记》卷三《剑南道》，四川大学出版社2003年版，第47页。
③ （后晋）刘昫等：《旧唐书》卷四一《地理四》，第1692页。
④ 《旧唐书》卷四《高宗纪》，第85页。
⑤ （宋）欧阳修等：《新唐书》卷四三下《地理七下》，第1151页。

蛮及郎州白水蛮的反叛。① 自设置姚州都督府与安南都护府，因置于唐军的保护之下，安南通天竺道基本上保持畅通。凭借清溪关道、石门关道，以及延伸入今缅甸和越南北部的交通线，唐朝在云南地区实现稳定的统治，并与中南半岛诸国建立了密切的交往。姚州都督府与安南都护府，也成为唐朝经营西南边陲的桥头堡，对云南的西部、南部及其徼外地区，形成明显的钳制之势。

姚州都督府管辖57处羁縻州②，范围包括今云南西部与今缅甸东北部。唐在这一地区设治之密超过两汉。天宝九载（750），以今洱海为中心的地方势力南诏与唐朝决裂。南诏攻据姚州都督府，拆毁姚州城，进而夺据羁縻州32处。唐廷出兵征讨，南诏乞求许可自新，愿重修姚州城，但唐朝仍三次遣军征讨，可见姚州都督府战略地位之重要。南诏自立后亦重视西洱河至天竺道，其常备军约三成的兵力，驻扎于该道所经的重镇永昌（今云南保山）③。

安南都护府在汉代交州的基础上演变而来，历来是诸朝经营今云南、广西与中南半岛的桥头堡。元封五年（前106），西汉置交州刺史（治今河内），居全国十三刺史部之列。孙吴分岭南为两州，割合浦以北海东四郡立广州，割交趾以南分海南三郡设交州。隋朝亦置交趾郡。武德五年（622），唐改交趾为交州总管府，以后改安南都护府④。

由于安南的战略位置十分重要，唐朝拟将安南通天竺道的东段，向北延长与西洱河至天竺道相接。天宝四载（745），为修筑由交趾北上的步头路，越巂都督竹灵倩奉命至安宁筑城，今滇东的地方势力爨氏杀死竹灵倩，并毁安宁城。玄宗诏南诏进讨。南诏占据今滇东地区，随后与唐朝的矛盾激化，拓建新道的计划乃被搁置。南诏反叛后，唐朝以安南为基地夹击南诏。天宝九年，安南都护王知进领军自安南入云南地区，与蜀地唐军合围南诏。天宝十三载，唐又令广州都督何履光领岭南兵马赴云南，配合侍御史李宓所率兵进击南诏。咸通初年，南诏攻下安南，严重威胁唐朝在

---

① （宋）司马光等：《资治通鉴》卷一九九《唐纪十五》贞观二十二年四月丁巳，第6255页；（宋）欧阳修等：《新唐书》卷二二二下《南蛮传下·两爨蛮》，第6315页。
② 《旧唐书》卷九一《张柬之传》，第2941页。
③ （唐）樊绰：《蛮书》卷六《云南城镇》，赵吕甫校证，中国社会科学出版社1985年版，第237页。
④ （宋）乐史：《太平寰宇记》卷一七〇《岭南道·交州》，中华书局2007年版，第3249页。

西南边陲的统治。懿宗乃颁诏分岭南为东、西两道，岭南东道治广州，岭南西道治邕州（治今南宁）。咸通四年（863），南诏军再陷安南，唐朝于今广西合浦置行交州，随后于行交州复置安南都护府。咸通七年，安南都护高骈收复安南，唐于安南设静海军节度加强镇守①。可见唐朝对安南的重视。

唐朝不仅辟建清溪关道、石门关道、西洱河至天竺道、安宁至交州道为官道，还在一些路段设置驿传。受因战乱档案散失的影响，迄今未见唐经营云南通道的完整记载，但不乏窥其原貌的零星记录。据记载：沿清溪关道从成都府至阳苴咩城（在今云南大理），南诏与唐朝的分界在巂州俄淮岭（在今四川德昌以南），其间成都至俄淮岭有30驿，俄淮岭达阳苴咩城有19驿②。贞元年间，南诏王异牟寻谋求归唐，唐廷拟遣使袁滋册封异牟寻，其时传言吐蕃将阻断清溪关道，西川节度使韦皋乃整修石门关旧路，于沿途设置一些驿馆。袁滋一行由戎州南下，沿途少有人烟，第九日至位今云南马龙的制长馆，"始有门阁廨宇迎候供养之礼"。由今马龙经安宁至阳苴咩城，沿途有拓东、安宁、龙和、沙雌馆、曲馆、沙却、求赠、波大、白崖、龙尾等处驿馆③。迄今未见南诏置驿的完整记载，上述见于记载的驿馆应为唐前期所建。贾耽所言以及《蛮书》的记载，皆详述安南通天竺道之云南段宿营的地点，亦应为唐前期置建驿馆情形的反映。唐建驿馆沿用前代旧制，多为30里置一驿。上述记载中的驿馆，相互距离亦多为30里，与唐制相合④。

唐人称清溪关道为由云南入蜀之"南路"，石门关道为入蜀之"北路"。自天宝间南诏与唐朝结怨，两者的关系时松时紧，由云南入蜀的道路亦受影响。一般而言，行旅行经清溪关道的记载较多，石门关道渐遭废弃。天宝年间，唐将鲜于仲通征讨南诏，经由了石门关道，"后遂闭绝"。此后仅见贞元十年（794）袁滋赴南诏册封，闻清溪关道为吐蕃所阻而择行石门关道的记载。袁滋一行沿途见人烟稀少，所经山岭或林木蔽日，

---

① （宋）司马光等：《资治通鉴》卷二五〇《唐纪六十六》咸通三年四月至《唐纪六十六》咸通七年十一月，第8098—8117页；《旧唐书》卷一九上《懿宗纪》，第652页。
② （唐）樊绰：《蛮书》卷一《云南界内途程》，第13页。
③ （唐）樊绰：《蛮书》卷一《云南界内途程》，第36页。
④ 据（唐）樊绰《蛮书》卷一《云南界内途程》：由交州至滇南贾勇步为水路，以后乃改陆行。贾勇步至阳苴咩城共21驿。云南多山路难行，马帮一日约行30里。

"昼夜不分"。偶见山间诸蛮,亦无拜跪礼节,三译四译乃通,第九日达制长馆,始见有驿馆。① 可见石门关道荒芜已久。

对今广西通往中南半岛诸国的交通线,唐朝亦注意经营。在咸通三年(862)唐朝分设岭南东道、岭南西道之前,岭南的政治中心主要在广州与交趾。自秦汉于交趾设治,历朝联系交趾虽有水陆两途,但行者多以海路为首选。咸通年间,南诏收复安南,今广西西南部受到朝廷重视,行经邕州(治今广西南宁)、北达桂州(治今广西桂林)道路的行者渐多。但唐代今广西西南部尚未充分开发,自安南经邕州赴桂州的陆道,路途遥远且艰险难行,因此,由安南赴内地,多数行者仍择行海路。

二 唐朝与中南半岛间的交通线及其利用

唐朝对云南西部边陲的开拓,可从姚州都督府管辖州县的分布窥知。姚州都督府统辖众多羁縻州,迄今所知,姚州都督府最西部的羁縻州为今腾冲。② 由此可见,唐朝对西洱河至天竺道的有效管辖,大体上仅限今腾冲以东的区域;行者进入今腾冲以西的地区,便只能走民间便道。

天宝年间南诏割据,多次对今腾冲以西的地区用兵,《南诏德化碑》称南诏王阁逻凤"西开寻传,南通骠国"。唐文宗时,南诏再次出兵骠国(位今缅甸中部),攻破位今伊洛瓦底江上游的弥诺与弥臣,还进攻位今萨尔温江口的昆仑,抵达中南半岛南部的洞里萨湖,因无法舟渡而退兵。③ 在所征服的地区,南诏建广荡、丽水、安西、苍望等城镇并驻兵镇守。南诏还开通经今云南临沧至伊洛瓦底江中游的"青木香山路",④ 以及由今云南景东过景洪达中南半岛中南部的道路。⑤ 南诏对云

---

① (唐)樊绰:《蛮书》卷一《云南界内途程》,第34页。
② 据《旧唐书》卷九一《张柬之传》:神功初,蜀州刺史张柬之上疏请罢姚州,谓姚州都督府辖57处羁縻州,但未言州名及地望。(宋)欧阳修等《新唐书》卷四三下《地理七下》载姚州府所辖13处羁縻州,大致位于今云南的楚雄地区与大理地区。据《元史》卷六一《地理四》大理路军民总管府条:唐于弄栋川置姚州都督府,"治楪榆洱河蛮",所言管辖重点与《新唐书》卷四三下《地理七下》所说羁縻州分布方位相合。《元史》卷六一《地理四》又说:腾冲府,"唐置羁縻郡"。可见腾冲为姚州都督府所辖羁縻州之一。由此观之,腾冲应为迄今所知姚州都督府管辖范围的极西界。
③ (唐)樊绰:《蛮书》卷一〇《南蛮疆界接连诸番夷国名》,第326页。
④ (唐)樊绰:《蛮书》卷六《云南城镇》,第223页。
⑤ 方铁主编:《西南通史》,中州古籍出版社2003年版,第284页。

南以西地区的用兵具有扩张的性质，但也疏通了西洱河至天竺道的西段，客观上便利中南半岛诸国与中国的陆行往来。《旧唐书·西南蛮骠国传》说：骠国北通南诏些乐城界（在今云南潞西），东北距阳苴咩城（在今云南大理）1800里。看来骠国联系南诏，便是通过经些乐城至阳苴咩城的道路。

唐朝与中南半岛诸国的往来十分频繁。贞元十年南诏与唐和好后，中南半岛诸国与唐朝的交往达至高潮，经由云南的陆路在其中起到重要作用。骠国是中南半岛北部的大国，辖弥臣等18属国，唐代以前"未尝通中国"。贞元十八年（802），骠国王知南诏王异牟寻归附，乃遣其弟悉利移随南诏进贡，献国乐十曲及乐工多人。入朝之前，剑南官吏韦皋于成都谱录其曲，画其舞容及乐器以献[1]。唐人《骠国乐颂》也说：骠国王子献其乐器及乐工，"逾万里自至于蜀"，韦皋遣使者护送入朝[2]。可见骠国使者赴唐朝贡，行经过云南入成都的道路。贞元二十年、元和元年（806），骠国又遣使朝贡[3]。

中南半岛的其他古国遣使入朝，也多选行经过云南或交州的道路。武德八年（625），文单（在今老挝）遣使朝贡。天宝十二载（753），文单国王子率26人入朝，唐授予果毅都尉之职。文单王子回国行经交州，玄宗诏其随何履光征讨南诏，事讫许其还蕃。大历六年（771），文单国副王婆弥入觐。贞元十年南诏归唐，文单再次入贡[4]。贞元二十一年，弥臣国嗣王乐道勿礼朝贡，唐朝封其为弥臣国王[5]。唐臣制文述其事之美，有"骠国之与弥臣，伏联踪而叠轨"等语，可见弥臣、骠国的使者接踵或相伴入朝，亦必行经云南地区[6]。另据《蛮书·云南城镇》：自开南城（在今云南景东）走陆路达永昌（今云南保山）须十日，水路下弥臣国30日程，"南至南海，去昆仑国三月程"。可见自永昌沿今伊洛瓦底江可达弥臣

---

[1] 王钦若等：《册府元龟》卷九二，中华书局1960年版；《旧唐书》卷一九七《南蛮·西南蛮骠国传》，第5286页。

[2] 阙名：《骠国乐颂》卷一〇〇，《说郛》，宛委山堂本。

[3] 王钦若等：《册府元龟》卷九二。

[4] 王钦若等：《册府元龟》卷七九一《外臣部·朝贡四》；《册府元龟》卷九六五《外臣部·封册三》。

[5] （宋）王溥：《唐会要》卷一〇〇《骠国》，中华书局1955年版，第1795页。

[6] （唐）符载：《为西川幕府祭韦太尉文》，（清）董浩等：《全唐文》卷六一九引，中华书局1982年版。

国，南下可至昆仑国（在今缅甸萨尔温江口），亦与前述相佐证。

秦汉以来交州受中原王朝统治。交州是中原王朝与中南半岛中南部及其以远地区交往的中转站。诸国经由交州赴中国内地，有陆路、海路可供选择。西汉置日南郡，徼外诸国皆由过日南的道路献贡。东汉桓帝时，大秦、天竺亦经此道入贡①。唐代交州的位置进一步提升。因内地联系交州主要通过海路，同时也由于唐朝与海外诸国交往频繁，交州的海运枢纽地位得以巩固。《旧唐书》说："交州都护制诸蛮，"海南诸国大抵位于交州以南及西南，居大海中州之上，"自汉武已来朝贡，必由交趾之道"②。西人依宾库达特拨所著、成书不晚于咸通初年之《道程及郡国志》，亦谓Al–Wakin（即龙编，在今河内）"为中国第一个港口"。③ 晚近的日本学者亦认为，"交州在唐代依然为中国最南之繁盛贸易港"④。

关于交州达中南半岛中南部及其以远地区的道路，唐代的记载大致如下：一路由骥州东行至唐林州安远县，经古罗江、檀洞江、朱崖、单补镇至环王国都城（在今越南中部）。若自骥州西南经雾温岭、棠州日落县、罗伦江、石蜜山、文阳县至文单国算台县，再经文单外城、内城可至陆真腊（在今老挝），南行可至小海及罗越国（在今马来半岛南部），再往南则达大海（今太平洋泰国湾）。如自云南通海走陆路南下，经贾勇步、真州、登州、林西原可至昆仑国⑤。《新唐书·南蛮传下》称真腊赴唐朝的陆路，经由安南的骥州与道明；若走海路远行，还可由交州至天竺与大秦。"（天竺）西与大秦、安息交市海中，或至扶南、交趾贸易。"⑥ 安南的演州西控海路，为自广州等港口通往林邑（在今越南中南部）、扶南的大路所必经⑦。位今缅甸丹那沙林一带的顿逊国，其国之东界通往交州；由位林邑东南之婆利国，航海经丹丹国、赤土和交州可达广州。若自中原赴赤土，自广州乘舟先抵交州，再经林邑乃达。赴北与林邑隔小海相望的盘盘

---

① （宋）乐史：《太平寰宇记》卷一七六《四夷五·南蛮一·南蛮总述》，第3354页。
② 《旧唐书》卷四一《地理四·安南都督府·宋平》，第1750页。
③ 岑仲勉：《中外史地考证》上册，中华书局2004年版，第376页。前代学者认为Al–Wakin即龙编或比景（即唐代景州，位今越南义静省横山），有误，应以龙编为是。
④ ［日］桑原骘藏：《唐宋贸易港研究》，杨炼译，香港：商务印书馆1935年版，第69页。
⑤ （宋）欧阳修等：《新唐书》卷四三下《地理七下》，第1152页。
⑥ （唐）杜佑：《通典》卷一九三《边防九·天竺》，中华书局1988年版，第5261页。
⑦ （唐）李吉甫：《元和郡县图志》卷三八《岭南道五·安南》，中华书局1983年版，第963页。

国，自交州船行 40 日可至①。

安南不仅是海外诸国赴广州交易的中转站，也是知名的国际贸易市场。据记载：中天竺以海贝为货币，以金刚、旃檀、郁金等珍物与交趾、大秦、扶南等国贸易②。贞元八年（792），原计划赴广州的海外商船，普遍改往安南交易，大臣陆贽谓为广州官吏"侵刻过深"所致③。徼外诸国多经海路赴安南等地贸易，因交州刺史、日南太守贪利盘剥，其值十者必折之二三，"由是诸国怨愤"④。位今云南南部和缅甸北部的"西南夷"，亦沿今伊洛瓦底江南下，经海路赴广州交易。《南诏德化碑》称：寻传（指今云南德宏地区与缅甸北部）"南通勃海，西近大秦"。"西南夷"每年至广州交易的商船原仅四五艘，因岭南节度使李勉交易公正，其商船遂增至 40 余艘⑤。

三 宋代的云南、广西、安南及其交通线

北宋建立，统治大同以南的黄河下游、成都以东的长江中下游以及岭南等地。南宋的北界收缩，南部范围则继承北宋。两宋北面均有强敌。在与契丹、党项、女真和蒙古等政权角逐的历史舞台上，宋朝是一个政治、军事及地域均不占优势的王朝。两宋面临的严峻形势，对其经营南部边陲产生深刻的影响。

在其辖地的西南部，两宋面对如何处理与大理国、安南关系的问题。

宋朝的统治有重内轻外的倾向。端拱二年（989），宋太宗云："欲理外，先理内；内既理则外自安。"淳化二年（991），太宗又对近臣说："国家若无外忧必有内患，外忧不过边事皆可预防，唯奸邪隐现无状，若为内患，深可惧也。"⑥受这一思想的影响，宋朝治边奉行"守内虚外"的治策。另外，两宋"北有大敌，不暇远略"⑦。来自北疆的沉重压力，也使其

---

① （宋）乐史：《太平寰宇记》卷一七六《四夷五·南蛮一·徼外南蛮》，第 3364、3365 页。
② （宋）欧阳修等：《新唐书》卷二二一上《西域上·天竺国传》，第 6237 页。
③ （宋）司马光等：《资治通鉴》卷二三四《唐纪五十》贞元八年六月，第 7532 页。
④ （宋）乐史：《太平寰宇记》卷一七六《四夷五·南蛮一·林邑》，第 3357 页。
⑤ （宋）欧阳修等：《新唐书》卷一三一《宗室宰相·李勉传》，第 4507 页。
⑥ （南宋）李焘：《续资治通鉴长编》卷三〇，中华书局 1980 年版，第 678 页；《续资治通鉴长编》卷三二，第 719 页。
⑦ （元）郭松年：《大理行记》，云南民族出版社 1986 年版，第 20 页。

四围治边难以分心。北方诸族步步紧逼，使两宋朝臣既怕又恨，却又无法摆脱困境。出自对边疆蛮夷的嫌恶心理，两宋视大理国与北方夷狄为同类，唯恐避之不及。随着北疆局势渐趋严峻，两宋尤其是南宋朝廷，对大理国的防范之心日渐增长。

乾德三年（965），宋将王全斌进献四川地图，建议乘势攻取云南，太祖赵匡胤以唐朝天宝之祸起于南诏为由，以玉斧画大渡河曰："此外非吾有也。"确定与据有云南之大理国划大渡河为界。南宋翰林学士朱震说：大理国本唐代南诏，大中、咸通间数入成都且犯邕管，致天下骚动；太祖弃越嶲诸郡以大渡河为界，使大理国"欲寇不能，欲臣不得，最得御戎之上策"[1]。政和末年，有人建议于大渡河外置城邑以利互市，徽宗询黎州（治今四川汉源西北）知州宇文常，宇文常称自太祖划大渡河为境，历150年无西南夷之患；今若于河外建城邑，难免萌生边隙。其议遂止[2]。可见两宋诸帝不仅遵循太祖既定的策略，君臣亦奉之为至上之策。

北宋前期，大理国数次入贡。熙宁九年（1076），大理国遣使贡金装碧玕山、毡罽等物；"自后不常来，亦不领于鸿胪"。政和七年（1117），大理国入朝贡马及麝香等物，北宋以其王段和誉为大理国王。不久，奏大理国入觐事之广州观察使黄璘，被人举报诈冒获罪，自是大理复不通于宋，"间一至黎州互市"[3]。宣和二年（1120），宋约金攻辽，北方战事骤紧；北宋中止改善与大理国的关系，可能与此事有关。南宋对大理国的态度更为保守，甚至明令只许卖马、不许进贡。南宋镇吏孟珙还拒绝复通清溪关道[4]。据《宋史·孝宗本纪》，淳熙三年（1176）至淳熙十二年（1185），关于"黎州蛮犯边""黎州蛮投附"以及加强黎州边防一类的记载有十项，表明南宋恪守祖宗的遗训，仍视黎州大渡河之南的地区为异域。《宋史》记录外藩朝贡，亦将大理国与日本、蒲甘、真腊等国并列[5]。

此外，因北方诸朝中止与中原的马匹交易，两宋战马奇缺，遂被迫向

---

[1] （南宋）李心传：《建炎以来系年要录》卷一〇五，引朱震撰《为大理国买马事陈方略奏》，国学基本丛书本。

[2] （元）脱脱等：《宋史》卷三五三《宇文昌龄传》附《宇文常传》，中华书局1977年版，第11149页。

[3] （元）脱脱等：《宋史》卷四八八《外国四·大理传》，第14072页。

[4] （元）脱脱等：《宋史》卷四一二《孟珙传》，第12378页。

[5] （元）脱脱等：《宋史》卷一一九《礼二十二·诸国朝贡》，第2813页。

大理国及西南诸夷买马。熙宁七年（1074），因朝廷在熙河用兵，战马来源不畅，宋廷令成都知府蔡延庆兼领戎州、黎州买马事。以后戎州、黎州购马屡废屡兴。北宋在戎州、黎州所购之马称"羁縻马"，矮小质劣不堪乘骑，购入数量亦少[①]。宋廷南移，向大理国及西南诸夷买马的规模扩大，交易地点也从今川南改至广西。绍兴三年（1133），南宋于邕州置市马提举司，在横山寨（治今广西田东）设马匹博易场，以广南西路经略使总管邕州购马事[②]。

通过邕州（治今南宁）至鄯善（在今昆明）的道路，南宋与大理国的马匹交易一度形成规模。绍兴年间，横山寨每年交易马匹的定额为1500匹[③]。"蛮马之来，他货亦至"。横山寨与邕州，乃成为内地与云南等地交易商品的聚散地。周去非说："朝廷南方马政，专在邕；边方珍异，多聚邕矣。"[④] 由鄯善经横山寨达邕州北上的道路，也成为云南联系内地的重要通道[⑤]。据《岭外代答》卷三："中国（按：指南宋）通道南蛮，必由邕州横山寨。"南宋向大理国及诸蛮所购马匹，由横山寨辗转驱至邕州，再经桂州（治今广西桂林）发往内地。从横山寨至邕州须行七日，至桂州行18日。其道经过邕州、宾州、象州与桂州入湖南，由全州进抵临安[⑥]。据《岭外代答·安南国》：安南使者亦可渡海由广西钦州入境，再北上桂州。

从横山寨至大理国东都鄯善，其道路有三种走法，其一为由横山寨经归乐州（今广西百色北）、雎殿州（今广西田林东南）、泗城州（今广西凌云）、磨巨（今贵州安龙西南）、自杞国（中心在今贵州兴义）达鄯善。其二是自横山寨达七源州分道，经马乐县、顺唐府等地过罗殿国（在今贵

---

① （元）脱脱等：《宋史》卷一九八《兵十二·马政》，第4955页。
② （元）脱脱等：《宋史》卷九〇《地理六·广南西路》，第2240页。
③ 并非每年购马均达定额数，通常年购马数百匹，亦有当年仅收购20余匹者。见（宋）黄震《黄氏日抄》卷六七，转引自（宋）范成大撰《桂海虞衡志·附录五》，广西民族出版社1984年版，第88页。
④ （宋）周去非：《岭外代答》卷一《边帅门·邕州兼广西路安抚都监》，中华书局1999年版，第47页。
⑤ （唐）《蛮书》的作者樊绰说：从邕州路至阳苴咩城，"途程臣未谙委"。可知唐代已有自阳苴咩城至邕州的道路。樊绰言不知其具体情形，表明唐代此道尚不兴盛，故详情难知。见《蛮书》卷一《云南界内途程》，第28页。
⑥ （宋）黄震：《黄氏日抄》卷六七。

州西部）抵鄯善。其三是由横山寨经安德州（在今广西那坡东南）、特磨道、最宁府（今云南开远）至鄯善①。

南宋对横山寨的马匹交易颇为防范，稍有动静即关闭博易场，商队所经路程亦险阻难行，大理国赴邕州卖马的记载渐少。位今贵州、广西相连地带的自杞、罗殿，"皆贩马于大理"，而转卖于南宋。鄯善至横山寨的道路，因北阻自杞、南梗特磨，大理国马队"久不得至"②。经鄯善达邕州的道路亦渐阻塞，咸淳时期，已无大理国商队路过鄯善的记载③。宝祐元年（1253），蒙古军进攻大理国，宋邕州官府派人刺探军情，据报亦仅能至特磨（今云南广南一带）④。

北宋初年清溪关道与石门关道的情形，大体上如同唐代后期。大理国知北宋建立，乃两次遣使祝贺，使者均经由清溪关道⑤。太平兴国七年（982），太宗诏黎州守将于大渡河畔造大船，"以济西南蛮之朝贡者"。大理国经清溪关道又数次朝贡⑥。但因北宋对大理国持消极态度，太平兴国间或其后不久，经由清溪关道入川的大理国官民已少见。熙宁六年（1073），四川商人杨佐应成都官府招募，赴大理国商议买马之事。杨佐一行备装裹粮，沿清溪关道之铜山寨路，据前人布囊所漏麻豆既生丛迹寻觅去路，沿途概无人烟，若迷路竟日不能逾一谷。至阳苴咩城前150里，杨佐等始见锄山农人，称原为汉嘉耕民，皇祐中因岁饥迁至此，"今发白齿落垂死矣，不图复见乡人"⑦。可见清溪关道阻塞寥落之状。绍定四年（1231），大理国请南宋复开清溪关道以利入贡，镇吏孟珙以"大理自通邕广，不宜取道川蜀"为由拒绝。

五代梁贞明间，权贵曲承美等割据交州。宋乾德六年（968），丁部领削平交州十二使君建大瞿越国。开宝六年（973），丁部领遣使入贡，宋太

---

① （宋）周去非：《岭外代答》卷三《通道外夷》，第122页。
② （元）刘应李编：《大元混一方舆胜览》卷下《湖广等处行中书省》，四川大学出版社2003年版，第719页。
③ （元）脱脱等：《宋史》卷四五一《忠义六·马塈传》，第13270页。
④ （宋）李曾伯：《可斋续稿后》卷九《回宣谕奏》，四库全书本。
⑤ （南宋）李焘：《续资治通鉴长编》卷一〇引《续锦里耆旧传》，第228页。
⑥ （宋）李攸：《宋朝事实》，中华书局1955年版。
⑦ （宋）杨佐：《云南买马记》，载《续资治通鉴长编》卷二六七，熙宁八年八月庚寅条注引，第6539页。

祖以其子丁琏为安南都护、交趾郡王①。太平兴国五年（980），丁琏及其父相继死。邕州知州侯仁宝建言：乘交州内乱可偏师攻取。太宗遂以其为交州水陆转运使，令率兵讨之。次年，侯仁宝被交州所诱遇害，宋军战败②。收复交州遇挫，北宋乃以安南为列藩如故，未再有兴兵收复之想。景德三年（1006），真宗以邕州至交州水陆交通图示近臣曰："交州瘴疠，宜州险绝，若兴兵攻取，死伤必多。且祖宗开疆广大若此，当慎守而已，何必劳民动众，贪无用之地。"③ 这一政策亦为南宋继承。淳熙元年（1174），大瞿越国入贡，孝宗下诏赐名"安南"，以李天祚为安南国王④。

安南多次骚扰广西地区。至道元年（995）春，交州战船100余艘犯钦州如洪镇，掠居民及廩粮而去，其年夏天，又攻邕州所管绿州⑤。熙宁八年（1075），安南甚至攻陷邕州、钦州与廉州⑥。侬智高起事更震动了宋廷。皇祐四年（1052），邕州所辖广源羁縻州首领侬智高造反。侬军攻破邕州，连克横、贵、龚、浔、藤、梧、封、康、端诸州，并围攻广州城，后被狄青率部打败，侬智高只身逃入大理国。事平之后，宋廷认为侬智高反叛与安南有关，大理国亦存祸害。遂令狄青分广、邕、宜、容诸州为三路，守臣兼本路兵马都监，于桂州置经略安抚使统之；又于邕州设建武军节度，下辖左右两江。命左江外御安南，右江外御大理国诸蛮。在两江之间，设60余处羁縻峒，遣军5000人镇守。倘有安南及大理国疆场之事，必由邕州赴之；经略安抚使咨询边事，"亦惟邕是赖"⑦。另据《宋史·大理国传》：淳熙年间，左右江地区的峒丁达十余万，邕州布防如此严密，是因为"欲制大理"。邕州乃成为广西的边防重镇，以及内外贸易重要的市场。

为防备安南参与汲取赋税，宋朝着力经营广西地区，使两宋成为明代以前广西发展最快的一个时期⑧。宋朝重视广西地区的标志之一，是提高

---

① （元）脱脱等：《宋史》卷四八八《外国四·交趾传》，第14058页。
② （明）陈邦瞻：《宋史纪事本末》卷一五《交州之变》，国学基本丛书本。
③ （清）徐松辑：《宋会要辑稿·蕃夷四》，第197册，中华书局1957年版。
④ （元）脱脱等：《宋史》卷四八八《外国四·交趾传》，第14071页。
⑤ （元）脱脱等：《宋史》卷四八八《外国四·交趾传》，第14062页。
⑥ （北宋）沈括：《梦溪笔谈》卷二五，齐鲁书社2007年版，第165页。
⑦ （宋）周去非：《岭外代答》卷一《边帅门·邕州兼广西路安抚都监》，第47页。
⑧ 方铁：《宋朝经营广西地区述论》，《广西民族研究》2001年第2期。

桂州（治今广西桂林）统辖广南西路的地位。汉朝管辖岭南的帅府在交州，唐朝在广州。皇祐中平侬智高起事，宋廷置经略安抚使于桂州，知州兼行安抚使事，桂州遂成为"西路雄府"①。邕州作为紧邻安南、大理国的门户亦备受重视，由桂州达邕州的道路，遂成为广西重要的交通线。南宋于其道设 18 处驿馆②，又自桂州沿湘水北上的水路设水递铺夫数千户，但运输仍繁忙不堪，衡州通判张齐贤乃奏准朝廷，减免其水路铺夫劳役之半③。

安南立国，与广西地区的地缘政治关系随之改变。经邕州至安南的道路虽可通行，但宋廷因事关边防而严加防范。紧邻安南位于道路上之永平寨，虽有设博易场，但赴场交易者皆为安南的峒落土民④。钦州与安南隔海相望，距邕州入安南的道路较远，乃成为南宋与安南官民贸易较活跃的市场。宋人周去非说："凡交趾生生之具，悉仰于钦；舟楫往来不绝也。"富商自四川贩锦至钦州，每年往返一次，交易数额高达数千缗。前往交易者还有安南永安州的富商与大罗城（在今越南河内）的专使，前者的交易被称为"小纲"，后者则称"大纲"⑤。广西官府还奏准于钦州设驿馆，"令交人就驿博买"⑥。海外商船亦多赴钦州停靠，既补淡水亦行交易，钦州乃成为知名的国际商港。

宋朝还加强对海南岛的经营，于琼州（治今海南省海口市）置靖海军节度，琼州亦成为重要商港⑦。据元丰三年（1080）琼州官府奏：泉州、福州、两浙与湖广等地的商人，多携金银、物帛至琼州交易，"值或至万余缗"⑧。

四　宋朝与中南半岛间的交通线及其利用

大理国与两宋联系松弛，但与中南半岛诸国却保持较密切的往来。据《南诏野史》：宋崇宁二年（1103），缅人、波斯、昆仑赴大理国进贡白象

---

① （宋）周去非：《岭外代答》卷一《边帅门·广西经略安抚使》，第 42 页。
② （元）脱脱等：《宋史》卷三三二《陆诜传》，第 10680 页。
③ （元）脱脱等：《宋史》卷二六五《张齐贤传》，第 9150 页。
④ （宋）周去非：《岭外代答》卷五《财计门·邕州永平寨博易场》，第 195 页。
⑤ （宋）周去非：《岭外代答》卷五《财计门·钦州博易场》，第 196 页。
⑥ （元）脱脱等：《宋史》卷一八六《食货下八·互市舶法》，第 4564 页。
⑦ （宋）周去非：《岭外代答》卷一《边帅门·琼州兼广西路安抚都监》，第 45 页。
⑧ （元）脱脱等：《宋史》卷一八六《食货下八·商税》，第 4544 页。

及香物。缅人居今缅甸北部，波斯指今缅甸勃生，昆仑即今缅甸之地那悉林。周去非亦说自大理国五程至蒲甘国，距西天竺不远，"亦或可通"。"余闻自大理国至王舍城，亦不过四十程"。王舍城位今印度比哈尔邦①。杨佐一行至大云南驿（在今云南祥云县），见驿前有里堠碑，上标由云南东至戎州西至身毒国，东南至交趾东北到成都，北至大雪山，南达海上诸道路的走向，"悉著其道里之详"。表明前代所开由今云南至四川、中南半岛乃至印度等地的陆路，大理国时依然存在。通过这些道路，大理国与中南半岛诸国乃至印度继续交往。而据前所述，自云南入四川则十分困难，宋代石门关道基本上废弃，清溪关道在大部分时间亦难通行。

　　蒲甘国位今缅甸北部，距大理国都城（在今大理）仅五日程。② 宋代以前，位今缅甸中北部的掸国与骠国，通过经云南的道路与中国内地交往密切；而蒲甘遣使至宋仅有两次，当与经云南赴宋的道路不畅有关。据记载：崇宁五年（1106），"蒲甘国入贡"。宋廷以蒲甘为大国为由，以见大食、交趾诸国使臣的较高规格接待③。绍兴六年（1136），"大理、蒲甘国表贡方物"。高宗令广西经略司差人护送至临安④。可见本次入贡，蒲甘使者偕同大理国使，行路经云南的道路至邕州。至于崇宁五年蒲甘入贡，所走路途因失载不明⑤。宋代中南半岛的其他国家也曾遣使赴宋，但未见途经云南地区的记载。

　　宋代以前中国内地联系交趾的陆路，主要有经今云南和广西的两条道路，以行经前一道的记载较多。宋朝疏远与大理国的关系，由云南入蜀的清溪关道、石门关道难以通行，经过邕州、桂州北进中原，乃成为安南联系宋朝较重要的陆路。安南遣使至宋，多以过邕州的道路为首选。宋朝对安南颇重防范。若安南使臣经邕州或钦州入境，须先遣使议定，并移文桂

---

① （宋）周去非：《岭外代答》卷三《外国门下·通道外夷》，第122页；《岭外代答》卷三《外国门下·西天诸国》，第108页。
② （宋）周去非：《岭外代答》卷二《外国门上·蒲甘国》，第84页。
③ （元）脱脱等：《宋史》卷二《徽宗本纪》，第376页；《宋史》卷四八九《外国五·蒲甘国》，第14087页。
④ （清）徐松辑：《宋会要辑稿·蕃夷七》，第7862页。
⑤ 据《诸蕃志》卷上《志国·蒲甘国》：景德元年（1004），蒲甘遣使同三佛齐、大食国来贡，"获预上元观灯"。所记"蒲甘"为"蒲端"之误，蒲端国或谓在今菲律宾棉兰老岛北岸之武端，参见陈佳荣《中外交通史》，香港：学津书店1987年版，第278页。

州经略司转奏朝廷；有旨许其来朝，专使可赴京，不然则否①。中南半岛诸国向宋朝贡象，抑或走经过邕州的道路。大中祥符八年（1015），占城遣使者自交州押驯象赴阙②。乾道九年（1173），安南向南宋贡驯象十头，行程援引绍兴二十六年（1156）旧例，渡海至钦州后陆行北上③。真腊国向明朝贡象，也曾走经安南入广西的陆路④。贡象队伍长途跋涉，驯象可能因水土不服而死亡，必须尽量走陆路。诸国的使者或商贾远赴中国，主要考虑安全与快速，便不一定选走陆路。

安南与宋朝之间时有纠纷，由安南过邕州的道路或通或闭。在通常的情形下，中南半岛诸国赴宋朝多选海路，而较少走经安南、邕州北上的陆路。即便是宋使赴安南亦愿走海路。淳化元年（990），宋廷遣宋镐出使安南，"冒涉风涛，颇历危险"⑤。自从至元二十二年（1285）元朝在邕州至安南的道路置驿站，以后加强管理，此路才成为安南联系中原的主要通道。⑥ 元人黎崱亦言："朝廷平宋，驿桂始近，安南屡贡（象）焉。"⑦ 邕州至安南道路的走向，为过左江太平寨正南，至桄榔花步渡富良、白藤两江，四程可至。若自太平寨东南行，过丹特罗小江自谅州入，六程可达。自右江温润寨则路途最远⑧。周去非所说与之略同，称自钦州西南舟行一日至安南永安州，由玉山大盘寨过永泰与万春，行五日至安南国都。若自邕州左江永平寨（在今广西友谊关附近）南行，入其境机榔县（即桄榔县，在今越南高平附近），过乌皮、桃花二小江（即如月江东之小水），行

---

① （宋）周去非：《岭外代答》卷二《外国门上·安南国》，第58页。
② （元）脱脱等：《宋史》卷四八九《外国五·占城传》，第14083页。
③ （宋）范成大：《进象奏一》，《宋会要辑稿》第199册，转引自（宋）范成大《桂海虞衡志·附录四》，广西民族出版社1984年版，第86页。另说乾道九年（1173）贡象的行程，为自永平寨入邕州至静江，见《岭外代答》卷二《外国门上·安南国》，第58页。孰是待考。
④ 方铁：《古代中国至老挝、泰国和柬埔寨的陆路交通》，载《中外关系史论丛》第八辑，香港社会科学出版社2005年版。
⑤ （元）脱脱等：《宋史》卷四八八《外国四·交趾传》，第14061页。
⑥ （明）宋濂等：《元史》卷二〇九《安南传》，中华书局1976年版，第4644页。是书又载至元十九年（1282），世祖命柴椿一行自江陵直抵邕州，以达交趾。柴椿等至邕州永平寨，安南国王陈日烜遣人进书："今闻国公辱临敝境，边民无不骇愕，不知何国人使而至于斯，乞问军（鄯阐、黎化）旧路以进。"可见在至元二十二年置驿前，邕州达安南的道路并不通畅，亦未被视同"旧路"。
⑦ （元）黎崱：《安南志略》卷一五《物产》，中华书局1995年版，第368页。
⑧ （宋）范成大：《桂海虞衡志·志蛮》，第50页，据《文献通考》卷三三〇《四裔》引文补。

四日过湳定江至其国都。或自太平寨东南行,过丹特罗江(今平而河上游)入谅州,行六日至安南国都①。

综合宋代有关的记载,海外诸国至宋朝贡或贸易,基本上是择行海路。据《岭外代答》:邻近中国之宲里诸国,以占城、真腊为交通之都会;真腊国远于占城,其旁之宲里国、西棚国、三泊国、麻兰国、登流眉国与第辣挞国,皆以真腊为都会,诸国行旅经海路"北抵占城"。注辇国为西天南印度,"欲往其国,当自故临国易舟而行"②。西方诸国之有名者,有王舍城、天竺国与中印度。此三国与宋朝往来的路途,据贾耽《皇华四达记》:"自安南通天竺。"③ 海外诸国富足而多宝货者,莫如大食、阇婆与三佛齐;三佛齐赴宋须正北航行,海舶过上下竺与交洋乃至宋境。大食国赴宋须乘小舟南行,至故临国换大船东行,至三佛齐乃循其入宋海途④。赴阇婆于十一月舟发广州,"一月可到"⑤。

两宋尤其是南宋的海外交通贸易,呈现高度繁荣的局面。这与宋朝社会经济发达、南宋偏安东南等因素有关,也有两宋通往周边的陆路受阻方面的原因。宋代东南部海洋的交通,最大的变化是交州的枢纽地位明显下降,而占城的地位持续上升。安南为两宋之邻邦或敌国,时常扣留或抢劫他国赴宋的海船。他国海船大都不愿停靠交州,而转赴与两宋关系较密切的占城。占城与宋朝往来频繁,据《宋史》《宋会要》《古今图书集成·边裔典》的记载,占城遣使入宋朝贡有60次之多⑥。宋代重视占城(在今越南归仁)的记载有如:"占城国在中国之西南,东至海,西至云南,南至真腊国,北至骥州界。泛海南去三佛齐五日程。陆行至宾陀罗国一月程,其国隶占城焉。东至麻逸国二日程,蒲端国七日程。北至广州,便风半月程。东北至两浙一月程。西北至交州两日程,陆行半月程。"⑦ "占城,东海路通广州,西接云南,南至真腊,北抵交趾,通邕州;自泉州至本

---

① (宋)周去非:《岭外代答》卷二《外国门上·安南国》,第55页。
② (宋)周去非:《岭外代答》卷二《外国门上·海外诸蕃国》,第74页。
③ (宋)周去非:《岭外代答》卷三《外国门下·西天诸国》,第108页。
④ (宋)周去非:《岭外代答》卷三《外国门下·航海外夷》,第126页。
⑤ 《岭外代答》卷二《外国门上·阇婆国》,第88页。
⑥ 陈佳荣:《中外交通史》,第273页。
⑦ (元)脱脱等:《宋史》卷四八九《外国五·占城传》,第14077页。

国，顺风舟行二十余程。"①

迄至元代，诸国海船赴中国东南沿海仍多停靠占城，占城在海运中的枢纽地位更为明确。周达观随使臣赴真腊，谓从温州港口开洋，20余日抵占城。所著《真腊风土记》说：自温州出发历闽广海外诸州港口，过七洲洋经交趾洋达占城；由占城顺风半月可至真蒲，"乃真腊之境"②。周致中言："（占城）南抵真腊，北抵安南；广州发舶，顺风八日可到。"③ 另据《元史》："爪哇在海外，视占城益远；自泉南登舟海行者，先至占城而后至其国。"④ 黎崱说得十分清楚："占城国，立国于海滨。中国商舟泛海往来外藩者，皆聚于此，以积新水，为南方第一码头。"⑤

宋朝至中南半岛海运的另一改变，是钦州、琼州成为诸国海船中途停靠的重要港口，而秦汉以来知名的海港徐闻（在今广东徐闻西南）、合浦（在今广西浦北西南），则日渐衰落。

据《汉书·地理志第八下》：日南障塞、徐闻与合浦，是停泊中国与南海诸国海船的重要港口，宋初以来相沿未改。另外，历代海船虽多停靠海南岛，但尚未形成稳定的港口。贾耽述唐朝入四夷之路，其中有广州通海夷道，谓海船先后在九洲石（今海南岛东北之七洲列岛）、象石（今海南岛东南之独珠山）停靠⑥。宋初以后，上述情形发生变化。《岭外代答》称："今天下沿海州郡，自东北而西南，其行至钦州止矣。"宋朝于钦州设巡检司，对远道而来的海船"迎且送之"⑦。《桂海虞衡志》亦说自安南出发，"东海路通钦、廉"⑧。可见钦州已成为中国及诸国海舶在广西停靠的主要港口，廉州（在前代合浦旧地）则位居其次⑨。至于前代热闹的徐闻港，在宋代罕见于记载。

---

① （宋）赵汝适：《诸蕃志》卷上《占城国》，中华书局1996年版，第8页。
② （元）周达观：《真腊风土记·总叙》，中华书局2000年版，第15页。
③ （元）周致中：《异域志》卷上《占城》，中华书局2000年版，第27页。
④ （明）宋濂等：《元史》卷二一一《外夷三·爪哇》，第4664页。
⑤ （元）黎崱：《安南志略》卷一《边境服役》，第43页。
⑥ （宋）欧阳修等：《新唐书》卷四三下《地理七下》，第1153页。
⑦ （宋）周去非：《岭外代答》卷三《外国门·航海外夷》，第126页；《岭外代答》卷一《边帅门·钦廉溪峒都巡检使》，第53页。
⑧ （宋）范成大：《桂海虞衡志·志蛮》，第50页，据《文献通考》卷三三〇《四裔》引文补。
⑨ 贞观八年（634），唐朝于合浦旧址置廉州。宋朝沿袭设置。

周去非指出廉州的地位不如钦州，并解释其原因是"异时安南舟楫多至廉，后为溺舟，乃更来钦"，"交人之至钦也，自其境永安州，朝发暮到"①。即认为廉州海面凶险易致溺舟，而钦州海面安全且距安南甚近，因此包括安南在内的诸船均愿泊靠钦州。但据《岭外代答》所说"凡交趾生生之具，悉仰于钦，舟楫往来不绝"的情形来看，钦州时为繁荣的国际市场，且有驿道相通，此亦为钦州受诸国海舶欢迎的一个原因。至于海舶过海南岛多停靠琼州，当与宋朝在其地置靖海军节度，琼州成为知名市场有关。元代琼州仍为中外海船重要的中转地，《元史》称："占城近琼州，顺风舟行一日可抵其国。"②

五　总结

在中国内地与中南半岛之间，古代有陆路、海路两类交通线可供选择。在唐、宋两朝统治的 610 年间，中国内地与中南半岛之间的交通线，在兴衰、更替及其作用等方面发生重要的变化。唐朝与宋朝对西南边疆的治策及其经营实践，以及西南边疆和中南半岛时代条件的改变，是造成这些交通线及其兴衰的重要原因。唐、宋两朝至中南半岛交通线的改变，还深刻影响了西南边疆与中南半岛的地缘政治关系。

唐朝积极拓边，并着力经营云南地区与岭南西部。在云南西部设置的姚州都督府，与在交州基础上建立的安南都护府，分别位于安南通天竺道的两端，也是稳定西南边疆的两个桥头堡。唐朝与中南半岛间的陆路、海路交通堪称繁荣。通过这些道路，中南半岛诸国与唐朝保持密切的往来。中南半岛北部诸国遣使入唐，大都行经由云南达成都的道路。以云南为中介通往中南半岛与印度的安南通天竺道，由云南入成都的清溪关道及石门关道，以及从交州至广州等地的海运路线，进入唐代繁忙交通线之列。唐朝还在上述陆路设置一些驿馆，交州则成为亚洲南部最繁盛的贸易港。自唐朝、南诏交恶，清溪关道与石门关道受到影响，石门关道尤甚。

两宋在北边有劲敌，多时自顾不暇。两宋治边注重权衡利弊，同时受"守内虚外"治边方略的影响，与大理国划大渡河为界，刻意冷淡与大理国的关系，清溪关道、石门关道遂被废弃。为解决战马来源的问题，两宋

---

① （宋）周去非：《岭外代答》卷一《边帅门·钦廉溪峒都巡检使》，第 53 页。
② （明）宋濂等：《元史》卷二一〇《外夷三·占城》，第 4660 页。

向大理国及西南诸蕃购马，南宋时经过广西的马匹交易较为兴盛。由云南往东达今南宁，一度成为重要的交通线，但南宋后期此道闭塞难行。两宋认可安南立国。为防范安南的侵扰及增收赋税，宋朝着力经营广西地区，今桂林与南宁两地亦受重视。两地之间的道路趋于兴盛，大理国、安南的使臣赴宋亦走此道，但此路时通时阻。

受上述改变的影响，中南半岛及海外诸国与宋朝交往，多数选走赴东南沿海的海路。这条海路发生的变化，主要是往来的海船中途大都停靠占城、钦州与琼州，前代兴盛的安南、徐闻、合浦等中转港口趋于衰落。除地缘政治关系改变外，钦州等地在宋代成为繁荣的贸易市场，也是吸引过往海船停靠的一个原因。至于紧邻云南的蒲甘等国，因北上的陆路受阻，与宋朝的交往很少。

宋朝至中南半岛交通线的变迁，还导致云南及中南半岛地区的地缘政治关系发生改变。自宋代起，前朝以云南、交趾为阵地经营中南半岛的局面不再存在。明代以今云南瑞丽为中心的麓川势力崛起，对西南边疆的安定构成严重的威胁。明朝先后出动四五十次军队，历时近十年才勉强平定，但遗患流连未除，中南半岛北部最终仍脱离明朝的版图。这一重大事件的出现，与宋朝在西南边疆实行消极的治边政策，以及宋朝至中南半岛交通线的改变等因素有关。

（作者为云南大学西南边疆少数民族研究中心教授）

"迦沙"考*

贾衣肯

传世文献中保留了不少汉字音译的中古时期北方民族语词,涉及部族(落)名、人名、地名、物名、官号和日常用语等。在汉文化语境中,这些词汇从字面儿上看没有实际意义,但在所属民族语言文化中却有具体含义,对于了解北方民族语言、文化乃至相关史实都有重要价值。结骨(坚昆)语词"迦沙"即是其中一例。

结骨(坚昆)是隋唐时期对分布于剑河流域(今南西伯利亚叶尼塞河上游,包括唐努乌梁海地区及萨彦岭以北[①])、金山(今阿尔泰山)以北和伊吾(今新疆哈密附近)之西,焉耆(今新疆焉耆西南一、二公里处)之北[②]

---

* 原载于《炎黄文化研究》第二十辑,大象出版社2020年10月,第96—107页。

① 陈庆隆:《坚昆、黠戛斯与布鲁特考》,《大陆杂志》第51卷第5期,1975年11月,第208页;韩儒林:《唐努都波》,《韩儒林文集》,江苏古籍出版社1985年版,第557页(原载《中国边疆》1943年第3卷第4期);[法]韩百诗著,耿昇译:《谦河考》,《蒙古学资讯》1999年第1期,第7—18页。

② [唐]魏征等撰:《隋书》卷八四《铁勒传》(中华书局2019年版,第2114页)载:"伊吾以西,焉耆之北,傍白山,则有契弊、薄落职、乙咥、苏婆、那曷、乌欢、纥骨、也咥、于尼欢等,胜兵可二万。"这里的"纥骨"即"纥扢斯"([宋]王溥撰:《唐会要》卷一百《结骨国》,上海古籍出版社2006年版,第2120页。下文简写为《唐会要·结骨国》)。又,《新唐书》卷二一七下《黠戛斯传》(下文简写为《新唐书·黠戛斯传》,中华书局1975年版,第6146页)作:"黠戛斯,古坚昆国也。地当伊吾之西,焉耆北,白山之旁。或曰居勿,曰结骨。"可见,唐宋时期的人已知坚昆、结骨、居勿、纥骨、纥扢斯、黠戛斯等称谓所指为相同对象。另外,董逌《上〈王会图〉叙录》([宋]董逌撰,赵伟校注:《广川画跋》卷二,山西出版传媒集团,山西教育出版社2015年版,第77页)言:"又《王会篇》黠戛斯,……本名居勿,……在隋谓结骨",可知结骨之名在隋朝既有。关于伊吾、焉耆今地,参阅李锦绣、余太山《〈通典〉西域文献要注》,上海人民出版社2009年版,第69页。

的 Qïrqïz 一族族名的译写①。此族名在两汉魏晋南北朝时期作鬲昆、坚昆、纥骨、契骨、居勿等,唐初多称结骨、坚昆,唐后期又作纥扢斯、黠戛斯,宋时称辖戛斯,元朝作乞儿吉思、吉利吉思,今谓吉尔吉斯(在中亚者)、柯尔克孜(在中国者)。搞清"迦沙"一词在结骨(坚昆)语中的含义及其原形,对于分析、推测结骨(坚昆)语所属语种,进而了解南西伯利亚古代民族语言文化和今之吉尔吉斯人和柯尔克孜人古代历史文化都有着重要的学术价值。本文在前人研究基础上,就"迦沙"一词具体所指及其原形问题作进一步探讨,不当之处,敬请学界同人批评指正。

一 相关研究

一个多世纪以来,中外学者对此问题的研究始终没有形成共识,且意见分歧较大。19 世纪国外学者就中文史籍所见与 Qïrqïz 人有关的"迦沙"一词做过有益的探讨②。1864 年朔特(W. Schott)称在萨莫耶德语词中找到了完全对应于《(新)唐书》记载的黠戛斯(Qïrqïz)的一个有关特殊的"铁"的词,认为"迦沙"一词源自萨莫耶德语③。1950 年李盖提(L. Ligeti)以坚实的语言学论据证明了朔特的推测④,认为把"迦沙"一词与奥斯恰克—萨摩耶德语联系起来是非常有吸引力的。他将"迦沙"一词原形构拟为 qaša 或 qaš,认为黠戛斯(Qïrqïz)人在 8 世纪开始采用

---

① 岑仲勉:《〈新唐书〉卷二一七下黠戛斯传(竹简斋本)校注》,见氏著《突厥集史》(下),中华书局 2004 年(1958 年初版),第 729 页;韩儒林:《唐代都波》,《社会科学战线》1978 年第 3 期,第 143 页;E. G. Pullyblank, "The Name of the Kirghiz", *Central Asiatic Journal*, Vol. 34, No. 1-2, 1990, pp. 98-108。

② Louis. Ligeti, "Mots de civilization de Haute asie en transcription chinoise", *Acta Orientalia Academiae Scientiarum Hungaricae*, Vol. 1, No. 1(1950), pp. 150-155。

③ W. Schott, Über die ächten Kirgisen. Aus den Abhandlungen der Königlichen Akademie derWissenschaften zu Berlin, 1864. p. 442. 乌拉尔语系分为芬兰—乌戈尔语族和萨莫耶德语族。萨莫耶德语族分南、北两个语支。奥斯恰克—萨摩耶德语(即塞尔库普语)属南语支 [《中国大百科全书》(第二版)卷 23 "乌拉尔语系"条,中国大百科全书出版社 2009 年版,第 402 页]。

④ Denis. Sinor, "Some components of civilization of the Türks (6th to 8th century A. D.)", in *Altaistic Studies*, Papers presented at the 25th meeting of the permanent International Altaistic Conference at Uppsala June 7-11, 1982, edited by Gunnar Jarring and Staffan Rosén, Kungl. Vitterhets Historie och Antikvitets Akademien, Konferencer 12, (Stockkolm, 1985), pp. 145-149. Also see, *Studies in Medieval Inner Asia*, by Denis. Sinor, Ashgate, VARIORUM, 1997, p. 151.

突厥语，qaša 或 qaš 有可能是更为古老的黠戛斯语词①。丹尼斯·塞诺（Denis. Sinor）对李盖提黠戛斯人 8 世纪开始采用突厥语的观点持异议，倾向于把"迦沙"一词理解为说突厥语方言的黠戛斯人在与说萨莫耶德语的人接触时传入黠戛斯语言中的一个萨莫耶德语词。他同时强调了 8 世纪突厥统治者所说的突厥语言中有不少乌戈尔语和萨莫耶德语词汇。塞诺在黠戛斯人早期语言归属的问题上虽与李盖提有分歧，但在"迦沙"一词的释读上认同李盖提的观点②。蒲立本（E. G. Pulleyblank）则对李盖提的论说提出质疑，认为李盖提的研究仅采用了《新唐书》的资料，而忽略了其他中文史料，并依据《通典》记载，认为"迦沙"指陨石或陨铁。在具体论证中，蒲立本认为，唐史资料中的记载表明，黠戛斯人当时操突厥语，李盖提构拟的"迦沙"原形 qaša 或 qaš 有可能是突厥语词，A. 冯·加班（A. von Gabain）《古代突厥语语法》中的 qaš，意为"贵重的石头、宝石"，更接近于"迦沙"词义③。此后，又有国内外学者就"迦沙"词源、词义问题进行讨论，但基本不出李、蒲二氏樊篱④。

---

① Louis. Ligeti，pp. 150 - 155.

② Denis. Sinor，*Studies in Medieval Inner Asia*，p. 151.

③ E. G. Pulleyblank，The Name of the Kirghiz，p. 105. 另外，德博（A. B. Дыбо，Лексический фонд. Пратюркский период，Москва：Восточная литература，2007，c. 97 - 98）、徐文堪（《关于"迦沙"》，《中华文史论丛》2008 年第 3 期，第 64 页，又见氏著《欧亚大陆语言及其研究说略》，兰州大学出版社 2013 年版，第 177 页）持相同观点。

④ 例如，20 世纪 60 年代国内有学者以现代柯尔克孜（Qïrqïz）语释读"迦沙"，认为该词可能指一种陨铁［中国科学院民族研究所新疆少数民族社会历史调查组编《柯尔克孜简史简志合编初稿》，1963 年版，第 15 页；又见郭平梁《从坚昆都督府到黠戛斯汗国——柯尔克孜史研究之一》，《西域史论丛》（第二辑），新疆人民出版社 1985 年版，第 10 页］。在现代柯尔克孜族语中，jaa 一词表示雨、雪和冰雹等的降落。jaa 加上 sa 这一表示条件格的词缀，构成 jaasa 一词，意为"如果（雨、雪、冰雹等）降落…"。以"迦沙"的现代读音，在现代柯尔克孜语中寻求中古时期"迦沙"一词的含义，似不妥。还有学者将"迦沙"与古突厥语（或 Qïrqïz 语）词 kesek（块儿、大块儿）相对应（曼拜特·吐尔地主编：《汉文史籍中的柯尔克孜族资料选译》，克孜勒苏柯尔克孜文出版社 2004 年版，译文，第 272 页），但这明显与"迦沙"一词词尾不含 k 音相悖。徐文堪《关于"迦沙"》完全认同蒲立本之说。张旭东《"迦沙"非陨铁》（《中华文史论丛》2008 年第 2 期，第 260 页）、《再谈"迦沙"》（《中华文史论丛》2008 年第 4 期，第 8 页）则认为"迦沙"指铁（铁砂）；夏德曼·阿合买提《kes 一词词源》（《新疆社会科学》哈萨克文版，2012 年第 4 期，第 48 - 52 页）一文亦取蒲立本"迦沙"为陨铁之说，认为文献所见"迦沙"为黠戛斯语词 kes 的汉译，但其论说缺乏充分的依据。此外，俄罗斯联邦哈卡斯共和国共学者托达耶娃试图从哈卡斯语中寻求对"迦沙"一词的解释，认为哈卡斯语词 keš 有"铁"之意，似可与"迦沙"一词相对应（Б. Х. Тодаева，Большой хакасско - русский историко - этнографический словарь，Абакан，1999，p. 144）。

二 文献记载

上述主要从语言学角度对"迦沙"一词进行探讨而得出的不同结论，主要基于中文史料，故在此有必要对相关记载进行一番检讨。

据《唐会要》，唐朝与结骨国的交往始于贞观六年（632）。是年，唐遣偃师尉王义宏"将命镇抚"结骨（Qïrqïz）①。结骨国于贞观十七年（643）遣使献貂裘及貂皮②，其使者形象及其国风物产被载入《王会图》及与图并行的说明文字《王会篇》③。贞观二十二年（648）正月其使者来朝④，二月其俟利发失钵屈阿栈亲至长安⑤，唐以其地为坚昆府，授之左（右）屯卫大将军、坚昆都督。此后，逮天宝时，坚昆朝贡不绝⑥。"安史之乱"后，唐朝中衰，漠北回纥兴起，隔断了坚昆与唐朝的交通。直至开成五年（840），黠戛斯推翻漠北回鹘汗国后，才恢复了与唐朝的交往，并多次遣使唐朝。唐武宗会昌三年（843）黠戛斯注吾合索⑦将军一行七人来朝，"武宗大悦，……诏宰相即鸿胪寺见使者，使译官考山川

---

① 《唐会要·结骨国》，第2120页。
② 《太平寰宇记》卷一九九《四夷二十八·北狄十一·黠戛斯》（下文简写为《太平寰宇记·黠戛斯》），中华书局2007年版，第3820页。此书于宋太宗雍熙年间（984—987）修成（黄永年《唐史料学》，中华书局2015年版，第94页）。
③ 董逌《上〈王会图〉叙录》云："颜籀请比周之王会作《图》以叙传后世，使著事得以考焉。又为《王会篇》上之，今其书具存，可以察也。"（《广川画跋》，第76页）《上〈王会图〉叙录》撰于宋徽宗崇宁五年（1106）七月五日。可见，《王会图》《王会篇》降至宋代崇宁年间犹存。
④ 《册府元龟》卷九七十《外臣部（十五）·朝贡第三》，凤凰出版社2006年版，第11231页。是书修成于祥符六年（1013），见黄永年《唐史料学》，第260页。
⑤ 关于结骨君长入朝之年，李德裕《与纥扢斯可汗书》作贞观二十一年（647）（傅璇琮、周建国校笺：《李德裕文集校笺》，河北教育出版社2000年版，第79页），《唐会要·结骨国》《太平寰宇记·黠戛斯》《新唐书·黠戛斯传》《资治通鉴》均作贞观二十二年（见《唐会要》第2120页，《太平寰宇记》第3820页，《新唐书》第6149页，《资治通鉴》卷一九八，唐纪十四太宗贞观二十二年，中华书局2017年版，第6365页）。本文采纳二十二年之说。通常，按外交礼节，一国之首出访，其使者一般先行。
⑥ 《太平寰宇记·黠戛斯》，第3821页。
⑦ 《新唐书·黠戛斯传》（第6150页）和李德裕《黠戛斯朝贡图传序》《与黠戛王书》均作"注吾合素"（《李德裕文集校笺》，第21、713—714页）。参阅李锦绣《会昌、大中年间黠戛斯来唐的翻译问题》，余太山、李锦绣主编《欧亚学刊》（新9辑），商务印书馆2019年版，第89—90页。

国风"①，"诏太子詹事韦宗卿、秘书少监吕述，往苾宾馆，以展私觌，稽合同异，觇缕阙遗。传胡貊兜离之音，载山川曲折之状。条贯周备，文理恰通，……饰以绘事"，遂成《黠戛斯朝贡图传》②。此书后来失佚，所幸其部分内容保留于宋人著述中，为我们今天探讨"迦沙"一词提供了线索。

就传世文献而言，"迦沙"一词见于先《新唐书》问世的杜佑《通典》③。兹引相关内容如下：

结骨在回纥西北三千里。胜兵八万。多林木，夏沮洳，冬积雪，往来险阻，其国南阻贪漫山。有水从回纥北流逾山经其国。人并依山而居，身悉长大，赤色，朱发绿睛，有黑发者，以为不祥。人皆劲勇，邻国惮之。……其俗大率与突厥同。……<u>天每雨铁，收而用之，号曰迦沙，以为刀剑，甚铦利</u>。其国猎兽皆乘木马，升降山隥，追赴若飞。自古未通中国。

大唐贞观二十一年，其君长遂身入朝。

关于结骨国"雨铁"一事，《唐会要》④《册府元龟》⑤ 的记载与《通典》基本相同，《太平寰宇记》的记载则有所异。其文曰：

---

① 《新唐书·黠戛斯传》，第6150页。
② 李德裕：《黠戛斯朝贡图传序》、《进黠戛斯朝贡图传状》(《李德裕文集校笺》，第20—22、247页)。
③ 《通典》卷二〇〇《边防一六·北狄七·结骨》(下文简写为《通典·结骨》)，中华书局2016年版，第5471页。
④ 《唐会要·结骨国》(第2120页)："结骨在回纥西北三千里。胜兵八万，口数十万。南阻贪漫山。有水从回纥北流，逾山经其国。人并依水而居。身悉长大，皙面绿睛朱发，有黑发者以为不祥。人皆劲勇。邻国惮之。其俗大率与突厥同。……天每雨铁，收而用之，以为刀剑，甚铦利。"《唐会要》是在唐人苏弁《会要》(四十卷)、苏冕《续会要》(四十卷)的基础上，增加唐宣宗以后的事，合并统编而成一百卷。苏弁《会要》撰成于贞元时期，与《通典》几乎同时成书，二者采用的史料应基本相同：(黄永年：《唐史史料学》，第69—70页)。
⑤ 王钦若等《册府元龟》卷九六一《外臣部(六)·风土第三·结骨部》(第11139页)："结骨部，在驳马国南，其人并依水而居，身悉长大，赤发绿眼，有黑发者以为不祥。人皆劲勇，邻国惮之。其俗大率与突厥同。……天每雨铁，收而用之，以为刀剑，甚铦利"。《册府元龟》中的"人皆劲勇，邻国惮之。其俗大率与突厥同"和"天每雨铁，收而用之，以为刀剑，甚铦利"这两句话与《唐会要》的完全相同，此两书与《通典》所不同的是，都略去了"号曰迦沙"一句。

（黠戛斯）土俗物产：……其五金出铁与锡，王会图云："其国每有天雨铁，收之以为刀剑，异与常铁。"曾问使者，隐而不答，但云铁甚坚利，工亦精巧，盖是其地中产铁，因暴雨淙树而出，既久经土蚀，故精利尔。若每从天而雨，则人畜必遭击杀，理固不通。贾耽曰："俗出好铁，号曰迦沙，每输之于突厥。"此其实也。①

此处《王会图》应为《王会篇》。岑仲勉认为，"其国每有天雨铁，收之以为刀剑，异与常铁"为韦宗卿、吕述《黠戛斯朝贡图传》引颜师古之言；下文所辨为韦、吕之词。贾耽"俗出好铁，号曰迦沙，每输之与突厥"出自其《古今四夷述》（即《古今郡国县道四夷述》）；"此其实也"乃韦、吕之言②。可见，《黠戛斯朝贡图传》中转引《王会篇》关于结骨（坚昆）国"雨铁"的记载以及韦、吕关于"雨铁"的辨析，被乐史《太平寰宇记》所征引。

《王会篇》作于贞观年间③，其中关于结骨（坚昆）国"雨铁"、制剑的内容应是这方面最早的记载。《通典》这部分内容与《王会篇》的大同小异。从上引《通典》相关内容"自古未通中国"一句，似可推测《通典》"结骨"部分内容源自《王会篇》。贞观十七年为结骨国使者首次朝贡。可能《王会篇》有"自古未通中国"之语，《通典》因袭之，亦作"自古未通中国"，之后又言"大唐贞观二十一年，其君长遂身入朝"。显然，《通典·结骨》"自古未通中国"一句为照抄前人之语，并不能反映降至杜佑创作《通典》那个时代结骨（坚昆）与唐朝交往的实际情况。从文献记载知，到《通典》编撰时期即大历六年（771）至贞元十七年（801）④，结骨（坚昆）来朝十余次⑤，不应是"自古未通中

---

① 《太平寰宇记·黠戛斯》，第 3821—3823 页。
② 岑仲勉：《〈太平寰宇记〉一九九黠戛斯（嘉庆八年重校刊本）校注》，见氏著《突厥集史》（下），第 727—728 页。
③ 从文献所记贞观年间四夷朝贡时间及《王会篇》有"结骨"条来看，《王会篇》始作于贞观三年（629），成于贞观十七年（643）。
④ 韩昇：《杜佑及其名著〈通典〉新论》，《传统中国研究集刊》2006 年第 1 期，第 126—129 页。
⑤ 朱萧静：《黠戛斯"朝贡"考》，余太山、李锦绣主编《欧亚学刊》（新 9 辑），商务印书馆 2019 年版，第 76 页。

国"了,《通典》之"结骨"部分内容很可能为沿袭《王会篇》①,只是在文字表述上略有改变。会昌三年韦宗卿、吕述亲访黠戛斯使者,就前人所记"雨铁"等事"稽合同异",推测结骨(坚昆)地中产铁,而非天"雨铁",并肯定贾耽之说,未将"雨铁"一事载入《黠戛斯朝贡图传》②。显然,韦宗卿或吕述看到过《王会篇》和贾耽《古今四夷述》,也应读过《通典》相关内容。至于黠戛斯使者"隐而不答",有可能出于保密,毕竟铁在冷兵器时代为贵重资源,同时,也有可能是会昌三年出使唐朝的使者,对于贞观时期结骨(坚昆)国是否曾"雨铁",并不清楚。

韦、吕所以取信贾耽之说,当与耽"通习慌情,洽而不误"③ 有关。《旧唐书·贾耽传》载"耽好地理学,凡四夷之使及使四夷还者,必与之从容,讯其山川土地之始终。是以九州之夷险,百蛮之土俗,区分指尽,备究源流"④。会昌三年,黠戛斯使者注吾合索等人来朝,唐朝廷"以其久不修贡,且莫详更改之名,中旨访求,唯贾耽所撰四夷述具载黠戛斯之号"⑤。贾耽对包括黠戛斯在内的四夷情况的熟稔于此可见一斑,而韦、吕关于黠戛斯国"雨铁"的辨析不无道理,故欧阳修、宋祁编撰《新唐书·黠戛斯传》时写道:"(黠戛斯)有金、铁、锡,每雨,俗必得铁,号迦沙,为兵绝犀利,常以输突厥"⑥,采用了韦、吕和贾耽之说,而没因袭杜言⑦。

三 相关史实

上文所述《王会篇》中有关结骨(坚昆)国"雨铁"的记载,应是

---

① 另外,韩升《杜佑及其名著〈通典〉新论》(第125—128页)认为,《通典》是杜佑入仕以来为现实行政需要而收集各类资料的基础上编纂而成,其在任抚州刺史期间基本完成《通典》的编纂,此亦证明《通典》关于结骨部分内容承自前人著述。
② 董逌:《上〈王会图〉叙录》,《广川画跋》,第77页。
③ 《唐会要·结骨国》,第2120页。
④ 刘昫等:《旧唐书》卷一三八《贾耽》,中华书局1975年版,第3785页。
⑤ 《唐会要·结骨国》,第2120页。
⑥ 《新唐书》卷一五〇《黠戛斯传》,第6147页。
⑦ 蒲立本认为《新唐书》将"雨铁"改为"每雨,俗必得铁",是编撰者误解《通典》相关内容所致(E. G. Pullyblank, "The Name of the Kirghiz", p. 105),其实不然。

根据贞观十七年结骨使者朝贡时交流内容而书。结骨（坚昆）国也许曾有陨铁降落，但陨铁不应总落在结骨（坚昆）国内，否则于理不通，这一点唐人韦宗卿、吕述已指出，亦受到今人质疑①，故《王会篇》"其国每有天雨铁"的记载不一定准确②，《通典》因袭《王会篇》，作"天每雨铁"亦存在问题。从相关史实、考古发现和柯尔克孜族民间史诗来看，欧阳修等对前人关于结骨（坚昆）国"雨铁"记载的裁定是有道理的。

《通典》载结骨国"胜兵八万"。自6世纪中叶突厥兴起于漠北，至840年黠戛斯取代回鹘在漠北的统治，其间结骨（坚昆）人与突厥、回鹘的战事不断，与邻部也多有交战③。倘若其刀剑等兵器的制作，取材于偶尔才会自天而降的陨铁，装备八万兵马，或能保一时之用，恐难济一世之需，更何况三百年间的作战需求？又，突厥称霸漠北时（552—630年，680—744年），结骨（Qïrqïz）人常以铁输之。8世纪中叶至9世纪初回纥（回鹘）与坚昆（Qïrqïz）曾有过两次大规模交战。至9世纪20年代回鹘再启战火，双方由是交战二十年，最终黠戛斯（Qïrqïz）十万铁骑攻破回鹘汗国④。倘若结骨（坚昆、黠戛斯）国无稳定的铁矿资源供其铠甲兵器制作，这些都是难以想象的。

据考古学研究，叶尼塞河流域出土有旧石器、新石器、青铜器、铁器等序列相对完整的不同时期文化遗址⑤。这说明以叶尼塞河上游米努辛斯克盆地为中心的南西伯利亚地区是人类文明发源地之一。考古研究发现，公元前3世纪至公元前1世纪米努辛斯克盆地开始出现铁器，公元初至公元4世纪叶尼塞河流域的冶铁和铁的加工发生了巨大变化，即铁由制作装饰品的贵金属变为制作兵器和工具的基本材料⑥。5世纪至10世纪，叶尼

---

① 张旭东：《再谈"迦沙"》，第8页。
② 譬如，在不同语言交流过程中，由于对对方情况了解不多，翻译时出现的不准确现象等。
③ 《通典》卷二〇〇《驳马》，第5472页。
④ 《旧唐书》卷一九五《回纥传》（下文简写为《旧唐书·回纥传》，中华书局1975年版，第5213页。
⑤ [苏联] C. B. 吉谢列夫著：《南西伯利亚古代史》，王博译，新疆人民出版社2014年版。
⑥ 《南西伯利亚古代史》，第299—438页。

塞 Qïrqïz 人（结骨、坚昆、黠戛斯）之地已成为萨彦—阿尔泰广大地区箭簇等兵器加工和使用的中心①。今萨彦岭、阿尔泰山支脉、库兹涅茨阿拉套山等地发现的结骨（坚昆、黠戛斯）人采集铁矿的遗迹②及叶尼塞河流域发现的结骨（坚昆、黠戛斯）人冶铁遗址和墓葬出土的双刃剑、短剑、大军刀、矛、铁镞、鳞甲、尖顶盔等兵器甲胄以及马镫、马衔、马镳等马具部件、生产工具和金、银、铜饰物等考古发现③，与文献记载和柯尔克孜族民间史诗《玛纳斯》有关古代 Qïrqïz 人军工制作的描述④互为印证，反映了结骨（坚昆、黠戛斯）人采矿、冶铁、锻造兵器、马具和生产工具等的金属加工活动。结骨（坚昆、黠戛斯）国产铁，还可从元人著述和相关史实得到进一步证明。李志常《长春真人西游记》载"西北千余里，俭俭州出良铁"⑤。俭俭州，又称谦谦州、谦州、欠欠州、繎繎州等，该地名源自流经此地的谦河。元时的谦河，即《周书》之剑水、《新唐书》之剑河⑥，古之结骨（坚昆、黠戛斯）人、元代吉利吉思人居处所在。1219 年成吉思汗再举西征，冀州贾塔剌浑已受命率炮军进驻谦州，1270 年蒙古人又于谦州设制造、修理和管理兵器的机构⑦，说明降至元朝时期，这里仍是南西伯利亚地区产铁、加工兵器的地方之一。

四 "迦沙"词义、词源

从《太平寰宇记》引贾耽之言和《通典》相关内容可知，结骨（坚昆）语词"迦沙"指"铁"。李盖提构拟的"迦沙"原形之一 qaša，似与

---

① 《南西伯利亚古代史》，第 635 页。
② 《南西伯利亚古代史》，第 633 页。
③ 《南西伯利亚古代史》，第 632—641 页。墓葬中出土的兵器甲胄、马具部件和金属饰物基本属于 6—8 世纪和 9—10 世纪。需要说明的是，原著中的 Киргиз（Qïrqïz）在中译本中笼统地被译为了"黠戛斯"，从墓葬遗址及出土物所属时代看，这些墓葬文化的主人不仅仅是中、晚唐时期被称为"黠戛斯"的 Qïrqïz 人，还有隋、唐时期称为"结骨""坚昆"的 Qïrqïz 人。
④ 贾衣肯：《论〈玛纳斯〉史诗中有关军工制作的描述》，《炎黄文化研究》第十九辑，大象出版社 2019 年版，第 120—136 页。
⑤ （元）李志常著，尚衍斌、黄太勇校注：《长春真人西游记校注》，中央民族大学出版社 2016 年版，第 220—221 页。
⑥ ［法］韩百诗（Louis hambis）撰：《谦河考》，耿昇译，《蒙古学资讯》1999 年第 1 期，第 7—15 页。
⑦ 韩儒林：《元代的吉利吉思及其邻近诸部》，《中国史研究》1979 年第 1 期，第 120 页。

奥斯恰克－萨摩耶德语词"铁"有关，而与突厥语或阿尔泰语系其他语言无涉[1]；他构拟的"迦沙"的另一个原形 qaš，在古代突厥语中有"眉毛"和"玉"之意。qaš 指玉时，常与 tashi（石）连用，在中世纪不大知晓玉石的地方，qaš 常引申为"贵重的石头、宝石"，尤其当指戒指上镶嵌的玉石时[2]。qaš 在读音上接近"迦沙"一词的中古音，但在意思上与"迦沙"本意相去甚远。李盖提将 qaš 作为 qaša 之外"迦沙"的又一原形，应与他见到《新唐书·黠戛斯传》关于黠戛斯文字语言[3]"与回鹘正同"的记载以及同传中若干突厥语词有关[4]。"回鹘"在贞元四年（788）[5]之前写作"回纥"，故此记载应出现于贞元四年之后。而自乾元年间（758—795）[6]至开成五年（840），坚昆（黠戛斯）与唐朝的交往为回纥（鹘）所阻，至会昌三年（843）黠戛斯来朝，唐朝廷才又对其各方面情况作具体了解，因此，《新唐书·黠戛斯传》关于其人语言文字的记载和同传中的"哀"（月）、"甘"（巫）等突厥语词，当源自韦宗卿、吕述《黠戛斯朝贡图传》[7]，反映的是当时的黠戛斯人情况。依《新唐书·黠戛斯传》，塞诺推测 Qïrqïz 语为突厥语方言，认为"迦沙"一词由萨莫耶德语借入 Qïrqïz 语中；蒲立本则认为《新唐书》所反映出的 Qïrqïz 语明显为突厥语，故"迦沙"应为突厥语词。蒲立本读过《通典》相关内容，但似乎没有考虑到《通典》关于结骨的记载可能源自《王会篇》，反映的是贞观时期结骨（坚昆）人的情况，与《新唐书·黠戛斯传》所反映的会昌时期黠戛斯人的情况可能存在差异。果然，宋人董迪发现《王会图》《王会篇》所描绘

---

[1] Louis. Ligeti, p. 150.
[2] Clauson, *An etymological dictionary of pre-thirteenth Turkish*, p. 669.
[3] 漠北回鹘使用古突厥如尼文（耿世民：《古代突厥文碑名研究》，中央民族大学出版社 2005 年版，第 23 页），当时的黠戛斯人也使用古突厥如尼文，但其语言与古突厥、回鹘语存有差异（胡振华：《黠戛斯文献语言的特点》，《民族语文》1992 年第 6 期，第 40—46 页）。
[4] 《新唐书》卷一五〇《黠戛斯传》，第 6148 页。
[5] 参阅杨圣敏校注《〈资治通鉴〉突厥回鹘史料校注》，中国社会科学出版社 2012 年版，第 249 页。
[6] 《旧唐书·回纥传》（第 5200—5201 页）载："乾元元年……九月甲申，回纥使大首领盖将等谢公主下降，兼奏破坚昆五万人"，《新唐书》一五〇《黠戛斯传》（第 6149 页）记："乾元中，为回纥所破，自是不能通中国。"
[7] Rachel Lung, *Interpreters in Early Imperial China*, Philadelphia-Amsterdam, John Benjamins Publishing Co., 2011, pp. 117–134.

的结骨（坚昆）人形象，与《黠戛斯朝贡图传》中的黠戛斯人不同。前者"长大、赤发、白面、绿睛"，后者则"形质不长，而面赤色""发黑"，二者的服饰、"木马"（雪橇）也不尽相同，反映了贞观时期占主导地位的结骨（坚昆）人与会昌时期居统治地位的黠戛斯人出自不同部落①。

关于坚昆国"发黑"者，《唐会要》引盖嘉运《西域记》道："坚昆国人皆赤发绿睛，其有黑发黑睛者，则李陵之后。"② 又，段成式《酉

---

① 董逌：《上〈王会图〉叙录》，《广川画跋》，第76—77页。汤开建先生据此认为，黠戛斯可能并不是坚昆（汤开建：《唐〈王会图〉杂考》2011年第1期，第85页），此说非矣。如文献记载，唐代结骨（坚昆）国既有"朱发绿睛"者，又有"黑发黑睛"。汉武帝天汉二年（前99）李陵率5000步卒北征匈奴，在浚稽山遭遇单于兵马，寡不敌众，兵败投降，单于封其为右校王。当时，坚昆"乃匈奴西鄙也"（《新唐书·黠戛斯传》，第6147页）。"匈奴西鄙"即匈奴右边之地。坚昆之"黑发黑睛"者或许与李陵及其兵卒有关，亦未可知，然坚昆国有"朱发绿睛"和"黑发黑睛"这两种体貌特征明显不同的部落，是不争之事实。《黠戛斯朝贡图传》所绘会昌三年之朝贡使者，有可能出自"黑发黑睛"者部落（见下文）。现以会昌时期黠戛斯人体貌特征与贞观时期结骨（坚昆）人的不同，而否认二者之间的关系，似不妥。此外，汤先生根据董逌转引的《黠戛斯朝贡图传》"今阿热谓本国不知有坚昆，相承以黠戛斯为国，自此以上八十年矣。尝经朝贡，后为回鹘所破，阻隔不通中国"这段话，认为唐人将坚昆视为黠戛斯先人的看法有误。汤先生认为这里的"阿热"即黠戛斯君长名，"今阿热"指会昌时期朝贡的黠戛斯君长（汤开建：《唐〈王会图〉杂考》，第85页），但会昌时期黠戛斯君长并未来朝。《黠戛斯朝贡图传》创作于会昌三年（843）注吾合素（索）将军一行来朝，阿热有可能是其中一员，而非黠戛斯君长，这从时任宰相李德裕《黠戛斯贡图传序》及以武宗之名写给黠戛斯君长的《与纥扢斯可汗书》《与黠戛斯可汗书》（傅璇琮、周建国校笺：《李德裕文集校笺》，第20—21、79—81、83—85页）等书信可以看出，还可以从《旧唐书·武宗本纪》（第595页）、《唐会要·结骨国》（第2121页）、《太平寰宇记·黠戛斯传》（第3821页）和《新唐书·黠戛斯传》（第6150页）均载注吾合素来朝，而不曾提黠戛斯君长来朝，得到进一步证明，亦可见当时黠戛斯使团职位最高者为注吾合素将军。至于"阿热谓本国不知有坚昆，相承以黠戛斯为国，自此以上八十年矣"，可作如下理解：阿热说其国不知有坚昆，黠戛斯为国至会昌三年，已有八十年之久。紧接着这句话，阿热又道："尝经朝贡，后为回鹘所破，阻隔不通中国"，似乎是针对会昌三年之前黠戛斯与唐朝的关系而言。然而，"尝经朝贡，后为回鹘所破"者为坚昆（《新唐书·黠戛斯传》，第6149页）。显然，阿热把坚昆这段历史看作黠戛斯国史的一部分。但阿热说"本国不知有坚昆"，颇令人费解，有可能是韦宗卿、吕述与黠戛斯使者"稽合同异"时，以文献所载"坚昆"一词的汉语读音询问，而该词的汉语读音与黠戛斯（或古突厥、回鹘）语读音有别，故使者不知其所指，而作为答复。最后，汤先生认为董逌"盖百余年间，容有改制殊礼。故衣服冠冕，不可必其尽同。至面赤白，则异见；发朱黑，则殊传。雨铁不应遂绝，自应图误"之语"间接地否认了坚昆即黠戛斯之说"（汤开建《唐〈王会图〉杂考》，第85页）。如上文所述，韦宗卿、吕述质疑前人关于结骨（坚昆）国"雨铁"的记载，推测结骨（坚昆、黠戛斯）国地中产铁，故而在《黠戛斯朝贡图传》中不再有"雨铁"图文。董逌对比《王会图》、《王会篇》和《黠戛斯朝贡图传》相关内容而言"雨铁不应遂绝，自应图误"，是说"雨铁"之事不应在《黠戛斯朝贡图传》中没有反映，应该是此图有误。从董氏对韦、吕《黠戛斯朝贡图传》中何以无"雨铁"图文情况不了解而得出"自应图误"的结论来看，他撰写此文时似并未留意《太平寰宇记》《新唐书》相关内容。现以董氏此论，否认坚昆与黠戛斯之间的关系，似缺乏说服力。

② 《唐会要》，第2120页。

阳杂俎》言"其人发黄目绿,赤髭髯。其髭髯俱黑者,汉将李陵及其兵众之胤也"①。可见,结骨(坚昆)国有"赤发绿睛"、"赤髭髯"者和"黑发黑睛"、"髭髯俱黑者",而以前者居多。会昌三年,载入《黠戛斯朝贡图传》中之"形质不长""面赤色""发黑",语言文字"与回鹘正同"的注吾合索一行,有可能出自被称为"汉将李陵及其兵众之胤"的坚昆国部落②。以此部落为主的黠戛斯人经历了回鹘称霸草原时期,并最终推翻回鹘汗国,与唐朝建立联系。会昌三年其使者来朝,在与韦、吕及译官交流时,使用的有可能是回鹘语③,且黠戛斯人与回鹘人都使用突厥如尼文,二者的语言差异不大,故韦、吕认为黠戛斯语言文字"与回鹘正同"也在情理之中。现以会昌时期黠戛斯人语言,推断贞观时期结骨(坚昆)语词"迦沙"为突厥语词,忽略了会昌时期的黠戛斯人和贞观时期的结骨(坚昆)人出自不同部落,其语言文化可能存在的差异④,以及结骨(坚昆)语随其人与突厥、回鹘等周边部族的频繁交往而逐渐发生变化的可能性。因而,其结论难免失之偏颇。此外,将突厥语词 qaš 作陨石或陨铁解释,亦显牵强。

李盖提构拟的"迦沙"原形 qaša 不见于突厥语词中,说明该词有可能不是突厥语词。李盖提还发现"迦沙"(qaša)与契丹语词"曷术"(qašu)、达斡尔语词 k'aso 音极近,认为这些词都是由地理位置接近而形成的同一单词的不同变体,其中达斡尔语词 xašō/kašō 是契丹语词 qašu 的一种方言形态⑤。王静如则认为此三者应为一名⑥。达斡尔语词 xašō/kašō/

---

① (唐)段成式撰,许逸民校笺:《酉阳杂俎校笺》,中华书局2015年版,第430页。
② 《册府元龟》卷九九七《外臣部·悖慢》(第11541页)载:"黠戛斯以武宗会昌初破回纥,自称李陵之后,与国同姓,令达干十人送太和公主至塞上。"护送太和公主的黠戛斯使团途中遭遇回鹘兵马,达干十人被杀,太和公主被劫走。"会昌中,(黠戛斯君长)阿热以使者见杀,无以通于朝,复遣注吾合素上书言状。"(《新唐书·黠戛斯传》,第1650页)
③ 乾元之后的80余年,唐朝与坚昆不复交通,与回纥(鹘)交往频繁,唐廷译官通晓回纥(鹘)语自不待言,而黠戛斯使者有可能通习回鹘语,并在交流中使用回鹘语。
④ 《黠戛斯朝贡图传》中的黠戛斯人与《王会图》《王会篇》中之结骨(坚昆)不仅体貌有别,在服饰、习俗上也有不同之处(见《广川画跋》,第77页),故不排除二者在语言上存在差异的可能性。
⑤ Louis. Ligeti, p. 167.
⑥ 王静如:《关于达斡尔语言问题的初步意见》,史金波主编、杜建录副主编《王静如文集》(下),中国社会科学出版社2015年版,第608页(原载《中国民族问题研究集刊》1955年第1辑)。

k'aso 意为"铁"①。"曷术"（qašu）一词指铁，与契丹国的冶铁密切相关。《辽史·食货志》载：

> 坑冶，则自太祖始并室韦，其地产铜、铁、金、银，其人善作铜、铁器。又有曷术部者多铁。"曷术"，国语铁也②。

关于曷术部，同书《营卫志》言：

> 曷术部。初，取诸宫及横帐大族奴隶置曷术石列，"曷术"，铁也。以冶于海滨柳湿河、三黜古斯、手山。圣宗以户口蕃息置部。属东京都部署司。③

除了被征服的室韦人外，契丹国中还有专事冶铁、拥有较多铁的部落，被称为曷术部。György Kara 认为契丹语是南部鲜卑语的一个分支④。至于奥斯恰克—萨摩耶德语与南部鲜卑语又存在怎样关系的问题，已溢出本文讨论范围，但从"迦沙"与契丹语词"曷术"的亲缘关系，可进一步肯定该词非突厥语词。"迦沙"与结骨（坚昆）人的冶铁活动密不可分，它有可能指结骨（坚昆）人采矿、冶炼而得到的铁，其原形应为 qaša。

五　结语

结骨（坚昆）语词"迦沙"及结骨（坚昆）国"雨铁"之俗最早见于唐贞观时期《王会篇》。其中，《王会篇》关于结骨（坚昆）国"雨铁"之俗的记载为《通典》沿袭并流传后世。至会昌时期，结骨（坚昆）国"雨铁"之俗受到质疑，而未被编入时人所撰《黠戛斯朝贡图传》。故宋人撰《新唐书》，亦不提其国"雨铁"之俗。因唐宋文献对结骨（坚昆）国"雨铁"之俗的不同记载，而致今人对"迦沙"一词之意有陨铁和非陨铁之争。从相关史实、考古发现和民间史诗以及该词与契丹语词"曷术"的亲缘关系来看，它应指结骨（坚昆）国人采掘、冶炼而得到的铁。"迦沙"非突厥语词，其原形为 qaša。

（作者为中国社会科学院古代史研究所副研究员）

---

① 恩和巴图等编：《达斡尔语词汇》，内蒙古人民出版社 1984 年版，第 140 页。
② 《辽史》卷六〇《食货志》，中华书局 1974 年版，第 930 页。
③ 《辽史》卷三三《营卫志下》，第 389 页。
④ György Kara, *Books of the Mongolian Nomads*, Indiana University Bloomington, Research Institute for Inner Asia Studies, 2005, p. 5.

再谈敦煌写卷 P. 2001 号：伯希和与法国的东方学传统*

王邦维

巴黎法国国家图书馆收藏的伯希和敦煌汉文写卷 P. 2001 号，是一份很有意思的卷子。卷子上抄写的是唐代义净的《南海寄归内法传》，但不完整，仅存《南海寄归内法传》的卷一部分。1989 年，也就是 30 年前，我发表过一篇不长的文章，谈这份写卷，题目是《题敦煌本〈南海寄归内法传〉》[①]。2016 年 9 月，有机会见到日本的落合俊典教授，谈话中讨论到日本的佛教写经，于是又想到这份卷子，有一些想法，再在此处谈一下。

说法藏敦煌汉文写卷 P. 2001 很有意思，有两点理由：第一，它排在整个伯希和汉文写卷编号的第一位。法国所藏的伯希和汉文写卷，一共 5579 个编号，排在第 1 号的，为什么会是这份写卷[②]？伯希和汉文写卷

---

* 本文原题《再谈敦煌写卷 P. 2001 号：学术史与〈大唐西域求法高僧传〉的书名》，发表在《清华大学学报》2017 年第 5 期。文中多处引用耿昇先生当年的翻译，今稍作修改，重新发表。耿昇一生，翻译了大量法国东方学研究的学术著作，其中又以敦煌学方面的研究著作最多。拙文撰写时，耿昇尚在。回想三十多年来与耿昇的交往，无任感念：耿昇老友，遽尔仙逝，伤之悼之，曷维其已！

① 《敦煌本〈南海寄归内法传〉（P. 2001）题记》，《中国文化》创刊号，生活·读书·新知三联书店 1989 年版，第 44—46 页。

② 据《敦煌遗书总目索引》，商务印书馆 1983 年版。但耿昇译《伯希和敦煌石窟笔记》书中耿昇撰写的"代序"说，据《巴黎国家图书馆所藏伯希和敦煌汉文写本目录》，伯希和汉文写卷编有 4040 号。《伯希和敦煌石窟笔记》，甘肃人民出版社 2007 年版，第 21 页。为此我问过法国国家图书馆写本部的罗栖霞（Julie Lechemin）女士，她用电邮告诉我，法国国家图书馆目前编成的伯希和汉文写卷目录共包括 6040 个编号。不过，虽然前面的大部分编号可以确定由伯希和自己给出，但伯希和给出的编号究竟是到哪里为止他们也不清楚。法国国家图书馆编成的目录出版都是在伯希和去世以后，大部分也不是伯希和自己编的。

· 449 ·

的号，是伯希和自己编的，这个第 1 号，是伯希和随便给出的吗？这样的问题，从来没有人提出过，现在问这样的问题，是不是有点奇怪？虽然有点奇怪，我还是想提出这个问题，理由见下面。第二，这份写卷，抄写的是唐代义净的《南海寄归内法传》。《南海寄归内法传》在佛教和佛教文献史上的重要意义，不必我多讲。敦煌写卷中，抄写《南海寄归内法传》的，这是唯一的一份，因此，从文献学和文本的角度讲，很值得注意。在内容方面，最值得注意的，则是其中提到的义净的另一部重要著作——《大唐西域求法高僧传》一书最早的书名。

这两点理由，也可以看作两个可以讨论的问题。以下是我对这两个问题的一些意见，上面提到的那篇文章里讲过的，就不讲或少讲，主要谈几点新的想法。

先谈第一个问题。

伯希和从敦煌藏经洞弄走了大批写卷，当然也还有其他一些东西，伯希和把它们最后都带回巴黎。回巴黎以后，伯希和为写卷编了目录，称作《伯希和目录》，2000 号以前留给了非汉文，即藏文文献，2001 号开始，是汉文文献。汉文文献的第一号，即 P.2001 号，这个第一号，伯希和为什么就给了《南海寄归内法传》？当然，最简单的解释，这不过是一个偶然的结果。但我觉得，问题似乎不是这么简单。

说问题不是这么简单，是因为在我看来，当时在伯希和的心里，显然很注意这个东西。伯希和在他的学术背景下，认为这部书很重要。

我们是不是可以做这样的设想：伯希和从中国回到巴黎，着手编目，在他面前，这么多文书，他编目时，是见一卷取一卷，随手拿起一份就给一个号呢，还是孰先孰后，多少有所考虑，工作时有一定规矩的呢？伯希和是一位学者，而且是一位思维细密的学者，他工作的方式，我以为一定是后一种。我甚至认为，伯希和从敦煌带走这些文书的过程中，包括最初的拣选，到装箱，到法国后开箱，他都有一定的工作程序和规范。如果不是这样，伯希和就不成其为伯希和。

我们还可以做进一步的设想：伯希和遇到一个万年千年都难逢的机会，钻进了藏经洞，面前一大堆贵重得不得了的写卷和绢画等宝贝，有机会拿走一部分，但又不是全部，机会难得，怎么办？其中挑哪些拿走，收获才算最大，最不虚此行？这些具体的问题，肯定都在伯希和的考量之中。我们看伯希和在藏经洞中的工作照片,就是这样。他时间有限,紧张地检查一个一个的写卷,看是什么内容,手边一个小本,做简单的记录。有的赶紧记下,赶紧挑出来,有的当时就放弃。已经挑出来的,还要分为首选或是次选。挑出来后,与王道士谈好交易的条件,从洞里取出来,赶紧装箱,装箱时也不能太乱,因为考虑到回去还要整理。伯希和为此做了记录。回到巴黎,他编目时最初的工作基础,就是这些记录,包括他当时的工作笔记和日记[①]。

伯希和在藏经洞里翻检写卷的情况,在他的日记里有逐日的记载。他发现《南海寄归内法传》,是在他进入藏经洞的第十二天,即1908年3月14日。在这天的日记里,他提到他发现了"义净的《南海寄归内法传》",还说他特地把《南海寄归内法传》与其他十件写卷一起"单独放在一边"。这十件写卷中,第一件是玄奘的《大唐西域记》,第二件他认为也与玄奘有关,第三件即《南海寄归内法传》[②]。其他几天的日记中,伯希和还多次提到义净以及义净翻译的佛经。

伯希和在写卷中发现了玄奘《大唐西域记》和义净的《南海寄归内法传》,这让他很兴奋。他检阅写卷时,有他自己的几个关注点,其中之一就是中国求法僧的著作。对此伯希和也专门讲到了:

这次对佛教文献的大搜罗中,特别吸引我注意的还是那些取经进香人的游记。有关在他们之中的最著名者玄奘的材料……

我既未遇到有关法显的著作,也未找到有关悟空的任何材料。但在藏经洞中,义净却由《南海寄归内法传》的一种漂亮写本所代表,这就是由高楠顺次郎先生翻译过的那部著作。您知道,义净著作的现有文本并非是无可指责的,高楠先生颇有成效地使用了18世纪写成的注释。它们是由日本诠释者于18世纪写在一种单独的稿本中(如果我没有搞错的话)。因此,我希望我发现的写本会提供某

[①] 笔记和日记在伯希和身故后由法国学者整理了出来,成为两种书。两种书都有汉译本:一种即前面提到的《伯希和敦煌石窟笔记》,另一种是《伯希和西域探险日记1906—1908》,也是耿昇翻译,中国藏学出版社2008年版。

[②] [法]伯希和:《伯希和西域探险日记1906—1908》,耿昇译,中国藏学出版社2008年版,第490页。

些好的写法。①

伯希和的这些话,写在他 1908 年 3 月 26 日给法国西域国际考察委员会主席,也是伯希和担任这次考察任务的推荐人塞纳(Émile Senart,1847-1928)——当时法国很有名的一位印度学家——的信中②。伯希和 3 月 3 日进入藏经洞,他在藏经洞里挑选写卷和其他文物的工作,就结束在这一天。

伯希和见到《南海寄归内法传》,为什么立即就表现出这样大的兴趣,显然与当时欧洲的学术研究状况,以及他早期所受过的学术训练有关。

在欧洲研究东方学、印度学的学者中,注意到《南海寄归内法传》的学者不止一位,但其中最突出的应该说是英国牛津大学的德裔学者 Friedrich Max Müller(1823-1900)。所有这些,又与日本学者有关。

Max Müller 是 19 世纪末 20 世纪初欧洲在东方学尤其是印度学研究方面很有影响的一位学者。Max Müller 不懂中文,但他在东方学研究方面学识广泛,尤其是在与日本学者——大多是明治时代到欧洲留学的年轻的日本学生的接触后,他对汉语佛教文献有了很多的了解。他注意的不仅是保存在印度的梵本佛经和佛经的汉译,也注意在汉语文献中保留的求法僧著作。在此稍早一些时候,也已经有学者做过《南海寄归内法传》的一些段落的翻译,例如英国的比尔(Samuel Beal,1825-1889)以及俄国的瓦西列夫(V. P. Vasil'ev)。

Max Müller 的主要领域是研究印度宗教。《南海寄归内法传》是研究印度佛教——有些地方超出佛教——的重要文献,所以 Max Müller 很希望有人能把《南海寄归内法传》翻译出来,为印度宗教,尤其是佛教的研究提供新的资料。

在当时的情况下,要完成这项任务,Max Müller 最寄希望的,是日本的学者。这很自然,Max Müller 当时已经跟日本的学者有了一些联系。他

---

① [法]伯希和:《伯希和敦煌石窟笔记》,耿昇译,中国藏学出版社 2008 年版,第 420 页。伯希和还讲,他得到王道士的允许,进入藏经洞,一下见到这么多宝物,第一个反应是,"我于是便迅速作出了决定,必须至少是简单地研究一下全部藏经。我应该在此完成这项工作。从头到尾地展开收藏于此的 15000—20000 卷文书,这是无法想象的。我即使用 6 个月的时间也无法完成它。但我必须至少是全部打开它们,辨认每种文书的性质,看一下在何种程度上能有幸为我们提供新文献。然后将它们分成两份,其一是精华和高级部分,也就是要不惜一切代价让他们出让的部分;另一部分是尽量争取获得的部分,而在无奈时也只得放弃的部分"。《伯希和敦煌石窟笔记》,第 414 页。伯希和显然一开始就考虑到了要怎么选取和带走他认为最有价值的一部分写卷。

② 这封信在《伯希和敦煌石窟笔记》书中的标题是《敦煌藏经洞访书记》。

找到的——或者也可以说是日本学者找到了他——是日本明治时代的三位学者：笠原研寿（Kenjiu Kasawara）、藤岛了隐（Ryauon Fujishima）和高楠顺次郎（Junjiro Takakusu，1866－1945）。三位都是日本最早到欧洲留学的年轻人，都有僧人的身份。

笠原研寿与高楠顺次郎都跟 Max Müller 学习梵文、印度学和宗教学。笠原研寿翻译《南海寄归内法传》，仅完成了一部分，就去世了。最终完成这个任务的，是高楠顺次郎。高楠顺次郎在 Max Müller 的指导和帮助下，把《南海寄归内法传》完整地翻译为英文，他不仅翻译，同时还撰写了一篇很长的导言并做了详细的注释[1]。

为了《南海寄归内法传》的翻译，Max Müller 给高楠顺次郎写了一封长信，作为序，放在英译《南海寄归内法传》的书前。以 Max Müller 当时的地位和影响，他的推介，《南海寄归内法传》很快就受到了欧洲的东方学、印度学、佛教学研究的学者的注意和重视。书出版后，很快就有不止一篇书评，撰写书评的学者中，包括当时法国著名的印度学家 Auguste Barth(1834－1916)。高楠顺次郎自己，虽然当时还年轻，由此也在欧洲学术界有了影响。在英译《南海寄归内法传》正式出版的同年，高楠顺次郎在德国莱比锡大学获得博士学位。他提交的博士学位论文，就是他翻译《南海寄归内法传》时所撰写的那篇导言。这篇导言，前后不过二三十页，高楠能够以此申请德国的博士学位并获得成功，足见高楠的翻译和研究被当时的东方学学术界认可的程度。此后高楠顺次郎回到日本，被聘为当时建立还不久的东京大学的讲师，再后来被聘为东京大学首次设立的梵文及印度哲学讲席教授。高楠顺次郎在欧洲学习和研究的这段经历，成为他一生学术事业的基础。明治时代的后期到昭和时代的前期，高楠顺次郎无疑是日本现代学术意义上的佛教研究的领袖人物之一。他主持编纂的《大正新修大藏经》以及其他一些学术著作，对于今天研究佛教的学者而言，其意义自不待言。

高楠顺次郎英译的《南海寄归内法传》在欧洲出版的时候，伯希和还是大学生。他进入东方学研究的圈子虽然还不算久，但对相关研究的

---

[1] *A Record of the Buddhist Religion as Practised in India and the Malay Archipelago* (A.D.671－695) by I－tsing, translated by J. Takakusu, with a letter from the Right Hon. Professor F. Max Müller, Oxford: The Clarendon Press, 1896.

情况，无疑很熟悉。伯希和完全清楚《南海寄归内法传》在学术上的分量。

不过这还只是一个方面的情况。伯希和是法国学者，他学术上的成就和取向，代表的是法国的东方学学术传统。伯希和有自己的师承。从师承方面讲，伯希和能够迅速注意到义净的《南海寄归内法传》，与他的老师沙畹（Emmanuel-èdouard Chavannes, 1865-1918）直接有关，因为就在高楠顺次郎英译《南海寄归内法传》在英国牛津出版两年之前，1894年，沙畹在巴黎出版了义净的另一著作《大唐西域求法高僧传》的法文译本①。这是沙畹早期重要的学术著作之一。沙畹翻译《大唐西域求法高僧传》，一定程度上是因为受到了当时法国另一位很有名的印度学家列维（Sylvain Lévi, 1863-1935）的影响。列维也曾经是伯希和的老师之一。伯希和一生的学术研究中，不时也可以看到列维的一些影子。伯希和的老师中，还有前面提到的伯希和这次中国西域考察活动的推荐人，印度学家塞纳尔。伯希和一生对广义的"西域"和西域语言的兴趣，就是在这样的学术背景下形成的。

作为沙畹的学生，伯希和当然熟悉沙畹所有的学术著作，包括沙畹翻译的义净的《大唐西域求法高僧传》。

对于这个时期法国乃至欧洲东方学，尤其是其中的汉学研究，沙畹有着多方面的影响和贡献，他被公认是这个时期法国汉学的领头人。而且，沙畹的成就，还不仅仅体现在他个人的研究成果上，他培养出的学生，有的非常杰出，其中之一就是伯希和。关于沙畹，几年前张广达教授曾经做过详细的介绍②。

除了义净的著作，在检阅和挑选藏经洞文物主要是写卷的过程中，伯希和很注意的还有玄奘等所有中国求法僧的著作。这一点，上面所引伯希和自己的叙述中已经说得很清楚。重视研究中国求法僧的著作，从来就是法国汉学界——一定程度上也包括印度学界——的一个好的学术传统。最

---

① Mémoire compose à l'époque de la grande dynastie T'ang sur les religieux éminents qui allèrent chercher la loi dans les pays d'Occident. 沙畹的法译本是《大唐西域求法高僧传》的第一个西文译本，法译本包括导言和详细的注释，是一部标准的学术著作。

② 张广达：《沙畹——"第一代全才的汉学家"》，《史家、史学与现代学术》，广西师范大学出版社2008年版，第134—175页。

早把《法显传》和《大唐西域记》翻译为法文，介绍给欧洲学术界的，就是法国早期东方学研究的两位学者，一位是雷慕沙（Jean-Pierre Abel-Rémusat，1788-1832），翻译的是《法显传》；一位是儒莲（Stanislas Julien，1797-1873），翻译的是《大唐西域记》。其中的雷慕沙，被公认为近代法国汉学研究的创始人。儒莲是雷慕沙的学生，也很有名。今天法兰西学院为汉学研究设立的大奖，就以儒莲的名字命名。对于伯希和而言，他们都是自己要追随的前辈。伯希和从沙畹那里所继承的学术传统，最早可以追溯至此。

通过以上的讨论，我想是不是有理由这样说：敦煌藏经洞里的《南海寄归内法传》，排在伯希和汉文写卷的第一号，其中有偶然的因素，但更有必然的成分。这件事，虽然看起来不算紧要，但细细讲来，却与当时英国、法国乃至欧洲的东方学的学术研究和学术史有关。问题虽小，但以小而见大，可以增加我们对敦煌研究最初情况的了解。其中的细节，其实也可以说是敦煌学学术史的一部分。

在20世纪前期所编的几种最主要的敦煌写卷目录中，我以为伯希和的目录最值得注意。说值得注意，有几个原因。原因之一，是伯希和进入藏经洞时，除了王道士取走的交付斯坦因的那一部分外，大部分写卷还保留在最初的状态中。这看照片就可以知道。王道士没打算把所有的写卷都给伯希和，伯希和可以做挑选，也只能做挑选。而这个时候的敦煌写卷，数量还多，还有足够的挑选的余地。原因之二，是伯希和不仅是内行，而且是一位不一般的内行，这个挑选写卷的过程，很大程度上就体现了伯希和的学养和学术见识，在当时他关心什么，注意什么。同样都是从藏经洞的宝藏中"淘宝"，斯坦因的情况完全不一样。斯坦因是梵文和考古的专家，但他不懂汉文，更谈不上有多少相关的知识。面对汉文写卷，斯坦因当时能依靠的，只有蒋师爷。蒋师爷虽然有一定文化，但不是学者，与伯希和相比，他哪知道什么学术，遑论欧洲的东方学及汉学研究。面对藏经洞里的宝物，斯坦因当时的注意力，实际上更多地集中在佛教的艺术品和非汉文写卷部分。虽然出于直觉，斯坦因感觉到汉文写卷也很重要，但哪些最重要，为什么重要，他完全没有判断力。因此，对于他掠获的敦煌写卷，估计最初就没有根据学术上的考量做分类，运回伦敦后，斯坦因更不可能自己编目。斯坦因汉文写卷最早的比较完整的目录，在晚些时候由小翟理思（L. Giles，或称翟林奈）编成。从小翟理思编的目录看，小翟理思编目时，没有，也不可能有什么特别的学术考虑，真的就是见一卷编一卷。何况与当年的伯希和比，小翟理思的学术水平也差得太远。至于当年京师图书馆，也就是今天的国家图书馆收藏的敦煌写卷，最初由陈援庵先生编为《敦煌劫余录》。陈援庵先生的学问水平固然很高，但他面对的，是一大堆早已经过多人多次挑选，最后留下的"劫余"之物，其中虽不能说没有"漏网之鱼"——仍然有价值的好东西，但好东西毕竟不多。面对这样的情形，陈先生不可能有更多的考虑，因此他的编目，次序也完全随机。这一点，一眼就可以看得很清楚。三个目录，虽然一样都是目录，其实是有差异的，差异背后反映出的问题，也涉及欧洲东方学背景下的敦煌学研究的学术史。这一差异，还表现为另一个结果：那就是，虽然都是从藏经洞里出来的东西，整体而言，法藏的好东西最多，英藏次之，相比之下，北京的收藏虽然整体上数量最多，质量却要差不少。细究起来，这中间反映出的，其实也是"吾国学术之伤心史"的另一个侧面①。

第二个问题：这份写卷中提到的义净《大唐西域求法高僧传》的书名。

P. 2001写卷，内容抄写的是唐代义净的《南海寄归内法传》，可惜是残卷，只有卷一部分。卷一的前半，我过去做整理和校注工作时，把它称作"序"。在"序"快结束之处，义净写道：

> 谨依圣教及现行要法，总有四十章，分为四卷，名《南海寄归内法传》，又《大唐西域高僧传》二卷，并杂经论等十卷，并录附归。

这是我在中华书局出版的《南海寄归内法传校注》中经过校勘的文字。校勘时使用的底本是《碛沙藏》本，对照校勘的古抄本和古刻本有八种，各个本子文字上有一些差异。此处我出的校记是：

（6）大唐西域高僧传二卷　金本、丽本、大本作"大唐西域高僧

---

① 陈寅恪：《陈垣敦煌劫余录序》，《金明馆丛稿二编》，上海古籍出版社1980年版，第236页。

传一卷"；敦本作"大周西域行人传一卷"；石本作"大周域行人传一卷"①。

这里的"金本"指的是《赵城金藏》，"丽本"是《高丽藏》，大本是《大正藏》，"石本"是日本的"石山寺本"②，敦本即 P. 2001。这几个本子中，敦本和石本在年代上显然最早。从敦本和石山寺本的文字，以及"唐"与"周"两个国号前后的变化考虑，可以得到一个结论：《大唐西域求法高僧传》的书名，最早不是《大唐西域求法高僧传》，而是《大周西域行人传》。而且很可能最初不分卷，全书一卷，后来才分为两卷。我的这个意见，其实在更早，也就是 20 世纪 80 年代初，我整理和校注《大唐西域求法高僧传》时就讲过③。

三十五年前，日本七寺的古写经还不为人所知。90 年代初，七寺古写经被发现，其中也有《大唐西域求法高僧传》，书名就是《大周西域行人传》，这一方面支持了我的这个结论，另一方面也说明七寺古写经传承的确实是一个比现存很多传本更古老一些的传统④。

日本的古写经，不管是石山寺本，还是七寺本，原卷是从中国带到日本的，还是在日本抄写的，我不了解更多的情况，不好下结论。如果是在日本抄写的，抄写是在什么时候，这方面我不是专家，也不好下结论。但无论如何，从内容看，石山寺本的《南海寄归内法传》与七寺本的《大唐西域求法高僧传》至少是更多地保留了早期的形态。至于敦煌本《南海寄归内法传》，可能就是我们目前所能见到的《南海寄归内法传》最早的写本。

---

① （唐）义净著，王邦维校注：《南海寄归内法传校注》，中华书局 1995 年版，第 24 页。义净的书中，其他地方也出现过"周"字，都是在正文中间的夹注中，例如"周言"。沙畹的法译本，把这个"周"误解为"后周"。沙畹认为，这些夹注是后周时代的人加进去的。沙畹不知道义净有自己为自己的书加注的习惯。具体的讨论见上引书的"前言"，第 15 页。

② 收入《西域求法高僧传集》，《天理图书馆善本丛书》第五卷，日本天理大学，1980 年。

③ （唐）义净著，王邦维校注：《大唐西域求法高僧传校注》，中华书局 1988 年版，第 17 页。

④ 落合俊典：《义净撰大周西域行人传について》，《宗教研究》，第六十二卷第四辑，1989 年；《大唐西域求法高僧传の原题》，《三康文化研究所年报》，第二十一号，1989 年。《七寺一切经と古逸经典》，载《七寺古逸经典研究丛书》第一卷，《中国撰述经典》（其之一），东京：大东出版社 1994 年版，第 434—435 页。

还有一点需要加以注意,我们现在见到的《大唐西域求法高僧传》的内容,与义净在天授二年(691)五月十五日派遣大津从室利佛逝送回中国的文本其实不完全一样。二者最大的差别在什么地方呢?就在前者在送回中国时,显然还没有后来通行本中有的《重归南海传》一节。这样讲,理由也很简单:第一,书中的《重归南海传》,明显另成一个部分。第二,其中的文字,也说得很清楚,是义净回到中国,或者更准确地说,回到洛阳以后增补进去的:

其僧贞固等四人,既而附舶俱至佛逝,学经三载,梵汉渐通。法朗须往诃陵国,在彼经夏,遇疾而卒。怀业恋居佛逝,不返番禺。唯有贞固、道宏相随,俱还广府,各并淹留且住,更待后追。贞固遂于三藏道场敷扬律教,未终三载,染患身亡。道宏独在岭南,尔来迥绝消息。虽每顾问,音信不通。嗟乎四子,俱泛沧波,竭力尽诚,思然法炬。谁知业有长短,各阻去留。每一念来,伤叹无及。是知麟喻难就,危命易亏。所有福田,共相资济。龙华初会,俱出尘劳耳!

《重归南海传》撰成的时间,我三十多年前的考证,是在神功元年,即697年或更后。①

2016年9月16日,日本国际佛教大学院大学的落合俊典教授访问北京大学,在北京大学做报告,我们谈话,涉及这个问题。落合俊典教授认为,《大唐西域求法高僧传》这部书,最早的书名是《大周西域行人传》,《大唐西域求法高僧传》这个书名,是义净去世以后才有的。

落合俊典教授的前一半意见,与我三十多年前的意见一样,我当然同意,但后者我则有不同的看法。我以为,《大唐西域求法高僧传》这个书名,在义净在世时,应该已经确立。

落合俊典教授说,他的看法,义净活着的时候,不会有《大唐西域求法高僧传》这个书名,因为义净不会称自己为"高僧",义净不会这样"自大"。

---

① (唐)义净著,王邦维校注:《南海寄归内法传校注》,中华书局1995年版,第245页。

对此我的想法则有些不一样。我以为，义净撰书，最初的书名的确是《大周西域行人传》，后来改为《大唐西域求法高僧传》，改名的时间是什么时候？显然只能是武则天的"周"代以后，也就是神龙元年（705）二月，唐中宗恢复唐的国号以后。

《大唐西域求法高僧传》的书名究竟是什么时候有了这样的改动，准确时间不太好说，但可以确定的是，上限是在神龙元年的二月，理论上应该是紧跟这个时间。因为国号既然已经从"周"改为"唐"，旧的书名《大周西域行人传》就不能继续使用了。义净先天二年（713）去世，此后所编的经录，时间最接近的是智升的《续古今译经图记》和《开元录》。《续古今译经图记》和《开元录》中著录的义净的两部书，一部是《大唐西域求法高僧传》，另一部是《南海寄归内法传》。这里需要注意的是"大唐"两个字，它不是凭空加上去的。这说明什么？说明即使是一千多年前，也要讲政治，在中国，所有一切，首先要政治正确。

至于义净是否"自大"，把自己也列入"高僧"的行列，这似乎不应该是一个问题。因为依我看，义净在书中并没有突出自己，为自己列出专条。义净的名字，在书最前面的目录中也没有出现。有关他自己的求法经历一段，只是穿插在"玄逵律师"一条之后，写明是在室利佛逝写的。这都显示出，义净固然在书中讲到了自己，但并不显得特别"自大"。因此，义净在世时，恐怕不会反对使用《大唐西域求法高僧传》这个书名。当然，如果一定要做进一步的推想，在义净自己这方面，我以为他是希望至少身后会被人视为高僧的。义净信仰虔诚，舍生忘死，到印度求法，这毕竟是他一生的追求和最终目标。实际上，他在世时已被尊称"三藏法师"，这个称号，不是一般的僧人能够担当得了的，已经等同被认为是高僧了。

最后附带还谈一个问题：传抄本和刻本中的"周"字以及石山寺本中的武周新字。

首先可以确认的一点是，传抄本和刻本中的"周"字，是因为义净撰写《南海寄归内法传》的时间和写书最早的流传，正是在武则天改唐为周之时。书中的"周云"和"周译"，反映的正是这一段历史背景，只是在武则天之后，唐中宗神龙元年恢复国号后，"周云"和"周译"才被改为

"唐云""唐译"。敦煌本和石山寺本都有"周"字，显示这两个抄本更多地反映出义净书原来的状态。

三十多年前，我做《南海寄归内法传》的校勘，当时就有一个印象，抄本中敦煌本和石山寺本比较接近，属于最早的抄本系统。校勘中还有一个印象：宋以后的刻本，金藏本与高丽藏本文字比较接近，千字文编号也相同，应该属于《开宝藏》以后出现的北方系统。其余各本较接近，应该属于宋代南方的刻本系统。过去一些研究者认为，佛经北方的刻本系统优于南方系统。① 但如果以《南海寄归内法传》为例，这好像不可以一概而论。金藏本、高丽藏本作"唐云""唐译"等处，南方刻本与最早的敦煌抄本和石山寺抄本相同，俱作"周云""周译"，至少在这一个地方显示出了优点。不过，这个"周"字，在金本和高丽藏本中也并没有完全消失，金藏本和高丽藏本卷四最后一段的第一句话，"义净敬白大周诸大德"，"大周"二字，显然就是当时的漏改之处。

再有一点是石山寺本中的"武周新字"。石山寺本中的"正"字，都抄作"㱏"，这是武则天载初元年（689）正月所造的十二个"新字"之一②。这种写法流行的时间很短③。这就说明，不管石山寺本是从中国直接流传到日本的古抄本，还是日本僧人所抄写，这个抄本或抄本代表的原本也一定是一个很早的本子。

做过文本校勘工作的人都知道，一个字的差异或变化，往往可以追溯

---

① 这是我三十多年前对中国古代刻本佛经传承系统的认识。拙文初稿曾提交 2011 年 11 月在上海师范大学召开的"敦煌遗书与佛教研究国际学术研讨会"。其后再经修改，修改中曾向上海师范大学方广锠先生请教。方先生用电邮告诉我：刻本各系，均上承写本，写本不同，形成刻本不同的系统。现在一般把《辽藏》称为"北方系"，《开宝藏》及由此衍生出的《金藏》《高丽藏》称为"中原系"。北方系比较忠实于"开元大藏"系统，且经过校订。"中原系"用四川的一个写本刻成，初期错误极多，其后在东京不断修订。方先生是佛教文献研究的专家，他根据近三十年来的新发现和新研究，对刻本佛经做了更细密的分类。如果依照方先生的分类，我这里说的北方刻本系统，就基本等同于方先生说的"中原系"。我说的南方系统，则指的是我当年做校勘时使用的《思溪藏》《洪武南藏》《永乐南藏》，以及《永乐北藏》，因为这几种藏经——其中《永乐北藏》除外——的刊刻，都在南方完成。我感谢方先生的提示。

② 见《资治通鉴》卷二〇四，中华书局 1982 年版，第 14 册，第 6432—6462 页。载初元年正月即永昌元年十一月，自是改用。"新字"字形亦见《宣和画谱》及《历代画谱》等。

③ 也是方广锠先生提示我："武周新字并未因大周倾覆而废止，故其流传时间极长。就敦煌遗书看，直到北宋，还有人用，尤其如'正'字之类不太繁杂的字形。"如此看来，这个问题比我原来想的还要稍微复杂一些。不过，石山寺本在日本被判定为奈良时期（710—784 或 794）的写本，如果这样的判定无误，那石山寺本就可以说跟敦煌本几乎同时了。

出一段特定的历史。《南海寄归内法传》抄刻本中的"周"字，为我们提供了又一个例证。

新字	囻	〇	曌	埊	〇	⊕	囗	亣	𡴀
旧字	國	星	照	地	日	月₁	月₂	天	人
新字	秊	恵	㞣	壐	䛊	𠡥	𥝢	𠕋	𠃍
旧字	年	臣	正	聖	證	載	授	君	初

百年来塔里木历史遗存的调查整理与时代特征

张安福

塔里木地区是西域的重要组成部分,是西汉"三十六国"重要的绿洲文明载体。同时,丝绸之路经行塔里木盆地南北,成为张骞通西域后丝绸之路的南北两道。繁荣的汉唐文明和频繁的对外交往,使古希腊古罗马文明、古波斯文明、古印度文明在塔里木地区激荡,成为古代重要文明交会交融的地区。宋元之后,海上丝绸之路兴起,塔里木盆地作为丝绸之路的要道地位荣光不再,但是由于该地区特殊的干旱少雨的地理环境,保留下古代大量的文化遗存。虽然斯文·赫定成为楼兰城最早的发现者,但是早在清代乾隆之后,就有大批关于塔里木地区的研究成果问世[1],但是由于缺乏现代的考古学手段,加之认识上的不足,即使有所发现,也没有引起重视,因此这一时期只能称为"西北舆地之学"[2]。塔里木盆地的历史文化遗存真正引起学界重视,应该是西方探险家到来后。

一 西方探险发掘的起始段(19世纪中后期至20世纪初)

19世纪中后期至20世纪初,正值西方探险活动达到高峰时期,许多

---

[1] (清)陶保廉:《辛卯侍行记》,刘满点校,甘肃人民出版社2000年版;(清)祁韵士:《万里行程记》(外五种),刘广洁整理,山西人民出版社1992年版;(清)俞浩:《西域考古录》(影印本),文海出版社1966年版;(清)徐松:《西域水道记》,朱玉麒整理,中华书局2005年版;(清)王树枏:《新疆图志》,朱玉麒等整理,上海古籍出版社2015年版;(清)七十一:《西域总志》(影印本),文海出版社1966年版。

[2] 舆地之学兴起的背景是清代大力垦殖新疆,许多文人雅士到达天山南北,对此时的新疆人文地理多有记载。此后的道光、咸丰年间,英国和俄国在新疆渗透势力,诸多仁人志士始专注于西域史地的考察研究,梁启超在《清代学术概论》(上海古籍出版社2005年版,第47页)中多有记述。

西方探险家将目光投向了遥远的中亚塔里木地区。同时，英国和俄国在中亚争夺势力范围，也给西方探险家进入中亚制造了契机。这一时期的塔里木地区历史文化资源调查整理呈现出探险性和盲目的偶然性，但也由此开启了塔里木盆地古代遗存考察的序幕。

1. 早期俄国探险家

1858年，瓦力汉诺夫受命到喀什等地进行情报刺探和地理勘察，开始了俄国对塔里木地区的探险；此后，普尔热瓦尔斯基（Nikolai Mikhaylovich Przhevalsky）于1876—1877年进入塔里木罗布泊。他所到达的罗布泊与地图标示坐标相差数百千米，由此引发学界罗布泊是"游移的湖"理论的提出①。此后，克莱门兹、奥登堡先后进入塔里木地区，重点对吐鲁番的壁画、古城进行了考察和盗掘。俄国探险家大概是近代以来欧洲人在中国西部所进行的首次中亚考古学的专业调查②。

2. 偶然发现楼兰古城的斯文·赫定（Sven Hedin）

1895—1935年，瑞典探险家斯文·赫定在中国进行过四次探险考察，三次在塔里木盆地，尤以其发现楼兰古城在学术界影响最大，也由此开启了对塔里木地区世界性的考察热潮。1901年3月，斯文·赫定发现了楼兰古城，并出土了大量汉文文书、简牍、钱币等，这批文物后来转交至汉学家卡尔·希姆与康拉德教授，他们先后整理出版《斯文·赫定在楼兰所得的中国文书与其他发现》一书。

3. 硕果累累的斯坦因（Aurel Stein）

斯坦因是近代西域探险史中的传奇人物，他集学者、探险家、考古学家和地理学家于一身，一生曾四次进入塔里木盆地从事考古发掘活动，他所留下5卷本的《西域考古图记》为代表的西域考察成果，成为学者研究西域的必备资料，斯坦因的每一次考察，都要留下一部旅行记、一部正式考古报告，这使他的许多发现和学说都极有价值，成为塔里木盆地早期资料的集大成者。他的每一次考古发现，都有一定的偶然性，如发现丹丹乌里克遗址、尼雅遗址、安迪尔古城等，但是对于每一次的考古发现，斯坦因都以惊人的毅力做出丰富的调查报告，从而使他的前三

---

① ［俄］普尔热瓦尔斯基：《走向罗布泊》，黄健民译，新疆人民出版社1999年版。
② 《丝绸之路大辞典》，陕西人民出版社2006年版，第803页。

次调查都硕果累累①。1930年，斯坦因计划的第四次西域探险终因中国学界的抗议无功而返。由于心情不好，他一头扎在克什米尔的帐篷里，撰写他前三次中亚考察的经历，取名《在中亚古道上——在亚洲腹地和中国西北部三次考察活动简述》，它一出版便被我国著名敦煌学家向达教授译成中文②。这部中译本对我国学者了解斯坦因的考察及搜集品、对推进中国西域学研究起到了非常重要的作用。

4. 德国探险队

1902—1914年，以格伦威德尔（Albert Grunwedel）、勒柯克（Albert von Le Coq）为代表的德国探险队，先后四次进入新疆，重点对吐鲁番、龟兹两地进行了探险考察，尤其是石窟壁画收获颇丰。③ 这些著述在近现代西域史地、佛教艺术等领域的研究中占有重要地位。让后人诟病的是，在考察过程中，勒柯克等大肆切割壁画的行为，给柏孜克里克石窟、克孜尔石窟等地的塔里木石窟艺术带来重大劫难。

5. 法国伯希和（PaulPelliot）

伯希和是著名的国际汉学家，精通中国历史文化，伯希和的塔里木考察活动主要集中于盆地北道的喀什、库车以及敦煌三个区域。1906年9月，法国伯希和率"西域探险团"抵达喀什开始对塔里木地区进行探险考察。在两年的时间中，伯希和重点搜集古代文书并展开对石窟寺的考察。④ 以伯希和为代表的"西域探险团"在塔里木的考察与发掘活动，在国际汉学界影响深远，曾经有学者评价说，如果没有伯希和，那么汉

---

① 第一次的考察成果：《沙埋和阗废墟记》，殷晴等译，新疆美术摄影出版社1994年版；《古代和田——中国新疆考古发掘的详细报告》，巫新华等译，山东人民出版社2009年版；第二次的考察成果：《契丹沙漠废墟——在中亚和中国西部地区考察实记》《西域考古图记》，巫新华等译，广西师范大学出版社1998年版；第三次的考察成果：《亚洲腹地考古图记》，巫新华等译，广西师范大学出版社2004年版。

② ［英］斯坦因：《斯坦因西域考古记》，向达译，上海中华书局1936年版。

③ 主要成果有：《德国皇家第一次新疆吐鲁番考察队的缘起、行程和收获》（首发于《英国皇家亚洲学会会刊》1909年）、《高昌——普鲁士王国第一次吐鲁番考察重大发现品图录》（1913年）、《新疆的地下文化宝藏：第二、三次吐鲁番考察报告》（1926年）、《中亚古代晚期的佛教文物》（与瓦尔德施密特合编）和《中亚艺术文化史图录》（1925年）、《中国新疆的土地和人民——德国第四次吐鲁番考察记》（1928年）等。

④ ［法］伯希和等：《伯希和西域探险记》，耿昇译，人民出版社2011年版。

学将成为国际孤儿①。

6. 日本大谷探险队

在近代塔里木探险史上，日本大谷探险队自认为是唯一出于宗教目的，旨在调查佛教东渐遗迹，搜集佛经和佛教遗物的考察组织②。大谷光瑞探险队基于在塔里木的三次探险考察，先后整理和出版了相关考察游记和报告。其中，渡边哲信、堀贤雄根据 1902—1904 年的首次探险出版了《西域旅行日记》，橘瑞超、野村荣三郎和吉川小一郎等人根据大谷探险队的第二、三次探险出版了《中亚探险》(橘瑞超)、《蒙古新疆旅行日记》(野村荣三郎) 和《支那纪行》(吉川小一郎) 等著述。但令人遗憾的是，大谷探险队三次探险考察获取的珍贵文物，却因西本愿寺卷入疑狱案件而被变卖一空，散失东亚各地。

表1　19 世纪末 20 世纪初其他代表性外籍探险家塔里木考察简况③

考察时间	人物	国籍	考察路线简况
1885—1890 年	哥隆赤夫斯基	俄	自费尔干纳盆地进入塔里木，仅在盆地西缘喀什噶尔、疏勒、莎车、叶尔羌以及和田考察，后越兴都库什山脉，考察帕米尔。最后又经新疆返俄属土耳其斯坦

---

① [法] 菲利普·弗朗德兰:《伯希和传》，广西师范大学出版社 2016 年版。法兰西学院在伯希和考察结束之后的 40 年间，先后整理和出版了《图木舒克》(1961 年图版卷，1964 年文字卷)、《库车建筑寺院，都勒都尔——阿乎尔和苏巴什》(1967 年图版卷，1982 年文字卷)、《库车地区诸遗址，龟兹文题记》(1987 年)、《伯希和敦煌石窟笔记》(6 册，1980—1992 年)、《敦煌的织物》(1970 年)、《敦煌的幡画》(1974 年文字卷，1976 年图版卷) 以及《吐鲁番的道路》(2000 年) 等。

② [日] 橘瑞超:《橘瑞超西行记》，柳红亮译，新疆人民出版社 2013 年版。

③ 马大正:《外国探险家新疆探险考察的档案文献资料整理与研究评述》，《西部蒙古论坛》2016 年第 2 期；[日] 日野强:《伊犁纪行》，华立译，黑龙江教育出版社 2005 年版；[美] 梅耶、布里萨克:《谁在收藏中国：美国猎获亚洲艺术珍宝百年记》，张建新、张紫薇译，中信出版社 2016 年版；郭物:《和田考古简史》，载上海博物馆编《于阗六篇：丝绸之路上的考古学案例》，北京大学出版社 2014 年版，第 37—62 页；魏长洪、何汉民:《外国探险家西域游记》，新疆美术摄影出版社 1994 年版；田卫疆:《近代新疆探险百年：没有航标的沙海之旅》，新疆人民出版社 1998 年版；中国新疆维吾尔自治区档案馆、日本佛教大学尼雅遗址学术研究机构编:《外国探险家新疆考古档案史料》，新疆美术摄影出版社 2001 年版。

续 表

考察时间	人物	国籍	考察路线简况
1887 年	杨哈司班德	英	由北京出发,经归化城赴哈密、吐鲁番、喀什噶尔等地考察,后经喀什米尔地区进入印度
1889—1890 年	柯斯洛夫、别夫佐夫	俄	沿南道考察莎车、叶尔羌、和田、于阗、克里雅、尼雅等地,而后进入西藏
1892—1894 年	格莱那	法	在和田获取大量梵文佛经残本,以及土俑、残陶、古钱等文物
1899—1900 年	博南	法	沿塔里木自西向东考察,在敦煌千佛洞获取四帧版画,上有"大历十一年""乾宁元年"等题记
1903—1906 年	亨廷顿	美	第一次中亚的探险在喀什噶尔与奥什之间的山区,重点考察与研究帕米尔高原的气候与地理;第二次中亚探险,亨廷顿自克什米尔、拉达克,翻越喀喇昆仑山脉进入塔里木,沿南道对沿线的历史遗迹进行了详细的考察,旨在探索塔里木气候与人类文明关系的演变
1906—1907 年	日野强	日本	日野强在塔里木的探险考察主要集中于 1907 年 1 月至 9 月,其由天山北麓经由尤勒都斯河谷抵喀喇沙尔,而后向西经阿克苏、喀什噶尔、叶尔羌等进行考察。日野强的塔里木考察虽具明显的军事与政治目的,但对汉唐古迹的考察亦多有涉及,对后世的调查与研究工作具有一定的价值
1906—1908 年	涅尔海姆	芬兰	奉沙俄之命前往中国西北搜集军事情报。重点对塔里木东北边缘的吐鲁番进行地理和历史古迹的考察,并购得遗址出土的古代写本文献等文物
1910 年	格楼卜	德	游历天山南部
1920 年	欧尔定布	俄	主要进行新疆考古活动
1924—1925 年	瓦尔纳	美	曾先后两次前往敦煌千佛洞考察,第一次其使用特制胶粘取壁画 26 幅,第二次瓦尔纳组织哈佛大学旅行团再次到敦煌千佛洞粘取壁画,因遭地方阻止而未得逞

1890年在库车发现的"鲍尔古本""使欧洲对中国新疆的考察由以往的地理探险转到文物的发掘与掠夺"①，体现出各自为政、竞争式掠夺的特点。但是，也应该看到，西方探险家在塔里木进行考察和发掘的同时，也由此让诸多掩埋千年的历史遗迹得以重见天日，重新被世人了解和重视。在探险发掘的过程中，也形成了一定的经验，如以斯文·赫定、斯坦因、伯希和等为代表的探险家，在塔里木所进行的调查发掘，亦是当时西方科学调查与考古学理论方法指导下的活动。这一阶段的塔里木探险考察，不仅是西方探险家由地理考察转向文物古迹的发掘与掠夺的阶段，也是塔里木历史遗存逐渐受到世人瞩目、地域考古事业发轫、学术研究得以起步的重要时期，这一时期无论是对历史遗迹进行的客观描述的文字与影像资料，或是发掘所获保存至今的珍贵文物，均成为我们当今学界能够系统调查整理塔里木历史遗存的基础。

二 以国人为主的第二阶段（20世纪30—80年代）

早期西方探险家在塔里木的肆意考察与窃取文物的行为，引起社会各界的普遍不满与关注。1926年，斯文·赫定再次率领探险队进入中国西北考察，但因遭到北京学术界的强烈抗议而未顺利成行。经过协商，斯文·赫定与中国学术团体协会就考察事宜达成一致，组建"中国学术团体协会西北科学考察团"（简称"西北科学考察团"）。在某种意义上而言，"西北科学考察团"的成立是中国学者开始着手塔里木历史遗存调查与考古事业的标志性事件，西域学术研究亦随之在中国逐渐崛起。

中华人民共和国成立后，1953年和1957年，国家对新疆境内的文物进行了两次较大规模的普查，为了解新疆境内的历史文物古迹的分布和遗存情况打下了基础。此后，由于修建南疆铁路、与日本合拍《丝绸之路》等大规模项目的开展，加之经济建设、学术研究、文物保护等需要，相关部门及考古工作者对塔里木历史文化古迹的考古调查渐增，调查的专业性、系统性也随之不断得到提升。

1. 西北科学考察团时期黄文弼在塔里木的考察

1927—1930年，黄文弼作为"中瑞西北联合考察团"中方成员，参与了中瑞双方组织的西北考察活动，由此奠定他在塔里木进行考古研究的基

---

① 许建英：《近代英国和中国新疆1840—1911》，黑龙江教育出版社2014年版，第294页。

础。其间，黄文弼对塔里木北缘焉耆至阿克苏、吐鲁番盆地、罗布泊附近等地历史遗迹进行了踏查。1933年，黄文弼抵达若羌，再次对罗布泊附近历史古迹进行调查。1943年，黄文弼率队考察了探险家未曾发现的区域，填补了斯坦因新疆地图绘制的空白区域。

2. 新中国区域性一般性调查

1953年9月至12月，西北文化局新疆文物调查组对天山南路吐鲁番、焉耆、库车、拜城等地的石窟寺、古城遗址进行了调查，分别对不同类型遗迹的地理位置、遗存概况等资料信息进行了记录整理①。

1957—1958年，黄文弼作为中科院考古研究所新疆考古队成员再赴新疆开展考古调查，共计调查古城、遗址及寺庙约127处，并在焉耆、库车做了一些发掘工作②。黄文弼等在焉耆调查古城遗址十一座；土墩寺庙、古墓葬等九处。随后，考察队又向西分别前往库车、沙雅、新和等地，调查古城和遗址十六处，其中古城址四座；继而至喀什、和田等地，发现古城五座，遗址五处。在对库车、龟兹古城开展调查中，发现古城东墙、北墙和南墙遗迹，并对古城内数处土墩及遗址进行了勘测。同时，对龟兹古城哈拉墩遗址、库车河畔苏巴什古城进行了发掘，并对出土遗物予以详细的分类整理③。

1958年8月至1959年4月，史树青对和田地区相关古迹遗存进行了调查。和田县西10千米处约特干遗址，当时该遗址已全部为耕地所掩埋，在附近采集小金鸭一件、"乾元重宝"一枚以及人面形陶片和陶器残口、残柄等；对1958年秋季全国大炼钢铁运动中洛浦县阿克斯比尔古城所发现的文物进行了分类统计；对尼雅遗址的遗存概况进行了勘查，并以一窣堵坡为中心，分南北两个方向进行了遗迹、遗物的调查与采集工作；对洛浦县南30千米处的阿其克山和库车县北120千米处的阿艾山两处汉代矿冶遗址进行了调查，发现诸多开矿工具和冶铁工具以及汉唐时期的钱币等遗物④。

---

① 武伯纶：《新疆天山南路的文物调查》，《文物参考资料》1954年第10期，第74—88页。
② 黄文弼：《新疆考古发掘报告（1957—1958）》，文物出版社1983年版，第48—53页。
③ 黄文弼：《新疆考古的发现》，《考古》1959年第2期，第76—81页。
④ 史树青：《新疆文物调查随笔》，《文物》1960年第6期，第22—31页；《谈新疆民丰尼雅遗址》，《文物》1962年第7—8期。

1959年10月，新疆博物馆考察队在民丰、若羌、巴楚开展文物考古调查。考察队在民丰对尼雅南北两部分遗址进行了调查，重点对北部遗址进行了清理和遗物采集工作。采集和清理遗物1000余件，并对其予以了较为详细的分类整理[①]。同时，考察队发掘"木乃伊"一处，出土许多汉代锦绸服饰及其他随葬品[②]。是年该月，文物工作组又在若羌米兰古城进行了调查发掘，清理房址九间，并对出土文物进行了分类整理[③]。另，新疆博物馆南疆考古队还在巴楚托库孜萨来古城进行调查发掘，出土和征集文物4000余件，其中包括古文字木简30余枚，汉文、回鹘文及阿拉伯文文书200余片，汉代五铢钱四五种，以及粮食、瓜果等珍贵文物[④]。

1978年，考古工作者对轮台地区进行了调查，对草湖公社境内黑太沁、柯尤克沁、昭果特沁、卡克勃列克等古城遗址进行了勘查。另外，在拉依苏公社发现烽火台遗址两座，并对附近一处古城以及策大雅公社阿格拉克城址进行了实地调查[⑤]。

1979—1980年，为配合中日电视纪录片《丝绸之路》敦煌经楼兰至焉耆段的拍摄，新疆考古研究所组建楼兰考古队深入罗布泊荒漠腹地，对楼兰地区的古城及墓葬遗址进行了考古调查与重点发掘。其中，1979年6月和11月，考古队两次进入罗布泊进行遗址位置的定位及道路探察工作。1980年3月和4月，考古队开始正式的古迹调查，并对楼兰郊区的平台墓地和孤台墓地进行了发掘，出土了包括陶器、漆器、铁器、毛织品、棉织品、木器、金饰品等在内的文物170余件[⑥]。

1980—1981年，新疆博物馆文物队联合轮台县文教局对轮台县境内历史文化古迹进行了全面的调查。除以前所熟悉的遗址外，调查队又发现许多重要文物遗址，其中古城遗址11处，烽燧遗址2处，并对采集遗物进行

---

① 新疆博物馆考古队：《新疆民丰大沙漠中的古代遗址》，《考古》1961年第3期。
② 新疆博物馆：《新疆民丰县北大沙漠中古遗址墓葬区东汉合葬墓清理简报》，《文物》1960年第6期。
③ 彭念聪：《若羌米兰新发现的文物》，《文物》1960年第8—9期。
④ 《新疆日报》1960年1月9日。
⑤ 穆舜英等：《建国以来新疆考古的主要收获》，载新疆社科院考古研究所编《新疆考古三十年》，新疆人民出版社1983年版，第10页。
⑥ 新疆考古研究所楼兰考古队：《楼兰城郊古墓群发掘简报》，《文物》1988年第7期，第23—39页。

了分类整理①。

1983年12月，文化部和新疆博物馆组成的文物考古调查组在塔里木西北边缘，调查古丝路查浑河（今阿克苏河）以西至"据史德城"（今巴楚托库孜萨来遗址）段历史古迹。调查组先后对穷梯木、玉木拉克梯木、科西梯木、泽梯木、亚衣德梯木、都埃梯木、阿克先尔等遗址进行调查，并对在相应遗址所采集遗物进行了分类整理②。

1986年8月中旬，阿克苏文管所工作人员对新和县境内通古孜巴西、兰合曼、玉尔贡、包司巴西古城，恰拉克吐尔烽燧，塔吉库尔遗址六处古代遗存进行了调查③。

3. 新中国对塔里木地区历史文化遗存的分类调查

第一，石窟寺。1951年，向达先生参加中国人民第一次赴朝鲜慰问团，回国后利用随宣讲团在新疆各地传达人民志愿军抗美援朝事迹之机，对天山南麓吐鲁番、焉耆、库车、拜城、阿克苏，塔里木西缘的喀什、莎车，以及昆仑山北麓的叶城、和田、洛浦等地所存石窟寺文化遗址进行了调查④。

1961年，中国佛教协会与敦煌文物研究所组成新疆石窟调查组，对天山南麓的克孜尔石窟、森木塞姆与玛扎佰哈石窟、克孜尔尕哈石窟、库木吐喇石窟、焉耆七个星明屋与石窟，柏孜克里克石窟、胜金口的寺院遗址、吐峪沟石窟、雅尔湖石窟进行调查。调查内容主要为石窟的地理环境与保存现状、洞窟及编号的统计、平面图的绘制、石窟的分类与分期等⑤。

1985年，阿克苏地区文管所对柯坪、乌什两县进行了文物调查。该调查涉及柯坪县古遗址4处，乌什县古遗址2处⑥。其中，乌什县沙依拉木石窟群为新发现遗址。该石窟地处乌什县莫阿瓦提乡西北22千米处，小

---

① 新疆博物馆文物队、轮台县文教局：《轮台县文物调查》，《新疆文物》1991年第2期，第1—17页。
② 柳晋文：《巴楚——柯坪古丝道调查：兼述"济浊馆"，"谒者馆"之地望》，《新疆文物》1985年第1期，第17—19页。
③ 阿克苏地区文管所：《新和县文物普查资料》，《新疆文物》1987年第1期，第67—69页。
④ 张广达：《向达先生文史研究的贡献》，载氏著《史家、史学与现代学术》，广西师范大学出版社2008年版，第198页。
⑤ 阎文儒：《天山以南的石窟》，《文物》1962年第7—8期。
⑥ 阿克苏地区文管所：《阿克苏地区文物调查记》，《新疆文物》1986年第2期，第23—26页。

清水河东岸山坡上。考古人员调查洞窟14个，其中第8、9、10、13和14号石窟保存较为完整①。

第二，史前遗址。20世纪50年代初，王永森对时已发现的西北史前遗址进行了分类统计。涉及塔里木的新石器时代遗址有多处。其中，细石器文化有地处罗布淖尔附近的几处存在磨光石斧和如桂叶形的尖状细小石器的史前遗址，阿尔金山南麓且末东南约65千米处的谷地中存在有陶片和石器的史前遗址；彩陶文化亦在且末有所发现；历史文化主要在阿克苏发现，所发现的史前人类居址皆位于高处河面约20米的台地上，陶器色呈灰黑质、有蓝纹，石器为天然砾石制成，以及彩陶文化遗址②。

1964年12月，考古工作者在阿克苏调查发掘喀拉玉尔衮等新石器时代遗址，出土了许多陶、石等新考古文化遗物③。1972年7月，考古工作者在疏附县乌帕尔公社乌布拉特大队西约5千米处，调查发现阿克塔拉、温古洛克、库鲁克塔拉和德沃勒克等四处新石器时代文化遗址④。1979年2月，新疆博物馆与和硕县文化馆对新塔拉遗址进行了抢救性调查和清理⑤。1981年10月，新疆博物馆与和硕县文化馆联合进行文物调查，在和硕县塔尔奇公社曲惠大队南4千米的戈壁滩上发现一处原始遗址，采集有石器、陶器若干⑥。1983年8月，新疆博物馆等科研单位组成联合考察队，在塔什库尔干县城东南约34千米处的吉日尕勒旧石器时代遗址进行调查。遗址文化遗存位于晚更新世原生堆积层中，遗迹主要特征为人工用火，同时在洞前堆土中发现打制石器一件及碎石片若干。此次调查发现填补了新疆旧石器时代考古的空白⑦。1983年12月，国家文物局与新疆文物队南疆

---

① 曾安军：《"丝绸之路"中道又发现一处石窟群》，《新疆文物》1986年第1期，第97页。
② 王永森：《西北史前文化遗址概况》，《文物参考资料》1951年第10期，第164—165页。
③ 新疆民族研究所考古组：《学术简讯》第1期，1965年11月15日。
④ 新疆博物馆考古队：《新疆疏附县阿克塔拉等新石器时代遗址的调查》，《考古》1977年第2期。
⑤ 新疆博物馆、和硕县文化馆：《和硕县新塔拉、曲惠原始文化遗址调查》，《新疆文物》1986年第1期，第1—13页。
⑥ 新疆博物馆、和硕县文化馆：《和硕县新塔拉、曲惠原始文化遗址调查》，《新疆文物》1986年第1期，第1—13页。
⑦ 新疆博物馆等联合考察队：《塔什库尔干县吉日尕勒旧石器时代遗址调查》，《新疆文物》1985年第1期，第2—3页。

调查组对疏附县乌帕尔乡霍加阔那勒、苏勒塘巴俄两处细石器文化遗址进行了调查。考古人员在此两处遗址采集遗物 400 余件，主要为细石器，另外还有陶片、骨器、打制石器、磨制石器以及铜器等遗物[①]。

第三，墓葬遗存。1976—1977 年，考古学者在帕米尔高原塔什库尔干塔吉克自治县城北香宝宝调查和发掘了一批古代少数民族墓葬，共发掘墓葬四十座，其中，土葬二十三座，火葬十七座[②]。1982—1984 年，蒋其祥等考古人员曾先后三次深入喀什、和田，对所存喀喇汗王朝时代历史遗迹开展专门调查。调查阿图什县麻扎 1 处，喀什市麻扎 2 处，疏附县乌帕尔乡麻扎 6 处、古城 1 处，策勒县达玛沟附近麻扎 3 处，古代遗址 2 处[③]。1984 年，新疆博物馆文物队与和田文管所对山普拉古墓地进行了两次发掘，共清理墓葬 52 座[④]。是年，新疆博物馆文物队、新疆社科院考古所还对和田县布扎克公社伊玛目·木卡沙孜木麻扎进行了考古调查与发掘，出土有南北朝时期彩绘"四神"木棺。此外，考古人员还在若羌县祁漫区发现大批藏文石刻[⑤]。

这一时期的调查整理体现出有序性、区域性、断续性特点。首先，中国政府开始主导塔里木历史文化资源的使用权，并呈现出有序性的特点，如国家在 20 世纪 50 年代组织的两次区域内的考察，并将若干重要古代遗址列入"国家重点文物保护单位"，并形成和刊布一大批考古调查报告，这些文献记录成为之后学界开展相关学术研究的基础；其次，调查的地域范围仅限于山麓、绿洲以及沙漠边缘地带，且多集中于塔里木北缘，而南道所存遗址，尤其是 20 世纪初西方探险家发现和调查的古代遗址，在这一时期并未得到及时而全面的复查。这一时期的重点还是以墓葬发掘和墓葬文化的研究为主，从而使史前时期的塔里木文化初露端倪，如孔雀河青铜时代文明；再次，由于受各种政治运动的影响，塔里木地区的历史文化资源考察与保护呈现出断续性的特点。一些科研机构组织考察队进入塔里

---

① 王博：《新疆乌帕尔细石器遗址调查》，《新疆文物》1987 年第 3 期，第 3—15 页。
② 新疆社会科学院考古研究所：《帕米尔高原古墓》，《考古学报》1982 年第 2 期，第 199—216 页。
③ 蒋其祥：《阿图什、喀什、和田地区喀喇汗朝遗址调查》，《新疆文物》1987 年第 3 期，第 35—43 页。
④ 阿合买提·热西提：《洛浦县山普拉古墓地》，《新疆文物》1985 年第 1 期，第 109—112 页。
⑤ 赵华：《1984 年新疆文物考古工作简况》，《新疆文物》1985 年第 1 期。

木地区调查，但由于机构部门和性质的不同，出现了许多重复调查工作，所获资料不便于信息共享。

三 保护整理为主的第三阶段（20 世纪 90 年代至今）

20 世纪 90 年代以来，随着改革开放的不断深入，中国与世界田野调查和考古手段趋向一致，历史遗存作为国家文化软实力的重要组成亦得到了国家和政府的高度重视。尤其是 2007 年 6 月至 2011 年 12 月第三次全国文物普查中①，新疆对塔里木地区的普查，首先，是规模大、涵盖内容丰富，历史文化遗存档案初步建立；其次，在调查方法上，使用了包括信息网络、GPS 卫星定位等现代科技手段；再次，由于保护手段和研究能力的限制，主动的考古发掘较少，基本是以典型遗址的抢救性发掘和保护为主。

1. 对塔里木地区的文化遗存进行系统调查

这一阶段，国家先后两次通过文物普查的方式，对塔里木地区的历史文化遗存进行了"摸家底"式的调查与整理，出现了越来越细致和完善的趋势。

1988 年，新疆维吾尔自治区政府根据国发〔1987〕101 号《关于进一步加强文物工作的通知》和文物部文物字（84）867 号《关于进一步做好文物普查工作的通知》等文件，决定利用两年时间在全区范围内进行一次全面的文物科学普查工作。各地区文管部门据此对所在行政区内文物古迹开展了全面的调查（见表 2）。

表 2　20 世纪 80 年代末 90 年代初塔里木文物全面普查简况

序号	调查地区	调查报告	普查概况
1	罗布泊地区	《罗布泊地区文物普查简报》，刊布于《新疆文物》1988 年第 3 期	调查历时 22 天。调查队自米兰深入罗布荒原，先后对米兰城堡、吐蕃古墓、米兰佛教塔庙遗址、灌溉遗址、墩里克烽燧、海头古城、LL 古城、楼兰古城、细石器遗存以及近代罗布人渔村遗址与墓葬进行了调查

---

① 国家的前两次文物普查，第一次文物普查从 1956 年开始，普查规模小，不规范，没有留下统计数据；第二次全国文物普查自 1981 年秋至 1985 年，其规模和成果均超过第一次，但受资金、技术等制约，仍然有漏查，塔里木地区没有形成相对系统的资料信息。

续 表

序号	调查地区	调查报告	普查概况
2	巴音郭楞蒙古自治州	《巴州文物普查资料》，刊布于《新疆文物》1993年第1期	调查历时三个月。囿于地理环境和交通条件，调查范围仅在巴州绿洲及沙漠边缘地区展开。因而，诸多掩埋大漠深处或遗存于高山之巅的文物古迹未能涉足。此次共调查文物点246处，其中且末26处、若羌8处、尉犁24处、轮台35处、库尔勒13处、焉耆34处、博湖3处、和硕26处、和静77处。调查文物类型主要为岩画石刻、墓葬、遗址等。同时建立了文物调查档案
3	喀什地区	《喀什地区文物资料汇编》，刊布于《新疆文物》1993年第3期	文物普查工作历时两年。调查文物遗址390处，其中喀什市17处、疏附县71处、疏勒县10处、英吉沙县21处、岳普湖县9处、伽师县17处、塔什库尔干县111处、叶城县35处、莎车县42处、巴楚县46处、泽普县8处、麦盖提县3处。调查遗址类型分为遗址、墓葬、岩画等，其中遗址包括一般遗址、古城、烽燧、窑址、佛教遗址、驿站、卡伦、清真寺、冶炼遗址、石窟寺、坎儿井、古渠道、桥址、宗教遗迹、哨卡等，麻扎主要指圣人、伟人以及伊斯兰传教者等的墓葬，但一些自然崇拜物亦包含其内，其余还有两处石碑遗址
4	克孜勒苏柯尔克孜自治州	《克州文物普查报告》，刊布于《新疆文物》1995年第3期	调查历时10个月。调查组共调查文物点136处，其中阿合奇县27处、阿图什市54处、乌恰县30处、阿克陶县25处，大多遗址点为此次调查所发现。调查遗址类型主要有遗址、墓葬、岩刻等
5	阿克苏地区	《阿克苏地区文物普查报告》，刊布于《新疆文物》1995年第4期	调查历时6个月。调查组对阿克苏地区八县一市共调查文物遗址点241处。调查文物遗址类型主要为墓葬、古遗址、石窟寺、冶炼遗址。通过此次调查，基本清楚了阿克苏地区史前墓葬数量、类型和分布规律；调查到一批汉唐时期屯戍古城、烽燧等遗址；新发现十余处晋唐龟兹佛教文化遗址、冶铸遗址及文物

续 表

序号	调查地区	调查报告	普查概况
6	和田地区	《和田地区文物普查资料》，刊布于《新疆文物》2004年第4期	调查历时5个月。调查组共调查文物遗址118处，其中，和田市19处、洛浦县10处、墨玉县13处、民丰县13处、策勒县17处、皮山县35处、于田县11处。此次调查为和田地区初步建立起文物资源的基础档案

2007年4月，国务院下发《关于开展第三次全国文物普查的通知》。2007年7月，新疆维吾尔自治区成立第三次全国文物普查工作领导小组，开始了新疆第三次全国文物普查工作。此次文物普查工作历时两年，共调查不可移动文物9545处，其中古遗址2991处，古墓群4555处，古代建筑172处，石窟寺及石刻555处，近现代重要史迹及代表性建筑1253处，其他19处[①]。其中涉及塔里木的文物调查结果见表3。[②]

表3　　　　　　　塔里木地区考古出土陶瓷仿铜句鑃一览

区划类型	文物类型	古遗址	古墓葬	石窟寺及石刻	古建筑	近现代重要史迹及代表性建筑	其他
巴州	库尔勒	9	7	—	—	1	—
	轮台	27	11	—	—	2	—
	焉耆	28	14	1	—	—	—
	尉犁	29	29	3	—	1	—
	且末	16	28	2	—	2	—
	若羌	95	78	—	—	10	—
	和硕	10	34	—	2	2	—
	博湖	3	3	—	1	—	—
	和静	18	167	14	5	1	—

① 统计数据源自《新疆维吾尔自治区第三次全国文物普查成果集成》丛书总序。
② 表内数据来自新疆文物局编《不可移动的文物》涉及南疆三地州部分数据。

续 表

区划类型	文物类型	古遗址	古墓葬	石窟寺及石刻	古建筑	近现代重要史迹及代表性建筑	其他
克州	阿图什	39	60	1	—	4	—
	阿合奇	3	71	2	—	1	—
	乌恰	7	76	2	—	5	—
	阿克陶	16	19	1	—	1	—
喀什	喀什	12	20	—	21	38	—
	疏附	51	41	—	—	6	—
	疏勒	5	9	—	—	5	—
	英吉沙	13	10	—	3	3	—
	麦盖提	—	7	—	—	6	—
	莎车	24	31	6	—	7	—
	泽普	6	8	2	—	—	—
	叶城	17	20	4	1	3	—
	伽师	19	6	—	1	2	—
	岳普湖	6	8	—	—	—	—
	巴楚	50	18	—	—	6	1
	塔什库尔干	85	80	14	2	7	—
和田	和田市	3	1	1	—	2	—
	和田县	13	19	2	—	1	—
	皮山	62	19	5	1	5	4
	墨玉	13	9	—	—	4	—
	洛浦	10	7	—	2	—	—
	策勒	173	24	—	—	1	—
	于田	17	11	—	1	4	—
	民丰	215	14	—	1	3	—

续　表

区划类型	文物类型	古遗址	古墓葬	石窟寺及石刻	古建筑	近现代重要史迹及代表性建筑	其他
阿克苏	阿克苏	6	6	—	1	2	—
	新和	61	1	2	—	1	—
	阿瓦提	8	3	—	2	2	—
	温宿	15	20	—	4	5	—
	沙雅	28	6	—	1	—	—
	拜城	64	103	17	—	5	—
	库车	114	35	9	7	37	—
	乌什	14	10	2	1	4	—
	柯坪	19	28	—	—	—	—

注："—"表示无。

2. 典型遗址的调查与保护

这一时期的典型遗址，主要集中在尼雅遗址、罗布泊地区、丹丹乌里克遗址等地。不仅将百年前的考古现场和保护情况进行了考察比对，而且有新的发现。

（1）对尼雅遗址的考察。1988—1997年，中日双方共同组成"中日共同尼雅遗址学术考察队"，先后九次深入大漠，对尼雅遗址进行考古调查，为尼雅遗址的专业调查和学术研究奠定了基础，概况如表4。

表4　　　　　1988—1997年中日共同尼雅遗址学术考察队考察内容内容

次序	时间	主要考察内容
第1次	1988.11—11.12	主要对斯坦因编号佛塔 N1、N2、N3、N4、N9 以及斯坦因未编号的 N 新遗址点现状进行了调查
第2次	1990.10.27—11.17	对佛塔、斯坦因编号的 N1、N2、N3、N4、N9、N11、N12 等 8 处遗址进行了调查；采集遗址地表的陶器、木器、石器

续 表

次序	时间	主要考察内容
第3次	1991.10.12—11.6	调查房屋、佛塔、庭院、畜栏等遗址24处;发掘大量文物;对各遗址点进行了精准测绘与部分考古研究
第4次	1992.10.13—11.11	对遗址内的1、2、8、13、19号居址进行了详细调查,采集大量遗物
第5次	1993.10.8—11.27	重点对93A10(N13)、93A9(N14)遗址点进行了发掘
第6次	1994.9.25—11.5	分布调查和地理地质调查[补充92B4(N2)的测量与发掘;发掘93A27(N37)];测量葡萄园地、进行科学调查及有关城市民居调查,确认佛教寺院遗址93A(N5);收集散落地表的遗物
第7次	1995.9.28—11.6	使用高精度的GPS测量遗址位置坐标;发掘92B4(N2)遗址点并进行木质科学调查;测量发掘93A35(N5)遗址点,发现王侯贵族墓地(95MN1),对其中6个木棺进行了保护性发掘
第8次	1996.10.2—11.6	分布调查和居住遗址模式图的制作;使用更高精度GPS制作地形图并测量居住遗址93A10、9(N13、N14)及附近的生产作坊遗址群,发掘93A35、36(N5、N6),发现了壁画;在遗址北约40千米一带发现年代更久的遗迹与遗物;在遗址南端地区发现城墙,采集地表遗物
第9次	1997.10.2—11.5	重点对1996年的调查进行补充;测量与制作尼雅遗址北部的93A9(N14)、93A10(N13)地图;平板实测93A35(N5);以佛寺为中心,调查92B4(N2)、92B9(N3),重点踏勘92B9(N3)南部墓地;保护性调查97A3及95MN1号墓地;确认佛塔西方遗迹群97A1、97A3等新遗迹;在93A14(N23)、92A9(N24)聚落中新发现一处平面呈"回"字形的建筑遗址(97A5)

（2）对罗布泊地区的调查。1988年4月,新疆文物考古所楼兰文物普查队由若羌米兰进入罗布荒原,对古楼兰遗址区进行了为期32天的文物普查。考察队由米兰东行,经米兰吐蕃戍堡、墩力克,继而抵达楼兰、海

头古城等遗址所，对沿途米兰戍堡、吐蕃古墓、米兰佛塔庙遗址、米兰古代灌溉渠道、墩力克烽燧、海头古城、楼兰古城以及罗布泊地区的细石器遗存、近代罗布人渔村遗址与墓葬等10处古迹进行了调查①。1996年10月初，丹丹乌里克遗址发现百年之际，和田文管所李吟屏率队前往丹丹乌里克遗址调查。考察队自和田县塔瓦库勒英巴格村向东深入沙漠，历时八天，是月中旬抵达。考察队对遗址的范围、规模形制及遗存状况进行了测量与记录，编号建筑9个，地表采集乾元重宝、无字无郭钱、剪轮五铢钱、龟兹小钱、石球、陶片、料珠、铜器残片、手推磨盘、木碗残片、石膏贴壁佛像和图案等文物②。2002年12月，新疆文物考古研究所小河考古队抵达孔雀河下游河谷南约60千米的罗布泊荒漠，对小河墓地进行考古调查与发掘。考古队获取了大量考古资料，对墓地布局结构的了解以及原始宗教的专业研究具有重要学术价值③；之后，考古队又于2002—2007年期间对罗布泊小河流域进行了文物调查，共发现遗址点19处，其中墓葬7处。2008年11月，由中国科学院地质与地球物理研究所等单位组成的联合科考队，在小河墓地西北约6.3千米处，新发现一座边长约220米的方形古城，这是目前楼兰地区所发现的面积仅小于LA的第二大城址。经碳14测定分析可知，新发现古城的年代应在公元400—600年，为南北朝时期遗存。

（3）对丹丹乌里克的调查。2002—2006年期间，新疆考古研究所联合日本学界组成"中日共同丹丹乌里克遗址考察队"，先后四次④深入大漠对丹丹乌里克遗址展开宗教学、考古学等专业考察与发掘，为国际合作考察开拓了新的路径。

这一时段的塔里木历史遗存调查比较之前而言，一是政府支持的力度增强，呈现以国家组织的全国性的文物普查，并留存了以行政分区调查的模式；二是建立了相对完善的塔里木现存文物的档案，基本实现了文物信息的资源共享；三是随着考古科技的发展尤其是遥感技术的实用，与国际

---

① 楼兰文物普查队：《罗布泊地区文物普查简报》，《新疆文物》1988年第3期，第85—94页。
② 李吟屏：《和田考古记》，新疆人民出版社2006年版，第65页。
③ 新疆文物考古研究所：《2002年小河墓地考古调查与发掘报告》，《新疆文物》2003年第2期，第8—64页。
④ 中日联合考察队先后于2002年、2004年、2005年、2006年四次抵达丹丹乌里克遗址考察。

科学考察合作的日益密切，沙漠遗址调查工作得到进一步发展，许多大型遗址、沙漠深处的历史遗存都得到较好的调查整理。

在塔里木历史文化资源调查中，以后在以下方面需要进一步提高：第一，国家组织的全国文物普查重视行政力量，以行政区域为单元进行调查，忽视了古迹遗址间固有的历史文化关联，需要从塔里木盆地整体上把握这些文物的文化信息内在的区别和联系；第二，学界在调查和发掘遗址的同时，相对缺乏对遗址历史文化的深层次发掘和阐释，在一定程度上导致遗址本身的文化信息缺少全明性，如墓葬遗存的发掘与回填、宗教遗存的发现与文物的处理等。

（作者为上海大学历史系教授）

《从希腊到中国》和阿富汗展览背后的故事

邵学成

阿富汗是中国的陆地邻国、也是丝绸之路的重要沿线国家,也被誉为"东西方文明交会的十字路口",从 20 世纪初欧美日各国陆续派出学术调查团进行考古美术研究,20 世纪 70 年代,阿富汗研究也被誉为世界学术机构科研竞争的"奥运会"。在经历 20 年战乱后,涅槃重生后的阿富汗开始新一轮的国家建设和文化复兴,最重要的文化事件就是阿富汗文物珍宝展从 2006 年吉美博物馆开展以来,持续在世界各国博物馆进行巡回展览,2017 年 3 月份该展览进入中国,继续其环球之旅,由于中国学界长期缺席该地区研究,所以造成很多资料都很陌生。同时这批文物也为中国学界打开了一扇观察阿富汗考古美术的窗户,可以让我们看见这个看似熟悉却又相对陌生的国度。

阿富汗的早期考古中,法国占据主要地位,法国为此成立考古调查机构 DAFA(Délégation Archéologique Française en Afganistan, DAFA),从 1922—1952 年法国享有在阿富汗境内单独调查发掘历史遗迹的权利,这是法国继在伊朗后展开的进一步考古学研究活动,出版的著作都是法语,所以想了解阿富汗首先要从法文资料入手。但是梳理历史发现,中国学界实际上在 20 世纪时就对展览文物出土的遗址进行过介绍,耿昇先生在社科院工作时翻译了一批文章,同时积极介绍法国的研究成果。其中最有意义的一本是《从希腊到中国》,是中国最初的一本翻译、介绍阿富汗宗教考古美术的小书,也是 20 世纪译介阿富汗的最好的一本半通俗读物。译者是敦煌研究院的第一任院长常书鸿先生(1904—1994)和耿昇先生,著者是法国吉美博物馆的原馆长勒内·格鲁塞(René Grousset, 1885–1952),耿昇先生的法语和学识为这本书的学术水准提供保障。

长期关注东方历史研究的法国学者格鲁塞在写这本小书之前，自己并没有去过阿富汗，而是利用整理的之前馆藏的阿富汗出土文物以及其他地区的文物进行的研究讨论，法文原著出版于1948年。格鲁塞是继著名的阿富汗考古学家哈金后，继续担任法国吉美博物馆馆长，二战后曾经访问亚洲日本，1952年环球旅行至加拿大时去世，一生著述丰硕，也是那个时代最优秀的汉学家之一。在此之前，格鲁塞已经出版了一系列东方学著作，他的大历史视野几乎涵盖了所有的欧亚历史，对于当时的历史学研究产生了深远影响，格鲁塞参与整理贝格拉姆的文物，整理出版了贝格拉姆考古报告。

译者常书鸿先生也没有去过阿富汗，但是早年在法国留学学习艺术，关注到法国学界一直研究敦煌和阿富汗，早年的留学经历也让常先生一直关注着法国的文化艺术动态。在敦煌工作后，在1951年常书鸿先生随中国考察团访问印度时，在外文书店购得此法文书，简单阅读后爱不释手，认为可以帮助参考研究敦煌艺术，普及大众。因为当时国内缺乏国外研究资料，很多国际的研究信息并不全面。当时同行的文化部副部长郑振铎先生（1898—1958）知道后，也非常喜欢阅读这本小书，鼓励常书鸿先生努力翻译，尽早出版，造福学界。

常书鸿先生铭记在心，积极准备翻译，为敦煌、为中阿文化交流尽一份力，但是不幸的是，后来很多事情的发展超出了最初的美好设想，大时代的背景下，就连出版一本小书也需要很多机缘。1958年，尽管当时中国的国际航线还未具备开通飞行到阿富汗的条件，但为了中国文化外交事业的发展，郑振铎先生毅然接受任务，决定出访阿富汗，但飞机失事遇难，为祖国文化外交事业献身。

郑振铎先生一生热爱学术研究，著作等身，利用各种机会和有限的时间努力了解世界各国的文化历史，积极推进中国与各国之间的学人、学科和研究资料交流，让很多学科研究在中国得到推进。郑振铎先生的罹难一定程度上造成了后来阿富汗文化艺术研究在中国的滞后、被忽视，因为一个学科的最初发展是需要这样有影响力的人物来推动呼吁，也需要有大视野的学人来厘清其在世界文化中的位置和贡献。在过去那个世界封锁中国的时代，能有机会外出访问的人很少，人文学者间的交流也都被政治形态和帝国冷战格局背景所挟持。

常书鸿先生在研究敦煌艺术的同时，也忙于各种文牍工作，中间又经历十年"文化大革命"浩劫，最初所译书稿基本散失。1982 年，78 岁的常书鸿先生调任北京工作，在北京的工作岁月里，常书鸿先生对于一些逝去的思想和想法慢慢复苏起来，常书鸿先生回头自顾，自己竟然繁忙之余没有什么理论著作留下来，于是开始整理自己过去的文稿。1984 年，常书鸿先生在耿昇先生的帮助下，积极校对书稿文字，裁剪体例，削减文字，该书最终在 1985 年得以付梓发行，铭刻一代学人友谊。或许冥冥中注定开始了一段缘分，因为我后来渐渐对阿富汗越来越感兴趣，就渐渐关注这本小书里面的人和物，我几次请教耿昇先生得到其无私帮助，一直未敢忘记。

尤其是耿昇先生对于伯希和的研究，为我解明很多困惑。阿富汗巴米扬石窟的年代学研究中，也是利用伯希和提供的材料。伯希和在敦煌藏经洞中发现慧超的访问记录这一条重要的档案研究，极大地丰富了巴米扬古代的佛教研究内容，使梵衍那（巴米扬）这个古国在 7—9 世纪的存续和佛教信仰内容得到了资料佐证。同时伯希和还分析了《大唐西域记》中关于巴米扬和其他地点出现的佛教词语"龙池"语义，这些对于解释巴米扬佛教属性都有很大裨益。

此外，从展览研究上讲，20 世纪 30 年代阿富汗贝格拉姆出土了大量代表东西方文化交流的文物，吸引着学界的关注，一直命名为贝格拉姆新王城 10 号、13 号房间的珍宝在世界巡展。学界对于这批文物的来源、埋藏时间和制作工艺等都进行了深入研究，但是回顾考古发掘历史，我们会发现由于战争等因素的干扰，从贝格拉姆城市不同区域出土的文物也出现了混淆，其中 1 件青铜器是来源于城市市场区域，属于城市的最后发展阶段，这件文物的甄别对于整个贝格拉姆城市建筑景观变迁和丝绸之路商贸背景都会有新的认识。我写作这些文章时，想起几次咨询耿昇先生的往事，总是会想起耿昇先生的教诲。

现在阿富汗展览即将在清华大学举办，我在文献展览环节专门加入了常书鸿和耿昇翻译的这本小书，表达我对耿昇的无限追思。

（作者为敦煌研究院特聘研究员）

佛教国家诃陵国纪

林 敏

唐代义净是唐代著名的佛教翻译家和从海上到印度求法的高僧，在他的《南海寄归内法传》和《大唐西域求法高僧传》中，对诃陵国有过很具体的记录，诃陵国作为印度尼西亚的爪哇岛上的一个古国，在海上丝绸之路和我国与东南亚以及南亚的宗教文化交流中，特别是佛教文化交流中起着中转站和桥墩的作用。对我们今天要构建"人类命运共同体"也具有参考价值。诃陵国的位置与周边各国间的关系等，有人做过专门的研究，但是以佛教传播为视角进行专门的考察，还比较罕见，本文拟从中印佛教文化的背景来考察历史中的诃陵国。

一 关于诃陵国

诃陵（地名），也叫婆陵。印度尼西亚的爪哇岛上古代早期的国家政权。是在现在的印度尼西亚的爪哇岛上。相当于唐朝南海（今马来群岛）中之阇婆岛（今爪哇岛）。是古代南海区域中的国名，也叫阇婆、阇婆达。阇婆，是古地名与国名。地名又称阇婆洲、阇婆娑州。国名又称阇婆婆达、阇婆达、诃陵、社婆或有莆家龙。大约位于今印度尼西亚爪哇岛或苏门答腊岛，或兼称二岛。自南北朝至明代约千年之间（公元5—14世纪），相当于我国的南北朝至明代。该地都是古海上丝路的重要节点之一。在唐代义净的《有海寄归内法传》中，所谓南海诸洲十余国之一。唐麟德年中，会宁律师尝游此，与若那跋陀罗共译出《大般涅槃经》后分二卷。六朝末期至唐代间，印度文化普及于印度诸国及马来群岛，且佛教亦甚兴盛。《大唐西域求法高僧传》卷上载，据传唐代麟德年中（664—665），成都沙门会宁航海至此地，与南天竺僧若那跋陀罗共译《大般涅槃经》后分二卷。岛上之婆罗浮屠（Borobudur）为现今世界最大之大乘佛教建筑。下面我们从别称、地理位置、演变历史以及与中国的往来交流等方面介绍。

（一）诃陵国的别称

1. 国名别称

诃陵国是古代南海区域中的国名，也叫阇婆、阇婆达、阇婆婆达、社婆或有莆家龙。

2. 地名别称

诃陵，也叫波陵，又称阇婆洲、阇婆娑州。又作诃陵洲，或为阿陵、波凌。据陈大冰一译，韩振华校的 W. J. 范. 德. 莫伦写的《诃陵国考》一文认为，"阇哇"（Jawa，阇婆）是一种民族的名称。指出，"阇硅"是一种民族的名称，而这一名称以后又成为该民族在该岛最初聚居中心的名称。由于其人民比其竞争者更强悍或更活跃，他们就征占该岛的大部分土地并将其殖民地化。这样，就实际情况和可能发生的情况来说，作为整体来看的爪哇岛正是阇哇本土（dumi Jawa）扩张的结果。种族的统一和对原始中心的神圣联系，可能并不包括任何霸权或者政治组织的成分。在这些神圣联系中，并不排除种族之间相互抢掠和争战的可能性。虽然如此，但由于贸易的兴起和印度文明的影响，就出现霸权这一种政治因素。旨在掠夺的种族战争变成权力和宗主权的王权战争。不管谁控制了种族（部落）的初始聚居地或者中央圣殿，他就可能据此而拥有上邦之权（Pasaka）（社稷宝器），从而要求享有霸主权力（尽管这种霸主权力主要是荣誉性的）。5世纪和7世纪以来，中国文献虽提到阇哇的若干属国（Pirnicp 习 iites）（在此等属国中，我们还应该将多罗摩城 Ia Tur 功 anagaral 列入），但又不记录任何藩邦（除了关于诃罗旦系阇哇属国的注释外）。这些属国各自遣使，但不联合遣使。事实上，诃罗旦主致中国皇帝的书信和求那跋库故事也暗示出残酷的自相残杀的战争和征占邻邦。不过，与霸权有关的、自相残杀战争的参考资料始于8世纪，而其资料来源则系《新唐书》和三阇耶王的公告铭文。然而，争霸的范围究竟有多大，这仍然是一个待人探索的课题①。

(二) 诃陵国地理位置——南海区域

据《旧唐书》的"本纪"与"西南蛮"所记:"冬十月庚午朔,阇婆国遣使朝贡。"(本纪)"丙寅,诃陵国遣使献僧只僮及五色鹦鹉、频伽鸟并异香名宝。"(本纪)"诃陵国,在南方海中洲上居,东与婆利、西与堕婆登、北与真腊接,南临大海。"(西南蛮)又据《新唐书》的"南蛮"所记:"诃陵,亦曰社婆,曰阇婆,在南海中。东距婆利,西堕婆登,南濒海,北真腊。木为城,虽大屋亦覆以栟榈。"

我们知道,据《旧唐书》与《新唐书》的记载,在"南方海中洲上""在南海中"是现在所说的南海区域。东边是"婆利",西边是"堕婆登,西与"真腊"接壤,南临大海洋。

1. 东边——婆利国

东边有"婆利"国,婆利国,一作婆黎。故地或以为在今印度尼西亚巴厘岛,一般以为在今加里曼丹岛,包括印度尼西亚加里曼丹部分和北加里曼丹。南朝宋元徽元年(473)遣使宋朝。古国名。故地或以为在今印度尼西亚加里曼丹岛,或以为在今印度尼西亚巴厘岛。公元6世纪初至7世纪后期,和中国有外交关系。

刘真伦据《婆利即骠国考——海上丝绸之路研究》一文考察,婆利就是骠国。而建国于公元初期的骠国是缅甸古代早期的国家政权。《后汉书》中的盘起、《梁书》中的婆利,也就是《旧唐书》中的骠国。这一观点值得进一步商榷②。

而韩振华的《公元六、七世纪中印关系史料考释三则——婆利国考、赤土国考、丹丹国考》认为婆利国由载籍上的记载说明婆利国在中印度③。

2. 西边——堕婆登国

西边是"堕婆登"国,也是南海古国名。据《旧唐书》"南蛮西南蛮

---

① W.J.范·德·葛伦:《"诃陵"考(上)》,陈大冰译,韩振华校,原文载《南洋资料译丛》1981年第1期。
② 刘真伦:《婆利即骠国考——海上丝绸之路研究》,《中国边疆史地研究》1996年第3期。
③ 韩振华:《公元六、七世纪中印关系史料考释三则——婆利国考、赤土国考、丹丹国考》《厦门大学学报》(哲学社会科学版)1954—03。

传·堕婆登"："堕婆登国，在林邑南，海行二月，东与诃陵、西与迷黎车接，北界大海。"堕婆登也属于今天印尼的苏门答腊。

关于堕婆登和婆里，《新唐书》和《旧唐书》讲出诃陵的两个邻国。这两个国家就是堕婆登和婆里。关于堕婆登《新唐书》和《旧唐书》进一步告诉我们，它位于诃陵和迷离车（Milikū）之间的某地。迷离车这一地名很可能读如"Me－ri－gui"。因此我们应该在爪哇和苏门答腊之间，或者苏门答腊和马来半岛之间选定这个迷离车（Me－rě－gui）的地理位置。迷离车只在647年遣使至唐；离车是否确实存在？我们应该在何处寻找该国位置？

关于婆里，现在人们普遍认为"婆里"（P'o－li）就是"峇"（Bali）的转读。不过据说当时的婆里还应该包括爪哇东部的某些地区。可能我国史官自5世纪以来，就已经知道婆里。因为当时我国史籍所载的婆里使团，有如473年、518年、523年、616年、630年等，虽然为数不多，但起的作用却很大，婆里所起着充当中国地理学者们的航海地理上的一个重要定位点，充当某种东南文化的哨兵的作用。考古学的证据可以表明婆里本岛开始采用石器、铜器的时代是比较晚的，迄今尚最早的一批铭文，其立铭的时代是9世纪末。但是在9世纪末，婆里尚未印度化，何况婆里的地方语言和文化未受爪哇影响也指明婆里的历史是独立的。显然婆里早期的印度化并非来自爪哇或者假道于爪哇①。

3. 北边——真腊国

北边接真腊国，真腊在公元前至公元初年后，大约相当于中国的秦汉时代，这一段时间里，是当时的东南亚古国扶南的属国，在扶南国的北方。真腊在公元6世纪中叶开始兴起。公元705—707年，真腊国分裂为北方的陆真腊（又名文单国）和南方的水真腊。公元8世纪末叶，水陆真腊俱为当时爪哇地区的夏连特拉王朝控制，成为其属国。公元9世纪初，水陆二真腊又归统一，且又重新取得了独立地位，并于公元802年建立了吴哥王朝，建国后的吴哥王朝，国势强盛，文化繁荣。据周伟洲《7—9世纪

---

① 参照伯希和《交广印度两道考》，冯承钧译，中华书局2003年版，第279—285页；窝耳特斯《早期印尼贸易》，第164页；克罗姆《印度—爪哇史》，第97页；R. 戈利斯《安那克·旺珠以前铭文》（《峇里铭文集》第Ⅰ卷）（万隆：新时代出版社1954年版）。

的南海诸国及其与隋唐王朝的关系》①一文介绍，真腊，一曰吉蔑，本扶南属国……后并扶南有其地。真腊灭扶南的时间史籍有三种不同的记载，是因为虽然在6世纪下半叶真腊王拔婆跋摩、质多斯那（摩醯因陀罗跋摩）时兼并扶南大部分领土，迫使其向南迁都，但并未灭亡，仍不断遣使至唐。直到贞观初，才终为真腊所兼并。从此，扶南国消失，代之以真腊国。

真腊，又称吉蔑，本扶南属国。其国人自称为"甘孛智""澉浦只"，应即柬埔寨语 Kam – boja 之音译。明代万历（1573—1620 年）后，即用"柬埔寨"一名，一直沿用至今。据我国学者研究，真腊、吉蔑应是柬埔寨高棉族的古称 Kama – ra，古代中国人译作吉蔑或真腊⑥。

在隋唐时期，中国史籍记载真腊灭扶南的时间虽然有不同记录，但仍然可以得出上述的、较为可信的结论。作为原扶南北方一个属国的真腊，早在东汉元和元年（84 年）曾以"究不事"之名向东汉献犀牛、白雉。如前所述，"究不事"应为"甘孛智"之译音，即扶南所属之真腊国。真腊灭扶南后，其国疆域大致是："去京师二万七百里。东距车渠（今马来半岛北部）西属骠（《通典》作'西有朱江国'，今缅甸），南濒海，北与道明（即堂明）接，东北抵欢州。"其国都"伊奢那城"（今柬埔寨磅同东北的三坡波雷古废墟），郭下二万余家。城中有一大堂，是王听政之所。总大城三十，城有数千家，各有部帅，"多奉佛法，尤信道士（道士当为婆罗门教徒也），佛及道士并立像于馆"。

据中国史籍载，真腊国在唐"神龙（705—707 年）后分为二半：北多山阜，号陆真腊半；南际海，饶陂泽，号水真腊半。水真腊，地八白里，王居婆罗提拔城（今柬埔寨吴哥波雷）。陆真腊或曰文单，曰婆镂，地七百里，王号笪屈"。水、陆真腊均与唐朝保持着朝贡贸易的友好关系。大约到9世纪，水、陆真腊再次统一。

4. 南边——临海洋

南边濒临大海洋。也有不同的意见。

---

① 周伟洲：《7—9 世纪的南海诸国及其与隋唐王朝的关系》，《中国历史地理论丛》2016 年第 3 期。

5. 周边有影响诸国——诃罗旦国、莫诃信洲、盆盆洲、呾呾洲和神秘的邻邦

在义净的书中诃陵周边还有下列国家。

诃罗旦国,《随书》载,土色多赤,因以为号。东波罗刺国,西婆罗娑国,南诃罗旦国,北拒大海,地方数千里。据报道诃罗旦国位于阇婆(Java)并在赤土(Cillh—Tu)以南(赤土在马来岛东海岸吉兰丹河地区)①。

莫诃信洲等,义净法师列出他在室利佛逝至婆里航程中所遇到的一些国家:莫诃信洲、诃陵洲、呾呾洲和盆盆洲。

6. 诃陵国的地理气候条件

诃陵国地处爪哇岛,东西长,南北窄,中间细小,形似哑铃。西部地势高,北南较低,底地与高原交错。地处赤道与南回归线之间,气候炎热,雨水充足,森林茂密,又多火山。

(三)诃陵国历史演变

诃陵国历史演变,陈序经在他的《东北亚古代史研究》一书中,有比较详细的考察②,不乏真知灼见的灵光。提出与学界不同的观点,例如法显《佛国记》所提到的"婆舍耶",不一定是在爪哇等观点。如果我们必须按照"诃陵"这两个汉字的现代汉语声韵来考察,则史册上称为"诃陵"的国家就是这些难以捉摸的一国。但在唐朝(公元618—907年),当这个王国出现在史册时,其名字应该读为,"[H] aling","[H] aleng","[H] aring","[H] arèng"。这个国家大约在7世纪中叶初次遣使至唐朝宫廷,而史籍提到的最后一次遣使至唐王朝是在公元818年,即,在唐王朝被推翻前大约一个世纪。

---

① 将这两句话综合起来诃罗旦国的位置很可能在爪哇西部,否则"以南"两字的精确含义,只能是"比赤土所处的南纬度还要大跳南纬度"。不过既然这种报道可能,以尚待查明国家的使臣提供的航行方向为依据,它至少必须具有若干程度的精确性。据此"诃罗旦的位置可能是在西爪哇"。而据如果"柯罗栋"(Karotn)正是史书上称为"诃罗旦"的国家(校者按:柯罗栋Karton,意曰王宫,是个通称,不是专称的国名),则该王室可能也有着像上述"敌对王室"那样的,为他人所推翻的命运。"诃罗旦国"国王,虽得到(刘)宋王朝廷的正式承认,但这种承认在改善他的处境上,并不起很大的作用。他虽然有能力在公元436年再统一莫诃信洲[参照W. J. 范·德·葛伦的《"诃陵"考(下)》,陈大冰译,转撰华校原文载《印度尼西亚》1977年4月,第23期]。

② 参见陈序经《东北亚古代史研究合集》,台湾商务印书馆1992年版,上卷第716—730页,下卷第1286—1345页。

据周伟洲《7—9世纪的南海诸国及其与隋唐王朝的关系》一文的介绍①诃陵国，在公元3至6世纪，中国史籍中有诸薄国（又作社婆、社薄、杜薄、阇婆）等，系传闻。至7世纪后，中国史籍正式记载有"诃陵国"，如《新唐书》卷222的《南蛮·诃陵国》记中：其国"亦曰社婆、曰阇婆，在南海中。东距婆利，西堕婆登，南濒海，北真腊。木为城，虽大屋亦覆以拼榈……有文字，知星历……王居阇婆城。其祖吉延东迁于婆露伽斯城，旁小国二十八，莫不臣服。其官有三十二大夫，而大坐敢兄为最贵"。中外学者一般以为中国史籍之诃陵即指公元8世纪初兴起于中爪哇岛的马打兰国的夏连特拉王朝，这一王朝的情况正是许多著名西方学者对爪哇发现的古爪哇碑铭研究之成果。从8世纪初，最有实力的中爪哇珊阇耶（732—约760年在位）开始，中爪哇就有两个并存的王朝，即前述的夏连特拉王朝和珊阇耶王朝，后者是隶属于前者的。在公元8世纪末至9世纪初，夏连特拉王朝在中爪哇马打兰地区修建了与柬埔寨的吴哥窟同样伟大的佛教建筑群———"婆罗浮屠"。它是保存至今的一座庞大的窣堵波，形状是在一个天然小丘上部石台顶上矗立着一座高约46米的中央塔，经过走廊回旋直上塔顶。走廊长约4800米。走廊两边墙上有大乘佛教经典图解的浮雕，数以千计，还有400尊佛像。底层周围有表现爪哇人生活中的善行、恶行产生报应的浮雕。其整体形成了印度那烂陀寺教派所传佛教的一部动人的经书；雕塑风格仿印度笈多王朝时期古典艺术风格，但又符合当地爪哇人自己的文化传统。塔四周还有许多神庙、石像等。这是人类宝贵的文化遗产之一。②

《新唐书》说，诃陵国"王居阇婆城"，应在今中爪哇马打兰一带，"其祖吉延"，据霍尔考订，即是公元760年在东爪哇迪奈建立阿卡斯提耶庙的加阇耶那。而《新唐书》所记阇婆城"山上有郎卑野州，王常登以望海"，疑此"郎卑野州"即上述夏连特拉王朝时修建的"婆罗浮屠"。

到公元832年后，夏连特拉王朝国王死去，其子波罗普陀罗（幼子天）年幼，未能继承王位。国王的女儿波罗摩陀跋陀尼是嫁给珊阇耶家族

---

① 参照周伟洲《7—9世纪的南海诸国及其与隋唐王朝的关系》（《中国历史地理论丛》2016年第3辑）。
② 参见周伟洲《7—9世纪的南海诸国及其与隋唐王朝的关系》，《中国历史地理论丛》2016年第3期，第5—15页。

的，她可能执掌了一段时间的政权。但是，夏连特拉王朝却衰弱了，其霸权已为珊阇耶王朝所替代。因为女王之夫落结连比卡丹于838年继承了王位。幼子天虽然多方努力，企图恢复夏连特拉王朝，但最终在856年失败，逃到室利佛逝，后为那里的国王。而中爪哇全部为珊阇耶王朝所统治，佛教衰落了，杂有佛教的本地的湿婆教得以发展，但并未削弱本地文化和佛教文化的活力。

学者们对于"诃陵"这个名词，都认为应该是梵语"kalinga"（羯陵伽）汉译，或者是此梵语的一个印尼语音译"kěling"的汉译。因而应指来自注辇海岸印度移民的聚居地。当然，这种语源探究并不直接指明该地地理位置。但根据有关"诃陵"的报告资料，绝大部分的学者认为"诃陵"的中心位置在爪哇（特别是在中爪哇地区），然而，并不排除该国扩展到爪哇和苏门答腊的中心的可能性。

第一个对"kalinga"（羯陵伽）问题提出详尽质疑的是达梅。他论述道：将"诃陵"音译为"kalinga"（羯陵伽）或者甚至音译为"kěling"，这是违背一千多年来汉语音译的长久实践和已知准则。与此相反，他主张：出现在公元856年至919年之间的许多印尼铭文中的"walaing"或"waleng"这一地图上的地名或名字，可能是"诃陵"这一名字的印尼语音译。然而，正如达梅本人所不得不承认的，认为"诃陵"的音译就是"Walaing"和"waleng"的正式名称，这两种推想都是不能令人信服的。不过，他却要求人们"至少暂时采纳他的主张。"[①]

"耶婆"（Yava）这个梵语词是否等同于当地语言的"耶哇"（Yawa）呢？据说在晚期古爪哇文件中，"耶婆"和"耶硅"这两个各字是通常不加区别地使用，来称呼同一的实体，或许，我们可以专断地将这个实体，说成那个具备其应有各项细节（岛屿、王国和人民等）的爪哇人的"国土"。但由于缺乏确凿的资料，我们又不能简单地将"耶婆"和"耶哇"这种晚期文献硬套到早期文献中。但至少是："耶婆"和"耶哇"这两个名词的滥用是常见的事（至少在印度商贾首次出现以来，外国人就是这样滥用这两个名字），而这种滥用毫不困难地被那些正在印度化的当地婆罗

---

① W. J. 范·德·葛伦：《"诃陵"考（上）》，陈大冰译，韩振华校，原文载《南洋资料译丛》1981年第1期。

门教徒国王所继承。不过,实际情况并不没那么单纯。

我们中国人很早就认识阇哇。早在南朝的刘宋时,中国史书已经在"藩"邦名单中列有"Jawa"(阇婆)。此外,大约在422年,一个名字求那跋摩(Gunavarman)的僧人曾访问了阇婆这个国家。其人来自北印度,暂住阇婆一段时间弘传佛法后,他继续北行,抵达中国。在中国,他继续传教,直到在431年圆寂于南京。不过,自这些初始接触之后,篇幅已经精简的、(刘)宋以后的各朝史书就不再提及阇婆。梁朝(502—507年)和隋朝(581—618年)的官修史书,均不提及阇婆。这一点至少表明:修史官认为同阇婆接触的重要性还没有达到让后代人去记忆它们的程度。大约再过两个世纪,"诃陵"出现在唐朝文献中。

也有一种观点认为"阇哇"(Jawa,阇婆)是一种民族的名称。据陈大冰一译,韩振华校的 W. J. 范·德·莫伦写的《诃陵国考》中,指出,"阇硅"是一种民族的名称,而这一名称以后又成为该民族在该岛最初聚居中心的名称。由于其人民比其竞争者更强悍或更活跃,他们就征占该岛的大部分土地并将其殖民地化。这样,就实际情况和可能发生的情况来说,作为整体来看的爪哇岛正是阇哇本土(dumi Jawa)扩张的结果。种族的统一和对原始中心的神圣联系,可能并不包括任何霸权或者政治组织的成分。在这些神圣联系中,并不排除种族之间相互抢掠和争战的可能性。虽然如此,但由于贸易的兴起和印度文明的影响,就出现霸权这一种政治因素。旨在掠夺的种族战争变成为权力和宗主权的王权战争。不管谁控制了种族(部落)的初始聚居地或者中央圣殿,他就可能据此而拥有上邦之权(Pasaka)(社稷宝器)、从而要求享有霸主权力(尽管这种霸主权力主要是荣誉性的)。5世纪以来,中国文献虽提到阇哇的若干属国。事实上,诃罗旦主致中国皇帝的书信和求那跋库故事也暗示出残酷的自相残杀的战争和征占邻邦。不过,与霸权有关的、自相残杀战争的参考资料始于8世纪,而其资料来源则系《新唐书》和三阇耶王的公告铭文。然而,争霸的范围究竟有多大,这仍然是一个待探索的课题[①]。

一方面,中国历朝正史史书编撰者,已经给我们提供关于东南亚古代

[①] W. J. 范·德·葛伦:《"诃陵"考(上)》,陈大冰译,韩振华校,原文载《南洋资料译丛》1981年第1期。

史的基本知识，但另一方面，在地志学和历史地理学的领域里，由于提到一些城市和国家的名称，他们也使我们遇到了许多问题。鉴于汉语音韵对应系统的特性以及中国史官在作说明时经常含糊其辞（例如"真腊以南"），对于上述城市和国家的名称，我们如不借助东南亚当地人民的资料，就几乎不能准确地确定它们究竟指何地何国，而东南亚当地人民的资料极为罕见（特别是公元后第一个千年期的当地人民的资料，更是难以弄到）。何况，现存寥寥无几的可用资料，又与专攻政治史学者，风马牛不相及。因此，当代的已为来自古昔的、难以捉摸的幽灵所困扰。对于这些幽灵，要是不说中国史官不明其底细的话，那就应该说当代的历史研究者是非常不了解的了。

文化思想—世界中心之王——中心与四周

《新唐书》卷二二二下的《诃陵传》说，"旁小国二十八莫不臣服。其官有三十二大夫"，这个周边"小国28，高官32人"。与28星宿，高官32加上皇帝为33层天的宇宙观，有着天然的连接。把诃陵国置于全世界的中心位置。"其官有三十二大夫"是全世界的中心的诃陵宫廷。这个32分解为4+28，三十三天（利天）的住处，宇宙中心须弥山上的帝释天所率领，四方各配有八天，其中央是帝释天所居住。故而诃陵王宫喻为神所住处。诃陵王是神王，是各地方支配者、主宰者。

（四）与中国的往来交流

南朝宋太祖元嘉七年（430），治阇婆洲的呵罗单国，遣使献宝物。此《宋书》与《南史》皆有记，并记："阇婆婆达国（阇婆达），元嘉十二年，国王师黎婆达陁阿罗跋摩遣使奉表其后。"自后络绎不绝，直到明代早期，阇婆国为爪哇所兼并。《明史》记："太祖时，两国并时入贡，其王之名不同。或本为二国，其后为爪哇所灭，然不可考。"

我国史书上的相关记载：

（1）《宋书》

夷蛮——呵罗单国，治阇婆洲。元嘉七年，遣使献金刚指钚、赤鹦鹉鸟、天竺国白㲲古贝、叶波国古贝等物。

——阇婆婆达国，元嘉十二年，国王师黎婆达陁阿罗跋摩遣使奉表。

本纪——十年……六月乙亥……阇婆州,诃罗单国遣使献方物。

《南史》

宋本纪——夏,林邑、阇婆娑州、诃罗单国并遣使朝贡。

南海诸国——呵罗单国,治阇婆洲。元嘉七年,遣使献金刚指钚、赤鹦鹉鸟、天竺国白垒古贝、叶波国古贝等物。

——阇婆达国,元嘉十二年,国王师黎婆达呵陀罗跋摩遣使奉表。

(2)《旧唐书》和《新唐书》

《旧唐书》

本纪——冬十月庚午朔,阇婆国遣使朝贡。

——丙寅,诃陵国遣使献僧只僮及五色鹦鹉、频伽鸟并异香名宝。

西南蛮——诃陵国,在南方海中洲上居,东与婆利、西与堕婆登、北与真腊接,南临大海。

《新唐书》

南蛮——诃陵,亦曰社婆,曰阇婆,在南海中。东距婆利,西堕婆登,南濒海,北真腊。木为城,虽大屋亦覆以栟榈。象牙为床若席。出玳瑁、黄白金、犀、象,国最富。有穴自涌盐。以柳花、椰子为酒,饮之辄醉,宿昔坏。有文字,知星历。食无匕筋。有毒女,与接辄苦疮,人死尸不腐。王居阇婆城。其祖吉延东迁于婆露伽斯城,旁小国二十八,莫不臣服。其官有三十二大夫,而大坐敢兄为最贵。山上有郎卑野州,王常登以望海。夏至立八尺表,景在表南二尺四寸。贞观中,与堕和罗、堕婆登皆遣使者入贡,太宗以玺诏优答。堕和罗丐良马,帝与之。至上元间,国人推女子为王,号"悉莫",威令整肃,道不举遗。大食君闻之,赍金一囊置其郊,行者辄避,如是三年。太子过,以足蹢金,悉莫怒,将斩之,群臣固请。悉莫曰:"而罪实本于足,可断趾。"群臣复为请,乃斩指以徇。大食闻而畏之,不敢加兵。大历中,诃陵使者三至。元和八年,献僧只奴四、五色鹦鹉、频伽鸟等。宪宗拜内四门府左果毅。使者让其弟,帝嘉美,并官之。讫大和,再朝贡。咸通中,遣使献女乐。

(3)《宋史》

礼——阇婆、甘眉流诸国入贡。

职官——玳瑁轴，色带。南平、占城、真腊、阇婆国王用之。

列传——是年，本国及占城、阇婆又致礼物于李煜。

——阇婆国在南海中。其东至海一月，泛海半月至昆仑国；西至海四十五日，南至海三日，泛海五日至大食国。北至海四日，西北泛海十五日至勃泥国，又十五日至三佛齐国，又七日至古逻国，又七日至柴历亭，抵交趾，达广州。

其地平坦，宜种植，产稻、麻、粟、豆，无麦。民输十一之租，煮海为盐。多鱼、鳖、鸡、鸭、山羊，兼椎牛以食。果实有木瓜、椰子、蕉子、蔗、芋。出金银、犀牙、笺沉檀香、茴香、胡椒、槟榔、硫黄、红花、苏木。亦务蚕织，有薄绢、丝绞、吉贝布。剪银叶为钱博易，官以粟一斛二斗博金一钱。室宇壮丽，饰以金碧。中国贾人至者，待以宾馆，饮食丰洁。地不产茶。其酒出于椰子及虾蟆柔丹树，虾蟆柔丹树华人未尝见；或以桄榔、槟榔酿成，亦甚香美。

不设刑禁，杂犯罪者随轻重出黄金以赎，惟寇盗者杀之。其王椎髻，戴金铃，衣锦袍，蹑革履，坐方床，官吏日谒，三拜而退，出入乘象或腰舆，壮士五七百人执兵器以从。国人见王皆坐，俟其过乃起。以王子三人为副王。官有落佶连四人，共治国事，如中国宰相，无月俸，随时量给土产诸物。次有文吏三百余员，目为秀才，掌文簿，总计财货。又有卑官殆千员，分主城池、帑廪及军卒。其领兵者每半岁给金十两，胜兵三万，每半岁亦给金有差。

土俗婚聘无媒妁，但纳黄金于女家以娶之。五月游船，十月游山，有山马可乘跨，或乘软兜。乐有横笛、鼓板，亦能舞。土人被发，其衣装缠胸以下至于膝。疾病不服药，但祷神求佛。其俗有名而无姓。方言谓真珠为"没爹虾罗"，谓牙为"家啰"，谓香为"昆炖卢林"，谓犀为"低密"。

先是，宋元嘉十二年，遣使朝贡，后绝。淳化三年十二月，其王穆罗茶遣使陀湛、副使蒲亚里、判官李陀那假澄等来朝贡。陀湛云中国有真主，本国乃修朝贡之礼。

国王贡象牙、真珠、绣花销金及绣丝绞、杂色丝绞、吉贝织杂色绞布、檀香、玳瑁槟榔盘、犀装剑、金银装剑、藤织花簟、白鹦鹉、七宝饰檀香亭子。其使别贡玳瑁、龙脑、丁香、藤织花簟。

先是,朝贡使泛舶船六十日至明州定海县,掌市舶监察御史张肃先驿奏其使饰服之状与尝来入贡波斯相类。译者言云:今主舶大商毛旭者,建溪人,数往来本国,因假其乡导来朝贡。又言其国王一号曰夏至马啰夜,王妃曰落肩娑婆利,本国亦署置僚属。又其方言目舶主为"莉荷",主妻曰"莉荷比尼赎"。其船中妇人名眉珠,椎髻,无首饰,以蛮布缠身,颜色青黑,言语不能晓,拜亦如男子膜拜;一子,项戴金链锁子,手有金钩,以帛带萦之,名阿噜。

其国与三佛齐有仇怨,互相攻占。本国山多猴,不畏人,呼以霄霄之声即出。或投以果实,则其大猴二先至,土人谓之猴王、猴夫人,食毕,群猴食其余。使既至,上令有司优待;久之使还,赐金币甚厚,仍赐良马戎具,以从其请。其使云:邻国名婆罗门,有善法察人情,人欲相危害者皆先知之。大观三年六月,遣使入贡,诏礼之如交。

(4)《元史》

世祖——诏谕占城国主,使亲自来朝。唆都所遣阇婆国使臣治中赵玉还。

——十一月己亥朔,翰林学士承旨和礼霍孙等言:"俱蓝、马八、阇婆、交趾等国俱遣使进表,乞答诏。"从之,仍赐交趾使人职名及弓矢鞍勒。降诏招谕爪哇国。

外夷——聚兵二万余,遣使交趾、真腊、阇婆等国借兵。

(5)《明史》

列传太祖——(洪武)十一年……是年,暹罗、阇婆、高丽、琉球、占城、三佛齐、朵甘、乌斯藏、彭亨、百花入贡。

列传——吕文燧……满三载,入朝,奉诏持节谕阇婆国,次兴化,疾卒。

外国五——阇婆,古曰阇婆达。宋元嘉时,始朝中国。唐曰诃陵,又曰社婆,其王居阇婆城,宋曰阇婆,皆入贡。洪武十一年,其王摩那驼喃遣使奉表,贡方物,其后不复至。或曰爪哇即阇婆。然《元史爪哇传》不言,且曰:"其风俗、物产无所考。"太祖时,两国并时入贡,其王之名不同。或本为二国,其后为爪哇所灭,然不可考。

外国六——自泉州航海,越半年抵阇婆,又逾月至其国。王马合谟沙傲慢不为礼，秩责之，始下座拜受诏。时其国为苏禄所侵，颇衰耗，王辞以贫，请三年后入贡。秩晓以大义，王既许诺，其国素属阇婆，阇婆人间之，王意中沮。秩折之曰："阇婆久称臣奉贡，尔畏阇婆，反不畏天朝邪？"乃遣使奉表笺，贡鹤顶、生玳瑁、孔雀、梅花大片龙脑、米龙脑、西洋布、降真诸香。八月从敬之等入朝。表用金，笺用银，字近回鹘，皆镂之以进。帝喜，宴赉甚厚。

（6）其他：

唐代段成式《酉阳杂俎·境异》

——梵僧菩萨胜又言："阇婆国中有飞头者，其人目无瞳子，聚落时有一人据。"

宋代周去非《岭外代答》

——阇婆国，又名莆家龙，在海东南，势下，故曰下岸。广州自十一月十二月发舶，顺风连昏旦，一月可到。国王撮髻脑后。人民剃头留短发，好以花样缦布缴身。以椰子并挞树浆为酒。蔗糖其色红白，味极甘美。以销银鍮锡杂铸为钱，其钱以六十个，准为一两金，用三十二钱为半两金。土产胡椒、檀香、丁香、白豆蔻、肉豆蔻、沉香。国人尚气好斗战，王及官豪有死者，左右承奉人皆愿随死，焚则跃入火中；弃骨于水，亦踣水溺死，不悔。

阇婆达

《宋书》所记元嘉十二年的"阇婆婆达国"，《南史》所记相同一事作"阇婆达国"。

在《宋书》同一传所记"阇婆婆达"之前有：

呵罗单国，治阇婆洲。元嘉七年，遣使献金刚指环……

……此后又遣使。二十六年，太祖诏曰："呵罗单、媻皇、媻达三国，频越遐海，款化纳贡，远诚宜甄，可并加除授。"

……媻皇国，元嘉二十六年，国王舍利婆罗跋摩遣使献方物四十一种，太祖策命之为媻皇国王。

……媻达国，元嘉二十六年，国王舍利不陵伽跋摩遣使献方物。太祖策命之为婆婆达国王。

《南史》相同的记载则作:"呵罗单、婆皇、婆达三国","婆皇国……太祖策命之为婆皇国王。""婆达国……太祖策命之为婆达国王。"

以上可见:阇婆洲地名不会错;槃与婆字或同一字或是传抄中的变化。呵罗单、槃皇、槃达三国(或呵罗单、婆皇、婆达三国)可能同为阇婆洲的国家。阇婆婆达与阇婆达亦为同一国,《南史》或做了简化。但阇婆婆达进贡时间早于册封婆达,阇婆婆达国(阇婆达)与婆达国则应不同。

莆家龙

《岭外代答》有:"阇婆国,又名莆家龙,在海东南,势下,故曰下岸。"

"莆家龙"一说仅见于《明史》,在关于阇婆的同篇中有记:"爪哇……,其国一名莆家龙,又曰下港,曰顺塔。万历时,红毛番筑土库于大涧东,佛郎机筑于大涧西,岁岁互市。中国商旅亦往来不绝。其国有新村,最号饶富。中华及诸番商舶,辐辏其地,宝货填溢。其村主即广东人,永乐九年自遣使表贡方物。"

"下岸""下港"或同地。当以史料为证,莆家龙应为爪哇。亦可能是地名,在爪哇之前为阇婆国所占。

二 诃陵国的佛教弘传与普及

诃陵国这个地方,佛教的传来普及是比较早的。在大藏经中有一部东晋西域沙门迦留陀伽译的《十二游经》,经中提到海中有二千五百国,有五国王,其中的第四王"阇耶",就是诃陵国的别称、前身。即:

> 阎浮提中,有十六大国……海中有二千五百国……
> 五国王,一王主五百城。第一王名斯黎国,土地尽事佛,
> 不事众邪;第二王名迦罗,土地出七宝;第三王名不罗,
> 土地出四十二种香,及白琉璃;第四王名阇耶,土地出苹、
> 荌、胡椒;第五王名那游经,土地出白珠,及七色琉璃。
> 五大国城人,多黑短小,相去六十五万里,从是但有海水,
> 无有人民,去铁围山,百四十万里。[①]

[①]《十二游经》,T04p147b5-28。

《佛说十二游经》（T04p147b5 - 28）。后来梁僧宝唱等辑的《经律异相》和唐释道世《法苑珠林》第四十四卷中等，也引用。据说"阇耶"就是"阇婆"、诃陵国所在地。提到"阇婆"（即）其中，诃陵国这个地方的佛教弘传与普及，与印度的一个高僧有很大的关联。

早在西晋法显的《佛国记》中，记载阇婆佛教并不流行，流行的是印度婆罗门教，诃陵佛教最早出现的文献记载为晋·法显《佛国记》。西元412年，法显由斯里兰卡返航中国途中，突遇飓风，漂流至耶婆提（诃陵），并在该地停留五个多月。当时该国婆罗门教兴盛，佛法则不盛行。即：

> 法显住此国（狮子国，今斯里兰卡）二年。……如是九十许日。乃到一国。名耶婆提。其国外道婆罗门兴盛。佛法不足言。停此国五月日。复随他商人大舶上亦二百许人。斋五十日量。以四月十六日发。①

作五个月停留后，后跟随大船200余人，备足五十天的粮食，出发了。他感言"其国外道婆罗门兴盛。佛法不足言"。可见，据早在东晋法显的《佛国记》（412年）中的记载，阇婆流行的是印度婆罗门教，佛法的弘传流行不足以言语。足见，佛法还不普及流行。而诃陵国这个地方的佛教弘传与普及，与印度的一个高僧有很大的关系，这个印度高僧，就是求那跋摩。

求那跋摩，意译为功德铠，他的家族世代为王，管辖罽宾国。其祖父呵梨跋陀，又称狮子贤，因为人刚强、正直，但受到排挤。其父伽阿难，隐居于山泽。求那跋摩14岁时，有才华，大度，慈悲。求那跋摩30岁时，罽宾国王去世，国王没有男丁继位，众人大臣再三恳请那跋摩继承王位。他始终没有答应。求那跋摩便辞别了国人，来到深山野谷，过着与世隔绝的隐居生活。后到狮子国，大力弘扬教化，听说跋摩已证得声闻乘中第一预流果。

之后，求那跋摩又来到阇婆国（即诃陵国当时的名称），据说，在求那跋摩到诃陵国的前一天，阇婆国王的母亲，梦见一个和尚坐着飞船来到

---

① T51p865c24 - 866a16。

阇婆国。次日早上，求那跋摩果然来了。国王的母亲对求那跋摩礼敬有加，并受了五戒。国王的母亲劝国王说，前世的因缘，使我们成为母子，我已经受了五戒，但是你却不信奉佛教，因此我们的因缘，恐怕可能会断绝于今生了。这时，国王迫于母亲命令，只好乖乖地奉命受三归五戒。国王接触佛教时间久了，受佛法的熏陶，也开始真正地信奉佛法僧。过了一段时间后，邻国起兵侵犯阇婆国边境，国王对求那跋摩说，外国侵略者，自恃强大，侵犯我疆土，如果是与侵略者战斗，必然会死伤很多人，如果是不战，则国家就会灭亡。现在，我唯师是尊，不知师父有何妙计？求那跋摩说，面对敌国的侵略，必须进行抵抗。但是心中应存慈悲，不应起害念。

就这样，国王亲自领兵抗击敌国，刚一开战就击退了敌人。

但是国王被流箭射伤了脚，求那跋摩用咒水为国王洗伤，过几天国王的伤好了。国王就更加恭敬崇信佛法了，并且想要出家修行，便告诉群臣说，我要出家修行了，请你们另找一个圣明的君主。这时，群臣跪拜伏地恳请国王说，陛下若是舍弃王位，会使百姓失去真正的依靠。而且目前敌国凶强，对我国又虎视眈眈，若没有陛下的恩泽和保护，我们的百姓就会沦为敌国的奴隶。陛下仁义慈悲，怎能不怜惜您的子民呢？我们冒死相请求，以表至诚之心。

于是，国王不忍心违背大家意愿，就对群臣发出三个心愿，若能应允，就留下继续治理国家。一愿全国之内信奉佛教。二愿全国百姓戒断杀生。三愿所有的财物布施给穷人和病人。大臣们都非常欢喜，全都敬而应诺。于是全国的百姓都从跋摩受戒。

国王为跋摩建造佛寺，还亲自去工地劳动，伤了脚趾，跋摩又用神咒为国王治疗，很快就痊愈了。跋摩传布教化、诱导众生的名声，传播很远，邻近的国家听说后，都派遣使者，前来邀请跋摩。当时京城德高望重的僧人慧观、慧聪等，都仰慕跋摩的品格、道义，很想能有机会当面向跋摩学习。他们于南朝宋元嘉元年（公元424年）九月，当面启奏宋文帝，请求迎请跋摩，文帝立即下令，由交州刺史派大船去接跋摩。慧观等人又派沙门法长、道冲、道俊等人前往阇婆国祈请跋摩，并写信给跋摩和阇婆国王，请务必使跋摩来宋境，传布佛教。

跋摩也认为应到各地去广泛推广佛教弘化。在这之前，跋摩已搭乘商人竺难提的船，要到一个小国去，巧遇顺风，将船吹到了广州，所以跋摩在遗文中说："业行风所吹，遂至于宋境。"①

唐代有两大高僧来自诃陵国：若那跋陀罗与辩弘。

后来的会宁请若那跋陀罗，义净笔下的求法高僧等都见证了诃陵国的佛教兴盛。"若那跋陀罗唐初译经僧。南海诃陵国人。又称智贤。学贯三藏，博通二乘。僧会宁欲往天竺，路经诃陵国，遂共译大般涅槃经后分二卷，寄归交州"。②

密教三大士的不空，其弟子惠果，就有来自诃陵国的弟子辩弘。慧果的门下，外国学僧中：辩弘，系诃陵僧人，原在本国修如意轮观音瑜伽，因赴南印度求法途中，闻知大悲胎藏曼荼罗法已传入大唐，即于建中元年（780）泛海来至中国，拜访慧果，受学胎藏。后即留住汴州，弘传密教，并著有《顶轮王大曼陀罗仪轨》一卷③。

三　与中国佛教文化交流

诃陵国与中国佛教文化交流，除两僧人若那跋陀罗与辩弘，一个译经大师，一个密教大师外。据7世纪末唐代高僧义净的记载：

> 师子洲并皆上座，而大众斥焉。然南海诸洲有十余国，纯唯根本有部，正量时钦，近日已来少兼余二（从西数之，有婆鲁师洲、末罗游州，即今尸利佛逝国是。莫诃信洲、诃陵洲、呾呾洲、盆盆洲、婆里洲、掘伦洲、佛逝补罗洲、阿善洲、末迦漫洲，又有小洲不能具录），斯乃咸遵佛法，多是小乘；唯末罗游少有大乘耳。④

南海诸洲有十余国，他说明到：从西数之，有婆鲁师洲；末罗瑜洲，即尸利佛逝国是；莫诃信洲；诃陵洲；呾呾洲；盆盆洲；婆里洲；掘伦洲；佛逝补罗洲；阿善洲；末迦漫洲；又有小洲，不能俱录。斯乃咸遵佛法，多是小乘，唯末罗游少有大乘。但是，到公元8世纪，仅爪哇一地而言，就已是大乘佛教兴盛的时代了。所以，在8世纪前后，印度尼西亚群岛的爪哇与苏门答腊等地一时成为东西方佛教徒访问的中心。实

---

① 参照《高僧传》（T50p0340a15－342b10）、《出三藏纪》与《开元录》等。
② 参照《开元释教录》卷九。
③ 大正藏本。
④ T54p205b11－16。

际上，在婆罗门教来到之前，佛教已经传播到东南亚一些地方，并起着开路先锋的作用。荷兰考古学家博斯曾描绘了许多佛教行脚僧的作用，指出：这些佛教行脚僧人成群结队地来到东方，宣扬佛教思想。他们来到印度尼西亚的宫廷，宣传佛法，使统治者及其家属皈依佛教，建立了佛教团体。由于这些佛教徒的流动，激起一个方向相反且更强大的潮流，即当地的僧侣走向印度佛教圣地和著名的佛教寺院，他们到那里常常逗留很长的时间。在印度古老的摩揭陀国邻近王舍城的那烂陀寺，成为当时最大和最重要的大乘佛教中心，各地僧侣为了寻求神圣的手稿、佛祖遗物和佛像而聚集在这里。当时印度尼西亚的求法僧人极多，以至于他们要在那里为他们兴建一座寺院。就是这些求法的僧人把佛教的艺术带回家乡，使佛教的建筑、雕塑、绘画和诗歌等文化艺术兴盛起来。佛教对于当地群众具有比印度教更大的吸引力。唐朝有许多中国僧人前往爪哇岛上的诃陵国与苏门答腊岛上的室利佛逝国访问和逗留。两国间的佛教文化交流日趋频繁。

诃陵国即南北朝时期的阇婆国，故地在今印度尼西亚的爪哇岛上，早在公元5世纪初就成为印度化的佛教王国，与南朝诸王朝不仅有邦交往来，而且彼此间在佛教文化上也有相当频繁的交流。当时西域著名高僧求那跋摩就是经由阇婆国前来中国译经传法的。迄至唐代，有不少唐朝僧人到过诃陵国，诸如并州的常慜，益州的会宁、明远，交州的运期，洛阳的昙润，荆州的道琳，襄州的法朗，等等。其中，会宁于麟德（664—665）年间"杖锡南海，泛舶至诃陵洲。停住三载，遂与诃陵国度闻僧若那跋陀罗于《阿笈摩经》内译出如来焚身之事"，并令弟子运期赍经送回唐京，蒙赠小绢数百匹，重诣诃陵，报与若那跋陀罗。明远、道琳，均途经诃陵而往天竺。昙润在诃陵北的渤盆国（婆罗洲）遇疾而终。法朗是永昌元年（689年）随义净从广州重返佛逝国的四位中国僧人之一，随义净"附舶俱至佛逝，学经三载，梵汉渐通。法朗顷往诃陵国，在彼经夏，遇疾而卒"。

唐开元六年（718）天竺高僧金刚智从印度来华途经阇婆国，当时不空和尚年十四五岁，在阇婆遇见金刚智而师事之，师徒二人相随入唐。另外，开元十九年（731）十二月，不空及其弟子含光等僧人附昆仑舶前往师子国时，亦曾途经诃陵国。此外，诃陵国的僧人辩弘，曾于唐建中二年

（781）从其国将铜钹一具，奉上长安圣佛院；螺两具、铜瓶四，奉上惠果阿阇梨，求授胎藏毗卢遮那大法。由此足见当时印度尼西亚也由中国传入了密教。室利佛逝又作尸利佛誓，是公元 7 世纪末至 13 世纪在苏门答腊岛上以巨港（巴邻旁）为中心的佛教王国，也是当时南海诸国中最为重要的交通枢纽与商贸中心。根据唐朝僧人义净的记载，当时"南海诸洲，咸多敬信（佛法）。人王国主，崇福为怀。此佛逝廓下，僧众千余，学问为怀，并多行钵。所有寻读，乃与中国不殊。沙门轨仪，悉皆无别。若其高僧欲向西方为听读者，停斯一二载，习其法式，方进中天，亦是佳也"。义净本人就是一个最好的事例，他于唐咸亨二年（671 年）十一月从广州乘船出海，约二十日抵达佛逝国，在此停留了六个月，学习声明。在那里，得到了佛逝国王的帮助和支持，并由此搭乘佛逝国王船舶前往印度求法取经。其后，义净在印度那烂陀寺留学十年，后又乘船回到室利佛逝，在该地生活了六年，从事参学、整理、写作和翻译工作。列举如下。

1. 唐朝僧人明远西域求法路经交趾，和交趾僧人联翩往西域求法路经诃陵国。明远，益州清城人，振锡南游，到达交趾，然后由交趾乘舶往诃陵国（今印度尼西亚爪哇），又到师子洲（今斯里兰卡），更往大觉寺（印度摩诃菩提寺）。

2. 昙润，洛阳人，在交趾居住年余，随后他泛舶南行欲往印度，行到诃陵北渤盆国（今婆罗洲），遇疾而终。

3. 智弘，洛阳人，与荆州无行同往印度，至合浦登舶，漂到匕景（越南中部），又回到交州，居住一夏，冬末复随舶南行，到室利佛逝国（今印度尼西亚苏门答腊），更到师子洲，往中印度（均见《大唐西域求法高僧传》）。

4. 同时和唐僧同往西域求法的交趾僧人，有远期、窥冲、大乘灯。远期，交州人，与昙润同行，后为中国益州会宁的弟子，随师至诃陵国，从诃陵高僧智贤受戒。

5. 窥冲，交州人，是明远的弟子，与师同舶航行南海，经诃陵国到师子洲，赴中印度。

6. 大乘灯，爱州人（越南北部），幼随父母往杜和罗［HK4183—6］底国（今泰国境内）出家，后随唐使郑绪到达长安，在慈恩寺玄奘法师处受具足戒，居长安数载，阅览经书，后来曾随义净往中印度（高观如〈中越佛教关系〉(摘录自《中国佛教》一)。

7. 上迎佛骨入内道场,即设金花帐,温清床,龙鳞之席,凤毛之褥;焚玉髓之香,荐琼膏之乳,九年诃陵国所贡献也义净笔下的诃陵。

《南海寄归内传》中载:

> 然南海诸洲十余国,纯唯根本有部、正量、时钦①,近日已来,

---

① 时钦两字,实为"钦光"的误写。在印度佛教史上一共有四次的结集,现简单明了地略说之。第一次结集:又称五百结集或王舍城结集。起因:佛刚灭度后,就有愚痴比丘很高兴地说"那老头子死了,以后再也不会有人来管我们了"。当时大迦叶尊者听了很悲伤,决心结集佛的遗教。时间:公元前486年(也就是佛灭度后三个月)。地点:王舍城七叶窟。人物:五百阿罗汉。主持人:大迦叶。结果:由优波离尊者诵出律,阿难尊者诵出法。第二次结集:起因:第二次的结集也是佛教的根本分裂,这有南北不同的说法。根据南传史料的记述,佛教最初的分裂是在第二次结集之后,即释迦牟尼佛逝世百年后。在这次结集之前,居住在印度吠舍离的许多比丘出现了放松戒律,违反教规的现象。这突出地表现在他们认为可向人收取钱币一事上。这些现象被当时一个来自西印度的比丘耶舍所发现,他极为劝告违反的比丘改过,但没有成功,后经他组织,在吠舍离召开了由印度各地佛教僧团参加的第二次结集。在少数有地位的上座长老的主持下通过宣布吠舍离比丘的行为是犯戒的决议。但吠舍离的比丘对这次结集的决议不服从,另外又举行了一次"大结集"。此后佛教便发生了分裂。认为收受钱币等"十事"是犯戒的教徒形成了上座部,坚持认为"十事"是合法的教徒则形成大众部。而根据北传史料关于佛教分裂的记述与南传史料有很大的不同。根据《异部宗轮论》和《大毗婆沙论》,佛教最初的分裂是在释迦佛灭度百年后,由于教徒对一个名叫"大天"的比丘所述的"五事"的看法不同而产生的。大天"五事"的这种观点为佛教僧团少数有地位的长老所反对,认为这不符合佛教教义,但多数教徒则支持大天的观点。这样反对大天观点的佛教徒形成上座部,支持大天观点的则形成大众部。时间:佛灭度100年时。地点:吠舍离城。人物:耶舍比丘,跋耆僧共700人。内容:有十项称为跋耆的十事非法。目的:审查此十事的律制非法问题。结果:上座代表一致通过,认为十事非法,但跋耆族比丘不服。影响:第二次结集之后跋耆族比丘虽然失败,但内心不平,传说有东方系列行结集,于是东方系的大众部和西方系的上座部公开分裂为二。第三次结集:起因:阿育王当时在鸡园寺每天供养上万出家人,有六万外道混杂在内,为了清理僧迦的混乱,因而引起了重新结集,整理三藏。主持人:目犍连子帝须。人物:1000名阿罗汉。时间:佛灭后236年,阿育王治世时期。地点:华氏城。结果:驱逐了分别说以外的正统说论者,编纂了二部《论事》。第四次结集:起因:迦王弘护佛教,鉴于当时的部执纷纭,人各异说,便请教于胁尊者,尊者即答"如来去世,岁月逾邈,弟子部执,师资异论,各据见闻,共为矛盾"。王甚痛惜,于是在迦湿弥罗建立伽兰,召集了500位有名的阿罗汉,并以世友尊者为上座,从事三藏的结集。时间:佛灭度后四百年间(迦王治世时期)地点:迦湿弥罗。人物:500大阿罗汉。主持人:世友尊者。结果:集成了200卷的《大毗婆沙论》。总之,佛教最初经典的结集是经过了很长的时间慢慢而成的,由最初的只有经藏、律藏而至三藏十二部的完成,使佛陀的教法流传于世,为有缘者所受持、修行、依止。

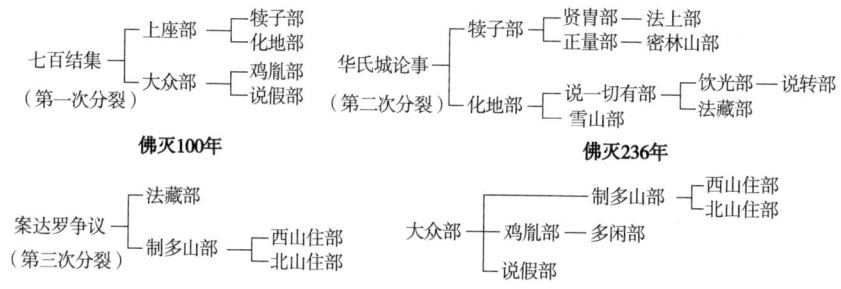

```
                    ┌─ 上座部 ─┬─ 犊子部                      ┌─ 犊子部 ─┬─ 贤胄部 ─ 法上部
七百结集 ────────────┤         └─ 化地部       华氏城论事 ────┤          └─ 正量部 ─ 密林山部
(第一次分裂)        └─ 大众部 ─┬─ 鸡胤部      (第二次分裂)    └─ 化地部 ─┬─ 说一切有部 ┬─ 饮光部 ─ 说转部
                              └─ 说假部                                  └─ 雪山部      └─ 法藏部
        佛灭100年                                                   佛灭236年

                    ┌─ 法藏部                                  ┌─ 制多山部 ─┬─ 西山住部
案达罗争议 ──────────┤                        大众部 ────────┼─ 鸡胤部 ─ 多闲部  └─ 北山住部
(第三次分裂)        └─ 制多山部 ─┬─ 西山住部                  └─ 说假部
                                └─ 北山住部
```

少兼余二（从西数之，有婆鲁师洲、末罗游州，即今尸利佛逝［逝＝游【宋】【元】【明】］国是。莫诃信洲、诃陵洲、呾呾洲、盆盆洲、婆里洲、掘伦洲、佛逝补罗洲、阿善洲、末迦漫洲，又有小洲不能具录［录＋(也)【宋】【元】【明】］，斯乃咸遵佛法，多是小乘；唯末罗游，少有大乘耳①

《大唐西域求法高僧传》
1. 常愍禅师（T51p0003a1－26）
3. 会宁律师（T51p4a2－21）
4. 昙润法师（T51p4c29－5a04）
5. 道琳法师者（T51p5c6－7a19）
6. 法振禅师（T51p10a14－25）
7. 僧贞固、法朗（T51p12b1－11－）

小　结

本文就印度尼西亚的爪哇岛上的一个古国诃陵国，在历史上曾经起着海上丝绸之路的中转站和桥墩的作用，诃陵国的位置与周边的各国间等十几诸国中，诃陵国是重要的佛教国家，佛教经求那跋摩的弘传与普及，得到了普遍的信仰。诃陵国在古代中外文化交流中，佛教传入中国等起到了中转站与桥墩的作用。

（作者为海南师范大学历史文化学院研究员）

---

① T54p0205b12－16。

元末高邮之役中高丽援军问题考论

陈 昊 吴德义

高邮之役乃元末农民战争之转折点，元廷虽动员大军，但最后却大败而归。正如史家所言，此役使"元朝丧失了军事与政治的主动权，几乎马上就要平息的起义又采取新的形式复苏了"[①]。值得注意的是，据《高丽史》记载，高丽作为元朝的属国曾积极介入这场战争，并发挥极大作用。对于高邮之战中的高丽援军问题，现有研究多为对其作战经过的简单陈述[②]。此外，亦有学者考察高丽援军将领之身份及其后裔的生活信仰[③]。而针对《高丽史》关于高丽援军所起作用之记载的可靠性问题，尚缺乏深入讨论。故笔者不揣冒昧，结合中、朝（韩）史料对高丽援军在高邮之役中的作用进行初步探讨，以祈方家教正。

一 元末高邮之役及高丽出兵

高邮府，元代隶属于扬州路。该地毗邻大运河，扼南北漕粮转运，军

---

① ［德］傅海波等编：《剑桥中国辽西夏金元史（907—1368 年）》，史卫民等译，中国社会科学出版社 1998 年版，第 583 页。
② 大韩民国文教部、韩国国史编撰委员会：《韩国史·高丽后期的社会与文化》（汉城：探求堂，1981 年版）；叶泉宏：《明代前期中韩国交之研究（1368—1488）》（台北：台湾商务印书馆 1991 年版）；姜龙范等：《明代中朝关系史》（黑龙江朝鲜民族出版社 1999 年版）；杨昭全等：《中国—朝鲜—韩国关系史（上册）》（天津人民出版社 2001 年版）；卢启炫：《高丽外交史》（紫荆、金荣国译，延边大学出版社 2002 年版）；白新良主编：《中朝关系史·明清时期》（世界知识出版社 2002 年版）；范永聪：《事大与保国——元明之际的中韩关系》（香港：香港教育图书公司 2009 年版）；等等。
③ 楼正豪：《中国江苏省高邮市의半岛移民에대한고찰—高邮菱塘回族乡薛氏와杨氏를중심으로》，《庆南学》2016 年总第 34 号；金塘泽：《高丽恭愍王初의武将势力—恭愍王 3 년 (1354) 元에파견된武将들을중심으로》，《韩国史研究》1996 年总第 93 期。

事地理位置十分重要。1353年，乘红巾起义之机，张士诚起兵占据高邮，极大影响了元朝对江南地区的统治。顺帝于至正十四年（1354）九月命脱脱率军南征高邮等地。元军之总兵力对外号称"百万"，实际只有四五十万大军①。

战斗中，元军对高邮"日事攻击，矢如雨注"②，在行将破城之际，因其内部钩心斗角，竟鸣金收兵，高邮遂不可复下。不久，因脱脱政敌哈麻攻讦其劳师无功、拥兵自重，顺帝遂下诏申斥脱脱"徒怀眷恋之思，曾无尺寸之效，坐视寇玩，日减精锐，虚费国家之钱粮，诳诱朝廷之名爵"③，将其罢黜，发往淮安路。经此变故，元军军心离乱，"一时四散"④。

参加高邮之战的元军不仅规模庞大，而且来源复杂。除元朝自身军队外，还有"西域、西番"⑤之军，及"灭里、卜亦失你山、哈八儿秃、哈怯来等拔都儿、云都赤、秃儿怯里兀、孛可、西番军人、各爱马朵怜赤、高丽、回回民义丁壮等军人"⑥。镇压农民起义，本为蒙元家事，似没有召集如此之多外国军旅的必要，但蒙元迥乎中国历代王朝，在扮演中原王朝统治者的基础上，还带有明显的世界帝国色彩。

自13世纪初开始的蒙古征服后，伴随蒙古铁骑的东征西讨，欧亚大陆上绝大多数国家与地区都被纳入其势力范围之中。蒙古统治者身兼三职：一是蒙古民族的尊长，二是中原王朝的皇帝，三是蒙元世界体系之共主。其世界性帝国的色彩使其能够轻而易举地调动势力范围所及的各国军队参与自家的战争。与此同时，高丽在蒙元世界中有与其他属国不同的地位，历代高丽国王皆蒙元皇帝之婿，双方结成的乃是甥舅之国的关系。这种关系带有明显的两重性。一方面"使高丽王室在蒙古世界秩序中的地位

---

① 百万之称见陶宗仪《南村辍耕录》卷二九《纪隆平》（中华书局1959年版，第357页），叶子奇《草木子》卷三《克谨篇》（中华书局1959年版，第44页）作"统四十万大军"，俞本撰《纪事录笺证》卷之上，甲午至正十四年（李新峰笺证，中华书局2015年版，第28页）作"总番汉兵五十万众，号百万"。
② 权衡撰，任崇岳笺证：《庚申外史笺证》卷上，至正十四年秋八月二日，中州古籍出版社1991年版，第75页。
③ 俞本撰：《纪事录笺证》卷之上，甲午至正十四年版，第29页。
④ 权衡撰，任崇岳笺证：《庚申外史笺证》卷上，至正十四年秋八月二日，第76页。
⑤ 《元史》卷一三八《脱脱传》，中华书局1976年版，第3346页。
⑥ 《元史》卷四三《顺帝六》，第917页。

大为提高，对高丽的政治利益大有裨益"①。另一方面为面对蒙古统治者的命令，高丽不得不言听计行。纵观有元一代的历史，高丽除经常派军助战外，其军士还曾承担宿卫、戍边、屯田等任务②。高丽向蒙元承担以上义务，固然是蒙元强权主义在高丽的体现，但其国内的亲元派也是助力之一。出兵高邮，即是高丽亲元大臣蔡河中的提议，脱脱随即命蔡河中返国传命。恭愍王三年六月辛卯，高丽君臣得到脱脱"吾受命南征，王宜遣勇锐以助之"③的命令。十二天后，由吏部郎中哈剌那海、崇文监少监伯颜帖木儿、利用监丞林蒙古不花组成的使团到达开京，正式传达元廷征兵之令，定于八月十日聚兵大都，南下征讨张士诚，并详细地开列了从征将领名单，其中不乏如廉悌臣、郑世云一班名将④。八天后，恭愍王即升赏一批将领，赐之府院君、君号。由此来看，对于出兵助战，来自高丽国内的阻力似乎并不大。高丽恭愍王虽有意摆脱蒙元的高压控制，但一方面鉴于元强丽弱，断然拒绝元廷的命令并不是明智之举，另一方面又受到国内亲元派的掣肘，最终同意了此次南征作战。七月癸亥，柳濯、廉悌臣等四十余员将领率领2000士兵启程赴元，恭愍王亲自在迎宾馆检阅送行。此次出征之将士皆系高丽精兵锐卒，以致宿卫空虚，恭愍王不得不在西海道征募弓手，以备不虞⑤。

尽管高丽朝廷答允此次出兵，但从出征将领的言辞中可见高丽军战斗意志并不旺盛，其将领在鸭绿江一度萌生退意。如康允忠即认为此行是"离亲戚左坟墓，以就死地"，一度欲逃归开京，斩杀谋出兵者，但最终在

---

① 萧启庆：《元丽关系中的王室婚姻与强权政治》，收入氏著《内北国而外中国——蒙元史研究》下册，中华书局2007年版，第789页。
② 如《元史》卷九九《兵二》载元世祖于至元二年（1265）十二月扩充侍卫亲军，其中"内选女直军三千，高丽军三千，阿海三千，益都路一千。每千人置千户一员，百人置百户一员，以领之。仍选丁力壮锐者，以应役焉"（第2531页），成宗大德二年（1298），枢密院奏报"阿剌鹏、脱忽思所领汉人、女直、高丽等军二千一百三十六名内，有称海对阵者，有久成四五年者，物力消乏，乞于六卫军内分一千二百人，大同屯田军八百人，彻里台军二百人，总二千二百人往代之"（第2547页），又《元史》卷二五《仁宗二》载"（秋七月）庚午，发高丽、女直、汉军千五百人，于滨州、辽河、庆云、赵州屯田"（第574页）。
③ [朝]郑麟趾撰，孙晓主编：《高丽史》卷三八《恭愍王一》，西南师范大学出版社、人民出版社2014年版，第1195页。
④《高丽史》卷三八《恭愍王一》，第1196页。
⑤《高丽史》卷三八《恭愍王一》，第1197页。

廉悌臣的劝说下作罢①。这种情况表现出尽管在国力对比和亲元派压力下，高丽最终于极短时间内选择出兵助元，但这并非出于其本心，这种出兵很大程度上是为元廷威势所裹挟的不得已的行为。

高丽援军到达大都后，鉴于己方兵力过于弱小，只得在大都继续招募高丽人从军。据《高丽史》记载，高丽军已扩大到两万三千人的规模。扩军完成后，高丽军随即同元军一起开拔南下，进攻张士诚军所据守之高邮。

二　高丽远征军作用辨析

关于这支高丽军队在高邮之役中的表现，中国史书鲜少记载。而朝鲜王朝官修《高丽史》则对此记载较为详细，高丽援军被塑造成了中流砥柱。

《高丽史》卷三八《恭愍王》载：

> （十一月）丁亥，印安还自元，言："太师脱脱领兵八百万攻高邮城，柳濯等赴征军士及国人在燕京者，总二万三千人，以为前锋。城将陷，鞑靼知院老长忌我国人专其功，令曰：'今日暮矣，明日乃取之。'麾军而退。其夜，贼坚壁设备，明日攻之不克拔。会有人谮脱脱，帝流于淮安。"②

印安是高丽远征军将领，该段文字所记即为其回国后所讲述的高邮之役的情况：八百万元军在脱脱的指挥下猛攻高邮，高丽军作为先锋曾一度即将攻破该城，但因鞑靼知院老长嫉功，使高丽军功亏一篑，高邮遂不可复下。朝鲜王朝另一部官修前朝编年体史书《高丽史节要》与之记载颇为相近。不同之处在于，《高丽史节要》删去了"八百万"元军的表述，只称"太师脱脱领兵攻高邮城"。

《高丽史》对于高邮之役元军参战数量及高丽援军作用的记载，令人生疑。中国史书对此事则有不同的记载。在中国官修《元史》《明史》中，对高邮之役虽有总体记载，但缺乏对具体战斗过程的描述，时人笔记

---

① 《高丽史节要》卷二六，恭愍王三年七月，韩国首尔大学校奎章阁图书藏本，贵3556，第16册。

② 《高丽史》卷三八《恭愍王一》，第1198页。

《农田余话》《草木子》则对此记载颇详。

《农田余话》云：

> 十四年，（脱脱）复受诏讨高邮，兵百万，寨于玉山，赏功戮罪，便宜行事。陈大军围贼城，城中窘蹙无计，本破在顷刻。丞相以士卒劳苦，视贼以釜鱼置兔，何可逃免，姑俟明日进兵，破之决矣。洎夜半，诏至，免相，收其兵权，安置淮安路，以枢密使统其兵①。

《草木子》云：

> 高邮盗张九四叛。至正壬辰年（1352），朝廷命脱脱丞相征之，中散其兵，兵遂溃，乃陷平江路……朝廷命脱脱讨之，王师号百万，声势甚盛，众谓其平在暑刻。及抵其城下，毛葫芦军已有登其城者矣。疾其功者曰："不得总兵官命令，如何辄自先登？"召其还。乃再攻之，不下。未几下诏贬脱脱，师遂溃叛②。

以上两条史料显示出：其一，元军的最高兵力为百万，并非八百万；其二，关于高邮失利的原因，《农田余话》归之于脱脱的粗心大意，《草木子》归之于一无名的"疾其功者"；其三，《草木子》记载将要攻破高邮的为毛葫芦军，而非高丽军。

由上所述可知，中、韩史书关于高邮之役的历史书写存在重要差异，笔者拟就以下问题加以辩证。

其一，高邮之役元军参战人数问题，《高丽史》所载八百万元军的数量并不可靠。如前所述，高邮之战中元军实际兵力约为四、五十万，所谓百万大军只是元朝统治者对外号称的结果。而八百万元军的说法已超出古代军队数量的常理，实在令人难以置信。笔者认为，此说法或为印安夸大，或为史官杜撰，其目的或在于以元军的无能反衬高丽军能征善战，以夸耀已方的战功。一年之后成书的《高丽史节要》将《高丽史》中八百

---

① 佚名：《农田余话》，杨讷等编：《元代农民战争史料汇编》中编第2分册，中华书局1985年版，第413页。
② 叶子奇：《草木子》卷三《克谨篇》，第53页。

万元军的表述删去，或可表明该书编撰者也已意识到原来所称八百万元军的说法过于离谱。

其二，高邮之役中是哪支军队拔得头筹，先登其城，中、朝（韩）史料对此记载不一致。据《高丽史》记载，此次参战的高丽军计有两万三千人，可分为两部分：一部分为来自本土的两千士兵，而居于主体的是在大都临时召集的高丽一般民众所组成的两万一千大都兵。这样一支在短短几个月内临时拼凑的、大部未经过战争磨炼的军队，似难以在首战之中即拔得头筹。与此同时，《草木子》所记载的毛葫芦军则是久经战阵之军。该军是元顺帝时面对农民起义所招募的一支地主武装。据《元史·朵尔直班传》载："金、商义兵以兽皮为矢房，状如瓠，号毛葫芦军，甚精锐，列其功以闻，赐敕书褒奖之，由是其军遂盛，而国家获其用。"① 所谓金、商，乃指元代金州、商州二地，位于今天陕西、河南一带，民风较为彪悍，勇于战斗，故而毛葫芦军能在统治者镇压农民起义的过程中立下"汗马功劳"。毛葫芦军常年与农民军周旋，并数次击败农民军，如此观之，其立功的可能性很大。而《草木子》的作者叶子奇生活于江浙一带，曾亲历元末乱世，其载录元末史事的可靠性也较高。此外，叶子奇与高丽素无瓜葛，也不存在故意毁谤高丽军的动机。另就史书本身来说，《草木子》成书于洪武十一年（1378），《高丽史》成书于景泰二年（1451）。《草木子》的成书时间较早，其可信度应比《高丽史》要高。由此可见，在关于"先登"问题上，尽管此两条史料皆为孤证，但毛葫芦军立功的可能性更大，《草木子》的记载也应比《高丽史》更可靠。

其三，《高丽史》中的鞑靼知院老长应与中国文献中的老张为同一人，《草木子》所谓"疾其功者"即是老张。按危素《皇陵碑》曾云"夜袭元将知枢密院事老张"②，《庚申外史》又有脱脱遭贬后"令枢密院老张代之"③ 之语，可见两者实乃一人。又据《高丽史》《草木子》对此战纪事的相似程度来看，"疾其功者"即是老张。可以说，无论是高丽军立功也

---

① 《元史》卷一三九《朵尔直班传》，第3359页。
② 危素：《皇陵碑》，李修生主编：《全元文》卷一四七八，第48册，凤凰出版社2004年版，第451页。
③ 权衡：《庚申外史笺证》卷上，至正十四年秋八月二日，第75页。

好，还是毛葫芦军立功也罢，老张（老长）在此过程之中发挥了极为负面的作用。是老张（老长）的一己私欲导致了高邮战役的功亏一篑，继而一定程度上改变了元末历史走向。

经过以上辩证，可以发现《高丽史》中八百万元军的记载是不可靠的，其所称"鞑靼知院老长"应是中国史书中的老张，《草木子》所谓的"疾其功者"亦是此人。关于先登高邮城者，《高丽史》《草木子》虽均为孤证，但《草木子》的说法明显更符合情理。作为属国的高丽，虽不得已出兵配合元军镇压农民起义，但因本身国力的弱小及所派遣的远征军人数不多，且多数人员系临时招募而来，战斗力不强，故而笔者以为《高丽史》关于高丽援军发挥重大作用的纪事，一方面或是印安虚报战功的结果，另一方面也存在着朝鲜史官故意夸大事实的可能。

三 《高丽史》对高丽远征军的书写问题

历史书写应该据实而为，如实记述过去发生的事情。但如爱德华·卡尔所指出，"历史事实总是通过记录者的头脑折射出来的"[①]，人们在记录历史时，可能无意或有意地改变着历史事实的原来样貌。古往今来，受种种因素影响，历史学家很难真正做到如实直书。《高丽史》对于高丽远征军的记载，恰恰反映了如实记述历史的困难。

首先，《高丽史》将南征元军的数量夸大为八百万，其目的在于和两万三千人的高丽远征军形成对比，以表示高丽军队的绝对弱小，继而为后文记载的高丽军"战力"做铺垫。元军数量的消息虽说是印安传来，但朝鲜史官不加以考证即将此写入前朝国史之中，显然说明在一定程度上他们愿意相信印安的说法，质言之，印安是否谎报军情在此已不重要，但《高丽史节要》在同样以金宗瑞为领导的基本未变动的纂修班子的修撰下，即将八百万元军的记载删去，这或许表露出了朝鲜史官针对此问题的复杂心态。

其次，《高丽史》对此战涉及的历史人物进行了刻意描写。其一，"吾受命南征，王宜遣勇锐以助之"[②]，尽管脱脱贵为元朝丞相，但身为驸马的恭愍王地位也并不低，这种类似于上司向下属发号施令的语言，似乎多少

[①] [英] E. H. 卡尔：《历史是什么》，陈恒译，商务印书馆 2007 年版，第 106 页。
[②] 《高丽史》卷三八《恭愍王一》，第 1195 页。

存在对恭愍王的不恭之嫌;其二,"今日暮矣,明日乃取之"①,軷靾知院老长嫉贤妒能,全然缺乏大局观念,仅因一己之私利便置大军于不顾,这种书写凸显出元军将领的无能与钩心斗角;其三,《高丽史》着力于记载如崔莹等高丽将领的英勇奋战,但却对元军的作战事迹缄口不言,所提到元军之处也多以战败、无能为主。尤其是元军内部的嫉功,不仅葬送了高丽军拼死打开的战役缺口,更是直接导致了高邮的败战。通过对元军将领的无能和对本国将领的奋勇杀敌的书写,《高丽史》的编纂者始终强调着高丽军的不可替代性,并借由此间接地书写出元军实乃此次南征最大的"绊脚石"。

《高丽史》的记载中处处皆是高丽军队在发挥各种作用,丝毫不见元军的动向,唯一对元军的记载便是老长嫉功致使此战功亏一篑。在这样一场重大的战争中,作为主角的元军绝不可能毫无作用。《高丽史》不仅没有记载其作战行动,反而重点突出知院老长嫉功,这实质上反映了编纂者选择性的历史书写。其目的在于,一是突出高丽军队的能力借以讽刺元军的嫉贤妒能和无所建树;二是要强调高丽的强大战斗力并凸显对身为蛮夷的元朝的蔑视。在其视野下,蒙元不过夷狄而已,实质上是野蛮、无知和贪婪的代名词,而师法唐宋的高丽乃是小中华,是文明、智慧和勇敢的代名词。故在他们眼中,元军不应起到作用,对其作战也没有详细记载之必要。这种笔法表明,在华夷思想影响下的大义和真实的历史事实产生冲突时,历史的编纂者存在忽视真实的历史而去贯彻义利观的可能,尽管这有违史家应有的初心。此种历史书法,实质上表现了一种"宗藩关系下高丽追求自主意识的努力"②,质言之,这些夸大与失实在某种程度上正反映着自我中心主义在朝鲜半岛的崛起。学者指出,明清鼎易是朝、日自我中心主义发展的一个关键节点。同时,应该了解自我中心主义也有一个漫长的发展期。就朝鲜而言,其源头在朝鲜王朝初期已若隐若现。

在这种思潮的影响下,朝鲜史家希望强调自身的相对独立性以表明自己国家的重要性,这本来无可厚非,但历史书写的原则仍在于如实直书,

---

① 《高丽史》卷三八《恭愍王一》,第1198页。
② 孙卫国:《朝鲜王朝官修〈高丽史〉对元东征日本的历史书写》,《古代文明》2017年第4期,第111页。

即史官要秉笔直书，不虚美，不隐恶。撰写《高丽史》的朝鲜史官显然未能完全按此行事，其关于高丽远征军的历史叙事恰是说明此问题的一个显例。

(陈昊为天津师范大学历史文化学院硕士研究生；吴德义为天津师范大学历史文化学院教授)

13—14 世纪教宗使者的中国行纪*

徐亚娟

1206 年,铁木真一统蒙古各部,称号"成吉思汗"。13 世纪 20—60 年代,蒙古帝国三次西征,历代大汗们跃马扬鞭,以破竹之势打通欧亚大陆,建立起历史上疆域最为辽阔的军事帝国。蒙古的西进引起西方基督教世界的恐慌,他们意欲了解关于蒙古人以及东方各国的情况。于是教皇委派天主教方济各会和多明我会修士东来,以传教为名打探情报,形成了基督教在华传播的第二次高潮。蒙元时期,中西交通进入前所未有的通畅,在宗教热情和商业冒险精神的感召下,欧洲传教士、商人和冒险家纷纷踏上远赴东方之旅。[①] 他们以信札、史志和游记的方式,向欧洲传递资讯,请求教会支持的同时,也将他们在蒙古帝国的游历和见闻传达给欧洲。1245—1247 年间,意大利方济各修士柏朗嘉宾(Giovanni da Pian del Carpine,1180-1252)受教皇委派出使蒙古并顺利返回欧洲,著有《柏朗嘉宾蒙古行纪》(*Ystoria Mongalorum*)。1253—1255 年,法国方济各修士鲁布鲁克(Guillaume de Rubrouck,约 1220—约 1293)受法王路易九世(Louis Ⅸ,1214-1279)敕令出使蒙元帝国,依其东方见闻写出《鲁布鲁克东行纪》(*Viaggio in Mongolia*)。1271—1295 年,意大利商人和旅行家马可·波罗(Marco Polo,1254-1324)随父东游,后由其口述、比萨人鲁斯蒂谦(Rusticiano)笔录而成《马可·波罗行纪》。1289 年,罗马教皇

---

* 清明澄澈,高山仰止。耿昇先生是每一位中西交通史学人无法绕开且用尽一生也无法企及的高峰,向学路上,感谢先生给予我的慷慨帮助与无私提携。后学不勤,有负先生厚望,谨以此文为念。想念先生。——谨以此文纪念耿昇先生。

① 邹雅艳:《13—18 世纪西方中国形象演变》,南开大学出版社 2016 年版,第 25 页。

又派遣意大利方济各修士若望·孟高维诺（Giovanni de Montecorvino, 1247－1328）前往汗八里，留下与教廷的往来书柬。1314—1328 年间，意大利弗黎乌里人方济各修士鄂多立克（Odorico da Pordenone, 1286－1331）东行，后依据其东方旅行见闻口述，由他人转录而成《东方鞑靼奇闻》。[1] 1338 年，意大利佛罗伦萨人方济各修士马黎诺里（Giovanni dei Marignolli, 约 1290—1353 年之后）受教皇指派率团出使元朝，回国后将其出使东方的回忆收入三卷本《波希米亚史》，后人辑录为《马黎诺里奉使东方录》，即《马黎诺里游记》。13 世纪东来的方济各修士并未实现在华实施基督教大归化的抱负，更未能实现教皇之愿望——与中国建立持久的关系，但他们通过蒙古人打通的欧亚丝绸之路打开了通向中国之门，结合自己的知识背景，将所见所闻记述下来，勾勒出 13—14 世纪蒙古人的轮廓，这些行纪或游记作为了解蒙古的第一手资料，成为欧洲人乃至整个西方世界认识蒙古、了解东方的开始。

一　柏朗嘉宾与《蒙古行纪》

柏朗嘉宾 1180 年生于意大利翁布里亚，天主教方济各会修士，身居高位，先后任职于德意志、西班牙等地。1241 年 4 月，蒙古大军在波兰境内的列格尼卡以少胜多击败波德联军。天主教欧洲大为震惊，对蒙古的焦虑多年未退，意寻遣使打探军情。[2] 1245 年 4 月复活节，以六旬高龄奉教宗英诺森四世（Innocentius P. P. Ⅳ, 约 1180 或 1190—1254）敕令，行全权特使之职，携教宗给蒙古大汗亲笔书信前往蒙古帝国。教团一路向东跋涉，次年 7 月 22 日抵达上都哈拉和林，8 月 24 日获准参加窝阔台之子贵由大汗（1206—1248）登基大典。其后觐见大汗时，呈上教宗两封信函，其一为传播基督福音，其二为谴责蒙古军队对基督徒的杀戮行为并劝其停止西征。贵由大汗以波斯语回信拒绝，并要求教宗及其他欧洲君主向蒙古臣服[3]。同年 11 月，教团踏上归途，1247 年 11 月 24 日返回里昂，向教宗

---

[1] Odorico da Pordenone, *Itinerarium Fratris Odorici Fratrum minorum de mirahilibus Orientalium Tartarorum*, 中译本题名《鄂多立克东游录》，何高济译，中华书局 2002 年版。

[2] ［法］荣振华等：《16—20 世纪入华天主教传教士列传》，耿昇译，广西师范大学出版社 2010 年版，第 3 页。

[3] 复信至今仍保存在梵蒂冈图书馆。详见 David Wilkinson, *Studying the History of Intercivilizational Dialogues*。

呈递贵由复函①。

柏朗嘉宾肩负教皇重托，每经一处都留下大量记录，此次出使未达到传教目的，却不负预期的"密探"之职。柏朗嘉宾出使蒙古历时两年半，返欧途中，于罗斯写下《蒙古行纪》的出使报告递交教廷②。报告全名《我们成为鞑靼的蒙古人的历史》（Historia Mongalorum quos nos Tartaros appellamus），通译为《柏朗嘉宾蒙古行纪》，凡书九章，前八章描述了13世纪蒙古人的政治制度、经济生活、宗教民俗以及军队情况，第九章介绍了使团途经地区。其中既有蒙古人有关战争、军队、武器等军事情报，也涉及其王室宗系、宗教信仰、地理情况、生活方式以及通往东方的路线等方面。《行纪》中详细记述了当时蒙古人的饮食、放牧和劳作。关于毡庐，他说"按照人的高贵、贫贱不等，有的帐幕很大，有的却较小，他们不论到哪里去，不论是上战场或者迁居，都随身携带着帐幕"；关于放牧，他描述道"他们富有各种牲畜：骆驼、乳牛、绵羊、山羊与马，猪及其他家畜则根本没有"；关于劳作分工，他写道"男子除制箭及照管一部分牲畜外，什么事也不管！他们出去打猎、练习射箭，他们的妻子制作各种东西，短皮袄、衣服、鞋靴与各种皮制品，他们还管理与修理大车，为骆驼装驮包"；关于作战策略与方式，他记录到"军队首领们派遣探子去侦探（敌）人与城堡，这些探子进行侦查工作都十分机敏"。③ 这些记载为我们研究13世纪蒙古社会及蒙古军队的情况提供了第一手资料。

《蒙古行纪》以拉丁文写成，后以手抄本形式流传于世，后经多次转抄、翻译和再版，先后出版了拉丁文、德文、英文、俄文和法文，是《马可·波罗行纪》问世之前欧洲人了解蒙元社会的重要参考资料④。《蒙古行纪》有两个著名的修订本，一是柏朗嘉宾本人编写，修订本现存都灵国家图书馆，二是《蒙古关系史》（Tartar Relation），乃第二修订稿基础

---

① 柏朗嘉宾出使路线图参见耿昇、何高济译《柏朗嘉宾蒙古行纪 鲁布鲁克东行纪》，中华书局2013年版，"中译者序言"，第5—6页。
② 《蒙古行纪》（L'Ystoria Mongalorum），中译名《柏朗嘉宾蒙古行纪》。
③ 以上详见耿昇、何高济译《柏朗嘉宾蒙古行纪 鲁布鲁克东行纪》，中华书局2013年版。
④ 手抄本题名不一，Ystoria Mongalorum quos nos Tartaros appellamus（History of the Mongols），Liber Tartarorum, or Liber Tatarorum（Book of Tartars, or Tatars）。

上编撰而成①。

柏朗嘉宾是中世纪第一个到达蒙古宫廷的方济各修士，②其见闻录《蒙古行纪》，为西方对蒙古帝国统治下的中亚、罗斯等地的最早记录。首次向西方披露了东方民族及其分布情况，成为当时欧洲人获取蒙元帝国信息的重要来源之一，其中记载的资料至今仍是研究早期蒙元历史的重要参考，也是研究13世纪东西交通史的重要原始资料。他带回的贵由写给教皇的复信，也是蒙古大汗写给欧洲宫廷的首封"国书"③。

二 鲁布鲁克与《东行纪》

柏朗嘉宾出使蒙古沟通了天主教欧洲与蒙元帝国的交往渠道，之后两端的关系发展虽然缓慢，却未曾间断。《蒙古行纪》后较有影响的作品为鲁布鲁克的《东行纪》。关于鲁布鲁克这位圣方济各修士，同时代的作品没有留下与他相关的记载，我们只能从他的《东行纪》中了解他在蒙古旅行的一些情况。他可能是于1215年生于法国佛兰德鲁布鲁克镇，其名字即由此而来。1253年，鲁布鲁克携法国国王路易九世（Louis Ⅸ，1214－1270）敕令出使蒙古，成为"中法关系史上第一位官方使者"。④据《东行纪》描述，1253年他从君士坦丁堡出发，赴钦察草原拜见拔都长子撒里答（Sartaq，？－1256），因为路易九世风闻撒里答也是基督徒。⑤鲁布鲁克出使蒙元帝国期间，以使节的身份受到蒙古多个汗国可汗的召对、接待。1253年7月31日，鲁布鲁克到达钦察汗国撒里答汗的幕帐并受到接见，同年12月2—3日，经由准噶尔盆地的阿拉湖，进入元定宗贵由汗的领地，12月27日，抵达元宪宗蒙哥汗（Mangu）宫廷，先后6次受到元宪宗接见。鲁布鲁克请求留在蒙古地区传教，遭到蒙哥婉拒，因此不得不返回，1255年8月15日返回的黎波里（Tripoli，在今黎巴

---

① Donald Ostrowski, *Second-Redaction Additions in Carpini's Ystoria Mongalorum*, Harvard Ukrainian Studies, 14, No. 3/4 (1990): pp. 522–550.
② 方济各早期的活动地域主要集中在西班牙、意大利、法国以及拜占庭（东罗马帝国）的中心地埃及地区。
③ [日]杉山正明：《蒙古帝国的兴亡》，孙越译，社会科学文献出版社2015年版，第100页。
④ [法]荣振华等：《16—20世纪入华天主教传教士列传》，耿昇译，第4页。
⑤ 一名是方济各修士克雷英纳的巴尔泰莱梅（Barthélemy de Crémone），一名是教士郭塞（Gosset），可能是路易九世身边的方济各修士亲信，另外是翻译霍莫代侬（Homo Dei），参见耿昇《方济各会士出使蒙元帝国，中法关系的肇始》，《西部蒙古论坛》2015年第1期。

嫩)。当地大主教不许他立即回到法国觐见法王路易九世,命他将出使经历初成文稿,另派人转呈法王,他不得不以长信的形式写下了蒙古行程,这便是《鲁布鲁克东行纪》的由来①。

除了罗杰培根的记述,我们没有其他任何关于鲁布鲁克的史料。1598年,理查德·哈克卢特(Richard Hakluyt,约1552—1616)从卢门莱爵士(Lord Lumley)所收藏的手抄本中刊印了鲁布鲁克报告的一部分②。自第一个不完整的拉丁文版以来,各种译本、注释本和研究著作层出不穷。1625年,普察斯(Purchas)依据剑桥伯涅特学院(今基督圣体学院)收藏的另一个手抄本全文刊布,收录在《朝圣者丛书》中。1839年,巴黎地理学会在《行纪和记录集成》第四卷(Recueil de voyages et de mémoires,Ⅳ)刊行了一个权威的完整版本,此版不仅综合了哈克卢特和普察斯的印本,还参考了当时的另外五种抄稿本,三个藏于基督圣体学院,一个藏于大不列颠博物馆,另一个藏于莱顿大学③。但是,这些抄本之间文字表述差别不大,看得出来源相同。至于各种语言的译本,都是根据哈克卢特或普察斯版本翻译而成④。1900年,由柔克义⑤翻译的英文版(The Journey of William of Rubruk to the Eastern Parts,1253 – 1255)由哈克卢特学会出版⑥。

关于鲁布鲁克出使蒙古的真正使命,《东行纪》的前言部分,鲁布鲁克开篇便讲:

> 鲁布鲁克的教友威廉,小兄弟会中之最贱者,向优秀的君王、最信仰基督的路易士、上帝护佑的法兰西名王,致以敬礼,祝愿他为基督而永远获胜。

---

① 耿昇、何高济译:《柏朗嘉宾蒙古行纪 鲁布鲁克东行纪》,中华书局2013年版,第157页。
② 哈克鲁特:《小兄弟会会士鲁布鲁克出使记》(Hakluyt, Itineratium fratris Willielmi de Rubruquis de ordine fratrum Minorum),哈克卢特学会1598—1600年版。
③ Michel, Francisque, Wright, Thomas. "Voyage en Orient du Frère Guillaume de Rubruk". In d'Avezac - Macaya, M. A. P. Description des Marveilles d'une partie de l'Asia, Tome 4 (in French and Latin). Paris: Société de Geographie, 1839. pp. 205 – 396.
④ 耿昇、何高济译:《柏朗嘉宾蒙古行纪 鲁布鲁克东行纪》,"英译者序言",第172页。
⑤ 柔克义(William Woodville Rockhill, 1854 - 1914),美国外交官、汉学家,曾任驻华公使,代表美国政府与中国签订《辛丑条约》。
⑥ Rockhill, William Woodville, ed. The journey of William of Rubruck to the eastern parts of the world, 1253 – 1255. Translated by Rockhill, William Woodville. London: Hayklut Society, 1900.

……且不管我是采取何种形式,既然在我向你告辞时,你吩咐我把在鞑靼人中的见闻向你报告,而且还告谕我说,不要怕写长信,所以我按你对我的吩咐办,虽然有所畏惧和腼腆,因为应当写给如此伟大一位国王,所用的适当词汇,没有浮现在我思想中①。

由此可见,鲁布鲁克的确是受法王路易九世派遣出使蒙古,并带有刺探蒙古人军事动向的目的。鲁布鲁克要求留下传教,不过是意欲以此为掩护,收集蒙古人情报。

《东行纪》是另一部欧洲人记录蒙古帝国的早期著作,由于"他是一个罕见的观察力较强的人,具有一位艺术家的气质和眼睛……他写出的游记成为整个游记文学中最生动、最动人的游记之一"。② 出使报告共分38章,基本以西方人对蒙古帝国以及东方各地区、各民族人民的关注问题为中心而展开。鲁布鲁克以其敏锐的观察、细腻而生动的文笔描述了蒙古的风土人情,以及他本人的种种活动。书中介绍了蒙元时代的撒里答、拔都和蒙哥等蒙古政要的情况,还详细描写了蒙古人衣食住行、子女、司法、丧葬等习俗,提及可萨突厥、阿兰、撒拉逊、库蛮、斡罗思、吐蕃、契丹等民族的情况,其中很多内容都是首次向西方人披露③。与以往的中国记述相比,《东行纪》有三个突出的优点:第一,他第一次解释清楚了长期以来被阿拉伯人和欧洲人混淆的中国地理名称和居民的对应关系。他从丝的产地推测出"契丹"和"赛里斯"是同一个国家,那里的居民被称作赛里斯人(Seres),蛮秦(Machin)指中国南部;第二,他介绍了中国文化中以往很少被注意到的领域。他提到中国的书写和文字,这是马可·波罗等中世纪旅行家未曾提及的信息。他观察到中国的医师很熟悉草药性能,能熟练地诊脉行医,但他们不用利尿剂,也不知道检查小便。而且,他还提到当时契丹的一种绵纸材质的钱币,那是忽必烈之前通行的纸币,至今未找到实物;第三,他澄清了西方社会关于东方宗教情况的误传。来华之前认为撒里答是基督徒的消息根本是讹传,蒙哥汗、贵由汗等人都不

---

① 耿昇、何高济译:《柏朗嘉宾蒙古行纪 鲁布鲁克东行纪》,第177页。
② [英]克里斯托弗·道森编:《出使蒙古记》,吕浦译,中国社会科学出版社1983年版,第17页。
③ 耿昇、何高济译:《柏朗嘉宾蒙古行纪 鲁布鲁克东行纪》,第158页。

是基督徒，只是对待基督徒比较友善。虽然"蒙古人极力弱化各部落的自我认同，但在宗教信仰方面却表现得非常宽松"。自成吉思汗时代起，"统治者在宗教方面的政策基本上都是各随其好"①。

在13世纪欧洲人了解中国的历程中，《东行纪》是非常重要的文献。"鲁氏旅行记为中世纪行文之白眉，虽柏朗嘉宾亦。"② 对中国情况的了解不仅远超前人，即使在他之后的马可·波罗等中世纪旅行家也无人能及。

三 "世界奇书"——《马可·波罗游记》

1271年，忽必烈定都大都（今北京），改国号为"大元"。同年11月，年仅17岁的马可·波罗随父亲尼科洛（Nichlo）和叔叔马费奥（Maffeo）一行从威尼斯出发前往中国，他们在地中海阿迦城登陆，沿古丝绸之路东行，途经两河流域、伊朗全境、穿越帕米尔高原，经过艰辛的旅程终于在1275年5月到达元上都，此后又到大都③。他深得忽必烈赏识，在元朝游历了17年，一直以客卿身份活跃于元朝宫廷和上流社会。直到1292年，马可·波罗奉命护送阔阔真公主远嫁波斯伊儿汗国阿鲁浑汗（Arghun，1258 – 1291），随后从波斯返回欧洲，1295年抵达威尼斯，1298年参加威尼斯和热那亚之间的海战，战败被俘，在热那亚狱中口述其蒙古之旅的所见所闻，由其狱友比萨人鲁斯蒂谦（Rusticiano）以普罗旺斯语写出《马可·波罗行纪》（*Description of the World*，1298 – 1299）④。《行纪》记载了作者亲历东方所见所闻，还记录了一些道听途说甚至想象中的事物。因此，马可·波罗笔下的亚洲带有很大的夸张描写。比如，他对杭州的描写：

> 这里各种大小桥梁的数目达到一万两千座，那些架在大运河上，用来连接各大街道的桥梁的桥拱都建得很高且建筑精巧，竖着桅杆的船可以在桥拱下顺利通过。同时，车马可以在桥上畅通无阻，而且桥

---

① ［英］彼得·弗兰科潘：《丝绸之路：一部全新的世界史》，邵旭东、孙芳译，浙江大学出版社2016年版，第151页。
② 盛志：《欧人中国研究溯源》，载于李孝迁《近代中国域外汉学评论荟编》，上海古籍出版社2014年版，第6页。
③ 行程参见《马可·波罗行纪》，冯承钧译，上海书店出版社2005年版，前言。
④ 以上内容参见张星烺、朱杰勤校订《中西交通史料汇编》（六卷本），中华书局2003年版，第293页。

顶到街道的斜坡造得十分合适①。

书中还有一些夸张的描述，杭州这一段最为典型。尽管如此，人们还是对马可·波罗来过亚洲一事深信不疑，由其经久不衰的发行量可以看出。

《行纪》出版后很快被翻译成其他欧洲语言，广泛传播，为作家们提供了大量事实和想象参半的新资料，被称为"世界一大奇书"，这在当时印刷术还没有应用的欧洲十分难得（书影参见附录图1）。原书已佚，据统计，《行纪》自诞生以来便有大量抄本流传，约计150个版本传世②。15世纪中后期，随着古登堡活字印刷术的诞生，最终出现了活字印刷本。最早的版本便是1477年纽伦堡出版的摇篮本（德文版），1481年奥格斯堡德文再版③。之后1485—1490年间，多明我会士弗朗西斯科·皮皮诺（Francesco Pipino of Bologna）翻译拉丁文版《东方地区的风俗和趣闻》（The Liber de consuetudinibus et condicionibus orientalium regionum），由出版商杰拉德·德李（Gerard de Leeu）在安特卫普出版。1496年以威尼斯官方文字初版④，到1672年威尼斯文译本增至9次再版⑤。16世纪出版了约计16个版本，1502年葡萄牙文版出版，第二年卡斯蒂尔文出版，1532年另一种拉丁文译本在巴塞尔出版⑥。17世纪，《行纪》新版本仍不断涌现，拉丁文译本再版2次，德文、荷兰文、西班牙文和英文各出版1次，足见该书受欢迎的程度，同时也说明当时欧洲人完全接受了书中内容。

《行纪》最初由两部分组成，个人历史和各地情况。之后，皮皮诺将其译成拉丁文，内容分成三卷。法国人颇节（Guillaume Pautheir, 1801 –

---

① 马可·波罗：《东方见闻录》，[韩]金东浩译，四季出版社2000年版，第75页。
② [英]约翰·拉纳：《马可波罗与世界的发现》，姬庆红译，上海三联书店2015年版。
③ 摇篮本原称古版书，该词引自拉丁文cuna，意即摇篮，故称摇篮本incunabula，摇篮时期的印刷品之意。首见于1639年伯纳·冯·马林考洛特（Bernard Von Mallinckrodt）所著《印刷术之起源及发展》（Deortu et progressu artis typographicae）一书，之后各版本学家沿用，专指1450—1501年1月1日期间属于活字印刷术初创时期问世的活字印本书籍。
④ 参见 Shinobu Iwamura, Manuscripts and printed editions of Marco Polo's travels, Tokyo, 1949。
⑤ [英]约翰·拉纳：《马可波罗与世界的发现》，姬庆红译，第174页。
⑥ 此拉丁文译本包含在约翰许·蒂希编著的《古人未曾知晓的新世界地域和岛屿》（Johann Hüttich, Novus orbis regionum ac insularum veteribus incognitarum）之中，这是一部游记汇编，被当时很多人视为续写航海行纪的范本。1537年、1555年、1585年多次再版，之后又被译成德文和法文。

1873）译成法文时将其分为四卷，此后学者皆仿此例。《行纪》以细腻的笔触描写了中国的人民和物产，使欧洲人了解到一个人口众多、物产丰富、交通发达、建筑技艺进步的中国。该书丰富了中世纪欧洲对东方中国的认识，对中西交通史影响很大。哥伦布曾在《行纪》的空白处写满注释，正是在它的影响下，立志东游，而意外发现了美洲新大陆①。英国著名作家威尔斯（H. Wells）说："欧洲的文学，尤其是 15 世纪欧洲的传奇，充满着马可波罗故事里的名字，如契丹、汗八里之类。"② 这部东方游记为英国作家提供了充足的创作素材，后世数不清的学者志士从中汲取灵感。

四　马可·波罗之后的来华传教士

鲁布鲁克之后三十年内，鲜有传教士再赴远东，直到 1289 年，意大利方济各修士若望·孟高维诺（Giovanni de Montecorvino, 1247 – 1328）应教皇尼古拉四世（Nicolaus P. P. Ⅳ, 1227 – 1292）派遣，由大不里士出发前往汗八里传教。经过漫长而又艰难的旅行，1294 年才到达元大都，颇费一番周折才获许在京传教。由于传教成绩显著，1307 年，罗马教皇克莱蒙五世（Clement P. P. V., 1264 – 1314）为其特设汗八里总主教一席，成为东方第一个天主教教区的创始人，归化了大批信徒，其中包括蒙古汗国汪古部亲王阔里吉思及其部族③。1328 年，若望在北京逝世，享年 81 岁。此时，中国约有天主教徒 1 万人，主要集中于北京和泉州两地。孟高维诺是"基督教在中国的首任主教，也是方济各修士们在中国所获得的最大成功"④。他一生致力于传播福音，在华生活三十四载，其间给欧洲友人写回三封书信，其中 1305 年正月八日和 1306 年 2 月的两封书札记录了当时中国境内两大派基督教的情况，可资了解蒙元时期的景教和天主教在华传教情况。

1314 年，意大利方济各修士鄂多立克开始东游布道，1321 年到达印

---

① 哥伦布出发探险美洲前读过《马可·波罗行纪》，并给后世留下一本写满批注的《行纪》，现存里斯本，但是该书对葡萄牙航海事业产生多大直接影响，很难考证。
② ［英］威尔斯：《世界史纲》，吴文藻等译，人民出版社 1982 年版，第 769 页。
③ 阔里吉思王子是忽必烈的外孙，高唐王爱不花长子，蒙古汗国铁穆尔完泽笃皇帝（忽必烈之孙）的女婿，后由景教（基督教聂思脱里教）转而信奉天主教，由此以乔治亲王著称，1298 年被察合台都哇俘虏而死。
④ ［法］荣振华等：《16—20 世纪入华天主教传教士列传》，耿昇译，广西师范大学出版社 2010 年版，第 5 页。

度，由此经海路赴中国传教布道，1322—1328 年间旅居中国。广州登陆后，他由南向北穿越泉州、福州、杭州、南京、扬州多地，最后到达元大都，受到大汗召对并会见了孟高维诺。在北京居留六年，奉命返回欧洲招募新一批来华传教士，1330 年取道陕甘、西藏，横断亚洲大陆，经波斯返回意大利阿维尼翁（Avignon）。1331 年，他在病榻前口述完东方旅行经历便辞世，享年仅 45 岁。据英国学者玉尔（Henry Yule）统计，目前藏于欧洲各国的《鄂多立克东游录》抄本计 76 个，尚未有一个经过权威校订的版本。该书对北京、泉州、杭州、长江、戈壁、西藏有着准确而细致的描述，弥补了《马可·波罗行纪》的不足。他第一次将杭州称为"远东的威尼斯"，① 另有"于钱塘江上见渔人以鹈捕鱼，于杭州见缠足女子，富贵之家，蓄长指爪"等描写开始传入欧洲②。唯其在中世纪中西交通史上的重要影响，鄂多立克与马可·波罗、伊本·拔都他（Ibn Khordadbeh，c. 820 - 912 CE）、尼哥罗·康蒂（Niccolò de'Conti，1395 - 1469）并称为"中世纪四大游历家"。

若望·柏朗嘉宾、若望·孟高维诺与若望·马黎诺里并称"元代进入中国的方济各修士中的三'若望'，是元代方济各修士入华高潮中的三位典型代表人物，是沟通中西关系的探路人"③。若望·马黎诺里（Giovanni dei Marignolli，约 1290—1353 年）生于意大利佛罗伦萨，年轻时加入天主教圣方济各会。1338 年奉教皇本笃十二世（Benedict XII）之命率使团出使元朝，1342 年抵达汗八里，留居四年后请辞回国，1354 年受神圣罗马帝国皇帝查理四世（Karl IV，1316 - 1378）敕令编修波希米亚编年史，遂将其出使东方的回忆收入书中，所编著三卷本《波希米亚史》最后一卷即为出使元朝见闻。1820 年，德人梅纳特将这一部分辑录，题为《马黎诺里奉使东方录》，刊在波希米亚科学学会会报，才为世人所知。中文译为《马黎诺里游记》，书中记述了自己奉教宗之命来华进呈教皇信件和一匹拂郎国马之事。对华初印象，记述道："一千三百三十八年（元顺帝至元四年）教宗本笃十二世命余与数人携国书与礼物，赠送鞑靼大汗。其国在东方，威权所达，几有东方世界之半。兵马强盛，国库充实，城邑相连，管辖众

---

① ［法］荣振华等：《16—20 世纪入华天主教传教士列传》，耿昇译，第 5 页。
② 盛志：《欧人中国研究溯源》，载于李孝迁《近代中国域外汉学评论萃编》，第 6 页。
③ 耿昇：《方济各会士出使蒙元帝国，中法关系的肇始》，《西部蒙古论坛》2015 年第 1 期。

国，难于胜数……"接着又描述了自己觐见帖木儿大汗之盛况："大汗见大马、教皇礼物、国书、罗伯塔王书札及其余印，大喜……觐见时，皆衣礼服。余之前，有精致之十字架先行，香烛辉煌。至宫殿内，赋《天主惟一》之章。赋诗毕，余为大汗祈祷，回福于彼，大汗亦低首受之。"对敬献"大马"之事，《元史》卷四《顺帝本纪》中亦有记载，可互为印证："至正二年，秋，七月，拂郎国贡异质马，长一丈一尺三寸，高六尺四寸，身纯黑，后二蹄皆白。""拂郎国进天马"这一朝贡事名动大都，文人士子竞相以"天马"为题赋诗作画，周朗亦奉命写生作《拂郎国献马图》，揭傒斯为之题赞，堪称元末中西文化交流的一桩盛事。该书对研究元朝方济各会在泉州的历史，具有重要的参考价值。

13—14世纪，往返于东西方的传教士和旅行家留下了一批关于中国的游记和信札，这些记录成为传递文化信息的重要载体，成为13世纪以来欧洲了解东方的重要途径，对欧洲人的东方认知具有重要的参考价值，历来为中外关系史学者和蒙古史学者所重视。通过对相关记述的爬梳、整理，可以捕捉到蒙元社会的信息和资料，丰富和拓展蒙古史研究。同时，这些行纪成为欧洲人认识东方、了解东方必需的参考资料，奠定了西方人的东方视域，在13—17世纪中叶的很长时间里，影响着西方人视野中的东方印象。这些行纪给了西方人关于这个国度真实的信息和无限的遐想，推动了大航海时代西方探险家发现东方和整个世界的进程。

（作者为中国国家图书馆副研究馆员）

"草原之路"的起源及有关问题的思考

鲍志成

"一带一路"是习近平治国理政中汲取历史智慧、深化改革开放的大手笔[①]。如果说"一带一路"是对"丝绸之路"的继承和发展[②]，那么，"一带一路"六大廊道之首的"中蒙俄经济走廊"就是对"草原之路"的继承和发展。

"中蒙俄经济走廊"如何继承发展"草原之路"的历史文化资源，积极探索有效推进廊道建设的路径，是历史研究和智库研究的当务之急。促使笔者撰写本文的主要原因，是多年来有关驼马驯化役使与草原之路开通的思考，和大卫·克里斯蒂安的《丝绸之路还是草原之路？——世界史中的丝绸之路》这篇宏文中基于全球历史的精彩而深刻的论述。本文拟在综述最新考古发现和研究成果的基础上，主要就草原之路起源及其相关的动因、路线、空间、生态等问题，提出若干粗浅的分析和思考，在此不揣谫陋，抛砖引玉，就教于大方之家。

一 草原之路的研究回顾

"草原之路"是广义的丝绸之路的一部分，为区别与绿洲沙漠之路（即通常所说的陆上丝绸之路）、高山峡谷之路（又称西南丝绸之路）、海

---

① 鲍志成：《"一带一路"战略是国内国际政经大手笔》，原刊国家思想智库门户网站"人民论坛网"、"思想理论"频道、"深度原创"栏目头条，2015年2月9日；后收录国务院发展研究中心专家审定，厉以宁、林毅夫、郑永年等国家智库顶级学者主笔、撰著的《读懂"一带一路"》，中信出版社2015年版。

② 鲍志成：《"丝路精神"的核心价值及其当下意义》，2016年9月20—22日国家外交、文化、旅游等五部委和甘肃省政府联合主办"首届丝绸之路（敦煌）国际文博会暨高峰论坛"论文。

上丝绸之路（又称陶瓷之路）的关系，通常又称之为"草原丝绸之路"。由于草原丝绸之路的开通时间早于西汉张骞"凿空西域"所开辟的丝绸之路，而其得名或被冠名似又晚于丝绸之路的提出，故本文仍采用"草原之路"的说法，但其实际意涵与"草原丝绸之路"基本一致。又因为草原之路地处欧亚大陆的北部地带，故又有"北方草原之路"的提法。

草原之路的研究，是广义的丝绸之路研究的一部分，同时又与草原文化、游牧文明、北方民族、边疆史地等有着密切关系。关于丝绸之路及草原之路的研究情况，21世纪以来颇受学术界关注。李明伟的《丝绸之路研究百年历史回顾》[1]和张玉霞《古代丝绸之路及其研究的基本情况》[2]，李霞、戚文闯《改革开放以来草原之路研究巡礼》[3]和郑星《草原丝绸之路研究：1986—2014年国内文献述评》[4]等文，分别就不同时间跨度内的丝绸之路研究和草原之路研究的情况作了梳理和回顾，其中也不乏涉及丝绸之路及草原之路起源问题的研究成果。耿昇先生对法国汉学界有关丝绸之路研究和考察的情况，作过专门的学术梳理[5]。余太山、黄时鉴先生等都曾对希罗多德《历史》一书中关于草原之路的记载，做过专题研究[6]。王永杰博士系统整理了西方古典文献中有关通往中国的路线和地理认知的记述[7]。尤其值得关注的，是1995年刘迎胜《丝路文化草原卷》[8]、余太山《早期丝绸之路文献研究》[9]和新近出版的石云涛先生《丝绸之路的起

---

[1] 李明伟：《丝绸之路研究百年历史回顾》，《西北民族研究》2005年第2期。
[2] 张玉霞：《古代丝绸之路及其研究的基本情况》，魏一明编《中英"一带一路"战略合作论坛研究文集》，社会科学文献出版社2017年版。
[3] 李霞、戚文闯：《改革开放以来草原之路研究巡礼》，《西部学刊》2017年第4期。
[4] 郑星：《草原丝绸之路研究：1986—2014年国内文献述评》，《兰州财经大学学报》2016年第2期。
[5] 耿昇：《法国汉学界的丝路研究》，《丝绸之路》2014年第11期；《考察草原丝绸之路的法国人》，《北方民族大学学报》2009年第6期。
[6] 余太山：《希罗多德〈历史〉关于草原之路的记载》，《早期丝绸之路文献研究》，上海人民出版社2009年版；黄时鉴：《希罗多德笔下的欧亚草原居民与草原之路的开辟》，《黄时鉴文集》之《远迹心契》，中西书局2011年版。
[7] 王永杰：《西方古典文献中有关通往中国的路线和地理认知》，《"丝路文明传承与发展"国际学术研讨会论文集》（中国杭州，2015年10月）。
[8] 刘迎胜：《丝路文化草原卷》，浙江人民出版社1995年版。
[9] 余太山：《早期丝绸之路文献研究》，上海人民出版社2009年版。

源》①，堪称草原之路起源和文化领域研究的力作。

19世纪以来的西方中亚探险热和丝绸之路研究成果，汗牛充栋，丝路学成为汉学、东方学衍生出来的新显学②。虽然西方汉学、东方学界丝绸之路领域的研究成果浩繁，但其中比较直接与草原之路相关的却并不多。比较集中的草原之路研究的开山之作，除了多桑的《蒙古史》和霍渥尔斯的《从第9世纪至19世纪的蒙古史》，当推法国历史学家、游牧民族历史文献专家勒内·格鲁塞（Grousset, R. 1885–1952）1939年出版的两卷本中亚游牧民族通史专著《草原帝国》（L'Empire des Steppes）③。该书史实繁多，所涉及的地域空间广阔，其范围除大中亚外，还包罗了波兰以东的东欧诸国，即东欧草原、俄罗斯草原、西亚草原、中亚草原和北亚草原，还有草原邻近的许多高原山地；时间悠远，上起新石器时代、草原文化的黎明期，下迄公元18世纪晚期蒙古诸汗国；内容相当丰富，涉及草原各地各国的政治、经济、社会、文化等方方面面。作者独辟蹊径，对民族复杂、政治纷乱、朝代更迭和关系错综的历史，加工钻研，清理精到，牵出一条中亚史的线索和脉络。《草原帝国》在1939年出版后，到作者去世时已再版了两次，1946年日本学者俊藤十三雄将其翻译成日文，译名为《亚细亚游牧民族史》。20世纪60年代，中国学者魏英邦以格鲁塞学生的身份将此书译成中文，由青海人民出版社先后于1991和1996年出版。1998年蓝琪、项英杰等又将美国拉特格斯大学出版社1970年出版的英译本译成中文出版。

在近世研究中，草原之路西段的必经之地南俄草原的考古发现，尤其值得关注，而苏联学者的研究，也成为令人瞩目的成果。俄罗斯学者叶莲娜·伊菲莫夫纳·库兹米娜（Elena Efimovna Kuzmina）早在苏联时期就从事欧亚草原考古，著有《伊朗—印度人的起源》《安德罗沃诺文化与中国新疆及周边地区人群的互动》等著作，为了解史前时代的欧亚草原提供了

---

① 石云涛：《丝绸之路的起源》，余太山主编"欧亚历史文化文库"丛书，兰州大学出版社2014年版。
② 参见李明伟《丝绸之路研究百年历史回顾》，《西北民族研究》2005年第2期（总第45期）。
③ ［法］勒内·格鲁塞（Grousset, R.）：《草原帝国》，魏英邦译，青海人民出版社1991年版（1996年再版）；蓝琪等译自英译本的中文版由出版。

新视角。她的《丝绸之路史前史》①原稿由俄文著成,但一直未能出版,2008年,美国宾夕法尼亚大学的梅维恒(Victor H. Mair)教授征得库兹米娜同意,翻译成英文出版,2015年,中国学者李春长根据英文版翻译成汉语出版,使这一代表20世纪90年代世界学术界关于青铜时代和早期铁器时代欧亚草原的"迁徙和交流"研究最高水平的著作,得以与中国学者共享。此外,如苏联学者S. Y. 鲁金科(Rudenko)《论中国与阿尔泰部落的古代关系》②等诸多论文,尚待系统梳理借鉴。到了21世纪之初,美国圣地亚哥大学的大卫·克里斯蒂安(David Christian)教授在《世界史杂志》发表的《丝绸之路还是草原之路?——世界史中的丝绸之路》③一文,则又把这个宏大命题做了全景式透视。

我国"草原丝绸之路"概念的提出和研究相对后起。改革开放以来草原之路研究渐成热点,其间取得的进展和成果,可从前揭李霞、戚文闯和郑星等文概见之。1989年,国内有关专家学者举行了"关于草原丝绸之路"学术讨论会,认为在我国广袤的草原上存在一条鲜为人知的"草原丝绸之路",曾经是中国与西方世界交流较早的通道之一。其后,草原丝绸之路的研究在新疆、内蒙古、东北等地兴起。1991年,张郁发表了《草原丝绸之路——契丹与西域》一文④。1994年11月,新疆美术摄影出版社出版了张志尧编著的国际阿尔泰学研究丛书之一《草原丝绸之路与中亚文明》,收录了苏北海《汉、唐时期我国北方的草原丝路》⑤等文。其后至今,学界名家涉及草原之路研究增多,发表成果渐多。其中主要有黄时鉴《希罗多德笔下欧亚草原居民与草原之路的开辟》、龚缨晏《远古时代的"草原通道"》、王大方《草原丝绸之路》、陈育宁《草原丝绸之路的形成

---

① [俄罗斯]库叶莲娜·伊菲莫夫纳·兹米娜:《丝绸之路史前史》,李春长译,科学出版社2015年版。

② [苏联]S. Y. 鲁金科(Rudenko):《论中国与阿尔泰部落的古代关系(Relations between Ancient Altai tribes and China)》,潘孟陶译,《考古学报》1957年第2期。

③ [美]大卫·克里斯蒂安(David Christian):《丝绸之路还是草原之路?——世界史中的丝绸之路》(Silk Roads or Steppe Roads? The Silk Roads in World History),刘玺鸿译,袁剑校,原刊《世界史杂志》(*Journal World History*)2000年第11卷第1期,第1—26页,周伟洲主编:《西北民族论丛》第十四辑,社会科学文献出版社2016年12月。

④ 张郁:《草原丝绸之路——契丹与西域》,《内蒙古东部区考古学文化研究文集》,海洋出版社1991年版。

⑤ 苏北海:《汉、唐时期我国北方的草原丝路》,张志尧主编:《草原丝绸之路与中亚文明》,新疆美术摄影出版社1994年版。

及其历史作用》、武成《阴山大道与草原丝绸之路》、李凤斌等著《草原文化研究》、杜晓勤《"草原丝绸之路"兴盛的历史过程考述》等论著，成为丝路研究的新热点①。

出于好奇，笔者对1989—2019上半年的万方网和维普网草原之路研究信息进行了大数据搜索和分析，其中万方网"草原之路"主题检索累计3210条（篇），维普网"草原之路"主题检索累计382条（篇）。以维普为例，从文章数量看有两个高潮，分别是2003年和2015年前后，年发文收录量分别是35篇和近70篇；从内容选题看，涉及丝绸之路和草原之路、草原丝绸之路的基本持平，都在300篇上下；从选题分类看，历史地理和经济管理大致各占半数；从专题特色看，草原之路的金银币、金银器成为焦点，文章数量几乎三分天下各有其一，作者和发表刊物大多系内蒙古财经大学和《内蒙古金融研究》。万方网的数量几乎是维普的10倍多，但两个高潮的时间节点惊人一致，选题分类则经济类620条（篇），远远超过了历史地理的约350条（篇），发表刊物则首推《丝绸之路》。这些鲜明的时代特征，与郑星根据中国知网就1986—2014年间的草原之路研究的大数据进行的系统分析结果十分相似。

---

① 黄时鉴：《希罗多德笔下欧亚草原居民与草原之路的开辟》，《东西交流史论稿》，上海古籍出版社1998年版；龚缨晏：《远古时代的"草原通道"》，《浙江社会科学》1999年第5期；王大方：《草原丝绸之路》，《实践》（思想理论版）2004年第1期；《论草原丝绸之路》，《鄂尔多斯文化》2006年第2期；陈育宁：《草原丝绸之路的形成及其历史作用》，《鄂尔多斯学研究》2016年专刊；武成：《阴山大道与草原丝绸之路》，《内蒙古金融研究·钱币文集》，2006年第六辑；李凤斌等著：《草原文化研究》，中央编译出版社2008年版；杜晓勤：《"草原丝绸之路"兴盛的历史过程考述》，《西南民族大学学报》（人文社会科学版）2017年第12期。此外，还有芮传明《游牧民族对古代东西交通的贡献》，林干《关于草原丝路路线的初步探索》，张国刚《丝绸之路与中西文化交流》，徐英《欧亚草原丝路的贯通及意义》，王萌《浅谈草原丝绸之路的形成》，王宏谋《塞人及其与草原丝绸之路的开拓》，张景明《草原丝绸之路与草原文化》，张思琪、田广林《草原丝绸之路的史前中外交通新证》，陆思贤《草原丝路上的先行者》，郑少如《草原丝绸之路与中华文明之形成》，付宁、杨国华《草原丝绸之路与东西方文化交流》，洪用斌《草原丝绸之路概述》，潘照东、刘俊宝《草原丝绸之路探析》，纪宗安、孟宪军《丝绸之路在中亚北部地区的发展和作用》，王绵厚《试论草原文明的形成及其独特历史地位》，石云涛《3—6世纪的草原丝绸之路》，詹子庆《中国北方"草原之路"的推想》，栗迎春《环阿勒泰草原丝绸之路文化的变迁及启示》，哈德斯《中国阿尔泰古代丝绸之路》，管楚度、陈翠《丝绸之路主线及成因分析》，张安福《全球视野下民族连通与丝绸之路的开辟》，沈根荣《上古时代中国同希腊贸易的通道——草原之路之探讨》等专论，兹不一一列举。

二　草原之路的起源及动因

从广义的丝绸之路来说，草原之路是丝绸之路的前身，因此草原之路的起源问题，实际上也就是丝绸之路的起源问题；搞清了草原之路的起源，某种意义上说也就搞清了丝绸之路的起源。

关于草原之路的起源，国内学界比较一致的共识是早于张骞凿空西域。以前通常认为，草原之路的开拓者是斯基泰人（Scythian），是"塞人西迁"开通了草原之路。斯基泰人最初见于古希腊、古罗马作家笔下，泛指横行于欧亚草原之间、操印欧语系伊朗语种的游牧部落。而在古波斯文献中，则被称为"Saka"即"萨迦人"，原意为"游荡"或者"游牧"。在中文文献中，指的是"塞人"或"大月氏"。斯基泰文化具有鲜明的草原游牧文化特征，有所谓的"塞人三要素"，即黄金、尖帽、勇士。此外，还有髡面、卷云纹刺青、格里芬、鹰喙鸟、大铜鍑、三角铁剑、砾石浴、树桩墓等考古学文化元素。强盛时期的斯基泰人占领着欧亚大陆草原的绝大部分草原和混合林地。公元前8—前7世纪，随着斯基泰文化的繁盛和扩张，大批游牧民开始向西迁徙。路线大致有南北两条，北路通过北部草原，经西西伯利亚草原、乌拉尔山、伏尔加盆地，迁至黑海北岸；南路经哈萨克斯坦南部、中亚、伊朗，迁至外高加索地区[①]。这就是塞人西迁开通草原之路的缘由。不过，斯基泰人的西迁是以其比较集中的聚居地域阿尔泰地区为中心，向西到中亚河中地区，向西南到印度西北地区。斯基泰文化的极盛时期，是在公元前8—前7世纪，相当于春秋（前770—前476）前期。显然，无论在地域和时间上都经不起丰富的考古资料的检验。

随着丝路研究热的兴起，我国学界在草原之路的具体起源时间上呈现越来越多、越来越早的现象。概括起来，简而言之，主要有"红山文化"时期（5000年前）、"青铜时代"、"铁器时代"早期，或者春秋战国时期、夏商周时期，或史前时期、远古时期。在草原之路最初的形态特征上，则

[①] 参见朱步冲《斯基泰人：草原之路的开辟者》，《三联生活周刊》2015年第24期。

也有各种冠名说法，如：玉石（帛）之路①、彩陶之路②、青铜之路③、小麦之路④等。西方学者关于欧亚草原史前时期晚期的研究，聚焦在青铜时代，也就是距今5000—3000年的漫长时期，相当于新石器时代中后期，即中国的红山文化、龙山文化到夏商西周时期。在考古学文化上，出现了伏尔加河下游西部草原的颜娜亚文化（Yanamya）、杭爱山到哈萨克北部、中部草原的阿凡纳谢沃文化（距今5000年），东部草原的安德罗诺夫文化（距今4000年），卡拉苏克文化（距今3300—2900年），阿尔泰地区的斯基泰文化（距今3000—2200年）等序列⑤。

事实上，随着考古发现和研究的深入，草原之路的起源应与游牧民族的转场和驼马的驯化相联系的观点，越来越被认同。从4000年前或更早，中亚牧民便有规律地从夏季的高原草场转往冬季的低地草场（即转场）。美国圣路易斯华盛顿大学人类学家迈克尔·弗拉切蒂（Michael Frachetti）认为，由于牧民在山区外的目的地由草场的丰歉所决定，他们总是向着肥美草地的位置迁移，因而每年转场的线路也不尽相同，从来不是一成不变的⑥。而且，游牧民族"逐水草而居"的转场，离不开驼马的驯化和役使。"丝绸之路高地路网是在相当漫长的过程中，由牧民与其他群体交流互动而逐渐形成的。整个过程没人计划，也不存在任何目的性。"耶鲁大学考古学家威廉·霍尼彻奇也认为，逐水草为生、不断迁徙的牧民对早期国家和文明的兴盛做出过巨大贡献。"牧民们哄赶畜牧群朝着特定方向做远距离的艰苦跋涉，绝不仅仅只为寻找牧草和水源，其中必然还有如躲避险境及其他多种多样的因素。"他们在地处低海拔地区的农民和早期城市居民以及丝绸之路和陆地贸易之间起到了桥梁作用，促进

---

① 参见叶舒宪《"丝绸之路"前身为"玉石之路"》，《中国社会科学报》2013年3月8日；叶舒宪、唐启翠《玉石之路》，《人文杂志》2015年第8期。
② 参见韩建业《"彩陶之路"与早期中西文化交流》，《考古与文物》2013年第1期。
③ 参见易华《青铜之路：上古东西文化交流概说》，《东亚古物》A卷，文物出版社2004年版。
④ 参见秋良《小麦之路》，《食品与健康》2013年第6期；《"小麦之路"，美食"丝路"》，《大公报》2019年6月16日。
⑤ 参见杨建华《国外欧亚草原史前时代晚期的综合研究评介》，《边疆考古研究》第16辑，科学出版社2014年版。
⑥ Bruce Bower, Ancient nomadic herders beat a path to the Silk Road, Sciencenews, 转引自《古代游牧民族的转场与丝绸之路路网的形成》，丝路遗产2017-03-16。

各方面的交流和相互影响①。

关于马的驯化和役使与草原之路起源的问题，业师黄时鉴先生曾在《马的骑乘与游牧文明的起源》②一文中，根据90年代中期以前中外考古和文献研究的成果，以马衔、马鞍、马镫等控驭马具为切入点，阐述了欧亚内陆马的进化和驯养起源及其与早期游牧文明诞生的关系，指出在以青铜器为主要要素的次生文明类型——游牧文明的形成过程中，马的驯化和骑乘发挥了关键作用。国际学术界曾普遍认为，马的驯养最早发生在新石器时代的欧洲东部。第聂伯河西岸的德莱夫卡（Dereivka）遗址，出土有距今6300—5900年的驯养马骨遗存，并有鹿骨做的被推测为马衔也就是俗称马嚼子的马具，因此西方学界认为马的驯养的起源，是在距今6000年的黑海北岸地区。但是，这一结论很快被马骨年代的重新检测而推翻，而更多可信的考古发现，则认定马的最早驯化和役使，是在里海北岸、乌拉尔山东麓、哈萨克斯坦北部的草原地区。古波太（Botai）文化遗址出土的大量马骨、骆驼和驯养遗迹，证明这里的游牧民族至少在距今5500年前就开始驯养马和双峰骆驼③，作为役畜供驮运和骑乘。而最新的考古发现，证明阿拉伯地区对马和单峰骆驼的驯养并用于商旅运输甚或更早，早在9000年前的阿拉伯半岛，人类就开始对马进行驯养了④。这比先前一般认为的骆驼最早是在伊朗东北部和土库曼斯坦驯化后，在距今3700—3200年扩散到哈萨克斯坦和乌拉尔山麓东部地区的说法⑤，又大大提前了。这就是说，草原之路的起源，至少比"塞人西迁"还要早3000多年。在张骞"凿空西域"的2200年前，密集的草原路网已经交织于亚洲内陆各地。

这个推论，也可得到基于考古证据的草原之路最初开通于新石器时代"红山文化"时期（距今5000——），铜石并用时代（距今6000—5000

---

① Bruce Bower：《古代游牧民族的转场与丝绸之路路网的形成》，丝路遗产2017年3月16日。
② 黄时鉴、龚缨晏：《马的骑乘与游牧文明的起源》，纪宗安、汤开建主编《暨南史学》第四辑，暨南大学出版社2005年版。
③ 2009年3月7日《环球时报》《最新考古发现人类五千年前已开始驯养马》报道，"在哈萨克斯坦北部的古波太文化遗址上发现的证据显示，古波太人早在公元前3500年就开始了养马和骑马活动"。
④ 2011年8月29日中国科学院南京地质古生物研究所《考古发现将驯养马历史往前推4000年》，则根据考古新发现推断，"早在9000年前的阿拉伯半岛，古人类就开始对马进行驯养了"。
⑤ 张小云、罗运兵：《中国骆驼驯化起源的考古学观察》，《古今农业》2014年第1期。

年),青铜时代(西亚距今 5000 年,东亚距今 4000—3000 年,夏商周时期),早期铁器时代(公元前 1000)和玉石之路(距今 8000—4500 年)、小麦之路(距今 7000—4500 年)、彩陶之路(距今 5500—3000 年)、青铜之路(距今 5000—3000 年)等新观点的呼应和印证。

从欧亚草原原始经济形态的起源和分期来看,也是与上述推论相一致的。大卫·克里斯蒂安(David Christian)所著《俄罗斯、中亚与蒙古历史》一书,在划分欧亚草原历史发展时期时,以距今 10 万年—公元前 1000 年为史前时代,其后到公元 500 年为斯基泰到匈奴时代。在史前时代,欧亚草原最早的定居人群是猎人,冰河时代结束后出现采集和渔猎。至于农业最早出现在土库曼的哲通(Jeitun),其后才在乌克兰和高加索出现。到第四千纪开始也就是距今 6000 年前出现驯养马驼羊的畜牧业[①]。如果说草原之路的存在,主要的动因之一是游牧经济与农耕经济的交换需要,那么在草原之路形成之初,更多的原因恐怕是游牧群落在严酷的自然环境下为了生存而不断寻觅适合生存、获取生活资料所驱使而不断迁徙的结果。在这种迁徙中,逐渐形成了与沿线地区不同群落包括游牧和农耕群落之间的物产传输和交换。

三 草原之路的主干路网

关于草原之路的路线走向,一般来讲是指在草原游牧区域内历史形成的连通东西,也连通南北的大体通道走向。陈育宁先生认为有如下几种说法:一是南北两线:北线的开拓始于北匈奴西迁之时,东起西伯利亚高原,经蒙古高原向西,再经咸海、里海、黑海,直达东欧。南线东起辽海,沿燕山北麓、阴山北麓、天山北麓,西去中亚、西亚和东欧。二是三部分:阴山道:由关内京畿北上至大同云中或中受降城(今包头);参天可汗道(唐):由五原至回鹘、突厥牙帐哈尔和林;西段:由哈尔和林往西经阿尔泰山、南俄草原等地,横跨欧亚。三是南北通道:从漠南蒙古过阴山、经今二连浩特,跨过漠北草原,经今恰克图至俄罗斯的茶马古道;由祁连山沿弱水北上,过居延,达匈奴龙庭的古老通道,都是草原丝绸之路的组成部分。

[①] 杨建华:《国外欧亚草原史前时代晚期的综合研究评介》,《边疆考古研究》第 16 辑,科学出版社 2014 年版。

以上这些说法，是指不同历史时期形成的草原通道某一区段的大体走向。这条大通道，是以多条南北向、东西向通道呈网络张开，覆盖了极其广阔的地域，而且在历史上屡有变迁，不同历史时期形成不同的格局。概括起来说，草原丝绸之路就是东起大海，横跨欧亚草原的通道，其纵横交错的岔路，又可南达中原地区，北与蒙古和西伯利亚连接。虽然受到自然地理、民族社会诸多方面因素的影响，但从总体上分析，这条通道的存在适应了广大草原地区各个时期各个民族的需要，因而能够在漫长的历史进程中，在不同的社会条件下保持生命力，使贸易交往不断，文化交流不断，民族交融不断，而且常变常新，堪称历史大观[①]。

陆上丝绸之路的主干道——绿洲沙漠之路，有文献和考古为证，有城镇、遗址、关隘等为标，虽然它也是一个路网，但相对还是可以确定主干道、次干道的，但支路、小路就困难了。古代海上丝绸之路有港口、岛屿、沉船和航海针图为凭，可以大致确定方向和航线。但茫茫草原犹如汪洋大海，早期起源因游牧民族迁徙无常、东西方文献记载都鲜少而模糊，后期发展因游牧民族政权兴衰，朝代更替如走马灯一样，缺少系统的历史文献作参考；虽然有自然形成的峰岭、峡谷、河流、湖泊等可参照，也有古遗址、古墓葬、古城址、峡谷关隘等史迹为证据，但相对于广袤的草原而言，这些考古遗存可谓寥若晨星；更何况草原之路的地域跨度太大了，对跨地理、跨国别、跨文化的研究交流和信息共享造成很大的困难！因此，要完整地确定草原之路的主干道路网，几乎是一个世界级的学术难题，也正因为如此，迄今学界都只是大而化之、笼而统之地人云亦云而已。而不同国家、不同民族和不同断代历史、不同区域历史地理的研究者，往往只能从自己熟悉的角度出发来进行研究，其认识和结果往往是某一区段、某一历史时期的草原之路，这就犹如盲人摸象，难窥全貌，导致了众说纷纭、莫衷一是的现象。可以说，迄今为止描绘的草原之路地图，基本上都是人文社科学者想当然画出来的，一条或几条线，加个箭头标示方向，俨然作战地图一样。其实，作战地图是以实测地理交通为基础的，具有很强的准确性、科学性，而草原之路示意图，不仅不科学、不准确，而且还误导视听、误人子弟，传递了错误的认知和信息。严格地说，从总

---

① 陈育宁：《草原丝绸之路的形成及其历史作用》，《鄂尔多斯学研究》2016 年专刊。

体而言，草原之路是一条没有主干道或者主干道变化不定的路网系统，单靠历史学、考古学的丝路研究界是不可能勾勒出这条主干道路网图的，即使有沿线各国的地理、交通、测绘等领域的专家加入进来，合作研究，恐怕也只能得出个大致的结论。

令人可喜的是，这个巨大的历史难题，正受到现代科技的挑战！美国圣路易斯华盛顿大学人类学家迈克尔·弗拉切蒂（Michael Frachetti）领导的团队，通过使用卫星图像和地理绘图软件，用电脑创建出500条位于吉尔吉斯斯坦境内的海拔750—4000米之间的高地模拟游牧民季节性下山的路线。这些路线代表了他们在500年间从高原到低地的季节性迁移。2017年3月9日发表于《自然》杂志的该成果，使用数学方法将全部500次模拟汇总成一整套叠加的路线，对中亚气候变化和植被生长情况进行重现，并以此为基础年复一年地模拟出牧民到达最佳放牧地区的首选路线动态图。结果，数千年来对中亚地区气候与植被的认识，与复原出的结果非常相似。不仅如此，以该模拟路网为中心线，将两侧范围外扩2千米之后发现，这些线路贯穿了在高海拔地区发现的258处丝绸之路考古遗存中的192处。研究团队进而认为，由于模拟出的路网经常性地穿越牧场，那么为商旅者服务的驿站和其他建筑也不会距离太远。事实上，位于中心线外扩2千米之外的一些遗迹，与这些叠加路线的距离也仅有数千米之遥。

通过这项模拟研究，弗拉切蒂认为，那些远离城镇、山脊连绵的中亚地区——从今中国西部延伸到阿富汗和巴基斯坦的高地线路，使许多来自东部和西部低海拔中心地区的旅行者得以横跨整个大陆。古代牧民或许如同现代牧民一样，通过建造石质建筑和其他标志，为那些敢于穿越中亚崇山峻岭的外地旅行者提供地标。弗拉切蒂甚至认为，高地牧民和低地居民之间的交流，最终促成了中国和其他地域古代文明的摇篮。大约2200年前，密集的丝路网络交织于亚洲各地。与游牧民一样，商人、朝圣者、僧侣和士兵的足迹遍布这些线路之中。要进一步探索游牧民对丝绸之路所做出的贡献，需要寻找更多的能与模拟出的古代牧民迁移路线位置相符的高地遗址[1]。

这项研究成果堪称是丝绸之路包括草原之路路网研究的一次创举，它通过卫星图像或者数字地球技术，以游牧转场为切入点，模拟了局部地区

---

[1] Bruce Bower：《古代游牧民族的转场与丝绸之路路网的形成》，丝路遗产2017年3月16日。

自然地理和道路形成的机制，为今后草原之路主干道路网的研究提供了参照和方向。

四　草原之路的空间范围

如果说草原之路的主干路网是一个宽泛模糊的概念，那么草原之路的四至边缘就更加难以界定了。

通常所谓的"草原之路"，是指经中外考古发现和文献研究证实的，在尼罗河流域、两河流域、印度河流域和黄河流域之北广袤的欧亚内陆腹地绵延起伏的草原森林之间，存在着一个由许多不连贯的小规模贸易路线大体衔接而成的游牧迁徙、驼马交通和人员往来、商贸物流的路网系统。

草原之路的地域范围，大致上处在欧亚大陆北纬40°—50°地带，东起中国东北大兴安岭以西的蒙古高原，向西经过俄罗斯的南西伯利亚、阿尔泰山，进入中亚内陆哈萨克斯坦等国河中地区，再西行越过里海北岸，经高加索地区，进入黑海北岸，远抵俄罗斯、乌克兰南部草原，与东欧平原相衔接。这个学界笼统的说法，其实有许多问题模糊不清，有待廓清，毕竟在世界地图上画个圈、勾条线很简单，但与实际可能失之毫厘、谬以千里。

如果以北纬40°—50°之间的欧亚大陆为基准，那么对照这一区域的地理地貌后，就会发现，南缘的北纬40°是比较吻合的，除了中亚七河流域里海以东的图兰低地南部在此线之南外，其他地区如蒙古高原、阿尔泰山、黑海等基本上都在此线之北。

草原之路的南缘，东线的走向一般是指蒙古高原的南缘，沿阴山—阿尔泰山一路西行，经额尔齐斯河上游、巴尔喀什湖地区，至哈萨克丘陵、图兰低地，也就是哈萨克斯坦等中亚五国所在的七河流域，里海东岸、咸海以南至帕米尔高原—兴都库什山脉——伊朗高原一线以北地区，并在这里与绿洲沙漠之路的北线西行段相交接。值得指出的是，阿尔泰山以南与天山以北的北疆地区，正在北纬40°以北，既是绿洲沙漠之路北线的通道，也是草原之路的经行地段，两者之间以准噶尔盆地为区隔，绿洲之路在南，草原之路在北。事实上，此段草原之路在阿尔泰山的南北麓是分道西行的，北道经过杭爱山、萨彦岭，这为俄罗斯新西伯利亚州境内、阿尔泰山北麓的斯基泰人墓葬所证实。

草原之路经阿尔泰山到哈萨克斯坦丘陵地带后，就开始西段行程。从那里开始西行，就不再有高山高原，而是真正的草原、平原了。以往学者往往说要翻越乌拉尔山脉云云，实际上乌拉尔山脉南段与里海北岸之间，是旷阔的里海沿岸低地，这里的一马平川足够游牧民族的驼马商队穿越而过。只不过要跨越的不是乌拉尔山脉，而是在里海东北和西北分别入海的乌拉尔河和伏尔加河。在横越里海沿岸低地后，草原之路来到了里海与黑海之间的高加索地区的北部，横亘在两海之间的大高加索山脉，阻隔了南北通道，但是考古发现证明，在大高加索山脉的东西两端，仍然有路可以婉转南北相通。绿洲沙漠之路的北线西行有一支从里海南岸的土库曼斯坦西行，从格鲁吉亚、南奥塞梯北上，绕过大高加索山脉，与西行经此的草原之路相衔接。

从北高加索的俄罗斯北奥塞梯西行，草原之路来到了黑海北岸的克里米亚半岛和黑海沿岸平原，也就是俄罗斯和乌克兰南部的平原地区。考古证明，这里是人类农耕文明和游牧文明较早的诞生地。这里应该就是草原之路的西段终点地区了。有学者笼统地说与东欧平原相连接，甚至说继续翻越喀尔巴阡山脉，进入多瑙河流域，这是有待研究的问题。因为东欧平原并不在喀尔巴阡山脉以西，而是在黑海北岸以北的伏尔加河沿岸高地、中俄罗斯高地之北地区，从纬度上讲，已经在北纬50°之北，接近北纬60°的区域了。当然，如果我们把从波罗的海到地中海、非洲北部的"琥珀之路"，也纳入广义的丝绸之路体系中来考察，那草原之路西段最终抵达的区域，也可以囊括东欧平原、法德平原乃至整个中欧、南欧地区。

相对而言，草原之路的北缘可能更加模糊和宽泛。因为在北纬50°一线以北的地带，基本上是高寒地区、常年冻土地带，寸草不生，人类难以生存。尤其在古代社会，人们抗御严寒的生产生活资料和技术装备都十分简陋的状态下，自然条件的严酷恶劣足以限制人类的活动和生存范围。根据考古发现，人类涉足广袤的西伯利亚地区，是在距今80万—60万年前。2001年，俄罗斯西伯利亚地区阿尔泰边疆区东南部阿努伊河谷（鄂毕河的支流）距卡拉马河口3千米处，发现了一处旧石器时代早期遗址，被命名为卡拉马遗址（Карама），这既是西伯利亚最早的旧石器时代遗址，也是欧亚内陆人类最早的踪迹，更是目前为止直立人（Homo erectus）走出非洲在亚洲北部落脚的第一个地点。他们从事狩猎和采集活动，主要遗存为砾石。之前在勒拿河发现的季林格——尤良赫遗址，号称接近200万年，但因争议极大而不被承认①。

从人类走出非洲、走向世界的路线来看，这一遗址恰在其中主要一支的迁徙路线上。人类进化的主战场在非洲，而后人类不断从非洲迁徙到世界各地。大约在250万年前，非洲的南方古猿开始向人类进化，这些早期人类被称作"能人"或者"直立人"。从古猿开始，人类便不断走出非洲。非洲的直立人形成之后，也按照古猿的迁徙线路到达了亚欧各地。总的来说，人类有三次走出非洲的大浪潮，第一次是距今200万年前开始，直立人开始走出非洲；第二次是距今80万年前，古人走出非洲；第三次是距今15万年前开始，新人开始走出非洲，而现在世界各地居民均为新人的后代。为了与大型动物搏斗或者打猎，古人类不得不使用地上的石头，人类逐渐学会去简单加工石器，出现了最早的打制石器，因此这个时代被称为"旧石器"时代。在旧石器时代中期后，发现的打制石器便开始丰富起来。由此我们不难发现，早在漫长的旧石器时代，原始人类群落已经涉足欧亚大陆的腹地深处。尽管他们未必是后来这里游牧人的祖先，但足以说明，即便是在数十万、上百万年前，那里就有了人类的足迹串联起来的原始通道。

关于草原之路的东部起点，克鲁塞在《草原帝国》中基本以"东起大海"为范围，也就是包括了日本海、鄂霍次克海西岸的朝鲜半岛、中国东北和俄罗斯远东地区，陈育宁先生等也持此说。如果这样的话，朝鲜半岛的大部，基本在北纬40°以南。也有学者认为，草原之路东起于蒙古高原东南端的辽河上游地区或"辽西走廊"②，还有人认为草原之路东段起于黑龙江的嫩江流域。而俄罗斯学者则认为，草原之路的东段，理应包括外兴安岭在内的远东地区③。如果以格鲁塞的说法为准，那么这些说法就不再

---

① 《俄罗斯旧石器时代早期遗址卡拉马遗址》，维基百科和俄罗斯科学院西伯利亚分院考古学与民族学研究所官网。

② 参见陈育宁《草原丝绸之路的形成及其历史作用》，《鄂尔多斯学研究》2016年专刊；王坤、傅惟光《辽代的契丹和草原丝绸之路》，《理论观察》2015年第6期；苏赫、田广林《草原丝绸之路与辽代中西交通》，《昭乌达蒙族师专学报》1989年第4期。

③ 俄罗斯科学院远东分院历史考古人类学研究所（海参崴）代理所长、通讯院院士克拉金：《贝加尔湖地区游牧民族考古遗产的旅游潜力分析》，中蒙俄国际智库论坛2019演讲稿，2019年7月24日。

是问题，朝鲜半岛、中国的整个东北地区、俄罗斯的远东边疆地区，都可囊括其中。从黑龙江（俄名阿穆尔河）流域在东胡系游牧民族发展历史中的地位，及其与漠北蒙古高原的紧密关系和众多的草原文化、游牧文明和草原农耕文明交错地带文化遗存来看，草原之路的东段北缘，应延伸到外兴安岭（俄名斯塔诺夫山脉）以南、大约北纬55°一线以南地区，比较符合历史实际，也符合东北亚冰上丝绸之路和中蒙俄经济走廊建设的现实需要。

《草原帝国》一书所涉及的地域范围，除大中亚外，还包罗了波兰以东的东欧诸国，即东欧草原、俄罗斯草原、西亚草原、中亚草原和北亚草原，还有草原近邻的许多高原山地。西起多瑙河，东达贝加尔湖，北起西伯利亚，南到巴基斯坦的广大地区。联合国教科文组织所编的六卷本《中亚文明史》包罗的地区，正是格鲁塞《草原帝国》的范围，格鲁塞这部著作影响之大，由此可见。

但这个得到联合国机构认同的范围，在西部和南部显然超越了通常所说的草原之路的笼统空间。如果我们把草原之路与绿洲之路的空间关系联系起来考察，我们发现，草原之路的东线，基本上是在漠北蒙古高原与中原农耕地区的交界地带，也就是阴山—阿尔泰山一线；在这个路段，以南北向的峡谷关隘和河道河床为往来出入口，贯通南北；在历史时期，草原之路东线的兴衰往往与绿洲之路的东西咽喉——河西走廊的通塞相关联；在某种程度上，河西走廊堵塞时，草原之路往往成了绿洲之路的替代首选路线。草原之路的中线，也就是河西走廊西出后在阿尔泰山南北地区，大致形成两条路线：山北一线越过杭爱山、萨彦岭，进入中西伯利亚高原南部西行，抵达乌拉尔山东麓地区；山南一线沿着北疆地区西行，进入中亚河中地区北部和哈萨克斯坦北部丘陵，这一线实际上与绿洲之路的北线基本重合或交织。草原之路的西线，就是从乌拉尔山与里海北岸之间的草原地带西行，经过北高加索、南俄草原地带，抵达乌克兰平原，越过喀尔巴阡山，进入多瑙河流域。格鲁塞之所以把南到巴基斯坦的广大地区纳入其"草原帝国"的范畴，主要是从伊朗高原到里海沿岸的中亚地区，在地理环境或植物区系上，属于草原、绿洲而不是沙漠、高原或山地，是西亚到中亚的大通道，也是丝绸之路路网的西线重要节点。正因为在这个地理空间内，丝绸之路与草原之路是基本重叠的，地理环境特征是相似的，大卫·克里斯蒂安在世界历史视野下提出了"丝绸之路还是草原之路"的质问！在他看来，全球范围而言，草原之路就是丝绸之路。不仅如此，他比格鲁塞提出了更大范围的丝路南路说——他认为，丝绸之路的南部起源，不仅应包括西亚所在的伊朗高原和阿拉伯半岛地区，还应该包括撒哈拉以北尼罗河流域的古埃及地区！如果从人类的起源非洲、走出非洲、走向欧亚大陆乃至全球的路径看，从古埃及文明特征与古波斯文明、阿拉伯文明乃至欧亚内陆草原游牧文明的形态和特征看，不禁要为大卫·克里斯蒂安的大胆而天才的主张叫好！站在世界史视野中的陆上丝绸之路包括（或者就是）草原之路，少了撒哈拉以北这一区段，将是不完整的无源之水，无本之木！有趣的是，有人从非洲大陆最南端的南非开普敦，一路北上经西亚、中亚到俄罗斯远东港口符拉迪沃斯托克（即海参崴）之间画了一条线，全程21212公里，每天步行10小时，需要4190个小时即超过14个月时间。据说这是谷歌地图所能找到的全球最长的陆行路线。如果我们忽略不计撒哈拉以南路段，那么，这条路线基本走向和行程，不仅恰好与大卫·克里斯蒂安所主张的丝绸之路或草原之路高度吻合，而且与人类走出非洲、走向欧亚大陆的主干线也基本相近！数十万年前的古人类与代表当今科技最高成就的地球大数据的这种巧合，难道还不足以让我们对格鲁塞、大卫·克里斯蒂安的高明之见表示认同和敬意吗？

五　草原之路的地理环境

事实上，草原之路的东线，是一条模糊的路网带，从自然地理来看，主要是阴山—阿尔泰山一线，自东向西，但其实在不同的山脉区段和历史时期，其路线和走向是不尽相同的，因为依靠天然河道的枯水期河床和自然峰峦形成的隘口关寨形成的路网通道，不同季节和时期完全可能是大相径庭的。这种不稳定性、多变性导致所谓的草原之路路网在几千年的历史长河中一直处于动态的变换之中，只是大致的路径和方向没有改变而已。这个变换的区域，从整体而言，基本上是处在游牧与农耕的交错地带。

作为游牧与农耕的自然经济形态和分布区域的形成，在很大程度上是自然环境决定的。除了政治版图、民族战乱、区域性治安、流行性疾病等人为因素，主要处于游牧、农耕交错地带的草原之路的起源、开通和兴衰变迁，在很大程度上也是取决于自然环境和气候变迁导致的荒漠化、沙漠化。要讨论这个问题，人文科学研究者尤其是中国学界，可谓既不擅长也不怎么重视，研究鲜有涉及，成果寥寥无几。但讨论草原之路这个话题，是离不开自然环境的。以往不少学者认为，草原之路这个广袤区域的地理自然环境相对绿洲之路比较优越，地貌特征是高原、草原、山地、森林绵延起伏，河流、山脉、丘陵、河谷相互交错，成为上古以来北方游牧民族纵横驰骋的大舞台，东西方文化交流的大纽带。其实这种相比较优越论是有欠科学的，高寒地带的严酷是令人生畏的，草原地带也不是风景照那样绿草如茵一望无际，平坦如垠纵马驰骋，高山森林地带也有峡谷深涧、猛兽凶禽。

草原之路与自然环境的关系，主要有两个方面的问题，一个是中亚为核心辐射开来的草原之路区域的自然环境，是怎么形成的；另一个是历史时期不同阶段不同路段的草原之路的通塞存废与气候变化的关系，这方面的例子太多了。此外，还有自然环境决定下的自然经济形态（即农耕经济和游牧经济的分野），以及由此衍生的生活方式、文明类型和特征（即农业族群、农耕文明和游牧族群、游牧文明）的关系。因此这里只想粗浅讨论一下前面这个问题。当然，要讨论这个问题，笔者也是外行，但外国学者的视野和国内相关领域的专业研究，也足资参考。

格鲁塞在《草原帝国》中，努力从生活环境和生活方式解释游牧民族迁徙、袭击和进攻临近地带等行为方式及其内在动机，并特别强调自然法则对草原民族迁徙、征战等重大军事行动的决定作用。他认为，在从中国东北边境到布达佩斯之间沿欧亚大陆中部的北方延伸的辽阔草原地带，其特定的自然条件使在这里生活的游牧民族长期地保留了被其他地区居住民族早已抛弃了的原始生活方式，并且形成比农业地区物质文化明显落后的生活状态。同时草原地带恶劣的气候条件和几十年发生一次的严重干旱和雪灾，加上觊觎农业文明的动机，驱使游牧民族有规律性地定期向南推进，如匈奴人、鲜卑人、突厥人、契丹人、女真人、蒙古人等都曾像波浪似的南下中原。格鲁塞这里所谓的"觊觎农业文明的动机"，其实是严酷的环境、落后的生产方式和短缺的生活资料等因素逼迫下自然产生的必然结果，我们不妨称之为草原之路形成的"跨生态动因论"。

大卫·克里斯蒂安在《丝绸之路还是草原之路？——世界史中的丝绸之路》中以跨生态交流为切入点，作了专门而深入的探讨。文章的第三部分"跨生态交流和丝绸之路的地理环境"指出，对"跨生态交流作用的忽视是令人惊奇的"，"丝绸之路多元的地理环境表明，跨生态交流和跨文明交流是同样重要的。整个丝绸之路穿过或途经的干旱草原或沙漠都被游牧民族占据"。"任何一个丝绸之路商品贸易的清单都会显示其中包含了大量草原和林区的产品，同时农耕世界的部分产品是出口到草原地区的。""典型的草原和森林产品，其中包括来自草原北部森林地区的牲畜、畜牧产品、奴隶和皮毛，或者来自北部的猎鹰、海狸香、海象牙和琥珀这样的异域之物。"他进而从丝路沿线的城市分布来阐述跨生态交流的重要性，如北京北边的卡尔甘（即张家口）、阿姆河旁的塔什干、花剌子模的玉龙赤杰、克里米亚的刻赤、伏尔加河的萨莱等，都位于草原或者其边缘，其兴衰都"有赖于穿行于它们之间的驼队所创造的商业财富及由此而形成的各个城市之间的良好关系"。"有充足的文字和考古学证据来表明跨生态路线穿过了主要的跨文明路线，后者从中国抵达地中海并且连接着草原和农耕地区。这些证据表明这些横贯性的路线并不能完全被跨文化路线所覆盖。他们的历史要比丝绸之路主要的贸易路线更为久远，并且往往被整合到丝绸之路的运转之中。证明跨生态交流的重要性和广阔性的证据在整个丝绸之路历史中大量存在，甚至可以追溯到史前时期。"他指出，"聚焦于丝绸之路的跨生态部分表明要重新审视丝绸之路的历史。首先，这显示了丝绸之路起源于前历史时期。其次，这展示了对古典时代丝绸之路所发挥的功用的不同解释。最后，这帮助解释了在第二个千年，也就是进入现代时期丝绸之路发生的地理转换"。[①]大卫·克里斯蒂安以物产和城市为例提出的"跨生态交流论"，与格鲁塞的"跨生态动因论"，可谓遥相呼应，殊途同归，都有助于我们从更深层次——经济形态和文明特征来理解草原之路形成和存在的深刻原因，而这个经济形态和文明特征的原因，恰恰是自然环境决定的。

关于亚洲中部干旱区的成因，杨莲梅、关学锋、张迎新的《亚洲中部干旱区降水异常的大气环流特征》[②] 一文，从大气环流特征进行了探索。

[①] ［美］大卫·克里斯蒂安（David Christian）:《丝绸之路还是草原之路？——世界史中的丝绸之路》（Silk Roads or Steppe Roads? The Silk Roads in World History），刘玺鸿译，袁剑校，原刊《世界史杂志》（Journal World History）2000 年第 11 卷第 1 期，第 1—26 页，周伟洲主编:《西北民族论丛》第十四辑，社会科学文献出版社 2016 年版。

[②] 杨莲梅、关学锋、张迎新:《亚洲中部干旱区降水异常的大气环流特征》，《干旱区研究》2018 年第 2 期。

文章提出，亚洲中部干旱区属于地中海气候与东亚季风气候的过渡带，区域天气气候与欧洲和东亚季风区迥异，具有世界独特的干旱区生态气候模式，即山地森林草原——盆地平原绿洲寓于荒漠，并与荒漠共存的生态气候地理格局。天气气候受高、中、低纬环流的共同影响，区域内部差异很大，形成多背景、多因子、多尺度影响下的极具代表性的气象灾害孕育和成灾环境。亚洲中部干旱区光热资源丰富、蒸发量大、气温变化剧烈，而降水稀少，且分布极不均匀，天山山脉的中西段是降水高值区，近百年来整体表现为增暖、增湿趋势。高、中、低纬系统和中亚低值系统的活跃，共同造就了中亚东部（新疆）降水年代际和年际异常增多。西亚西风急流是联系高、中、低纬环流系统相互作用的纽带。目前该区域气象综合观测网建设不能满足应对气候变化的需求，同时对区域特有的环流系统、灾害性天气气候发生规律和形成机理、高分辨率区域数值模式、地—气相互作用对区域天气气候的影响、气候变化预估等方面的研究也较薄弱，开展上述研究对"丝绸之路经济带"可持续发展具有重要科学意义和战略价值。

  关于气候环境变化与丝绸之路起源和兴衰的关系，苏海洋在《论气候变化与丝绸之路的形成过程》①一文中指出，气候变化是推动丝绸之路形成的重要因素，探讨了距今4000年来到西汉时期欧亚草原气候寒冷干旱对丝绸之路起源和演进及游牧经济发展和游牧民族迁徙的影响：公元前2000—前1500年，在寒冷、干旱气候的影响下，欧亚草原由农牧混合经济向游牧经济过渡。原始印欧人和雅利安人的一支先后进入天山北路哈密盆地，并以天山北路文化为中介，将西方青铜文化因素融入中国北方早期青铜文化。西周寒冷期，欧亚草原进入游牧阶段。卡拉苏克游牧文化经新疆和蒙古南下，分别影响了西北地区的苏贝希文化、卡约文化和中原的晚商文化、周文化。卡拉苏克文化衰落后，塞种人（猃狁）经新疆、河西走廊进入甘肃东部和陕北，对西周及早期秦文化带来较大影响。战国至西汉初年寒冷期，中国北方草原先后兴起大月氏和匈奴两大游牧集团，以大月氏、匈奴游牧集团为中介，斯基泰文化、塔加尔文化和希腊化艺术等西方文化因素传入东方，以丝绸为代表的东方文化亦传入西方，丝绸之路正式形成。安成邦等：《亚洲中部干旱区丝绸之路沿线环境演化与东西方文化

---

① 苏海洋：《论气候变化与丝绸之路的形成过程》，《陕西理工大学学报》2019年第1期。

交流》^①一文，则基于环境记录、考古发现以及同位素资料，对亚洲中部干旱区丝绸之路沿线的全新世以来的环境变化和东西方文化交流进行了梳理，结果表明：研究区独特的地理环境和环境变化过程，深刻地影响着文化的发展和传播；河西走廊受季风影响，表现出季风—西风过渡带干湿变化的模式，晚全新世气候趋向干旱；从新疆到中亚的丝绸之路沿线的环境变化比较一致，在早全新世（全新世 6000 年以前）主要为干旱环境，植被以荒漠类型占优势；中晚全新世，湿润程度增加，草原植被扩展。文章认为，新疆和中亚全新世中晚期较为湿润的环境为东西文化交流提供了较适宜的环境基础；得益于环境条件的改善，东西方文化交流融合的进程在全新世 2000 年以后明显加速；在全新世 2500—2000 年期间，东西方农业文化在丝绸之路沿线接触融合，是史前丝绸之路的首次贯通；在全新世 2000—1000 年期间，丝绸之路沿线绿洲地带形成了以小麦—大麦—粟黍—畜牧为特征的混合型经济特征，并扩散到欧亚草原带，和周围的畜牧业形成鲜明的对照，并持续到历史时期。这种空间分异，是地理环境和东西方文化交流共同作用的结果；在史前时期，东西方农业的相向传播和融合，基本沿着山前地带的绿洲蛙跳式前进；到了历史时期，政治版图的变化是影响丝绸之路的首要因素，但环境变化仍然是不可忽略的因素。我们欣喜地发现，气象科学专家得出的结论，验证了前文提出的格鲁塞的"跨生态动因论"和大卫·克里斯蒂安的"跨生态交流论"，还提出了"蛙跳式前进"这样生动形象的丝路交流传播的动态特征。

鉴于河西走廊、天山南北和中亚五国是丝绸之路经济带的核心区段，干冷严酷的气候不可能在现阶段得到周期性自然优化，梁书民、于智媛在《欧亚草原跨流域调水与内河航道工程技术分析》^②一文中，提出了一个横跨欧亚中北部、覆盖丝绸之路包括草原之路的跨流域调水工程设想。文章在简要回顾了人类水利工程建设史和全球跨流域调水工程进展现状之后，根据自流调水、就近调水、技术可行原则，利用地理信息系统空间分析功能规划设计了欧亚草原 9 项跨流域调水工程和欧亚运河网络，并对关键工

---

① 安成邦等《亚洲中部干旱区丝绸之路沿线环境演化与东西方文化交流》，《地理学报》2017 年第 5 期。

② 梁书民、于智媛：《欧亚草原跨流域调水与内河航道工程技术分析》，《水资源与水工程学报》2017 年第 4 期。

程进行了技术分析，对调水工程进行了技术经济评价，阐述了欧亚草原跨流域调水和内河航运工程的多重间接效益。作者认为，该项研究得出的主要结论是欧亚草原调水和运河工程技术可行，国力可承受，直接效益和间接效益明显，可以大大促进丝绸之路沿线国家的经济发展，具有深远的历史意义和重大的现实意义。

与草原之路起源有关的问题还不少，如人类迁徙、游牧群落、文化传播、民族融合等，但直接相关的基本要素，可能主要是上述五个方面。这四个方面的任何一个问题，都非笔者学识所能企及。本文只是把自己近些年来对草原之路学习、研究和考察中的粗浅思考表达出来，限于学识和时间，难免挂一漏万，贻笑大方。

（作者为浙江省文化和旅游发展研究院研究员）

朝鲜王朝前期白银禁用之因由与影响

孙卫国

美洲新大陆发现不久,大量白银得以开采,并流通到世界各地,开启了一个白银时代①。而在此前后,中国明朝已经实现了白银货币化,白银是明朝最主要的货币,美洲的白银成为中国明朝白银的重要来源②。东邻日本也在16世纪初发现丰富的银矿,白银被大量使用③,并很快流入明朝。处于中日之间的朝鲜王朝对这种白银浪潮虽有所感知,却并没有做出积极反应,反而处于禁用白银的状态。事实上,白银在朝鲜王朝前期,一直没有被很好地利用,朝鲜世宗国王年间进而禁用,一直到壬辰战争爆

---

① 参见[德]贡德·弗兰克《白银资本:重视经济全球化中的东方》,刘北成译,中央编译出版社2000年版。

② 有关明代货币白银化的问题,有不少研究成果。全汉昇:《中国经济史研究》(台北:稻香出版社1991年版)一书中有多篇论文涉及此问题,如《明代的银课与银产额》《明清时代云南的银课与银产额》《明季中国与菲律宾间的贸易》《明清间美洲白银的输入中国》等。此外还有,林满红:《银线:十九世纪的世界与中国》,台北:台大出版中心2011年版;李隆生:《晚明海外贸易数量研究:兼论江南丝绸产业与白银流入的影响》,台北:秀威资讯科技股份有限公司2006年版;李隆生:《清代的国际贸易:白银流入、货币危机和晚清工业化》,台北:秀威资讯科技股份有限公司2010年版。赵轶峰:《试论明代货币制度的演变及其历史影响》,《东北师范大学学报》1985年第4期;赵轶峰:《试论明末财政危机的历史根源及其时代特征》,《中国史研究》1986年第4期。万明:《明代白银化:中国与世界连接的新视角》,《河北学刊》2004年第3期。李伯重:《火枪与账簿:早期经济全球化时代的中国与东亚世界》,生活·读书·新知三联书店2017年版;黄阿明:《明代货币白银化与国家制度变革研究》,广陵书社2016年版。樊树志:《晚明破与变:16—17世纪的世界与中国,丝绸、白银、启蒙与解放》,台北:联经出版事业股份有限公司2018年版。

③ 参见[日]大贺吉茹《石见国银山旧记》,[日]本庄荣治郎、土屋乔雄等编《近世社会经济丛书》第八卷,东京:改造社,昭和二年(1927年)版。

发才开始解禁。朝鲜王朝前期为何要禁用白银，背后有何因由，对于当时的朝鲜王朝及东亚世界有何影响？尽管韩国学者就其中某些问题，进行过探讨①，但还远远不够。而中国学术界似乎还无人关注过此问题②。笔者草此小文，从朝鲜王朝货币发展史和明代中朝宗藩关系入手，试图厘清朝鲜王朝前期禁用白银的前因后果，亦为15世纪以后所谓的"白银世界"做一点补充，以求方家指正。

一 朝鲜王朝前期货币状况

中国先秦时期就铸造钱币，宋代发行纸币"交子"，货币经济一直非常发达③。朝鲜半岛货币经济则处于滞后状态，朝鲜半岛铸钱很少，经常用中国的钱币，像至元通宝、明朝铜钱、清朝铜钱等，都曾在朝鲜半岛流通过。高丽年间，其自铸过铜钱和银瓶。朝鲜王朝时代，王廷也没有经常性地铸造钱币，王朝初年，一度以楮布为流通货币，更多的时候，还是采取物物交换，货币流通并不普遍④。

高丽王朝的情况，宋朝使臣徐兢于宣和六年（1124）出使高丽时，有比较真切的观察。他曾写道："盖其俗无居肆，惟以日中为墟。男女老幼官吏工伎，各以其所有，用以交易。无泉货之法，惟纻布、银瓶，以准其直。至日用微物，不及匹两者，则以米计锱铢而偿之。然民久安其俗，自以为便也。"⑤ 其所言"无泉货之法，惟纻布、银瓶，以准其直"，可见虽间有货币，但主要还是物物交换，尽管宋朝当时赐给高丽很多铜钱、宝钞，高丽并无用处，只是作为官府收藏与把玩之物，没有放到市场上去交易。值得一提的是，银瓶的出现。肃宗六年（1101），最初铸成银瓶。《高丽史节要》曰："时始用银瓶为货，其制以银一斤为之，像本国

---

① 有关朝鲜王朝前期禁银问题，参见［韩］申奭镐《朝鲜中宗时代的禁银问题》，韩国学文献研究所编《稻叶岩吉博士还历记念满鲜史论丛》，《满蒙学术史料丛书》，汉城：亚细亚文化社刊1986年版，第401—452页。
② 知乎网站上，发过一位名叫松平信纲的几篇文章，名为《朝鲜王朝货币史》，简单介绍了朝鲜半岛货币发展史，提过朝鲜禁银问题。参见 https://zhuanlan.zhihu.com/p/42659634。
③ 参见彭信威《中国货币史》，上海人民出版社1988年版。
④ 有关朝鲜半岛货币史的研究，主要有：朝鲜总督府编：《李朝时代的财政》，昭和十一年（1936），第六章"货币制度"，讨论了朝鲜王朝货币的变迁史，涉及朝鲜使用白银作为货币的问题；［韩］李大镐：《韩国货币史》，汉城：韩国银行发券部1966年版。
⑤ （宋）徐兢：《宣和奉使高丽图经》卷三《城邑·贸易》，台北：商务印书馆1971年版，第10页。

地形，俗名阔口。"① 银瓶的铸造，以银一斤而铸成，其值甚重，很难成为平常百姓日用流通的货币，当时就受到批评："一银瓶，其重一斤，其直布百余匹，今民家蓄一匹布者尚寡，若用银瓶，则民何以贸易哉？"② 忠惠王辛未元年（元至顺二年，1331），高丽始用新小银瓶，禁用大银瓶。即便如此，也并不能解决货币流通的问题，平常百姓一般处于以物易物的状态，或是以米、布为媒介。这种状况到了朝鲜王朝前期，并无根本性的改变。

朝鲜王朝的历史，一般以壬辰战争（1592—1598）为标志，分为前、后两个时期③。这里所说的朝鲜王朝前期，就是指从1392年朝鲜王朝开国到1592年壬辰战争爆发的阶段。日本学者指出，朝鲜前期货币经济大致经历了几个阶段：五升布专用期的定量通货阶段，细布、粗布混用期的称量货币阶段（使用价值对应通货），粗布专用期的准名目货币阶段④。以布为基本，成为其主要货币方式，被称为楮货，乃是朝鲜前期仿效中国发行的、以麻布为材质的货币。《万机要览》曰："我国罕铜产，不便于用钱。高丽时，或用铁钱，或用银瓶，或用蒙元所颁宝钞（至元宝钞、中统宝钞），或用楮币。我朝初，仍丽制，用楮币。"⑤ 可见，楮币乃是沿袭高丽末年的做法，世宗年间曾发行朝鲜通宝，发行铜钱。但一直不稳定⑥。

在朝鲜王朝成立之初，尽管白银并不通行，但并未禁用。高丽年间，曾通行过银瓶，尽管流通面小，没起过关键性的作用，但毕竟出现过。朝鲜王朝初年，以楮币为主，金属铜钱亦曾有过尝试。李圭景曰：

> 至于我东……入于国朝，我世宗朝，作小箭为币如行钱，详载《国朝宝鉴》（世宗朝，使护军蒋英实以铜铸朝鲜通宝，今或流存，俗

---

① ［朝鲜］金宗瑞：《高丽史节要》卷六《肃宗辛巳六年（宋徽宗建中靖国元年，辽天祚帝乾统元年）》，汉城：明文堂，1991年版，第158页。
② ［朝鲜］金宗瑞：《高丽史节要》卷二六《恭愍王丙申五年（元至正十六年）》，第619页。
③ 韩国国史编纂委员会编：《韩国史论》，汉城：韩国民族文化社1972—1981年版。
④ ［日］山本进：《朝鲜前期の楮货通用政策》，《北九州市立大学国际论集》第16辑，2018年3月，第4页。
⑤ ［朝鲜］沈象圭编：《万机要览》之《财用编四·钱货·沿革》，汉城：景仁文化社影印本1972年版，第463页。
⑥ 参见［韩］李大镐《韩国货币史》，汉城：韩国银行发券部1966年版，第1—50页。

称箕子所铸钱,盖误传也。其状小,如开元通宝、五铢钱之肉好,卜家用作掷卦之钱,如开元钱)①。

世宗年间始铸钱,但量少,流通也不广,无法真正担当货币的作用,所以主要还是楮币为主。当时朝鲜人也了解明朝以铜钱、白银为主,成宗年间有大臣说:"中朝用白银与钱,本国银钱难继,故工商贱隶,以棉布为宝,常时许用尺准棉布,富人则易得,贫人难得。"② 即便是以棉布为主的楮币,一般寻常百姓也并不能经常使用,所以底层民众大多还是物物交换状态。在高丽年间,白银还曾被铸成银瓶、小银瓶,那么在朝鲜王朝前期,又是一种什么状况呢?白银不是朝鲜王朝前期的货币,因为当时主要作为岁贡的一部分,成为向明朝进贡之岁币。每年尽管只有几百两,对于朝鲜王朝来说,却是一个巨大负担。

二　朝鲜王朝请求明朝免除金银岁贡

作为中国的藩国,朝鲜半岛的王朝每年须向中原王朝进奉岁贡。岁贡乃是以固定物品、固定数目,每年进贡,以表示其对宗主国的尊敬与诚心。高丽王朝向元朝进贡的岁贡中,就有固定数目的金银,明朝取代元朝后,沿袭旧制,金银也是岁贡的重要部分。朝鲜王朝每年正旦、正朝、圣诞、皇太子千秋节,都要遣使,向明朝纳贡。贡品主要有金、银、马匹、人参、豹皮、苎布、麻布、满花席、螺钿梳函等。每年岁贡白银七百两。对于朝鲜王朝来说,是一个莫大的负担,从高丽末年开始,他们就屡屡向明朝进言,希望免除金银岁贡,为此进行了长达数十年的交涉。

1368年,明朝立国之后,高丽很快遣使称臣,却在北元与明朝之间摇摆不定,屡生事端,表笺问题时有发生,令明太祖甚为不快。明太祖遂故意将岁贡数目提高,"初洪武己未年间,帝欲验其诚诈,增定岁贡马一千匹、金一百斤、银一万两、细布一万匹,岁以为常"。③ 对高丽王朝来

---

① [朝鲜]李圭景:《五洲衍文长笺散稿》卷三〇《人事篇·治道类·钱币》之《钱币辨证说》,汉城:明文堂1982年版,第876页。
② 《朝鲜成宗实录》卷二三六,成宗二十一年一月丁丑,第十一册,第566页。
③ [朝鲜]朴信:《圃隐先生诗卷序》,郑梦周《圃隐集》,参见韩国民族文化推进会编刊《影印标点韩国文集丛刊》第5册,第567页。

说，这几乎是不可能完成的任务，高丽王朝每每只得以马抵数，以便完成岁贡任务。《高丽史节要》记载辛禑十年（洪武十七年，1384）的岁贡情况曰：

> （十月）遣连山君李元纮如京师，献岁贡马一千匹。都评议使司申礼部曰：原奉五年岁贡金五百斤内，见解送九十六斤十四两，其未办四百三斤二两，折准马一百二十九匹。银五万两内，见解送一万九千两，其未办三万一千两，折准马百四匹。布五万匹内，见解送白苎布四千三百匹，黑麻布二万四千四百匹，白麻官布二万一千三百匹。马五千匹内，已解送四千匹，辽东都司收讫。今见解送一千匹，又遣银川君赵琳贺正。时朝廷尚怀疑阻，奉使者惮之，附势求免，元纮、琳俱以散官行①。

因为无法完成岁贡数目，高丽只得将无法兑现的金、银，折成马匹上贡。即便如此，高丽仍然无法按时如数进贡，以至于高丽高官都不敢前往明朝，只得派散官前往。所以从高丽末年开始，就向明朝交涉，希图减免金银岁贡。

高丽辛禑十年（1384）五月，"遣判宗薄寺事金进宜如辽东，进岁贡马一千匹，以金银非本国所产，遣司仆正崔涓请减其数"。② 这是目前所见高丽请求明朝削减金银岁贡之数的最早记录。后来郑梦周进京，"入朝时能专对，而回天心也。先生不惮而行，敷奏详明，帝怜至诚，大需洪恩，上项岁贡，并皆蠲免，只定种马五十匹"。③ 因为郑梦周召对，令朱元璋龙心大悦，故而蠲免高丽岁贡之数目，只让高丽进贡种马五十匹而已。郑梦周随后两年，又两次进京朝见，使高丽暂时免受高额岁贡的压力。

1392年，李成桂新朝建立以后，很快就派使臣前来，朱元璋赐其国号为朝鲜，即朝鲜王朝。定其岁贡数目，"每岁贡献黄金一百五十两、白银

---

① ［朝鲜］金宗瑞：《高丽史节要》卷三二《辛禑三》，第725—726页。
② ［朝鲜］金宗瑞：《高丽史节要》卷三二《辛禑三》，第724页。
③ ［朝鲜］朴信：《圃隐先生诗卷序》，郑梦周《圃隐集》，参见韩国民族文化推进会编刊《影印标点韩国文集丛刊》第5册，第567页。

七百两"。① 较之高丽末年，大幅度减少，即便如此，对于朝鲜王朝来说，也是不堪重负。为了完成明朝金银岁贡之数目，朝鲜王朝采取了很多办法，以便筹集足够的金银，主要采取了以下措施。

第一，设立采访使，在全国各地访求金银矿。采访使，乃专门赴各地调查金银矿情况的朝廷官员。太宗十八年（1418），工曹上奏曰："一年进献所供白银七百余两，国家难继，请于各道银石所在之地，分遣采访，聚附近各官，军民吹炼。"② 遂派遣采访使往平安道、黄海道、庆尚道、全罗道等地调查。以判典农寺事司空济为殷山、泰川等地采访使；司宰注簿金贵龙为谷山等处采访使。同时，议政府制定奖惩办法，奖励向官府汇报金银出产地者，惩罚隐匿不报者。"各官守令乡吏等，虽知金银石在处，匿不以告，或有告者，胁沮之，甚至棰挞。宜令各道监司遣首领官，同采访使求之，如有不告而后觉者，以教旨不从论；自告者，重赏劝后。"③ 希望各地汇报金银石，并令地方首领官与采访使一同访求，以便能够采得金银。太宗十三年（1413）八月二十六日，"以知司译院事张有信为丰海道采访使"。④ 不久，他汇报说："臣至庆尚、全罗，令曰：'若告金银产处者重赏。'告者有五六人。当吹炼时，无药而炼者，铅三斤得银如麻子大者一丸，用药则得如粟大者一丸。诸州所出概如此。"⑤ 尽管所获甚微，太宗国王仍以大米奖励汇报者。

第二，鼓励各道采金炼银。调查各地金银矿情况以后，关键是要炼金炼银，将金银矿变成实实在在的黄金、白银，才能解决问题。太宗国王曾传令："我朝事大数年之后，难得金银，宜广采各道。"⑥ 太宗十七年（1417），传旨于各道都观察使曰："每岁进献，用银无穷，若一朝尽用，则难继也。各其道内银石及炼银铁物产处，备细访问，以实启闻。其产处近地居民，蠲除徭赋，专属吹炼，来秋为始鍜炼。如有隐匿不报者，以违

---

① 《朝鲜太宗实录》卷三四，太宗十七年八月戊申，韩国国史编纂委员会编刊《朝鲜王朝实录》，1955—1963年，影印本第2册，第184页。
② 《朝鲜太宗实录》卷三五，太宗十八年一月己未，第2册，第199页。
③ 《朝鲜太宗实录》卷二六，太宗十三年十二月甲子，第1册，第700页。
④ 《朝鲜太宗实录》卷二六，太宗十三年八月壬申，第1册，第685页。
⑤ 《朝鲜太宗实录》卷二七，太宗十四年二月乙巳，第2册，第4页。
⑥ 《朝鲜太宗实录》卷二二，太宗十一年十二月乙未，第1册，第613页。

旨论。"① 为了尽可能完成明朝的岁贡，朝鲜只得鼓励各地居民想法炼银，并将免除产银地方附近百姓的徭役赋税。同时，派遣官员去学习采银之术。太宗命内资注簿金允河曰："尔随去贵龙，学采银之术。"又命同副代言成揜曰："多抄银匠，嘱于司空济、贵龙等，广学采银之术，然后采金海、瑞山两地之银。"不久，赵末生启曰："允河随贵龙，已学采银之术。请送银匠于庆州，事（使）判官潘泳率行，采金海之银；以金允河往采瑞山之银。"② 在朝鲜这个两班统治的社会，阶层森严，让两班官员向中人工匠学习采银之术，几乎不可思议，说明为了完成明朝岁贡之要求，朝鲜国王想尽了一切办法。

太宗国王曾派工曹判书朴子青前往衿州采银，但费了很大的功夫，只得银一两。有鉴于此，议政府启："衿州采银，财力多而所得甚少，宜罢其役。"③ 太宗无法，只得准奏，即便如此，他还是下令："本国不产金银，而岁贡上国，共七百余两，深为可虑。遂安、端州、安边等处，宜炼之。"④ 可见，太宗国王念兹在兹的，就是如何想法筹集到足够的白银，以便完成每年七百两白银的岁贡之需。

世宗初年，依然下令全国各地采银。"国家又以平安、黄海道民不饥馑，采银于殷山、泰川、嘉山、谷山等郡。"⑤ 世宗二年，"工曹启：黄海道谷山、凤山，平安道泰川、殷山、嘉山等郡产银；咸吉道端川、安边、和州、定平，江原道淮阳、狼川、春川、旌善等郡产金。请遣朝官采之，以充国用。甲山所产白磻（矾），亦令其郡颖悟人传习燔造之术，定为岁贡"。⑥ 从这段史料看，世宗初年依然像太宗年间一样，四处开采金银矿，之所以如此兴师动众，实在是没有找到真正可供开采的矿藏，而所采之矿，皆收效不大。

第三，朝鲜采取多种办法，尽可能收集金银，以应付岁贡之需。尽管朝鲜往全国派采访使调查金银矿情况，又鼓励各道开采金银矿，但都收效不大。太宗初年曾一度"命罢采银"，因为采银收效不大，有前典

---

① 《朝鲜太宗实录》卷三三，太宗十七年五月丁亥，第2册，第159页。
② 《朝鲜太宗实录》卷三五，太宗十八年一月己未，第2册，第199页。
③ 《朝鲜太宗实录》卷二二，太宗十一年十二月乙未，第1册，第613页。
④ 《朝鲜太宗实录》卷二二，太宗十一年十二月乙未，第1册，第613页。
⑤ 《朝鲜世宗实录》卷一，世宗即位年九月壬申，第1册，第270页。
⑥ 《朝鲜世宗实录》卷九，世宗二年八月甲子，第2册，第391页。

书尹璡者上言庆尚道安东北面,有坑可采,乃遣试之。他指使丁夫300人,干了好几个月,才得三钱白银,且多营私利。"观察使按其事以闻,罢其役。"① 既然采银之法行不通,为了完成岁贡任务,工曹遂上收金银之策曰:

> 每岁贡献黄金一百五十两、白银七百两,采取则劳民费财,而所获甚少,以有限之物,供无穷之费,难矣。收敛之法、采取之方,略陈于后。一、安东、金海、泰川、遂安、安边、旌善,减其他贡,岁定其额。一、外方各官酒食之器,令监司收送于曹。一、富商大贾令攸司定数收纳,乃给其价。一、大小臣僚勿论时散,定数纳曹,酬之以直。一、更令各道监司,严搜神祠所设之器。一、令京中僧录司、外方监司,收金银铸佛造塔,藏于寺院者。一、以金银写经涂佛者痛禁,违者赎以金银。一、济州之民多畜金银,以全罗道米谷布货,给价以收。②

为了完成岁贡的目标,工曹所想的办法,可以说是无所不用其极。有可能开采金银的地方,要尽可能开采;而其他各官酒食之器、寺庙中金银佛像佛塔、神祠之器等,凡与金银相关者,皆搜罗而来,剔下金银,以供所需。且要求大小官僚皆得奉献一定之数,富商大贾亦难逃其责。《朝鲜太宗实录》载:"乙亥,命京外纳品银。时进献金银将尽,工曹募人纳之,竟无有纳者。议政府建议:一品纳白银五两,二品四两,三品三两,留守官至大都护府五十两,牧官、单府官三十两。以此为差,督令进纳,以造进献器皿。"③ 得到国王批准。乃是为了完成明朝岁贡的要求,朝鲜国王无法,只好命令官员按官位品级进贡,以完成岁贡的目标。每年七百两白银对于朝鲜来说,实在是一个难以完成的任务。

征收白银,甚至于打起了罪犯的主意,但有官员指出白银难觅,建议改铜、银、楮货一并征收。有官员议曰:"银非本土所产,散在民间,亦不多有。若当犯罪侄愆之时,尽皆征银,人民失所为甚。若楮货则虽造于

---

① 《朝鲜太宗实录》卷一三,太宗七年三月辛酉,第1册,第387页。
② 《朝鲜太宗实录》卷三四,太宗十七年十月戊申,第2册,第184页。
③ 《朝鲜太宗实录》卷一二,太宗六年七月乙亥,第1册,第367页。

官，多布于民，若以物贸，一朝多得，不若银之难觅也。当收赎之际，银、铜、楮货一切并收为便。"① 朝鲜为了多筹集金银，甚至把埋葬银都征收而来，刑曹以为征银为难，建议改收铜钱。"刑曹启：银非本国所产，埋葬银，征之为难。请以铜钱，准银价征给。从之。"② 可见，朝鲜君臣想尽一切办法，试图收集各处散银，以应付明朝岁贡之需。即便如此，还是难以满足需求。

既然筹集岁贡金银之数，如此艰难，朝鲜一方面在国内多方想法，努力筹集，同时一直不停地向明朝请求免除金银岁贡。希望免除金银岁贡之数，以解朝鲜于倒悬。事实上，从高丽末年开始，就接二连三地向明朝请求减免金银岁贡。一直到世宗年间，才得以满足。

事实上，朝鲜世宗十一年（1429），最终请减免金银岁贡成功，乃是朝鲜朝天使跟明廷宫中宦官黄俨、尹凤等勾结的结果。黄俨乃永乐年间司礼监太监，曾经十一次出使朝鲜，尽管多方索贿，令朝鲜君臣十分头痛，但也跟朝鲜官员有私交，他深知朝鲜对于金银岁贡之无可奈何。世宗六年（1424），他曾与朝天使元闵生说："明年君与韩确同来，乞减金银，可以得请。"次年，朝鲜遣礼曹参判河演和光禄少卿韩确如京师，献厚纸三万五千张、石灯盏一十事。特别赠给黄俨交绮麻布四匹、细绸六匹、钳铁带一腰、貂裘一领，主要乞免金银贡③。此次请免金银岁贡，并未成功，世宗君臣并不气馁。世宗十一年八月，再派计禀使恭宁君李裀前往北京，再次请求免除金银岁贡。其上《请免金银表》曰：

> 窃念小邦土地褊薄，不产金银，天下之所共知也。故太祖高皇帝洪武五年拾月，中书省钦奉圣旨，节该：古来藩邦远国，其所贡献，不过纳赟表诚而已。今后将来的方物，只土产布子，不过三五对，表意便了，其余的都休将来。至七年正朝，只受布足，其余金银器皿，并皆发回。兹盖高皇帝明见万里，灼知小邦之不产金银也。实与神禹任土作贡之义，吻合无间，岂非所谓前圣后圣，其揆一也者乎！第缘其时元朝客商兴贩到些少金银，犹有存者，小邦进献仍旧，遂至于今

---

① 《朝鲜太宗实录》卷二九，太宗十五年五月己酉，第2册，第64页。
② 《朝鲜世宗实录》卷三三，世宗八年七月己亥，第3册，第36页。
③ 《朝鲜世宗实录》卷七，世宗二年一月甲子，第2册，第367页。

数十年间，用度罄尽，公藏已竭，以至家抽户敛，举国陪臣之家，无有畜金银器者。事窘势迫，此臣所以不敢含默，敷陈心腹，仰触天威者也。①

可见，世宗年间请求免除金银贡品，理由是"金银自来本国不产，只有前元时，客商往来兴贩，到些少金银，用度今已殆尽"。而朝鲜多次提出减免金银岁贡，皆有宦官给其出主意。世宗七年，勾结宦官黄俨；世宗十一年，则是尹凤为其出谋划策。宦官尹凤乃朝鲜曾经贡给明廷的火者，其出自朝鲜，对朝鲜自然多方关照。有曰："知中枢院事尹重富……庆州人也。其兄凤，以宦者入中朝有宠。我国之奏除岁贡金银也，凤颇有力。以故国家用重富不次，因凤之请，遣重富赴京者数。"② 可见，还是尹凤从中出谋划策，使之最终成功。世宗十一年（宣德四年，1429）十一月，计禀使通事金乙贤等从北京传来所请免除金银岁贡，得到批准。消息传来，朝鲜君臣上下，一片欢腾！世宗十一年十二月十三日，计禀使恭宁君李裪奉敕从北京回来，世宗国王率王世子及百官，迎敕于慕华馆。明宣宗皇帝敕曰："金银既非本国所产，自今贡献，但以土物效诚。"③ 从洪武七年（1374）开始算起，到世宗十一年，几达五十余年，终于使朝鲜请求免除金银岁贡的愿望实现，这对于朝鲜君臣来说，是一个多么来之不易的成功呢！

综上所述，朝鲜半岛没有金银富矿，对于每年几百两的岁贡，即便想方设法，朝鲜王朝也难以完成。因此，从高丽末年开始，就接二连三地向明朝请求免除金银岁贡，一直到世宗年间，朝鲜请求减免岁贡的要求，才得以满足。明朝免除朝鲜金银岁贡，固然是朝鲜王朝外交上的胜利，但对朝鲜王朝也带来一定后果，最直接的后果就是朝鲜国内从此严禁使用金银。

三 朝鲜王朝前期白银之禁用情况

宣德四年（世宗十一年，1429），明朝免除朝鲜王朝的金银岁贡，这固然是朝鲜与明朝交涉的一次重大成功，从此朝鲜王朝无须为每年的金银

---

① 《朝鲜世宗实录》卷四五，世宗十一年八月壬辰，第 3 册，第 194 页。
② 《朝鲜文宗实录》卷六，文宗元年三月甲寅，第 6 册，第 367 页。
③ 《朝鲜世宗实录》卷四六，世宗十一年十二月乙酉，第 3 册，第 209 页。

岁贡发愁，负担大为减轻。即便以土物代替，也并非难得之物，朝鲜应付起来，也相对容易。但是，明朝免除朝鲜金银岁贡，也带来了一系列后果，最为直接的后果，就是朝鲜王朝在境内全面禁止使用金银，不仅不能作为货币使用，甚至有关器具都不能用金银。这种禁令竟然持续一百多年，一直到壬辰战争爆发，随着明朝大批白银作为军饷涌入朝鲜，朝鲜才开始解除白银禁令。从世宗国王接到明朝皇帝免除金银岁贡的那天起，就开始实施金银禁令，这种禁令是全方位的。因为朝鲜王朝君臣担心，如果在朝鲜不禁止金银的使用，若被明朝察知，说不定哪天明朝就会恢复金银岁贡。这种担心促使朝鲜王朝严格实施禁令，丝毫不敢松懈。其禁用情况，主要体现在以下几个方面。

第一，停止金银贸易，严禁朝天使行携带白银进京。明朝以白银为货币，原来朝鲜朝天使赴京时，每每有使行人员携带白银前往北京，与明朝商人贸易。"国初赴京人员带银货，以为盘费、贸易之资。"① 停止金银岁贡之后，朝鲜朝天使行人员就禁止再携带白银进京。世宗年间实行禁令："使臣馆贸易，则禁防至严，中朝往来则搜检至精，非如昔时贸易之例"，以至于"金银之买，一皆停寝"。② 朝天使行人员被严格盘查，"国初禁用银货，舌官赴燕，私赍渡江，罪至于死"。③ 严格实施禁令，一旦发现，处以重罪，甚至直接被处死。朝天使行人员不能携带白银，遂改携带人参。"至宣德年间以金银非国产奏请免贡，自是赴京买卖，禁赍银货，代以人参，人各十斤。后渐滥觞，其数浸多。"④ 后来规定最多可带八包人参，使行贸易又被称为八包贸易，使行贸易的方式得以改变。而使行随行礼单也有变化，"大小使行例用礼单，纸、扇等杂种而已，不用银货"。⑤ 在与明朝使行贸易中，世宗年间禁绝白银，立竿见影。

不仅朝天使行不能用金银，在朝鲜国内也严禁金银贸易。世宗十六年（1434），批准户曹启曰："自今禁民间私贸金银。且壬子年所定十分银一两价，正布九匹，九品一两八匹，八品一两七匹，七品一两六匹过重，各

---

① [朝鲜] 沈象奎、徐荣辅编：《万机要览》之《财用编五·燕行八包·变迁沿革》，第711页。
② 《朝鲜世宗实录》卷六二，世宗十五年十一月庚辰，第3册，第525页。
③ [朝鲜] 沈象奎、徐荣辅编：《万机要览》之《财用编四·金银铜铅》，第474—478页。
④ [朝鲜] 沈象奎、徐荣辅编：《万机要览》之《财用编五·燕行八包·变迁沿革》，第711页。
⑤ [朝鲜] 沈象奎、徐荣辅编：《万机要览》之《财用编五·公用·公银请贷》，第717页。

减二匹。"① 一方面禁止私贸金银，若有的话，也要减少金银与通行之布匹交换的比例，提升布匹的价格。世祖年间也严禁使用金银，曰："一、造弓外，水牛角、乡角一切痛禁。一、云月儿、大君用金，堂上以上用银，大白玉及七宝交露金玉并禁；朱红黄丹黏、白羊角鈒带一禁。一、磁器自今进上外，公私处行用一禁。京外匠人潜隐燔造，市里及朝官、庶人之家私相买卖者，以违制律论。"② 不能使用金银器具，不能用金银贸易。

此种禁令，原则上一直坚持，长期实施，但越到后来，犯禁者越多。成宗二年（1471）国王传旨司宪府曰："赴京之行及诸浦贸易时，禁用金银，已有著令。然奉行有所未至，间有犯之者，其更检察。"③ 发现有违禁者，当时朝鲜在咸镜道端川开采了白银矿，端川乃位于今朝鲜咸镜南道端川市，矿藏丰富，有丰富的银、钴、镁、铁矿石等。朝鲜官府开采弛禁，之后携白银赴京者渐多。中宗年间，柳灌上言："持金银赴京者，自有法令。然其法不行，故前日论启禁防之事。我国产银处多，而市价踊贵者，以其全贩于中原耳。故中朝之人，亦知我国端川产银，贸贩者由端川，以达平安，故遂成大路，而唐物之归于端川，与京无异。凡赴京人，其往也，皆轻装；其还也，所赍甚多，非潜挟金银而何？皇帝若知我国之产，而使之贡焉，则虽欲不贡，得乎？其弊为不小矣，固可预防，以为长远之计也。"④ 端川成为朝鲜产银重镇，也成为与明朝贸易的中心。当时朝天使进京者，往往携带大量白银，从北京购来很多货物，朝鲜总是担心明廷要求其重新纳贡金银。故而中宗年间，屡申禁令，收效却不大。当时有议曰："金银挟持之禁，既详且严，无以加矣。而挟赍甚微，牟利太重，故人不畏死，冒法者多，防禁诚难。然而赴京之人，应赍去之物，卜与驮之物，已有程限。令使及书状官点检一行人元持之物，及中朝赐物贸买之数。其过当物件，并皆没官治罪，使无所利。则虽不用重典，而不至于滥。"⑤ 并详细开陈各项防禁措施，以确保不至于失控。特别强调要正副使及书状官，清点使行人员携带之物，严禁携带金银，违者重处。这样正副

---

① 《朝鲜世宗实录》卷六三，世宗十六年二月丁丑，第3册，第546页。
② 《朝鲜世祖实录》卷三八，世祖十二年四月戊午，第8册，第19页。
③ 《朝鲜成宗实录》卷一一，成宗二年八月癸卯，第8册，第591页。
④ 《朝鲜中宗实录》卷二六，中宗十一年八月丙子，第15册，第211页。
⑤ 《朝鲜中宗实录》卷九三，中宗三十五年七月丙辰，第18册，第403页。

使及书状官责任重大，但是他们往往就是违禁者。

中宗三十六年（1541）八月，曾发生正副使、书状官与其下属合谋，携带大批银两前往北京，却被查获的案例。宪府启曰："国家深虑后日之弊，禁银之法，反复详定，非不严密，而犯者相继。今千秋之行，犯银者非止一二人，而为使、书状者不顾奉命之意，曲庇同行，无意纠察，使下人冒法自恣，至于此极，物情莫不骇愕。"①遂将正副使和书状官皆免职，其下属多人被下狱，以示严惩。明宗年间，情况更糟，以至于出现："赴京通事等多赍银两，贸易物货，中原一路，不能转输，每见我国之使臣而苦之曰：'此贾胡何以来乎？我们以此贾胡而不得聊生'云。此岂士君子之所忍闻哉？"朝鲜官员也慨叹："赴京之行，禁制之条，自祖宗朝，极为详备。既择使、书状以遣，而犹恐有猥滥之事。又遣搜银御史及秩高咨文点马，点检于江上。承是命者，所当不顾谤讟之兴，毋负委遣之意，而先私后公，蔑法毁制，无所不至。甚者至以市井牟利之徒，名为子弟，而带于一行，多赍禁物，甘为贩商。至于贻辱本国，或不戢一行之奸滥，反恶他官之纠检。虽有禁物之显发者，公然夺取而去，该官亦不举其非。国事至此，可谓寒心。"②尽管朝鲜制度上多加防范，但是无论是三使人员还是搜银御史，都不负责任，同流合污，犯禁者众，故而使行人员经常被惩处，以求加以控制。

其实，朝鲜禁止使行人员赴京携带白银，最为关键的因素，乃是："贡银之命，复出于万一，则为国家无穷之祸之意，最为关重。"③担心被明朝免掉的岁贡金银，再度恢复，这是朝鲜一再禁用白银最为根本的原因。所以国王每每"申明禁银之法，又择遣使、书状使之纠检一行，则自无猥滥之弊矣"④。可见，即便后来有所松动，还不至于失控，大体而言，一直处于禁用的状态。

第二，全国范围内，禁止私人开采金银矿，开采由官府把持，以备一时之需。太宗年间、世宗初年，为了尽可能找到金银矿，君臣想尽办法，在全国各地到处找矿，但一直未能找到合适的矿藏。当获得免除岁贡之令

---

① 《朝鲜中宗实录》卷九六，中宗三十六年八月庚申，第18册，第493页。
② 《朝鲜明宗实录》卷二一，明宗十一年十一月丁巳，第20册，第371页。
③ 《朝鲜中宗实录》卷九三，中宗三十五年七月丙辰，第18册，第404页。
④ 《朝鲜中宗实录》卷八六，中宗三十二年十二月甲子，第18册，第155页。

后，严禁私人开采；一切矿藏的开采，皆由官府掌控。此时官府开采金银矿，没有原来那种紧迫感，只是择机而行。

世宗二十一年（1439），国王批准议政府启文："黄海道平山郡多产银，请差人采之，试其功役难易，又禁其私采。"① 后议政府据工曹呈申："去春因年荒停各道金银采取，然本曹遗在金银数少，将来可虑。乞失农江原道外，于下三道各一邑，遣人采取。"② 亦获得批准。这些矿藏的开采，皆由官府掌控，严禁私人插手。

成宗年间，国王批准具致宽等启文曰："金、银、铜、镴、铅、铁等物，我国亦产，而国家重用民力，不得以时采取，又不许民采之，用常不足。其在民间者若多，则国家取用无难，请勿禁。"③ 这样亦允许私人开采金银矿。燕山君时期，为了国王个人喜好，重视端川银矿的开采，当时每年可得五百两白银。中宗取代燕山君后，一度废除了端川银矿的开采，后来重开，亦只允许官府开采，禁止私人插手。当时有曰："我国物产之美，如端州之银、凤州之米，闻于天下者，不一而足。"④ 可见端川银矿，闻名遐迩。

朝鲜官府开采银矿，虽然并非为了应付岁贡，但是在与明朝和日本交往中，每每需要白银，这也是朝鲜继续保持官府开采白银的重要原因。明朝经常派使臣前往朝鲜，尤其时常派宦官前往，为皇帝办些私事。这些宦官使臣来到朝鲜，每每大肆索贿，朝鲜只得将白银等相关礼物奉上，以满足其私欲。明宗即位年，明朝派太监使臣前来宣敕，朝鲜君臣议论接待事宜，领议政尹仁镜、左议政李芑启曰："太监之来，原其本心，只在征索……臣等之意以为，优造银器，以备赠给之资为当。工曹今虽无储，亦可贸买，而造器赠之。白苎布一匹之价，准于中国，则不过银二钱云，而我国以官木十匹，偿苎布一匹之直。若以此贸银造器赠之，则国费不至于甚，而犹可得彼之欢心。以白苎布一匹之价贸银，则可得五两，而少不下三四两矣。"竟然获得国王批准，朝鲜造银器以赠明朝太监使臣。引得编

---

① 《朝鲜世宗实录》卷八七，世宗二十一年十一月癸丑，第4册，第251页。
② 《朝鲜世宗实录》卷一一四，世宗二十八年十月庚子，第4册，第707页。
③ 《朝鲜成宗实录》卷四，成宗一年四月丁卯，第8册，第490页。
④ [朝鲜]崔岦：《简易集》卷三《送李子敏赴端川郡守序》，韩国民族文化推进会编刊：《影印标点韩国文集丛刊》第49册，1990年版，第297页。

修实录史官议论曰："呜呼！大臣之言，固如是乎？我国金银之贡，前者多方奏请于中朝仅免，而法禁尚严矣。今者欲悦天使，请造银器赠之，悦则悦矣，不计无穷之患，经〔径〕行姑息之策，无识甚矣。"① 为了让太监天使欢心，朝鲜君臣也只得想法赠送白银或者白银制品。这样的事例，并非鲜见。

同时，朝鲜与日本开展贸易，也需要白银。中宗曾为禁银与公贸传令于政院曰："顷者大臣以为，'倭银不为贸易，故民潜买卖，赍入中原之弊极矣。若公贸，则民无潜买，而端川公采之弊，亦可除矣'。此言似为有益，故言于礼曹，而观其公事，则以谓若有公贸之举，则终难止其无穷之弊，而亦违于禁民之法云。国法虽严，冒禁赍银，以入中原者，相继而出，民间有银者多，故犯法如此。"情况如此，在讨论一番利弊之后，指出："大抵银铁本源，不可禁断，而只禁赍持之弊，故不能永绝矣。前者不为公贸者，以其禁民用银，而又复公贸，则有乖禁民之意，而更贻无穷之弊，故不为之矣。今若尽为公贸，使无民间之银，然后禁之，此乃断银本源之意也。"② 故而，并非为了国内作为货币通行，在明朝和日本都大肆流通白银的情况下，朝鲜王朝官府保持一定数量的白银，以备一时之需，当然数量十分有限。

第三，一切用具，禁用金银。金银除了作为流通货币之外，日常生活用具中，也常常需要。自从免除岁贡以后，时常禁止用金银器皿。世宗二十八年（1446），议政府据礼曹呈启："金银非本国所产，凡祭及宴享卓巾覆巾花草等皆勿用金，只用贴银，已曾受教，而中外官吏因循旧例，使臣宴享及客人馈饷，或用之。请自今一依教旨，毋得用金。"③ 接待明朝使臣不得用金器，甚至于世祖年间，规定世子宴请明使臣，也不得用银器。世祖十年（1465），承政院启："王世子宴大明使，宜用鍮器。"世祖感到奇怪，答曰："世子使臣宴用鍮器，前例乎？若无例则何以议定？若例用银器，则银器至当，何故？使臣用银器故也。金银虽讳于使臣，而世子不可卑屈于使臣也。且故事也。如实鍮器非故例则勿造，如实银器非故例则速

---

① 《朝鲜明宗实录》卷一，明宗即位年十一月丙子，第19册，第366页。
② 《朝鲜中宗实录》卷九五，成宗三十六年六月丁巳，第18册，第470页。
③ 《朝鲜世宗实录》卷八六，世宗二十一年八月乙酉，第4册，第231页。

启。"① 指出尽管要对明朝使臣讳用金银器，但是作为王世子则需要用，不能让王世子受屈。政院之所以提出这样的要求，乃考虑到凡与明朝相关的活动，尽可能不用金银器，以免让明朝起疑心。

高丽王朝以佛立国，佛像、佛塔常用金银。朝鲜王朝时期，佛教势力虽式微，但依然有用金银造像、造塔者。自从禁用金银令颁布后，佛像、佛塔也严禁用金银。文宗二年（1451），宜山尉南晖金银造成佛像，议政府启曰："金银本国禁物也。宜山尉南晖滥用金银，造成佛像，大抵金银非贫家所储，皆宗戚贵家所藏，此而不罪，则弊将难救矣。请治其罪。"② 成宗十二年（1481），经筵讲《高丽史》，当讲到兴王寺金塔时，检讨官闵师骞启曰："天之生物有限，而金、银为最贵，用之于塔，其妄费也甚矣。"成宗也说："此实费于无用也。假使佛有灵，何至用金、银？况妄费于无理之事乎？"③ 不仅现世不能用金银造塔造佛像，对于古人这类行为，也予以批评。

综上所述，自从世宗十一年，明朝免除朝鲜禁银岁贡之后，朝鲜王朝就开始实施禁银措施。原则上，严禁朝天使携带白银前往北京，后来主要以带人参为主；严禁私人开采金银矿，一切由官府控制。器皿也大多不用金银，尤其是不能让明朝感知朝鲜仍然在大量使用金银。但是这种禁令，后来出现松动，中宗以后，常常有朝天使私自携带白银进京者；朝鲜官府也时常掌握白银的开采，朝鲜王廷掌握一定数量的白银，既是接待明朝天使必备之物，也是跟日本做生意的需要。故而，在明朝免除金银岁贡之后，朝鲜对于金银可以说是在严禁私人拥有和使用金银的前提下，官府少量持有，限定使用。

四　朝鲜王朝前期禁用白银之影响

世宗十一年（1429），因为明朝免除朝鲜的金银岁贡，朝鲜王朝开始禁止私人使用白银，尽管随后有所松动，但并没有实质性的改变，这种状况持续了一百多年。白银禁私人使用，官府限定使用，不仅对朝鲜王朝产生深远影响，甚至对于当时的东亚世界，亦有重要影响。

---

① 《朝鲜世祖实录》卷三二，世祖十年三月丙辰，第7册，第612页。
② 《朝鲜文宗实录》卷一二，文宗二年三月甲寅，第6册，第477页。
③ 《朝鲜成宗实录》卷一三六，成宗十二年十二月壬寅，第10册，第278页。

首先，朝鲜王朝禁用白银，对于朝鲜货币经济的发展是一种阻碍，客观上使朝鲜半岛无法融于以白银为主体的世界经济之中去。诚如前面提到，朝鲜半岛古代货币经济一直不发达，铜钱稀缺，偶尔通行过中国铜钱，但无法持续。高丽年间还铸造过银瓶，朝鲜王朝前期，因为白银禁用，完全失去了重新使用白银为货币的可能性。尽管明朝与日本都大量使用白银，朝鲜却不允许使用白银。尽管后来有朝天使行人员偷偷地用，由于不合法，他们只能暗中操作，这样就大大地限制了其发展。朝鲜之所以禁用，最主要原因是担心明朝恢复这种岁贡。在朝鲜王朝前期实录中，每每看到有这样的表述，这种担心促使朝鲜王朝历代君臣不得不长期坚持禁令。中宗年间，曾有松动迹象，就有大臣提醒曰：

> 国家当初重赍银赴京之禁，其虑远矣。峻其堤防，犹患易犯，况低其禁，使人易入，以启无穷之害乎？近来似闻辽东等处，富商大贾，输运南京物货，以换朝鲜花银。以此物价之多，无异北京。异日中朝之征索，岂可必其无是理耶？①

因为有明初岁贡痛苦的记忆，一旦出现松动，就有大臣会提醒，从而继续实施严厉的禁令。这样对于朝鲜与明朝的朝贡贸易，实际上是一种阻碍；对于朝鲜货币经济的发展，也是一种阻力，朝鲜难以融于当时白银世界的大潮之中。事实上，朝鲜君臣也深知明朝以白银为货币，朝鲜不用白银，在跟明朝的贸易中多有不便。有曰：

> 赴京通事卜驮，若过于本价，没官之言，至当矣。但中原凡所贸买，皆以银两计用矣。不可以布几匹，当直银几两而酌定也。且以赏赐之物贸之，尤不可酌定矣。今若令州官点考卜驮轻重，则或以轻为重，或以重为轻之弊，不无矣，此不可久行之法也。②

在跟明朝贡贸易中，朝鲜使臣就感到十分不便，这大大影响了他们与明朝的交易，对朝鲜本国的经济发展也极为不利。

---

① 《朝鲜中宗实录》卷九五，成宗三十六年五月庚子，第18册，第465页。
② 《朝鲜中宗实录》卷八六，成宗三十二年十二月甲子，第18册，第155页。

其次，朝鲜禁用白银，对明朝也有影响。除前面提到与朝鲜的朝贡贸易外，明朝也常常派使臣前往朝鲜，索买相关物品。朝鲜不用白银，明朝使臣携带白银而来，往往无所用处。只能采取赐给朝鲜王廷的办法，在朝鲜境内无法自由地交易。尤其是当壬辰倭乱爆发以后，明朝大军开赴朝鲜前线，携带大批军粮并不可行，因为运输十分困难。明朝希望携带白银前来，在朝鲜境内购买军粮，发现毫无用处，竟然无法使用，也购买不到军粮。为了处理这个问题，明军将领和朝鲜君臣反复进行过多次交涉。在明大军尚未来朝鲜之机，明派行人司行人薛藩为敕使，前来宣读敕令，并跟朝鲜商议是否可以用银在朝鲜购买军粮。《朝鲜宣祖实录》载曰：

> 又曰："天兵十许万方到，且千里馈运，势所未易。欲以银来此换米何如？"上曰："小邦土地偏小，人民贫瘠，且国俗不识货银之利，虽有银两，不得换米为军粮矣。"①

运送军粮，十分不易，故而希望能够携带银两来朝鲜，在朝鲜购买军粮。但国王明确告知：朝鲜人不识银两；即便有银两，也无粮可买。这是战争初期，明朝大军尚未来到朝鲜之前，国王就明确告知了明朝敕使。最终也还得从中朝边境，让朝鲜百姓将军粮一点点地背到前线，以供将士之需，这成为战争前期制约明军行动的一个非常重要的问题。随着战争持续，这种状况慢慢改变，朝鲜才开始解除白银禁令。战争结束以后，白银遂变成了朝鲜通行的货币。这是后话，以后再详论。

再次，朝鲜禁用白银，对日本也有影响。1526 年，日本发现了石见银山，藏量非常巨大，影响了整个东亚的白银格局，日本很快就成为白银的输出国②。"1542 年，日本兵库县发现矿藏丰富的生野银矿，随后随着新矿的陆续发现和开采，日本银产量逐渐增长，在 17 世纪初达到高峰，光是佐渡银矿为 160 万—240 万两。"③ 日本当时不止一个银矿，而是有很多

---

① 《朝鲜宣祖实录》卷三〇，宣祖二十五年九月己未，第 21 册，第 538 页。
② 参见 [日] 大贺吉茹《石见国银山旧记》，[日] 本庄荣治郎、土屋乔雄等编《近世社会经济丛书》第八卷，东京：改造社，昭和二年（1927）版。
③ 李隆生：《晚明海外贸易数量研究：兼论江南丝绸产业与白银流入的影响》，第 76 页。全汉昇：《明中叶后中国黄金的输出贸易》，"中央研究院" 历史语言研究所集刊第 53 本第 2 分册（1982），第 213—225 页。

银矿同时开发。朝鲜确切了解日本产银，大概是日本使臣安心东堂之来，因为他们带来八万两白银，顿时震动整个朝鲜。

传说日本掌握炼银之法，乃是朝鲜人于中宗年间（1506—1544），将造银之灰吹法，传于日本，使日本掌握了炼银之法，从而大批开采。有史料曰：

> 倭人旧不知用铅造银之法，只持铅铁以来。中庙末年，有市人挟银匠潜往倭奴泊船地方，教以其法。自此倭人之来，多费银两，京中银价顿低，一两之价，只恶布三四匹而已。朝京之人挟持无忌，商贾之徒赍往义州等处，转卖土人。朝廷申明禁银之法，别令咨文点马严密搜检，或遣御史点阅，犯在我地者，全家徙边，犯在上国者坐死。数年之间，狱事屡起。死于杖下者有之，远徙边防者有之。或逃役于外，或拷讯累月。其后倭奴舟载银货，卖于上国宁波府。又福建浙江之人潜往日本，换买银子。因而遭风泊于全罗道者数三，动辄二三百名，自后银两渐贵于本国。然福建人民赍带铳炮，因以教倭，倭之放炮始于今日。向非市人传以造银之法，其祸其弊，岂至于此哉！①

从这段史料来看，有以下几点值得考虑：第一，在朝鲜人看来，日本炼银之法是从朝鲜传过去的，确切地说是朝鲜人直接传给日本的。时间是中宗末年。之前日本人并不懂如何炼银，这个办法应该就是灰吹法。第二，世宗以后，朝鲜就禁银，但是朝鲜很多人铤而走险，纷纷贩卖。很多人因之被惩处，日本也因此不跟朝鲜人贸易，而跟明朝福建、浙江人贸易。第三，因为日本产白银，福建、浙江人常常前往日本贸易，教给日本人火炮技术，使日本火炮技术也非常强，感觉日本火炮技术的发达，与朝鲜人教给他们炼银法密切相关，他们掌握了炼银之法，因而有大量白银，故而能够跟明朝福建、浙江人做生意，进而掌握火炮技术，彼此密切相关。

中宗三十七年（1542），日本派使臣安心东堂前来，《朝鲜中宗实录》载朝鲜君臣之议论曰："日本与国也。自祖宗朝，凡干书启付求请，靡不

---

① ［朝鲜］鱼叔权：《稗官杂记》，参见《大东野乘》第一册，京城：朝鲜古书刊行会，明治四十一年（1908），第416页。

曲从。今此安心东堂等赍来书启内,商物银铁,多至八万两。前此赍银请贸,未曾有也。"① 一次竟然带来八万两白银,大大出乎朝鲜意料。君臣多次商量,尽管感觉:"日本遐远……但令者赍银,古所未有,不可开例许贸",② 但还是觉得应该以礼相待。这次日本使臣之前来,朝鲜确实感到极大震动,以前日本从未有过携带大量白银前来,而本次竟然一次带来八万两白银,真是从未有过的震撼。但因为朝鲜并不允许白银贸易,也无法给日本提供如此丰硕的物品,所以最终并没有跟日本做成生意。这在一定意义上,对朝鲜是一个极大的刺激。但朝鲜囿于白银禁令,要朝鲜改变这种状况,几乎是不大可能的,因为朝鲜既不能提供充足的物资,也无法拿出充裕的白银,根本不大可能跟日本做对等的生意。

因此,朝鲜王朝禁用白银,在一定意义上,阻碍了其融于东亚的白银世界,壬辰战争期间(1592—1598),朝鲜感受到了白银的巨大影响,也因为明朝运来大批白银,朝鲜也积累了一定的白银,因而战后废除禁令,从而白银得以流通,朝鲜也融入了以白银为交易的世界经济秩序中。

结　语

朝鲜王朝前期货币经济原本就很不发达,既不用铜钱,也不用白银,而以楮币为主要的流通货币。因为每年要向明朝进岁贡黄金一百五十两、白银七百两,自从高丽末年开始,就一直是他们难以完成的任务,尽管他们四处寻找金银矿,但都无济于事。只得采取各种办法,去搜集金银,依然难以完成任务。故而从高丽末年开始,就反复向明朝请求免除金银岁贡,代之以土物。在世宗十一年(1429)十二月,在明宫中宦官尹凤等帮助下,明朝终于免除了朝鲜每年的金银岁贡,这是朝鲜在与明朝宗藩关系中,所争取到的一个巨大的胜利,但也因此带来一些影响。最为直接的影响是,朝鲜王朝自此以后,在国内严禁使用金银,不仅不能作为货币使用,甚至也不能使用金银器具。尤其严禁朝天使携带白银前往北京,致使朝天使以后主要携带人参前往。后来,虽有所松动,但担心

---

① 《朝鲜中宗实录》卷九八,中宗三十七年四月乙亥,第18册,第573页。
② 《朝鲜中宗实录》卷九八,中宗三十七年五月乙未,第18册,第578页。

明朝恢复金银岁贡的压力，时时提醒朝鲜君臣，使他们反复重申禁令。而朝鲜王朝官府掌控一定的白银，以备接待明朝使臣或者是跟日本贸易之需。随着16世纪初，日本发现大量银矿，明朝也早就实行了白银货币化，朝鲜却依然处于禁用白银的状态，使朝鲜既无法跟明朝做生意，也不能胜任跟日本贸易，禁用白银成为朝鲜的束缚。直到壬辰战争爆发，随着明军大批白银作为军饷运到朝鲜半岛，朝鲜终于解除禁令，也迈入使用白银的时代。

（作者为南开大学历史学院教授）

刍议明太祖时期与朝鲜王朝争端三题[*]

王　臻　杜帅荞

关于明朝洪武时期与朝鲜半岛新建立的李氏朝鲜之间的关系，在诸多著作以及论文中多有反映，相关问题也被提及[①]。本文欲在前期研究成果的基础上，结合中韩文献资料，深化对相关问题的研究，在阐述明朝与朝鲜外交争端表面问题的同时，分析其背后的深层次原因，以期客观反映彼时中国明王朝与同时代的朝鲜王朝之间的具体关系。

一　明太祖与李成桂确立起的传统友好关系

在古代中国与朝鲜的关系历史上，朝鲜半岛政权长期对中国历代封建王朝奉行"事大以诚"[②]政策；同时，中国封建王朝对朝鲜"仁敦字小"[③]，此即儒家文化的朝贡外交。

---

[*] 基金项目：国家社科基金后期资助项目"朝鲜王朝前期历史与研究（1392—1649）"（18FSS007）阶段性成果。

[①] 相关著作有：姜龙范等《明代中朝关系史》，（黑龙江朝鲜民族出版社1999年版），郑红英《朝鲜初期与明朝政治关系演变研究》（社会科学文献出版社2015年版），[韩]朴元熇《明初朝鲜关系史研究》（首尔：一潮阁2002年版）。与本论题相关的论文有：刁书仁《洪武时期高丽、李朝与明朝关系探析》（《扬州大学学报》2004年第1期），刁书仁《朱元璋与中外"表笺之祸"》（《扬州大学学报》2008年第1期），张辉《李成桂父子与朱明》（《当代韩国》2001年秋季号），陈龙等《朝鲜与明清表笺外交问题研究》（《中国边疆史地研究》2010年第1期）。总体感觉对问题的分析说明有待深入，且有的存在失误之处，另外还有的注释不规范乃至错误，本文则力争克服上述问题，得出系统认识。

[②] [朝鲜]郑道传：《三峰集》卷三，"到南阳谢上笺"，《影印标点韩国文集丛刊》，汉城：景仁文化社1990年版，第5册，第327页。

[③] [朝鲜]权近：《阳村先生文集》卷二四，"事大表笺类"，《影印标点韩国文集丛刊》，1990年版，第7册，第238页。

明朝于 1368 年由太祖朱元璋建立，洪武二十五年（1392），朝鲜半岛的李成桂推翻原高丽王权，建立起新政权，并继承高丽末期以来的"事大"于明王朝的政策，尊明朝为上国。明太祖朱元璋对朝鲜半岛的新政权开展了如下友好交往。

其一，承认李成桂的即位。在朝鲜半岛新政权建立之初，明洪武二十五年（朝鲜太祖元年，1392）七月，"权署国事"李成桂以知密直司事赵胖为赴明使臣，请求明朝承认其继位的合法性。鉴于当年作为高丽右军都统使的李成桂"以为不可犯上国之境，举义回军"[①]（"威化岛回师"）之举，明太祖朱元璋表示认可李成桂的篡位行为，曰："从其自为声教……实彼国之福也。"[②] 十月，赵胖从明朝京师返回，传达明朝廷对朝鲜新王朝的认可"三韩臣民，既尊李氏，民无兵祸，人各乐天之乐，乃帝命也"[③]；明朝同时提出对朝鲜的期望"自今以后，慎守封疆，毋生谲诈，福愈增焉"[④]。为此，李成桂马上派遣门下侍郎赞成事郑道传，赴明朝京城感谢明帝"臣与一国臣民不胜感激者"[⑤]，并对明廷表示："谨当始终惟一，益殚补衮之诚。亿万斯年，永被垂衣之治。"[⑥] 此后，执掌政权的李成桂一直念念不忘明朝的认可之恩，曰："幸赖圣恩，致有今日，感戴之诚，有如天日。"[⑦]

其二，确定朝鲜的国号。明洪武二十五年（朝鲜太祖元年，1392）闰十二月，李成桂派遣艺文馆学士韩尚质到明朝京师"请更国号"，明太祖为其选定"朝鲜"国号："上以朝鲜之名最善，即赐之"[⑧]，明太祖并告诫

---

① [朝鲜]《朝鲜太祖实录》卷一，太祖元年七月丁酉，《朝鲜王朝实录》，韩国国史编纂委员会影印本，1955—1963 年版，第 1 册，第 20 页。
② 《明太祖实录》卷二二一，洪武二十五年九月庚寅，台湾：中研院历史语言研究所，1962—1966 年校印本，第 3235 页。
③ [朝鲜]权近：《阳村先生文集》卷三六，"碑铭类"，《影印标点韩国文集丛刊》，第 7 册，第 316 页。
④ 《朝鲜太祖实录》卷二，太祖元年十月庚午，第 1 册，第 33 页。
⑤ 《朝鲜太祖实录》卷二，太祖元年十月癸酉，第 1 册，第 33 页。
⑥ [朝鲜]李穑：《牧隐文藁》卷一一，"事大表笺"，《影印标点韩国文集丛刊》，1990 年版，第 5 册，第 92 页。
⑦ 《朝鲜太祖实录》卷五，太祖三年二月己丑，第 1 册，第 55 页。
⑧ （明）谈迁：《国榷》卷九，太祖洪武二十五年闰十二月乙酉，中华书局 1958 年版，第 736 页。

李成桂要"体天牧民,永昌后嗣"①。对此,李成桂感激明帝赐予国号,特地再次派使臣到明朝谢恩,表达决心曰:"臣当之屏之翰,益虔职贡之供;载寝载兴,恒切康宁之祝。"② 自此以后,朝鲜王廷多次表明"臣事天朝,至诚无二"③"谨当永坚忠义之志,倍祝寿考之祺"④ 的态度。

其三,明朝与朝鲜定期开展贡赐贸易。在明朝"皇帝陛下仁敦字小,度廓包荒"之下,朝鲜作为僻远之邦"获被怀绥之德"⑤。由此,双方保持了长期稳定的发展态势。这主要体现在朝鲜对明朝的定期朝贡上。每年的圣节、正旦、皇太子千秋节日,朝鲜都定期派遣使节携带礼物到明廷表示祝贺,此外还有很多临时性的庆贺、慰问、谢恩等活动。

出使时间	出使人物	出使名目
明洪武二十六年(朝鲜太祖二年,1393)六月	朝鲜判三司事尹虎	贺圣节
明洪武二十六年(朝鲜太祖二年,1393)九月	朝鲜同知中枢院事朴永忠	贺千秋
明洪武二十六年(朝鲜太祖二年,1393)十月	朝鲜参赞门下府事庆仪、商议中枢院事郑南晋	贺明年正
明洪武二十七年(朝鲜太祖三年,1394)九月	朝鲜商议中枢院事郑南晋	贺千秋节
明洪武二十七年(朝鲜太祖三年,1394)十月	朝鲜政堂文学闵霁、中枢院副使柳源之	贺明年正
明洪武二十八年(朝鲜太祖四年,1395)六月	朝鲜参知门下金立坚	贺圣节

---

① [朝鲜]权近:《阳村先生文集》卷三六,"碑铭类",《影印标点韩国文集丛刊》,第7册,第317页。
② 《朝鲜太祖实录》卷三,太祖二年三月甲寅,第1册,第41页。
③ 《朝鲜太祖实录》卷五,太祖三年二月己丑,第1册,第55页。
④ 《朝鲜太祖实录》卷六,太祖三年十二月乙亥,第1册,第72页。
⑤ 《朝鲜太祖实录》卷三,太祖二年五月己巳,第1册,第43页。

续　表

出使时间	出使人物	出使名目
明洪武二十八年(朝鲜太祖四年,1395)八月	朝鲜中枢院副使张子忠	贺千秋
明洪武二十八年(朝鲜太祖四年,1395)十月	朝鲜太学士柳珣、汉城尹郑臣义	贺明年正
明洪武二十九年(朝鲜太祖五年,1396)六月	朝鲜参赞门下府事赵胖	贺圣节
明洪武二十九年(朝鲜太祖五年,1396)八月	朝鲜商议中枢院事金积善	贺千秋节
明洪武二十九年(朝鲜太祖五年,1396)十月	朝鲜参赞门下府事安翊、同知中枢院事金希善	贺明年正
明洪武三十年(朝鲜太祖六年,1397)六月	朝鲜礼曹典书郑允辅	贺圣节
明洪武三十年(朝鲜太祖六年,1397)九月	朝鲜参赞门下府事赵胖、前领清州牧使李观	贺明年正

对于朝鲜的来贡,明朝实行"厚往薄来"的朝贡政策,以优厚的回赐鼓励朝鲜的进贡,回赐物品主要有金银钱币、纱罗彩缎、各色布匹、冕服官服、珠宝饰物、贵重药材、火药弓角、重要典籍及宫廷乐器等。如明洪武二十六年(朝鲜太祖二年,1393)正月,明太祖"诏赐宴于会同馆,仍各赐文绮、钞有差"[1];六月,明朝给朝鲜共运去"各色纻丝棉布一万九千七百六十四,纻丝九千八百八十四,棉布九千八百八十四"[2]。当然,明太祖考虑到朝鲜与明朝相距遥远、旅途劳累,特意关照朝鲜,让朝鲜奏闻使南在告知李成桂,可减少进贡次数,即:"尔国使臣行李往来,道远费烦,自今三年一朝。"[3]

---

[1] 《明太祖实录》卷二二四,洪武二十六年正月丁未,第3273页。
[2] 《朝鲜太祖实录》卷三,太祖二年六月庚辰,第1册,第45页。
[3] 《朝鲜太祖实录》卷四,太祖二年九月甲辰,第1册,第49页。

总之，朝鲜与明朝使臣往来频繁，保持十分密切的封贡关系，朝鲜视明朝为父母之邦"父母之教儿"①，明朝优遇朝鲜"推同仁一视之心，举厚往薄来之典"，反过来，朝鲜又对明朝更加恭谨"倡率一方，益励虔供之志，用祈万寿，永殚颂祷之诚"②。后世的朝鲜国王效仿太祖李成桂的做法，长期对明朝推行"事大"之策，由此两国保持了长达二百余年的相互友好关系。

二 明朝与朝鲜争端问题之一：国王册封问题

尽管明太祖对朝鲜强调"限山隔海，天造东夷，非我中国所治"，并表示"教他自做，自要扶绥百姓，相通往来"③，对朝鲜推行友好政策，但明太祖一直未册封李成桂为朝鲜国王，"仍许臣权知国事"④。为此，李成桂多次派人到明朝交涉。明洪武二十七年（朝鲜太祖三年，1394）元月，李成桂借派遣判门下府事安宗源、中枢院副使李承源，赴明朝京城谢恩的机会，向明太祖提出请求，希望能够得到册封，即："国已更号，臣未正名"⑤，但未得到回应。

那么明太祖为何就是不正式册封李成桂，而只是让其"权知国事"？深层次的原因，在于李成桂的"宗系"问题。明太祖以为，李成桂为故高丽末期旧臣李仁任之子，在其《皇明祖训》里有体现"李仁人（任）及子成桂……"⑥，而李仁任是亲元（北元）反明的高丽权臣，明太祖对此非常反感，故一直未册封"李仁任之嗣"李成桂。朝鲜方面一直不明就里，直到明洪武二十七年（朝鲜太祖三年，1394）六月才领悟到问题的症结所在，当时明朝派到朝鲜的钦差内史黄永奇，在其"告祭海岳山川等神祝文"中，有"昔高丽陪臣李仁任之嗣某今名某者"⑦字样，其中的"某今名某者"自然指的是李成桂，按照明朝使臣的说法，李成桂是李仁任之子。但实际情况并非如此，李成桂与李仁任毫无关系，李成桂之父乃曾任职双城总管府的李子春。正是由于认识到此问题的严重性，也涉及匡正世

---

① 《朝鲜太祖实录》卷二，太祖元年十二月癸亥，第1册，第38页。
② 《朝鲜太祖实录》卷三，太祖二年六月辛卯，第1册，第45页。
③ 《朝鲜太祖实录》卷二，太祖元年十一月甲辰，第1册，第36页。
④ 《朝鲜太祖实录》卷二，太祖元年十二月癸亥，第1册，第38页。
⑤ 《朝鲜太祖实录》卷五，太祖三年正月丙辰，第1册，第53页。
⑥ （明）严从简：《殊域周咨录》，中华书局1993年版，第18页。
⑦ 《朝鲜太祖实录》卷六，太祖三年六月甲申，第1册，第64页。

系问题，李成桂十分重视，于是在致明帝的"辩诬"书中如是曰：

> 切念臣先世，本朝鲜遗种。至臣二十二代祖翰仕新罗为司空，及新罗亡，翰六代孙兢休入高丽，兢休十三代孙安社仕于前元，是臣高祖。自后世不受高丽官爵。及元季兵兴，臣父子春，率臣等避地东来，以臣粗习武才，置身行伍，然臣官未显达。自高丽恭愍王薨逝，至伪姓辛禑十六年，权臣李仁任、林坚味、廉兴邦等，相继用事，流毒生民，罪盈恶稔，自取诛戮。以臣素心谨慎，无有他过，举臣为门下侍中，方与国政。①

李成桂的上书中，介绍了自己先世、自己父亲以及本人的发展过程，特意说明自己与李仁任世系毫无关系，"臣于仁任，本非一李"，并且说明自己因打击李仁任之流反而受到迫害，"自臣与闻国政，将仁任所为不法，一皆正之，反为其党所恶，至有尹彝、李初逃赴上国，妄构是非，尚赖陛下之明，已伏厥罪"②，故希望明帝明鉴。这就是朝鲜最初的"宗系辩诬"，但明朝并未轻易相信李成桂的此番解释。明洪武二十八年（朝鲜太祖四年，1395）十一月，李成桂又派遣艺文春秋馆太学士郑摠，携带闲良、耆老、大小臣僚上礼部的申诉信，奔赴明朝京城，恳请明帝发放诰命印章"乞赐颁降国王诰命及朝鲜印信施行"③，但仍未如愿，理由是明太祖认为李成桂为人"顽嚚狡诈"，性格喜怒无常"喜则来王，怒则绝行"，故对于李成桂的印信诰命请求予以拒绝"未可轻与"④。

此后的长时期里，朝鲜一直在为"宗系"问题而带来的误会跟明朝交涉，直到明万历十五年（朝鲜宣祖二十年，1587）八月，明朝的官方法典《明会典》中才正式修正此事。"《会典》印颁有期，我祖宗二百年抱冤蒙耻之事，一朝湔雪。"⑤ 不过，在明万历四十三年（朝鲜光海君七年，1615），朝鲜使臣在出使明朝过程中，发现明朝的一些私人著述书籍中仍然存有"横诬"朝鲜国王之语，所谓："得见《吾学编》《弇山别集》《经

---

① 《朝鲜太祖实录》卷六，太祖三年六月甲申，第1册，第64页。
② 《朝鲜太祖实录》卷六，太祖三年六月甲申，第1册，第64页。
③ 《朝鲜太祖实录》卷八，太祖四年十一月辛未，第1册，第86页。
④ 《朝鲜太祖实录》卷九，太祖五年三月丙戌，第1册，第90页。
⑤ 《朝鲜宣祖实录》卷二一，宣祖二十年八月丁卯，第21册，第436页。

世实用编》《续文献通考》等四种书内，有记载小邦事迹一款，委与皇朝《会典》所录，乖错殊甚而又以不近情理之说，横诬先王。"对此记载，朝鲜使臣"惊愕痛闷"，于是频频在明朝礼部衙门等机构进行申辩，要求"各册原款讹谬等处，尽行删改"①。其后，朝鲜大臣发现，尽管在《明会典》中已改正朝鲜国王世系问题，但在《续文献通考》等十余部书籍中，仍然对宗系问题有错误记载，甚至有书中表述太祖李成桂"虽非李仁人之子，实是党也"，并且说明明太祖朱元璋极其痛恨奸党。鉴于此，朝鲜廷臣李尔瞻、南瑾等建议，速去明朝辩诬"历陈前后曲折，一以释前日之未尽，一以防诸书之为患"②。经过一番努力，最终，"宗系再正，先诬快辨"③。由此，朝鲜"宗系辩诬"经历了两个多世纪的交涉过程④。

三 明朝与朝鲜争端问题之二：明太祖反对朝鲜与明朝藩王私交

明太祖建立新王朝后，为防范异姓大臣势力坐大影响到自己的朱姓江山，于是大肆诛杀功臣，转而分封自己的儿子做藩王，到各地镇守。但明太祖通晓历史，他了解前代诸侯王势力膨胀"尾大不掉"给王朝带来威胁的教训，因而注意观察各藩王的动向，防范他们相互联合。

属国朝鲜与明朝藩王的来往，引发明太祖的警觉。早在明洪武二十六年（朝鲜太祖二年，1393）四月，李成桂即分别"遣前密直使朴原聘辽王府，前密直副使柳云聘宁王府"⑤。对于朝鲜私下结交明朝藩王之举，明太祖甚为不悦。洪武二十七年（朝鲜太祖三年，1394）二月，明太祖又得知朝鲜"遣人至齐王处行礼，所遣之人，假为异词，自谤彼国，意在觇王动静"，于是派人前去质问朝鲜，李成桂辩解说是所差官员的私人行为，并非官方指使，所谓："盖是承差员人之过失，非小国所知"⑥，以此搪塞过去。

当年四月，明朝与朝鲜在沿海边境地区由于人员流动引发冲突，明太

---

① 《朝鲜光海君日记》（正抄本）卷九四，光海君七年闰八月壬子，第32册，第413页。
② 《朝鲜光海君日记》（正抄本）卷一〇一，光海君八年三月癸酉，第32册，第460页。
③ 《朝鲜光海君日记》（正抄本）卷一〇二，光海君八年四月辛亥，第32册，第466页。
④ 朝鲜的"宗系辩诬"问题，有的学者认为持续了近两个世纪，即明太祖二十七年（1394）至明万历十五年（1587）期间，还有的认为在明世宗四十三年（1564）此事最终解决，笔者认为不准确，应是历经两个多世纪，即一直到明万历四十四年（1616）才最终解决该问题。
⑤ 《朝鲜太祖实录》卷三，太祖二年四月庚辰，第1册，第42页。
⑥ 《朝鲜太祖实录》卷五，太祖三年二月己丑，第1册，第55页。

祖令朝鲜将犯罪之人送至明朝处理，并要求（李成桂）"长男或次男，亲自解来"①，由此，李成桂派出其第五子靖安君李芳远赴明朝进行交涉。李芳远作为李成桂诸子中最突出的一位，很有心智和谋略。在李芳远到达明朝都城南京之前，路经燕王朱棣统辖的北平府，特意前去拜望朱棣。朱棣热情接待李芳远，"温言礼接甚厚，因使侍立者馈酒食，极丰洁"。当李芳远离开北平府时，在道上遇见燕王乘马前往京师，他急忙下马在路边避让，而燕王则停马驻足与之相见，"温言良久，乃过行"②，体现出两人私交之深厚。后来的事实也证明，李芳远与朱棣两人关系良好，例如朱棣与建文帝作战时，时为朝鲜国王的李芳远曾应建文帝之要求贡献军马，但李芳远故意挑选劣马进贡建文帝，这等于间接支持燕王朱棣；后来，朱棣如愿成为明朝皇帝，明太宗朱棣与朝鲜太宗李芳远时期的两国关系非常友好。此是后话，而当时明太祖时期专门侦缉各种消息的锦衣卫特务机构，把燕王朱棣与朝鲜王子李芳远过从甚密之事报告给了明太祖，明太祖已对朝鲜方面的举动产生防范心理。

而到了洪武二十八年（朝鲜太祖四年，1395）十一月，朝鲜计禀使金乙详路经燕王府邸时，专程拜会燕王朱棣，燕王向朝鲜使臣提出要求"尔国王何不送马于我"，于是李成桂专门派节日使金立坚等人送鞍马于燕王。明太祖获知此事后，大为光火，严厉斥责李成桂同明朝藩王之间的私交行为"朝鲜王何得私交"，并将与此事件相关的通事宋希靖、押马权乙松流放极边以示严惩③。

可以看出，明太祖对于属国朝鲜与明朝境内藩王的交往非常戒备，担心藩王借助外部力量形成割据势力，危及皇权统治。但明太祖的这一努力并未达到目的，正是燕王朱棣在积蓄了力量的基础上，与继承明太祖之位的建文帝展开争夺皇权的斗争，而朱棣凭借此前与朝鲜王廷建立的私人关系，取得朝鲜的间接帮助，从而在取得战争胜利方面占得先机。

四 明朝与朝鲜争端问题之三：明朝与朝鲜的文书往来争执

朝鲜王朝建立后，通过与明王朝开展频繁的文书往来，可以获取政治

---

① 《朝鲜太祖实录》卷五，太祖三年四月甲午，第1册，第62页。
② 《朝鲜太祖实录》卷六，太祖三年十一月乙卯，第1册，第71页。
③ 《朝鲜太祖实录》卷八，太祖四年十一月丙寅，第1册，第86页。

外交、经济贸易、文化交流方面的利益，因而对"表笺外交"非常重视①，但此过程中，由于表述上的不当，引发了一些矛盾。明洪武二十七年（朝鲜太祖三年，1394）二月，在朝鲜给明朝的上书中，明太祖认为朝鲜方面一些词语的使用是对明朝的不恭敬："更国号谢恩表笺内，杂以侵侮之辞"，因而大为不满，责备朝鲜"以小事大"之心意不诚。在意识到这一点之后，朝鲜权知国事李成桂马上派人致书解释，表明朝鲜国地处偏僻，语言、文字落后，导致双方交往中出现误解，但朝鲜绝不敢对明朝有不敬之意，即："小邦僻处荒远，言语不通，闻见不博，粗习文字，仅达事情……非敢故为侮慢。"②明太祖却不接受这种说法，仍然以"表文语慢，诘责之"③。

明洪武二十九年（朝鲜太祖五年，1396）二月，朝鲜贺正使打角夫金乙珍、押物高仁伯等携带礼部咨文回到朝鲜，在咨文中明朝礼部传达明帝旨意，斥责朝鲜在上书明帝的表笺文内，有"言词侮慢"之语，意在挑起衅端，故要求朝鲜方面将写作表笺之人送到明朝治罪，"令李讳知衅端之所以，将撰文者至，使者方归"。接到咨文后，李成桂马上派遣郭海隆押送撰文者金若恒到明朝京师请罪，在致明帝的书信中，李成桂做出说明，是由于朝鲜文人词不达意，"以致言词轻薄"，产生误会；但朝鲜王廷对明王朝的忠心"天日照临，实非诬妄窃"，最后对明帝未加怪罪的宽恕之恩表示感谢，即："幸蒙圣慈，不即问罪，宽宥之恩，昊天罔极，知感且愧，糜粉难报。"④

明朝职能部门并未理会朝鲜方面的解释。当年三月，朝鲜计禀使郑摠一行人从明朝京师回到朝鲜时，明朝礼部在咨文中指责朝鲜所进贺的表笺"文辞之间，轻薄肆侮"，尤其是近日奏请的印信诰命状内"尤为无礼"，考虑到也许这并非国王本意，而是臣下"戏侮"，或是出使的官员中途改

---

① 陈龙等：《朝鲜与明清表笺外交问题研究》，《中国边疆史地研究》2010年第1期。
② 《朝鲜太祖实录》卷五，太祖三年二月己丑，第1册，第55页。有的学者认为，最早的文书争端即"表笺问题"出现在"明洪武二十八年（朝鲜太祖四年，1395）十月"，结合上述文献内容，我们认为早在"明洪武二十七年（朝鲜太祖三年，1394）二月"，明太祖即已指责朝鲜上书中的言辞不逊。
③ （清）张廷玉等撰：《明史》卷三二〇，朝鲜传，中华书局2000年版，第5546页。
④ 《朝鲜太祖实录》卷九，太祖五年二月丁酉、癸卯，第1册，第89页。

换的，因此要求朝鲜"将撰写校正人员尽数发来"①，才放回在明朝京师的朝鲜使者。六月，明朝廷使臣尚宝司丞牛牛、宦者王礼、宋孛罗、杨帖木儿来到朝鲜，要求将撰写"轻薄戏侮"表笺文的撰表人郑道传、郑擢送到明廷，"催取撰表人郑道传等"②。李成桂并未照办，而是派遣参赞门下府事赵胖到明朝京师祝贺圣节，在致书礼部的咨文中，除了表明对明朝"事大之诚，不敢少怠"的忠诚，主要是表达由于"学问粗浅，未识中朝表笺体制，以致字样差谬，兢惶罔措"③的不安心情。七月，太祖又派遣判司译院事李乙修为管押使，将"语音别异，学不精博"的撰表笺人艺文春秋馆学士权近、右承旨郑擢、当该启禀校正人敬兴府舍人卢仁度，送到明朝京师；至于提调官判三司事郑道传，由于他对郑擢所撰的表文未曾"改抹校正，事无干连"，加之他本人患鼓胀脚气病症，故"不能起送"④。实际上，李成桂是为了保护郑道传这位开国功臣，因而并未将其送往明朝。九月，明朝将撰表人郑擢遣返回朝鲜，在礼部致李成桂的书信中，明朝官员指责朝鲜儒生的不当言论影响了两国的友好关系，即："此数生，不为王量力，敢为小敌之坚，故作戏慢，生隙殃民。"⑤

因文书问题引发的两国争端持续发酵，明洪武三十年（朝鲜太祖六年，1397）正月，明太祖斥责李成桂身边官员大多为轻薄小人，不但不能对其起到帮助作用，反而"撰述表笺，搜求构祸之言，置王于无容身之地"⑥；四月，明太祖又致书朝鲜国王，对于撰写表笺之人指责为"此非三韩生灵之福，乃三韩之祸首也"，并直接指出郑道传会遗祸朝鲜："文人郑道传者，于王之助，何为也？王若不悟，斯人必祸源耳。"⑦ 在此情况下，十二月，李成桂派遣通事郭海龙，管送写启本人礼曹典书曹庶赴明朝京师，致书礼部尚书郑沂，就"表笺"问题进一步辩解。在书信中，李成桂首先表明对明朝的一贯忠心"敬上之心，不敢小怠"，说明造成"表笺事件"的原因在于"一是某愚拙，二是小邦人言语字音，与中国不同，又不

---

① 《朝鲜太祖实录》卷九，太祖五年三月丙戌，第1册，第90页。
② 《明太祖实录》卷二四七，洪武二十九年九月丙辰，第3583页。
③ 《朝鲜太祖实录》卷九，太祖五年六月庚子，第1册，第93页。
④ 《朝鲜太祖实录》卷一〇，太祖五年七月甲戌，第1册，第94页。
⑤ 《明太祖实录》卷二四七，洪武二十九年九月丁卯，第3586页。
⑥ 《明太祖实录》卷二四九，洪武三十年正月丙辰，第3605页。
⑦ 《朝鲜太祖实录》卷一一，太祖六年四月己亥，第1册，第103页。

知朝廷文字体式及回避字样，致此差谬"，并表示，为避免今后出现类似差误，希望明廷能够及时告知相关事项，即："将应合回避字样，颁与小邦，俾永遵守"①，体现出朝鲜方面的真诚态度。

明朝礼部官员却不依不饶，仍然坚持追究责任。明洪武三十一年（朝鲜太祖七年，1398）五月，被扣留在明朝的朝鲜使臣曹庶从人崔禄，携带礼部侍郎张炳之书以及曹庶、郭海龙的招状，自明朝京师返回朝鲜。在书信中，明朝礼部大臣指责"今王叠生衅隙……今王数数生边衅于我朝"，对太祖的为人提出质疑"专以谲诈为常……专以为仇，暗侮不绝"，甚至有威胁王位之意"王虽在位，亦何益哉？"对于朝鲜大臣，更是指责他们"皆轻薄白面书生，不以道助王，皆剽窃中国圣贤经传，断章取义，翻作戏侮之词"，要求李成桂将"有执笔同谋相侮者"，即前礼曹正郎尹珪、成均司成孔俯、礼曹正郎尹须三人，送到明朝"王其审之发来"②。

明朝官员的步步紧逼，惹恼了朝鲜大臣。右散骑常侍卞仲良等上疏，建议对明朝采取强硬态度，指出：朝鲜自建立以来，一直对明朝表示恭敬"事大之诚，有加无已"，但明朝却求全责备，以文词之事"吹毛求疵"，拘留郑摠、金若恒、卢仁度、柳灝等，指责曹庶、郭海龙有戏侮间谍之辞，卞仲良认为这是一种阴谋，主张不必按明朝要求送尹珪等三人，"以示自强之势"③。李成桂却不想跟明朝对抗，而是在当年六月，派遣前判典客寺事郑连，管押成均祭酒孔俯、礼曹正郎尹须、前礼曹正郎尹珪等赴明朝京师。在致礼部侍郎张炳的答书中，李成桂首先表明对明朝的恭顺态度"常想尽忠奉上，保守小邦，传子传孙，以期报效"，接着说明，尹须、尹珪、孔俯三人都不通晓中国语言，虽然会写字，但并不理解文字的真正含义，以致在启本中出现不当文字"何敢造生衅端，自招愆尤？"④不过，此三人并未押送到明廷，而是到达辽东时，随着"皇帝（朱元璋）升遐，太孙即位，大赦乃还"⑤。由此，明太祖年间的文书争端事件画上句号。这场沸沸扬扬的"表笺事件"，其"发生并非偶然，这应该源于朝鲜对辽东的

---

① 《朝鲜太祖实录》卷一二，太祖六年十二月丙午，第1册，第113页。
② 《朝鲜太祖实录》卷一四，太祖七年五月庚申，第1册，第122页。
③ 《朝鲜太祖实录》卷一四，太祖七年五月戊寅，第1册，第124页。
④ 《朝鲜太祖实录》卷一四，太祖七年六月丁未，第1册，第127页。
⑤ 《朝鲜太祖实录》卷一五，太祖七年十月乙巳，第1册，第139页。

野心……表笺的不逊，是这种野心的暴露"①，因而我们不能将其简单视为表面上的文字争执，而是有其深刻的内涵与背景。

总之，李成桂建立朝鲜以来，尽管其对明朝"谨修岁时，无怠职贡"②，但朝鲜与明朝开展关系中存在一些摩擦，如上述三个争端问题，还有女真问题③等，由此招致明朝的惩戒。例如，朝鲜谢恩使李恬入见明太祖，太祖以其跪不正为由，几乎将其棒打而死，后饮药才活下来。等他回国路过辽东时，明廷吩咐不许接待；朝鲜进表使李至，到达辽东时被拒绝入内；朝鲜陪臣尹思德携带表文进贺圣节，陪臣朴永忠进贺千秋，陪臣庆仪进贺正朝，陪臣安宗源等赴京谢恩，到辽东时皆被阻挡，无奈回还本国。后来，在李成桂对明朝表示"永为蕃翰于一邦，恒祝康宁于万世"④的积极态度下，加之清除一些阻碍两国关系的不利因素，例如，当李成桂得知"朝鲜所以生衅者，僧徒为之游说耳"的消息后，规定"自今僧徒往来西北面者，令皆诛之"⑤。由此，明朝解除对朝鲜使臣的道路限制，李成桂则马上派遣开城尹李茂"谢许通道路"，并表示"谨当之屏之翰，修侯度而益虔"⑥，表现出更加虔诚的态度。

对于朝鲜与明朝不断产生争端，明朝五军都督府及兵部臣曾以朝鲜"屡生衅隙，请讨"，但明太祖表示"不许"⑦。对此，明太祖解释，兴兵攻打朝鲜并非难事，但容易使百姓遭受灾殃，因而只是令礼部移文朝鲜，警告说"彼若不悛，讨之未晚"，于是礼部发咨文给李成桂，在谴责其"迭生衅隙，用招祸愆"的同时，要求其改过自新"以全一国生民之命"，并指出这实际上是在教导与爱护朝鲜，最后要求朝鲜国王深思熟虑"以保三韩，毋贻后悔"⑧，体现出大国宽容属国的胸怀。

综上所述，通过分析明太祖在位时期与朝鲜的争端问题，我们得出如下两点认识：其一，明太祖未册封李成桂为朝鲜国王、责怪朝鲜使臣与明

---

① 张辉：《李成桂父子与朱明》，《当代韩国》2001年第3期秋季号。
② 《朝鲜太祖实录》卷三，太祖二年六月乙亥，第1册，第44页。
③ 该部分内容参见王臻《朝鲜前期与明建州女真关系研究》，中国文史出版社2004年版，第42—43页。
④ 《朝鲜太祖实录》卷六，太祖三年六月乙亥，第1册，第64页。
⑤ 《朝鲜太祖实录》卷六，太祖三年七月庚戌，第1册，第66页。
⑥ 《朝鲜太祖实录》卷六，太祖三年八月乙亥，第1册，第68页。
⑦ （清）张廷玉等：《明史》卷三，本纪第三，太祖三，第37页。
⑧ 《明太祖实录》卷二五七，洪武三十一年四月庚辰，第3710—3711页。

朝王子私交、斥责朝鲜外交文书言辞不恭这些行为，处处体现出明朝的上国地位，以此确立明王廷的威信，这为后世两国保持"稳定而典型"的封贡关系奠定了基础。其二，不可否认的是，明朝对朝鲜高高在上、盛气凌人的态度，也招致了朝鲜方面的怨言，如李成桂曾愤慨地说："（明太祖）责我以非罪，而胁我以动兵，是何异恐吓小儿哉！"[1] 前述右散骑常侍卞仲良上疏提议对明朝采取强硬态度，更有遭明朝步步紧逼的奉化伯郑道传提出攻打辽东的"攻辽之举"[2] 计划，这给明朝与朝鲜两国正常关系的发展增添了不和谐的因素。

（王臻为天津师范大学历史文化学院暨欧洲文明研究院教授；杜帅莽为天津师范大学历史文化学院硕士研究生）

---

[1] 《朝鲜太祖实录》卷三，太祖二年五月己巳，第1册，第43页。
[2] 《朝鲜太祖实录》卷一四，太祖七年八月壬子，第1册，第130页。

传入朝鲜的清代禁毁书籍*

杨雨蕾

一

康乾时期被认为是清代经济文化的繁盛期,尤其在乾隆编纂《四库全书》之际,文化活动达到高潮。然而与此相伴的,却是一场禁毁图书的浩劫。朝廷在征集图书、编纂图书的同时,查缴、销毁了大批被认为有违纲常伦理、不合义理名教、讥贬满族先世、危及皇朝统治地位的书籍,同时制造了多起触目惊心的文字狱,其范围之广、数量之多、程度之深,前所未有。值得注意的是,部分所谓"违碍""悖逆"的书籍传入朝鲜半岛,并被保存下来。本文考察传入朝鲜清代禁毁书(不包括禁毁小说)[①]的内容情况,利用朝鲜燕行录资料探求它们传入朝鲜的背景、途径,并由此对清初期中韩文化关系作一评说。

一

传入朝鲜的清代禁毁书到底有多少?现已无法确知。笔者根据朝鲜正祖五年(1781)徐浩修奉命编撰的《奎章总目》和部分燕行录资料,仔细对照《清代禁毁书目》(补遗)、《清代禁书知见录》,得知收入《奎章总目》

---

* 题记:笔者于2002年承蒙黄时鉴师推荐和耿昇先生抬爱,成为中国中外关系史学会会员,2003年首次参加中国中外关系史学会学术讨论会,会议在新疆乌鲁木齐召开,主题为"中国与周边国家关系史",这也是我初次拜见耿昇先生和许多师长学友,受益匪浅。回忆当时情景,历历在目,十分感慨。本文初稿即为参会论文,得到不少与会专家学者的批评指正,后修改刊发于《文献》2006年第2辑。今读此文,甚为粗浅,然基本保留原貌,谨以此表达我对耿昇先生的怀念和无限敬意。

① 韩国高丽大学崔溶澈教授的研究论文《中国禁毁小说在韩国》(载《东方丛刊》1998年第3期)对此已作初步研究。

的清代各类禁毁书有一百一十七种，另有燕行录记载的四种。

这些书籍从内容上看，经部三种（包括四书类二种、小学类一种，为吕晚村和顾亭林的作品）；史部二十四种（包括正史类三种、别史类十八种、掌故类一种、地理类二种）；子部十八种（包括儒家类二种、兵家类六种、释家类一种、小说家类二种、类书类五种、丛书类二种）；集部七十二种（包括总集类二十种、别集类五十二种）。[①] 可见集部占多数，这是因为本来清代禁毁书中集部书籍最多。

从时代上看，明人著作占多数，共八十四种，达74%。分析这些明人作品，有四库馆奏请全毁书和军机处奏准全毁书共二十六种。这些书大多数内有清朝统治者所忌的内容。有些涉及清入关前与明朝的关系。如金日升辑的《颂天胪笔》，书中多言明代边关之事，有"建州小丑尚稽天讨，忠臣以之痛心，壮士于焉裂眦""夷情狡诈""东奴"之类字句，为军机处奏准全毁书。再如张溥的《七录斋集》，其中有《女直论》一篇，认为明朝边祸，在于杀努尔哈赤之父不当又授其爵太重，故为清廷所忌，被归入军机处奏准全毁书。有的是讥贬满族先世（贬金为夷）的内容，如李贽的《藏书》，因内载女真国纪，干碍而被列入军机处奏准全毁书目中。有的是因写入为清廷所忌的悖碍字句，如陆应阳辑的《广舆记》、郭正域的

[①] 其中经部四书类有《晚村讲义》《四书朱子异同条辨》，小学类有《音学五书》；史部正史类有《宋元通鉴》《吾学编》《昭代典则》，别史类有《名山藏》《藏书》《续藏书》《函史》《明政统宗》《弇州史料》《孤树裒谈》《谷山笔麈》《读史漫录》《三朝要典》《颂天胪笔》《两浙名贤录》《皇明名臣言行录》《启祯野乘》《明季遗闻》《三藩纪事本末》《东林列传》《留溪外传》，掌故类有《国朝典汇》，地理类有《广舆记》《经世挈要》；子部儒家类有《性理大全》《日知录》，兵家类有《登坛必究》《督戎疏纪》《戎事类占》《金汤（借箸）十二筹》《广百将传》《武备志》，释家类有《楞严蒙钞》，小说家类有《鸿苞集》《说铃》，类书类有《图书编》《鸿书》《皇明经济文辑》《皇明名臣经济录》《八编类纂》，丛书类有《眉公秘笈》《昭代丛书》；集部总集类有《古文奇赏》《古文觉斯》《嘉定四先生全集》《十六家小品》《皇明奏疏》《不愧堂奏疏》《四六全书》《古诗归》《唐诗归》《石仓历代诗选》《明文英华》《留耕全集》《尺牍新钞结邻集》《宋诗钞》《历代诗家》《列朝诗集》《明诗综》《明诗别裁集》《国朝诗别裁集》《百名家诗选》；别集类有《顾亭林集》《感旧集》《马端肃公奏议》《何文肃公集》《张太岳集》《赐间堂集》《许文穆公集》《玉恩堂集》《归震川集》《大泌山房集》《徐文长集》《冯宗伯集》《苍耳斋近稿（苍耳斋诗稿）》《万一楼集》《李文节集》《睡庵集》《即三集》《苍霞草》《松石斋集》《黄离草》《李氏焚书》《虞德园集》《袁中郎集》《珂雪斋集》《七录斋集》《钟伯敬集》《谭友夏集》《谭子诗归》《澹园集》《容台集》《歇庵集》《缑山集》《宝日堂集》《文太清集》《萤芝集》《高子遗书》《杨忠烈集》《左忠毅公集》《眉公集》《眉公十种藏书》《孙高阳集》《止止堂集》《几亭全书》《陶庵集》《牧斋初学集》《牧斋有学集》《赖古堂集》《曝书亭集》《三魏全集》《壮悔堂文集》《西坡类稿》《笠翁一家言》。

《黄离草》、钟惺的《钟伯敬全集》、陶望龄的《歇庵集》，均属此类，为军机处奏准全毁。另外一些有违伦理，如顾秉谦等编的《三朝要典》，旨在奉承魏忠贤，诬陷东林党人，军机处奏请全毁批词云："其书名为敕修，实一时阉党借以罗织正士，献媚客魏，中间颠倒是非，天良灭绝，本应毁弃，又有狂悖之处，应请销毁。"①

上述全毁书之外，四库馆和军机处奏请抽毁书和其他各省奏缴应禁书也多数涉及边事、明初史事和对辽金有偏驳之语等方面的内容。如史部黄光升《昭代典则》载明初史事，郑晓《吾学编》有贬金之语；子部章潢《图书编》论及边事，刘仲达《鸿书》对辽金有偏驳语，王鸣鹤辑《登坛必究》、茅元仪辑《武备志》载武备事宜；集部陈仁锡《古文奇赏》、袁宏道《袁中郎集》等均内有偏谬语。其他零星的还有邓元锡的《函史》，该书因是心学著作，有违义理而为两江总督奏准禁毁；屠隆撰的《鸿苞》其言驳杂，大旨为释、道二学，为湖北巡抚奏准禁毁；钟惺、谭元春选辑的《古诗归》《唐诗归》则因其宣扬竟陵派文学主张，②清廷认为此非"正声"，有碍于"盛世"教化而被禁毁。

除明人著作，还包括清时期著作（含明末清初的著作）共二十八种。其中多为文字狱下的禁毁书，有吕留良的《晚村讲义》、钱谦益的《楞严蒙钞》《牧斋初学集》《牧斋有学集》、顾炎武的《音学五书》《亭林文集》《日知录》及收有吕留良、钱谦益和屈大均等人作品的书籍，如李佩霖的《四书朱子异同条辨》（内有吕留良讲义语）、吴震芳的《说铃》（内有屈大均的《登笔记》）、顾有孝的《明文英华》（内有钱谦益诗）、周在梁的《结邻集尺牍新钞》（内选有钱谦益、屈大均尺牍）、朱彝尊《明诗综》（内有屈大均诗）等。另外是史部一些因涉及明末史实而被清政府认为有损于本朝的著作，如邹漪的《启桢野乘》《明季遗闻》，陈鼎的《东林列传》《留溪外传》，杨陆荣编纪的《三藩纪事本末》（该书虽奉清为正统，多颂谀之词，但对清军南下之荼毒，仍不免有所披露，故被列入应缴

---

① 王彬主编：《清代禁书总述》，中国书店1999年版，第359页。
② "竟陵派"为晚明"公安派"以后的一大文学流派，"公安派"诗文，提倡"独抒性灵"，打破传统，随意的表达真实的个性。谭、钟所创的"竟陵派"，接过了"性灵"的旗帜，但认为"公安派"末流有浅率空疏之病，另辟所谓"深幽孤峭"一路来纠正。他们的诗常有意破坏常规的语法、音节，使用奇怪的字眼，最求幽僻的境界。

违碍书籍中）等。

将上面这些传入朝鲜半岛的禁毁书对照 1972 年编制的《奎章阁中国本总目录》，可知其中的七十九种还保存在现属汉城大学的奎章阁里。在这七十九种禁毁书中，《音学五书》《东林列传》《日知录》《图书编》《宋诗钞》《明诗综》《马端肃公奏议》《高子遗书》《曝书亭集》等九种经"抽毁"后已收入《四库全书》；近收入《四库禁毁丛刊》的有三十四种；从《中国丛书综录》中能找到《三藩纪事本末》《说铃》《尺牍新钞结邻集》《钟伯敬集》《谭友夏集》《澹园集》等六种；在《中国古籍善本书目》中能见到四十七种。对照可见韩国藏有中国已不存的禁毁书。当然仔细查找或许能查出余下十几种还有部分在国内有藏本，但同种书的中国藏本和韩国藏本也有可能值得作一比照。

上述统计或能管窥清代禁毁书籍传入朝鲜的情况。我们知道，建于正祖元年（1776）的奎章阁是朝鲜王朝的皇家图书馆，最初主要奉安历代大王的御制、御笔和御谱等，不过不久就将弘文馆原有藏书移至该馆，同时在国内外广为收集以充实馆内图书。《奎章总目》收录了当时藏于馆内的中国本图书共 712 种、13642 册。从奎章阁始建的 1776 年到 1781 年编撰《奎章总目》的六年，正值清编纂《四库全书》（1773—1782）并大规模禁书之时（1774—1793），虽然这期间的馆藏禁毁书势必可能部分在清禁书前已传入，但是令人关注的是，奉行"事大"政策的王朝政府在清大规模禁书之时却将不少这类"违碍""悖逆"书籍收藏于皇家图书馆内，且数量竟超过当时藏书种数的 1/7。

二

朝鲜王朝治下的社会是一个极其封闭的社会，被王朝政府派遣入中国京城的燕行使臣是它与国外接触的主要管道。燕行使臣除作为媒介传入中国政府赐赠的书籍外，还在王朝政府的鼓励下于私人活动之时积极求购书籍，并将它们传入朝鲜。事实上，清代大量汉籍主要是通过燕行使臣传入半岛的，其中就包括当时为清王朝所禁毁的书籍。[①]

[①] 参见杨雨蕾《燕行使臣与汉籍东传朝鲜》，载《韩国研究》第六辑，学苑出版社 2002 年版，第 25—49 页。

分析起来，清代禁毁书籍的最大特点就是与文字狱紧密相连并利用征集图书大规模地展开。在这一点上，朝鲜燕行人士所留下的笔墨道出了中国汉族文人没有或不敢做出的评说。朴趾源在其《热河日记》中感叹"购书之祸甚于焚书"。而朴思浩在1828年燕行观书肆后更评论康熙开文渊阁道：

> 康熙时，天下初定，人心未服，海内豪杰之士扼腕而谈愤，开口而咏叹，无非尊攘之义也。海可蹈也，山可隐也，剃发左衽，投帽而抵地曰：甚么物也。于是乎康熙大忧之，开文渊阁，集天下文学之士，縻以美衔，厚其饩养，裒聚书籍，昼夜考校。向所谓豪杰之士，埋头蠹鱼之间，不知老之将至，而愤叹之心，如雪遇阳。此乃赚得英雄之术，非但出于右文之意也。①

这些观察和剖析都可谓深有见地。

当时所禁毁之书大约主要有三类。一是明代史料，尤其是野史，包括一些关于辽金元和涉及北方边疆少数民族的史书，因为这类书籍记录了后金兴起、满人入关的史实，有碍于清政府的体面。二是怀念明朝，以"夷狄""胡""贼"等诋毁清朝（包括贬金为夷）的著作。三是文字狱下的各类禁毁书，如顾亭林、屈大均、钱谦益等人的著作或收有这些人作品的书籍。另外还有一些有悖封建伦理纲常、非"正声"的著作。②其中前三类书籍无疑会引起内心依旧奉明为正统的朝鲜燕行使臣的兴趣。

1644年，清王朝入主中原，之前一直事明为大的朝鲜王朝虽迫于武力臣服于清，但却对明王朝满是怀念和同情。朝鲜仁祖王第三子、麟坪大君李㴭（字用涵，号松溪，1622—1658），曾在1643年与昭显世子一同作为朝鲜王朝质子随清顺治帝入关，其间所留下的燕行诗充满悲凉之情。③1656年他奉命以陈奏正使身份再次入燕，出发前写道："今当衔命之行，惨遭丧明之恸"，④颇为感伤。途中其《玉溜石榻独坐无聊答行台郑圣瑞所

---

① ［朝鲜］朴思浩：《燕行杂著》，载《燕行录选集》上册，韩国成均馆大学大东文化研究院1960—1962年版，第899页。此处"朝鲜"指朝鲜半岛朝鲜王朝时期（1392—1910），下同。
② 参见王彬《清代禁书总述》，中国书店1999年版。
③ 参见［朝鲜］李㴭《松溪集》卷二，载前揭《燕行录选集》，下册，第139—167页。
④ ［朝鲜］李㴭：《松溪集》，疏答，载前揭《燕行录选集》，下册，第186页。

赠》诗云："舐犊那堪惨痛哉，古人犹有丧明哀。昔日皇都百万家，满城桃李厨春华；天运已穷时事变，愁看万岁起胡沙。大凌河水何日尽，长使英雄泪满衣；十万汉兵同日死，只今白骨照残晖。"① 更是抒发他视明亡犹如丧父母的悲恸情怀。

闵镇远（字圣猷，号丹岩，1664—1736），朝鲜肃宗三十八年（1712，清康熙五十一年）作为谢恩副使入京，并写下《燕行录》。《燕行录》中，作者不以清为正统，称满人为胡人，甚至以"胡皇"称康熙，处处以清为夷，对明怀念。看他在途中写下的这一段：

> 自小黑山五里许始有墩毚。周围三十步许，高十丈许。以甓坚筑，四面无门，非云梯难上。每五里置一墩，棋布星罗，是明末为御胡筑此了望贼兵，而每一墩费千金。胡骑未遏而民先竭，以致贼已去。可为痛哭！②

这种睹物思明，且大发感慨的内容在其燕行录中还有不少。

再看朴趾源《热河日记》之《行在杂录》的一段记录：

> 呜呼！皇明，吾上国也。上国之于属邦，其锡赉之物虽微如丝毫，若陨自天，荣动一域，庆流万事；而其奉温谕，虽数行之札，高若云汉，惊若雷霆，感若时雨。何也？上国也。何谓上国？曰中华也，吾先王列朝之所受命也。故其所都燕京曰京师，其巡幸之所曰行在，我效土物之仪曰职贡，其语当宁曰天子，其朝廷曰天朝，陪臣之在庭曰朝天，行人之出我疆场曰天使。属邦之妇人孺子语上国，莫不称天而尊之者，四百年犹一日，盖吾明室之恩不可忘也。……今清按明之久，臣一四海，所以加惠我国者亦累叶矣。……此实旷世盛典而固所来得于皇明之世叶，然而我以惠而不以恩、以忧而不以荣者，何也？非上国也。我今称皇帝所在之处曰行在而录其事，然而不谓之上国者，何也？非中华也。我力屈而服，彼则大国也。大国能以力而屈

---

① ［朝鲜］李渲：《松溪集》，疏答，载前揭《燕行录选集》，下册，第181页。
② ［朝鲜］闵镇远：《燕行录》，载前揭《燕行录选集》，下卷，第330页。

之，非吾所初受命之天子也。①

这段记录最为概括反映了朝鲜半岛内心对明清两朝的态度。从"朝天"到"行在"，从"以恩"到"以惠"，反映了他们对清朝难以言表的矛盾心态，这种心态基于他们将明朝视作父母的情感，基于他们对明朝在文化上的崇敬。正是这种态度，一些燕行使臣得以透视清政府编纂《四库全书》的真正用意，亦得以将清政府兴起大规模文字狱归因于文化上的自卑。于是关注文字狱便成为他们寻求共鸣以释放这种情感的方式。

李土甲（1737－1795），乾隆四十二年（1777）作为朝贡使团副使入京，他写下的《燕行纪事》中有对"查嗣庭之狱""曾静、吕留良案"的详细记载。查嗣庭，浙江海宁人，康熙四十七年（1708）进士，官至礼部侍郎。雍正四年（1726）出为江西考官，试题"维民所止"。有人告发说"维止"二字乃取雍正二字之首，雍正大怒，革职拿问。又在其寓所搜出日记，有直论时事之文，结果因背叛罪而被判处斩。李土甲不仅对此案的情况作了说明，② 还评道：

> 查嗣廷亦历事两朝，其为宰相，而或作词章，无非诋辱清人之辞，则其不心服可知。其立朝者尚如此，其不仕者尤当何如耶？③

吕留良（字用晦，号晚村），浙江石门人，明末清初评点时文大家，明夷夏之变。死后四十年，因曾静欲反清复明一事案发而与其子吕葆中照大逆治罪，戮尸枭市，牵连者众多。此案可谓清朝"诸文字狱中第一巨案"④。李土甲对此案的记载甚为详细，笔端对吕留良颇为敬仰，他写道：

> 吕留良者，江南大儒，即明末清初人也。……留良少时，尝为贡生，旋即敛迹讲学，康熙征辟皆不就，学者称以晚村先生。其经书讲义盛行于天下，我东亦多见者。其所秉执之论，一以春秋大义为主。

---

① ［朝鲜］朴趾源：《热河日记》，上海书店出版社1997年校点本，第187—188页。
② ［朝鲜］李土甲：《燕行纪事》，载前揭《燕行录选集》，下卷，第669页。
③ ［朝鲜］李土甲：《燕行纪事》，载前揭《燕行录选集》，下卷，第666页。
④ 《康雍乾间文字之狱》（清代野史丛书），北京古籍出版社1999年版，第20页。

其言曰：即今有世界而无世界，有君臣而无君臣。夷夏之分当严，君臣之义反轻。又曰：孔子少管仲之器而大其功，至曰："如其仁"，又曰："微管仲，吾其被发左衽。"此其指一匡九合而言，盖以其伐楚问罪，又尊周攘夷之功故也。以此等义理倡名于天下，于是南方之士多诵其说，而服其义。①

事实上，吕留良作为明代遗民，他的言论、事迹为不少燕行的朝鲜使臣所关注。燕行时间早李土甲十二年的洪大容，②燕行期间便到处打听吕晚村其人和《吕晚村文集》的下落，希望能有幸见到并购得。③

李土甲的有关记述虽然也有错误之处，如将"查嗣庭之狱"和"曾静、吕留良案"发生的时间先后颠倒，但总体来看，如上所见，这些记载还是较为真实的。这一内容在国内同时期史料中并不多得，而且它还能让我们看到燕行使臣对文字狱的态度，弥足珍贵。

燕行使臣对文字狱的关注使他们对文字狱下禁毁书特别注意也就十分自然。于是，只要有机会，他们便煞费苦心，积极访求。徐浩修（1736—1799）1790年燕行时与铁侍郎（即铁保）相交，他曾直接问铁侍郎道："《牧斋集》方为禁书，阁下何从得见？"铁曰："凡禁书之法，至公府所藏而已，天下私藏安能尽去。牧斋大质已亏，人固无足观，而诗文则必不泯于后也。"④而朴趾源在《热河日记》记他在太学留馆与王举人（王民皞）、尹公（尹嘉铨）、奇公（奇丰额）笔谈，贸然请求临《明诗综》本考证其中对他五世祖朴仲渊所作的小传。此时，"奇公顾王举人有所酬酢，尹公亦相与语颇久，王举人即书'明诗综'三字，呼曰：'来也！'有一少年前拱手，王举人给其题目，其少年疾走去，似去借他处也……"⑤。此外，上述洪大容积极求购《吕晚村文集》也是其中的一例。

燕行使臣获取有关禁毁书籍主要有两条途径：一是到北京琉璃厂书肆求购；二是在与清朝文人交往过程中获赠。

---

① ［朝鲜］李土甲：《燕行纪事》，载前揭《燕行录选集》，下卷，第669页。
② 乾隆三十年（1765）以随员身份随冬至使团燕行。
③ ［朝鲜］洪大容：《湛轩燕记》，载前揭《燕行录选集》，上卷，第237、373页。
④ ［朝鲜］徐浩修：《燕行纪》，载前揭《燕行录选集》，上卷，第467页。
⑤ ［朝鲜］朴趾源：《热河日记》，上海书店出版社1997年校点本，第127页。

我们知道，北京琉璃厂在清代已逐渐发展成文化街市，其书肆规模颇大，尤其在乾隆朝编纂《四库全书》前后，琉璃厂书肆最盛。当时虽然处于清政府大规模禁书之时，但还有不少这类书在琉璃厂书肆等处流传并出售。燕行使臣便常乘去琉璃厂之际访求这些书籍。李德懋（又名懋官，号炯庵，1741—1793），1778年和朴齐家（字在先，1750—？）作为随员一起燕行入京，在京期间两人经常去琉璃厂访书、购书。就是在琉璃厂书肆中，他们抄录到《古文奇赏》《说铃》《音学五书》《昭代典则》《弇州别集》等禁毁书。① 而此次燕行的书状官也在五柳居购得《顾亭林集》。在归途中他对李德懋说："左右尝盛言顾亭林炎武之耿介，为明末之第一人物。购其集于五柳居陶生，陶生以为当今之禁书三百余种，《亭林集》居其一。"② 于是李德懋"托其秘藏归来"，阅后慨叹顾亭林"不惟节义卓然，足以横绝古今""果然明末遗民之第一人"，并称"其诗文典则雅正，不作无心语"。他说："亭林迹虽布衣，不忘本朝，不赴康熙己未博学鸿词科。此真大臣也。其所著《日知录》，可以羽经翼史，可见其淹博也。"③

燕行使臣对禁毁书，尤其是对文字狱下禁毁书的这种态度，使他们与清代汉族文人的交往十分独特。毋庸讳言，清代汉族文人在异族统治下对昔日明朝持有深深的怀念。然而这种怀念之情由于为清政府所忌讳，在中国当时几乎不见诸文字。令人惊讶的是，它们却在燕行使臣的笔下生动展现出来。《热河日记》就记载朴趾源与尹亨山、王鹄汀笔谈时曾对亨山"痴欲煎胶粘日月"句："不须人间费膏烛，双悬日月照乾坤"，当时鹄汀摇手，又墨抹"双悬日月"。为何如此？"盖日月双书则为'明'字"。④ 另外《热河日记》还记载朴趾源与志亭谈及活佛，问："活佛前身事，比如槐叶青虫载入蜜房为蜂子，……莫不变化，具有觉性。据此化身，能知前形否？若蘧（庄）周栩蝶，梦醒各异，不相关属，则无关轮转。若其洞知，果如活佛宿世，此身为某地某氏子，今生此身复为某所某姓

---

① ［朝鲜］李德懋：《入燕记》，载氏著《青庄馆全书》，韩国国译本，松树出版社（译名），1997年，第11册，第94—95页。
② 前揭［朝鲜］李德懋：《入燕记》，载《青庄馆全书》，第11册，第106页。
③ 前揭［朝鲜］李德懋：《入燕记》，载《青庄馆全书》，第11册，第106页。
④ 前揭［朝鲜］朴趾源：《热河日记》，第242页。

儿，宿世父母，今身爷娘，如今无恙，俱大慈悲，历历认识，各各号唤，将谁怨恩？哀乐何居？"见此，"志亭忽泻泪数行，加圈'哀乐何居'字"。此时，"忽有引户声，志亭急擦纸在握中"。① 再如上面李土甲也列举了不少汉人怀念明朝的例子，② 并叹曰："以此揆之，岂士论尚未尽死耶？"③

汉族文人对明朝的怀念之情还可以从他们得知朝鲜使臣所穿衣服仍为明朝旧制后的态度显现出来。洪大容燕行期间常被问起所着衣服是遵何代之制，④ 当他以"皆遵明制"作答时，对方的表示则常是"垂手默然"⑤。此外，这种心境从他们谈论朝鲜清阴先生和三学士事迹所表现的感情也能反映出来。清阴先生，朝鲜安东人，本名金尚宪，清阴为其号，有东方大儒之称。宣祖庚寅进士，仁祖朝大提学、为礼曹判书。丙子当他得知王廷与清签订和议，便手裂国书痛苦。后入太白山不返。清以斥和拘留沈阳三年，终不屈而还。后有《清阴先生文集》传世。⑥ 三学士指朝鲜王朝台谏洪翼汉、校理尹集、修撰吴达济。崇德二年三月甲辰，三人应曾陈疏反对王廷与清签订和议，被朝鲜太宗谕令解送沈阳，三人宁死不屈，最后被清诛于市。《皇清开国方略》对此事有记载。⑦ 当洪大容将清阴、三学士事写在纸上后，"诸人看毕，皆愀然无语"，潘庭筠（字兰公）更"以三学士姓名藏于筐中"。⑧ 可谓无奈。

可以说，正是在这种背景下，双方的交往颇能心灵相契，理解至深，于是一些禁毁书也在此过程中被私下赠送而传入朝鲜。与洪大容

---

① 前揭[朝鲜]朴趾源：《热河日记》，第167页。
② "沈昆铜诗曰，那知雁塞龙堆妇，翻补旄裘御榻傍。又曰，剩得鼓吹鸣聒耳，哇声又有奔新年。黄浦菴诗曰，闻道深山无甲子，可知雍正又三年。沈在宽诗则曰，更无地着避秦人。又云，陆沉不必由洪水，谁为神州理旧疆。又有杨大郁者，丧中遭甲申变，其后，以孝帽终身，人称杨孝帽；徐孝先者，亦于甲申后常戴孝巾，自言为先皇帝戴孝；沈伦则不去发，仍以白衣冠，至死不改。或有节义旌门，不请于朝者，或只称康熙、雍正而不称皇上者，或有遭丧而不立铭旌者。康熙为修明史，招聘山林讲学之士，使之共与编辑，而江南士子亦多不肯就云。"[朝鲜]李土甲：《燕行纪事》，载前揭《燕行录选集》，下卷，第666页。
③ [朝鲜]李土甲：《燕行纪事》，载前揭《燕行录选集》，下卷，第666页。
④ [朝鲜]洪大容：《湛轩燕记》，载前揭《燕行录选集》，上卷，第235、238、375页。
⑤ [朝鲜]洪大容：《湛轩燕记》，载前揭《燕行录选集》，上卷，第388页。
⑥ 参见[朝鲜]安钟和《国朝人物志》卷三，2版，韩国明文堂1983年影印版，第16页。
⑦ 参见[朝鲜]徐浩修《燕行纪》，载前揭《燕行录选集》，上卷，第514页。
⑧ [朝鲜]洪大容：《湛轩燕记》，载前揭《燕行录选集》，上卷，第420页。

在琉璃厂邂逅之后结下"性命之交"的严诚,就将《感旧集》全帙赠给洪氏。

三

韩国学者全海宗把清朝中韩关系称为典型的朝贡关系,一方面主要反映在政治层面,而非文化层面。而且在一定程度上,这种政治关系还掩盖了双方的文化关系。但另一方面,在清朝建立后的很长一段时间里,儒家义理观和对壬辰倭乱中明军救助的感激使朝鲜在文化上仍以明为正统。他们强调儒家社会的华夷思想,自称为"小中华",在内心深处视清为夷,不少为清所禁的明人著作和一些文字狱下的禁毁书不断传入并被保存在王廷图书馆的事实正说明了这点。视清为夷,却又"力屈而服",文化认同和政治认同的强烈矛盾,这是清初期朝鲜王朝对清关系的显著特点。

禁毁书传入朝鲜在哪些方面及在多大程度上对半岛造成影响,是一个非常值得研究的课题,由于目前资料有限和笔者学力不济,有待今后能做进一步的研究。从一个角度看,禁毁书中大量讥贬满族先世的内容在引发朝鲜学人对明怀念的同时,也触动了他们自以为"小中华"的自豪感。尤其是那些文字狱下的禁毁书中反映汉族文人坚贞民族气节和强烈民族感情的内容激起了朝鲜学人的共鸣。这种共鸣使他们的民族自觉在其"小中华"意识下不仅没有被压抑,反而得到了唤醒。可叹的是,恰恰正是这种意识,朝鲜王朝一个时期内文化上继续固守传统的儒家思想,阻碍了他们对新思想的吸收。然而不管他们对明有多深的怀念,都无法改变明朝已亡的现实。之后随着清朝社会经济文化的进一步发展,北学思想、西学思想在朝鲜半岛的出现,朝鲜王朝对清在文化认同和政治认同的矛盾逐渐趋于缓解,中朝文化交流也逐渐摆脱明朝的残影。

纵观17、18世纪后的近代历史发展过程,虽然同为东亚国家的中国和朝鲜半岛政府当时对文化都采取了极为专制、保守的态度,但是究其原因却是很不相同的。作为少数民族入主中原的清朝政府一方面在政治上继承了明末专制的君主统治,另一方面出于对数量众多又有着悠久历史文化传统的汉民族心存惧虑,在文化上采取了极为专制的手段,大兴

"文字狱"，大量禁毁有关书籍。而处于朝鲜王朝时代的朝鲜半岛国家在政治上作为中国的藩属国，出于对明朝的怀念，固守保守的儒家思想，强调所谓的夷狄观，自称"小中华"，拒绝接受异质的文化、思想。然而历史告诉我们，无论何种原因，文化保守主义所导致的最终结果却是十分可悲的。

（作者为浙江大学历史学系教授）

韩国汉文文献在中国流传和利用的现状研究*

刘永连

一 引言

在历史上,由于朝鲜半岛距离中原最近,与中国关系最为友好且交流持久,汉文化风气最为浓厚,由此产生的汉文文献也最为可观。就整个域外汉籍概况而言,朝鲜半岛汉文文献存量规模最大,资料最为丰富,因而也最值得关注。无疑,这些文献是中国学者研究朝鲜半岛历史,借此加强中韩两国了解,增进中韩两国友谊的重要资料,学术价值之高、现实意义之大不言自明。

不过,自明清鼎革以来朝鲜半岛在政治和文化上与中国渐行渐远,欧风浸染、体制变迁和"去汉化"等因素更将中韩两地隔离开来。特别在两国政治隔阂比较严重的时期,中韩两国的交流曾被阻断,相互之间的认识和了解变得极其缺乏。在中国,早期流传进来的韩国汉文典籍淹没在浩瀚的传统典籍里不为学界所关注,而韩国境内富藏的汉文文献则难为中国学者所能见。

直至中韩建交以后,两国关系改观,相互交流既多,韩国汉文文献复渐入人们的视野。特别是近十几年来,韩国开始重视汉文文献并催生大量整理成果,同时中韩关系和韩国学研究亦随之兴起,韩国汉文文献亦为中国学者所关注。由此,韩国汉文文献在中国的流传和利用成为颇值学界关

---

* 本研究得到韩国教育部、韩国学中央研究院(韩国学振兴事业团)2016 年度海外韩国学培育事业项目:吉林大学珠海学院主持的"中国华南地区韩国学教育研究特色化及其平台建设"项目(编号:AKS – 2016 – INC – 2230006)经费资助。

心和了解的问题。

不过，学者们多从实际利用角度出发，或者直接辑录韩国汉文文献，或者整理相关书目，而对韩国汉文文献在中国流传和利用状况进行考察、研究者很少。个别学者如杨渭生、黄建国等曾有专文论述这类问题，但是均只关注古代时段的中韩典籍交流，而对近代以来特别是近十几年来比较繁荣的两国文献交流缺乏考察。[①] 复旦大学葛兆光先生指出了韩国汉文文献对研究中国历史的重要价值，然对当前韩国汉文文献在中国的流传和利用状况亦未做调查研究。[②] 直至目前，我们尚待了解这些问题：在中国到底可以看到哪些韩国汉文文献，至今能够挖掘和利用起来的能有多少，我们的研究究竟有哪些不足，还有多少可以拓展的空间？

针对上述问题，笔者放眼中国国内，并稍顾及华南地区，简单梳理韩国汉文文献流入中国的历史，更以主要篇幅系统考察当前韩国汉文文献在中国流传、保存及其研究利用的状况。除了检索目前中国可见的相关书目、丛书、史料汇编、重要典籍以及在此基础上的研究著述之外，笔者还通过知网等数据库工具采撷论文数据，进行统计分析；并通过检视一些重要研究课题如壬辰倭乱的研究动态来揭示目前中国对韩国汉文文献挖掘利用的欠缺之处，提出拓展建议。即使或有挂一漏万之嫌，但笔者希望能对韩国学和中韩关系研究有所助益。

二　早期流入中国的韩国汉文文献

朝鲜半岛至迟在新罗时期就有汉文典籍产生，加上后来印刷业繁荣，因而韩国汉文文献很早就向中国大陆流传。

据史书记载，王氏高丽曾向后周赠送高丽刻书。959 年，赠有《别序孝经》一卷、《越王孝经新义》八卷、《皇灵孝经》一卷、《雌雄孝经图》三卷等。到了宋代，因高丽刻书丰富，宋哲宗曾开列书目 128 种、4993卷，恳求高丽使臣李资义回国后奏请国王代为搜寻。[③]

[①] 参考杨渭生《宋丽经济文化交流述略》，《韩国研究》第 1 辑，杭州大学出版社 1994 年版；黄建国《古代中韩典籍交流概说》，《韩国研究》第 3 辑，杭州大学出版社 1996 年版。

[②] 参考葛兆光《揽镜自鉴——关于朝鲜、日本文献中的近世中国史料及其他》，《复旦学报》2008 年第 2 期。

[③] 黄建国：《古代中韩典籍交流概学》，《韩国研究》第 3 辑，杭州大学出版社 1996 年版。另外，杨渭生统计为 125 种、4980 余卷（见杨渭生《宋丽经济文化交流述略》，《韩国研究》第 1 辑，杭州大学出版社 1994 年版）。

朝鲜王朝时期流入中国的韩国古籍更多。著名实学派代表人物、诗人朴齐家诗文集《贞蕤稿略》最早为清朝著名语言文字学家、版本学家陈鳣所见，陈还为之作序，大力推崇。后来《艺海珠尘》《丛书集成初编》等经典丛书都将其收录。另外一名实学派代表人物刘德恭著述丰富，其地理志书《京都杂志》《四郡志》《渤海考》等，游记《泺阳录》《燕台再游录》等被收录到《辽海丛书》；其手稿《二十一都怀古诗》则有清朝著名书画篆刻家赵之谦作序，收录赵氏所编《仰视千七百二十九鹤斋丛书》；还有《热河行记诗注》也在其在世年间传抄中国，至今辽宁图书馆存其乾隆抄本。《仰视千七百二十九鹤斋丛书》还收录了朝鲜士人金正喜的《东篱偶谈》等。著名诗人李德懋《清脾录》则在 18 世纪末为我国著名诗人、藏书家李调元所欣赏，收录其《雨村诗话》。

另外，清朝以来在中国官方所编纂的诸多大型图书文库或丛书中，也已收入一些韩国汉文典籍。例如，明代有朝鲜人所撰其国史著述《朝鲜史略》等，被清代乾隆时《四库全书》收录进来；朝鲜王朝郑麟趾纂《高丽史》等，则被列入《四库全书存目丛书》。

在中国国内各大图书馆，所见早期所藏韩国古籍已为数不少。据 20 世纪末黄建国等调查统计，在全国 51 家藏书单位，收藏朝鲜各类古籍 2754 种，其中 1911 年之前出版者约 2028 种，主要分布在北京（如北京图书馆、北京大学图书馆、中国科学院图书馆等）、中国台湾（台北"中央"图书馆）、东北（如辽宁图书馆、吉林图书馆、延边大学图书馆、大连图书馆等）及东部沿海地区（如浙江图书馆、上海图书馆等），有刊本 1193 种（其中高丽时期 8 种、朝鲜王朝时期 596 种、年代不明 589 种）、木活字本 397 种（其中朝鲜王朝时期 220 种，时代不明 177 种）、铜活字本 86 种（其中朝鲜王朝时期 48 种，年代不明 38 种）、稿抄本 288 种（其中朝鲜王朝时期 42 种，未注年代 246 种）、石印本 10 种、铅印本 36 种。①

不过必须指出的是，在 20 世纪尚罕见部头较大的韩国汉文古籍。只有《朝鲜王朝实录》等极少数大型文献收藏在国家图书馆等个别中国藏书

---

① 黄建国、金初昇主编：《中国所藏高丽古籍综录》，汉语大词典出版社 1998 年版，"前言"第 1—3 页。

机构里。

三　目前国内可以见到或了解的韩国汉文文献

进入 21 世纪以来，中韩文化和学术交流越加频繁，使更多韩国汉文文献流入中国。

在黄建国等所列 2754 种韩国古籍中，以史籍类为最多，约占总数的 38%；其次为文集类，约占总数的 28%；再次为子部杂书类，占 19%；最后是经部，占 15%。① 就史籍类而言，又以纪传体为最多，比较常见的有《三国史记》《高丽史》《宋史诠》《新高丽史》《海东绎史》等。其次是政书，如《高丽经国大典》《通文馆志》《增补朝鲜文献备考》等。其他体裁，《三国遗事》等比较流行。在文集类中，总集有《东文选》《皇华集》等多种，而别集更多，占到一半以上。至于其他类，以佛经为最多，其次是医书。

不过，上述这些韩国汉文典籍分散藏书于中国各图书机构，系统搜罗、借阅等非常不易，故而一些图书机构或学者在近些年开始对其系统影印或整理刊行。比较典型者是中国社会科学院历史所与中国人民大学国学院、西南师范大学出版社等单位联合推出的"域外汉籍珍本文献"项目，自 2009 年第一辑面世以来，至今出版已近 2000 种域外汉籍珍本文献。这些文献内容上以韩、日汉文典籍为主，收藏地涉及国内诸多大学图书馆及韩、日藏书机构。例如，作为其子项目和《域外汉籍珍本文库》部分图书，中山大学图书馆将其馆藏 58 种韩国文献结集为《中山大学图书馆藏域外汉籍珍本丛刊》出版发行，体裁和内容以史部为主，像朝鲜王朝仁祖四年（1626）灵光郡刊刻明人丘濬所辑《文公家礼仪节》八卷、肃宗二年（1676）芸阁刊刻朝鲜人朴泰辅所撰《周书国编》十卷等都是较早的版本，朝鲜内医院刊刻朝鲜许浚等撰《东医宝鉴》更因其弥补初刻本失传之憾而弥足珍贵。② 再如，北京大学从其馆藏韩国汉文典籍珍品中遴选 14 种所结集出版的《北京大学图书馆藏朝鲜版汉籍善本萃编》，是以日本养安院藏书为基础，源自 16 世纪末丰臣秀吉在壬辰战争中所抢掠的朝鲜古籍，同

---

① 黄建国、金初昇主编：《中国所藏高丽古籍综录》，汉语大词典出版社 1998 年版，"前言"第 3 页。
② 参考程焕文《〈中山大学图书馆藏域外汉籍珍本丛刊〉序》，程焕文、沈津等编：《中山大学图书馆藏域外汉籍珍本丛刊》，西南师范大学出版社 2014 年版。

样不可多见。① 同时，《域外汉籍珍本文库》从域外所搜罗影印的韩国汉文典籍亦引人瞩目。如其第二辑就以韩国所藏汉文典籍为主，来自韩国首尔大学奎章阁、成均馆大学尊经阁、高丽大学图书馆、国立中央图书馆等机构，所影印的《国朝宝鉴》《东国李相国集》《退溪先生文集》等均属在中国首度出版。

比其稍晚，由四川大学历史文化学院东亚汉籍研究所与辽宁大学等相关机构联合，四川大学东亚汉籍研究所周斌教授等主编、巴蜀书社2014年起陆续出版的《朝鲜汉文史籍丛刊》，更是一次立足于海外针对韩国汉文史籍所进行的一次比较专门的韩国汉文典籍的搜集、整理和出版。该套丛书计划影印韩国各类体裁的汉文史籍中比较有价值者约300种，规模亦相当宏大，使中国学者得以常见韩国主要汉文史籍，可谓意义重大。②

在台湾地区，林现圭所编《台湾公藏韩国古书籍联合书目》（文史出版社1991年版）就台北故宫博物院、"中央"研究院、台湾大学等主要藏书机构所藏韩国古籍书目进行了系统整理，编成统一书目出版发行，可以使我们大致了解台湾地区所藏韩国汉文典籍情况。

另外，近十几年来大型韩国汉文典籍的引入值得重点介绍。首先是《朝鲜王朝实录》。该书包含李氏朝鲜王朝历代国王的实录文献，其通行的50册本记录了自1392年其太祖建国到1863年哲宗谢位计25代国王、471年的历史记录，先后被日本、朝鲜、韩国等整理影印。如果加上后来日本朝鲜总督府主持编纂的高宗、纯宗实录，所记录朝鲜共27代君王、519年历史，篇幅合1893卷，约6400万字，内容非常丰富。原来888册，整理后有56大册。③ 该书早年仅藏国家图书馆，在中国非常难见。2011年，国家图书馆出版社亦将藏本影印发行，大大弥补了这一缺憾。

其次是《韩国文集丛刊》《韩国历代文集丛书》等文集史料。《韩国文集丛刊》，由韩国民族文化推进会主持，陆续整理影印韩国所存历代重

---

① 参考朱强《〈北京大学图书馆藏朝鲜版汉籍善本萃编〉序》，北京大学图书馆编：《北京大学图书馆藏朝鲜版汉籍善本萃编》，西南师范大学出版社2014年版。
② 四川大学东亚汉籍研究所：《〈朝鲜汉文史籍丛刊〉编纂凡例》《〈朝鲜汉文史籍丛刊〉前言》，周斌、陈朝辉主编：《朝鲜汉文史籍丛刊》第一辑，巴蜀书社2014年版。
③ 上述数据主要参见韩国文化财厅网站关于《朝鲜王朝实录》的介绍，http://chn.cha.go.kr/chinese/html/sub3/sub2.jsp。

要的个人文集，至今已出版350册、文集212种，除了标点外附录解题和索引，介绍作者生平事迹，并可检索文集和篇名。其中前200册在学术交流中传入中国，可为国内学者所利用。《韩国历代文集丛书》收录自统一新罗至近现代朝鲜半岛个人文集近4000种，辑成3500大册，搜罗之功至巨至伟，不过中国收藏机构极少，详情在后文介绍。

再次是燕行史料，亦即专门辑录朝鲜王朝时期出使明、清王朝使者的个人记录，包括日记、诗集、杂录等体裁。最早是韩国成均馆大学校东亚学术院大东文化研究院编辑的《燕行录选编》，1962年由大东文化研究院印行；后来韩国东国大学校林基中教授辑成《燕行录全集》，其前100册收入500余种，2001年由韩国东国大学校出版部发行。后流入中国，引起中国学界广泛关注和利用。近年，其续编50册已出版并为中国图书机构所得。日本学者夫马进整理出版了日藏朝鲜燕行录资料，中国学者弘华文亦进一步精心校勘，整理出版了《朝鲜燕行录全编》32册，由此在学界掀起研究燕行史料的热潮。

除了上述一些专门机构的搜罗、整理和出版机构的发行，繁荣的学术交流使一些韩国汉文文献开始在韩、中学者之间传布。例如，韩国地方汉文史料亦非常丰富，我们通过金渭显《韩国地方史料目录》（艺文春秋馆，1988）以及奎章阁资料库等可以了解到韩国各大学图书馆、所有公立图书馆，以及部分书院、乡校和个人所保存的韩国各地乡土史料；通过韩国古典籍综合数据库和奎章阁资料库及一志社《韩国上代古文书资料集成》（1987）等可以利用韩国大量古代文书、档案、地图等珍贵史料。在考古和碑刻文献方面，日占朝鲜总督府编《朝鲜金石总览》（亚细亚文化社1976年影印）、韩国学者黄寿永编《韩国金石遗文》（一志社，1976）、许兴植编《韩国金石全文》（亚细亚文化社1984年版）、金龙善编《高丽墓志铭集成》（翰林大学校出版社1997年版）等目前皆可见到。

在学术交流过程中，韩国汉文典籍在韩国以及其他国家和地区的收藏情况也渐为国内学界所了解。如台湾佛光大学潘美月所撰《韩国收藏中国古籍的现状》（新世纪出版社2006年版）介绍了韩国国立中央图书馆、奎章阁、韩国学中央研究院藏书阁、国会图书馆、成均馆大学校东亚学术院尊经阁、高丽大学校图书馆、延世大学校图书馆以及岭南大学校图书馆、庆尚大学校图书馆等十几家著名藏书机构收藏汉文典籍的情况，包括了韩国汉文典籍的藏书情况，使我们间接了解汉文典籍在韩国的收藏和保存态势，并获取了不少重要韩国汉文典籍的保存和内容信息。

特别值得介绍的是韩国延世大学中文系全寅初教授主编的《韩国所藏中国汉籍总目》。该书依据韩国主要藏书机构现存28种包含汉文典籍的古书目录，将其中汉文典籍加以汇总，系统编排，共12500余条，收录范围包括刊刻于中国而流传于韩国的中国典籍、刊刻于韩国的中国典籍以及中国典籍的韩国注本。在时间断限上，以1911年民国以前的线装书为主，亦包含少量20世纪50年代之前的石印本。是截至目前收录韩国收藏的中国古籍最完备的一部图书目录。其编排体例，基本上按中国传统的经史子集四部编排法，同类书则依书名的韩语音序排列；每一部书名下，分别著录撰者（或编者、注释者）、版本、刊行地、刊行年代、册数、卷数、书式、版式等，并附有刊记、序跋及印章之名、该书收藏地等。书末附录书名及人名索引两种，分别以韩语音序及汉语拼音编排，以便检索。①

韩国汉文典籍在日本、美国等地也有不少收藏。通过沈日禹俊《日本访书志》（1988）、千惠凤等《海外典籍文化财产调查目录·日本宫内厅书陵部韩国本目录》（2001），尹忠南、金成焕等《哈佛燕京图书馆韩国贵重本解题》（2004）等，我们还可以了解到其他地区重要的藏书机构所藏韩国汉文典籍的情况。

四　国内对韩国汉文文献的整理和利用

针对韩国汉文文献，中国早有学人整理和利用，如在碑刻资料方面，晚清就有刘喜海编《海东金石苑》、佚名辑《海东金石文字》等。近十几年来，中国学者对韩国文献愈加关注，不但刊布书目，校注典籍，出版丛书，汇编专题，而且使用研究亦切，取得了不少突出的成果。

（1）目录整理

在这一方面，南京大学域外汉籍研究所张伯伟先生主编的《朝鲜时代书目丛刊》特别值得介绍。该书从目录学角度，梳理韩国目录学发展

---

① 全寅初：《韩国所藏中国汉籍总目》，学古房2005年版。

史,将朝鲜王朝时代所产生的重要书目分为王室书目、地方书目、史志书目、私家书目四类,以出版时间为顺序,整版影印,编成4辑9册。在收录中,力求反映朝鲜目录学的体系和特色,有助于大家了解韩国历史上图书收藏、流传之概貌;同时亦注重收录与中国典籍相关,且能有解题的书目,颇便于中国学者研究中韩文化交流问题。在编辑中,编者为每种影印书目前设解题,后附索引,则更有助于读者深入了解书目情况和查询文献线索。① 这套丛刊,使我们足以了解韩国汉文典籍的基本概貌。

也有学者从断代和分类角度整理韩国汉文文献。如黄纯艳《高丽史籍概要》,该书主要以韩国奎章阁、藏书阁、国立中央图书馆等三家藏书机构的收藏为搜集范围,加上韩国影印或已铅印刊行的其他古籍,以内容概要形式著录韩国史籍214种,其中纪传体类6种、编年体类18种、典章制度类5种、地理志类8种、金石及文书类8种、传记类59种、杂史类25种、文集类69种、其他16种。书中所著录史料由编者一一经手翻阅,版本、内容可靠,介绍要点得当,可以为学界寻求高丽时期韩国史籍提供有力的线索。不足之处是据其自己介绍,尚有一些史籍特别是佛教著述,因时间限制未能著录,已著录史籍之版本源流亦未能廓清。② 不过,这对难以全面接触韩国汉文文献的中国学者而言已有十分重大的意义。再如复旦大学亚洲学术中心傅德华编《日据时期朝鲜刊刻汉籍文献目录》(上海人民出版社2011年版),主要辑录了日本占领朝鲜时期朝鲜士人所著述汉文典籍及朝鲜所刊刻的中国典籍,附有著者和书名首字笔画、拼音索引,使人们了解这一时期朝鲜汉文文献颇为方便。

学界还有就所在单位馆藏韩国汉文文献进行整理者。李仙竹《北京大学图书馆馆藏:朝鲜古代文献解题》,提及北京大学图书馆共藏朝鲜古文献2000多种,其中古籍200余种,多为刻本或抄本,占古籍90%以上,此外还有100多种碑刻拓片及《天鼓》孤本等。就序言目录来看,这次解题共涉及朝鲜刊刻的古代汉文典籍和中国有关朝鲜的典籍共300余种,分

---

① 参考张伯伟编《朝鲜时代书目丛刊》,中华书局2004年版。
② 黄纯艳:《高丽史籍概要》,甘肃人民出版社2007年版。

经、史、子、集四类编纂,各分小类多种,如史部分纪传类、编年类、杂史类、诏令奏议类、传记类、地理类、职官类、政书类、目录类、史评类等10类,传记类下又分总传、别传、家谱等;政书又分通制、礼典、邦计、外交、法令;地理类又分总志、边防、古迹等。书尾还附带介绍金石拓片100余种。这些介绍极大方便了学界对北京大学图书馆藏韩国古代文献的了解和查阅。①

在台湾地区,林现圭《台湾公藏韩国古书籍联合书目》和潘美月《韩国收藏中国古籍的现状》都是从目录学角度整理韩国汉文典籍的重要成果。潘书除了列述一些书目之外,还就韩国各藏书机构之历史沿革、藏书规模、内容分类、版本源流、基本书目等做了详细介绍,并指出一些珍贵文献的特有价值。如介绍韩国国立图书馆,可知该馆是在日占期殖民地藏书机构基础上于1945年创立的,收藏汉文古籍达18万册,其中韩国汉文典籍达161601册,体裁内容上史、子二部文献尤多。比较有特色的是,这些古籍中包括中国刻本典籍不少带有许多藏书印,可见曾经流传于名臣、学者之手,而且某些刊本如李朝太宗三年(1403)刊印的元人胡一桂《十七史纂古今通要》传世不多,价值颇高。20世纪70年代,该馆整理出版《国立中央图书馆所藏外国古书目录(中国旧本篇)》《国立中央图书馆善本解题》各4册,成为潘书再度整理之基础。再如韩国学中央研究院藏书阁所藏古籍达10万余册,并多为朝鲜王室资料,至少7种珍贵文献被指定为韩国宝物;国会图书馆,收藏了340万件书志资料;东国大学校中央图书馆,所藏佛教文献尤为完备,等等。这些情况对我们准确把握韩国汉文典籍馆藏状况和有效利用这些文献,起到十分重要的引导作用。

(2)典籍校注

早在1991年,中韩两国即将建交之际,四川大学哲学系教授贾顺先就接受韩国退溪学研究院的委托,开始主持编译朝鲜王朝大儒李滉的著述,至1993年由四川大学出版社印行了8册部头的《退溪全书今注今译》。

从此,中国学者校注韩国汉文典籍者渐多,成果纷纷出现。亦在90

---

① 李仙竹:《北京大学图书馆馆藏:朝鲜古代文献解题》,北京大学出版社1997年版。

年代初，北京大学亚非研究所葛振家教授就介入了著名漂海文献崔溥《漂海录》的整理和研究，并出版了《漂海录——中国行记》（社会科学文献出版社1992年版）。稍后，北京师范大学古籍所朱瑞平教授点校了燕行使者朴趾源的《热河日记》（上海书店出版社1997年版）。这是中国学者对燕行录文献的较早关注。接着，北京大学外国语学院韦旭升教授等整理了韩国名儒宋时烈的《宋子大全》（中华书局1999年版）。2002年，吉林社会科学院高句丽研究中心孙文范研究员完成校勘《三国史记》工作（吉林文史出版社出版）。次年，孙文范又出版校勘本一然《三国遗事》（吉林文史出版社）。

2006年、2007年成果纷出，湖南大学中文系教授陈蒲清与韩国学者权锡焕合作编纂了《韩国古典文学精华》（岳麓书社2006年版），南开大学中文系教授赵季与韩国学者赵成植合作出版了《诗话丛林笺注》（朝鲜王朝洪万宗编撰，南开大学出版社2006年版），南京师范大学文学院党银平教授出版《桂苑笔耕集校注》（中华书局2007年版），上海师范大学黄纯艳教授点校了《高丽大觉国师文集》（高丽义天著，甘肃人民出版社2007年版）。

再后，更多点校、注释等成果陆续问世。主要有：南龙翼编，赵季校注《箕雅校注》，中华书局2008年版；（中）陈蒲清、（韩）权锡焕译注一然《三国遗事》，岳麓书社2009年版；（中）陈蒲清、（韩）权锡焕译注金时习《金鳌新话》，岳麓书社2009年版；邝健行点校《乾净衕笔谈·清脾录》（前者洪大容撰，后者李德懋撰），上海古籍出版社2010年版；蔡美花、赵季主编《韩国诗话全编校注》，人民文学出版社2012年版；赵季辑校《足本皇华集》，凤凰出版社2013年版；许浚编著，郭霭春主校《东医宝鉴》，中国中医药出版社2013年版；梁基正《南溟集校注》（朝鲜王朝曹植著），上海古籍出版社2014年版；陈庆浩校勘《九云梦》（朝鲜王朝金万重著），上海古籍出版社2014年版；杨军校勘《三国史记》，吉林大学出版社2015年版；俞绍初校订《新校订六家注文选》（韩国奎章阁藏本），郑州大学出版社2015年版；苏岑《晦斋集校注》（朝鲜王朝李彦迪著），上海古籍出版社2016年版；等等。

（3）丛书编纂

在掌握书目的基础上，学界有人开始注重同类文献的汇纂和影印。近些年相关成果陆续出现，比较突出的是《韩国汉文史籍丛刊》和《域外汉籍珍本文库》。

周斌《韩国汉文史籍丛刊》主要搜集整理了韩国历史上采用中国传统史书体裁撰写，记录韩国及周边国家历史的汉文史籍；时间范围上起高丽王朝，下至1948年；体裁仿照四库史部分类，包括九大类别：纪传、编年、杂史、传记、谱牒、职官、诏令奏议、地理、目录；整理方式采取全部影印，保留原书正文、卷次；装帧采用线装，原文两页缩印为一页，16开本，每册定约530页；规模上计划辑录韩国史籍300种，分150册印行。

就出书情况看，该套丛书第1辑16册，以纪传体为基础辑录了近9部史书。其中严格的纪传体史书有《三国史记》《高丽史》《木斋家塾汇纂丽史》《新高丽史》《海东绎史》《海东绎史续编》等；畊渔斋《朝野辑要》和朴羲成《纪年便考》则属仿纪传体史书；最后补入《朝鲜王朝世宗实录》中的志。

《域外汉籍珍本文库》旨在对域外汉籍进行完整而系统的整理，重点收录了海内外各机构或个人所收藏之域外汉籍善本、孤本、稀见本等。其收录范围则包括三类：一是中国历史上流失到海外的汉文著述；二是域外抄录、翻刻、整理、注释的汉文著作，在朝鲜就是高丽刻本；三是原来采用汉字的国家和地区学人用汉字撰写的与汉文化有关的著述。此外还附有东来的欧美传教士用汉字或者双语撰写的与汉文化有关的著述。其中第三类文献尤具史学研究价值。该套丛书采用影印形式，保存了其原有版面。其编秩按经、史、子、集四部分类，各部分之下再分小类，同类文献均按作者生年编次，作者年代无可考者放置于后。同时，编者亦将域外学人汉籍文献著述统一置于各类文献后面，是其编纂不足之处。不过，在版面形式上，该丛书统一制成上下栏简约格式，并为每种古籍撰写提要，便于读者阅读和了解。

在该套丛书中，朝鲜半岛文献占了大部分篇幅。其中经部收录43种，三辑中第二、三辑几乎全部以及第一辑部分为朝鲜士人撰写，编为约30册，占到80%以上；史部收录60种，占50%；子部收录62种，占约30%；集部收录141种，占约52%。其中不少韩国稀有文献，学术价值颇高。

再就是由上海师范大学主导编纂和整理，上海古籍出版社出版的《域外汉文小说大系》。上海师范大学古文献研究中心（成立于2005年）近些年与越南汉喃研究院、成功大学等海外科研单位合作，作为一项国家社科基金重大项目系统整理海外汉文小说文献。这一项目计划包括《越南汉文小说集成》《朝鲜汉文小说集成》《日本汉文小说集成》《琉球汉文小说集成》，及《传教士汉文小说集成》，篇幅约3000万字。其中《越南汉文小说集成》已于2010年问世。据悉，作为这套小说大系重要组成部分，由该中心孙逊教授总编的《朝鲜汉文小说集成》按计划于2015年截稿，料想不日即将发行。

其他值得提及者，张伯伟编《朝鲜时代书目丛刊》（中华书局2004年版）所辑录虽是韩国历代目录之书，然皆是影印全书，故而亦属丛书汇纂；全国图书馆文献缩微复制中心编《朝鲜史料汇编》（全国图书馆文献缩微复制中心，2004）虽名为史料汇编，但也是全书辑录《高丽史》《宣和奉使高丽图经》《朝鲜史略》《朝鲜志》《朝鲜纪事》《使朝鲜录》《高丽图说》等朝鲜文献，也算是丛书编纂。此外，还有一些专题性的丛书编纂，如吴丰培《壬辰之役史料汇辑》（全国图书馆文献缩微复制中心，1990）、王汝梅等《韩国所藏中国稀见珍本小说》（中国大百科全书出版社1997年版）、蔡镇《域外诗话珍本丛书》（国家图书馆出版社2006年版）、张伯伟主编《朝鲜时代女性诗文集全编》（34种诗文集）（凤凰出版社2011年版）等。

（4）史料汇编

伴随学术研究的逐步深入，一些学者开始关注和从事专题性史料的汇集和编纂。其实，早在清末就有学人对一些专题性的文献备感兴趣。例如，刘燕庭《海东金石录》从金石资料入手，专门收集了朝鲜士人赵云石、金正喜、金山泉、李惠吉等人所赠送的朝鲜碑刻拓片。

如果从文献体裁角度看，内容丰富而又系统的《朝鲜王朝实录》较早受到人们的关注。最早，学者李光涛从实录中撷取有关壬辰战争的史料，编成《壬辰倭祸史料汇编》（台北"中央"研究院历史语言研究所，1970）；后来，王锺翰教授又辑录成《朝鲜李朝实录中的女真史料》（辽宁大学历史编印，1979）；稍后，著名明史专家吴晗先生又出版了《朝鲜实录中的中国史料》（中华书局1980年版）。近些年内，伴随大量韩国文集的整理影印,特别是《韩国文集丛刊》的集中发行,韩国汉文文集开始成为人们关注的焦点。内蒙古师范大学图书馆杜宏刚、邱瑞中等从所获《韩国文集丛刊》前100册中辑录了不少中国史料,先后出版了《韩国文集中的蒙元史料》《韩国文集中的明代史料》《韩国文集中的清代史料》,由广西师范大学出版社分别于2004、2006、2008年出版。

如果从专题内容看,朝鲜使行文献的辑录比较引人瞩目。在韩国成均馆大学校大东文化研究所《燕行录选集》(正编,成均馆大学校东亚学术院大东文化研究院1962版;续编,大东文化研究院2008版)、东国大学校林基中教授《燕行录全集》(正集,东国大学校出版部2001版;续集,东国大学校出版部2008版)和日本学者夫马进《燕行录全集日本所藏编》的基础上,2011年,复旦大学弘华文教授等编辑《韩国汉文燕行文献选编》,由广西师范大学出版社出版发行;2015年,复旦大学文史研究院又辑录出版《朝鲜通信使文献选编》,由复旦大学出版社发行。

此外还有许多专题性质的资料汇编。其中以区域史地为专题者,有李澍田、王崇实《朝鲜文献中的中国东北史料》(吉林文史出版社1991年版)、刁书仁《中国相邻地区朝鲜地理志资料选编》(吉林文史出版社1996年版)、袁晓春《朝鲜使节咏山东集录》(黄河出版社2007年版)等;以断代史如高丽史为专题者,有杨渭生《十到十四世纪中韩关系史料汇编》(学苑出版社1999年版)、金渭显《高丽史中中韩关系史料》(食货出版社1983年版)等,还有以中国中古史为专题者如中国社会科学院历史研究所《域外所见中国古史研究资料汇编·朝鲜汉籍篇》(西南师范大学出版社2013年版)等。其他以社会群体如医生为专题者,有崔秀汉《朝鲜历代医士史料集》(吉林人民出版社2000年版)等;以家庭教育为专题者,有黄纯艳《韩国历代家训汇编(一)》(云南人民出版社2008年版)等;以小说为专题者,有陈文新《韩国所见中国古代小说史料》(武汉大学出版社2011年版)等。

(5)相关学术研究

在历史学、古典文学等学术领域,中国学者早就关注并利用韩国汉文文献。例如,吉林省社会科学院朝鲜研究所的杨昭全研究员,长年从事朝、韩历史和中朝关系史研究，早就注意使用韩国汉文史籍，在 20 世纪八九十年代就出版《中朝关系史论集》（世界知识出版社 1988 年版）、《中朝边界史》（吉林文史出版社 1993 年版）、《中朝关系简史》（辽宁民族出版社 1992 年版）等专著；还对韩国汉文文学感兴趣，出版了《韩国汉诗选》（学苑出版社 2000 年版）等著述。北京大学外国语学院韦旭升教授，专注于韩国汉文文学和中韩文学交流，早就出版了《抗倭演义（壬辰录）及其研究》（北岳文艺出版社 1989 年版）、《中国文学在韩国》（花城出版社 1990 年版）等专著。

进入 21 世纪以来，伴随韩国文献的大量流入，中国学者的利用和研究层面和深度都有很大拓展。

南京大学域外汉籍研究所张伯伟教授，主要在文学领域研究韩国汉文文献。自 2000 年创办首家域外汉籍研究所以来，一方面身体力行切实开展域外汉籍整理和研究，除了出版《朝鲜时代书目丛刊》外，还承担"域外汉诗学文献的整理和研究""韩国汉籍中的中国文学评论资料汇编""韩国历代辞赋汇编""中韩关系史料丛刊"等项目，编纂《朝鲜时代女性诗文集全编》（凤凰出版社 2011 年版），著述《东亚汉籍研究论集》（台湾大学出版中心，2007）、《"燕行录"研究论集》（凤凰出版社 2016 年版）等，发表了《东亚文化意象的形成与变迁——以文学与绘画中的骑驴与骑牛为例》（《域外汉籍研究集刊》第 6 辑，中华书局 2010 年版）等多篇颇有影响的相关学术论文。另一方面创办《域外汉籍研究集刊》，至今出版了十三辑，对全国乃至韩、日等国整理和研究域外汉籍起到很好的推动作用。

复旦大学文史研究院葛兆光教授，则从历史学角度广泛关注域外汉文文献，并把汉文化圈视角作为方法论来研究历史问题。他强调用域外文献反映中国问题犹如"异域之眼"，中国学者以此研究中国历史犹如"览镜自照"，形象地突出了域外文献在中国史学研究中的重要地位，在学界引起强烈的反响。由此，他在域外汉文史学文献的整理和研究方面起到非常重要的作用。一方面，在其推动下，复旦大学文史研究院大力整理域外燕行录文献，整理出《燕行录全编》等汉文文献，进而在全国乃至韩、日掀起研究燕行录的热潮，成果已甚丰硕。另一方面，葛兆光教授自己亦深入域外汉籍及相关历史问题研究，出版了《宅兹中国——重建有关"中国"

的历史论述》（中华书局2011年版）、《想象异域——读朝鲜汉文燕行文献札记》（中华书局2014年版）等论著及《渐行渐远——清代中叶朝鲜、日本与中国的陌生感》（《书城》2004年第9期）等多篇颇有真知灼见的短篇论文。

南开大学中文系赵季教授亦长年从事中国古代文学研究及韩国汉诗研究，涉及文学经典（如《箕雅》）的整理、考证箕相关研究，中韩诗歌交流、诗话校注及相关人物研究，《皇华集》整理及韩国文人名号研究等，承担过省部、国家等各级项目，出版了《诗话丛林笺注》（南开大学出版社2005年版）、《箕雅校注》（中华书局2008年版）、《箕雅研究》（南开大学出版社2010年版）、《韩国诗话人物批评集》（韩国宝库社2012年版）、《韩国汉文学史》（译著，凤凰出版社2012年版）、《韩国诗话全编校注》（人民文学出版社2012年版）、《足本皇华集》（凤凰出版社2013年版）、《箕雅五百诗人本事辑考》（人民文学出版社2013年版）、《明洪武至正德中朝诗歌交流系年》（人民文学出版社2014年版），《韩国文人名字号训诂辞典》（韩国以会社2014年版）等，发表相关论文数十篇，2014年起还担任国家社科重大项目《中朝三千年诗歌交流系年》首席专家。

山东大学历史系陈尚胜教授在中韩关系史领域成果丰硕。他利用中韩两国传统史籍及诸多朝鲜王朝燕行文献等，深透研究了中韩之间政治关系和文化交流等诸多领域的重大问题，出版了《中韩关系史论》（齐鲁书社1997年版）、《中韩交流三千年》（中华书局1997年版）、《朝鲜王朝对华观的演变》（山东大学出版社1999年版）、《山东半岛与中韩交流》（香港出版社2007年版）、《儒家文明与中韩传统关系》（山东大学出版社2008年版）等专著，发表学术论文数十篇。

东北师范大学历史文化学院刁书仁教授主攻东北地方史和明清中朝关系史，他在利用韩国汉文文献方面有突出特点，亦即关注韩国历代史籍特别是地理志书，善于整理其文献，并借此探讨东北地方史和中朝边界史上的重大问题，曾承担教育部项目"中朝边界史研究""中国东疆研究"，国家社科基金项目"明清时期中朝疆界与民族问题研究"，国家重大项目"中朝宗藩关系与中朝边界历史研究"等，出版《中朝相邻地区朝鲜地理志资料选编》（吉林文史出版社1997年版）、《明清中朝日关系史研究》

(吉林文史出版社2001年版)等专著,针对明清中朝关系史、中朝边界史和东北边疆史问题发表学术论文数十篇。

南开大学历史系孙卫国教授,以研究韩国汉文史籍见长,涉及东亚史学史、中韩关系史、韩国史等领域,出版了《大明旗号与小中华意识:朝鲜王朝尊周思明问题研究(1637—1800)》(商务印书馆2007年版)、《明清时期中国史学对朝鲜的影响:兼论两国学术交流与海外汉学》(上海辞书出版社2009年版)等专著,在海内外知名期刊发表了相关学术著作近百篇,其中对朝鲜王朝史书之编纂及其所反映的与清朝政治、文化关系尤有深透研究。

此外,天津师范大学文学院刘顺利教授主要关注中韩文学比较研究,发表过《半岛唐风:朝韩作家与中国文化》(宁夏人民出版社2004年版)、《王朝间的对话:朝鲜领选使天津往来日记导读》(宁夏人民出版社2006年版)、《朝鲜文人李海应〈蓟山纪程〉细读》(学苑出版社2010年版)、《朝鲜文人的中国歌咏》(《中国语文论译丛刊》2005年7月)等著述。南京师范大学文学院党银平教授以研究崔致远及唐与新罗文化关系为主,在整理《桂苑笔耕集》的基础上发表过《新罗文人崔致远与唐末文士的交游》(《文史》2004年第4期)等多篇颇有价值的相关论文。北京大学亚非研究所葛振家教授致力于崔溥《漂海录》,在整理文献基础上,又出版了《崔溥〈漂海录〉评注》(线装书局2002年版)。

近十几年来,燕行录的研究无疑是中国学者在利用韩国汉文文献方面的一大亮点。伴随韩、日对朝鲜使人燕行文献的整理,并受韩、日学界学术研究的影响,中国学界也掀起研究燕行录的热潮。先是张存武、黄时鉴、葛振家、王政尧等老一辈学者发起,葛兆光、陈尚胜、孙卫国、祁庆富、杨雨蕾、王振忠等南北学者纷纷撰文,研究涉及明末清初朝鲜外交政策、清鲜朝贡关系、两国之间的文化和经济交流、朝鲜使者对中国社会的见闻和认识、天主教传播和西学东渐以及丁卯丙子虏祸、国境设定等问题。其中复旦大学葛兆光教授借"异域之眼"览镜自照的思维和理论极具创新意义;山东大学陈尚胜教授对明清中朝宗藩关系和朝鲜士人对华观及其演变研究深透,影响广泛;浙江大学杨雨蕾教授则对朝鲜使人在北京的见闻和交往观察细致,成果颇多。

依据知网系统,统计了 1989—2016 年关于韩国(朝鲜)和中韩关系的历史学论文发布情况(见示意图 1)。

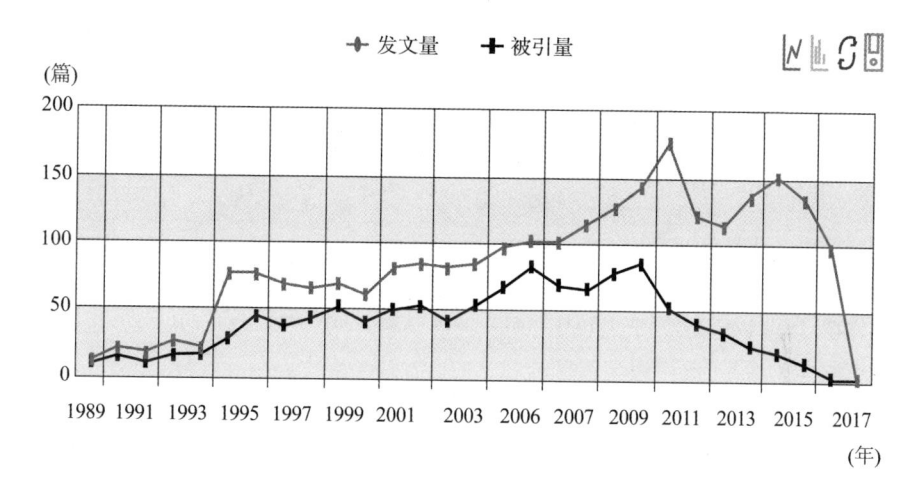

图 1　1989—2016 年国内发表韩国(朝鲜)史和中韩关系史论文数量示意
资料来源:http://qikan.cqvip.com/zk/search.aspx? from = index&key。

这一时段国内发表相关论文共 6331 篇,不过前后差距很大。在 1993 年中韩建交以前 5 年内,平均每年学术成果 40 余篇;1994 年激增到 191 篇,之后到 2006 年平稳发展,每年发表论文数量平均 201 篇;2006 年以后出现第二次高潮,每年发表论文数量增加到 337 篇,最高达 438 篇。同时看其被引用数据,在 20 世纪 80 年代末 90 年代初,相关成果被引用量每年仅有 20、30 篇次;之后大半个 90 年代,被引用量年均约 102 篇次;进入 21 世纪,头 10 年被引用量年均达 162 篇次,最高达 214 篇次。这说明,有关韩国的史学研究及其成果逐渐被人们重视。

仅就韩国(朝鲜)史领域发表论文情况看(见图 2),其论文总数 1190 篇,前后增加趋势亦颇明显。1993 年以前,罕见相关论文发表;1994 年,论文数量激增到 42 篇,之后到 2006 年平均每年发表论文约 33 篇;2006 年起再次上扬,2010 年达到 97 篇,平均每年约 72 篇,最少也有 50 余篇。其被引用量,在 1992、1993 年均仅 1 篇次,1994—1999 年增加到年均约 23 篇次,2000—2009 年则上升到年均 37 篇次,最高 2007 年达 76 篇次。

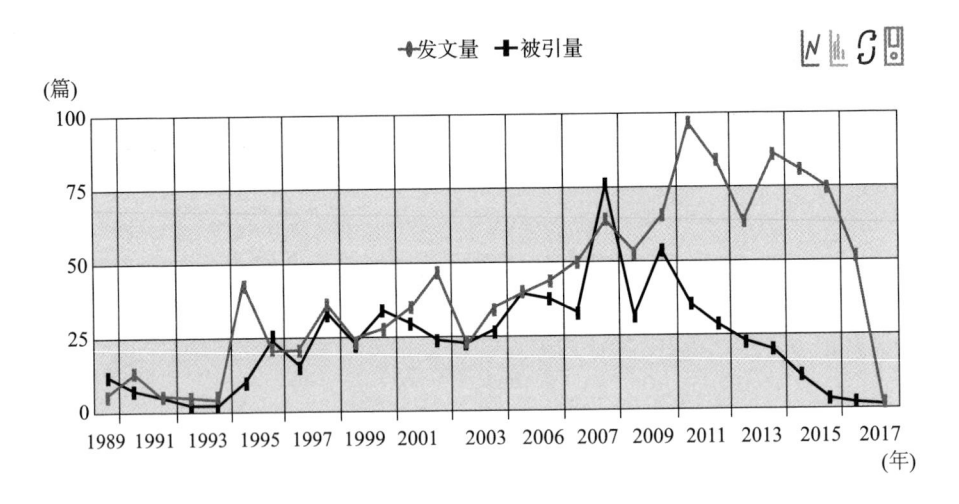

图 2 1989—2016 年国内发表韩国（朝鲜）史论文数量示意
资料来源：http://qikan.cqvip.com/zk/search.aspx?from=index&key。

由此可知，中韩建交后两国文献和学术交流促动了中国 1993 年以后相关学术研究的发展，而 2006 年以后第二次研究高潮应该与《韩国文集丛刊》等大型韩国汉文文献丛书的传入和韩国汉文典籍、燕行录等各种文献的整理出版有着直接关系。

五 中国华南地区韩国汉文文献馆藏和利用情况

华南地区距离朝鲜半岛较远，虽然历史上与其不乏往来和交流，但是为繁荣的中西海上丝路所掩盖，故而传统上对韩国文献特别是古典汉文文献注意不够。不过近些年来，这一地区凭借与港台和国外交往之便，与韩国交流大有增进，对韩国文献的收藏和研究也颇有进步。

在香港地区，以香港城市大学图书馆为核心，逐渐形成一个比较重要的韩国学文献资料库。台湾地区，传统上就较为关注朝鲜半岛，文献收藏和学术研究都亦可称。在此基础上，近些年来华南地区亦有起色，暨南大学、中山大学、广东外语外贸大学等高校皆有相关馆藏和学术研究。就目前态势看，中山大学、暨南大学、广东外语外贸大学之馆藏都值得介绍。

中山大学，作为岭南第一高等学府历史悠久，藏书宏富。就其古籍情况看，韩刻中国典籍和韩人汉文古籍近 500 种，其中善本约 200 种。就其内容分类，史部文献占了主要部分。这些藏书成为岭南学者涉入韩国学尤其是研究中韩关系史研究的早期文献基础。

广东外语外贸大学，最具特色的是韩语学术期刊全文数据库（KISS）。它提供了 40 万名教授、研究人员、CEO 和政府官员的著述和 1200 多家出版机构的作品，收录文章 114 万篇，是最大的韩国论文服务提供商和最权威的期刊服务提供商，是当前研究韩国学最佳的信息检索工具。

暨南大学，本来由于几次办校中断而馆藏流散，早期相关图书不多。不过，近十年来该馆大力推进基础文献建设，尤以域外汉文文献为重点。就韩国汉文文献而言，除了《朝鲜王朝实录》及其他常见的单行本典籍之外，目前业已收藏的大型相关文献丛书有《韩国历代文集丛书》《域外汉籍珍本文库》《朝鲜汉文史籍丛刊》《日本汉文史籍丛刊》等数十种，相关资料汇编亦有《朝鲜李朝实录中的中国史料》《朝鲜史料汇编》《燕行录全集》《燕行录全编》《韩国文集中的蒙元史料》《韩国文集中的明代史料》《韩国文集中的清代史料》等数十种。其他相关文献则不胜枚举。

华南地区收藏韩国汉文文献的突出特色值得一提。如香港城市大学早就致力于在国际学术平台上创建规模最大的韩国文献资料库，同时加强相关文献的数据库建设，如今已在国际上形成一定影响。自 2009 年与城市大学合作编制"《韩国历代文集丛书》篇名索引"时起，暨南大学则在馆藏特色和文献完整性上下功夫。例如，在其馆藏韩国汉文文献中，《韩国历代文集丛书》在国内尚属稀见，收藏单位在北方仅有延边大学和国家图书馆两家，华南则有暨南大学、中山大学和香港城市大学三家，而暨南大学收藏最为完整。在密切关注韩国汉文文献整理动态的基础上，最近暨大图书馆又购进《韩国历代文集丛书》新增 400 册，同时补齐《燕行录全集》续集 50 册，很好地保障了基础文献的完整性。

在这里，《韩国历代文集丛书》的文献价值有必要重点介绍一下。这套丛书是由韩国文集编纂委员会整理影印，景仁文化社统一发行，在最近 30 年内陆续出版 3400 册、约 4000 种文集，合计 20000 多卷，内容浩瀚，价值惊人。

具体而言，首先该丛书是一套文学性质的文献资料，故而在文学方面价值极高。据笔者初步摸查可知，它以文学作品为主体，时间上起自 7 世纪初，下讫 20 世纪下半叶，长达十几个世纪；体裁上也极其丰富，几乎包括了传统汉文文学作品中常见的韵、散各种形式。由此看，它堪称朝鲜古典文学作品的一部总集。而就与中国关系而言，则属中国古典文学向汉字文化圈边缘地带成功移植的重要案例，与中国古典文学及其发展密不可分。

其次，这套丛书又是一座巨大的史学资料宝库。韩国历史上文人以读史修史标榜学问和清望，作品中不乏研史札记；同时还有不少记述历史事件的始末、事略、日记等，记述宿儒言行的语录、摭言、杂录等，至于史料性篇章则有咏史怀古的诗词、歌赋，彰善颂德的行状、碑铭，探源宗族的家谱、世系，缅怀先人的祭文、家乘等，纷繁复杂，举不胜举。其中许多资料描述了朝鲜人视野里的中国社会，记录了历代两国人民交往的史迹和文化交流、互动的进程，史学价值不可估量。

再次，文集中哲学著述也非常丰富。朝鲜士人普遍崇儒治学，儒学著述最为庞杂；同时也有些士子研修佛、道及诸子思想，各派杂说时时能见；另外，部分文集就是僧人著述，对佛教经典和思想研究颇深。究其形式、内容以及源流变化，它们既与中国哲学保持着极其切近的文化关系，同时也显示出韩国哲学发展的自身特点。这对研究东亚文化圈中哲学层面的发展态势，无疑都是非常直接的基础文献。

最后，不少文集收录了社会调查和实录性的资料，因而在社会学研究上也具有重要的价值。如几乎每部文集都有族谱、世系、年谱、家状等数据，详细记载了宗族迁徙、繁衍和发展的历史，亦反映了中韩两地密切的移民关系。再如因各种社会礼仪活动而产生的大量应用文体，往往直接反映了朝鲜社会的伦理关系和礼仪制度，背后则可看到中国文化的长远影响。如果从社会学角度对朝鲜半岛与中国大陆进行比较研究，或以韩人文集资料研究中国社会历史，就可以为中国社会史研究提供新的视角和研究内容，进而也对东亚文化圈的发生、发展做出更多层面的描摹和阐释。

此外，这套丛书在政治、经济、军事、天文、地理、语言、文字、艺术、科技等几乎各个领域皆有十分珍贵的文献资料，限于篇幅不能一一介绍。

总之，这套丛书虽属文集，然在内容上囊括经、史、子各类文献，堪称韩国的"四库全书"。它犹如一部无比丰富、鲜活的朝鲜半岛千年发展史书，非常细节、生动地反映了朝鲜社会各个领域在各个时代的存在情况和变化迹象；同时是汉字文化圈内和东亚社会中仅次于中国四库全书的又一笔丰厚文化遗产，蕴含着朝鲜半岛与中国之间千丝万缕的文化关系及翔实的文化互动和发展过程。对其研究可以采取各个角度和层面，然后我们所收获的也将不只是朝鲜半岛和中国，而是整个东亚社会乃至世界文明史至为丰硕的学术成果。反过来它可以带动学者扩大视野研究汉学，可以启发大家改换视角研究中国文化。对于史学工作者最为重要的是，它有助于我们高瞻远瞩看待韩、中、日关系。[①]

华南地区长期偏重中西海上丝路而忽视韩国学和中韩关系史研究，早期相关学术成果很少。不过大约近十年来，在馆藏韩国文献大有起色的基础上，这一局面得以改变。中山大学魏志江教授较早从事中韩关系研究，近些年其韩国学研究亦受到学界关注和认可。香港城市大学的大型韩国文献资料库业已粗具规模，并通过开阔的学术平台惠及港澳台及大陆等地学者。暨南大学文史研究传统久远，尤其在中外关系史领域，自朱杰勤先生在国内最早创建中外关系史学科以来科研队伍日渐壮大，至今不但为国内学界所推重，在国外亦产生了一定影响。近些年无论教师科学研究，还是研究生学位论文等方面，着眼于中韩关系、东亚文化交流等领域的选题逐渐增多。

1. 中国在利用韩国汉文文献中的不足及问题

尽管近十几年来中国学界在韩国学及中韩关系史研究上有了不小的进步，但是在韩国文献的挖掘和利用上仍有明显的不足。主要表现在：近些年虽有大量韩国汉文文献整理印行并流入中国，但是在中国大陆仍属稀见，像规模最大的《韩国历代文集丛书》前3000册仅为国家图书馆等寥寥数家图书馆所拥有，能够补齐续增部分，完整拥有这套文献者更是绝无仅有。同时中韩学术交流仍然有限，未能在较大层面实现资源共享，特别是还有很多中国学者并不了解和未能使用韩国主要的汉文文献资源。因而在科学研究中，中国学界在利用韩国文献上不少人仍然限于国内常见的汉

---

① 参考刘永连《〈韩国历代文集丛书〉学术价值初探》，纪宗安、马建春主编：《暨南史学》第10辑，广西师范大学出版社2015年版。

文典籍。

限于篇幅,这里仅以壬辰战争问题研究为例略做说明。考察其研究动态,尽管学界对这场震动东亚海域的战争颇为关注,但受各种因素限制而今犹呈现不足。表现在文献挖掘和使用上,研究者习惯使用《明史》《明实录》,及宋应昌《经略复国要编》等国内文献,引用韩国文献多普遍限于《朝鲜宣祖实录》及柳成龙《惩毖录》等常见资料。

然而,反映壬辰战争的韩国文献极其丰富。除了有名的《宣祖志》《龙蛇录》等一些完整的志、传外,个人文集更是富含宝藏之地。翻阅《韩国历代文集丛书》,笔者发现作为这次战争经历者留有直接史料的文集达163种,文字可百万计。其中包括至少44部日记和数以千计的私人往来书信、诗词歌赋等。其中日记多部篇幅颇长:李舜臣《乱中杂录》约80000字,黄汝一《日记》、丁景达《乱中日记》、权庆斗《虎口日录》等也有数万字。还有一些文集收录了可能稍晚的文献,包括动辄数万字的杂录(如李廷馣《倭变录》约24000字,申钦《援朝天将名录及小传》约20000字)和广泛存在的传记、碑铭、谱牒等资料,篇幅更是难以估算。这些文献远比李光涛《朝鲜壬辰倭祸史料》(50万字)、吴丰培《壬辰之役史料汇辑》(40余万字)等更为厚重。

进一步翻检,可见其体裁形式丰富多样,所反映历史内容远比其他史料翔实和生动。其中产生于壬辰战争过程中的直接史料主要包括个人所形成的日记、笔札、书信、别纸、祭文、诗词歌赋等和官方及社会团体所形成的教旨奏疏、呈文批答、揭帖露布、檄文通牒等;稍晚形成的史料则主要分为五大类:(1)专志、专史等,(2)杂录、杂记、事略等,(3)名录、传记等,(4)行状、家状、谥状、碑铭、年谱、族谱等,(5)史论及怀古咏史性质的诗词歌赋等。而基于各自的文体特点,不同体裁为这段历史保留下不同侧面、不同性质的内容。例如,日记逐日记事,以事系日,反映了许多前后联系的细节内容,可以填实较为宏观的历史进程;同时日记多记作者目睹之事,反映历史内容更为直观、形象。而奏疏文献不同,多就某些重要问题、特殊事件进行论述,不见得是目睹之事,但思辨成分居多,突出反映了重大历史事物之间的深层联系。再如,专史、杂录、传记之类多以纪实为特点,多反映客观事物的内容、内涵,而且往往系统、全面。相对于此,诗词歌赋和史论等则以抒情言志、发表见解为特点,多反映作者内心对客观事物的态度和情感，而且往往针对事物某个侧面、片段甚至一点。与此相比，前述常见史料因受写作体裁的限制，往往只是采用一种单纯的记录方式，那么其所反映的内容肯定亦会有限。像国史、实录等，因要从宏观角度反映整个战争，它们对壬辰战争的记述因需要高度概括而不得不舍弃细节。其中即便是能够看到一些内容具体的疏奏报告，也无疑是对原始文献挂一漏万的选摘。

如果从记录者身份、角色相比较而言，韩人文集所遗留下来的史料往往更加切近史源，因而较与历史原貌相一致，反映问题更准确可靠。由于壬辰战争发生在朝鲜半岛，半岛国民置身其中，因而韩国文献最接近客观历史本身。特别是那163部韩人文集所保留下的直接史料，不但都是当时人记当时事，而且多为当事人直接参与历史事件，目睹当时场景，因而堪称所有相关资料中最接近史源的部分。与此相比，其他各种史料则没有这种如此切近史源的优势。即便是实录中所收录的当时朝中大臣和高级将领的奏章、报告等，甚至像史家甚为重视的宋应昌所编辑《复国经略汇编》中的许多资料，因是在各级战报等文献基础上产生的，已经与战场和史事本身相隔了几重关系。由此在反映历史准确程度上，后者因只能转述他人所见而往往与历史原貌出现偏差，相反前者因作者直接面对客观历史本身而较与历史原貌相一致，两者的史料价值之差异不言自明。

同时，文集作者群体庞大而且地位、身份各异，能够从不同社会阶层，以不同视角反映壬辰战争不同层面的内容，因而所反映历史问题更为全面。以往所见如实录、正史及朝廷将相的奏章公牍等，几乎都是立足于国家角度，反映军事战争和外交交涉的内容。这就使其视角局限在了国家政治关系这一层面。而韩人文集作者群体庞大，在《韩国历代文集丛书》所辑录文集中作者以成年时代（取20岁至去世这一时段）经历了壬辰战争者达300余名，他们上起执政大臣，下至乡间处士，地位、身份各不相同，从而具有更为多样和广阔的视角。在此基础上，他们所反映出来的问题不仅超出政治而包括经济、文化等各个领域，而且超出国家而更多涉及地方、宗族和个人等不同层面。其中许多问题为其他史料所未能反映。

由此，笔者认为，充分利用韩人文集资料，必能大大推进壬辰战争研究：一可拓展研究广度。韩人文集极其全面、丰富的相关史料，可以在许多问题上弥补其他史料之不足，由此我们可以进一步拓宽研究领域，弥补以往留下的空白。二可加强研究深度。韩人文集远比其他文献细致、翔实和生动的记述，可以帮助我们在细节上加深对该专题的研究。三可提高研究客观和准确程度。韩人文集最为接近史源的史料特征，可以帮助我们大大接近壬辰战争的客观历史过程，从而排除或纠正以往由其他各层次间接史料所造成的讹误，提高对壬辰战争研究的准确程度。四可转换视角，提高认识水平。基于韩人文集多种视角的历史记述，我们可以改变单一的视角，深入一种立体化的历史语境，适时转换角度，切实立足于诸多社会层面和地域空间来考察关于壬辰战争各个侧面和环节的问题。这有助于我们对这场战争的认识进一步深刻化和科学化。①

从壬辰战争研究这一领域的情况来看，其在韩国馆藏文献之富裕程度超乎中国学者的想象，而其研究可以拓展的空间也还异常广阔。正因如此，陈尚胜、孙卫国等一些学者意识到重新研究壬辰战争的必要性和重要性，陈教授并筹划将在 2017 年 4 月份举行"壬辰战争史料与历史记忆"学术研讨会，以努力推动壬辰战争的再研究。类似上述情况的领域和问题恐怕还有不少，这就需要中国学界进一步提高认识，加强与韩国学术交流，借此促动相关研究。

2. 结论

由以上论述可知，中韩两国在历史上文化关系密切，典籍交流素有传统。而中韩建交促动了两国文化和学术的交流，韩国汉文文献在中国更多流传。特别是近些年来大量韩国文集等文献的整理和出版，使中国学者对韩国汉文文献的利用和研究都有明显改观。就目前而言，韩国汉文史籍、文集类文献大量传入中国，中国学者对其整理和利用亦较突出。其书目整理、典籍校注、丛书编纂乃至史料汇编等层出不穷，在这些文献基础上的研究成果亦频繁问世。就华南地区而言，中山大学馆藏韩国汉文文献和韩国学研究素有传统，而暨南大学的文献收藏和中韩关系史研究则成为新的亮点。

不过，由于两国上千年同处一个文化圈内，书同文，车同轨，文化关

---

① 刘永连：《〈韩国历代文集丛书〉中的壬辰战争史料》，《东北史地》2013 年第 2 期。

系之密切程度非现代人所能想象,同时韩国所藏汉文文献之丰富程度亦超乎中国学者之想象。可以说,至今仍有不少中国学者没有意识到韩国汉文文献对于各领域学术研究的重要性,甚至更多中国学者并不了解韩国收藏汉文文献的基本态势和准确情况,因而许多非常重要的汉文文献未能在研究中充分利用。仅以壬辰倭乱的研究而言,至今尚有大量韩国汉文文集和地方史料尚待挖掘,研究深度上亦有很大的可拓展空间。在华南地区,引进文献既能做得比较出色,学术研究亦须不输于其他地区。以此笔者认为,中、韩两国有必要进一步加强文化和学术交流,中国学界尤其华南地区则需提高认识,使学者们尽可能立足于两国乃至东亚文化平台,在文献上充分挖掘、有效利用,在研究上开阔视野、拓展新域,必定能够大大推动学术的进步和文化的繁荣。

(作者为暨南大学文学院教授)

郑和船队中的外籍航海家——番火长

刘迎胜

郑和七下西洋,是中华民族乃至亚非民族在"地理大发现"以前时代空前的海事活动壮举。这种骄人成绩取得的基础是什么?毫无疑问,当然首先是明以前宋元两代积累的航海科技成就。我们要问的是,其中有没有通过中外文化交流获取的他国、他民族知识成果的元素呢?既往研究注意到《郑和航海图》中的"过洋牵星图"和"牵星术"的问题。本文通过研究有关郑和船队在剿灭陈祖义、攻取锡兰山与下番归程中遭遇倭寇三次战事的史料中出现的"番火长"的记载,证明郑和船队的各支水师中,均有"番火长"配置,说明古代中国是在吸纳其他民族的知识中前进的,也是郑和船队能够创造如此伟业的重要背景之一。

宋代以来,人们一直将中国海舶中观测磁罗盘,掌控航向的专职"船老大"称为"火长"。已故黄时鉴教授曾撰《火长》一文,其中提到:

> 最早的记载见于十二世纪初北宋人朱彧撰写的《萍州可谈》:"舟师识地理,夜则观星,昼则观日,阴晦观指南针。"可见,在指南针用于航海的同时,中国海舶上已有"舟师"掌管"观指南针"。十三世纪中叶,南宋人吴自牧在《梦粱录》中记录了远洋商人叙述的"舶商之船"。关于"舟师"说,"观海洋中日出日入,则知阴阳;验云气,则知风色逆顺,毫发无差。远见浪花,则知风自彼来;见巨涛拍岸,则知次日当起南风;见电光,则云夏风对闪;如此之类,略无少差。相水之清浑便知山之近远,……凡测水之时,必视其底,知是何等沙泥,所以知近山有港"。《梦粱录》又说:"风雨晦暝时,惟凭针盘而行,乃火长掌之,毫厘不敢差误,盖一舟人命所系也。"这大约

是至今传世的提到航船上"舟师",又称"火长"的最早载录。①

宋末赵汝适也提到:"徐闻有递角场,与琼对峙,相去三百六十余里,顺风半日可济。中流号三合溜,涉此无风涛,则舟人举手相贺。至吉阳,乃海之极,亡复陆涂。外有洲,曰乌里,曰苏密,曰吉浪,南对占城,西望真腊,东则千里长沙、万里石床,渺茫无际,天水一色,舟舶来往,惟以指南针为则,昼夜守视唯谨,毫厘之差生死系焉。"②

郑和下西洋庞大的船队中各船的火长都是中国人吗?船队中有无外国航海家?多年前就有学者注意到郑和船队中的"番火长",例如宋正海、郭永芳等曾提到,郑和船队的"专业人员,还有负责罗针的'火长'和'番火长'",并特别注明他们是"外国领航人员"。③两位作者注意到郑和船队中由外籍人员担任的"火长",即"番火长",极具开创性。

笔者在此基础上,对《明实录》等史料进行搜检,找到三处涉及郑和下西洋中有关番火长的记录。

1. 参与剿灭旧港陈祖义之战的番火长

永乐五年,郑和船队归航后,向明成祖报告了当年发生于旧港的剿灭陈祖义海盗集团的战事。《明实录》记:

永乐五年(1407)九月:

> 壬子,太监郑和使西洋诸国还,械至海贼陈祖义等。初和至旧港遇祖义等,遣人招谕之。祖义等诈降,而潜谋要劫官军。和等觉之,整兵堤备,祖义率众来劫,和出兵与战,祖义大败,杀贼党五千余人,烧贼船十艘,获其七艘及伪铜印二颗,生擒祖义等三人。既至京,命悉斩之。④

同月,明政府下达的奖励条款:

---

① 黄时鉴:《火长》,《历史研究》1978年第3期,第95页。近年的相关研究,见刘义杰《"火长"辨正》,《海交史研究》2013年第1期,第56—78页。
② (宋)赵汝适著,杨博文校释;[意]艾儒略著,谢方校释:《诸蕃志校释:职方外纪校释》,中华书局2000年版,第216页。
③ 宋正海:《中国古代海洋学史》,海洋出版社1989年版,见第51页。
④ (明)张辅:《大明太宗文皇帝实录》卷七一,第1a页。

> 己卯，赏使西洋官军旧港擒贼有功者。指挥，钞一百锭，彩币四表里；千户，钞八十锭，彩币三表里；百户、所镇抚，钞六十锭，彩币二表里；医士、番火长，钞五十锭，彩币一表里；校尉，钞五十锭，绵布三匹；旗军、通事、军伴以下，钞、布有差。①

其中，首次提及"番火长"。根据奖励的等次，番火长在船队中的地位低于百户与所镇抚，与医者同，但高于低级军官"校尉"。足见郑和首次奉使西洋的船队中就有番火长。

2. 投入锡兰山之战水师中的番火长

永乐九年六月，郑和船队返航向朝廷奏报在锡兰山发生的战斗。《明实录》记载：

> 乙巳，内官郑和等使西洋诸番国还，献所俘锡兰山国王亚烈苦奈儿并其家属。和等初使诸番，至锡兰山，亚烈苦奈儿侮慢不敬，欲害和，和觉而去。亚烈苦奈儿又不辑睦邻国，屡邀劫其往来使臣，诸番皆苦之。及和归，复经锡兰山，遂诱和至国中，令其子纳颜索金银宝物。不与，潜发番兵五万余，劫和舟，而伐木拒险，绝和归路，使不得相援。和等觉之，即拥众回船。路已阻绝，和语其下曰："贼大众既出，国中必虚，且谓我客军孤怯，不能有为。出其不意攻之，可以得志。"乃潜令人由他道至船，俾官军尽死力拒之。而躬率所领兵二千余，由间道急攻土城，破之，生擒亚烈苦奈儿并家属、头目。番军复围城，交战数合，大败之，遂以归。群臣请诛之。上悯其愚无知，命姑释之，给与衣食。命礼部议择其属之贤者，立为王，以承国祀。②

同年八月，兵部草拟了一份"下西洋官军锡兰山战功升赏例"，即奖励参战官兵的条例，上奏明成祖，其中提到了"番火长"四次。该条例云：

> 凡立奇功，指挥每员，赏钞二百锭，彩币六表里。千户、卫镇抚，钞百六十锭，彩币四表里。百户、所镇抚，钞百二十锭，彩币三

---

① 《明太宗实录》卷七一，第6b—7a页。
② 《明太宗实录》卷一一六，第2a—b页。

表里。御医并番（大）[引者按，应为"火"]长，钞百锭，彩币一表里，绵布二匹。校尉，钞九十锭，绵布五匹。旗甲、军民、通事、火长、小厮、军匠、军行人，钞七十锭，绵布五匹。民医、匠人、厨役、行人、梢水并家人，钞三十锭，绵布二匹。

奇次功等，指挥，钞百六十锭，彩币五表里。千户、卫镇抚，钞百三十锭，彩币三表里，绢三匹。百户、所镇抚，钞百锭，彩币二表里，绢二匹。御医并番火长，钞八十锭，彩币一表里，绵布一匹。校尉，钞七十锭，绵布四匹。旗甲、军民、通事、火长、小厮、军匠、军行人，钞六十锭，绵布四匹。民医、匠人、厨役、行人、梢水并家人，钞四十五锭，绵布三匹。

又曰：

头功次等，指挥，钞百五十锭，彩币四表里，绢三匹。千户、卫镇抚，钞百二十锭，彩币三表里，绢二匹。百户、所镇抚，钞九十锭，彩币二表里，绢一匹。御医并番火长，钞七十锭，彩币一表里，绵布一匹。校尉，钞六十五锭，绵布四匹。旗甲、军民、通事、火长、小厮、军匠、军行人，钞五十二锭，绵布四匹。民医、匠人、厨役、行人、梢水并家人，钞四十锭，绵布三匹。

阵亡者，循前例赏外，（在）[引者按，应为"再"]加赏。指挥，钞六十锭，彩币二表里。千户、卫镇抚，钞五十锭，彩币一表里。百户、所镇抚，钞四十锭，彩币一表里。御医并番火长，钞三十锭，绵布二匹。校尉，钞二十五锭，绵布二匹……①

这段史料，除了再次证实番火长的阶位低于百户、所镇抚以外，还说明与之并列者并非普通"医士"，而是"御医"。在郑和船队中，阶位低于番火长的是校尉，校尉之下是旗甲、军民、通事、火长、小厮、军匠、军行人，而阶位最低者是民医、匠人、厨役、行人、梢水并家人。特别值得注意的是，番火长的阶位较中国火长高二级。

近年来明代档案资料《卫所武职选簿》引起学界的注意，其中有关郑

---

① 《明太宗实录》卷一一八，第3a—4a。

和航海的资料已经辑录发表。① 笔者从中择取有关参与锡兰山之战的部分，考订了明朝投入锡兰山之战的水师力量，计有：

亲军卫府军前卫中千户所；

亲军指挥使司之亲军卫羽林右卫（后改为长陵卫）左千户所，同卫后千户所；

亲军卫羽林左卫之水军千户；

锦衣卫驯象千户所、锦衣卫镇抚司；

五军都督府之前军都督府中之福建都司，属福州右卫之左千户所，同一福州右卫之后千户所。

这些人员分属亲军诸卫中的府军前卫、羽林左卫、锦衣卫等，及五军都督府。足见郑和水师中投入锡兰山之战的基本军事力量是亲军指挥使司所辖亲军诸卫、锦衣卫与五军都督府辖下的军队。② 上述圣旨中提到锡兰山之战有功的"番火长"，大概就属于上述参战水师。

3. 下番回航途中与倭寇海战水师中的番火长。

明初沿海倭寇猖狂，《明实录》记：

> （永乐十四年五月）丁巳，直隶金山卫奏："有倭船三十余艘，倭寇约三千余，在海往来。敕辽东总兵官都督刘江及各都司缘海卫所，令护备及相机剿捕。"③

下西洋船队回航途经浙东海域时，内官张谦④所率的船队曾与这股倭寇相遇，发生战事，明水师获胜。据《明实录》记载，永乐十五年六月：

> 己亥，遣人赍敕往金乡，劳使西洋诸番内官张谦及指挥、千百户、旗军人等。初谦等奉命使西洋诸番，还至浙江金乡卫海上，猝遇倭寇。时官军在船者才百六十余人，贼可四千，鏖战二十余合，大败

---

① 范金民辑录：《〈卫所武职选簿〉中郑和下西洋资料》，《郑和研究》2010年第1期，第51—62页。

② 参见刘迎胜《郑和船队锡兰山之战史料研究——中国海军的首次大规模远洋登陆作战》，刊于刘迎胜主编《元史及民族与边疆研究集刊》，第23辑，上海古籍出版社2011年版，第78—100页。

③ 《明太宗实录》卷一七六，第3b页。

④ 张谦曾数度奉使浡泥。

贼徒，杀死无算，余众遁去。上闻而嘉之，赐敕奖劳，官军升赏有差。指挥、千百户、卫所镇抚、旗军、校尉人等，俱升一级。指挥赏钞二百锭，彩币五表里。千户、卫镇抚，钞百锭。百户、所镇抚，八十锭，彩币俱三表里。御医、番火长，钞六十锭，彩币一表里。校尉，钞六十锭，绵布四匹。旗军、通事、火长、军匠，钞五十锭，绵布三匹。民医、匠人、厨役、梢水，钞四十锭，绵布二疋。伤故者，本赏外加赏：指挥，钞百锭，彩币二表里。千户、卫镇抚，钞八十锭。百户、所镇抚，六十锭，彩币俱一表里。御医、番火长，钞四十锭。校尉三十锭。旗军、通事、火长、军匠，二十锭。民医、匠人、厨役、梢水，十五锭。自御医以下，绵布俱二匹。①

此次与倭寇遭遇的下西洋回帆船只上，官兵从上到下只有 160 余人，可见只有一两艘船，但也有番火长在其中。此外，明政府在下令奖励立功人员时，"番火长"的位次与前两则史料相同，与"御医"并列，远高于中国本土火长，足见番火长是作为具有高级知识的人员来对待的。

而上述《明实录》永乐五年、九年与十四年记载，涉及郑和船队的不同部分，如参与锡兰山之战是亲军指挥使司所辖诸卫、锦衣卫与五军都督府，而永乐十四年在浙东沿海与倭寇发生遭遇战的战船史料虽然未注明具体所属水师军队，不过是一两条战船而已。但这条史料却说明，不少调入郑和船队的各支水师中，均有"番火长"。所以，整个船队中的"番火长"不会是个别人，而应有相当数量。

史料中没有对番火长的具体职责的描述。人们不禁要问，番火长在郑和船队中起着什么作用呢？从《郑和航海图》中所反映的明水师在南巫里洋以东主要使用"地文导航"，而以西则主要依靠"过洋牵星图"判断，番火长在船队进入印度洋后，在导航时负有重要责任，他们可能就是使用"过洋牵星"术，或使用"牵星板"的海洋科技人员。

（作者为浙江大学中西书院教授）

---

① 《明太宗实录》卷一九〇，第 2a—2b 页。

略论明清册封琉球的航海活动*

谢必震

明朝初创,朱元璋遣使外夷,诏谕四海,"使者所至,蛮夷酋长称臣入贡"[①]。洪武五年(1372),明朝与琉球国建立了正式的邦交关系,同时也确立了宗藩关系。

古代中国对周边国家实行册封,海外诸国新王即位都需要得到中国的册立,琉球也不例外,每位琉球"国王嗣立,皆请命册封"[②],明清中国对琉球王国的册封,一共进行了24次,明代16次,清代8次。

琉球远在中国东南的太平洋岛上,册封琉球非远渡重洋才能实现。本文拟通过对明清中国册封琉球航海活动的客观考察,从中探寻中国古代的造船技术、航海组织、航海活动,以及航海生活等各个侧面,希冀对明清时期的中国航海有一个客观、全面的认识。

一

"从前册封,以造舟为重事。"[③]主要体现在两个方面:一是认真准备造船材料;一是精心挑选造船工匠。据史料记载,"封舟所用木,桅以杉,取其理直而轻也。舵以铁力,取其坚劲也。舱以松,取其沉实能久渍也。

---

* 本文系2016年国家社科基金重大招标项目"中琉关系通史"(16ZDA128)的阶段性研究成果。

① 《明太祖实录》卷七一,洪武五年正月甲子,台北"中央"研究院历史与语言所影印本1962年版。

② 高岐:《〈福建市舶提举司志〉考异》,民国二十八年铅印本,第36页。

③ 徐葆光:《中山传信录》,台湾文献丛刊第306种,台湾银行1972年版,第1页。

其他头尾艍、桅座、鹿耳、马口、通梁之类，皆须樟木为之，取其翕钉而坚实也。诸木皆取之闽，惟铁力木取之广东"①。

造船的工匠也是精挑细选，选自各地。根据历代建造册封舟的经验，万历年间出使琉球的使者萧崇业、谢杰都深有体会，他们认为"匠人有二：其在河口者，经造封船，颇存尺寸；出坞浮水，俱有成规。然笃于守旧，而不能斟酌时宜，又苟且用料，而不必求其当，此其失也。漳、泉之匠，善择木料，虽舵牙、橹棍之类，必务强壮厚实。然粗枝大叶，自信必胜，而不能委屈细腻，以求精，此其失也"②。故册封使择船匠，弃短取长，两相参较。"漳匠善制造，凡船之坚致赖之；福匠善守成，凡船之格式赖之。"③

在建造册封舟的过程中，使者们也发现了许多弊端。首先是选择负责造船的官员不称职，这是令使臣们非常头疼的事。譬如嘉靖年间出使琉球的正使陈侃，就因为没有选好负责建造封舟的人，以致其册封琉球航海时，桅杆折断，篷帆飘失，船舱漏水，历经险恶，饱受惊吓。所以他回国后即上奏朝廷，提出册封琉球要重视封舟的建造，并要求负责造船的官员随使团一起出海，以保证封舟建造的质量。其曰："浮海以舟，驾舟以人，二者济险之要务也。今官府造作什器，官之尊者视为末务而不屑于查理；官之卑者视为奇货而惟巧于侵欺。以故种种皆不如法，不久即坏。房舍器用之物坏者可修，犹未甚害，惟舟之坏即有覆溺之患，虽有船师在舟亦无及矣。……先择有司贤者两员，委其造舟，舟完令其同行，彼躯命所关，督造必不苟且。"④ 陈侃的这一建议，为其后的封舟建造质量的保证，起到了重要的作用。

明清规定，册封琉球的船只必须在福州造，而册封琉球的官员多是外省官员，由于语言的原因，外省官员听不懂福州地方方言，常常被地方刁民所蒙骗，这一现象也成为册封琉球造船的诟病。因此历次册封琉球使臣都有同感，他们都向朝廷建议应尽可能派遣福建籍的官员出使琉球。自此，选派出使琉球的官员还真多是福建籍的官员。例如清朝出使琉球 8 次，有 4 次选派了福建籍官员。诸如康熙二十二年（1683）册封琉球副使

---

① 夏子阳：《使琉球录》，台湾文献丛刊第 287 种，台湾银行 1970 年版，第 237 页。
② 萧崇业：《使琉球录》，台湾文献丛刊第 287 种，台湾银行 1970 年版，第 98 页。
③ 谢杰：《琉球录撮要补遗》，台湾文献丛刊第 287 种，台湾银行 1970 年版，第 274 页。
④ 陈侃：《使琉球录》，台湾文献丛刊第 287 种，台湾银行 1970 年版，第 21—22 页。

林麟焻，为福建莆田人；嘉庆十三年（1808）册封琉球正使齐鲲是福建闽县人；道光十八年（1838）册封琉球正使林鸿年，是福建闽县人；同治五年（1866）册封琉球正使赵新，是福建闽县人。显然，朝廷采纳了使者们的建议，启用福建籍官员出使琉球，便于协调各方面工作。尤其是在保证造船质量与减少材料消耗上，有明显的改观。当然，册封琉球有时直接征用商船和兵船，既保证册封琉球事务的顺利进行，又免去诸多造船的繁缛手续，更使航海船只在质量上有保证。如康熙二十二年汪楫出使琉球挑选的是战船，康熙五十八年徐葆光出使琉球用的是宁波商船，而同治五年赵新出使琉球选用的却是福州民船。

因为明朝前期禁海的缘故，明代前几次的册封琉球活动不见记载。从1534年陈侃使琉球后，才有使琉球的文献记述保存下来，我们才能对使琉球的航海造船有了清晰的认识。历次使琉球的船只规模见表1。

表1　　　　　　　　　　明清册封舟尺度[①]

年代	使者姓名	封舟尺度			备注
		长	宽	深	
嘉靖十三年(1534)	陈　侃	15丈	2丈6尺	1丈3尺	
嘉靖四十年(1561)	郭汝霖	15丈	2丈9尺7寸	1丈4尺	
万历七年(1579)	萧崇业	14丈5尺	2丈9尺	1丈4尺	
万历三十四年(1606)	夏子阳	15丈	3丈1尺5寸	1丈3尺3寸	
崇祯六年(1633)	杜三策	20丈	6丈		
康熙二年(1663)	张学礼	18丈	2丈2尺	2丈3尺	
康熙二十二年(1683)	汪　楫	15丈	2丈6尺	2丈3尺	选用战船
康熙五十八年(1719)	海　宝	10丈	2丈8尺	1丈5尺	宁波商船
乾隆二十一年(1756)	全　魁	11丈5尺	2丈7尺5寸	1丈4尺	福州民船
嘉庆五年(1800)	赵文楷	10丈	2丈2尺	1丈3尺	
同治五年(1866)	赵　新	16丈	3丈6尺5寸		

资料来源：各册封使"使录"、《琉球冠船记录》。

[①] 本表录自谢必震《中国与琉球》，厦门大学出版社1996年版，第60页。

从表1我们看到，封舟建造每个时期不尽相同，但都是福船的模式，吃水深，抗风力强，续航能力强。万历年间夏子阳使琉球对其封舟的构造和配件有详细的描述，这使我们了解到福船的构造，是我们了解那个时期中国海船构造的最好资料。

夏子阳《使琉球录》载：

> 海船……舱口低凹，上覆平板为战棚，下为官舱，仅高五六尺，俯偻深入下上以梯，面虽启牖门，然篷桅当前外无所见。盖恐太高则冲风，故稍卑之耳。桅有三，大者居中，余以次而舻列于前。舵在船后之枢，艎居其底为船之主。凡两艚交榛，龙榜龙骨通梁参错钤束，皆附艎以起架龙棚之外。有兜艎鞠锁梁钉之外，有米锤鞠或铁或木参用之。官舱之后为司针密室，伙长居之。又后为梢舵工在焉。梢尾高处为黄屋二层，中安诏敕，上设香火奉海神也。两边设舣自头至尾如墙壁，然所以障波涛也。登舟之门左右各一，高可容人。舵备三，用其一，副其二。……橹置三十六枝，大铁锚四，约重五千斤。大棕索八，每条围尺许，长百丈。小艀二以藉往来登岸或输行李，水具大柜二，载五六百石，如大瓮者十数，以海水咸不可食故……
>
> 二使鉴于前事，造船皆躬亲督之。其制益周，旧为一层板厚七寸，故钉不入。后易作二层，每层厚三寸五分。钉艎为密，意下层或致损漏犹可恃内一层也。原为二十四舱，后改为二十八舱，各舱通用樟木贴梁，舱狭梁多尤为硬固。原以藤箍匝船，盖亦一时权宜之计。后易以铁条二十座自艎底搭之两舷，则外势束缚益严，而又加以舣柱、钉板等及增重艎头极交拴等十二件……今次船式多依漳匠，斟酌损益而尽制曲防颇极周密。船身长六丈一尺，头艚长二丈七尺八寸，尾艚二丈，连头尾虚梢共计十五丈，船阔三丈一尺六寸，深一丈三尺三寸。舱数仍用二十八。而附艎加增勾拴，每层倍用龙骨及极木串板转艎正艎之类皆多为之……①

从夏子阳描述的造船情况来看，其一一论述了船只的形制，配备，以

---

① 夏子阳：《使琉球录》，台湾文献丛刊第287种，台湾银行1970年版，第137—141页。

及各种船只构建的专门术语,尤其是两层船板的创造,水密隔舱的应用,都反映了册封琉球的船只建造充分利用了中国传统的造船工艺,令世人佩服。

二

明清册封琉球为我们展示了中国航海的人员组织结构。在历次册封琉球的使事记述中,封舟航海组织的记述是最为详细的,这为我们了解古代中国人航海的组织配备,提供了最准确的资料。

我们知道,古代的印刷主要是雕版印刷,因此古籍文献用词极其简练,早期的航海记述,惜墨如金,只言片语,不得要领。就连郑和下西洋那样大规模的航海活动,我们也只能大致了解其参与下西洋活动的航海人数27000多人,船只60多艘。由于资料的局限,学界对中国古代航海组织内部的结构,难究其竟。所幸的是,自明嘉靖年陈侃使琉球后,使事记述公布于世,人们可以通过历代册封琉球的航海活动,了解到明清时期中国人航海的严密组织和专业人员的细致分工。

我们先来看看嘉靖四十年出使琉球的郭汝霖使团的航海组织,其《重编使琉球录》中是这样记述相应的航海人员的:

> 马魁道,专职管理伙长、舵工、水梢;
> 陈弘成,专职管理军器、家人、篷缆、工匠、过海油铁;
> 李伯龄,分管修船;
> 林墨,分管夷梢;
> 陈大韶、许严等6人为伙长;
> 吴宗达等16人为舵工。

另外,册封使团的航海人员有大桅班手1人,二桅班手4人,以及头碇、二碇、护针、水梢等合计有500人之多。

从上述的记载可见,当时册封琉球有航海人员的管理层,有主导航海的伙长,有修船的技术人员,有航船所需要的水手、管理桅帆的班手、负责船只停泊的碇手、负责罗经针路的专门人员。井井有序,分工明确,相当缜密。

明万历年间使琉球的正使夏子阳，他的使事记述关于航海人员的记载，亦有与郭汝霖相同的记载，也有不同的地方。夏子阳《使琉球录》中记有：

李美、柯镇等6名伙长；
潘沂、陈诚、黄安、赖友等16名舵工；
班手14名、水梢总甲8名、护针总甲并管水火旗幔总甲9名、碇手8名、绞手14名、橹头16名、车手32名、管小艕4名、水梢共47名、军士兼水梢47名。

上述记载中的绞手、橹头、车手等航海人员是郭汝霖记述中所没有的。

到了清代，册封使团的构成亦有所变化。我们来看康熙五十八年（1719）使琉球的徐葆光在其著述中关于航海人员的描述。

《中山传信录》载，徐葆光使琉球的航海人员：

正伙长，主针盘罗经事；
副伙长，经理针房兼主水鉤长缆三条，候水深浅；
正、副舵工，主柁兼管勒肚二条；
正、副碇，主碇四门，行船时主楫布篷，亦称头碇、二碇；
正、副鸦班，主头巾顶帆，大桅上一条龙旗及大旗，登樯了望；
正、副杉板工，主杉板小船，行船时主清风大旗及头帆，亦称管小艕
正、副缭手，主大帆及尾送布帆、缭母棕、缭木索等物。除缭手外，亦有车手；
正、副值库，主大帆插花、天妃大神旗，又主装载；
押工，主修理杠及行船时大桅千斤坠一条；
香工，主天妃、诸水神座前油灯、早晚洋中献纸及大帆尾缭；
头阡，主大桅，率索大碇索、盘绞索、大橹车绳，亦称大桅；
二阡，主大桅，率索副碇索、盘绞索、大橹车绳，亦称二桅；
三阡，诸大桅，率索三碇索、盘绞索车子数根；
正、副总铺，主锅饭柴米事；

另有总甲与水梢等职称。

从徐葆光的记述来看，使团的航海人员配备与明代大同小异，只是分工更为精细而已。其他如香工、押工、值库等职是明代的使者们没有提到的。

关于册封琉球的航海用人，也是使者们最为关注的，并将这一用人经验写入使录，启迪来者。如陈侃说过，"漳州人以海为生，童而习之，至老不休，风涛之惊见惯浑闲事耳。其次如福清，如长乐，如镇东，如定海，如梅花所者，亦皆可用。人各有能有不能，唯用人者择之，果得其人，犹可少省一、二，此贵精不贵多之意也"①。万历七年（1579）任册封琉球副使谢杰的《使琉球撮要补遗》中亦载："大都海为危道，向导各有其人。看针、把舵过洋，须用漳人。由闽以北熟其道者，梅花、定海人。由闽以南熟其道者，镇东、南安人。……船中择漳人，须试其谙于过洋者。择梅花、定海者，须试其谙于闽、浙海道者。择万安人，须试其谙于闽、广海道者，又不可徒徇其名而浪收也。"②

客观地说，使臣们经历了惊心动魄的册封琉球的航海活动，对于航海用人，组织配置有很深的体会，他们还把当时这些福建的航海人员的娴熟航海技术与坚定的航海自信心刻画得淋漓尽致。万历年间使琉球的夏子阳就记述了当时询问伙长的情形，当问到伙长的航海经历时，伙长无不骄傲地回答："海外之国所到者不下数十。操舟之法，亦颇谙之。海舶在吾掌中、针路在吾目中。"③

由此可见，由于册封琉球的航海人员组织配备严密，航海经验丰富，使明清时期的册封琉球的航海，一帆风顺，从没发生过海难。

三

从册封琉球的航海过程，我们看到这一航海过程所反映的古代中国航海技术和航海习俗。

---

① 陈侃：《使琉球录》，台湾文献丛刊第287种，第22页。
② 谢杰：《琉球录撮要补遗》，载《国家图书馆藏琉球资料汇编》（上），北京图书馆出版社2000年版，第564—565页。
③ 夏子阳：《使琉球录》，台湾文献丛刊第287种，台湾银行1970年版，第546页。

大凡册封琉球，当一切准备妥当后，择日发船是一件非常隆重的事。"使臣登舟，必先迎请天妃，奉舵楼上，而以拿公从祀。"① 李鼎元使琉球时，"恭请天后行像并拿公神像登舟，祭用三跪九叩首礼"②。启航之日，福建地方官员设宴饯行。福建沿海的军士沿线护送，一直将册封舟送到外海才返回。封舟出闽江口五虎门，经鸡笼山、花瓶屿、彭家屿、钓鱼屿、黄尾屿、赤尾屿、姑米山、马齿山后，方抵琉球国的那霸港。在中琉之间的航行过程中，中国使臣的祭海、取水、记述中琉的航路、针路和疆域，堪称中琉航海之重要内容。

其一，祭海。册封琉球的航海中有许多祭海的活动，册封琉球事先须准备祈报海神文，"行令福建布政司于广石海神庙备祭二坛：一举于启行之时而为之祈；一举于回还之日而为之报。使后来继今者，永著为例。免致临时惑乱，事后张皇。而神之听之，亦必有和平之庆矣"③。实际上，册封使从闽江航行就开始祭江了，凡沿途遇到水神庙必行祭礼。闽江边有个怡山院，实际上是个天后宫，使臣们都要停泊上岸祭拜。出闽江口五虎门入海，亦要祭海。在航行途中，过黑水沟，必定祭海。汪楫《使琉球杂录》对过沟情形描写最为详尽，其曰："薄暮过郊（或作沟）风涛大作，投生猪羊各一，泼五斗米粥、焚纸船，鸣钲击鼓，诸军皆甲露刃，俯舷作御敌状。"④ 同样，当册封结束返航时，过黑水沟，到闽江边的怡山院还需要举行祭祀海神的仪式。显见，在古代航海中，祭祀海神的活动，不仅需要，而且重要。

其二，取水。这也是古代航海中必须遵循的重要仪式。大家知道，海上航行，保持充足干净的淡水是极其重要的，古人对此十分重视，航海都十分慎重地举行取水仪式。所谓"取水"，实际上就是象征性地补充淡水。因为封舟出发之前，早已将船上储水的水柜灌得满满的。但无论如何，到了传统的取水处举行仪式后，还得象征性地打上江水倒入水柜，据说这样才能保证水柜的水清洁，安全饮用。反之，就可能造成淡水的质量变坏。

---

① 汪楫：《使琉球杂录》卷五，载《国家图书馆藏琉球资料汇编》（上），北京图书馆出版社2000年版，第809页。
② 李鼎元：《使琉球记》卷三，陕西师范大学出版社1992年版，第68页。
③ 萧崇业：《使琉球录》，台湾文献丛刊第287种，第125页。
④ 汪楫：《使琉球杂录》卷五，载《国家图书馆藏琉球资料汇编》（上），北京图书馆出版社2000年版，第801页。

通常封舟在闽江航行，行至太平港，即罗星塔这一片水域，就举行取水仪式。如清嘉庆朝使琉球副使李鼎元在他的著作《使琉球记》中所言："亥时起碇，乘潮至罗星塔，投银龙潭，祭，取淡水满四井止。"① 其他的史书也有类似的记载，通过册封琉球的航海过程，我们了解到古代中国航海的取水习俗，以及其他的航海习俗。

其三，航路与针路。在明清册封琉球的航海中，运用指南针航海，根据针路簿导航，乃司空见惯之事。为叙述的简便，我们不一一列举历朝册封琉球使者的航路、针路之记述，仅举清康熙朝汪楫《使琉球杂录》中的一段评述，因其对前朝几位册封琉球的针路、航路有比较，这样我们就能对当时册封琉球的航海路线有一个清晰的轮廓。

汪楫说：

旧制封舟出海，皆由梅花所开洋。今因巨舶不行，沙壅水浅，遂从五虎门出口。海道难以里计，不曰行若干里，而曰行几更船，盖以更定里云。更之说不一，或曰：百里为一更，或曰：六十里为一更，或曰：一昼夜为十更。问何以为更之，验曰：从船头投木柹海中，人由船面疾行至梢，人至而柹俱至是合更也。柹后至，是不及更也。人行后于柹，是过更也。问过不及何以损益之，皆不能对。在昔番舶时，通各国皆有程图，转相传写，独琉球无定本。以国贫乏，无土产，商贾不往故也。按萧崇业使琉球录载，有过海图。云：梅花头，正南风，东沙山用单辰针六更船。又用辰巽针，二更船，小琉球头。乙卯针，四更船，彭佳山。单卯针，十更船，取钓鱼屿。又用乙卯针，四更船，取黄尾屿。又用单卯针，五更船，取赤屿。用单卯针，五更船，取枯米山。又乙卯针，六更船，取马齿山，直到琉球。夏子阳过海图则云：梅花头开洋，过白犬屿，又取东沙屿丁上风，用辰巽针，八更船，取小琉球山。未上风，乙卯针，二更船，取鸡笼。申酉上风，用甲卯针，四更船，取彭佳山。亥上风，用乙卯针，三更船，未上风，用乙卯针，三更船，取花瓶屿。丁未上风，用乙卯针，四更船，取钓鱼屿。丙午上风，用乙卯针，四更船，取黄尾屿。丙上风，

---

① 李鼎元：《使琉球记》卷三，陕西师范大学出版社1992年版，第68页。

用乙卯针，七更船，丁上风，用辰巽针，一更，取枯米山。又辰巽针，六更船，取土那奇翁居里山。又辰巽针，一更船，取马齿山，直到琉球那霸港……①

我们引了汪楫《使琉球杂录》一大段文字，却省去我们很多的麻烦，因为汪楫在这段文字的叙述中，已将使琉球的"更"、里程、风向、针路、过海图都一一阐明，并做了相应的评说。

其四，疆域。中琉航海最难能可贵的是册封使臣用他们的笔记下了中外的疆域之分，为今日我国维护海洋权益和海岛主权留下了丰富的历史证据和法律依据。当然限于篇幅，我们仅能略举一二。

陈侃《使琉球录》载：

> 十日，南风甚迅，舟行如飞；然顺流而下，亦不甚动。过平嘉山、过钓鱼屿、过黄尾屿、过赤屿，目不暇接，一昼夜兼三日之程；夷舟帆小，不能及，相失在后。十一日夕，见古米山，乃属琉球者；夷人鼓舞于舟，喜达于家。②

陈侃这段文字非常清楚地说明，到了古米山，"乃属琉球者"，此前的钓鱼岛及其所属岛屿理所当然地属于中国。

郭汝霖《重编使琉球录》载："闰五月初一日过钓屿。初三日至赤屿焉。赤屿者，界琉球地方山也。再一日之风即可望姑米山矣。"③

郭汝霖的这段文字更是非常准确地表明，赤屿是中国与琉球的界山。

汪楫《使琉球杂录》载："薄暮过郊（或作沟）风涛大作，投生猪羊各一，泼五斗米粥，焚纸船，鸣钲击鼓，诸军皆甲露刃俯舷作御敌状，久之始息，问'郊'之义何取？曰：中外之界也。"④

汪楫在这里非常明确地指出，中琉之间的黑水沟即是中国与琉球的

---

① 汪楫：《使琉球杂录》卷二，载《国家图书馆藏琉球资料汇编》（上），北京图书馆出版社2000年版，第716—719页。
② 陈侃：《使琉球录》，嘉靖甲午年刊本，第8页。
③ 郭汝霖：《重编使琉球录》卷上，明嘉靖辛酉刻本影印本，美国国会图书馆藏，第22页。
④ 汪楫：《使琉球杂录》卷五，载《国家图书馆藏琉球资料汇编》（上），北京图书馆出版社2000年版，第809页。

"中外之界"。而钓鱼岛、黄尾屿、赤尾屿都在黑水沟以西，琉球诸岛都在黑水沟以东，中外之界，一目了然。

徐葆光《中山传信录》载："姑米山（琉球西南方界上镇山）。"①

徐葆光的这句话极其有分量。康熙年间徐葆光出使琉球，康熙皇帝赋予其特殊的使命，让他带上天文生，也就是测量技术人员去勘测琉球的国土。徐葆光等人在琉球王国滞留八个月，在琉球士大夫们的配合下，测绘了琉球国全图。其认为姑米山是琉球国的边界，即与中国钓鱼岛及其附属岛屿的分界这一论断，并非中国人自说自话，而是中琉政府共同确定的。

齐鲲《东瀛百咏》载：姑米山（此山入琉球界），忽睹流虬状，西来第一山。半天峰断续，八领路回环。海雾微茫里，船风瞬息间。球人欣指点，到此即乡关（舟中有接封球官望山喜跃)②。

齐鲲使琉球后，辑录了使琉球时的诗作，结成《东瀛百咏》，诗书中的"姑米山"一诗，标题旁注"此山入琉球界"以及诗歌结句的"到此即乡关（舟中有接封球官望山喜跃)"，更是清楚地说明了，姑米山是中国与琉球国的分界，琉球人将姑米山比作家乡的"边关"。齐鲲的说法，与陈侃前所记载琉球人见到姑米山"鼓舞于舟，喜达于家"是一个意思。

回顾这些航海记述，我们不禁感慨，册封琉球的中国使臣们，他们用亲身的航海经历，将中国舟师的航海实践，将中国的海疆国土的边界准确地记述下来，成为今天我国对日外交斗争的有利证据。

四

陈侃出使琉球说：使琉球，与使其他国不同。安南、朝鲜之使，开读诏敕之后，使事毕矣；陆路可行，已事遄返，不过信宿。琉球在海外，候北风而后可归，非可以人力胜者。③

夏子阳出使琉球就说过：

---

① 徐葆光：《中山传信录》卷一，载《国家图书馆藏琉球资料汇编》（中），北京图书馆出版社2000年版，第36页。
② 齐鲲：《东瀛百咏》，嘉庆十三年刊本，载《国家图书馆藏琉球资料三编》，北京图书馆出版社2006年版，第324页。
③ 陈侃：《使琉球录》，台湾文献丛刊第287种，第17页。

远涉异国，阅历半载：其间气候异宜，风土异尚，故凡饮食、物用、弓矢、器械之类，与夫驾船、执舵、观星、占风、听水、察土，以及医卜、技艺之流，皆例得备带。①

　　中琉航海，十分艰险。由于季风的缘故，由于黑水沟海流的缘故，少则数日，多则月余，这一阶段的航海生活，有宗教信仰活动、饮食卫生、娱乐消遣等，中国册封琉球的航海，从另一个侧面反映了古代中国人的航海生活。

　　册封使团在航海过程中，祭拜海神，祈求平安，是航海生活的重要部分。册封舟设有神堂，有专人负责"天妃、诸水神座前油灯，早晚洋中献纸及大帆尾缭"等供奉、祭祀事务②。"舟中人朝夕拜礼必虔，真若悬命于神者。"③

　　当封舟在海上航行遇到危难时，众人只能乞求神明的庇护。他们或焚香设拜，或发誓许愿，或降箕卜珓，或出橄发牌，仪式五花八门。客观地说，在科学技术不发达的古代社会中，人们崇敬海神却能给航海者一种精神上的寄托和安慰，增强人们跟海洋搏斗的信心。

　　在航海中，饮水非常重要，因"海水咸，不可食"。④ 徐葆光《中山传信录》记载"一号船，水舱四、水柜四、水桶十二，共受水七百石。二号船水舱二、水柜四、水桶十二，共受水六百石"⑤。航行途中的用水也是严格控制的。"勺水不以惠人：多备以防久泊也"⑥，平时"舟中仅二使盥漱，余止限给与饮食"⑦。康熙年间汪楫使琉球时，就"命亲丁司启闭，人置名签，验签给水，日二次，涓滴不妄费也"⑧。

　　明清册封琉球使团设有总铺一职，这是负责锅饭，柴米事务的职位。使团也有随船的糕饼匠、厨师等，显见，册封琉球的饮食也是丰盛可口

---

① 夏子阳：《使琉球录》，台湾文献丛刊第 287 种，第 200 页。
② 徐葆光：《中山传信录》，台湾文献丛刊第 306 种，第 6 页。
③ 陈侃《使琉球录》，台湾文献丛刊第 287 种，第 35 页。
④ 夏子阳：《使琉球录》，台湾文献丛刊第 287 种，第 235 页。
⑤ 徐葆光：《中山传信录》，台湾文献丛刊第 306 种，第 5—6 页。
⑥ 陈侃：《使琉球录》，《使琉球录三种》，台湾文献丛刊第 287 种，第 10 页。
⑦ 夏子阳：《使琉球录》，台湾文献丛刊第 287 种，第 235 页。
⑧ 汪楫：《使琉球杂录》，《国家图书馆藏琉球资料汇编》（上册），北京图书馆出版社 2000 年版，第 692 页。

的。另外，郭汝霖《重编使琉球录》亦载，"舟中鸡鸭、牲口之类尚多"①。由此可见，除了祭祀所用食品外，这些都是航海中的食物。李鼎元的《使琉球记》亦记述了嘉庆元年使琉球回国时的情景，那时遇到海盗袭击，为激励军士奋力击杀海盗，李鼎元"令守备牵一羊至，斩以徇"。这一记载说明当时册封琉球的航海中有活的家畜在册封舟上，否则就不会有"牵"一羊的记载。

在航海过程中，人们也常常饮酒。万历年间萧崇业出使琉球，迷失方向见山时"舟中人无不拍手大欢，各排愁破虑，举觞相慰劳，称'见山酒'云"②。嘉靖年间李鼎元使团在大鱼夹舟助行时，也有"舟人举酒相庆"。③

在航海途中，垂钓不仅是航海中的一件趣事，同时也丰富了航海的饮食。如万历年间出使琉球的萧崇业就说过，"余二人倚膀而观，一篙工谓有鱼数头逐舟游。夷梢熟海者，往来常具钩饵行。于是垂六物取之，辄获鲜鳞二；颔下中数创，尚跳跃不即僵。顾其色青绿，闪烁有光耀，教中国恒鱼异。余欲生之，选间，僵不可放也矣，庖人强烹之，味果佳；第终诧，不欲多食也"。④ 万历年间夏子阳使团"过姑米山，有二巨鱼逐舟。漳人戏垂钓，获一重二百余斤。余闻，亟令释放之；时为众蹂躏，业已先仆，遂入舟人釜中，殊为快恨"⑤。虽然使臣对漳人的垂钓不太赞同，但是这对于沿海以捕鱼为生的人们都是十分平常的事。

古代航海，医疗条件也很难具备。但是册封琉球是官方的行为，因此册封舟上一般会安排一两名医生，"所以备药物、防疾疫，又数百人躯命之所关也"⑥。如徐葆光在《中山传信录》就介绍出使琉球时随带有外科医生一人、内科医生一人。入海行舟，生死未卜，但随带医生，也能在有限的范围内给予救治。

册封琉球，福建开船多是夏天，天气炎热。为了防暑，"于船面搭矮

---

① 郭汝霖：《重编使琉球录》，《国家图书馆藏琉球资料续编》（上册），北京图书馆出版社2002年版，第119页。
② 萧崇业：《使琉球录》，台湾文献丛刊第287种，第79页。
③ 李鼎元：《使琉球记》，台湾文献丛刊第292种，第159页。
④ 萧崇业：《使琉球录》，台湾文献丛刊第287种，第79页。
⑤ 夏子阳：《使琉球录》，台湾文献丛刊第287种，第226页。
⑥ 萧崇业：《使琉球录》，台湾文献丛刊第287种，第98页。

凉棚，使舱居者更番上坐以乘风"①。或"作小屋一二所，日番居以避舱中暑热"②。

琉球返航，多是冬日，北风凛冽，舟工"持舵时身为咸水所拍，北风裂之"。其痛是非常难忍的。医生遂"用蜜半斤，淡酒三十斤，防风当归等药末半斤，煎汤浴之；一夕而愈矣"③。还有风浪大时"舟皆裹冰，榜人冻沍，不能施力"。只能"亟其衣，初以布、次以袖缎裘袄"④。以使身体暖和。

此外，册封琉球航海中，除了航海人员和军士外，还有文人墨客，高僧、道士、医生、天文生、书画家、琴师等人。如崇祯年间杜三策为正使，有从客胡靖，善诗工画。康熙年间张学礼奉使琉球，从客吴燕时为太医，精岐黄之术。另一从客陈翼，多才多艺。康熙年间海宝为正使、徐葆光为副使册封琉球，从客陈利州为琴师，乾隆年间全魁为正使、周煌为副使出使琉球，从客陈传舟为琴师，另一从客王文治，为清代著名书法家和文学家。嘉庆年间赵文楷、李鼎元册封琉球，从客王文诰、秦元钧、缪颂、杨华才还有高僧寄尘及其门徒李香崖等。寄尘"好吟咏，工书善画，有奇术，人莫测也"；其徒李香崖"亦善画"。⑤还有嘉靖年间郭汝霖出使琉球带有戏子。这些不同身份的人一路同行，说明中琉的航海生活的丰富多样。僧侣、道士丰富宗教生活，琴师、画师、戏子都使枯燥单调的航海生活充满乐趣。文人墨客在航行中吟诗作赋，唱和酬对，其乐融融。册封琉球的人们，就是用这些丰富多彩的娱乐，完成了伟大的航行。

概而言之，明清册封琉球的航海，从造船的选料到造船工匠的选派，从航海人员的构成到航海技术的分工，从航海习俗的形成到航路针路、海疆的认知，从丰富多彩的航海生活到航海经验的总结，极其全面地勾勒了古代中国航海的轮廓。使我们看到中国人走向海洋的艰辛历程和对世界航海的伟大贡献。

（作者为福建师范大学闽台区域研究中心教授）

---

① 萧崇业：《使琉球录》，台湾文献丛刊第287种，第92页。
② 徐葆光：《中山传信录》，台湾文献丛刊第306种，第4页。
③ 萧崇业：《使琉球录》，台湾文献丛刊第287种，第93页。
④ 张学礼：《使琉球记》，台湾文献丛刊第292种，第8页。
⑤ 赵文楷：《槎上存稿》，台湾文献丛刊第292种，第100页。

读《明史·柯枝传》拾零

——海上丝绸之路上一朵绚丽的浪花

晁中辰

在《明史》卷三二六《外国传七》中有《柯枝传》。[①] 明永乐十四年（1416），明成祖为柯枝封山，并亲制碑文和铭诗，引人注目。它无疑是古代中外经济文化交流史上的重要事件。如果把它称为海上丝绸之路上一朵浪花的话，那么，在今天看来，它依然是那么绚丽和值得珍视。

一

在明代以前，中国与柯枝就已经有所交往。《明史·柯枝传》开篇即写道："柯枝，或言即古盘盘国[②]。宋、梁、隋、唐皆入贡。"实际上，在南朝宋、梁之前中国与柯枝就应有所交往。

在西汉武帝时期，大体与开辟陆上丝绸之路的同时，也开辟了海上丝绸之路。据《汉书·地理志下》记载，中国商船不仅频繁往来于南海一带，致使"往商贾者多取富焉"，而且远达今斯里兰卡和印度半岛。船舶从合浦郡的徐闻（今广东湛江市徐闻县西）出发，途经南海一带，继而抵达"已程不国"（今斯里兰卡）和"黄支国"（今印度）。当时，"有译

[①] 《明史》卷三二六，《外国传七·柯枝》，中华书局1974年版，第8441页。
[②] 盘盘国，《南史》卷七八记作"槃槃国"，《梁书》卷五四所记与《南史》同。《旧唐书》卷一百九十七记为"盘盘国"："林邑、婆利、盘盘、真腊……"皆在今东南亚一带。"盘盘国，在林邑西南海曲中，北与林邑隔小海。"故此处所称"盘盘国"应在今东南亚地区。有学者认为即今泰国巴蜀府的攀武里，其译音大致相同。此说可信度较高。由此可以断定，这里所记"盘盘国"与《明史·柯枝传》中所指乃为两地。可参见陈佳荣等编《古代南海地名汇释》，中华书局1986年版，第703、831页。

长，属黄门，与应募者俱入海，市明珠、璧琉璃、奇石异物，赍黄金杂缯而往"①。此处所记述的就是当时官方所进行的海外贸易。这段记载也是汉代即已开通海上丝绸之路的最具权威性的记述。但汉王朝的商船当时是否到了柯枝，则史无明文。

历史常识告诉我们，中国商船去印度半岛，并不只是与当地印度人交易，而且与来此的阿拉伯商人进行交易。在环阿拉伯海和波斯湾沿岸，阿拉伯商人往来频繁，历来是当地占主导地位的商业力量。柯枝作为环阿拉伯海的一个重要商业港口，中国商船来此与阿拉伯商人进行贸易是可以想见的。《明史·柯枝传》中载，当地"人分五等"，一等人是当地王族，"二曰回回"。这里的"回回"即是来此长期居住的阿拉伯人。故以理推之，既然汉代中国与印度半岛的海上丝绸之路已经开辟，中国商船多次往来，且柯枝是比古里更靠南端的港口，那么，中国商船来过柯枝就应在情理之中了。

对于入明以后的交往，《明史·柯枝传》载："永乐元年遣中官尹庆赍诏抚谕其国，赐以销金帐幔、织金文绮、彩帛及华盖。（永乐）六年复命郑和使其国。"查《明实录》知，明太祖朱元璋在即位后的第二年，即洪武二年（1369）正月"乙卯，遣使以即位诏谕日本、占城、爪哇、西洋诸国"。洪武三年（1370）九月，"西洋国王"遣使"来朝，进金叶表文，贡黑虎一……"这里所说的"西洋诸国"是否包括柯枝，则未确指，遣使来华的"西洋国王"到底是指哪一个国家的国王，亦未指明。但在洪武五年（1372）则明确记载，正月"壬子，琐里（又称西洋琐里，今印度南端东海岸之科罗曼德尔一带）国王卜纳的遣其臣……奉金叶表，公马一匹"，还有许多其他贡物。由此可知，在明朝建立伊始，中国与印度半岛的海上交往就是畅通的。史籍虽未明确记载永乐以前与柯枝有哪些具体交往，但双方至少仍保持着传统的相互了解。也正因如此，双方在永乐年间的关系就发展到异常密切的程度，并终于促使明成祖为柯枝封山勒铭。

二

在明成祖为柯枝封山勒铭前两国的密切交往，《明史·柯枝传》作了

---

① 《汉书》卷二八下，《地理志下》，中华书局1983年版，第1671页。

详细交代：永乐元年（1403），遣尹庆出使柯枝；永乐六年（1408），"复命郑和使其国"；永乐九年（1411），柯枝国王"可亦里遣使入贡"；永乐十年（1412），"郑和再使其国"，柯枝随后"连二岁入贡"，两国关系迅速升温。正是在这样的背景下，柯枝使臣向明成祖请求"赐印诰，封其国中之山"。明成祖答应了柯枝的请求，于是就出现了为柯枝封山勒铭的盛举。据《明实录》记载，此事发生在永乐十四年十二月"丁卯"（10日），柯枝和古里"等诸国使臣辞还"，明成祖命郑和"偕往，赐各国王"。郑和于永乐十五年开启了第五次"下西洋"之旅，故应是在第五次"下西洋"时为柯枝完成了封山勒铭之举。

《明史·柯枝传》为重其事，故全文照录了明成祖为柯枝封山所撰碑文，"命勒石山上"。这不仅在两国关系史上，而且在整个海上丝绸之路发展史上都是一篇难得一见的重要文献。原文不长，故全文照录于下，并对照《明实录》[①]，将《明史》所载的错漏之处在括号中注出：

> 王化与天地流通，凡覆载之内，举纳于甄陶者，体造化之仁也。盖天下无二理，生民无二心，忧戚喜乐之同情，安逸饱暖之同欲，奚有间于遐迩哉？任君民之寄者，当尽（此处漏一"夫"字）子民之道。《诗》云："邦畿千里，惟民所止，肇域彼四海。"《书》云："东渐于海，西被于流沙，朔南暨声教，讫于四海。"
>
> 朕君临天下，抚治华夷，一视同仁，无间彼此。推古圣帝明王之道，以合乎天地之心。远邦异域，咸使（"实录"原文为"咸欲使之"）各得其所。闻风向化者（"实录"原文为"盖闻风而慕化者"），争恐后也（"实录"为"非一所也"）。
>
> 柯枝国远在西南，距海之滨，出诸蕃国之外，慕中华而歆德化久矣。命令之至，拳跽鼓舞（"实录"中"拳"字为"奉"。按："奉"字切合文意，应以"奉"为是。"拳"字应为"奉"字之误抄），顺附如归。咸仰天而拜曰："何幸中国圣人之教，沾及于我！"乃数岁以来，国内丰穰。居有室庐，食饱鱼鳖，衣足布帛，老者慈幼，少者敬长，熙熙然而乐，凌厉（"实录"中"凌厉"为"凌犀"。按：应以"凌犀"

[①] 《明太宗实录》卷一八三，永乐十四年十二月"丁卯"。南京国学图书馆影印本1940年版。

为是，意为欺凌下属）争竞之习无有也。山无猛兽，溪绝恶鱼，海出奇珍，林产嘉木。诸物繁盛，倍越（"实录"中"越"写作"过"）寻常。暴风不兴，疾雨不作，札沴殄息，靡有害畜。盖甚盛矣（此句在"实录"中为："诚王化之使然也"）。

朕揆（"实录"中"揆"写作"兹"）德薄，何能如（"实录"中"如"写作"若"）是？非其长民者之所致欤？乃封可亦里为国王，赐以印章，俾抚治其民。并封其国中之山为镇国之山，勒碑其上，垂示无穷。

碑文下还附有铭诗，情文并茂，意涵深远，也是封山勒铭的重要组成部分，亦全文照录于下：

截彼高山，作镇海邦，吐烟出云，为下（《万历野获编》卷一《赐外国诗》在此处注："下字，衍文。"（按：此说甚是）① 国洪庞。肃其烦歊，时其雨阳（"实录"中此两句前后倒置）。祛彼氛妖，作彼丰穰（"实录"中此两句亦前后倒置）。靡畜靡沴，永庇斯疆（"实录"中此两句亦前后倒置，且"永庇斯疆"写作"庇于斯民"）。优游卒岁，室家胥庆（"实录"中此两句亦前后倒置）。於戏（"实录"中无"於戏"二字）！山之嶄兮，海之深矣，勒此铭诗，相为终始。

《明史》编纂于清初，刊行于乾隆年间，其主要史料大都采自《明实录》。总的来看，《明史》撰修人员还是忠于《明实录》原文的，只是偶有错漏之处。有的则是按照个人理解，对原文稍加改动，于文意无大害。在铭诗中添加"於戏"二字，则是编者为了加重语气，有意为之。

为柯枝封山所制的碑文主要包含以下几层意思。

首先，申述了以"王化"治国的一般道理。治理国家就像烧制陶器一样，其道理普天之下都是一样的，老百姓的喜怒哀乐和基本生活需求也是一样的。对此，碑文还引用《诗经·玄鸟》和《尚书·禹贡》中的记述加以深入论说。文中体现了儒家"内圣外王"的治国之道和民本思想。

其次，明成祖自视为天下的君主，接着申述自己治理天下的思想和主

---

① （明）沈德符：《万历野获编》卷一，《赐外国诗》。中华书局1980年版，第13页。

张。自己要像古代圣明的君主那样，不论对任何国家都"一视同仁"，即使"远邦异域"的老百姓，也要使他们"各得其所"。正因如此，远方各国才"闻风向化"。明成祖在位的永乐年间是中外经济文化交流的盛期，这种思想在当时得到了充分的体现。

再次，碑文接着极言柯枝国的治理之盛。柯枝虽远在西南异域，但却"慕中华而歆德化久矣"，两国有悠久的密切的关系，对中国传统的"圣人之教"多有"沾及"。于是，柯枝年年丰收，老百姓丰衣足食，男女老幼各得其所，"熙然而乐"。大概也是天人感应的缘故，当地自然界也是"诸物繁盛，倍越寻常"，瘟疫尽除，野无害草，俨然一副太平盛世的祥和景象。

最后，明成祖自称"德薄"，不足以使柯枝治理得如此之好，而主要应归功于柯枝国王。因此，特"封可亦里为国王"，并"赐以印章"，要他继续治理柯枝，"抚治其民"。于是，就出现了为柯枝封山的盛举，封其国内一山为"镇国之山"，并勒铭碑上，以"垂示无穷"。

碑文后面的铭诗是对碑文的进一步概括和提炼，并为此事增添了许多典雅之气。诗中进一步强调，希望这"镇国之山"能够永远保佑柯枝人民，使他们永远幸福安康。铭诗最后表达了一种良好的祝愿，希望两国的友谊像高山大海一样"相为终始"，地久天长。

明成祖为柯枝封山勒铭不仅是两国关系史上极有意义的大事，而且其铭文也是富有文采和难得一见的重要历史文献。

三

对柯枝来说，明廷为其封山勒铭是一种特殊的礼遇。从历史上来看，同处印度半岛西南端的古里要比柯枝更繁华，地位更重要。正因如此，《明史·古里传》称古里为"西洋大国……诸番要会"[①]。郑和第一次下西洋就以古里为终点站，却没有去柯枝，而是在第二次下西洋时才去了柯枝。由此可见，古里原来的地位和影响都在柯枝之上。但明廷却只为柯枝封山勒铭，这不只是因为柯枝的恳切请求，而更主要的是两国关系得到迅速发展的结果。当时印度半岛南部小国林立，此举自然会大大提升柯枝在

---

① 《明史》卷三二六，《外国传七·古里》，中华书局1974年版，第8439页。

当地的地位和影响。

两国关系的迅速发展与两国的贸易密切相关。《明史·柯枝传》谓当地"田瘠少收",但却盛产胡椒。曾多次随郑和下西洋的马欢在《瀛涯胜览·柯枝国》中记道,柯枝"土无他出,山有胡椒,人多置园种为产业。每年椒熟,本处自有收椒大户收买……待各处番商来买"。由此可知,当地人大多置有椒园,把种植胡椒当成"产业",作为主要谋生之道。这主要是因为,胡椒是当时国际商品贸易之大宗,再加上柯枝本来就是一个贸易商港,故胡椒贸易就成为中国与柯枝关系发展的重要推动因素。另外,当地称为"哲地"的富人实际上多为商人。他们"专收买下珍珠、宝石、香货之类,皆候中国宝船或别处番船客人"。① 这里也特别提到"中国宝船",亦足见两国贸易关系发展之盛。

《明史·柯枝传》关于当地人群构成的记述也特别耐人寻味。当地"人分五等",而从阿拉伯等地迁入的"回回"仅次于当地的王族"南昆",其地位是很高的。这种情况在印度半岛西南沿岸是很普遍的。例如,《明史·古里传》亦有明确记载:"其国……人分五等,如柯枝。"阿拉伯人历来以善于经商闻名,他们的商业活动是促成当地繁荣的重要因素。也正因如此,他们在当地才有了那么高的社会地位。郑和祖上亦是阿拉伯人,来自阿拉伯地区,他在柯枝等地与那些阿拉伯人进行贸易活动时,一定会有一种特别的亲切之感。

另外,郑和自第四次下西洋开始,就越过印度半岛南端,远达阿拉伯地区和非洲东岸。如要去非洲东岸或阿拉伯半岛南部的话,则由印度半岛南端横跨印度洋最为便捷。那么,由柯枝出发比由北边的古里出发更为方便。这可能也是明廷更为重视柯枝的原因之一。

有明一代近三百年间,永乐年间是对外交往最繁盛的时期②。就其最富有意义和影响的重大事件来看,除了郑和下西洋以外,就应该是明成祖为外国封山勒铭之举了。明成祖总共只为4个国家封山勒铭,即满剌加(今马来西亚马六甲一带)、日本、浡泥(今文莱一带)和柯枝。有明一代也只是为这4个国家进行过封山勒铭。其中,柯枝是印度洋沿岸唯一获

---

① (明)马欢著,万明校注:《明钞本〈瀛涯胜览〉校注》,《柯枝国》,海洋出版社2005年版,第61页。

② 参见晁中辰《明朝对外交流》,南京出版社2015年版。

此殊荣的国家，也是距离中国最为遥远的国家。此事表明，在六百多年前，中国与印度洋沿岸国家之间的海上丝绸之路不仅畅通，而且双方已建立起十分密切的关系。

正因如此，明成祖为柯枝封山勒铭就具有特别重要的意义，尤为引人注目。今天，人们如要探究当时中国与印度洋沿岸海上丝绸之路盛况的话，此事是无可置疑的标杆性事件。这不仅在明代，而且在整个中国对外关系史上都是一件值得大书特书的事件。这正如明末学者沈德符在《万历野获编·赐外国诗》中所说，在这一点上，明成祖的威德已超过"唐文皇"（唐太宗李世民）："如文皇帝（明成祖）威德，直被东南古所未宾之国。赑屃宏文，昭回云汉。其盛，恐万祀所未有也！"① 这里所谓"万祀所未有"即"万年所未有"之意。作者在评述这件盛事时可谓激情满怀。这种极为崇高的评价是言之有据的。

为柯枝封山勒铭进一步推动了两国关系的发展，"自后，间岁一贡"。也就是两年来华一贡。在明朝与各国的关系中，只有朝鲜和琉球（今日本冲绳）具有两年一贡的待遇，标志着柯枝与中国的关系特别密切。安南和占城（今越南北部和南部）则次之，定三年一贡。日本虽是中国近邻，但由于倭寇问题而使两国关系一直不谐，故定其十年才能来华一贡。由此可以看出，柯枝当时已进入与中国关系最为密切的国家行列。回顾这段历史使人有理由深信，未来的海上丝绸之路一定会焕发出更加令人振奋的勃勃生机。

（作者为山东大学历史文化学院教授）

---

① （明）沈德符：《万历野获编》卷一，《赐外国诗》，中华书局1980年版，第15页。

郑和下西洋外交对 21 世纪海上丝绸之路建设的历史借鉴

朱亚非

明初郑和下西洋，东南亚与印度洋沿岸国家是郑和船队主要活动区域。从郑和下西洋行程看，可以分为二个阶段，前三次均止步于印度半岛南部，第四次以后，则以印度半岛南部作为出发点，西渡印度洋和阿拉伯海，直达阿拉伯地区和非洲东海岸。关于郑和在海外的活动以及该时期明朝的外交政策等前人已分别有所研究，[①] 本文主要从郑和船队在海外活动探讨明朝外交的意义，并结合当今的海上丝绸之路建设阐述一点自己的看法。

一

明初郑和下西洋历时 30 年，足迹遍及亚、非两大洲三十多个国家和地区，开创了古代中外关系史上的一段佳话。郑和下西洋展现出明朝作为一个东方大国在外交中的鲜明特点，为后世外交提供了极为可贵的经验。

纵观郑和下西洋中的外交活动，目的明确、方式灵活。可以概括为以下几点。

一是以经济互利推动外交。郑和使船队将国内生产的丝绸、布匹、瓷器、铁器、书籍、药材运至南洋、印度次大陆及阿拉伯、非洲各国，深受当地人民喜爱，让这些国家民众领略到了中国先进的物质文化，并

---

① 参见朱鉴秋主编《百年郑和研究资料索引（1904—2003）》，上海书店出版社 2005 年版。

促进了官方的经贸往来。郑和从海外带回的香料、染料、药材等商品，对促进国内市场繁荣和人民生活所需多样化也起到了一定作用。[①] 明朝对来自印度洋各国的商品，坚持厚往薄来的方针，主动免其关税。早在洪武五年（1372）明太祖朱元璋就下诏"西洋诸国，素称远蕃，涉海而来，难计岁月，其朝贡无论疏数，厚往薄来可也"[②]。明成祖继承了这一方针，不仅在贸易上厚往薄来，而且还多次下令免除了东南亚苏门答腊及印度半岛的西洋琐里、琐里等国入明贸易商品的税收，明成祖曾下令："其王遣使来贡，附载胡椒，与民市，有司请征税，命勿征。"[③] 明朝在经济上厚往薄来的政策给郑和船队在经济上开展与印度洋国家的交往提供了强有力的保障。

二是以文化交流促进外交。无论郑和使团所到何地，都代表明朝皇帝在当地立赐碑文、封山川或赠送历书、文化典籍、服装等，将中国传统文化向海外传播，不仅影响到周边国家，也影响到印度洋沿岸并远至非洲，[④] 郑和曾表明自己率团远航，就是要"扫胡元之弊习，正华夏之彝伦，振纲常以布中外，敷文德以及四方"[⑤]。在传播中华文化的同时，郑和也不忘输入海外文化，他曾将印度半岛国家的建筑、绘画、雕刻等艺术传入国内，并通过建大报恩寺等将其融入中华传统文化之中。

三是以调解各国争端、促进友邻团结来拓展外交。明朝尽管国力强大，但对东南亚和印度洋地区没有任何贪欲，也没有利用邻国之间的矛盾来达到进行控制和扩张的目的。对于和明朝保持友好关系国家之间的冲突，明朝没有偏向一方，没有企图从周边国家冲突中获得利益，而是多采取劝和息争之策，让邻国之间化干戈为玉帛，如对这一期间发生的安南与占婆的冲突、暹罗与满剌加之争；榜葛剌与沼纳朴尔的冲突等国际纠纷中，郑和或其他使节都是代表明朝皇帝对其加以劝解，让其友好相处。从而也赢得了明朝在这些国家中的威望。

[①] 参考严从简《殊域周咨录》卷八《古里》、马欢《瀛涯胜览》等。
[②] 《明史》卷三二五《琐里传》，中华书局1974年版，第8424页。
[③] 《明史》卷三二五《琐里传》，中华书局1974年版，第8424页。
[④] 参考茅瑞征《皇明象胥录》卷五《柯枝》、《明史》卷三二六《外国传七·柯枝》。
[⑤] 费信：《星槎胜览》序言，见陆楫《古今说海说·选二》十二，巴蜀书社1988年版。

四是以军事力量为后盾维护外交成果。郑和使团随行有上万名士兵，是下西洋海上安全的重要保障。为了维护下西洋的航行畅通无阻，为了维护国家的尊严和安全，郑和远航过程中有时也被迫采取军事手段解决问题，如清除盘踞苏门答腊旧港一带的陈祖义海盗团伙，就是要确保自南洋到马六甲海峡一线的安全，也是要维护明朝在周边国家的信誉。生擒锡兰国王亚烈苦奈尔，则是要稳定印度洋沿线航道的安全，确保明朝通往印度洋到阿拉伯海的畅通无阻。这些均属不得已而采取的军事行动，不仅有利于明朝，也有利于郑和船队所到之处沿岸国家与明朝的往来，因此也是深得诸国人心的正义行动。

郑和使团活动遍及东南亚及印度洋地区，体现出了中国历代封建王朝传统对外交往中以德睦邻、以邻为伴，与邻为善、互通有无的思想。他在出使过程中，始终把相互尊重、和平共处作为发展与他国关系的前提，圆满表达了明朝希望与各国交好的愿望，他在出使途中，每到一国面见其统治者时，言辞恳切，态度真诚，赢得了东南亚和印度洋沿岸国家和地区统治者的高度信赖。郑和使团成员目睹所到之处情形是："天书到处多欢声，蛮魁酋长争相迎，南金异宝运驰贡，怀恩慕义输忠诚。"[1] 郑和所到之处，还十分尊重各国的宗教信仰，如他在古里建碑亭，在锡兰寺院中做布施，恰到好处地表达了对其国民宗教信仰的关注，从而也在这些国家留下了许多美好的故事和传说。[2] 也正是因为郑和出使四方，不辱君命，才开创了明成祖年间的外交盛况。以郑和下西洋为中心所展示的明初外交成功经验值得后人深思与借鉴。

二

郑和远航取得巨大成功，无疑展示出明朝经营海外区域的能力，在东南亚地区、印度次大陆、阿拉伯半岛及东非等地获得巨大影响力。郑和外交的成功主要得益于以下四点。

一是政治上的凝聚力。明朝建国以后出现了朝气蓬勃的局面，政治上安定，皇权高度集中，其国力远远超过周边国家，明朝作为一个大国坚持

---

[1] （明）马欢：《明钞本〈瀛涯胜览〉校注》，万明校注，海洋出版社2005年版，第2—3页。
[2] （明）马欢：《明钞本〈瀛涯胜览〉校注》，万明校注，海洋出版社2005年版，第2—3页。

以德睦邻，不干预别国内政，不侵占别国领土，与四邻友好，和睦相处，招徕远人的方针，深得海外国家的拥戴和信任。

二是经济上的吸引力。明初经过三十年的励精图治，生产力获得高度发展，《明史·食货志》就有永乐、宣德年间"府县仓廪皆满，至红腐不可食"的记载，国家已储备了大量可供对外贸易的物资，尤其是丝织品、纺织品、陶瓷等商品，与民众生活息息相关，深受海外民众的喜爱。除郑和船队携带大量商品从事对外贸易外，海外国家以朝贡名义入明进行贸易的使团和商人络绎不绝，明朝经济的繁荣对东南亚、印度洋沿岸的国家形成了强大的吸引力。

三是军事上的震慑力。明初为了对付蒙古部落及沿海倭寇的威胁，建立起一支强大的陆上和海上武装，郑和船队就有大批士兵随从，船队所到之处清除海盗、平息叛乱，调解地区争端，维护海道安全，是南洋至印度洋维护航行安全的一支重要军事力量。因此也赢得了与明朝友好国家和地区统治者和民众的信赖，对极少数为非作歹、心怀叵测的海外国家的统治者形成强大的震慑作用，使之不敢对明朝有非分之想。

四是文化上的辐射力。中国传统文化历史悠久，自秦汉以后开始向海外传播，并逐渐形成较大影响，郑和自己宣称下西洋的目的之一是"将文德覆及四方"，郑和船队所到之处均将以儒学思想为核心的传统文化在海外加以宣传，将仁爱、以德睦邻、以邻为伴、与邻为善、互利互惠、劝和息争、共享太平之福等理念传谕各国，博大精深的中华文明对海外国家形成强大的感染力。

基于以上几点可以看出，明朝初年在对外交往中始终占据了政治上的主导地位。并且取得了积极影响，形成了"万国来朝"的空前外交盛况，对于扩大明朝对海外的影响，巩固明朝在国内统治的稳定都起到了重要作用。然而这种影响并未能持久延续下去。自明中期以后，明朝对海外影响日渐衰微。其原因：从政治上看，明朝统治者缺少经营海外的战略目光，坚持专制集权体制和海禁方针，只重视对国内的控制而缺少走出海外扩大影响的动力，认为经营海外是"得其地不足以供给，得其民不足以使令"，[①] 只是希望"四夷顺则中国宁"。幻想与外国"远迩相安于无事，以

[①]《明太祖实录》卷六八，台北"中央"研究院历史语言研究所校印本1962年版，第1277页。

共享太平之福"①。在对外交往中安于现状,限制中外商人正常交往的海禁政策一直延续下去。明中期之后,对于印度洋沿岸国家,明朝也很少派使节前去,官方关系也逐渐冷淡下来。

从经济上看,明朝耗费大量丝绸、瓷器等生活用品换来的海外物品中除一些香料、染料等有一定价值外,大都是仅能供统治者奢靡生活所需的奇珍异宝,珍稀鸟类、禽兽等,对国内市场而言没有多少价值。同时郑和下西洋自身也要耗费巨大财政开支。明代人就指出"国初,库府充溢,三宝郑太监下西洋,赍银七百余万两,费十载,尚剩百万余归"。② 这仅是郑和前三次下西洋的开支,后四次下西洋,因为行程远,开支更远超前三次。郑和舰队返国时,携带入明朝贡的外国使节往往多达千人以上,而明朝又对朝贡国采取厚往薄来方针,给予赏赐和与之交换的商品数量巨大,极大消耗了国库开支。这种朝贡贸易中重义轻利,不按经济规律办事的交往耗费了明朝大量财力和物力,也很难持续进行下去。

也正是因为明朝未能将郑和下西洋开创的事业进行下去。百年以后,西方航海势力东来,进行殖民扩张,逐渐控制了印度次大陆和东南亚地区,明清之际中国逐渐失去了对南洋和印度洋广大区域的影响力,这种历史的教训仍值得后人反思。

三

2013年9月和10月,习近平主席先后提出建设"丝绸之路经济带"和"21世纪海上丝绸之路"的合作倡议。前者是通过陆路构建中国与东北亚、中亚、南亚乃至欧洲的合作关系,后者则是通过海路建立与东南亚、印度洋沿岸国家,大洋洲、非洲乃至美洲国家之间的合作关系。这是一幅宏伟的蓝图,如"一带一路"计划取得圆满成功,不仅能够大大提升中国在国际上的影响力,而且也有利于增强自身的综合实力,对"一带一路"所经过国家和地区也会带来经济上的好处,是一个合作共赢的战略构想。

推进海上丝绸之路建设需要认真总结前人的经验教训,明初郑和下西

---

① 《明太祖实录》卷三七,台北"中央"研究院历史语言研究所校印本1962年版,第750页。
② 王士性:《广志绎》卷一,中华书局1981年版,第5页。

洋是创建当时海上丝绸之路的先驱者。分析郑和下西洋的成功与不足，对于我们今天海上丝绸之路建设可以提供历史的经验借鉴。

首先，以雄厚经济实力为基础推动"海上丝绸之路"建设。丝绸之路经济带与"海上丝绸之路"的提出，是21世纪中国作为大国崛起的重要标志。中国国内生产总值（GDP）目前已排名世界第二，共有接近3.6万亿美元外汇储备（全球第一），成为能够推行海上丝绸之路的重要物质基础。亚洲投资银行和丝路建设基金的设置，都为中国投资丝绸之路沿线国家和地区的能源、交通、铁路、港口等基础设施创造了很好的条件。当年郑和下西洋，与周边国家开展交往并取得成功，最重要的因素就是明朝的国力强盛，郑和所到的东南亚、印度半岛、阿拉伯半岛及非洲国家和地区在与明朝的交往中经济上都有利可图。明朝也采取了厚往薄来的原则，在经济贸易上让各国均从中获利，因此吸引了大批海外国家与明朝进行朝贡贸易。今日海上丝绸之路所到之处，首先应考虑所在国的经济利益。只有让中国投资的接受国获得实际利益，得到可以看得见的好处，这种投资才能发挥效益，才能持续进行下去。当然，"海上丝绸之路"建设仍要提倡双赢，既要让受资方获得利益，也要让中国获得利益，并且这种海外投资的效益能惠及中国百姓。只有中国百姓获得切实利益，才能得到国内广大人民群众的拥护和支持。如果一味坚持厚往薄来，不计较自身得失，这种海外投资也无法长期坚持下去。郑和之后明朝之所以停止下西洋，主要是因郑和下西洋造成的国库空虚使明朝难以长期为继，只能采取停止的办法，历史的教训今人应该吸取。

其次，在新时期"海上丝绸之路"的推进中应充分发挥中国传统文化的影响力。中国传统文化历史悠久，多年来对周边国家尤其是对海外华侨或华人聚集较多的东南亚国家和欧美一些国家也有一定的影响。目前，中国在亚洲、非洲、南北美洲、欧洲和大洋洲开办了400多所孔子学院，向所在国家宣传中国传统文化，介绍中国的社会和生活方式，让外国年轻人更加全面地认识中国，增进与外国的友谊。但是在"海上丝绸之路"所经过的国家和地区，则是多元文化并存的地区，各国民众信仰各异。就亚洲而言，就有东南亚的佛教，南亚次大陆的印度教，印度尼西亚、马来西亚、巴基斯坦的伊斯兰教，还有韩国的基督教和菲律宾的天主教。面对不同文化的差异和不同民族的信仰，我们应在尊重别国民众信仰的基础之上宣传中华文明，发扬中国传统文化中的"仁、义、礼、智、信"精神，倡导以德睦邻、以邻为伴、与邻为善、睦邻、惠邻、安邻的思想，并将中华文明精华与现代社会价值观——自由、平等、民主、法治等结合起来，让不同地区、不同信仰的国家民众了解中华文明，并愿意与中国合作进行丝绸之路的建设，以期减少在推进丝绸之路所经过的沿线国家民众在思想文化、民族心理认同等方面的差异所产生的阻力，化解矛盾，与各国民众和睦相处，从而推动"海上丝绸之路"建设计划顺利发展。在这一问题上，我们仍然可以吸取当年郑和下西洋的成功经验。郑和所到之处，尊重各地民众不同信仰和习俗，通过各种方式向当地统治者宣传中华文明，赢得所到国家和地区民众的广泛欢迎，也为下西洋的成功奠定坚实的基础。

再次，推进"海上丝绸之路"倡议，国家除了要有强大的经济实力以外，也要有一定的国防建设作为保障。明初郑和下西洋实际上有相当多的士兵随行，有力地维护了远航的安全，并在清除陈祖义海盗集团、击退锡兰国王抢劫宝船、威慑爪哇西王杀害中国商人以及平定苏干剌之乱中发挥了积极作用。郑和下西洋有大量士兵随行，并非要抢夺别国土地和财富，并非进行殖民掠夺，而是为了维护海上航线的安全，为了显示明朝作为一个大国的形象与威望，从而让周边及印度洋沿岸国家对明朝信任并敬畏，也打消了少数外国统治者对明朝的觊觎之心。今天中国推进"一带一路"倡议，仍然面临着比较严峻的国际环境，就海上丝绸之路所经过和延伸地区就有极端宗教势力、海盗、民族分裂势力等活动频繁，并产生危害。少数周边国家担心中国的强大会给自己带来威胁，美国也担心中国崛起后会打乱冷战结束后美国主导的国际秩序，影响美国的地位，因此这些因素势必会对海上丝绸之路建设的推进产生不利影响。面对复杂多变的国际环境，作为一个大国，在经济实力增长后，保持一定的军事力量并能自如地应付突发事件也是理所当然的，这在近几年中国海军护航、撤侨等活动中也充分体现出来。但是在适当增强军事实力的同时，仍要坚持不过分渲染武力。中国始终坚持不称霸，不在海外建立军事基地，不以武力威胁别国。对于与邻国之间存在的问题与争端，仍要坚持用政治手段来解决。要让邻国放心，中国军事力量增强不是要侵略周边国家。对于海上有争议的领土，在坚持原则立场的同时，仍要坚持冷静和克制的态度，着力化解矛盾。同时也要与美国保持一种良性互动的新型大国关系，在复杂多变的国际政治格局下营造一种相对宽松的国际环境。既保持强大的军事力量，又不过分渲染军力，造成四邻不安，这对于"海上丝绸之路"建设是非常必要的。

最后，推进"海上丝绸之路"建设，海峡两岸应提倡友好合作、追求共赢。两岸同属于中华民族，有共同的中华传统文化的信仰，有追求民众生活幸福的共同愿望，对于惠及他人也惠及自身的"海上丝绸之路"建设，台湾地区自然不能缺席。这种两岸合作在经济上可以达到互利共赢，在政治上可以增加两岸之间的了解互信、化解争端，也有助于更好地维护台海两岸和平稳定局面，造福于两岸广大民众。

郑和下西洋这一划时代举动，距今已有600余年了。重新审视郑和下西洋，对于我们今天推动海上丝绸之路建设，仍不失有非常重要的启迪与借鉴作用。

（作者为山东师范大学历史与社会发展学院教授）

明清中国"大西洋"概念的生成与演变*

庞乃明

中文语境中的"大西洋"概念,是伴随中外文化交流而衍生的涉外地理词汇。但它并不是译自海外的外来词汇,其出现也与 Atlantic Ocean 无关。有证据表明,中文"大西洋"一词是在传统词语"西洋""小西洋"基础上创造出来的带有中国海洋文化特色的创新词语。与"欧罗巴""地中海"等指向西方、内涵固定的外来词汇不尽相同,"大西洋"在明清两代不同时段的不同语境中,其内涵所指颇不一致,因此给后人的解读、利用带来一些困扰。当代学者虽注意到明清"大西洋"概念的不同内涵,但却缺乏系统深入的专门讨论,某些论断还与历史事实不甚相符。[①]本文拟对

---

* 本文为国家社科基金项目"认知与应对:明人欧洲观与晚明对欧方略"(18BZS068)的阶段性研究成果。

① 冯承钧《中国南洋之交通》较早注意到来华耶稣会士与大西洋地名的关系。他说:"利玛窦绘万国图,西南海名称为之一变,昔名曰西洋之印度洋,则名小西洋,而始称今西洋曰大西洋。"[冯承钧撰,邬国义编校:《冯承钧学术论文集》(上),上海古籍出版社2015年版,第277页]周定国《Atlantic Ocean 汉语为何称为大西洋》认为,大西洋一名最早出现在明代,"利玛窦来华在晋谒明神宗时,自称是大西洋人,他把印度洋海域称之为小西洋,把欧洲以西的海域称之为大西洋"(《地名知识》1987年第2期,第39页)。王尔敏《近代史上的东西南北洋》指出,伴随西方殖民势力东来,元明以来的东西二洋界域发生巨大变化,陈伦炯《海国闻见录》中的大西洋仍指从"红毛"到"乌鬼"的广大地区而言,而印光任、张汝霖《澳门纪略》及谢清高《海录》中的大西洋则实指葡萄牙(《"中央研究院"近代史研究所集刊》第15期,1986年版,第107—108页)。汤开建认为,葡人东来、特别是欧洲传教士来到澳门后,"大西洋""西洋"等词已不再是对东南亚及印度洋诸国的泛指,也不是当今意义上的"大西洋"或"西洋",而是专指当时的葡萄牙,或1582—1640年间的葡西联合王国,绝不可解释为广泛意义的外国和欧洲(汤开建:《委黎多〈报效始末疏〉笺正》,广东人民出版社2004年版,第104—105页)。英人艾尼塔·盖纳瑞也认为,"大西洋"一名最早出现在明朝万历年间,利玛窦在广东肇庆绘制的中文世界地图在今大西洋之处标注了这个名字(艾尼塔·盖纳瑞:《"小水滴"带你畅游海洋》,朱海萍、吕志新译,黄山书社2013年版,第6页)。笔者认为,关于"大西洋"之名最早出现在明朝万历年间,明末以后之"大西洋"一般指今大西洋,及其专指葡萄牙或葡西联合王国的说法有待商榷。

19世纪中叶以前汉文典籍中的"大西洋"概念作一考释,溯其源流,辨其内涵,揭橥其意义所在。不妥之处,恳请方家校正。

一

就目前所知,中文"大西洋"一词最晚出现在明朝嘉靖年间。据成书于嘉靖十五年(1536)的黄衷《海语》记载:"酴醿,海国所产为盛。出大西洋国者,花如中州之牡丹。蛮中遇天气凄寒,零露凝结,著他草木,乃冰澌木稼,殊无香韵。惟酴醿花上琼瑶晶莹,芬芳袭人,若甘露焉。夷女以泽体发,腻香经月不灭。国人贮以铅瓶,行贩他国,暹罗尤特爱重,竞买略不论直。随舶至广,价亦腾贵。大抵用资香奁之饰耳。五代时与猛火油俱充贡,谓蔷薇水云。"[①] 这个以大西洋国所产为上品的酴醿露又名蔷薇水,五代时曾被当作贡品进献中国。查欧阳修《新五代史》,占城国在后周显德五年(958),遣使莆诃散贡猛火油八十四瓶、蔷薇水十五瓶,"蔷薇水云得自西域,以洒衣,虽敝而香不灭"[②]。占城蔷薇水来自西域何处?南宋陈敬《新纂香谱》引叶庭珪语曰,蔷薇水,"大食国花露也。五代时蕃将蒲诃散以十五瓶效贡,厥后罕有至者"[③]。叶庭珪,字嗣忠,福建瓯宁人,绍兴中任泉州知州,兼市舶提举,"因蕃商之至,询究本末",于绍兴二十一年(1151)撰成《南蕃香录》一卷,[④] 专记海外香料贸易之事,《宋史·艺文志》子类农家类著录。[⑤] 则叶庭珪关于蔷薇水乃"大食国花露"的论断当有所据。因此之故,陈敬《新纂香谱》又将大食国蔷薇露称为"大食水"[⑥]。关于大食国产上品蔷薇水的情况,蔡绦《铁围山丛谈》亦有描述。他说:"旧说蔷薇水,乃外国采蔷薇花上露水,殆不然。实用白金为甑,采蔷薇花蒸气成水,则屡采屡蒸,积而为香,此所以不败。但异域蔷薇花气,馨烈非常。故大食国蔷薇水虽贮琉璃缶中,蜡密封其外,然香犹透彻,闻数十步,洒着人衣袂,经十数日不歇也。至五羊效

---

① 黄衷:《海语》卷中《物产·酴醿露》,文渊阁《四库全书》,台北:商务印书馆1986年版,第594册,第128页。
② 《新五代史》卷七四《占城》,中华书局1974年版,第922页。
③ 陈敬著,严小青编著:《新纂香谱》卷一《蔷薇水》,中华书局2012年版,第94页。
④ 周嘉胄著,日月洲注:《香乘》卷二八《叶氏香录序》,九州出版社2014年版,第555页。
⑤ 《宋史》卷二〇五《艺文四》,中华书局1977年版,第5207页。
⑥ 陈敬著,严小青编著:《新纂香谱》卷一《大食水》,第108页。

· 654 ·

外国造香，则不能得蔷薇，第取素馨茉莉花为之，亦足袭人鼻观，但视大食国真蔷薇水，犹奴尔。"① 而《宋史·外国传》也把蔷薇水列为大食国输华诸贡品之一。② 据此，黄衷《海语》中的"大西洋国"当指今阿拉伯半岛一带。

以大西洋指代包括阿拉伯半岛在内的印度洋北岸一带，在元朝后期或已露出端倪。③ 有学者指出，（大德）《南海志》有"单重布啰国管大东洋""阇婆国管大东洋""东洋佛坭国管小东洋"等条，又有"单马令国管小西洋""三佛齐国管小西洋"专条，"大东洋"既与"小东洋"相对，则"小西洋"当与"大西洋"相对，小西洋以西当为大西洋。既然当时的小西洋在今马六甲海峡以东，那马六甲海峡以西的陆海区域应该就是大西洋。④ 但因今存（大德）《南海志》残本缺载大西洋，使以上推断无法坐实。待到葡萄牙商人循西南海路前来中国，人们也把佛郎机即葡萄牙看作大西洋国家。如叶权嘉靖四十四年（1565）所撰《游岭南记》即称佛郎机为"大西洋之一国"⑤，大西洋的范围似已延至印度洋以西。

以大西洋指代欧洲，始于耶稣会士利玛窦（Matteo Ricci）来华以后，这是明清大西洋概念的重要内涵之一。万历二十八年十二月（1601年1月），再次进京的利玛窦向万历皇帝进呈《上大明皇帝贡献土物奏》，自称"大西洋陪臣"⑥。"陪臣"一词本指入于天子之国的诸侯之臣，利玛窦以朝贡天子的诸侯之臣自比，就把其进献贡物的个人行为提升为外藩朝贡的国家行为，于是在明朝官方文献中开始出现"大西洋"一词。如《明神宗实录》记载："天津河御用监少监马堂，解进大西洋利玛窦进贡土物并行李。礼部题，《会典》止有琐里国及西洋琐里国，而无大西洋，其真伪不

---

① 蔡绦撰，冯惠民、沈锡麟点校：《铁围山丛谈》卷五，中华书局1983年版，第97—98页。
② 《宋史》卷四九〇《外国六·大食》，第14118页。
③ 汪大渊原著，苏继庼校释：《岛夷志略校释》"旧港"条"西洋"注曰："藤田云：'西洋一名或以浡泥分，或以蓝无里分，此书西洋盖谓印度以西之国。'案，藤田所言以浡泥分，盖谓东西洋之分；所言以蓝无里分，盖谓大小西洋之分。据此，汪大渊所言西洋，殆谓大西洋，即今印度洋是也。"（中华书局1981年版，第189页）
④ 参见陈佳荣《东西洋考释》，《东南洋研究会通讯》1981年第2期；陈佳荣《宋元明清之东西南北洋》，《海交史研究》1992年第1期；沈福伟《东西洋区划溯源》，《中华文史论丛》1986年第2辑；万明《释西洋——郑和下西洋深远影响的探析》，《南洋问题研究》2004年第4期。
⑤ 叶权撰，凌毅点校：《贤博编》附《游岭南记》，中华书局1987年版，第44页。
⑥ 朱维铮主编：《利玛窦中文著译集》，复旦大学出版社2001年版，第232页。

可知。"① 无独有偶，万历四十年（1612）九月，耶稣会士庞迪我（Diego de Pantoja）、熊三拔（Sebatino de Ursis）在奉旨翻译西文世界图志时，曾两次上疏万历皇帝，亦自称"大西洋国陪臣"。② 崇祯三年（1630），由澳门进京的葡萄牙炮兵统领公沙·的西劳（Gonsales Texeira）自言为"西极欧罗巴沿海国土人"，称其地"在小西洋之西，故称曰大西洋，其总名也"。③ 十年（1637），艾儒略（Julio Aleni）撰成《西方答问》，其《国土》篇说："或问曰：贵邦名称，未之详闻，且不知与中国相距几何？予答曰：敝地总名为欧罗巴，在中国最西，故谓之太西、远西、极西。以海而名，则又谓之大西洋，距中国计程九万里云。"④ 相对于欧逻巴的拗口音译称谓，中国人似乎更愿意接受大西洋这个传统词汇，于是大西洋一词就逐渐演变成来华耶稣会士之西方故乡的专称，尽管他们来自不同的国度。如《明神宗实录》载："钦天监五官正周子愚言，大西洋归化庞迪我、熊三拔等携有彼国历法，参互考证，固有典籍所已载者，亦有典籍所未备者，当悉译以资采用。"⑤ 万历四十一年（1613），南京太仆寺少卿李之藻奏上《请译西洋历法等书疏》，将庞迪我、龙华民（Nicolo Longobardi）、熊三拔、阳玛诺（Manuel Dias）等合称为"大西洋国归化陪臣"。⑥ 万历四十五年（1617），南京礼部会审"南京教案"之涉案教士王丰肃（Alphonse Vagnoni）、谢务禄（Alvaro Semedo）等，也把他们称作"大西洋人"。⑦ 崇祯中成书的王英明《历体略》说："近有欧逻巴人，挟其历自大西洋来，所论天地七政，历历示诸掌。"小注曰："欧逻巴，国名。其地亦

---

① 《明神宗实录》卷三五六，万历二十九年二月庚午，"中央"研究院历史语言研究所校印本1966年版，第6647页；黄彰健：《明神宗实录校勘记》，中研院历史语言研究所1967年版，第1561页。
② 艾儒略原著，谢方校释：《职方外纪校释》卷首，中华书局1996年版，第17页。
③ 公沙·的西劳：《西洋大铳来历略说》，韩霖：《守圉全书》卷三之一，"中央"研究院傅斯年图书馆藏明崇祯间刻本（三卷本），第95页。
④ 艾儒略：《西方答问》上卷《国土》，黄兴涛、王国荣编：《明清之际西学文本》第2册，中华书局2013年版，第736页。
⑤ 《明神宗实录》卷四八三，万历三十九年五月庚子，第9088页；黄彰健：《明神宗实录校勘记》，第1561页。
⑥ 李之藻：《请译西洋历法等书疏》，陈子龙等选辑：《明经世文编》卷四八三，中华书局1962年版，第5321页。
⑦ 徐昌治编辑，周駬方校：《破邪集》卷一《会审王丰肃等犯一案》，周駬方编校：《明末清初天主教史文献丛编》，北京图书馆出版社2001年版，第120、121页。

在赤道北，北至北极出地四十五度，实与中国东西相对……俗呼大西洋也。"① 大西洋成了中国对欧罗巴洲的通俗称谓。

因为欧陆一带专用了大西洋称谓，原称"西洋"或"大西洋"的印度洋北岸一带则被改称为"小西洋"。如利玛窦《坤舆万国全图》"小西洋"条称："应帝亚，总名也，中国所呼小西洋。"② 此应帝亚即印度的另一音译。姚旅《露书》记载了一位名叫罗华宗的欧洲传教士，此人不见于费赖之（Aloysius Pfister）《在华耶稣会士列传及书目》，"华宗"或为"怀中"之讹。如此，则罗华宗当为罗怀中，即罗儒望（João da Rocha）。姚旅曾向罗华宗询问西洋布是否出自他的故乡，罗华宗答云："彼小西洋，吾所居大西洋，在京师之背，北海中，去京师不远，阻于鞑靼，不能飞越，故必至南海焉。"③ 万历时期的江西名儒章潢，在《舆地山海全图叙》中三次提及"大西洋"，感慨舆地无垠，并将它与小西洋区别开来。他说："自中国及小西洋，道途二万余里，使地止于兹，谓之有穷尽可也。若由小西洋以达大西洋，尚隔四万里余，矧自大西洋以达极西，不知可以里计者又当何如，谓之无穷尽也，非欤？"④ 号称明季天主教"三柱石"之一的杨廷筠，在批判佛教之"六道轮回"时，称闭他卧刺（即毕达哥拉斯，Pythagoras）为"大西洋上古一士"，而称"天竺国在小西洋"。⑤ 他们显然都已接受利玛窦等人的大西洋观念。

以大西洋指称欧洲的习惯也延续到了清前中期。以来华耶稣会士为例，顺治十二年（1655），利类思（Luigi Buglio）、安文思（Gabriel de Magalhaes）在向清廷贡献"西国方物"时，自称"大西洋耶稣会士"。⑥ 康熙中，南怀仁（Ferdinand Verbiest）撰《坤舆图说》，把探寻、使用新航路的欧洲航海家称为"大西洋诸国名士"，称其"航海通游天下，周围无所不到"。⑦ 乾隆中，法籍耶稣会士卜文气（Louis Porquet）在致同会戈维

---

① 王英明：《历体略》卷下，文渊阁《四库全书》，第789册，第981页。
② 朱维铮主编：《利玛窦中文著译集》，第212页。
③ 姚旅著，刘彦捷点校：《露书》卷九《风篇中》，福建人民出版社2008年版，第214页。
④ 章潢：《图书编》卷二九《舆地山海全图》，文渊阁《四库全书》，第969册，第552页。
⑤ 杨廷筠：《代疑篇》卷上，吴相湘主编：《天主教东传文献》，台北学生书局1982年版，第515、531页。
⑥ 《大西洋耶稣会士利类思等奏本》，"中央"研究院历史语言研究所编：《明清史料》丙编第4本，商务印书馆1936年版，第372页。
⑦ 南怀仁：《坤舆图说》卷上，文渊阁《四库全书》，第594册，第733页。

里神父信中写到，中文"西洋"一词，可从两个层面解读，即"小西洋"印度和"大西洋"欧罗巴，①也把大西洋当作欧洲之别称。以中国士大夫为例，清初遗民魏禧《兵迹·远邦编》首列"欧罗巴"，称"欧罗巴一名大西洋，在中国西北数万里外，西儒称为宇内第二大州也"。②清代历算第一名家梅文鼎《历学疑问》说："回回古称西域，自明郑和奉使入洋，以其非一国，概称之曰西洋。厥后欧罗巴入中国，自称大西洋，谓又在回回西也。"③康熙朝大学士张玉书《外国纪》有"西洋国"，称"西洋总名欧逻巴，在中国极西，故谓之大西，以海而言，则又谓之大西洋"。④乾隆朝考据名家江永《河洛精蕴》说："地球分五大洲，极西一洲曰欧逻巴，亦谓之大西洋。"⑤陈本礼《屈辞精义》在引利西江即利玛窦世界地图时说，舆地分为六大洲，"欧逻巴者，大西洋地也"。⑥闵华《自鸣钟》诗有"大西洋本欧罗巴，厥初请贡来中华"⑦等句。皆以大西洋指称欧洲。此外，如雍正帝称葡萄牙为"大西洋部多牙国"⑧，乾隆帝称意大利为"大西洋噫吅哩哑国"⑨，《皇清职贡图》称匈牙利为"大西洋翁加里亚国"、称波兰为"大西洋波罗泥亚国"，⑩都把它们当作大西洋即欧罗巴洲之一部分。

但囿于世界地理知识之不足，一些人对大西洋与欧罗巴之间的大小关系尚不十分明了。万历中，芜湖崔淐为庞迪我《七克》作序时说："大西

---

① [法]杜赫德编：《耶稣会士中国书简集》第4卷，朱静、耿昇译，大象出版社2005年版，第90页。
② 魏禧：《兵迹》卷一一《远邦编·欧罗巴》，丛书集成续编，台北新文丰出版有限公司1989年版，第60册，第116页。
③ 梅义鼎：《历算全书》卷一《论回回历与西洋同异》，文渊阁《四库全书》，第794册，第9页。
④ 张玉书：《张文贞集》卷八《外国纪·西洋国》，文渊阁《四库全书》，第1322册，第551页。
⑤ 江永：《河洛精蕴》卷八《罗针三盘说》，《四库未收书辑刊》，北京出版社1997年版，第3辑，第23册，第370页。
⑥ 陈本礼：《屈辞精义》卷二《天问》，《续修四库全书》，上海古籍出版社2002年版，1302册，第485页。
⑦ 闵华：《澄秋阁集》三集卷二《自鸣钟》，《四库未收书辑刊》，第10辑第21册，第603页。
⑧ 《世宗宪皇帝朱批谕旨》卷二一五之一，文渊阁《四库全书》，第425册，第363页。
⑨ 《清高宗实录》卷一二一八，乾隆四十九年十一月壬戌，《清实录》，中华书局1986年版，第24册，第340页。
⑩ 傅恒：《皇清职贡图》卷一，文渊阁《四库全书》，第594册，第420、421页。

洋有欧罗巴国，从上世不通于中国，而通自近日利子玛窦始。"①把欧罗巴视为大西洋中的一个国家。鄞县徐时进撰《欧罗巴国记》，将欧罗巴当作"大西洋所属三十国之一"。②类似者还有谈迁、万斯同等。谈迁《北游录》称："今天主教云出大西洋欧罗巴国，即所谓西洋诸国皆有之也，第大同小异耳。"③万斯同《欧逻巴》诗序说："欧逻巴者，大西洋中之国也，去中华十万里。"④甚至还有人怀疑大西洋的客观存在，认为它是来华耶稣会士的人为捏造。崇祯中，武安林启陆撰《诛夷论略》，批判天主教"欺诳君民，毁裂学术"，怒斥"狡夷"利玛窦"诈称大西洋""间关八万里"。⑤许孚远之子许大受亦撰《圣朝佐辟》，从十个方面痛批天主教为欺世盗名。他说："彼诡言有大西洋国，彼从彼来，涉九万里而后达此。按汉张骞使西域，或传穷河源抵月宫，况是人间有不到者。《山海经》《搜神记》《咸宾录》《西域志》《太平广记》等书，何无一字纪及彼国者……万万无大西等说，岂待智者而后知哉。"⑥

值得一提的是，何乔远《请开海禁疏》与傅元初《请开洋禁疏》中所言之大西洋可能是个特例。何乔远奏疏上于崇祯四年（1631）三月致仕前。⑦傅元初奏疏上于崇祯十二年（1639）三月，疏中文字基本抄自何乔远。何疏说："盖海外之夷有大西洋，有东洋。大西洋则暹罗、柬埔寨、顺化、哩摩诸国道，其国产苏木、胡椒、犀角、象齿、沉檀、片脑诸货物，是皆我中国所需。东洋则吕宋，其夷佛郎机也，其国有银山出银，夷

---

① 杨廷筠：《绝徼同文纪》题赠卷一，钟鸣旦、杜鼎克、蒙曦编：《法国国家图书馆明清天主教文献》，台北：利氏学社2009年版，第6册，第224页。
② 徐时进：《鸠兹集》卷六《殴罗巴国记》，天津图书馆藏明万历三十六年张萱刻、四十五年徐时进增刻本，第21页。
③ 谈迁撰，汪北平点校：《北游录·纪程》，中华书局1960年版，第28页。
④ 全祖望：《续耆旧》卷七八《寒松斋兄弟之一》，《续修四库全书》，第1683册，第11页。
⑤ 林启陆：《诛夷论略》，徐昌治编辑，周駬方校：《破邪集》卷六，第195页。
⑥ 许大受：《圣朝佐辟》，徐昌治编辑，周駬方校：《破邪集》卷四，第162—163页。
⑦ 何乔远《请开海禁疏》开题即称："南京工部右侍郎臣何乔远，为乞开海洋之禁，以安民裕国事。"（何乔远撰，张家壮、陈节点校：《镜山全集》卷二三，福建人民出版社2015年版，第674页）是此疏作于南京工部侍郎任上。其门人林欲楫《先师何镜山先生行略》说："自乡邦中海寇之后，即上'开洋议'于当道，以奸民无所得衣食，势必驱为盗贼。师至是将归，虽知部议称其不便，严旨禁饬，复上《请开海禁》一疏。"（何乔远撰，张家壮、陈节点校：《镜山全集》卷首，第61—62页），则写作时间当在离任前夕。查《崇祯长编》卷四四，崇祯四年三月辛卯条："准南京工部右侍郎何乔远致仕。"（台北"中央研究院"历史语言研究所校印本1962年版，第2637页）据此可知，《请开海禁疏》上于崇祯四年三月。

· 659 ·

人铸作银钱独盛。我中国人若往贩大西洋，则以其所产货物相抵，若贩吕宋，则单是得其银钱而已。"①查此前成书的何乔远《闽书》："元三山吴鉴为泉守偰玉立修《清源续志》，余于友人家仅得其一本，曰《岛夷志》，志所载凡百国，皆通闽中者……夫是百国者，盖皆大西洋之国也。于今则大西洋货物尽转移至吕宋，而我往市，以故不复相通如元时矣。"②《闽书》所言《岛夷志》，即汪大渊《岛夷志略》，涉及东至菲律宾群岛、西至非洲东海岸的辽阔海域。看来何乔远与傅元初是把吕宋以西今东南亚和印度洋北岸的广大地区都当作大西洋了。这或许是站在福建出海商民的角度，把福建西南方向的陆海国家皆视为大西洋。另一位福建人陈第把费信《星槎胜览》称为《大西洋记》③；同安陈伦炯《海国闻见录》称"自耷因而南，至乌鬼诸国，皆为大西洋"，④也把非洲视为大西洋的一部分。

二

以大西洋指称今大西洋北部或整个大西洋，是明清大西洋概念的又一内涵。最早在中文世界地图中将欧洲以西海域标注为"大西洋"的也是利玛窦。利玛窦来华后，曾多次刊印世界地图，深深影响了中文大西洋概念的发展演变。以流行最广的《坤舆万国全图》为例，"大西洋"被标注在波尔杜瓦尔即今葡萄牙以西海域，在利未亚即今非洲西北海域和北亚墨利加即今北美以东海域分别标注了"河折亚诺沧"，在福岛即今加那利群岛稍南的小片海域标注"亚大蜡海"，在赤道以南的利未亚西南海域则标注了"利未亚海"。⑤如此，在以《坤舆万国全图》为代表的利玛窦中文世界地图里，今大西洋至少包括四片海域：大西洋、河折亚诺沧、利未亚海和亚大蜡海。所谓"河折亚诺"，实即大西洋古称 Oceanus Atlanticus（或 Oceano Occidentale）第一个拉丁文单词的音译，⑥"沧"乃沧海之意。所谓

---

① 何乔远撰，张家壮、陈节点校：《镜山全集》卷二三《请开海禁疏》，第675页。
② 何乔远编撰，厦门大学古籍整理研究所、历史系古籍整理研究室《闽书》校点组校点：《闽书》卷一四六《岛夷志》，福建人民出版社1994年版，第4361—4362页。
③ 陈第：《世善堂藏书目录》卷上，《续修四库全书》，第919册，第513页。
④ 陈伦炯撰，李长傅校注：《海国闻见录·大西洋记》，中州古籍出版社1984年版，第68页。
⑤ 朱维铮主编：《利玛窦中文著译集》，第184、199、200页。
⑥ 参见艾儒略原著，谢方校释《职方外纪校释》卷五《海名》校释②，第147—148页。

"利未亚",即"Libia"之音译。① 古希腊人称埃及以西的非洲北部为 Libia,后遂泛指非洲大陆。所谓"亚大蜡",即"Atlas"的音译。据古希腊神话,今大西洋(Atlantic Ocean)源于希腊语词,意谓擎天巨神阿特拉斯(Atlas)之海。希腊语的拉丁化形式为 Atlantis,原指直布罗陀海峡至加那利群岛之间的那片海域。② 所以,在利玛窦来华前后,西方概念中的狭义大西洋只是加那利群岛附近的小片海域,广义大西洋又包括了河折亚诺沧;而中文概念中的大西洋则指今葡萄牙以西海域。直到17世纪中叶,西方各国才把 Atlantic Ocean 的涵盖范围扩大到今大西洋北部,之后再延伸至整个大西洋海域。近代中国在翻译 Atlantic Ocean 时,检出明代"大西洋"对译之,殊不知二者之间尚有较大差异。

天启中,艾儒略撰成《职方外纪》,卷首《万国全图》在昼长线③以北的利未亚西北和欧罗巴以西海域标注"大西洋",在利未亚西南海域标注"利未亚海",而在赤道以北的北亚墨利加以东海域则标注了"大东洋"。④ 相较于利玛窦世界地图,《万国全图》"大西洋"的涵盖范围有所扩大,但以大东洋取代河折亚诺沧,表明艾儒略并没有把赤道以北的美洲东部海域视为大西洋的一部分,这反映出来华耶稣会士的大西洋概念尚未完全定型。康熙十三年(1674),南怀仁刊刻《坤舆全图》,在以西加尼亚即今西班牙以西海域标注"大西洋",在利未亚西南海域标注"利未亚海",⑤ 与利玛窦世界地图一致。乾隆中,法籍耶稣会士蒋友仁(Benoist Michael)撰成《地球图说》。嘉庆四年(1799),阮元为该书补刻《坤舆全图》二幅,在包括亚细亚、欧逻巴、利未亚三洲在内的地球"上图"中,阮元将"大西洋"标注在今伊比利亚半岛西北和爱尔兰岛西南海域。⑥

在来华传教士撰写的中文地理著作中,有对海域大西洋更为具体的描述。利玛窦《坤舆万国全图》图说在介绍欧洲、非洲之地理四至时,提及大西洋和河折亚诺沧。他说:"若欧罗巴者,南至地中海,北至卧兰的亚

---

① 参见艾儒略原著,谢方校释《职方外纪校释》卷三《利未亚总说》校释①,第107页。
② 中国大百科全书总编辑委员会编:《中国大百科全书》(大气科学、海洋科学、水文科学卷),中国大百科全书出版社2002年版,第120页。
③ 即北回归线。
④ 艾儒略原著,谢方校释:《职方外纪校释》卷首,第20页。
⑤ 南怀仁:《坤舆全图》,清咸丰十年降娄海东重刊本。
⑥ 蒋友仁:《地球图说·补图》,《续修四库全书》,第1035册,第16页。

及冰海，东至大乃河、墨何的湖、大海，西至大西洋。若利未亚者，南至大浪山，北至地中海，东至西红海、仙劳冷祖岛，西至河折亚诺沧。"① 艾儒略《职方外纪》以中国为中心列举四海，将大西洋视为西海之一。他说："兹将中国列中央，则从大东洋至小东洋为东海，从小西洋至大西洋为西海，近墨瓦蜡尼一带为南海，近北极下为北海，而地中海附焉。"② 在《海名》篇中，艾儒略又把利未亚海、河折亚诺沧海、亚大蜡海、以西把尼亚海等都看作西海之一部分。③ 以西把尼亚是西班牙的又一音译，所谓以西把尼亚海当指西班牙以西海域，亦即艾儒略所称"大西洋"的一部分。在《海状》篇中，艾儒略称"海中夷险，各处不同"，说"大西洋极深，深十余里"，又说"从大西洋至大明海，四十五度以南其风常有定候，至四十五度以北，风色便错乱不常"。④ 南怀仁《坤舆图说》在介绍各洲之地理四至时，把"河折亚诺沧"写作"阿则亚诺海"⑤，此"阿则亚诺"或为 Oceano 的另一音译。他说："天下第二大州名曰欧逻巴，南至地中海，北至青地及冰海，东至大乃河、墨阿的湖、大海，西至大西洋，共七十余国。"⑥ 蒋友仁《地球图说》称："欧逻巴州界，东至亚细亚，南至地中海，西至大西洋，北至冰海，分十二大国，不相统属。"⑦ 到了道光时期，新教传教士东来中国，在他们介绍的世界地理知识中，也包括了大西洋。如由德籍传教士郭实腊（Karl Friedrich August Gützlaff）编纂的《东西洋考每月统记传》，道光甲午年（道光十四年，1834）二月卷有《地球全图之总论》，其中写道："欧逻巴南至地中海，彼基巴辣堵峡⑧隔欧逻吧、分亚非利加，兼与亚细亚相连，北至白海并冰海，西至大西洋海"；"亚墨利加南至冰海，北至冰海，西至大洋，东至大西洋"。⑨ 佚名传教士在道光十八年（1838）撰成的《万国地理全图集》中称："诸水之汇聚，称为大洋。"并把大西洋海看作仅次于太平海的天下第二大洋："次者大西洋海，

---

① 朱维铮主编：《利玛窦中文著译集》，第 174 页。
② 艾儒略原著，谢方校释：《职方外纪校释》卷五《四海总说》，第 146—147 页。
③ 艾儒略原著，谢方校释：《职方外纪校释》卷五《海名》，第 147 页。
④ 艾儒略原著，谢方校释：《职方外纪校释》卷五《海状》，第 154 页。
⑤ 南怀仁：《坤舆图说》卷上，文渊阁《四库全书》，第 594 册，第 732 页。
⑥ 南怀仁：《坤舆图说》卷下《欧逻巴州》，文渊阁《四库全书》，第 594 册，第 752 页。
⑦ 蒋友仁：《地球图说·欧逻巴州》，《续修四库全书》，第 1035 册，第 5 页。
⑧ 今译"直布罗陀海峡"。
⑨ 爱汉者等编，黄时鉴整理：《东西洋考每月统记传》，中华书局 1997 年版，第 91 页。

东及欧罗巴、亚非利加等地,西交亚墨利加,长二万五千二百里,阔一万六千二百里。其中大屿四散,海港繁多,为通商之大路。"① 至此,今大西洋已完全囊括在"大西洋海"的范围之内了。

在来华传教士的影响下,明清图籍标注或记录海域大西洋的情况并不少见。以地图为例,章潢《图书编》有《舆地图》,在"福岛"以北海域标注"大西"二字,疑漏一"洋"字;② 在"福岛"以南、赤道以北的利未亚西部海域标注"河□亚诺海",在福岛以西的小片海域标注"亚大蜡海"。③ 成书于康熙十九年(1680)的周于漆《三才实义》有《舆地赤道以北图》,所标与此相同,只是"河□亚诺海"之缺字已补为"折"。④ 万历三十八年(1610)成书的程百二《方舆胜略外夷》有《山海舆地图》,在今伊比利亚半岛以西海域标注"大西洋",在今非洲西南海域标注"利未亚海",在今北美东南海域标注"河折亚诺沧",在今南美东北海域标注"大东洋"。⑤ 明代王圻《三才图会》、冯应京《月令广义》皆有《山海舆地全图》,都在欧罗巴西南海域标注"大西洋",在利未亚西北海域和北亚墨利加东南海域标注"河折亚诺沧",在利未亚西南海域标注"利未亚海",只是《月令广义》之图被清人篡改过,原"大明国"已被改为"大清国"。⑥ 熊明遇《格致草》有《坤舆万国全图》,在赤道以北的利未亚、欧逻巴和北亚墨利加、南亚墨(利加)之间的广大海域标注"大西洋海"。⑦ 袁启《天文图说》有《大地圆球五州全图》,为揭暄所绘,在欧逻巴以西海域标注"大西洋",在北亚墨利加以东海域标注"大东洋"。⑧ 而

---

① 佚名:《万国地理全图集》,王锡祺辑:《小方壶斋舆地丛钞》第12帙,杭州古籍书店1985年版,第29页。
② 因为同样的标注形式(圆圈内写汉字),在赤道以北的今太平洋海域就标注了"大东洋",故此处当为"大西洋"。
③ 章潢:《图书编》卷二九《舆地图考》,文渊阁《四库全书》,第969册,第556页。
④ 周于漆:《三才实义》卷一《舆地赤道以北图》,《续修四库全书》,第1033册,第272页。
⑤ 程百二:《方舆胜略外夷》卷一《山海舆地图》,《四库禁毁书丛刊》,北京出版社1997年版,史部第21册,第336页。
⑥ 王圻、王思义辑:《三才图会》地理卷一《山海舆地全图》,《续修四库全书》,第1233册,第3页;冯应京:《月令广义》卷首《图说·山海舆地全图》,《四库全书存目丛书》,齐鲁书社1996年版,史部第164册,第543页。
⑦ 熊明遇著,徐光台校释:《函宇通校释:格致草》,上海交通大学出版社2014年版,第328页。
⑧ 袁启:《天文图说·大地圆球五州全图》,《续修四库全书》,第1031册,第485—486页。

揭暄《璇玑遗述》之《大地混轮五州圆球全图》只是在利未亚西北海域标注"大西洋"。① 游艺《天经或问前集》有《大地圆球诸国全图》，在欧罗巴以西的今北大西洋海域，由北向南标注有"大海""大西洋"；在利未亚以西今南大西洋海域，由北向南标注有"河折亚诺沧""大海"，在今几内亚湾及其以南海域标注"利未亚海"，在今中美洲以东海域也标注了"河折亚诺沧海"。② 张雍敬《定历玉衡》有《大地图》，粗具亚、非、欧三洲之雏形，并在非洲西北、欧洲西南海域标注"大西洋"。③ 以文字为例，程百二《方舆胜略外夷》、王圻《三才图会》、徐应秋《玉芝堂谈荟》所介绍的欧洲、非洲地理四至，都提到欧罗巴西至大西洋、利未亚西至河折亚诺沧；④ 方以智《通雅》、陆耀《切问斋集》将"河折亚诺沧"写作"河折亚诺苍"，⑤ "苍""沧"读音虽同，字义则大相径庭，看来二人尚未弄清"河折亚诺沧"的真正含义。在《物理小识》中，方以智称"大西洋海极深，从大西洋至大明海，四十五度以南，其风常有定候，至四十五度以北，风则变乱倏忽，更二十四向"。⑥ 汤彝《盾墨》亦云："海中夷险不同……大西洋极深，深十余里，从大西洋至大明海，四十五度以南，其风常有定候，至四十五度以北，风色便错乱不常。"⑦ 这些知识来自《职方外纪》。陆凤藻《小知录》把大西洋海、利未亚海、河折亚诺沧海、亚大蜡海都看作西海之一部分⑧，其知识也来自《职方外纪》。而艾儒略《万国全图》把北美以东海域标注为"大东洋"的做法，或来自《方舆胜略外夷》。这反映了来华传教士与中国士大夫在世界地理知识方面的相互影响。

---

① 揭暄：《璇玑遗述》卷末《大地混轮五洲球全图》，《续修四库全书》，第1033册，第610页。

② 游艺：《天经或问前集》卷一《大地圆球诸国全图》，文渊阁《四库全书》，第793册，第581—582页。

③ 张雍敬：《定历玉衡》卷三《大地图》，《续修四库全书》，第1040册，第472页。

④ 程百二：《方舆胜略·外夷》卷一《山海舆地图》，《四库禁毁书丛刊》史部第21册，第377、379页；王圻、王思义辑：《三才图会》地理卷一《山海舆地全图》，《续修四库全书》，第1233册，第3—4页；徐应秋：《玉芝堂谈荟》卷二二《四荒所届》，文渊阁《四库全书》，第883册，第521页。

⑤ 方以智：《通雅》卷一一《天文（历测）》，文渊阁《四库全书》，第857册，第278页；陆耀：《切问斋集》卷三《述闻下·地势广厚》，《四库未收书辑刊》第10辑第19册，第300页。

⑥ 方以智：《物理小识》卷二《地类》，文渊阁《四库全书》，第867册，第796页。

⑦ 汤彝：《盾墨》卷四《西洋各岛至中国海道》，《续修四库全书》，第445册，第104页。

⑧ 陆凤藻辑：《小知录》卷二《泉石》，上海古籍出版社1991年版，第40页。

三

将大西洋指定为某一欧洲国家，是明清大西洋概念的第三个内涵。除极少数表达所指不明外，具体国家意义上的大西洋一般指向两个国家：一指葡萄牙，一指意大利。

以大西洋指称葡萄牙，始见于康熙九年（1670）。是年六月，葡萄牙印度总督以国王阿丰肃六世（Don Afanso Ⅵ）名义派遣玛讷撒尔达聂（Manuel de Saldanha）出使中国。《清圣祖实录》记载此事称："西洋国王阿丰肃遣使玛讷撒尔达聂等进贡。得旨，西洋国地居极远，初次进贡，著从优赏赉。"[①] 当年十月，玛讷撒尔达聂在返国途中病逝于山阳，《清圣祖实录》又云："大西洋国正贡使玛讷撒[②]尔达聂，道经山阳县病故，命江南布政使致祭。"[③] 同一部《清圣祖实录》在叙述同一件葡使来华事件时，先用西洋国，后用大西洋国，说明当时人们已用大西洋国指称葡萄牙。康熙十七年（1678），葡印总督再以阿丰肃六世的名义派遣本多白垒拉（Bento Pereira de Faria）来华，《清圣祖实录》称"西洋国主阿丰素遣陪臣本多白垒拉进表贡狮子"。[④] 远隔数万里外的葡萄牙人"进表贡狮"，被视为圣朝盛事，文人诗赋贺盛，感时纪事，如王士禛有《大西洋贡狮子歌应制》、蒋士铨有《为陈约堂题大西洋狮子图》、徐嘉炎有《大西洋国贡狮子赋》。陆震《狮冢》诗序说："大西洋国进黄狮，词臣献赋。未几死，葬于南苑，友各赋诗"，自己也即兴和诗一首。[⑤] 皆称葡萄牙为大西洋。

在此后的官方文书中，清人常以大西洋指称葡萄牙。以奏折为例，乾隆十七年（1752）七月，两广总督阿里衮奏报大西洋波尔都噶尔使臣巴这哥（又作"巴哲哥"，Francisco de Assis Pacheco de Sampaio）抵达澳门，随来西洋技艺人汤德徽等愿进京效力。[⑥] 八月，广东巡抚苏昌奏报同一件

[①] 《清圣祖实录》卷三三，康熙九年六月甲寅。"清实录"第4册，中华书局1985年版，第450页。

[②] "撒"误，当为"撒"。

[③] 《清圣祖实录》卷三四，康熙九年十月壬辰。《清实录》第4册，第561页。

[④] 《清圣祖实录》卷七六，康熙十七年八月庚午。"清实录"第4册，第971页。

[⑤] 卢震：《说安堂集》卷七《狮冢》，《四库未收书辑刊》第5辑第27册，第785页。

[⑥] 中国第一历史档案馆编：《清中前期西洋天主教在华活动档案史料》第1册，中华书局2003年版，第176—177页。

事情，并特别提到："大西洋国为海外诸番之雄长，远距中华数万余里，梯航而至，非数月不能抵粤，往返甚难，是以向来不在常贡之例。"① 这里的"大西洋国"即大西洋波尔都噶尔国，所指为葡萄牙。乾隆三十二年（1767）十一月，在奏准法籍耶稣会士邓类斯（Joseph Louis Le Febvre）居住广州的一份奏折中，两广总督李侍尧查明了澳门葡人拒绝邓类斯在澳居住的原因，称在澳寄居者，"惟大西洋国夷人居多，该国派有夷目在澳管束"。② 在乾隆四十年（1775）四月的另一奏疏中，李侍尧又说："臣查澳门夷人始于前明嘉靖年间，为大西洋寄居，并无他国夷人杂处。"③ 此大西洋显指葡萄牙。嘉庆十三年（1808），英国以防范法军入侵澳门为借口，派兵强入澳门。同年九月，两广总督吴熊光上《奏报英兵借词擅入澳门业经查禁等情折》，奏陈事件原委："据称，大西洋国地方近为哹嘲哂恃强占踞，西洋国王播迁他徙。嗼咭唎因与大西洋邻封素好，特派兵前往保护，并恐澳门西洋人微弱，被哹嘲哂欺侵，阻其贸易，复遣夷目带领兵船前来澳门，帮同防护。"④ 次年二月，暂署两广总督的广东巡抚韩崶在《奏报查阅澳门夷民安谧并酌筹控制事宜前山寨关闸仍旧防守折》中写道："臣随查得，澳门现在并无嗼咭唎夷人在内，其大西洋自前明嘉靖年间即寄居此地，迨我国朝已有二百余年。"⑤ 结合欧洲近代历史，二人所言之大西洋都是葡萄牙。道光三年（1823）六月，两广总督阮元《奏陈饬谕小西洋人嗣后无须带领多船来粤片》说："澳门地方，在省城之南二百余里，系明代租给大西洋夷人居住贸易，岁收地租五百余两……小西洋在中国之西，距广东路程约三个月，自小西洋至大西洋又四个月。"⑥ 折中之大西洋指葡萄牙，小西洋指印度。

除奏折外，以大西洋指称葡萄牙的其他文献亦不胜枚举。如《皇清职贡图》有小西洋国夷人、夷妇图，图后文字说："小西洋去中土万里，属

---

① 中国第一历史档案馆编：《清中前期西洋天主教在华活动档案史料》第 1 册，中华书局 2003 年版，第 177 页。
② 中国第一历史档案馆编：《清中前期西洋天主教在华活动档案史料》第 1 册，中华书局 2003 年版，第 277 页。
③ 中国第一历史档案馆、澳门基金会、暨南大学古籍研究所合编：《明清时期澳门问题档案文献汇编》，人民出版社 1999 年版，第 1 册，第 404 页。
④ 《明清时期澳门问题档案文献汇编》第 1 册，第 667 页。
⑤ 《明清时期澳门问题档案文献汇编》第 1 册，第 724 页。
⑥ 《明清时期澳门问题档案文献汇编》第 2 册，第 174—175 页。

于大西洋，遣夷目守之，衣冠状貌，与大西洋略同。"① 这是说印度一些地方属于葡萄牙，葡萄牙国王置官守之，故其形貌、服饰与葡萄牙略同。魏源《海国图志》引《皇清四裔考》称，博尔都噶国，即布路亚国，"一作葡萄亚，即住澳之大西洋国也"。② 作为乾嘉时期中国人的海外见闻录，谢清高《海录》记录了很多欧洲国家，其中包括"大西洋国"。从长达一千八百多字的文字介绍中，我们可以确定，这个"又名布路叽士"③ 的大西洋国就是葡萄牙。嘉庆二十五年（1820），清河萧枚生撰《记英吉利求澳始末》，记述英国侵占澳门经过，称外番商舶来粤贸易，其驻泊之地，"一为番禺之黄埔，一为香山之澳门"。其中，英吉利、佛兰西、荷兰、米利坚及港脚诸船进泊黄埔，大西洋、哥斯达诸船寄泊澳门。"澳门本前明濠镜地，嘉靖中西洋岁输租银五百，得入居之，历国朝不改。"④ 此大西洋又作西洋，亦即葡萄牙。梁廷枏《粤海关志》记载道光元年（1821）十月，两广总督阮元、粤海关监督达三奉命调查广东鸦片之来源，称鸦片烟来路有三，一自大西洋，一自英吉利，一自米利坚，并说："大西洋住居澳门，每于赴本国置货及赴别国贸易之时，回帆夹带鸦片，回粤偷销。"此大西洋指葡萄牙。鸦片战争前，林则徐编译《四洲志》，在介绍布路亚国时特别注明，布路亚即葡萄亚，"一作博都尔噶亚，即住澳门之夷，明以来所谓大西洋国也"。⑤ 郭实腊纂《东西洋考每月统记传》道光癸巳年（道光十三年，1833）八月卷，有《大西洋即葡萄库耳国事》，⑥ 也以中国习惯称葡萄牙为大西洋。

以大西洋指称意大利的情况主要出现在乾隆以后。《明史·佛郎机传》写道，嘉靖中，"佛郎机得入香山澳为市"，万历时，"大西洋人来中国，亦居此澳"⑦。已把佛郎机与大西洋并列为两个国家。因为意大利人利玛窦

---

① 傅恒：《皇清职贡图》卷一，文渊阁《四库全书》第594册，第425页。
② 魏源撰，陈华等点校注释：《海国图志》卷三八《葡萄亚国沿革》，《魏源全集》第6册，岳麓书社2004年版，第1111页。
③ 谢清高口述，杨炳南笔录，安京校释：《海录校释》，商务印书馆2002年版，第200页。
④ 全国公共图书馆古籍文献编委会编：《中国公共图书馆古籍文献珍本汇刊》史部《澳门问题史料集》，全国图书馆文献缩微复制中心1998年版，第1037页。
⑤ 林则徐全集编辑委员会编：《林则徐全集》第10册《译编卷》，海峡文艺出版社2002年版，第50页。
⑥ 爱汉者等编，黄时鉴整理：《东西洋考每月统记传》，第28—29页。
⑦ 张廷玉：《明史》卷三二五《佛郎机传》，中华书局1974年版，第8432、8434页。

曾自称大西洋人,且由澳门进入内地,这就为以大西洋指称意大利提供了可能。在乾隆十六年(1751)成书的《澳门记略》里,印光任、张汝霖就说:"先是,有利玛窦者,自称大西洋人,居澳门二十年,其徒来者日众,至国初已尽易西洋人,无复所为佛郎机者。"① 又说,佛郎机"初奉佛教,后奉天主教。明季大西洋人故得入居澳中,后竟为所有云"②。认为后来之意大利人取代了先前的葡萄牙人,成为澳门的长住客。既有这种认识,所以在意大里亚传里,印光任、张汝霖就将明末耶稣会士与清初葡萄牙诸事统统混入其中。以进贡狮子为例,本是康熙十七年(1678)葡萄牙人的行为,他们却把王鸿绪《西洋国进狮子恭纪诗》、李澄中《狮子来歌》、毛奇龄《诏观西洋国所进狮子因获遍阅虎圈诸兽敬制长句纪事和高阳相公》等编入意大里亚传中;甚至还把康熙九年(1670)玛讷撒尔达聂、雍正五年(1727)麦德乐的所谓大西洋朝贡行为记在意大里亚项下,并说"其居香山澳者,自明万历迄今凡二百年,悉长子孙";又说"其国上世有历山王,又号古总王。今有二王,曰教化王、曰治世王。治世者奉教化之命惟谨,澳寺蕃僧皆教化类;夷人贸易者则治世类,西洋国岁遣官更治之。澳素饶富。国初洋禁严,诸蕃率借其名号以入市,酬之多金,财货盈溢。今诸蕃俱得自市,又澳舶日少,富庶非昔比。大西洋去中国远,三年始至。稍西曰小西洋,去中土万里,大西洋遣酋守之。澳门头目悉禀小西洋令,岁轮一舶往,有大事则附小西洋以闻,不能自达也。有地满,在南海中,水土恶毒,人黝黑,无所主,大西洋与红毛分据其地,有兵头镇戍,三年一更,遣自小西洋"③。所言或意大利史事,或葡萄牙史事。道光中,梁廷枏撰成《粤海关志》,在意达里亚国传中,他也记录了康熙九年(1670)六月坞讷撒尔达聂、康熙十七年(1678)八月本多白垒拉的朝贡事件,④并说:"查《明史》,嘉靖年间,有番人佛郎机入香山濠镜澳为市。天启元年,大西洋来中国,亦居此澳。终明之世,未尝为变,即今之澳夷也。"⑤

---

① 印光任、张汝霖著,赵春晨点校:《澳门记略》上卷《官守篇》,广东高等教育出版社1988年版,第23页。
② 印光任、张汝霖原著,赵春晨校注:《澳门记略》下卷《澳蕃篇》,第52页。
③ 印光任、张汝霖原著,赵春晨校注:《澳门记略》下卷《澳蕃篇》,第57—58页。
④ 梁廷枏撰,袁钟仁点校:《粤海关志》卷二二《意达里亚国》,广东人民出版社2014年版,第452—453页。
⑤ 梁廷枏撰,袁钟仁点校:《粤海关志》卷二〇《兵卫》,第409页。

也把葡萄牙与意大利混为一谈,并指意大里亚为大西洋。

魏源撰写《海国图志》时,曾对大西洋内涵进行考证。魏源认为,利玛窦来华后虽自称"大西洋之意大里亚人",但他"未尝以大西洋名其国";佛郎机①虽曾在澳门筑城营室,但旋即离去,亦非今日澳门之大西洋;"澳门大西洋者,明末布路亚人,以历法闻于中朝,礼部尚书徐光启奏用其法,并居其人于澳门,至今相沿,呼澳夷为大西洋国"。在魏源看来,具体国家之当称大西洋者,只有布路亚即葡萄牙,意大里亚或法兰西皆不足以当之。但因大西洋为欧洲各国之通称,"澳夷特其一隅,不得独擅也"。② 以偏处一隅之葡萄牙独当大西洋称谓,亦有以偏概全、以小称大之嫌疑。魏源之论颇有道理。

余 论

综上可知,明清中国之"大西洋"是一个陆海兼具的涉外地理概念,其意既可指欧洲大洲或葡萄牙、意大利等具体欧洲国家,也可指今北大西洋局部海域或整个大西洋。此一概念虽由明代中国人独自创造,但其由明到清的内涵演变却深受中西文化交流乃至中西政治关系的影响。因受传统的中国独尊观念制约,一些人对"西洋"之前加一"大"字、把大西洋当作与中国对等政治实体的做法颇难接受。在明末"南京教案"中,南京礼部侍郎沈㴶就曾严厉抨击利玛窦等自称大西洋人的做法,他说:"夫普天之下,薄海内外,惟皇上为覆载照临之主,是以国号曰大明,何彼夷亦曰大西?且既称归化,岂可为两大之辞以相抗乎?"③ 对此,庞迪我、熊三拔出面辩解,他们说:"大西洋者,对小西洋而言。海有大小,非国大小,舆地图可按也。间称泰西,或太西,犹言极西耳,以自别于回回之西域也。又见中国郡邑,亦有系以大字者,并无妨碍,辇毂之下,邑有大兴,郡有大名,其余大同、大足、泰安、泰和等,乃至附近小国,亦不闻禁称大食、大琉球等,是以不识忌讳。"④ 意在说明以"大"字冠首的大西洋

---

① 魏源以佛郎机指称法兰西,有误。
② 魏源撰,陈华等点校注释:《海国图志》卷三七《大西洋欧罗巴洲各国总叙》,《魏源全集》第6册,第1078页。
③ 沈㴶:《参远夷疏》,徐昌治编辑,周骃方校:《破邪集》卷一,第115页。
④ 庞迪我、熊三拔:《奏疏》,钟鸣旦、杜鼎克、黄一农、祝平一等编:《徐家汇藏书楼明清天主教文献》,台北辅仁大学神学院1996年版,第1册,第77页。

称谓绝无弦外之音，但未消除一些人的误解和疑虑。所以到崇祯时期，瓯宁李王庭再一次指出："我太祖高皇定鼎胡元，从古得天下之正，未有匹之者也，故建号大明，名称实也。何物幺麽，辄命名大西，抑思域中有两大否？此以下犯上，罪坐不赦。旋于大字下，以西字续之，隐寄西为金方兵戈之象，则其思逞不轨潜谋之素矣。抱忠君爱国之心者，可不寒心哉。"[1] 鉴于大西洋称谓的一定敏感性，"大西洋"一词在明清之际有被"西洋"所取代的趋势，"西洋"二字开始具有"大西洋"的某些内涵，这是中国古代西洋概念的又一重大转变。如徐光启《辨学章疏》在言及欧洲诸国时，即以"西洋邻近三十余国"[2] 称之；体现清朝官方思想的《四库全书总目》提要，则全以"西洋"替代大西洋。而作为海洋称谓的大西洋概念却未受到任何影响，不仅西方世界的大西洋内涵完全被中国人吸纳，Atlantic Ocean 也被中国人翻译成大西洋。明清中国对西方学术的人为区隔与选择性认同于此可见一斑。

（作者为南开大学历史学院教授）

---

[1] 李王庭：《诛邪显据录》，徐昌治编辑，周骙方校：《破邪集》卷六，第202页。
[2] 徐光启撰，王重民辑校：《徐光启集》卷九《辨学章疏》，上海古籍出版社1984年版，第432页。

"面包"物与名始于澳门*

金国平

一 小引

西学东渐以来,中西文化首先在澳门接触与交融。西方文化从此辐射至内地,对中国文化影响甚巨。追根溯源,许多"舶来品"自然而然先在澳门登陆,然后再进入中国内地。"人类文明发展到现代,世界上几乎没有一种语言是完全自给自足的,各民族之间的贸易往来、文化交流、战争冲突、移民杂居等,会使不同的民族和社会发生接触,这种接触必然会引起语言的相互接触。随着社会的发展,民族之间的接触越来越频繁,相应地,语言之间的接触也越来越频繁。语言接触有不同的类型,会产生不同的结果,语言成分的借用、双语现象、语言融合及语言混合等都是语言相互接触的结果。"[1]

1840年鸦片战争以后,中国门户洞开,西方的官员、商人、传教士接踵而来,从而把西餐带入了内地。随着时间的推移,至清代光绪年间,外国侨民较集中的上海、北京、天津、广州、哈尔滨等地,出现了以营利为目的的专门经营西餐的"番菜馆"和咖啡厅、面包房等,从此中国有了西餐行业。[2]

在此过程中,许多葡语外来词,成了中国近代社会和现代社会的一级常用词语。我们已经论证"啤酒"这个词是从澳门定型并传播开来的。类

---

* 谨以此文纪念我的校哥——译坛骁将耿昇先生。
[1] 孙汝建:《现代汉语语用学》,华中科技大学出版社2014年版,第67页。
[2] 邹振环:《西餐引入与近代上海城市文化空间的开拓》,《史林》2007年第4期。

似的例子，还有面包。面包不仅构成了西方人早餐的主要食品，而且是中饭和晚饭的主食。中晚餐之间的加餐——下午茶也少不了它。

二 "面包"与"馒头"

我们看到，目前的专业著作对面包起源与发展历史有比较全面的叙述，① 但对其词源及进入汉语的不同途径尚无一系统梳理。一部像刘正埮等著《汉语外来词词典》这样的专门字典，竟然未收入"面包"。据统计，这个外来词的使用率级别已达到甲级。不加以收入简直是不可思议。

首先，我们来看汉语对"包"的定义：一种带馅的蒸熟的面食。更详细的解释："馒头，也称作'馍''馍馍''卷糕''大馍''蒸馍''面头'② '窝头'等。……馒头是我国北方小麦生产地区人们的主要食物，在南方也很受青睐。最初，'馒头'是带馅的，但'白面馒头'或'实心馒头'则是不带馅的。后来伴随历史的发展和民族的融合，北方人民的生活出现了变化。如今，江浙沪地区依旧将带馅不带汤的馒头称为'馒头'，而不带馅的称为'白面馒头'，而'包'是指带汤的。像苏州汤包，这和北方不同。北方话中，带馅的叫做'包子'，不带馅的称为'馒头'，北方没有带汤的馒头。"③

汉语对"面包"的定义是：用谷物的细粉或粗粉加上液体、油料和发酵剂和成生面，经过揉捏、定形、发酵并加以烘烤而制成的食品。

其次，"包"字，顾名思义，一般是指内包馅儿的面食。但"面包"中的"包"则是实心。虽用同一汉字，但实际上无论词源还是指称，均不同。前者为地道的汉语词，后者则为一个外来词。

汉语借词有一种方式是音译外加汉语义注词，即前或后一语素为音译专名，后或前一语素为义注类名。"面包"便是属于音译素之前，外加一

---

① 全国工商联烘焙业公会组织编：《中华烘焙食品大辞典：产品及工艺分册》，中国轻工业出版社2009年版，第2—7页。

② 到19世纪，欧洲人航海还使用"面头干"作为主食，中国方面还要课税。"面：花面、面头干每百斤各税五分。""面头干：比白面例，每百斤五分。""草纸、米粉、白面头干、苏木、咸鱼、水粉、黄糖、烧酒、土粉、豆粉每一百斤，小雕花牙器每件，银人物船每件，锡人物同，原估银五分。"参见梁廷枏总纂，袁钟仁校注《粤海关志校注本》，广东人民出版社2002年版，第172、190、198页。"面头干"即面包干。

③ 李代广编著：《人间有味是清欢 饮食卷》，北京工业大学出版社2013年版，第86页。

个表示义类的汉语语素的外来词,其中,"面"表示义类;"包"音译葡萄牙语的单词"pão"。

关于"pão/包"进入汉语的历史与途径,多部专业书籍提供了不同的看法。

1. "日本面包①日式面包起源:日语面包的发音是从葡萄牙语引进的,缘起葡萄牙语中的 Pao。"①

2. "Phang[53](面包。日 pan〈葡萄牙 pao/西班牙 pan〉)。"②

史有为所涉及的是台湾语中的情况。"Phang",在日据时代,从日语"パン"(pan)进入了台湾话,但现在只存在于口语中。

关于该词进入日语的情况,我们再来看更多的历史资讯:"面包在战国时代传入日本,与此同时还传入了基督教和钢船铁炮,即便是在日本闭关锁国之后,在长崎的西洋人依旧制作着面包。日本人开始制作面包是以中国鸦片战争为契机的。因为在战争中点起炉灶的话会有烟产生,暴露自身的行踪,所以德川幕府通过制作面包来储备军用粮食。指挥士兵、民众制作面包的江川太郎左卫门被人们称作'日本面包之祖'"。③

在文化接触中,该词还进入了亚洲的其他语言,如韩文称"빵"(ppang)。

"pao"的正确形式为"pão",其复数形式为"pães",来自拉丁语"pane"。

实际上,在从日语借词的 300 年前,该词随着葡萄牙人来到了澳门。在作于 1579—1588 年的罗明坚的第一部欧语—汉语字典《葡汉辞典》中,已经有了两个关于面包的词条:

1. "Pão 面包"。④

---

① 《中华烘焙食品大辞典:产品及工艺分册》,第 107 页。
② 史有为:《汉语外来词》(增订本),商务印书馆 2013 年版,第 171 页。
③ [日]石泽清美:《美味诀窍一目了然 面包制作基础》,邓楚泓译,红星电子音像出版社 2017 年版,第 51 页。
④ *Dicionário Português – Chinês* =:葡汉辞典 = *Portuguese – Chinese Dictionary*/Michele Ruggieri (1543 – 1607) & Matteo Ricci (1552 – 1610);direcção de edição,John W. Witek;San Francisco, CA:Ricci Institute for Chinese – Western Cultural History (University of San Francisco),2001,p. 126。

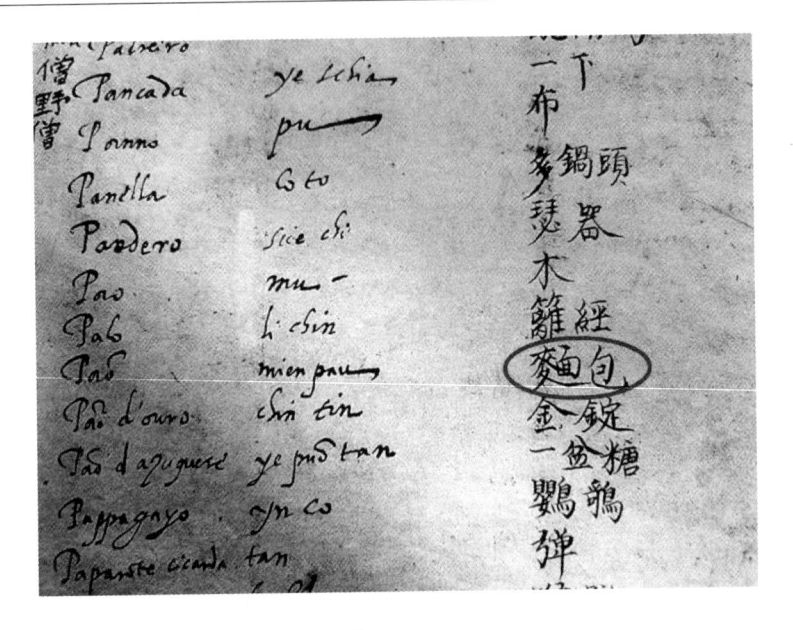

2. "Padeira 卖面包的"。①

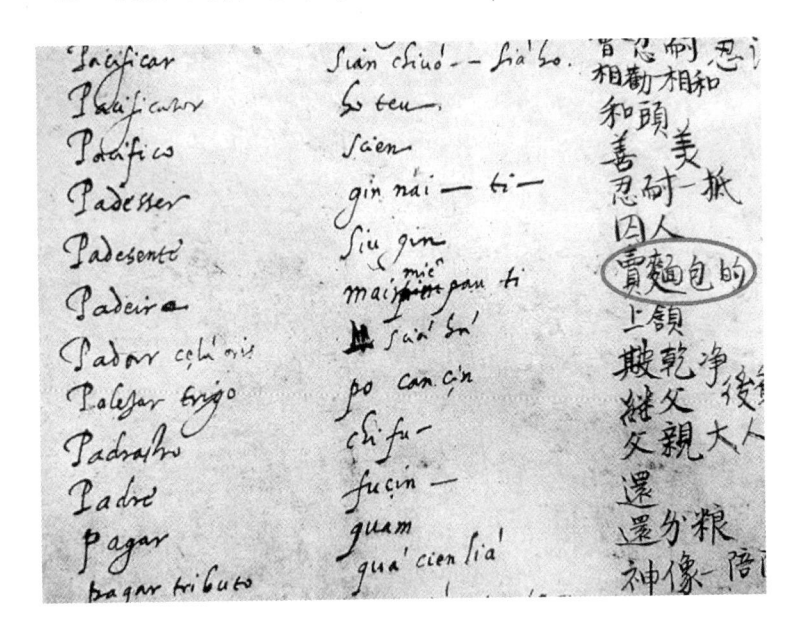

据此，从日本的传入显然是晚近的，澳门才是"面包"一词首次出现和定型的地方。

---

① Iden, p. 127.

尽管这部字典一直以手稿的形式保存于罗马的档案馆中，但所收入的两个词条表明，在 16 世纪末，耶稣会士已经将"pāo"巧妙地译为"面包"。可以说，这是"面包"一词第一次出现在汉语中，所以，可以判定"面包"一名源于澳门。该词从澳门传入中国内地，成为通用全国的常用词是后来的事情。

至 19 世纪，两本在澳门发行的字典，收入了"bread"和"pāo"的汉译名称。

1. Robert Morrison, A dictionary of the Chinese language, in three parts: Part the first; containing Chinese and English, arranged according to the radicals; part the second, Chinese and English arranged alphabetically; and part the third, English and Chinese, Macao: Printed at the Honorable East India Co.'s Press, by P. P. Thoms, London. 1822, p. 51:

```
BRE                              51

Breach of promise, 失信 shǐb sin;
反口 fan kow.
BREAD, 麵頭 mëen tow; 麵包
mëen paou.
Bring the bread, 拿麵頭來 na
mëen tow lae.
All the people were thrown out of
bread, lost their usual occupations,
四民失業 sze min shǐh něě.
```

2. Joachimo Affonso Gonçalves, Diccionario Portuguez – China no estilo vulgar Mandarim e classico geral（洋汉合字汇），Macao, 1831, p. 595：

PÃO 麵頭餅
— no campo 莊稼

《洋汉合字汇》所提供的第二个语义是"面饼"。的确,有扁平的"面包",如同中国的大饼。

1866年首次在上海出版的介绍国外烹饪的《造洋饭书》中,将"bread"翻译为"馒头"。①

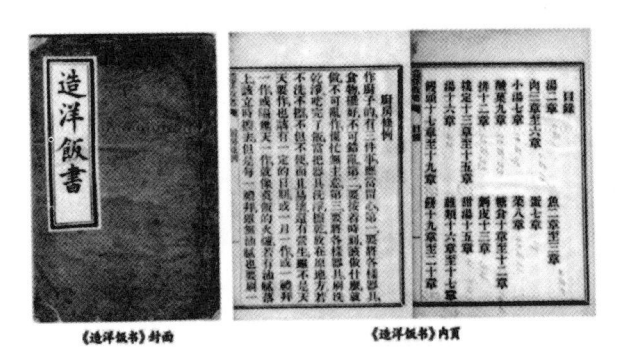

《造洋饭书》封面　　《造洋饭书》内页

至少到1822年,"面包"一名再次出现在公开发行的字典中。至于此名何时在中国广为传播,且固定为正式名称,则有待进一步的考证。

---

① 邓立、李秀松注释:《造洋饭书》,中国商业出版社1986年版,第39页。

三 "西洋饼"

德国籍耶稣会传教士汤若望在北京居住期间曾制作"西洋饼"款待朝中达官贵人。谈迁的《北游录》记述其在清顺治十年到十三年（1653—1656）从浙江北上途中及在北京的见闻时，谈及"西洋饼"并介绍了其制法。

> 甲寅。……晚同张月征饮葡萄下。啖西洋饼。盖汤太常饷朱太史者。其制蜜、面和以鸡卵。丸而铁板夹之。薄如楮。大如碗。诧为殊味。月征携四枚以示寓客。①

此处"甲寅"为顺治十一年（1654）七月二十七日。汤若望时官太常少卿，领钦天监事，敕封"通玄教师"。

后身为乾隆才子、诗坛盟主、美食家的袁枚，在其《随园食单》中，以文言随笔的形式，细腻地描述了乾隆年间江浙地区的饮食状况与烹饪技术，涉及了在粤东杨中丞家中食过的"西洋饼"。

> 杨中丞西洋饼
> 用鸡蛋清和飞面作稠水，放碗中，打铜夹剪一把，头上作饼形，如碟大，上下两面，铜合缝处不到一分。生烈火烘铜夹，撩稠水，一糊一夹一熯，顷刻成饼。白如雪，明如绵纸，微加冰糖、松仁屑子。②

文中所言"稠水"即面浆、粉浆、面糊。

"铜夹剪"，是一个大夹剪，端部有两个刻有文字、符号或花纹的模具圆板。

---

① 谈迁撰，汪北平点校：《北游录》，中华书局1960年版，第67页。
② 袁枚著，元江雪注：《随园食单》，开明出版社2018年版，第205页。

放上面浆后，夹紧，使其两面受热。张开后，取出面饼。袁枚的描写很洗练与生动："生烈火烘铜夹，撩稠水，一糊一夹一燌，顷刻成饼。"

"这段极简练的文字，不仅将杨中丞西洋饼的原料、炊具、制法、特点以及食法表达得清清楚楚，而且还不禁使人和顺治年间汤若望的西洋饼加以比较，二者在原料、炊具、制法、特点以及食用上均大同小异，说明是来自一种文化的点心饼。其最大的不同之处是，汤若望时代的西洋饼是由外国人手制的，而袁枚时代的西洋饼则已出自中国人之手了，这无疑是中西饮食文化交流史上的珍贵一页。"[1]

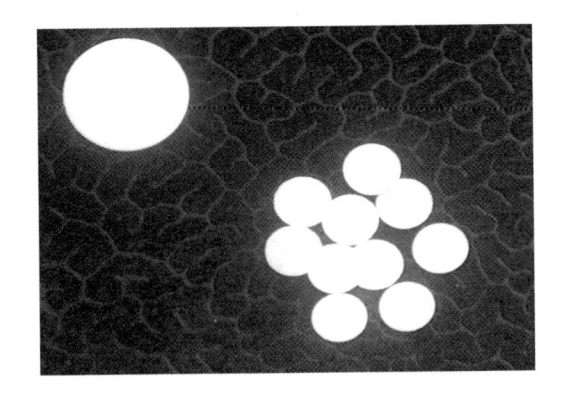

---

[1] 王仁兴：《中西饮食文化交流的珍贵一页——西洋饼传中国》，王仁兴：《中国饮食谈古》，中国轻工业出版社1985年版，第115页。

这种薄若蝉翼、食之甜润脆美的面饼的原型是宗教用品。它在祝圣前称"祭饼",仪式后便成了"圣体",拉丁文作"hostia"。这是一种未发酵的薄饼,即"死面薄饼"(pão ázimo)。制作面饼要精心选材,着重全天然。

汤若望以天主教制作"祭饼"的工具——"铜夹剪",为中国达官贵人制作了一种"祭饼"的豪华品。原料从纯面浆改为"蜜、面和以鸡卵","微加冰糖、松仁屑子"而食。汤若望巧用"铜夹剪",制"西洋饼",令人食之"诧为殊味",后来还用它来待客。汤若望实在是"传教"有道,竟让中国士大夫在不知不觉之中吃进了"西洋祭饼",还吃得他们交口称赞。

四 小结

如今,我们已很难厘清面包进入澳门究竟始于何时,但可以肯定的是,面包作为葡萄牙餐的主食,自澳门开埠以后,便随着葡萄牙人来到了澳门。开始只是在葡萄牙人中食用。至19世纪,随着更多欧美人士来到澳门,面包食用的范围有了扩大。1840年鸦片战争之前,偶有引入中国内地,毕竟仅限于一定的社会阶层,并未对整个社会产生规模化效应。五口通商后,尤其是在上海,随着外国侨民的急剧上升和西餐的引入和发展,面包才作为西餐的主食逐渐进入了普通中国人的视野,甚至成为部分中国人不得不尝试,甚至必须经常接触的一种食物,因而,对中国人的饮食方式和结构的变迁产生了深刻影响。

总而言之,中国之有"面包",其物始于澳门,其名亦始于澳门。

明末南京教案的反教与"破邪"*

邹振环

教案曾经是中国学界研究的一个热点,而研究的重心一直集中在清末。教案并不是随着晚清不平等条约的签订而出现的,历史上曾经有过著名的"会昌法难"。会昌五年(845)唐武宗灭佛,曾经祸及景教。但由于保存下来的资料极为有限,今天我们很难清楚地复原当时教难对景教的打击究竟有多大。南京教案之前也已经有了若干次小规模的教案,而南京教案则是我们现在所知的明末最激烈的一次中西冲突。

关于南京教案的研究,最早可以追溯到1930年张维华的《南京教案始末》一文。该文主要利用《圣朝破邪集》所收《南宫署牍》中的明朝官方文件,首次对南京教案进行了较为详细的研究。[1]1938年,徐宗泽在《中国天主教传教史概论》(上海圣教杂志社)中叙述了这次教案的大致情况,1940年,王治心《中国基督教史纲》(上海青年协会书局)一书第九章"南京教难的始末"同样利用《圣朝破邪集》对南京教案进行考

---

* 本文初稿曾提交2007年5月26日至28日由中国中外关系史学会、沈阳故宫博物院、澳门基金会、北京外国语大学海外汉学中心联合主办的"明清之际的中外关系史"学术研讨会,并在会上报告。承耿昇教授的鼓励,万明教授、张西平教授给予了有益的建议,特此鸣谢!拙文修订本以《明末南京教案在中国教案史研究中的"范式"意义》为题,刊载《学术月刊》2008年5月第5期;又载中国人民大学书报资料中心《复印报刊资料·宗教》2008年第5期。

补记:2018年4月,尊敬的耿昇先生不幸仙逝。自1999年经石源华教授介绍,结识耿昇先生已近20年,其间曾有幸多次参加由耿先生主持的海内外学术研讨会,并承耿先生赐赠汉学译著多种,受益无穷。拙文有幸编入耿昇先生的纪念文集,与有荣焉,幸甚至哉!

[1] 张维华:《南京教案始末》,原刊齐鲁大学《齐大月刊》1930年11月第1卷第2—3期,收入《中国近代史论丛》第1辑第2册,台湾正中书局1956年版。

察，但研究的推进不显著。1987年，张力、刘鉴唐等人编著的《中国教案史》① 一书，是第一部卷帙浩繁的全面考察中国教案史的专著，遗憾的是该书在"南京教案"部分，基本上是沿袭前述王治心《中国基督教史纲》中的相关内容，只在个别文字上做了若干改动。20世纪90年代以来南京教案又引起了学者的重视，1993年有宝成关的《中西文化的第一次激烈冲突——明季〈南京教案〉文化背景剖析》，该文通过明末儒佛耶的相互辩争分别从宗教、伦理道德、政治及科学技术等方面揭示中西文化的巨大差异。② 1997年，万明发表《晚明南京教案新探》一文，主要根据耶稣会士曾德昭《大中国志》中的记述重新考察南京教案，并参考相关史料，将南京教案置于当时的政治社会背景之中进行分析，通过对万历末年政局演变的研究，指出"在明末士大夫改革派和保守派的政治斗争中，南京教案是保守派反对改革的又一具体体现"，认为"南京教案的发生，除了从根本上说是中西文化冲突的结果以外，它还是中国社会内部士大夫改革派和保守派矛盾斗争的产物"。③ 周志斌的《晚明"南京教案"探因》则指出，以南京礼部侍郎沈㴶为代表的明末保守派官僚联合某些佛、道人士发动了这起教案，具有文化排外的性质，是东西方不同文化价值观和晚明党派斗争等因素综合作用的结果。④ 2004年，李春博完成了《南京教案与明末儒佛耶之争——历史与文献》的硕士学位论文，通过整理南京教案发生前后儒佛耶关于中西文化的论争，特别是通过对《破邪集》资料的系统整理，尝试寻找这一教案在三种思想冲突中的文化联系。⑤ 外国学者对南京教案也有若干讨论，如日本学者金子省治发表在《上智史学》的《万历四十四年的南京事件——明末天主教迫害的一断章》等。其中尤以美国学者邓恩《从利玛窦到汤若望——晚明的耶稣会传教士》一书为突出，该书利用了罗马梵蒂冈档案馆的第一手资料，详细分析了南京教案的具体演进过程。⑥

---

① 张力、刘鉴唐：《中国教案史》，四川省社会科学院出版社1987年版。
② 宝成关：《中西文化的第一次激烈冲突——明季〈南京教案〉文化背景剖析》，载《史学集刊》1993年第4期。
③ 万明：《晚明南京教案新探》，载王春瑜主编《明史论丛》，中国社会科学出版社1997年版。
④ 周志斌：《晚明"南京教案"探因》，载《学海》2004年第2期。
⑤ 李春博：《南京教案与明末儒佛耶之争——历史与文献》，硕士学位论文，复旦大学，2004年。
⑥ Generation of Giants: The Story of the Jesuits in the Last Decades of the Ming Dynasty, 美国印第安纳州Note Dame大学出版社1962年版，中译本由余三乐、石蓉译出，书名为《从利玛窦到汤若望——晚明的耶稣会传教士》，2003年由上海古籍出版社出版。

上述关于南京教案的研究成果,有综合分析南京教案爆发原因,或将南京教案与中西文化冲突联系起来加以考察,或将儒佛耶文化辩争作为南京教案发生的历史背景进行剖析,也有涉及南京教案的影响。有学者甚至认为南京教案研究已相当成熟,似乎已无进一步研究的余地。[①] 但笔者认为这一明末最激烈的一次中西冲突,仍有进一步展开的余地。本文拟在前行研究的基础上,通过对南京教案的微观审视,从三个环节和"官绅民一体化"反教模式[②]出发,以揭示明末中央政府、地方势力、教会抵抗和民间士绅反对等问题;重点分析了导致南京教案发生的历史合力中的宗教因素,和明末这场教案中"诬天废祀"、"淫妇女谋不轨"、教堂内"诳世邪术"三种"破邪"范式,及其作为文化隔离机制的影响。

一 南京教案的三个环节和"官绅民一体化"反教模式的形成

关于南京教案的起讫年代,至今学术界尚未有统一的看法,教案当事人、葡萄牙耶稣会士曾德昭(Alvare de Semedo,1885-1958,又名谢务禄)以为开始于1615年,结束在1622年。[③] 其依据是沈㴶1615年被派往南京担任礼部侍郎,一开始就对天主教极其憎恶,并积极展开对传教士的"迫害"。曾德昭有关南京教案的叙述在传教士被遣送澳门后结束,但他认为这仅仅是事件的一个段落,接下来的章节描写"南京的第二次迫害"。由于1622年山东爆发白莲教运动,南京官员指称天主教与白莲教是同类邪教,再次逮捕天主教徒。曾德昭认为背后的主使者仍是沈㴶,后因沈㴶罢官,这次事件始得平息。由此可知,曾德昭将天主教在华所受两次大的挫折归为一体,故时间限定得颇为宽泛。张维华认为南京教案始于1616年五月沈㴶上《参远夷疏》,结束于1617年传教士被解送广东,前后16个月。他在《南京教案始末》一文中说:"计自沈㴶上疏之始至此次教案之终,前后凡越十六月之久。"沈㴶上《参远夷疏》为万历四十四年(1616)五月,广东抚按收到南京都察院所解送之传教士后回咨日期为万

[①] 王树槐:《清季江苏省的教案》,中国近代现代史论集编辑委员会编:《中国近代现代史论集》第四编《教案与反西教》,台北商务印书馆1985年版,第227页。
[②] 苏萍在讨论谣言与近代教案的关系时曾提到了清末"官绅民一体化反教模式"的崩溃问题,但没有就"官绅民一体化反教模式"本身展开分析。参见苏萍《谣言与近代教案》,上海远东出版社2001年版,第300页。
[③] [葡]曾德昭:《大中国志》,何高济译,上海古籍出版社1998年版,第251—267页。

历四十五年（1617）八月，前后恰为"十六月"。① 邓恩《从利玛窦到汤若望——晚明的耶稣会传教士》一书，利用罗马梵蒂冈档案馆内丰富的原始文献，描述了明末清初在华耶稣会士大量鲜为人知的事迹，南京教案的相关章节中也披露出不少珍贵史料，但却存在颇多史实上的错误，他认为南京教案始自"1615 年五月沈㴶上疏"，此上疏时间应该是"1616 年"之误。② 林仁川等认为南京教案应分为前后两个阶段，第一阶段始于万历四十四年五月，"南京礼部侍郎沈㴶第一次上奏《参远夷疏》，全面攻击天主教，从而拉开了南京教案的序幕。"结束于万历四十五年沈㴶罢官，南京教案方告一段落。第二阶段始于天启元年（1621）沈㴶起为礼部尚书兼东阁大学士，借白莲教攻击天主教，在南京逮捕教徒严加治罪，至第二年沈㴶革职还乡，不久病死家中，南京教案方告结束。③

从史料来看南京教案的全过程，大致由"朝廷弹劾"、"武力介入"和"士绅动员"三个环节组成，在这三个环节的运动中，我们可以清楚地看到中央政府、地方势力和士绅集团的不同作用。"朝廷弹劾"可以万历四十四年五月（1616 年 6 月）沈㴶上《参远夷疏》为起始，指责传教士自称"大西"，与"大明"国号相对，"既称归化，岂可为两大之辞以相抗乎"？"君天下曰天子""而彼夷诡称天主"。④ 周子愚将沈㴶奏疏副本转交给徐光启。杨廷筠得知教士被弹劾的消息，立即写信给沈㴶为教士辩

---

① 张维华：《南京教案始末》，原刊齐鲁大学《齐大月刊》1930 年第 1 卷第 2—3 期，后收录《中国近代史论丛》第 1 辑第 2 册，台北正中书局 1956 年版。

② ［美］邓恩：《从利玛窦到汤若望——晚明的耶稣会传教士》，余三乐译，上海古籍出版社 2003 年版，第 115 页。

③ 林仁川、徐晓望：《明末清初中西文化冲突》，华东师范大学出版社 1999 年版，第 137—138 页。

④ 沈㴶：《参远夷疏》，载徐昌治编《圣朝破邪集》卷一。《圣朝破邪集》又名《皇明圣朝破邪集》《明朝破邪集》，简称《破邪集》。最早是崇祯十二年（1639）初刻于浙江。日本安政乙卯年（1855）有水户弘道馆翻刻本《破邪集》，序言后有"源齐昭印"和"尊王攘夷"印，该书在日本广为流传。目前在中国流行的《破邪集》的主要版本除收录《四库未收书辑刊》第十辑（北京出版社 2000 年版）的《明朝破邪集》（即日本安政乙卯年本外），还有周骃方据日本《破邪集》版本校点整理的线装铅印本，收录北京图书馆出版社出版的《明末清初天主教史文献丛编》。1996 年香港建道神学院出版有夏瑰琦编《圣朝破邪集》，该书据崇祯十二年刻本之手抄本为底本，以日本版《破邪集》为校本对校；另外还有郑安德编，收录《明末清初耶稣会思想文献汇编》第五卷，北京大学宗教研究所 2003 年版，该版也是以日本版《破邪集》为底本，该本在编校过程中，编者对若干原书添加了小标题，且有若干标点错误。本文有关《破邪集》引文均采自夏瑰琦编《圣朝破邪集》，香港建道神学院宣道出版社 1996 年版。

· 683 ·

解，并邀请传教士到其杭州家中。李之藻则撰文颂扬天主教。① 万历四十四年七月（1616年8月）初邸报有南京礼部参劾庞迪我的奏疏，南京的礼部尚书同时呈上一份对沈㴶的这些要求表示支持的奏疏，这两份文件于8月15日送交朝廷。代表地方官员势力的南京礼部尚书所呈奏疏的内容，刊行于朝廷机构发布文件的邸报上。② 但当时的中央政府集中了以徐光启为代表的一批容教和护教的力量，万历四十四年七月徐光启起而为传教士进行辩护，在一份被教中人称为《辩学章疏》的奏折中，不仅勇敢地承认自己是天主教徒，并且证明这些教士都是有德有学之人，他们到中国来无非是劝人为善，绝无阴谋，他提出了三种"试验之法"：（1）"乃择内外臣僚数人，同译西来经。凡事天爱人之说，格物穷理之论，治国平天下之术，下及历算、医药、农田、水利等兴利除害之事，一一成书，钦命廷臣共定其是非。果系叛常拂经，邪术左道，即行斥逐，臣甘受扶同欺罔之罪。"（2）"乞命诸陪臣与有名僧道，互相驳难，推勘穷尽，务求归一。仍令儒学之臣，共定论之。如言无可采，理屈辞穷，即行斥逐，臣与受其罪。"（3）"译书若难就绪，僧道或无其人，即令诸陪臣将教中大意、诫劝规条与其事迹功效，略述一书，并已经翻译书籍三十余卷，原来本文经典一十余部，一并进呈御览。如其嵴拨驳悖理，不足劝善戒恶，移俗易风，即行斥逐，臣与受其罪。"代表中央政府的万历皇帝虽觉得徐光启的论证无可辩驳，但经不住那些地方仇教势力的一再陈诉，这份奏章，得到了"知道了"三字。同时，也把沈㴶的奏章搁了起来。开明地处理了这一"朝廷弹劾"。

"朝廷弹劾"并未成功，于是中央部分官员与地方官员势力勾结，运用"武力介入"的手段。礼部尚书方从哲未等皇上批示，就授命沈㴶逮捕传教士。③ 万历四十四年七月十九日（1616年8月30日）午夜，庞迪我派人到达南京，通知王丰肃可能发生教案，让其做好准备。传教士向天主认罪并献祭，收拾教堂画像和圣器，存放于教徒家中。④ 万历四十四年七

---

① ［葡］曾德昭：《大中国志》，何高济译，前揭书，第252页。
② ［美］邓恩：《从利玛窦到汤若望——晚明的耶稣会传教士》，余三乐译，前揭书，第117页。
③ ［美］邓恩：《从利玛窦到汤若望——晚明的耶稣会传教士》，余三乐译，前揭书，第118页。
④ ［葡］曾德昭：《大中国志》，何高济译，第255页。

月二十日,礼科给事中余懋孳上《辟异教严海禁疏》。同一天龙华民与艾儒略自南京前往北京,晚上沈㴶派遣军队包围教堂。万历四十四年七月二十一日教案发生,教徒被捕,教堂被封。教徒姚如望手执黄旗,口称愿为天主死。一些地方仇教势力也被纷纷动员,如王丰肃在前往监狱的路上,被地方百姓侮辱、嘲笑和谩骂。曾德昭(谢务禄)用非常恶毒的口吻称他们是"一群贱民鼓噪叫嚣,人熟之多,官兵不得不用拳头开路。"① 生病的曾德昭被留在一间加上封条的房屋内。② 万历四十四年七月二十二日,南京地方官员派人搜查孝陵卫花园,将曾德昭送入监狱。龙华民与艾儒略到达高邮李之藻处,得知严峻的形势后,龙华民继续前往北京,艾儒略则到杭州杨廷筠家避难,李之藻派人前往南京给耶稣会士送钱和衣物。③ 万历四十四年七月,徐光启在家信中让上海的家人保护天主教传教士。万历四十四年八月(1616年9月),沈㴶第二次上疏《再参远夷疏》中再次呼吁禁教,进行反教动员:"伏乞陛下念根本重计,蚤[早]赐批发该部,覆请速咨臣等将夷犯从法依律拟断。其原参未获阳玛诺等者,行提缉获。庶乎明旨昭然,而人心大定,道化归一,而风俗永清。不惟臣部职掌得申,而国家之隐忧亦杜矣。臣不胜激切待命之至"。④ 他所举理由一是传教士王丰肃在南京正阳门里、洪武冈之西盖教堂,用咒术呼召,不约而至。二是在孝陵卫附近建花园,有谋反的嫌疑。沈㴶还利用自己手中的权力,派兵包围了南京教堂,将王丰肃等23名教徒逮捕监禁。对他们进行了6个小时的审问,根据曾德昭的回忆,当时问题是:"你们的教义是什么?你们如何进入中国?你们的教师怎样生活?他们如何自立?他们有什么样的政府?和澳门有什么交往?还有和该地神父的交往?"⑤

就在耶稣会士陷入武力打击的困境的同时,地方势力开始了"以民制耶"和"以民助耶"的社会动员。首先是沈㴶的上书得到了南京都城诸大

---

① [葡]曾德昭:《大中国志》,何高济译,第255页。
② [葡]曾德昭:《大中国志》,何高济译,第255页。
③ [美]邓恩:《从利玛窦到汤若望——晚明的耶稣会传教士》,余三乐译,前揭书,第120页。
④ 沈㴶《再参远夷疏》,夏瑰琦编《圣朝破邪集》,香港建道神学院宣道出版社1996年版,第64—65页,标点略有改动,下简称《破邪集》,凡引用夏瑰琦编《圣朝破邪集》均标注"前揭书"。
⑤ [葡]曾德昭:《大中国志》,何高济译,第258页。

臣,如晏文辉、徐如珂等的附和,一时反教之声甚嚣尘上。在南京还有数名秀才参与请愿,除指责天主教以做宗教仪式为借口,男女在夜间混居外,还给每位入会的教徒五块银圆和起外国名字;教徒一律都被教授画十字,是进行叛乱的暗号。① 万历四十四年八月初十日(1616年9月20日),中国耶稣会士钟鸣礼自杭州来到南京,访教友余成元,与张寀见面,商量刊刻揭帖之事。八月十一日余成元雇用工人潘明、潘华、秦文等包工刊刻,十四日刻完。并连夜印刷装订100本,约定第二天到南京"朝天宫习仪处所投递",以号召百姓帮助天主教势力。"不意城上闻知,当有兵马官前擒获",钟鸣礼等八人被捕。钟鸣礼表示"平日受天主大恩,无以报答,今日就拿也不怕"等语。② 万历四十四年八月,南京礼部下发《拿获邪党后告示》再度进行士绅动员:"南京礼部为禁谕事:照得狡夷王丰肃等,潜住都门,妄称天主教,煽惑人民。先该本部题参,只欲申严律令,解散其徒众耳。向在候旨,未遽有行,及部科两疏并前疏发抄该城兵马司,奉察院明文提人候旨,本部亦未有行也。但据申报,西营地方搜获十三名,幼童五名。孝陵卫地方搜获一名,如此而已。本部之意,若明旨一下,只此见获者究论,此外不必株连一人。目今地方素不从邪者,固幸获狡夷之发露,无或扰乱我,而可以各安生理。即有为所引诱者,知其犯律令所禁,而回心改过,一朝洗涤,依然是平世良民。本部嘉与维新,何曾搜剔?无奈有一二邪党,如钟明宇等八名,自远而来,赍有庞迪峨[我]、熊三拔等疏揭二件,潜搭窝棚,私行刊刻,肆出投递。夫本部未有一牌票提治,而狡夷公然揭,又公然疏,又公然刻,此等伎俩,岂法纪所容?为此不得不拿。此外仍未尝株连一人,犹恐愚民无知怵惕,合行晓谕。今后各务本等生理,不许讹言恐喝,安心无事做太平百姓,不必疑畏。即在彼夷,若能静听处分,官府必且哀矜。若多一番钻刺,徒增一番罪案,无益有损。为此出示禁谕,各宜知悉。"③ 这里多处提到"煽惑人民""解散其徒众""平世良民""犹恐愚民""太平百姓",一方面告诫那些入教者,只要弃暗投明一律不加追究,显然是在争取更多百姓,包括教友的支持,

---

① [美]邓恩:《从利玛窦到汤若望——晚明的耶稣会传教士》,余三乐译,前揭书,第115页。
② 《会审钟明礼等犯一案》钟明礼诸人口供,《破邪集》,前揭书,第100—102页。
③ 《拿获邪党后告示》,《破邪集》,前揭书,第115—116页。

旨在打破天主教势力的"以民助耶"的策略，同时从"各宜知悉"一句，不难看出这份《拿获邪党后告示》实际上是一份"以民制耶"或"以民制夷"的社会动员令。1617年南昌有300名秀才签署了一份请求驱逐传教士和禁止天主教的请愿书，① 就是动员令的直接结果。

万历四十四年十月（1616年11月），南京礼部四司会审钟鸣礼等八人。同年十二月（1617年1月），沈㴶三度上疏，在所上《参远夷三疏》中指出："伏乞皇上即下明旨，容臣等将王丰肃等依律处断。其扇[煽]惑徒众，在本所捕获钟明[鸣]仁等，及续获到细作钟明[鸣]礼、张寀等，或系勾连主谋，或系因缘为从，一面分别正罪。庶乎法纪明而人心定，奸邪去而重地亦永清矣。"② 万历虽不相信传教士有谋反之说，但碍于地方仇教人士，特别是士绅阶层的一再申说，觉得天主教似乎是扰乱了国家的平静生活，万历四十四年十二月初十日（1617年1月17日），被不断参劾搞得厌烦的万历皇帝下旨批准驱逐教士，将这些传教士押解出境。"命押发远夷王丰肃等于广东，听归本国。先是远夷利玛窦偕其徒庞迪我入京，上嘉其向化之诚，于之饩廪，玛窦死复给以葬地，而其徒日繁，踪迹亦复诡秘。王丰肃等在留都以天主教煽惑愚民，一时信从者甚众，又盖屋于洪武冈，造花园于孝陵卫寝殿前。南礼部特疏参之，南府部台省合疏参之，北科道诸臣参之，故南科臣晏文辉有速赐处分之请。而迪我等亦刊揭逞辩，千里之远，数日可达，人益疑丰肃等为佛郎机夷种。及文辉疏下，礼部覆言此辈左道惑众，止于摇铎鼓簧，倡夷狄之道于中国，是书所称蛮夷滑夏者也，此其关系在世道人心，为祸显而迟。但其各省盘踞，果尔神出鬼没，透中国之情形于海外，是书所称寇贼奸宄者也，此其关系在庙谟国是，为祸隐而大。阁臣亦力言之。有旨：王丰肃等立教惑众，蓄谋叵测，可递送广东抚按，督令西归。其庞迪我等，礼部曾言晓知历法，请与各官推演七政，且系向化来，亦令归还本国。"③ 中央政府在地方强权和士绅动员的压力下终于退却了，十二月二十八日（1617年2月4日），旨意到达南京。沈㴶称传教士本该处以死刑，但是由于皇帝的宽宏大量，免

---

① [美] 邓恩：《从利玛窦到汤若望——晚明的耶稣会传教士》，余三乐译，前揭书，第131页。
② 沈㴶：《参远夷三疏》，《破邪集》，前揭书，第66—67页。
③ 《明神宗实录》卷五五二，万历四十四年十二月丙午条。

去他们的死罪，下令对他们每人杖刑十大板，曾德昭因为病得太重，被免去杖刑，王丰肃被拷打后一个多月，伤口才开始愈合。①

不少传教士都被遣送澳门。天主教士多遁迹隐形，有的投寄民家以避祸，在京的龙华民和毕方济就隐居在徐光启家，他们的助手倪一诚和游文辉则逃到北京西郊利玛窦的墓地。熊三拔和庞迪我被遣送到澳门并在那里去世。万历四十五年初，耶稣会士费奇观与阳玛诺卖掉南雄房产，前往杭州杨廷筠家避难。郭居静、黎宁石、艾儒略亦躲于杭州。罗如望、史惟贞撤出南昌，转往建昌继续传教。②万历四十五年二月（1617年3月），南京礼部下发《查验夷犯札》，验明谢务禄亦系西洋人。万历四十五年三月二十五日（1617年4月29日），南京都察院将王丰肃、曾德昭等由哨卫总李钰、龙江，陆兵前营把总镇抚按刘仕晓，带领俞大亮等八名兵勇押送前往广东抚按衙门。③万历四十五年四月十六日（1617年5月20日）王丰肃、谢务禄二人到达广州。④万历四十五年五月（1617年6月），沈㴶上《发遣远夷回奏疏》称南京礼部四司会审钟鸣仁等人，将洪武冈教堂及孝陵卫花园"二处拆毁入官"。⑤同时，教徒钟鸣仁、曹秀、姚如望、游禄、蔡思命等人或被杖罚或被流徙或被递回原籍，几个未成年的孩子令寺中收管。⑥万历四十五年八月（1617年9月）庞迪我、熊三拔、王丰肃、谢务禄等人被遣送达广州，广东抚按回咨南京都察院。⑦同时，孝陵卫花园地基估价银一十五两卖于内相王明，洪武冈教堂地基估价银一百五十两卖于平民李成。⑧可以说，是士绅阶层的最后被动员，而导致了沈㴶等人最终在舆论上占据了真正的优势。

士绅集团的特征是亦官亦民，沈㴶作为地方士绅阶层的代表，同时又

---

① ［美］邓恩：《从利玛窦到汤若望——晚明的耶稣会传教士》，余三乐译，前揭书，第126页。
② ［美］邓恩：《从利玛窦到汤若望——晚明的耶稣会传教士》，余三乐译，前揭书，第123页。
③ 沈㴶：《发遣远夷回奏疏》，《破邪集》，前揭书，第95—97页。
④ ［美］邓恩：《从利玛窦到汤若望——晚明的耶稣会传教士》，余三乐译，前揭书，第128页。
⑤ 沈㴶：《发遣远夷回奏疏》，《破邪集》，前揭书，第97页。
⑥ 《会审钟鸣仁等犯一案》，《破邪集》，前揭书，第112页。
⑦ 《南京都察院回咨》，《破邪集》，前揭书，第86—92页。
⑧ 《拆毁违制楼园一案》，《破邪集》，前揭书，第122—124页。

是地方握有权势的官员，他有来自佛教徒和士绅阶层的双重支持，因此，他有成功地动员士绅阶层参与南京教案的资源。南京教案积极参与者或参与"破邪"的反教人士中，《南宫署牍》的编刻者是万历二十年进士；《破邪集》的主编徐昌治既是地方有声望的士绅，也是海盐金粟寺住持圆悟的弟子；其兄徐从治是万历三十五年进士，后任济南太守；虞淳熙是万历十一年进士，后归隐杭州，与佛教人士关系密切；魏濬是万历三十二年进士，官至右副都御史；黄贞则是福建地方反教势力中的活跃分子。参与南京教案审理的吴尔成是万历三十二年进士；邹维琏是万历三十五年进士，官至兵部右侍郎；晏文辉是万历二十六年进士，浙江太平知县；徐如珂为万历二十三年进士，刑部主事；余懋孳、许大受、黄廷师等都是地方官员。① 南京教案中的中央政府、地方势力和民间士绅联合反教的模式，也形成了后来教案史研究中所谓"官绅民一体化"的反教模式的一个首出案例。

南京教案的直接后果是南京作为天主教传教中心的地位很快衰弱了，而杭州和上海及嘉定的地位迅速上升。据耶稣会士1620年年度报告，那年共有268名皈依者，北京20人，南京25人，而杭州有105人，上海20人；1621年北京只有40人，南京52人；上海有72人，嘉定有60人（两者相加为132人）；杭州达到300人。1622年北京31人，嘉定70人，上海86人（两者相加156人），杭州有191人。② 南京教案发生后，杨廷筠写信给各地的教士，邀请他们到杭州避难，来杨廷筠家的有郭居静、艾儒略、金尼阁、史惟贞等。他们在博学的杨廷筠的指导下，刻苦学习中国文字和语言，艾儒略就是在杨廷筠那里获得了大量关于中国的知识，后来他在福建传教时获得了"西来孔子"的声誉。③ 1621年嘉定建立了传教的中心，由徐光启的学生孙元化负责，1621年他写信给郭居静和毕方济邀请他们到嘉定开教。同年沈㴶已经不再担任南京的礼部尚书，到家乡杭州过起了退休生活，他目睹了杭州举行弥撒时有一百人参加，当时在南京的金尼

---

① 参与南京教案及"破邪"人士的生平资料，参据李春博《南京教案与明末儒佛耶之争——历史与文献》附录二《破邪集》文献分类表，硕士学位论文，复旦大学，2004年。

② [美]邓恩：《从利玛窦到汤若望——晚明的耶稣会传教士》，余三乐译，前揭书，第133页。

③ 关于艾儒略的研究，参见潘凤娟《西来孔子艾儒略——更新变化的宗教会遇》，台北：橄榄基金会出版部2002年版。

阁对沈㴶的沉默表示困惑。杨廷筠甚至还发出了安排他与耶稣会士见面的邀请，他理所当然地拒绝了。① 这似乎预告了一场对天主教教士围攻的风暴即将过去了。1624年4月19日，沈㴶死在杭州的家中。②

二 南京教案形成的宗教因素

南京教案爆发的原因，前行研究已做过多方面的探析，笔者也同意学界的看法，即南京教案是由政治、经济和文化的多重原因造成的。换言之，南京教案是历史合力的结果。在这些历史合力中，我以为宗教因素的分析仍有可以深入展开分析的余地。这一教案的直接挑起者是浙江吴兴人、以礼部侍郎署南京礼部尚书的沈㴶。1618年传教士卡米洛·蒂·克斯坦佐（Camillo di Costanzo）从澳门发出的信中，提出了沈㴶对天主教怀有敌意的四个的理由：一是沈㴶最好的朋友、一位僧人挑起了对天主教的攻击因为被徐光启驳倒丢了面子而自杀；二是沈㴶本人在几次与宗教有关的争论中都被徐光启和杨廷筠击败；三是对徐光启提议修历的工作交给天主教传教士而感到愤怒；四是想通过揭露天主教而获得内阁大学士的职位。这次教案的直接受害者之一的曾德昭也持类似的看法。③ 上述四点原因中有两点都与宗教论争有关。出于传教策略的考虑，也是出于一种竞争宗教本能的厌恶，耶稣会士在"弃僧从儒"后对那些曾经对他们抱有善意的和尚们发起了猛烈的进攻。利玛窦在其著作《天主实义》中无情地嘲笑了轮回转世、因果报应的信念，指出佛教的轮回学说是剽窃了"古者吾西域有士名曰闭他卧剌"者（即毕达哥拉斯）的学说，而轮回说在其发源地的欧洲，已为人所"不齿"；而"释氏图立新门，承此轮回，加之六道，百端诳言，辑书谓经"。如果有轮回说，人们就应该记得前生的事情："假如人魂迁往他身，复生世界，或为别人，或为禽兽，必不失其本性之灵，当能记念前身所为"，但现实情况"并无闻人有能记之

---

① ［美］邓恩：《从利玛窦到汤若望——晚明的耶稣会传教士》，余三乐译，前揭书，第134页。
② ［美］邓恩：《从利玛窦到汤若望——晚明的耶稣会传教士》，余三乐译，前揭书，第144页。
③ ［美］邓恩：《从利玛窦到汤若望——晚明的耶稣会传教士》，余三乐译，前揭书，第113页。

者焉，则无前世，明甚"。①杨廷筠在《天释明辨》中还从生物学的角度指出，不同种类的生物之间不可能相互转生："凡生物，皆依本性。如草生草，木生木，马生马，牛生牛，同性故也。草不能生木，牛不能生马，不同性故也。""既不同性，如何相生"。②作为世界上最聪明动物的人，就更不可能轮回为"畜生道"的畜生了。何况轮回转生还是对儒家伦理道德的一种破坏，"将父或为子，母或为妻，皆天心所不忍。倘谓转为异类，则人子将食亲肉，而寝亲皮，乃桀纣所不为。"③佛教的轮回说本身就有问题，因此建立在轮回说基础上的天堂地狱更成问题。佛教的轮回学说是其进行宗教教化的警戒手段之一，与天主教主张人有灵魂，死后进天堂地狱最终进行"末日审判"的初衷一样——劝诫信众行善积德。

天主教认为佛教是一种庸俗的偶像崇拜，指出天主教与佛教的某些相像，是魔鬼设下的圈套。耶稣会士的攻击自然激起了佛教徒的猛烈反击。云栖和尚在《天说》中对天主教的灵魂说进行驳斥，指出灵魂不灭，那么亿万年来，人的灵魂多以亿万计，这个世界又如何容得下这么多的灵魂呢？和尚与耶稣会士相互指责对方是自己骗人的仿造物，每一方都指责对方抄袭并歪曲了自己的宗教见解，以致使偷盗之点变得难于辨认。和尚认为天主教中的天堂地狱之说，是对佛教赤裸裸的模仿，天主教的许多观念来自印度宗教，现在却反过来批评佛教中恰恰原本是他们自己赞成的东西。而耶稣会士则反唇相讥，认为佛教是基督教的一种蜕化的形式，由僧从耶的杨廷筠断定佛教有许多地方借自基督教，并曲解了它的原始含义，由于对基督教的曲解，印度人已失去了基督教的一半真髓，中国人在翻译佛经时，又丢掉了另一半。杨廷筠在《天释明辨》一文中认为，佛教的奇迹只不过是放肆的荒唐，我们的五种官能都是来自上帝，观音菩萨只不过是圣母玛利亚的被歪曲了的形象。1615年云栖和尚《竹窗三笔》一书，末附"天说四则"，对于天主教教义进行

---

① 《天主实义》第五节，参见朱维铮主编《利玛窦中文著译集》，复旦大学出版社2001年版，第48—49页。
② 杨廷筠：《天释明辨》，载郑安德编《明末清初耶稣会思想文献汇编》，第三卷，北京大学宗教研究所2003年版，第99页。
③ 徐光启《辟释氏诸妄》。

抨击，而虞淳熙也著有《天主实义杀生辨》等文，与天主教徒进行论辩，双方争论日益白热化，隐伏在两种宗教背后的世界是互不相容的。尽管杨廷筠这里说得比较过分，但杨廷筠的观点多少反映出明末士大夫对佛教教理研究的日益式微表示出强烈的不满，明末佛教徒对基督教在学理层面上的回击显得非常无力，这就是为什么后来佛教势力不得不借助政治的力量来打击耶稣会士。

天主教传教士在理论上对佛教大肆攻击，佛耶冲突的结果是大量佛教徒改变信仰，转变为天主教徒，实际上是缩小了佛教原有的精神领地。邓恩指出，王丰肃在南京以完全公开的方式来宣讲福音，在教堂里进行礼拜仪式中，神甫穿着华丽的服饰，场面十分辉煌壮丽。天主教徒自然对此非常高兴，但很多佛教的僧侣，将这一新兴的充满生机的运动视为对自己地位的威胁。[①] 沈㴶原是江南名僧莲池和尚袾宏的弟子，他对杨廷筠等人改奉天主教极为不满，曾作《四天说》，论证佛法最高。同时他也是宋明理学家，他也明显地感到天主教的教义是根本违背儒家信条的。开始他是企图在理论上击败天主教传教士，正是在理论上难以战胜耶稣会士和他们的追随者徐光启和杨廷筠，于是在僧侣和一批士绅的怂恿下，决定从政治上下手。他在万历四十四年五月、八月及十二月连上三份奏疏，排斥天主教。

天主教与佛教的冲突导致了大量佛教徒纷纷改变信仰，转变为天主教徒，不仅仅缩小了佛教原有精神领地，实际上也意味着大量经济利益和物质利益的丧失。佛教与天主教在中国的钱财来源，很大部分是依靠教徒的募捐，以往佛教信徒们不仅会不间断地为庙宇捐赠金钱和物质，同时也承担修建庙宇等劳务。而大批中国佛教徒改宗，那些潜在的可能成为佛教信徒的中国人成为天主教徒，如"闽省皈依，已称万数之人"。[②] 信徒的丧失，也是物质利益的丢失。天主教入华的教务中心工作就在于扩大新教徒的数量和为教会争取新的地区。传教士通过赈济食品，配合宣讲教义，使不少人"父率其子，兄勉其弟"而加入教会。[③] 天主教会不仅获取捐赠，

---

① [美] 邓恩：《从利玛窦到汤若望——晚明的耶稣会传教士》，余三乐译，前揭书，第125页。
② 黄贞：《请颜壮其先生辟天主教书》，《破邪集》，前揭书，第152页。
③ 《会审钟鸣仁等犯一案》诸人口供，《破邪集》，前揭书，第111页。

同时也成为地方经济的重要因素，他们提供工作和教育的机会，组织经济交往和天主教徒之间的相互帮助。一些穷困者通过参加建造教堂等获得收入，如年53岁的游禄"投入教中"为天主教"头门外耳房居住看守"；这些工作多是有收入的，如年22岁的蔡思命"投入王丰肃家，专管书束，兼理茶房，每年约得钱一千二百文"。年31岁的王甫为"王丰肃处看园，每月得受雇工钱一百五十文、饭米三斗、菜钱三十文"。年29岁的王玉明"进天主堂煮饭，每月得工钱一百二十文"。有不少确实是因为受到这些经济利益的诱惑而改宗加入教会的，如年32岁的张元"佣于天主堂内，客至奉茶，每月得受工食三钱，从夷教，守十戒"。年39岁的刘二也是"先在天主堂中修理做工，遂听其教"。① 作为杭州显要士绅的杨廷筠，雅好施与，原是一个虔诚的佛教徒，曾多次帮助修建庙宇，在佛教徒群体中享有崇高威望，他后来改宗信仰基督教，直接引导了大批佛教徒的改宗。而大批有地位的士绅转变为天主教徒，导致了大量捐款的流失，从根本上构成了佛耶在经济物质利益上的冲突。宗教与社会影响的重要方面是通过面向所有饥荒困境社会群体的慈善事业，如照看孤儿等，15岁的幼童三郎就是父母双亡，先后在"郭居静处读书"后"转送王丰肃处读书"；14岁的仁儿和龙儿，都是被人卖给庞迪我的。② 在传统的村社中，宗教事务是与世俗事务紧密地联系在一起的，佛教寺院虽然经营着大片公共地产，但其收入往往被用于资助公益事业，而杨廷筠等帮助天主教建立"仁会"资助贫困百姓，设立"仁馆"给孩子提供上学的机会；帮助传教士建立教堂，刊刻书籍，都在世俗事务中直接扩大了天主教的势力和影响力，而缩小了佛教势力，给佛教界的地方影响力是一种重创。

佛教与天主教在教义和经济利益的冲突也构成了南京教案爆发的因素之一，在参与"破邪"的人士中，有佛教徒释袾宏、释圆悟、释普润、释大贤、释通容、释成勇、释如纯等僧侣。虽然士绅与僧侣在反教问题上的目的和利益不完全相同，但士绅和僧侣在"破邪"理论上的类似，使他们结成了政治上的统一战线。南京教案中的佛教与天主教冲突的因素，在中国教案史上不具有普遍性，其中很多内容是近代很多教案中所不存在的因

---

① 《会审钟鸣仁等犯一案》诸人口供，《破邪集》，前揭书，第108—109页。
② 《会审钟明礼等犯一案》诸人口供，《破邪集》，前揭书，第110页。

素，因此，研究南京教案中佛教与天主教的冲突，对于理解东西文化冲突具有其特殊的意义。

三 南京教案中的"破邪"范式

宝成关一文已经注意到南京教案对清末教案的某些示范作用，指出南京教案前后出现批驳天主教的文章对后世有重大影响，"反映了中国以儒学为主的传统文化与西方中世纪基督教文化的激烈冲突，其内容可以说包罗万象，几乎涉及中西文化论争的各个领域，或者说此后三百余年所有中西文化冲突，都可以在此发现端倪，觅其萌芽"。① 可惜他对这一点并未展开进一步的论述。笔者认为，南京教案是明末天主教在华传教以来的第一次重大的教案，也是中国天主教史上的第一次大教案，虽然和以后的教案相比较，其规模应该说不算很大，但这场没有列强侵略背景的教案对后来清末教案的影响却是非常深刻的。这场教案中反教人士对天主教所提出的许多指责和护教人士的许多反驳，我们似乎都可以在以后教案中找到它们的影子。

关于南京教案的第一手资料后来由徐昌治汇编成《破邪集》，1639年刊刻于浙江。在这部十多万字的明末反教人士的文献中，将天主教的教义和实践归纳为诬天废祀、淫妇女谋不轨、诳世邪术、贬儒反伦等，一言以蔽之，"邪"。"邪"的核心就是违背中国圣人的规范，即违反了中国传统的伦理风俗和社会规范。沈㴶提出禁止天主教的理由主要有四条：一是西方教士散处中国，时有窥伺之嫌；二是西人劝人但奉天主，不可祭祀祖宗，是教人不孝，有背中国名教；三是西士私习历法，有乖律历和习天文之禁，恐创为邪说，淆乱听闻；四是西士劝人信奉夷教，擦圣油，洒圣水，聚男女于一室，易败风俗，乱纲纪。② 不难看出，沈㴶提出的四点中，都与中西伦理风俗和社会规范的差异有关，也可以认为这是导致南京教案发生的核心社会因素。

"破邪"之一即破除天主教的"诬天废祀"。儒耶的冲突表现在祀天、祭祖和参拜孔子的不同认识上。中国是一个多神信仰的民族，民间

---

① 宝成关：《中西文化的第一次激烈冲突——明季〈南京教案〉文化背景剖析》，载《史学集刊》1993年第4期。
② 参见沈㴶《参远夷疏》《再参远夷疏》《参远夷三疏》《破邪集》，前揭书，第50—67页。

祭祀多种神灵，而基督教反对偶像崇拜，进而反对中国传统的祭祀仪式。而中国人又难以接受西方文化中的一些伦理观念和行为方式，如黄贞在《请颜壮其先生辟天主教书》中称："彼书云：祭拜天地、日月、菩萨、神仙等物，皆犯天主大戒，深得罪于天主是也"。"观音菩萨、关圣帝君及梓童帝君、魁星君、吕祖帝君等像，皆令彼奉教之徒送至彼所，悉断其首，或置厕中，或投火内，语及此，令人毛发上指，心痛神伤。""谓人死无轮回，惟皈依天主教戒者，其灵魂永在天堂；不皈依者，余虽善，灵魂亦必永在地狱。盖不知天主大恩故也，忘本故也。至天地将坏时，天主现身空中，无数天神围绕，乃自上古以来，一切死者，皆悉还魂再生，一一审判。善者现成肉身归天堂；恶者现成肉身归地狱，永无转变。"① 许大受《六辟废祀》中称："至若经传所定五祀、方社、田租［祖］等位，祀典所载，捍大灾、恤大患、死勤事，劳奉国等诸灵爽以上，及吾夫子之圣神。凡从夷者，概指为魔鬼，唾而不顾，以为诣天主之妙诀，必督令弃之厕中。"事实上就是"教人皆不祀先"。② 虞淳熙最后将这种废祀行为上升到颠覆国家的高度："从其教者，至毁弃宗庙以祀天主，而竟不知祀天之僭，罪在无将。罔世之夷，志将移国。"③ 敬天祀祖在中国传统社会里是文化认同的重要仪式，具有一个社会共同体申固宗族团结的重要功能，它需要宗族村社成员在经济和物质上的共同支持，宗族的祭祀和节庆活动都需要宗族成员交纳一定的钱款来资助，而天主教徒的拒绝态度背后，暗示了经济上资助额的减少和传统集体财产的分离。因此，这种文化上的根本冲突上也导致了经济和物质利益的冲突。天主教的"诬天废祀"不仅扰乱了宗族的祭祀活动，也损害了传统地方社会正常的经济秩序。

"破邪"之二即破除天主教的"淫妇女谋不轨"。这是中国教案史上对天主教"破邪"的一个重点，即集中在中国士大夫的性禁区。最初中国人是把天主教传教士与和尚僧侣联系在一起的，特别是两种宗教都提倡禁欲。利玛窦为了解释天主教传教士的"不娶不婚"，还专门在《天主实义》一书中进行解释。但正如传统中国人一直不认为和尚是真正过禁欲生

---

① 《破邪集》，前揭书，第150—151页。
② 《破邪集》，前揭书，第209—210页。
③ 《第一篇明天体以破利夷僭天罔世》，《破邪集》，前揭书，第261页。

活一样（中国很多小说中都有和尚荒淫无耻的故事），也怀疑洋教士是否也难过色关。当年罗明坚就被控告犯有通奸罪。① 顺治皇帝曾专门派人去侦察过汤若望有无男女问题。这种怀疑实在是源于中西两种文化背景的差异。中国人喜欢把女菩萨与生育联系起来，观世音等同于送子娘娘。天主教在信奉耶稣外，还信奉圣母玛利亚，许多教堂都供奉圣母像。耶稣会所建造的教堂中多有圣母像，利玛窦当年就发现中国人对丰满美丽、栩栩如生的圣母画像产生了浓厚的兴趣，而美丽的圣母又易使中国人对传教士的生活产生许多丰富的联想。加之宗教心理学告诉我们，内倾情感型的人容易成为教徒，明末中国女性大多处在忧郁和受压抑的状态，受礼教的束缚平日不便外出，而佛教与道教都没有天主教这样频繁的聚会。天主教则正好为他们提供了群体和交往需要，使她们在群体中获得了快乐，有了归属感，这是明末出现较多女教徒的原因，而大批女信徒的出现是对男性权威的挑战。② 就明末宫中嫔妃成为教徒的人数看，1637年有18名，1638年有21人，1639年为40人，1642年达到50人。她们形成了一个不平常的天主教团体。她们与传教士通信联络，汤若望按照天主教诲将指示写下来，然后请太监转交，她们在回信中列举自己的过错，乞求宽恕和精神上的指导。在宫中有她们聚会的小礼拜堂，她们每周在这里聚会几次，做日常的祷告，并从太监这里获得指示。1640年傅泛济还任命了其中一名妇女作为这个团体的首领。③ 正是源于这样一种文化背景，明末反教人士对男性神甫与女性教徒之间的忏悔——"告解"很难理解，煽动反教的最重要的指责是天主教"聚男女于一室""借解罪以淫妇女"。黄廷师的《驱夷直言》中称传教士"谋甚淫而又济以酷法。凡吕宋土番之男女，巴礼给之曰：'汝等有隐罪，寮氏弗宥，当日夜对寮氏解罪。'不论已嫁、未嫁，择其有姿色者，或罚在院内洒扫挑水，或罚在院内奉侍寮氏，则任巴礼淫之矣。"④ 苏及宇的《邪毒实据》称传教士"默置淫药，以妇女入教为取信，以点乳按秘为皈依，以互相换淫为了姻缘。示之邪术，以信

---

① ［葡］曾德昭：《大中国志》，何高济译，第214页。
② 苏萍：《谣言与近代教案》，上海远东出版社2001年版，第269页。
③ ［美］邓恩：《从利玛窦到汤若望——晚明的耶稣会传教士》，余三乐译，前揭书，第296页。
④ 《破邪集》，前揭书，第176页。

其心，使死而不悔。"① 许大受在《五辟反伦》中指出："从夷者之妻女，悉令其群居而受夷之密教，为之灌圣水，滴圣油，授圣楑、嚶圣盐、燃圣烛、分圣面、挥圣扇、蔽绛帐、披异服，而昏夜混杂""阴阳倒置"。② 因为儒家文化中最恐惧的就是男女授受不亲，中国是一个重视后嗣、香火的国度，孩子是维系家族、宗族绵延最重要的手段，妇女问题不仅涉及男性的尊严，更与血统、种族是否纯正密切有关。通过性问题的渲染，从明末开始的这一洋教士诱奸妇女的"破邪"命题，到了清末的所有教案中，"诱奸妇女"成为朝野上下确定无疑的一个重要的在官方和民间最流行的说法之一。

"破邪"之三即破除天主堂内的"诳世邪术"。作为西方文化形态象征的教堂文化构成了对儒家道德和佛教寺院文化秩序的威胁。教堂是"聚徒讲教"的处所，"每遇房、虚、昴、星日一会，寅聚辰散"。③ 教堂内所不断举行的"大瞻礼，小瞻礼"，即朔望之际或重要的宗教节日所举行的礼拜活动（大瞻礼）和七天一次的礼拜活动（小瞻礼），在天主教看来是一种灵魂的救赎，而在仇教人士看来则是一种异教的邪术。教堂还是"为会约""洒圣水，擦圣油"的处所。传教士每到一地，总是建教堂，以江苏地区的教堂为例，在全国首屈一指，各处堂志，江苏占 12，福建、浙江只有 5 所，江西只有 4 所，山东 3 所，陕西 2 所，而直隶、广东、湖北、山西各只有 1 所。④ 沈㴶在《再参远夷疏》中就指责王丰肃"公然潜住正阳门里洪武岗之西，起盖无梁殿，悬设胡像，诳诱愚民"，"每月自朔望外，又有房、虚、星、昴四日为会期，每会少则五十人，多则二百人"。⑤ 晏文辉在奏疏中说："丰肃数年以前，深居，简出入，寡交游，未足启人之疑，民与之相忘，即士大夫亦与之相忘。迩来则有大谬不然者，私置花园于孝陵卫，广集徒众于洪武冈。大瞻礼，小瞻礼，以房、虚、星、昴日为会约，洒圣水，擦圣油，以剪字贴门户为记号。迫人尽去家堂之神，令人惟悬天主之像。假周济为招来，入其教者，即与以银。记年庚为恐吓，

---

① 《破邪集》，前揭书，第 180 页。
② 《破邪集》，前揭书，第 208 页。
③ 南京礼部：《会审王丰肃等犯一案》，《破邪集》，前揭书，第 75 页。
④ 方豪：《明末各省天主堂所在地名表手抄稿两种》，《大陆杂志》卷 49，第 5 期，1974 年 11 月；该文系据当时资料进行的统计。
⑤ 《破邪集》，前揭书，第 63 页。

背其盟者，云置之死。对士大夫谈则言天性，对徒辈谈则言神术，道路为之喧传，士绅为之疑虑。"① 拜在传教士庞迪我门下的张寀描述的洗礼仪式：庞迪我"以鸡翎粘圣油，向额上画一十字，谓之擦圣油。乃又持圣水，念天主经，向额上一淋，即涤去前罪。自后七日一瞻拜，群诵天主经，在天我等父者云云。日将出乃散，习以为常"②。这些在教堂中所施行的拯救灵魂的仪式，在士大夫看来无疑都属于带有妖妄色彩的"诳世邪术"行径，与民间流行的邪教巫术无异。由于仇教人士的反对，施洗活动有时被迫在一种秘密的状态下进行，这就容易带来更大的不信任。明末各地教堂数量的增加，不仅占据了很多的土地，把教堂作为传播基督教的场所，而且把教堂作为展示西方文化的窗口，作为天主教精神、观念、感情、仪式、艺术和工艺多种元素的结合体。教堂文化作为西方文化形态的代表，构成了对儒家道德和佛教寺院文化秩序的威胁，所以成为教案发生过程主要攻击的目标。因而一方面成为"沟通中西文化的桥梁"，另一方面成为"嵌入中国传统社会的异质文化"，使中国人"对自己熟悉的文化秩序遭到威胁而感到忧虑"，从而导致"明清以来的许多教案中，一般民众往往把教堂首先视为攻击的目标"。③ 另一方面，地方上往往形成以教堂为中心的新的共同体，在教堂"隐藏图像，烧香集众，夜聚晓散"；"大小瞻礼等日，俱三更聚集，天明散去"，以"种种邪术，煽惑人民"。④ 而以教堂为中心所形成的信仰天主教的共同体，事实上隐伏着对传统世俗共同体的挑战，如宗族社会和地方社会面临着瓦解的威胁，世俗社会团体期望以信仰的形式建构宗族的团结，而一部分与共同体相连的群体的改宗转向天主教，不仅容易导致同一地区共同体中天主教徒与非天主教徒的冲突，传教士又禁止教徒参加家庭节庆、祖先崇拜、传统丧葬等仪式，导致了宗族内部的矛盾，使原有地方社会共同体的协调功能变得削弱。明末天主教进入中国的历程完全证实了这一点，耶稣会士从肇庆到韶州、南昌，所建教堂都多次受到攻击。南京教案中天主教堂同样成为攻击的对象，沈㴶指控教士的一项罪名即是"起盖无梁殿，悬设胡像，诳诱愚民"，王丰肃等

---

① 《破邪集》，前揭书，第78—79页。
② 《会审钟明礼等犯一案》张寀口供，《破邪集》，前揭书，第101页。
③ 邹振环：《明清之际岭南的"教堂文化"及其影响》，载《学术研究》2002年第11期。
④ 南京礼部：《拿获邪党后告示》，《破邪集》，前揭书，第117页。

传教士在南京"建立天主堂，聚徒讲教，约二百余人。每遇房、虚、昴、星日一会，寅聚辰散，月以为常"，[①] 是不可饶恕的罪恶。因而教案发生后马上捉拿教徒，查封教堂。将其中的"夷物""器皿"，如"自造番书、违禁天文器物""天主像造册"等物品，逐一清查没收，并将无梁殿楼房花园与洪武冈楼房全都"拆毁入官"，园基分别转卖他人。[②] 明清时期每次教案发生，民众都会把进攻矛头指向教堂，可以说是南京教案开此先例。

四 小结

中国教案史研究曾经是学术界的一个热点，但有关鸦片战争前的教案研究却相对薄弱，研究的焦点多集中在晚清。我以为一个重要的原因就是以往对于教案产生的原因多从单一的"帝国主义侵略论"来解释。因为这一解释框架的局限，我们很难用这种民族矛盾日益尖锐的解释来分析明末清初的教案，因为当时中国尚未处于帝国主义侵略的坚船和铁蹄之下。从形式上看，南京教案已经出现了晚清所谓的"官绅民一体化"的反教模式。从某种意义上可以说，这场教案具有中国教案史研究的"范式"的意义。本文所解剖的明末"破邪"的三种范式是中国文化结构中的一种排异机制，关于文化排异机制的作用目前还无人进行研究。从生物学和文化人类学的角度而言，排异机制是一种生存的本能。所有的动物都有自己的领地，一旦异己的力量侵入，排异机制马上就会做出迅速的反应。不同的文化、民族也是一样，排异机制能够捍卫自己的独立性。苏萍指出，从生物学和文化人类学的角度而言，排外更多地体现了生存本能。犹太人的历史告诉我们，在长达十几个世纪没有自己国家而散居于世界各地的犹太人，坚持不改变自己的宗教、不与外族通婚、不放弃希伯来文，才使犹太文明至今仍保持着强大的文明的力量，成为世界上所剩无几的古老文明中依然保持旺盛生命力的强大文明之一。[③] 同样，中国文明之所以绵延久长，正因为坚持着自己文化的排异机制：就是中国人对自己的文明的高度认同，在与外来文明交流的过程中，一直有一种强烈的排异机制在起作用。排异

---

① 南京礼部：《会审王丰肃等犯一案》，《破邪集》，前揭书，第75页。
② 《清查夷物一案》《拆毁违制楼园一案》，《破邪集》，前揭书，第119—124页。
③ 苏萍：《谣言与近代教案》，前揭书，第46页。

机制是一种文化选择机制的重要构成，学术上的反教言论、教案爆发、禁教令发出，都是排异机制的具体表现，当然很多情况下，这种排异功能往往是过分活跃而形成了变态反应，教案是一个显例。南京教案所引发的背景很大程度上是文化上的，这一点和鸦片战争后在不平等条约庇护下的洋教士的活动不同，南京教案所包含的中国教案发生的普遍性和特殊性，南京教案所涉及的中西文化交往中许许多多深刻的原因，并不像我们以往解释得那么简单。教案作为一种文化结构的排异机制，其运作方式是值得进一步深入研究的。

（作者为复旦大学历史学系教授）

明末清初耶儒对话中的儒学宗教解释问题

贾未舟

近代以来关于儒学是否宗教问题的争论已经走入死胡同,[①] 其根本原因在于儒学是否宗教问题始终未能摆脱"外在解释"所导致的语境制约,[②] 无论中外,几乎各家各派都从不同的"宗教"定义出发"判教",使自身的论调难免走向偏狭。[③] 对于儒学是否宗教问题的合理解释应该从两个方面着手:其一,对于诸如"宗教""儒学""儒教"等相关概念的进行现象学式的梳理,其二,回到问题开始的地方,从观念纷争走向历史文本的具体分析以及具体历史文本所特指的历史观念的梳理。前者是"观念史",后者有社会历史文本的"思想史"的特征。思想史的梳理可谓"见微知著",既可以避免"死于字下",又可以避免"悬空穷理",而社会思想史则具有思想史的实证意味。上述这两个方面并不是孤立的,都共同存在于具体的历史文本的分析之中,或许这种思想史的考察会对当今纷繁芜杂的儒学宗教性的讨论提供某种启示。

[①] 李天纲:《从两个文本看儒家"宗教性"争议的起源》,收于《跨文化的诠释:神学与经学的相遇》,新星出版社2005年版。

[②] 如在做儒学宗教性研究时会表现出学理之外的不同的政治目的、思想文化的心结、学术研究的角度等,参见李建主编《儒家宗教思想研究》"导言",中华书局2007年版。

[③] 儒学宗教性提法的新视角是当代儒学的创造,从讨论"宗教"到转为探讨"宗教性",在一定程度上摆脱了先入为主的宗教定义的纠缠,从"判教""护教"到对话协调。参见李天纲《从两个文本看儒家"宗教性"争议的起源》,收于《跨文化的诠释:神学与经学的相遇》,新星出版社2005年版。

一 天主教内部及耶稣会士的不同意见

任何一个问题的产生都不能摆脱具体的语境，语境的切换可能会带来问题本身的含义的变化。① "儒学是否儒教"问题的产生，② 是和明末清初的耶儒对话③分不开的，或者可以说，正是以利玛窦为代表的耶稣会士的"补儒易佛"④ 的传教策略使本来不是问题的问题成为问题，进而在延续几百年的"中国礼仪之争"中，成为讨论的核心问题。

问题开始于利玛窦，这位可敬的意大利耶稣会士，"梯波航浪八万里"1582 年进入肇庆后以西僧示人，传教并无起色，甚至几陷是非，后经儒士瞿太素指点，改行儒服，并且制定了"补儒—合儒—超儒"的传教路线⑤，这样首先就面临一个问题，如何对待作为中国文化主体的儒学？尤其是，儒学是否宗教？很显然，利玛窦意识到这个问题的重要性，如果把儒学看作一种宗教，那么就会和具有强烈排他性的天主教相冲突。但是认为利玛窦对于"儒学是否宗教"问题的判断完全是出于一种传教策略，至少也是不完全公允的。利玛窦研读了大量中国古代经典，甚至用拉丁文翻译了《四书》，并且完全掌握了汉语写作，这使他有可能认识中国文化的本质性方面。利玛窦对佛教的了解确实不尽准确，⑥ 从传教策略上讲，佛教作为一种宗教，当然会和天主教相冲突。况且佛教又不是中国国教，他不必太

---

① 比如说当代语境下谈论儒学是否宗教问题就和清末康有为的问题语境有很大的不同，当代新儒家们能够接受"儒学宗教性"来代替"儒学是否宗教"，就是一种当代文化自信的表现，但是，现代新儒家们面临西方文化的压迫在谈论儒学是否宗教问题上似乎带有情绪性，见牟宗三《生命的学问》，广西师范大学出版社 2003 年版；杜维明《论儒学的宗教性——中庸的现代阐释》，段德智译，武汉大学出版社 1999 年版。

② 究竟该如何表达明末清初各方对于儒学的宗教解释问题呢？有人就认为可以用"儒学宗教性"来概括，包括儒学和儒教是否宗教、是否具有宗教性以及儒学和宗教的关系、儒家的天道、鬼神观等问题，但是儒学的宗教性的提法始自 20 世纪，所以笔者以为，明清耶儒对话没有像 20 世纪涉及这么多，用"宗教性"的提法也会有"以今律古"的可能，故用一个比较宽泛的说法：宗教解释问题。可参见李建、刘雪飞《儒家宗教思想研究》"导言注释"，中华书局 2007 年版。

③ 明末清初的中西文化交流是否可以称为"对话"？如果是的话，又在何种意义上成立？具体可参阅刘耘华《诠释的圆环——明末清初传教士对儒家经典的解释及其本土回应》，北京大学出版社 2005 年版，第 6—9 页。

④ "补儒易佛"的提法出自徐光启，时间在利玛窦来到北京后不久，李天纲考证为 1604 年，李天纲：《补儒易佛：徐光启的比较宗教观》，载《中国文化月刊》（台湾东海大学）1990 年第 2 期。

⑤ 孙尚扬：《基督教与明末儒学》"序言"，东方出版社 1996 年版。

⑥ 张晓林：《天主实义与中国学统——文化互动与诠释》，学林出版社 2005 年版，第 187—210 页。

在意之。而儒学就不一样了，利玛窦认定儒学不是宗教，因而可以"补儒易佛"，容古儒，斥新儒，最后超儒，完成传教大业，可以看出，利玛窦关于儒学非宗教的论断，主要出于学理，也有传教上的策略考虑。①

利玛窦对于儒学非宗教的判断完全是以天主教为模式，但是他有意避开宗教的本质属性及信仰问题，着眼于宗教的一般外在属性，比如说教典、教仪、教规、教神、神职人员等。回避信仰问题的探讨可能是因为这个问题涉及很多哲学性的探讨，难度较大。利玛窦认为儒学只是一个学派，不是一种正式的宗教。《利玛窦中国札记》中说："儒教不承认自己是一个宗教派别，而声称是一个阶层与团体，是为正统政府和国家普遍利益建立起来的一个学派。"② 关于儒教中的神，利玛窦认为这个最高神其实并不是完全超越性的存在，实际上就是自称"天子"的当朝皇帝，这样的神不能创造世界，充其量只是控制万物。"儒教对最高神的献祭和礼拜，仅仅作为对皇帝陛下应尽的职责。在他们看来，这是如此天经地义的：如果任何人还想另搞一套同样的祭祀，侵犯皇帝的权力，那他将受到凌上欺君的惩罚，成为他们不共戴天的仇人。"③ 利玛窦也看到，中国人似乎对宗教的问题不太关心，所谓的儒教也似乎只是在和道教、佛教争锋的时候才有一点宗教的特征，并且三教的论证更多以政治为导向。利玛窦还认为，儒教并没有自己的神职人员，也没有偶像崇拜，他认为"我们并没有发现为人们所奉行的任何特别的礼仪，也没有什么可遵守的教规，惩罚那些违背了最高当局所制定的规定的人。儒教不论是公众，还是个别人，都没有做祷告，唱赞美诗表示他们对最高神的敬意，虽然儒教——正如他们称呼的那样，有一个最高神，但是并没有建庙宇去敬奉，也没有其他的场所供礼拜用。因此，理所当然，也没有祭祀来掌管这样的礼拜仪式"。④

---

① 在后来的耶稣会"嘉定会议"以及"中国礼仪之争"中，大部分传教士以及康熙皇帝、中国士人的立场也能说明利玛窦的判断大致而言是准确的。
② ［意］利玛窦、［比］金尼阁：《利玛窦中国札记》，何高济、王遵仲、李申译，广西师范大学出版社2001年版，第67页。
③ ［意］利玛窦、［比］金尼阁：《利玛窦中国札记》，何高济、王遵仲、李申译，广西师范大学出版社2001年版，第94—95页。
④ ［意］利玛窦、［比］金尼阁：《利玛窦中国札记》，何高济、王遵仲、李申译，广西师范大学出版社2001年版，第94—95页。

儒教中的祭祖祭孔的礼仪，是"儒学是否宗教"问题的一个很关键也很难辨析的方面，也是以后礼仪之争的核心问题。① 利玛窦经过详细论证，认为无论是祭祖还是祭孔，都只是中国民间的风俗礼仪，不具有宗教的意味。他说："儒教最重要的礼仪是我们业已说过的一年一度的祭祀祖先，所有儒士上至皇帝下至地方最低官员，都要参加祭祖。按照他们的说法，他们把祭祖看成是对死去祖先的尊敬，尊敬祖先就像他们在世一样。他们不会相信死者真的会需要摆在冢前的食品。不过按照他们说，这是对他们亲爱的人的逝世表示悼念的一种最好形式。事实正是如此，许多人都认为这样的礼仪，首先是出于对于活着的人的利益考虑，而不是死人，这样的活动可以教育他们的后代和没有教养的人懂得如何去孝敬和赡养还活着的父母。"② 利玛窦熟读中国古代经典，他对《中庸》中的"事死如事生，事亡如事存，孝之至也"之类的说法深以为意，故而不认为儒家的祭祖具有宗教含义。在祭孔方面，利玛窦认为孔子在人们心中只是先师而不是神，祭孔只是对先师表示的敬意和感谢，"他们并没有向孔子默默祈祷，没有要求得到他的庇护和期望他的恩赐，纪念他，只是一种表示敬意的礼节"。③ 1603年，经过中国20多年的传教实践后，利玛窦作为中国教区的负责人，发出了历史性的文件，这份文件被载入史册，既是利玛窦中国传教的经验总结，同时也包含了关于儒学的宗教解释问题。他在这份文件中指出：

1、遵守中国传统的尊孔礼仪。2、认为中国人祭奠祖宗的礼仪"大概"不是迷信，因为这些礼仪不能视为有明显的迷信色彩，而更明显的倒是有排除这些迷信观念的成分。④

---

① 除了祭祖、祭孔问题，《圣经》中神的译法是否可以用中国的"上帝""天"等概念，也是中国礼仪之争的核心问题。可参见［美］苏尔、诺尔编《中国礼仪之争西文文献100篇》"引言"，沈保仪、顾卫民、朱静译，上海古籍出版社2001年版。

② ［意］利玛窦、［比］金尼阁：《利玛窦中国札记》，何高济、王遵仲、李申译，广西师范大学出版社2001年版，第96—97页。

③ ［意］利玛窦、［比］金尼阁：《利玛窦中国札记》，何高济、王遵仲、李申译，广西师范大学出版社2001年版，第96—97页。

④ ［法］罗洛：《中国礼仪之争》，摘自《天主教新百科大辞典》第三卷，第611页。转引自［美］苏尔、诺尔编《中国礼仪之争西文文献100篇》，沈保仪、顾卫民、朱静译，上海古籍出版社2001年版，"引言"第3页。

利玛窦对儒学的宗教解释在天主教明末进入中国的早期一直被奉为正确的看法，这种情况在龙华民来到中国后发生了改变。龙华民从一开始就对利玛窦合儒的温和传教路线持不同意见，因为在他看来，从纯洁的基督教义出发，儒学以及儒家的诸如祭祖祭孔的很多做法都可以被看作真正的异端，充满了偶像崇拜，是完全的无神论，和基督教完全没有相合之处。他的论文《关于中国宗教的几个问题》已开始被禁止，在嘉定会议上，龙华民也接受了利玛窦路线。这一切在利玛窦去世后发生了改变，他所挑选的继承人龙华民开始公开反对前任的做法，他的那篇著名的论文也被辗转带到了欧洲，保守的天主教官方的神学组织多明我会开始攻讦耶稣会的做法，这个时候，欧洲政治力量在传教问题上的争夺也出现了，[①] 这都导致了中国礼仪之争的最终爆发，耶儒对话中的儒学是否宗教问题得以进入中国、欧洲的各色人等的视野。

1701 年开始，中国礼仪之争进入高潮，在欧洲，情况逐渐不利于耶稣会。这一年，在北京的耶稣会士闵明我、徐日昇、张诚等人精心联名给康熙皇帝写了一份奏疏，名为《康熙皇帝答复有关中国礼仪问题御批》，实际上这是一份中国皇帝关于"儒学非宗教"的证明文书，耶稣会士是深知康熙完全赞成"利玛窦规矩"的，关于儒学是否宗教问题和他们一致。这篇文书极端重要，全文如下：

> 治理历法远臣闵明我、徐日昇、安多、张诚等奏为恭请睿鉴，以求训诲事：远臣等看得西洋学者闻中国有拜孔子及祭天祀祖先之礼，必有其故，愿闻其详等语。臣等管见，以为拜孔子敬其为人师范，并非求福、祈聪明睿爵而拜也。祭祀祖先出于爱亲之意，依儒礼亦无求佑之说，惟尽孝思之念而已。虽设立祖先之牌位，非谓祖先之乎魂在木牌位之上。不过抒子孙"报本追远"、"如在"之意。至于郊天之礼典，非祭苍苍有形之天，乃祭天地万物根源主宰，即孔子所云"郊社之礼，所以事上帝也"。有时不称上帝而称天者，犹如主上不曰"主上"，而曰"陛下"，曰"朝廷"之类。虽名称不一，其实一也。

[①] 欧洲列强的远东"保教权"问题在葡萄牙国势衰落的时候开始出现，罗马教皇、法国、西班牙等列强纷纷加入，这使传教的单纯性和神圣性受到了削弱。详见顾卫民《中国与罗马教廷关系史略》，东方出版社 2001 年版，第 20—23 页。

前蒙皇上所赐匾额，亲书"敬天"之字，正是此义。远臣等鄙见，以此答之。但缘关系中国风俗，不敢私寄，恭请睿鉴训诲。远臣等不胜惶怵待命之至。康熙三十九年十月二十日奏。①

这道奏疏认为儒家的祭祖祭孔等礼仪都是社会风俗礼仪，和利玛窦在100多年前的理解差不多，但此疏中并未出现"儒学是否宗教"的问题，把礼仪和宗教区分，也和愚昧迷信区分，这是大多数耶稣会士们的一贯政策。

日理万机的康熙罕见地当天就做了御批：

这所写甚好，有合大道，敬天及事君亲、敬师长者，系天下通义。这就是无可该处。

康熙的国学功底不会比一般学者弱，他的御批一是出于自身的对于中国文化的理解，一是出于一国之主，维系东西方文化交流的目的。康熙不想和罗马教廷冲突，他甚至多次派人与教廷交涉和接见罗马来的特使。②中国人的祭祖祭孔是合于"大道"，系"天下通义"，这也大约代表了当时中国官方、民间和学界的普遍看法。尽管中国历史上"中国中心论"始终存在，但康熙对中国礼仪之争中问题的处理无论是作为一个政治家还是一个学者都是相当不一般的。但康熙万万不曾想到自己好不容易褪下"文化和种族中心主义"的偏见却碰上另一种更为顽固、以排他性宗教为背景的"西方中心主义"。

在耶稣会士中，唯一坚持儒学是一种宗教的是写作《中国近事报道》的李明，他也是上述奏疏的策划者。③但李明对儒学的观点不同于利玛窦为代表的耶稣会士，他认为儒学是一种国家宗教，"儒教"最高地位的庙宇是"天坛"，在《中国近事报道》中，他说：

这个民族将近两千年来，始终保持着对真神的认识。他们在世

---

① 黄伯禄著，韩琦、吴旻校注：《正教奉褒》，载《熙朝崇正集熙朝定案》，中华书局2006年版，第362—363页。
② 顾卫民：《中国与罗马教廷关系史略》，东方出版社2000年版，第52—88页。
③ 李天纲：《从两个文本看儒家"宗教性"争议的起源》，载《跨文化的诠释：神学与经学的相遇》，新星出版社2005年版。

最古老的寺庙中祭祀造物主。中国遵循最纯洁的道德教训时，欧洲正陷于谬误和腐化堕落之中。

李明的《中国近事报道》是一本叙述题材的著作，他对问题并没有很仔细地分析，但是他关于儒学是一种国教的说法对曾阅读此书而了解中国文化的莱布尼茨的思想产生了深远的影响。耶稣会还有大量的传教士通过跨文化阅读方法研究了中国古代经典，写下大量的著作参与这场争论。

其他修会和罗马教廷一方也有大量的否定性意见作为文献保留下来，其中也包括教宗多次关于此问题的裁决。① 他们沿用中国"三教论衡"中释道两教对儒家祭祀礼仪的解释，把儒教的祭祖祭孔和释道两家一起定为迷信。不过，也有一些非耶稣会士的传教士认真研究了中国经典，并得出了和耶稣会士完全相反的结论。②

二 中国本土"儒家天主教徒"的观点

中国本土"儒家天主教徒"③ 也参与了这场旷日持久的争论，就像来华传教的耶稣会士一样，他们是被拖进这场争论的。前文已述及，"儒学

---

① 耶稣会其他教士关于此问题著作见李炽昌主编《文本实践和身份辨识：中国基督徒知识分子的中文著述1583—1949》，上海古籍出版社2004年版，第165—167页。其他修会和罗马教廷的否定性文献见［美］苏雨、诺雨编《中国礼仪之争西文文献100篇》，沈保义、顾卫民、朱静译，"引言"第3页，上海古籍出版社2001年版。

② 可参见钟鸣旦、杜鼎克主编《耶稣会罗马档案馆明清天主教文献》第十一册，台北：利氏学社2002年版。或者李天纲《中国礼仪之争：历史、文献和意义》相关章节，上海古籍出版社1989年版。

③ "儒家天主教徒"用以指称加入天主教的儒家知识分子，最早使用这个概念的是比利时汉学家钟鸣旦的著作《杨廷筠：明末天主教儒者》（圣神研究中心译，社会科学文献出版社2002年版）。不过这个概念作为对那些试图如何以儒耶两种文化的个体的身份表达，还存在很大的解释空间，故在此加上引号。和"儒家天主教徒"相关的概念还有"儒家基督徒"等。"文化基督徒"是20世纪80年代从港台而来的提法，也是着眼于笃信基督的知识型群体，但和本文"儒家基督徒"的概念在论域、性质等诸多方面的理解不同。致力于翻译介绍西方神学的所谓"文化基督徒"同样接纳基督信仰但不一定热爱和建设中华文化的本位文化立场。详细可参见刘小枫《圣灵降临的叙事》，生活·读书·新知三联书店2003年版，第81—91页，以及《这一代人的怕和爱》，华夏出版社2007年版，第171—182页。另外一个和"儒家基督徒"相关的概念是谢扶雅先生的"基督教君子"，"基督教君子"比"文化基督徒"更接近本文所谓的"儒家基督徒"。参见谢扶雅《基督教与中国思想》，山东人民出版社1987年版。另外，作为一种反向的儒耶会通，以南乐山为代表的波士顿儒学可以说是儒耶对话的又一有趣现象。具体可参阅彭国翔《全球视野中当代儒学的建构》，《中国哲学史》2006年第2期。也可见Robert C. Nevlille, Boston Confucianism. Albany, New York: State University of New York Press, 2000。

是否宗教"问题在天主教来华前本来不是问题,中国人本来就没有严格的宗教观念,唯一真教、唯一普世真理的观念更是很淡,几乎就是在实用伦理精神下,逢神必拜,唯灵是信。儒教也只是在和佛道二教竞争时具有功能性的含义,至于其宗教性实质,没人去关心和建构,① 也绝没有排他性的宗教观念。在明末,三教合一的思潮和实践成为主要的宗教现象,林兆恩"三一教"即是典例。天主教进入这样一种对属灵生活和终极信仰不太关心的并具有折中和包容的实用精神的宗教传统中,在明末士大夫中产生了巨大的震撼,这种震撼远远要超过佛教进入中国时对士人的影响,因为佛教在很多方面本身就是和中国文化相对来说比较容易融贯的。② 在第一代接受天主教的儒家士大夫中,以"教会三柱石"为代表,他们并未感到太深刻的耶儒之间的冲突,因为利玛窦为代表的耶稣会士所推行的"补儒易佛"的传教策略,并未严格要求皈依天主教的中国教徒将理智和性灵完全交给天主教信仰,也不要求对于自身的儒家传统做十分严格的切割和改造,在动态发展中寻求融会贯通是当时共同的主张。不过,入教的士大夫们尽管入教动机迥异,③ 所追求的信仰目标也不尽相同,但是要改变一种信仰,总要伴随着对于自身传统的反思和清理。基本上讲,早期的儒家天主教徒对于儒教的批判性反思,是和耶稣会士一致的,都认为儒学和儒教不能作为一种严格的宗教满足人们对于信仰的需要。比如徐光启就认为儒教"古来帝王之赏罚、圣贤之是非",在他心中难以达到"为善必真、去恶务尽"的绝对普遍有效的伦理目标,只有天主教才能使人"爱信畏惧,发于由衷",才能产生道德领域里的"实心、实行"。杨廷筠更纯粹关注信仰问题,他直接认为由于儒教不信彼岸世界、不信死后,这样人生只会"泛泛悠悠以至于尽",无法思考人生的终极意义和价值。杨氏本来是一个佛教徒,后来认信天主教才能提供终极信仰,否则"自绝于天主,即有他美,无可抵赎""虽苦亦徒苦"。明末的

---

① 黄进兴:《作为宗教的儒教:一个比较宗教的初步探讨》,载《圣贤与圣徒》,北京大学出版社2005年版。

② 佛教中国化的历史,可参阅方立天《中国佛教哲学要义》,中国人民大学出版社2002年版"绪论"。

③ [比]钟鸣旦、李尚扬:《一八四〇年前的中国基督教》,学苑出版社2004年版,第195页。或可参见刘耘华《诠释的圆环——明末清初传教士对儒家经典的解释及其本土回应》第六章,北京大学出版社2005年版。

韩霖对儒教之"不足"要求比利玛窦时代的儒家天主教徒看得更真实，他说自古以来，中邦只有身世无常，尧舜孔孟之道，并无他教可以比论。历代相传，后来者故不以为前儒之学有所不足……今天主教，既有身前死后之明论，补儒绝佛之大道，后来者，岂犹可以为前儒之学全备无缺，无不足哉。①

韩霖所谓的儒教之不足，是认定传统儒教所谓的"天理良心"是人的一般自然禀赋，即是天主的一般启示，他在《铎书》中即是"以一种跨文化诠释的方式，在以耶释儒或以儒释耶的互释中，将天主教的伦理思想和中国伦理思想中的大传统（儒家的精英伦理）和小传统（融合儒释道三教的善书伦理）熔制于一炉的"②。综观明末的"儒家天主教徒"们对待儒学和儒教的态度，可以说尽管他们没有有意识地去专门理解"儒学是否宗教"问题，但从他们的论述和信仰实践可以很清楚看出他们和耶稣会士对待儒学儒教问题的观点是一致的：儒学的不足在于不能提供一种宗教的终极信仰。

明清鼎革易代，到了中国礼仪之争爆发，中国本土儒家天主教徒对这个问题开始有切肤之痛，作为一个明确的问题意识，"儒学是否宗教"问题被提出并成为一个重大课题。明末的第一代"儒家天主教徒"，由于有明一代从官方讲大致而言对待天主教还是比较宽容和克制的，一些反教的案例更多出于理性层面的讨论，并且都是小范围的。③ 也没有出现罗马教廷的纠葛以及耶稣会士内部的严重分裂，儒家天主教徒心安理得地进行着融合儒耶的理论尝试和信仰实践，"补儒易佛""儒表耶里"，既保持了既有文化的延续性，同时又完成天主信仰，并没有非常严重的身份认同、文化认同的危机。但是到了礼仪之争中，儒家天主教徒的身份认同和文化认同危机开始出现了。在中国的耶稣会士也想借助本土的儒家天主教徒为他们在欧洲的神学官司助阵，就像寻求中国皇帝的御批作为证明文书一样。这样，大批中国儒家天主教徒热烈地参与了中国礼仪之争，

---

① 韩霖、张赓：《圣教信证》，收于《天主教东传文献三编》（全六册）第一册，台北学生书局1984年版，第282页。
② 韩霖著，孙尚扬、肖清和等校注：《铎书校注》，华夏出版社2008年版。第9页。
③ 关于有明一代的教案教难情况，可参阅《中国教案史》。也可参阅钟鸣旦、孙尚扬《一八四〇年前的中国基督教》（学苑出版社2002年版）相关章节。

他们认真地重新研读和解释儒家经典，不可避免地要回答"儒学是否宗教"这一问题，留下了大量关于这个问题的文献。其中，福建的儒家天主教徒严谟的著作最为完整和深刻①。中国基督教史的研究的范式和视角，②从21世纪开始，有了根本性的转换。以中国本土儒家天主教徒的文本出发，对于明末清初耶儒对话中的儒学解释问题的理解，有更深远的中国思想史意义。③

中国本土"儒家天主教徒"本来没有兴趣参加天主教内部的神学争论，他们一开始就出自解决自身的文化和身份认同危机的目的。④ 严谟和其他的"儒家天主教徒"一样，经历了这种转变。严谟出生于福建漳州龙溪一个望族天主教家庭，又是该县的岁贡生，从小就浸染在天主教和儒家的双重文化氛围中。他的父亲是福建开教人物"西来孔子"艾儒略的追随者。福建是"中国礼仪之争"的关键地区，1687年，教宗任命巴黎外方传教会士颜珰担任福建代牧区主教，这样福建教区成为少数几个直接听命于罗马教廷的代牧区之一，耶稣会被迫从福建撤退，而巴黎外方传教会正是耶稣会在欧洲的死对头之一，这使福建成为"中国礼仪

---

① 严谟的作品收录于钟鸣旦、杜鼎克主编《耶稣会罗马档案馆明清天主教文献》第十一册，台北：利氏学社2002年版。有很多的儒家天主教徒参与了这场论争，包括福建丘晟、江西夏大常、江苏张星曜、北京王伯多禄等人，关于他们的具体介绍，可参见李天纲《中国礼仪之争：历史、文献和意义》，上海古籍出版社1989年版。

② 按照比利时汉学家钟鸣旦的分析，基督教在华传播史研究的新趋势，这个范式变换是从传教学和欧洲中心论的范式向汉学和中国中心论的范式转变，这会引发研究对象、研究方法、研究课题、研究模式的全方位的改变。参见［比］钟鸣旦、李尚扬《一八四〇年前的中国基督教》"导言"，学苑出版社2004年版；也可参见［美］柯文《在中国发现历史——中国中心观在美国的兴起》第四章"走向以中国为中心的历史"，林同奇译，中华书局2007年版。

③ 重新将明末清初中国本土儒家天主教徒的对于中国和西方的双向经典研究以及文本实践纳入中国思想史的视野，而不是仅仅在传教史上，是中国思想史写作的新课题。明末清初中国本土儒家天主教徒融合东西方文化的尝试，是中国思想史上别具一格的篇章，具有重大的文化史和思想史意义。令人遗憾的是，人们尚未意识到这个重要性。参见张晓林《天主实义与中国学统——文化互动与诠释》，学林出版社2005年版，第7页。也可参见李炽昌主编《跨文本的阅读策略：明末清初中国基督教著作研究》，收于李炽昌主编《文本实践和身份辨识：中国基督徒知识分子的中文著述1583—1949》，上海古籍出版社2004年版。也可参见古伟瀛《文化交流的一个面向：明末中国天主教徒的经典研究》，载于《中国诠释学》第一期，山东人民出版社2001年版。也可参见［比］钟鸣旦《晚明基督徒的经学研究》，载于《中华文史论丛》第64辑，上海古籍出版社2000年版。

④ 李天纲：《严谟的困惑：18世纪儒家天主教徒的认同危机》，收于李炽昌主编《文本实践和身份辨识：中国基督徒知识分子的中文著述1583—1949》，上海古籍出版社2004年版。

之争"的重灾区。1693年,颜珰主教发布命令,决定福建代牧区全面禁止祭祖祭孔礼仪,更是命令所有的教堂把康熙帝赐给耶稣会士汤若望的"敬天"匾额统统摘去。并且不允许那些继续坚持中国礼仪的"儒家天主教徒"进教堂,不让领受圣礼,不给做告解礼和终傅礼。这些禁绝引起福建教区教徒的强烈反对,严谟继续站在耶稣会的立场,写作了《帝天考》《李师条问》,以儒家观点,引经据典、条分缕析,力辩儒家的祭祖祭孔礼仪只是社会礼仪并非宗教异端和迷信,这样,严谟就受到教会的敌视。1694年,严谟等人专门多次上书原福建地区的穆若瑟主教,请求他出面解决此一问题,信的原名为《教下门人严保禄蔡佰江老楞左蔡德阿费禄游亚肋叔蔡类思敬复上书》,此信较长,大意是请求穆主教出面帮助。①,穆主教复信说会同意,但是没成功。从信的内容判断,严谟还曾经直接给颜珰主教写过一封信。严谟作为一个名门望族的儒家士大夫,有着优越地位以及耶稣会的支持,始终不肯妥协。② 严谟的辩论作品,集中于儒家礼仪是否具有宗教意义上。颜珰主教指责耶稣会的路线是错误的,儒家礼仪的宗教意义大于世俗意义,《礼记》中的儒家礼仪为迷信活动。③

《礼记》中很多的章节讲祭祀,如《祭义》《祭礼》《祭统》,是儒家礼仪制度的总和。赞成和支持中国礼仪的各派都从《礼记》中寻找对己方有利的观点。就颜珰把民间祭祀时的享品解释成给死人的灵魂享用的这一观点,严谟在《祭祖考》中说:

《檀弓》曰:"人死……无能也,斯倍之矣,是故……始死,哺侑之。莫,将行遣而行之,既葬而食之,未有见其飨之也。自上世以

---

① 此信收录于钟鸣旦、杜鼎克主编《耶稣会罗马档案馆明清天主教文献》第十一册,台北:利氏学社2002年版。
② 外来的天主教和当地处于优越地位的士绅的社会关系互动,是一个很有趣的例子,以严谟为代表的儒家天主教徒不肯妥协于颜珰主教,似乎不合所谓天主教规定的教士的主宰和优先地位,除了信仰真理性的动机,是否严谟的坚持和自己的社会地位有关确实是一个很有趣的社会学课题。就像康熙帝对天主教始终保持着一种优越地位一样。可参见张自清未刊厦门大学博士学位论文《官府、宗族与天主教》。
③ [美]苏雨、诺雨编:《中国礼仪之争西文文献100篇》,沈保仪、顾卫民、朱静译,上海古籍出版社2002年版,第1645—1941页。

来，未有舍也。为使人勿倍也。"①

按照汉代经学家郑玄的注疏，人死后，"心无所复能"，家人们对死者的尸体和棺材做很多装饰，然后才开始祭奠。祭奠仪式结束后，祭祀用的食品是可以食用的。唐代经学家孔颖达的说法，孔子设立这样祭奠的礼仪，并不是说死人会享用这样的食品。严谟进一步训诂了"飨"字，这种解释带有现代诠释学的味道。严谟说，《礼记》中的"飨"字，并不是让上帝或者死者的灵魂来信念食用人们供献的祭品的意思，严谟解释说，这个"飨"字，本来就是通假字"向"字，就是朝着死者跪拜、献祭、朝拜的意思，他说：

"惟圣人能为飨帝，孝子能为飨亲。"飨者，乡也。乡之，然后能飨焉。②

《说文解字》中说"飨"是"乡人饮酒"的意思，也就是吃饭饮食的意思。汉代注疏家郑玄在解释这个"飨"字时就把"飨"通假"乡"和"向"，因此就有"乡人朝向"的意思，他说"言中心向之，乃能使其祭见飨也"。严谟完全引用了郑玄的注释，认为儒家的祭祀只是把食品朝向死者，表示对死者的恭敬和纪念，并不是要让死者来食用这些食品，也不相信死者会享用，因此这种礼仪只是具有礼节性的意义，并不具有实质性祭祀的含义。严谟进一步追根究底地考察了儒家祭祀的起源。他在《祭祖考》中说：

亲亲之伦至切生死之隔极悬。乃人子当亲其亲生而忽死，则必痛之，极思之，至不忍死之。惧其忘焉，故古先王因人心制之为礼，建之庙以貌之，立之王以像之。设其裳衣，陈其食以思。……遍考六经之中，古人之制祭礼未尝有说鬼神须饮食者。《檀弓》中说"未有见

---

① 严谟：《祭祖考》，载《耶稣会罗马档案馆明清天主教文献》第十一册，台北：利氏学社2002年版，第7页。
② 严谟：《祭祖考》，载《耶稣会罗马档案馆明清天主教文献》第十一册，台北：利氏学社2002年版，第7页。

其飨者,表孝子之心而已矣"①。

严谟一方面引经据典,一方面对儒家祭祀以及《礼记》做了解释学阅读,他和其他的"儒家天主教徒"和耶稣会士一样,努力想减弱儒家祭祖中的宗教意义,以说明罗马天主教廷的禁止是没必要的,也是对中国文化不了解的结果,同时也是通过这种解释学的阅读,减轻自身身处"儒家"和"天主教"两极之间的尴尬地位,②舒缓这种地位所带来的文化认同危机以及现实信仰中来自当前福建颜珰主教的误解和阻力。在对于祭孔的礼仪所做的解释学阅读中,严谟也是想达到这个目的,也认为祭孔礼仪纯粹是儒家敬师的行为,并不是宗教性行为。③ 其他的"儒家天主教徒"、耶稣会士以及其他修会还对儒家的"祀天"做了考证和辩解。④ 严谟的解释学阅读具有代表性,表达明末清初"儒家天主教徒"在清理自身文化传统,融合两种不同文化的理论探索。实际上,汉宋以来的经学家在明末清初基督教来到中国之前,就一直秉承着把儒学非宗教化的传统,尤其是古文经学,其背景是不断有来自佛教、道教的挑战和批评。明末清初的"儒家天主教徒"并不都是很知名的经学家,⑤ 在晚明心学空疏学风的背景下,在三教合流的趋势下,在天主教正统教义的压力下,但是,从现代角度看,儒家的祭祖、祀天、祭孔礼仪是否具有宗教性或者宗教礼仪,是需要进一

---

① 严谟:《祭祖考》,载《耶稣会罗马档案馆明清天主教文献》第十一册,台北:利氏学社2002年版,第23页。

② 黄一农形象地将既是天主教徒又不失儒家身份的"儒家天主教徒"称为"两头蛇"。参见黄一农《两头蛇:明末清初的第一代天主教徒》"自序"和第十三章"两头蛇族的宿命",上海古籍出版社2006年版。

③ 关于祭孔尊孔的解释,参见李天纲《中国礼仪之争:历史、文献和意义》,上海古籍出版社1989年版。

④ 关于"祀天"的考证和说明,可参见钟鸣旦、杜鼎克主编《耶稣会罗马档案馆明清天主教文献》相关篇章,台北:利氏学社2002年版。

⑤ 据比利时汉学家钟鸣旦的研究,明末"儒家天主教徒"中对古代经典做系统研究的只有徐光启和杨廷筠,徐氏也仅限于《诗经》,而杨廷筠的经学研究比较多,但著作皆佚失不可求。明末清初"儒家天主教徒"的经学研究,基本上讲不是系统纯粹的,带有很大的经世目的(可参见钟鸣旦《晚明基督徒的经学研究》,载于《中华文史论丛》第64辑,上海古籍出版社2000年版),比如说严谟等人在礼仪之争中的经典研究就具有强烈的现代解释学味道,往往是寻找经典的语句为我所用。这一点和利玛窦在写作《天主实义》时的解释学策略是一致的。可参见张晓林《天主实义与中国学统——文化互动与诠释》,学林出版社2005年版,第7页。

步商榷的。①

三 欧洲思想界的观点

欧洲的中国观在中欧初识后经历了器物、思想和政治三个层面的嬗变。② 第一次以马可·波罗的游记为媒介,主要是器物层面,第三次则是19世纪以后发生的战争,主要是在政治层面。只有第二次发生于欧洲启蒙运动时期,代表了真正理性的思想层面的中西文化对话。文化对话中文化中心主义的倾向是很难避免的,③ 西学中源说和中学西源说都是极端的表现,都需要一个过程的调适。欧洲思想界对于明末清初耶儒对话中的"儒学—儒教"问题的看法也必须放在欧洲17、18世纪的思想界实际和当时的中国文化观的背景下去看待,其中包括欧洲当时的宗教和神学状况以及中国宗教和社会信仰状况。④

明末清初正是欧洲启蒙运动的前夜,"儒学—儒教"问题并不是欧洲思想界对于中国文化理解的全部,但却是理解的契机。⑤ 欧洲思想界的中

---

① 法国社会学家迪尔凯姆区分了"积极"和"消极"的两种不同的膜拜。"消极的膜拜"只是简单畏惧和服从除了禁忌的任何事情,"积极的膜拜"主张通过祭祀礼仪,建立人和神的沟通,人既可以领受神的意志,也可以影响神的意志。儒家本经注疏都想减弱祭祀的宗教意义。但是从祭祀的功能的结果分析,儒家祭祀仍具有宗教性。参见[法]爱弥尔·涂尔干著《宗教生活的基本形式》,渠东等译,上海人民出版社1999年版,第491页。另外,"儒家天主教徒"在为中国礼仪辩护的过程中,是否和以前排佛时代的"儒家人文主义"的含义有所改变呢?尚需进一步思考。儒家人文主义是利玛窦在"基督教人文主义"的基础上在《利玛窦中国札记》中提出的,表示的是和欧洲"基督教人文主义"相似的存在。

② 朱谦之将中欧文化的接触分为三个时期:物质、美术和思想。见氏著《中国哲学对欧洲的影响》第二章,上海人民出版社2006年版。

③ 中国中心主义在近代以前是显而易见的。俞吾金总结了欧洲在文化中心主义的心态下中国观的变化。谈到欧洲如何先是以"信仰\无信仰"继而以"理性\非理性"的二分法来打量中国。从这个意义上讲,明末清初耶儒对话的"儒学—儒教"问题也不完全是一场理性的对话,罗马教廷和中国清政府的政治权力以及罗马传教士以及"儒家天主教徒"都带有一定的文化优越感,这不能不对问题的讨论产生影响。

④ 欧洲17、18世纪的思想、信仰以及神学状况可参见张晓林《天主实义与中国学统——文化互动与诠释》相关章节,学林出版社2005年版,或者[意]柯毅霖《晚明基督论》相关章节,王志成等译,四川人民出版社1999年版。中国明末清初耶儒对话中的中国社会信仰、思想状况可参见张学智《明代哲学史》,北京大学出版社2000年版,或者王汎森《晚明清初思想十论》相关章节,复旦大学出版社2004年版。

⑤ 张国刚、吴莉苇:《启蒙时代欧洲的中国观:一个历史的巡礼与反思》,上海古籍出版社2006年版。

国文化观也分为两极，① 其中对中国文化抱有好感甚至赞美的思想家众多，其中以伏尔泰和莱布尼茨为代表。就明末清初耶儒对话过程中的"儒学—儒教"问题而言，莱布尼茨和他的学生沃尔夫直接并且是深刻地参与了这场争论，他们所留下的著作对以后的欧洲中国文化观，比如说黑格尔、韦伯等人产生了深远的影响。②

要谈莱布尼茨在明末清初耶儒对话中"儒学—儒教"问题的看法，还必须首先谈谈莱布尼茨和传教士们的渊源，正是传教士们寄回的书信促使莱布尼茨写作了经典汉学著作《论中国人的自然神学》，在这本著作中，莱布尼茨认为中国儒学是一种自然神学，儒学是一种真正的宗教，莱布尼茨是一个具有宗教热情的新教徒，对于天主教和新教的世界联合抱有理想，同时他的普世主义的科学精神在他的普遍和谐的单子论哲学体系的思想影响下，使他试图证明理性的自然之光就像照亮欧洲一样，同样可以在遥远的东方文明的另一极得到证明。③ 实际上，他的追随者沃尔夫也主张这种观点，但是沃尔夫不认为儒学是一种宗教，只是人类道德理性最美好的体现。④ 莱布尼茨甚至要邀请中国人来欧洲传教，他对于中国文化的理想主义态度代表了欧洲启蒙运动时期对中国文化的态度。莱布尼茨是一个德国新教徒，对于中国南方的天主教争论却能撇开信仰上的分歧和自身的宗教立场，以一个人文主义的角度来看待这场争论，一是出于纯粹的学术的立场，一是出于中欧文化交流和世界文化大同的真诚关心。因此，谈论莱布尼茨在明末清初耶儒对话中的文化角色和对"儒学—儒教"问题的学术关怀，代表了理性和宗教的整体思考。

莱布尼茨并没有到过中国，他甚至于并没有机会接触第一手的中国文

---

① 欧洲思想家关于中国的论说可参见夏瑞春编《德国思想家论中国》，陈爱政等译，江苏人民出版社1995年版。或可见张西平《中国与欧洲早期宗教和哲学交流史》第六、七、八章，东方出版社2001年版。
② 可参见张国刚、吴莉苇《启蒙时代欧洲的中国观：一个历史的巡礼与反思》，上海古籍出版社2006年版，第403—427页。欧洲关于中国的意象和言说可参见［英］雷蒙·道森著《中国变色龙——对欧洲中国文明观的分析》，常绍民、明毅译，中华书局2006年版。
③ 莱布尼茨在《中国近事》"序言"中说："也许是天意要实现这样的目标：当东西方这两个相距最遥远而文明程度最高的民族携起手来时，生活于他们之间那些民族便可能被引入到一种更加理性的生活。"参见氏著《中国近事——为了照亮我们这个时代的历史》"序言"，［法］梅谦立、杨保筠译，大象出版社2005年版。
④ 沃尔夫关于中国的论著参见秦家懿编《德国哲学家论中国》，生活·读书·新知三联书店1993年版。

献资料，他关于中国文化的天才论断基本上是在和从中国回来后的传教士的谈论以及通信中来。其中首推耶稣会士白晋以及闵明我。① 白晋当时在康熙朝做监正，同时研究《易经》，他认为《易经》所表现出的自然理性和科学之光代表了中国早期文明的最高成就，这一点和欧洲早期的文明是相通的，包括天主教，白晋排除了《易经》中占卜的迷信成分。但是，白晋以为，后儒从孔子起，《易经》的解释背离了自然理性的传统，也背离了真正的宗教传统。现在要做的只是回归和再现《易经》的本真含义，这样就教会了中国人回到和欧洲相同的文化源头，中国基督化可待。白晋的主张和利玛窦区分先儒和后儒的主张是一致的，同时他关于《易经》代表了早期中国"正确"的思维方式又和莱布尼茨以及沃尔夫的见解不谋而合，他还把自己关于《旧约》的象征理论用汉字研究来做证明。莱布尼茨曾经在 1697 年出版过收集了一些传教士书信和著作和自己关于中国文化和礼仪之争的《中国近事》，书中表明了对耶稣会士的路线的同情态度。这说明莱布尼茨事实上对中国不仅抱有理想主义的好感，而且也确实了解当时的中国以及争论的话题。② 1715 年，巴黎的雷蒙德寄给莱布尼茨一些传教士关于"中国礼仪之争"的书信，请求这位当时欧洲思想的巨人给个说法，其中就包括龙华民的《关于中国宗教的几个问题》以及利安当的《传教论文》，他也阅读过大量关于中国文化的论文，包括伯应理的《孔子和中国哲学家》以及马勒布朗士的《一个基督教哲学家和一个中国哲学家关于上帝存在和本质的对话》。莱布尼茨于是就写了生前未寄出的《致雷蒙德的信》，即是著名的《论中国人的自然神学》。"在 1700 年前后，关注中国的人之中，莱布尼茨无疑是最了解实情、最公平合理的一个，他的著作也是唯一一部今天还可以阅读的著作"③。

莱布尼茨对中国哲学尤其是中国儒学的理解，除了和他的哲学有关，也和他的神学思想有关。莱布尼茨本人就是一个自然神论者，他关于中国

---

① 关于莱布尼茨和传教士们的交往情况参看 [美] 孟德卫《莱布尼兹和儒学》第一部分和第二部分，张学智译，江苏人民出版社 1998 年版。
② 1990 年德国出版了由 Herausgeben von Rite Widmaier 整理出版的《莱布尼茨关于中国的通信》一书，但仍有一些信件没有公开出版。所以我们对这一问题的了解尚不能说全面。参见张西平《中国与欧洲早期宗教和哲学交流史》，东方出版社 2001 年版，第 419 页。
③ [法] 艾田蒲：《中国之欧洲》上册，钱林森等译，河南人民出版社 1994 年版，第 385 页。

哲学是一种自然神学的论断,当然和他本身就是自然神论者相关。莱布尼茨哲学上的预定和谐本身也是从其自然神学而来,而且这种神学上的预定和谐可以在中国儒学里得到验证。这样,莱布尼茨关于中国儒学是自然神学的论断就天然地接近北宋以来的理学,这一点和利玛窦不一样,他认为在孔子那里就有自然神论"上帝存而不论"的样子,在理学那里"理"就是理性的"上帝",就是天然的自然神学,《易经》也是自然神论。

莱布尼茨在《论中国人的自然神学》里,驳斥了龙华民和利安当关于孔子哲学、中国哲学里的天道观、鬼神观、灵魂观以及理学观,提出自己的见解。

莱布尼茨努力融合孔子的学说和基督教思想,和利玛窦的"合儒"策略一致,批评龙华民对孔子对立面化和无神论化。但是莱布尼茨不是传教士,他的解释学应该和以传教为目的的传教士有所差异。① 莱布尼茨认为孔子是承认上帝存在的,但也仅此而已。针对《论语·八佾》中的王孙贾问曰"与其媚于奥,宁媚灶。何谓也?"子曰:"获罪于天,无所祷也。"这段话,莱布尼茨认为孔子是承认神的存在的,天就是神,是不可得罪的。

> 中国某国君曾问孔子,在祀火神和次一级的灶神之间,应作如何选择,孔子的答复是若人获罪于天,也只能向神祈祷。②

莱布尼茨认为孔子信天就是信神,天是独一无二的神。

可见孔子与柏拉图一样,相信至高神唯一独尊,又像柏拉图一样会适应民间拥有的偏见。③

柏拉图思想在晚年开始向一神论转变,在《蒂迈欧篇》中,他认为凡是变化的东西必有变化的原因,这个原因就是万物之父,凡是被创造的东西也必是因为一定目的而被创造的。柏拉图的这个思想对以后的新柏拉图主义和基督教哲学都产生了重要影响。但其实柏拉图的"万物之因"倒是

---

① 或许可以这样理解,莱布尼茨的解释学更多理性,并显示出惊人的准确性,但是吊诡的是,他并无接触第一手资料。这显示出他的天才洞察力。
② 秦家懿编:《德国哲学家论中国》,生活·读书·新知三联书店1993年版,第100页。
③ 秦家懿编:《德国哲学家论中国》,生活·读书·新知三联书店1993年版,第100页。

有点自然神学的味道,他的一神论思想代表了希腊思想从理性向一神论宗教的转变的开端,但是孔子的"天"论恰恰代表了中国思想开始走出原始宗教向理性的伦理道德型转变。但是,"天"在孔子思想中依然保留了原始宗教文化的痕迹,因为要"适应民间拥有的偏见",孔子对"天"表现出极大的灵活性,敬而远之、存而不论,但"天"确实还具有感情依托、心灵慰藉的作用,就如莱布尼茨所言,神只要存在那里就满足了。所以说,龙华民把孔子的"天"说成无神论,在莱布尼茨看来是不准确的。但是与其说孔子是自然神论,倒不如说孔子也宽容对待民间的泛神论,他说孔子:

> 认为我们在天之神灵中,四季、山川与其他生命的事物只崇拜至高的神灵,即是上帝、太极和理。①

莱布尼茨对孔子天道观的解释既避免了如龙华民将孔子打为无神论又避免了索隐派扩大孔子学说中的"外在超越"部分,否认其伦理为主的特质,证明中国儒教和基督教的一致性。

莱布尼茨对中国哲学中"理、气、太极"等概念的阐释,或许更能体现他关于中国哲学是一种自然神论的论断。莱布尼茨认为"中国人的'理'即是我们拜为至高神的至上实体"。② 针对龙华民和利安当认为"理即是我们的原初物质"的说法,莱布尼茨认为:第一,理不是原初物质,第二,理是有智力的,第三,理是必然的,第四,理并不变质,五,除理之外,并无其他非物质性实体。因此,"我们仍可将它当作第一形式,即世界的灵魂"。可以看出,莱布尼茨所谈的"理"和朱熹哲学中的"理"很一致,有点类似于柏拉图和黑格尔的客观唯心主义的味道,莱布尼茨是欧洲唯理论哲学的代表人物,而唯理论和自然神论有共通之处,这样,莱布尼茨将中国哲学叫作自然神学就是顺理成章的事。不过,莱布尼茨看到的中国哲学只是朱熹样式的哲学,并不是整体的中国哲学。

莱布尼茨关于中国灵魂观的部分更能表现出所谓的中国儒学是一种宗

---

① 秦家懿编:《德国哲学家论中国》,生活·读书·新知三联书店1993年版,第77页。
② 秦家懿编:《德国哲学家论中国》,生活·读书·新知三联书店1993年版,第77页。

教的说法。灵魂说是基督教教义的重要组成部分，中国人自古也有"魂魄"之说，魂相对于精神，魄相对于肉体。龙华民和利安当认为中国人的"魂魄说"完全不等同于基督教里的"灵魂"。中国人认为人死后升了天，而这天不过是物质性的天，所谓的复归于"上帝"，不过是灵魂分解在气的物质之中。莱布尼茨不同意他们的看法，他认为中国人的灵魂观和天主教的灵魂观有近似之处，《尚书》和《性理大全》里关于灵魂的描述说明中国人也是相信死后灵魂会升天，不能完全机械地对照《圣经》来判定其他民族的原始信仰是不存在的，事实上，远古时代的人们像基督教一样"都相信精灵、天使和魔鬼。灵魂复归于天，这就是说灵魂更能结合到处散布的天的物质，更能符合上帝的意思，就像他所接近的天使那样"①。另外，儒家也相信圣人是上帝的化身，人希贤、贤希圣、圣希天，这和基督教里的"道成肉身"说有很大的相似性。中国人既然认为人的灵魂是天使的化身，那么也就相信灵魂永不灭之说。而且在一定程度上讲，实际上，中国人也有"天堂地狱之说"。如果没有天堂地狱，灵魂如何安顿？莱布尼茨认为，虽然儒家学说里没有明确的天堂地狱之说，但是《诗经》中已有"文王在上，于昭于天。周虽旧邦，其命维新。有周不显，帝命不时。文王陟降，在帝左右"的记载。这更使莱布尼茨认为白晋的计划是有道理的，就像中国人对于《易经》的注疏使中国人丧失了自身本真的古代真理一样，中国人古代纯正的宗教信仰本来和基督教是一致的。他说：

  在这个伟大主人统治下的鬼神的帝国不应该如人类的帝国那样没有规律，从而道德行为必须奖赏，罪恶必须受到惩罚，而在今生不是总能做到的。②

  莱布尼茨断定中国古代本来就有一种"自然神学"，一种真正的宗教，这点虽然和耶稣会以外的修会的结论是一致的，但只是表面的一致，后者只是以为是一种需要祛除的宗教异端，前者却认为是需要发扬光大的真正的宗教。莱布尼茨的论证中不乏很牵强的地方，但是基本上讲，

---

① 秦家懿编：《德国哲学家论中国》，生活·读书·新知三联书店1993年版，第98页。
② 秦家懿编：《德国哲学家论中国》，生活·读书·新知三联书店1993年版，第99页。

还是比较客观地把握了中国哲学。尽管他的视野里的中国哲学其实只是一小部分。他关于基督教教义和中国古代思想一致性的论断也和利玛窦的"合儒"路线不尽相同,利玛窦是从传教的角度来说的,不免先入为主,有所取舍,但是莱布尼茨只是一个思想家,一个基督教人文主义者,新教背景更能使他从世界和文化的眼光来看待一种异质的文化,更多去掉传教学的偏狭和功利性,因此可以说,他的关于儒学的判断相对来说是比较准确的。

四 思想史的反思

明末清初耶儒对话中的"儒学—儒教"问题是关于儒学宗教性解释的开端。"儒学是否宗教"本来是个假问题,天主教来华后成了一个大问题,在礼仪之争中又成为双方胶着的核心问题。清末以来,"儒学是否宗教"又成为关乎儒学甚至中国文化价值合理性的焦点问题。1939年,教皇颁布上谕,允许中国天主教徒祭祖祭孔,"中国礼仪之争"结束,但是作为一个学理上的问题,不但没有结束,而且成了一个似乎没有答案的学讼。这其中的原因是多种的,但根本的原因在于,儒学宗教解释的问题,由于随着解释语境的转化,这个问题的内涵和外延也在不断地延伸和变化。上文已经述及,此处不赘。

回到问题的源头,回到历史性文本和问题发生的具体语境,理解儒学宗教解释问题在明末清初耶儒对话中发生的缘由、不同观点的出发点和解释学方法论、问题争论的结果,进一步,思想史、社会史以及哲学讨论视角究竟哪一个更适合,它们之间的区别究竟在哪里,[1] 会对当代儒学宗教解释的讨论提供怎样的历史性启示?[2] 西方的儒学—儒教观也可以折射出对整个中国文化的态度,也可以看到西方中国观的历史形成

---

[1] 应该说,耶稣会士、耶稣会士以外的修会、中国"儒家天主教徒"、欧洲人文主义者的中国经典解释都是一种解释学,解释学中的历史性的差异会对解释结果产生很大影响,仔细梳理之,是一项很有意义的工作。另外的问题是,明末清初耶儒对话中的"儒学—儒教"论争对中国现代性的形成具有怎样的始源性意义?

[2] 当代儒学的宗教解释和明末清初时有何种论域、问题、方法的不同,如何以一种更本真的方式谈论这个问题,也是需要继续探讨的话题。有人认为又一次的中西平等理性对话时代到来了,那么关于儒学—儒教的问题解释,两个时期可作一种很有趣的比较。

路径以及中国欧洲观的形成路径中的环节。① 明末清初耶儒对话真的可以称得上一场"理性、平等"的对话吗？另外，这场争论是否影响到中国思想的发展？对中国基督教的理论和实践起到怎样的影响？明末清初耶儒对话中的儒学宗教解释问题的思想史意义还在于：如何处理文化对话中的"一与多"的关系问题以及文化间的"处境化"问题，② 以及政治、思想、信仰之间的互动性联系，③ 为不同文化和宗教对话提供方法论启示。

（作者为广东财经大学应用伦理学研究中心副教授）

---

① 明末清初耶儒对话中"儒学—儒教"问题对于欧洲的中国观的形成起到怎样的作用，也是一个需要继续探讨的问题。同样的，明末清初的耶儒对话是中西方唯一的一次平等和理性的思想层面的对话，这对中国欧洲的形成又有什么样的影响呢？

② 泰勒在《天主教与早期现代性》中提出要用一种"存异之同"来代替"认同之同"，统一性不能建立在某一种确定性上，泰勒的说法，受明末清初耶儒对话的启发，他本人也极为推崇利玛窦的远东传教经验，这提示出：人类不能在一种特定的文化认同上建立共同文化认同，而是在保持对原则性的尊重前提下，建立新的文化认同。也就是"统一性"和"多元性"，"一"与"多"的辩证关系。同样的，宗教上的"一神论"并不等同于文化上的"一元论"，中国如何在本身的文化传统下建立起自身的基督教"一神论"？为什么在欧洲出现的基于本民族传统的与基督教的融合在中国就构成很大的问题？天主教的根深蒂固的正统思想与宗教的本质是如何冲突的？如何看待这场争论中罗马教廷和中国政府的官方角色？以及思想、信仰和政治的多变互动的边界？这种"统一性"和"多元性"是需要考虑到"处境化"问题，这种处境化不仅仅是社会学意义上的"本色化"，还包括语言神学意义上符号化移植的"本色化神学"，钟鸣旦用到了比适应和本色化更深层意义的"根植化"这一概念，他说：适应涉及的是语言、外在礼仪如礼拜音乐和衣装等的改变策略，而福音本身被认为是不可改变的。相反，根植化则通过本土文化的参与，而实现"新的创造"。见氏著《明末清初的本土化和中国——天主教的关系》，第331页。从另一个层面讲，"多元化"和"统一性"本身就是历史的实际，"西方基督教"本身就是一个基督教的深刻的罗马希腊化过程的结果，见庄祖鲲《基督教与中国传统文化的关系——契合与转化》，陕西师范大学出版社2007年版，第61—74页。

③ 明末清初耶儒对话中的"儒学—儒教"问题论争是思想、信仰、政治多层面的问题纠结。尤其是政治权力对问题本身的外在影响是一个很重要的方面，也是很难厘清的问题。吊诡的是曾经在思想层面引起中西文化深刻对话的"中国礼仪之争"的诸问题，在权力介入后，竟然很快悄无声息，政治对思想、信仰的影响可见一斑。可参见［法］谢和耐《中国与基督教——中西文化的首次撞击》，耿昇译，上海古籍出版社2003年版，"附录"相关篇章。

明清间西方传教经费中转站的盛衰

——经济生活视角下的澳门与内地关系

康志杰 吴 青

晚明时期，天主教东传，中国的澳门成为西方传教士进入内地的中转站。关于澳门在中西交通史、中西文化史中的地位与功能，学界多有研究，但对于天主教传教经费如何经澳门输入内地，以及经济生活视角下的澳门与内地关系，至今还是学术盲点。那么，晚明至清中期的传教经费如何从澳门进入内地，澳门天主教对不同传教体系的传教士持何态度，各传教修会在澳门设立账房如何运作，鸦片战争之后的澳门账房因何弱化？本文拟对这些问题进行讨论，由此揭橥中国天主教史、中西交通史以及澳门史中的一个独特层面。

一 明清之际西方传教经费如何由澳门进入内地

明嘉靖年间，受葡萄牙保教权支持的耶稣会士率先进入中国。1582年，即耶稣会士沙勿略（F. Xavier, 1506 – 1552）在广东上川岛离世三十年之后[①]，耶稣会士罗明坚（M. Ruggier, 1543 – 1607）"领到葡王的津贴，乘坐葡国的商船，先在中国边境的葡萄城内（澳门）暂住，由葡商引道来到中国；以后，又由广州进入肇庆"[②]。

进入内地之后，耶稣会士的生存状况与长住澳门的同会们不可同日而语，原因在于，逐渐远离澳门后，经费获取十分困难。例如，明万历十年（1582）之前，罗明坚曾先后四次进入内地了解情况，花费不

[①] [西]沙勿略·莱昂—迪富尔：《圣方济各·沙勿略传 东方使徒神秘的心路历程》，天主教上海教区光启社2005年版，第144页。

[②] [法]裴化行：《天主教十六世纪在华传教志》，萧浚华译，商务印书馆1936年版，第221页。

少；万历十一年（1583），罗明坚、利玛窦（M. Ricci, 1552-1610）准备由广州赴肇庆，因葡国商船在台湾海峡遭巨风沉海，所需的路费难以凑齐，幸得澳门一位葡萄牙富翁威加（Caspar Viegas）捐资，两人才于1583年9月10日抵达肇庆。① 可见，晚明时期进入内地的耶稣会士在生活窘迫时，唯一办法就是向澳门的葡萄牙人求助，"他们的命运紧紧与葡商相联"②。

罗明坚抵达肇庆后，首要任务是修建教堂，可是，地基择好了，经费却短绌，他只好折回澳门求助，但商船又未归，挨到次年四月，才携款返回。当教堂及住所在肇庆的崇禧塔旁落成后，好景不长，被两广总督刘继文看中并占用，罗明坚返回澳门，利玛窦则于万历十七年（1589）转入韶州府（今广东韶关）继续其传教事业。

澳门是耶稣会士进入中国内地的跳板，但两地（澳门与内地）传教士在经济方面的处境却是天上地下。驻澳门的传教士能够轻易得到经费资助，生活无忧，可以潜心学习、传教③，而深入中原腹地的传教士则没这么幸运，虽然也能通过澳门获得传教经费及生活津贴，但毕竟不如驻澳门或广东沿海的传教士获取经费那样便捷，此形势通过利玛窦的信函可略见端倪。

利氏入华传教的第一站是广东肇庆。万历十三年（1585），他在发往欧洲的信函中说："一切生活费都有葡萄牙商人奉献我们，印度亚欧总督甚至葡萄牙国王都照顾我们。"④ 十年之后，利玛窦移居江西南昌，由于逐渐远离澳门，其经济处境与在广东时就不大一样了，他在信函中诉说了教会面临的经济境况：

> 我们必须要获得总督或帝王每年一次的汇款，有了它，我们才能

---

① 罗光：《利玛窦传》，台北：辅仁大学出版社1982年版，第41页。
② [法]裴化行：《天主教十六世纪在华传教志》，第221页。
③ 例如，罗明坚在澳门学习中文时曾得到官员的周济。据裴化行《天主教十六世纪在华传教志》第188页记曰：罗明坚初到澳门，"人人争先恐后来看西僧……竟有低级的官员到罗明坚那里去拜会，并且给与金钱的周济"。罗明坚在澳门时，还曾得到一位意人的三百元葡国银洋资助（[法]裴化行：《天主教十六世纪在华传教志》，第199页注释35）。
④ [意]利玛窦："致拿玻里马塞利神父书"（1585年11月10日撰于肇庆），《利玛窦全集》，罗渔译，台北：辅仁大学出版社、光启出版社联合出版1986年版，第3册，第77页。

维持生活，因为，直到现在他所给我们的不够支付，这是神父所知道的，勉强地只足以维持韶州会院我们四位会士的生活；现在又增加了这个新会院，又添了两个人，神父就很能了解我们需要的是多少了；还有，我们必须在新会院里建造圣堂。①

这是利玛窦向驻澳门的同会孟三德（D. d. Sande，1547－1599）发出的求援函。随着传教路线不断北进，购房建堂的开支也在逐渐增大：万历十七年（1589），利玛窦在韶州建教堂及住所；万历二十三年（1595），又在南昌以六十两白银买房做教堂；万历三十五年（1607），利玛窦的同事李玛诺（E. Diaz，1559－1639）以一百两白银购置一处较大的房屋；万历二十七年（1599），利玛窦等在南京建教堂，澳门耶稣会为此筹集了约九百两银子，作为购置南京房屋及北上的费用。②

在传教事业不断扩大的同时，利玛窦越来越感到从澳门获取经费之艰辛。利玛窦在南昌时，经济一度陷入拮据，幸"苏如望（Jean Soerio）神甫携金至"③，才解决了急需经费的难题；中国修士钟巴相因为没有语言障碍，不断奔波于各教区，"冒着生命危险，去澳门领到钱财及其他必需物品，发放于不同的传教点"④，以维持教务正常运转。万历二十九年（1601），利玛窦定居北京，四年后，用五百两银子在宣武门左侧购一屋作教堂，即南堂。从利玛窦北上拓展教务的历史脉络可以发现，尽管资金筹措日益艰难，但通过传教士们的奔波辗转，仍然获取了来自澳门的一笔笔经费，中国内地数个传教站由此建立起来。

在明清之际，进入中国内陆省份的耶稣会士，主要接受的是葡萄牙王室的经济援助。每年一次的经费输入，除了教务活动开支外，也包括传教士的生活津贴。例如，耶稣会最早华籍修士钟鸣仁"所费银两在澳中来，

---

① [意] 利玛窦："利氏致澳门孟三德神父书"（1595年8月29日撰于南昌），《利玛窦全集》，第3册，第164页。
② 转引自宋黎明《神父的新装——利玛窦在中国（1582－1610）》，南京大学出版社2011年版，第150页。万历二十七年（1599），利玛窦第三次到南京，住城南承恩寺，随后买下了城西户部官员刘斗墟的宅院，并在厅中建一个祭台，奉天主圣像于其中，这是南京最初的天主教堂。
③ [法] 费赖之：《在华耶稣会士列传及书目》，冯承钧译，中华书局1995年版，第35页。
④ [法] 费赖之：《明清间在华耶稣会士列传（1552—1773）》，梅乘骐、梅乘骏译，天主教上海教区光启社1997年版，第60页。

每年约有一二百两"①。由于澳门的耶稣会与进入中国内陆的耶稣会士属于同一传教系统，经费流动渠道基本畅通。

清康熙年间，受法王路易十四资助的耶稣会士开始进入中国。他们与受葡萄牙王室资助的耶稣会士（如利玛窦、汤若望等）不同，"法籍耶稣会士的传教区是在法国路易十四时期创建的，既不属于日本省区，也不属于中国副省区，而是一个单独的机构，有它自己的成员、神长、住院和经济，并受到一位热诚的教友国王即法王的庇护"②。由于分属不同的传教系统，法国耶稣会士选择了避开澳门，在宁波登陆的方案，但经费则需要通过设在澳门的账房领取。

两个传教团队关系微妙，甚至心存芥蒂，"澳门的葡萄牙人，对新来的传教士们多方设置障碍：凡来自法国的资金、书籍等物均予扣押。这一情况，使神甫们陷于困境"；③法国耶稣会士李明（L-D. le Comte，1655-1728）曾在山西、陕西传教，而来自法国的生活津贴一度被澳门葡萄牙人扣压，导致李明、刘应、洪若翰（J. d. Fontaney，1643-1710）三人一时生活无着，不得不离开自己的传教区，辗转沿海城市。李明甚至陪同洪若翰南下广东，就"经费被截"向澳门耶稣会提出抗议。④

关于法、葡耶稣会之间的矛盾，法国遣使会士顾铎德在1835年的报告中有所披露："澳门各法籍传教团体的账房曾一度被澳门葡国当局所捕，后来在新任卧亚总督的命令下又被释放。"⑤

由此看来，不同背景的传教团队从澳门支取经费情况存在差异：葡萄牙资助的耶稣会士多能比较顺利地在澳门获得经费，但逐渐深入内陆省份后，由于距离澳门遥远，经费时常无法到位；法籍耶稣会士的经费来自法国王室，有时会受到澳门葡萄牙人的掣肘，严重时会影响内地传教士的生活；方济各会、道明会等老修会与澳门的关系若即若离，他们有时不得不放弃澳门，转而从吕宋（今菲律宾）或者新西班牙（墨西哥）寻求经济支持。透过不同传教系统的经费进入中国内地的情况反映出，不同传教修

---

① （明）徐昌治订：《圣朝破邪集》，国家图书馆藏本，第13页。
② ［法］费赖之：《明清间在华耶稣会士列传·纽若翰》，第889页。
③ ［法］费赖之：《明清间在华耶稣会士列传（1552—1773）》，第494页。
④ ［法］费赖之：《明清间在华耶稣会士列传（1552—1773）》，第514页。
⑤ 转引自陈方中《法国天主教传教士在华传教活动与影响（1860—1870）》，博士学位论文，台湾师范大学，1999年，第61页。

会之间、不同西方国家世俗政权之间，关系微妙而复杂，而澳门在不同传教团队眼中的地位与分量也有所不同。

二 禁教之后的澳门经费如何进入内地

雍正二年（1724），清政府下令禁止天主教，中国天主教以澳门为中转站获取传教经费的格局发生变化。虽然朝廷严禁天主教，"然教士仍有偷渡入境，或去而复返者"①；而且，外来经费还表现出对口援助的趋向：

> 德国巴伐利亚（Bavaria）的统治者很多年资助了耶稣会在华的传教工作，而路易十四支持巴黎外方传教会。早期的时候，法国国王和华夏皇帝支付了北京传教工作的开销，西班牙传教士的部分资助来自西班牙政府，在华的耶稣会士也开始放款借钱……②

归属耶稣会管辖的教区被禁之后，仍由教会派人从澳门领取经费，如江南教会的司铎及修生们的生活费，每年靠澳门寄来的息金维持；③ 而在福建传教的道明我会的经费，部分经澳门秘密进入内地，另有一部分从吕宋经福建流入内地。④ 在山东传教的方济各会士宜利策希望从新西班牙获得经费援助，于19世纪初远渡大洋，不幸在返回途中遇害。⑤

清禁教时期，福建的天主教活动依然活跃，从澳门获取经费的情况引起官府警觉，福州将军兼管闽海事务新柱奏报："（天主教）其银每年两次

---

① 方豪：《乾隆十三年江南教难案始末》，李东华编《方豪晚年论文辑》，台北：辅仁大学出版社2010年版，第129页。

② [美] 赖德烈：《基督教在华传教史》，雷立柏等译，香港：道风书社2009年版，第163页。

③ 转引自 [法] 史式微《江南传教史》，天主教上海教区史料译写组译，第1卷，上海译文出版社1983年版，第18—19页。

④ 关于传教经费由吕宋进入中国的情况，可参见雍正十一年九月二十六日，福建总督臣郝玉麟谨奏《为奸民私载番人潜入内地事》，载《四库全书·史部·诏令奏议类》·诏令之属·世宗宪皇帝朱批谕旨》（文渊阁版）："据张天骏（按：闽安协副将）禀称：有久住吕宋、福宁州民，带有吕宋夷人二名，出租船番钱一百五十圆，船主出有保状，与彼处夷主。其番人带有四甲箱番钱，约计五千金，在大担门外雇小船，乘夜到漳州福河厂蔡家村内投住，欲在漳泉招人归伊天主教等语……"

⑤ [德] 郎汝略：《山东开教史》，《恒毅》6（1975）：18—19，赵庆源译。郎汝略认为宜利策死于1810年。

从广东澳门取至,嗜利之徒视同奇货信之"。① 向朝廷奏报传教士派人赴澳门领取经费的折子,以福建巡抚周学健为多。其中,乾隆十一年(1746)九月的奏折,信息量很大:

> 查西洋人精心计划,独于行教中国一事,不惜钜费。现讯据白多禄等,并每年雇往澳门取银之民人缪上禹等,俱称澳门共有八堂,一堂经管一省,每年该国钱粮,运交吕宋会长,吕宋转运澳门各堂散给……臣前于福安各堂内,搜出番册一本,讯系册报番王之姓名,凡从教之人,已能诵经坚心归教者,即给以番名。每年赴澳门领银时,用番字册报国王,国王按册报人数多少加赏。现在福安从教男妇,计二千六百余人……②

周学健认为:"此等行教夷人来至中国,彼国皆每岁解送钱粮至广东澳门,澳门夷人雇请本处土人带银两密往四处散给"的行径③,违反了中国法律;而根据"番名"(领洗时的圣名)数目,请专人赴澳领取经费,在周学健看来,更是危及国家安全的犯罪行为,欲以"邪教"之名竭力剿灭之。

福建省位于中国东南沿海,便利的地理位置使在此传教的道明会除了从澳门获取经费外,菲律宾也成为经费的中转站。"1646年,道明会Gonzáles带着500比索(Pesos)到福安,这笔钱主要用于传教事业。"④ 道明会把来往海上领取经费者称为"信差"(messengers),信差到澳门领取经费,"工作一次是10个比索"⑤。虽然路途存在风险,但信差们为了养家糊口,甘愿铤而走险。

内地传教士从澳门领取津贴以年度计算,但严峻的禁教形势导致经费

---

① 《乾隆十一年福州将军兼管闽海事务臣新柱奏》,《清中前期西洋天主教在华活动档案史料》,中华书局2003年版,第1册,第83页。
② 《清实录·高宗纯皇帝实录(四)》,中华书局1985年版,第12册,第599页。
③ 《福建巡抚周学健奏报严禁天主教》(乾隆十一年五月二十八日),《清中前期西洋天主教在华活动档案史料》,中华书局2003年版,第1册,第86页。
④ P. Dr. M. Benno, O. P. Biermann, *Die Anfänge Der Neueren Dominikanermission in China*, Münster in Westfalen 1927, Verlag der Aschendorffschen Verlagsbuchhandlung, S. 91.
⑤ AMEP, vol. 436; in Eugen Menegon, *Ancestors, Virgins, & Friars Christianity as a Local Religion in Late Imperial China*, Cambridge and London: Harvard University Press, 2009, 247.

输入内地极不稳定。以南京主教南羿德（G. X. d. Laimbeckhoven，1707 – 1787）为例，1766 年，葡萄牙王曾许诺提供其津贴，但因葡萄牙对耶稣会心存芥蒂，遂中止了对南羿德的经济援助。1771 年，南羿德在写给耶稣会总长的信函中述说了其生活窘境：

> 我五年来毫无收入，葡萄牙王不愿在他享有保教权的国家有一名耶稣会士；我的唯一依靠果阿总主教也置我不顾。是不是辞去主教之职，退居罗马"日耳曼公学"以度我余年，这样更加好？父台有什么意见？凡仍以我为耶稣会一员，视我为耶稣会士的人，我希望他受到天主的祝福！①

由于没有生活津贴，南羿德生活极度困难，"他巡行会口，靠各会口的接济度日"②。

经费不能按时到位，影响、制约着教务发展及传教士的日常生活：北京西堂神甫在给传信部的信函中说："每年西洋寄来各人分例（按：分例是神甫的津贴），即能到手，尚不足用。"③ 由此可见，禁教之后内地传教士所得"分例"十分有限。

乾隆四十九年（1784），"由于四名方济各会士被人指控与当时反清廷的陕甘地区穆斯林有联系，清廷文告通令逮捕中外神甫以及允许外国人进入中国的官员，并要教徒放弃信仰，摧毁教堂"④。

事实上，这次事件的起因与天主教没有丝毫关系。此事的原委是：清中叶以后，西北地方回民因不甘清政府的民族压迫而爆发起义。乾隆四十六年（1781），甘肃伊斯兰教徒马明心创新派，后被捕。其穆斯林兄弟苏四十三起事，据河州，攻兰州，清廷派兵镇压，苏四十三败死。乾隆四十九年，甘肃回民田五等再起事反抗，清廷派兵镇压，田五战死，回民起义

---

① 转引自［法］高龙鞶《江南传教史》，周士良译，台北：辅大书坊 2013 年版，第 2 册，第 607 页。
② ［法］高龙鞶：《江南传教史》，第 2 册，第 632 页。
③ 《北京西堂传教士罗机洲给中堂大人信》，藏罗马传信部档案馆，卷宗号：SC Cina e Regni adiacenti Misc. 1；信函无时间。
④ ［美］克兰西（B. Clancy）：《武昌教区史》"二章·1784 年的教难"（英文手抄本）。关于 1874 年的禁教，湖广总督特成额在奏折中有详细的陈述，参见中国第一历史档案馆编《清前期西洋天主教在华活动档案史料》，第 2 册，第 462—465 页。

失败。恰巧是年，澳门主教秉承罗马传信部的意旨，向内地派出三批传教士，其中有四位传教士行至湖北襄阳，被当地兵弁拿获。事情上报朝廷，乾隆帝大怒，联想到西北地方连续爆发回民起义，进而怀疑欧洲传教士进入内地是想勾结西北穆斯林一同造反，于是下令对西洋教士以及穆斯林"迅速严拿"，并严禁外国人潜入内陆。

关于这次朝廷禁教，旅法中国神甫卫青心（L. W. Tsing - sing, 1903 - 2001）在其著作中有一段描述及分析：

> 为了镇压反叛、维护国内安定，中国政府采取了一系列防范措施。清廷官吏非常害怕教徒同反叛者串通一气，担心成群结队到中国传教的欧洲传教士支持中国的伊斯兰教徒建立基督教—伊斯兰教同盟。皇帝也产生了这类疑惧心理，遂在众臣迭请之下，屡颁敕令，拆毁教堂，查拿欧洲人及中国教士、教徒；各省督抚如有渎职放欧洲人入内地者，将受到贬谪处分。于是，一场新的反基督教运动开始了。①

不久，这场禁教运动波及广东、福建、陕西、四川、山东、山西、直隶、甘肃等省。因为四名方济各会士在湖北襄阳被捕，导致毗邻襄阳的谷城天主教会遭到重创，时在谷城深山中传教的神甫郭类思给北京遣使会会长罗广祥（N - J. Raux, 1754 - 1801）的信函，生动反映了这一时期内地教会的经济窘境：

> 一七八七、一七八八、一七八九之三年传教薪金，由吕葛思默手业经收到。兹就王君回广之便，请代为说明，以作凭信。至余名下之王上 [法] 俸金，恳特费神向广东经理处代为领取，俾与传教薪费一并寄来。在布公 Mr. Bourgogne 处，余尚存款几何，余不知确数，乞向杨公一为探询，彼当能明晓也，余从其手曾收过三年之款，自一七八七年到本年，为余积存王赐俸金，又三年所矣。前此一切经理手续如何，余理莫知其详细……

---

① [法] 卫青心：《法国对华传教政策——清末五口通商和传教自由（1842—1856）》，黄庆华译，中国社会科学出版社1991年版，上册，第29页。

下文有罗广祥的补充：

> 郭铎以右函托余向广东或澳门代领其名下应得之王俸，为作证凭，余故附画押。北京一七九〇年十月廿三日，Raux 签字。①

这封信函尽管文字不多，但透露出禁教时期内地教会与澳门的关系：即经费先由澳门转到广州（账房），然后由广州账房秘密送往内地教会。

禁教时期，传教士无法公开活动，前往澳门获取经费的艰巨任务常由平信徒完成。以江南为例，据史式微《江南教务近代史》记载：

> 一八三七年，江南教友有杜姓者，圣名保禄，前在澳门修院读书，出院后，充任司事（按：传道员），每年至澳门代取传教士之常年经费（盖澳门各修会置有田房产业，取其常年生息，提作各省传教经费）。②

1842 年，第一次鸦片战争结束，中英签订《南京条约》，除五口之外，内地天主教活动仍被清廷视为非法，杜保禄仍然每年一次远赴澳门。他的任务是，给江南的司铎捎去信函，带回教区财产的息金，然后"运用这笔款子购买货物，再回到江南变卖生利"③，其"所有赢余，悉充传教开销"④。

鸦片战争之前，在华传教修会有各自的筹款渠道：属于葡萄牙保教权的耶稣会，接受葡萄牙王室的经济援助；属于西班牙修会系统的奥斯定会、道明会、方济各会，直接受马尼拉会长的管理，且不愿隶属中国的宗座代牧；此外还有接受法国国王资助的法籍耶稣会。但无论哪一个系统的传教士，都是从澳门领取经费。即便葡萄牙势力衰退之后，由于澳门的地理位置特殊，一些传教修会仍在澳门设立账房，以方便经费进

---

① 郭类思的信函写于 1790 年 9 月 3 日，由谷城茶园沟寄出，后刊载于宁波出版的法文月报（1921 年 7 月），成和德译成中文。见成和德《湖北襄郧属教史记略》，上海土山湾印书馆 1924 年版，第 3—4 页。郭类思原隶属耶稣会管辖的教区由遣使会接手，故郭类思致函遣使会长罗文祥说明接受传教经费一事。

② [法] 史式微：《江南教务近代史》，《圣教杂志》，渔人译，1921 年第 3 期，第 144 页。

③ 转引自 [法] 史式微《江南传教史》，第 1 卷，第 18—19 页。

④ [法] 史式微：《江南教务近代史》，渔人译，《圣教杂志》1921 年第 3 期，第 188 页。

入内地。

三 澳门账房在传教经费流动中的功能与作用

天主教的发展不仅需要人力、物力,也需要大量资金,否则,传教机器将停止运转。在明清时期,传教经费或由传教士直接带入内地,或派专人到澳门领取。为了方便资金的管理与分配,各传教机构便在澳门设立了管理传教资金的机构——账房。

澳门耶稣会账房设在圣若瑟公学内,账房神甫定期向内地汇寄经费。以江南教会为例:"司铎之传教经费,修院之常年经费,皆在澳门。澳门置有江南传教产业,由葡国善士慷慨捐助而来。澳门若瑟公学之管账司铎总理一切。"① 此为澳门与江南教会财务经济关系的真实写照。作为账房,它的主要职责有两项:一是将境外林林总总的传教资金输送内地,二是负责本教区(或本修会)传教经费的分配、管理及使用。

法属耶稣会士进入中国之后,"1736年,葡萄牙王始允许法国教士寄寓澳门,法国传教士即于此时在澳门设置账房"②。但是,驻澳门的葡萄牙人排斥法属耶稣会,于是,北京法属耶稣会士"请求皇帝,允准传信部在广州设置账房"。③

康熙四十四年(1705),罗马教廷派特使多罗(C. T. M. d. Tournon, 1668 – 1710)来华解决"礼仪之争",多罗借机在广州购置会院一所,设立传信部驻华办事处,会院成为传信部账房,经管分发津贴、分遣部派传教士、传达教廷指令等事宜。④ 而传信部之所以将账房设在广州,是希望广州发挥澳门与内地教会桥梁的功能,如此不仅避开了葡萄牙保教权的干扰与掣肘,且"罗马与中国联系更为方便"⑤。但是,教廷传信部广州办事处的运气实在不佳,成立伊始就遭遇全国禁教,却仍坚守运作。雍正时期,闫弥格(Michel – Anye Miralta)任广州传信部账房,不断接获传信部的命令;⑥ 此后,遣使会士毕天祥(L. A. A. Appiani, 1663 – 1732)负责传

---

① [法] 史式徽:《江南教务近代史》,渔人译,《圣教杂志》1921 年第 3 期,第 188 页。
② [法] 高龙鞶:《江南传教史》,第 2 册,第 475 页。
③ [法] 高龙鞶:《江南传教史》,第 2 册,第 628 页。
④ [法] 高龙鞶:《江南传教史》,第 2 册,第 370 页;方豪:《中国天主教史人物传·多罗》,上海光启社 2003 年版,第 459 页。
⑤ [法] 高龙鞶:《江南传教史》,第 2 册,第 637 页。
⑥ [法] 高龙鞶:《江南传教史》,第 2 册,第 463 页。

信部账房工作。①

从晚明至耶稣会解散（1773年），葡属与法属耶稣会士都有各自的财务系统。② 耶稣会解散后，遣使会接续其在华传教事业。为了方便教务管理，遣使会开始创办属于自己传教体系的账房。嘉庆二十四年（1819），法国遣使会传教士南弥德（L. Lamiot，1767－1831）在澳门建立若瑟修院，同时建立本会账房。此后，负责账房的还有陶若翰（J. B. Torrette，1801－1840）等人。

近代以后，传教修会在内地设立账房增多，以应对快速发展的教务。1851年（清咸丰元年）9月8日，遣使会总会长的首席助理普苏（Poussou）在宁波召开会议，决定将澳门遣使会的账房迁往宁波，究其原因，此时宁波为开放口岸，可以自由传教，而澳门则有可能会受到葡萄牙的干扰。次年，遣使会账房顺利搬迁。咸丰六年（1856），账房又迁至上海法租界，定名为首善堂。③

巴黎外方传教会是清中期在华传教的主力军，曾在澳门设立账房。第二次鸦片战争后（1863年），又在上海设立了办事处，取名三德堂。

方济各会最初把账房设在澳门，鸦片战争之后，开始在内地建立账房，但实施中并非一帆风顺。清咸丰八年（1858），卡洛齐神甫在苏州总铎区传教，"受传信部驻香港办事处的方济各账房神父昂布罗齐的委托，要他在上海建立一所账房，但没有成功"。④ 1923年，玛利亚方济各传教女修会（FMM）要求一位方济会士为指道司铎，经总会长赫龙柏（B. Klumper，1864－1931）批准，上海成立方济账房。次年，上海方济账房款待了来沪出席全国教务会议的会士⑤，充分发挥出账房在财务与教务中的双重功能。随着教务的发展，在中国内地设立账房或分账房，目标是进一步规范传教经费的管理与分配；而资金渠道的畅通，为更多传教经费进入中国内陆带来了便利。

---

① ［法］高龙鞶：《江南传教史》，第2册，第474页。
② ［法］高龙鞶：《江南传教史》，第2册，第623页。
③ 郭慕天主编：《浙江天主教史略》（待出版），第164页。《上海法租界史》记载的清咸丰七年（1857）五月十三日编制的房地产名单中有遣使会账房负责人吉埃里（Guierry），此人即苏凤文。
④ ［法］史式微：《江南传教史》，第1卷，第364页。
⑤ ［德］金普斯、麦克罗斯基：《方济会来华史（1294—1955）》，李志忠译，香港天主教方济各会2000年版，第30页。

综上所述，澳门不仅是西方传教士进入中国内地的跳板，也是海外传教经费输入中国的中转站。它因此承担了联络海外传教机构与中国内地天主教的重任，各传教修会纷纷在澳门设立账房，如葡属耶稣会账房、法属耶稣会账房、遣使会账房、巴黎外方传教会账房等。由于天主教在华活动与整个大历史息息相关，因而各传教机构从澳门获取传教经费的情况存在差异，驻澳门传教士对深入内陆、分属不同传教体系的传教士的态度也有亲疏之别；中国地域辽阔，越往北行，传教士距离澳门越远，除了福建等沿海教会能够从澳门获得经费，大部分区域一年一次，有时一年一次的经费也难以兑现。鉴于各传教修会从澳门获取的经费多来自海外，随着传教士在内地不断开拓新的传教区，一些教区开始考虑利用澳门的地缘优势进行资金积累，如江南教区的传道员杜保禄每年前往澳门，就是领取教区财产的息金，而本金则留在澳门的金融机构升值，由此保证传教经费的延续性。鸦片战争后，随着葡萄牙殖民势力的衰落，更多殖民列强侵入中国，分属不同国家的国际金融机构纷纷进驻中国内地的大都市（上海、天津、汉口等），不同传教修会开始把经费直接输入内地的金融机构，或在内地都市设立账房，如上海的首善堂（遣使会账房）、普爱堂（圣母圣心会账房）、三德堂（巴黎外方传教会账房），天津的崇德堂（耶稣会账房）等，而澳门作为天主教传教经费中转站的功能开始弱化，曾经繁忙的澳门账房业务部分也转入中国内地的账房，天主教在华传教事业呈现更加复杂的格局。

（康志杰为暨南大学澳门研究院研究员；吴青为暨南大学中国文化史籍研究所教授）

18世纪荷兰罗耶藏广州外销画册初探

江滢河

荷兰国家文化博物馆（原人种学博物馆）收藏着18世纪70年代初荷兰海牙律师简·西奥多·罗耶（Jean Theodore Royer）专门从广州订制的、包括2000多幅绘画作品在内的种类繁多的人工制品，这批私人订制是当年日益繁荣的广州贸易的副产品，更是多重历史的产物。它既是18世纪西方世界罕见的关于遥远中国的知识研究型收集，反映了17、18世纪荷兰的科学发展和文化追求，又是18世纪中叶之后走向成熟的广州外销画重要作品，凸显出广州外销画的显著特点，开启了近代早期的中西美术交流史。

一 罗耶画册的订制

简·西奥多·罗耶是18世纪荷兰海牙的一位律师，他兴趣广泛，对学问有着孜孜不倦的追求，尤其对中国社会和文化抱有极大热情，花费了很多时间研究中国文化和语言。[①] 作为加尔文派教徒，罗耶跟同时代很多荷兰人一样，不满耶稣会士所展示的中国，不轻易认同被耶稣会士美化的中国。为了纠正耶稣会士垄断欧洲传播中国信息所造成的偏见，罗耶决定自己学习中文，收集有关中国的可靠信息。

从1770年开始，罗耶在其荷兰东印度公司朋友及有关中国友人的帮助下，直接从广州订制并收集了大量物品，以便了解学习中文、中国社会。罗耶订制包括大量纸本水粉画册，题材包括植物画、动物画、中国各

[①] Jean Theodore Royer 的生平事迹请参阅 J. van Campen，*De Haagse jurist Jean Theodore Royer (1737–1807) en zijn verzameling Chinese voorwerpen* （Ph. D thesis），Hilversum，2000。

种人物画、市井行业画等绘画作品，其中最引人注目的就是本画册所收录的 22 册描绘中国街头各式人物的画册。这是当时非常少见而又题材全面的中国市井风貌图册。这 22 个画册为纸本水粉画，尺寸较大，分两种类型，一类十册，每册 32 幅，每幅尺寸 25.5 厘米×24.5 厘米，描绘的内容属于城市生活中的街头各式市井人物和各个行业；一类十二册，每册 24 幅，每幅尺寸 29.7 厘米×33.8 厘米，描绘的内容除了一些反映城市生活的市井人物和行业形象外，还包括戏曲人物、《皇清职贡图》中反映岭南诸州府少数族裔的男女形象等。所有人物大多数单独成画，少量由两个人物构成某个行业工作的景象。两类画册总共 608 幅，描绘的中国社会市井人物均形象精致，颜色鲜艳，栩栩如生，蔚为大观。这是目前所知的时间最早、数量最多、形象最丰富的广州外销市井人物画。①

17 世纪以来，荷兰凭借发达的航海事业、高度发展的商业经济，宗教宽容的社会文化，发展成高度城市化的国家，为科学思想的繁荣准备了肥沃土壤，极大地促进了科学知识的发展和传播。在这一过程中，荷兰东印度公司在世界各地拓展贸易，各种新奇的信息不断涌现，极大刺激了荷兰人的好奇心和科学热忱。对于荷兰来说，中国与财富相伴，从 17 世纪初荷兰东印度公司成立以来，大量丝绸、瓷器和茶叶等通过贸易渠道进入荷兰和欧洲，与此相伴的是大量中国文化产品，包括外销瓷、外销漆器、外销墙纸、外销画，乃至各种人工制品在内的中国物品，也从广州外销到荷兰。罗耶订制的就是广州贸易的副产品，有赖于荷兰东印度公司的贸易渠道，反映了荷兰社会对了解中国社会文化的渴望。荷兰东印度公司的商业网络成为科学知识和信息传播的重要网络，该公司的雇员接受科学家和收藏家的委托，成为世界各地的科学信息和标本搜集的主要行动者。于是，荷兰逐渐出现了非常重要的科学收藏，成为欧洲的信息中心和传播中心，对其他国家的人士非常具有吸引力。17、18 世纪，荷兰自然科学家绘制了很多动物、植物和人的图画，他们热衷出售这些图像资料。他们与印刷

---

① 世界各大重要博物馆均有清代广州外销市井人物画的收藏，比较重要的包括美国迪美博物馆藏广州外销画，见黄时鉴、[美]沙进《十九世纪中国市井风情——三百六十行》，上海古籍出版社 1999 年版；英国大英图书馆，见王次澄等主编《大英图书馆特藏清代中国外销画精华》，广东人民出版社 2007 年版；普林斯顿图书馆收藏有一套超过将近 700 幅（共 7 册）的广州外销画的线描图，其中包括大量市井人物，详情参见 http：//arks.princeton.edu/ark：/88435/np193b460（最后访问时间：2021 年 1 月 24 日）。

人、画家及其他艺术家合作，创造了很多图绘的百科全书，从这个意义上讲，荷兰东印度公司对近代科学、自然史、博物学、人种学等学科的发展有独特贡献。① 罗耶在友人帮助下，聘请广州外销画家绘制大量图画，并为每一幅图画写上标题和相关文字说明，作为学习中文、编撰中文字典的重要资料，也是展示中国社会真实生活状态的重要内容。

可以说罗耶画册是由罗耶、荷兰东印度公司职员和广州外销画家共同完成的，极为生动地反映出不同文化相遇的场景。作为商业贸易公司的据点，广州十三行商馆区集商贸交往与文化交流于一身，在中西文化交流上也曾发挥重要作用，凸显全球化时代知识流通承担者的多样性。在这个文化相遇中，广州外销画家的画笔下，中国传统绘画的有关题材在中西不同视觉体系中转化，成为荷兰人了解中国的信息来源，形塑着荷兰人对中国的想象，荷兰对中国传统社会形成的认知套式也在某种程度上影响着广州外销画家的主题选择和技巧运用，其中的历史因缘令人深思。

二 罗耶画册与广州外销画的成熟

中国出口绘画作品的历史可以追溯到17世纪末，在中国东南沿海进行贸易的英国东印度公司就已经有购买有关绘画作品的记录。② 早期比较重要的广州外销画画册，如美国迪美博物馆藏的德格里画册，③ 绘制于18世纪30年代末，画面呈现出明显的中国绣像画传统，被英国人编辑装订成画册，以奇风异俗为特点，满足英国人对异域的好奇心。

罗耶画册绘制于18世纪70年代，这是广州体制日渐稳定、中外贸易

---

① Daniel Margocsy, *Commercial Vision, Science Trade and Visual Culture in the Dutch Golden Age*, chapter Ⅰ, Baron von Uffenbach Goes on a trip, The infrastructure of international Science, The University of Chicago University, 2014.

② Paul A. Van Dyke, Miscellaneous References to Artisans of the Canton Trade 1700 – 1842, *Review of Culture*, International Edition, 59, 2019, Macau, p. 122.

③ 美国麻省迪美博物馆数量丰富的中国外销画收藏中，有一本画册十分引人注目，收藏号AE85315，被称为"托马斯·菲利普·德格里伯爵画册"（Thomas Philip Earl de Grey Album）（简称"德格里画册"）。不少学者在论述中曾对"德格里画册"的相关历史内容进行过探讨，包括Wiiliam Sargent, Asia in Europe, Chinese Paintings for the West, in *Encounters, The meeting of Asia with Europe 1500 – 1800*, ed. By Anna Jackson and Amin Jaffer, V&A Publications, 2004, pp. 174 – 181; David Clark, *Chinese Art and Its Encounter with the World*, Hong Kong Press University, 2011, pp. 27 – 28, 讨论齐呱时提到了迪美收藏的这幅画册；Yeewan Koon, Narrating the city, Pu Qua and the Depiction of Street life in Canton, in Ed. By Petra Ten – Doesschat Chu and Ning Ding, *Qing Encounters, Artistic Exchanges between China and West*, Getty Research Institute, 2015, pp. 216 – 231。

日益繁荣的时代，越来越多的外国人抵达广州，十三行商馆区也呈现出日益西化的面貌，[①] 也是外销艺术品走向成熟的时代。中西贸易所带来的人员交流多元化和文化交流的深入，催生了大量质量上乘的各式外销画作品，体现出广州外销画家的非凡生命力、适应性和创造力。广州早期最重要的外销画家斯泼伊隆（Spoilum）这一段时间在广州开设画铺，为西方人绘制各种油画肖像和船舶画，其画铺成为西方人在广州的流连之地[②]；十三行商馆画非常盛行，成为西方人携带回国的最佳纪念品；[③] 潘启官一世订制自己的玻璃肖像画作为礼物赠送给瑞典东印度公司的朋友。[④] 这一时期广州出口的外销玻璃画和外销壁纸无论是数量和质量都达到顶峰，出现了不少技艺高超、色彩斑斓的代表性作品，[⑤] 以回应欧洲此时逐渐走向鼎盛的"中国趣味"。

可见，从广州外销画整体发展情况来看，进入18世纪70年代，广州已经出现了稳定的外销画家群体，他们已经逐渐掌握了西方绘画技法的要领，绘制出了成熟体现西方技巧和艺术表达的各种类型、题材多样、呈现中西因素融合的各式外销画作品，可以说罗耶画册就是广州外销画进入成熟时期的代表性作品。18世纪80年代之后，中西贸易中英国一家独大。[⑥] 此后，广州外销画的绘制更加受到欧洲尤其是英国绘画艺术风格的影响，虽然专业化水平更高，商业化程度也更深，但艺术表现手法上逐渐出现了单一化的倾向。进入19世纪之后，随着广州外销画家开始使用更廉价和适合艳丽色彩的通草纸作画后，整体而言，外销画则更多以流水线生产方

---

① Paul A. Van Dyke and Maria Kar‑wing Mok, *Images of the Canton Factories*, 1760–1822, Chapter 2, The Opening of Trade and the Debt Crisis, 1771–1781, Hong Kong University Press, 2015, p. 9.

② Carl Crossman, *The Decorative Art of China Trade*.

③ Paul A. Van Dyke and Maria Kar‑wing Mok, *Images of the Canton Factories*, 1760–1822, Chapter 2, The Opening of Trade and the Debt Crisis, 1771–1781, Hong Kong University Press, 2015, p. 9.

④ *The Golden age of China Trade*.

⑤ 详情参阅江滢河《清代广州外销玻璃画与18世纪英国社会》，载江滢河主编《广州与海洋文明Ⅱ》，中西书局2018年版。Emile de Brujin, *Chinese Wallpaper in Britain and Ireland*, Philip Wilson Publishers, London and New York, 2017。

⑥ Paul A. Van Dyke, Cosmopolitanism VS British Dominance, Conflicts of Interest in the Canton Trade, 1784–1833, Paper for the Workshop Canton and Cosmopolitanism, Sun Yat‑sen University, Nov. 23–24, 2019.

式绘制，销量越来越大，价钱也越来越便宜，绘画呈现越来越程式化的面貌，以色彩新鲜和异国情调吸引西方人，装饰性越来越强，旅游纪念品的属性日益明显，知识性和文化价值逐渐减弱，艺术性也大不如前。

广州外销画以其题材多样性和广泛性凸显历史文化价值，成为研究中西文化交流史和广州口岸社会文化的重要材料。艺术上则长期因其"行画"的性质而不受重视，黄时鉴先生曾高度评价外销画的历史地位："一部完整的中国美术史应该含有民间美术，包括中国外销画。……广州绘制'洋画'的百年以上的丰厚传统宜当更多加以研究，俾使中国和西方不会失却东西文化交流史上的这一重要篇章。"① 这种评价提示我们，应该重视外销画在艺术史上的价值。罗耶画册所呈现的中西视觉文化因素的共存方式，提供了探究外销画的艺术价值与中西视觉文化关系的机会。研究者应该结合外销画具体作品及其语境，讨论画作所呈现的中西因素的共存方式及其变化过程，避免静态地看待广州外销画。罗耶画册绘制于18世纪70年代，画册从绘画、制作到装订成册呈现出完整的工艺，可以说是广州外销画成熟时期的重要作品。此次引进罗耶画册，希望推进对广州外销画艺术性的相关研究。

三 罗耶画册的中与西

罗耶订制的22个画册包括两种类型，其中第一种画册主要包括各色中国市井人物，既有来自社会上层的社会耆老、官员、贵妇等人物形象，也有反映社会底层各色人等包括贩夫走卒、流民乞丐等人物形象，诸如此类。第二种画册更加专门化和专题化，包括一些特殊专题的画册，比如戏剧人物、刑罚与犯罪、少数族群人物形象等。与之前出口到欧洲的中国绘画相比，罗耶订制从绘画题材、绘制技巧和画册编订等各个方面都产生了明显的变化，可以说是全新广州外销市井画范式的典型作品。罗耶画册在绘画主题上逐渐贴近现实生活，画面人物背景由实景变成空白，每一幅图画都给出了明确标题指示人物的身份或者职业，标题不少以广州方言"除胸乞儿"（378页g15，"除"是"搥"的广州话发音），也有一些人物是岭南特有的职业，比如"木鱼妹"（377页h8）等，透露绘制者或者粉本

---

① 黄时鉴、[美]沙进编：《十九世纪中国市井风情——三百六十行》，上海古籍出版社1999年版，第10页。

的广州根源。

与前述绘制于18世纪30年代末的英国德格里画册,以及早期外销壁纸上的人物画所体现的绣像传统不一样,广州外销画家在荷兰人的要求下,虽然仍然使用中国传统人物题材,但创作出的是不同于中国市井画意境的社会生活图画,每一幅图画上都标有中文标题,第二类画册甚至还请人对标题进行了拉丁文释读,以符合西方顾客订制和要求,目的性非常明显。这些画作从中国传统社会呈现视觉性的绘画,转向了西方人眼中具有知识性的图片,以展现中国知识,被西方人放置在正在完善中的社会分类系统中,因而丰富了欧洲海上扩张以来逐渐形成的新知识体系。

中国传统绘画中的风俗人物及其他类型的人物画均有其原始语境和具体含义,往往表达中国人的生命意识、审美趣味,具有超越个体形象的意义和作用。尤其是明代以来,各种图谱、图绘以及小说、戏曲绣像的大量出版发行,有关视觉文化题材在社会生活中扮演着越来越重要的角色,为民间美术提供了大量的素材。传统画坊制作生产均使用某种图样册,他们将最受市场欢迎的作品汇总到图样册中。17世纪晚期以来社会上出现了很多图样或简笔画稿,相关"谱子"和"粉本"大量出现。日益繁荣的视觉文化素材及其表现手法,使人物画和市井风俗画大量出现,为广州外销画家们提供了取之不尽的素材,很多人物形象和题材都可在罗耶画册中找到身影。

本文尝试选取若干画作,对其中的中西文化因素进行探讨。罗耶画册中有一种题材非常引人注目,在罗耶画册所有的608幅图画中,其中23幅图画描绘了中国市井生活中出现的各种"乞丐",包括"苦链修行"(377b25),"头灯修行"(377b28),"捶胸"(377c30),"抄化"(377d8),"化钱"(377f8),"老乞儿"(377f29),"风瘫"(377f32),"募化"(377g10),"化香米"(377j8),"捶胸"(377j18);"游方"(378d14),"头陀"(378e1),"募化和尚"(378e3),"几地乞儿"(378g9),"贝蓝乞儿"(378g10),"大春乞儿"(378g11),"法风乞儿"(378g12),"破头乞儿"(378g13),"花子"(378g14),"除胸乞儿"(378g15),"吞刀乞儿"(378g19),"贫婆"(378g23),"花子"(378j3)等。

这类人群在中国传统社会被归入"市道丐者",是中国传统绘画时常出现的题材,与他们一道被列入"市道丐者"的还包括城市生活中以杂耍、歌唱和表演而行乞等职业性乞丐的那些归于"九流百家"的人物,他们在罗耶画册中也有不少描绘,比如"唱道情"(377a5)、"瞽目"(377a7)、"老和尚"(377a23)、"打拳"(377b4)、"收香资"(377c21)、"舞鼓"(377e8)、"戏法"(377e9)、"舞马猴"(377e16)、"舞蛇"(377f23)、"木鱼妹"(377h8)、"花鼓婆"(377i2)、"唱乱弹"(377j31)、"跳马骝"(378f4)、"花鼓公"(378f5)、"跳花鼓婆"(378f6)、"打琏相"(378f19)、"清唱"(378g16)、"盲妹"(378g21)、"唱命"(378g22)、"舞蛇"(378h13)、"唱道情"(378i10)、"唱花鼓公"(378i16)、"舞麒麟"(378j4)、"弄戏法"(378k22)等,诸如此类,这些人物画将近50幅,蔚为大观,可谓描绘中国城市生活底层市井状况的人物画集,下面以此类人物画为例,简单说明罗耶画册的历史特点、文化意义和艺术价值。

"市道丐者"和"九流百家"题材在中国传统绘画中出现的频率非常高,在描绘城市生活的绘画作品中时常可以见到他们的身影。张择端《清明上河图》呈现北宋开封繁荣的城市生活景象,其中描绘的各色人物中就包含乞丐和市井人物图。《清明上河图》成为后世历代画家的摹本,历代画家结合各地城市的特点,创作了反映南京、苏州、北京等地不同的仿本,形成了"清明上河图系"的绘画。[①] 这些描绘城市面貌和城市生活的绘画,立足于现世欢乐繁荣的城市生活,描绘当时代的人、物、景,或体现皇家盛世,或表达城市风情,成为明清时期受到社会追捧的文化产品,不胜枚举。这些仿作各有去向,大部分作为文化产品进入了城市的书画市场,为人争购,使人们在视觉上产生愉悦,成为人们观看城市生活的窗口,变成长盛不衰的文化消费品。绘制这些画作的作坊拥有各种稿本,供画家选择适当的题材拼合成各种不同的长卷,以满足不同需要,彼此相似而又各有不同,其中就包括各种乞丐形象。

盛世城市生活图中所描绘的乞丐之外,中国传统绘画还出现了如《太平风会图》《流民图》《百丐图》《饥民图》等题材的作品,其中也描绘了大量乞丐形象,传统由来已久。明清时代,相关"市道丐者"和"九流百家"等市井人物形象成为人们津津乐道的绘画主角,各种相关的绘画中出现过数十个甚至数百个相关人物形象。以乞丐形象为例,甚至逐渐产生了

---

① 详情参阅薛凤旋《清明上河图与北宋城市化》,香港中和出版有限公司2020年版,第14—15页。

一些"标准"的乞丐像,如周臣著名的《流民图卷》中,绘制了9名标准乞丐,其中3人斜背草席,3人手拿破碗,5人手持打狗棍,甚至于篮子、罐子以及身上悬挂的筒状物等诸如此类的配置。① 有些图画人物出现了固定配置的图像模式,诸如耍蛇、耍猴,以及特殊女性乞丐形象等出现在这类绘画中成为固定配置。②

由此可见,明清时期中国视觉文化中,"市道丐者""九流百家"等形象已经是绘画图卷中的常见主题,不论是"清明上河图系"的城市生活,还是各种乞丐图和流民图,他们往往并不是孤立的"人物",出现在不同的绘画中,他们往往与其他视觉元素一道构成整体,反映出不同的意义,表达具体的故事结构或象征性意义,或者反映皇家盛世,或者体现画者心声。

仔细观摩明代周臣所绘《流民图卷》中的若干乞丐形象,我们可以发现画中的不少乞丐形象,都可以在罗耶画册中找到构图姿态基本一致的相应绘画。比如《流民图卷》中的"唱道情""舞蛇人""舞猴",分别对应罗耶画册中的"唱道情"、"舞蛇"和"舞马骝",既体现中国传统来源,又呈现广州特点。至于其他同类型的绘画中也可以找到类似对应的人物形象,比如清代胡葭的《流民图册》出现的乞丐,在罗耶画册中分别出现"风瘫"和"几地乞儿"与之相似。

唱道情　　　　377a5 唱道情

(明)周臣《流民图卷》(局部)檀香山美术馆藏本

---

① 黄小峰:《红尘过客——明代艺术中的乞丐与市井》,载《中国书画》2019 年第 11 期,第 5 页。
② 黄小峰:《红尘过客——明代艺术中的乞丐与市井》,载《中国书画》2109 年第 11 期,第 5 页。

舞蛇 　　　　　　　　　　　　　　　378h13　舞蛇

(明) 周臣《流民图卷》(局部) 檀香山美术馆藏本

舞猴 　　　　　　　　　　　　　　　378f4　舞马骝

(明) 周臣《流民图卷》(局部) 檀香山美术馆藏本

流民妇 　　　　　　　　　　　　　　378g23　贫婆

(明) 周臣《流民图卷》(局部) 檀香山美术馆藏本

(清) 胡葭《流民图册》之一 纸本设色（中央美术学院美术馆藏）

377f32 风瘫

378g9 几地乞儿

广州外销画家们并非只是简单地把传统长卷上的人物打散，单独绘制成图画进行编辑装订。他们从各种绘本和粉本中把各种人物单独分离出来，删减背景、增加动作，把诸如手棍、篮子、罐子等固定配置添加到不同人物身上，是对这些人物画进行了有目的的加工，清晰地描绘出人物及其职业，以达到真实的效果。这些人物图上体会不到传统绘画的意境，却能够让观者感受到是在直面现实生活中的真实人物。因此，画册所体现的不仅是画家对西方透视及明暗等绘画技巧的掌握，更体现在绘画元素的使用上，使画面整体趋向于一种人种志风格的绘画。因此，我们不能简单地将罗耶画册的乞丐行乞当成外销画家对中国传统粉本的机械临摹，简单回应西方顾客的需要。他们的绘制和创作已经超越了临摹，成为一种新的创造。

罗耶画册中不仅包括分散在各个画册的这 50 多个"九流百业"人物图，还包括戏曲人物图（378b 画册）、《皇清职贡图》中的岭南少数族群人物图（378a 画册和 378l 画册）、《耕织图》中从事劳作的女工形象（378f9–378f16），以及各类刑罚人物图（378g1–g8），等等，混杂在一起编订。广州外销画家们把这些中国传统绘画中已经有固定套式的人物形象，参用西方写实技法绘制出来，在视觉表达上当然是无法体现中国传统的故事情境和审美意趣，反映的是西方人对中国社会行业、经济生活和日常行为的关注。

罗耶虽然不曾亲自来到广州，仍然通过其在荷兰东印度公司的友人参与了画册制作。广州外销画家根据荷兰顾客的意愿，挪用和改造了中国传统视觉传统的绘画题材，并对这些题材进行了改造。外销画家在西方人的要求下为所有图画冠上相应标题，有的还配上了拉丁文解释，赋予每个图画人物明确的职业身份，成为中国"真实"信息的来源，由此建构出中国社会行业、经济生活、文化生活和日常行为的"真实性"。在西方人看来这些绘画忠实地描绘了中国社会风俗和人物形象，使人物具有族属意义，具备一定的真实性。不过这些在中国传统视觉文化中已经套式化的人物画，抽离具体背景和情节，聚焦或者突出某种特征，在理解上容易得出抽象化的结论，形成空泛僵化的认识。可以说广州外销画家们通过其画笔，赋予了这些套式化的人物形象以某种程度的"真实"意义，西方社会可以通过这些"真实的"图像了解中国社会，强化了他们对异域中国的认识。在这个过程中，罗耶画册完成了中西文化系统的跨越，相关人物形象被纳入了西方视觉文化中，在中西转换中产生了新的文化意义，成为中西共享的视觉元素。

18世纪中叶以来，全球性的资本、信息、技术日益汇聚广州，多种因素共同促使广州本地工艺的外向型倾向日益明显，广州外销画家们表现出了很强的主动性和创造力，范岱克和莫家詠在其《广州十三行西洋商馆图志》中对这种主动性和创造力给予了充分肯定。[1] 广州外销画创作是以外销为导向的文化产品，画家们克服困难，发扬精益求精的工匠精神，主动吸收外来因素，融合中西又不是简单地拼凑中西，完成了从临摹到模仿的艺术创作过程，罗耶画册深刻体现出这种特点。

（作者为中山大学历史系教授）

---

[1] Paul A. Van Dyke and Maria Kar-wing Mok, *Images of the Canton Factories, 1760–1822*, Chapter 2, The Opening of Trade and the Debt Crisis, 1771–1781, Hong Kong University Press 2015, p. 100.

清初来华传教士对世界地理知识的介绍

——以《坤舆图说》为中心所做的分析

马 琼

《坤舆图说》是清初来华比利时籍耶稣会士南怀仁编撰的一部介绍世界地理知识等的书籍，是书成于清康熙十三年（1674）。[①] 全书分为卷上和卷下两部分。其中，卷上部分先概括性地介绍了地圆说、五个气候带、五大洲及其四至、经纬度和如何用经线确定时间等内容。然后按照"地体之圆"（并配图解）、"地圆"（亦配图解）、"地震"、"山岳"、"海水之动"、"海之潮汐"、"江河"、"天下名河"、"气行"、"风"、"云雨"、"四元行之序并其形"和"人物"的次序介绍了地球不同地点的时差、地圆说、气候带和五大洲的分界，地震的成因，当时世界各地名山及其高度、海洋洋流、海潮的运动、江河的成因、天下名河及其长度、气的运行和分类、风雨等现象的成因，水、土、火、气等四元素的序列和其形貌，并分析了天下人物各国各地不同之原因。

卷下则分别介绍了亚细亚州（亚洲）、欧逻巴州（欧洲）、利未亚州（非洲）、亚墨利加州（美洲）和墨瓦蜡泥加（想象中的南方大陆，在地图上的位置大概在今天的南极洲及其周围地区）[②] 五个大洲的地理位置、历史概貌和风土人情等内容，以及海洋的相关知识。在全书之末，还附有异物图、海舶、七奇图和公乐场图，用图文相间的方式，分别介绍了无对鸟等23种动物、海洋船舶的样式、当时世界七大奇迹，以及位于欧逻巴州意大理亚国罗玛府的公乐场（古罗马的斗兽场）

[①] ［比］南怀仁编撰：《坤舆图说》，丛书集成初编本，商务印书馆1937年版。
[②] 关于墨瓦蜡泥加是何地，可参见［意］艾儒略撰，谢方校释《职方外纪校释》，中华书局2000年版，目录，第142页。

等内容。

南怀仁《坤舆图说》一书中对世界地理知识的介绍并不是首创，在他之前，已有耶稣会士利玛窦（1583年来华）、龙华民（1597年来华）、高一志（1605年来华）、熊三拔（1606年来华）和艾儒略（1613年来华）[①]等人编撰过类似的著作：如利玛窦刊印多次的《坤舆万国全图》、龙华民的《地震解》、高一志的《空际格致》、熊三拔的《表度说》以及艾儒略的《职方外纪》，等等，这些著作不仅介绍了地理大发现以来的世界地理知识，还介绍了不少自然地理现象及其成因。南怀仁在编撰《坤舆图说》一书时，参考了上述著作，《坤舆图说》的四库提要中写道："是书上卷，自坤舆至人物分十五条，皆言地之所生；下卷载海外诸国、道里山川、民风物产，分五大州，而终之以西洋七奇图说。大致与艾儒略《职方外纪》相互出入，而亦时有详略异同。"[②]而南怀仁自己也在《坤舆图说》卷上开篇提到"《坤舆图说》者，乃论全地相联贯合之大端也。如地形、地震、山岳、海潮、海动、江河、人物、风俗、各方生产，皆同学西士利玛窦、艾儒略、高一志、熊三拔诸子通晓天地经纬理者昔经详论，其书如《空际格致》《职方外纪》《表度说》等，已行世久矣。今撮其简略，多加后贤之新论，以发明先贤所未发大地之真理。"[③][④]

除了对之前入华耶稣会士的著作有所参考之外，《坤舆图说》一书也介绍了与这些著作不一样的内容。尤其是利玛窦带来的世界地理学知识偏重于地图上的展示，艾儒略的《职方外纪》也仅介绍了地圆说和世界五大洲内各国的风土人情及部分海洋的情况，而南怀仁的《坤舆图说》不仅介绍了《职方外纪》中所介绍的内容，还增加了对地质现象和世界奇迹等的介绍，并附有图画。因此，南怀仁的《坤舆图说》是这一个阶段西方地理学知识入华的集大成之作，研究此书，对于更为深入地了解以传教士为媒介的西方地理学知识的入华有重要意义。

[①] 关于利玛窦等传教士来华的时间，详见［法］费赖之《在华耶稣会士列传及书目》（上），冯承钧译，中华书局1995年版，第32、64、88、107、133页。

[②] 《四库全书卷首凡例（二）》，《景印文渊阁四库全书》，台北商务印书馆1986年版，第397页。

[③] 此处标点为笔者所加。

[④] ［比］南怀仁编撰：《坤舆图说》，丛书集成初编本，商务印书馆1937年版，第5页。

一　学术史回顾及本文拟解决的主要问题

此前学界关于《坤舆图说》的研究，较早可以追溯至 20 世纪 30 年代，1937 年，日本学者鲇泽信太郎发表了《南［懐］仁の坤舆图说と坤舆外记に就いて——特に江户时代の世界地理学史上に于ける》一文，文中除介绍了《坤舆图说》一书在日本的存藏概况外，还提出了《坤舆图说》对日本江户时代的世界地理知识的发展具有一定的影响。① 次年，日本学者秋冈武次郎也通过研究《坤舆图说》，发表了系列文章《南懐仁の坤舆图说について》。②

1998 年，霍有光出版了《中国古代科技史钩沉》，其中对南怀仁《坤舆图说》一书的评价比较高。他认为，《坤舆图说》是继《职方外纪》之后的一部值得称道的传播西方科技文化的书籍，书中不仅引进了西方关于世界地理、地质、海洋学等方面的科学技术成果，更重要的是还反映了西方人在科学研究中的思维与推理方法，开阔了中国人的眼界。③

进入 21 世纪之后，中外学者对南怀仁《坤舆图说》的研究更加深入，也取得了更多的成果。

2001 年，林东阳发表《南怀仁对中国地理学和制图学的贡献》一文，点明了《坤舆图说》在中国地理学史上的重要地位。④

2003 年，崔广社发表《〈四库全书总目坤舆图说〉提要补说》，提出《坤舆图说》一书是为了解说南怀仁《坤舆全图》而作。⑤

2004 年，邹振环发表《南怀仁〈坤舆格致略说〉研究》一文，对《坤舆图说》的版本、内容及成书经过等问题进行了讨论，并提出《坤舆图说》是《坤舆格致略说》一书的修订本，《坤舆全图》是南怀仁在《坤

---

①　[日] 鮎泽信太郎:《南［懐］仁の坤舆图说と坤舆外记に就いて——特に江户时代の世界地理学史上に于ける》，载《地球》1937 年第 27 卷第 6 期，第 26—33 页。

②　[日] 秋冈武次郎:《南懐仁の坤舆图说について》(一)、(二)、(三)》，《地理教育》第 29 卷第 1、2、3 号，1938 年。

③　霍有光著:《中国古代科技史沟沉》，陕西科学技术出版社 1998 年版，第 195 页。

④　林东阳:《南怀仁对中国地理学和制图学的贡献》，收入 [比] 魏若望编《传教士·科学家·工程师·外交家：南怀仁——鲁汶国际学术研讨会论文集》，社会科学文献出版社 2001 年版。

⑤　崔广社:《〈四库全书总目坤舆图说〉提要补说》，《图书馆工作与研究》2003 年第 1 期，第 53—54 页。

舆图说》和《坤舆格致略说》两书的基础上编绘而成的。①

2005年，日本学者内田庆市发表《南［懷］仁の坤舆图说と坤舆外记に就いて》一文，对于为什么尼德兰画家黑姆斯克（Marten van Heemskerck, 1498-1574）绘制的罗得岛人像的右手持火炬，而《坤舆图说》中绘制的"罗得岛巨人像"却是左手持火炬的问题进行了讨论。②

2006年，梁若愚发表了《南怀仁的〈七奇图说〉——兼论清人对〈七奇图说〉的排斥与接受》，对《坤舆图说》最后一部分"七奇图"进行了专门的研究，并对清代人对于"七奇图"的排斥和接受这一问题进行了讨论。③

2008年，黄兴涛发表了《西方地震知识在华早期传播与中国现代地震学的兴起》一文，对《坤舆图说》中的地震知识的来源进行了探讨。④

2011年，邹振环又发表了《〈七奇图说〉与清人视野中的"天下七奇"》，对《坤舆图说》中所附的"七奇图说"这一内容及其来源进行了再探讨。⑤ 此外，在2014年，邹振环还发表了《明末清初输入的海洋动物知识——以西方耶稣会士的地理学汉文西书为中心》一文，对《坤舆图说》中所介绍的海洋动物进行了研究。⑥

同年，台湾佛光大学的沈依安完成了他的硕士学位论文《南怀仁的〈坤舆图说〉研究》，对《坤舆图说》一书进行了更为全面的研究。在他的论文中，沈依安分别用五个章节的内容，论述了《坤舆图说》的写作渊源与内容架构；《坤舆图说》一书的资料剪裁与编撰的方式；南怀仁在编

---

① 邹振环：《南怀仁〈坤舆格致略说〉研究》，收入李孝聪主编《中外关系史：新史料与新问题》，科学出版社2004年版，第289—303页。
② [日] 内田庆市：《南［懷］仁の坤舆图说と坤舆外记に就いて》，《或问》2005年第10期，第179—183页。
③ 梁若愚：《南怀仁的〈七奇图说〉——兼论清人对〈七奇图说〉的排斥与接受》，收入汤开建主编《澳门历史研究》，2006年第5期，第153—159页。
④ 黄兴涛：《西方地震知识在华早期传播与中国现代地震学的兴起》，《中国人民大学学报》2008年第5期。
⑤ 邹振环：《〈七奇图说〉与清人视野中的"天下七奇"》，收入中国社会科学院近代史研究所、比利时鲁汶大学南怀仁研究中心编、古伟瀛、赵晓阳主编《基督宗教与近代中国》，社会科学文献出版社2011年版，第499—529页。
⑥ 邹振环：《明末清初输入的海洋动物知识——以西方耶稣会士的地理学汉文西书为中心》，《安徽大学学报》2014年第5期，第78—87页。

·748·

写《坤舆图说》时，主要选择哪些资料作为参考；与之前的传教士的地理学著作相比，《坤舆图说》一书的创新之处；以及《坤舆图说》的反应与价值。其中，对《坤舆图说》一书的资料剪裁与编撰方式这一部分，特别是对《坤舆图说》与《职方外纪》内容的对比研究尤其扎实。只是，在做关于《坤舆图说》研究的学术史回顾时，如能关注到邹振环的相关研究成果会使这个学术史的回顾更为全面一些。①

此外，2011年11月召开的主题为17、18世纪（1662—1722）中西文化交流的两岸故宫第三届学术研讨会上，赖毓芝也发表了《知识、想象与交流：南怀仁〈坤舆全图〉之动物图像研究》一文，在这篇文章中，赖毓芝也以《坤舆图说》一书中所描绘的动物为中心，对书中的动物是什么动物，这些动物的图像来源于何处，以及这些图像如何向人们传达当时的欧洲地理与自然史知识等问题进行了探讨。

2012年，徐光宜又发表了论文《明清西方地震知识入华新探》。②是文在黄兴涛论文的基础上对《坤舆图说》中"地震"内容的来源做了更为深入的探讨，但无论是黄兴涛，还是徐光宜，对于《坤舆图说》中异于《地震解》和《空际格致》的内容来源于何，均未做进一步的考察。

上述研究更多地关注南怀仁的《坤舆全图》的研究，也取得了不少成果。而对南怀仁《坤舆图说》一书的研究还远远不够，书中的很多具体的问题，还有待进行更为深入的研究。

比如：《坤舆图说》中来源于利玛窦《坤舆万国全图》、《职方外纪》《地震解》和《空际格致》中的内容的另外几处重要的不同，如，为什么《坤舆图说》中对忽鲁谟斯的记载内容上与《职方外纪》一致，但名称上却改为"阿尔母斯"？又为什么南怀仁没有参考《职方外纪》，把忽鲁谟斯的记载放在"百尔西亚"条，而是像利玛窦的《坤舆万国全图》的解说一样，单列一条，放在亚洲部分介绍？再如，《坤舆图说》中对于亚洲四至的地点的介绍也与《职方外纪》不同，而是与《坤舆万国全图》的

---

① 沈依安：《南怀仁的〈坤舆图说〉研究》，台湾佛光大学历史学系硕士学位论文，2011年7月。
② 徐光宜：《明清西方地震知识入华新探》，《中国科技史杂志》2012年第4期，第473—484页。

相关解释一致，南怀仁又为什么做了这样的处理？还有，《坤舆图说》中关于"地震"部分的记载，除了参考龙华民的《地震解》和高一志的《空际格致》中的相关内容之外，还有关于气与地震的关系的一部分内容在上述两本书中难以找到，这些内容又来源于何处？

这些具体问题的研究，对于进一步认识明清经由耶稣会士带来的世界地理知识的全貌，耶稣会士在传播这些世界地理知识的取舍原则，以及用地理学知识传教的社会影响等问题亦具有重要的意义。

因此，本文拟在重新考察《坤舆图说》内容来源的基础上，探讨如下问题：

1. 《坤舆图说》与《坤舆万国全图》、《职方外纪》、《空际格致》等著作的相关内容相比有何异同？在参考这些著作时，南怀仁采取了怎样的剪裁原则？这样剪裁的目的是什么？

2. 《坤舆图说》中的地震部分内容是否还有其他的来源？

3. 通过对上述两个问题的研讨，考察《坤舆图说》中的内容是否为当时较为先进的世界地理知识。

二 《坤舆图说》与《坤舆万国全图》、《职方外纪》、《空际格致》等著作中相关内容的异同及其成因

（一）相同之处

对比《坤舆图说》、《坤舆万国全图》、《职方外纪》和《空际格致》，可以发现如下几种相同之处。

1. 目录顺序一致

从目录看，《坤舆图说》与《职方外纪》在对世界地理知识介绍的逻辑顺序上几乎完全一致，都是按照亚细亚、欧逻巴、利未亚、亚墨利加、墨瓦蜡泥加和关于海洋的介绍为顺序编撰的；并且，每一个大洲之下对洲内各国介绍的顺序也基本一致。

比如：《坤舆图说》中对欧洲各国的介绍是按照"总说[1]、以西把尼亚、拂朗察、意大理亚、热尔玛尼亚、拂兰地亚、波罗泥亚、大泥亚

---

[1] 《坤舆图说》对欧洲的介绍是从概述欧洲总体情况开始的，但在文中，南怀仁并没有写出一个题目，而是直接介绍欧洲的概况。而《职方外纪》中，艾儒略为欧洲概况写了个题目，叫作"欧逻巴总说"。两者的内容大致相同。

诸国、厄勒祭亚、莫斯哥未亚、地中海诸岛、西北海诸岛"的顺序介绍的。①

而《职方外纪》中也是按照"欧逻巴总说、以西把尼亚、拂郎察、意大理亚、亚勒玛尼亚、法兰德斯、波罗尼亚、翁加里亚、大泥亚诸国、厄勒祭亚、莫斯哥未亚、地中海诸岛、西北海诸岛"的顺序介绍的。②

2. 内容大致相同

从正文看，《坤舆图说》与《职方外纪》对世界地理知识介绍的内容也大致相同，只是有些地方，南怀仁用更为简略的语言介绍出来。

比如：《职方外纪》的非洲部分对埃及人宗教信仰情况做了这样的介绍：

其国未奉真教时，好为淫祀，即禽兽草木之利赖于人者，因牛司耕，马司负，鸡司晨，以至蔬品中为葱为薤炎类，皆钦若鬼神祀之，或不敢食，其诞妄若此。至天主耶稣降生，少时尝至其地，方入境，诸魔像皆倾颓。有二三圣徒到彼化诲，遂出有名圣贤甚多。③

而在《坤舆图说》的相应部分则简写成："前好为淫祀，继有圣徒到彼化诲，遂出圣贤甚多。"④

3. 部分内容相同

《坤舆图说》中有部分内容与《坤舆万国全图》和《空际格致》相同：如，在《坤舆图说》中，南怀仁将《坤舆万国全图》的日本部分抄录下来，单列于对亚洲部分的介绍中。再如，《坤舆图说》中对"山岳"的介绍，"今摘天下各国名高山里数，开列于左："⑤ 一句之前的内容，与《空际格致》之"山岳"篇的介绍完全一致。⑥

---

① [比] 南怀仁编撰：《坤舆图说》，丛书集成初编本，卷下，商务印书馆1937年版，第89—113页。
② [意] 艾儒略撰，谢方校释：《职方外纪校释》，中华书局2000年版，"目录"，第2页。
③ [意] 艾儒略撰，谢方校释：《职方外纪校释》，中华书局2000年版，第110页。
④ [比] 南怀仁编撰：《坤舆图说》，丛书集成初编本，卷下，商务印书馆1937年版，第118—119页。
⑤ [比] 南怀仁编撰：《坤舆图说》，丛书集成初编本，卷下，商务印书馆1937年版，第31页。
⑥ [意] 高一志编撰：《空际格致》，卷上，收入《天主教东传文献三编》，台北学生书局1984年版，第883—884页。

(二) 相异之处

当然，《坤舆图说》与《坤舆万国全图》等书籍并不完全相同，归纳起来，《坤舆图说》、《坤舆万国全图》、《职方外纪》和《空际格致》等图书的差异主要有三类：

1. 删除的内容

(1) 南怀仁删掉了《职方外纪》中多处天主教的介绍。

如《坤舆图说》的"百尔西亚"篇中，对于《职方外纪》同样篇目中的"琐夺马"城被天主降火焚毁一事的介绍，南怀仁全部弃之不用。①

(2) 南怀仁删掉了《职方外纪》中多处带有"奇"字的内容。

《职方外纪》书中介绍了很多"奇"事物，比如，其"以西把尼亚"篇中提到了以西把尼亚三奇："有一桥万羊牧其上，有一桥水流其上，有一城以火为城池也"。② 在《坤舆图说》的相应篇目中，南怀仁删掉了这个记载。③ 对照《坤舆图说》与《职方外纪》，《职方外纪》书中大部分带"奇"字事物的介绍都被南怀仁删减掉了。

(3) 南怀仁删掉了《职方外纪》中关于世界五大洲内各国所处的经纬度等位置信息。

《职方外纪》一书中，在介绍世界五大洲内各国的时候，多处标注了当地的经纬度等位置信息。如在"亚墨利加总说"部分的第一段就有这样的记载：

> 亚墨利加，第四大州总名也。地分南北，中有一峡相连。峡南曰南亚墨利加，南起墨瓦蜡泥海峡，南极出地五十二度；北至加纳达，北极出地十度半；西起二百八十六度，东至三百五十五度。峡北曰北亚墨利加，南起加纳达，南极出地十度半，北至冰海，北极出地度数未详，西起一百八十度，东尽福岛三百六十度。地方极广，

---

① 参见［比］南怀仁编撰《坤舆图说》，丛书集成初编本，卷下，商务印书馆1937年版，第71—73页；［意］艾儒略撰，谢方校释：《职方外纪校释》，中华书局2000年版，第110页。
② ［意］艾儒略撰，谢方校释：《职方外纪校释》，中华书局2000年版，第77页。
③ ［比］南怀仁编撰：《坤舆图说》，丛书集成初编本，卷下，商务印书馆1937年版，第89—92页。

平分天下之半。①

在《坤舆图说》的相应部分，南怀仁将上段文字删减为：

> 亚墨利加，第四大州总名也。地分南北，中有一峡相连。峡南曰南亚墨利加，南起墨瓦蜡泥海峡，北至加纳达。峡北曰北亚墨利加，南起加纳达，北至冰海，东尽福岛。地极广，平分天下之半。②

在《坤舆图说》中，南怀仁把卷下部分世界各国的共十五位经纬度等位置信息全部删除。

无论删掉的是有关天主教的介绍，还是带有"奇"字的内容，又或者是世界五大洲内各国的位置信息，在南怀仁的这些剪裁中，我们都可以深刻地感受到南怀仁对待这些内容的谨慎态度。为什么南怀仁要这样谨小慎微？恐怕我们还是要通过考察南怀仁在华的个人经历来寻找原因。

南怀仁1659年来华后，先被派至陕西传教。后来在1660年5月奉召入京，辅佐汤若望神甫纂修历法。③ 因为汤若望使用新历，与原来钦天监回回科的官员产生了矛盾。④ 后来，与回回科官员站在同一阵线的新安卫官生杨光先引起历狱，汤若望因而下狱。彼时汤若望"已中风疾，身体残废……对于（杨光先）诬陷事，皆未能答辩，（南）怀仁毅然为之代辩"，因此也遭牢狱之灾。⑤ 1669年，这场历狱案才真正结束，汤若望等人的名声才得以恢复。

经历了这次重大变故，再加上此前此后长时间在朝廷担任修历的工作，使南怀仁十分小心谨慎。此后，在编撰上述内容时，对于仇教者比较敏感的天主教的内容，删掉了很大一部分。此外，再加上南怀仁本身从事修历、制图等工作，本来就具有科学精神，较为严谨，所以，去掉一些看

---

① [意]艾儒略撰，谢方校释：《职方外纪校释》，中华书局2000年版，第119页。
② [比]南怀仁编撰：《坤舆图说》，丛书集成初编本，卷下，商务印书馆1937年版，第128—129页。
③ [法]费赖之：《在华耶稣会士列传及书目》（上），冯承钧译，中华书局1995年版，第342页。
④ （清）赵尔巽：《清史稿》卷二七二，中华书局1977年版，第10021页。
⑤ [法]费赖之：《在华耶稣会士列传及书目》（上），冯承钧译，中华书局1995年版，第343页。

似荒谬的"奇"事"奇"闻,也就在所难免了。但是,南怀仁去掉的世界各国的经纬度,是否因为这些经纬度不够准确而被删除,还须做更为深入的考察。

2. 有所改动的内容

(1) 对于《职方外纪》中提到的亚细亚的四至有所改动。

在《职方外纪》的"亚细亚总说"篇中提到:"亚细亚者……其地西起那多理亚,离福岛六十二度;东至亚尼俺峡,离福岛一百八十度;南起爪哇,在赤道南十二度;北至冰海,在赤道北七十二度……"① 在《坤舆图说》的"亚细亚州"一篇中,上述内容被改为"亚细亚……其界南至苏门答喇、吕宋等岛,北至新增白蜡及北海,东至日本岛、大清海,西至大乃河、墨阿的湖、大海、西红海、小西洋……"② 但其改动的依据是利玛窦的《坤舆万国全图》。③

(2) 海洋部分的内容介绍次序有些微的不同。

《职方外纪》卷五中,按照"四海总说"、"海名"、"海岛"、"海族"、"海产"、"海状"、"海舶"和"海道"分别介绍了世界海洋的相关知识。但在《坤舆图说》中,则是按照"四海总说""海状""海族""海产""海舶"的次序介绍世界海洋知识。把"海状"部分的内容提前,使《坤舆图说》中的相关内容看起来更加符合逻辑。

(3) 将"忽鲁谟斯"的相关内容从"百尔西亚"一节中摘出,并将"忽鲁谟斯"改为"阿尔母斯"。但具体介绍忽鲁谟斯的内容没有改动,还是参考了艾儒略《职方外纪》中的相关内容。

为什么南怀仁在对《职方外纪》相关内容进行剪裁时,要采用将忽鲁谟斯(即今霍尔木兹甘省一带,④ 下简称霍尔木兹。)单独摘出来,又变更名字的写法?

对比利玛窦的《坤舆万国全图》与艾儒略的《职方外纪》中的地图,

---

① [意] 艾儒略撰,谢方校释:《职方外纪校释》,中华书局2000年版,第32页。
② [比] 南怀仁编撰:《坤舆图说》,丛书集成初编本,卷下,商务印书馆1937年版,第65页。
③ 朱维铮主编:《利玛窦中文著译集》,复旦大学出版社2001年版,第174页。但在提到墨阿的湖时,利玛窦用的是"河"或"何"字,而非《坤舆图说》中的"阿"字。但在高一志的《空际格致》中提到相关内容时,用的是"阿"字。不知道南怀仁是不是参考了高一志的说法。
④ [德] 廉亚明、葡萄鬼:《元明文献中的忽鲁谟斯》,姚继德译,宁夏人民出版社2007年版,"前言",第1页。

我们可以看到，这两幅图中标示出的霍尔木兹的地点非常相近，唯一不同的是，利玛窦用"忽鲁谟斯"来称呼霍尔木兹，[①] 但艾儒略的《职方外纪》中所附的地图上使用了"阿尔模斯"来称呼此地。[②] 而在南怀仁的《坤舆全图》中，也在同样的地点进行了标示，所不同的是，南怀仁依照艾儒略的记法，将"忽鲁谟斯"改为"阿尔母斯"，同时，还在其对岸也标记了"阿尔母斯"一名，[③] 这在利玛窦的《坤舆万国全图》和艾儒略的《职方外纪》中则是没有的。无论"阿尔模斯"还是"阿尔母斯"，都是葡萄牙人对霍尔木兹甘省一带的称呼的音译。

我们知道，艾儒略是意大利人，而南怀仁是比利时人，为什么他们不使用自己母语的音译来称呼霍尔木兹，而要使用葡萄牙语的音译来称呼霍尔木兹？翻检耶稣会东方传教史，我们可以看到，1493年，葡萄牙从教皇亚历山大六世（Alexander Ⅵ）那里获得了其在远东传教的"保教权"，此后，凡是到东方传教的欧洲各国传教士都必须得到葡王的批准，他们不仅要乘坐葡萄牙的船只，宣誓效忠葡王；而且还要经过一番"葡化"的改造——其中包括传教士之间的交流与写作要用葡语等。[④] 因此，在艾儒略的《职方外纪》和南怀仁的《坤舆图说》中，都使用了葡语的音译来称呼霍尔木兹（葡萄牙人称其地 Ormucho）。

那么，为什么同为耶稣会士的利玛窦没有使用葡语来称呼这个地方呢？我们知道，作为早期来华的耶稣会士，为了打开在中国传教的局面，利玛窦采取了"适应"中国文化的政策，他阅读了不少中国传统典籍，并力求在其中找到与天主教相一致的说法。同时，他努力结交士人，希望能够通过他们见到皇帝，并向皇帝介绍自己的宗教。在与士人交往的过程中，他发现这些人对他带来的世界地图十分惊异，并心生欢喜。于是，他便把世界地图进行了翻刻，并作为礼物送给士人及皇帝。在翻刻的过程

---

① 利玛窦：《坤舆万国全图》（禹贡版），收入黄时鉴、龚缨晏著《利玛窦世界地图研究》，上海古籍出版社2004年版，图版十九到图版三十六。"忽鲁谟斯"一名见此书图版三十二所附利玛窦禹贡版《坤舆万国全图》的分图14。

② 由于中华书局2000年版的《职方外纪校释》中所附地图较小，图中的"阿尔母斯"四个字看不太清楚，可参见美国国会图书馆藏明刻本《职方外纪》正文前的最后一张附图。

③ [比]南怀仁：《坤舆全图》，收入曹婉如、郑锡煌、黄盛璋、钮仲勋、任金城、秦国经、汪前进编《中国古代地图集》（清代），文物出版社1997年版，第4图。

④ 李晟文：《明清时期法国耶稣会士来华初探》，《世界宗教研究》1999年第2期，第52页。

中，他将世界地图上的地理名词等都翻译成了中文。大概是为了使中国人对世界地图上的地理名词更有亲切感，他使用了一些中国域外地理著作的名词，比如，忽鲁谟斯的称呼最早见于元代汪大渊的《岛夷志略》一书①，利玛窦便借用了此名称。利玛窦的"适应"政策虽然取得了成功，但在祭祀孔子和祖先的问题上却被同道认为是有违天主教教义的。由此引起了史上著名的礼仪之争。而他的"适应"政策后来也没有被所有同道追随。显然，艾儒略和南怀仁在对霍尔木兹的称呼上也没有继承利玛窦的说法。

同时，还有一点也可以说明艾儒略、南怀仁与利玛窦对此地的称呼不同。

此外，南怀仁之所以在他的《坤舆全图》上标示两处"阿尔母斯"，则是基于他对此地的历史更为了解的缘故。我们知道，历史上的"忽鲁谟斯"有两个首都，一个是旧的首都，位于伊朗大陆的米纳布附近，由于契丹人的多次入侵而被迫迁都。1300年，加隆岛（Jarun）成了忽鲁谟斯的新首都——这个新首都相当安全，在商业上有优越的地位。但从前被称为"旧忽鲁谟斯"的地方则继续存在，作为主要的农业区和夏天的避暑胜地。② 南怀仁对新旧两个忽鲁谟斯的存在应当是了解的，这样，他才会在自己的地图上标示出两个"阿尔母斯"。

当然，还须说明的是，在利玛窦的《坤舆万国全图》中，除了忽鲁谟斯的地名外，并没有标示出"百尔西亚"这个地名，而艾儒略的《职方外纪》和南怀仁的《坤舆图说》中都标出了"百尔西亚"一地。"百尔西亚"即伊朗，从1515年开始，霍尔木兹一直处于葡萄牙人的统治之下，直到1622年，霍尔木兹才被伊朗的萨非王朝从葡萄牙手中夺回。③ 我们知道，利玛窦的中文著作，包括地图在内都是1610年他去世之前完成的，在那个时候，霍尔木兹还没有并入伊朗；而在天启三年（1623）《职方外纪》成书时，霍尔木兹已并入伊朗。因此，艾儒略才标出了"百尔西亚"，而利玛窦没有标出。南怀仁则是沿用了艾儒略的说法。

---

① ［德］廉亚明、葡萄鬼：《元明文献中的忽鲁谟斯》，姚继德译，宁夏人民出版社2007年版，第30页。
② ［德］廉亚明、葡萄鬼：《元明文献中的忽鲁谟斯》，姚继德译，宁夏人民出版社2007年版，第17—18页。
③ Elton L. Daniel, *The History of Iran*, Grennwood Press, 2001, p. 91.

利玛窦《坤舆万国全图》中的忽鲁谟斯

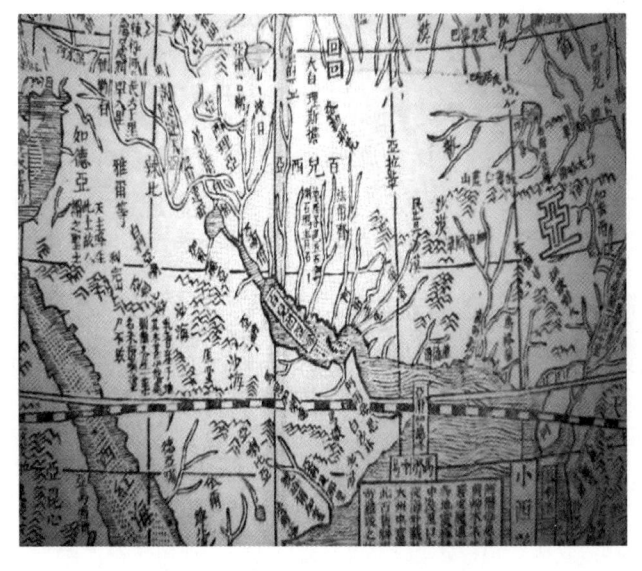

南怀仁《坤舆全图》中的阿尔母斯

有趣的是，虽然南怀仁在《坤舆全图》中将霍尔木兹仍然标在百尔西亚之下——像《职方外纪》中标示的一样，只是标示的位置略低于《职方外纪》附图中阿尔模斯标示的位置，但在他的《坤舆图说》中，却没有把霍尔木兹放在百尔西亚条目下，而是像利玛窦一样，把此处单列。这种处理的方式，多少让人感觉南怀仁在对世界地理知识的认识方面，稍显混乱。但是，如果从这个角度来讲，可能艾儒略对这个地方的认识也不太清晰，因为在《职方外纪》的文字内容中，在对"百尔西亚"的介绍中，也简要介绍了霍尔木兹的情况，但他使用的称呼，不是附图中的"阿尔模斯"，而是仍然沿用利玛窦《坤舆万国全图》中的"忽鲁谟斯"。

3. 新增加的内容

（1）加入对自然地理现象的描述。

在《坤舆图说》卷上中，南怀仁概括地介绍了五个气候带、"地震""海水之动"、"海之潮汐"、"气行"、"风"、"云雨"、"四元行之序并其形"等内容。将这些内容专列一卷进行考察，并与卷下的世界地理知识的介绍合为一书，这在此前同类介绍世界地理知识的书中是没有的。此外，在编撰卷上的内容时，南怀仁除了参考《空际格致》外，也增加了一些不同的内容。

比如，在"地震"一条中，南怀仁先参照《空际格致》，介绍了此前关于地震成因的种种谬论："或谓地含生气，自为震动；或谓地体犹舟浮海中，遇风波即动；或谓地体亦有剥朽，乃剥朽者裂分全体而坠于内空之地，当坠落时，无不摇动全体而致声响者；又有谓地内有蛟龙，或鳌鱼，转奋而致震也"。① 之后，他又提出了"正确"的地震成因"地震者，因内所含热所而致也。……夫气之困郁于地，其奋发必力奋而震摇乎地体，理之自然者也。……"接着，对这一成因进行了解释。② 这些内容，与《空际格致》中"地震"条的相应内容完全一致。③ 此外，而关于地震预兆和地震之功效的论述是《地震解》第八章和第九章的内容。④

---

① ［比］南怀仁编撰：《坤舆图说》，丛书集成初编本，卷下，商务印书馆1937年版，第25—26页。
② ［比］南怀仁编撰：《坤舆图说》，丛书集成初编本，卷下，商务印书馆1937年版，第25—29页。
③ ［意］高一志编撰：《空际格致》，卷上，收入《天主教东传文献三编》，台北：台湾学生书局1984年版，第1016—1019页。
④ 徐光宜：《明清西方地震知识入华新探》，《中国科技史杂志》2012年第4期。

但是，文中还有"凡致地震之烈气，积在地内不过数十百丈之深，则遇低洼之处如江海山谷等，易出而散，因而震动不越一郡县或一山谷之地而止；若猛烈之气藏于地内至数百里之深，则既难发泄，必致四面冲奋，寻其所出之路，因而震数省之地，致数千里之远也"。① 的新增内容，不知源于何处。

此前传教士的相关著作中并未见上述内容，而在曾经讨论过地震成因的西方著作中，亚里士多德的著作里有与《坤舆图说》之"地震"成因篇中的气在地下空洞中积压而致地震的说法。②

除了亚里士多德，还有生活在公元前4—公元65年的塞涅卡，在他的《自然问题》（Natural Questions）一书中，还辟有专章，收录了亚里士多德（Aristotle）、斯特拉托（Strato）和阿那克西米尼（Anaximenes）等对地震成因的不同见解，如斯特拉托曾提到，地震的发生是由于"冷热不能共存"（Cold and hot always move away from each other; they can not coexist）。③

在塞涅卡的著作里，他还曾经推测地震是空气进入地下通道的结果，"当进入地下通道的空气受压缩时，会产生强烈的风暴，从而产生地震，并对地面造成很大的破坏"。④ 这一段内容似可对《坤舆图说》中关于地震的那未知来源的一段内容做一呼应。

（2）加入了对世界七大奇迹等内容的介绍。

在《坤舆图说》一书的末尾，南怀仁附上了"七奇图"和"公乐场图"，以介绍当时世界的七大奇迹："亚细亚洲巴比鸾城"（巴比伦的空中花园）、"铜人巨像"（罗得岛的太阳神铜像）、"利未亚洲厄日多国孟斐府尖形高台"（埃及吉萨金字塔）、"亚细亚洲嘉略省茅索禄王茔墓"（土耳其摩索拉斯陵墓）、"亚细亚洲厄弗俗府供月祠庙"（土耳其以弗所的阿尔忒弥斯神庙）、"欧逻巴洲亚嘉亚省供木星人形之像"（希腊雅典奥林匹亚

---

① 黄兴涛：《西方地震知识在华早期传播与中国现代地震的兴起》，《中国人民大学学报》2008年第5期。

② ［古希腊］亚里士多德：《天象论 宇宙论》，吴寿彭译，商务印书馆2010年版，第127页。

③ Seneca, translated by Harry M. Hine, *Natural Questions*, The University of Chicago Press and London, 2010, p. 98.

④ Seneca, translated by Harry M. Hine, *Natural Questions*, The University of Chicago Press and London, 2010, p. 102.

的宙斯神庙)和"法罗海岛高台"(埃及亚历山大港法罗岛灯塔);以及"公乐场"(罗马斗兽场)。这些内容在目前可见的,南怀仁之前的世界地理著作中没有见到。①

三 小结

1. 通过参考《坤舆万国全图》、《职方外纪》、《地震解》和《空际格致》等内容,南怀仁较为谨慎地剪裁出了《坤舆图说》一书。此书的内容与上述著作相比,有诸多异同点。

2. 与利玛窦、艾儒略、龙华民、高一志等人传入的世界地理知识相比,南怀仁的《坤舆图说》一书中的世界地理知识更加多样,尤其是对自然地理知识的描述,在书中专列一卷,读之,令人耳目一新。

3. 虽然从对世界五大洲地理知识介绍的内容来看,南怀仁的《坤舆图说》一书并没有加入太多的内容,仅对艾儒略的《职方外纪》一书中的相关内容进行了一些删改,并且,参考了此前利玛窦、艾儒略等人介绍的世界地理知识。但在《坤舆图说》一书的末尾,南怀仁增加了"异物图""七奇图"等内容,这对当时的中国人来说,亦是十分新颖的知识。

综上所述,明清时期,伴随着基督教的第三次来华,传教士们,尤其是耶稣会士们带来了反映大航海朝代成果的世界地理知识,以此作为知识传教的重要内容。他们的著作,无论是《坤舆万国全图》《职方外纪》,还是《坤舆图说》等,都冲击了当时士人的世界观,而且,这个冲击的过程是一步步加深的。从最开始的《坤舆万国全图》仅在图上附有一些文字介绍世界地理知识,到《职方外纪》在地图之外,更为详细的世界五大洲及海洋知识的介绍,再到《坤舆图说》中除了介绍世界五大洲及海洋的知识,还介绍了自然地理现象及其成因,以及世界七奇等内容,我们可以看到耶稣会士传入的世界地理知识的不断更新。可以说,南怀仁是他之前来华传教士传入世界地理知识的总结和发扬者,他的《坤舆图说》一书,也是清初传教士带来的西方世界地理知识的代表作品。

(作者为浙江工商大学人文与传播学院历史系教授)

---

① [比]南怀仁编撰:《坤舆图说》,丛书集成初编本,卷下,商务印书馆1937年版,第217—232页。

清前期来华巴黎外方传教会会士及其传教活动：1684—1732

——写在著名学者、中外关系史学会前会长耿昇先生逝世一周年之际

汤开建

巴黎外方传教会，法文缩写 M. E. P.，它是历史上最早全力从事海外传教的天主教组织。它的建立，改变了原有的以修会为基础的传教模式。自 1684 年巴黎外方传教会第一次进入中国大陆开始，中国天主教事业进入一个全新时期。可以说，巴黎外方传教会是继耶稣会后，对中国天主教事业发展影响最为重要的一个传教团体。有清一代，巴黎外方传教会在华传教活动大致可以分为三个阶段，分别以 1732 年广州禁教该会广州司库迁至澳门和 1847 年该会澳门库房迁往香港作为时间断限。自 1684 年巴黎外方传教会入华至 1732 年广州禁教巴黎外方传教会广州司库迁到澳门近五十年的时间，是该会在华传教活动的第一阶段。巴黎外方传教会可以说是清代来华天主教各修会、团体中影响最大者，但学术界对于该会的研究尚缺乏利用中西文献档案进行深入挖掘和系统整理的学术成果，很多问题均无人涉及。

在中国学术界，最先对巴黎外方传教会展开深入研究者应该就是我的好朋友耿昇（1944—2018）先生。我与耿昇先生相识于 20 世纪 80 年代初，直至他去世之前我们的交往一直都很频繁，相互传递学术资讯，互告各自的学术进展，数十年从未中辍。在我的心目中，他是一位可以称为"穷其一生，献身学术，不愿浪费一分一秒"的真正学者，与当今社会很多为了获得更多的名誉或地位不惜花费大量时间与之钻营的所谓专家学者相比，耿昇先生的无权无位朴实平凡的学术本色，显得如此珍

贵。在他学术研究极为勤奋的一生中，其将法国汉学在中国学术界的极力推广与广泛介绍贡献甚伟。2019年5月，在澳门大学纪念法国著名汉学家谢和耐教授逝世一周年的学术报告会上，我即提到："谢和耐先生在中国学界得以为人熟知的一个重要原因，就在于耿昇先生的译介与推广"。当然，耿昇先生除了翻译谢和耐的著作外，还翻译了其他法国汉学家的敦煌学、蒙古学、回鹘学、突厥学、藏学、西北史地及中国基督教史的学术著作，计五十余种，成为继冯承钧之后中国最为著名的法国汉学翻译大家。甚至可以说，有超迈冯承钧之处。为中国的西域南海史地及中国基督教史、中外关系史研究做出了极大的贡献，甚至可以说创出了丰功伟绩。

耿昇先生关于巴黎外方传教会在中国传教的研究，除了他首次翻译了Gérard Moussay（热拉尔·穆塞）和Brigitte Appavou（布里吉特·阿帕乌）在巴黎外方传教会档案馆出版的"*Répertoire des membres de la Société des missions étrangères（en chene），1659–2004*"（1659–2004年入华巴黎外方传教会会士列传），为中国学术界研究巴黎外方传教会在中国的传教提供了一份最为重要的资料，不仅如此，他还为此书撰写了一篇长达数万字的"试论巴黎外方传教会的在华活动"的学术论文，可以说为中国学界开了对巴黎外方传教会研究的先河。我的这篇文章在很大程度上就是利用耿昇先生翻译的热拉尔·穆塞和布里吉特·阿帕乌合著《1659—2004年入华巴黎外方传教会会士列传》一书中的资料，并在全面搜集中西文献档案的基础上，主要依据现存于巴黎外方传教会档案馆的1700年、1733年及1734年三份《巴黎外方传教会在中国各地买地建堂单》，并对这一时期巴黎外方传教会的传教士进行全面系统的介绍及对该会早期传教活动进行详细考证和深入研究，拟展现并不太为人熟悉的巴黎外方传教会早期传教士及其传教活动的原貌，并以此文纪念已经离开我们整整一周年的中国学术界的著名学者、我的好朋友——耿昇先生。

一

1494年，大航海时代的两位先驱西班牙、葡萄牙相继签订了《托尔德西拉斯条约》，自此，远东绝大部分的地区划归葡萄牙王国的势力范围。除了东方地区的商业贸易之外，葡萄牙王国还享有东方地区的保教权。所谓"保教权",即"由教宗授予葡萄牙君王在非洲、亚洲和巴西等地传教和建立教会的权利和义务的综合体"。① 直到17世纪前期,葡萄牙王国一直牢牢控制着远东的传教权。葡萄牙保教权的产生,本是王权与教权合作与妥协的产物,然而葡萄牙王国在海外这一系列的特权,使教廷难以实施对远东新兴教会的管辖。随着葡萄牙国力的衰落,教廷中的法国势力逐渐增强,在法国支持下的教廷开始逐步抢占葡萄牙在远东的传教势力。1622年,教廷设立传信部,这是教廷限制葡萄牙保教权的一个重要举措。传信部为此作出了重要的努力,即是由17世纪50年代开始的任命名义主教(Titular Bishops)的方式,这种方式任命的主教被称为"宗座代牧"。② 教廷希望通过这一举措,将远东的传教事业由原先隶属里斯本的主教区向直接隶属罗马教廷的宗座代牧区转变。③ 此时正值葡、西、法三国在远东的倾轧达到高峰时。法国人采用一切手段,力图夺取葡萄牙人在印度的地位,并且将暹罗从葡萄牙手中夺走,纳入了法国的势力范围。葡萄牙同样进行报复,把暹罗使臣自法回国所乘的船只扣留,而西班牙此时又想通过菲律宾向东方发展。④ 在这一复杂的国际形势下,教廷和法国看到了扩大在远东影响力的契机,巴黎外方传教会就是在这一形势下应运而生。

1659年,赫利奥波利斯主教陆方济开始筹备建立一个远赴东方的传教团体。在此期间,他向国王及贵族寻求资助,并在巴黎购置房产,在一切前期工作准备就绪后,巴黎外方传教会于1664年正式成立。⑤ 与以往旧式修会相比,巴黎外方传教会在当时是一种新型的组织形式,这是一个直属于教廷传信部的"宗教团体"(Une association),而非宗教修会(Une Congrégation),其内部人员均为世俗神父,"成员直接听命于教廷任命的宗座代牧,等于服从教廷的命令"⑥。由于巴黎外方传教会没有独立的上长,亦无须发愿,成员直接受到主教、宗座代牧和修道院的管辖,因此杜绝了

---

① C. R. Boxer, *The Church Militant and Iberian Expansion 1440－1770*, Baltimore and London: The Johns Hopkins University Press, 1978, pp. 77－78.

② 陈方中、江国雄:《中梵外交关系史》,台北商务印书馆2003年版,第51—52页。

③ [法]卫青心著:《法国对华传教政策》上册,黄庆华译,中国社会科学出版社1991年版,第9页。

④ [法]高龙鞶著:《江南传教史》第2册,周世良译,台北:辅大书坊2013年版,第264——269页。

⑤ Notice bibliographique de François Pallu. Archives des missionnaires des MEP/EDA, N. 12.

⑥ 郭丽娜:《清代中叶巴黎外方传教会在川活动研究》,学苑出版社2012年版,第18—19页。

远东出现第二个"耶稣会"的情况发生①。从以后的结果来看,巴黎外方传教会的建立,是教廷与葡萄牙保教权斗争中所实施的最行之有效的手段。

巴黎外方传教会建立后,其创建者便积极地拓展远东教务,以收复被葡萄牙保教权势力占据的失地。而垄断远东传教权百余年的葡萄牙王国及其主力军耶稣会,无时无刻不在警惕着教廷的举动②,对于未经葡萄牙许可便前往远东的传教士,始终充满戒心。陆方济清楚地知道这一隐患,因而他将驻足远东的第一站选在葡萄牙视野之外、同时与法国交好的大城王朝时期的暹罗。1662 年,陆方济率领七名传教士从马赛启程,前往暹罗阿瑜陀耶,与朗主教商讨成立暹罗总修院,培养神职人员。该修院在 1672 年正式落成③。1674 年年中,陆方济从暹罗出发,随船驶往中国,然而中途遭遇风浪,船只被迫驶入马尼拉。陆方济随即被西班牙人逮捕,1677 年在法王路易十四的斡旋下被释放。这一经历使陆方济进一步认识到保教权之强大,以及加强宗座代牧职权的重要性。

陆方济从第一次到东方的旅途回来后,就寻求以自己宗座代牧的身份争取力量,以抵抗伊比利亚的保教权。1677 年,陆方济来到罗马,向教廷呈递了旨在削弱葡萄牙保教权和耶稣会势力的函件,包括召回阻挠宗座代牧权力的耶稣会士、将宗座代牧的权力由暹罗延伸至日本、委任北圻宗座代牧以及增加两位副团长等,其中最为重要的一条便是要求在远东的所有传教士要宣誓服从宗座代牧的领导。由于教廷在 1673 年以及 1674 年曾经做出过相应的通谕,故教廷在 1678 年 10 月 10 日同意了以上请求④,但根据教会史家路德维希(Pastor Ludwig)的研究,这一通谕似乎从未正式颁布⑤。这一通谕,也成了日后耶稣会及众托钵修会与巴黎外方传教会纷争的导火线。

---

① 李庆:《传信部与中国礼仪之争(1610—1742)》,浙江大学硕士学位论文,2011 年,第 33 页。

② Françoise Fauconnet‑Buzelin, *Aux sources des Missions étrangères: Pierre Lambert de la Motte (1624-1679)*, Librairie Académique Perrin, 2006, p. 66.

③ 郭丽娜:《清代中叶巴黎外方传教会在川活动研究》,第 22—23 页。

④ Notice bibliographique de François Pallu. Archives des missionnaires des MEP/EDA, N. 12.

⑤ Freiherr von Pastor Ludwig, *History of the popes: From the close of the middle ages*, Vol. 32, London, 1940, p. 459.

就在第二次前往中国之前,陆方济于 1679 年 11 月卸任东京湾(北圻)的宗座代牧,次年 4 月 1 日被授予中国司教总代理、福建宗座代牧,主管广东、广西、江西、浙江、四川、湖广、贵州、云南、海南、台湾地区教务。1681 年,陆方济抵达暹罗①,由于手握教廷的通谕,因此他决定试探打开澳门这条渠道,同时向在华传教士宣布服从宗座代牧的谕令。根据西班牙方济各会士文度辣(Bonaventura Ibañez)1682 年 10 月的书信显示,陆方济首先派遣一位在暹罗的传教士,并由两位被陆方济驱逐的耶稣会士来到澳门附近的一个岛屿打探消息。文度辣称:"这位教士想从这里进入中国,向这个帝国的传教士发布他带来的陆方济主教的训令。据我所知,这位教士并没有带来可以将他领进这里的中国基督徒。"② 然而令他们意想不到的是,葡萄牙政府已经察觉到了巴黎外方传教会的意图,此时葡萄牙国王一道御旨通过印度送到了澳门,"不允许那些法国主教和他们的人通过这里进入中国",同时当时的澳门兵头还专门发布了告示,严禁任何人上这艘船与法国传教士接触。因此远道而来的法国传教士也未敢进入澳门,一直待在船上③。关于葡萄牙政府这一维护保教权的措施,我们可以通过另一位即将担任代牧主教的多明我会会士罗文藻(Gregorio Lopez)的经历予以证实。罗文藻 1684 年 1 月的信称:

> 我经广东省到澳门,澳门属于葡国领地,这是中国唯一通往外国的门户。在那里,我被迫隐藏起来,穿着中国服装混在其他中国人中间上了船。因得知从东印度王朝的卧亚总理处传来紧急命令,让驻澳门的军事首长一旦发现由传信部安排的任何主教、署理或代牧经过澳门,立刻将他们运送到卧亚去。④

---

① Notice bibliographique de François Pallu. Archives des missionnaires des MEP/EDA, N. 12.
② Sinica Franciscana Vol. Ⅶ – Pars prior, 1 – Bonaventura Ibañez, 33. Epistola ad P. Lucam Estevan, Cantone Mense Octobri 1682, pp. 102 – 103. 转引自崔维孝《明清之际西班牙方济会在华传教研究(1579—1732)》,中华书局 2006 年版,第 294 页。以下 Sinica Franciscana 均转引自崔维孝书。
③ Sinica Franciscana Vol. Ⅶ – Pars prior, 1 – Bonaventura Ibañez, 33. Epistola ad P. Lucam Estevan, Cantone Mense Octobri 1682, p. 103.
④ S. C. R. Indie Or. Vol. 3, ff. 429 – 432v.

罗文藻于1683年3月前后就已经抵达了澳门①，同样受制于葡萄牙这一命令，故身为华人的罗文藻只得混进其他中国人中间而潜入澳门。据高龙鞶称，当时澳门正在监视陆方济的行动，希望陆氏能经澳门入华，因为澳门"已经为陆方济准备好了监狱"②。

陆方济此番尝试以失败告终，可以看出葡萄牙为了维护保教权，已经公然对抗这一伙代表教廷的法国人。其实，不仅仅是葡萄牙人，此时西葡两国为了维护远东的教务权益，几乎都加入与教廷的对抗。而对抗的直接导火索，便是教廷所颁布的要求远东各地神父服从代牧主教的通谕。

1683年，陆方济及随行人员再次由暹罗启程，尝试前往中国传教，但在路途上又遇到麻烦。同年，他在台湾附近海面遭遇南明政府军队，被扣押了数月后才被释放③。据高龙鞶记载，当时台湾郑克塽的军队扣留了陆方济，郑克塽礼遇陆方济，并发还了他所携带的行李，陆方济为郑克塽献上"望远镜一具，响表一只"。但郑克塽并未放行，于是陆方济在长达五个月的时间中一直待在台湾④。1684年1月14日离开台湾，1月27日抵达福建厦门，有多明我会士一人迎接，并带陆方济一行人前往多明我会住院居住，然后前往漳州⑤。这是巴黎外方传教会在历经数年挫折失败的尝试后，第一次进入了中国内地。

由于陆方济身负加强教廷在华影响力的重大使命，所以一行人来到中国后，并未立即购置房屋、学习中文或开展教务，而是向全国宣布代牧主教抵达中国这一消息，同时要求在中国各修会的传教士宣誓服从代牧主教。陆方济来华后所做的第一件事，就令在华各修会感受到了来自教廷的巨大压力。1684年1月底陆方济一行到达厦门后，立刻派遣随行的李岱（Philibert Le Blanc，一般译为卜于善）前往耶稣会、方济各会、奥斯定会等众多修会聚集的广州，为他们带来了一份通告，声明宗座代牧的管辖权包括广东、广西和福建三省，并要求他们宣誓服从代牧主教：

---

① Arch. Della S. C. de Prop. Fide, Informationum liber 118 pro Missione Sinensi, Tom. 1, fol. 356rv – 357v
② [法]高龙鞶著：《江南传教史》第2册，周世良译，第267页。
③ Notice bibliographique de François Pallu. Archives des missionnaires des MEP/EDA, N. 12.
④ [法]高龙鞶著：《江南传教史》第2册，周世良译，第267页。
⑤ 罗光：《天主教在华传教史集》，台北：光启出版社1967年版，第133页；Notice bibliographique de François Pallu. Archives des missionnaires des MEP/EDA, N. 12。

（陆方济）到厦门后，他先派遣了其中一位教士以宗座代牧的名义来向我们宣布他带来的教皇通谕，要求我们宣誓服从于他，如果拒绝宣誓，将被剥夺带领我们的基督徒做圣事的权力、听告解的权利和公开传播福音的权力。①

李岱在1684年3月前后抵达了广州并宣布这一命令。面对陆方济这一要求，在华各修会的反应各有不同。作为在华势力最为强大的耶稣会，竟然出人意料地全部接受了宣誓：

耶稣会的神父们收到来自总会长的命令，要求他们宣誓。这是因为耶稣会受到了来自教廷的巨大的压力。留在中国的耶稣会士已经不多，在这几年内，中国、北圻以及交趾支那的耶稣会几乎都要落入法国传教士之手。②

耶稣会之所以接受宣誓，其实是教廷和法国妥协的结果。早在1680年6月，当教廷要求远东传教士宣誓的消息传至法国时，就引起了轩然大波。当时正处在法王路易十四（Louis XIV）和教宗英诺森十一世（Innocentius XI）因教权问题冲突不断的时期，因此巴黎大主教亚莱（François de Harlay）就坚决反对此事，他认为这会极大地损害法国在远东传教的自主权，因此要求所有法国传教士反对宣誓。对于陆方济来说，他心中也相当清楚此时欧洲的形势，如果因此事与法王路易十四产生争执，那么无疑会给巴黎外方传教会带来麻烦；而教廷方面则又没有回旋的余地。就在此时，耶稣会的反应却令此事峰回路转。1680年6月26日，耶稣会总会长奥利维（Giovanni Paolo Oliva）在教廷的压力下，命令远东的耶稣会士接受这一宣誓，但他紧接着又向路易十四提议，所有法国的耶稣会士在宣誓之时，应当额外说明他们的宣誓"是在法国的允许下接受

---

① Sinica Franciscana Vol. Ⅲ, Bonaventura Ibañez, Epistola ad P. Laurentium A Plagis, 1684, pp. 262－263.
② Sinica Franciscana Vol. Ⅲ, Bonaventura Ibañez, Epistola ad P. Laurentium A Plagis, 1684, p. 264.

的"①。如此一来，在一定程度上缓解了法国与教廷、巴黎外方传教会之间的紧张局势。然而这一措置仅仅保护了法国的利益，对于葡属保教权则未加关照，于是又遭到了来自里斯本的激烈反对。在暹罗传教的耶稣会士马尔多纳多（Jean-Baptiste Maldonado）就曾形象地说明了他们所面临的尴尬局面："我们现在就像身处铁锤和砧座之间，其中一方是传信部的谕令，另一方则是里斯本政府。"② 据高龙鞶称，当时颜珰前往福州耶稣会住院宣谕时，也未遭到明显的抵触：

> （陆方济）到漳州后，就写一封"牧函"给中国全体传教士，牧函中宣布他从此是中国传教区的最高代理，宣布罗马要求教士与传教先生向他宣誓服从。不久又传闻他将召开会议。陆方济派颜珰至福州耶稣会住院……耶稣会中国区有各国会士二十余人。他们接得总会长的命令，应完全服从新任代牧主教，因此表示服从。③

相比耶稣会，在华几个托钵修会对于宣誓一事处境则更加尴尬。在没有受到本会会长允许的情况下，几个托钵修会都不敢擅自宣誓。因为一旦宣誓，就意味着把教廷的意志摆到了首位，而原修会则退居次要的位置。④ 这样一来，托钵修会背后所依靠的西葡保教权就会受到严重的损害，殖民地当局甚至将宣誓一事当作叛国之举⑤。多明我会士罗文藻自1673年由传信部任命为代牧主教后，直至1685年才在广州祝圣，受修会和教廷两方面掣肘，祝圣一事最终拖延11年之久，由此可见诸托钵修会对教廷的抵制。而对于传教士本身来说，此举无疑会使他们断绝生活来源，因为他们

---

① Bruckner, loc. cit., LXVII. (1896), 504-6. in Freiherr von Pastor Ludwig, *History of the popes: From the close of the middle ages*, Vol. 32, London, 1940, p. 459.

② To the General, Noyelle, November 15 and 16, 1682, in Analecies, loc. cit., 187, in Freiherr von Pastor Ludwig, History of the popes: from the close of the middle ages, Vol. 32, London, 1940, p. 460.

③ ［法］高龙鞶著：《江南传教史》第2册，周世良译，第269—270页。

④ Sinica Franciscana Vol. III, Bonaventura Ibañez, Epistola ad P. Laurentium A Plagis, 1684, pp. 262-263.

⑤ Freiherr von Pastor Ludwig, *History of the popes: From the close of the middle ages*, Vol. 32, London, 1940, p. 460.

日常的传教经费都要依靠马尼拉等地会院的供给①。陆方济担任代牧主教期间，在广东和福建的托钵修会中，除四名多明我会士进行了宣誓之外，其余一致拒绝宣誓，因此他们都被褫夺了施行圣事的权力②。

1684年10月29日，仅仅入华10个月的陆方济因病于福建穆阳去世③。陆方济去世之前，将全国的教务交由本会会士颜珰以及1684年入华的代牧主教、方济各会士伊大任（Bernardinus della Chiesa），其中颜珰担任浙江、江西、福建、湖南四省署理代牧兼全国教务副总理，伊大任担任广东、广西、四川、云南、贵州署理代牧。④ 随着1685年罗文藻祝圣代牧主教，以上三人正式划分了全国教务：浙江、湖广、贵州和四川由伊大任管理，广东、福建和江西由署理代牧颜珰负责，罗文藻专门负责江南省的教务。⑤ 传教区域划分完毕后，关于宣誓一事再一次被推上了议程。伊大任和罗文藻鉴于中国地区教职人员短缺、政治形势复杂等问题，均主张以温和的方式处理"宣誓"。伊、罗二人一方面向教廷解释中国教务的情形，请求放宽在华各修会传教士的宣誓命令，一方面尽可能地安抚国内各修会传教士⑥。此时在北京的南怀仁也预感到强制宣誓会引发灾难性的后果，向教廷上书，请求暂缓宣誓：

> 对我而言，我目前担任在华耶稣会的巡阅司铎，我能以全体弟兄的名义，保证誓文所要求的，对"中国传教区最高代理"完全服从，并不需要任何形式。我们要求让时间来考验我们的服从。我们相信绝不会使人失望。⑦

---

① S. R. C. Indie Orientali Vol. 4, ffol. 192 – 195。据罗文藻称，来华托钵会士在生活上基本上没有来自教友的捐纳："这些神父们都是由自己的修会来支付生活费用，而这些费用不是一笔小数目，因为每位神父一年就要花费一百五十银元，但在中国他们不能从别人那儿得到布施，以免被非教友误说是传教士们在用福音来做买卖，就像传说中的僧人一样。他们只有在帮助兴建教堂时才会自愿出资捐助。"

② Ms. en el arechivo de la S. C. de Propaganda Fide, Indie Orientali e China, 1685 – 1687, t. 4, ff. 199 – 200.

③ Notice bibliographique de François Pallu. Archives des missionnaires des MEP/EDA, N. 12.

④ 方豪：《中国天主教史人物传》，第496页。

⑤ 崔维孝：《明清之际西班牙方济会在华传教研究（1579—1732）》，第306页。

⑥ Ms. en el arechivo de la S. C. de Propaganda Fide, Indie Orientali e China, 1685 – 1687, t. 4, ff. 199 – 200.

⑦ ［法］高龙鞶：《江南传教史》第2册，周世良译，第268页。

1684年，在一封浙江兰溪天主教徒写给罗文藻的信中提及当地教务情况，称：

> 我们兰溪 Choxe、Chuting y 等中国天主教徒满怀敬意地向您请求一件事：尽管不曾得到您的教诲，但我和其他信徒长久以来都希望能在兰溪的教堂见到您，现在尤其如此。因为，让人始料未及的是，Fi 和 Pe 两位神父竟然离开了这里，去了广东。多年的感情与来往，在一天之中消失不见，我和其他信徒都很惊讶，又像婴孩失去了母亲的哺育。①

此信原为中文，1685 年由在广州的利安定翻译成意大利文，并对以上信息做了注释。其中 Choxe、Chuting y 为中国教徒的名字，Fi 和 Pe 二位神父分别为 Pedro de Alcalá 和 Salvador de Santo Tomás，利安定在其注释中特意提到"他们都是没有做过宣誓的多明我会士"②。由于未宣誓便无法施行圣事，故二人不得不离开兰溪，此时的广州同样会集了许多反对宣誓的方济各会士及奥斯定会士③。利安定翻译此信之目的，也应是为了向欧洲反映此时的"宣誓风波"对中国教务所造成的巨大影响。

自 1685 年开始，伊大任和罗文藻为了保护中国的传教事业，都曾经试探着允许部分未宣誓的神父正常传教、做圣事。如伊大任 1684 年抵达广州后，发现共有 23 位西班牙会士（12 名方济各会士，7 名多明我会士和 4 名奥斯定会士）因为没有宣誓而被陆方济褫夺施行圣事的权利，当他们准备返回马尼拉时，正值陆方济去世，因此伊大任对他们取消了禁令，部分会士们又返回了传教区④。罗文藻在当年致传信部枢机团的信中称：

> 在这个国家有很多教友，原有的传教士已经不够，以致许多地方的教友都没有传教士。……诸位枢机阁下，请您们看是否我有充足的

---

① 传信部档案馆 APF，SR Congr. 4，202-03，转引自保罗（Pablo Robert Moreno）《〈兰溪天主教徒致罗文藻主教书〉考》，载《澳门理工学报》2017 年第 4 期，第 82 页。

② 传信部档案馆 APF，SR Congr. 4，202-03，转引自保罗（Pablo Robert Moreno）《〈兰溪天主教徒致罗文藻主教书〉考》，载《澳门理工学报》2017 年第 4 期，第 82 页。

③ 保罗（Pablo Robert Moreno）：《兰溪天主教徒致罗文藻主教书》考，载《澳门理工学报》2017 年第 4 期，第 84 页。

④ ［法］荣振华：《在华耶稣会士列传及书目补编》，耿昇译，中华书局 1995 年版，第 816 页注释 1。

理由，按照亚尔高列衔主教（伊大任）的做法那样来做，凭我的良心说，他所做的一切都是按照天主的意愿来做的，我也有和他相似的要求，跪在你们的足下，恳求阁下能用怜悯的目光再看这个传教区。在这期间，我将会允许传教士们继续施行圣事，直到诸位枢机阁下命令我该怎么做为止。①

对于1687年抵华的五名法籍耶稣会士，罗文藻同样就宣誓问题上予以宽待：

> 我认为在我代牧区的五位耶稣会士，法国君王的数学家，他们不适合执行这样的命令，虽然我在去年已经要求他们执行宣誓，他们却说不能宣誓，我不算他们是传教士而只当是数学家，允许他们不宣誓能"暂时"施行圣事的权柄和理由，在去年我已经向诸位枢机阁下寄去了报告。②

而代表教廷立场的颜珰，却无法容忍，坚决要求他们宣誓代牧主教③。由于教廷的坚持，使在华托钵会士继续处于两难选择之中。在这段时期内，整个中国教务几乎都进入低潮期。1685年，罗文藻路过颜珰管辖的福州时，看到了如下的情形：

> 几天之后，当我到达福州时，得到了大部分传教神父们没有宣誓而被停职的消息，他们的教堂没有神父，教友们也不能领圣事，他们非常惊讶，不能理解为什么现在神父们都不愿意听告解，而以前愿意。这样的情形差不多有一年了，教友们开始觉得奇怪，也开始怀疑神父们的行为，所以他们写信问我为什么那些传教神父们放弃了圣堂而离开。我对他们说，我要去广州，也会和那边的主教商量这件事。我不敢告诉他们真实的理由，这不益于被他们知道，因为我祖国的人在权利和地区划分的这些事上比较敏感。我用这个回答既安慰了他

---

① S. R. C. Indie Orientali Vol. 4, ff. 192-195.
② S. R. C. Indie Orient. Vol. 5, ff. 399-404.
③ Sinica Franciscana Vol. Ⅲ, Augustin de S. Pasquai, Responsum ad Epist. D. Maigrot, Missum ad illmum Gregorium Lopez, 25 Iulii, 1689, pp. 725-728.

们，又给了他们那些传教士们会回来的希望。到了广州之后，我发现亚尔高列主教（伊大任）有着和我相同的情况，他告诉了我，他已经要求诸位枢机阁下取消这项法令。①

面对在华传教士日益减少、信徒疑惑越来越深这一情况，颜珰和教廷并未及时调整，反而将宣誓一事扩大到了整个中国地区。从1689年方济各会士利安定（Augustinus a S. Paschale）写给伊大任的信中可以看出，此时全国范围内的教务都受到了严重冲击：

> 带来的损失是很清楚的，因为在山东省的三个城市和一个镇子上的教堂，以及多个村庄的6个小圣堂都没有神父；福建省有四个教堂同样无人照看；江西省有一个城市和一个镇子的教堂没有神父。在广东省，广州城的两座教堂一个镇子以及多个村庄的五个小圣堂都没有神父。在所有这些我的传教团所管理的教堂中，基督徒们没有司铎带领他们做圣事，那里的异教徒也没有人为他们宣传福音，亦无人带领他们摆脱死亡之路。我们修会也失去了目前在传教团这座葡萄园劳作的十一位传教士，多明我会和奥斯定会也同样失去了他们的司铎。②

1688年，传信部终于放松了对远东传教士宣誓代牧主教的谕令③，这一场"宣誓风波"也渐次归于平静。这是传信部首次在华尝试着以强制方式削弱修会和保教权的势力，统一管理传教。④ 由于在这次尝试中，新任宗座代牧和巴黎外方传教会扮演着最主要的角色，所以在日后很长一段时间里，巴黎外方传教会在传教事业中也在一定程度上受到了来自其他修会的抵制。

---

① S. R. C. Indie Orientali Vol. 4, ffol. 192 – 195.
② Sinica Franciscana Vol. Ⅲ, Ⅱ. B. 55. P. Fr Augsutinus A S. Paschale, Epistola ad Illmum Bernardinum della Chiesa, Canton, 8 Dec. 1689, p. 777.
③ Decrees of November 23 and December 14, 1688, Brucker, loc. cit., 507; Collectanea, Ⅰ., n. 234. in Freiherr von Pastor Ludwig, History of the popes: from the close of the middle ages, Vol. 32, London, 1940, p. 460.
④ 李庆：《传信部与中国礼仪之争（1610—1742）》，浙江大学硕士学位论文，2011年，第38页。

二

我们将1684年至1732年的48年称为巴黎外方传教会在华活动的第一阶段。在此阶段，共有25位传教士来华传教。根据在华代牧区的变迁以及传教形势的不同，我们又将巴黎外方传教会在华活动的第一阶段分为三个时期：其中1684—1696年为第一时期，1697—1707年为第二时期，1708—1732年为第三时期。以下分别按各个时期来华巴黎外方传教会神父的传教活动进行梳理和介绍。

（一）1684—1696年入华的巴黎外方传教会神父

自1684年陆方济抵华，至1696年教廷重新划分中国传教版图，将云南、四川、福建代牧授予巴黎外方传教会，是该会传教士来华的第一个时期。这十二年，是巴黎外方传教会大力扩展在华传教势力的时期，共有12位该会传教士进入中国，平均每年来华一人；在这一批传教士中，许多神父不仅是该会在华传教史上极为重要的人物，也是在中国天主教传播史上产生过极大影响的人物，如巴黎外方传教会的创建者陆方济、礼仪之争时期最为坚定地反对中国礼仪的颜珰、在中国传教长达三十六年的李岱、江南以及浙江住院的奠基人梁弘任（Aetus de Lionne）[①]、四川天主教教务奠基者白日昇等。上述传教士，不仅为巴黎外方传教会在华早期传教拓展了空间，同时亦为后来巴黎外方传教会在华的传教活动奠定了基础。

1. 陆方济（François Pallu），其墓志铭中文名为方济各，又译为巴禄、帕吕等。1680年，巴黎外方传教会的创始人陆方济被任命为中国司教总代理、福建宗座代牧，主管广东、广西、江西、浙江、四川、湖广、贵州、云南、海南、台湾地区教务。[②] 次年陆方济抵达暹罗，1683年，陆方济及随行人员再次由暹罗启程，尝试前往中国传教，但在路途上又遇到麻烦。同年，他在台湾附近海面遭遇南明政府军队，被扣押了数月后才被释放。[③]

[①] 当时巴黎外方传教会进入中国的传教士有两位中文名同叫"梁弘仁"，本文为了区分，特将Aetus de Lionne译为"梁弘任"，而将La Baluère译作"梁弘仁"。

[②] Notice bibliographique de François Pallu. Archives des missionnaires des MEP/EDA, N.12.

[③] Notice bibliographique de François Pallu. Archives des missionnaires des MEP/EDA, N.12. 包万才：《巴黎外方传教会在华大事录》，载罗光《天主教在华传教史集》，第133页。

据高龙鞶记载，当时台湾郑克塽的军队扣留了陆方济，郑克塽礼遇陆方济，并发还了他所携带的行李，陆方济为郑克塽献上"望远镜一具，响表一只"。但郑克塽并未放行，于是陆方济在长达五个月的时间中一直待在台湾。① 1684年1月14日，陆方济终于被台湾放行，1月27日抵达福建厦门。② 陆方济抵达厦门后，有多明我会士一人迎接，并带陆方济一行人前往多明我会住院居住，然后前往漳州。③ 由于陆方济身负教廷使命，所以他抵达漳州后，写了一封牧函给中国全体传教士，牧函中宣布他从此是中国传教区的最高代理，并宣布罗马要求传教士向他宣誓服从，④ 并派遣卜于善前往广州下达要求各修会宣誓的命令。⑤ 此外，陆方济还曾派颜珰前往福州耶稣会住院，通知他们说将以该院作为其行政公署，并询问何处能够开办修道院。⑥ 1684年10月29日，陆方济在抵达中国十个月后，于福建的穆阳去世。他在去世之前，将中国的教务委托本会的颜珰和方济各会的伊大任分管。⑦

2. 颜珰（Charles Maigrot），又译为严当、严嘉乐。颜珰出生于1652年，1678年在巴黎索邦神学院获得神学博士学位，1680年进入巴黎外方传教会神学院，两年后被派往暹罗，随后在1684年1月27日，颜珰与陆

---

① [法] 高龙鞶：《江南传教史》第2册，周世良译，第267页。
② 罗光：《天主教在华传教史集》，第133页；Notice bibliographique de François Pallu. Archives des missionnaires des MEP/EDA, N. 12。第一次进入中国内地的巴黎外方传教会士究竟是几位？据《入华巴黎外方传教会会士列传》第956页所载，跟随陆方济一同进入中国者仅有颜珰一人；高龙鞶《江南传教史》第2册第267页亦秉此说。而文度辣神父在1684年3月的一封信中指出陆方济"带着两位法国传教士通过台湾和厦门进入了福建省"（Sinica Franciscana Vol. Ⅲ, Bonaventura Ibañez, Epistola ad P. Laurentium A Plagis, 1684, pp. 262 – 263.），包万才《巴黎外方传教会在华大事录》亦称陆方济同"两位神父"从台湾乘船赴厦门。除颜珰外，另一位神父是谁？根据巴黎外方传教会网络档案室所提供的材料，跟随陆方济进入中国的另一位神父应为卜于善（Notice bibliographique de Philibert Le Blanc. Archives des missionnaires des MEP/EDA, N. 60.）。方豪《中国天主教史人物传》第483页亦称："1684年，陆主教抵福建后，即派卜于善神父赴广州，公布传信部训令。"
③ [法] 高龙鞶：《江南传教史》第2册，周世良译，第267页。
④ [法] 高龙鞶：《江南传教史》第2册，周世良译，第269页。
⑤ Notice bibliographique de Philibert Le Blanc. Archives des missionnaires des MEP/EDA, N. 60.
⑥ [法] 高龙鞶：《江南传教史》第2册，周世良译，第269页。
⑦ Notice bibliographique de François Pallu. Archives des missionnaires des MEP/EDA, N. 12. 关于陆方济的其他传记资料，详见 Anastase Van den Wyngaert, Mgr Fr. Pallu et Mgr Bernardin della Chiesa. *Le serment de fidelite aux Vicaires Apostoliques*（1680 – 1688）, Archivum Franciscanum Historicum 31, 1938。

方济、卜于善抵达福建。陆方济去世后，颜珰与伊大任分管中国教务①。颜珰抵达中国后，开始学习汉语，他请了两位中国老师（"相公"），一位叫李义芬，一位叫江为标。颜珰为江为标施洗，并与他居住在一起长达两年之久。陆方济去世后，颜珰仍然坚持要求各地传教士宣誓，他甚至被指控为约翰逊主义者。1687年2月5日，颜珰被英诺森十一世任命为福建省宗座代牧。1696—1697年，颜珰相继被任命为广东主教以及第二次担任福建代牧，1700年3月14日，伊大任在浙江嘉兴祝圣颜珰成为科农主教（bishop of Conon）。②

颜珰在中国天主教史上所留下的最为重要的印记，就是他重新掀起了关于中国礼仪的讨论，继而导致礼仪之争在中国爆发。康熙容教敕令颁布一年后，1693年3月26日，颜珰在福建代牧区向所有传教士颁布了福建省宗座代牧敕令。敕令主要内容有：禁止用"天""上帝"称唯一真神，只能用"天主"这一称呼；严禁在教堂悬挂"敬天"字样的牌匾，已经悬挂的要尽快摘除；不允许中国教徒参加每年两次的祭祖敬孔的仪式；禁止教徒在家使用先人灵牌等。③颜珰明确表示，对于不能限时执行他的禁令的各会神父，其施行圣事的权力将不被认可。颜珰还派蒙尼阁（Nicolas Charmot）前往欧洲呈交他发布的禁令和专题论文，以争取教廷的支持。④禁令一出，立即在各修会传教士中引起很大反响，甚至在福建教徒群体中也产生了骚乱。⑤此次骚动以后，颜珰集合梁弘任、卜善于1701年在韶州召开会议，决定派遣梁弘任前往罗马和巴黎汇报颜珰的观点。经过长时间的讨论和审阅后，教廷宗教法庭于1704年11月20日在《和最美好的上

---

① ［法］热拉尔·穆塞、［法］布里吉特·阿帕乌：《1659—2004年入华巴黎外方传教会会士列传》，耿昇译，第932页。
② ［德］柯蓝妮：《颜珰在中国礼仪之争中的角色》，王潇楠译，载《国际汉学》2010年第1期，第138页。
③ 关于这一禁令之原文翻译详见［德］柯兰妮：《颜珰在中国礼仪之争中的角色》，王潇楠译，载《国际汉学》2010年第1期，第133—134页。
④ Notice bibliographique de Nicolas Charmot. Archives des missionnaires des MEP/EDA, N.91.
⑤ Lettre écrite de la province de Fukien dans la Chine sur la fin de l'année 1700 où l'on rapporte le cruel traitement que les chrétiens des Jésuites ont fait à Mr. Maigrot, Evêque de Conon & Vicaire Apostolique, au R. P. Croquet de l'ordre de S. Dominique ; & où l'on voit un échantillon du respect qu'ont les Jésuites pour les Evêques & pour S. Siège. 转引自吴旻、韩琦《礼仪之争与中国天主教徒——以福建教徒和颜珰的冲突为例》，载《历史研究》2004年第6期，第87页。罗马耶稣会档案馆Jap. Sin. 167；罗马耶稣会档案馆Jap. Sin. 165。

主同在》这一教令中做出决定，基本上支持颜珰禁令，并首先由教宗特使铎罗（Charles-Thomas Maillanrd de Tournon）在中国宣读。[①] 1705年12月4日，教宗特使铎罗抵达北京后，召唤颜珰前往。1706年6月29日，颜珰携外方会士方舟（Gaspard François Guety）抵达北京，[②] 首先与康熙派来的赵昌和王道化就礼仪问题展开讨论，并向他们呈递了关于中国礼仪问题的文件。[③]

3. 白云天（Philibert Le Blanc），其墓志铭中文名为李岱，号云峰[④]，其他中文名另有卜于善，李斐理，[⑤] 又称李主教。1644年出生于法国博纳。1679年2月前往远东，在暹罗与陆方济、颜珰一同前往中国，1684年初抵达福建。[⑥] 李岱抵华后，随即以宗座代牧的名义被陆方济派遣至广州宣布传信部的宣誓谕令。[⑦] 自1686年起，李岱开始在福建地区传教，辗转福州、兴化、长乐等地，为几百人授洗。[⑧] 1686年，时在兴化传教的李岱收留七岁少年黄嘉略，跟随李岱三年。[⑨] 李岱在福建传教期间，十分注重培养当地的教友团体。1694年李岱在福清建立了一个教友团体，并积极培养当地年轻女子的宗教热情。[⑩] 1696年10月20日，李岱被任命为不含主教头衔的云南代牧，[⑪] 1701年，李岱携本会修士肋山·丹里（Alexandre Danry）、葡籍混血修士桑切斯（Sanchez）、法籍外科医生代国利（Quéry）一行四

[①] *Bibliotheca Missionum*, Freiburg, 1932, Ⅶ, pp. 85-86. 转引自［德］柯兰妮：《颜珰在中国礼仪之争中的角色》，王潇楠译，载《国际汉学》2010年第1期，第137页。

[②] Kilian Stumph S. J., *The Act Pekinensia, or Historical of the Maillard de Tournon Legation*, Vol. I, Macau：Ricci Institute, 2015, pp. 409-410.

[③] Kilian Stumph S. J., *The Act Pekinensia, or Historical of the Maillard de Tournon Legation*, Vol. I, Macau：Ricci Institute, 2015, pp. 419-421.

[④] 巴黎外方传教会档案馆藏有一份李岱的墓志铭拓片，档案编号A. M. E. 431：691A，称"公姓李，讳岱，号云峰"，感谢香港大学宋刚教授提供此份资料。

[⑤] 许明龙：《黄嘉略与法国早期汉学》，商务印书馆2014年版，第5页。

[⑥] Notice bibliographique de Philibert Le Blanc. Archives des missionnaires des MEP/EDA, N. 60. 前揭李岱墓志铭称其入华时间为"康熙二十四年（1685）"，疑误。

[⑦] 方豪：《中国天主教史人物传》，第483页。

[⑧] Notice bibliographique de Philibert Le Blanc. Archives des missionnaires des MEP/EDA, N. 60.

[⑨] 许明龙：《黄嘉略与法国早期汉学》，第5页。

[⑩] Notice bibliographique de Philibert Le Blanc. Archives des missionnaires des MEP/EDA, N. 60.

[⑪] Notice bibliographique de Philibert Le Blanc. Archives des missionnaires des MEP/EDA, N. 60. 李岱墓志铭称："（康熙）叁拾玖年（1700），特升在云南作味嘉略"。(A. M. E. 431：691A.) 此处味嘉略，即"代牧"之拉丁文"Vicarius"之音译。此处所记载的时间，与西文资料存在一定出入。

人，取道广东前往云南。1702年九月、十月间，李岱一行抵达了云南府昆明县，他们在城内找到了四名天主教徒，并购买了一块土地，准备建筑教堂。① 1707年关于领票的圣谕传至云南，李岱拒绝领票，因此被云南当局驱逐出境。与大多数外方会士不同，李岱在领票制度颁布后虽拒绝领票，但并未被押送至澳门，而是偷偷潜入了福建兴化。在此时，铎罗任命李岱担任浙江传教负责人，李岱遂潜入浙江，来往于浙江和江西。② 1715年前后，又来往于福建兴化和福州。③ 1718年，李岱升任主教，1720年于广州去世。④

4. 平若望（Jean Pin），1643年前后生于法国讷韦尔，毕业于巴黎大学，获博士学位。1681年1月19日前往远东，在暹罗大城出任神学院教授。1684年前往中国，于福建厦门下船，随后前往福州和漳州传教。1687年，他被任命为浙江和江西的宗座代牧。⑤ 平若望担任宗座代牧期间，正值"宣誓风波"的尾声，平若望对于宣誓的态度，基本上持较为宽容的态度。据1688年10月利安定信称："我们充满信心，宣誓将在一年或两年之内被取消，因为宣誓已经被四位宗座代牧豁免了，毫无疑问这将会在罗马产生反响。"⑥ 又据赵庆源《中国天主教教区划分及其首长接替表》，1688年时中国共有5位代牧，分别是伊大任、罗文藻、颜珰、万济国（Francisco Varo）、平若望。⑦ 根据利安定所提供的信息，当时已经有四位宗座代牧豁免了宣誓。可知除了坚决要求宣誓的颜珰之外，包括平若望在

---

① 陆复初编：《昆明市志长编》，卷8，古代之三，昆明市志编纂委员会1984年版，第4页。
② Notice bibliographique de Philibert Le Blanc. Archives des missionnaires des MEP/EDA, N. 60.
③ Notice bibliographique de Philibert Le Blanc. Archives des missionnaires des MEP/EDA, N. 60；[法] 热拉尔·穆塞等：《1659—2004年入华巴黎外方传教会会士列传》，耿昇译，第917—918页。
④ Notice bibliographique de Philibert Le Blanc. Archives des missionnaires des MEP/EDA, N. 60；[法] 热拉尔·穆塞等：《1659—2004年入华巴黎外方传教会会士列传》，耿昇译，第917—918页。关于李岱晚年活动的情况，西文资料称，1718年，李岱被任命为特罗亚主教，1720年去世，葬于广州黄埔。然李岱之中文墓志铭却记载曰："（李岱）化道广多，人服其德。至（康熙）伍拾玖年（1720），公德愈成，乃登主教焉。是年回粤，于柒月廿二日去世，享年柒拾有柒"。(A. M. E. 431: 691A.) 以上中文墓志铭称李岱于1720年"登主教"，与西文资料所称1718年存在差异。笔者以为，西文中所记载的1718年应当为教廷任命李岱升任主教的时间，而中文资料中的记载的1720年或为李岱祝圣之时间。
⑤ [法] 热拉尔·穆塞等：《1659—2004年入华巴黎外方传教会会士列传》，耿昇译，第964页。
⑥ Sinica Franciscana Vol. III, II. B. 42. P. Fr. Augustinus A S. Paschale, Epistola ad Provincialem, Canton, 15 Octubre 1688, p. 661.
⑦ 赵庆源：《中国天主教教区划分及其首长接替年表》，台北闻道出版社1976年版，第15页。

内的其他四位代牧都豁免了宣誓。1691 年，平若望离开中国赴罗马，1692年 5 月 11 日死于波斯。①

5. 何神父（Louis Champion de Cicé），一般译作西塞，中文档案称为陆主教。1648 年生于法国布吕克的西塞堡，1672 年进入圣叙尔彼斯修院并完成神学学业。1682 年 4 月 6 日前往中国，年底在福建登陆。1686 年前往广东韶州。② 1689 年，何神父欲前往广西桂林传教建堂，未果。③ 在广州期间，与布兰德·卡朋（Yves le HIR du Brand-Carpon）以及颜珰在广州建立了杨仁里南约堂，④ 1695 年在广州府增城传教，购置了一块土地。⑤ 何神父在华期间，与身在北京的法国耶稣会士张诚有密切的书信往来。⑥ 1697 年，他被派往法国，以研究制定外方传教会的基本条例，1700 年被任命为撒布尔主教和暹罗宗座代牧，随即前往暹罗，负责暹罗修道院工作。1727 年 4 月 1 日于暹罗去世⑦。

6. 尼各·夏尔莫（Nicolas Charmot），中文名蒙尼阁，又称蒙老爷，⑧ 于 1655 年出生于法国索恩河畔沙隆，1685 年 2 月 13 日从路易港启程前往中国，同年抵达广州。入华伊始，蒙尼阁即对中国传教区现状写了一篇长篇报道提交给罗马教廷。1686 年末，他被派往罗马，请求任命新的宗座代牧。⑨ 1691 年，再次与同会神父李云（François Lirot）从印度本地治里一同前往中国，⑩ 抵达广州后，充任广州司库。在之后的三年时间里，蒙尼阁前往广东的韶州、福建的兴化、长乐、福州传教，并与耶稣会、方济各会和多

---

① Notice bibliographique de Jean Pin. Archives des missionnaires des MEP/EDA, N. 75.
② ［法］热拉尔·穆塞等：《1659—2004 年入华巴黎外方传教会会士列传》，耿昇译，第 841 页。
③ S. R. C. Indie Orient. Vol. 5, ff. 399 – 404 v
④ A Etablissements fondés avant 1700, in Jean Basset, *pionnier de l'Eglise au Sichuan*, 2012, p. 674；吴旻、韩琦编校：《欧洲所藏雍正乾隆朝天主教文献汇编》，上海人民出版社 2008 年版，第 46 页。
⑤ A Etablissements fondés avant 1700, in Jean Basset, *pionnier de l'Eglise au Sichuan*, 2012, p. 672；吴旻、韩琦编校：《欧洲所藏雍正乾隆朝天主教文献汇编》，第 46 页。
⑥ ［法］博西耶尔夫人：《耶稣会士张诚——路易十四派往中国的五位数学家之一》，辛岩译，大象出版社 2009 年版，第 126—127 页。
⑦ ［法］热拉尔·穆塞等：《1659—2004 年入华巴黎外方传教会会士列传》，耿昇译，第 841 页。
⑧ 吴旻、韩琦编校：《欧洲所藏雍正乾隆朝天主教文献汇编》，第 283 页。
⑨ ［法］热拉尔·穆塞、［法］布里吉特·阿帕乌：《1659—2004 年入华巴黎外方传教会会士列传》，耿昇译，第 836 页。
⑩ ［法］热拉尔·穆塞、［法］布里吉特·阿帕乌：《1659—2004 年入华巴黎外方传教会会士列传》，耿昇译，第 928 页。

明我会传教士有书信往来。① 蒙尼阁做的最重要的事情，就是作为巴黎外方传教会驻教廷代表为中国礼仪问题向教廷和欧洲游说，并最终促使教廷颁布《和最美好的上主同在》的敕令。蒙尼阁坚定地站在颜珰一方，在 1693 年时就曾经写过关于中国礼仪的论文寄给罗马教廷。② 同年底，颜珰派遣蒙尼阁去巴黎和罗马，向当局呈交他的禁令和补充的专题论文，旨在吸引罗马教廷重新全面考察这一问题，蒙尼阁随身还携带着他搜集的所有反对举行中国礼仪和耶稣会士文化适应政策的论文和著述回到欧洲，对于蒙尼阁在反对礼仪之争中所作出的成绩，柯兰妮称"在鼓动欧洲人反对在华耶稣会士及传教方略方面很难说是颜珰干得更多，还是蒙尼阁干得更多"③。蒙尼阁返回欧洲后，其后半生都在罗马度过，1714 年 6 月 28 日去世。④

7. 类斯·凯梅内（Louis Quémener），1644 年生于法国布雷斯特，1682 年 4 月 6 日赴华。1685 年初抵达广州，担任巴黎外方传教会第一任广州账房，同时在广州、福建、浙江等地传教。⑤ 1692 年，他返回罗马，与教廷商议中国教区的划分问题。1697 年 8 月 13 日，类斯·凯梅内被任命为没有代牧区的苏拉主教，1698 年在巴黎祝圣，并在同年三月前往远东，首先抵达本地治里，在那里停留将近两年，然后前往暹罗。1704 年前后，类斯·凯梅内再次来到中国，但此时已身患疾病，1704 年 11 月 17 日在韶州去世。⑥

8. 布兰德·卡朋（Yves le HIR du Brand – Carpon），一名葛神父，⑦ 1640 年前后生于法国罗斯科夫，于 1685 年 1 月赴暹罗。关于此人的介绍很少，且内容多有龃龉不合之处。如有的文献认为他刚刚抵达广州之后，便返回法国并于 1686 年退出了巴黎外方传教会；而有的人认为，他虽然

---

① Notice bibliographique de Nicolas Charmot. Archives des missionnaires des MEP/EDA, N. 91.
② Notice bibliographique de Nicolas Charmot. Archives des missionnaires des MEP/EDA, N. 91.
③ ［德］柯兰妮：《颜珰在中国礼仪之争中的角色》，王潇楠译，载《国际汉学》2010 年第 1 期，第 135 页。
④ ［法］热拉尔·穆塞、［法］布里吉特·阿帕乌著：《1659—2004 年入华巴黎外方传教会会士列传》，耿昇译，第 836 页。
⑤ Notice bibliographique de Louis Quémener. Archives des missionnaires des MEP/EDA, N. 87.
⑥ Notice bibliographique de Louis Quémener. Archives des missionnaires des MEP/EDA, N. 87.
⑦ ［法］热拉尔·穆塞、［法］布里吉特·阿帕乌：《1659—2004 年入华巴黎外方传教会会士列传》，耿昇译，第 920 页。

退出了巴黎外方传教会，却一直留在广州，最终于 1691 年 11 月 19 日去世。① 据罗文藻 1689 年 8 月 26 日的书信，当时布兰德·卡朋正和陆主教在广州传教。② 方济各会士利安定也在 1689 年报告中提到此事，③ 可知布兰德·卡朋直到 1689 年仍在中国活动；另外根据西文材料，布兰德·卡朋与颜珰、陆神父一同购置了广州杨仁里天主堂。④ 另据罗文藻称，布兰德·卡朋在广州期间的口碑并不好，很少服从广州地区代牧的命令，许多教友因为他的行事作风而放弃了信仰。⑤

9. 阿尔迪斯·德·利奥纳（Aetus de Lionne），中文名梁弘任，又作梁弘仁，1655 年生于罗马。⑥ 1687 年，梁弘任前往远东，先后在暹罗和本地治里工作。1689 年前往中国，首先在广东传教，随即与李岱一同前往福建。1693 年颜珰向福建代牧区发布关于礼仪的敕令时，梁弘任第一个积极响应。⑦ 在之后关于中国礼仪的问题上，梁弘任的立场始终与颜珰保持一致。1700 年福州教徒与颜珰发生冲突后，在给教徒的回函之中，梁氏就委婉地表明了自己支持颜珰的立场："弟从来深服阎主教之大德，众位既以异视之，弟之所能奉谏于众位者，难有益也"。⑧ 1694—1697 年，梁弘任自福建北上，相继开辟南京和浙江传教点。⑨ 1696 年 10 月 26 日，教宗因诺森十二世再次委任梁弘任担任罗萨里主教，28 日又委任其为四川代牧。这一次梁弘任终于接受了主教任命，并于 1699 或 1700 年前往广州，由颜珰祝圣。⑩ 梁弘任在华传教期间，秉持巴黎外方传教会的创会宗旨，十分

---

① Notice bibliographique de Yves le HIR du Brand – Carpon. Archives des missionnaires des MEP/EDA, N. 92.
② S. R. C. Indie Orient. Vol. 5, ff. 399 – 404 v
③ Sinica Franciscana Vol. Ⅲ, Fr. Augustin de S. Pasqual, Epistola ad Duos Vicarios Apostolicos, 2o Ian, 1689, pp. 675 – 677.
④ A Etablissements fondés avant 1700, in Jean Basset, *pionnier de l'Eglise au Sichuan*, 2012, p. 672；吴旻、韩琦编校：《欧洲所藏雍正乾隆朝天主教文献汇编》，第 46 页。
⑤ S. R. C. Indie Orient. Vol. 5, ff. 399 – 404 v
⑥ ［法］热拉尔·穆塞、［法］布里吉特·阿帕乌：《1659—2004 年入华巴黎外方传教会士列传》，耿昇译，第 798 页。
⑦ Notice bibliographique de Aetus de Lionne. Archives des missionnaires des MEP/EDA, N. 87.
⑧ ASR, Cina, ms 118, 转引自宋黎明《"译名暨礼仪之争"的重要一页——1700 年春福州教徒与颜珰主教冲突新探》，载《文化杂志》第 100 期，2017 年，第 109—110 页。
⑨ 吴旻、韩琦编校：《欧洲所藏雍正乾隆朝天主教文献汇编》，第 47—48 页。
⑩ Notice bibliographique de Aetus de Lionne. Archives des missionnaires des MEP/EDA, N. 87.

注重培养中国本土神职人员。1689 年，梁弘任受到李岱的嘱托，开始负责华人教徒黄嘉略的拉丁语及神学等教育，梁弘任还让黄嘉略拜福州的江为标为师。① 此外，梁弘任还曾培养了早期巴黎外方传教会著名的传教员张理诺，梁弘任离开中国前夕，将理诺交付给白日昇培养。② 1702 年 2 月 17 日，梁弘任携黄嘉略从厦门出发，乘坐一艘英国商船前往欧洲，③ 1702 年 10 月底到达巴黎，1703—1706 年一直居住在罗马，与教廷高层频繁讨论关于中国礼仪的问题；1713 年 8 月 2 日，梁弘任于巴黎外方传教会神学院去世。④

10. 白日昇（Jean Basset），1662 年出生于里昂，其父为里昂市的行政长官。白日昇早年毕业于巴黎圣苏尔比斯学院，1684 年进入巴黎外方传教会神学院，1685 年前往远东，首先在暹罗大城的巴黎外方传教会修院学习，于 1686 年晋铎。⑤ 1689 年，白日昇由广州进入中国，首先在粤北的韶州传教。⑥ 在那里，他负责管理一个 400 人的教区，居住了五年。他还曾向欧洲的朋友募集经费，用以培养当地的男、女传教员，教育修生，设立药房，并在韶州建立教堂。在此期间，他与颜珰就中国礼仪问题产生了分歧，白日昇出于个人传教经验和理论研究，并不赞同颜珰的意见，然而出于对颜珰代牧地位的尊重，白日昇只得服从。⑦ 1691 年，平若望任命白日昇担任江西署理代牧，当颜珰于 1693 年发布关于中国礼仪的禁令后，白日昇也随之在江西颁布了这一禁令。⑧ 1695 年，巴黎外方传教会广州司库陆主教返回法国，白日昇接任这一职务。⑨ 白日昇在广州期间，与两广总督石琳关系交好，曾携礼物前往石琳官邸拜访，受到后者礼遇。同时还与

---

① 许明龙：《黄嘉略与法国早期汉学》，第 5 页。

② Jean Basset, *pionnier de l'Eglise au Sichuan, précurseur d'une Eglise d'expression chinoise*, 2012, p. 5.

③ AME 19，许明龙：《黄嘉略与法国早期汉学》，第 14 页。

④ Notice bibliographique de Aetus de Lionne. Archives des missionnaires des MEP/EDA, N. 87.

⑤ Notice bibliographique de Jean Basset. Archives des missionnaires des MEP/EDA, N. 93.

⑥ Jean Charbonnier, Introduction, in Jean Basset, *pionnier de l'Eglise au Sichuan, précurseur d'une Eglise d'expression chinoise*, pp. 11 – 12.

⑦ 李华川：《白日昇与十八世纪初天主教四川传教史》，载《宗教学研究》2014 年第 3 期，第 226 页。

⑧ Jean Charbonnier, Introduction, in Jean Basset, *pionnier de l'Eglise au Sichuan, précurseur d'une Eglise d'expression chinoise*, pp. 11 – 12.

⑨ Notice bibliographique de Jean Basset. Archives des missionnaires des MEP/EDA, N. 93.

广州的其他官员往来，有时还会为他们修理钟表。① 白日昇入华早期，除了将传教重心放到广东地区之外，还曾经几次前往临近韶州的湖广、郴州传教。1694年，白日昇来到郴州，建立了一个教友团体。②

1701年，四川代牧梁弘任决定前往欧洲向教廷陈述关于中国礼仪的问题，临走之前，委任白日昇担任四川署理代牧，与同会的梁弘任以及遣使会的毕天祥、穆天尺共同经营四川教务。1701年12月10日，白日昇携三位传教士以及华人少年张理诺、几位仆人一同出发前往四川。1702年3月，一行人抵达重庆。四位传教士对于是否继续前往成都，发生了分歧。穆天尺和毕天祥早在广东之时就决定立足重庆传教，而白日昇则希望继续前进。于是四人于1702年3月30日签署了一个教务地界协议，决定由遣使会的两位传教士负责川东的重庆府、保宁府、顺庆府和夔州府的教务，巴黎外方传教会则负责川西的成都府、龙安府、雅州府和嘉定府的教务。③ 之后，白日昇和梁弘任继续前行，在4月30日抵达成都。自1703年至1707年间，白日昇以成都为中心，建立了多个传教据点，以底层民众作为传教的主要对象。此外，他还积极开拓周边地区的教务，如1704年，派遣张理诺前往西部番区传教，④ 白日昇在其书信集中并未详细指明此番区为何地，据李华川的研究，此处应当为汶川境内的瓦寺土司领地。⑤ 1706年7月，白日昇还应雅州天全土司高一柱之邀，携四位传教员前往雅州传教⑥。早在入华初期，就意识到了培养本地传教员，建立本土教会的紧迫性⑦，到了四川之后，就大力开展本土神

---

① 李华川：《白日昇与十八世纪初天主教四川传教史》，载《宗教学研究》2014年第3期，第226页。

② Notice bibliographique de Jean Basset. Archives des missionnaires des MEP/EDA, N. 93.

③ A. M. E, Vol. 442, p. 505, in A. Launay, Histoire des missions de Chine: mission du Se-Tchoan vol. 1. Paris: Téqui, 1920, p. 35. 转引自郭丽娜《清代中叶巴黎外方传教会在川活动研究》，学苑出版社2012年版，第293页。

④ Jean Basset, *Correspondance*, V, Lettre à Mgr A. de Lionne, à Tchingtou, ce 17 septembre 1704, pp. 549–558.

⑤ 李华川：《康乾时期第三方视角下的四川土司——以白日昇、李安德二神父的书信和日记为中心》，载《国际汉学》2016年第4期，第115页。

⑥ Jean Basset, *Correspondance*, V, Lettre à Messieurs le Supérieur et les Directeurs du Séminaire de Paris, à Yatcheou, à 35 lieues de Tchingtou, ce 28 août 1706, pp. 574–585.

⑦ Jean Charbonnier, Introduction, in Jean Basset, *pionnier de l'Eglise au Sichuan, précurseur d'une Eglise d'expression chinoise*, p. 3.

职人员教育。1703年，在白日昇从西安返回四川的路上，在汉中带回了三名华人修生，他们就是日后著名的华人神职人员李安德（André Ly）、党怀仁（Antoine Tang）和苏宏孝（Paulus Sou）①。除了建立本土教会之外，白日昇还曾翻译《新约圣经》，这是西方传教士第一次开展圣经的翻译工作。为此，白日昇还招募一位文人徐若翰作为他的助手。然而，这一工作只进展到《福保禄使徒与赫伯辈书》第一章，圣经翻译随着白日昇的去世戛然而止②。1707年6月，由于铎罗与康熙皇帝在中国礼仪问题上的对峙，四川教区同样受到了影响。白日昇和梁弘任离开成都，原本打算到北京领票，但听说铎罗禁止领票后，转而奔赴广州。同年12月，白日昇于广州染病去世③。

11. 李神父（Jacques Lirot），中文名为李云④。1664年在诺曼底出生，1689年（一说1683年⑤）前往远东时，尚未晋铎。1691年，李云与蒙尼阁从本地治里一同赴华，几个月后抵达广东。李云首先在韶州传教，在此期间，李云支持颜珰关于礼仪问题的论述，并就此与其他修会的神父开展辩论。1695年，李云前往南京，与本会方舟一同由伊大任晋铎，之后跟随梁弘任在池州、福州和韶州等地传教。1707年前后，李云被驱逐至澳门，在澳门度过了三年⑥。1710年，李云重新潜入中国，与李岱相继在广东、福建和浙江活动。1720年，李云在广州还接待教廷特使嘉乐（Carlo Ambrogio Mezzabarba）⑦。1723年9月6日，李云在韶州去世⑧。

12. 嘉宾·盖提（Gaspard Guéty），中文名为方舟。原籍里昂，生年不详。在加入巴黎外方传教会之前，所从事的职业是钟表匠。1689年赴远东，1695年之前进入中国，在澳门学习神学。1695年6月，前往南

---

① Jean Charbonnier, Histoire des Chrétiens de Chine, Paris, 1992, pp. 191-192.
② 宋刚：《小人物的大历史：清初四川天主教徒徐若翰个案研究的启示》，载《国际汉学》2017年第1期，第40—41页。
③ Notice bibliographique de Jean Basset. Archives des missionnaires des MEP/EDA, N. 93.
④ Jean Basset, VI, Correspondance, Série de billetsenvoyés à Luigi Antonio Appiani, lors de sa détention à Chengdu, p. 606.
⑤ ［法］热拉尔·穆塞等：《1659—2004年入华巴黎外方传教会会士列传》，耿昇译，第928页。
⑥ Notice bibliographique de Jacques Lirot. Archives des missionnaires des MEP/EDA, N. 103.
⑦ Notice bibliographique de Jacques Lirot. Archives des missionnaires des MEP/EDA, N. 103.
⑧ Notice bibliographique de Jacques Lirot. Archives des missionnaires des MEP/EDA, N. 103.

京，由伊大任晋铎。从此，便在广东、福建和江西传教①。1706 年 6 月 29 日，方舟担任颜珰的翻译，一同前往北京觐见康熙皇帝②。后遭驱逐，先被押解到广州，然后到澳门，后又到达暹罗和本地治里，在那里担任司库一职。1725 年 6 月 13 日，于本地治里的巴黎外方传教会司库部去世。③

（二）1697—1707 年进入中国的巴黎外方传教会神父

自 1696 年教廷重新划分中国传教版图，将云南、四川、福建代牧授予巴黎外方传教士之后，在华的巴黎外方传教会传教事业进入了一个新的时期。这一段时间里，云南、四川两处新的代牧区亟待开发，而原先入华的 12 位神父，有的死去，有的离开中国，至此时仅剩下 6 人在中国传教，分别是颜珰、李岱、梁弘任、白日昇、李云和方舟。面对亟待开发的广大传教区，该会又加紧派遣传教士入华，仅 1698—1701 四年里，就有 6 位新的传教士来华。1701—1706 年，仅有计有纲一人来华。可以反映，巴黎外方传教会来华传教热潮到 1701 年时已经基本结束。

1. 伯禄·埃尔韦（Pierre Hervé），中文名赫宣④，出生于法国雷恩教区，1698 年 3 月 10 日赴中国。中文档案称其与法国耶稣会士薄显世（Antoine de Beauvollier）同来。1700 年在韶州传教，后辗转江西和福建。1706 年，赫宣抵达南京，并在池州府巴黎外方传教会教堂传教。1707 年要求在华传教士领票时，直郡王和张常住曾与赫宣和施体仁（Francesco San Giorgio di Biandrate）有一段对话："你们的教同利玛窦的合不合，他两个说，利玛窦只是敬天主，与我们相合，别的敬孔子、拜祖先牌位，都不合"。⑤表明其反对中国礼仪的立场。后因拒绝领票被驱逐至澳门。中文档案称："（康熙四十六年）四月初八日奉旨：西洋佛朗西亚国人赫宣，意大利亚国人施提仁，交付江宁督抚，限五日内起程，遣往澳门，与多罗一

---

① ［法］热拉尔·穆塞等：《1659—2004 年入华巴黎外方传教会会士列传》，耿昇译，第 897 页。
② Kilian Stumph S. J., The Act Pekinensia, or Historical of the Maillard de Tournon Legation, Vol. I, Macau: Ricci Institute, 2015, pp. 409–410.
③ ［法］热拉尔·穆塞等：《1659—2004 年入华巴黎外方传教会会士列传》，耿昇译，第 897 页。
④ 胤禔、张常住：《奏西洋人赫宣、施体仁事》，藏罗马耶稣会档案馆 ARSI, Jap./Sin., 170, f. 283; f. 283a; SINA EPISTOLAE 1707.
⑤ 《奏西洋人赫宣、施体仁事》，藏罗马耶稣会档案馆 ARSI, Jap./Sin., 170, f. 283; f. 283a; SINA EPISTOLAE 1707.

同返回。倘若彼等逾限，督抚即行枷号解往广东澳门。"① 赫宣抵达澳门后，铎罗尚未前来。于是赫宣便与铎罗的随员施提仁为铎罗寻觅寓所，未果。二人前去方济各会修道院，由于会院院长担心澳门官员制裁，并未答应他们的请求②。最后，他迁居澳门奥斯定教堂。居住澳门期间，赫宣曾经指导李安德、党怀仁学习神学③。1710 年 3 月 18 日，在澳门去世④。

2. 巴复礼（Jean Bénard），1668 年 2 月 12 日生于法国贝尔奈，1698 年 3 月 10 日赴中国。1700 年巴复礼来到广州，担任法国商行的神职人员。自 1702 年起，巴复礼管理巴黎外方传教会广州司库，并在广州周边地区开展布道工作⑤。在此期间，他曾经想去云南传教，但未成行。1704 年，巴复礼离开中国，前往位于西印度洋的留尼汪岛，之后重返广州⑥。铎罗出使失败后，巴复礼拒绝领票，1706 年被逐往澳门⑦。1708 年，巴复礼离开澳门，1711 年 2 月 10 日在返回欧洲的船上去世⑧。

3. 肋山·丹里（Alexandre Danry），于 1656 年出生于法国南特，1698 年 3 月 10 日前往远东，1700 年抵达广州。他在福州短期停留了一段时间后，1701 年，与云南代牧李岱前往云南昆明传教⑨。1707 年，领票的圣谕传至云南，由于拒绝领票，肋山·丹里和李岱被云南当局驱逐出境。1706 年肋山·丹里返回广州，再从广州辗转到澳门⑩。然而在 1707 年 9 月，身处韶州府的白日昇在听说有两位来自云南的传教士逃到了湖广常德府的湘潭县，其中年长的那位传教士患有疾病，由此白日昇猜测此二人就是李岱

---

① 中国第一历史档案馆、澳门基金会、暨南大学古籍所编：《明清时期澳门问题档案文献汇编》第 1 册，《总管内务府为知照颁给印票与否西洋人等名单事致礼部咨文》，人民出版社 1999 年版，第 82 页。
② 伍昕瑶：《教廷特使多罗与澳门》，北京外国语大学硕士学位论文，2015 年，第 36 页。
③ Adrien Launay, Histoire des Missions de Chine: Mission du Se – Tchoan, Paris, 1920, p. 81.
④ [法] 热拉尔·穆塞等：《1659—2004 年入华巴黎外方传教会会士列传》，耿昇译，广西师范大学出版社 2010 年版，第 901 页。
⑤ [法] 热拉尔·穆塞等：《1659—2004 年入华巴黎外方传教会会士列传》，耿昇译，第 808 页。
⑥ Notice bibliographique de Jean Bénard. Archives des missionnaires des MEP/EDA, N. 112.
⑦ [法] 热拉尔·穆塞等：《1659—2004 年入华巴黎外方传教会会士列传》，耿昇译，第 808 页。
⑧ Notice bibliographique de Jean Bénard. Archives des missionnaires des MEP/EDA, N. 112.
⑨ Notice bibliographique de Alexandre Danry. Archives des missionnaires des MEP/EDA, N. 113; Notice bibliographique de Philibert Le Blanc. Archives des missionnaires des MEP/EDA, N. 60.
⑩ [法] 热拉尔·穆塞等：《1659—2004 年入华巴黎外方传教会会士列传》，耿昇译，第 852 页。

和肋山·丹里①。肋山·丹里被逐至澳门后,并去了本地治里,于 1711 年被任命为当地的署理主教。由于与主教发生争执,他返回了法国并退出了巴黎外方传教会②。

4. 方济各·德蒙提尼(François de Montigny),中文名蒙覬③,又名孟尼④。出生于巴黎。1692 年赴加拿大传教,1700 年返回法国。他在巴黎外方传教会修院短暂停留之后,于 1701 年乘船赴华,1702 年在福建登陆。1704 年,曾为建立神学院一事前往广东短暂停留⑤,1705 年抵达浙江,担任署理浙江代牧,次年由何那笃(Donato Mezzafalce)接替该职务⑥。铎罗从广州去北京的旅途中,蒙覬从江西南昌陪同铎罗到达南京⑦。康熙四十四年(1705),康熙南巡时,蒙覬曾前往淮安并受到接见,深得康熙喜爱,后康熙抵达杭州时,指明约见蒙覬,蒙覬也在此时向皇帝进献西洋方物:"严州府天主堂西洋进士蒙覬,……献上方物,内监收进预览,遂问各种用法,臣等俱一一奏对。龙颜甚悦,命收日月星钟、天文比例尺、西洋文具、西洋秤、日晷、女骨鱼珠等,系蒙覬送献。"⑧ 1707 年,蒙覬拒绝领票,被逐往澳门⑨。之后,蒙覬于 1708 年抵达本地治里,1709 年返回法国,1711 年被任命为巴黎外方传教会修院长。1742 年于巴黎去世⑩。

5. 方济各·勒布雷敦(François Le Breton),中文名董默觉⑪,一译董

---

① Jean Basset, Ⅵ, Correspondance, Lettre à Jean Bénard, à Chaotcheou fou, le 21 septembre 1707, p. 646.
② [法] 热拉尔·穆塞等:《1659—2004 年入华巴黎外方传教会会士列传》,耿昇译,第 852 页。
③ 韩琦、吴旻:《熙朝崇正集·熙朝定案(外三种)》,中华书局 2006 年版,第 191—192 页。
④ 中国第一历史档案馆、澳门基金会、暨南大学古籍所编:《明清时期澳门问题档案文献汇编》第 1 册,《总管内务府为知照颁给印票与否西洋人等名单事致礼部咨文》,第 82 页。
⑤ Notice bibliographique de François de Montigny. Archives des missionnaires des MEP/EDA, N. 121.
⑥ 赵庆源:《中国天主教教区划分及其首长接替年表》,闻道出版社 1976 年版,第 18 页。
⑦ Notice bibliographique de François de Montigny. Archives des missionnaires des MEP/EDA, N. 121.
⑧ 韩琦、吴旻:《熙朝崇正集·熙朝定案(外三种)》,第 191—192 页。
⑨ 中国第一历史档案馆、澳门基金会、暨南大学古籍所编:《明清时期澳门问题档案文献汇编》第 1 册,《总管内务府为知照颁给印票与否西洋人等名单事致礼部咨文》,第 82 页。
⑩ [法] 热拉尔·穆塞、[法] 布里吉特·阿帕乌:《1659—2004 年入华巴黎外方传教会会士列传》,耿昇译,第 947 页。
⑪ 韩琦、吴旻:《熙朝崇正集·熙朝定案(外三种)》,第 224 页。

莫教①，1676年生于法国迪耶波，1700年1月前往远东。1701年1月在本地治里晋铎，之后前往中国，在广东和福建传教②。1707年，担任福建署理代牧③，同年拒绝领票，与署理浙江代牧蒙觊一同被逐往澳门④。他在澳门停留了一段时间后，前往东京湾未果，于1709年抵达本地治里。1713年又前往暹罗，担任神学院教授，1714年去世⑤。

6. 梁神父（François Martin de La Baluère），中文名梁弘仁、梁主教⑥。1668年出生于雷恩，1698年3月10日赴远东。先在暹罗担任神学院教授，后于1701年前往广州。受四川代牧梁弘任指派，与白日昇一同赴四川传教。为便于传教，1702年4月30日因建堂之事前往西安。1703年，在返回成都的路上还探访了宝鸡、汉中等地的教务⑦，并带回了李安德、党怀仁和苏宏孝三位年幼的修生⑧。抵达成都后，梁弘仁工作的重点就放到了培养这几位修生上，教授他们拉丁文⑨。1707年，梁弘仁和白日昇被驱逐出四川，前往澳门，白日昇也在当年去世。1708年3月16日，梁弘仁抵达澳门，在距离铎罗关押处不远的一所住宅安顿下来。李安德与同伴在梁弘仁神父指导下继续学习，并不时聆听铎罗的教诲⑩。1713年2月，澳门葡萄牙人强行驱逐梁弘仁，让他乘船去马德拉斯。临行前他将李安德等人托付给巴黎外方传教会澳门账房，但次年梁弘仁又返回澳门，带着这些修

---

① 中国第一历史档案馆、澳门基金会、暨南大学古籍所编：《明清时期澳门问题档案文献汇编》第1册，《总管内务府为知照颁给印票与否西洋人等名单事致礼部咨文》，第82页。
② [法]热拉尔·穆塞等著：《1659—2004年入华巴黎外方传教会会士列传》，耿昇译，第918页。
③ 赵庆源：《中国天主教教区划分及其首长接替年表》，闻道出版社1976年版，第19页。
④ 中国第一历史档案馆、澳门基金会、暨南大学古籍所编：《明清时期澳门问题档案文献汇编》第1册，《总管内务府为知照颁给印票与否西洋人等名单事致礼部咨文》。
⑤ Notice bibliographique de François Le Breton. Archives des missionnaires des MEP/EDA, N. 119.
⑥ 巴黎国立图书馆抄本部藏品：Fr. n a. 8796，《四川教徒致梁弘仁函》，载许明龙《黄嘉略与法国早期汉学》，第329页。
⑦ Jean Basset, *Correspondance*, Ⅲ, Lettre à Mgr A. de Lionne, à Tchingtou fou, ce 19 août 1703, pp. 292–312.
⑧ Jean Charbonnier, Histoire des Chrétiens de Chine, Paris, 1992, pp. 191–192.
⑨ 李华川：《白日昇与十八世纪初天主教四川传教史》，载《宗教学研究》2014年第3期，第230页。
⑩ 解江红：《一部珍贵的十八世纪四川传教史——〈李安德日记〉》，提交2017年7月香港"巴黎外方传教会与清代以来的中国学术研讨会论文"。

士来到福建传教。1715 年 2 月，辗转回到成都①。梁弘仁到达后不久就因病去世。

7. 安东尼·吉涅（Antoine Guignes），中文名计有纲、计老爷②。原籍法国奥朗日。1704 年 3 月 2 日离开巴黎外方传教会修道院，前往远东，途中在本地治里居停一年，1706 年抵达广州。次年，计有纲前往南雄传教，随后准备前往江西，然而却在南雄被捕，被勒令遣返澳门。他向官府请求，希望赴北京申诉，未得到许可。计有纲后被送至广州关押，具体时间不详③。1724 年，教宗派遣两名圣衣会士来华，向雍正提出释放关押在广州的计有纲以及一同收押的毕天祥④。1726 年 7 月 13 日，广东巡抚杨文乾遵照雍正帝"给赐西洋国教化王敕谕"下令释放德理格之例，将广东监禁之毕天祥、计有纲释放⑤。1732 年广州禁教后，同广州账房戈宁一起被驱逐至澳门。⑥ 另据西文资料称，计有纲自 1717 年至 1728 年间，担任巴黎外方传教会广州账房。由于传教士对其账目发出抱怨，所以他在 1728 年被巴黎外方传教会修道院召回。直到 1732 年前后，他仍然居住在广州。1733 年，计有纲抵达法国，1735 年前往罗马，后不知所踪⑦。然据以上中文资料，此时计有纲尚在广州关押，如何行使账房职责？中西文献记载抵牾，尚待考察。

（三）1708—1732 年进入中国的巴黎外方传教会神父

巴黎外方传教会士入华后，坚持反对中国礼仪的立场，1706 年康熙皇帝颁布领票制度后，外方传教会士全部拒绝领票。1707 年康熙下令驱逐国内不领票的传教士，除个别神父潜留在国内传教外，该会大部分神父都被驱赶至澳门。这一时期集中在澳门的该会神父有李云、肋山·丹里、巴复礼、董默觉、计有纲、蒙輗、赫宣、梁弘仁等。不久，其中的一部分离开

---

① Notice bibliographique de François Martin de La Baluère. Archives des missionnaires des MEP/EDA, N. 111.
② 吴旻、韩琦编校：《欧洲所藏雍正乾隆朝天主教文献汇编》，第 38、51 页。
③ Notice bibliographique de Antoine Guignes. Archives des missionnaires des MEP/EDA, N. 119.
④ 罗光：《教廷与中国使节史》，台北：学生书局 1996 年版，第 182 页
⑤ 吴旻、韩琦编校：《欧洲所藏雍正乾隆朝天主教文献汇编》，第 38—39 页。
⑥ [法] 荣振华：《在华耶稣会士列传及书目补编》，耿昇译，第 852 页；Joseph Dehergne, "La Chine du sud est: Guangxi (Kwangxi) et Guangdong (Kwangung): tude de géographie missionnaire", Archivum Historicum Societatis Iesu, Vol. 45 (1976), pp. 23 – 24.
⑦ Notice bibliographique de François Le Breton. Archives des missionnaires des MEP/EDA, N. 119.

澳门去本地治里或回国，如肋山·丹里、董默觉、蒙鞔及巴复礼；还有一部分则从澳门潜入内地继续传教，如李云、计有纲和梁弘仁等；赫宣则一直待在澳门，于1710年去世。这一时期巴黎外方传教会还带了一批年轻修士来澳门，如李安德、党怀仁、苏宏孝、徐若翰及其子徐应天等，他们在澳门继续学习，有时也协助传教。徐若翰则被梁弘仁推荐为铎罗当中文秘书①。雍正元年（1723），全国禁教令颁布，清廷将各地传教的教士们驱逐集中到广州，要求他们在广州等待船只回国。雍正十年（1732）广州再次禁教，巴黎外方传教会广州司库迁到澳门。至此，巴黎外方传教会神父在国内完全绝迹，该会在华早期传教活动随之告一段落。可以说，从1708年到1732年清政府对欧洲天主教采取的策略是从限制到禁止到严禁。因此，这一时期进入中国内地的巴黎外方传教会神父较前两个阶段要大大减少。根据现有的资料，1708—1732年进入中国的巴黎外方传教会神父一共6人，分别为任神父、保禄·布尔吉纳、诺神父、马青山、雅克·福赛尔和戈宁等。而且在这六人中，除马青山外，其余在中国内地停留的时间都很短，到1732年广州再禁教将传教士迁往澳门时，当时留在中国的外方传教会士仅有马青山和戈宁二人。

1. 任神父（François de Vigier），生卒年不详，原籍为里昂，1707年离开巴黎，1708年3月22日乘船来华，他在澳门停留一段时间，后转入福建，于1712年进入江西。梁弘仁（La Baluère）于1714年在福建会见他并把他带往四川。受教案影响，退出教会。1717年被李岱开除出中国传教区。1719年返法②。

2. 保禄·布尔吉纳（Paul – Jean – Baptiste Bourgine），中文名卜神父③，1700年生于法国拉罗歇尔，1726年晋铎，同年抵达广州，并负责广州账房工作④。1733年去暹罗总修院，并将巴黎外方传教会的建堂清单交

---

① 宋刚：《小人物的大历史：清初四川天主教徒徐若翰个案研究的启示》，载《国际汉学》2017年第1期，第40页。
② ［法］热拉尔·穆塞等：《1659—2004年入华巴黎外方传教会士列传》，耿昇译，第1003—1004页。
③ 吴旻、韩琦编校：《欧洲所藏雍正乾隆朝天主教文献汇编》，第283页。
④ ［法］热拉尔·穆塞等：《1659—2004年入华巴黎外方传教会士列传》，耿昇译，第821页。

总修院保存①。1734 年,离开中国前往交趾支那②。

3. 诺神父（Noël de Noinville du Gléfier），1699 年生于法国夏尔特尔，1723 年进入圣绪尔比斯修道会，1728 年 10 月前往中国，年底抵达广州，不久即重返欧洲，并退出外方传教会③。

4. 艾神父（Joachim Enjobert de Martillat），中文名马青山，1706 年生于法国奥佛涅地区的克莱蒙特，1726 年进入圣不勒斯修道院学习，1727 年由外方传教会派往东京湾西部地区传教。1729 年 7 月 21 日前往中国，于 9 月 11 日在广州黄埔下船。马青山在广州学习中文，坚持 3 年之久。1731 年前往暹罗，并在那里晋铎，当时教会希望他出任暹罗修道院院长，但马青山拒绝了这项任命，因为他一直向往到中国传教。1732 年，马青山离开暹罗，重返广州。1734 年前往四川传教，1739 年担任云南宗座代牧，又出入湖广、四川和贵州的长上。④

5. 雅克·福赛尔（Jacques Faucher），1688 年生于毛里求斯路易港，1723 年离开巴黎外方传教会修道院，1724 年 2 月 25 日在洛里昂出发前往越南东京湾，在本地治里待了一年，1731 年抵达广州，1732 年担任广州账房，几个月后回到越南东京，1736 年 11 月在越南去世⑤。

6. 安东尼·柯南（Antonie Connain），中文档案称其为戈宁⑥，生年不详，法国卢瓦尔省人。1729 年赴华，抵达广州，1732 年接任广州账房，同年被驱逐至澳门，担任澳门账房，1746 年离开中国。1751 年返回法国，1755 年去世。⑦

三

巴黎外方传教会抵华伊始，并没有即刻开展教务，而是将工作的重点放到对宗座代牧宣誓一事上。故到陆方济去世时，巴黎外方传教会尚未置

---

① 吴旻、韩琦编校：《欧洲所藏雍正乾隆朝天主教文献汇编》，第 46 页。
② [法]热拉尔·穆塞等：《1659—2004 年入华巴黎外方传教会会士列传》，耿昇译，第 821 页。
③ [法]热拉尔·穆塞等：《1659—2004 年入华巴黎外方传教会会士列传》，耿昇译，第 953 页。
④ [法]热拉尔·穆塞等：《1659—2004 年入华巴黎外方传教会会士列传》，耿昇译，第 870 页.
⑤ Notice bibliographique de Jacques Faucher. Archives des missionnaires des MEP/EDA, N.139.
⑥ 中国第一历史档案馆等编：《明清时期澳门问题档案文献汇编》第 1 册，《广东巡抚鄂弥达奏闻驱逐广州各堂堂主至澳门将教堂改作公所折》，第 170 页。
⑦ [法]热拉尔·穆塞等：《1659—2004 年入华巴黎外方传教会会士列传》，耿昇译，第 844 页.

购一处属于本会的教产。此后，1684—1694年十年内，共有十位神父先后抵达中国。在此期间，传教士的活动范围主要在广东和福建两省，广州、韶州、福州、兴化及漳州为其主要教务活动据点，1685年在广州设立司库部，并以此作为巴黎外方传教会对华传教事务的中心。入华初期，该会教务发展相对缓慢，其原因一方面是由于传教人员数量的限制，另一方面是代牧辖区的限制。至1695年，巴黎外方传教会内有代牧三人，一是1687年正式任命的福建代牧颜珰，二是同一年授予江西和浙江代牧的平若望，三是江西代牧白日昇，后二者并无实际管辖权①。巴黎外方传教会的传教范围一直停留在陆方济时期所辖的区域。1696年7月31日，教廷重新对中国的传教区进行整合，将中国的教区划分为15个，将北京、南京、澳门所在的六个地区的教务划归葡萄牙主教区，其余的9个地区则划为独立于葡属保教权的8个代牧区，分别是福建、浙江、湖广、贵州、云南、四川、江西、山陕。其中巴黎外方传教会士颜珰担任福建代牧，李岱担任云南代牧，四川代牧则由梁弘任担任②。如此一来，原先集中于东南二省的外方传教会，逐渐将传教区域扩展到了西南地区。与此同时，在梁弘任的努力下，陆续开辟了江南的池州、芜湖，浙江的严州两处传教点③；白日昇另外在毗邻韶州的湖广郴州建立了一个传教点④。自此，巴黎外方传教会在华初期的传教范围逐渐形成，至1707年之前，外方传教会在华传教区域就涵盖了闽、粤、川、滇、浙、江南、湖广七省。巴黎外方传教会档案馆藏有外方传教会1733年和1734年两份在中国各地买地建堂的中文清单⑤，另外在新近整理的白日昇书信及其《中国福传建议书》等文献中，收录了一份由外方会士德拉维涅（Gabriel Delavigne）整理的1700年外方

---

① Notice bibliographique de Jean Pin. Archives des missionnaires des MEP/EDA, N. 75; Notice bibliographique de Jean Basset. Archives des missionnaires des MEP/EDA, N. 93.

② Jean Basset, pionnier de l'Eglise au Sichuan, précurseur d'une Eglise d'expression chinoise, Correspondance (oct. 1701 - oct. 1707), Avis sur la Mission de Chine (1702), Ouvrage préparé par François Barriquand et Joseph Ruellen, en collaboration avec Hilaire de Chergé, et Jean - Baptiste Itçaïna, Traductions de Joseph Ruellen et Wang Ling, Editions You Feng, 2012, p. 13; Notice bibliographique de Louis Quémener. Archives des missionnaires des MEP/EDA, N. 87.

③ ［法］高龙鞶：《江南传教史》第2册，周世良译，第317—319页。

④ Notice bibliographique de Jean Basset. Archives des missionnaires des MEP/EDA, N. 93.

⑤ 原档案号为 AMEP, V. 445, fol. 200; AMEP, V. 433, fol. 808（以下简称1733年清单或1734年清单），载吴旻、韩琦编校《欧洲所藏雍正乾隆朝天主教文献汇编》，第46—50页。

传教会在华买地建堂法文清单①。1707年之后入华的外方传教士，由于均未领票，几乎都处于秘密传教的状态，更不敢公开建造教堂。所以1733年和1734年清单中所胪列的教堂中，除少数修建于1707年之后，其他教堂基本上都建于1707年之前。又由于1733年列表与1734年列表在内容上基本一致，而前者在条目内容上更为详细，故以下所陈述的买地建堂均为1700年和1733年之清单，并以1734年清单作细节上校对和补充。1733年清单上在"所买堂之数目开列于左"之后还有一段文字说明：

> 本家圣而公教会法浪西国远西学仕们在中华各省、各府、各县前后所买之地基、山地及起造成堂之数，现有文约存下在暹罗本家本会学管主教大堂，因中华雍正十年，天主降生一千七百三十三（当为二）年，圣教毁残，恐后如何，故所遗下之约契半大交与本家本会卜神父，于雍正十一年带至暹罗主教大堂留存永记。今欲有凭，立单为照②。

这份清单末尾还有"除此以外，亦不知何处还有天主堂。雍正十一年暹罗主教大堂记录"③。1734年清单末尾还有"除此单内所开数十所外，他处尚有圣堂屋地与否，未能便查"④。据此可知：（1）这两份清单所列的教堂数并非巴黎外方传教会在华购置的全部数额，还有早期建立的教堂被遗漏的可能，如下引民国《巴县志》记载的梁弘任在巴县建立的教堂；（2）这份清单都是因为雍正禁教后，"圣教毁残"，担心这些教产会被清政府没收，所以立单存据；（3）这份清单是雍正十一年由本会"卜神父"携至暹罗总修院交给暹罗主教大堂保存，这位卜神父应即是保禄·布尔吉纳。根据以上清单和其他中外文材料，我们可以大致了解1733年之前巴黎外方传教会在华传教情况。

（一）福建

福建是巴黎外方传教会来华的第一站。据高龙鞶记载，1684年1月27

---

① A Etablissements fondés avant 1700, in Jean Basset, pionnier de l'Eglise au Sichuan, 2012, pp. 671 – 672. 在本书的673—675页，同样保存有1733年之清单。
② 吴旻、韩琦编校：《欧洲所藏雍正乾隆朝天主教文献汇编》，第46页。
③ 吴旻、韩琦编校：《欧洲所藏雍正乾隆朝天主教文献汇编》，第48页。
④ 吴旻、韩琦编校：《欧洲所藏雍正乾隆朝天主教文献汇编》，第50页。

日抵华时，当时有一位多明我会士在厦门迎接，为了避免外人猜忌，"在工部侍郎南怀仁官旗的保障下，到达漳州"。① 抵华初期的外方会士并无住院，故居住在多明我会住院中。陆方济去世后，当时在福建的外方会士仅颜珰和平若望二人。颜珰此时正忙于处理陆方济去世后的在华教务归属问题，故传教的责任多由平若望负责。据记载，平若望于1684年到达福州后，随即来到漳州传教，数百人受洗②，但此时未有建设教堂的记载。

1686年，李岱从广东来到福建，次年，颜珰担任福建代牧，自此福建的教务开始有了长足发展。1686—1696年，李岱一直在福州、兴化和长乐等地传教，为几百位基督徒施洗③。根据1700年列表显示，李岱在福建购买了七处教产，分别位于福州府（价值5500里佛尔）、兴化府（价值1500里佛尔）、长乐县（价值600里佛尔）、厦门（价值1500里佛尔）以及未标明价格的福清和两处不知名的小镇上的土地④，与其他地区相比，福建在这段时期成为拥有教产最多的地区。1733年的清单对李岱在福建所购买的部分教产信息记载得更清晰：

    1. 福建福州府侯官县怀德坊天主堂，颜、梁二位主教买的，现有约契在暹罗；

    2. 福建厦门张厝草埯上天主堂，康熙二十九年，李、颜二位主教买的，现有约契在暹罗；

    3. 福建长乐县画眉台上天主堂，康熙二十八年，李主教买的，现有约契在暹罗；

    4. 福建兴化府天主堂，现有本家张神父管理教事；

    5. 福建福州府福清县西门街天主堂，康熙三十三年，李主教买的；

---

① [法] 高龙鞶：《江南传教史》第2册，周世良译，第267页。
② Notice bibliographique de Jean Pin. Archives des missionnaires des MEP/EDA, N. 75.
③ Notice bibliographique de Philibert Le Blanc. Archives des missionnaires des MEP/EDA, N. 60.
④ A Etablissements fondés avant 1700, in Jean Basset, pionnier de l'Eglise au Sichuan, 2012, pp. 671-672. 此处记载李岱另购有一处房产，位于Lochang Hien, Province du Fokien, 花费1200里佛尔。然而福建并没有名为Lochang的县，然而在广东韶州有一乐昌县，据吴旻、韩琦编校《欧洲所藏雍正乾隆朝天主教文献汇编》，第47页称：少州府乐昌县栅栏门内地，名沙提市天主堂；康熙三十二年（1693）白老爷买的。此处"白老爷"应为白日昇。虽然李岱有一中文名为"白云天"，但康熙三十二年时李岱却在福建传教。

6. 福建建宁府浦城县住城内道观街药材铺余九腾天主堂，此系张会长记录；

7. 平海武盛里宅尾铺任厝村落天主堂，康熙五十五年李主教或李老爷买，现有约契在暹罗。①

此处提到了五条关于李岱在早期所购教产信息，其中"李主教"，即"李岱"。其中第二、三、五条均明确地记载为"李主教"所购置的教堂，至于第四条"兴化府天主堂"，虽未提及李岱，但根据1700年之清单，李岱曾在兴化府购置过房屋，另据西文文献记载，李岱曾于1698年在兴化购置过一块土地，作教堂之用②，故此处之教堂有可能就是1698年李岱所购置的教堂。此处提到的"张神父"，据考证，应为外方传教会华籍传道员张多默（Thomas Sanchez），此人生于1670年，死于1753年③。第七条购堂记录显示的时间为康熙五十五年（1716），是领票制度颁布后为数不多的建堂记录，当为李岱潜回福建之后在乡村秘密修建的小教堂。此条并未说明这座天主堂位于何省府县，但依据列表顺序，此条应属福建省，查乾隆《莆田县志》，武盛里在县东六十里④，平海卫在莆田县东九十里⑤，可知康熙五十五年建的教堂位于莆田县平海卫东边的武盛里一带村落。第七条还称，此教堂由"李主教或李老爷买"，此时在福建传教仅李岱一人，故知此教堂也应是李岱所买。此外，这一清单的第一条福州府的教堂购买者为"颜、梁二位主教"，即应当是颜珰和梁弘任，而在1700年的列表中，记载了李岱曾经在福州也购买过教堂，不知此处是否为同一所教堂。除以上置办教产信息外，柯兰妮曾经提到1687年颜珰还曾经购置了两处房屋作为传教士的寓所⑥。另外，除上述几位传教士在福建传教外，蒙尼

---

① 吴旻、韩琦编校：《欧洲所藏雍正乾隆朝天主教文献汇编》，第47页。
② Notice bibliographique de Philibert Le Blanc. Archives des missionnaires des MEP/EDA, N. 60.
③ A Etablissements fondés avant 1700, in Jean Basset, pionnier de l'Eglise au Sichuan, 2012, p. 674.
④ （清）廖必琦修，宋若霖纂：《（乾隆）莆田县志》卷一，《舆地》，清光绪五年补刊本民国十五年重印本，第20页。
⑤ （清）廖必琦修，宋若霖纂：《（乾隆）莆田县志》卷三，《建置》，第6页。
⑥ ［德］柯蓝妮：《颜珰在中国礼仪之争中的角色》，王潇楠译，载《国际汉学》2010年第1期，第132页。

阁、董默觉等也曾在福建传教①。

通过以上所列举的外方传教会的会院及教产，可以看出这段时期外方传教会在闽主要活动地点集中在"福州—兴化—漳州"沿海一线。这一方面是自明末艾儒略福建开教以来，福州、兴化、漳州等地有很好的传教基础，另一方面则由于澳门被葡萄牙人所占据，故福建沿海往往作为外方传教会士最为重要的入华口岸，同时也是人员、物资的集散地。选择沿海一线作为据点，理应包括这一方面的考虑。早期来华的外方会士，多半在福建沿海登陆驻足；从欧洲抵达中国的传教会的物资，也有很多从福建上岸，继而转运至广州库房或其他地区。如耶稣会士洪若翰（Jean de Fontaney）曾在一封信中提到曾经在厦门帮助过刚刚抵达中国的李岱："我们同样为在厦门受人凌辱的李岱讨回了公道。一天，这位传教士乘坐一艘英国船只返回中国，他身上带着一笔数目可观的钱，这些钱是人们在欧洲交给他，让他与他的同仁们维持生计用的。"② 由此可见，福建对于巴黎外方传教会早期在华传教的重要地位。

（二）广东

广东是巴黎外方传教会在中国开辟的第二块传教区，也是巴黎外方传教会第一阶段对华传教最为重要的中心阵地。最先进入广东的外方会士是李岱，1684年初，李岱跟随陆方济抵达福建后，随即被陆方济派往广州，向当地的传教士宣布教廷谕令。1685年，巴黎外方传教会决定在广州设立司库部，以便于同总部的联系及传教人员、经费和物资的调度分配，并任命了类斯·凯梅内为首任司库。从此直到雍正十年广州禁教，巴黎外方传教会司库部一直设立在广州。广州因此而成为巴黎外方传教会对华的中心。据1700年列表显示，1700年以前广东有明确记载的共有三处住院：一处为布兰德卡朋、颜珰、陆主教购于广州府，花费3000里佛尔；一处为陆主教和白日昇购于增城县，花费1200里佛尔；还有一处为类斯·凯梅内和陆主教购于韶州府，花

---

① Notice bibliographique de Nicolas Charmot. Archives des missionnaires des MEP/EDA, N. 91; Notice bibliographique de François Le Breton. Archives des missionnaires des MEP/EDA, N. 119.

② [法]杜赫德整理：《耶稣会士中国书简集　中国回忆录》第1册，郑得弟等译，《耶稣会传教士洪若翰神父致国王忏悔师、本会可敬的拉雪兹神父的信》（1704年1月15日），大象出版社2001年版，第302—303页。

费 4000 里佛尔。① 荣振华称康熙三十八年（1699）时巴黎外方传教会在广州有两座教堂，一是杨仁里南约堂，一是油纸巷堂，称雍正十年（1732）亦为杨仁里南约堂和油纸巷堂二堂。② 据上引 1733 年建堂清单，杨仁里南约堂即油纸巷堂，实为一堂，巴黎外方传教会在广州只建有一座教堂，荣振华误。杨仁里南约，今称杨仁南，在广州市市政府西南，扬巷路东侧，东接由义巷，因在杨仁里之南而得名，属荔湾区。③ 又据罗文藻 1689 年的一封书信中称，布兰德卡朋神父到广州以后，在广州购置了房屋。则知此教堂或在 1689 年之前就已出现。④ 1700 年清单结尾的说明又称，白日昇在最近寄给他的一封信中提到，他准备在广东省的某两个县城内再建造两处教堂。⑤ 柯兰妮亦称，颜珰曾经帮助梁弘任在韶州购置教堂。⑥

1733 年列表则记载了巴黎外方传教会在广东地区的 11 处教产：

　　1. 广东省城南海县太平门外油纸巷，又名杨仁南天主堂，买契不在暹罗；

　　2. 广东广州府番禺县交塘司新村堡，土名七星岗，图一甲山地一块，现有本家李主教坟，是计老爷买的；

　　3. 广东增城县白门内毫峰街坐北向南天主堂，康熙三十四年陆主教买起后，康熙三十五年白老爷买的；

　　4. 广东广州府顺德县都宁司上僚村天主堂，康熙三十八年白老爷买的；

　　5. 广东南雄府始兴县天主堂，照张理诺会长所记是本家的堂，此堂无契在暹罗；

---

① A Etablissements fondés avant 1700, in Jean Basset, *pionnier de l'Eglise au Sichuan*, 2012, pp. 674 – 675.
② Joseph Dehergne, La Chine du sud – est: Guangxi et Guangdong: Etude de Géographie Missionnaire, Archivum Historicum Societatis Iesu Vol. XLV, 1976, pp. 22 – 23.
③ 广州市地名委员会编：《广州市地名志》，广东科技出版社 1989 年版，第 140 页。
④ S. R. C. Indie Orientali Vol. 4, ffol. 192 – 195.
⑤ Etablissements fondés avant 1700, in Jean Basset, pionnier de l'Eglise au Sichuan, 2012, p. 672.
⑥ [德] 柯蓝妮：《颜珰在中国礼仪之争中的角色》，王潇楠译，载《国际汉学》2010 年第 1 期，第 132 页。

6. 广东龙州（韶州）府①南门内天主堂，白老爷手所起；

7. 又帽子峰下养济院小天主堂，是教友之资所起；

8. 又城内北门内小圣母堂；

9. 韶州府曲江县管下之所名连长洞小天主堂；

10. 韶州府仁化县石塘天主堂，康熙四十四年李主教或李老爷买的，现有约契在暹罗；

11. 韶州府乐昌县栅栏门内地名沙堤市天主堂，康熙三十二年白老爷买的，现有约契在暹罗。②

第一处"杨仁南天主堂"，据前考证，应即为1700年清单中由布兰德卡朋、颜珰、陆主教花费3000里佛尔所购的教堂。值得注意的是，此处杨仁里天主堂，正是巴黎外方传教会的广州司库所在地。至1732年之前，相继由类斯·凯梅内、蒙尼阁、白日昇、巴复礼、计有纲、雅克·福塞尔和戈宁担任账房。③ 雍正十年（1732），在戈宁担任广州账房时，据中文档案记录，广州"杨仁里南约堂主西洋人戈宁、副堂顺德人刘若德，引诱入教约一千人"。④ 可以反映，巴黎外方传教会在广州具有良好的发展势头。

第二处位于"广东广州府番禺县交塘司新村堡"，1734年清单就此条称"广东广州府番禺县交塘司新村堡土名七星岗坟山一块"⑤，可知此处是一坟地。内有"李主教坟"，是"计老爷"所购。此处"计老爷"指的是1706年入华的计有纲，1717后进入广州担任司库。而李主教则应当是于1720年9月去世的李岱。据西文资料，李岱去世后，葬于广州黄埔⑥，所以此处坟地埋葬的正是李岱，购买时间应在1720年以后。

第三处位于广州府增城县"白门内毫峰街坐北向南天主堂"，即指

---

① 据1734年列表记载称"广东韶州府南门内天主堂一座"，知此处"龙州府"应为"韶州府"之误。吴旻、韩琦编校：《欧洲所藏雍正乾隆朝天主教文献汇编》，第49页。

② 吴旻、韩琦编校：《欧洲所藏雍正乾隆朝天主教文献汇编》，第46—47页。

③ ［法］热拉尔·穆塞等：《1659—2004年入华巴黎外方传教会会士列传》，耿昇译，第970、836、841、805、808、897页；Notice bibliographique de Jacques Faucher. Archives des missionnaires des MEP/EDA, N.139。

④ 中国第一历史档案馆等编：《明清时期澳门问题档案文献汇编》第1册，《广东巡抚鄂弥达奏闻驱逐广州各堂堂主至澳门将教堂改作公所折》，第170页。

⑤ 吴旻、韩琦编校：《欧洲所藏雍正乾隆朝天主教文献汇编》，第48页。

⑥ Notice bibliographique de Philibert Le Blanc. Archives des missionnaires des MEP/EDA, N.60.

1695—1696年间陆主教和白日昇购于增城县，花费1200里佛尔所建的教堂。1703年白日昇在致颜珰的书信中也曾经提到过此教堂，称其为"小南门教堂"（l'église de Siao – Nan – Mouen）①。值得注意的是，此处提到修建者为"陆主教"和"白老爷"，"白老爷"即指白日昇，而陆主教在1700年被祝圣为萨布尔主教（Sabule）②，可知"陆主教"应为西塞（Louis Champion de Cicé）在华之中文称呼，陆姓来自"Louis"。

第七、八处教堂未提及所属府县，仅称"帽子峰下养济院小天主堂"和"北门内小圣母堂"。按照列表排列顺序，第六处教产为韶州府，则第七、八两处也应该为韶州府。又查同治《韶州府志》卷十二《与地略》称曲江县"笔峰山，郡后一里，郡主山也。初名笔峰，后人呼帽子峰，以其端圆如帽"。③故知，这座小天主堂属于韶州府，而且是由教友们出资兴建。而第八处教堂则应是韶州府曲江县城北门内的一座教堂。

第十处教堂"韶州府仁化县石塘天主堂"记载的修建者为"李主教或李老爷"，这一时期在韶州传教的李姓外方传教会神父，只有李云一人。而李云于1695年才在南京晋铎，从未担任过主教，故此处修建者应当为"李老爷"，而非"李主教"。④另据西文资料，李云还曾于1701年在韶州的乐昌县购置房屋，以延续白日昇在当地的传教事业。⑤

第三、四、六、十一处教堂修建者均为"白老爷"，即白日昇。前揭白日昇向德拉维涅提到准备在县城再修建两所教堂，第四处的"上僚村天主堂"有可能就是其中一座。以上十一处教堂，白日昇参与修建的多达四处，由此可以看出白日昇对外方传教会广东传教事业影响之大。

根据以上所列举的教堂所在地区，我们可以清晰地看出，早期巴黎外方传教会在广东的活动全部集中在广、韶二府。在巴黎外方传教会早期入华史中，广东的地位丝毫不亚于福建，据统计，除了陆方济和平若望之

---

① Jean Basset, Correspondance, Ⅲ.4 Lettre à Mgr Maigrot, 12 septembre 1703, 2012, p. 322.
② ［法］热拉尔·穆塞等：《1659—2004年入华巴黎外方传教会会士列传》，耿昇译，第840页。
③ （清）额哲克修、单兴诗纂：《（同治）韶州府志》卷一二，《与地略·山》，清同治十三年刊本，第1页。
④ ［法］热拉尔·穆塞等：《1659—2004年入华巴黎外方传教会会士列传》，耿昇译，第928页。
⑤ Notice bibliographique de Jacques Lirot. Archives des missionnaires des MEP/EDA, N. 103.

外，1707年之前来华的外方会士全部都曾在广东传教或逗留。就全局来看，广东处于巴黎外方传教会传教版图的中心地区，北上出韶关可达四川、云南，东进则抵福建继而辐射至江南。如此通衢便利的区位因素，也应当是巴黎外方传教会账房设立在广州的一大重要原因。另外就教堂的数量来看，韶州甚至超过了广州。除了外方会之外，当时广州还有耶稣会、多明我会、方济各会、奥斯定会等修会团体所管辖的教堂，传教士众多，传教点林立。为了扩大传教空间，同时为了建立川、滇传教的前哨站，韶州便成为另一个重要的据点。

（三）江南

江南教区最早由耶稣会开辟，也是耶稣会在华势力最强的一个传教区。巴黎外方传教会入华后，教廷就希望该会积极开辟南京地区的天主教事业。该会在江南地区的开教者应为梁弘任。1694年，梁弘任前往江南，在池州府的郭溪街和芜湖建立了两所教堂①。1695年，另外两位外方会士李云和方舟抵达了南京，由伊大任晋铎。1696年，梁弘任又转赴浙江，江南地区的教务就交由李云和方舟管理。其中方舟善于修理钟表，1703年，白日昇曾经派华人传教员张理诺前往池州和浙江严州寻找方舟，为川陕总督修理钟表②。铎罗使华时，1706年方舟跟随颜珰北上担任翻译。③ 根据1700年清单，此时巴黎外方传教会在江南的教堂共有两所：即梁弘任和李云在池州购买的教堂、梁弘任在芜湖购买的教堂；④ 在1733年清单中，这一地区的教堂数量发展到三所：

1. 江南池州府郭西街天主堂，康熙三十四年梁主教买；
2. 江南太平府芜湖县河南来远坊西街天主堂，康熙三十五年梁主教买；
3. 江南江宁府旱西门织造府西边石碑亭巷天主堂，此堂系张会长记录他所到之处⑤。

---

① Notice bibliographique de Artus de Lionne. Archives des missionnaires des MEP/EDA, N. 78.
② Jean Basset, *Correspondance*, Ⅲ. 4 Lettre à Mgr Maigrot, 12 septembre 1703, p. 315.
③ Kilian Stumph S. J., *The Act Pekinensia, or Historical of the Maillard de Tournon Legation*, Vol. I, Macau: Ricci Institute, 2015, p. 405.
④ Etablissements fondés avant 1700, in Jean Basset, *pionnier de l'Eglise au Sichuan*, 2012, p. 672.
⑤ 吴旻、韩琦编校：《欧洲所藏雍正乾隆朝天主教文献汇编》，第47页。

根据 1700 年的清单可以看出，前两所教堂所对应的正是 1700 年以前梁弘任在池州和芜湖所建的两所天主堂。第三座位于江宁府，即今日之南京，很有可能就是梁弘任于 1695 年为李云和方舟晋铎时所在的教堂。此堂应当出现在 1695 年之前，但似乎为 1700 年清单所漏记。此处的张会长亦当指巴黎外方传教会传道员张凤，又名张理诺。此处称他为"会长"，或当为他曾担任巴黎外方传教会内的教友团契之"会长"。早期巴黎外方传教会的传教重点，基本上都是本会代牧所在的地区。江南并非传教重心，因此也鲜有巴黎外方传教会会士来此传教。高龙鞶称："梁弘任定居安徽池州，意欲从此进入四川，所以该住院的主要目的，不是为了在江南传教，以后即拨归了中国区耶稣会士。"① 这就是说，巴黎外方传教会在江南地区建立的住院到后来都拨归了耶稣会。

（四）浙江

与江南地区一样，在巴黎外方传教会入华伊始，教廷就希望外方会士积极开辟浙江的天主教事业。1687 年，传信部任命平若望神父担任浙江和江西的代牧，但并未赴任。巴黎外方传教会正式在浙江地区的开教者应为梁弘任。1694 年，梁弘任前往江南传教两年后，1696 年来到浙江，在严州建德县购地建堂。1697 年，梁弘任被任命为罗萨里主教和四川代牧，继而梁弘任离开了浙江，前往福建由颜珰祝圣②，浙江教务就交由来往江南和浙江两地的李云和方舟管理。除二人之外，1705 年，外方传教会会士蒙輗也由福建转赴浙江严州传教，并担任署理浙江代牧。③ 康熙南巡时，蒙輗曾前往淮安并受到接见，深得康熙喜爱，后康熙抵达杭州时，指名约见蒙輗，蒙輗也在此时向皇帝进献西洋方物。1707 年，蒙輗与福建代牧董默觉被逐往澳门。④

据 1700 年清单，巴黎外方传教会在浙江只有一所教堂，即梁弘任在

---

① ［法］高龙鞶：《江南传教史》第 2 册，周世良译，第 328 页。
② Notice bibliographique de Artus de Lionne. Archives des missionnaires des MEP/EDA, N. 78.
③ Notice bibliographique de François de Montigny. Archives des missionnaires des MEP/EDA, N. 121. 白日昇在其书信中也曾提及蒙輗抵华一事 Jean Basset, Correspondance, Ⅲ. 4 Lettre à Mgr Maigrot, 12 septembre 1703, p. 324.
④ 中国第一历史档案馆等编：《明清时期澳门问题档案文献汇编》第 1 册，《总管内务府为知照颁给印票与否西洋人等名单事致礼部咨文》，第 82 页。

严州购买的教堂①；在 1733 年清单中，教堂数量增加到五所：

  1. 浙江严州府建德县纯孝坊右边天主堂，康熙三十五年梁主教买。
  2. 浙江杭州府钱塘县城皇山脚下天主堂。
  3. 浙江衢州府江山县清湖镇前河街官客店徐瑞相家天主堂，照张会长记录。
  4. 浙江衢州府小西门进城便是天主堂，照张会长记录。
  5. 浙江金华府兰溪县朱家码头进城便是天主堂，照张会长记录②。

此处第一座严州府建德县的教堂，应当是 1700 年列表中所记载的教堂。剩余四座教堂的建造者未署名，也未知建造时间。但是，根据耶稣会士洪若翰在 1704 年的一封书信中却披露了以下信息："有人散布消息说，梁弘任神父在严州被殴打和虐待，有五座教堂在中国官员的命令下被推倒"。③ 虽然梁弘任被虐待这一信息被证实是谣言，但此处所指的"五座教堂"，却恰好与 1733 年目录中的浙江教堂数目相等。如果此信息属实的话，那么剩余四座教堂的建造者也应当为梁弘任。此处提到的张会长也应是张凤（张理诺）。

这段时期内所发生的最为重要的一件事，就是上文所提到的梁弘任购买教堂一案。1696 年梁弘任购买严州教堂之后，曾经遭遇过一场官司。梵蒂冈图书馆所藏中文档案中，记载了这场官司的大致经过：

  礼部为具名来历等事。浙江严州府天主堂西洋进士梁弘任等抱呈。周元具呈。为具明来历，叩咨浙抚事切。弘任本系西洋福朗祭亚国人，伏年圣明德化远播，海外向风，故不远九万余里，弃家航海，来至中国。又奉康熙三十一年二月上谕，内开：现在西洋人治理历法，制造军器，差往阿罗素，诚信效力，劳绩甚多。各省居住西洋人并无为恶乱行之处，又并非左道惑众、异端生事，应将各处

---

① Etablissements fondés avant 1700, in Jean Basset, pionnier de l'Eglise au Sichuan, 2012, p. 672.
② 吴旻、韩琦编校：《欧洲所藏雍正乾隆朝天主教文献汇编》，第 47—48 页。
③ [法] 杜赫德整理：《耶稣会士中国书简集》，郑得弟等译，《耶稣会传教士洪若翰神父致国王忏悔师、本会可敬的拉雪兹神父的信》（1704 年 1 月 15 日），第 307 页。

天主堂俱照旧存留。凡进香供奉之人，仍许照常行走，不必禁止。奉旨：依议。钦此钦遵在案。抄呈电致。弘任等向在浙江严州府价买郡民俞万钰房屋，供奉天主居住。讵料府县不知来历，不容居住，要追房价，情极具控。浙抚移咨宪案转行钦天监，查询来历。其奈治理立法闵明我云："不认得。"又经覆咨浙抚在案在。弘任虽系海外，实有来历。钦天监闵明我与弘任等不同国，若不识认，其皇城内天主堂西洋进士张诚等与弘任同国，则皆识认。且皇城内外俱有天主堂，岂严州府独不容一供奉天主之地乎？煌煌上谕，墨迹未干。号叩部堂大老爷讯明皇城天主堂，查问来历。并将三十一年二月上谕，咨明浙抚。存留远人所盖天主堂，普被皇上鸿恩，海外戴德，奕世无疆。上呈丞原呈全写。等因前来。查此案，先准浙抚咨查西洋学士梁弘任是否西洋人。果否听其在严州买屋往来行寓。等因到部。已经咨覆在案。今据梁弘任等具呈到部，随传问皇城内天主堂西洋进士张诚等："梁弘任果否西洋人，你认得他么？"回城："梁弘任委系诚等平素识认，并无来历不明之处，向在浙江严州府往来居住。"等语。又查康熙三十一年二月内，本部等衙门题为钦奉上谕事，内开：二月初二日大学士伊阿奉上谕，前部议将各处天主堂照旧存留，止令西洋人供奉，已经准行。现在西洋人治理历法，前用兵之际，制造军器，效力勤劳，近随征阿罗素，亦有劳绩，并无为恶乱行之处。将伊等之教，目为邪教禁止，殊属无辜，尔内阁会同礼部议奏，钦此。该本部会议得，查得西洋人仰慕圣化，由万里航海而来，现今治理历法，用兵之际，力造军器火炮，差往阿罗素，诚心效力，克成其事，劳绩甚多。各省居住西洋人并无为恶乱行之处，又并非左道惑众、异端生事。喇嘛僧道等寺庙尚容人烧香行走，西洋人并无违法之事，反行禁止，似属不宜。相应将各处天主堂俱照旧存留，凡进香供奉之人，仍许照旧行走，不必禁止，俟命下之日，通行直隶各省。等因具题。奉旨：依议。钦此。行文直隶各省在案，相应再行咨明该抚，照后案奉旨内事理遵行可也。[①]

[①] Borg. Cinese 376, biblioteca apostolica vaticana, 转引自龚缨晏《关于康熙时期的几起天主教案子——梵蒂冈图书馆所藏相关中文文献研究》，载《社会科学战线》2007年第3期，第288页。

根据本卷宗中的另一份档案显示，这一事件发生于康熙三十八年正月，即1699年2月。当时梁弘任早在三年前就已经购买了严州教堂，但就在这时遭到了当地官员的反对。梁弘任根据1692年"容教令"做出抗争，官司一直打到了巡抚张敏那里，张敏向中央汇报此事，北京的官员就此事询问钦天监监正、意大利耶稣会士闵明我（Claudio Filippo Grimaldi），闵明我却回答称不认识。然而这一回答在现在看来似乎有些站不住脚，因为梁弘任并非出身平民，其父雨格·里奥纳（Hugues de Lionne）为法王路易十四的外交大臣，在欧洲几乎无人不晓。根据耶稣会士洪若翰等人的辩解称，闵明我并不知晓梁弘任的中文名。① 但问到法国耶稣会士张诚（Jean-François Gerbillon）时，张诚却干脆地回答"平素识认"。以上两位北京的耶稣会士的不同反应，也正是此时礼仪之争问题在华的一个的缩影。梁弘任一案虽然在华并未造成太大的影响，但出身煊赫的梁弘任在华的遭遇，在欧洲却掀起了轩然大波，巴黎甚至有谣言称"耶稣会士已经推倒了罗萨里主教（即梁弘任）的五座教堂，并让人通过他的出身与虔诚来折磨这位如此杰出的高级教士"②。在张诚的协助以及容教诏令的庇护下，梁弘任最终夺回了这座教堂。梁弘任一案，在一段时间内对在华传教士的活动起着积极的影响。如1701年耶稣会士习圣学（Jean-Charles de Broissia）和郭中传（Jean-Alexis de Gollet）在浙江宁波准备修建教堂，遭到了当地官员的阻拦。二人于是援引梁弘任一案，结果礼部答复浙江巡抚，允许传教士建造教堂。③

（五）四川

1696年，教廷决议正式成立四川代牧区。同年10月20日，教廷任命梁弘任担任罗萨里主教，两日后任命其为四川代牧，1700年11月30日由颜珰祝圣。④ 由于此时颜珰正忙于中国礼仪的争论，1701年1月25日，巴

---

① Kilian Stumph S. J., *The Act Pekinensia, or Historical of the Maillard de Tournon Legation*, Vol. I, note 600, Macau: Ricci Institute, 2015, p. 302.

② ［法］杜赫德整理：《耶稣会士中国书简集》，郑得弟等译，《耶稣会传教士洪若翰神父致国王忏悔师、本会可敬的拉雪兹神父的信》（1704年1月15日），第307页。

③ Borg. Cinese 376, biblioteca apostolica vaticana, 转引自龚缨晏《关于康熙时期的几起天主教案子——梵蒂冈图书馆所藏相关中文文献研究》，载《社会科学战线》，2007年第3期，第288—289页。

④ Notice bibliographique de Artus de Lionne. Archives des missionnaires des MEP/EDA, N. 78.

黎外方传教会的三位代牧——颜珰、李岱、梁弘任在福建的长乐召开会议，决定派梁弘任前往欧洲阐述对于中国礼仪的观点，并寻求教廷的支持①。由于外方传教会此时人手不足，因此梁弘任派遣了传信部的神父毕天祥（Luigi Antonio Appiani）和穆天尺（Johann Müllener），以及本会的白日昇和梁弘仁前往四川开教。梁弘任在临走之前，还将一华人天主教青年张理诺托与白日昇，协助白日昇传教。1701年12月10日，四位传教士由韶州出发前往四川②。

1702年3月，一行人抵达重庆。四位传教士对于是否继续前往成都，发生了分歧。穆天尺和毕天祥早在广东之时就决定立足重庆传教，而白日昇则希望继续前进。于是四人于1702年3月30日签署了一个教务地界协议，决定由遣使会的两位传教士负责川东的重庆府、保宁府、顺庆府和夔州府的教务，巴黎外方传教会则负责川西的成都府、龙安府、雅州府和嘉定府的教务。③

1702年4月30日，白日昇与梁弘仁抵达成都④。他们在张理诺的帮助下，首先在城郊租了一间小房屋⑤，进而准备买下一所靠近总督府的房子。然而，就购屋一事上，又遭到了当地官员的阻挠。白日昇向布政司高启龙提出抗议，张理诺还向布政司解释他们与北京的闵明我和张诚关系交好，然而布政司却回答称他不认识⑥。白日昇又带着张理诺前去拜见一位来自浙江的官员，并向他解释了梁弘任严州一案，希望能够得到他的谅解，然而该官员却称他知道梁弘任一案，也知道礼部参与了此案，但处理结果并

---

① Jean Basset, *pionnier de l'Eglise au Sichuan, précurseur d'une Eglise d'expression chinoise*, 2012, p. 5.
② Jean Basset, *pionnier de l'Eglise au Sichuan, précurseur d'une Eglise d'expression chinoise*, 2012, p. 5.
③ A. M. E, Vol. 442, p. 505, in A. Launay, Histoire des missions de Chine: mission du Se-Tchoan vol. 1. Paris: Téqui, 1920, p. 35. 转引自郭丽娜《清代中叶巴黎外方传教会在川活动研究》，学苑出版社2012年版，第293页。
④ Notice bibliographique de Jean Basset. Archives des missionnaires des MEP/EDA, N. 93.
⑤ Jean Basset, *Correspondance*, I, Lettre à Mgr Artus de Lionne, à Tchingtou Fou, 27 juillet 1702, p. 53.
⑥ Jean Basset, *Correspondance*, I, Lettre à Mgr Artus de Lionne, à Tchingtou Fou, 27 juillet 1702, p. 58.

不适用于这里①。无奈之下，白日昇和梁弘仁被迫在当年的 12 月离开了成都，前往川陕总督所在的西安，寻求总督觉罗华显的帮助②。

自 1703 年回到成都后，白日昇和梁弘仁将工作重点转到乡镇。如 1704 年，派遣张理诺前往西部番区传教③，白日昇在其书信集中并未详细指明此番区为何地，据李华川的研究，此处应当为汶川境内的瓦寺土司领地。④ 1706 年 7 月，白日昇还应雅州天全土司高一柱之邀，携四位传教员前往雅州传教⑤。1705—1707 年，白日昇连续三次离开成都，前往龙湖浦、邛州、岷山、江油等地传教。据《圣教入川记》称："白司铎不但传教成都省垣，亦且传至川西、川南各地。"⑥《骆氏族谱》还记载了白日昇到江津传教，骆良位曾听白日昇讲道，并邀请白日昇到家中讲道。⑦ 康熙四十六年（1707），安岳县永清场黄家沟的黄才伦曾在白日昇的劝谕下"奉教"，后导致黄家沟的黄姓村民全部加入天主教。⑧ 根据白日昇的一份教务统计，1704 年，共傅洗 17 人，听忏悔 52 次，领圣体 39 次，为 1 人涂临终圣油，有 47 人听取教理讲解⑨；1705 年，为成人傅洗了 17 人，婴儿 18 人，听忏悔 61 次，领圣体 57 次，92 人听取教理讲解；⑩ 1706 年上半年，

---

① Jean Basset, *Correspondance*, Ⅰ, Lettre à Mgr Artus de Lionne, à Tchingtou Fou, 27 juillet 1702, p. 60. 对于此事，洪若翰同样记载了该官员的回复："确实，皇帝下了一道对基督教有利的诏书，但因为诏书中只涉及原有的教堂，所以，人们就不能利用这一诏书来建立新的教堂。至于严州之事，只要你们能给我一份与礼部的这份判文相似的文件，我们就同意你们向我们所提到的要求。"（[法] 杜赫德整理：《耶稣会士中国书简集》，郑得弟等译，《耶稣会传教士洪若翰神父致国王忏悔师、本会可敬的拉雪兹神父的信》[1704 年 1 月 15 日]，第 306 页）

② Jean Basset, *Correspondance*, Ⅴ, Lettre à Mgr A. de Lionne, à Tchingtou fou, ce 15 septembre 1704, pp. 540 – 542.

③ Jean Basset, *Correspondance*, Ⅴ, Lettre à Mgr A. de Lionne, à Tchingtou, ce 17 septembre 1704, pp. 549 – 558.

④ 李华川：《康乾时期第三方视角下的四川土司——以白日昇、李安德二神父的书信和日记为中心》，《国际汉学》2016 年第 4 期，第 115 页。

⑤ Jean Basset, *Correspondance*, Ⅴ, Lettre à Messieurs le Supérieur et les Directeurs du Séminaire de Paris, à Yatcheou, à 35 lieues de Tchingtou, ce 28 août 1706, pp. 574 – 585.

⑥ [法] 古洛东（Gourdon）：《圣教入川记》，四川人民出版社 1981 年版，第 68 页。

⑦ [法] 古洛东（Gourdon）：《圣教入川记》，第 74—75 页。

⑧ 佚名：《圣教入安岳记》，载秦和平、申晓虎编《四川基督教资料辑要》，巴蜀书社 2008 年版，第 111 页。

⑨ Jean Basset, *Correspondance*, Ⅴ, Lettre à Mgr A. de Lionne, 13 juillet 1705, p. 565.

⑩ Jean Basset, *Correspondance*, Ⅴ, Lettre à Messieurs le Supérieur et les Directeurs du Séminaire de Paris, A Yatcheou, à 35 lieues de Tchingtou, ce 28 août 1706, p. 585.

为成人傅洗了16人，婴儿16人，听忏悔56次，领圣体60次，52人听取教理讲解，为2人涂临终圣油。①

据1733年清单，巴黎外方传教会在四川共有四处教产：

1. 四川城府都城都县②总督街天主堂，白、梁二位老爷起。
2. 成都府北门外簸箕街房屋一所，坟地一块，现有张会长遗下之字。
3. 成都府金堂县下四乡石板河天主堂。
4. 又雅州城内房屋一所。③

第一处教堂购置者为"白、梁二位老爷"，此处应当为白日昇和梁弘仁所购之教堂。在法国国家图书馆中，还存有一封书信（n. a. 8796），上面也提到了这一教堂的位置为"东门内，总府街，江西会馆右边"④。因为白日昇曾经在雅州传教⑤，第四处"雅州城内房屋"，应该也是白日昇所置办的教产。至于第二和第三处，有待进一步考察。另外，民国《巴县志》载："天主教至四川者，以法国人梁宏仁、毕天祥等为最早，相传在清康熙间公历一千六百九十六年，初于定远坊杨家十字建天主堂。"⑥此处提到1696年，那这里的梁宏仁就应该是 Aetus de Lionne，亦即本文的梁弘仁。如县志所载无误，则知梁弘仁在华期间还曾来到四川开教，即在川南的巴县开教建堂。

（六）云南

1696年，在教廷决定成立四川代牧区的同时，云南代牧区也宣布成立，并于同年10月20日任命李岱为没有主教衔的云南代牧，但是他并未立即赶赴云南，而是继续在福建传教。直到1702年，李岱才抵达云南府

---

① Jean Basset, *Correspondance*, V, Lettre à Messieurs le Supérieur et les Directeurs du Séminaire de Paris, A Yatcheou, à 35 lieues de Tchingtou, ce 28 août 1706, p. 585.
② 此处"城府都城都县"或为"成都府成都县"之误。
③ 吴旻、韩琦编校：《欧洲所藏雍正乾隆朝天主教文献汇编》，第48页。
④ Jean Basset, *Correspondance*, I, Lettre à Mgr Artus de Lionne, à Tchingtou Fou, 27 juillet 1702, p. 73, note 257.
⑤ Jean Basset, *Correspondance*, V, Lettre à N. Charmot, à Yatcheou, Sseutchuen, ce 29 août 1706, pp. 586 – 587.
⑥ 朱之洪修，向楚纂：《（民国）巴县志》卷五，《礼俗·宗教》民国二十八年刻本，第66页。

（今昆明）。① 李岱抵达云南时，当地只有四位基督徒，李岱随即就开始购置房屋。据李岱称，他花费了 500 里佛尔买了长 700 尺、宽 200 尺的一块土地，并计划再花费 5500 里佛尔修建一所教堂。② 据 1733 年清单，巴黎外方传教会在云南仅有一处天主堂："云南云南府昆明县天主堂，康熙四十一年（1702）李主教买，现有约契在暹罗"。③ 该教堂建于康熙四十一年，正是李岱刚刚抵达昆明时所建。此处"李主教"，即李岱。

据耶稣会士洪若翰称，李岱在修建教堂时，似乎同样遭到了当地官员的反对，后来同样是在法籍耶稣会士张诚的帮助下渡过了难关：

> 李岱神父在当时，更确切地说是在 1702 年 3 月 3 日写给张诚神父的信中所示那样，对李岱神父在云南省的定居，张诚神父同样提供了行之有效的帮助。④

1706 年领票风波爆发后，李岱携肋山·丹里离开了云南。1707 年 9 月，带病的李岱抵达常德府湘潭县，后继续前往福建兴化。⑤

（七）湖广

早期巴黎外方传教会在湖广的活动仅有郴州一地。⑥ 郴州地处湖广南部，毗邻韶州，是岭南通往中原的咽喉，因此外方会士在经营韶州地区的同时，也选择了郴州作为本会传教士通往中原的中转站。巴黎外方传教会在郴州的活动始于 1694 年，当时外方会士白日昇在郴州建立了一个传教团体⑦，但当时并未建立教堂。至 1699 年，郴州有了第一座巴黎外

---

① Notice bibliographique de Philibert Le Blanc. Archives des missionnaires des MEP/EDA, N. 60.
② Notice bibliographique de Philibert Le Blanc. Archives des missionnaires des MEP/EDA, N. 60.
③ 吴旻、韩琦编校：《欧洲所藏雍正乾隆朝天主教文献汇编》，第 48 页。
④ ［法］杜赫德整理：《耶稣会士中国书简集》，郑得弟等译，《耶稣会传教士洪若翰神父致国王忏悔师、本会可敬的拉雪兹神父的信》（1704 年 1 月 15 日），第 305 页。
⑤ Jean Basset, Ⅵ, Correspondance, Lettre à Jean Bénard, à Chaotcheou fou, le 21 septembre 1707, p. 646；［法］热拉尔·穆塞等：《1659—2004 年入华巴黎外方传教会会士列传》，耿昇译，第 918 页。
⑥ 由于拼写等原因，许多文献将郴州 Tsin - tcheou 或 Tchintcheou 一词误译为同处湖广省的荆州。如［法］热拉尔·穆塞等：《1659—2004 年入华巴黎外方传教会会士列传》，耿昇译，第 805 页。
⑦ Notice bibliographique de Jean Basset. Archives des missionnaires des MEP/EDA, N. 93.

方传教会的教堂。据 1700 年清单，白日昇花费 900 里佛尔在郴州建立教堂。①

据 1733 年清单载：

> 湖广郴州南门外田家巷横过三丈天主堂，康熙三十八年（1699）李主教或李老爷买。②

此处"李老爷或李主教"究竟为谁？这一时期只有李云在韶州传教，那么这位李姓外方传教会神父应该指的就是李云。由韶州向北继续拓展，就到郴州。所以，将郴州的李老爷定为李云是比较合适的。由于李云于1695 年才在南京晋铎，从未担任过主教，故此处修建者应当为"李老爷"，而非"李主教"。③ 而据前引 1700 年的法文清单，此堂为白日昇所建。中法材料似乎有些矛盾，我认为可以这样解释，当时李云是奉白日昇的命令带钱去郴州买地建堂，所以将此堂称之为白日昇买或李云买都可以说得过去。高龙鞶统计 1701 年中国教务概况：

> 靖州（当为郴州 Tsin-tcheou 之误译）有住屋一处，属于非会籍的法国教士（即外方传教会），但无常驻教士。④

郴州教堂建立后，并无常驻神父。可见巴黎外方传教会在郴州地区的教务并不发达。其建堂之目的，也多半是为了便于传教士北上，进入四川、云南等地区的传教而设。根据一封 1700 年 5 月耶稣会士张诚写给梁弘仁和白日昇的信，内称："我在自己的熟人中还没有找到一位和湖广官员关系密切、可以写一封有力的推荐信的人"⑤，可以看出当时梁弘仁和白日昇似乎也曾经尝试着依托北京宫廷耶稣会士的关系，开拓湖广地区的教务。

---

① Etablissements fondés avant 1700, in Jean Basset, *pionnier de l'Eglise au Sichuan*, 2012, p. 672.
② 吴旻、韩琦编校：《欧洲所藏雍正乾隆朝天主教文献汇编》，第 47 页。
③ ［法］热拉尔·穆塞等：《1659—2004 年入华巴黎外方传教会会士列传》，耿昇译，第 928 页。
④ ［法］高龙鞶：《江南传教史》第 2 册，周世良译，第 319 页。
⑤ A. M. E. 429：707-709，转引自［法］博西耶尔夫人著《耶稣会士张诚——路易十四派往中国的五位数学家之一》，辛岩译，大象出版社 2009 年版，第 132 页。

四

综上所述，可以看出巴黎外方传教会作为一个新的来华传教团体，其初期对华传教的特点有以下几点：

（1）巴黎外方传教会在教廷和法国双重人力、财力的支持下，自来华伊始其教务发展就始终保持着良好的态势，并体现了其宗主国法国对华传教的强劲势头，成为与法国耶稣会相颉颃的另一支法籍力量，这一特点在住院、教堂建设方面体现得尤为明显。从1684年到1707年，外方传教士来华总计19人，而这19人在短短的22年的时间里，在中国内地一共开辟了30余处住院或教堂。如果将这一数字与其他修会做一横向对比，我们可以更加明显地看出这一特征。西班牙方济各会早在1579年就开始了在华传教事业，在经历了一百多年的在华经营后，至1721年，这一古老的托钵修会仅发展了会院24座，教堂20所[1]；另据高龙鞶的统计，至1701年，外方传教会在华有住院12所，教堂7座；同时期两大早已登陆中国的托钵修会——多明我会和奥斯定会，分别为住院8所和6所，教堂6所和4所[2]，均不及此时仅仅入华15年的巴黎外方传教会的教务规模。

（2）巴黎外方传教会在华初期的蓬勃发展，与此时中国境内天主教发展的大背景有着密切关系。17世纪后二十年，正值康熙中前期朝廷对天主教优容宽待的时代大背景下，尤其是自1692年3月康熙帝颁布"容教诏令"之后，天主教在华获得了合法地位，欧洲对华传教的信心也随之激增，纷纷派遣新的传教士来华传教，如耶稣会中国副省的传教队伍，就从1692年的26人增加至1699年的34人[3]。此时在欧洲大陆势力如日中天的法国，迫切地寻求在华传教的机会，进而打破葡萄牙的保教权。为此，巴黎外方传教会和以"国王数学家"为代表的法国耶稣会，就成了此时进入中国传教的两支代表法国国家势力的传教团体和修会，以上两个机构的传教士在日后的工作中也多有协作。值得一提的是，直到1687年7月，五位

---

① 崔维孝：《明清之际西班牙方济各会在华传教研究（1579—1732）》，第473页。
② ［法］高龙鞶：《江南传教史》第2册，周世良译，第322页。
③ Brief Catalogue, Vice‑Province 1692, ARSI Jap‑Sin 134：375；Triennial Catalogue, Vice‑Province 1699, ARSI Jap‑Sin 134：385r‑386r. 转引自［美］柏里安《东游记：耶稣会在华传教史，1579—1724》，陈玉芳译，澳门大学出版社2014年版，第122页。

法国耶稣会的"国王数学家"方抵达中国，而此时巴黎外方传教会已经抵达中国两年有余。由此可知，巴黎外方传教会称得上是首个代表法国国家势力进入中国内地的传教团体。

（3）巴黎外方传教会除了在福建和广东两省大规模地发展传教据点外，还派遣传教士赴天主教发展历史悠久的浙江、江南传教，而且还将更多的精力投放到开辟新传教地区这一目标上。外方会士凭借炽热的宗教热情和献身精神，投入中国西部边陲，开辟了四川和云南这两个代牧区。凭借这一阶段所打下的基础，云南和四川也成为日后巴黎外方传教会下一阶段来华传教的最主要的传教基地。为了打开中国内地其他地区的传教，该会甚至在湖广省郴州设立传教地点，以便于该会向西南和东南两地拓展。

（4）巴黎外方传教会旨在向非天主教国家传教，并帮助这些国家的教徒建立起本土教会，培养中国神父，成为巴黎外方传教会与当时在华各传教修会最大的不同点，这一点在四川体现得尤为明显。四川代牧区所培养出的著名本土神职人员，除了白日昇所选拔出的李安德、苏弘孝、党怀仁外，在他们之前还有一位张理诺。自1702年张理诺伴随白日昇、梁弘仁入川，直到1707年白、梁遭到驱逐，在这五年的时间内张理诺时刻协助两位神父传教。二位神父被驱逐后，他继续留在四川，担负起安抚教友的重担。可以说早期四川代牧区的建立与稳定，与张理诺的协助是分不开的。[①] 李安德则更是白日昇培养出来的弟子，从八岁开始就随白日昇学习天主教，后又随白日昇一起到澳门，1717年被派到暹罗总修院进行系统神学训练，1726年晋铎为神父。李安德从暹罗回国时，先在福建兴化传教，直到1734年还与马青山两度入川，争取恢复巴黎外方传教会在四川传教权力，以后一直坚持在四川传教，长达四十余年，而被巴黎外方传教会的法国传教士们奉为"中国神父最优秀者"。[②] 徐若翰与徐应天父子后来虽然成为遣使会神父，但早期却是在巴黎外方传教会培养下而成长起来的。[③]

[①] Jean Basset, *Correspondance*, I, Lettre à Mgr Artus de Lionne, à Tchingtou Fou, 27 juillet 1702, pp. 58–60.

[②] 李华川：《康乾时期第三方视角下的四川土司——以白日昇、李安德二神父的书信和日记为中心》，《国际汉学》2016年第4期，第114页；韦羽：《18世纪天主教在四川的传播》，第77—83页。

[③] 宋刚：《小人物的大历史：清初四川天主教徒徐若翰个案研究的启示》，《国际汉学》2017年第1期，第40—41页。

后来被送往法国学习的黄嘉略，最开始也在李岱和梁弘任身边培养了九年时间，包括基督教教义和拉丁文的学习。①

（5）巴黎外方传教会来华初期，始终坚持强势传教路线，坚持所有传教士必须向宗座代牧宣誓，在反对中国礼仪的问题上亦持极为强硬的态度。因此，该会传教士与在华各修会之间的关系一度非常紧张，直接影响到当时的传教事业。如1689年初，外方会士西塞和布兰德·卡朋希望到广西桂林传教开堂，但没有做成，等他们回到广州后就把一切罪责推给了在广州传教十年之久的耶稣会巡阅使方济各（Francesco Saverio Filippucci）②，虽然根据事后方济各的书信显示，此事与他并无关系，但这也在一个方面反映出了当时外方传教会与其他修会之间的积怨与猜忌。另一个例证则更是反映了当时在华教会内部纷繁复杂的斗争形势，这就是前文所提到的梁弘任严州购地一事。意大利耶稣会传教士闵明我对梁弘任此人佯装不知，而法国耶稣会士张诚则又果断地为梁弘任提供了帮助，并在今后白日昇、李岱等人的购置土地的过程中给予了充分的帮助，以上这一系列斗争与冲突，正是欧洲各方政治势力在华角力的一个缩影。雍正十年禁教以后，虽然巴黎外方传教会仍然派传教士进入中国内地传教，但从此以后，该会放弃了从江南、浙江、福建、广东全部沿海地区的传教事业，而专力于云贵川西南边陲地区的传教，应该也与该会与上述地区其他天主教修会不睦之关系有关。

（作者为澳门大学教授）

---

① 许明龙：《黄嘉略与法国早期汉学》，第11页。
② S. R. C. Indie Orient. Vol. 5, ff. 399–404 v.

清中前期北堂藏书的形成

赵大莹

明末清初入华传教士遵循利玛窦（Matteo Ricci，1552 – 1610）"学术传教"和龙华民（Niccolò Longobardo，1565 – 1655）的"教团图书馆战略"（Bibliotheken strategie）[①]，借助葡萄牙大帆船为主的中西交通路线，不断将西方典籍带到中国，使在华教团藏书日益丰富。在明清鼎革之际，仰赖汤若望（Johann Adam Schall von Bell，1592 – 1666）等人的相护，这批珍贵的藏书得以保存下来，成为南堂藏书的重要基础。随着法国"国王数学家"的东来，法国传教士与葡萄牙势力下的传教士之间不断摩擦，结果法国传教士得以建立自己的独立居所和教堂，并将藏书收贮于此，形成了最初的北堂藏书。

学界对北堂书的关注和研究已有众多成果，特别是对北堂书的重要版本、汉文译本的西文底本等，是新书籍史视野下的热门论题[②]。然而对北堂藏书的形成历史，特别是藏书初建前后的情况，除惠泽霖（Hubert Germain Verhaeren，C. M.，1877 – ?）《北堂书史略》的简要总

[①] Heinrich Kramm, *Deutshce Bibliotheken unter dem Einfluss von Humanismus und Reformation: ein Beitrag zur deutschen Bildungsgeschichte*, Leipzig, 1938, pp. 93 – 98. 此书不仅回答了图书馆战略的目的，还分析了耶稣会组建图书馆的基本观点（pp. 372 – 373）。转引自 N. Golvers, *Library of Western Learning for China. Circulation of Western Books between Europe and China in the Jesuit Mission*（ca. 1650 – 1750），2. *Formation of Jesuit Libraries*, Leuven: Ferdinand Verbiest Institute, 2013（以下简称"Golvers 2013"），p. 10。

[②] 可参见赵大莹《"北堂书"与汉学研究》，刘玉才主编：《国际汉学研究通讯》第 1 期，中华书局 2010 年版，117—130 页。

结外①，只有方豪对藏书整理情况有所介绍②，以及高华士依据《北堂西文善本目录》等资料恢复的部分书单③。本文拟结合图书目录、信件档案等资料，对清中前期北堂建立和藏书形成的过程进行探讨，以丰富这段藏书形成史的具体内容。

一　法国"国王的数学家"东来

随着教廷与葡、西之间"保教权"分歧日益加深，教廷希望收回管理传教和教区的权力。1622 年教皇格里高利十五世（Gregory XV，1554 - 1623，1621—1623 年在位）创立传信部（Sacra Congregatio de Propaganda Fide），开始削弱葡、西保教权的步伐。与此同时，教廷也在寻求新的盟友。1632 年，教皇乌尔班八世（Urban VIII，1623—1644 在位）正式承认了巴黎遣使会（Congregatio Missionis）的合法性。

"国王数学家"的派出，一方面是法国长期关注葡萄牙王国及耶稣会在东方取得的宗教和商业成就，希望在东方建立自己的势力。1642—1660 年，法国和西班牙的战争趋于结束，法国遣使会迅速发展起来。然而在法国遣使会和教廷传信部之间的联盟形成，还有一位关键人物——法国耶稣会士罗历山（Alexandre de Rhodes，1591 - 1660）。1645 年，曾在安南、澳门、菲律宾等地传教的罗历山，在一位中国信徒的陪伴下返回欧洲④。1652 年他返回法国，致力于打造教廷和法国之间的联盟。法国国王迫切希望在东方建立自己的势力，最可靠的办法，便是以科学名义派遣效忠于国王的独立教团。

---

①　"Historical Sketch of the Peit'ang Library", Catalogue of the Peit'ang Library, Peking: Lazarist Mission Press, 1949, pp. V - XXVII. 中文译注，见李国庆译《北堂书史略》，《北堂图书馆藏西文善本目录》附录，国家图书馆出版社 2009 年版（附录为新增），16—34 页。

②　方豪《北堂图书馆藏书志》以惠泽霖所著《北堂书史略》为基础，增加了个人亲历的史事，对 1949 年以前的北堂书来源和保存情况有较为详细的介绍，见《方豪六十自定稿》下册，台北：学生书局 1962 年版，第 1833—1848 页。

③　N. Golvers, Library of Western Learning for China. Circulation of Western Books between Europe and China in the Jesuit Mission (ca. 1650 - 1750), 1. Logistics of Book Acquisition and Circulation, Leuven: Ferdinand Verbiest Institute, 2012（以下简称"Golvers 2012"），pp. 82 - 86。除了北堂，高华士还搜集了档案中南堂、东堂神父向欧洲耶稣会求索的图书清单。

④　"罗历山"为冯承钧给出的新译名，费赖之原书无汉姓名。费赖之著：《在华耶稣会士列传及书目》，冯承钧译，中华书局 1995 年版（以下简称"费赖之 1995"），第 189 页。

另一方面，比利时传教士南怀仁（Ferdinand Verbiest，1623—1688）的一封求助信，成为法国派遣传教士的契机。在担任耶稣会副会长期间（1676—1680年），南怀仁写信给欧洲耶稣会，请求增加"既精通哲学与神学又能迅速适应中国习俗的神甫"[1]。这与法国希望派遣耶稣会士数学家前往东方的计划不谋而合[2]。

康熙二十年（1681）南怀仁派遣柏应理（Philippe Couplet，1623？—1693）赴罗马汇报中国教区的形势和需求。1684年柏应理来到巴黎，9月路易十四接见了他[3]。路易十四决定利用法国大使出访暹罗的船只，搭送一批法国耶稣会士前往中国。此行的目的，"国王的数学家"之一，白晋（Joachim Bouvet，1656—1730）认为，是为了获得关于中国的科学数据以及为法国皇家图书馆寄来或亲自带回最好的中文书籍，并翻译成拉丁文或法文[4]。然而当法王以搜集中文书籍和进行天文观测为理由，向葡萄牙国王彼得二世（Peter Ⅱ，1683—1706）申请通行证时，却遭到拒绝，因为后者确信在东方设立法国宗座代牧区，会侵犯葡萄牙在远东的"保教权"利益[5]。

虽然未能获得通行证，1685年1月28日，法王路易十四还是在凡尔赛宫任命了六位精于天文观测的法国耶稣会士为"国王的数学家"（Mathematiciens du Roy），即洪若（Jean de Fontaney，1643–1710）[6]、张诚

---

[1] John W. Witek, *Controversial Ideas in China and in Europe: A Biography of Jean-François Foucquet, S. J.*, (1665–1741), Bibliotheca Instituti Historici S. I. 43, Roma: Institutum Historicum S. I., 1982（以下简称"Witek 1982"），p. 21。魏若望：《耶稣会士傅圣泽神父传：索引派思想在中国及欧洲》，吴莉苇译，大象出版社2006年版（以下简称"魏若望2006"），第19页。

[2] 此项计划由巴黎天文台台长卡西尼（Jean-Dominique Cassini，1625–1712）提出，计划分三批派遣耶稣会士分别搭乘法国东印度公司和荷兰的船只，通过不同的路线前往中国，一边进行天文观测和科学考察，一边实现法国人在中国的商业利益。见 Witek 1982, pp. 24–26. 魏若望2006，第22—24页。

[3] Witek 1982, p. 29. 魏若望2006，第26—27页。

[4] Witek 1982, pp. 30, 34. 魏若望2006，第27、31页。

[5] Guy Tachard, *Voyage de Siam des peres jesuites, envoyeés par le roy, aux Indes & aà la Chine. Avec leurs observations astronomiques, & leurs remarques de physique, de geéographie, d'hydrographie, & d'histoire*, Paris: Chez Arnould Seneuze et Daniel Horthemels, 1686, pp. 277–278.

[6] 费赖之书作"洪若"，Louis Pfister, *Notices biographiques et bibliographiques sur les jésuites de l'ancienne mission de Chine*, de Tou-Sè-Wè, 1932（以下简称"Pfister 1932"），p. 419。但在注1中指出《正教奉褒》90页以后作"洪若翰"，因此冯承钧译本作"洪若翰"。费赖之1995，第423页。

(Jean - François Gerbillon, 1654 – 1707)、白晋、李明（Louis - Daniel Le Comte, 1655 – 1728）、刘应（Claude de Visdelou, 1656 – 1737）和塔夏尔（Guy Tachard, 1648 – 1712），准备派往东方①。同年3月3日，这六位耶稣会士从布雷斯特（Brest）出发，前往中国。据塔夏尔《暹罗之行》的记载，这些"数理仪器"包括十种天文仪器和"法王路易十四皇家图书馆的科学（包括天文、数学及测量学）珍籍"②。

然而这一行法国数学家们的进京之路却困难重重。他们不敢从澳门登陆，担心被葡萄牙人驱逐；当他们从杭州登陆后，又遭遇浙江巡抚金鋐的阻挠。金鋐奏请礼部，严禁任何人带领他人入境，称"西洋人洪若等五名，由暹罗附粤商王华士之船到浙，据称欲往苏杭天主堂探望同教之人，如肯容留，情愿长住内地等语。查既无凭照，应否准其留住内地及探望同教，抑或谕令即回本国，合听部夺。以后凡贸易客商不许擅自携带外国人入内地，以杜奸弊"③。

为了顺利进入北京，洪若等人先后向杭州的耶稣会负责人殷铎泽（Prospero Intorcetta, 1626 – 1696）和北京的南怀仁求助④。但是在北京的葡萄牙耶稣会士徐日昇（Tomás Sancho Pereira, 1645 – 1708），则非常反对南怀仁替法国耶稣会士求情。徐日昇反对法国神父入京，"认为必须给出警告"⑤。虽然徐日昇曾积极呼吁教廷派遣更多的神父来华，但他并不是要求派来法国神父，特别是在中国的葡萄牙神父越来越少的现实情况下⑥。无可否认，在南堂期间，不论是制作乐器、大钟、水械，徐日

---

① Pfister 1932, pp. 422 – 423. 费赖之 1995，第425—426页。

② Guy Tachard, *Voyage de Siam des peres jesuites, envoyeés par le roy, aux Indes & aà la Chine*, 1686, pp. 6 – 8. 英译本内容基本一致，见 A Relation of the Voyage to Siam: Performed by Six Jesuits, *Sent by the French King, to the Indies and China, in the Year 1685...*, London: Printed by T. B. for J. Robinson and A. Churchil, and are to be sold by S. Crouch..., 1688, vol. 1, pp. 6 – 8. 此为冯锦荣先生见示。

③ 韩琦、吴旻校注：《熙朝崇正集 熙朝定案（外三种）》，中华书局2006年，第166页。

④ Pfister 1932, p. 425. 费赖之 1995，第427页。

⑤ 徐日昇致 António do Rego 神父信，1687年10月29日。ARSI, Jap. Sin., 199 – I, f. 55. 转引自 Pedro Lage Reis Correia, "Between 'Centers' and 'Peripheries': the Definition of Tomás Pereira's Field of Politico - religious Action. An Analysis of Correspondence Sent from Beijing to Europe", p. 212。

⑥ 徐日昇的这种政治宗教角色下所采取的行动研究，参见 Pedro Lage Reis Correia, "Between 'Centers' and 'Peripheries': the Definition of Tomás Pereira's Field of Politico - religious Action. An Analysis of Correspondence Sent from Beijing to Europe", Luís Filipe Barretoed., *Tomás Pereira, S. J. (1646 – 1708), Life, Work and World*, pp. 203 – 222。

昇都非常认真努力，就是寄希望于康熙帝的垂青，以扩大传教事业。但这一切的前提，是保证葡萄牙的保教权。法国人的到来，必然使北京的宗教格局发生变化。这是担任"政治宗教"（political‐religious）角色的徐日昇所不可容忍的。

由此，入华的法国数学家们，面临着耶稣会内部与外部对他们的宗教管辖权的争论，以及由此造成的葡、法耶稣会士关系的加剧恶化①。

幸而康熙帝准许法国人"来京候用"。康熙二十七年，"洪若、李明、刘应、白晋、张诚等（按：塔夏尔留在暹罗，后返回法国）"，带来了法王路易十四赠予康熙皇帝的西洋科学仪器，内有"浑天器两个、座子两个、象显器两个、双合象显器三个、看星千里镜两个、看星度器一个、看时辰铜圈三个、量天器一个、看天文时锥子五个，天文经书共六箱、西洋地理图五张，磁石一小箱，共计大中小三十箱等"②。张诚在信中说，康熙帝非常欣赏皇家科学院诸位先生们的科学书籍，也非常欣赏法王所赠的机械和数学仪器，希望能把这些科学书籍译成汉文供其阅读，然后教授诸皇子并在帝国内"公开刊行"③。法王路易十四馈赠今天仍有留存，如北堂旧藏的法文《测绘大地》一书，其红色摩洛哥装帧的封面上烙印着法王路易十四的皇室徽章④。

康熙帝谕旨"此等物件即交予伊等使用"，并"将伊等俱交与徐日昇引见，可用留用，不可用者照原旨，听其随便居住"。对此，徐日昇无法赶走所有的法国神父，便以钦天监考核结果，将"留白晋、张诚在京备用"⑤。法国传教士傅圣泽认为，这是因为徐日昇留下的两人比其他人"易

---

① 见 Witek 1982, pps. 44, 48–58. 魏若望 2006, 第 41、45—54 页。
② 韩琦、吴旻校注：《熙朝崇正集、熙朝定案（外三种）》，第 169 页。
③ 耶稣会罗马档案馆，JS 165, f.175。转引自伊夫斯·德·托马斯·博西耶尔夫人著《耶稣会士张诚——路易十四派往中国的五位数学家之一》，辛岩译，大象出版社 2009 年版（以下简称"博西耶尔 2009"），第 88 页。
④ 北堂藏本（BT No. 18/485）：Picard, M., Acadeémie des sciences (France), *Mesure de la Terre*, Paris: de L'imprimerie royale, 1671。参见冯锦荣《十七、十八世纪法国科学仪器制造家与康熙年间天文大地测量——以皮卡尔、拉伊尔、勒默尔、巴特菲尔德、沙波托父子及比翁所制仪器为中心》，"海判南天"与康熙时代的天文大地测量研讨会提交论文，2012 年 3 月 22—25 日，第 7 页。
⑤ 韩琦、吴旻校注：《熙朝崇正集、熙朝定案（外三种）》，第 169 页。

于控制"①。不过，白晋、张诚和徐日昇也不能愉快地相处。法国传教士并非由葡萄牙国王资助（King Pedro）②，这使徐日昇必须重新审视和调整在华耶稣会在不同保教权之下的关系。17世纪50—80年代，教廷与路易十四之间的关系处于矛盾和摇摆状态，徐日昇选择了维护教皇以及葡萄牙的远东保教权。1691年他写给耶稣会会长的信中明确指出，法国神父们必须离开北京③。

徐日昇的种种做法，引起了法国神父的抱怨。白晋在一份给耶稣会总会长的报告中，坚持认为他们寄给洪若的信发生了意外，是"住院会长徐日昇贿赂驿卒截留他们的信件"④。张诚在同年11月30日致韦朱（Antoine Verjus）的信中说："一个月来，我总是要应付葡萄牙神父们的无理取闹和寻衅滋事，我们几乎不得不每天为自我辩解而奋笔疾书，好以此回击他们的攻击和污蔑，并向副省会长、也向洪若神父汇报他们对我们的欺压。⑤"随着矛盾日益加深，法国耶稣会士们无法继续与葡萄牙保教权下的其他国家耶稣会士们同住南堂，强烈希望建立属于自己的教团和教堂。

二 北堂的建立与藏书草创

虽然与葡萄牙传教士颇有龃龉，法国传教士还是凭借出色的外语和数学才能，逐渐受到康熙帝的重视。特别是法国传教士张诚等对清朝与俄国

---

① 傅圣泽的评论来自教廷传信部档案以及法国国家图书馆藏法文写本，转引自 Witek 1982, p. 48. 魏若望，2006，第45页。

② 徐日昇致 António do Rego 神父的信，1689年12月5日，北京。ARSI, Jap. Sin., 199 – I, f. 58. 转引自 Pedro Lage Reis Correia, "Between 'Centers' and 'Peripheries': the Definition of Tomás Pereira's Field of Politico – religious Action. An Analysis of Correspondence Sent from Beijing to Europe", Luís Filipe Barretoed., *Tomás Pereira, S. J. (1646 – 1708)*, *Life, Work and World*, Centro Científico e Cultural de Macau: Fundação para a Ciência e a Tecnologia, 2010, p. 213。

③ 徐日昇致耶稣会会长信，1691年7月30日，北京。ARSI, Jap. Sin., 165, f. 68. 转引自 Pedro Lage Reis Correia, "Between 'Centers' and 'Peripheries': the Definition of Tomás Pereira's Field of Politico – religious Action. An Analysis of Correspondence Sent from Beijing to Europe", p. 214。

④ 白晋于1695年12月21日于苏拉特致罗马的法国省教区长博米耶（Jean Bomier）的信，转引自 Witek 1982, p. 53. 魏若望2006，第49—50页。中译本第50页注1，Jean 误排作 Jeam。

⑤ JS 165, f. 150。转引自博西耶尔，2009，第85页。

的边境谈判贡献卓著①,使整个中国教团的处境得以改善。

康熙三十年,浙江巡抚张鹏翮发起浙江教案,"欲将堂拆毁,书板损坏,以为邪教"。徐日昇和安多借此机会请康熙帝颁布容教赦令②。次年,礼部尚书顾巴代上奏:

> 查得西洋人仰慕圣化,由数万里航海而来,现今治理历法,用兵之际,力造军器火炮,差往阿罗素,诚心效力,克成其事,劳绩甚多。各省居住西洋人并无为恶乱行之处,又并非左道惑众,异端生事。喇嘛、僧、道等寺庙尚容人烧香行走,西洋人并无违法之事,反行禁止,似属不宜。相应将各处天主教堂俱照旧存留,凡进香供奉之人仍许照常行走,不必禁止,俟命下之日,通行直隶各省可也③。

康熙批示"依议",容赦教令就此颁布。在华教团取得了相对宽松的发展环境。

康熙三十二年,洪若和刘应用奎宁治好了皇帝的疟疾。为表感谢,康熙帝将皇城内蚕池口附近的一套房屋赐给法国耶稣会士④。同年12月19日,此屋被改造成一座小教堂⑤。三十八年,张诚、洪若等获赐一块新的土地,得以修建更大的教堂。在康熙帝和路易十四共同资助下,教堂由建

---

① 按:中俄双方以当时欧洲外交界所惯用的拉丁文沟通,"遇事即以清文兼俄罗斯及西洋字话缮写驰递,庶有印证,以免舛误"。松筠:《绥服纪略》,《松筠丛著五种》,书目文献出版社1988年版,第4页。康熙后选派满族子弟到俄罗斯馆学习拉丁文,雍正在内务府设立西洋学馆,开拉丁文课,由法国耶稣会士巴多明主理,持续十五年。但清廷一直须依赖西方传教士担任翻译。李喜所:《五千年中外文化交流史》第二卷,世界知识出版社2002年版,第218—219页。参见郭福祥《巴多明与清宫西洋学馆》,《紫禁城》1997年第4期,第22—23页。清廷的外交语言及其产生的问题,参见王宏志《"不通文移":近代中英交往的语言问题》,关西大学文化交涉学教育研究中心出版博物馆编《印刷出版与知识环流——十六世纪以后的东亚》,上海人民出版社2011年版,第311—351页。

② 韩琦、吴旻校注:《熙朝崇正集、熙朝定案(外三种)》,第182—183页。龚缨晏、陈雪军:《康熙"1692年宽容敕令"与浙江》,《浙江社会科学》2007年第2期,第154—158页。

③ 韩琦、吴旻校注:《熙朝崇正集、熙朝定案(外三种)》,第185页。Alphonse Favier, Péking: histoire et description, Peéking: Imprimerie des Lazaristes au Peé – T'ang, 1897(以下简称"Favier1897"),p. 189。按:阿罗素即俄罗斯。

④ 方豪考证,此宅原为辅政大臣苏克萨哈所有。见《中国天主教史人物传》第2册"张诚",天主教上海教区光启社2003年版,第412页。中华书局本无此部分内容。

⑤ Favier 1897, p. 189.

筑师兼雕刻家卫嘉禄（Charles de Belleville，1657 – 1730）修士负责建筑设计，1703 年 12 月落成①。法国耶稣会士得以搬离南堂，迁至蚕池口教堂。法国传教士们日夜期盼的独立教堂终于建成，法、葡耶稣会士们正式分开居住②。

张诚等法国传教士无法插手钦天监事务，于是便在康熙帝准许之下，在教堂开展科学研究和搜集图书。他们在"正祭台后，建有观象台一座。较堂脊略高数尺，为窥测天象及藏书之用"③（图1）。北堂图书馆也自此开始发展起来。

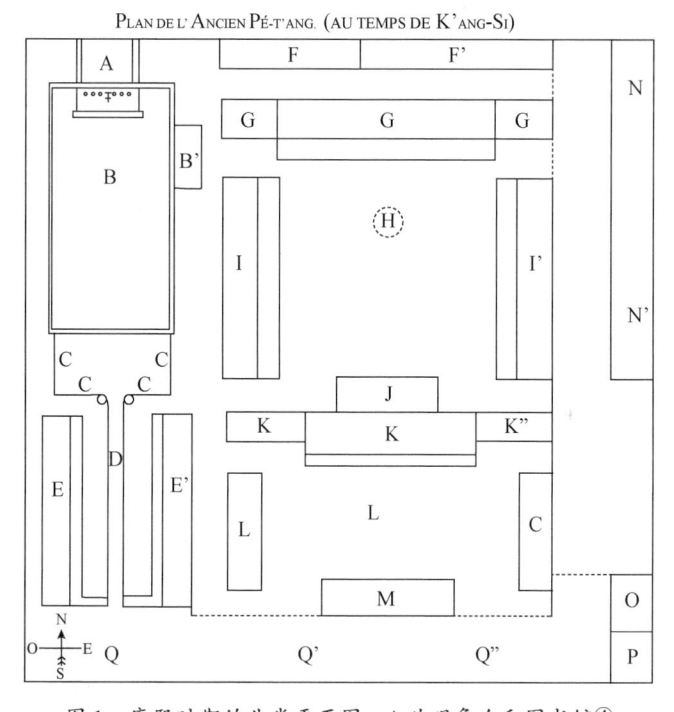

图 1　康熙时期的北堂平面图，A 为观象台和图书馆④

---

① 据明晓艳、魏扬波（Jean – Paul Wiest）主编《历史遗踪——正福寺天主教墓地》，文物出版社 2007 年版，第 4 页。
② 关于徐日昇与法国耶稣会士、康熙帝之间的关系研究，可参见夏伯嘉 Ronnie Po – chia Hsia，"Tomás Pereira, French Jesuits, and the Kangxi Emperor"，Luís Filipe Barreto ed.，*Tomás Pereira, S. J. (1646 – 1708)*, *Life, Work and World*, pp. 353 – 374。
③ 樊国梁：《燕京开教略》中篇，北京：救世堂，光绪三十一年（1905）铅印本，44 叶 a。Favier 1897, p. 191。
④ Favier 1897, p. 188。

· 819 ·

建堂初期的北堂藏书显然远不如南堂丰富。由于法国耶稣会士与葡萄牙耶稣会士之间的矛盾和竞争，藏书方面，法国耶稣会士不甘落后，不断向法国教团和资助人求购书籍。

从现存北堂藏书的题识中，可以看到此类事例。例如，17世纪末，康熙帝请欧洲耶稣会派遣善于测绘的传教士来华，以协助皇家土地测绘事宜。1698年，法国传教士巴多明（Dominique Parrenin, 1665 – 1741）从里昂来到北京，就借机带来了部分有关测量、测绘、舆图方面的藏书，这些书上都带有1698年的落款①。例如今天保存在北堂藏书中的《新机械大观》（BT No. 896/3592），其封面上保留了明确的签赠题识，为："Dono Imperatoris Camhi Patri Dominico Parrenin Soc. Jesu. – Atlas datum ab Imperatore Kang – shi Pri Parennin Soc. Jesu"，即"耶稣会巴多明神父送给康熙皇帝的礼物——耶稣会巴多明神父特别送给康熙皇帝的图集"。

除此以外，国王的数学家之一洪若，1699年离开中国，1701年再度返华，也带来许多新出版的书籍②，留给了北堂。

还有非法国传教士的藏书留在北堂，例如1695—1714年在北堂工作的德国耶稣会士纪理安（Bernard – Kilian Stumpf, 1665 – 1720），个人西文藏书颇丰，1714年去南堂时，他留下了一部分在北堂③。东堂会长费隐曾赠书给北堂的法国传教士。

三 北堂藏书的积累

北堂藏书并没有一帆风顺地快速积累，还是不可必免地受到时局的影响。康熙四十四年，教皇克莱门十一世（Clement XI, 1649 – 1721；1700 – 1721年在位）派特使多罗（Carlo Tommaso Maillard de Tournon, 1668 – 1710）到北京，宣布禁止中国礼仪的通谕。次年，康熙帝宣布给耶稣会士发放准许传教的"印票"④，强调"若不遵利玛窦的规矩，断不准在中国

---

① 这些现存北堂书的编号为：BT Nos. 947/3324，1445/3205，2692/290。其中两部印刷于法国里昂，高华士认为，无疑是巴多明从法国带回中国的藏书遗存。Golvers 2013, p. 183。
② 洪若的信中写到他搜集图书的情况，而 Jean François Pélisson 的信中谈到洪若所收图书的主题，见 Golvers 2013, pp. 183 – 184。
③ 约有9种书可以从梵蒂冈档案中查得，见 Golvers 2013, pp. 184 – 185, 187 – 188。
④ 黄伯禄编：《正教奉褒》，上海：慈母堂，清光绪二十年（1894）铅印本，132叶b。

住，必逐回去"①。康熙五十八年，教皇再遣特使嘉乐（Carolus Mezzabarba，1682-1741）出使中国。康熙帝对其所传达的通谕内的禁令非常愤怒，宣布"以后不必西洋人在中国行教"②，正式禁教。

随着禁教令的颁布，在京传教士陆续被遣送回欧洲或者留在澳门。1720年，北堂的法国传教士傅圣泽也不得不离开。他在北堂十余年间先后搜集了近300种西文书籍，当他离开北京的时候，只得勉强将这些西文书籍留在了北堂。据高华士研究，傅圣泽留下的书有313册，约有143种③。傅圣泽离开北京时携带大量汉籍，一部分保存在法国公私机构，一部分流落英、意等地④。

在傅圣泽离开北京后不久，朝鲜燕行使李器之到访了北京的三个教堂，特别是参观了北堂的藏书所，他的描述让今人得以了解当时藏书情况：

> 又引入东边屋，乃藏书所也。四边设架，积西洋册万余卷。大者方四五尺，小者仅一寸余，皆以皮为衣，册页单而不折，以丝缝合册后。字与画皆铜版印出云。而画如毫发，愈看愈分明。出大册三卷示之，曰'此是西洋本草'。乃南主堂所见者也。更细看，则一兽皆画数个正面、侧面、行坐之状，各极其态。又画其脏腑骨节于其旁，虽微细之物亦然。其穷极物理，到底精确如此⑤。

燕行使们对万卷西书藏于北堂感慨不已，对西洋书籍的摆放、装帧、装订、铜版画印刷等印象皆深刻，并注意到北堂藏的部分医学书

---

① 邹爱莲、吴小新主编：《清中前期西洋天主教在华活动档案史料》第1册，中华书局2003年版，第12页。

② 中国第一历史档案馆编：《清中前期西洋天主教在华活动档案史料》第1册，中华书局2003年版，第48页。

③ Golvers 2013, pp. 187, 191-194.

④ Abel Reémusat, *Nouveaux meélanges asiatiquesou recueil de morceaux de critique et de memoires relatifs aux religions, aux sciences, aux coutumes, al'histoire et aà la geéographie des mations orientales*, T. 2, Paris: Schubart et Herdeloff, 1829, p. 261. 傅圣泽藏书有205函1845册入藏了法国国家图书馆，见Henri Omont, *Missions archéologiques françaises en Orient aux XVIIe et XVIIIe siècles*, 2e partie, Paris, 1902, p. 816. 高田时雄教授见示，特此致谢。

⑤ 李器之：《一庵燕记》，复旦大学文史研究院、[韩]成均馆大学东亚学术院大东文化研究院合编《韩国汉文燕行文献选编》第13册，复旦大学出版社2011年版，第70—71页。

与南堂相同。

随着局势日益严峻,北堂藏书更难以大规模积累。1723年雍正即位后,因苏努亲王及其子曾帮助允禩谋继皇位,上谕将苏努之子勒什亨、乌尔陈革职发往西宁充军[1]。同年,闽浙总督满保、福建巡抚黄国材联合上奏,汇报了福安地区禁教情况,要求驱逐各省传教士,受到雍正帝重视,批示"着遵照办理"[2]。次年,雍正帝准许禁教,并召见巴多明、冯秉正(Joseph Marie Anne de Moyriac deMailla, 1669-1748)和费隐(Xaver Ehrenbert Fridelli, 1673-1743),表明对天主教的严厉态度[3]。

1730年9月,北京发生地震,南、北二堂教堂受到严重破坏,雍正帝赐银1000两,重修了教堂和住院[4]。地震对书籍的毁坏也非常严重,北堂的小观象台里"不少记录,若干仪器随之毁坏"。

1733年初,在华21名法国耶稣会士中只有8名因在朝廷供职得以留下[5]。1735年,乾隆帝登基。此时德国耶稣会士戴进贤(Ignaz Kögler, 1680-1746)等住在南堂,巴多明等法国耶稣会士掌管北堂;葡萄牙耶稣会士陈善策(Domingos Pinheiro, 1688-1748)主持东堂[6]。

在这个特殊时期,北堂接收了部分其他教堂神父的赠书。如1733年东堂费隐的赠书[7];1736年南堂戴进贤赠书;同年,北堂的巴多明也收到一些从欧洲寄来的书,他也把副本赠给南堂和东堂[8]。

---

[1] 杜赫德编:《耶稣会士中国书简集 中国回忆录》第3卷,朱静译,大象出版社2001年版,第14—16页。苏努家族奉教及获罪的研究,参见陈垣《雍乾间奉天主教之宗室》,《陈垣史学论著选》,上海人民出版社1981年版,第306—327页;吴伯娅:《苏努研究》,张先清编《史料与视界:中文文献与中国基督教史研究》,上海人民出版社2007年版,第61—82页;以及涂静盈《苏努家族与天主教信仰之研究》,台北"中央"大学历史研究所,硕士学位论文,2009年。

[2] 中国第一历史档案馆译编:《雍正朝满文朱批奏折全译》,王小虹等译,黄山书社1998年版,第258页。

[3] 《耶稣会士冯秉正致耶稣会某神父的信》,1724年10月6日,朱静编译:《洋教士看中国朝廷》,上海人民出版社1995年版,第105—106页。

[4] Favier, 1897, p. 207.

[5] 名单参见明晓艳、魏扬波(Jean-Paul Wiest)主编《历史遗踪——正福寺天主教墓地》,文物出版社2007年版,第354页。

[6] Favier, 1897, pp. 209, 211, 213.

[7] 北堂藏本(BT No.1051/2394)题识: "e dono R P Ember. Fridelli PP Gallis S. J. Pekini 1733",即"东堂会长费隐赠给北京的高卢耶稣会士,1733年"。

[8] 戴进贤1736年12月28日的信,转引自Golvers, 2013, pp. 176-177。

北堂图书馆直到1755年才得以重新布置①。法国耶稣会士宋君荣（Antoine Gaubil，1689－1759）在信中谈到，北堂图书馆所保存的欧洲书籍和汉文典籍都有损毁。为此，以宋君荣为代表，只能不断向欧洲申请购买和交换新的书籍，以弥补损失。

在整理北堂藏书时，宋君荣发现，虽然当时北堂图书馆已藏有"大量代数、几何、天文学等方面的书，还有建筑学、医学、外科学、自然史和物理学方面的书，以及大批宗教方面的书"，还有"10部传记、12部通史、4种教会法规、24种神学、13种《圣经》、7种教父著作、13部各种词典"等，但却"没有在柏林、霍尔、彼得堡等地印刷的书，地图很少，没有版画……我们需要反偶像崇拜、反自然神论等方面的书……圣经诠释学很少，早期基督教作家的几乎没有"②。因此他与欧洲学界或教团的通信中常常附有各种索书目录。以裴化行（Henri Bernard－Maître，S. J.，1889—1975）发表的1732年宋君荣求购书目，可以略见一斑③：

为北京④

我们缺少特土良（Tertullian，150－225）的护教学。教父宗教学，拉贝尔神父（P. Rabuel）编著的笛卡尔几何学（La Géométrie de Descartes），拉瓦尔神父（P. Laval）的天文观测（Livre des Observations），弗拉姆斯蒂德（John Flamsteed，1646－1719）的天文学（作品）和哈雷（Edmond Halley，1656－1742）自1725年发表的星表，皇家科学院的系列著作；还有我没有说的《时间知识》年

---

① Pfister，1934，p. 673. 费赖之，1995，第691页。

② H. Verhaeren，"Historical Sketch of the Peit'ang Library"，*Catalogue of the Peit'ang Library*，Peking Lazarist Mission Press，1949，p. XIV. 惠泽霖撰：《北堂书史略》，李国庆译注，《北堂图书馆藏西文善本目录》附录，国家图书馆出版社2009年版（影印1949年目录，附录为新增），第24页。

③ 这是来自保存在法国耶稣会档案馆一封巴多明给德弗雷蒙神父（Charles de Frémont）的信，时间在1732年8月13日。宋君荣的求购目录作为附件保留在信件之后。*ASJP*，Brotier，110，f°44，45，46. 见 Antoine Gaubil，Renée Simon ed.，*Correspondance de Pékin*，*1722－1759*，Genève：Librairie Droz，1970，pp. 298－299. 参见 Golvers，2012，pp. 83－85. 高华士书中的"Journaux de Leipsick"最后一本"35"误印为"34"。高华士认为这些书可能未能送达中国，因此作为备忘留下，因为 Aleganbe 的书，宋君荣在1739年的信中再次提出了请求。见 Golvers，2012，p. 86。

④ 裴氏注明，以下为宋君荣手迹。

刊（*Connoisances de temps venues*），以及俄罗斯和西伯利亚的新地图。①

为北京（需要）三部弥撒书，一部是用于高坛（祭台）上的大对开本，另外两部是小开本，但要有所有的新圣徒内容。巴多明自北京。

阿尔库迪乌斯（Arcudius）：6 部；克劳德·弗勒里（Claude Fleury，1640－1723）的《教会史》（*Histoire ecclésiastique*），39 册 5 部；萨利亚尼（Saliani）全集或节选；阿尔迪安（Harduini）全集 201 部；全集摘要；佩塔维斯（Petavius）的教义书（*de Doctrina temporum*）；佩塔维斯的圣经学（*Uranologia*）；胡文西《历史》（Juvencii，Historia），30 部；

《耶稣会文集》（*Scriptores Societatis Jesu*）；菲利普·阿勒刚博（Philippe Alegambe，1592－1652）的书，45 部（按：应为 *Bibliotheca Scriptorum Societatis Jesu*，Antwerp，1642）；科学院 1699 年成立后的新选集（*La nouvelle Collection de l'Académie des Sciences*），18 种 13 册；其他杂著（*Miscellan*）……基歇尔（Athanasius Kircher，1602－1680）的《中国图说》（*Sina Illustr*（*ata*））和《地下世界》（*Mundus Subterr*（*aneus*））。②

巴多明

北京耶稣会会长

《莱比锡报》32—35（*Journaux de Leipsick*，32，33，34，35）③。

如果我们收到了 Salien 的全集，我们可以不要节选；或者两种都要，由您决定。我们这里与莫斯科人讨论时，他们经常看 Arcudius 的有关希腊宗教的书；因此如果您发现一些好书，能够指出俄国人的错误的，请寄给我们。④

这些宋君荣请求的文献，惠泽霖在编制目录时发现有 19 种存世，

---

① 裴氏注明，此后为宋君荣手迹后的补充内容及签名。
② 裴氏注明，接下来是会长巴多明的签名。
③ 裴氏注明，这一种文献是在签名后有其他人增加的内容。
④ 裴氏注明，这一段是宋君荣手迹。

其中3种有复本。其中10册来自老北堂，8册来自南堂，4册（种）来历不明①。

宋君荣亦注重与欧洲学者交换藏书。1728年，他曾将自己所撰《元史略》寄送给杜赫德（Jean-Baptiste du Halde，1674-1743）和苏熙业（Etienne Souciet，1671-1744），同时还寄送了两幅地图以供参考；1737年，将北京耶稣会士著述340册寄送圣彼得堡，收到俄国研究院的刊物3箱；与伦敦研究院之间，分别交换了1748年、1750年、1751年、1752年等天文观测数据与书籍，以及植物根实等②。法国数学天文学、地球物理学家德梅朗（Jean-Jacques Dortous de Mairan，1678-1771）亦赠书给宋君荣，该书保留题识（BT No. 470/275）："Pour le Reverend Pere Gaubil, de la part de son tres humble serviteur. Dortous De Mairan"，即"德梅朗送给宋君荣神父。卑微的仆人"③。

宋君荣与巴黎法国皇家科学院和圣彼得堡科学院保持着密切的学术交流。他将《诗》、《书》和《春秋》中涉及的天文现象摘录下来，编译为法文的《中国天文史略》，被雷慕沙认为是"引证中国经籍最富，可以完全信任其非伪"的著作④。

经过两年多的重新搜集，北堂图书馆已将原有损失弥补。宋君荣的长信描述了图书馆重建的情况，据他的不完全统计，已有约108种书籍重新收入北堂图书馆⑤。这些书按照不同的主题进行排架，并且在题名页上标识"N+阿拉伯数字"，以管理相关图书，这种方式既参照

---

① H. Verhaeren, "Historical Sketch of the Peit'ang Library", pp XIV-XV. 惠泽霖撰、李国庆译注《北堂书史略》，第24页。复本现象，惠泽霖认为是当年南北二堂在藏书上的友好竞争的结果。

② Pfister, 1934, pp. 674-675. 费赖之1995，第692—693页。

③ 题识照片参见 J. Van den Brandt, "La Bibliothèque du Pé-t'ang: Notes historiques", Plate XXXI (9)., Mon. Ser., IV (1940), p. 621 ff。

④ Pfister 1934, p. 676. 费赖之1995，第694页。

⑤ 分别是1727年和1730年的信，后者是在地震后所写，见 Antoine Gaubil, Reneèe Simon ed., Correspondance de Peékin, 1722-1759, Geneève: Librairie Droz, 1970, pp. 174, 269。信件的注释，参见 Golvers, 2013, pp. 197-204。高华士根据宋君荣的信以及傅圣泽留在北堂的书目，整理了一份1732年北堂图书馆的藏书书目，约为108种书，3个系列论著或期刊，具体见前引书第209—212页。

欧洲图书馆的耶稣会管理模式，但又不尽相同①，带有中国教团藏书管理的特色。

这些藏书在康乾时期的中西科技交流方面具有重要的意义。除了"国王的数学家"们在天文学、测绘学上的贡献，宋君荣与巴黎、圣彼得堡之间的学术通信，即使后来在乾隆禁教期间，因为修建圆明园大水法，法国耶稣会士蒋友仁（Michel Benoist, 1715-1774），也先后参考利用了北堂图书馆的相关水文学著作②。

四 尾声

康熙禁教令开始后，在华传教士被大量遣返欧洲或送至澳门。北京的三个教堂，即南堂、东堂和北堂也仅余数人，主要是在朝廷供职才得以留下。乾隆帝即位以后，沿袭康熙政策，但亦有招纳擅长艺术的传教士进入北京。乾隆十一年以后，因天主教在直隶、河间、天津、古北口到福建福安的民间传播日益广泛，地方官先后奏报，要求查抄"天主教画像、经文""番经"，查禁天主教，引起朝廷重视。乾隆帝要求全国查拿天主教诵经者，逐渐形成了全国的禁教行动③。这些行动对地方教堂和住院的藏书影响极大，一些地方教堂的藏书开始流向北京，通过在京供职传教士们的些许影响力而辗转保存下来。

就北堂而言，从清中前期初建教堂，一直由法国耶稣会士管理，藏书多从欧洲采购和募集，通过传教士、商人等渠道入华，渐成规模，水平慢慢向南堂藏书看齐。这批藏书与清晚期由法国遣使会传教士接管后的北堂

---

① 见第四章所述，北堂书 10 种书上带有缩写"N°"，高华士根据内容认为是主题排架的顺序号，Golvers, 2013, p. 223。

② 参见 Clay Lancaster, "European Palaces' of Yuan Ming Yuan", *Gazette des Beaux - Arts* 34 (1948), pp. 261 - 288; Maurice Adam, *Yuen Ming Yuen, L'oeuvre architecturale des anciens jésuites au XVIIIe sieècle*, Pékin: Imprimerie des Lazaristes, 1936 等。关于建造圆明园大水法及相关引用书籍的研究，见 Hermann Schlimme, "Sino - Western Knowledge Transfer Concerning Plays of Water and Hydraulic". International Workshop: *Italy in China. The Western Buildings in the Old Summer Palace Yuanmingyuan in Beijing*, March 5, 2014, Roma。蒋友仁可能利用的北堂藏书是 Samuel Morland, *Elevation des eaux par toute sorte de machines*. . Paris: E. Michallet, 1685（BT No. 499/659）; Edmé Mariotte, *Regles pour les jets d'eau et de la depense de l'eau qui se fait par differens ajustages*, Paris: Imprimerie Royale, 1693（BT No. 9/591）; Carlo Fontana, *Utilissimo trattato dell'acque correnti . . .* Rome: Buagni, 1696（BT No. 3271/1157）。

③ 参见中国第一历史档案馆编《清中前期西洋天主教在华活动档案史料》第 1 册，中华书局 2003 年版，第 78—95 页。

藏书相对，被称为"老北堂"藏书。据樊国梁（Pierre - Marie - Alphonse Favier，1837 - 1905）、惠泽霖等的记录，清嘉庆禁教至北堂关闭期间，老北堂藏书不断转移，留在北京的部分，埋在正福寺墓地，大多化为尘土。但是流向西湾子教区的部分藏书，在鸦片战争后随着遣使会士孟振生回流至北京，与从俄国教团接管的南堂书一起，留在了北堂，成为新的北堂藏书。

（作者为中国国家图书馆副研究馆员）

法国汉学者所谓"郑和海权论"奏谏等不可轻信

施存龙

2018年11月15日,中国政府主要领导人之一、国务院总理李克强在新加坡会展中心出席第13届东亚峰会上发表讲话,又提及郑和下西洋与南海国家关系,他说:"平静的南海是各方期盼所在,符合地区国家利益。中国是南海最大沿岸国,60%以上的海上货物贸易途经南海……600多年前,中国航海家郑和七下西洋,开创了亚洲地区以德睦邻、和平共处的友好传统。"① 这促使我对压在心头20多年的一件法国人论中国郑和下西洋的"南洋"问题再不能不吐。

20世纪80年代后期开始,我国在研究和宣传郑和下西洋中,忽然流行起所谓郑和海权言论,这与我国出版的一本法国学者费朗索瓦·德勃雷的《海外华人》有一定关系。在该书序言中,作者写道:"强大的中国船队没有受到任何阻碍,宝船航行于南洋之上如同航行在内海一般","皇帝的旗帜飘扬在南洋各处"。更引人注目的是,引证了一段所谓"试图说服后来的皇帝保留中国船队"。即郑和曾经劝谏皇帝保留船队时发表的海权言论。② 这是前所未闻的独家新闻。我国有的研究者发现后,便如获自天而降的至宝,信以为真。未经考实就迫不及待地加以传播。

---

① 李克强在新加坡会展中心出席第13届东亚峰会上讲话,新华社新加坡,2018年11月15日电讯。

② [法]费朗索瓦·德勃雷:《海外华人》,赵喜鹏译,新华出版社1982年版。

本文宗旨在于辨清该法国人所说一系列问题的真伪。至于郑和本人有无古代型的海权思想，两者虽有一定联系，但无须混为一谈，以免有人以后者作挡箭牌，阻碍澄清。

法人"序言"，好就好在同情艰难困苦没有"祖国"关怀的"海外华人"，批评中国历代政府尤其封建时代政府对海外华人不关心、不保护。对当代华人政策的评论中，也有值得听取之处。糟就糟在对我国历史认知的错误太多，评论很不谨慎，信口开河。如：

1. "序言"中说"光荣孤立的中国，无视世界，闭关自守，而中国人，虽然为数众多，都没想过要移居国外，也没想过要结识他的邻居"[①]。此论很片面，这种现象是有的，但不绝对，不尽然。两千几百年前著名人士孔丘，就想过移民朝鲜半岛推行他的学说。战国和秦代就有方士东渡岛屿寻找仙人采神药，虽然并无确证到了后来称为日本列岛，但同时代的秦国人移民日本是完全可信的。三国吴国时就曾派康泰、朱应率大船队寻访"南洋"沿岸各部落了。

2. "序言"中说什么中国"帆船太轻，不适宜长途航行"，[②]按中国早在西汉时就有帆船远航马来半岛，怎么说成到元、明之际，还"帆船太轻，不适宜长途航行"呢？

3. "序言"中说"明朝……普及了航海罗盘的使用。罗盘本是道士的一种发明，起初是为了以星宿来确定坟墓的位置"。[③]按中国早在北宋就普及航海罗盘，如北宋宣和年间明州起航出使高丽国的船就已使用，岂能说成到明代才普及？又，按旱式罗盘也是中国首先发明的，这有1985年夏，江西省临川县出土宋代庆元四年（1198）朱济南墓中手持罗盘的陶俑可证，[④]更古时代则是靠观察天文星宿看风水的，如周代《诗经》《国风·鄘风·定之方中》，就是看风水造阳宅之例。[⑤]江西旱罗盘发明可能与道士有关；而用于航海的水罗盘的发明并无任何根据可说是由道士发明的。顺便指出一下：我们有的外看内行，内看外行的人所写郑和

---

① ［法］费朗索瓦·德勃雷：《海外华人》，赵喜鹏译，新华出版社1982年版，第3页。
② ［法］费朗索瓦·德勃雷：《海外华人》，赵喜鹏译，新华出版社1982年版，第3页。
③ ［法］费朗索瓦·德勃雷：《海外华人》，赵喜鹏译，新华出版社1982年版，第3页。
④ 陈定荣、徐建昌：《江西临川宋墓》，《考古》1988年第4期。
⑤ 程俊英：《诗经译注》，上海古籍出版社1985年版，第57—58页。

下西洋的书中，胡乱把看阴宅、阳宅风水的"罗盘"充当航海罗盘。殊不知这是不同形制和用途的两种"罗盘"，风水罗盘指南针很小，刻度复杂而密集，高度薄，适于使用者手持近视；而航海罗盘，指南针很大，刻度简单，高度厚，碗状，置于相对固定地点，可供稍远一望就众目瞭然。有的书却插用那种风水罗盘图，冒充航海罗盘，是对广大读者非常不负责任的。

4. "序言"中说：明朝"他们又造了百余只宝船……这些船只都由唯一航海发达的福建省制造。"① 瞎说。中国沿海山东、江苏、浙江、福建、广东都是航海发达的省份，岂是福建"唯一航海发达"省份。又，这些"百余只宝船"，岂"都由……福建省制造"？江苏南京、福建闽江口内都能造，而且以南京为主，否则南京宝船厂设立干什么。即使就福建型海船而言，南京也可征集福建人在南京造。

5. "序言"中说"建文帝，这位年仅十三岁的孩子，被他的叔叔永乐掀下皇位。"② 按朱允炆出生于明洪武十年（1377）12月5日应天府（今南京），1398年6月30日即皇位，1402年7月13日被叔叔夺位，当时已22岁，怎会是"13岁孩子"呢？如是23岁笔误，也不会说他"孩子"，可见并非笔误，而是确认。如此确认，根据何在？

6. "序言"中说"郑和的七十艘宝船载三万余人开始了中国历史上的第一次远征。"③ 按：这明显是某些文献如《明史·郑和传》所指明永乐三年第一次下西洋。但郑和等自述的两碑都不曾如此说过，而是称"统率官校旗军数万人，乘巨舶百余艘"；就算是按《明史·郑和传》第1航次，也只是说"将士卒二万七千八百余人"。他所谓"七十艘宝船载三万余人"，乃乱抄野史。

7. "序言"中说郑和第一次下西洋"回国之时，叙述了他的海外奇观以及……强大的中国船队没有受到任何阻碍，宝船航行于南洋之上如同航行在内海一般"。④ 此说不符史实。请问郑和第一次下西洋回国之时，向谁叙述了他在外见闻，或写在何种文献或文物上？郑和第一次下西洋就碰上

---

① 程俊英：《诗经译注》，上海古籍出版社1985年版，第57—58页。
② ［法］费朗索瓦·德勃雷：《海外华人》，赵喜鹏译，新华出版社1982年版，第3页。
③ ［法］费朗索瓦·德勃雷：《海外华人》，赵喜鹏译，新华出版社1982年版，第4页。
④ ［法］费朗索瓦·德勃雷：《海外华人》，赵喜鹏译，新华出版社1982年版，第4页。

所谓海寇陈祖义"亦来犯我舟师……一鼓而殄灭之",怎么能瞎说成"强大的中国船队没有受到任何阻碍"呢?

8. "序言"中说郑和第一次下西洋回国"两年之后,郑和进行了一次新的远征,接着又两下南洋。中国发现了亚洲,亚洲也发现了中国"①。又在瞎说。按郑和第一次下西洋回国之后当年九月十三日,就奉诏第二次下西洋,同年冬末或次年春就出发了。② 怎么能成"两年之后",即永乐七年才第二次下西洋呢?又按中国早在二千多年前,西汉时使团就已经乘中国自己的船绕航到今亚洲越南南方、柬埔寨、泰国,在泰国半岛陆行过克拉地峡,转乘外国船绕航缅甸安达曼海、孟加拉,直到印度洋印度、斯里兰卡。③ 怎么会迟至郑和下西洋才"中国发现了亚洲,亚洲也发现了中国"呢?这是什么"汉学家"?!

9. "序言"中说郑和"遍游中国海和印度洋",请问郑和何时何故遍游中国黄海、渤海?他从南京到北京往来时,是乘京杭大运河的船往来的,未经黄海、渤海。至于印度洋更未遍游。

10. "序言"说建文帝,"他被和尚收留,人们曾看见他还在原省内流浪"。④

"原省内"指那里?若指明代南京所在地南直隶,即今江苏省穹窿山,笔者已有专文论证推翻。⑤ 若指朱允炆出生地云南,有何切实根据?那种传言,岂能肯定?一个最重要通缉对象,远遁他乡隐藏还求之不得,岂敢在省内流浪?!

11. "序言"中说"印度港口……来自西方的是阿拉伯帆船,来自东方的则是中国舢板。"郑和下西洋时,乘的是巨舶,怎会乘舢板到印度港口呢?中国舢板亦称"三板"。是指无帆的靠划桨行驶的渡江渡湖的小木舟,笔者在上海黄浦江、宁波东钱湖曾乘坐过。见宋吴自牧《梦粱录·江海船舰》。《裨海纪游》:"海舶大,不能近岸,凡欲往来,则乘三板。至欲海行则系上大船载之。"这是古代情况,笔者20世纪中叶,一度驻在现

---

① [法]费朗索瓦·德勃雷:《海外华人》,赵喜鹏译,新华出版社1982年版,第4页。
② [法]费朗索瓦·德勃雷:《海外华人》,赵喜鹏译,新华出版社1982年版,第4页;《中国航海史(古代航海史)》,人民交通出版社1988年版,第258页。(作者标了两个出处)
③ 班固:《汉书·地理志》。
④ [法]费朗索瓦·德勃雷:《海外华人》,赵喜鹏译,新华出版社1982年版,第5页。
⑤ [法]费朗索瓦·德勃雷:《海外华人》,赵喜鹏译,新华出版社1982年版,第5页。

代化大轮船上航行工作时，有时大轮船锚泊水上，仍然是靠轮船自放舢板往来码头的。中国舢板能摇桨到印度吗？笑话。

12. "序言"中说"燕窝，这是在婆罗洲停留时发现的……"。① 这只是传说。唐代杜甫的诗已提到此物，可见它从唐朝就流入中国，但未形成吃燕窝的风气。即使就明代而言，此物早在郑和下西洋前，贾铭写给永乐帝父亲朱元璋《饮食须知》中就有提到②燕窝是一种产量很少的珍稀品，怎么能供郑和"五千人"当"调剂部队的食物"呢？！

13. "序言"中说"郑和死后……王公大臣惶惶不可终日，他们深恐与别种文化接触，可能引起帝国僵死的行政机构发生变化，印度文化的光辉，吴哥古庙的优美，暹罗宫廷的慷慨，柬埔寨水利设备的完善，阿拉伯强大的科学，所有这一切都是对中国蔑视世界的挑战。中央帝国从此不再完全是世界的中心了。而皇帝及官吏的天授之权也失去了根据"。③ 这段话大有不实问题。第一，有"郑和死后……王公大臣惶惶不可终日，他们深恐与别种文化接触，可能引起帝国僵死的行政机构发生变化"的情况发生吗？根据何在？明初"行政机构"已是"僵死的行政机构"？恰恰相反，当时很有活力，是亚洲各国最先进的。这时东南亚许多地方还半处在部落酋长体制，先进一点的也不过是国王制。第二，印度半岛还未统一，至于佛教文化，中国早就吸收了，还主动去取经呢。何惧之有。"吴哥古庙的优美"，未必胜过中国吧，也许是该书作者的偏见而已。"暹罗宫廷的慷慨"，不知指什么，莫名其妙。至于"柬埔寨水利设备的完善"，不明其具体指哪一水利工程，不管哪一项，比得了中国战国秦昭王时，蜀郡守李冰父子住岷江上游修建的都江堰；秦始皇时史禄在今广西兴化县建造的灵渠即湘桂运河；中国的汉、隋东西大运河和南北大运河；以及汉至五代在鄞县开发东钱湖等的古代水利设备的完善吗？④

---

① 拙文：《建文帝不可能归宿穹窿山》，载《天下说建文》（"明建文帝踪迹国际学术研讨会"论文集），南京出版社2011年版，第5—18页。
② 云海燕编：《左手〈黄帝内经〉右手〈本草纲目〉大全集》，辽海出版社2013年版，第226页。
③ [法] 费朗索瓦·德勃雷：《海外华人》，赵喜鹏译，新华出版社1982年版，第6页。
④ 宁波东钱湖旅游度假区管理委员会：《东钱湖文丛》第4期，第149页，《简讯》：召开"陆令拓湖研讨会"。

14. "序言"中还有一段惊人的独家新闻:"郑和曾试图说服后来的皇帝保留中国船队。他说:'欲国家富强,不可置海洋于不顾,财富取之于海,危险亦来自于海上……一旦他国之君夺得南洋,华夏危矣。我国船队战无不胜,可用之扩大经商,制服异域,使其不敢觊觎南洋也……'①。"这是不可信的,详见下述。

郑先生为辩护该"序言"可信性而猜测说:"从《海外华人》一书全书来看,这是一部谨严的著作,作者引用郑和这番话,必有所据,不会是他随意编造的。"该书是不是"一部谨严的著作",本文已在上节分析、批驳了。是不是可信,他先举证郑和曾在印尼爪哇传播伊斯兰教,海外有资料,中国没有。这一例子与所谓郑和向皇帝谏奏没有任何可比性,别人已先替我用一句话驳回。

我找到上述中译本《海外华人》"序言",读后深感问题很多,尤其是所谓郑和海权那段话。略加思考,就对它是非、真伪产生了怀疑。

第一,作为一个现代外国学者写到发生在中国古代的朝廷里绝密郑和言论,总得引证中国史料有个出处吧,然而根本没有。我国过去那么多明史研究专家和明代档案管理专家从来不曾发现过有郑和这种言论史料,唯独一个法国人竟据有如此郑和历史秘籍?如果他真的据有这样的史料,为何不敢说出依据?此中必有隐情。从该书"序言"全文充满不严谨作风,许多信口开河来看,这段话更不可信。

第二,这不像明朝郑和的历史语境,郑和时,只称"西洋",或"西海",或"西域""西番",或"番国",并不称"南洋"。倒有点像清朝后期一些有海权痛失感的人的言论,当时中国沿海门户洞开,有海无权。

于是我开始对此问题追究:

第一,既然是郑和进谏给明仁宗的话,我就到国家图书馆再查《明实录》中的《明仁宗实录》,未见有此记载。

第二,既然是法国汉学者写的,就查手头有的对郑和有研究的法国著名汉学家伯希和的专著《郑和下西洋考》,结果也未发现与此有关线索。

第三,向中译本译者函查,请求告知原法文作者是否注明依据。但我

---

① [法]费朗索瓦·德勃雷:《海外华人》,赵喜鹏译,新华出版社1982年版,第6页。

不知译者地址，将信寄到出版社请其转寄。但一直没见任何回复。我住北京，离该社不算太远，想登门去交涉，行前再查阅中译本，发现该书末《译后记》有段声明："作者自云此书叙述是真实的历史。译者无法也没有必要去做一番考据工作。书中提及的重要人物和组织，有案可稽的，均按过去译法，查之无据的，则注明音译。本书在出版时作了某些删节。译者，一九八一年三月五日。"译者有话在先，他根本不想去做一番考据工作，不负责该书真实性。

那么即使找到译者，也白费。何况，该出版社还可能以保密为由，不肯供给译者地址。不如直接查法文原作。

第四，我不会法文，无能直接查究。虽有个懂法文朋友，但却限于文学，不涉社科。

如前所述，我认为郑和本人有无古代型的海权思想，与法国人所谓的郑和向明仁帝奏谏的真伪，是应当分开的两回事。前者，不妨继续讨论，而对后者，现在已成熟，不需再等待，可以判断：基本定性为伪作。理由有二。

第一，史贵有证，找不到任何证据可证明郑和有这番直接言论。

第二，从郑和下西洋起，他的行为，都缺乏民生观点和经济观点，尽量向国库索取，以至有一次被皇帝直接斥责。他私人拥有的财富，也都投向无益的用处（诸如刻佛经，修造府第，不仅在南京有郑和府第，在北京三不老胡同也有他的府第。自己不会生育，忙着过继自己后代等之类），因此他是说不出"船队……，可用之扩大经商"这类话的人。

为何会在法人书中出现这种郑和奏谏高论现象，我分析推测可能出于以下几个原因。

第一，很可能是作者把他自己想说的话，借郑和的名义，塞进郑和话里；或把现代中国学者见解冒充为郑和奏谏，以提高他的书的地位。

第二，也有可能是中译者阴差阳错。

第三，炮制的郑和"谏言"，很不高明，破绽明显，很像一份作弊考生所交蹩脚考卷。总之，作弊嫌疑难消。

尾声：吁请北京外国语大学法文师生能继耿昇先生未竟追究之事，追究该书中译本序言是否忠实于原书，删掉的内容，究竟是什么，如中译本序言是忠实于原书的，那么原法文作者是否注有史料出处，这些出处是否真实存在或可信。

我恳切希望各位懂法文的学者动员起来，留意彻查其真伪。把来龙去脉查得一清二楚。这也是对中外关系史研究、中法文化交流、海外汉学一项贡献吧。

2020 年 3 月 4 日修订稿

（作者为原交通部水运科学研究所及其后的交通运输部水运科学研究院学术委员）

探析法国园林与岭南园林的互动影响与启示

纪宗安

园林和宫殿（包括神的宫殿——庙宇），历来是文化集萃的场所，文化的交流也常在这里发生。岭南，作为中国文化与世界文化最早的交汇地之一，有着优越的自然条件和地理环境，而生于兹，长于兹的岭南园林，就在中国三大园林体系中自觉与不自觉地担负起中外文化交流先驱的使命。

作为欧洲三大园林体系之一的法国园林，主要以17世纪法国古典园林为代表。17世纪下半叶，古典主义成为法国文化艺术的主导潮流，在园林景观设计中也形成了古典主义理论。由著名法国造园大师勒诺特尔主持设计的凡尔赛宫花园便是这一时期的代表作之一，被后人称为勒诺特尔式园林[①]，它的出现标志着法国园林艺术的成熟和真正的古典主义园林时代的到来。

东西方两大园林体系在历史上曾不期相遇，相互影响，留下了中外文化交往的一段佳话，也留给了我们些许启示。

一 中国园林对法国园林的影响

中国传统的造园艺术有着悠久的历史，基于对人与自然关系的深刻思考，她有着高雅的诗画意境和杰出的建造水平，其风格与同时代的欧洲造园艺术迥然不同。中国造园艺术曾对欧洲发生过巨大的影响，在世界文化

---

① 路易十四的权臣服开于1656—1660年建成一座府邸花园——孚园。路易十四对之非常欣赏，借故将服开下狱，并将其设计师勒诺特尔调去主持建造凡尔赛花园，于是勒诺特尔成了法国古典主义造园艺术的创始人。

史和中西文化交流史上有着重要的地位。而这种文化出口，特别是其早期，主要发生在岭南地区。反之，鸦片战争以前的岭南地区，尤其是珠江三角洲，又是西方园林文化向中国传播的唯一途径，久而久之，岭南地区出现了大量的、多样化的外国的，特别是法国等西方园林文化的印迹。

中国园林在古代已传入东亚国家，如日本、高丽、越南等。由于高山大漠的阻隔，中西（主要指欧洲）之间在园林上的交流却相当晚，大体是到了明末清初。一开始，这种交流就表现为双向的，既有中国园林的西传，也有西方园林的东传（如广州地区一些西方园林要素的出现，北京圆明园西洋楼的建造等），但主要还是中国园林的西传。这是因为，当时西方园林的强点（古典主义的规则式园林）在中国缺少生存的土壤，而中国园林的自然式特点却符合了欧洲的社会思潮和社会发展的方向。只是到了鸦片战争后，形势才演变成西方现代园林（主要是公园）大规模向中国输出。下面我们先回忆一下西方，主要是法国园林艺术的传统。

欧洲的造园艺术在古希腊罗马时代有过一段光辉的历史。但总的来说，在漫长的中世纪，欧洲的造园艺术除了在受穆斯林影响的比利牛斯半岛南部以外，基本上是不发达的，直到中世纪末叶才开始有重新活跃的迹象。进入16世纪，意大利文艺复兴式园林（又称意大利台地园）的出现，使欧洲的造园艺术再度振兴。意大利台地园的主要特征是：核心为庭园，周围是自然的森林，二者之间有树坛（Basco）过渡。庭园被放在沿山坡一侧的一系列台地上，规模不大，采取几何式布局，沿中轴线左右对称，主要建筑物常常放在构图的中心位置上。这种意大利式园林，凭借文艺复兴文化的传播，影响很快遍及法、英等欧洲国家，持续了一个多世纪。

值得注意的是，到17世纪下半叶的法国路易十四时代，君主集权制发展到顶峰，文化中形成了古典主义潮流。古典主义潮流的哲学基础是唯理主义，强调逻辑和推理；在政治上反映为绝对君权制度，鼓吹君主集权制才是社会理性、秩序和组织的最高体现；在文化艺术领域里则主张美是符合理性原则的，是先验的，要求建立像数学一样清晰的艺术规范，并奉之为不可违反的神圣权威。遵循这一原则，法国的造园建筑师们大大发展了意大利式的造园艺术，形成了古典主义的造园艺术。古典主义花园的基本格局仍从意大利式脱胎而来，即花园保持对称的几何式布局。其重要的变化是花园被放在平原上，而且规模非常巨大，所以又称宏伟性园林。它大大突出和强化了中轴线：宫殿居于花园中轴线的起点，其他林荫道、花坛、河渠、水池、喷泉、雕像等沿着中轴线延伸下去，形成非常深远的透视线，所以又称透视线性园林。这里一切都非常工整、明晰、严谨，完全符合路易十四心目中以国王为首的整个封建制度国家的形象。

古典主义造园艺术的代表作品是凡尔赛花园（Versailles，主体工程在1662—1690年间进行），它的作者是古典主义园林艺术中第一个成熟作品孚园的设计师安德烈·勒诺特尔（Andre le Notre, 1613-1700）①。由于当时法国文化在欧洲居于领袖地位，所以这种古典主义造园艺术很快传遍英、奥、德、俄等国，成了欧洲宫廷造园艺术的正宗。

18世纪初，法国绝对君权的鼎盛时代已经过去，古典主义的权威开始动摇；而中国和欧洲之间的全海航路自16世纪起已被开通，海上贸易日益发展，欧洲有越来越多的商人和耶稣会传教士来到中国。他们的一般路线是先到澳门和广州，商人们就在这里做生意，而耶稣会士则设法北上进京。在广州和北京，他们看到了一个从未见过的、发展水平相当高的东方文化。起初，他们以审慎的态度进行研究和侦察，随着对这种文化认识的深入，他们被震撼了，既带着猎奇，又怀着敬意，一篇又一篇报告、书札被寄回欧洲并出版，向欧洲介绍这片古老大地上的文明。于是，"中国热"在一个多世纪中席卷了欧洲，其中也包括与欧洲传统做法完全不同的中国造园艺术。

欧洲人初闻中国园林，大概始于马可·波罗（Marco Polo, 1254-1323?）。他在自己的游记里留下了对于元代初年北京皇宫附近的园林和杭州的南宋园林记载②。在马可·波罗之后，差不多沉寂了三百年，欧洲人描绘中国的笔才又被人们拿起，其中有许多关于园林的内容出自耶稣会士们的手，而且宣扬中国园林最为得力的是以法国人为主的耶稣会士。因为在17和18世纪的欧洲，能够真正深入中国内地（特别是北京）生活和工作的主要是耶稣会士。他们富有文化修养，不仅从商业角度，而且更注意

---

① 路易十四的权臣服开于1656—1660年建成一座府邸花园——孚园。路易十四对之非常欣赏，借故将服开下狱，并将其设计师勒诺特尔调去主持建造凡尔赛花园，于是勒诺特尔成了法国古典主义造园艺术的创始人。

② [意]马可·波罗：《马可·波罗行纪》，冯承钧译，第二卷第83章"大汗之宫廷"，第151章"蛮子国都行在城"，上海书店出版社2000年版。

从文化角度观察中国，所以他们成了当时中西文化交流的出色媒介。如由利玛窦的同伴金尼阁神父（Nicolas Trigaut/Trigault，1577－1628）完成的《利玛窦札记》中，就有几处提到中国的园林。当记述利玛窦在一贵族官府上做客时，观赏了他的私家花园。"在全城最华贵的花园里受到接待。他参观花园中许多赏心悦目的事物，看到了一座色彩斑斓未经雕琢的大理石假山。假山里面开凿了一座奇异的山洞，内有接待室、大厅、台阶、鱼池、树木和许多别的胜景。很难说究竟是艺术还是奢侈占了上风。修筑这座洞天是为了在读书或娱乐时避暑之用。洞穴设计得像一座迷宫，更加增添了它的魅力；它并不太大，尽管全部参观一遍需要好几个小时，然后从一个隐蔽的出口走出。"① 通过这本书，塔、假山、山洞等中国造园艺术的要素被第一次介绍给了欧洲人。值得注意的是，金尼阁在这里关于假山洞的夸张描述，是一段显然失真但又引人入胜的文字，它后来几次被别的传教士或使节转引，似乎成了凡描述中国假山就必用的文字套式，也不问是否真的如此。另一位意大利传教士卫匡国神父（Martino Martini，1614－61）撰写的《中华新图》（*Novus Atlas Sinensis*），1655年于阿姆斯特丹出版。书中除对塔、庙、牌楼、桥等有所介绍外，还转述了上引金尼阁夸张描述的那座假山，另外着重写了北京的皇宫，和皇宫里的园林。它描述道："有一条人工河引进皇宫，可以行舟，它在宫里分成许多小叉，既可交通，也可游乐，它们随着一些小山而曲折，小山在河的两侧，全由人工堆成。中国人堆山的奇技发展到极其精细的水平，山上按照特殊的规则种着树木和花卉；有人在花园里见到过非常奇特的假山。"② 卫匡国的这本书行销甚广，而且对克察（Athanasius Kircher）所写的《中华文物图志》（*China monumentis qua profanis illustrata*）影响甚大，《中华文物图志》在出版后的数十年中，成为欧洲爱好中国事物的人们的权威读物。

1655年荷属东印度公司派出一个使节来到北京，随员纽荷夫（Johan Neuhof，1618－1672）写了一本详尽的记事报告（L'Ambassade de la Com-

---

① 即徐达宅之瞻园，见何高济等人校《利玛窦札记》，第四卷，第六章，中华书局1983年版。

② ［意］卫匡国著：《中华新图》（Martino Martini: *Novus Atlas Sinensis*，Amsterdam，1665）。转引窦武《中国造园艺术在欧洲的影响》，载清华大学建筑工程系建筑历史教研组编《建筑史论文集》第3辑，第113页。

pagnie des Provinces Unis vers l'Empereur de la Chine），于 1665 年出版，流传很广。纽荷夫在报告中提到北京的宫中花园，描述了园中小河，河两岸人工叠石的假山，说道"中国人的天才在这些叠石假山上表现得比在任何别的东西上更鲜明，这些假山造型如此奇特，以致人力看起来胜过了自然。这些假山是用一种石头（有时是大理石）造成的①，用树木和花草精心装饰起来，使所有见过的人都大为吃惊，并且赞赏不已"。纽浩夫的书附有很多精致的插图，其中有一张图画的是广东境内某个叫 Pekkinsa 地方的叠石假山，看得出是用湖石堆叠的，怪石突兀，峰峦空灵，有许多透漏的洞穴，其中大洞中还有向上的阶梯，有人正向上攀登。不过整个画面的比例明显失调，似乎是事后凭记忆画的②。

清道光年间，广州荔枝湾有一家私家园林——海山仙馆，享有"南粤之冠"的美誉。据美国威廉·亨特所著的《旧中国杂记》一书记载："外国朋友认为，得到许可到潘启官在泮塘（PUNTONG）的美丽住宅去游玩和野餐是一种宠遇……这是一个引人入胜的地方。外国使节与政府高级官员、甚至与钦差大臣之间的会晤，也常常假座这里进行。"③

18 世纪中叶，法国资产阶级进步思想家掀起了启蒙运动，反对教会权威和封建制度，把理性推崇为思想和行动的基础、准则，在哲学上同意英国的经验论学说，否认先天理性的至高无上的作用，相信感性经验是一切知识的来源，他们倾向于自然神论或无神论。绝大多数认为自然状态优于文明，认为自然状态是健康的、合于道德的状态，而"文明是对自由和自然生活的奴役"，主张"回到自然去"（卢梭语）。这一思想把人们引向自然，使造园自发地趋向自然式，卢梭本人对自然式也非常关心。70 年代以后，法国图画式园林骤然多起来，在英国风景式园林和中国园林的双重影响下，法国出现了带有强烈的理想主义和浪漫主义色彩的绘画式风景园，又称"英中式"园林，它以奇特的自然景观为基础，采用写实性的表现手法，形成具有画意的风景园林骨架，并糅合进富有异国情调的建筑小品或

---

① 大理石是石灰岩的一种，但极少用来堆假山。这里应是指别种用以堆山的石灰岩，如湖石、英石等。
② 窦武：《中国造园艺术在欧洲的影响》，载清华大学建筑工程系建筑历史教研组编《建筑史论文集》第 3 辑，第 113 页。
③ [美] 亨特：《旧中国杂记》，沈正邦译，广东人民出版社 1992 年版，第 92 页。

村庄农舍等，如有中国式的塔、桥、亭等小型园林建筑，以造成图画式的景；有形状不规则的水面和蜿蜒的小溪，有叠石假山和岩洞等①。法国最为成功的图画式园林大概是 1774 年在凡尔赛里建成的小特里阿农花园（Jardin du Petite Trianon，设计人 Antoine Richard,？ -1807），它当时被认为是最"中国式的"。曲蹊小径无穷无尽地转来转去。有假石山，岩洞。毛石垒的拱桥跨在迂回的溪流上。湖面是不规则的，沿岸垂柳拂水。这个花园位于小特里阿农的东北、北和西北面，在凡尔赛花园里自成一区②。与欧洲其他国家相比，这时的法国追求中国情趣最为强烈，任何行乐园囿如无"中国亭榭"，就不敢以时髦自居。在巴黎一家饭店的屋顶，甚至设一中国花园，并有跨越一条人造小河的两座桥梁③。而在法国的大型中国式花园里，还流行一种被称作"哈莫"（Le Hameau）的区域，实际就是"村落"，在一片草地或一湾池水的环境里，修上一些磨坊、谷仓、农家等。这种"哈莫"也完全是受传教士们所介绍的中国园林的启示而产生的。如王致诚在他的信里就曾描写过圆明园里的一区农村："有专门一处，里面有农田、牧场、草庐茅舍。那儿有牛、犁和其他农具。人们在那儿播种稻麦、蔬菜和五谷杂粮；春种秋收，做着农村里所做的一切，力求逼真地模仿农村生活的朴野方式。"④ 这里描绘的应该是圆明园中"课农轩"或"多稼轩"。

18 世纪 70 年代后，法国自身也涌现出一批提倡新造园艺术的学者。如长期担任英国宫廷建筑师和总建筑师的詹伯斯爵士（Sir William Chambers，1723－1796）年轻时曾由瑞典东印度公司派往中国，随商船到过广州，看到并搜集了一些有关中国建筑和园林的资料，同时还向一个中国画家讨教过造园艺术。詹伯斯在 1757－1763 年间，曾替肯德公爵（Duke of Kent）主持了丘园（Kew Garden，皇家植物园）的设计，这是欧洲最初的

---

① ［日］针ケ谷钟吉著：《西洋著名园林》，章敬三译，上海文化出版社 1991 年版，第 293—304 页。
② 窦武：《中国造园艺术在欧洲的影响》，载清华大学建筑工程系建筑历史教研组编《建筑史论文集》第 3 辑，第 145、146 页。
③ ［法］高第：《十八世纪法国之华风》（Henri Cordier, La Chine en France au XVIII me siecle），1910 年巴黎版，第 67—78 页，转引利其温书，第 53 页。
④ 窦武：《中国造园艺术在欧洲的影响》，载清华大学建筑工程系建筑历史教研组编《建筑史论文集》第 3 辑，第 145、146 页。

中国式花园。詹伯斯在丘园的一角设计了一个中国园,采用了一些中国式的造园题材和手法改造地形,挖湖叠山,将一块"地势低平,毫无景色可言,既没有森林,也没有水"的地方,变成了一个很美的花园。丘园在欧洲造成很大的影响,成为英国图画式花园的代表。是后(1761年),詹伯斯又在园中建了一座高达一百六十英尺的中国砖塔,八角十层[1],每层有中国式的檐角,屋檐四周以八十条龙为饰,敷以各种颜色的彩釉,还造了一座阁子。这是两件真正接近中国式样的建筑物,几乎成为欧洲的中国式榜样建筑。

丘园的建造是成功的,以后多次在不同的书中被提及,并给以很高的评价。如德国艺术评论家、基尔(Kiel)大学的美学教授汉什菲尔特(C. S. E. Hirschfeld)写道:"外国所有花园里,近来没有别的花园像中国花园或者被称为中国式的花园那样受到重视的了。它不仅成了爱慕的对象,而且成了模仿的对象。"[2] 确实,詹伯斯在丘园的创造,一时引起竞相模仿中国式花园的新高潮,一些王公贵族,富商巨贾纷纷出资新建花园,或改造原有花园,兴起一股仿建中国式花园的热潮。另外有如勒·鲁治(Georges Louis d. c. Le Rouge)、拉波尔得(Alexander Laborde)、莫热尔(Jean-Marie Morel)等人,他们著书立说,纷纷评介中国的造园艺术,并能正确指出中国造园艺术的设计不是在图纸上,而是在现场进行,所以能同自然协调;主持中国式花园工程的,既不是建筑师,也不是园艺家,而应该是诗人和画家等。1777—1814年出版的《中华全书》以及当时几部重要的英国人的造园译著也在法国产生了重要影响,使中国造园知识在法国和欧洲进一步普及。

总之,17世纪下半叶以来,中国造园艺术在通过大量传教士、商人、使臣的口头和文字介绍,以及大量绘有园林形象的图画、瓷器、漆器、壁纸等实物的传入,渐被欧洲人知晓、认可和喜爱。以至于在短短的一个世纪里,中国的造园艺术从观念到形式和手法,深深地影响了欧洲,推动了

---

[1] 中国塔的层数必须取奇数,而丘园的塔为偶数(包括基层),说明詹伯斯对中国文化的了解还不够深入。

[2] 汉什菲尔特:《造园理论》(Christian C. L. Hirschfeld: *Theorie der Gartenkunst*),1779年版,第81页。转引窦武《中国造园艺术在欧洲的影响》,载清华大学建筑工程系建筑历史教研组编《建筑史论文集》第3辑,第132页。

西方风景式园林和图画式园林的产生，并使之改造成或新建成了一批中国式花园。其中尤以法国的中国式花园在18世纪后半叶一时兴盛，较能够得中国园林之真趣，可惜为时已晚。因为18世纪末爆发了大革命，紧接着是拿破仑战争，带来了激烈的社会变动和强烈的新思潮，中国热悄然过去了。可是法国的造园艺术也并没有因此又完全回到古典主义道路上去，"自然化"原则毕竟在法国落地生根了。

1999年底，笔者在参观广东省博物馆举办的《澳门历史文化展》时，曾看到两幅葡萄牙人于清道光年间画的油画。一幅画的是北京故宫午门，另一幅画的是北京某官府的私家花园，两幅画都大有失真之处。威严的午门上添加了高高的翘角和许多花哨的脊饰，而那座官府花园充满了岭南私家园林的高敞、玲珑和秀丽，显然是作者或者根本没有去过北京，或者虽去过北京，见过午门和官府花园，但当时没有机会写生，以后才根据记忆，又添加了自己比较熟悉的岭南园林的一些因素后产生的作品。由此可见，来华商人和传教的耶稣会士们对中国园林的介绍，大多只能限于他们在华留居活动时，对某一类型的中国园林耳闻目睹后所得到的表面感觉和认识，因此难免零碎和肤浅，甚至会出现失真。但是对于欧洲来说，这些文字介绍，加上瓷器、漆器、绘画、美术品、工艺品上所表现出的中国园林形象，实有耳目为之一新的震撼感觉，首先引起了欧洲文化界人士，尤其是诗人、散文家、画家、雕塑家们的兴趣和关注，并且通过他们加以提炼分析，概括提高，逐渐接近中国园林的本质特征，了解它与欧洲古典主义园林的根本差别。于是在17—18世纪之际，中国的造园艺术从观念到形式和手法，深深地影响了欧洲，使之改造或新建成了一批中国式花园，在欧洲大地上形成一股中国园林热。正如汉什菲尔特对当时竞相模仿建造中英式园的热潮所描述："在世界各地的花园中，其引起人们的注意，或曾被引人入胜的描摹，莫过于中国的花园。……今人建造花园，不是依照他本人的观念，或者根据比较旧有更好的风趣，而只问是不是中国式或中英式。"①

二 西方造园艺术对岭南园林的影响

西方造园技艺对岭南园林的最早影响可首推1997年发现的秦末汉初

---

① 利奇温著：《十八世纪中国与欧洲文化的接触》，朱杰勤译，商务印书馆1962年出版，第108页，并参见第147页"感情主义时代"附注51。

南越古国御花园的石构建筑遗存，以及 1983 年在南越王墓出土的一批独具西亚特色的器物①，已向人们展示了这一课题。其中的石构建筑遗存被推测为岭南地区与西方园林文化早期交流的产物。因为在世界古代建筑史上，中国的木构和欧洲、西亚等地的石构迥然不同，一木一石成了东西方文化在园林建筑上的分野。

南朝以降，从禅宗始祖达摩由广州登陆传播印度佛教文化，到唐代，广东"雄蕃夷之宝货，冠吴越之繁华"②，进入了历史上空前发达时期。以大食、波斯的穆斯林商人为主的胡商蕃客，"结好于广州"，于是，在他们的城内聚居区出现了一批引人注目的异域建筑——"蕃坊"、寺庙等。如现存的怀圣寺光塔、先贤墓（响坟）"制则西域"，就是世界上现存早期阿拉伯寺院、陵墓的建筑遗制。

明末，在澳门出现了葡萄牙人修建的欧式教堂和居宅。之后，广州出现了十三行商"夷馆"，俗称"洋馆"，"有若洋画"，也有在馆前空地栽花种草，围以栅栏，成为最早在中国土地上出现的一批带花园的"西洋楼"。鸦片战争后，岭南地区在接触、了解、吸收西方文化并做出回应方面继续领先，直至近代一直保持着"得风气之先"的态势，这其中也包括园林文化。

透过一批留存下来的岭南园林建筑，我们不难看到，一百多年来岭南园林受西方园林诸多要素影响的情景。如在广州沙面租界集中了数以百计的各类西式园林与建筑，包括领事馆、银行、洋行、教堂、学校等，其形式有新古典式、券廊式、仿哥特式等；在侨乡，侨胞们回乡建屋，引进侨居国的建筑风格，采用西方装饰手法和装饰材料，使岭南近代私家园林建筑也更多地表现出中西合璧的特征。典型的有如广东清代四大名园中显示了诸多西方造园要素。

清代广东的四大名园（番禺的余荫山房、东莞的可园、顺德的清晖园、佛山的梁园）是岭南园林的代表作，亦是表现中西文化交融渗透的精品。最能说明这一点的就是四大名园的建筑都使用了进口的套色玻璃。套色玻璃是有色玻璃中最常用的一种，余荫山房的深柳堂、可园的双清室

---

① 广州市文化局：《广州秦汉考古三大发现》，广州出版社 1999 年版，第 196—204 页。
② 顾炎武：《天下郡国利病书》卷一〇四，龙万育订，清敷文阁活字本。

（亚字厅）、清晖园的小姐楼、梁园的群星草堂等众多的园内建筑个体都使用了西式进口的套色玻璃和古色古香的满洲窗，成为中西文化交融的一个典范。如余荫山房深柳堂的紫蓝色玻璃透过不同玻璃块观园景，会有春夏秋冬四季景致之变。堂内还有一块"红毛镜"，其质量精优，据园中资料记载，是一百多年前建园时与堂前两壁的套色玻璃同时从西洋进口的。明清之际的玻璃大都是舶来品，从一口通商的广州进入，再根据实际需要，在广州加工，运至岭南各地。所以中国自古就称玻璃为"西国之宝"，如同西方人称陶瓷为 CHINA。套色玻璃的使用，是岭南园林所运用的独特园景套色手法，在同时期的北方皇家园林和江南文人园中是极少见到的。

四大名园中还有很多建筑小品、建筑构件及建筑雕饰装修都运用了西方的手法。如余荫山房深柳堂前廊伸出西式铁铸通花花檐，厅房间隔屏障，有用东南亚进口的精致紫檀木雕为饰①。一批中式传统建筑中采用了罗马式的拱形门窗，巴洛克柱头等也反映出中西文化兼容的岭南园林特点。东莞可园、余荫山房和清晖园的部分构件中还使用了进口的百叶窗扇，像小姐楼运用了西式花瓶状栏杆，也是明显的实例。可见，善于吸收外来建筑材料、技术和工艺于一身，融中西混合的装修装饰手法于一体，已成为近代岭南私家庭园的一大特色。

除四大名园外，中西交汇的园艺奇葩还表现在侨乡园林上，特别是著名的五邑侨乡（指以今广东省江门市为中心的新会、台山、开平、恩平、鹤山五市，俗称"江门五邑"），因为对外交往开展得早而且频繁，使当地民众具有较为开放的观念和善于吸收外来文化的心态。每一个侨乡移民都是异域文化的感受者，他们和亲属又是文化的传播者，在侨居国与祖籍地之间架起了一座座文化交流的桥梁。来自世界各地的归侨，大半辈子受海外文化影响，对旅居国的建筑风格印象很深，他们在家乡营造宅园时，自然而然地引进了世界各地的建筑造型。纵观五邑的民居建筑，有的是直接

---

① 紫檀，为檀香之一种。赵汝适《诸蕃志》载："檀香出阇婆之打纲、底勿二国，三佛齐亦有之。其树如中国之荔支，其叶亦然，土人研而阴干，气清劲而易泄，热之能夺众香。"《图经本草》云："檀香有数种，有黄白紫之异，今人盛用之，真紫檀旧在下品。"（《政和证类本草》卷一二引，《本草纲目》引叶廷珪《香谱》云："皮实而色黄者为黄檀，皮洁而色白者为白檀，皮腐而色紫者为紫檀。"打纲在今加里曼丹岛之吉打榜，底勿今帝汶岛，从巽他群岛之东边起，乃至苏门答腊、马拉巴尔海岸皆产檀香树。）杨博文释曰："色黄谓之黄檀，紫者谓之紫檀，轻而脆者谓之沙檀，气味大率相类。"

照搬侨居地的图纸，有的是在外请人设计，或是回乡后凭记忆画出图纸再行施工。

清末以来，建筑材料也多样化了。国外的钢筋、水泥从香港引入侨乡，东南亚的木材成为一些有钱人家的抢手货。如坤甸木，因其本质坚韧不易渗水而成为建筑木材中的上品，一些经济状况优裕的家庭非坤甸木不用。钢筋混凝土墙成了碉楼（开平碉楼已在几年前成功申遗）和一些大户人家常选的建筑方式，而一些房屋的窗栏也由木料换成了铁栏。建筑材料的改变，带来了建筑结构形式的变化。混凝土梁板和拱券式结构的运用，取代了木质楼板，为私家庭园向高层发展提供了条件。一些庭园的屋顶由坡式变成平顶，建筑造型在保持中国传统风格的基础上，大量运用了风格各异的西式建筑造型，形成了五邑侨乡居廊、柱、门、窗的不同造型风格。如柱，既有古典的柱式，又有文艺复兴时期的柱式，还有近现代欧洲风格的柱式。一种被称为"庐"的楼房，更是明显地吸收了外来建筑文化的要素，大大丰富了五邑侨乡私家庭园的类型。所谓"庐"，实际上就是由有经济实力的华侨所建的私家别墅。一般为二三层住宅建筑，外部墙在面、门框、窗户、廊、柱的造型上以西方古典式为主，多带有敞廊；室内装饰从地面、屋顶图案到楼梯栏杆的造型，颇具浓郁的西方建筑风味。庐的主人也很注意营造护宅之佳境，"有隙地可葺园，不第便于乐闲"[1]。早期的庐既有中国硬山顶式、歇山式，也有哥特式、德国堡垒式、土耳其伊斯兰式、意大利罗马式等。往往是洋房的外表，里面则雕梁画栋、匾额门联、洞门影壁、砖雕瓦雕、栏杆假山，室内陈设既有壁炉、沙发，也有博古架、落地罩、碧纱橱、园光景、雕花床罩等，使侨乡大地像个世界园林建筑博览会。

在五邑私家庭园中，特别值得一提的是开平塘口镇的"立园"。这是旅美华侨谢维立先生汲取中国古典园林建筑的精华，并参照欧美当代别墅的式样，自己设计建造，于民国十五年至二十五年（1926—1936）历时十年而成。全园占地面积近2万平方米，集传统园艺、西洋建筑、岭南水乡特色于一体，其融会中西的独特建筑艺术风格在中国园林中可谓独树一帜。

---

[1] 计成：《园冶》，城市建设出版社1957年版，第73页。

就园林景观而言，岭南园林既有深厚的园林文化渊源，又有独到开放的景观理念，并且善于吸纳异域文化，将自身传统园林与法国等西方园林文化的因子完美地结合起来。虽然就园林风格和表现手法而言，岭南园林与法国园林分处世界园林发展史上截然不同的两端，但就其深层次的文化理念和表层的现象而言，两种园林文化之间又存在诸多相通相融之处。因此在中法文化交流中，岭南园林与法国园林的互动影响是值得我们作深刻的认知和细腻的情感投入，从中找寻对岭南现代园林景观的发展还有哪些可供借鉴和汲取的启示意义。

（作者为暨南大学教授）

童文献与德理文之争*

——19 世纪法国汉学面貌一瞥

郭丽娜 陈晓君

19 世纪是国际关系制度化和规范化的重要时期,是全球史研究不可绕过的重要时期,也是西方汉学研究专业化的重要时期。就中法关系本身,法国汉学(la Sinologie)在这一时期从 17、18 世纪的传教士汉学阶段逐步走向专业化汉学阶段,汉学家(les sinologues)或东方学家(les orientalistes)的队伍日益壮大,从事各具体领域的研究,并于 20 世纪上半叶在西方独领风骚。不过由于历史社会条件不同,法国的汉学专业化过程有其内在的逻辑和具体特征,这一点尚未引起学界的充分注意。本文试图根据史料,讨论 19 世纪法国汉学界的一段纷争,即传教士汉学家童文献(Paul - Hubert Perny, 1818 – 1907)和经院汉学家德理文(le marquis d'Hervey Saint - Denis, 1822 – 1892)的诉讼案,以小见大,来窥见法国汉学研究的某些面貌、基本特征和内在逻辑。

一 童文献和诉讼案回溯

法国汉学史上这桩独一无二的诉讼案的发起者是巴黎外方传教会传教士童文献,其法文名为保禄—于贝尔·佩尔尼(Paul - Hubert Perny, 1818 – 1907)。童文献出生于法国杜省(Doubs)邦达尔烈市(Pontarlier),毕业于贝藏松大神学院,1846 年 11 月 11 日加入巴黎外方传教会,1847 年

---

* 本文获法国人文之家基金(FMSH)、中国国家社科基金"近代法国汉学主义研究"(15BWW016)和中山大学青年教师重点培育项目(17wkzd16)的资助。*Paul – Hubert Perny*, archives de la MEPASIE, N. 532.

7月5日赴贵州传教,主要在兴义府、遵义、绥阳、湄潭和石阡等地活动,1853—1860年间曾以教务长身份对贵州教区行使实际管理权。1868年童文献返回巴黎,编辑出版《西汉同文法》等一系列汉学书籍。1871年巴黎公社起义爆发,他被误作耶稣会士遭到拘捕,监禁两个月。次年,他出版《巴黎公社期间入狱两月》(Deux mois de prison sous la Commune)一书,谴责国民军的暴行,并指责巴黎教区代理主教拉卡尔德(Lagarde)必须为大主教达尔伯伊(Darboy)遭国民军枪杀的事件负责,从而开罪巴黎教区,受到巴黎外方传教会的处分,被驱逐出会。

1873年2月14日,法兰西公学院汉文讲席教师儒莲(Stanislas Julien)去世,童文献向法兰西公学院自荐,竞争讲席教师一职。后公学院表决,童文献仅得一票,儒莲的学生德理文当选。1874年7月中旬,童文献化名莱昂·贝尔当(Léon Bertin),印刷和派发《揭穿文学骗局,或几位巴黎外语教师的真面目》(Le charlatanisme littéraire dévoilé ou la vérité sur quelques professeurs de langues étrangères à Paris,后文简称《揭穿骗局》)一文,抨击法兰西公学院安南语教师阿贝尔·德·米歇尔(Abel des Michels)不学无术,剽窃他人成果,德理文无资格担任汉语教师。此举震惊整个学界,德理文作为法国汉学界领军人物,迅速做出反应。巴黎警察厅展开调查,以印刷品为线索,调查印刷商,顺藤摸瓜,追查到童文献。1874年9月30日,凡尔赛教化法庭开始第一次聆讯,德理文以法兰西公学院教师的身份出席庭审。法庭根据德理文提供的证据、巴黎外方传教会负责人佩尔诺神父(l'abbé Pernot)和相关人士李少白(Li Chao-pe)的证词,判定童文献的文章存在若干失实之处,损害法兰西公学院和德理文侯爵的名誉,诽谤罪名成立,根据1819年5月17日法令第1、13、14、18条款和刑法第59、60条款,处以罚金并入狱,印刷商博格郎(Antoine - Gustave Beaugrand)和达克斯(Victor - François Dax)也受到牵连,被处以罚金。① 1874年12月6日和1875年1月29日巴黎法院(la cour de Paris)先后两次审核,案件定性。1875年3月14日,法国各主要报纸《时报》(Le Temps)、《费加罗报》(Le Figaro)、《政治和文学辩论报》(Journal des débats politiques et littéraires)、《宇宙报》(L'Univers)等均报道了法庭审理

---

① 参见 Journal officiel de la République française, le 16 mars 1875, N. 74, p. 2014。

笔录。与此同时，案件另一当事人德理文出版《澄清事实，揭穿莱昂·贝尔当之谎言》（*Examen des faits mensongers contenu dans un libelle publié sous le faux nom de Léon Bertin*，后文简称《澄清事实》）一文，回顾事件，并回应童文献的部分质疑，捍卫法国汉学界的声誉。

案件从发生到结束，前后不到半年，虽经报纸杂志报道，但结案后很快风平浪静。对于童文献本人而言，他从此声名狼藉，遭到西方汉学界的孤立，沦为民间汉学家，避走外省，多部汉学专著自筹资金出版。① 西方汉学界对此人此事多避而不谈。1907年童文献去世，大汉学家考迪（H. Cordier）在《通报》上发布讣告，一笔带过，也客观地提及这场官司："佩尔尼神父声名不佳，曾化名莱昂·贝尔当散发一本诽谤性小册子，针对阿贝尔·德·米歇尔先生和德理文侯爵，1874年9月30日被凡尔赛教化法庭处以500法郎罚金，入狱6个月，上诉后减为2个月。"② 2005年，《东方和西方》杂志有相关文章，指出童文献是"一位被遗忘的东方学家"。③

二 童文献的指控和德理文的回应

童文献寄给巴黎公共教育部长的文章不长，仅23页，一开篇先声明自己与法兰西公学院和巴黎文学界没有任何过节，"本文作者并非任何公共教席的候选人，从未与本文涉及的教师有过私人关系，"接着抨击巴黎文人肆无忌惮地剽窃国外作品，"大量剽窃国外著作，用法语出版此类文学剽窃产品；欺世盗名，骗取名利。非常不幸，某些自称文人，常自诩为绅士之人如此胆大妄为，他们的成功证实了今日还如往时，财富催生胆量。"④ 童文献声称有充分证据，请求公共教育部展开调查，向公众揭露真相。然后他提出两处指控，首先是法兰西公学院首任安南语教师阿贝尔·德·米歇尔的安南语水平有限，无法胜任安南语教席。他写道：

---

① 关于童文献的其他情况，参见郭丽娜、郑莹《晚清贵州教区教务长童文献考》，《澳门研究》2017年第2期，第114—124页；郭丽娜《晚清贵州教区教务长童文献的中国观》，《基督宗教研究》2016年第21辑，第212—221页；J. Charbonnière, Le parcours et les contributions de Paul Hubert Perny (1818 – 1907), in Alexandre Chen Tsung – ming, *Le Christianisme en Chine aux XIXe et XXe siècles*, Leuven: Ferdinand Verbiest Institut, 2015.

② H. Cordier, E. Chavannes. *T'oung – bao*, 1907, Série Ⅱ, Vol Ⅷ, p. 125.

③ L. Lanciotti, A Fogotten Orientalist, *East and West*, 2005, Vol. 55, pp. 467 – 471.

④ L. Bertin, *Le charlatanisme littéraire dévoilé ou la vérité sur quelques professeurs de langues étrangères à Paris*, Versailles: imprimerie G. Beaugrand et Dax, 1874, p. 4.

为了拉近我们和交趾支那的关系,更好地了解这个地区,部长先生英明,决定在巴黎设立安南语教席。

既然决定设立席位,就需要找到安南语教授。当时首都所有的东方学者都不懂得安南语。那么首先要寻找一位愿意学习的学者。这并不难。海军部长不知出于何种动机,看中了某位阿贝尔·德·米歇尔先生,此人拥有伯爵头衔……

在教授安南语之前,首先得学习这门语言。海军部长先生想到了一位交趾支那前传教士,他熟悉此语言,目前在巴克街外方传教会履职。尽管事务繁忙,佩尔诺先生还是不好拒绝此类邀请。佩尔诺院长乐于为部长服务,做有益于他传播过福音且深爱的地区之事,他承诺引导阿贝尔·德·米歇尔先生入门,学习安南语。大家达成协议,约定阿贝尔·德·米歇尔先生每周的上课次数。起码每周两至三次。我敢保证。

私人课程随后开始,双方都感到愉悦。各位应该知道,安南语属于中国语言,只是发音在时间间隔上有所变化。不论是口头语还是书面语,安南语的难度都不低于任何中国语言。

四次课之后,阿贝尔·德·米歇尔先生就不再来上课了。尊敬的会长以为他的学生有事不能来,或者是来了没有碰到他而已……

但后面一周是充满戏剧性的。①

童文献接着写道,佩尔诺收到邀请函,邀请他出席在索邦大学的安南语课程。佩尔诺和同会传教士都感到震惊。童文献认为阿贝尔·德·米歇尔上了四次安南语课程,就公然在索邦大学授课,这是不负责任的行为。另阿贝尔·德·米歇尔从来没有去过交趾支那,仅通过看地图了解当地情况,而讲座当天他精心准备,给人造成他曾经在交趾支那生活过多年的错觉,这是欺骗行为。随后,童文献指责阿贝尔·德·米歇尔的《交趾支那语言对话》(*Des dialogues en langue cochinchinoise, publiés à l'usage des commerçants et des voyageurs*)和《安南故事八则》(*Huit contes en langue annamite*)两本书抄袭了交趾支那前主教塔伯尔(Jean-Louis Taberd)的

---

① L. Bertin, *Le charlatanisme littéraire dévoilé ou la vérité sur quelques professeurs de langues étrangères à Paris*, pp. 5-7.

《南越洋合字汇》(*Dictionarium anamitico - latinum*, *Dictionarium Latino - Anamiticum*, 1838 年)。

童文献的第二项指控是针对德理文及其老师儒莲（Stanislas Aignan Julien, 1797 – 1873）。他认为德理文不该配有贵族称号，并借德理文的老师儒莲之手加以指责："某位大概一年前去世的汉学家（指儒莲），德高望重，常在沙龙讲到我们即将提及的人物（指德理文）不配拥有他应得的贵族称号"。① 接着童文献抨击儒莲在法国汉学界专横独断。"儒莲先生在法国汉学界垄断了半个世纪。他所做的是学者语言（Une langue savante）的启蒙，其他的他均归类为不规范语言（un jargon）。而且切不可往汉学领域过度推进。导师想一个人统治。在他为数不多的学生中，谁想发表文章，都需夸大其词，大加渲染，说明有杰出汉学家儒莲先生的指导和审阅，提出建议，才能克服重重困难，发表出关于汉语的文本。"② 童文献对于德理文的质疑，主要涉及两点，一是德理文仅是中文的业余爱好者，难以胜任汉语教席，二是德理文编写的《现代汉语渐进教程》(*Un recueil des textes faciles et gradués en chinois moderne, suivi d'un vocabulaire de tous les mots compris dans les exercices*) 是侵占汉语助手李少白（Li - Chao - pe）的劳动成果，该教材当时供东方语言学院学生使用；另外德理文的《离骚》法译本（*Le Li - Sao, traduit du chinois, accompagné d'un Commentaire perpétuel et publié avec le texte original*) 抄袭了奥地利汉学家费之迈（August Pfizmaier, 1808 – 1887）的德译本。"难道《离骚》不是早在1852年就由费之迈翻译成德语，标题为《离骚与九歌》(*Das Li - Sao und die neun Gesange*) 么？"③

面对童文献的挑战，德理文在《澄清事实》中作出回应和总结。德理文首先解释为何由他来应对诽谤事件，然后分两个部分反驳童文献的指控。在第一部分，德理文简单回顾了事件的发展过程，称童文献是参与公共教席选拔失利而攻击法兰西公学院的。他抨击童文献在巴黎公社入狱期

---

① L. Bertin, *Le charlatanisme littéraire dévoilé ou la vérité sur quelques professeurs de langues étrangères à Paris*, p. 12.
② L. Bertin, *Le charlatanisme littéraire dévoilé ou la vérité sur quelques professeurs de langues étrangères à Paris*, p. 14.
③ L. Bertin, *Le charlatanisme littéraire dévoilé ou la vérité sur quelques professeurs de langues étrangères à Paris*, p. 18.

间表现懦弱，化名诽谤更是一种不道德的懦弱行为。他用尖酸刻薄的口气讽刺童文献在巴黎公社期间苟且自保，把责任推卸给天主教会兄弟。"佩尔尼阁下这次不需要使用米格兰的假名。巴黎公社战士没有进入医务室，凡尔赛的军队冲进去把他从床上安然无恙地救出来。神请莫见怪，我要谴责他藏头缩脑，把脑袋藏在一顶肮脏的圆帽下，指责他为了美文而自救，而不是像德·邦吉神父那样献出生命。如果我们容许幸存者善保其身，那对于那些该失去生命的，他们失去生命应该也不会不公义。"①

在《澄清事实》第二部分，德理文为自己正名。《澄清事实》一文共48页，这部分占了20页，是整篇文章的重点。德理文回应童文献关于他是否配有贵族头衔的诘难，指自己的"男爵"称号承袭自父母，亦获得官方认可，完全是合法合理。接着德理文重点回应自己的汉语能力问题。他指出，童文献把自己的学术成就仅限于1869年出版的一本教材和1870年的《离骚》法译本，这是不公正的，实际上"我第一次做中文翻译工作可以追溯到1850年。1851年，我应杰出学者爱德华·毕欧父亲之邀整理《周礼》。1862年，我翻译了《唐诗》，这是一部完成未出版的中文诗歌集，前言是中国诗艺研究，是在研究了未出版文献之后撰写出来的"。② 关于侵占李少白劳动成果的指控，德理文指教材前言已经提及李少白的学术贡献，并提供了翻译《离骚》过程中与老师儒莲互动以及儒莲写给自己的八封信函（从1868年9月19日至1872年7月20日），说明"我的《离骚》译本按照出书惯例，在1869年印刷，1879年出版，合作者李少白在这一时期出现，只是负责誊抄法译本上的汉文本，他自己也写下'德理文辑著，李少白抄书 [Te‐lo‐olten（d'Hervey）tsi tchu, Lichao‐pe tchao chou, c'est‐à‐dire：d'Hervey a éclairci le sens（a fait la traduction），Li‐chao‐pea transcrit（le texte original）']"③。此外，德理文还提供李少

---

① D'Hervey Saint‐Denis, *Examen des faits mensongers contenu dans un libelle publié sous le faux nom de Léon Bertin*, Paris：imprimerie Eugène Huette et Cie, 1875, p. 18.

② D'Hervey Saint‐Denis, *Examen des faits mensongers contenu dans un libelle publié sous le faux nom de Léon Bertin*, Paris：imprimerie Eugène Huette et Cie, 1875, p. 20.

③ D'Hervey Saint‐Denis, *Examen des faits mensongers contenu dans un libelle publié sous le faux nom de Léon Bertin*, Paris：imprimerie Eugène Huette et Cie, 1875, p. 30. 也可参见 Kiu‐Youen, *Li‐Sao：poème du IIIe siècle avant notre ère*, traduit du chinois, accompagné d'un commentaire perpétuel et publié avec le texte original, par le marquis d'Hervey de Saint‐Denys, Paris：Maisonneuve et Cie, 1870 的中文附录。

白本人的证词，说明侵占成果一说不成立。关于费之迈的德译本和德理文的法译本，德理文的理解是德译本属于直译，自己的译本侧重意译，更能抓住《离骚》的神韵，深得其意。他把两个译本的第 1、4、16、22、23、50、52、53、62-64、68 等节作了比较，指出自己的译本一般是"在对汉语注解进行理解的基础上，而非晦涩难懂的词对词直译"，注意到汉语多使用隐喻。① 最后，德理文强调自己在法兰西公学院所开的课程是非常严肃的，都涉及汉书经典诠释，而非童文献所说的摆不上台面，"将翻译成各种语言的《千言书》解释成基础汉语"，"目前解释的是一些翻译成英语或法语的小儿科故事"。②

《澄清事实》的第三部分从 40—48 页。德理文罗列了自 1850 年涉足汉学之后所发表的 11 部作品，包括《中国人的农业和园艺研究》（*Recherches sur l'agriculture et l'horticulture des Chinois*，1850）、《中欧面对面》（*La Chine devant l'Europe*，1859）和《唐诗》（*Poésie de l'époque des Thang*，1862）等，并引用同时代学者，如毕欧的父亲、雷慕沙、文献学家勒南（Joseph Ernest Renan，1823-1892）、英国汉学家伟列亚力（Alexander Wylie，1815-1887）和理雅各（James Legge，1815-1897）等人的评价，来证明自己的汉学研究的价值。

三 对案件的思考和分析

稍微总结一下，案件的关键点是童文献质疑法兰西公学院教师的语言能力和学术水平，主要针对阿贝尔·德·米歇尔和德理文，以及质疑德理文的老师儒莲的学品。当时东方学界和新闻界对这场官司没有过多评论，新闻界也仅限于报道事实。当事者除了童文献和德理文直接交锋之外，儒莲离世，另一东方学家阿贝尔·德·米歇尔没有一字回应。童义献在官司

---

① D'Hervey Saint-Denis, *Examen des faits mensongers contenu dans un libelle publié sous le faux nom de Léon Bertin*, Paris：imprimerie Eugène Huette et Cie, 1875, p. 26. 也可参见 Kiu-Youen, *Li-Sao：poème du IIIe siècle avant notre ère*, traduit du chinois, accompagné d'un commentaire perpétuel et publié avec le texte original, par le marquis d'Hervey de Saint-Denys, Paris：Maisonneuve et Cie, 1870 的中文附录。

② D'Hervey Saint-Denis, *Examen des faits mensongers contenu dans un libelle publié sous le faux nom de Léon Bertin*, Paris：imprimerie Eugène Huette et Cie, 1875, p. 39. 也可参见 Kiu-Youen, *Li-Sao：poème du IIIe siècle avant notre ère*, traduit du chinois, accompagné d'un commentaire perpétuel et publié avec le texte original, par le marquis d'Hervey de Saint-Denys, Paris：Maisonneuve et Cie, 1870 的中文附录。

了结，刑满出狱之后，继续在外省开展文化活动，卓有成就。这或许可以归结于法国社会的多元和宽容，也或许可以将此事视若 19 世纪比比皆是的文人相轻现象中的一个事例而已。① 笔者的问题是如果单纯考察官司本身，德理文无疑在法理上是完全取胜的，可是如果兼顾考虑社会历史事实和学术发展等因素，德理文的胜诉又是否在情理和学理上完全站得住脚呢？

纵观童文献的学术历程，他无疑是位杰出的汉学家，除了著述颇丰，还是第一位将《易经》章节从拉丁语转译成法语的汉学家。德理文作为法兰西公学院汉语讲席教师，因其前任儒莲和后继者沙畹都是法国汉学史上了不得的大家，因而学术贡献被低估，实际上，德理文的学术成果不少，在法国汉学史上起着承上启下的重要作用。② 在对华立场上，童文献与德理文也有一定共同点。童文献在著作中多次强调汉语易学，鼓励同胞学习汉语，晚年发表《中国优越于法国》一书，巴黎外方传教会历史学家沙百里先生（Jean Charbonnière）认为，"这可否视若一位对法国失望之后皈依中国的传教士的遗言？"③ 德理文曾经写过《中欧面对面》（1859），表现出亲华倾向，从而引起普瓦提埃辅理主教盖（Charles Louis Gay，1815–1892）的不满，盖主教在同年出版《欧中面对面》（*L'Europe devant la Chine, 1859*），针锋相对，提出质疑。那么作为同时代人，童文献和德理文这两位学术成果丰富的学者为何急于相煎，而非惺惺相惜呢？沙百里先生认为，主要原因是童文献存在性格缺陷，"他的成果值得认同，但性格却难以令人认同"。④

天主教会要求传教士具备谦卑温顺的品德，从这一角度看，童文献确实缺乏这一性格特征，他比较咄咄逼人，有明显的入世倾向，主张发展商贸，而非纯粹的文化传播和精神皈依行为。他积极引入亚洲物种，试图改

---

① 关于法国社会文人相轻现象，参见安娜·博凯尔、蒂安·克恩《法国文人相轻史》，李欣译，江苏文艺出版社 2012 年版。
② 参见孟华：《众说纷纭德理文》，https：//www.wenji8.com/p/10b1XiS.html；孟华《中法文学关系研究》，复旦大学出版社 2011 年版；张治《德理文译唐诗》，http：//epaper.oeeee.com/epaper/C/html/2017–05/28/content_ 32703.htm。
③ J. Charbonnière, *Le parcours et les contributions de Paul Hubert Perny（1818–1907）*, p. 131.
④ J. Charbonnière, *Le parcours et les contributions de Paul Hubert Perny（1818–1907）*, p. 109.

良欧洲物种，1874年曾向法国政府建议在汉口成立研究院，[1] 研究中国语言文化和文学典籍，引进和改良中国的物种。1884年茹尔·费里上台，他再次请求法国政府资助他赴苗区开展研究。[2] 但均无法如愿。他对法兰西公学院的攻击确实存在诽谤成分，这或许是他个人在法国经历坎坷所致，但是个人发展不顺利不能成为造谣诽谤的借口。因此童文献确实有鲁莽和冒失之处。不过笔者认为，单纯从性格作出判断，或许还不够全面。从学术和文化交往的宏观角度进行考察，应该能够看得更加全面，抓住问题的实质。沙百里先生曾指出，童文献"洞察力强，尽管其诸多计划在那个时代无法实现，但从现在看来也不乏惊人的前瞻性。要充分评估此人物，需了解其社交网络和合作者，还需仔细研究其著述，尤其是其词典的附录，深入各部分，究其细节"[3]。

笔者认为，从法国汉学发展史上看，童文献诽谤法兰西公学院之所为，将其归咎于人格问题，或不如视之为以极端方式对法国汉学固化的学阀体制和重解释轻实践的学术范式提出挑战，可能更为中肯。首先在《揭露骗局》一文中，童文献抨击儒莲垄断汉学研究，质疑阿贝尔·德·米歇尔和德理文的贵族头衔。显然，他质疑的不是法兰西公学院教师遴选程序的不公正，而是法兰西公学院选委会潜意识中对师承机制的接受，以及贵族阶层垄断话语权的现象。从童文献的简历看，他的父亲是外省外科医生（le chirurgien），[4] 外科作为一种治疗术在中世纪因为与神学相抵触而遭到压制，甚至被视为巫术，到了18世纪仍然受上层社会所鄙视，[5] 19世纪外科医生的地位有所提高，但从业者多为小资产阶级，比如福楼拜的小说《包法利夫人》，描述外省生活，包法利先生就是一名外科医生。尽管他本人非常勤奋，了解中国特别是西南地区的实际情况，汉学成果突出，但外科医生儿子的出身显然不能为童文献跻身巴黎汉学界提供有利条件。

---

[1] 参见郭丽娜、郑莹《晚清贵州教区教务长童文献考》。关于童文献的汉口计划，参见 P. Perny, *Projet d'une Académie européenne au sein de la Chine*, Paris: Jules Boyer, 1874。

[2] 参见 J. Charbonnière, *Le parcours et les contributions de Paul Hubert Perny (1818–1907)*, pp. 129–130。

[3] 参见 J. Charbonnière, *Le parcours et les contributions de Paul Hubert Perny (1818–1907)*, p. 131。

[4] 参见 J. Charbonnière, *Le parcours et les contributions de Paul Hubert Perny (1818–1907)*, p. 130, note 2。

[5] 参见 F. Lebrun, *Médecins, saints et sorciers au 17e et 18e siècle*, Paris: Temps Actuels, 1983。

此外,《揭露骗局》一文的法语全称是"*Le charlatanisme littéraire dévoilé ou la vérité sur quelques professeurs de langues étrangères à Paris*",直译是"被揭露的文学招摇撞骗或关于巴黎几位外语教师的真相","le charlatanisme littéraire"直译是"文学的招摇撞骗",或解释为"文学式的招摇撞骗行为"。"littéraire"(文学的)是"la littérature"(文学)的形容词,"指向所有涉及文学的一切"①,而"la littérature"(文学)的"主要意义是一切文本,附加意义为文本所承载的知识。这一定义在法语中长期占统治地位。文学的现代意义指向一切有审美目的的文本整体,换言之,口头艺术"②。也即是,文学长期基于文本,是对以文字为基础的文本进行解读和分析为主。因此童文献散布诽谤檄文,主要目的是抨击法兰西公学院教师对中国文化的解读缺乏实践依据,单纯从文本加以理解,导致出现某些理解偏颇。

众所周知,传教士引入东方特别是中国的器物文化和精神文化之后,引发18世纪的西方中国热(la chinoiserie)现象。这一现象除了物质需求的动机之外,在启蒙时期,法国思想界更是将中国的精神文化借用于反对君主集权,以及提倡宽容与社会和解的武器。伏尔泰改编马若瑟的《赵氏孤儿》拉丁文本,改编版《中国孤儿》面目全非,与原版《赵氏孤儿》的主旨和思想大相径庭。尽管如此,伏尔泰的改写本却受到欧洲思想界的追捧,"文学和哲学大师们云集日内瓦,坐在一尊半身雕像前",其中包括启蒙时期的风云人物布封、达郎贝、狄德罗和杜尔果等人,"《中国孤儿》讲述了后来成为中国皇帝的成吉思汗的残暴及其迫害王室的行为。一个小孩——王朝的继承人——幸存下来。爱和理性最终占了上风。成吉思汗放弃复仇,向所有归附他的人宣布:'我是征服者,你们推选我为王'。这正是启蒙的道德和政治理念"③。毫无疑问,法国的社会改造在某种程度上是在对中国思想文化的讨论中进行的,19世纪的世俗化争论仍然一样。④ 这种停留在文本理解(或误解,或者是某种意义上的为我所用式的刻意曲

---

① P. Aron etc., *Le dictionnaire du littéraire*, Paris: Puf, 2002, p. 429.
② P. Aron etc., *Le dictionnaire du littéraire*, Paris: Puf, 2002, p. 433.
③ M. Delon etc., *La littérature française*, Ⅱ, Paris: Gallimard, 2007, pp. 1-2.
④ 参见郭丽娜《法国勒·普雷学派的中国研究及其影响》,《世界历史》2016年第5期,第136—150页。

解）的做法无疑对法国社会的改造产生过积极作用，但从另一个角度看不见得有利于中法关系的进一步发展。19世纪后半叶全球化趋势日益明显，过度曲解的负面作用凸显出来，在一定程度上妨碍了法国在远东地区的活动。因此童文献主张到中国进行实地考察，他从中国寄回欧洲的大量物种，后来多数不知所踪，他对此大为恼火。他强调过，"对科学、宗教和祖国有利，是我的唯一希望。"[①] 笔者认为，这应该是童文献化名诽谤的真正动机。

结　语

综上所述，童文献的个人遭遇在整个西方汉学界恐怕是独一无二的，他作为传教士汉学家，与以德理文为代表的法国经院汉学家的诉讼案曾轰动一时，在凡尔赛教化法庭宣判之后迅速恢复平静。这一法国汉学史上不起眼的小波澜折射出如下事实：传教士汉学是西方汉学的起点，19世纪之后法国汉学（或欧洲汉学）开始经院化进程，诠释中国文化的主动权仍然掌握在法国社会精英手中，延续19世纪之前的文学化倾向，此时传教士汉学作为经院汉学的强有力挑战者和补充部分，对后者提出质疑，共同推动法国汉学走向专业化。1900年法兰西远东学院在法属印度支那成立，伯希和、沙畹和葛兰言等具有实践经验的大师级人物出现，使法国经院汉学实现了实质性突破，领先于欧洲其他国家。

因此，对于童文献和德理文的不同观点，笔者认为，主要不是牵涉个人恩怨，而是法国汉学实践家和理论家在全球化浪潮来临之时，对中国文化研究存在不同理解，从而表现出不同的汉学研究理念。双方争论的结果是共同将法国汉学研究推向专业化。

（郭丽娜为中山大学中文系教授；陈晓君为中山大学外国语学院硕士研究生）

---

① P. Perny, *Projet d'une Académie européenne au sein de la Chine*, p. 7.

《诗经·国风》法译本中的女性形象

——以顾赛芬和许渊冲的译本为例

孙 越

与其他先秦经典文献不同，《诗经·国风》中不乏与女性相关的生产、生活、爱情等主题的民歌，很大程度上反映了上古乡村社会生活的面貌，也能从中窥见当时女性的身份、处境和情感。本文将对《诗经·国风》中与女性相关的若干首民歌的法译本进行对比，研究其在主题、叙事等方面的特点，总结出不同译本在对上古中国女性形象塑造上的差异。我们选择的译本一是 19 世纪末至 20 世纪初法国来华传教士顾赛芬神父（S. Couvreur）的译本——这是法国译者的经典译本之一，也是为数不多的全译本；二是许渊冲先生在《（汉法对照）中国古诗词三百首》中对有关诗篇的选译，这是当代中国流传度较高的《诗经》法译本。

一 被动与主动

《关雎》是《诗经》的开篇，顾赛芬给予了高度关注。他详细梳理了历代儒家学者的考据，相信《关雎》中的"淑女"就是文王之妻太姒，全诗的主题是歌颂"后妃之德"（la vertu des reines）。但"淑女"并非主动与君子相识、相恋，而是"我们"（即译者人为加入的第一人称叙述者）所寻访的对象[1]：

---

[1] S. Couvreur (Tr.), *Cheu King*, Ho‑kien Fou: Imprimerie de la Mission Catholique, 1896; Paris: Éditions Kuangchi Press, 1966 (Édition en format texte par Pierre Palpant, www.chineancienne.fr, novembre 2013.), p. 15.

KOUAN TS'IU

Les femmes du palais chantent les vertus de T'ái Séu, épouse de Wênn wâng.

1. Les ts'iu kiou (se répondant l'un à l'autre, crient) kouan kouan sur un îlot dans la rivière. Une fille vertueuse (T'ai Seu), qui vivait retirée et cachée (dans la maison maternelle), devient la digne compagne d'un prince sage (Wenn wang).

2. La plante aquatiquehing, tantôt grande tantôt petite, a besoin d'être cherchée partout à droite et à gauche dans le sens du courant. Ainsi cette fille vertueuse, modeste et amie de la retraite a été l'objet de nos recherches et le jour et la nuit. Cherchant et ne trouvant pas, nos esprits n'avaient de repos ni le jour ni la nuit. Oh! Depuis combien de temps, nous tournant et nous retournant la nuit tantôt sur un côté tantôt sur l'autre, (avons-nous été privées de sommeil)!

3. Laplante hing, tantôt grande tantôt petite, (lorsqu'elle est trouvée) doit être cueillie à droite et à gauche. Au son des luths et des guitares, accueillons amicalement cette fille vertueuse, qui vivait solitaire et cachée. La plante hing, tantôt grande tantôt petite, (lorsqu'elle a été cueillie) doit être cuite et servie avec soin. Au son des cloches et des tambours, accueillons avec joie cette fille vertueuse, amie de la retraite et du silence.

(S. Couvreur tr., *Cheu King*, p. 15)

类似的翻译思路在后来的法国汉学界依然存在，如法国汉学家、社会学家葛兰言（M. Granet）在1919年出版的《中国古代的节庆与歌谣》中的《关雎》译本，也是以"我们"为叙述者[1]。所不同的是，葛氏认为"我们"以太姒为首，"为君子寻淑女"就是在彰显"后妃之德"[2]，兹不赘。许渊冲的译法相对简单，主题是男女从相爱到结合的过程。其中男性

---

[1] M. Granet, *Fêtes et chansons anciennes de la Chine*, Paris: Éditions Albin Michel, 1982 (Édition en format texte par Pierre Palpant, www.chineancienne.fr, novembre 2014.), p. 110.

[2] 孙越：《〈关雎〉两个法译本的比较》，《法国研究》2012年第1期，第15页。

较主动，而女性也有自己的态度——先是拒绝，然后欣赏，最后方才献身①：

La belle amie

Au bord de l'eau/Crient deux oiseaux ; /L'homme a envie/De belle amie. //Le cresson roule/Dans l'eau qui coule ; /On fait le cour/De nuit et jour. //L'amie refuse ; /L'homme s'accuse, /Il tourne au lit //De - là, de - ci. //Que l'amant cueille/Les longues feuilles ! /Qu'il joue la lyre ! /L'amie l'admire. //Qu'on mange longs/Ou courts cressons ! /La cloche sonne ; /L'amie se donne.

[《（汉法对照）中国古诗词三百首（上册）》，许渊冲译，第 3 页和第 5 页]

这一点与顾氏、葛氏译本中女性一味地"退避"（en retraite）有着明显区别——许译中的女性同男性一样，都是婚恋过程的主动参与者。

而如果按儒家经典注疏，《关雎》并非爱情诗，其中的"淑女"是被动接受婚姻的对象，这种被动性恰恰集中体现在"退避"上。对于女性"退避"的描述同样出现在顾译的《静女》一诗当中，"静女其姝"和"静女其娈"都被译为 Cette fille qui cache sa beauté dans la retraite②，同译成"女孩在退避中隐藏着美丽"：

TSING GNIU

Attente inutile de la venue d'une jeune personne amie de la retraite.

1. Cette fille qui cache sa beauté dans la retraite, devait m'attendre à l'angle du rempart. Je l'aime et ne la vois pas ; je me gratte la tête, ne sachant que faire.

2. Cette fille qui cache sa beauté dans la retraite, m'a donné un tube rouge. Ce tube rouge est brillant ; (en le voyant, je me rappelle et) j'aime la beauté de la jeune fille.

---

① 《（汉法对照）中国古诗词三百首（上册）》，许渊冲译，北京大学出版社 1999 年版，第 3 页和第 5 页。

② S. Couvreur (Tr.), *Cheu King*, Ho - kien Fou : Imprimerie de la Mission Catholique, 1896 ; Paris : Éditions Kuangchi Press, 1966 (Édition en format texte par Pierre Palpant, www.chineancienne.fr, novembre 2013.), p. 59.

3. Revenant des pâturages, elle m'a rapporté de jeunes plantes, qui sont vraiment belles et rares. Jeunes plantes, ce n'est pas vous qui êtes belles; mais vous êtes le don d'une belle personne.

(S. Couvreur tr., *Cheu King*, p. 59)

许渊冲则将"静女"直译为 la fille tranquille① ("安静的女孩"),看似简单,实则意在避免让女性的形象显得过于被动;随后的 en vain je la quête② ("我追求她未果"),暗示了女孩对男人的拒绝,也表明女孩并非被动:

La fille tranquille

J'attends près de la ville /Ma belle amie tranquille. /Mais en vain je la quête; /Je me gratte la tête. //Mon amie qui ne bouge/Me donne un roseau rouge. /J'aime sa couleur belle, /Qui me fait rêver d'elle. //Du pré qui nous sépare, /Elle envoie un brin d'herbe rare. /J'aime non qu'il soit beau, /Mais qu'il est son cadeau.

[《(汉法对照) 中国古诗词三百首 (上册)》,许渊冲译,第9页]

女性是否在诗歌创造的语境中处于主动的境地,不仅要看她是不是叙述者,还要看她的行为。如顾译的《野有蔓草》,以女性视角观察并称赞心仪的男性;但 il est conforme à mes désirs ("他符合我的渴望") 和 me trouve bien avec lui③ ("和他在一起我觉得很好") 暗示了女性在故事中没有行为,处在被动的观察者角度:

Rencontre fortuite d'un ami ou d'un sage.

1. Dans la plaine croît une plante rampante; elle est chargée de rosée. Il est un excellent homme remarquable par la beauté de ses yeux et de son front. Je l'ai rencontré par hasard; il est conforme à mes désirs.

---

① 《(汉法对照) 中国古诗词三百首 (上册)》,许渊冲译,北京大学出版社1999年版,第9页。

② 《(汉法对照) 中国古诗词三百首 (上册)》,许渊冲译,北京大学出版社1999年版,第9页。

③ S. Couvreur (Tr.), *Cheu King*, Ho - kien Fou: Imprimerie de la Mission Catholique, 1896; Paris: Éditions Kuangchi Press, 1966 (Édition en format texte par Pierre Palpant, www.chineancienne.fr, novembre 2013.), p.114.

2. Dans la plaine croît une plante rampante; elle est couverte de rosée. Il est un excellent homme remarquable par la beauté de ses yeux et de son front. Je l'ai rencontré par hasard, et me trouve bien avec lui.

(S. Couvreur, *Cheu King*, p. 114)

而许的译文①恰好相反，叙述者为男性，但女方也非被动接受男性的追求；在最后阶段双方都有行动，从 nous nous voyons（"我们对视"）到 nous cachons②（"私奔野合"），女性和男性一样主动：

Le pré abonde

Le préabonde/En rosées rondes./La belle fille/De grands yeux brille./Nous nous voyons：/Ô que c'est bon !//L'herbe est mouillée/De la rosée./La belle fille/De beaux yeux brille./Nous nous voyons/Et nous cachons.

(《（汉法对照）中国古诗词三百首（上册）》，许渊冲译，第21页)

二 间接与直接

两个译本中女性形象的差异还不只是被动与主动的区别，考察其中两性交流的方式与目的同样有意义。在顾译的《伐柯》中，男性为叙述者，但其叙事呈现自言自语的特征，如"制作斧柄需要什么呢？需要一把斧子"（Pour tailler un manche de hache, que faut-il ? Il faut une hache）③：

FA KO

Les habitants de l'est se réjouissent de l'arrivée de Tcheou koung. Depuis longtemps, disent-ils, ils désiraient le voir, et ne pouvaient obtenir ce bonheur. À présent, il leur est si facile de le voir qu'il est facile à un homme de tailler un manche de hache, quand il a une hache, ou de se marier, quand il a un entremetteur.

1. Pour tailler un manche de hache, que faut-il ? Il faut une hache (munie de son manche). Pour avoir une épouse, que faut-il ? Il faut un entremet-

---

① 《（汉法对照）中国古诗词三百首（上册）》，许渊冲译，北京大学出版社1999年版，第21页。
② 《（汉法对照）中国古诗词三百首（上册）》，许渊冲译，北京大学出版社1999年版，第21页。
③ S. Couvreur (Tr.), *Cheu King*, Ho-kien Fou：Imprimerie de la Mission Catholique, 1896; Paris：Éditions Kuangchi Press, 1966 (Édition en format texte par Pierre Palpant, www.chineancienne.fr, novembre 2013.), p. 185.

teur.

2. Quand je taille un manche de hache, j'ai le modèle près de moi. (Ce modèle est le manche de la hache qui me sert d'instrument. Si j'ai un entremetteur, il m'est facile d'avoir une femme). Je vais au devant de cette jeune fille (que l'entremetteur m'a trouvée); les vases sont déjà rangés en ordre pour les offrandes (tout est prêt pour la cérémonie du mariage).

(S. Couvreur tr., *Cheu King*, p. 185)

整个叙事中女性并不在场，男性非直接面对女性，只是提及"如果我有媒人，就很容易娶到妻子"（Si j'ai un entremetteur, il m'est facile d'avoir une femme），以及"为了婚礼一切都已齐备"（tout est prêt pour la cérémonie du mariage）①。在引言部分，顾氏就点出了叙事的背景是"欢庆周公（也是叙述者的媒人）的到来"②，以"斧柄"（modèle）来影射周公（modèle，也有"榜样"的意思）是真正的主题，以砍柴暗指"娶妻"只能算作"慕贤"主题的间接延伸。许译本虽然也彰显媒人的重要性，如"媒人方可嫁汝"（L'intermédiaire/Peut vous marier），但后半部分却释译成了叙述者对未婚妻的直接告白，如"尝完佳肴好出嫁"（Pour vous marier, /Servez le mets !）③：

LaHache

La hache est fière /De déflorer; /L'intermédiaire/Peut vous marier. //Pour déflorer, /La hache est près; /Pour vous marier, /Servez le mets !

（《（汉法对照）中国古诗词三百首（上册）》，许渊冲译，第43页）

许译将女性引入叙事中，让其成为在场者，两性直接面对；而不再用女性来体现媒人的重要性。

方式或目的上的"直接"或"间接"也不能根据"叙述者是男还是

---

① S. Couvreur (Tr.), *Cheu King*, Ho – kien Fou: Imprimerie de la Mission Catholique, 1896; Paris: Éditions Kuangchi Press, 1966 (Édition en format texte par Pierre Palpant, www.chineancienne.fr, novembre 2013.), p. 185.

② S. Couvreur (Tr.), *Cheu King*, Ho – kien Fou: Imprimerie de la Mission Catholique, 1896; Paris: Éditions Kuangchi Press, 1966 (Édition en format texte par Pierre Palpant, www.chineancienne.fr, novembre 2013.), p. 185.

③ 《（汉法对照）中国古诗词三百首（上册）》，许渊冲译，北京大学出版社1999年版，第43页。

女"来判断。顾译《摽有梅》的叙述者为女性,但女方用第三人称虚拟式的倒装形式来表达祈愿——Puissent les bons jeunes gens qui me désirent, profiter de cet heureux jour! ①("但愿那些向往我的好小伙子们能利用这个好日子吧!"),其表达对男性渴望的方式是间接的:

PIAO IOU MEI

Une jeune fille désire contracter mariage, de peur d'être exposée aux outrages des libertins.

1. Les fruits tombent du prunier; il n'en reste plus que sept (ou il n'en reste plus que les sept dixièmes): Puissent les bons jeunes gens qui me désirent, profiter de cet heureux jour !

2. Les fruits tombent du prunier; il n'en reste plus que trois (ou les trois dixièmes). Puissent les bons jeunes gens qui me recherchent, venir aujourd'hui!

3. Les derniers fruits sont tombés du prunier; on les a recueillis dans le panier plat à bords déprimés. Puissent les bons jeunes gens qui me recherchent, venir sans retard fixer le jour des noces !

(S. Couvreur tr., *Cheu King*, p. 35)

而在许译本中,男性叙述者一再用第二人称命令式("请您……")来表达对女方的敦促(Choisissez...Courtisez…Dites – le – moi)②,抒情较为直接:

Une vieille fille

Un tiers des fruits tombés, /Si vous m'aimez, /Choisissez un bon jour/ Pour me faire la cour ! //Deux tiers des fruits tombés, /Si vous m'aimez, / Courtisez aujourd'hui/Et je vous suis. //Les fruits sont tombés. /Si vous m'aimez, /Dites – le – moi ! /Je suis toi.

(《(汉法对照) 中国古诗词三百首 (上册)》,许渊冲译,第7页)

---

① S. Couvreur (Tr.), *Cheu King*, Ho – kien Fou: Imprimerie de la Mission Catholique, 1896; Paris: Éditions Kuangchi Press, 1966 (Édition en format texte par Pierre Palpant, www.chineancienne.fr, novembre 2013.), p. 35.

② 《(汉法对照) 中国古诗词三百首 (上册)》,许渊冲译,北京大学出版社1999年版,第7页。

而在诗末,译者用了一句 je suis toi①("我跟你走"),改第二人称复数"您"为第二人称单数"你",语气由尊敬转为亲昵,情感的表达越发大胆热烈。

当然,直接抒情也并非等同于叙述者以婚恋作为直接目的。一个反例是顾译的《柏舟》——丧夫的妇人直抒胸臆,表达对亡夫执着的爱(Ce prince…était et sera toujours mon unique époux. Je le jure, jamais je ne changerai de résolution——"这位君子〔……〕过去是、将来还是我唯一的伴侣。我发誓,我永不改变主意")②:

PE TCHEOU

Après la mort de Koˇung Peˇ, héritier présomptif de Hiˉ, prince de Wéi, sa veuve Koˉung Kiaˉng jura de ne pas se remarier, et résista aux sollicitations pressantes de ses propres parents. 《Une barque vogue dans un endroit déterminé, dit-elle; de même une veuve ne doit jamais passer à un second mari.》

1. Cette barque de bois de cyprès qui se balance sur l'eau, garde p. 52 toujours le milieu du Fleuve. Ce prince, avec ses deux touffes de cheveux pendants, était et sera toujours mon unique époux. Je le jure, jamais je ne changerai de résolution. Ma mère est pour moi bonne comme le ciel; mais elle ne croit pas à ma persévérance.

2. Cette barque de bois de cyprès qui se balance sur l'eau, suit toujours cette rive du Fleuve. Ce prince, avec ses deux touffes de cheveux pendants, était et restera toujours mon unique époux. Je le jure, jamais je ne me rendrai coupable d'inconstance. Ma mère est pour moi bonne comme le ciel; mais elle ne croit pas à ma persévérance.

(S. Couvreur tr., *Cheu King*, p. 62)

但示爱并发誓自己不再改嫁不是全诗的主旨,其主旨依然是彰显自己的"女德"。然而许译本将关键的"之死矢靡它"和"之死矢靡慝"译作

---

① 《(汉法对照)中国古诗词三百首(上册)》,许渊冲译,北京大学出版社1999年版,第7页。
② S. Couvreur (Tr.), *Cheu King*, Ho-kien Fou: Imprimerie de la Mission Catholique, 1896; Paris: Éditions Kuangchi Press, 1966 (Édition en format texte par Pierre Palpant, www. chineancienne. fr, novembre 2013.), p. 62.

Je l'aime fort/Jusqu'à la mort. ("我热烈地爱你，直至生命尽头") 和 Je l'aime raison ou tort/Jusqu'à la mort① ("无论对错，我都将爱你至生命尽头")，隐去了顾译本里的 prince ("君王")，改变了哀悼亡夫的叙述语境，单纯地表达对情郎隽永而热烈的爱：

Une prière

Un bateau de cyprès flotte au milieu/D'une rivière. /Celui donne une raie ouvre les cheveux，/C'est l'homme de ma prière. /Je l'aime fort/Jusqu'à la mort. /Ciel là – haut，mère là – bas! /Pourquoi ne me comprenez – vous pas? //Un bateau de cyprès flotte le long/D'une rivière. /Celui dont les cheveux en deux parties se font，/C'est l'homme de ma prière. /Je l'aime raison ou tort/Jusqu'à la mort. /Ciel là – haut，mère là – bas! /Pourquoi ne me comprenez – vous?

[《(汉法对照) 中国古诗词三百首 (上册)》，许渊冲译，第 11 页]

三 抨击与欣赏

《关雎》和《柏舟》之类以"女德"为导向的释译在顾译本中不鲜见，而对于有些诗篇顾赛芬甚至站在抨击的立场上来释译，最典型的如《东方之日》：

TOUNG FANG TCHEU JEU

Le poète dévoile et blâme les mœurs de Ts'i.

1. Le soleil paraît à l'orient; cette charmante femme est dans ma maison. Elle est dans ma maison; elle y est entrée à ma suite.

2. La lune paraît à l'orient; cette femme charmante est à ma porte. Elle est à ma porte，et sort à ma suite.

(S. Couvreur tr.，*Cheu King*，p. 119)

按《毛诗正义》，"君臣失道，男女淫奔，不能以礼化也"②；据此，顾氏在引言中开宗明义地以为此诗意在"刺衰"，即以讽刺男女间不道德行为为主题。于是该诗的主体部分"在我室兮，履我即兮"和"在我闼

---

① 《(汉法对照) 中国古诗词三百首 (上册)》，许渊冲译，北京大学出版社 1999 年版，第 11 页。

② 毛亨撰，郑玄笺、孔颖达疏：《十三经注疏·毛诗正义》，北京大学出版社 1999 年版，第 335 页。

兮，履我发兮"分别被译作 Elle est dans ma maison；elle y est entrée à ma suite（"她在我屋里；她跟着我进屋"），以及 Elle est à ma porte，et sort à ma suite[①]（"她在我家门口，并在我之后出门"）。虽无露骨措辞，但细读起来则苟且之场景跃然纸上，不细表。

而许译虽也不回避亲密关系，却显得不那么苟且：

Le soleil à l'est

Le soleil à l'est brille；/Une charmante fille/Dans ma chambre se couche. /Dans ma chambre elle se couche, /Son genou au mien touche. //Ô la lune à l'est brille；/Une charmante fille/Vient chez moi par la porte. /Elle y vient et s'y couche, /Et son pied au mien touche. /La joie d'amour m'emporte.

[《（汉法对照）中国古诗词三百首（上册）》，许渊冲译，第 23 页]

如将"在我室兮，履我即兮"译作 Dans ma chambre elle se couche, /Son genou au mien touche[②]（"在我的屋里她睡着，她的膝盖触碰到我的膝盖"）。尤其值得一提的是，许先生在末尾加上了一句 La joie d'amour m'emporte[③]（"爱情的喜悦让我情不自禁"）；就原文看此句略显多余，但加上以后反而使前文中男女二人的亲密互动变得越发自然——盖因男主人公无法克制情感，人性最终战胜礼教。此外，《国风》中的爱情诗占主导地位；若将《东方之日》之类体现男女亲密关系的诗篇定位于"讽刺抨击"，则将破坏《国风》以民间情歌为主的大语境。可见，与其遵循礼教，对男女之事进行抨击，倒不如依从人性，从欣赏的角度在译文中加以再现。

四 消失与出现

顾赛芬和许渊冲二人对某些诗篇的理解和阐释大相径庭，情节、人物、主题等都截然不同。顾译的一些诗篇中，女性角色完全消失，主题与

---

① S. Couvreur (Tr.), *Cheu King*, Ho‐kien Fou: Imprimerie de la Mission Catholique, 1896; Paris: Éditions Kuangchi Press, 1966 (Édition en format texte par Pierre Palpant, www. chineancienne. fr, novembre 2013.), p. 119.

② 《（汉法对照）中国古诗词三百首（上册）》，许渊冲译，北京大学出版社 1999 年版，第 23 页。

③ 《（汉法对照）中国古诗词三百首（上册）》，许渊冲译，北京大学出版社 1999 年版，第 23 页。

爱情无关，情节也显得较生硬。如顾译的《蒹葭》中，叙事主人公为某位男性，他又去寻找另一位男性，两人的关系也未阐明，结果寻而不遇：

KIEN KIA

Un homme s'efforce vainement d'aller trouver quelqu'un qui est dans le voisinage. Il est arrêté par les obstacles, et celui qu'il cherche n'a pas de lieu fixe. Les interprètes supposent dans cette pièce une allusion à un fait qu'ils ne savent pas deviner.

1. Les roseaux et les joncs sont verdoyants; la rosée se change en gelée blanche. Celui que je cherche, est en quelque endroit de la rivière. Pour aller à lui, je marche en sens contraire du courant; mais le chemin est semé d'obstacles et fort long. Je marche dans le sens du courant; mais voilà cet homme immobile au milieu de l'eau.

2. Les roseaux et les joncs sont luxuriants; la blanche rosée n'est pas encore évaporée. Celui que je cherche est sur la rive verdoyante. Pour aller à lui, je marche en sens contraire du courant; mais le chemin est semé d'obstacles et va en montant. Je marche dans le sens du courant; mais voilà cet homme immobile au milieu d'un îlot.

3. Les roseaux et les joncs sont bons à couper; la blanche rosée n'a pas encore disparu. Celui que je cherche est sur la digue de la rivière. Pour aller à lui, je marche en sens contraire du courant; mais le chemin est semé d'obstacles et tourne à droite (fait des détours). Je marche dans le sens du courant; mais voilà cet homme immobile au milieu d'un îlot.

(S. Couvreur tr., *Cheu King*, p. 151)

此诗主题到底是访友还是求贤，儒家注疏未加以明确，顾氏只得在译文引言中模糊地说是"某人（男性）去寻找住在附近的另一个人（男性）"（Un homme... trouver quelqu'un qui est dans le voisinage）[1]。在此含混主题下，顾氏无法将寻访对象（抑或叙述者）设定为女性，否则译文就

---

[1] S. Couvreur (Tr.), *Cheu King*, Ho-kien Fou: Imprimerie de la Mission Catholique, 1896; Paris: Éditions Kuangchi Press, 1966 (Édition en format texte par Pierre Palpant, www.chineancienne.fr, novembre 2013.), p. 151.

将顺利地被解读为爱情主题（"女寻男"）。而许渊冲采用的就是后一种思路，他直接将寻访对象设定为女性，爱情的主题确定无疑：

Joncs et roseaux

Joncs et roseaux/Sont blancs de givre；/Au bord de l'eau/Elle m'enivre./Quand je la suis/Au fil de l'eau，/Elle me fuit/Ami – ruisseau.//Roseaux et joncs/Sont blancs de givre；/Va en amont！/Elle m'enivre./Quand je la suis,/La voie est dure./Elle me fuit/Dans l'eau si pure.//Joncs et roseaux/Sont blancs de givre；/Dans le ruisseau/Elle m'enivre./Quand j'y arrive/Par voie sinueuse，/Elle m'esquive./Ô elle est rieuse！

[《（汉法对照）中国古诗词三百首（上册）》，许渊冲译，第31页和第33页]

此外，许先生对细节的处理更加细腻和用心——女主人公对男主人公从"迷惑"（Elle m'enivre），到"闪躲"（Elle m'esquive），最后"回眸一笑"（elle est rieuse）[①]……完美地演绎出一种"求之不得"的微妙氛围。

《十亩之间》的翻译更耐人寻味。这首诗的叙述者不明确，而文中又出现了处在第二人称视角的人物"子"。顾赛芬的译本将叙述者设定为男性，而将"子"处理为其男性同僚，情节被演绎为：两位士大夫看见乡间农桑生活的安逸，之后相约归园田居[②]：

CHEU MEOU TCHEU KIEN

Le gouvernement de Wei étant mal réglé，un officier propose à un autre de quitter tous deux la vie publique，de retourner dans leurs foyers et de se livrer aux travaux des champs.

1. （Dans son jardin）auprès de ses dix arpents de terre，un planteur de mûriers vit content. Vous et moi，retournons dans nos foyers.

2. （Dans son jardin）en – dehors de ses dix arpents，un planteur de mûriers vit heureux. Vous et moi，allons – nous – en.

[①] 《（汉法对照）中国古诗词三百首（上册）》，许渊冲译，北京大学出版社1999年版，第31页和第33页。

[②] S. Couvreur (Tr.), *Cheu King*, Ho – kien Fou: Imprimerie de la Mission Catholique, 1896; Paris: Éditions Kuangchi Press, 1966 (Édition en format texte par Pierre Palpant, www.chineancienne.fr, novembre 2013.), p. 131.

(S. Couvreur tr., *Cheu King*, p. 131)

这种无涉爱情的阐释源自朱熹《诗集传》中"政乱国危,贤者不乐仕于其朝,而思与其友归于农圃"一注①。尽管如此,许渊冲却设定译文中有一男一女两个言说者:上半部分女性开口,与男性打招呼(Rentres – tu chez toi? ——"你回家么?");下半部分男性接话,对女性提出邀约(Viens – tu chez moi? ——"去我家么?")②:

La cueilleuse des mûres

"Au champ des mûriers, /Ô libre ouvrier ! /Rentres – tu chez toi?" // "Au – delà des mûres, /Ô cueilleuse pure ! /Viens – tu chez moi?"

(《(汉法对照)中国古诗词三百首(上册)》,许渊冲译,第 25 页)

这种对话式的翻译在许渊冲法译的 20 首《诗经》诗篇中绝无仅有,在其他译本中也十分罕见。这种处理方式看似破坏了上下两部分的连贯性,实则通过叙述者的切换巧妙地完成了"偶遇"语境的确立和爱情主题的回归。

《诗经》中每一首诗篇的叙述者是否仅为一人?此问题看似无须争论,实则涉及《诗经》(尤其是《国风》部分)的主旨与功能。葛兰言在《中国古代的节庆与歌谣》的第一部分中也翻译了大量《国风》里的爱情诗;在第二部分,葛氏认为《诗经》中爱情诗篇的各个段落整体相似,只是更换了个别字词。此现象的原因在于,《国风》里的诗篇原本就是以对唱歌谣的形式存在,一群男性唱罢一段后,站在对面的女性再唱下一段。上古乡村中的男女就在这种对歌场合下相识、相爱直到结合,而对歌活动本身也演化为祭祀③。这样看来,许先生用对话(对歌)体翻译《十亩之间》这种典型的乡村爱情歌谣并非没有依据,因为对歌根植于上古乡间的劳动和生活,原本就是《国风》的题中之义。只不过,许先生把诗中的男女主人公都设定成了个人;而据葛兰言,上古的对歌发生在男女群体之间。但这也无大碍,谁知道上古对歌时,男女之间是以个体身份互相称呼,还是

---

① 朱熹注,赵长征点校:《诗集传》,中华书局 2011 年版,第 84 页。
② 《(汉法对照)中国古诗词三百首(上册)》,许渊冲译,北京大学出版社 1999 年版,第 25 页。
③ M. Granet, *Fêtes et chansons anciennes de la Chine*, Paris: Éditions Albin Michel, 1982 (Édition en format texte par Pierre Palpant, www.chineancienne.fr, novembre 2014.), p. 157.

以群体身份互相称呼呢？正如当今我国西南少数民族男女对歌时，直呼"哥哥/妹妹"比称呼"哥哥们/妹妹们"还要显得自然一些。总之，许先生的对话（对歌）体译文看似离经叛道，实则更接近历史的真实——乡村、劳动与爱情本来就不可分割。

结　语

总之，顾赛芬译本中的女性形象在两性交往中或显得被动（如《关雎》《静女》《野有蔓草》），或委婉间接地表达情感（如《摽有梅》《柏舟》《伐柯》），或可能被抨击嘲讽（如《东方之日》），甚至因译者改变诗歌主题而彻底消失（如《蒹葭》《十亩之间》）。相反，在许渊冲先生的法译本中，上述诗篇中的女性形象美好、淳朴，勇于直抒胸臆，主动追求爱情，各诗主题也更符合人性。其根本原因在于，顾赛芬主要依据毛公、郑玄、朱熹等儒家学者的注疏进行阐释，而儒家注疏的主旨是宣扬礼乐教化，对男女关系讳莫如深；即便承认，也将"退避""媒妁""女德"等观念强加于其上。相反，许渊冲先生不拘泥于儒家注疏，而是回归《国风》民间诗歌的本质，特别将上古乡村爱情中两性直接、主动、美好的一面加以彰显，有意打破西方汉学"扭曲他者"的语境，在一定程度上重塑了中国上古女性真实、自然的形象。

一个多世纪以来，西方翻译家和汉学家通过译介中国古代典籍，使中国和中国人的形象越发成见化（stéréotypé），即越发接近儒家学者心目中的理想社会、理想人格，却与真实、自然、人性和美渐行渐远。而许渊冲先生在《诗经》翻译的过程中采用不拘泥于儒家注疏，发挥创造性，化繁为简，守拙抱朴的翻译策略，对于在我国当下典籍外译进程中打破西方译者塑造的成见化形象，重塑真实、自然的中国形象，以及人性、美好的中国先民形象，"讲好中国故事"，都具有非常重要的借鉴意义。

（作者为南京财经大学外国语学院法语系讲师）

耿昇先生与中国中外关系史研究
纪念文集 下

Commemorative Anthology of Geng Sheng and the Study of Sino-Foreign Relations History

主编 万明 李雪涛 戴冬梅
执行主编 柳若梅

中国社会科学出版社

目　录

（下）

广州十三行与法国经贸文化交流	冷　东	873
中荷贸易的倩影：威廉·卡尔夫描绘的景德镇青花瓷	詹　嘉	890
英国航海家巴塞尔·霍尔与拿破仑所论琉球史事初探	刘啸虎	904
作为德国汉学家的白乐日	李雪涛	915
丝绸之路与近代中俄文化交流	阎锐武　张梦杰	925
着眼于中俄交往实际需要的清代中俄语言交流	柳若梅	933
两个俄国人视野中的清末陕西关中社会	樊明方　赵　鹏	953
近代祁门红茶对外贸易述论	康　健	969
俄罗斯阿穆尔州谢列姆金斯克区伊万诺夫斯基村的社会调查	谢春河	987
叶理绥——20世纪美国东方学的拓荒者	王启龙	1000
论美国传教士卜舫济的晚清中国政治观	石建国	1028
美国早期政治视野中的孔子	张　涛	1044
袁世凯与"驱逐福久事件"	张礼恒	1063
1905—1909年日本调查"间岛"归属问题的内幕	李花子	1085
留法勤工俭学百年纪念有感	端木美	1113
书自有命——福克司旧藏《高松竹谱》的原本与摹本	王　丁	1120
一部编纂80多年还未完成的辞书	谢必震	1130
译者何以重生	张洋云	1134

中西文化交流的见证——北京法国传教士墓地 …………… 明晓艳 1142
中国周边学发凡：一种交叉学科的诞生 ………………… 石源华 1159
中国丝路学理论与方法刍议 ……………………………… 周伟洲 1193
一千年来的东西军事交流与分流
　——欧阳泰《从丹药到枪炮：世界史上的中国军事格局》
　　读后感 ……………………………………………… 张晓东 1204

附　录

耿昇先生著译系年目录 …………………………………… 尹汉超 1225

编后记 ……………………………………………………… 柳若梅 1317

广州十三行与法国经贸文化交流

冷 东

乾隆二十二年（1757）清朝政府停止其他海关与西方国家的外贸职能，只保留粤海关与西方国家的贸易职能，直至1842年《南京条约》签订，广州成为西方国家海路进入中国的指定通道和贸易场所，史称中西贸易"一口通商"时期。广州在此后八十余年成为自海路而来的欧美国家进行中西贸易的唯一口岸，与法国进行了丰富的经贸与科技文化等领域的交流，法国商馆区和法国人岛的发展演变成中法关系的重要见证，也对两国社会经济、科技、文化领域产生了重要影响。

一 广州法国商馆的建立

源于查理曼帝国（法兰克王国）的法国，经历了中世纪漫长的历史变迁，至15世纪末逐渐形成了中央集权制和君主专制政体的国家。随着国家的稳定统一，法国国王亨利四世1664年成立法国东印度公司（French Company of the East Indies），开始发展海外贸易，但与中国的贸易却迟迟未能开展。

16世纪以后，葡萄牙通过广州与清朝贸易，大量中国商品转销法国，获得丰厚的利润，深受法国社会青睐。法国商人儒尔丹渴望与中国开展直接贸易，1697年得到法国海洋大臣蓬查特兰伯爵的支持，以上缴所售商品利润5%的条件，与法国东印度公司达成协议，获得前往中国贸易的授权。儒尔丹为此组建了中国商贸公司，购买了"安菲特利特"号快速三桅帆船，公元1698年（康熙三十七年）首航中国，拉开了中法贸易的序幕①。

自1698年到1769年，法国共派遣了二百余艘商船到中国进行贸易，成为广州口岸中西贸易中的主要西方国家②。与中国的贸易带来了令人满意的收益，极大地促进了法国商人对华贸易的热情。数量日益增加的法国东印度公司商人、水手、传教士、旅行者停留广州，如何满足中法两国贸易、仓储、政治外交、文化交流及生活需求成为亟须解决的问题。

"安菲特利特"号到达广州后南下扬州，晋见了南巡的康熙并进献礼物，康熙同意免除"安菲特利特"号的税银并允许法国商人在广州设立商馆③。为此法国1698年在广州租赁房屋，"整个季风期只需50两，并雇请仆役"，将其称为"我们的房子"④，用于"安菲特利特"号的货物储运，并且派驻了商务代理人⑤。可见，法国是最早在广州设立商馆的西方国家⑥。1699年，英国商船"麦士里菲尔德"号抵达广州时，英国商人专程到法国代理人邦纳克的商馆与其会谈，了解在广州建立商馆的事宜，认为"法国人有大的优势，他们在此处的利益比我们现在所有的大得多"，可以为英国对华贸易提供帮助⑦。

然而当时的"法国商馆"只是临时租赁简陋的中式房屋，贸易结束后就退租，直至下次来华贸易才再次租赁，缺乏应有的重视和周密的管理⑧，无法满足贸易的需求。如1704年12月到达广州的"斯特雷特姆"号商船的大班洛耶克特别提醒外国商人在广州租赁房屋作为商馆时，应"对你的协议要特别留意，不要让你的房东在你的住处保留房间或部分地给他自己或他的朋友住进去；因为他会窥探你的行动，他会要求从商馆中运出运入的货物中收取3%的权利"⑨。

---

① ［法］杜赫德编：《耶稣会士中国书简集中国回忆录》，郑德弟、吕一民、沈坚等译，大象出版社2005年版，第146页。下同。
② 康波：《法国东印度公司与中法贸易》，《学习与探索》2009年第6期。
③ 《耶稣会士中国书简集中国回忆录》，第146页。
④ 马士：《东印度公司对华贸易编年史》第一、二卷，区宗华译，中山大学出版社1991年版，第84—97页。下同。
⑤ 《东印度公司对华贸易编年史》第一、二卷，第180—181页。
⑥ 章文钦：《广东十三行与早期中西关系》，广东经济出版社2009年版，第402—403页。
⑦ 《东印度公司对华贸易编年史》第一、二卷，第88、91页。
⑧ 赵春晨、陈享冬：《论清代广州十三行商馆区的兴起》，《清史研究》2011年第3期。
⑨ 《东印度公司对华贸易编年史》第一、二卷，第103、105页。

18世纪以后，广州十三行海外贸易日益活跃，越来越多的西方国家在广州设立商馆。1715年英国设立商馆，1727年荷兰设立商馆，1730年西班牙设立商馆，1731年丹麦设立商馆，1732年瑞典设立商馆，1784年美国设立商馆，此外德意志的汉堡、不来梅，意大利的来航、热那亚、托斯卡纳都在18世纪中叶进入广州贸易。随着来华贸易的国家和商船的不断增加，十三行商馆区得以在广州珠江沿岸建立。它们坐北向南，由东向西，分列排列着小溪馆、荷兰馆、新英国馆、混合馆、旧英国馆、瑞行、帝国馆、宝顺馆、美国馆、法国馆、西班牙馆、丹麦馆，名称和数目不同时期有所变化，法国商馆位置如图1。

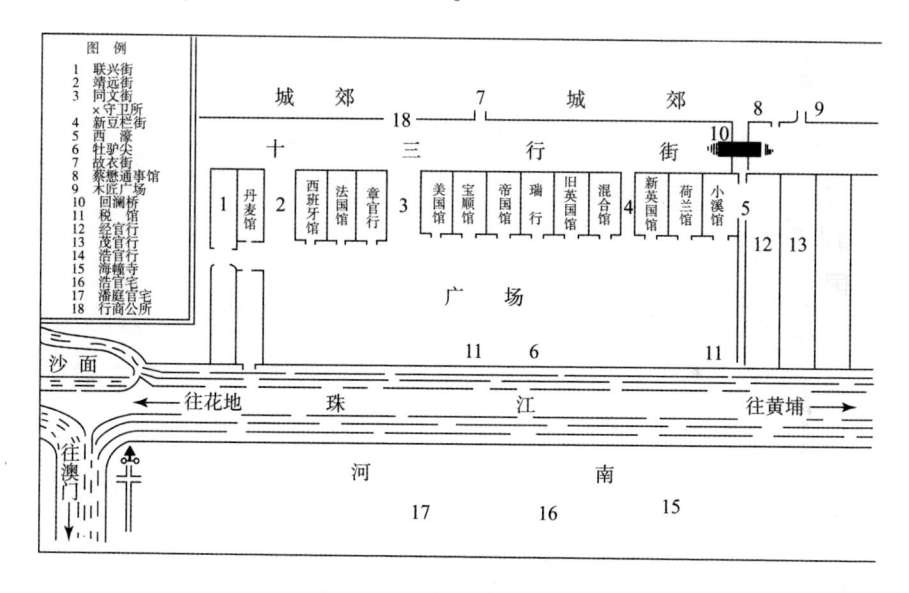

图1 广州商馆位置示意图①

法国商馆的建筑形式经历了中式—半中半西—西式为主的发展过程，成为广州最早的西式建筑②。法国商馆建筑外观较为精致，廊柱、窗户、栏杆、浮雕讲究，建筑色彩丰富，有红、白、黄等多种色调，每座楼房都有宽阔的走廊。屋顶大部分为金字屋顶，但亦有天台。用来纳凉的屋顶天台是当时广州房屋的特点。法国商馆的西式建筑与岭南传统建筑形成鲜明

---

① 引自［美］威廉·C.亨特著《旧中国杂记》，沈正邦译，广东人民出版社1885年版。
② 李穗梅：《十三行商馆区西式建筑的缘起》，赵春晨、冷东主编：《十三行与广州城市发展》，世界图书出版有限公司2011年版。

对比，有诗云："十三行外水西头，粉壁犀帘鬼子楼。"① 岭南士绅描绘为"焜屋临水，粉垣翠栏，八角六角，或为方，或为圆，或为螺形，不可思议"。② 也有的赞赏："广州十三行有碧堂，其制皆以连房广厦，蔽日透月为工。"③ 体现了广州的开放与包容。

图2 广州法国商馆（一）
图片来源：美国皮博迪·艾塞克斯博物馆收藏

从上图中可以看到，18世纪末期的十三行商馆已粗具规模，商馆前竖起各国国旗，从东至西为荷兰、英国、瑞典、神圣罗马帝国、法国和丹麦各国商馆。图3从东至西为荷兰、英国、瑞典、美国、法国、西班牙和丹麦各国商馆。法国商馆悬挂的是代表波旁王朝百合花白色旗，基本构造是三枚花瓣，没有雌蕊，底部为一个三枚萼片基座，图案中部（即花瓣与基座之间）有一细长横杆，百合花即附着于横杆上。寓意是百合花是法兰西王国的象征，是王国一切美德和繁荣昌盛的标志，它向全世界昭示了法兰

---

① 叶道泰：《广州杂咏》，转引自黄佛颐编纂《广州城坊志》，广东人民出版社1994年版，第621页。
② 参见蔡鸿生《清代广州的荷兰馆》，载蔡鸿生主编《广州与海洋文明》，中山大学出版社1997年版，第342页。
③ 李斗：《扬州画舫录》，转引自黄佛颐编纂《广州城坊志》，广东人民出版社1994年版，第620页。

西王国的伟大；同时，百合花本身就是"三位一体"，它无与伦比地展现了法兰西王室的尊严和崇高①。

图3 广州法国商馆（二）
图片来源：美国皮博迪·艾塞克斯博物馆收藏

1789年法国大革命爆发，推翻了波旁王朝的封建制度及君主制。法国大革命后使用了新的蓝白红三色国旗，广州法国商馆的旗帜随之改变。1791年10月18日，"法国人首次（在广州商馆区）升起新的国旗"②，悬挂的旗帜三色垂直排列，宽度相等，蓝色靠近旗杆，中间为白色，红色飘在外③。

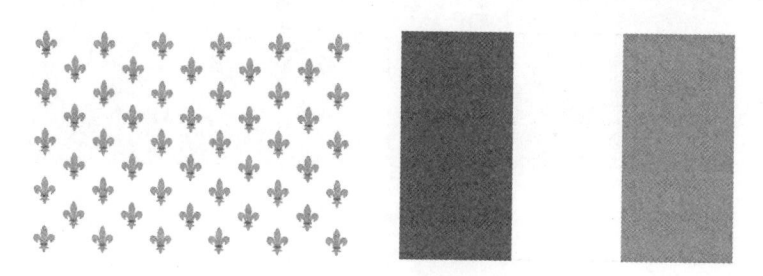

图4

---

① 陈文海：《中世纪法兰西王室徽章研究——百合花象征主义的神学渊源及内涵》，《历史研究》2000年第10期。
② 《东印度公司对华贸易编年史》第一、二卷，第381页。
③ 周明圣：《法国共和象征物的形成——一种文化的创新和改革》，《绵阳师范学院学报》2006年第8期，米歇尔·帕斯图洛：《法国的标志物》，波内东出版社1998年版，第113页。

图 5　广州法国商馆（三）
图片来源：美国皮博迪·艾塞克斯博物馆收藏

图 6　广州法国商馆（四）
图片来源：香港艺术馆收藏

法国商馆名义上是行商建造，1830年，行商伍受昌向官府当局禀称："公司馆系洋商建造，给与夷人来省暂住之所。"① 但可以肯定，法国人带

---

① 梁廷枏总纂，袁钟仁校注：《粤海关志》卷二十七，《夷商二》，广东人民出版社2002年版，第517页。下同。

来了图纸,让行商按他们的意愿建造和装饰了房子,"公司资助行商建设夷馆。"① 当然产权仍属行商②。

为了料理对华商务、维护国家利益,法国在广州设立的商馆"其管理机构随着垄断贸易向自由贸易的转变,经历了从东印度公司管理会、王家管理会到领事馆逐步'升格'的演变过程"。而1776年2月3日,法国国王路易十六将广州的法国商馆改设为"领事馆",由商馆原大班沃克兰(Pierre – Charles FrançoisVauquelin)出任首任"领事"。直至最后一位代理领事小德经(Chretien – Louis – Joseph de Guignes)③ 于1801年8月回国,该"领事馆"存在了15年之久④。

二 广州法国商馆与中法经贸文化交流

清代中期,广州法国商馆成为中法贸易的桥梁、了解中国文化的窗口和纽带,开展了内容丰富的经贸和文化交流。

茶叶是清代中国出口商品的第一大宗,法国商馆将中国茶叶之路延伸到法国,神奇的小小茶叶承载着中华文明成为中法贸易的中心,改善了法国社会生活⑤。法国商馆将传统中国丝绸之路延伸到法国,丝绸不再是贵族阶层的专利,进入平民百姓的生活,促进了法国社会的发展,刺激了法国丝织业在美术及技术方面的进步,"十八世纪末,法国丝业,在美术及技术方面的欣欣向荣,实出于十七世纪中国材料不断输入的刺激"。⑥ 法国商馆将中国的瓷器之路延伸到法国,在欧洲国家中,以法国人对中国瓷器的喜爱表现得最狂热。例如路易十四特意在凡尔赛宫修建了一座瓷宫,不惜重金大量收购在中国景德镇烧制的青花、五彩瓷器。法国国王路易十四与其夫人曼德侬,由于对中国瓷器的喜爱,特命人将他们夫妇的画像送往

---

① 梁嘉彬:《广东十三行考》,广东人民出版社1994年再版,第361页。下同。
② 梁嘉彬:《广东十三行考》,第353页。
③ 其父是法国18世纪知名的汉学先驱老德经。
④ 严锴:《十八世纪法国对华贸易初探》,《法国研究》2012年第2期,第67—72页;Henri Cordier, *La France en Chine au Dix – huitième Siècle*, p. LXIV. p. 69。
⑤ 艾伦·麦克法兰(Alan Macfarlane)著:《绿金:茶叶帝国》,杨淑玲、沈桂凤译,汕头大学出版社2006年版,第54页。
⑥ 利奇温:《十八世纪中国与欧洲文化的接触》,朱杰勤译,商务印书馆1962年版,第32、36页。

中国景德镇，烧制在五彩瓷盘上①。法国商馆将中国扇子出口到法国，成为法国宫廷上流社会的随身饰物②。法国商馆也将中国的外销画、陶瓷、银器、漆器、家具、珐琅器、雕刻品、香料、中药等其他商品传入法国，这些中国商品带给法国一种轰动效应，精美独特的东方工艺品开始风行于法国宫廷及上流社会。东方艺术风格也成为法国艺术家模仿的对象。时称的"中国情趣"已揭示出当时法国社会的流行趣味；"中国风"就是对中国艺术品持续迷恋了整个世纪的真实写照。

19世纪初期，在激烈的英法战争中，英军截获了一艘法国"战船"，装载着一批中国"斯氏朱红""柏氏粉红""黄色茶""绯红茶香"月季。这四个优良品种月季是法国商馆经广州运至印度再转运法国，是拿破仑一世送给妻子约瑟芬的礼物。为了保证这批珍贵的月季花运到欧洲，两国为此达成临时停战协议。这批月季在欧洲繁殖发展，引起轰动，被英国定为国花，成为中法交流中的趣闻③。

1757年，清朝中央政府平定新疆准噶尔部叛乱获得辉煌胜利。为了给自己的文治武功留下生动的形象资料，乾隆帝决定用铜版画记录这次平叛战况，是法国商馆协助十三行商聘请法国最负盛名的雕刻家勒巴（LúAbat）制作，乾隆三十九年（1774）将《武功画》铜版及各印200张铜版画经广州送往北京，在紫禁城与巴黎之间搭建了艺术桥梁④。

西洋钟表作为世界近代文明与科学技术的代表之一，法国商馆将大量西洋钟表进口到中国，并向清廷输送了诸多法国钟表专业工匠，如督造"大壶胜境"钟的法国工匠沙如玉、制造自行狮钟的法国工匠杨自新、席澄原、汪洪达、李衡良、李俊贤、德天赐、巴茂正、高临渊等人，促进了中国钟表业的发展⑤。

作为药品和补品，中国社会服食人参已有数千年的历史。清朝人参

---

① 胡雁溪、曹俭编：《它们曾经征服了世界：中国清代外销瓷集锦》，中国大百科全书出版社2010年版，第8—9页。
② 参见雷传远《清代广东十三行的儒商传统与中西文化交流》第三章，《扇子与鼻烟壶》。
③ 赵良华：《中国月季与英法战争》，《新疆林业》1999年第6期。
④ 利奇温：《十八世纪中国与欧洲文化的接触》，朱杰勤译，商务印书馆1962年版，第46—47页。
⑤ 汤开建、黄春艳：《清朝前期西洋钟表的仿制与生产》，《中国经济史研究》2006年第3期。

具有"百草之王""众药之首"的无上地位①，但也造成人参供应紧张，一参难求的局面。1701年，法国耶稣会教士杜德美（P. Jartoux, 1668－1720）来华传教，详细考察了中国人参的形态、特征及应用，并在北美洲大陆找到同属于五加科植物但不同种的西洋参。法国商馆将其购买后转输中国，以至于当时的医药著作误以为产地法国而被称为"佛兰参"。②从此西洋参成为中国家喻户晓的品牌和社会生活的重要组成部分。

近现代摄影技术于1816年在法国产生，道光二十四年（1844）传入广州。当年，法国政府以特使拉萼尼（TheodoreMune de Lagrene）率领使团前来广州与两广总督兼钦差大臣耆英谈判并签订《黄埔条约》。使团随员法国海关总检察长于勒·埃及尔（Iules Itier）是一位摄影家。他携带一部笨重的银版摄影机，利用使团在广州和澳门停留期间拍摄了大量照片。至今藏于法国摄影博物馆有关当时广州和澳门的照片37幅。其中大部分是广州的银版照片，包括十三行商号、十三夷馆、羊城风貌、海山仙馆人物（如《中法条约》谈判的中法代表、在广州一条街上的一群人、清朝某名官员、广州将军奕湘、广东巡抚程柔采、广州知府刘开域、同文行商潘官一家等）。此是研究广州初期拍摄作品一组极珍贵的照片③。

1671年，一位居住广州的法国人将晋代名医王叔和《脉经》译成法文，以《中国脉诀书》在法国出版。该书后为欧洲医学界广泛收录和使用，推动欧洲人兴起学习中医药热潮，并给欧洲近代医学、动物学和植物学以深刻的影响。有人做过统计，在达尔文的著作中，提到中医和植物学的达104处，显见这与中医西传不无关系，在广东的西方传教士在其中是起了很大作用的。1728年法国教士马若瑟（Joseph Henri Marie dePremare）在广州写成《中文概论》，为西方国家研究中国文字开山之作，影响至为深远。马氏还把元曲《赵氏孤儿》译成法文在巴黎出版，后风靡欧洲。并被搬上舞台，轰动一时。1813年，法国领事德经奉拿破仑之命编成《中法拉丁字典》，先后在巴黎、香港出版，方便拉丁语系

---

① 李时珍：《本草纲目》，《草部》，华文出版社2009年版，第83页。
② 菲利普·杰德威克·福斯特·史密斯著：《中国皇后号》，《广州日报》国际新闻部、法律室译，广州出版社2007年版，第35页。
③ 章文钦：《最早在我国拍摄的照片》，《广州研究》1986年第7期。

地区读者学习汉语。

　　1779—1793 年间曾三次来华、在广州法国商馆任职长达 15 年之久的贡斯当，留下大批有关法国商馆的珍贵手稿。法国学者德尔米尼整理后出版了《查理·贡斯当中国贸易回忆录（1778—1793）》[①]，该书将中国 18 世纪外贸的"技术性"与"哲学性"融为一体，将作者的个人命运与中西贸易的曲折发展有机地结合起来，提供了有关中法贸易的数据、西方各贸易公司之间的竞争、中国官吏们的态度，特别是各家"大班"之间的明争暗斗的具体细节。其中还包括 92 幅与法国商馆和法国人岛相关的版画与地图[②]。德尔米尼更是在此基础上，完成了它的令世人瞠目的博士学位论文《中国与西方：18 世纪广州的对外贸易（1719—1833）》[③]，全书洋洋洒洒共分 5 大卷，约 400 万言之巨，仅书末所附参考书目就长达密密麻麻的 110 多页，约 3400 余条。创下了由一名学者独自撰写的博士论文篇幅之最的吉斯尼纪录（多位作者执笔合作的著作除外）。是研究 18 世纪中法广州贸易史的一部绝无仅有的精辟力作。

　　同样曾任职法国广州商馆的柯西尼（CharpentierCossigny，1736－1809），将在广州法国商馆的经历出版了回忆录，《航向广州——同名省份的省会；途经高雷岛（在塞内加尔）、好望角、法兰西岛（今毛里求斯）和联合群岛（今留尼汪）；附有对赴华旅程、对马噶尔尼爵士与平民范罢览以及对印度与中国艺术概况的观察》，1795 年，柯西尼成为法兰西学院的第一批成员。也是植物学家的柯西尼 1764 年将广东的荔枝移植到欧洲和非洲，在法国社会轰动一时。

三　法国人岛由来及影响

　　鸦片战争前广州十三行外贸体制包括四个环节：粤海关负责征收关税并管理十三行商，十三行商具体经营对外贸易并管理约束外商，澳门为来华贸易西方各国商人的居留地，广州黄埔港为法国等西方各国商船临时停

[①] Louis Dermigny, *Les Mémoires de Charles de Constant sur le Commerce a la Chine*（1778－1793），Thèse complémentaire pour le doctorat ès－lettres, Université de Paris, Faculté des Lettres et Sciences Humaines, SEVPEN, 1964.

[②] 耿昇：《贡斯当与〈中国 18 世纪广州对外贸易回忆录〉》，《暨南史学》第二辑，暨南大学出版社 2003 年版。

[③] Louis Dermigny：La Chine et Lioccident，Le Commerce à Canton au XVIII e siècle，1719－1833，S·E·V·P·E·N·1964.

泊港口。

  黄埔港与黄埔村合而为一，南隔黄埔涌与仑头相望，东隔珠江与长洲岛、深井岛和小谷围岛相望。17—19世纪广州对外贸易鼎盛时期，外国商船和货物均须停靠黄埔港装卸和贸易。黄埔港承担了外国商船关税、船钞、引水费、船规银、通事买办费、挂号银等的征收，以及商品贸易、生活日用品供应与安全保卫等事宜。"洋船到日，海防衙门报给引水之人，引入虎门，湾泊黄埔。"① 黄埔挂号口设在清代番禺县黄埔村，设有税馆、夷务馆、买办馆和永靖营等机构管理对外贸易。如广东海关监督御史祖秉圭在雍正八年十一月一日（1730年12月10日）上奏："本年五月二十九日以后，海外各洋的法国、英国、荷兰等国的大小商船十三艘陆续来航，已停泊于黄浦的就有十一艘。"② "在世界上没有哪个地方，比公司船队集结在黄埔的那种景象更好看的了。各船的进口货已起卸完毕，每艘船排成优美的行列，等待装运茶叶。"③ 展示了黄埔港"夷舟蚁泊，奇观萃焉"④的盛况。

图7 清代广州黄埔港（一）

---

  ① 梁廷枏总纂，袁钟仁校注：《粤海关志》卷二七，《夷商二》，第352页。
  ② （清）《宫中档雍正朝奏折》，台北故宫博物院1977年版。
  ③ ［美］威廉·C. 亨特：《广州"番鬼"录1825—1844——缔约前"番鬼"在广州的情形》，冯树铁译，广东人民出版社1993年版，第72页。
  ④ 《番禺黄埔梁氏家谱》卷一〇《祠宇谱》，第28页。菲利普斯：《1789—1790年间停泊在黄埔的美国船只》，载《埃塞克斯历史学会收藏》，Vol. 80.（1944年4月）：第177—179页。

图 8　清代广州黄埔港（二）

图中可见黄埔港内停满了各国商船。图片来源：美国皮博迪·艾塞克斯博物馆收藏

清代中期法国商船跨越15000英里半个地球的距离，耗费半年航行时间来到广州从事贸易。"在一个极长的海上旅程之后，登岸休假是加倍的甜蜜，而且岸上的诱惑也显示了无法抵制的吸引力。"① "他们的船只碇泊整整有两个月或三个月，船只碇泊距离岸上不过一掷之远，又是经过五个月的海洋航行，而同样的海洋航行又在等待他们，在这种情况下，要把水手困在船上是不可能的。"② 但是外国水手多是临时招募，来源复杂，素质不佳③。经过数个月的远洋航行后，这些外国水手在广州每每纵情饮酒欢乐，难以控制，"生活就是打架，而打架就意味着动刀"④，不少因酗酒引起的斗殴闹事，甚至命案，严重的如1807年的"海神号"（the Neptune）事件、1810年的黄亚胜事件等。

为了节制"狂放、嗜酒、惯于制造残忍暴行和兽性放纵行为的"外国水手⑤，清政府规定他们平时不得进入广州城，"惟每月初八、十八、二十

---

① ［美］马士：《中华帝国对外关系史》第1、2卷，第113页。
② 《东印度公司对华贸易编年史》第3卷，第67页。
③ J. R. Gibson, "Otter Skins, Boston Ships and China Goods: The Maritime Fur Trade of the Northwest Coast, 1785－1841", Seattle: University of Washington Press, 1999, pp. 107－108.
④ ［美］马士：《中华帝国对外关系史》第一卷，张汇文等译，上海书店出版社2006年版，第114页。
⑤ 吴义雄：《鸦片战争前英国在华治外法权之酝酿与尝试》，《历史研究》2006年第4期。

八三日，准其前赴海幢寺、花地闲游散解。"① 特别从1756年指定与黄埔港相邻的深井岛为法国水手碇泊、堆栈及游玩之地，该岛因此得名"法国人岛"②。丹麦人则主要在长洲岛活动，故称之为"丹麦人岛"，后来成为英国水手的居住地。

在以往的研究成果中，只把深井岛称为法国人岛，但实际上还包括了面积更大的小谷围岛。小谷围岛位于广州市番禺区北部，面积达20.15平方千米，早在五代十国时期，这里便是南汉皇帝的狩猎场所在地，几代南汉帝王的陵冢也正在小谷围。小谷围原来叫小箍围，"下番禺诸村。皆在海岛之中。大村曰大箍围。小曰小箍围。言四环皆江水也。凡地在水中央者曰洲。故诸村多以洲名。洲上有山。烟雨中望之乍断乍连。与潮下上。予诗。洲岛逐潮来。"③ "箍"字的意思是指围束，亦指围束的圈，如箍桶、桶箍、铁箍等。由于小谷围岛四面环水，像是被水围束住的箍桶，故而有此名，这也是清朝政府将其作为外国水手居住地点的原因。"小谷围"在清代原称十三乡，也与十三行有着某种巧合。

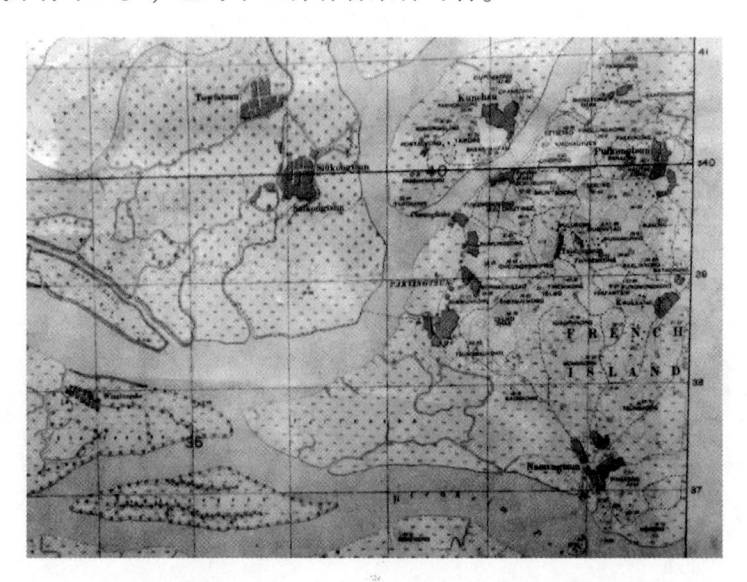

图9　西人绘制的广州地图，藏于广州国家档案馆

① 梁廷枏总纂，袁钟仁校注：《粤海关志》卷二六，《夷商一》，第514页。
② [美] 威廉·C. 亨特：《广州"番鬼"录1825—1844——缔约前"番鬼"在广州的情形》，冯树铁译，广东人民出版社1993年版，第10页。
③ 屈大均：《广东新语》卷二《地语》，中华书局1985年版，第58—59页。

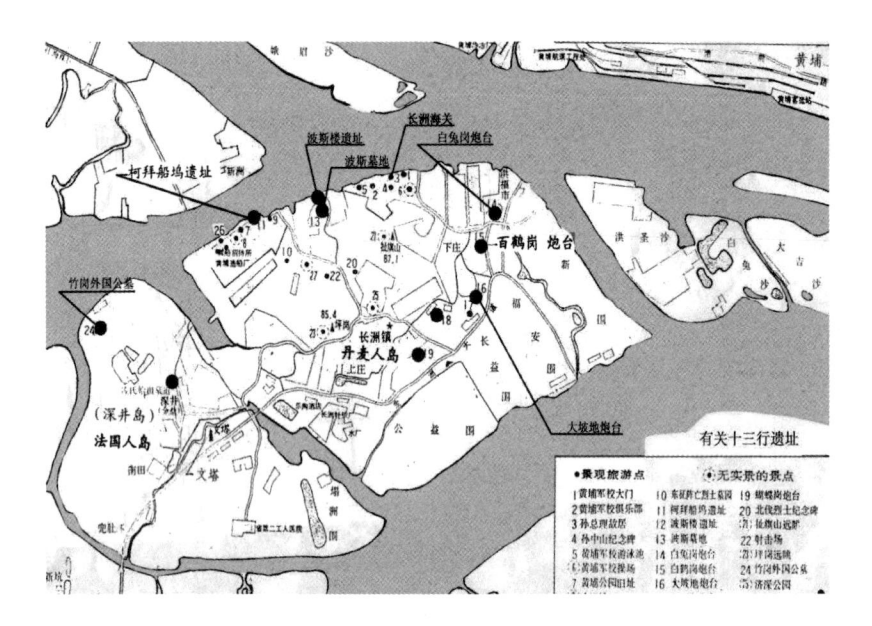

图 10　根据美国国会图书馆所藏地图整理

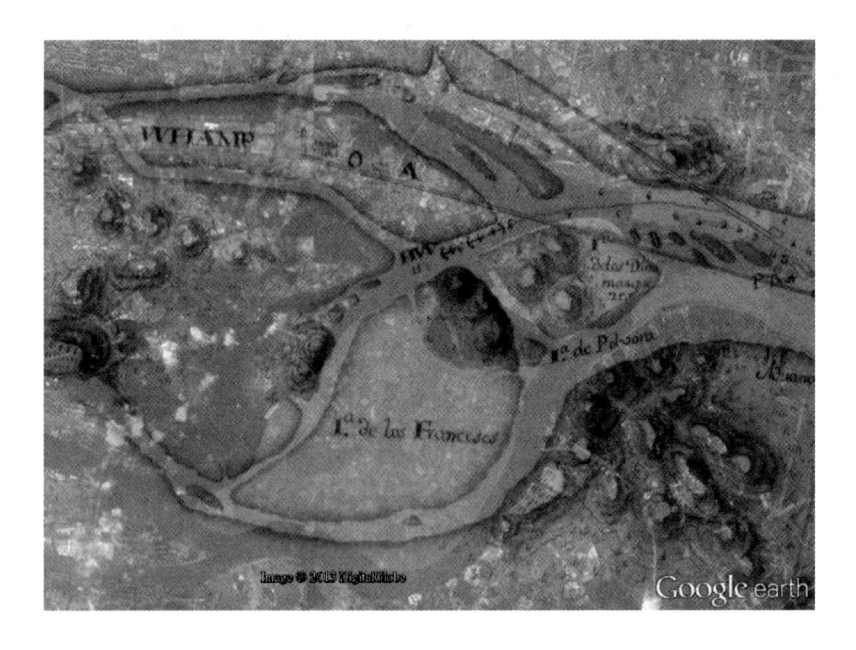

图 11　根据香港艺术馆藏图片编辑

图 11 蓝色部分是小谷围岛,红色部分是深井岛,黄色部分是长洲岛。可见清代法国人岛的面积是跨越了小谷围岛和深井岛的,就是说清代的小谷围岛和深井岛是连起来的,现在地形变迁所以在中间多了一条水道将两地隔开。

与法国商船的特殊关系,也使黄埔港(村)及深井岛、小谷围岛的村民与海外贸易关系密切。1735 年,广东巡抚杨永斌在上报给雍正的奏折中就提到:"黄埔深井村民多会番语与洋人私自交易"。黄埔村及深井村民"差不多都直接或间接地与外国航运有关,充当买办、装卸工、铁匠等等"①。大量外国商船来到黄埔港,促进了船舶修造业的发展,黄埔港成为外国商船修理中心和后勤补给基地②,在十三行海外贸易中扮演了重要角色,在广州乃至中国对外贸易史、中外关系史上均具有重要的地位。

法国人岛对法国来华人士的生活产生了重要影响,是这个有限的空间提供了可以让他们自由活动和消遣的机会,使聚集在黄埔的法国水手保持了宁静,甚至与当地居民产生了友谊③。当然该岛也不是真正意义上的平安天堂,梁嘉彬教授指出:"夷船进口之后,向系收泊黄埔地方……而附近奸民船户更或引诱酗酒、奸淫、私买货物、走漏税饷。"④ 冲突事件时有发生。法国水手"一个人不能独自走得太远,因为极可能很快便遭到抢劫,被剥夺得身无长物。欧洲人的鲁莽和好奇并不是他们被抢的借口。在欧洲人看来,实际的情形是,乡民们自视高外国人一等,侵犯他们不需要任何托词。"⑤ 法国人岛也成为部分外国侨民的长眠之地,法国人、荷兰人、瑞典人和英国人都将去世的同事葬在法国人岛上,丹麦人则葬在丹麦人岛上⑥。

---

① [美]威廉·C. 亨特著:《广州"番鬼"录 1825—1844——缔约前"番鬼"在广州的情形》,冯树铁译,广东人民出版社 1993 年版,第 66 页。

② 参见程浩编著《广州港史》,海洋出版社 1985 年版;吴家诗主编:《黄埔港史》,人民交通出版社 1989 年版。[美]威廉·C. 亨特著:《广州"番鬼"录 1825—1844——缔约前"番鬼"在广州的情形》,冯树铁译,广东人民出版社 1993 年版,第 82~84 页。

③ Paul. A. Van Dyke, "Floating Brothels and the Canton Flower Boats 1750 – 1930", Review of Culture, International Edition No. 37, January 2011, pp. 112 ~ 142.

④ 《乾隆二十四年英吉利通商案》(二)《李侍尧折三》,故宫博物院编:《史料旬刊》第 1 册,北京图书馆出版社 2008 年版,第 654 页。

⑤ Osbeck, *Dagbok öfwer en Ostindisk resa*, p. 216.

⑥ Osbeck, *Dagbok öfwer en Ostindisk resa*, p. 118.

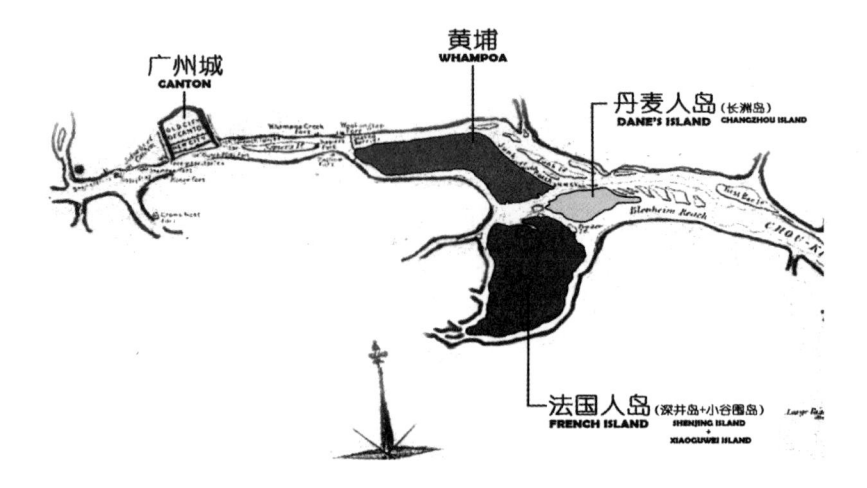

图12 法国人岛外国人墓地。美国皮博迪·埃塞克斯博物馆收藏

在法国人岛这块广州的土地上，也反映了欧洲风云的变化。1789年法国发生大革命，1793年处死法王路易十六，法国随即对拥护君权的英国宣战，英法两国长期处于交战状态，英法间的战场也从欧洲大陆外延至海洋，法国海军在各海域要道如东南亚的马六甲海峡（the straits of Malacca）、巽他海峡（the Straits of Sunda）俘获英国的船只。每年广州贸易季节结束时，法、西的舰队甚至就在虎门、澳门外海一带巡弋，伺机劫掠①。这些敌对国家的水手在广州冲突不断，如1754年9月29日，英国东印度公司"晏臣勋爵"号船水手查尔斯·布朗在黄埔的一次斗殴事件中，被法国水手弗兰西斯·路易·理奇蒙枪杀②。1778年11月29日，英、荷水手在黄埔醉酒后发生争吵，英国人将荷兰人的旗杆砍断，并连同旗帜拖到一艘英国船上③。1780年，法国人申诉受到英国水手袭击④。1785年，英法战争后第一艘驶华的法国船"多芬号"到港，英国水手200多人涌入法国人居住的深井岛，在那里与法国水手发生了一场决斗。

---

① 参见 Jean Sutton, *Lords of the East: The East India Company and its Ships* (London: Conway Maritime Press, 1981), p. 46; Anne Bulley, *The Bombay Country Ships, 1790–1833* (Richmond, Surrey: Curzon, 2000), p. 60; William James, *The Naval History of Great Britain* (London: Richard Bentley, 1837), vol. 1, pp. 46, 196–197, 276。
② 《东印度公司对华贸易编年史》第4、5卷，第429—431页。
③ 《东印度公司对华贸易编年史》第1、2卷，第356—357页。
④ 《东印度公司对华贸易编年史》第1、2卷，第381页。

结　语

鸦片战争后，法国商馆结束了历史使命，取而代之的是面积更广、建筑风格更新的沙面租界法国领事馆。对外国人的严格限制也不复存在，外国人士有了更多的自由和特权，法国人岛也退出了历史舞台，中法两国的经贸文化交往以新的形式继续发展。

1964年，法国成为第一个与中国建立正式外交关系的西方大国。时值2014年中法建交五十周年之际，回顾中国与法国源远流长的交往历史过程，清代广州十三行是一个重要时期，与法国进行了丰富的经贸与科技文化的交流，产生了特殊街区和特殊地域——广州法国商馆和法国人岛，不仅是中法贸易和文化交流的桥梁，也是外国水手在华生活的"特区"，成为法国了解中国文化的窗口和纽带，是当时广州乃至整个中国最富有活力和特色的城市街区和地域。作为当时大清帝国土地上罕有的对外开放的区域，它吸引了全世界的目光，成为享有世界声誉的广州城市地标[1]。有关广州法国商馆和法国人岛的记录，为中法关系的研究提供了珍贵的第一手资料，成为中法两国人民友谊的见证。

（作者为广州大学十三行研究中心教授）

---

[1] 赵春晨、陈享冬：《论清代广州十三行商馆区的兴起》，《清史研究》2011年第3期。

中荷贸易的倩影：威廉·卡尔夫描绘的景德镇青花瓷[*]

詹 嘉

美术史与历史学关系极为密切，从某种意义上讲，美术史是艺术家用色彩、形体、情感描绘社会，历史是学者用文献、文物、数据描述社会。如何综合文献、文物、数据，从艺术家描绘的静物，寻觅历史进程中的荷兰静物画繁荣，正是本文研究的路径及对象。

17世纪，是中国与荷兰贸易的黄金时期，荷兰东印度公司将中国瓷器（简称华瓷）大量销往欧洲，景德镇瓷器（简称景瓷）独占鳌头，其青花瓷更是一枝独秀，广泛地影响了欧洲的经济文化，深刻地改变了欧洲人的饮食生活。与此同时，荷兰静物画崭露头角，荡涤其"死物画"的寂寥，与肖像画、风景画鼎立于欧洲油画画坛。17世纪，荷兰杰出的画家威廉·卡尔夫，以景德镇青花瓷为蓝本，通过细腻逼真的描绘，创造出系列佳作，为静物画注入勃勃生机，促使荷兰静物画进入黄金时期。两个黄金时期不期而遇，是历史的巧合，还是历史的必然，文章就此进行系统的探索。

一 中荷贸易黄金时期的景德镇瓷器

（荷兰）T. 佛尔克《瓷器与荷兰东印度公司》记载：1602—1682年，荷兰东印度公司输入的华瓷竟达1600万件以上[①]。朱培初认为1602—

---

[*] 本研究为国家社会科学基金项目"15—19世纪华瓷对西欧饮食文化的影响研究"、江西省社联专项项目"景德镇陶瓷器物史研究"的阶段成果。

[①] T. Volker., *Porcelain and the Dutch East India Company: 1602 - 1682*, Leiden, E. J. Brill, 1954. 29。

1682年，荷兰东印度公司共运销瓷器1200万件，其中华瓷占98.3%，达1010万件①。两者数据的差异，可能是不同的统计口径，即便如此，但17世纪荷兰人口仅为150万②，T. 佛尔克、朱培初计算的华瓷分别超过荷兰人口10倍、6.7倍，其中大部分是景德镇青花瓷，成为上流社会地位和财富的标志，也是画家醉心创作的新题材。

1. 中荷贸易的景德镇瓷器

荷兰东印度公司（图1）于1602年成立，1619年建立巴达维亚总部，1624—1662年占领台湾，夺取了葡萄牙东方贸易的霸主地位，招徕大量华人从事瓷器贸易③。1602年、1604年公司分别捕获两艘葡萄牙商船：圣雅戈（Sao Tiago）获华瓷瓷盘28箱、小瓷碗14箱；凯瑟琳娜（Santa Catarina）获10万件青花瓷，在阿姆斯特丹悉数拍卖，买主有欧洲王室贵族，华瓷餐具竟然成为欧洲的奢侈品。公司进而向华商定购华瓷：1608年10.8万件、1620年5.75万件、1622年7.5万件，1647年20万件华瓷经台湾走私至巴达维亚④。据荷兰东印度公司档案记载：1636年、1637年、1639年购买景瓷均超10万件；商船年均往返欧洲与印度尼西亚：1602—1625年10艘、1626—1670年22艘、1671—1750年29艘⑤。保守估计，17世纪上半叶，每年约超300万件华瓷销往欧洲，1625—1650年，约有550艘商船来往于荷兰和东南亚，直接与华贸易商船年均2—3艘，如果每艘商船以200箱瓷器压舱，每箱约1000件，总量约20万件；如果年均以2.5艘商船计算，总数当约1250万件⑥。另据国外档案资料的统计：1602—1695年，荷兰东印度公司运到欧洲的华瓷约2000万件，由此统计，1683—1695年，运到欧洲的华瓷约400万件。1700年，荷兰东印度公司在欧洲港口一天就卸下14.6748万件景瓷，1729—1794年，他们运销华瓷达

---

① 朱培初：《明清陶瓷和世界文化的交流》，轻工业出版社1984年版，第52页。
② 任学安、陈晋：《大国崛起》，中国民主法制出版社2007年版，第22页。
③ L. 包乐史：《巴达维亚华人与中荷贸易》，庄国土审校，广西人民出版社1997年版，第96页。
④ T. Volker., *Porcelain and the Dutch East India Company：1602 – 1682*, Leiden, E. J. Brill, 1954, p. 119.
⑤ 吴建雍：《18世纪的中国与世界·对外关系卷》（第1卷），辽海出版社1999年版，第96页。
⑥ T. Volker. *Porcelain and the Dutch East India Company：1602 – 1682*, Leiden, E. J. Brill, 1954, p. 42.

4300万件①,主要产自景德镇。

图 1　荷兰东印度公司的标识

需要说明的是,以上数据虽然没有把景瓷单列出来,但绝大多数是景德镇产品,尤其是青花瓷。1644—1683 年,正值明清两代更替之际,战乱频繁,景德镇制瓷业遭到空前破坏,荷兰基本停止了华瓷输入,转而进口日本瓷器②。清代重设御窑厂,民窑全面恢复生产,1684 年,中荷景瓷贸易迅速恢复,其盘碗、杯碟、瓶壶、罐尊等,为荷兰艺术家创作静物画增添了新的品类。

2. 景德镇与代尔夫特的青花陶瓷

青花瓷简称青花,也称白地青花瓷,属釉下彩。景德镇青花瓷用氧化钴料在坯胎上描绘纹样图案,施透明釉后,约经 1300℃ 还原焰一次烧成,钴料融于坯釉,蓝白相映、晶莹明快、青翠欲滴、美观隽永。景德镇元青花采用瓷石+高岭土的二元配方,Al_2O_3 含量增高,胎体厚重,造型饱满;明永乐、宣德青花以制作精美著称;清康熙青花以色分五彩而至巅峰,乾隆以后因粉彩瓷繁荣而逐渐衰退。景德镇青花常与五彩、斗彩、粉彩搭

---

① Maura Rinald, *Kraak Porcelain A Moment in the History of Trade*, London: Bamboo Publishing Ltd., 1989, p. 43.
② Christie's Auction Catalog: The Vung Tau Cargo, The Vung Tau Cargo, A Shipwreck of Chinese Export Porcelain, 1992, p. 11.

配，御窑青花纹饰严谨、精致；民窑青花则随意、洒脱；充分吸收了中国画的构图与技法，成为荷兰静物画创作的经典标本。

1585年西班牙攻占安特卫普，商人及陶工纷纷逃到荷兰的代尔夫特（图2），建立陶器作坊，受意大利和西班牙影响，大量生产马略卡陶器。另外，荷兰东印度公司在代尔夫特设立办事处，每周都有集市，每年都举办博览会，为陶器生产提供了中国样品。1618—1624年，代尔夫特先后建立了陶碟厂、陶罐厂。在景德镇青花瓷、彩绘瓷的影响下，代尔夫特分别于1634年、1650年开始生产青花软质瓷、彩绘陶器，模仿中国山水人物，成为欧洲蓝色彩绘陶瓷制作中心（图3）。1653年建立弗莱斯陶瓷厂，逐渐发展成皇家陶瓷厂，代尔夫特迅速发展为荷兰乃至欧洲的陶瓷中心。

图2　荷兰维米尔《代尔夫特风景》局部

图3　代尔夫特蓝色彩绘陶瓷

需要强调的是，景德镇、代尔夫特黏土储量大，陶瓷原料丰富；森林茂盛，燃料储备充足；河网密布，交通运输发达，具备了大规模生产陶瓷的条件。但景德镇拥有优质高岭土，而代尔夫特只有次质黏土，因此，1640—1740 年，代尔夫特陶瓷称为荷兰仿制瓷（Hollants Porcelyn），主要模仿景德镇青花瓷的瓶壶罐，质地较为细腻，但没有半透明的效果。由于其独具东方造型纹饰的美感，便于表现肌理质地、图案纹样，却不失为静物画的亮点。

二 荷兰静物画黄金时期的陶瓷器物

17 世纪以前，风景、人物是欧洲油画的经典题材，静物属于陪衬角色，但 17 世纪开始，荷兰静物画名家辈出，逐渐打破这一局面。他们关注现实，多取材于中产阶级的生活场景和日常物品，将陶瓷、玻璃、金属等器皿，与果蔬、鱼肉、酒液等食品构成特殊的画面，色彩亮丽、造型精准、刻画细腻，在欧洲乃至世界艺术史上占有重要地位。

（一）欧洲静物画的发展

静物画特指把无生命物体作为单独主题，以日常生活中静止的炊具、餐饮具、果蔬、鱼肉、花卉等作为题材，采用写实技法进行临摹式创作。正所谓万物静观皆自得，彰显了静物画隐晦的美学原理：与人们朝夕相处的静止物象，平时不为人们所关注，但经过画家逼真的再现，与不同的时序、季节、环境、经历、情感等联系，产生寄情寓物、睹物思人的效果，引起情感共鸣。其实，远古画作就有静物元素，静物画源于古希腊、古罗马时期，不具有独立的审美意义[1]，艺术史称其为 Xenia，表现的是静置的事物，或静态的物品，主要附属于某种装饰，主题不具备独立性[2]。14 世纪初，乔托（Giotto）宗教题材的壁画就有静物成分，其中的日用品处于从属位置。

文艺复兴时期，欧洲画家恢复古希腊和古罗马的优良传统，力求描绘的对象接近实物，以至再现其真实形态。为此，他们借助解剖知识、科学透视法、空气透视法等，拓展具象写实的艺术语言，创作中

---

[1] 欧阳英：《西方绘画艺术金库》，中国青年出版社 2000 年版，第 178 页。
[2] ［英］诺曼·布列逊：《注视被忽视的事物：静物画四论》，丁宁译，浙江摄影出版社 2000 年版，第 13 页。

产阶级家居装饰的艺术品,静物画悄然兴起。意大利卡拉瓦乔《静物:花和水果》(图4),布面油画,105厘米×184厘米,1590年创作,是欧洲早期静物画代表之作,画面中间的陶罐白地蓝花,是意大利锡釉陶,可见陶瓷在静物画中地位。16世纪意大利人文主义思潮流行,静物画获得了独立的地位。16世纪末到17世纪,欧洲静物画专注日常生活的食物、器物、饰物等,以具象的表现方式为创作基础,用写实的艺术语言为表达手段[①]。并非狭义的写实主义(Realism),而是指通过观察绘画静物的物理特征,用线条和色彩详细刻画,再现其结构、色彩、空间等形态,达到逼真的视觉效果[②]。17—19世纪,自然科学为静物画注入活力,欧洲静物画进入黄金时期,画家逐步摆脱宗教束缚,密切关注现实生活,人们开始关注食材、食器的审美。18世纪末期,英国画家雷诺兹把静物画与肖像画、风景画、历史画放置在同样的高度。古典主义将写实绘画艺术推向新的高度,注重把握现实与理想,释放人们的唯美情怀,讲究典雅的色调、匀称的比例、流畅的线条、圆润的形状。到了19世纪,完善的光学理论使静物画色彩表现更加细腻,赋予其新的表现形式。

图4 意大利卡拉瓦乔《静物:花和水果》

---

① 具象艺术(Figural Art),指艺术形象与自然对象基本相似或极为相似的艺术,相对词是意象和抽象。表现对象是自然界的物或观念中的形象,具备可识别性。

② 写实主义(Realism),也称现实主义,特指源于19世纪法国的艺术思潮,反对僵化的新古典主义和抽象浪漫主义,坚持表现现实生活。

需要说明的是，17世纪的静物画名家虽然技法风格各异，但都注重造型的准确性，写实的逼真性，擅长使用透明薄涂画法，不透明厚涂画法，暗部透明薄涂、亮部不透明厚涂的折中画法。他们的写实静物画，特别是陶瓷器皿，通过构图、形体、空间、质感、虚实等形式，强调素描技巧，表现明暗、虚实的空间关系，创造真实的视觉艺术效果。

（二）荷兰静物画的崛起

1609年，尼德兰革命以创建荷兰共和国而告终，欧洲出现首个资产阶级共和国。17世纪60年代，荷兰成为欧洲最富裕的国家，国强民富、政治民主、信仰自由、文化宽松，艺术创作得以摆脱神话、宗教、宫廷的束缚，为荷兰静物画创造了有利条件。"刚刚富裕起来的社会与其物质财富之间所展开的某种对话"，它们反映了人们"如何看待与理解财富现象"[①]。画家面对世俗生活、面向市民阶层，描绘和睦家庭、富裕生活，形成了新的审美趣味，荷兰静物画空前繁荣。17世纪，荷兰静物画成为独立画种，画家通过描绘静物反映生活情趣和时代特点。

荷兰作为首个资本主义国家，艺术品有效地转化为商品，静物画市场逐渐形成。东印度公司输入的景德镇青花瓷，也随之成为重要的创作题材，优雅恬淡的东方色彩，缠绵疏朗的吉祥纹样，成为居家装饰的新宠，充分显示了主人的地位与品位。另外也反映出商业投资的心理，就大多数荷兰民众而言，他们希望投资静物画而创造财富，让自己的生活更加幸福美满。"荷兰人以商人的方式对待美术，他们投入大量的资金只是为了从中获得更多"[②]。因此，静物画理所当然地成为人们争相追逐的对象。

17世纪，荷兰静物代表人物有威廉·卡尔夫（Willem Kalf，1619 – 1693），威廉·克拉斯·海达（Willem Claesz. Heda，1593 – 1680），约翰内斯·维米尔（Johannes Vemeer，1632 – 1675），彼得·克拉斯（Pieter Claese，1597 – 1661），克拉拉·皮特斯（Clera Peeters，1590 – 1649），亨特克凡斯特尔克（Hvan Streek，1659 – 1719）。他们描绘的静物各有不同，选用并巧妙摆布静物，以揭示作品内涵、增强艺术表现力，使观者强烈体

---

① ［英］诺曼·布列逊：《注视被忽视的事物：静物画四论》，丁宁译，浙江摄影出版社2000年版，第112页。

② ［荷］艾恩·罗宾逊：《共享的价值：过去和现在》，熊恺译，《世界美术》1993年第3期，第40页。

验静物真实的形态和质感,从而感受宁静闲逸的生活。特别是静物画中的美妙景瓷、异域食物等来自殖民地,象征荷兰全球贸易的显赫成就,随着商业帝国的崛起而日渐辉煌。静物画再现的优雅环境、精致餐具、充裕食物、鲜美味道,逐渐改变了从属地位,与风景画、人物画构成了西洋三大绘画题材。"显而易见,那时的人发现了现实;蒙住眼睛的罩子掉下了,几乎一下子懂得刺激感官的外表,懂得外表的比例,结构,色彩。"①

图 5 海达《生活器具》　　图 6 明万历景德镇青花徽章瓷碗

画家以娴熟写实的技巧真实表现了人们的物质生活,其大量经典之作具有自然主义倾向。譬如威廉·克莱兹·海达 1638 年创作的《生活器具》(图 5),其青花瓷碗碗壁绘有四个青花盾徽,每个盾徽都有一个长着两个人头和五个兽头的怪物。盾徽两侧的飘带上书拉丁文名:Septenti nihil novum,即莫与智者语神奇。这就是东印度公司订制的青花徽章瓷碗(图 6),图案由葡萄牙、荷兰陶艺家设计,明代万历年间,由景德镇陶工特别制作。

就静物画而言,陶瓷质地软硬兼备、造型凹凸有致、釉色明暗有别、图案繁简有趣,相对于金属、石木、玻璃更难刻画,艺术家要赋予陶瓷静谧的生命力,具象写实是不二选择,它不仅是一种技巧,更是一种观念。画家通过大小的形体、曲直的轮廓、虚实的光影、粗细的线条、疏密的纹饰,再现陶瓷器物的真实美。

---

① [法] 丹纳:《艺术哲学》,傅雪译,安徽文艺出版社 1991 年版,第 260 页。

三、威廉·卡尔夫描绘的景德镇青花瓷

荷兰东印度公司从世界各地（特别是葡萄牙殖民地）带来奢侈品，让荷兰人对其殖民地力量感到骄傲，卡尔夫的静物画表现了贵族拥有奢侈品的欲望[①]。威廉·卡尔夫是荷兰最杰出的静物画家，细致入微观察物体的质感，善于将不同质感和纹理的物品同框并置，"创造出形状、色彩、质感、反射和透明感豪华而宁静的和谐之美。"[②] 诸如荷兰的金银器、威尼斯的玻璃器、景德镇和代尔夫特青花陶瓷的质感与光泽，外形优美、色调典雅的景瓷，成为卡夫尔的心仪珍品。

（一）景德镇青花瓷盘

景德镇瓷盘是欧洲人最为常见的盛食器具，直径长短兼备、腹部深浅各异，深腹大盘可盛装龙虾、瓜果、糕点等，浅腹小盘仅可盛装干果。静物画中大部分为景德镇青花克拉克瓷盘，口部主要分圆口、花口、敞口、折沿口，纹饰繁缛且层次较多。

卡尔夫笔下的静物常常选取桌面一角，将瓷器和水果摆放在织毯或台布上，威廉·卡尔夫《橙子桃子和葡萄酒》（图7），60.3 厘米 × 50.2 厘米，布面油画，1663 年，美国克里夫兰美术馆藏。画面主体的瓷盘青花纹饰清晰可辨，桃子毛茸茸的质感与玻璃器皿莹润剔透的光泽相得益彰，充分体现了画家的写实功底。水平的桌面与垂直的玻璃酒杯，构图稳重、画面精致，玻璃杯上一束高光，衬托出同处亮部的瓷盘、水果的不同质感，洋溢着宁静闲适的气息，令人迷恋。画中的瓷盘与明万历景德镇青花瓷盘（图8）非常相似，且两件瓷盘都采用了椭圆和扇形的开光纹饰。需要强调的是，青花折沿宽边深腹盘，造型类似当时欧洲流行的淑女宽边帽，在中国传统器形中并没有，由于光影的作用，或画家独特的处理，极有可能是荷兰代尔夫特生产软质瓷，或中国生产的订烧瓷。即便是软质瓷，也是模仿景德镇青花而生产。

---

① ［美］温尼·海德·米奈：《巴洛克与洛可可：艺术与文化》，孙小金译，广西师范大学出版社2004年版，第199页。

② 修·昂纳、约翰·弗莱明：《世界艺术史》，吴介祯等译，北京出版集团公司、北京美术摄影出版社2013年版，第185页。

图7　卡尔夫《橙子桃子和葡萄酒》　　图8　明万历景德镇青花深腹瓷盘

（二）景德镇青花瓷碗

景德镇瓷碗并非欧洲人最常用的盛食器具，直径或长或短，但腹部较深，碗的造型变化集中于口部，有撇口、敛口、直口、翻唇、折沿、圆口、花口等，偶有加盖瓷碗。

17世纪，荷兰人民生活富足，宗教信仰自由，提倡包容。威廉·卡尔夫关注社会变革，作品聚焦餐桌文化，注重刻画饮食器具、糖酒水果、面包糕点，尤其是贵重器皿极尽奢华，将中国瓷罐、威尼斯玻璃器、荷兰银盘、半削的柠檬构成三角形。卡尔夫《有船蛸杯的静物》（图9），布上油画，79.4厘米×67.3厘米，1660年，卢加诺市赛森·波密萨藏画馆。学者认为深腹大盖碗是明代装糖的器皿，通体青花纹饰，腹部镶嵌五彩道教人物，由此判断产自景德镇，应该是道教盛行的晚明。明万历景德镇青花深腹大盖碗（图10），高16厘米，口径16厘米。器表为青花山水，盖碗腹部是四组白胎人物浮雕，每组2人对称镶嵌，为中国神话传说中的八位仙人，中间是白胎狮钮。两件器物极其相似：大碗深腹加盖，造型端庄厚重，通体青花山水纹样，开光处镶嵌中国道教人物。不同的是道教人物或有五彩装饰，或无五彩装饰。画家将景德镇瓷碗放置于画面最抢眼的位置，采用局部高光的手法凸显瓷碗清幽华丽，瓷碗仿佛本身就是发光体。"静物画不可能与阶级现象相脱节：餐桌就是地位和财富的一种标志。"[1] 卡尔夫用这种聚焦方式引起了人们关注中国物品。

---

[1] 张康：《欧洲静物画形成研究》，南京艺术学院硕士学位论文，2009年。

图9　卡尔夫《有船蛸杯的静物》　　图10　明万历景德镇青花深腹大盖碗

(三) 景德镇青花瓷罐

景德镇瓷罐是体量较大的存储器，主要用来储存食物、药材、香料，尤其是液态饮品。瓷罐口部较小、颈部较短、腹部圆鼓，口部常常加盖，肩部往往无系，口径和底径收缩明显，器身曲线优美。静物画中的瓷罐主要是景德镇青花，造型相对简单，装饰却较为复杂。

17—18世纪，在东西方香料贸易中，良姜、胡椒等深受西方人的喜爱，良姜带有姜和胡椒味道，可以帮助人们消化食物，甚至具有抵御瘟疫的功效。胡椒可作调味品，有健胃、解毒等功能，粉状胡椒应装在密封容器中，避免受潮和光照①。为了便于运输和储存，瓷质盖罐应运而生并远销海外。威廉·卡尔夫《静物：晚明姜罐》（图11），65.5厘米×77厘米，布面油画，1669年，马德里提森美术馆藏。清乾隆景德镇青花锦地四开光博古花鸟纹盖罐（图12），制作不够精细，为民窑产品。两幅静物画中的瓷罐，器形釉色相似，采用开光的方式突出主题纹饰，以此推测，卡尔夫《静物：晚明姜罐》青花瓷样本来自景德镇。

---

① 詹嘉：《15—18世纪景德镇陶瓷对欧洲饮食文化的影响》，《江西社会科学》2013年第1期，第122页。

图11 卡尔夫《静物：晚明姜罐》　　图12 清乾隆景德镇青花盖罐

（四）景德镇青花瓷壶

景德镇青花瓷壶一般用作饮具，有执壶、提梁壶，主要盛装酒、茶，口部小，多无盖，颈部细长，腹部浑圆外凸，有流和把手。执壶其实就是玉壶春瓶加上细长弯曲的流和把手，腹部上小下大，颈部窄小内缩，鼓腹，圈足。

威廉·卡尔夫静物画多是青花执壶，《静物与壶、盆、水果、鹦鹉螺杯和其他物体》（图13 简称《静物与执壶》），111厘米×84厘米，布面油画，1660年，马德里提森美术馆藏。作品中的瓷壶为执壶，镶上金盖、金足，旁边的瓷盘也镶上金边、金足。构图呈直三角形，增加了画面的稳重感，设色古典静穆，整个画面协调完美。作品淋漓尽致地展示了画家细致入微的观察力和精确的表现力。青花执壶占据画面中央，给画面以强烈的形式美感。瓷器明亮的青蓝色与毛毯深沉的暗红色，冷暖色彩搭配和谐，画面整体感强，视觉中心突出。壶、盆质地纯净、造型准确、青花幽蓝、纹样生动，写实技法极其细腻。明嘉靖景德镇神奇喷泉纹青花执壶（图14），现藏于吉美博物馆[①]。其纹饰和器形与卡尔夫静

---

① 林瀚、张怀林：《海外珍藏中华瑰宝：外销瓷》，北京工艺美术出版社2011年版，第44页。

物画中的执壶非常相似，壶口、流口、执耳上的金属饰物由欧洲工匠后来加上，是景德镇典型产品。

图 13 卡尔夫《静物与执壶》　　图 14 明嘉靖神奇喷泉纹青花执壶

四　结语

从宏观的历史背景中研究美术史，最好从微观的视角切入，才能够全面地展示美术史的发展脉络。17世纪荷兰静物画繁荣得益于欧洲静物画的影响，也得益于中荷陶瓷贸易的繁荣，大量华瓷的输入，特别是景德镇青花瓷，必然对荷兰绘画产生影响。艺术家将其作为构图的要素、器物的造型、装饰纹样，乃至色彩的运用、光影的变幻、质感的软硬，揭示荷兰静物画的发生、发展、繁荣，彰显中国陶瓷文化的魅力。由此我们不难发现：景德镇青花瓷作为中荷两国经济贸易、文化交往的特殊引擎，促进荷兰步入经济发展的黄金时期，青花瓷融入荷兰人的日常生活，提高他们的饮食品质；威廉·卡尔夫笔下的青花，淡雅隽美、怡情益智，提升了人们的审美格调，促进荷兰静物画创作进入黄金时期。先后两个黄金时期，既有前因后果的关系，又有相互促进的影响，是历史发展的必然。

民以食为天，食以器为先，美食不如美器，这不仅是中国饮食文化的精髓，也是荷兰静物画的精髓。景德镇青花瓷餐饮具功能各异、取放方便,营造了舒适的环境,进食不是充饥而是享受,餐饮文化因此而精致①。特别是17世纪荷兰流行各种新教,教徒以纯净心境看待圣餐,注意美化圣餐环境,器具讲究精美,市民的生活安定富裕,丰盛的餐桌成为时代的特征。由此可见,景德镇青花瓷成为中国乃至荷兰经典的美器,美器、美食自然成为荷兰静物画创作的永恒主题!

(作者为景德镇陶瓷大学教授)

---

① 詹嘉:《15—18世纪景德镇陶瓷对欧洲饮食文化的影响》,《江西社会科学》2013年第1期,第121页。

英国航海家巴塞尔·霍尔与拿破仑所论琉球史事初探

刘啸虎

18—19世纪英国著名航海家巴塞尔·霍尔（Basil Hall，1788－1844），出身苏格兰贵族，1802年加入英国皇家海军，多次参加航海远征、科学考察及执行外交使命。1816年，他作为英国皇家海军双桅轻型军舰"里拉"号（Lyra）的舰长，指挥"里拉"号与另一艘英国军舰"阿尔切斯特"号［Alceste，舰长为默里·马克斯韦尔（Murray Maxwell，1775－1831）］组成舰队，护送英国阿美士德（Lord Amherst）使团访华。舰队经中国东南沿海的香港、澳门、广州等地，于1816年6月28日抵达天津白河口。8月9日，英国使节阿美士德等人登岸，自天津北上觐见嘉庆皇帝，并指示舰队返回广东。但巴塞尔·霍尔的舰队（以下简称"霍尔舰队"）却并未直接南返，而是沿中国北方沿海展开勘察测绘。该舰队及补给船只先北上辽东半岛，对辽东半岛西岸进行测绘；又南下经旅顺抵达山东沿海，对烟台的芝罘湾（当时英文拼作"Che－a－tou Bay"）进行了第一手调查。[①]其后的8月27日，"阿尔切斯特"号与"里拉"号首次进入山东半岛的威海湾，留下了英语文献中对威海卫（当时英文拼作"Oei－hai－oei"）

[①] 国内相关研究可参见吴尹清《鸦片战争前英国阿美士德使团在华情报活动》，《江南社会学院学报》2018年第1期；张建威《阿美士德使团在辽东半岛活动考》，《大连近代史研究》第15卷，辽宁人民出版社2017年版等。

的最早记载。① 有关阿美士德使团与霍尔舰队的这些在华经历，已有亲历者的回忆著述中译本出版②，相关研究亦已相当丰富。③

但是，霍尔舰队结束对中国北方沿海的勘测调查之后，在南下返回广东之前，还有一段航海调查经历。而这段经历，尚未引起国内研究者的关注：8月28日，霍尔舰队继续向东航行，到达朝鲜半岛西海岸。霍尔等人登岸考察，与朝鲜人及当地官府有所互动。④ 然后霍尔舰队继续南下，驶向琉球群岛。1816年9月16日，霍尔舰队来到琉球岛那霸港（Napa - kiang）外，因遭风浪、船只损坏而入港停泊。霍尔舰队在那霸港停留长达40多天，与当地琉球人及琉球官员多有交往，对那霸港附近沿海地区进行了一系列考察，从当地进行了维修和补给，并试图会见琉球国王而未果。直到10月28日，霍尔舰队才离开那霸，经八重山列岛（Pa - tchou）南下，回到中国广东与阿美士德使团会合。⑤

巴塞尔·霍尔常年坚持写日记，对航海调查期间的经历记载详细。回

---

① 国内相关记载可见威海市地方史志编纂委员会编《威海市志》，山东人民出版社1986年版，第49页；朱亚非、张登德《山东对外交往史》，山东人民出版社2011年版，第372页；张军勇《近代西方视野里的威海形象》，《老照片》第88辑，山东画报出版社2013年版等。需要特别指出的是，部分早期中小学地方历史教材及其他领域著作中，存在将此事误记作"美国""美国军舰"的情况。如威海市教学研究室编《威海历史（修订本）》，1989年版，第30页；中国海湾志编纂委员会编《中国海湾志》第3分册《山东半岛北部和东部海湾》，海洋出版社1991年版，第304页等。对此应予以纠正。

② 如［英］克拉克·阿裨尔著《中国旅行记》，刘海岩译，上海古籍出版社2012年版；［英］亨利·埃利斯著《阿美士德使团出使中国日志》，刘天路、刘甜甜译，刘海岩审校，商务印书馆2013年版等。

③ 又可参见江滢河《英国的全球战略与澳门——以1816年阿美士德访华为中心》，《广东社会科学》2013年第2期；欧阳哲生《鸦片战争前英国使团的两次北京之行及其文献材料》，《国际汉学》2014年第1期；伍玉西《马礼逊与中英早期官方交往——以1816年阿美士德使团来华为中心》，《韩山师范学院学报》2015年第5期等研究。

④ 对于霍尔舰队在朝鲜半岛西海岸的活动，韩国学者的研究较为充分。可参见（韩）金慧民（김혜민）：《19世纪早期朝鲜官府就西方船只出现的应对（19세기 전반 서양 異樣船의 출몰과 조선 조정의 대응）》，《震檀学报》第131辑，2018年；（韩）安世真（안세진）、徐止元（서지원）、成孝贤（성효현）《韩国海岸海洋地理特征时空识别的变化：从18世纪末到20世纪中叶海图中的海洋地理名称分析（한반도 연안 해양지형에 대한 시공간적 인식의 변화：18세기 후반부터 20세기 중반 해도에 나타난 한반도 연안 해양지명을 중심으로）》，《韩国地理学会会刊》2019年第3期等研究。

⑤ 有关这段经历，阿美士德使团副使、阿美士德本人的秘书、英国外交官亨利·埃利斯在其回国后出版的访华日志中曾以"考察要录"的方式略加提及，因为其虽然"没有被纳入到日志中，但是与日志所涉及的各种问题有着明显的关系"。见［英］亨利·埃利斯著《阿美士德使团出使中国日志》，刘天路、刘甜甜译，刘海岩审校，商务印书馆2013年版，第323—329页。

到英国之后,霍尔于 1818 年在伦敦出版了《朝鲜西海岸及大琉球岛航海探险记》(Account of a Voyage of Discovery to the West Coast of Corea and the Great Loo - Choo Island in the Japan Sea,以下简称《琉球岛航海探险记》)一书。该书是第一本向欧洲介绍朝鲜半岛的著作,其对琉球群岛的介绍同样意义重大。该书出版不到两年就被翻译成荷、德、意等语言,英文原版也多次再版。① 西方对琉球的基本认知,与该书密切相关。比如 1853 年来到琉球、迫使琉球开国的美国海军佩里舰队,包括舰队司令马修·加尔布雷恩·佩里准将(Matthew Calbraith Perry)在内的舰队人员,对琉球的最初印象基本来自该书。

一方面,霍尔在该书中记载了自己观察到的琉球王国社会风貌和文化特征,指出琉球王国显然深受中华文化的影响。而另一方面,不知出于什么原因,霍尔将琉球作了很大程度上的美化。他将琉球描述为一个人间的伊甸园,琉球的居民纯洁如孩童,对待陌生的外人善良而真诚,从不欺诈,与金钱有关的争斗和罪行与他们无缘。霍尔还指出,琉球人没有武器,不知暴力和战争为何物。这些记载显然对西方人影响极深。正是带着这样的最初印象和基本认知,37 年后美国海军佩里舰队人员对琉球进行了实地考察,对琉球官府和琉球民众进行了亲身接触。包括佩里本人在内的佩里舰队人员,常将他们见到的琉球王国真实情况与霍尔笔下的情况加以对比。最后他们得出结论:《琉球岛航海探险记》一书内容虚实交杂,错误不少。② 在佩里舰队回国后向美国国会提交的官方报告《日本远征记》(Narrative of The Expedition of An American Squadron to The China Seas and Japan)中,更是直指巴塞尔·霍尔笔下所记"有趣

---

① [日] 山口栄鉄:《琉球異邦典籍と史料》,榕树書林,1977 年版,第 38—45 页。日文译本有将其中记述朝鲜西海岸部分略去的バジル・ホール著,須藤利一訳:《バジル・ホール大琉球島航海探険記》,第一書房,1972 年。

② 相关研究可参见修斌、刘啸虎《〈日本远征记〉所见琉球的国际地位——兼论琉球与日本、中国之关系》,《海大日本研究》第 4 辑,中国海洋大学出版社 2014 年版;修斌、刘啸虎:《ペリー舰队の对中日琉関系の認識》,《东アジア文化交渉研究》第 8 号,关西大学大学院东アジア文化研究科,2015 年;刘啸虎:《十九世纪中叶美国人眼中的琉球——以佩里舰队在琉球的活动为中心》,中国海洋大学硕士学位论文,2014 年。

但并不真实"①。

本文既试图探究霍尔笔下所记"不真实"的缘由，更试图思考另一个问题：这种"不真实"的"有趣"产生了怎样的作用和影响？笔者认为，这种"有趣"实际是战胜了"不真实"，让霍尔的记载能够为当年的西方人所接受，乃至构成其东方想象的一部分。按照笔者的观点，这是因为霍尔对琉球的描述与彼时西方人固有知识中一个非常重要的部分产生了交集。这一部分，正是战败退位后被流放大西洋中圣赫勒拿岛（Saint Helena）的前法兰西帝国皇帝、一世伟人拿破仑·波拿巴（Napoléon Bonaparte）。代表神秘东方未知之境的琉球王国，与代表欧洲文明和力量的拿破仑，19世纪初的世界中原本毫无关联的两者，居然通过霍尔发生了接触。两种异质文化之间的交流和认知，足以将"有趣"推向顶峰。也正因为如此，这种"有趣"才得以战胜"不真实"，不单为彼时的西方人，甚至为后世的琉球人所接受。

具体而言，英国阿美士德使团在乘坐"阿尔切斯特"号军舰航海归国途中，于1817年6月27日抵达圣赫勒拿岛。7月1日，被流放于此的拿破仑分别接见了英国使节阿美士德勋爵、副使亨利·埃利斯与"阿尔切斯特"号舰长默里·马克斯韦尔等人。有关这次接见，最广为人知的说法当属"睡狮论"，即拿破仑对英国人称中国乃东方一头沉睡的雄狮，不要让其醒来云云。后有学者指出，所谓"拿破仑睡狮论"恐并不存在，其实是晚清特殊历史背景和语境下一种"层累造成的民族寓言"。② 阿美士德使团成员的日志和旅行记也多记对拿破仑的个人印象，并未记载拿破仑曾谈及中国或东方。③ 而巴塞尔·霍尔的《琉球岛航海探险记》却是一个例外，霍尔在其中详细记录了自己向拿破仑讲述东方见闻的全过程，以及拿破仑对这些东方见闻的反应和评价。霍尔的记载里，他与拿破仑谈

---

① Matthew Calbraith Perry, Lambert Lilly, Francis Lister Hawks. *Narrative of The Expedition of An American Squadron to The China Seas and Japan: Performed in The Years 1852, 1853, and 1854, under The Command of Commodore M. C. Perry, United States Navy*. Appleton and Company, 1856, P. 369.

② 施爱东：《中国龙的发明：16—20世纪的龙政治与中国形象》，生活·读书·新知三联书店2014年版，第260—284页。又可参见张英伦《从拿破仑的"中国睡狮"说说起》，《中华读书报》2019年7月17日第13版。

③ 相关记载可参见［英］克拉克·阿神尔《中国旅行记》，刘海岩译，上海古籍出版社2012年版，第296—315页；［英］亨利·埃利斯《阿美士德使团出使中国日志》，刘天路、刘甜甜译，刘海岩审校，商务印书馆2013年版，第317—320页。

论最多的不是中国、朝鲜和日本，而是拿破仑一无所知却又最感兴趣的琉球。

霍尔并非与阿美士德使团一起面见拿破仑。1817年1月，阿美士德使团乘"阿尔切斯特"号离开中国广东归国，霍尔则奉命指挥"里拉"号先前往加尔各答，向英属印度当局传达公文信件；然后霍尔才率"里拉"号横渡印度洋，绕过好望角后于1817年8月11日抵达圣赫勒拿岛，获得拿破仑接见。巴塞尔·霍尔之父詹姆斯·霍尔爵士（Sir James Hall, 1761–1832）是苏格兰著名地理学家，时任爱丁堡皇家学会主席。詹姆斯·霍尔早年在法国游学时，曾与就读于布里埃纳军校的少年拿破仑相识并交好。拿破仑对巴塞尔·霍尔称"你父亲是我这辈子认识的第一个英国人"，表示对其颇为想念。① 因为这层缘故，霍尔与拿破仑的交流更为生动而坦诚。

霍尔向拿破仑讲述自己的东方见闻，提到琉球（Loo–Choo）时拿破仑摇头表示从未听说过这个国家，随即询问琉球到中国广东的航程距离。霍尔写道，拿破仑有极强的洞察力和极丰富的地理知识，"当（拿破仑）谈到琉球的风俗和制度可能受其他国家干涉的影响时，他做出了就地理位置而言准确的判断"。换言之，拿破仑猜到了琉球王国深受中华文化影响的情况。但琉球王国的其他一些情况，经霍尔的讲述却与拿破仑的猜测和判断相悖：

> 不过，有这么几次，当我（巴塞尔·霍尔）谈及琉球人的时候，甚至连他（拿破仑）都大吃一惊。我则满意地看到他不止一次彻底陷入困惑，完全无法解释我聊到的现象。最令他感到震惊的，莫过于琉球人没有武器。"没有武器！（Point d'armes!）"他惊呼道，"也就是说他们连大炮和枪都没有？（c'est à dire point de cannons – ils ont des fusils?）"连滑膛枪都没有，我回答。"那么有长矛，或者至少有弓箭吧？（Eh bien donc – des lances, ou, aumoins, des arcs et des flech-

---

① Basil Hall. *Voyage to The Eastern Seas*. Whittaker, Treacher, &Co. London; & Waugh &Innes, Edinburgh. 1832, pp. 311–312. 该书又名 *Voyage to Loo–Choo, and Other Places in The Eastern Seas, in The Year 1816*，即《朝鲜西海岸及大琉球岛航海探险记》一书 1832 年的再版，副标题中特意写明"包含 1817 年 8 月于圣赫勒拿岛对波拿巴的访问记"（including... an interview with Buonaparte at St Helena in August 1817）。

es?)"我告诉他,琉球人既没有长矛也没有弓箭。"匕首也没有?(Ni poignards?)"他喊道,语气越来越强烈。是的,什么也没有。"但是!(Mais!)"波拿巴说道,攥紧拳头,嗓门抬高,"但是!没有武器怎么打仗?(Mais! Sans armes, comment se bat – on?)"

我只能回答,就我们所能发现的来看,琉球人从没有过任何战争,无论内部还是外部却都保持着和平。"没有战争!"他喊道,带着轻蔑和怀疑的表情,好像太阳底下存在任何没有战争的民族都是巨大的异数。

我向他讲述,琉球人没有金钱货币,他们把我们的银币或金币看得毫无价值。他对此似乎并不相信,态度举止上的反应跟前一件事相似,不过触动没有那样大。听我陈述完这些事实,他沉思了好一会儿,低声喃喃自语:"不知道用钱——毫不关心金银。"这时他抬起头来,尖锐地问道:"所有这些最奇怪的人们好像将大批牲畜还有其他好东西送到了你们的船上,那时候是怎么付账的?"我告诉他,我们没法让琉球人接受哪怕其中一样的钱。他对于琉球人的慷慨大方表现出巨大的惊奇,让我重复了两遍这些好客岛民送给我们的东西清单。

按照贝特朗伯爵(Count Bertrand)①的建议,我随身带来一些琉球和朝鲜的风景画及风俗画,这对于描述当地居民能派上用处。我们谈到朝鲜的时候,他从我这里拿起一幅画,浏览着不同的部分,自言自语:"一个戴这么大帽子的老头儿,还有长白胡子,哈!——手里还拿着一根长烟斗——中国席垫——中国服饰,他旁边有个人在写东西——一切都非常好,画得很清楚。"然后,他让我告诉他,这些服饰的不同部分分别都是什么地方生产的,分别都是什么价格——这问题我无法回答。他想了解琉球农业的情况——他们是否用马或其他牲畜犁地耕田——他们如何管理庄稼,他们的田地是否像中国那样灌溉。按照他的理解,中国的人工灌溉体系达到了极高的水平。那个国家(琉球)的气候、风貌、房屋和船舶构造、衣着风尚甚至连琉球人

---

① 原名亨利—加蒂安(Henri – Gatien, 1773 – 1844),拿破仑麾下将领,1814 年自愿陪同拿破仑流放厄尔巴岛,次年又自愿陪同拿破仑流放圣赫勒拿岛。——笔者注

的草鞋和烟袋样式这些琐事都占据了他的注意力。对于琉球人顽固坚持不让他们的女人出现在我们的视线之内,他很是开心。不过他一再表示自己非常欣赏马克斯韦尔船长的温和与理智,保持克制没有对当地人采取任何行动。毕竟那样的行动会招致琉球人的反对,或者与这个国家的法律相冲突。

他问了许多有关中国和琉球宗教信仰方面的问题,显然对天主教传教士和中国僧侣之间惊人的相似性有着深入的了解。如同他所评价的那样,这种相似性延伸到了两者的宗教仪式等许多部分。然而,又如他所观察的那样,两者的比较也就止步于此。中国的僧侣从不对人们的心灵施加任何影响,从不干涉人们的当下或永恒关怀。在琉球,这里其他所有东西都值得赞誉,惟有神职人员的地位沦落却跟附近大陆上的情况一样突出。这个有些不循常理的现象困扰了拿破仑好一会儿,找不到满意的解释。

"你的这些琉球朋友对其他国家了解多少?"他问道。我告诉他,琉球人只熟悉中国和日本。"好吧,好吧,"他继续问,"那么欧洲呢?他们对我们了解多少?"我回答:"他们对欧洲一无所知,既不知道法兰西也不知道英格兰;同样,"我又补充道,"他们也没听说过陛下您。"面对琉球这殊为独特的历史,波拿巴放声大笑。此时他也许深思,究竟是什么让那里与已知世界的其他任何角落都截然不同。①

显而易见,以霍尔本人的讲述为媒介,19世纪初的世界中原本毫无关联的拿破仑与琉球发生了极为有趣的碰撞。这是区域历史在全球视野之下产生交流和互动的表现。如前文所论,也正因为如此,这种"有趣"才得以战胜"不真实"。连拿破仑的敏锐判断和怀疑否定,都无法帮助西方人判定霍尔的记载"不真实",反而助长了西方人头脑中琉球的"有趣"形象。直至37年后美国海军佩里舰队带着"有趣"的印象来到琉球,才发现了琉球的"不真实"。至于后世的琉球/冲绳人,似乎同样愿意接受霍尔笔下"不真实"的琉球,以此作为琉球早期的"国际

---

① Basil Hall. *Voyage to The Eastern Seas*. Whittaker, Treacher, & Co. London; & Waugh & Innes, Edinburgh. 1832, pp. 315–318.

形象",给琉球塑造出在全球视野下 19 世纪早期区域历史交流和互动中的"参与感"。

比如 2016 年,日本冲绳县那霸市前岛 3 丁目 25 番 2 号的广场上树立起纪念碑,上书"バジル・ホール来琉二〇〇周年紀念"。其日语碑文写道,巴塞尔·霍尔及其船员在两艘军舰停泊那霸的 40 多天时间里与琉球人进行了热情友好的交流;霍尔 1818 年于伦敦出版《朝鲜·琉球航海记》一书,称赞琉球是重礼义的国度,令琉球为欧美所知;后来霍尔于圣赫勒拿岛向拿破仑谈及琉球是"没有武器的国度",此语非常有名;今日冲绳人感念其深厚友情,愿友情代代相传,遂于当年霍尔上陆处及军舰停泊处立碑以示纪念。下方的英语碑文中虽也提及拿破仑对"没有武器的国度"之说"表示惊愕,当场质疑",却无损于"这段插曲广为本岛居民所知"。而"本岛居民"的心愿,则应是如日语碑文中所言,"令琉球为欧美所知"。

"バジル・ホール来琉二〇〇周年紀念",日本冲绳县那霸市前岛 3 丁目 25 番 2 号,照片由北京电视台白美英老师拍摄并提供

至于巴塞尔·霍尔对琉球的记载何以"不真实",当从琉球方面的史料中寻找端倪。笔者认为,一方面当然与霍尔舰队驻泊那霸为时较短、舰队人员未能深入琉球岛内部考察而只是在那霸港沿海周边活动、舰队人员与琉球民众及官府接触有限等客观原因有关。而另一方面,笔者认为也与其在有意无意间倾向于营造琉球的"有趣"形象有关。比如霍尔指出琉球人没有武器,不知暴力和战争为何物,这一认知其实来源于一件小事。当时"阿尔切斯特"号的舰长马克斯韦尔正率船员登岸进行考察探险,他突发奇想要举枪打鸟:

> 但是他们(探险队雇用的琉球人)全都拒绝亲自开枪,任凭如何劝说也无法让他们中任何一个人扣动扳机,就算猎枪端在别人手里、向他们解释药锅里没有装火药,他们还是不肯。
>
> 整整一天,酋长们就在"阿尔切斯特"号上等马克斯韦尔船长。马克斯韦尔船长一眼就发现,他们非常不悦,一定是因为发生了什么事。他们的话语中带着激动和警告,好像因马克斯韦尔船长的失礼举动而深感不安。最后马克斯韦尔船长劝他们说出来,明明白白说清楚究竟是什么让他们如此惶恐不安。经过反复道歉,反复求马克斯韦尔船长谅解(他怕出了什么灾难性的大事),他们才说:当地人被枪声吓得惊恐万分,遂请以最大的善意和谅解,无论马克斯韦尔船长本人,还是其他军官,以后上岸时都切勿携带枪支火器。有位酋长就此给出一个非常伤感文艺的说辞,居然假称当地人眼见小鸟遭射杀,心中十分悲痛。不过,这足以反映出他们的惶恐。探险队的无心之失,或者当地人的愚昧无知,都可能会引发意外。
>
> 这一过程中,马克斯韦尔船长始终完美保持着仪容姿态。他没有用嗤之以鼻的态度对待当地人的请求,而是马上对发生的事表示遗憾,安抚他们的心情,当着他们的面草拟一纸命令,禁止船上所有人员开枪猎鸟,并禁止在我们逗留琉球期间携带枪支。①

显然,霍尔已经觉察出端倪。琉球人的"不知暴力和战争为何物",

---

① Basil Hall. *Voyage to The Eastern Seas*. Whittaker, Treacher, & Co. London; & Waugh & Innes, Edinburgh. 1832, pp, 197-198.

来源于"惊恐万分",而非爱好和平的天性(霍尔已经戳穿了酋长"非常伤感文艺的说辞")。但是他却并未深究,没有借此对琉球的历史和现状进行深入了解,而是索性将自己都不相信的"不知暴力和战争为何物"定为琉球人的符号进行传播,用以营造琉球的"有趣"。而这实际是全球视野下19世纪早期区域历史交流和互动中出现所谓"先进"与"落后"、"文明"与"愚昧"差别的表现。一如霍尔对马克斯韦尔的夸赞,他在《琉球岛航海探险记》一书的撰写上实际正是用"嗤之以鼻的态度对待当地人"。换言之,琉球人只需要扮演"有趣",并不需要"真实"。而借着传播琉球的"有趣",霍尔则可以收到前揭他向拿破仑讲述琉球见闻时的理想效果:"满意地看到他(拿破仑)不止一次彻底陷入困惑。"再换言之,以霍尔为代表的西方人实际是为彼时的琉球设定出一种角色,让其以扮演这种"愚昧"中的"有趣",来反衬出西方那"文明"中的"困惑"。

当然,面对这种以"有趣"代替"真实"、不惜歪曲事实的行为,后来霍尔亦有悔意。《日本远征记》中特意有这样的记载:

> 我们所熟知的本国杰出公民,居住在纽约的约翰·W·弗朗西斯博士,曾与巴塞尔·霍尔船长有过私人交往。当时,巴塞尔船长人在美国,弗朗西斯博士如实记录了以下文字:"在一个文化人聚会的场合,有几位先生略带几分怀疑地向霍尔船长提问,询问他在那本关于琉球的著作中,对一些事情的记述是否准确。这几位先生想知道,自己是否准确理解了霍尔先生的著作。据我当时所听到的,霍尔船长用如此一句含混的表达来回应别人的质疑:'如果我重写那本书,我写出来的将会是一个截然不同的故事。'"①

总而言之,19世纪初英国航海家巴塞尔·霍尔笔下的琉球并非一个"真实"的琉球,而是一个用"有趣"代替了"真实"作为符号、去有意令西方"困惑"、从而反衬出西方"文明"的琉球。当然,如

---

① Matthew Calbraith Perry, Lambert Lilly, Francis Lister Hawks. *Narrative of The Expedition of An American Squadron to The China Seas and Japan: Performed in The Years 1852, 1853, and 1854, under The Command of Commodore M. C. Perry, United States Navy*. Appleton and Company, 1856, p. 369.

此一个"有趣"而"不真实"的琉球,本身即是全球视野下19世纪早期区域历史交流和互动的产物。更重要的是,此处的琉球并非仅仅代表琉球本身,其背后实际隐藏着彼时西方对整个东方的观感。而这种观感其实一直延续至今,直至当下仍不时影响着全球视野下区域的交流和互动。

(作者为湘潭大学碧泉书院·哲学与历史文化学院讲师)

作为德国汉学家的白乐日[*]

李雪涛

图1 白乐日(1905—1963)

本文题为"作为德国汉学家的白乐日",主要阐述德国学术思潮对他汉学研究产生的影响。白乐日一生用过三个名字:出生时的匈语名字 Balázs István,在德国求学和研究时的名字 Stefan Balazs,在法国生活、工作时的名字 Étienne Balazs,我们可以从他的著作或文章的署名,大致看出是哪个时代的作品。不过他的匈语名字很少有人提及,因为他在18岁离

---

[*] 本文系作者于2009年5月28日在匈牙利布达佩斯罗兰大学举办的"中国与中东欧文化交流的历史与现状学术研讨会"上的演讲。在整理成论文的过程中主要参考了 Wolfgang Franke, "Etienne Balazs in memorian", in *Oriens Extremus* 12: 1965, pp. 1–5。

开布达佩斯后，一直没有用匈语写过论文。

白乐日于1963年去世，至今已经快半个世纪了。不过他的主要研究成就（包括隋唐经济史研究、宋史研究项目）至今依然是汉学和中国研究的权威之作。英国汉学家崔瑞德（DenisTwitchett, 1925－2006）称白氏为"欧洲现代中国研究之父"，而魏斐德（Frederic Wakeman, 1937－2006）也认为白乐日的中国历史研究观点"大胆新颖"，戴密微（Paul Demiéville, 1894－1979）认为白乐日的宋史研究"属于最佳著作之列，也可能属于西方界的最佳中国史著作之列"。这些说法从不同角度，对白乐日的中国研究予以了肯定。白乐日尽管出生于布达佩斯，但从1923年开始，在柏林大学读书，直到1935年移居法国，德国的研究方法对他一生的学术思想形成产生了重要的影响。

正是由于他对中国研究采取了大处着眼的研究方法，使他对运用传统语文学的考据方式穷首皓经的学者特别不以为然，对他们唯独重视文本考据以及语文学疏证的汉学研究传统，提出了尖锐的批评，认为这种研究"变成仅仅是'文献学梳理'的活动，纯粹是个人好奇心的囤积，专心致志于外在的形式和独一无二的事件"。① 他将这种研究方式称作"集邮者心态"（stamp collectors' mentality）。白乐日的目的在于抵制在他之前长期以来一直盛行的过于烦琐的语文学分析，他试图以引进社会科学的其他方法来实现对整个中国社会和思想的分析和研究，从而对中国历史产生全新的认识。

白乐日后来曾断言，所有中国哲学都是社会哲学，即使中国思想家们专注于形上思考，但他们迟早会回到当下世界的实际问题。② 这也从另一个方面说明了，用现代社会学方法研究中国历史的正当性。实际上，白乐日是在接受韦伯的社会学系统理论之后，才从传统的语文学汉学方法转到用社会学、经济学以及哲学等其他社会科学的方法来研究中国历史的范式来的。

一 白乐日生平述略

白乐日于1905年1月24日出生于匈牙利布达佩斯，他一生的命运同

---

① 转引自詹启华（Lionel Jensen）《在倒塌的偶像与高贵的梦想之间：中国思想史领域的札记》，收入田浩（H. C. Tillman）编《宋代思想史论》，社会科学文献出版社2003年版，第32页。

② Etienne Balazs, *Chinese Civilization and Bureaucracy.* Yale University Press, 1964, p. 195.

20世纪上半叶欧洲的历史紧密相连。作为奥匈帝国"匈牙利圣史蒂芬的王冠领地",在1918年的第一次世界大战之后就遭到了解体。白乐日在1923年读完了中学(baccaluréat)之后,在布达佩斯大学注册后不久,便离开了匈牙利,前往柏林,在柏林大学开始了他的汉学学习和研究历程。

而正是在1923年,德国佛教学者、汉学家福兰阁(Otto Franke, 1862 – 1946)接受了柏林大学的邀请(一直到1931年退休),在那里担任了汉学系教授兼主任一职。白乐日之所以选择柏林大学作为他接受高等教育的地点,很可能是由于那里的亚洲宗教研究传统,白氏早在上中学时就对宗教史(特别是道教和佛教)和哲学问题颇感兴趣。在福兰阁之前,柏林大学汉学系的教授是荷兰人高延(Jan Jakob Maria de Groot, 1854 – 1921),高氏是东亚宗教学家,著有著名的六卷本《中国宗教制度》[①]。福兰阁本人也是梵文学家,并著有多本佛教论著。[②] 白乐日也是由佛教渐渐转到汉学来的。而在这方面,福兰阁对他的影响显然是巨大的。

纳粹攫取政权后德国的政治形式不断恶化,并迫使白乐日离开了他的第二故乡——德国。1935年白乐日定居法国。一直到1948年他在外省过着隐居和教书的生活。1949年白乐日受聘于法国国家科研中心,1950年接受费正清(John King Fairbank, 1907 – 1991)的邀请到哈佛大学东亚研究中心做访问学者。这段经历使白乐日了解了费正清的长期计划,促使他萌生日后发起"宋史研究计划"(Le Projet Song)的设想。1953年由于他翻译《隋书·食货志》的专著[③]而获得儒莲奖(Prix Stanislas Julien)。

1955年,白乐日加盟法国年鉴学派的主阵地——高等研究学院第六系年鉴各学派(巴黎法国国立高等学院经济科学和社会科学部任教)。第二代学者布罗代尔邀请他讲授中国史,并支持他开展"宋史研究计划"。1963年11月29日白乐日在巴黎由于心脏病突发而去世,年仅58岁。

二 福兰阁及德国汉学对白乐日之影响

作为历史学家和汉学家的福兰阁,在20世纪上半叶的西方汉学界有

[①] *The Religious System of China, the Ancient Forms, Evolution, History, and Present Aspect Manners, Customs and Social Institutions Connected Therewith*, 1892 – 1910.

[②] 例如他早年有关长部的译本:Rudolf Otto Franke, *Dighanikaya, das Buch der langen Texte des buddhistischen Kanons. In Auswahl übersetzt von Otto Franke*. Göttingen:Vandenhoeck & Ruprecht, 1913。

[③] *Etudes sur la société et l'économie de la Chine médiévale. I*:*Le traité économique du "Souei – chou"*.

着巨大的影响。福兰阁曾学习过欧洲历史、法律和汉学，因此他认为如果要想了解当代中国的现实，必然要联系中国的历史。笔者认为，作为白乐日的老师和博士导师，福兰阁对中国历史的认识，在两个方面对白氏后来的研究产生过重要的影响。

首先，作为汉学家、历史学家的福兰阁认为："西方的历史家，自柏拉图与亚里士多德的时期起，经过启蒙运动及浪漫主义的时期，直到今日，对他们的工作的性质、意旨，以及目的所显示的意见，对我们多少是有些熟悉的。但是中国的历史学，仍停留在这种思想的整个区域之外。直到现在，西方人对它少有注意，也毫不能明了它；关于它的事，我们的历史家与哲学家一点也不知道，甚至像朗克以及其他更近代的从事历史研究的工作者对它都无所知，以为它不值一顾而轻忽过去。"① 可以看得出来，福兰阁对近代以来西方对中国历史学的无知感到可耻。在欧洲历史学之父的兰克（Leopold von Ranke 朗克，1795－1886）所设计的整个人类历史的框架中，中国并不扮演什么角色。福兰阁认为这不符合历史的真实，同时也不完整："但是为了比较上的关系，实在值得我们对那个远而大的世界加以注意，尤其我们想到历史的研究，像我们时常易于听到的，努力经过有分别的区域造成较大的统一、国家以及时期，由国家与时期最后成为全世界历史的统一。"②

早在柏林时期，白乐日在他的博士学位论文中就开始对《旧唐书》和《新唐书》中论述财政管理的篇章"食货志"部分进行了翻译和研究，而在他之前，西方的汉学家很少有真正地将中国的历史、经济放在普遍的历史和经济的理论中来加以分析，白乐日的贡献在于并不将中国社会看作世界历史和经济发展进程之外的特例，而是尽量用通行的历史学和经济学的理论来分析中国。

其次，中国历史乃一个连续发展过程的观念。这一点从福兰阁所出版的后来被认为是汉学典范之作的五卷本《中华帝国史》③ 可以看得出。这

---

① 福兰阁：《中国历史学的要质》，见《研究与进步》第 1 卷第 1 期（1939 年 4 月），第 40 页。
② 福兰阁：《中国历史学的要质》，见《研究与进步》第一卷第一期（1939 年 4 月），第 40—41 页。
③ *Geschichte des Chinesischen Reiches*，Berlin：deGruyter，1930－1952。

部鸿篇巨制从儒家哲学和历史的角度出发，对作为天下的中国几千年来的政治、思想史进行了系统的阐述。它改变了以往以编年等为主的叙述方式，更多地从儒家意识形态和文化方面，写出了中国历史的连续性，而并非仅仅历史的变迁和朝代的交替。白乐日以社会科学的方式对中国历史的研究，其目的也是要理解一个完整的中国。

福兰阁的汉学思想在战后对欧洲中国史学的发展产生了重大的影响，这之后的汉学家更加重视对中国历史的研究工作，产生了更多的一手文献的翻译，或将解释性的翻译与叙事结合在一起，目的在于还原历史面目，而不再是战前的语言、语意层面的研究。福兰阁所开创的新的研究方向和所运用的史学研究方法，使战后的欧洲中国历史研究取得了丰硕的成果。这同时也铸就了白乐日的中国史学研究。

三 《唐代经济史论集》及其他

在福兰阁的影响下，白乐日希望超越一种传统的、封闭式的中国研究，从而使从中国研究中获取的知识变被各类其他学术所利用。因此对他来讲当代的问题意识、学术视角和方法至关重要。白乐日研究的特别领域是中国的经济史和社会史，尽管他在研究中要将范围限定在某一特定的时期，但从他的研究中总是可以看到中国的整体发展。透过对不同时期个案研究的扩展，他试图获得对中国历史发展进程的一般性认识。他的博士论文《唐代（618—906）经济史论集》，① 不论是从其篇幅上还是内容上，都超出了当时一般的德国汉学界的论文，堪称创新研究之作。

除了直接授业的福兰阁的影响之外，韦伯有关儒教的论述，对白乐日有关中国历史和社会的理解也产生了巨大的影响。1920—1921年韦伯出版了他三卷本的名著《宗教社会学选集》中的其中一卷《世界宗教经济伦理：儒教与道教》，② 这是他在估价现代西方官僚政治及其趋于成为伦理上和实践上的"普遍特性"的倾向时，对中国传统所做的考察。韦伯在这本书中的一些重要的概念——特别是他关于官僚政治的理论，也成为引导白乐日学术生涯的一些关键词和主要理论方法。毫不夸张地说，白乐日的这

---

① *Beiträge zur Wirtschaftsgeschichte der T'ang – Zeit（618 - 906）*, Dissertation, 1932.（Tag der Promation：15. Februar 1932.）

② Max Weber, *Gesammelte Aufsätze zur Religionssoziologie*, Tübingen：J. C. B. Mohr, 1920 - 21. *Die Wirtschaftsethik der Weltreligionen：1. Konfuzianismus und Taoismus.*

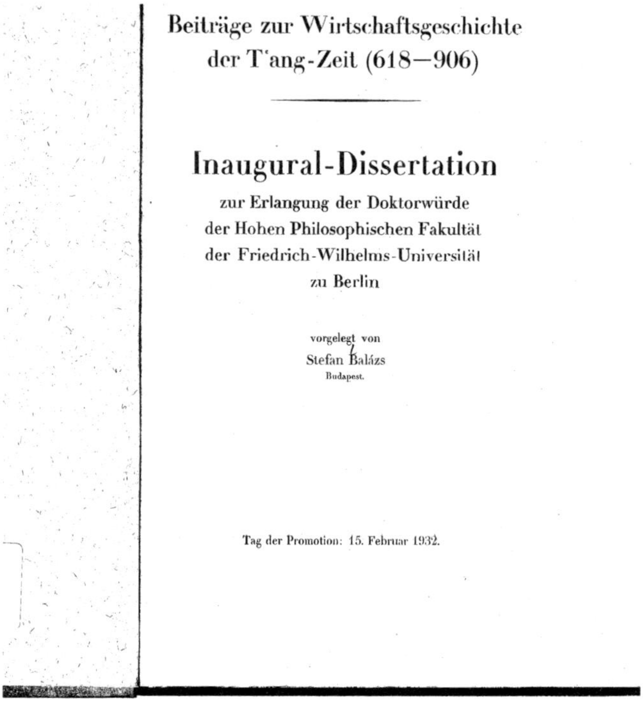

Beiträge zur Wirtschaftsgeschichte
der T'ang-Zeit (618—906)

Inaugural-Dissertation

zur Erlangung der Doktorwürde
der Hohen Philosophischen Fakultät
der Friedrich-Wilhelms-Universität
zu Berlin

vorgelegt von
Stefan Balázs
Budapest.

Tag der Promotion: 15. Februar 1932.

图2　白乐日1932年所提交的博士学位论文的扉页

项研究，其方法论更多地来源于马克斯·韦伯，亦即从中国官僚制度的角度来阐释中国社会之发展。中国社会中学者—官员阶层及其与占统治地位的制度的复杂关系，是白乐日考察中国社会结构的重点所在。总之，从韦伯的方法论和研究范式出发，借以考察中国社会变迁过程中各种普遍性和特殊性，这是白乐日对中国隋唐以来经济史研究的重要范式。

在《唐代经济史论集》的“导言、原典说明”的第一句，白乐日便引用了韦伯有关他中国研究的最关键的一个立场：

> 从事中国经济史问题的研究，今天并不需要特别说明其理由。一方面对经济力量的认识对理解充满矛盾的东亚发展是无法估量的。另一方面，在过去的几百年中结晶出这一经济制度的特点，这是我们特别应予以关注的。①

① *Beiträge zur Wirtschaftsgeschichte der T'ang - Zeit*（*618 - 906*），Dissertation，1932，S. 2.

在"原典说明"中，白乐日将他研究的资料分为"同时代的原典"（包括《唐律疏议》《唐六典》《通典》《元和郡县志》）以及"之后的原典"（《旧唐书》《新唐书》《唐会要》《资治通鉴》《文献通考》）。这其中最重要的研究资料，是以《旧唐书》和《新唐书》中的"食货志"为主，借用了全球史和经济发展的理论来做的分析，其目的当然是想更好地理解现当代的亚洲。他之所以选择了唐代作为他的研究对象，在于这样的一个假设：他认为中国历史的发展有三个重要阶段，一是封建制度的终结（大概从秦始皇帝开始），二是西方现代资本主义进入中国，而唐代是他所认为的中国发展的第三个重要的阶段。[①] 综观当时在德国汉学界的博士学位论文及其他的研究成就，对唐代的经济史研究并非传统的做法。直到白乐日之前，德国汉学的传统依然直接是以语文学和语言学为其研究的主要对象，宗教和哲学也有所涉猎。将其他社会科学的方法引进到汉学研究中来，白乐日可以说是在这方面的先驱了。在他的论文中，他将翻译和文本分析乃至当代的观点同时纳入对历史的评注之中。

依据1932年白乐日博士学位论文的目录（见本文后附录），他对唐代经济史的研究共分五个部分和三个附录。实际上他的博士论文只讨论了其中的第一个部分，亦即"（唐代的）农业历史"。1930年他在柏林大学以"magna cum laude"（优异成绩）而获得哲学博士学位。汉学是他的主专业，他的辅修为国民经济和哲学。从这篇博士论文也可以看得出，国民经济学和哲学对他研究方法的影响。

继之唐代经济史的研究，后来的"宋史研究"计划，也是在以往对唐代认识的基础之上形成的。他认为，中国封建社会的特征到宋代已发育成熟，而近代中国以前的新因素到宋代已显著呈现。因此，白乐日进一步认为，研究宋史将有助解决中国近代开端的一系列重大问题。

四 结论

在诸多学术方面的兴趣之外，白乐日也对政治产生了浓厚的兴趣，这在很大程度上决定了他的命运。为了克服以往的所有弊端及所有民族和社会的对立，建立一个全新的、更好的社会制度，就像20世纪20年代一些

---

① Ebd., S. 2-3.

最优秀且无私的青年人一样，他最初也认为并期望着未来的幸福。30年代初不断恶化的政治形势，促使他有些悲观的看法，迫使他离开了他的学术故乡——德国，当时的德国已经开始了野蛮的极权主义的统治。1935年白乐日定居巴黎。不断增长的认识使任何一种其他的极权主义制度与他的信念和理想都是水火不容的，这使他终止了他从前所认同的那种与政治的联系。

在很多具有原则性的论文中，白乐日特别指出的是，与从欧洲发展概括出来的封建主义—资本主义—社会主义发展顺序的马克思列宁主义的命题相反，在中国封建制度之后并没有市民的资本主义阶段，随之而来的却是官僚的社会。对这一官僚社会特征的强调是白乐日重要的关切之一。他的一些观点对这一研究产生过决定性的影响。正如几篇小文章和无数篇书评所展示给我们的一样，他也完全对细节的问题感兴趣；因为他一直懂得，要将这些细节放在中国更为重大的历史学和社会学发展的内在联系中加以归类，而这一切他是用世界性的视角来观察的。而这在很大程度上都源自他的德国学术训练。

在评价一位汉学家毕生的事业的时候，我们不得不面对这样一个问题，中国文化在多大程度上影响了他的性格。与他的老师福兰阁——曾在中国做过十三年的翻译和外交官——相比，白乐日从来没有到过中国，他的汉学研究基本上是在书本中进行的。他那特别打上德国学术训练烙印的思维方式，可以说他是一位欧洲人，并且他一直保持了这一点。与韦伯一样，白乐日也常常强调中国社会与西方社会发展相对立的因素，他研究汉学的出发点和立足点是西方，他希冀在与中国的比较中凸显出西方社会发展的历史特征。因此，白乐日对中国的研究最终还是要回到他原本的欧洲方法论和问题意识中去，在这里我们很难找寻到东亚的影子。但他的思维并非欧洲中心主义的，他清楚地意识到西方文化的相对意义，特别是他以不懈的努力来明确地证明中国政治—社会发展的独立性。由于受到福兰阁的影响，他从来没有停止过对中国文化的成就钦佩赞叹之情。作为大学同学的傅吾康（Wolfgang Franke，1912-2007）在纪念白乐日的文章中提到，白氏曾直截了当地表达过他对明末、清初三位学者的崇敬之情：顾炎武、黄宗羲以及王夫之。他在晚年曾经深入地研究过这三位学者，并且在一次演讲中将这三者称作那一时代的三位

"精神巨人"。[①] 同时也正是受到福兰阁的影响，白乐日认为，对中国历史的研究在于丰富全球的历史。他曾指出，中国的命运已经跟现代社会密不可分了，世界历史正朝着趋同的方向发展。今天世界历史的发展，也证明了白乐日的这一预见。他所开创的用社会学方法研究中国社会、历史的范式，现在已经成为中国学研究的普遍共识。

附录：
《唐代经济史论集》目录译文：
共分为五个部分（加上三个附录）：
导论—原典
一　农业历史
　　1. 人口状况
　　　　a）纳税人与人口
　　　　b）城市和农村
　　　　c）迁移自由和农村人口向城市的迁移
　　2. 农业技术
　　　　a）灌溉
　　　　b）农业知识
　　3. 直到 8 世纪中叶的农业法和税制
　　　　a）土地分配
　　　　b）土地税、各类税收和徭役
　　4. 封建制、对土地的大规模占有以及租赁制度
　　　　a）真实的和形式上的封地。封地形式
　　　　b）国有地产和耕作侨民区
　　5. "两税" 改革
　　　　a）780 年以前的税制改革
　　　　b）杨炎的改革

二　奴隶制
三　佛教寺院所扮演的经济角色

[①] Wolfgang Franke, "Etienne Balazs in memorian", in: *Oriens Extremus* 12：1965, p. 5.

四　货币和铸币

1. 矿山和采矿业
2. 铸币政策以及伪币铸造业
   a) 至 8 世纪中叶的铸币垄断权
   b) 货币贬值、货币紧缺以及货币囤积
3. 最初的纸币

五　贸易和国家经济

1. 交通业
   c) 邮政和通讯业
   d) 货物运输
2. 贸易
   a) 国内贸易
   b) 对外贸易
3. 垄断经济
   c) 盐专卖
   d) 茶专卖
   e) 酒专卖
4. 仓库制度和价格调节
5. 经济思想

附录

一　一份铭文所体现出来的 8 世纪末经济和社会之关系
二　度量衡制度
三　经济和经济管理方面的专业词汇索引

丝绸之路与近代中俄文化交流*

闵锐武　张梦杰

古代丝绸之路开辟了亚欧之间联系的通道，贸易往来促进了各国间经济的发展，同时，与经济贸易紧密相关的文化交流也随之而来，使多种文明在丝绸之路上交汇、融合。由于地理位置相邻的地缘优势，中俄两国的文化交流由来已久，是中俄关系史中的重要组成部分。两国间的文化交流与"丝绸之路"密切相连，但又不只限于"丝绸之路"的地域范畴。

在16世纪至20世纪初的这一时期内，俄罗斯建立起统一的专制国家，中俄之间开始了正式的官方交往，俄罗斯文化在这一时期完成了向近代文化的过渡，呈现出空前繁荣的局面。这一时期，也是北京传教士团发挥主要作用的时期，从1715年到1933年，这218年间俄国连续向中国派驻了20届东正教传教士团，自此，中俄两大文化圈遥相呼应，双方之间的交流贯穿文学、艺术、宗教、教育等各个领域[①]。

一　丝绸之路与俄罗斯东正教驻北京传教士团

（一）传教团来京路线

根据《恰克图条约》后形成的惯例，俄国传教团只能随商队而来，除非得到中国政府的特别许可，绝对禁止随外交信使前来[②]，而俄国商队来华有其固定的道路。从俄国前往北京要先到达托博尔斯克，再由此到达北京。从托博尔斯克前往北京有三条道路，按照开辟的时间顺序，分别是西

---

* 本文原载于《新丝路》2019年第10期。
① 潘光：《丝绸之路与中俄文化交流》，《文汇报》2018年1月26日，第7版。
② 肖玉秋：《俄国传教团与清代中俄文化交流》，天津人民出版社2009年版，第35页。

路、东路和中路。

西路贸易通道从托博尔斯克出发,溯额尔齐斯河抵达亚梅什湖,穿越准噶尔游牧地西蒙古草原,经归化、张家口、宣化、鸡鸣驿、土木堡、怀来、岔道口、南口、昌平等城市,抵达北京①。

东路贸易通道:尼布楚—额尔古纳河—根河—海拉尔河—脑温城—喜峰口—遵化—蓟县—三河—通州—北京,俄国官方商队垄断京师贸易之后,为了加强对赴华俄商的管理,俄政府明令俄商只能从尼布楚一地进入中国。

中路贸易通道由色楞格斯克出发,到达楚库柏兴,经喀尔喀蒙古土谢图汗处入境,走库伦、张家口一线来京②。西路和东路分别由使团开辟,中路由私人商队开辟,在中俄关系的不同阶段,这三条道路分别是俄国使团来华的主要路线,也是主要的贸易通道。商路的开辟打开了中俄外交的通道,历届俄国来华使团以及中国的图理琛使团、托时使团和德新使团(图理琛使团于1712年前往伏尔加河下游报聘土尔扈特蒙古,托时使团与德新使团分别于1729年和1731年以庆祝俄皇登基为名出访俄国)③ 等便是沿着这些商路往来于两国之间的。

从以上可以看出,俄罗斯东正教驻北京传教士团来华的路线与丝绸之路密切相关,其途经的准噶尔游牧区、蒙古草原、归化(今呼和浩特旧城)、库伦(今乌兰巴托)等地都是丝绸之路沿线地区和城市,而北京传教士团在这些商路中的活动自然也是在丝绸之路的范围内进行的。

(二) 丝绸之路与传教团相关活动

在1715以后的两百多年里,依托俄罗斯东正教驻北京传教士团,中俄两国进行了密切的文化交流,传教士团成员在中国进行了一系列活动,涉及传教、办学、翻译书籍以及进行中国学研究等多个方面。这些活动以往来于丝绸之路中的俄国传教士团成员为载体进行传播交流,凸显了丝绸之路的纽带作用,加深了中俄双方的互相了解。

1858年《中俄天津条约》签订,根据这个条约,俄罗斯东正教驻北

---

① 叶柏川:《俄国来华使团研究(1618—1807)》,社会科学文献出版社2010年版,第257页。
② 叶柏川:《俄国来华使团研究(1618—1807)》,第264页。
③ 叶柏川:《俄国来华使团研究(1618—1807)》,第268页。

京传教士团获得了在中国自由传教的权利。与此同时，根据条约，1861年俄国在中国建立了公使馆，传教士团自此不再承担外交和商务任务，传教布道成为其主要活动内容，其步伐开始加快。

第14届传教士团在华期间（1858—1864年），加入东正教的中国人逐年增加，传教的范围开始超出北京城。俄国传教士团多次派人到北京东定安村，在贫苦农民中传教，发展了数十人入教，集资建立了一所伊尔库茨克英诺肯提乙圣者教堂，据统计，在此届传教士团任内，共发展教徒约200人[1]。义和团运动之后，俄国政府于1902年在中国建立主教区，任命第十八届传教团领班英诺肯提乙为第一任主教，利用庚子赔款加大对传教士团的投入，并在俄国政府的支持之下，扩大在中国的传教范围，到1917年，中国的东正教教徒总数达到了6310人[2]。

为吸引更多的中国教徒，俄罗斯传教士团在传教的过程中也相应地开展了一些福利事业，例如创建养老院、孤儿院、福利院、学校等，在其努力下，其传教事业得到了一定程度的发展。据统计，到中华人民共和国成立前夕，俄罗斯东正教在中国建立了北京、哈尔滨、天津、上海、乌鲁木齐五大教区，新建了几十座教堂。在办学方面，到1915年，其在中国境内开办学校25所，学生人数达到680人，有34名中国籍教师，4名俄国籍教师。次年，学生人数突破了700人[3]。李明滨在《中国与俄苏文化交流志》一书中第一章里有作统计：到1916年，各地区有男女学校20所、神学院一所[4]。骆晓会在其文章中也提到，在中华人民共和国成立前夕，俄国传教团在中国创办了20所宗教院校[5]。

二 丝绸之路与俄国对中国西部边疆地区的考察研究

一直以来，俄国都对中国神秘广大的西部地区有着浓厚的兴趣，加之丝绸之路重要作用的影响，1845年，俄国地理学会在圣彼得堡成立。整个

---

[1] 肖玉秋：《19世纪下半期俄国东正教驻北京传教士团宗教活动分析》，《世界近现代史研究（第四辑）》，中国社会科学出版社2007年版，第209页。

[2] 肖玉秋：《20世纪初俄国东正教驻北京传教士团宗教活动分析》，《世界近现代史研究（第五辑）》，中国社会科学出版社2008年版，第168页。

[3] 肖玉秋：《1917年前俄国驻北京传教团办学活动研究》，《暨南学报》2014年第7期，第134页。

[4] 李明滨：《中国与俄苏文化交流志》，上海人民出版社1998年版，第76页。

[5] 骆晓会：《论俄罗斯东正教对中国的影响》，《株洲工学院学报》2005年第2期，第69页。

19世纪下半叶，地理学会先后派出数十个考察团，在中国新疆、内外蒙古、宁夏、甘肃、青海、四川、东北，乃至西藏进行活动。① 这些考察队除了在中国刺探政治、军事情报，测绘地形而外，也搜集了大量的人文资料。

谢苗诺夫是地理学会的重要管理者，对天山的考察和研究是其一生中最重要的科研活动之一。在1856—1857年间，他曾两次深入天山腹地进行考察，不仅绘制地形图，采集当地各类植物的标本，对天山地区的植物系进行研究，同时还关注当地各时期历史文化遗存，并在当地开展了民俗学、民族学等方面的研究②。

普尔热瓦尔斯基受俄国地理学会及其西伯利亚分会的委托共进行了五次地理考察，其中一次是针对乌苏里边区，四次针对中国西部边疆地区。1870年11月29日，普尔热瓦尔斯基从恰克图出发开始了中国西部的第一次旅行，行程1.2万千米，经库伦、张家口至北京，后经鄂尔多斯、贺兰山、祁连山、柴达木、黄河流域及长江上游，历时3年，搜集了大量人文资料。1872年3月，普尔热瓦尔斯基率考察队再次从张家口出发，经甘肃，过长城，到大通河畔，沿途调查中国喇嘛教情况。③ 其考察期间，采集了众多动植物样本，发现很多新物种，描绘出中国边疆地区动植物的区系特征。仅在四次中国西部考察中，普尔热瓦尔斯基就搜集兽皮702张，爬行动物和两栖动物标本1200个，鱼类标本75种643条，鸟类标本50种5010只，而植物标本更多达约1700种15000—16000件④。与此同时，普尔热瓦尔斯基还在能力范围内对所到之处的居民进行了人种学研究，记录下他们的生活习惯和风俗，对各民族的外貌、性格特点进行了描述。

波塔宁是俄国19世纪后期至20世纪初中央亚细亚探险热潮中最重要的考察者之一，在中国西部开展了各项考察活动，并取得了一定成果。其

---

① 郭蕴深：《1840—1920年间的中俄关系》，《西伯利亚研究》2003年第4期，第51页。
② 张艳璐：《1917年前俄国地理学会的中国边疆史地考察与研究》，南开大学博士学位论文，2013年，第41页。
③ 郭蕴深：《19世纪下半叶中俄文化交流史大事记》，《西伯利亚研究》1999年第5期，第53页。
④ 郭蕴深：《19世纪下半叶中俄文化交流史大事记》，《西伯利亚研究》1999年第5期，第53页。

团队先后到准噶尔盆地、哈密、蒙古、甘肃、青海、四川等地。同时，在整个考察过程中，波塔宁等人不仅绘制地图、采集标本、进行天文测算和地质勘探；也搜集整理了大量民间故事和传说；主动参与各项民俗活动并将其情况详细记录下来；还拜访了清朝地方官员和寺庙高级僧侣，与其进行交流，从一个西方人的视角观察了中国统治阶层的生活；同时记述下中国晚清西北边疆地区主要城市的各种信息[①]。

除了地理学会派出之外，一些或组织或个人也曾到中国西部边疆进行过考察。例如，1869年，俄国学者拉德洛夫等人考察了新疆西部，搜集了有关锡伯族、索伦族宗教社会情况；1877年，俄国植物学家列格尔到天山一带考察；1893年，罗博罗夫斯基、科兹洛夫等人率领考察团进入中国西部地区，先后考察了天山东部、吐鲁番盆地、甘肃北部、祁连山、青海湖、柴达木盆地等，历时两年，于1895年回到俄国，等等[②]。

三 丝绸之路与中俄茶文化交流

中国是茶叶的故乡，采茶、制茶、饮茶已有几千年的历史，我国茶文化逐渐丰富发展，成为中国传统文化的重要组成部分，茶叶也成为世界性饮品，俄国茶文化就是在中国茶文化的基础上发展起来的。

历史上，中俄贸易主要集中在以恰克图为聚散中心的亚欧内陆，俄国人对茶叶的喜爱促进了中俄茶叶贸易的兴起，也促进了中国茶文化在俄国的传播。《南京条约》签订之后，就有俄商来中国内地买茶，19世纪下半叶，为满足国内茶叶需求，俄国从中国多种渠道购进茶叶，曾深入我国产茶区，直接从茶农手中收购，在往来运输中，海上丝绸之路中的几个枢纽港口和中转站起到重要作用。与此同时，俄国还在中国汉口地区设茶厂，"从十九世纪九十年代起，俄商在汉口地区的商业活动进入了鼎盛时期，1900—1917年间，汉口地区的茶叶出口仍呈上升趋势"。[③]

在维持陆路贸易的同时，积极开拓海路贸易路线，相较于陆路运输，

[①] 张艳璐：《1917年前俄国地理学会的中国边疆史地考察与研究》，南开大学博士学位论文，2013年，第90页。

[②] 郭蕴深：《19世纪下半叶中俄文化交流史大事记》，《西伯利亚研究》1999年第5期，第51—54页。

[③] 李田田：《中国茶文化在俄国的传播》，黑龙江省社会科学院硕士学位论文，2016年，第28页。

海路运输运费低廉、运程短,深受俄商青睐。福州作为海上运输的主要港口,在两国间的茶叶贸易与茶文化交流中发挥了重要作用。海路运输路线开通后,海路货物运输量迅速增长,1874—1880年经海路输往俄国远东地区的茶叶数,"1874年为3659担,1875年为6053担,1876年为7193担,1877年为4385担,1878年为5440担,1879年为10964担,1880年为19238担"①。1891年海路贸易额甚至超过陆路贸易额。经海路输入俄国的中国茶叶主要来自汉口、九江和福州,其中以汉口为最多,其次是福州。

在茶叶经由海路大量出口俄国的过程中,中国历史悠久的茶文化也不可避免地对俄国人产生了影响。19世纪开始,随着中俄茶叶贸易的频繁往来,俄国茶叶价格降低,饮茶之风普及各个阶层。现在,茶成为俄罗斯人最喜爱的饮料之一,成为俄罗斯家庭的生活必需品。俄国人根据自身的习惯和需要,对于喜好的茶类、使用的茶具、饮茶的习俗,都有符合自身的选择,从而产生和发展了独具特色的俄罗斯茶文化。例如,在饮茶种类上,俄罗斯人普遍喜好红茶,其次是绿茶和砖茶;喜欢喝甜茶等②。随着茶文化在俄国的普及,俄国关于茶俗、茶礼、茶会的文学作品也纷纷出现。比如,列夫·托尔斯泰非常爱喝茶,以至于没有茶就无法工作,在他的作品中,多处提到茶。普希金曾记述俄国"乡间茶会"的情形,还有作家记载了贵族们的茶仪。苏联时期的文学艺术创作中也有关于茶的作品,比如,著名画家巴·库斯托季耶夫的油画《商妇品茗》,就是以饮茶为题材,画中桌子上一把高高立着的铜制茶炊,充分展示了俄罗斯的茶文化。这些关于茶的文学艺术作品,既是俄国文化中的瑰宝,又是俄国茶文化的重要组成部分③。

四 丝绸之路与其他文化交流活动

中俄文化交流历史悠久,涉及多个领域,除以上内容之外,俄人也十分注意收集中国古文物、字画,研究敦煌学等。

---

① 姚贤镐编:《中国近代对外贸易史资料(1840—1895)》,中华书局1962年版,第1283—1284页。
② 李田田:《中国茶文化在俄国的传播》,黑龙江省社会科学院硕士学位论文,2016年,第37页。
③ 王登宇:《浅析俄罗斯茶文化》,《黑河学刊》2015年第1期,第22页。

许多中国文物、壁画都是随着科考队流入俄国的。例如,罗博罗夫斯基考察团在回国时,除带回去大量动植物标本和矿物标本外,还带回去一批中国考古文物,其中包括维吾尔文和吐鲁番盆地各民族文字的作品①。1895 年,以克列门茨为首的考察队到天山、阿尔泰山和大戈壁西部考察,带回去大量珍贵文物,其中包括中国古代壁画和各种文字的铭文和手稿②。鄂登堡于 1909—1910 年第一次率队到中国西部地区考察时,到达新疆的喀什、库车、焉耆和吐鲁番等地,也曾带回大量考古文物③。

俄罗斯与中国、英国、法国并称敦煌文献四大收藏国。百年前,英国、法国、德国、俄罗斯以及日本大谷探险队,在以敦煌为中心的中亚,竞相展开了关于丝绸之路历史和文化的探险考古,获取了大量包括敦煌文献在内的各种文献以及文物,被称为 20 世纪人文科学的最大发现,产生了敦煌学这一新的学科④。

20 世纪初中国的敦煌壁画和雕塑艺术品也传入了俄国,并形成了俄国的中国敦煌学。1914 年,鄂登堡率队到达敦煌,获取了千佛洞的大批珍奇文物,其中也包括敦煌绘画、雕塑和数以万计的文字资料片段。回国后,鄂登堡根据所获资料,写成了《敦煌石窟概述》。鄂登堡从中国掠夺回去的敦煌绘画及雕塑等价值连城的艺术品一直保存在彼得堡的艾尔米塔什博物馆的一个特藏室内⑤。艾尔米塔什博物馆和东方学研究所圣彼得堡分所是俄罗斯的两处敦煌藏品所在地。据统计,前者有佛幡及其附属品六十六件,丝绸佛像画残件一百三十七件,纸张佛像画残件四十三件,壁画十四件,塑像大的十四尊、小的二十四尊,布质神像五十八件,文书写本残页八件,照片两千张;后者有文书写本约一万八千号,其中有三百六十五卷

---

① 郭蕴深:《19 世纪下半叶中俄文化交流史大事记》,《西伯利亚研究》1999 年第 5 期,第 54 页。
② 郭宇春、郭蕴深:《中国绘画及敦煌艺术品在俄国》,《边疆经济与文化》2005 年第 11 期,第 33 页。
③ 李明滨:《中国与俄苏文化交流志》,上海人民出版社 1998 年版,第 145 页。
④ 高启安:《京都"丝绸之路古文字巡礼——俄国探险队收集文物"展走笔》,《敦煌学辑刊》2009 年第 4 期,第 184 页。
⑤ 郭宇春、郭蕴深:《中国绘画及敦煌艺术品在俄国》,《边疆经济与文化》2005 年第 11 期,第 34 页。

为完整的写本,其余为残页①。俄国的敦煌学真正开始于20世纪50年代,鄂登堡等人在敦煌的活动为其研究奠定了基础。

此外,文化交流作为一种双向活动,19世纪中期以后,在多种因素的推动下,清政府方面也开始采取设置新式学堂等方式,以加强对俄国的了解。俄国于1906年在乌鲁木齐建立东正教教堂;同年,署理甘肃、新疆的巡抚吴引孙奏请将该地区的旧式书院改为新式学堂,主张将旧设的俄文学堂并入新式学堂,加强对学生的教育,以培养俄语人才;1907年,清政府谕联魁,要求认真经理新疆俄文学堂②,等等。

结语

到今天,中俄两国的友好交往已经有三百多年的历史,丝绸之路因其独特的历史地位,在中俄两国之间的文化交流中发挥着重要的基础和纽带作用。

作为中俄间联系交往的重要媒介,俄罗斯东正教驻北京传教士团在新时期拥有了新使命,更加重视传教布道,在中国创办了多所教堂和学校;俄国皇家地理学会多次派出团队或个人到中国西部边疆进行史地考察,并取得了一定的成果,为研究中国边疆地区的风土人情提供了丰富的史料。与此同时,由于俄国大量进口中国茶叶以及两国间海上运输路线的开辟,中国历史悠久的茶文化传入俄国,助其形成了具有自身特色的茶文化。此外,探险队、收藏家们也搜集了大量中国珍贵的古文物,在客观上也有利于加强俄国对中国古典文化的了解。

俄罗斯传教士团、考察队、各学科研究专家往来于两国之间,相继在丝绸之路上留下了两国友好交往的印记。近代中俄文化交流增强了两个国家间的认识和了解,加深了两国人民的友谊,为新时期中俄友好交往奠定了坚实的基础。

(闵锐武为中国海洋大学文学与新闻传播学院副教授;张梦杰为中国海洋大学文学与新闻传播学院硕士研究生)

---

① 李明滨:《中国与俄苏文化交流志》,上海人民出版社1998年版,第146页。
② 郭蕴深:《1901—1917年间中俄文化交流大事记》,《西伯利亚研究》2001年第4期,第54页。

着眼于中俄交往实际需要的清代中俄语言交流

柳若梅

中国作为一个有着丰富商品的国度早就为俄人所知，中亚各国的商人早在公元10世纪前后就把中国的丝绸传到了俄国，蒙元帝国的建立使欧洲的目光从地中海转向了欧亚大陆，"在此期间，在莫斯科、大不里士和诺夫哥罗德都有中国侨商的居住地"[1]，15世纪中亚的国际性贸易中心也为中俄两国商人提供了直接接触的机会。16世纪，俄国更多地接触到中国商品，1557年伊凡四世出征的战服——无领袍就是用中国黄缎缝制的[2]，16世纪末，俄国已成批地输入"中国布"[3]。富国之邦中国在俄国已是声名远扬，历来重商的俄国此时对于同中国开展贸易的期待与渴望可想而知。俄国同中国外交的目的，"从一开始就是尽可能地接近这个亚洲邻邦，并同它划定比较有利的边界和建立活跃的贸易关系"[4]。17世纪时，中俄的早期交往中使用的语言有蒙语、拉丁语，这些非俄非中的第三语言翻译，或由于译者的文理素养欠缺，或由于中介者都自有其目的，使中俄之间的沟通并不顺畅，中俄双方交往的语言障碍越来越明显。虽然在素养较高的耶稣会士的翻译之下中俄之间的沟通比以往由蒙古舌人翻译时顺畅了许多，但作为沟通中俄的第三方的耶稣会士，其在华的目的与俄国同中国

---

[1] 见［美］斯塔夫里阿诺斯《全球通史》，吴象婴、梁赤民译，上海社会科学院出版社1998年版，第345页。

[2] Фехнер М. В. Торговля Русского государства со странами Востока в XVI веке. М., 1956. С. 75–76.

[3] 关于中俄早期贸易，详见宿丰林《早期中俄关系史研究》，黑龙江人民出版社1999年版。

[4] 班蒂什-卡缅斯基：《俄中两国外交文献汇编（1619—1792）》，中国人民大学俄语教研室译，商务印书馆1982年版，第10页。

交往的目的之间实质上存在着矛盾，这种矛盾导致中俄双方都希望能够在某种程度上保留中俄交往中的一些秘密。为此，在俄国，在1700—1703年间，俄皇彼得一世便希望组织东方语言教学，汉语是其中第一个重要的目标[①]。在中国，"康熙皇帝虑及中俄交往之事日增，应培养自己的俄语翻译人才"[②]，委托大学士马齐于康熙四十七年（1708年）三月二十四日组建起了俄罗斯学[③]。

清前期顺治、康熙年间在雅克萨与俄国数次交锋中俘获俄国兵士近百人[④]，被送往北京，编入镶黄旗军，安置在京城东北角的胡家圈胡同。俄俘中的马克西姆·列昂季耶夫原是雅克萨教堂的司祭，被俘时随身带走了教堂内的一帧圣尼古拉圣像。俄俘到京后，康熙专门为俄俘安排了一处寺庙使其供奉圣像，后被俄俘称之为"圣尼古拉教堂"（中国人称之为"罗刹庙"）。1702年，俄方以马克西姆年迈眼花为由，请求再派两名俄国教士随商队来京为清朝臣民俄俘主持宗教生活。1711年马克西姆神父去世，俄俘请求清政府与俄国协调再派来东正教神父，由此，第一届俄国东正教使团随清朝出使伏尔加河下游的使团回国时来到北京。随着中俄关系的进一步发展，1728年6月25日双方又签订了《恰克图条约》，其中第五条是关于东正教驻京使团的问题："在京之俄馆，嗣后仅由来京之俄人居住。俄使伊里礼伯爵萨瓦·伏拉迪斯拉维奇请建造庙宇，中国理俄事大臣等将协助盖于俄馆，现在住京喇嘛（神父）一人，复议补遣三人，来京后居住此庙，供以膳食，与现住京喇嘛同等。俄人照伊规矩，礼佛念经不得阻止。此外，按俄使伊里礼伯爵萨瓦·伏拉迪斯拉维奇之意留京学习外文之四名学生及两名较年长者（伊等懂俄文及拉丁文），则均置于俄馆，由俄皇皇室供其膳费，学成后，即允其如愿回国。"[⑤] 从此，开始了俄国向中国派遣学生学习中国北京当时通用的语

[①] Куликова А. М. Востоковедение в российских законодательных актах（конец XVII в. - 1917г.）. СПб., 1993. С. 13.

[②] 付克：《中国外语教育史》，上海外语教育出版社1986年版，第10页。

[③] 后来俄罗斯学于康熙五十五年（1716年）由原来隶属内阁典籍厅升级改属内阁管辖，更名为"内阁俄罗斯文馆"，详见前引书，第10—13页。

[④] （清）俞正燮著，涂小马、蔡建康、陈松校点：《癸巳类稿》，辽宁教育出版社2001年版。

[⑤] 班蒂什—卡缅斯基：《俄中两国外交文献汇编（1619—1792）》，商务印书馆1982年版，第391页。

言——满语和汉语①的历史。从此俄为东正教驻北京使团在中俄之间的语言文化交流、政治关系的协调、俄国政治经济利益的维护方面发挥了关键的作用。

在俄国方面不断斡旋之下，巨额的利润刺激俄商不断来华，俄中贸易日益活跃。然而，俄国负责远东问题的外务委员会里却没有一位满汉语翻译，这使俄国感到与中国交往过程中的种种不便，翻译人才的缺乏使外务委员会着手组织汉语和满语的培训。由此开始了这一时期中俄语言交流的特殊体现——中国语言教学在俄国的早期出现。

一 俄国外务委员会体系中汉语和满语培训的尝试

（一）利用中国俘虏在莫斯科组织的满语和汉语教学

俄中关系的发展引起的语言人才的不足，而使团学生的汉语能力培养却又需要时间，这使"外务委员会决定利用在俄国处境特殊的中国人为教师，着手汉语和满语培训，哪怕只有两三个人掌握也好"②，被俘的中国人周戈受命承担语言教学的任务。1738 年 6 月至 1739 年 6 月，圣主教公会和沙皇安娜分别就派学生向周戈学习中国语言一事三下其令③。1739 年 6 月 13 日，外务委员会莫斯科处从俄国 18 世纪上半叶唯一一所普通高等学校——莫斯科斯拉夫—拉丁语学院④的学习班中挑选的两名学生即列昂季耶夫和卡纳耶夫，进行汉语和满语培训。开始了两名学生跟随周戈学习汉语和满语的生活。学习条件非常简陋，师生的生活条件也非常艰难。周戈按照字、词、句子和文章的诵读的方式指导学生的学习。教学资料只有周戈的一本简单的《清文鉴》，教材缺乏一直是师生的最大困难，周戈多次向外务委员会提出购买教材，但都无果而终。教学活动一直持续到 1741 年初，两名学生掌握了满语和汉语的基础知识，于 1743 年作为学习中国语言的学生随《恰克图条约》后俄国向中国派出第四批商队

---

① 在清代，清人关后的前百余年，满人以使用满语为主并渐渐熟悉汉语。乾隆后期及至清末，由于入关日久，已数代居于汉语环境的满人不断汉化，其满语日渐生疏，汉语成为一般通用语言。详见爱新觉罗·瀛生：《满语杂识》，学苑出版社 2004 年版，第 958—959 页。
② Скачков П. Е. Очерки истории русского китаеведения. М., 1977. С. 56.
③ Кулькова А. М. Востоковедение в российских законодательных актах, СПб., 1993. С. 82.
④ 莫斯科的斯拉夫—拉丁语学校（Московская Словяно‑латинская академия），存在于 1701 至 1775 年间，该校同时附设学习班，教授哲学、演讲学、诗学、句法学、语法学等内容。

的信使绍库罗夫前往中国。外务委员会建议把周戈派往科学院，协助罗索欣进行语言教学，利用其母语者的优势，因为周戈"教学生学习满语和汉语也行，可以和他练习说这两种语言，纠正发音，讲解疑难词汇和文章，给学生讲这两种语言的礼俗"①，但科学院以经费为由拒绝了外务委员会的建议。

(二) 俄国驻北京东正教使团随团学生列昂季耶夫回国后的汉语和满语教学

18世纪中叶由于中俄间边界问题和俄商在华自律不善的问题使中俄关系陷入了僵局，在北京已没有学习语言的学生，彼得堡也只有列昂季耶夫一人可以进行汉语和满语翻译。翻译人员不足的问题渐次显现出来。列昂季耶夫向外务委员会提交了一份培养翻译的计划，认为可以再组织类似自己在赴华前学习汉语和满语的那种教学活动，并希望从斯拉夫—拉丁语学校选拔几名年龄小、爱学习的学生进行培训，不久，列昂季耶夫受命组织汉语和满语教学，外务委员会通知枢密院为此每年拨专款1000卢布。1762年，叶卡捷琳娜下令选拔4名有天赋的学生跟随列昂季耶夫学习汉语和满语②，1763年2月底诺夫格罗德教会学校修辞班的4名学生被派到列昂季耶夫这里，经过拉丁语知识和其他能力的考核，列昂季耶夫收下了其中的安东·伊万诺夫（Антон Иванов）（教堂工友的儿子）、米哈依尔·安基波夫（Михаил Антипов）（司祭的儿子）③，列昂季耶夫同时请求从彼得堡神学学校抽调两名特别想学汉语和满语的两名学生前来学习：诗歌班的学生、15岁的亚科夫·科尔金（Яков Коркин）和语法班学生、14岁的亚科夫·波良斯基（Яков Полянский）。1764年，两名年龄较大的学生安基波夫和伊万诺夫学习吃力，在列昂季耶夫的帮助之下，前者被安排在西伯利亚工作，后者被安排做"小公务员"。科尔金1767年随列昂季耶夫赴边界处理中俄事务，1768年被派往北京学习汉语（1771年抵京，1779年不幸在北京病逝）。因列昂季耶夫教学成绩显著，1763年12月和1765年12月，沙皇叶卡捷琳娜二世两次下令奖励列昂季耶夫，并颁发奖金④。1770

---

① П. Е. Скачков, Очерки истории русского китаеведения, М., 1977, стр. 60.
② Кулькова А. М. Востоковедение в российских законодательных актах. СПб., 1993. С. 83.
③ Скачков П. Е. Очерки истории русского китаеведения. М., 1977. С. 70.
④ Кулькова А. М. Востоковедение в российских законодательных актах. СПб., 1993. С. 83.

年，叶卡捷琳娜二世再次下令授予教学活动出色的列昂季耶夫少校军衔，并提高薪金。1770年，沙皇令提高学生的待遇，并再选派两名神学学校的学生索科洛夫（А. Соколов）和 В. 波良斯基（В. Полянский）学习汉语和满语①。现存已整理的资料中未见关于列昂季耶夫教学活动如教材等的资料，但从其翻译出版的书籍来看，很可能其中取自中国儿童蒙学典籍的《格言》②《圣谕广训》③《中国儿童启蒙读物》④ 等书籍的译稿曾先后用于其教学中。从现存的档案资料来看，列昂季耶夫的教学活动持续到1780年⑤。

（二）北京俄国东正教使团随团学生安东·弗拉德金回国后的汉满语教学

在保罗一世1798年的沙皇令中规定，外交部的预算中要有专门的款项——每年3000卢布用于汉语、满语、波斯语、土耳其语和鞑靼语教学⑥，1798年7月19日，在北京学习汉语后回国担任外务委员会翻译的安东·弗拉德金受命主持汉语和满语教学⑦。学生是外务委员会十四等文官的儿子季莫费·哈里托诺维奇（Тимофей Харитонович）、办事员叶夫格拉夫·德兰切夫（Евграф Дранчев）和退伍少校的儿子亚历山大·捷涅西卡（Александр Денеська）。德兰切夫在学习期间病逝，外务委员会已故看门人的儿子米哈依尔·德米特里耶维奇·西帕科夫（Михаил Дмитриевич Сипаков）也被吸收进学校学习。此外，教学场所、学生住所、柴火、纸张、墨水、笔等保障正常教学的一切杂事都需弗拉德金操持⑧。教学于

---

① Кулькова А. М. Востоковедение в российских законодательных актах. СПб., 1993. С. 84.

② Ге Янь, то есть умные речи. СПб. 1776. 112 с. изд. 2 - ое, 1779. 106 с.

③ Китайские поучения. Изданные от хана Юн - Джена для воинов и простого народа... СПб., 1788. 62 с. Изд 2 - ое под названием Китайские поучения к народу. СПб., 1819.

④ Букварь китайской, состоящей из двух книжек... СПб., 1779. 49 с.

⑤ Куликова А. М. Востоковедние в российских законодательных актах（конец XVII в. - 1917 г.）. СПб., 1993. С. 18.

⑥ А. М. Куликова, Востоковедние в российских законодательных актах（конец XVII в. - 1917 г.）. СПб., 1993. С. 18.
Скачков П. Е. Очерки истории русского китаеведения. М., 1977. С. 80.

⑦ Куликова А. М. Востоковедние в российских законодательных актах（конец XVII в. - 1917 г.）. СПб., 1993. С. 18.
Скачков П. Е. Очерки истории русского китаеведения. М., 1977. С. 84.

⑧ Скачков П. Е. Очерки истории русского китаеведения. М., 1977. С. 8.

1798 年 5 月开始，时间安排紧凑，除了星期天之外每天都有课，上午 9—12 点，下午 13—17 点，星期三和星期六只有半天课，除了语言课以外，还教算术以及简单的教理问答①。弗拉德金编写的教材有：《俄国学生用满语初识》（Мнджурская азбука, в пользу российского юношества сочиненная）、《俄国学生用满语语法》（Манджурская грамматика, для российского юношества сочиненная）、《满语学习指南》（Руководство для учащихся манджурскому языку）。《满语学习指南》中还附有学习用的译自满语的《三字经》《名贤集》。1800 年，安东·弗拉德金在关于学生学习情况的报告中说，学生们已经能够读、写出近 1000 个汉字，知道词的意思，能把汉语的短文译成俄语和满语，或从俄语译成满语。现存的档案资料中有安东·弗拉德金教学过程中安排给学生的将满语和汉语译成俄语的练习，其内容主要是各种日常生活对话。安东·弗拉德金的教学活动持续到 1801 年。学生西帕科夫跟随俄罗斯东正教第九届使团于 1807 年前往中国。

二　彼得堡科学院中的罗索欣主持的汉语和满语教学

1741 年 3 月 24 日，于 1729 年派驻中国学习语言的第二批学生罗索欣被科学院接纳，其工作职责为"翻译并教授汉语和满语"②。1741 年 8 月 10 日，4 名士兵从警备部队学校来到了罗索欣的学校：亚科夫·沃尔科夫（Яков Волков）、列昂季·萨韦利耶夫（Леотий Савельев）、斯捷潘·切克马廖夫（Степан Чекмарев）和谢苗·科列林（Семен Корелин），为了使学生在没有中国语言环境和日常生活的条件下学好语言，罗索欣与学生生活在一起，在教学中，罗索欣运用中国幼教蒙学的诵读的方法，以他在北京时当作教材的满汉对话读本以及他自己翻译的《三字经》③《千字文》④

---

① Скачков П. Е. Очерки истории русского китаеведения. М., 1977. С. 80.
② Материалы для истории Императорской академии наук. Том четвертый（1739 - 1741）. СПб., 1887. С. 619.
③ Китайская книга Сань дзы гин, то есть троесловное нравоучение, содержащее в себе краткую историю. 现藏于俄罗斯科学院图书馆。
④ Цянь - дзы - вынь, то есть учение с краткою историей из тысячи китайскиз разных зарактеров... 现藏于俄罗斯科学院东方文献研究所图书馆。

《小儿论》①《二十四孝》② 等作为教学资料，并编写了用俄语转写汉语的发音规则，这份资料目前仍具有研究价值。现存的手稿俄译《二十四孝》、节译的《四书》等都是罗索欣指导学生留下的翻译作品。

  罗索欣的语言教学持续了 10 年，4 名学生除切克马廖夫于 1748 年退学外，其余 3 人一直坚持到最后，有人建议派他们去北京以巩固和扩充其汉满语知识，但他们却并不在 1755 年向中国派出的留学生之列，最终也没能在汉学的道路上发展。

  除在莫斯科和彼得堡组织中国语言教学外，中俄交往的实践迫使俄国边境长官更早地意识到中国语言学习的重要性。1725 年 8 月 11 日在伊尔库茨克主升天修道院开办了蒙汉语学校，《恰克图条约》签订后与俄国东正教驻北京使团一同到京的中国学生罗索欣、格拉西姆·舒利金、米哈依尔·波诺马廖夫等都是这所学校的学生，伊尔库茨克蒙语学校的教学持续到 1734 年③，但关于其教学活动的具体内容现无从查找。1763 年，伊尔库茨克总督曾组织东方语言教学，涉及的语种也有汉语、满语和蒙语④。1780 年，俄国进行了中等教育改革，1782 年从奥地利邀请了著名的教育家扬科维奇·德·米里耶沃⑤，米里耶沃建议开办专门的东方语言学校，

---

 ① О том, как некоторой мальчик переспорил великого китайского учителя Кунъфудзыя... 现藏于俄罗斯科学院东方文献研究所图书馆。

 ② О двадцати четырех пунктах, касающихся до родительского почтения... 现藏于俄罗斯科学院东方文献研究所图书馆。

 ③ Куликова А. М. Востоковедние в российских законодательных актах（конец XVII в. - 1917 г.）. СПб., 1993. С. 20.

 ④ Куликова А. М. Востоковедние в россиийских законодательных актах（конец XVII в. - 1917 г.）. СПб., 1993. С. 23 - 24.

 ⑤ 扬科维奇·米里耶沃（Федор Иванович Янкович де Мириево, 1741 - 1814），毕业于维也纳大学，在奥地利各省的斯拉夫居民教育中开办学校。1782 年叶卡捷琳娜二世与之结识后邀请他来到俄国。俄国自 18 世纪 60 年代起普通教育兴起，米里耶沃的教育思想的引进推动了俄国教育的发展。在米里耶沃的主持之下，俄国成立了筹措建立学校的专门委员会，推出了《在俄国建立国民学校的计划》（План к установлению народных училищ в Российской империи），该计划规定，省级行政地区要建立起四级国民教育机构，县级地区要建立二级国民教育机构，从而为 1786 年的《国民学校章程》（Устав народных училищ）奠定了基础。详见《俄国通史》（История России с древнейших времен до начала XXI века, под ред. А. Н. Сахарова, М., 2006）第 596—598 页。此外，米里耶沃还草拟了《关于兴办东方语言学校的计划》（план... о заведении училища восточных языков），计划学校的编制为 7 名教师和 84 名学生，其计划的语种中也包括蒙语、满语和汉语，遗憾的是，米里耶沃兴办专门的东方语言学校的设想未能实现。详见《19 世纪中期以前的祖国东方学史》（История отечественного востоковедения до середины XIX века, М., 1990.), 第 64 页。

·939·

并为此制定了相关方案。在这个方案的影响之下，1791年在伊尔库茨克学校开办了汉语、满语和蒙语学习班。不过，关于伊尔库茨克这一时期的汉语、满语、蒙语学习的具体情况的资料一时难以查找。

综上所述，自俄国与中国的交往固定化、规模化之后的18世纪，俄国开始有计划地组织中国语言教与学，为解决俄中交往中翻译匮乏的问题，一方面俄国利用其本国宗教的、政府的以及教权与皇权的特殊关系，处心积虑地向中国派出了一批又一批以学习语言为主旨的学生，他们在沟通中俄交往的同时，把关于中国的信息和中国文化带给了俄国政府和彼得堡科学院，并为俄国在其境内组织的中国语言学习提供了师资，这些在中国长期生活过的学生成为俄国进行中国语言教学的中坚力量。他们关于中国语言的学习心得、词典等资料，虽然没能够及时出版，甚至至今大部分仍以手稿的形式深藏于档案馆之中，却为我们今天了解当时中俄关系以及中俄文化沟通的状况，了解当时北京在语言应用方面的变迁以及当时的语言面貌提供了宝贵的原始资料。

三 19世纪俄国外交部东方语言教学部的汉语教学

鉴于俄国东方事务的增多，1823年，亚历山大一世签署关于在亚洲司设立东方语言教学部的沙皇令。教学部设秘书1人，在编教授2人（东方语言理论教学），教授或辅导教师2人（东方语言实践教学）。招生对象为18岁以上、信仰东正教、具有大学或中学毕业资历的贵族青年，要求有法语基础。外交部东方语言教学部一直坚持到1918年，毕业生总共只有近250人，虽然人数不多，但大都成为俄国东方外交的重要人物或重要的东方学学者，俄国驻东方国家公使馆的翻译无一例外地出自该校门下[①]。

虽然东方语言教学部所教授的语种中没有汉语和满语，但实际上，其教学活动中还是包括了汉语和满语教学，那就是从第十一届东正教使团开始的入华前的语言培训。从第十一届俄国东正教驻北京使团开始，为减轻使团成员入华后的生活困难，使之更快地掌握中国语言，亚洲司开始为使团成员进行临行前的培训，在圣主教公会档案的卷宗中有一处提到，第十一届使团的人选在赴中国前曾在彼得堡集训，为第十一届使团成员授课的就是亚洲司的翻译比丘林、利波夫措夫（С. В. Липовцов）、西帕科夫

---

① История отечественного востоковедения до середины XIX века. М., 1990. С. 162.

（М. Д. Сипаков），他们学习汉语和满语的读和写、语法含义及两种语言的特点，学说纯正的口语①。为第十二届使团进行基本的汉语培训时，汉语教师仍是比丘林，满语教师是利波夫措夫。1839 年 8 月中旬开始授课（三门汉语课程，两门满语课程），每周有 5 次课，每天 12 点至 15 点 30 分在驻地，18 点至 20 点在亚洲司大楼，每位使团成员都领到了笔、墨、纸、砚，学习内容包括汉字、词组，以及汉语和满语语法的基本知识。近 4 个月后，像东方语言教学部正规学生的公开考试一样，东方语言教学部邀请亚洲司副司长、大学校长和一些官方人士主持了面向使团全体成员的考试，亚洲司对于学员们的学习情况非常满意②。在藏于俄罗斯联邦鞑靼共和国国立档案馆中的比丘林手稿中，有一份誊抄完好的《汉语的发音系统》（Голосовая система китайского языка и письма），在第一页上有比丘林的笔迹"1842 年我为科学院撰写的汉语发音系统"，应该也是当时使用的教学资料。1848 年秋，第十三届使团成员也在这里开始了在团长卡法罗夫指导下的活动，为他们进行汉语和满语启蒙的是比丘林和切斯诺依，比丘林的《三字经》是主要的学习资料。经过培训，他们掌握了一些汉字，会说简单的汉语口语③。第十四届东正教使团的入华前培训为期 5 个月。

在东方语言教学部成立之前，亚洲司就着手建立东方学图书馆，每年都有专门用于购买图书的款项。图书馆拥有中文、满文图书。

四 俄清语言交流的重要机构：恰克图汉语学校

恰克图地处贝加尔湖以南的中俄边界（今俄蒙边界），在 18 世纪 20 年代中俄贸易中的库伦互市日益兴盛之时，恰克图地方成为库伦互市的必经之路，一度成为货物存放的重要地点。1727 年 11 月签订的中俄《恰克图条约》第四款规定，"除两国通商外，有因在两国交界处所零星贸易者，在色楞额之恰克图、尼布朝之本地方，择好地建盖房屋情愿前往贸易者，准其贸易"。1792 年，中俄《恰克图市约》签订后，中俄恰克图贸易开始进入了相对稳定的发展时期④。"在 19 世纪中叶之前，俄国与中国进行的贸易有 95% 以上是在恰克图进行的。"恰克图被称为"西伯利亚的汉堡""沙漠威尼斯"。恰

---

① Скачков П. Е. Очерки истории русского китаеведения. М., 1977. С. 141.
② Скачков П. Е. Очерки истории русского китаеведения. М., 1977. С. 150.
③ Скачков П. Е. Очерки истории русского китаеведения. М., 1977. С. 155.
④ 从恰克图贸易开始起，时兴时停，1792 年后稳定。

克图居民以商人和手艺人为主,定居居民在1838年为400人。

"几乎与恰克图同时,在距恰克图120俄丈的地方,即紧靠边境的蒙古一侧,中国人建成了自己的贸易镇——买卖城。"① "到19世纪中叶,仅商人即已有约1500人,在贸易繁忙季节,买卖城总人数有时可达2900人……买卖城生活气息浓厚……逢年过节,买卖城同内地一样沉浸在欢乐气氛之中。"② 在中俄商人交易过程中,买卖双方直接洽谈,无须翻译,中国商人都能说俄语,要到买卖城经商的中国人都要先学会这种语言③。尽管如此,俄国商人仍认为,俄人不懂汉语,中国商人懂俄语,使他们在贸易中受到很大局限,自然产生了开办汉语学校的想法④。早在比丘林1821年第九届东正教使团驻京期满回国路过恰克图时,恰克图商人就曾向比丘林表示过开办汉语学校的希望。1831年1月10日,经恰克图海关关长批准,在恰克图大商人伊古姆诺夫的支持下,比丘林在恰克图开始了他的汉语教学活动,第一批学生为10来个男孩。当年9月13日,恰克图为学汉语的孩子们举行了公开考试,回国途中的以卡缅斯基为团长的第十届东正教使团成员出席了考试,学生们在阅读和汉字书写方面的成绩都得到了认可,当时的《莫斯科电讯》上这样评价学生的汉语成绩:"只学了不过半年汉语的学生,成绩颇令人满意。"⑤ 1835年2月2日,比丘林再次由彼得堡被派往恰克图组织汉语学校的教学,曾作为第十届使团学生在中国生活10年的克雷姆斯基(1832年返回彼得堡)则被长期派往恰克图管理汉语学校。比丘林为汉语学校带来了石印的汉语语法书《汉文启蒙》。1835年5月16日举办了学校开学庆典,比丘林在开学庆典上介绍了学校的教学安排,鼓励学生认真学习定能掌握汉语,"以中国人的母语流利地同他们交往,很快就能和他们建立友好的关系……汉语并没有人们想像的那么难,过去有人经过短暂的学习便颇见成效,就说明了这一点"⑥。在彼得堡,

---

① 孟宪章主编:《中苏贸易史料》,中国对外经济贸易出版社1991年版,第130页。
② 孟宪章主编:《中苏经济贸易史》,黑龙江人民出版社1992年版,第98—99页。
③ 虽然中国人的俄语并不标准,但为了便于中国人理解,俄国商人时常也说这种不标准的俄语,以至这种俄语被俄罗斯人称为"买卖城方言"。
④ Скачков П. Е. Очерки истории русского китаеведения. М., 1977. С. 109.
⑤ 《Московский телеграф》. 1831, №21 (ноябрь). С. 141.
⑥ История отечественного востоковедения до середины XIX века, М., 1990. С. 190.

《人民教育部刊》发表了学校开学的详细介绍①。学校的学制设为四年。第一年,"通过对照俄语语法规则讲解汉语语法的使用规则,使学生了解汉语和俄语的差别所在";第二年,"继续学习语法,并按相关的贸易专题开始练习会话";第三年,"按照汉语语法规则,通过分析翻译短文进行扩展对话练习";第四年,除练习汉语会话外,还"教授常见汉语短语和一些形式的用法,特别是音在称名时的区别,最后将学习分析汉语书面语,并练习翻译书面语"。②

1837年底,比丘林离开恰克图返回彼得堡,汉语学校由克雷姆斯基负责。比丘林1837年12月离开恰克图后从彼得堡给克雷姆斯基寄来了5份1838年出版的《汉文启蒙》。这一年的12月18日,学校里为全体学生举行了公开考试,主考官是10名中国商人,恰克图地方军政要人和应考场上除了俄国公职人员和当地商人外,还有中国边境扎尔固齐带来的一行中国商人。学生们回答中国商人们提出的问题,回答令人满意③。从此,这样的考试每年12月中旬都要举行④。1850年12月17日的考试最为轰动,中国边境的买卖城扎尔固齐也出席了考试,当时著名的报纸《北方蜜蜂》《国民教育部杂志》等都刊发了报道。

恰克图汉语学校图书馆书籍也在不断丰富,源于恰克图商人出资购买和有关人士的赠予。在开学庆典之前,恰克图商人伊古姆诺夫就将他自己收藏的汉文、满文、蒙文、藏文书籍赠送给了学校,其中包括《大清会典》《理藩院则例》《三语词典和四语词典》。1835年11月,比丘林又将他自己关于中国和中亚的所有著作以及大部分标注了满语和汉语的科学院6卷本词典⑤通过克雷姆斯基赠给了恰克图汉语学校。1845年,恰克图学校收到了恰克图商人1841年出资在北京购买的书籍。1850年7月,第十二届东正教驻北京

---

① Скачков П. Е. Очерки истории русского китаеведения. М., 1977. С. 110 – 111.
② Скачков П. Е. Очерки истории русского китаеведения. М., 1977. С. 111.
③ 《Северная пчела》. 1839, №169, С. 673.
④ 关于1850年举行的考试见:Китайское училище в Кяхте,《Журнал для чтения воспита. Военно - уч. заведениий》1851. т. XXXIX, №353. С. 93 – 95。
⑤ 1783年,在彼得堡创建了专门研究俄罗斯语言和语文的学术机构——俄罗斯科学院,其具体任务之一便是编纂俄罗斯语言和语法的详解词典,这里指的就是俄罗斯科学院于1789—1794年间出版的《俄罗斯科学院词典》,这是世界上第一部俄语详解词典。1841年,俄罗斯科学院改组为科学院俄罗斯语言和文学研究室。比丘林为科学院词典对应标上了中文和满文,现藏于俄罗斯国立赤塔州档案馆。

使团司祭因诺肯季·涅米罗夫将13种中文书籍赠给了学校。1859年,恰克图商人出资将第十三届使团大学生涅恰耶夫①去世后留下的大量中文和满文书籍运到了学校,使学校图书馆藏书得到进一步充实。

1860年中俄《天津条约》的签订为汉语翻译的培养提供了新的机会,1861年,恰克图市政长官委托克雷姆斯基选拔有语言天赋的学生派往北京学习,共选派了4名学生。1861年10月11日,克雷姆斯基去世,导致恰克图汉语学校暂时关闭。1867年3月,恰克图学校彻底关闭。

恰克图学校从作为中俄贸易中心的恰克图贸易的发展需要出发而创建,俄国教育部备案,由财政部管辖。为保证教学最终目的的实现,入学条件提出了明确的要求。在比丘林的主持之下,缜密地制定教学大纲,编写了针对本校教学的教材,在教学过程中,关注学生整体修养的提高。除在教学更加规范化以外,很有远见地注重图书馆建设,为学生了解中国提供资料。这一切都使恰克图学校的汉语教学在中俄语言交流的历史上有着特别的意义:这所学校的创办,催生了俄国第一部系统的汉语语法书《汉文启蒙》的出版②,由此推动了其后开展汉语教学的喀山大学、圣彼得堡大学汉语语言教材的规范化。

五 中俄语言交流在俄国高等教育中的体现

(一) 喀山大学

喀山地处欧亚之间的伏尔加河中游,是欧俄通往乌拉尔的必经之地,也是东欧、北欧同高加索、中亚、西伯利亚等地区进行贸易的要道。到19世纪初,喀山已经成为大的经济中心,每年有大量商品从喀山运往彼得堡、阿斯特拉罕、西伯利亚各地。因此,喀山地区具有东方语言教学的传统,喀山第一中学早在1769年就开始了鞑靼语教学,1804年,在喀山中学的基础上办起了喀山大学。1807年起喀山大学设立了东方语言教研室。1837年5月11日在喀山大学开设了俄国第一个中国语言文学教研室,首位中国语言文学教授,是曾在第十届俄国东正教驻北京使团担任司祭的丹

---

① 涅恰耶夫入华前在恰克图时曾跟克雷姆斯基学汉语。
② 1838年正式出版的《汉文启蒙》,是当时俄国语文学领域重要的学术成果之一,1839年获得了当时俄国最重要的学术奖——杰米多夫奖。《汉文启蒙》作为国际上较早出版的汉语语法书之一,是历史上中外汉语语法研究的重要成就,对于当前了解清代北京语言面貌,了解清代及以前中外人士对于汉语语言研究的成就,多角度地把握汉语言的内在规律,都是十分重要的。

尼尔神父（西韦洛夫）。在喀山大学的教学中，西韦洛夫按照他自己编写的讲义和中文资料授课，教授中国古代史、中国历史、汉语、中国文学等课程。他当时的汉语课的讲义，题为《汉语教学大纲》（Конспект для преподавания китайского языка），现存于俄联邦鞑靼共和国中央档案馆。这份大纲体现了西韦洛夫对汉语语法的一些认识，他认为汉语同其他语言一样有语法规则。在实际生活中掌握汉语的西韦洛夫特别强调声调的重要性，同样的在汉语口语中声调也十分重要。针对汉语在书面上的体现，西韦洛夫认为学习汉语要从偏旁开始。特别可贵的是，西韦洛夫在当时中文文献中不使用标点符号的情况下提出汉语中要有标点符号①。对于汉语的词法，西韦洛夫的认识是——"认识汉语的秘密，那就是词经常变化，正是这种多变性使得词在言语中产生了惊人的美感和力量。"② 俄罗斯第一部汉语文选，也出自喀山大学教授西韦洛夫之手，得到了比丘林的高度评价，遗憾的是最终却没能出版。西韦洛夫还留下了俄译《明心宝鉴》（Минь-синь-бао-цзянь, или Драгоценное зеркало, в котором можно видеть свое сердце, или собрание из отличнейших писателей Китая）的手稿，应该也是他曾经用于教学的资料，该手稿现藏于俄罗斯对外政策档案馆。除上述自编的讲义之外，比丘林的《汉文启蒙》以及欧洲一些汉学家的著作也是喀山大学汉语教学的重要教材。1839年，与西韦洛夫一同作为第十届使团成员在北京生活了10年的索斯尼茨基应邀来到喀山大学，在北京时期，第十届东正教使团的同伴们就都认为索斯尼茨基的汉语口语过硬。索斯尼茨基每天帮助学生练习汉语口语，教他们中国书法。1844年，西韦洛夫因病回到了修道院，在喀山大学他的继任曾作为医生与他在第十届东正教驻北京使团度过10年的沃依霍采夫斯基开设了满语课程，成为俄国第一位满语教授。沃氏为教学之用编写了《初级汉满语学习资料》（Ученые статьи для учащихся и начинающих учиться китайскому и маньчжурскому языкам）《文选资料》（Литературные статьи и выписки из лучших книг для практического упражнения в языках）《汉语语法新编》（Грамматические правила маньчжурского языка, доселе никем еще

---

① Скачков П. Е. Очерки истории русского китаеведения. М., 1977. С. 194.

② В начальном этапе преподавания китайского и маньчжурского языка в Казанском университете. 《Ученые записки Казанского университета》. 1957. т. Ⅲ. кн. 2. С. 59.

не изложенные)《汉满〈清文启蒙〉》(Аналитический разбор китайских и маньчжурских текстов книги 《Цин вэнь ци эн》)《〈清文指要〉学习》(Аналитическиий разбор книги 《Цин－вэнь－чжи－яо》)《〈四书〉学习》(Аналитическиий разбор конфуциевоий философии, или четверокнижия 《Сышу》)等资料作为教材。协助沃氏进行教学的，是喀山大学汉语专业的毕业生拉杜辛（И. А. Ладухин），同索斯尼茨基一样，拉杜辛在喀山第一中学教授口语课。1850 年随第十届东正教使团入华的喀山大学蒙古学硕士瓦西里耶夫回国，解决了喀山大学汉满语教研室的燃眉之急。1851 年 1 月，瓦西里耶夫成为喀山大学汉满语专业的编外教授，正式开始了他在喀山大学的教学生涯。在教学中，瓦西里耶夫为一年级学生开设了汉语语法和满语语法，选用的汉语语法教材是比丘林的《汉文启蒙》、雷慕莎的《汉文启蒙》和马礼逊的《通用汉言之法》，满语语法教材是《清文启蒙》和甲柏连孜的《满语基础》，并结合四书以及一些满文资料中的语言实例。在教学过程中还辅以文学作品为蓝本，进行汉满俄翻译，以锻炼学生的语言技能。

喀山大学为图书馆建设不惜重金，毕业生的东方考察都要带着为图书馆购书的任务，学校还向一些个人收藏者购买其东方收藏，到 1851 年，喀山大学图书令欧洲的图书收藏者和东方学家羡慕不已——其馆藏有包括阿拉伯语、波斯语、土耳其语、鞑靼语、蒙语、藏语、满语和汉语等 35 种语言的图书 5 万多册。除此之外，学校还从东方各国的大城市订一些期刊和新的文学作品以丰富馆藏。

为整合俄国的东方语言教学力量，1854 年，俄国枢密院颁发沙皇令，在彼得堡大学建立东方语言系，国民教育部属内所有教学机构中的东方语言教学都停止，教授、教师和图书全部转到彼得堡大学。

喀山大学把中俄语言交流提升到了高等教育的体系之中，其汉语教席设立于 1837 年，是仅晚于法国东方学院的世界上第二所设立汉语教席的大学。随着俄国高等教育的整体发展，喀山大学在教学目标、教学大纲、教学内容、招生方向以及一些具体的教学安排上都兼顾了从理论高度和实践技能两个方面，为俄国汉学高级人才的培养确立了规范，在 19 世纪的 30—50 年代，喀山大学是俄国最大的培养东方学人才的基地，并永久地成为俄罗斯汉学史上的一座里程碑。

（二）彼得堡大学

1855 年，俄国各地的东方语言教学除喀山大学鞑靼语、外交部亚洲司东方语言教学部外，全部集中到彼得堡大学，东方语言系成立。东方语言系的汉语和满语教研室由来自喀山大学的瓦西里耶夫主持，来自中国的伊斯梅尔·阿布—卡里莫夫担任口语老师，并教授汉字课，喀山大学汉满语专业的毕业生拉杜辛负责图书管理。到 20 世纪以前，除瓦西里耶夫和卡里莫夫（1865 年去世）外，先后在彼得堡大学工作的汉语、满语教师有 6 人：斯卡奇科夫（1866—1867 年间执教，教授汉语口语）、佩休罗夫（1869 年起执教，教授汉语口语）、扎哈罗夫（1868—1885 年间执教，教授满语）、格奥尔吉耶夫斯基（1886—1893 年起执教，教授汉语）、伊万诺夫斯基（1893 年起执教）、波兹涅耶夫（1897 年起执教）等。开设课程方面，除汉语和满语语言技能训练课程之外，还包括俄译本《四书》节译、中国邸报、中国历史、中国文献史、儒学史、中国文学史、中国地理总论、佛教文献史等；语法课程上学生可以接触到比丘林的《汉文启蒙》和雷慕莎的《汉文启蒙》、1867 年出版的威妥玛的《语言自迩集》；词汇课程教授使用的是瓦西里耶夫 1866 年石印出版的《汉字分析》[①]、佩休罗夫的《汉俄部首合璧字汇》[②]；1868 年瓦西里耶夫出版了 3 卷本《汉语文选》[③] 是学生汉语阅读的重要资料。《红楼梦》《金瓶梅》《好逑传》等白话文学作品成为学生练习汉语口语翻译的底本，在已整理的瓦西里耶夫的手稿遗产中，还有大量未出版的教学资料。

在满语教学方面，1863 年，瓦西里耶夫出版了俄国第一部满语教

---

① Анализ китай ских иероглифов. Сост. Для руковадства студентов профессором СПб. университета Васильевым. СПб., 1866, 94 с.
② 1891 年该词典按瓦西里耶夫的排列体系修订后以《汉俄画法合璧字汇》为名再版。
③ Китай ская хрестматия, изданная для руковадства студентов профессором В. П. Васильевым. Т. I. СПб., 1868. 162 с.
Китай ская хрестоматия, изданная для руководства студентов профессором В. П. Васильевым. Ч. II. Лунь – юй. СПб., 1868, с кит. Текстом, 89 с.
Китайская хрестматия, изданная для руководства студентов профессорм Санкт - Петербургского университета В. П. Васильевым. Выпуск терий, китайские классики: Ши Цзин. СПб., 1868. 185 + 18 с. (кит. Текст литогр.). Примечания на третийвыпуск. 160 с.

材——《满语文选》①，1866 年，为学生石印出版了学习辅导资料《满俄字典》②。1868 年秋天起，扎哈罗夫开始在彼得堡大学教授满语。《清文启蒙》《西厢记》《盛京通志》《大清律例》《通鉴纲目》都曾用于扎哈罗夫在彼得堡大学东方系的满语教学之中。扎哈罗夫在北京时就开始编写的《满俄大词典》③ 于 1875 年在彼得堡出版，使他成为世界著名的满学家。1879 年，扎哈罗夫又出版了《满语语法》④ 一书。

扎哈罗夫去世后，东方系毕业生伊万诺夫斯基（А. О. Ивановский）留校担任满语教师。1887—1888 年间，伊万诺夫斯基为学生石印出版了教材《满语文学史》⑤。1893 年又编写出版了《满语文选》⑥。

彼得堡大学东方系成立后的 19 世纪下半叶的时间里，汉满语教研室所培养的学生近百人，除少数留校任教外，大多数学生直接参与中俄交往的实际工作——在各类政府机构、驻华领事馆以及以经营中俄贸易为主业的贸易公司工作。

从 1855 年彼得堡大学东方系的成立到 19 世纪末，彼得堡大学东方系汉语教研室在瓦西里耶夫的带领下，以语言教学为核心，通过专门的口语教师、翻译中国作品、派往中国进修等方式，培养学生的语言技能。以此为前提，汉满语教研室以关于中国知识的全景式教学为背景，开设中国历史、地理、文化、宗教等课程。同时，随着人才培养和积累，东方系在教师资源上也达到了良性循环，为后备师资力量提供了条件，形成了风格独特的 19 世纪彼得堡大学中国语言教学的特点。进入 20 世纪以后，东方系留校的毕业生伊万诺夫（А. И. Иванов）、阿列克谢耶夫（В. М. Алексеев）等被派往中国学汉语口语和书面语，派往欧洲了解汉语教学的方法，为东方系的汉语教学带来了活力，并逐渐形成了俄国自成一体的汉学教育。中俄教育领域的语言交流为俄罗斯汉学学派的进一步形成

---

① Маньчжурская хрестоматия для первоначального преподавания, составленая профессором. Санкт‑Петербургского университета В. П. Васильевым. СПб., 1863. 228 с.

② Маньчжурско‑русский словарь, составленный для руководства студентов. СПб., 1866. 134 с.

③ Полный маньчжурско‑русский словарь. – СПб., 1875. X + 1129 + 6 с.

④ Граматика маньчжурского языка. СПб., 1879. VIII + 322 с.

⑤ Очерк истории маньчжурскоий литературы. СПб., 1887 – 1888. 46 с.

⑥ Маньчжурская хрестоматия. Ч. 2 – 2. СПб., 1889. Вып. I. 119 с. Вып. II. 120 + 225 + 98 с.

提供了前提条件。

(三) 海参崴东方学院

晚清时期以中国为中心的东亚国际关系复杂，处于与西方列强在这一地区的利益角逐之中的沙皇俄国，其势力迅速膨胀，并开始考虑加强其军队的力量，为军官进行汉语培训。同时，一些商人从贸易角度考虑，也有学习汉语的要求。由于沙俄在军队、西伯利亚铁路、华俄道胜银行等机构中都需要大量汉语翻译和工作人员。俄国汉语教育的中心——彼得堡大学东方系所能提供的人才甚至不及其需求量的百分之一，而远远满足不了现实的需要。同时，圣彼得堡大学东方系更多地侧重于对学生中国历史、文化知识的系统培养，而从实际工作方面的培养则相对较弱。在远东地区一些地方，私人汉语培训机构应运而生，地方政府对这些机构十分支持，经济上也给予了一定的资助，据记载，前后共有八十多名军官和商人参加了汉语培训。现实的需要呼唤一所更侧重于实用人才培养的大学的诞生。1898年，俄财政部和教育部组成一个特别委员会，为在远东建立一所专门培养东方实用人才的大学做准备。1899年，一所新的大学——东方学院在海参崴诞生了。

1899年7月9日在海参崴举行了隆重的东方学院开学典礼，俄国滨海边疆地区军政要人、在中国工作的商人、外交人员、海参崴中国代表等都参加了仪式。东方学院章程的第一条就规定，东方学院是为俄国东亚地区及其相邻地区的工商行政机构培养人才的高等学校。所以其主要任务是根据现实的需要培养汉语、日语、朝鲜语、蒙古语和满语人才。在远东地区，中国是一切利益和矛盾的核心，所以，汉语、汉学研究是东方学院的重中之重。学院的学制为4年制，第一年为汉语学习，第二年学生按4个不同的专业方向进行学习：汉日方向、汉朝方向、汉蒙方向和汉满方向，同时学习第二种东方语言，此外还有一些必修课，如英语、中、日朝历史、地理、人种学、经济地理、政治经济、法学、商品学、会计学等课程。

沙俄政府十分重视东方学院的教学。东方学院的教师配备为其教学的顺利进行提供了保障。首任院长是著名东方学家、蒙语和卡尔梅克语博士A. M. 波兹涅耶夫。1896年，圣彼得堡大学将一批毕业生派往中国，以提高汉语能力和有关中国知识的学习。1899年，这批进修生中的

佼佼者 А. В. 鲁达科夫和 П. П. 施密特成为刚成立的东方学院的教授，为俄国远东汉语教学的兴起奠定了基础。鲁达科夫来到东方学院后便主持了学院的学术工作，并从 1906 年起担任院长。著作涉及多个领域，如历史文化研究类的《吉林中国文化史料》、语言学习类的《官话学习实用指南》、中国现实研究类的《义和团及其对远东最新事件的意义》、中国文学研究类的《中国戏剧——中国小说中的形象》，计有数十部，这些著作使作者享誉世界。也直接对东方学院的教学和研究产生了重要的影响。

与鲁达科夫同来东方学院任教授的施密特的汉语研究的重要成果《汉语官话语法试编》在俄国汉语教学和研究的历史上产生了划时代的影响，在这部著作中，施密特从语言学的角度研究汉语，比较汉语同其他语言的异同，对以后俄国学者的汉语研究具有重要的启发意义，在教学中结束了近百年来由比丘林的《汉文启蒙》主导俄国汉语教学的历史，从而开始了俄国汉语教学的现代阶段。施密特对于汉语和满语的研究在俄国汉学中占有重要位置，为后人留下了近二十部著作。

著名的中、日、朝历史研究专家 Н. В. 屈纳于 1902 年来到东方学院，在此工作的二十多年间一直任东方学院的远东各国历史教研室负责人，对远东各国的历史与现状有深入的研究，为俄罗斯现代的汉学留下了宝贵的财富。在东方学院工作期间，著有教材《中国地理教程》《中国地理研究历史概论》《蒙古、准噶尔、东突厥和满洲的地理与人种学概论》《中国经济地理教程》《中国历史》《中国文化史及远东各国地理》《欧洲国家及俄国与中国关系史》《西藏》等，出版著作四十余部，其对中国及朝鲜、日本历史、地理、人种学的研究对于俄罗斯汉学具有重要意义，同时也为东方学院的教学做出了很大贡献。

在教学中，东方学院充分利用远东地理位置的便利，从一开始就聘用中国先生担任汉语实践课程的教学工作，1899—1911 年间在教学中相继聘请过 19 位中国先生，这些中国先生与学生的直接接触对于学生掌握汉语和了解中国文化起到了不可忽视的作用。

东方学院从成立时起就十分重视图书档案资料，1901 年图书馆就拥有数千册俄语以及欧洲其他语言和亚洲语言的图书，1899—1901 年仅两年的时间就购买和收到馈赠而拥有中国图书 9000 册，包括中国各朝历史全集和历史百科类图书以及各种版本的典籍、中国中央及地方政府的律令、48卷本的《吉林通志》等。学院订购了 91 种期刊，教学资料部藏有数百种汉语和日语词典。到 1914 年东方学院图书馆藏书达 125000 册，图书馆以从满洲运到海参崴的约两万份手稿为基础，开设了档案馆。同时，东方学院有自己的印刷厂，可以印各种语言的教学书籍和学术书籍。此外，1901年，学院还通过了用汉语出版俄国报纸的计划。

东方学院开办前，虽然远东地区的重大事件都与中国密切相关，但在汉语培训机构中学习汉语的主要是一些军官和商人，国民教育部将中学分为普通中学和东方语言学校的计划就是由于无人选择进入东方语言学校学习而未能实现。1903 年 1 月 1 日前，东方学院四个年级在校大学生和旁听生的总数为 96 人，1909 年 1 月 1 日前则在校人数已达 182 人，学生人数的增多也可说明远东地区对中国的认识的提高。在每年的假期，东方学院都为学生组织赴中国各地的实习，这对学生提高汉语能力、加深对中国文化的理解、锻炼实际工作能力很有帮助。在远东地区，几乎所有与汉语或中国相关的岗位上都活动着东方学院毕业生的身影：政府机构、军队、道胜银行、东省铁路，以及在中国各地的一些与俄国相关的机构，如哈尔滨的俄文学校、俄文报纸等。

短短的 20 年间，东方学院迅速发展成为俄国在远东的中国研究中心，充分利用海参崴远东门户的地利，在发挥其社会功能方面与俄国在远东的政策和活动相辅相成，在教学及学术研究方面与圣彼得堡大学东方系互为呼应，成为俄国又一个独具特色的汉学基地，在为沙俄培养远东实用人才的同时，对于加速汉语和中国文化在远东的传播也发挥了极为重要的作用。

结　语

始于 18 世纪上半叶、以俄罗斯人的汉语学习与研究为主体的中俄语言交流，在不同时期的重要成就对于欧洲人的汉语认识有很大影响，1730年在彼得堡出版的拜耶尔的《中文博览》，长期以来被誉为欧洲出版的第一部汉语语法书，18 世纪 30 年代问世的比丘林的《汉文启蒙》以罗曼诺索夫的《俄语语法》和欧洲的汉语认识分析研究汉语，1866 年石印出版的瓦西里耶夫的《汉字分析》中对汉字的研究直至 20 世纪一直被俄罗斯汉学家所采用，1902 年出版的海参崴东方学院教授施密特的《汉语官话语法试编》将莱比锡"青年语法学派""莫斯科语法学派"的语言思想贯穿于汉语，并以普通语言学的语言谱系思想分析汉语。在满语学习方面所取得的重要成就，造就了俄罗斯汉学家当今国际满学研究领域的重要位置。所有这些，构成了两个多世纪中外语言交流精彩的一页。

（作者为北京外国语大学国际中国文化研究院教授）

两个俄国人视野中的清末陕西关中社会

樊明方 赵 鹏

1907—1908年间，马达汉和阿列克谢耶夫这两位在中国进行长途旅行的俄国人，先后抵达陕西，对关中地区进行了考察。这两个俄国人本着不同的旨趣，从不同的立场出发，在各自日记中记述了所见、所闻、所感，内容涉及关中地区的政治、经济、军事、民俗文化各个方面。研究这两个俄国人留下的现场实录，可使我们加深对近代陕西关中自然与经济社会状况的了解，加深对近代中国国情的了解。

一 两个俄国人的背景和他们的中国之行

马达汉，又名卡尔·古斯塔夫·艾米尔·曼纳海姆，1867年出生于俄属帝国芬兰。他高中毕业后进入圣彼得堡尼古拉耶夫骑兵学校学习，随后成为一名皇家近卫骑兵团的军官，并于1904年参加了日俄战争，因战功被擢升为上校。他在第一次世界大战中迁升为中将，芬兰独立后，回到芬兰担任白军总司令，击败赤卫军后协助建立芬兰共和国。苏芬战争期间他再度出任芬兰国防军总司令，成为芬兰唯一的元帅。二次大战后，获选芬兰总统，于1951年病逝。

1906年春，俄军总参谋部委派马达汉前往中国，执行一项为期两年的军事侦察任务，"调查中国北部内陆地区的情况，收集统计资料"[1]，搜集军事情报，以便沙皇政府进一步制定侵略中国的计划。马达汉以俄属芬兰男爵和探险家身份为掩护，从中亚进入中国新疆，打着进行人类学考察和

---

[1] 马达汉：《马达汉西域考察日记》，王家骥译，中国民族摄影艺术出版社2004年版，第11页。

古代文物收集的幌子，沿途测量地形，绘制地图，进行水文调查，侦照军事设施、交通要隘。他穿越新疆、甘肃、陕西、山西直至北京，行程14000千米，历时两年之久。马达汉在陕考察的时间是1908年4月20日至5月18日。完成任务后马达汉回到俄国，向沙皇政府递交了长达173页的调查报告，并谒见沙皇，向其面呈了考察的情况。报告附有各省图册、3000千米道路图、18座城市方位图和各项统计表单。马达汉的考察日记译成汉文约80万字，其中涉及陕西关中地区的近5万字。

另一位来陕考察者是俄国学者阿列克谢耶夫。瓦西里·米哈伊洛维奇·阿列克谢耶夫，1881年1月出生于俄国彼得堡的一个工人家庭。他于1898年考入圣彼得堡大学，进入汉满语专业学习。毕业后，他前往英国和法国求学，他不仅掌握了英语、法语，并且在考察了被带到欧洲各国的中国文物与资料后，对中国文化产生了更强烈的兴趣。阿列克谢耶夫于1906年秋前来中国。1907年，他参加了法国著名汉学家沙畹的考察团，对中国的华北和西北进行了一次长途考察，沿途搜集版画和碑文拓片等民俗学资料，于1909年返回俄国，并于1912年再次访问了中国。苏联成立后，阿列克谢耶夫当选为苏联科学院院士，成为苏联东方学学科领域的领军人物之一，发表和出版了多部研究中国文化的著作和论文。他于1951年病逝于故乡圣彼得堡。他对中国人民智慧的成果非常欣赏，以学者的眼光审视中国文化、体察百姓生活、同情人民的苦难。精通汉语、中国典籍、文化、历史的阿列克谢耶夫，以日记的形式，翔实记录了清末陕西关中地区民俗风情。阿列克谢耶夫到访关中地区是在1907年8月26日至9月24日，他的游记中涉及关中地区的约有3万多字。

二 关中地区的自然和经济状况

关中平原位于陕西省中部，北邻黄土高原，南面秦岭山脉，东到黄河，西至关山，渭河自西向东横贯其间，可谓被山带河，作为三秦大地的腹心地带，古往今来被誉为"四塞之国""天府之国"，是周、秦的发祥之地，产生了辉煌灿烂的文明，曾长期作为中国的政治、经济、文化中心存在。清末，关中地区早已丧失了政治中心的地位，经济上落后于中原和江南，由于垦殖过度，自然环境也大不如前了。清政府在内外交困的情况下，为维持其岌岌可危的统治，于1901—1905年陆续推行新政，陕西关中地区也开始了新政改革。马达汉和阿列克谢耶夫就是在这种情况下来到陕西关中的。

马达汉在完成对新疆、甘肃的考察后，于1908年4月19日，翻越关山口，自陇县进入了陕西关中地区。阿列克谢耶夫则是于1907年8月末，自东取道潼关进入关中地区。①

初进关中，阿列克谢耶夫印象最深的，是随处可见的黄土。"此地被称作关中，洛阳往西安府的道路就在两道坚硬的黄土墙之间，很难从外面攻入。"他的关中之行就是在"黄土的峡谷"中开始的。在经过潼关之后，地势平坦了起来，黄土和峡谷消失了，取而代之的是遍布农田的平原。②

关中地理的另一个标志是渭河。现今渭河水量急剧减小，干旱少雨季节，渭河甚至变成细流或断流。③ 清末时的渭河与今天大不相同。尽管自秦汉以来渭河上游森林不断遭到砍伐，清末渭河比秦汉隋唐时的渭河水量已经减少，但当时的渭河水量仍是相当可观的。在途经华县一带的渭河时，阿列克谢耶夫记载说："这条河中水很多，水流也急。"④

清末西安与咸阳县城仍然凭舟渡以通往来。渭河仍然能承担起水路运输的功能。渭河上大小渡口很多，如咸阳渡和草滩渡等，渡口处有港区街市。草滩港的码头分三类，一类专供漕运和盐、煤运输，第二类供车马运渡，第三类运送一般过往商贩旅客。⑤

马达汉途经咸阳时，记述了当时渭河航渡的情况："河流在这里约100庹（1庹约合5市尺）宽和$2\frac{1}{2}$米深"，"河岸上有沙子，路面硬实。河水流速缓慢。水棕红色"，"城门外聚集着二三十辆马车在等着摆渡，河上有六条渡船在维持着水上交通"。"一艘渡船可容纳6—8辆马车，由6名船工撑船。他们喊着号子用长竿儿撑船往来于河上。"在西安城北的草滩村，马达汉看到了煤炭航运。"村里有一个繁忙的集市。听说，这个村子是西安最重要的储煤地……到了渭河岸边，看到河面上停泊着一长排驳船，装

---

① 马达汉：《马达汉西域考察日记》，第207、506页。
② 瓦·米·阿列克谢耶夫：《1907年中国纪行》，阎国栋译，云南人民出版社2001年版，第207、209页。
③ 陕西省地方志编纂委员会编：《陕西省志》第二十六卷（二）《航运志》，陕西人民出版社1996年版，第43页。
④ 瓦·米·阿列克谢耶夫：《1907年中国纪行》，第210页。
⑤ 《陕西省志》第二十六卷（二）《航运志》，第222页。

运煤和焦炭，也有从山西过来的生铁犁头……两岸之间的交通十分繁忙，有4—5艘驳船来往于水上……现在河水有一人深，船工们装船时唱着欢乐的号子，活像伏尔加河上的航运交通。"① 即使是在渭河的支流泾河，水量也足以载舟渡人，"河宽20—30度，由于河水没到了马肚子上方，于是我们就等着乘渡船过河。水流十分缓慢，河底是坚实的沙子地"。阿列克谢耶夫还记述了灞桥的景象："灞河水在遍布河床的浅滩间流淌，曲折迂回，宛若飘荡的衣袖。""群山笼罩在金色的雾中，前面依然是绿色的林荫道，从离开潼关以来，一路上一直绿树成荫。"②

俄国人在旅行中，对关中落后的道路情况，也表达了自己的感受。他们乘坐的马车，所经的多是黄土道路，降雨形成了泥泞，积水形成的深坑可将马车陷入。泥淖中踩出的足迹，在路面干燥后即成为坑洼，以致没有牲畜下脚的平地。城市里有些石块铺成的凹凸不平的道路，除此之外，没有硬质路面的道路。路上"交通十分繁忙"，客商川流不息，所用载具多为骡车，凤翔地区则有马车队。③ 中国传统造桥技术则博得了俄国人的赞赏："河面上都架有大桥，有些地方修的工艺精良。中国师傅善造经久耐用的工程。"横跨灞河的灞桥在唐时就是有名的四大石柱桥之一，不仅是驿路要津，更是关中名胜。阿列克谢耶夫认为其当数中国最长的一座石拱桥，"这是一座石桥，但桩是木头的"④。在清代灞河时常淤塞，灞桥也经历数次废毁重建过程，俄国人来陕时最近的一次修缮已是同治十三年，且因为关中地区元气仍未从社会动荡中恢复，陕西巡抚财力所限仅仅铺设了石桥面。⑤

关中有着悠久的农业文明，渭河两岸自古就被垦殖、灌溉，成为著名的粮食产区，以丰盈的物产供给着历代在此生息繁衍的人民，资助许多帝王将相成就伟业。自陇县进入关中后，马达汉看到，山坡或是种植了成片果林，或是已被开垦为梯田。马达汉粗略估算关中地区农田的粮食产量约为种子的10倍左右，尤其西安府土地肥沃，甚至可以纯粹靠天吃饭，然

---

① 马达汉：《马达汉西域考察日记》，第528页。
② 瓦·米·阿列克谢耶夫：《1907年中国纪行》，第211页。
③ 马达汉：《马达汉西域考察日记》，第507、515页。
④ 瓦·米·阿列克谢耶夫：《1907年中国纪行》，第209、211页
⑤ 史红帅：《清代灞桥建修工程考论》，《中国历史地理论丛》2012年第2期。

而因农民手中没有存粮,偶尔也出现饥荒。① 在学者阿列克谢耶夫眼中,平坦辽阔的关中平原上,连阡的农田,仿佛田园的画卷,随处可见在田间劳作的农妇。中国农民不但培育和改良了多种农作物,还将小农经济特有的精耕细作发挥到了极致,以致使俄国旅人产生了艺术的美感,从而感慨道:"可以说,每一株植物都受到了精心的照料。"分配给旗人的田地,旗人基本上不去管理。"他们一点也不想通过劳动改善自己的地位。"②

关中是陕西的腹心,西安则是其精华所在。西安府高大完整的城墙和建筑其上的雄伟城楼给了马达汉和阿列克谢耶夫以深刻的印象。"我们……来到了该城的三座巨大的城门和顶拱长廊前。在两座城门的上方建有宏伟的城楼,城楼上有无数大炮射击孔。"在马达汉的记述中,我们可以看到当时城市的布局和道路的情况:"现在的城区,从西门到东门约$4\frac{1}{2}$俄里(约4.5千米),从南门到北门不到3俄里(约3千米)","满人住在城东北部,四周有一座土城围着,与别的城区分开……满城很穷,管理很差","主要街道都铺有石板。尽管街道比较窄……我从西部过来,这两年来,还没见到过比这更好的了"③。西安城的市政设施的情况,以俄国人的标准来看是乏善可陈的。城内知府衙门在慈禧"西狩"时改为行宫,虽经过多次扩建,但他认为陈设"既不精美,也不舒适"。历史古籍中记述的汉唐气象在马达汉眼中荡然无存,"这些描写肯定都是言过其辞的","宫殿主要是简单的泥房子,仪仗人员穿得破破烂烂的,街道像发着臭味的垃圾和尘土的海洋"④。而阿列克谢耶夫则善于领略富有历史沧桑感的古迹韵味。"在崇仁寺我们见到了书刊上引起巨大争论的著名的景教碑……类似此碑的一些历史碑碣……是诸如聂思脱里教、摩尼教、犹太教等宗教在中国留下的唯一见证。"他这样记载了在城隍庙的见闻:"寺庙非常富有、华丽,有大量的书法绘画作品","通往庙里的林荫道上有一排排生意人的露天摊位……他们在卖一些小玩意……日本冒牌货"。⑤

西安及其周边的商贸活动,在马达汉看来尚属活跃。"西安的商业活

---

① 马达汉:《马达汉西域考察日记》,第526页。
② 瓦·米·阿列克谢耶夫:《1907年中国纪行》,第229页。
③ 马达汉:《马达汉西域考察日记》,第514、525页。
④ 马达汉:《马达汉西域考察日记》,第525页。
⑤ 瓦·米·阿列克谢耶夫:《1907年中国纪行》,第220—222页。

动很繁忙，许多街道两边都是数不胜数的商店，这本身就说明了问题"，"好几条街道两旁，商店一家接着一家，毫无间隙；每一块空地……还有寺庙院子里，都挤满了小摊子"，"交通十分繁忙，马车、小推车、骑马人、步行者来来往往，毫无秩序"①。阿列克谢耶夫也记述了西安城中的繁荣熙攘之景："街道上贸易非常兴隆。鸭蛋有新鲜的和'变了色'的，还有各种小动物；有鹅、鸡、鸭子；有各种果子：石榴、苹果，还有最主要的西瓜，一个铜子买一个，很能招徕顾客，另外还有……大量编制精巧的竹制品：家居装饰、各种各样的篮子"，"人群的嘈杂声、商贾的叫卖声……汇成了一股声浪，使人难以听到什么"②。

关中地区地理上连接西域、巴蜀和中原，长安是古丝绸之路的起点。清末西安仍然担负着转运货物的枢纽职能，形成了以汉江流域为依托的汉中道，以及榆林道等传统商路。"除了陕西外销的货物以外，西安还负责转运甘肃的大部分货物，把货物从西部的山区和'口外'运到东北各省以及中国东部和南部，反过来按相反方向把货物运过去。"茶销往甘、豫、蒙古；药材销往豫、晋；棉花销往四川。而自两广、浙江输入丝绸。食盐，来自沪、甘。瓷器，来自江苏。并从国外输入洋货，向东北和东南输出鸦片。③ 鸦片战争以后，外国资本也开始不断渗透进关中，到1908年前后，西安出现十余家专营洋货的商号。但总体上，由于交通不便、经济落后和人民贫困，关中地区的工商业并不发达。④

马达汉还调查了西安府的财政收入，土地税收入约白银260万两，种植和销售鸦片的税收有270万两，厘金为50万—60万两。支出部分包括官员、文员和军队的开支，计130万两。以及给甘肃、新疆两省"为了恢复太平天国运动时遭到的破坏而定的"补贴共计70万两，另外还有"战争捐款"40万两，这笔钱"是用增加30%的土地税的办法筹措的"。在马达汉看来，兴办工矿、开采资源以发展当地经济的措施，陕西做的"没有甘肃的多"。延安地区已经开始由官方开采石油，约打有200口油井。冶炼水平较低，煤油质量低劣，价格与美国煤油大致相同。在耀县开采了一

---

① 马达汉：《马达汉西域考察日记》，第522、525—526页。
② 瓦·米·阿列克谢耶夫：《1907年中国纪行》，第224页。
③ 马达汉：《马达汉西域考察日记》，第522页。
④ 《陕西省志·商业志》，第39—40页。

座银矿。"没有矿产品输出。生产的少量石油供本地消费。尽管本省煤蕴藏量很大,却仍从山西运进大量的煤。"①

关中民众生活贫困,许多人食不果腹。"西安至潼关之间的道路两旁都是乞丐,他们有的蹲坐在尘土里,有的跟在行人后面跑着,大声呼喊着要求施舍。"贫者卖儿鬻女,倒毙街头,奸者则贩卖人口,从中渔利。马达汉记载道:"美国送来的救济款项,很大一部分作为税款被从老百姓手中抽走。北京中央政府从南方调运来的大米亦被抽取昂贵的运费,以致米价爆涨,无人能买得起。一方面老百姓饿死在街头和路上。另一方面粮食霉烂在仓库里","也许别的省份发生饥荒时,这些粮食再次被用来上演此种悲剧"。华山脚下,有些农民用滑杆抬游客上山,以赚取活命钱。②

三 关中地区的政治军事状况

马达汉的一个重要考察方向是新政改革,他写道:"中国中央政府加紧推行新政的情况说明,巨大的'中央王国'正在从千年的睡梦中苏醒,中国的政制正在更新","这些计划中,首要的包括建造某一段铁路,根据欧洲模式重组军队,开采矿石增加省的财源和政府办工业";另外还有:开办新学和军校;禁止种植和吸食鸦片烟。③

在进入关中之前,马达汉已经在甘肃了解到了新政改革中的问题,"部分改革措施仅仅是做给上级看的"。"另一些经过深思熟虑和精心策划的项目则进展缓慢,没有产生应有的效益和进度。"他还记录了当地总督在推行新政时遇到的来自民间的阻力:"老百姓把一张谩骂总督的字条贴到了他进出的城门上。""在他新设立的新的工业设施和学校的城区好几次出现这种骂人的字条。"④

阿列克谢耶夫作为民俗学者,对于新政改革等并不关心,与陕西的官员往来也不若马达汉那样多,然而从他的记述中,也不难瞥见清末官僚阶层堕落腐朽的形象:"巡抚原来是个翰林(相当于院士),现在正躺在炕上,面前摆放着烟卷和世界上最烈的白酒。两侧放着大烟枪。他一意孤行,执迷不悟,对任何事情都不过问。""乞丐们在巡抚衙门下过夜并且抽

---

① 马达汉:《马达汉西域考察日记》,第523—524页。
② 马达汉:《马达汉西域考察日记》,第523、533、536页。
③ 马达汉:《马达汉西域考察日记》,第11、437页。
④ 马达汉:《马达汉西域考察日记》,第437页。

大烟。"① 中国社会从上自下都沉湎于烟毒之中，不能自拔。在这种情况下，包括教育改革、铁路建设、新军编练等措施的开展，是举步维艰的。

马达汉概括地评论了西安乃至整个关中和陕西的新政改革情况，并将其与走访过的甘肃和兰州的情况进行了一番对比："这里推行新政的时间大体上同兰州一样长。但在某些领域成果更加显著……例如教育领域，西安比较成熟……"马达汉认为，陕西省的教育改革之所以"比甘肃取得了更加明显的成果"，原因在于人才引进的优势，"西安与沿海地区有着悠久、频繁的联系……正是因为有这种联系，才比较容易获得合适的人才"。而两省的区别在于："甘肃省政府付薪水给学员，而在陕西，情况正好相反，学员必须支付教育费用。"②

陕西的高等小学堂和中学堂已于三年前开办。高等小学堂在各个县都有，一般只有几十名小学生。学制四年，免交学费。课程除国文、历史、习字、诗词外，也有地理、自然、图画、体育、生理卫生和军训。小学堂毕业后可升入知府所在地的"中学堂"，入学考试国文和算术。读中学须缴纳学费，每月1—2两银子。学制5年，课程除涵盖小学堂科目之外，还包括生物、算术。毕业后，可通过考试，进入"高等学堂"就读。高等学堂学制四年，学费每年27两半银子。教授科目，除文史数理等以外，还包括英语、法语或日语、俄语等外语。为了抵御外侮，国民军事教育正在通过学校初步开展，新式学校很重视体操、行军、军事操练，学生的学习热情也高，这也引起了马达汉的注意。"……学校对体操、行军和军事训练的重视程度和赋予很重的教育分量……"，"学生们对这些科目十分热情并很愿意进行，进展情况十分明显。所有的高等学校都有枪支操作课。所有学校在上体育课时都穿黑色白道道制服，这使学校带有纯军事的特色。"③

学校的设施在马达汉看来是不错的："校舍很舒适，甚至很豪华，有很大的院子…并有极好的体操设备。许多学校现在就有十分美丽的地理、动物、解剖学和植物标本收藏以及化学与物理实验室和图书馆。大部分物件是从日本进口的"，"学生们住校，两人一间明亮舒适的房间"。教学队

---

① 瓦·米·阿列克谢耶夫：《1907年中国纪行》，第222页。
② 马达汉：《马达汉西域考察日记》，第514、518页。
③ 马达汉：《马达汉西域考察日记》，第521页。

伍方面,"教师的水平绝对比兰州的高。聘用日本教师的比例大"。而生源意外地不足:"配备的学生数量不足,有的教师还没有教课任务。"以上学堂,除小学堂外,均有日本人担任教员,高等学堂教员则多有赴日留学经历。师范学堂已于三年前开办,4名教员多数来自外地,内含3名日本教员。新式军事学堂和警察学校也被建立起来。在臬台监督下设立了专门培训"警察长"的"陕西沂勋训警学堂",学制一年。学生70—80人,每县1—2人,结业后配属本县。县里每年向学堂支付50两银子的学费。学堂另附有培训警官的短训班。开设的课程包括:警察规则、对外交际规则、城市公共秩序、社会名流课、户籍制度、解剖学、刑法、普通法,以及市民文明制度和清洁卫生制度等,也有行军操练。另外还专门开设了面向满族居民的"八旗子弟学堂",学费、伙食费、服装费均免。学生有60—70名。除教授中学堂课程外,还教满文。①

马达汉对清末陕西新政的总体看法是:"在别的领域……特别是在利用开发当地经济资源方面就不如兰州","总体上说,两个省份在实行改革方面性质相同,两省取得的成就也只能被看作是实施北京的新政计划的第一步"。他还介绍了外国人在新政中担任的角色:"甘肃聘请比利时人负责实施大部分的新政工作",而陕西"则由日本人在不同程度上担任相同的任务"。②

陕西境内修建铁路,是于1905年开始筹划实施的。根据计划,陕西和甘肃、河南三省同时并举,各自建设省内的铁路,争取贯通三省。陕西的初步计划是先建成西潼段300里左右的铁路,并且已经请日本人进行了沿线的勘测。为了筹措建路资金,1905年已经下令在全省征收特种田亩税。沉重的赋税和贪婪官员无度的讹索,激起了百姓的"抗议和骚乱",因此后来被清廷下令叫停。③而在他到访时,已经开始改进筹款手段。陕西巡抚曹鸿勋奏请官商合办铁路,成立了陕西铁路公司,在商贾和官员中间发行股票。学生、教员被赋予了宣传鼓动的任务。但认购情况不佳,商人们普遍对官商合办持怀疑态度,直至1908年也只征得商股60来万两。④

---

① 马达汉:《马达汉西域考察日记》,第518—520页。
② 马达汉:《马达汉西域考察日记》,第524页。
③ 马达汉:《马达汉西域考察日记》,第514页。
④ 《陕西省志·铁路志》,第23页。

终清之世，陕西修建铁路只是纸上谈兵。

在新疆、甘肃以及陕西关中考察时，身为俄国军事谍报人员的马达汉，往往在中国官员和军人的邀约下，就能进入军营刺探。从而对中国军队的操练、装备、人员编制情况以及军事要地和城防布局，都进行详尽的勘察和描述。他不无得意地说："中国人进入军营必须得到特殊许可，但欧洲人进去却一点儿也不费劲，至少在西安是这样。"① 他刚到陇州，就调查起防务情况来，"西关……四周的土城墙已经塌陷，四面城墙有四座小城楼，城墙外有壕沟……有垛口，有砖砌的防卫胸墙和瓮城。城墙上面的战壕通道上建有几个小土楼，在几个城楼……底下的土结构建筑部分可以看到有炮孔"。马达汉对于陕西军事情况总体的评价是，"陕西的军事部队，不仅在数量上而且在军官和训练上，都走在甘肃的前面"。② 他将清朝驻防陕西的军队，区分成"骑兵"和"民防队"，他分析道："守备队很多。如果满员的话，那么仅仅省'骑兵'部队就有50000人左右"，高级军官所在的城市里"一营骑兵约有1000人；别的县城则最多有50人，大部分情况下还少一些"。③ 马达汉对陕西军队数量的估计是不准确的。实际上清末陕西的八旗兵"能持械作战者不满2000人"，绿营兵有10000人左右；另有新军4000余人。④

在马达汉的日记中，有对全省军队驻防情况的记载："省四个镇台府区每个区驻一营'西北防军'（或'渭北防军'）；固原驻三营'西北防军'的部队和兰州派遣的一个'常备'部队；汉中驻一营'抚标'部队（西安派遣）；在一些边远城市驻扎8个防军，负责公路巡逻。"在自新疆到陕西关中的旅行中，他随时留意沿途的军事驻防情况，并一一记录在册："在俄国地图上标明是荒沙地的地方有一座小小的中国'伊姆帕奇'（军营）""在我们快到陇州的时候，路边有一个村子叫朱家庄，村里有一个营盘，驻扎着一营刚招募的处于动员状态的新兵。"⑤

陕西在1905年才开始建立新军。这支部队的兵员全部征自关中各县，

---

① 马达汉：《马达汉西域考察日记》，第517页。
② 马达汉：《马达汉西域考察日记》，第505、515页。
③ 马达汉：《马达汉西域考察日记》，第515页。
④ 《陕西省志·军事志》，第9、149、158页。
⑤ 马达汉：《马达汉西域考察日记》，第505页。

编为一个协（师级单位），下辖两个步兵团，一个炮兵营，一个骑兵营，一个工兵连和一个辎重连。部队所配器械均为新式枪炮，全协共有军官225人，士兵3936人。新军的装备水平也是俄国人所关注的，"装备是配有导火线的步枪，在打靶练习中也用这种枪支。只有在镇台以上的更高级指挥官所在地，才储备从后膛装子弹的、老式一发装雷明顿和毛瑟步枪"。马达汉对陕西新军的操练和装备进行了仔细的调查。新军军官大部分是从北洋和南洋的军队中调来的。训练的项目主要是队列练习和军事体操，每日清晨和下午操练两次。炮兵增加一小时学习。新军的编队、操枪和行军步伐动作漂亮。与旧军队一样，即使装备了先进的步枪，射击训练也极少进行。"我所看到的好几个营，听人说，去年根本没有打过枪。""在驻有处于动员状态的部队的城市里，努力实施中国新军的操练和阵式编排技术。这些操练缺点很多，只能让人怜悯。"考虑到马达汉所服役的俄军新败于日本，俄国人眼中这种水平可怜的训练，其效如何便可想而知了。部队的人员构成情况则是："陆军队伍中都是年轻人，看上去时常是未成年的，或者说，至少是体格发育较差的中等个……没有吸毒者。"军官则"……都是年老的汉人，大多数都是高龄人士。曾经进行过年轻化的尝试……但这种尝试十分不力"。他准确地评价道："似乎旧式军队的流于形式和表演方面的弱点已经被新式军队继承了下来。"[①]

四 关中地区的民俗文化

民俗学者阿列克谢耶夫来到中国，以一种新的方法进行汉学研究，即是"对活生生的人及其'直接理解力'进行活生生的观察"。在研究典籍文献的同时，他努力研究民俗、戏剧、题刻和中国宗教。难能可贵的是，他在研究中坚决摒弃通常那种欧洲学者来自文明世界的优越感和对未开化国家的鄙夷情绪，而是以"平易近人，真心实意"的态度对待中国人。因此，我们可以从他的真实客观的眼光中，了解清末关中民俗文化的鲜活形象。

阿列克谢耶夫在对关中民俗文化的考察中，看到了戏剧在民间的广泛普及："就普及程度而言，中国戏剧在世界上占第一位。即使是中国最偏僻的角落，一年中也要有几个戏班子去演戏。"在中国，"大家都看戏，都

[①] 马达汉：《马达汉西域考察日记》，第515—518页。

懂戏,都唱戏。我们的车夫就总是在哼唱着什么。如果你问他:'你在唱什么?'他就会笑着回答你,经常说出某出戏的名称。这令我惊讶不已:我从来也没有听说我们俄国的庄稼汉能唱伊万·苏萨宁的咏叹调"。在城市里,这种文娱活动以更大的规模进行。阿列克谢耶夫在西安城里便见到了这样的盛况:"广场上的文庙前正在唱戏。演员的演唱声、小贩的叫卖声、人群的嘈杂声汇集成一股特别的声浪。广场上人山人海,女人们站在马车上,从人们的头顶上看过去。"更令他称奇的是戏剧剧本均采用程式化而高雅工整的文言写成,通晓中国文言诗词的阿列克谢耶夫能够认识到,要欣赏这种艺术其难度是可想而知的。"即使那些没有了'文言'的民间剧本,也必须要懂得中国历史才可以理解。中国广大观众完全具备这个条件。对自己历史和文化的了解,深深植根于目不识丁的中国居民之中,这是世界任何地方都无可比拟的。"①

关中人民宗教生活中的实用观念,也给阿列克谢耶夫留下深刻印象:"在陕西,对关帝的崇拜要超过其他任何神仙。"然而有趣的是,在他看来,这并非出于秦人尚武的特性,"他在那里只充当财神的角色",而商贩则在"每月初二和十六","向廉洁的关羽祈求金银财宝"。②

即使清廷已经废除了科举,阿列克谢耶夫仍可以看到民众对跨入知识阶级,进而入仕的热情和向往:"与行宫相邻的街区里住满了书生。到处可见祝愿金榜题名、大功告成等内容的对联。同时,无论在省城,还是在农村,我经常看到中试人家墙上贴着所谓的喜报,是一种特别令人高兴的告示。"③

女子裹小脚在当时仍是盘踞于农村的痼疾,阿列克谢耶夫不无痛心地写道:"药铺墙上挂着有力论述裹脚危害的文字……女孩子失去了童年,小脚成为彻底挡住妇女挣脱家庭俘虏地位的羁绊……但是,无论是歌赋、哭诉、呼吁,还是皇帝的旨意,都无法战胜这股疯狂的力量,而我到处都可以看到那可怕却又习以为常的情景:农妇们在泥土和灰尘中蹒跚前行,肩膀上还扛着重物,最令人恐怖的是看到刚刚被摧残了的小女孩,坐在一

---

① 瓦·米·阿列克谢耶夫:《1907 年中国纪行》,第 215—219 页。
② 瓦·米·阿列克谢耶夫:《1907 年中国纪行》,第 210 页。
③ 瓦·米·阿列克谢耶夫:《1907 年中国纪行》,第 220 页。

边看小伙伴们奔跑玩耍。"①

五 关中地区外国人的活动情况

随着列强敲开了中国封闭的国门，倾销洋货和鸦片，控制中国经济的命脉，欧洲的传教士也在打开中国人封闭的信仰之门，兜售各自的教义，不断地试图渗透和控制中国人的精神世界。对于来自欧洲、美洲的传教士们在关中地区的活动，马达汉和阿列克谢耶夫均进行了记载。

除了八国联军进犯，帝国主义国家对中国的文化渗透进一步深入，促进了西方宗教的传播外。陕西的兵灾、大旱和山东的饥荒，造成大量流民迁移到西安周边聚居，西方教会抓住机会在为这些绝境中的流民提供庇护的同时传播信仰。西安作为西北的门户，许多欲进一步向西北开辟宣教区的教会人士也多在此暂住，使关中地区外国宗教活动很活跃。

马达汉初入陕西关中地区，路经千阳县城投宿时，就见到了瑞华会的传教站："这家客栈离新建的基督教新教播道站很近。这个播道站的负责人是两位女性，美籍瑞典人……和挪威人……并使我有机会结识了传教士尼尔森和他的妻子，他们是从陇州到这里来访问的。"从凤翔到礼泉，他都见到了在当地扎下根来的传教士，他结识的传教士多是美籍瑞典人。省城西安，天主教等教会的活动情况更是规模远甚偏远县府。马达汉记录道："说到欧洲人，我不能不涉及传教士们在西安的活动。首先是方济各会教士们领导的罗马天主教传教活动。他们的总部设在东元坊村，在城北一天路程的地方，他们的天主教堂和主教住宅之豪华不能不使我羡慕不已"，"教堂很漂亮"。天主教会在城中开设了医院和学校以吸引信徒，"主教戈特建立了好几所慈善机构，这是天主教传教活动中值得骄傲的事情"，"城里有一个疾病治疗所……药房药品很多，来看病的人数量很多。一名意大利修女兼任主治医生和护士长"。"修女们开办学校，早先只招收官员的女儿为学生，现在也收别的学生。"另外，新教教会也创办学校，开展传教活动，"在该校学习的有十来个曾在播道站工作过的中国人，旨在培养他们成为神甫或传教士"。他们教习中国人奏唱《俄国沙皇颂》和《英国国王颂》来欢迎马达汉的到访。财力雄厚、设施优越、机构完备的教会所获得的信众数量是可观的，"在整个陕西省总共有23000名天

---

① 瓦·米·阿列克谢耶夫：《1907年中国纪行》，第237页。

主教徒，分散在好几个播道站区"。临潼县城的一个神甫不无自豪地告诉马达汉："每年愿意接收洗礼的中国人数量，在义和拳运动后，增加了四倍。""我问他怎么解释这种现象，他回答说……这是上帝的怜悯，牺牲者的鲜血即是信仰的萌芽。"① 这些传教士同时更将扫除中国民众对本土宗教的迷信视为己命。阿列克谢耶夫在西安与来中国传教的西班牙天主教神父莫里斯做了一番交谈，"神父大谈中国迷信，当然他将所有的中国宗教包括在内，总之，将所有的中国的东西都看作迷信。神父闭口不谈自己的天主教迷信，因为，在他看来那都是真理……我没有忍住，表达了自己对这个问题的看法。神父将我视作智力发达，道德低下的人……"阿列克谢耶夫感慨道：中国人民虽有儒道佛的不同信仰，却可以相安无事。"送葬的队伍迎面而来，……和尚以及……道士……若无其事地在一旁走着。习惯于宗教斗争的欧洲人看到这些倍感惊奇"。②

陕西巡抚聘请日本矿师勘探陕北油田，引来了日本人进一步的渗透和外国势力的关注。马达汉也注意到了日本人在陕西关中地区的活动情况："自上次日俄战争之后，日本人开始在陕西省大量活动"，"他们在西部地区大肆进行探测活动。现在有3个日本人在三原负责生产煤油；7个日本人在西安担任教师；未来的西安—潼关铁路线是日本人勘查的"。③

六 结束语

马达汉是来华刺探情报的军事间谍。他的行程是为沙皇俄国对中国的进一步入侵先行探路。对于他途经的几个中国省区，大到山川地理、小到路程远近，从全省的驻防到县城的卫戍，各种要害情况他均了然于心。他的调查走访，很多都是为了满足军事侦察的需要，而为城池军营绘制的大量地图表册，则是俄国对中国领土野心的明证。他在关中地区旅行时，沿途拜会的清朝人士，主要是官员和将领，非显即贵。由于他汉语水平的不足，在他的游记中，除了对普通民众进行人类学测量外，很少看见他与普通中国人交流的记录，因而对于当地民间疾苦的了解也只能停留在道听途说程度上。对于中国文化则是仅限于民俗学资料的搜罗。除此之外，马达

---

① 马达汉：《马达汉西域考察日记》，第507、524—530页。
② 瓦·米·阿列克谢耶夫：《1907年中国纪行》，第211、217页。
③ 马达汉：《马达汉西域考察日记》，第523页。

汉还在旅程中着力调查了解中国境内俄国侨民和归化人的情况。在哈密他曾策划将一个与中国巡逻队发生的小误会升级成外交事件，而其目的是很明确的，"我……只不过为求提高俄国塔塔尔人在亲王眼里的地位"。在他威胁要向新疆巡抚申诉后，事件得以平息，结果是"哈密的俄国臣民都高兴地认为，这件事情必将成倍地提高他们在当地居民眼中的地位"。① 阿列克谢耶夫作为一个热爱中国文化的学者，对清末中国领土被列强宰割、财富任列强掠夺、人民被列强欺凌的悲惨境地深为同情。他这样描述列强对中国的侵略："不曾想，一个强壮、陌生、莫名其妙的敌人尽管住在西方，却从东南方来到中国，这就是属于各个国家和民族的欧洲人。他们乘着从未见过的装备了火炮的奇怪大船而来，为的是出售自己的商品，其中也包括鸦片。而当中国人不愿接受他们的好意时，他们便开始用带来的另一种商品——大炮逼中国人就范。由于中国人的不屈服和虚弱，付出了割让土地的代价。中国从未遭受过这样的侵略，感到措手不及。怎么能强迫别人做贸易，用大炮和瓜分土地相威胁？这种逻辑让中国人大惑不解，怒不可遏。在中国见过的蛮夷之中，此次遇到的外敌特别可憎，最没来由也最不合情理。"②

清末陕西关中，山川秀美，生态环境良好，但工农业和交通通信十分落后，军事、教育领域的近代化进展缓慢，清朝的统治已经腐朽，人民普遍处于赤贫。帝国主义列强的势力已经深深地渗入这个地区。同时，民族精神和新文化的星火也在传承着。中国的这个古老的地区，正处于新旧时代交替的转捩点。俄国军官马达汉与学者阿列克谢耶夫，通过亲身观察，记录了当时陕西关中地区的历史画面，使我们得以借助他们的视角，回顾中国的过去。

马达汉和阿列克谢耶夫到访陕西关中地区距离今天已有一个世纪之遥。从他们的视野里，我们能够看到中国传统社会的一个缩影，与异乡来客一道体味它具有的别样风情，但同时更能强烈感受到清末关中触目惊心的落后和封闭。列强入侵的咄咄逼人和清廷改良的犹犹豫豫形成了鲜明的对比。俄人走出了国门，国人还困守在祖地，崤函之固、大河之险，既是

---

① 马达汉：《马达汉西域考察日记》，第326页。
② 瓦·米·阿列克谢耶夫：《1907年中国纪行》，第124页。

屏障，也是囚笼，使我们的视野不能开阔和长远。今日我们正走在民族复兴的道路上，不但建立了先进的社会制度，而且拥有了蓬勃发展的市场经济。但我们在摆脱贫困与落后时，是否已彻底摆脱了前人故步自封的心态，是需要认真思考的。与此同时，在发展的过程中，我们是否能留给后代一个山清水秀的家乡，也是需要我们时刻警醒的。

（樊明方为西北工业大学马克思主义学院教授；赵鹏为西北工业大学马克思主义学院博士研究生）

近代祁门红茶对外贸易述论

康 健

自清代以降，祁门茶叶以外销为主，在五口通商以前，祁门茶叶主要是顺阊江而下，运往广东销售；自五口通商后，祁门茶叶的运输路线和徽州茶叶的运销路线一样都发生了转移，祁门绿茶贸易主要转移到上海销售；而安茶依旧是运往广东，远销东南亚地区。祁门红茶，"在中国茶叶中间很有名，买红茶的客人以俄罗斯国的人最多。祁门红茶卖的法子，是在祁门将茶做成，再装到九江重新改做，装成箱子，再装到汉口去卖"[1]。到1919年后，随着汉口茶叶贸易衰落，祁红则是运往上海销售。清末民初，是祁门茶叶对外贸易的繁荣时期，茶叶出口数量不断增加，贸易额日增，茶叶的销售价格也较为稳定。但进入20世纪30年代以后，随着以祁红为主的贸易逐渐下降，祁门茶叶贸易也逐渐衰落下去。

一 近代祁门茶商的经营活动

茶叶作为徽商传统经营的四大行业之一，鸦片战争之后随着对外贸易的发展，徽州的茶叶贸易迎来了新的发展机遇，正所谓"茶、木两大宗，实阖属人民命脉所寄"[2]。祁门红茶成为出口茶叶的大宗，迎来发展的黄金时期。近代祁门人外出经商的风气很盛。"祁门近城一都，大半经商赣、浙、沪、汉诸地"[3]"东乡居民，大率以经商为生产，西南北各乡居民，大

---

[1] 《安徽地理说略》，《安徽俗话报》1904年第13期，第20页。
[2] （清）刘汝骥：《陶甓公牍》卷一〇《禀详·详报物产会开会文》，《官箴书集成》第10册，黄山书社1997年版，第563页。
[3] （清）刘汝骥：《陶甓公牍》卷一二《法制科·祁门民情之习惯·住居之流动固定》，《官箴书集成》第10册，黄山书社1997年版，第601页。

率以种植为生产。"① 不仅如此,而且祁门商人多从事茶叶经营,"植茶为大宗,东乡绿茶得利最厚,西乡红茶出产甚丰,皆运售浔、汉、沪港等处"②。祁门西南两乡之人的经商风气略微有差异,"西南两乡务农者,约占十分之七,士、工、商仅占十分之三,多藉茶为生活,营商远地者,除茶商而外,寥寥无几"③。经营茶叶成为祁门商人的主要生计来源。

光绪初年,祁门红茶问世后,对外贸易日趋兴盛,茶商十分活跃,由此发家致富者甚多。光绪十四年(1888),经营红茶的"华商执业茶者,颇能获利"④。因为经营红茶有利可图,以至于光绪十五年(1889),徽州一向出产绿茶的产区也改制红茶。对此,《申报》记载,"本届祁门茶额亦增多,因婺源、屯溪向产绿茶,难于沽利,今亦改做红茶也"⑤。屯溪、婺源为徽州绿茶主产区,质量优异,这些地区由原来经营绿茶转为改制红茶,由此可见,经营祁门红茶获利甚丰。光绪十六年(1890),九江的红茶贸易十分繁荣,"各茶客办茶,不下数千百担,络绎于途,极为热闹。"⑥光绪十七年(1891),由九江转运汉口的红茶贸易亦极为繁盛,"九江连日到通山、祁门、武宁各山庄红茶甚多,茶栈中随到随拣,细装成箱,陆续运往汉口"。⑦ 光绪二十年(1894),红茶出口贸易兴盛,"业茶之华商获利者多,亏耗者少。今头茶业已告竣,最获利者,江西则宁州、祁门两处"⑧,从中得知,祁门红茶为在对外贸易中获利最多者之一。因为经营祁门红茶十分有利可图,在经济利益的驱使下,那些原本不是经营茶叶贸易的富户都纷纷投资红茶经营业务。"去春(光绪二十年)茶商大获其利,皆满载而归,远近商人咸深欣羡。凡富有资本者,每欲合股贸易,以握利源。去秋已有订立合同者,今春各商尤异常踊跃。"⑨

---

① (清)刘汝骥:《陶甓公牍》卷一二《法制祁门民情之习惯·生产不生产之分数》,《官箴书集成》第10册,黄山书社1997年版,第601页。
② (清)刘汝骥:《陶甓公牍》卷一二《法制祁门民情之习惯·职业趋重之点》,《官箴书集成》第10册,黄山书社1997年版,第601页。
③ 程宗潮:《祁门全境乡土地理调查报告》,《安徽省立第二师范学校杂志》1917第4期,第6页。
④ 《茶务译登》,《申报》1889年2月27日,(34)271。
⑤ 《茶市情形》,《申报》1890年5月28日,(36)859。
⑥ 《茶银银息》,《申报》1891年2月10日,(38)317。
⑦ 《浔阳茶市》,《申报》1891年5月13日,(38)727。
⑧ 《茶市生色》,《申报》1894年6月24日,(47)393。
⑨ 《茶商踊跃》,《申报》1895年3月3日,(49)325。

因为祁门红茶品质优异，使原来一直从英国转口购买祁门红茶的俄商，也在汉口直接采办祁门红茶，这样就使祁门红茶出口量大幅增长，对外贸易更为兴盛，获利更多。对此，《申报》记载，光绪二十一年（1895），"各处山茶惟祁门、安化、桃源颇沾利益，其余各埠难有生色，甚有亏本者。……祁门茶获利之由，实因昔年俄商不办，英商办往俄地，大获其利。俄商有鉴于此，顿改前辙，采办祁门茶，价码略高于昔，此祁茶之所以获利也"。① 由此可知，俄商得知英国商人从事红茶贸易大获其利，在经济利益的驱动下，俄商也从事祁门红茶经营，以图致富。正因俄商大量采办祁门红茶，使在其他地区红茶对外贸易亏折的情况下，祁门红茶却能"一花独放"，祁门茶商由此起家者甚多。

随着对外贸易日趋兴盛，祁门红茶出现供不应求的现象。在这种情况下，原本一直作为"垃圾"处理的祁门花香②茶贸易也十分畅销，"红茶筛下炭末碎片，名曰花香，往时弃而不用。自同治、光绪以来，西商以之轧成砖块，始得畅销"。③ 此后，在汉口的红茶贸易中，祁门花香也颇为走俏，价格不断上涨，经营花香的茶行也有所增加。光绪二十一年五月初二日，《申报》记载，"西商采办花香茶末，用轧砖茶，销市颇畅。今岁汉上又添花香行一家，以故收办花香最难入手，因之价码腾贵。……祁门茶价四十余两……获利之区，惟祁门、安化、桃源，其余亏折不一"。④

花香销路日广，经营祁门红茶贸易利润更为高涨。光绪二十六年（1900），在九江的红茶贸易中，获利最多的为祁门红茶。⑤ 光绪二十八年（1902），汉口红茶贸易中，"头茶之得利者，以祁门为最，宁州次之，湘中又次之。至亏耗者，以鄂中为多。推其原委，大抵因茶质太劣故耳"。⑥ 由此可以看出，品质的优异，是祁门红茶获利的重要原因。光绪二

---

① 《汉皋茶市》，《申报》1895 年 5 月 18 日，(50) 109。
② 红茶筛下炭末碎片，名曰花香。[《申报》1895 年 5 月 18 日，(50) 109] 花香者即系制好之茶叶之所剩之碎末，加以提选约称为花香。(《皖赣红茶运销委员会第一年工作报告》，《民国史料丛刊》第 554 册，大象出版社 2012 年版，第 175 页。)
③ 《汉皋茶市》，《申报》1895 年 5 月 18 日，(50) 109。
④ 《汉皋茶市续闻》，《申报》1895 年 5 月 25 日，(50) 157。
⑤ 《汉皋零墨》，《申报》1900 年 6 月 3 日，(65) 263。
⑥ 《茶市述闻》，《申报》1902 年 5 月 27 日，(71) 181。

十九年（1903）春，祁门头批红茶源源不断地运抵汉口。茶市开盘之时，祁门红茶每担价值，须银60两，随后便骤涨至75两。① 宣统元年（1909），祁门红茶出口继续保持兴盛局面，运至汉口的仍有85000箱。② 而且，在各种红茶中，祁门红茶售价最高，"祁门茶上等每担值七十两，中等五十两，下等四十两；宁州贵至四十两，贱则三十二两；湘鄂之安化茶，每担值二十二两至三十五两；羊楼峒茶二十两；桃源茶二十二两内外"。③

清末民初，祁门茶商依旧十分兴盛。谢恩隆等人对红茶产区的调查显示，"茶商经济，则以浮梁磻村之汪某，祁门闪里之陈某，历口之汪某，贵溪之胡某，建德之王某、胡某为较裕。且多自行种茶，以茶商而兼园户，烘制尤极适宜，故售价较高，而岁货赢利焉"。④《申报》亦载，"安徽之祁门、江西之浮梁，两县接壤，为红茶产出之区。每年春间运往汉口，售于俄人者十之七，售于美、法、德、奥等国十之三，价值总额常达二百万以上。故该处富户大贾，多茶叶起家者"。⑤ 这些都是民国初年，祁门红茶外销旺盛、祁门茶商活跃的表现。

关于晚清以降，中国茶叶出口商埠的动态变化情况。时人的调查有着明确显示，"同治初年，各国茶商争集于镇江、汉口、福州、九江。于是，湖南北之茶都萃于汉口，江西、安徽之茶都萃于九江，江浙之茶萃于上海。既而，九江之势移于汉口，宁波、福州之势移于上海。汉口为红茶之大市，上海为绿茶之大市"。⑥ 在这种社会变迁的背景下，祁门茶叶的出口商埠也随之转移。

大体上来看，祁门茶商在经营地点上的分布，主要集中在广州、九江、景德镇、汉口和上海等地。红茶多集中在汉口、九江销售，绿茶多集中在广州、上海出售。1919年以后，红茶也多转到上海出口。

---

① 《茶市开盘》，《申报》1903年5月23日，（74）143。
② 杨志洵：《中国茶况》，《商务官报》第4册，1909年第18期，台北故宫博物院1982年版，第345页。
③ 杨志洵：《汉口茶况》，《商务官报》第4册，1909年第19期，台北故宫博物院1982年版，第366页。
④ 谢恩隆等：《调查祁浮建红茶报告书》，《农商公报》第13期，1915年8月，第2页。
⑤ 《祁浮茶市之状况》，《申报》1915年4月12日，（133）682。
⑥ 《中国茶业情形》，《商务官报》第1册，1906年第23期，台北故宫博物院1982年版，第456页。

晚清大臣盛宣怀亦云"红茶在湖北之汉口营销，绿茶在江苏之上海出售"①。

祁门茶商在经营地点上之所以呈现这样的分布，有着深刻的时代背景。鸦片战争以前，清代贸易的主要港口在广州，各路茶商都云集于此。祁门茶商顺阊江而下，进入江西，越过大庾岭入广东，通过十三行对外贸易。虽然路程遥远，但是利润很高，因此祁门茶商多往之。当时"徽商岁至粤东，以茶商致巨富者不少"。五口通商后，一段时间内"六县之民，无不家家蓄艾，户户当垆，赢者既操三倍之贾，绌者亦集众腋之裘。较之壬寅以前，何翅倍蓰耶"②。

等到上海开埠后，徽州绿茶多沿新安江运往上海销售，上海遂逐渐成为全国最大的绿茶贸易商埠。宣统初年，上海成为红茶、绿茶出口的最为重要商埠，当时"安徽之茶，类皆输出外国。每年运至上海，合红茶、绿茶约六七万担"③。

汉口地处九省通衢之地，为晚清时期全国最大的红茶贸易中心。"红茶一业，自咸同以来，茶商均沾微利，故大商小贩，莫不踊跃争先"④。这段话描述的正是汉口繁盛的红茶贸易景象。宣统元年（1909）的调查显示，当时汉口"为红茶最大之输出港，茶之输于俄与英者，大率于此"⑤。光绪初年，祁门红茶创立后，运往汉口销售。当时汉口茶商"向分粤、皖、湘、鄂等六帮，平常不甚联络，欲通力维以大局，颇不易行"⑥。《申报》记载，"祁门产红茶，以汉口为行销中心点，婺源、休宁、歙等处产绿茶，以上海为行销中心点"⑦。在汉口的茶叶贸易中，祁门茶商自然是其中重要的一支力量。

---

① 《商务大臣盛等奏请减轻茶税折》，（清）颜世清：《约章成案汇览》乙篇卷一二下《成案》，光绪上海点石斋石印本。
② 夏燮：《中西纪事》卷二三《管蠡一得》，岳麓书社1988年版，第295页。
③ 杨荫杭：《论上海商帮贸易之大势》，《商务官报》第1册，1906年第12期，台北故宫博物院1982年版，第222—223页。
④ 《茶业整规》，《申报》1895年闰6月28日，（50）381。
⑤ 《中国制茶业之情形》，《商务官报》第1册，1906年第22期，台北故宫博物院1982年版，第439页。
⑥ 《汉口商业情形论略》，《商务官报》第1册，1906年第23期，台北故宫博物院1982年版，第451—452页。
⑦ 《皖南之茶叶》，《申报》1914年6月3日，（128）530。

九江和景德镇也是祁门茶商活动的重要区域。"祁门茶市，洋商交易向以九江一埠为集中之区，每年约有二十万生意"①。当时九江茶庄林立，盛极一时，"历年浔江红茶开盘，俱由宁州茶居先。本届祁茶庄数多于曩昔，茶商赶紧办就，迅速运浔。故开盘独得争先，一著且箱额改大，较往年加十分之三。"②江西全省及安徽祁门、婺源、六安的茶叶都汇集九江，每年贸易总额约二十五六万两。③但九江之茶，非能直行输出，必经由汉口或上海④。1919年以后，随着汉口茶市的衰落，祁门红茶转移到上海出售。⑤景德镇与祁门仅一隅之隔，自然成为祁门茶叶运往九江的必经之地，因此，祁门茶商多在此开设茶叶店。⑥

二 近代祁门红茶对外贸易的盛衰

晚清至民国时期，祁门茶叶贸易的兴衰历程与华茶的贸易兴衰同步，都经历了由兴盛到衰败的过程。据统计，自晚清以来中国茶叶出口量出现了阶段性的动态变化过程。详见表1所示。

表1　　　　　　　　　中国各种茶输出比较　　　　　　　单位：担

年份	红茶	绿茶	砖茶	其他茶	总计
1879	1523419	183234	275540	5270	1987463
1880	1661325	188623	232969	14201	2097118
1881	1636724	238064	247498	15186	2137472
1882	1611917	178839	219027	7368	2017151
1883	1571092	191116	218744	6126	1987078

---

① 《皖南茶业之消长》，《安徽实业杂志》1918年续刊第23期，第5页。
② 《浔汉茶市》，《申报》1885年5月15日，(26) 717。
③ 赵烈：《中国茶业问题》，《民国史料丛刊》第553册，大象出版社2012年版，第205页。
④ 《中国茶业情形》，《商务官报》第1册，1906年第23期，台北故宫博物院1982年版，第456页。
⑤ "祁门红茶，在民国九年以前，大都运汉销售。迨后以汉市茶叶贸易衰落，遂转移于上海矣。"参见李焕文《安徽祁门婺源休宁歙县黟县绩溪六县茶叶调查》，《工商半月刊》1935年纪念号，第87页。
⑥ 景德镇市委员会文史资料研究委员会：《景德镇徽帮》，乐平市印刷厂1993年版，第3页。

续 表

年份	红茶	绿茶	砖茶	其他茶	总计
1884	1564452	202557	244996	4212	2016217
1885	1618404	214963	280112	15505	2128984
1886	1654058	192930	361492	8720	2217200
1887	1629881	184681	331281	7127	2152970
1888	1542210	209378	412642	3233	2167463
1889	1356554	192326	310178	18273	1877331
1890	1051092	199504	297168	17632	1565396
1891	1203641	206760	328861	10772	1750034
1892	1101229	188440	323112	9990	1622771
1893	1190206	236237	382361	12027	1820831
1894	1217215	233465	395506	16126	1862312
1895	1123952	244203	481392	16134	1865681
1896	912417	216999	566899	16526	1712841
1897	764915	201168	558298	7777	1523158
1898	847133	185306	498425	7736	1538600
1899	935578	213798	474026	7393	1630795
1900	863374	200425	316923	3602	1384324
1901	665499	189430	293522	9542	1157993
1902	687288	253757	570037	8129	1519211
1903	749116	301620	618458	8336	1677530
1904	749002	241146	447695	13406	1451249
1905	597045	242128	518498	11627	1369298

续 表

年份	红茶	绿茶	砖茶	其他茶	总计
1906	600907	206925	586727	9569	1404128
1907	708273	264802	604226	32824	1610125
1908	695408	284085	590815	15828	1586136
1909	619632	281679	584976	12156	1498443
1910	633525	296083	616540	14652	1560800
1911	734180	299237	416656	12730	1462803
1912	648544	310157	506461	16538	1481700
1913	547708	277343	606020	11538	1442609
1914	613295	266738	583883	31882	1495798
1915	771141	306324	641318	63570	1782353
1916	648228	298728	560183	35492	1542631
1917	472272	196093	443636	13534	1125535
1918	174962	150710	75160	3385	404217
1919	288798	249711	143394	8252	690155
1920	127832	163984	11695	2395	305906
1921	136578	267616	23546	2588	430328
1922	267039	282988	22616	3430	576073
1923	450686	284630	8613	57488	801417
1924	402776	282314	19382	61463	765935
1925	335583	324564	141917	30944	833008
1926	292527	329197	141872	75721	839317
1927	248858	333216	173148	116954	872176
1928	269615	306765	256712	92930	926022

资料来源：公度：《中国茶业之概况及改进之方法》，《安徽建设月刊》第2卷第10号，1930年。

由上表可知，1881年的前后几年是华茶输出的鼎盛时期，但随后渐衰，而"一战"后大衰，各种茶叶的出口数量，在这期间也经历了一个变化过程。1886年，茶叶出口数达220万担，为我国茶叶输出外洋最盛的时期。后因印度、锡兰、爪哇等地所产茶叶，畅销欧美市场，以致华茶市场额渐次低落。[①] 晚清时期，初推红茶居第一位。迨至1920年以后，则退居绿茶之后。1923—1925年，虽复居首位，然有1926年以后之衰退。绿茶在1918年以后，虽进居第一位，然以前则均为第三位。[②] 民国时期，也有一些学者将近代中国茶叶出口兴衰分为三个阶段：全盛期（1800—1888）、转衰期（1897—1917）、锐减期（1918—1924）。[③] 这与上述说法大体一致。

祁门茶叶的贸易状况和华茶的贸易有着同样的兴衰历程。光绪年间，祁红问世后，因品质优异，加上当时印度茶叶未兴，从而获得发展机遇。"红茶在湖北之汉口营销，绿茶在江苏之上海出售。从前外洋不谙种茶之法，各国非向中国购食不可。彼时茶值甚昂，不论货之高低，牵匀计算，每担可售五六十两至七八十两不等。"[④] 由此可见，晚清时期是中国红茶的繁荣时期。虽然晚清时期，对祁门红茶的出口数量没有精确的记载。但是，我们从汉口、九江等茶埠的茶市贸易中，祁红的销售数量、售价和茶庄数等的波动情形，可以从一个侧面反映当时祁门红茶贸易的盛况。汉口是当时全国最大的红茶贸易港口，安徽、两湖和江西等处红茶多在此集散，汉口红茶贸易盛极一时。

祁门红茶在汉口红茶贸易中占有重要地位。下面我们依据光绪年间《申报》对汉口、九江等茶叶贸易的相关记载，来窥视当时祁门红茶的贸易状况。光绪十一年（1885），由于红茶上年出口获利，因此，当年汉口的红茶庄数也有所增加，"祁门、建德两埠，较旧加增，大都因去年稍沾薄润耳。……祁门七十九，建德六，河口十九，九江三十，共二百六十

---

① 迈进鉴：《我国茶叶之产销及其振兴策》，《汉口商业月刊》第2卷第8期，1937年版，第47页。
② 公度：《中国茶业之概况及改进之方法》，《安徽建设月刊》第2卷第10号，1930年。
③ 财政部贸易委员会、外销物资增产推销委员会编：《茶业》，张研、孙燕京主编：《民国史料丛刊》第552册，大象出版社2012年版，第220页。
④ （清）颜世清：《约章成案汇览》乙篇卷一二下《成案》，光绪上海点石斋石印本。

七。"① 九江祁红的茶样也很优美，"新到宁州、祁门各茶样，闻叶色鲜嫩，汁水较往年尤美"。② 当时"红茶采摘，岁有三次。谷雨时所采者为头茶，叶嫩味厚，得先天之正气，蓬勃而生。约至三月底四月初旬，山中茶户一律采摘尽罄，做成红茶以售，名曰头字。四月以后，萌芽依干而生，约计半月之久，仍就舒发满树，稍逊头茶之嫩。端午后采摘成条，谓之子茶。较于头茶约少一半。六月再采者，名曰禾花茶，盖以禾苗扬花时，茶叶舒发，可供采取，因以名也"③。按照规矩，祁红头春未字不是运往汉口，而是运往上海销售的。但是，光绪十一年（1885），由于祁红外销兴盛，而两湖红茶短缺，于是祁门头春未字则运往汉口销售。④ 这也说明了祁红畅销的事实。到光绪十二年（1886），汉口的祁门、建德茶庄，增至140庄⑤。光绪十二年，汉口的"两湖、宁祁茶庄数多于往年"⑥，茶庄数比上年又有所增加。九江的祁门茶庄，在光绪十一年，为102庄⑦。光绪十二年，宁州、武林、九江、祁门、浮梁、旌德、吉安、河口等红茶庄，合计420余家。⑧ 光绪二十八年（1902），汉口茶市大兴，红茶庄数不断增加，有"宁州九十庄，武宁十庄，祁门、建德一百五十庄，河口庄、九江、吉安五庄，共二百五十九庄"⑨，祁门红茶庄数亦有增加。

在汉口、九江的祁门红茶庄数量日益增多的同时，祁门红茶外销也十分兴盛。光绪十年（1884）四月十六日，汉口茶市开盘之时，以祁门红茶行情最好，宁州茶次之。⑩ 光绪十一年三月二十九日，汉口茶市中，"宁祁茶开盘，共沽出宁州茶三字，祁门茶三十二字，共计一万一千五百九十一箱。其行情比旧岁约高一二两"⑪。光绪十三年（1887）四月二十一日，

---

① 《茶讯近闻》，《申报》1885年5月2日，(26) 641。
② 《茶样到浔》，《申报》1885年5月3日，(26) 675。
③ 《子茶将头》，《申报》1885年6月18日，(50) 315。
④ "按宁祁茶历年规矩，头春未字，必由浔付申，从未有运来汉口者。今因见两湖茶短，均运至汉皋出售。"参见《申报》1885年6月22日，(26) 945。
⑤ 《茶市述新》，《申报》1886年4月27日，(28) 653。
⑥ 《汉江茶市》，《申报》1886年5月12日，(28) 744。
⑦ 《九江茶市》，《申报》1886年5月9日，(28) 725。
⑧ 《茶市纪闻》，《申报》1887年4月19日，(30) 633。
⑨ 《茶市大兴》，《申报》1902年5月31日，(71) 207。
⑩ 《续报茶信》，《申报》1884年5月18日，(24) 777。
⑪ 《汉口茶市》，《申报》1885年5月16日，(26) 723。

汉口的茶市一开盘，"宁祁、羊楼峒茶上等货，已被俄商买去"①。光绪十五年（1889），九江茶市极为热闹，"毛茶到浔城厢内外，及各邻县妇女来城拣茶者，人山人海，约以万计"②。光绪十七年（1891），则更加繁盛，"九江丝茶，每年于新正灯节前后，相与将银两汇齐，分装各筐，派司事、脚夫押解，到宁州、祁门、通山等处分放，各茶客办茶，不下数千百担，络绎于途，极为热闹"③。当时九江"连日到通山、祁门、武宁各山庄红茶甚多，茶栈中随到随拣，细装成箱，陆续运往汉口"。④可见，九江的红茶贸易盛极一时。光绪二十年（1894），红茶外销兴盛，茶商大获其利，《申报》记载，"今岁业茶之华商获利者多，亏耗者少。今头茶业已告竣，最获利者，江西则宁州、祁门两处"⑤。可见，祁门茶商为获利最多的之一。光绪二十一年（1895）四月初十日起，至五月初六日止，汉口的红茶贸易，"共计售出宁祁、河口茶八百九十九字，计箱二十一万八千六百五十四件。两相比较，时日均同，较去岁多到茶一百余字，多售茶八万余箱"⑥。光绪二十六年（1900），九江红茶贸易十分走俏，获利最多的也是祁门茶商。⑦光绪二十八年（1902），在汉口红茶贸易中，"头茶之得利者，以祁门为最"⑧。

除了茶庄数在各商埠数量很多之外，在红茶贸易中，祁红的每担售价也不断上涨，逐步处于最高的地位。先来看汉口茶市中的祁门红茶每担价格情况。光绪十二年（1886），每担40—44两⑨；光绪十四年（1888），每担40—50两⑩；光绪十五年（1889），祁门茶37—49两。⑪光绪二十一年（1895），"祁门茶价，在六十两至五十余两"⑫；光绪二十九年（1903），汉口祁红，"初闻开盘时，每担价值约须银六十两，不意数日来，忽骤涨

---

① 《汉口茶讯》，《申报》1887年5月13日，(30) 779。
② 《九江茶市》，《申报》1889年5月14日，(34) 735。
③ 《茶银信息》，《申报》1891年2月10日，(38) 317。
④ 《浔阳茶市》，《申报》1891年5月13日，(38) 727。
⑤ 《茶市生色》，《申报》1894年6月24日，(47) 393。
⑥ 《红茶比较》，《申报》1895年6月8日，(50) 249。
⑦ 《汉皋零墨》，《申报》1900年6月3日，(65) 263。
⑧ 《茶市述闻》，《申报》1902年5月27日，(71) 181。
⑨ 《汉江茶市》，《申报》1886年5月12日，(28) 744。
⑩ 《茶市电音》，《申报》1888年5月13日，(32) 761。
⑪ 《茶市续闻》，《申报》1889年5月18日，(34) 761。
⑫ 《汉皋茶市》，《申报》1895年5月18日，(50) 109。

至七十五两。"① 宣统元年（1099），祁门红茶中，上等每担值 70 两，中等 50 两，下等 40 两。② 再来看九江红茶贸易中，祁门红茶价格情况。光绪十年（1884），祁门红茶每担 34 两③；光绪二十二年（1896），祁门红茶每担 49 两④；光绪二十九年（1903），祁门红茶每担 53—68 两⑤；光绪三十一年（1905），祁门红茶每担 44—55 两。⑥

祁红售价不断增高，对外贸易日盛，甚至造成一贯以出产绿茶闻名于世的婺源、屯溪等地，也改做祁门红茶。光绪十六年（1890），"本届祁门茶额亦增多，因婺源、屯溪向产绿茶，难于沽利，今亦改做红茶也"。⑦ 由此可见，祁门红茶在当时是何等畅销。祁门红茶主要销往英国和俄罗斯。在光绪二十一年（1895）以前，俄罗斯主要从英国人手中购买祁门红茶，因而比直接从中国购买祁红花费要高得多。自光绪二十一年始，俄商打破英国人对祁红的垄断局面，直接采购祁红，俄商"采办祁门茶，价码略高于昔"，因此当年祁红获利甚丰。值得注意的是，"红茶筛下炭末碎片，名曰花香，往时弃而不用"，但是，"自同治、光绪以来，西商以之轧成砖块，始得畅销。"⑧ 从此，祁门花香也很兴盛，甚至卖到每担 12 两的高价。这样不仅提高了祁红的利用率，而且增加了祁门茶商的利润收入。

以上，我们主要从汉口、九江等茶埠中祁红的茶庄数、售价等方面，分析了光绪年间祁红对外贸易的兴盛景象。但是，这种良好的局面没有维持多长时间，很快就因受到印度、锡兰等国红茶的冲击日趋衰落下去。民国初年，汉口的祁门红茶价格便有所下降。具体情况如表 2 所示。

---

① 《茶市开盘》，《申报》1903 年 5 月 23 日，(74) 143。
② 《汉口茶况》，《商务官报》第 4 册，1909 年第 19 期，台北故宫博物院 1982 年版，第 366 页。
③ 《九江茶市头盘行情》，《申报》1884 年 5 月 11 日，(24) 735。
④ 《茶市述闻》，《申报》1896 年 5 月 12 日，(53) 69。
⑤ 《茶市开盘》，《申报》1903 年 5 月 25 日，(74) 159。
⑥ 《九江茶市》，《申报》1905 年 5 月 27 日，(80) 239。
⑦ 《茶市情形》，《申报》1890 年 5 月 28 日，(36) 859。
⑧ 《汉皋茶市》，《申报》1895 年 5 月 18 日，(50) 109。

表2　　　　　　　1914—1916汉口红茶价格变动一览

（每箱50斤，每箱价值以汉口两为单位）

地名	1916年 最高	1916年 最低	1915年 最高	1915年 最低	1914年 最高	1914年 最低
宁州	90.00	15.00	85.00	38.00	75.00	22.00
祁门	83.00	20.00	78.00	43.00	61.00	25.00
安化	44.00	9.50	56.00	35.00	45.00	20.00
聂家市	21.00	8.50	36.5	28.5	19.00	15.00
羊楼峒	27.00	10.25	39.5	29.25	31.5	16.25

上表显示，1914—1916年这三年，在汉口红茶贸易中，每箱售价最高的不再是祁门红茶，而是宁州红茶。这与光绪年间情况相反，也从一个侧面反映出祁门红茶对外贸易有所衰落。清末芜湖海关出口的祁门红茶数量的起伏状况，也能揭示出祁红衰落的迹象。具体如表3所示。

表3　　　　　　　　芜湖输出祁门红茶统计

年别	出口数（担）	总售价（海关两）
1905	107	4376
1906	83	3160
1907	187	5981
1908	165	5065
1909	—	—
1910	109	4242
1911	23	907
1912	26	1053
1913	—	—

资料来源：日本东亚同文会：《支那省别全志》第十二卷《安徽省》，第448页。

上表显示，1905—1912年，芜湖出口的祁门红茶数量不断下降，即从187担下降到23担。

面对红茶出口日益下降的局面,一些有识之士纷纷要求改良中国红茶,因此,到民国初年,在全国掀起了改良中国茶叶的浪潮。当时以中国红茶品质最为优良的祁红为试点,后逐步向各地推广。

1915年,北京农商部在祁门县平里村成立了祁门茶叶试验场,陆溁为第一任场长,负责对祁红的改良,有职员及雇工29人,面积131亩,经费4329元。[1] 当时平里程村碣出产的祁门红茶参加1915年巴拿马万国博览会,并获得了金质奖章,使祁门红茶获得了很高的国际声誉,因此,在随后的几年,祁门红茶出口有了很大的增加。1915年,汉口的祁门红茶供不应求,茶价不断增高,于是"祁浮茶得此佳音,乃纷纷赶制赴市"[2],茶商大获其利。1916年,依据九江海关报告,祁门红茶输出114159担,汉口输出祁门红茶72320担,九江输出祁门红茶57736担。[3] 即使在1917年,欧战尚未结束,外国茶船来华减少,造成中国茶叶出口减少的情况下,祁门红茶因其品质优异,被"欧美各国公使评饮,称为贵重难得之品",加之"新茶复参用机器,改良鞣制,色泽、香味异常优美,装潢用镜面马口铁,小箱分五磅、二磅、一磅、半磅四种",运到汉口后,"中外官商争购,作为馈送礼品,每磅售至一元",即使在茶市疲软的情况下,"祁茶独得善举"[4],外销畅旺。

"一战"之后,欧洲各国经济遭受沉重打击,对外贸易锐减,受此影响,祁门红茶的出口急剧下降。1920年,祁红外销受阻,祁门茶商亏损甚巨。对此,《申报》多有记载,"中国红茶之前途,从未有如今日之恶劣者"[5]"华茶为出口之大宗,于国计民生关系极巨,茶不设法维持,势将一蹶不振"[6]。1921年1月4日,祁门茶栈曾在茶业会馆开会集议,"决定停办祁茶一年,以图疏通,所定办法,如有私自接茶(即接茶客之谓)者,罚银五千两。如私自仍做祁茶者,所有陈茶损失,应由该茶栈负完全责任云"[7] 1月9日,祁门茶业会馆正式向上海茶业会馆致函:"函请贵会馆

---

[1] 葛敬中:《五十年来中国农业史》,《申报最近之五十年》,第6页。
[2] 《今年之茶市》,《申报》1915年7月28日,(135)460。
[3] 日本东亚同文会:《支那省别全志》第十二卷《安徽省》,第489页。
[4] 《汉口茶市之近况》,《申报》1917年5月30日,(146)520。
[5] 《西报纪华茶市况之恶劣》,《申报》1920年6月5日,(164)640。
[6] 《茶叶请款维持》,《申报》1920年12月28日,(167)1002。
[7] 《华茶之悲观》《申报》1921年1月4日,(168)50。

念及茶叶凋敝之秋，非停办不足以挽回时机，并请邀集各茶栈切实讨论，来春一律停办接客，保全大局，是为至要。"①由此可见，当时祁红的衰败之惨状。1929年中东路事件后，苏联与中国断交，严禁进口红茶，使红茶"售价之跌，有如江河日下"。作为外销红茶主体的祁红，损失惨重，"莫不一落千丈"②。

到了20世纪30年代，随着合作化运动的开展，祁门红茶的改良事业获得了很大的发展，采用机器制茶，出现了"洋商对祁茶需要至殷，莫不群集视线于祁南一路。除由本栈在祁设立庄号专办外，驻祁分栈营业亦扩大范围，竞争接客设栈"的盛况。③祁红的售价也有很大提高。但在1933年世界性经济大危机中，西方各国损失惨重，输入红茶甚少，茶叶贸易不畅。对此，《大公报》记载，"近年受世界恐慌之影响，海外市场空呈剧变，市价倾溃，势将急转直下，恃茶为活之农村经济，殆都宣告破产。昔日之黄金时代，今已无法攀留，所谓天然特产，将成强弩之末矣"。④在红茶外销停滞的影响下，祁门红茶生产亦受影响，茶号倒闭不少，"存者仅十分之四"⑤。在这样的大背景下，祁门红茶价格也不断下降，1933年比1932年减少41%，比1931年减少57%。⑥

1936年，皖赣红茶运销委员会对祁红实行统制，在产、制、销各方面均进行改革。这不仅使祁红产量大为增加，而且每担茶价亦不断提高，最高的每担为275元，为历年最高之价。⑦1939年，祁门亿同昌茶号制造的祁红，首盘得285元的高价。⑧太平洋战争爆发后，由于国内外社会的动荡，祁红外销受阻，生产和出口都急剧下降。为了较全面地反映20世纪三四十年代祁门红茶生产的情形，可以参见表4。

---

① 《红茶业议停办一年之函告》，《申报》1921年1月9日，（168）130。
② 《上海货价季刊》1929年第4期，第1页。
③ 《祁门红茶之今昔》，《安徽建设月刊》第3卷第5号，1931年版，第92页。
④ 《皖省茶业本年难见转机》，《大公报》1934年6月8日，（120）563。
⑤ 李雪纯：《在死亡线上挣扎的中国茶叶》，《新中华杂志》第2卷第16期，1934年版，第34页。
⑥ 中国经济情报社：《农业现状》，收入章乃器等：《中国经济现势讲话》，申报月刊社1935年版，第98—99页。
⑦ 《皖赣红茶运销委员会第一年工作报告》，《民国史料丛刊》第554册，大象出版社2012年版，第92页。
⑧ 《祁红首次开盘：最高价二百八十五元》，《茶声》1939年第1期，第12页。

表4　　　　　　　　　1928—1948年祁红精制情况　　　　　　（单位：担）

年份	制茶单位数		制茶箱数		
	茶号	茶叶合作社	合计	茶号	茶叶合作社
1928年	119	—	54321	54321	—
1929年	133	—	53940	53940	—
1930年	158	—	42142	42142	—
1931年	137	—	34047	34047	—
1932年	194	—	39850	39850	—
1933年	156	1	33209	33150	59
1934年	149	4	34676	34034	642
1935年	167	18	37921	35132	2789
1936年	130	36	39656	32087	7569
1937年	—	58	68056	58200	9856
1938年	140	36	48646	39000	9646
1939年	279	60	70829	59661	11168
1940年	369	71	60360	47160	13200
1941年	68	18	38004	34004	4000
1942年	—	8	3971	2971	1000
1943年	—	2	8818	8633	185
1944年	2	—	9400	9400	—
1945年	—	1	2700	2500	200
1946年	52	22	22701	20153	2548
1947年	70	19	24843	22094	2749
1948年	29	7	12913	11990	923

资料来源：《祁门县志》，安徽人民出版社1990年版，第186—187页。

从上表我们可以看出，1928—1941年，祁门红茶的生产量虽然有所波动，但基本上尚能维持在近40000担左右。自太平洋战争爆发后，祁红外销路线受阻，生产锐减，到1945年外销只有2700担。抗战胜利后，虽有所恢复，但产量均在30000担以下，且波动很大。

1937年全面抗战爆发后，政府为利用物资换取外汇，为抗日战争寻求军需，设立贸易调整委员会，负责调查外销物资，协助运销。1938年6月，财政部公布"管理全国茶叶出口贸易办法大纲"，办理各省茶叶收购运销事宜。与此同时，政府提供低利贷款，提高毛茶山价。① 在这些积极措施的作用下，从而使抗战前三年，全国茶业仍能保持繁荣景象。贸易委员会与皖赣红茶运销委员会签订祁宁红茶推销合约，协助运销。当年香港出口量达118000余箱，打破历年之生产记录。不仅如此，当年祁红最高价，每市担港币315元，亦为历年所未有。② 1938、1939、1940三年，祁门县出产的祁门红茶产量分别为48646箱、66990箱、60049箱。③ 在中国红茶外销衰败的情况下，祁门红茶在英国茶叶市场上仍占有一席之地。1945年内战爆发后，运销道路受阻，祁红生产日益衰落。据统计，1947年，"总计全县自资力能开场之茶号，不满十家，市价每斤由七千落至二千，市势极为暗淡"。④

结　语

鸦片战争以降，由于西方对华茶的需求量不断增加，使华茶出口贸易获得黄金时期，祁门红茶作为华茶出口的大宗贸易，也获得很大发展。晚清民国时期，祁门商人普遍经营茶叶贸易，茶业经济盛况空前。祁门茶商的活动区域主要集中在广州、汉口、九江、景德镇、上海等茶埠。五口通

---

① 财政部贸易委员会、外销物资增产推销委员会编：《茶业》，张研、孙燕京主编：《民国史料丛刊》第552册，大象出版社2012年版，第314—315页。
② 财政部贸易委员会、外销物资增产推销委员会编：《茶业》，张研、孙燕京主编：《民国史料丛刊》第552册，大象出版社2012年版，第315—316页。
③ 汪启桢：《皖南外销茶叶之产运概况》，《安徽茶讯》1941年第1期，第19页。
④ 《祁门茶市暗淡》，《商业月报》第23卷第6号，1947年，第7页。

商以后，祁门茶叶的运输路线和徽州茶叶的运销路线一样都发生了转移，从水路运输逐渐转移到陆路运输为主。茶叶运输和销售程序繁杂，茶商在茶叶运销过程中需要向茶栈和洋行支付名目繁多的费用，增加了售茶成本，茶商命运不能自主，最终在国内外社会环境的支配下，随着茶叶外销的衰落，茶商也无可奈何地走向消亡。

（作者为安徽师范大学历史与社会学院副研究员）

俄罗斯阿穆尔州谢列姆金斯克区伊万诺夫斯基村的社会调查

谢春河

2011年7月2日至8日，黑河学院与俄罗斯布拉戈维申斯克国立师范大学、阿穆尔州大学、腾达博物馆成立联合调查组，对俄罗斯阿穆尔州谢列姆金斯克区伊万诺夫斯基村埃文基人聚居区进行了为期一周的社会调研，本人有幸参与。我们入住埃文基老乡家，进行典型人家的走访、人物谈话和问卷调查，对埃文基人的生态环境、驯鹿放养、生产生活方式、民族语言文化传承、民族教育、乡村文化等问题进行了考察。现表述如下。

一 考察背景及伊万诺夫斯基村自然概况

鄂温克族和鄂伦春族是典型的跨界民族，俄罗斯统称之为埃文基或埃文克人。生活在俄罗斯的鄂温克族主要散居在勒拿河流域、贝加尔湖、赤塔、阿穆尔州、哈巴罗夫斯克边疆区和萨哈林群岛上，其游猎足迹几乎遍布整个东西伯利亚暨远东地区。俄罗斯学术界将分布在勒拿河流域、贝加尔湖地区以及赤塔西部地区的埃文基人称为"西部埃文基人"，而将聚居在阿穆尔州、哈巴罗夫斯克边疆区和萨哈林群岛上的称为"远东埃文基人"。阿穆尔州的埃文基人主要分布在腾达地区的五一、乌斯奇—纽克杨、乌斯奇—乌尔基玛，结雅地区的鲍姆纳克，谢列姆金斯克地区的乌尔盖和伊万诺夫斯基，共计六个自然村，一千五百多人。他们与中国黑龙江地区的鄂伦春人有较为密切的族源关系，一些人还自称"埃文基—鄂伦春人"。

谢列姆金斯克区伊万诺夫斯基村位于阿穆尔州东部山区的原始森林地带，结雅河（精奇里江）支流、谢列姆金河上游小支流、盛产黄金的伊万诺夫河岸边，以河命名，西距区政府所在地埃吉姆昌53千米。这里是埃文基人传统的游猎区。早在19世纪七八十年代就发现了黄金，许多采金人抱着发财梦蜂拥而至，打破了埃文基狩猎区的宁静，建立了著名的伊万诺夫金矿，在此基础上于1893年建立村委会。苏联大搞集体农庄时代，许多西伯利亚游猎土著被迫集中到集体农庄中定居。1931年，在此地成立了"乌尔盖"驯鹿和养兽业集体农庄（国营农场），将周边的埃文基驯鹿民聚集到此，成立了伊万诺夫埃文基民族村。现今，伊万诺夫村共有110户，420人，埃文基族328名，占全村人口的78%。其他民族人口主要为俄罗斯人，个别有雅库特人和乌克兰人。

村庄的所有人家都居住在木刻楞中。仅有的砖石结构建筑为一座废弃的炼油厂，幼儿园和正在兴建的二层楼的学校是半砖半木。村庄有村委会，设村长、副村长各一人；有俱乐部、卫生所、图书馆、商店。村内有自来水，但并不是一直开放，而是按时供应。每天上午仅有一趟公共汽车自村内通过。村里没有饭店和旅店。

总体而言，这里地处偏远、交通闭塞，生态保持较为完好。但目前国家正往这里修建较高等级的公路，可以预见将来与外界的联系更加紧密，随着人口的增多、树木砍伐也会加快，生态环境也将因之改变。

二　伊万诺夫斯基村的经济状况

从调查和实地走访来看，以驯鹿养殖为代表的牧业是这里的主要经济形式。早在苏联时代这里就成立了"乌尔盖"驯鹿和养兽业集体农庄，苏联解体后集体农庄名存实亡，驯鹿已成为个人的财产。现今，全村驯鹿总数量在1500头左右，所有埃文基人家都有驯鹿，多则百十只，少则十几只或数只不等。多的自己放养，少的寄养在养殖公司或大户人家的鹿场。阿发纳西耶维奇是村中驯鹿养殖户的一个代表。一家7口三代同居，纯埃文基血统，一百多头驯鹿是家族的共同财产，也是主要经济来源。驯鹿集中放养在南山中，距村庄10千米左右。在其邀请下我们去放养点进行了一天的考察，主人为此特意宰杀了一头驯鹿。午餐中除了用部分鹿骨头、内脏招待我们外，鹿肉几乎没舍得动，经过半天的风晾后装运回家，除部分储藏起来用于进山狩猎的给养外，其余准备送到城里出售。其实这里的驯鹿养殖已突破了作为食品来源以及运输工具的传统功用，出卖以创造经济价值换取卢布，再购回面包、奶油、日常用品，已成为养鹿的目标之一。可惜由于主人的忌讳，我们没能询问到驯鹿所带来的经济价值有多大。后从谢尔盖村长那了解到，一头驯鹿的价值大概在 2 万多卢布，约合人民币 5000—6000 元。谢尔盖村长还讲到，他们曾卖给中国鄂温克人驯鹿。后来我通过查询得知，我国内蒙古呼伦贝尔市根河敖鲁古雅乡鄂温克人为改良驯鹿品种，1994 年筹措资金 30 万元从俄罗斯引进 29 头良种驯鹿进行品种改良，2007 年又争取到国家驯鹿引种繁育专项资金 30 万元，从俄罗斯引进驯鹿 50 头，看来至少有一次是从这个村引进的。另据谢尔盖村长讲，附近有大型的驯鹿养殖公司，他们养殖的总量在 6000 头以上，村中部分埃文基族劳力受雇于该公司。

前文述及，村庄附近以盛产黄金闻名，已有一百多年的采金历史。村南河床上现有一家大型采金公司的沙金开采场。在老乡的带领下我们特意去了现场，在颇为广阔的冲积沙滩上，有一条大型的采金船正在作业，一望无际的沙地表面均已面目全非。虽说金厂不是村中的产业，但公司雇用了村庄中一些劳力。我们走访的一位时髦的鄂温克女性就是这家采金公司的财务总管，也是这个村生活条件最好的，家中现代化设施一应俱全。

狩猎经济在村庄经济中所占的比重已经不大，但森林中动物资源丰富，许多人家还是将之作为一种副业形式。几乎家家都有猎枪，秋冬季节，部分村民还习惯于进山狩猎。此外，村里近半数人家有奶牛，个别人家有羊，多数人家养狗，但无中国传统的猪、鸡、鸭养殖。

部分为村委会、学校、卫生所服务的公职人员有工资待遇，是全体村民所羡慕的"吃公家饭"的人，他们工作之余还有家庭副业，经济条件是全村较好的。村中有个别家庭搞运输、开商店、进城打工，以增加收入。值得关注的是，这样一个偏远的少数民族山村，竟然还有几位村民经常到中国黑河购买商品到俄罗斯倒卖，他们幽默地自称"倒包者"，手中甚至还有中国人民币。这说明这里与外界的经济联系已越来越紧密。

虽然我们未拿到村庄经济形式和收入方面的准确数据，但还是能够看到，传统的养鹿、狩猎经济虽然还占有相当比重，但人们的生产劳动观念已具有明显的现代化特征，收入形式也向多样性发展。面包牛奶、电视电脑、汽车手机、村民手中的人民币，这一切都显示，伊万诺夫斯基村经济由传统向现代的过渡已悄然发生。

三　山林文化与山村生活

地处大山深处、交通闭塞的伊万诺夫村民的文化生活算不上丰富，但还是能感觉到山林民族别样的生活气息，品出俄罗斯乡村文化和埃文基民族文化交叉的味道。

(一) 驯鹿与狩猎文化

走进山村，驯鹿和狩猎文化元素随处可见。村口驯鹿造型的村标、村周围山麓蔓延的驯鹿圈，居民院中悬挂的熊皮，家中以驯鹿和狩猎为代表的用具及艺术摆设，都昭示这是一个以山林狩猎为生活符号、以驯鹿为文化图腾的地界。从幼儿园到中小学校教育中，刻意营造了浓郁的驯鹿和狩猎文化氛围。在村期间，许多村民都谈到了两年一度的阿穆尔州驯鹿节。届时很多人都会参与其中。7月4号，我们参观了阿发纳西耶维奇驯鹿养殖点。一百多只驯鹿被简单的围栏聚集在稀疏的林木间，几堆驱蚊的烟火分布其中。挨着鹿圈，二顶简陋的帆布帐篷供主人临时休息、夜晚值班，有一个简易的厨房和各种原始的炊具。为了迎合我们的考察，主人向我们展示了驯鹿的整个放养过程以及驯鹿的宰杀、日常生活场景。由于语言不通，我错过了观看拍摄宰杀驯鹿的实景，但是溅在柳条上宰杀的血迹、鄂温克女人在河边洗刷驯鹿内脏、悬挂在木架上晾晒的鹿肉、在悬挂肉架下升起的篝火、挂在篝火上的铁锅、煮肉的场面等，令人印象深刻，让你切实体味到埃文基养鹿人的生活内涵。

许多村民都谈到狩猎的经历，而且村中还有一些专业猎户。狩猎的时间一般都选在寒冷的冬季。能猎到熊是猎手最引为骄傲的，一些人家甚至将熊皮悬挂在院落中炫耀。我们走进一户埃文基猎户人家，仅在冰箱中就冻着近20只熊掌，主人还试图想要卖给我们。在驯鹿放养点西北角，我们发现熊的头骨挂在一棵松树上，附近树枝上还系有数道红布条，这应该是当地猎人的一种自然崇拜吧！不过猎民们也无奈地谈到，由于现代生活的喧嚣和伐木、采金等活动，附近的动物已很少，要到较远的森林深处才会有满意的收获，而且将之当作主业的人也越来越少。

村长谢尔盖是鄂温克人中少有的具有强烈民族意识的代表人物，他对埃文基民族驯鹿文化的保持很是上心，在村里有一个很大的木刻楞俱乐部，还专门成立了埃文基民族舞蹈队，亲自参与民族舞蹈的排练，特意请雅库特来的小伙子做技术教练，排练展示驯鹿文化的埃文基传统歌舞。我们考察期间这个舞蹈队刚组建，但据说两年来得到快速发展并到布拉戈维申斯克等城市参加表演，在周围地区已小有名气。

(二) 日常生活及饮食

山村的日常生活与中国许多农村一样，简朴而单调。一周的时间里，除了乡村俱乐部青年歌舞队的排练外，几乎没有看到村民们参加的文化活动。人们多有串门的习惯，或者饭后站在路口街旁聊天。聚集最多的是家庭妇女，村中唯一的小卖店门口是她们的主要交流地。年轻人的活动相对丰富一些。电脑和互联网已进入多数人家，年轻人都会上网。如村长家的女儿就在网上认识一位雅库特小伙子，如今小伙子坐了4天车赶来相会，还被村长聘为俱乐部的民族舞蹈教师，不过二人的恋爱关系村长还不知道。7月4号，村长家举行了一场青年人的聚会，送村长收养的大儿子高中毕业参军，据说当天下午还举行了盛大的舞会，可惜当时我们正在山上参观驯鹿，没有赶上。下午回村时看到村长的大女儿和一帮男女青年正在准备以鸡肉和罐头为主打菜肴的晚宴。

这里的日常饮食文化已基本俄罗斯化了，民族特色饮食很少。在中国的鄂伦春、鄂温克部落还有保留有许多特色的民族饮食，如狍子肉干、手抓肉、各类野菜制品等，但在这里是根本看不见的。俄罗斯人的饮食异常简单。大多村民无多大经济来源，生活简朴单一，人们日常的主食就是面包、罐头、灌肠食品、奶油、红茶、咖啡，即使在这样的夏季，青菜、水果、鲜肉仍然是奢侈品。在村长家中的近一周时间内几乎没看见过人家正规做过饭。早起面包奶油加热茶一杯，午餐、晚餐亦是如此。其间就到副村长及其朋友家吃过红菜汤、凉拌菜算是大餐了！如前文所述，只有到了阿发纳西耶维奇的养鹿点上，才略微感觉到了民族饮食的色彩。北方山林民族土制炉具、吊在篝火上的煮着鹿肋骨的炊锅、挂在木杆上的被烟熏着的驯鹿肉、鹿肉面汤、炒鹿肝、生吃鹿肾，埃文基小伙撕咬带血的驯鹿蹄腱，使我们体会到了古朴的民风。不过午餐中的主食还是俄罗斯风格的土豆、面包加盐。

山林狩猎民族嗜酒的习性在这里得到集中体现。男人女人都好酒，每天必喝，一到傍晚，很多人就已经醉了。大街上、院落中都能看到醉酒的人。对此谢尔盖村长显出了无奈。他是村中罕见的戒酒者，他也规定自己的孩子不许饮酒。村长家的5个孩子均是收养的，其中有3个是由于家长酗酒无力抚养而被谢尔盖收养，他对酗酒的危害有清醒的认识。此令我联想到，中国鄂温克人、鄂伦春人也嗜酒。我们在内蒙古鄂温克族自治旗的南辉、根河的敖鲁古雅、爱辉新生鄂伦春民族乡,都有深深的体验。敖鲁古雅的鄂温克人住在政府盖好的漂亮别墅式住宅中,很多人每天都无所事事,酒瓶子不离手,煮松塔饮啤酒甚至成为一道风景,个别人甚至酒精中毒,这也是令人深思的问题。

四　村庄的管理和村民的认同观

伊万诺夫村先进的社区化管理给我留下深刻的印象。三条并不规整的主街道分别称为:列宁街、共青团街、世界大街,每幢木刻楞房子均有编号,社区性质明显。村庄、建筑、街道都称不上规范,但管理是规范的。村公所就在村庄的中央地带。这里就2个公务员,即村长谢尔盖和副村长辽丽娅,按时上下班。一幢三百平方米的木刻楞建筑、干净整洁的内部装修、桌面堆积如山的文件、挂满四壁的墙板、一排排摆放整齐的电脑打印机等现代办公设备,全都在昭示着规范严整的管理以及管理人员的专业化、职业化和现代化。读中专的女房东的孩子假期在村公所打工,我走进去时正在打扫卫生。村委会对村民的管理是规范的,每年都会有各种精确的统计数据上报。如据2011年村政府向上级递交的统计数据显示,退休人员61人(一般称60岁以上为"退休"者),有劳动能力者297人(其中埃文基人233人),有28人不工作,17人失业。退休者有政府颁发的退休金,而无劳动能力者和失业者则定期领取救济金。村庄的档案管理更是令人惊叹,竟然保管有1915—2010年间完整的人员迁出迁入档案。

村里的埃文基人普遍不关心政治。但"我是俄罗斯人,也是埃文基人"的价值认同是较为普遍的,他们已完成由民族认同到国家认同的嬗变。他们对自己的民族命运还是表现出了极大的关心。一些年长者对于民族文化的危机也很焦虑,但也无可奈何。多数人都很想了解外界尤其是中国鄂温克人的生活状态,关心中国的民族政策。当地人对自己家乡的生态环境很关注。对于来自中日韩等国对当地森林资源的破坏、政府对之的纵容、公司对黄金的开采所带来的生态环境的破坏提出了批评,认为俄国政府视而不见是错误的,应加以制止。当地居民对以破坏环境为代价的采金行为极为不满,同时认为采金公司在他们的地盘上开采黄金却不给予相应的补偿是一种赤裸裸的掠夺行为。

值得注意的是,村庄中的埃文基人已经丢掉了自己传统的宗教信仰,但也没有加入东正教。这是一个既没有萨满也没有教堂的村庄；但东正教的文化影响已经介入这里的生活中，如节日活动、婚丧嫁娶等。村长谢尔盖虽然不是东正教徒，但家中也挂着圣母像；一些人家的电视柜上还放着插在瓶中的带毛毛狗的柳条，这是复活节中的一个习惯。

五 先进规范的学校教育

在伊万诺夫村，从幼儿到青少年，先进、系统、完善、规范的学校教育令人耳目一新。

幼儿园是全村少有的、占地约两千平方米的半砖瓦结构建筑。前面一个规整的院落，后面有两个较大的儿童乐园。幼儿园分幼、小、中、大、学前五个班次。具体如表1。

表1　伊万诺夫幼儿园2011学年在园学生数

班次	幼儿（2010年后出生）	小班（2008—2009年出生）	中班（2006—2007年出生）	学前班（2004—2005年出生）	总计
人数	3	14	17	14	48

幼儿园有2名专职的营养师、4名分工明确的幼儿教师，还有若干名勤杂人员。不足50名幼儿，竟然配备了近十名工作人员。园内吃、住、穿、玩、手工、娱乐设施一应俱全。走进园长办公室，齐全的现代化办公设施、众多的报纸，甚至自编的工作简报，马上会跳入你的眼帘。幼儿园刻意营造了驯鹿狩猎民族文化氛围。西面为鄂温克人狩猎生活的场景复原。朝向街道的西面、北面墙上均有大型的以驯鹿为主题的彩色绘画。走进院内，你马上便置身于一个具有浓郁鄂温克民族狩猎文化，尤其是驯鹿文化的氛围之中。在园长的亲自导引下，我们依次参观了民族服装储存室、民族工艺品创作室、孩子们的干净整洁的寝室、食堂，宽阔的、鄂温克民族色彩浓郁的活动大厅，挂满走廊、厅堂墙壁的精美的民族手工制品及绘画。一个四百人口的山村，竟然有这样一所堪比中国大城市水平的幼儿园，真的是令人大开眼界！

村庄有一所正规的实施11年义务教育的学校，2011年总计有71名学生，分为11个年级，每个年级一个班，最多的班级有9名学生，最少的班级只有4名学生。具体学生数如表2。

表2　　　　伊万诺夫中学2010——2011学年在校学生数

年级	一	二	三	四	五	六	七	八	九	十	十一
学生	7	9	7	7	8	6	4	4	8	4	7
总计	\multicolumn{11}{c}{71}

学校坐落在村东一幢二层木刻楞楼舍和几幢木刻楞平房中。附近一片新建的漂亮的二层建筑即将竣工，将取代旧的成为中学的新校舍。该校有教师17名，其中2名专职教埃文基语。看学校课表可知，学校的课外活动很多，突出实践课和埃文基历史文化课程。在这里，学校就是学生的第二个家，即使课余时间学生也愿意到学校度过，逃学的现象是基本不会出现的。为了保证学生的营养，学生午餐必须在学校吃，原则上每人缴纳300卢布（约合60元人民币），学校不再另收学杂费。所有孩子都不会为午餐费犯愁。孩子多的（3个以上）享有政府每月最多达5000千卢布的补贴，困难的家庭还可以适当少缴费或不缴费，一切都取决于家庭状况。

我们到达该村时学校已放暑假（6月25日—9月1日），但几乎所有学生都参加了夏令营（3周），所以学校并不冷清。孩子们在夏令营用早餐和午餐（伙食费计500卢布）。走进学校你会看到这样的镜头：干净整洁的餐厅厨房中营养师正在认真准备水果和午餐，在这里每天能吃到新鲜的水果堪称奢侈，但学校还是为参加夏令营的孩子们每天供应水果；一批孩子在老师带领下正在宽敞的多功能活动室做着手工，小班学生从事基础工作，大班学生负责设计加工成品；院子中老师和一群孩子在热闹地玩着排球。最大的感受是所有的活动都有老师参与，师生和谐共处，没有年龄和长幼界限。孩子们无拘无束、清新自然、开朗活泼。这与中国陷入应试泥潭的中学教育形成鲜明对比。

当然，这所学校的发展目前也遇到了问题。一是，一些优秀的教师离开这里进入了城市，后续师资不足；二是，这所学校的生源日益减少，埃文基人的生育能力有限，加之一些孩子进城读书，学龄儿童越来越少，学前班中仅有的十几个孩子就可见一斑；三是，政府在教育的投入上也遇到资金不足问题，新盖的校舍迟迟未竣工就是由于资金问题。其实我国一些民族地区的教育也遇到了与之相似的问题。如黑河市爱辉区新生鄂伦春民族乡中心小学，有教师 22 名，但 2012—2013 学年，一至六年级仅 17 名学生，二年级和四年级没有学生，一年级仅 1 名学生，最多的六年级也仅有 8 名学生，而幼儿园中仅有 7 名学生，学校生源面临枯竭。当然这与中国城镇化背景下的农村教育改革分不开，许多人家都把孩子送到城市读书了。一定程度上讲，我国鄂伦春民族教育已名存实亡，这对于民族文化的保持和传承是极为不利的。怎么办民族教育，这是我们必须正视的问题。

六 考察结论与思考

通过对俄罗斯伊万诺夫斯基村的考察，笔者得出以下几点结论和思考。

（一）埃文基人已高度俄罗斯化

通过考察我们认为，俄罗斯远东地区的埃文基人已高度俄罗斯化。其从语言、人口和与外族通婚等方面得到具体体现。

首先，民族语言消失。在这次考察中，我们关注的是埃文基人的语言问题。我的感觉是，本民族语言已基本消失。俄罗斯语已成为日常语言，所有人都熟练地使用俄语。该村虽然 78% 都是鄂温克人，但是本民族语言使用的大背景已经消失。调查数据显示，22—40 岁的人几乎不会说，40—50 岁的人会说几句，50 岁以上的要好一些。学校中的民族语言课程也是弱项。该村中学，17 名教师中有 2 名埃文基语言教师，从二年级到七年级的学生每周有 1 个小时的埃文基语课，只是课上学习，其余时间学生根本不说埃文基语，所以本民族语言的保持收效甚微，即使是在学阶段的学生也只记得个把单词。而且学是学了，但是没有实践的地方，所以也只是能回忆起记忆中的个别单词。随机观察的结果也证实——语言必然消失：他们在家里、在驯鹿场、在公共场所、在路上、做客等都说俄语，不用鄂温克语交流，只有个别老人互相见面时聊几句（我们在村子待了整整 7 天，只见过一次）。其实埃文基语言问题早就引起了俄罗斯学者的关注。有学者利用苏联人口普查记录做过统计，从 20 世纪 70 年代起，埃文基人中仍旧把埃文基语认为是自己母语的人口数量持续下降，从 1970 年的 91% 缩减到了 1989 年的 73%。[①] 我们对伊万诺夫斯基村的调查数据显示，将埃文

---

① 布拉朵娃．Н. Я：《在社会学角度的鄂温克语和它的区域变异//西伯利亚和远东地区的少数民族：保护和发展语言》，《圣彼得堡俄罗斯科学院》，1997 年，参见第 42—53 页。

基语当作母语认同人数已仅占调查对象的 9.2% 了。

其次，人口数量减少。据该村村长谢尔盖讲，该区域在历史上是埃文基人的游猎区，人口众多。该村刚组建时有近千人之多；但从苏俄时代建立集体农庄起，人口就呈日益减少趋势。应该有一些其他深层次的原因：一是，很多人走出去就不愿回来了。查阅该村人口迁移档案可见，每年都有一些人离开，而虽有少量人员迁入，但也多是外族人，这更加剧了民族人口危机；二是，一些埃文基男性的婚姻成为难题，限制了民族的繁衍能力。笔者给全村人口做了一个统计表。

表3　　　　　　　　伊万诺夫村村民情况一览

全村人口	埃文基人口总数	占全村人口比	60岁以上（村/埃）	60—29岁（村/埃）	28—16岁（村/埃）	16岁下（村/埃）	有劳动能力者（村/埃）
420	328	78%	61/39	162/121	107/86	90/82	297/233
男242	174	72%	28/24	101/60	60/40	53/50	160/120
女178	154	87%	33/15	61/61	47/46	37/32	137/113

由此表可知，村庄青年人口中，男女比例失衡现象明显，60—29岁年龄段男性竟然比女性多出四成，也就是说一批在体征和能力上缺乏竞争力的埃文基男人成家成为大难题，村中"光棍"以埃文基人为多。即使很优秀的村长谢尔盖青年时期也未成家，后娶了一位带2个孩子的女人为妻，生活了4年后女人死亡，其至今仍单身，虽然有5个孩子，但都不是其亲生的；再有，埃文基人的寿命普遍偏低。村中埃文基人占总人口比例高达78%，但60岁以上老人中埃文基人所占的比例仅占60%，而女性所占比例仅有40%多。这与其体质——尤其是酗酒等不良生活方式有关。

再次，与外族通婚日益普及。伊万诺夫斯基村的埃文基人与外族通婚的现象日益普及。通过上面表格中的数据可知，村中埃文基人与其他民族人口比中，女性占的优势最大；其中16—60岁之间占绝对优势，108名女性中仅1名是乌克兰人，其余皆为埃文基人，外来非埃文基人口多为男性，很多都娶了埃文基女性为妻。通过调查也可以看到，大多数埃文基青年女孩不希望再嫁给同族男孩，而是希望嫁给更具优势的俄罗斯族小伙。16岁以下人口中，男女失衡现象也非常明显。

此外，在姓名、日常称谓、饮食、日常用品、服装、民居、节庆等，均已完成向俄罗斯文化的融入过程。

总之，其与中国鄂温克人和鄂伦春人所经历的汉化过程虽不尽相同，但结局是一样的。

（二）民族文化的保持形势严峻

究其原因，不仅仅是俄罗斯化等人文生态环境变迁造成的，还取决于其他人文、自然环境的变化。首先，传统狩猎经济的衰退。面对丰富多彩的现代经济生活和舒适的现代物质追求，其衰退是必然的。狩猎经济或许是一些民族精英加上民族学家理想主义的追求，但对于民族大众而言，人们追求的现代物质生活是传统经济远远满足不了的；其次，自然生态环境的变迁或者说恶化，传统经济和文化赖以生存的土壤和保障已逐渐消失。应该说伊万诺夫村的埃文基人的生态环境要比中国的对应民族好得多，他们的山林经济和驯鹿文化或许还会延续一段时间，但不可否认，黄金的开采、森林的砍伐，昭示着这里的生态环境也开始走向恶化。面对现代工业文明的冲击，村长谢尔盖一脸的无奈。不过对于鄂温克人的现代文化危机，村长说得很在理，电脑等现代文明是他们需要的，人们不愿、也不应再回到大山中过野人的生活。

（三）埃文基人完成了从民族认同到国家认同嬗变

民族认同是在特定的历史和地理背景下形成的。当外来文化植入民族区域并借力成为强势、主流文化之后，居于弱势的民族文化不可避免地受到挑战和冲击，无论情愿与否，你只要居于该区域，你就得不同程度地认同主流文化。而对主流文化的认同过程其实就是由民族认同到国家认同的嬗变过程。换言之，国家认同是民族文化认同的最终归宿。随着俄罗斯化的加深以及国家认同观的植入，伊万诺夫斯基村的埃文基人的民族认同正日渐减弱，这在年轻人身上表现得尤为明显；不过绝大多数人还是认同"我是埃文基人"，认为自己的民族文化应该得以延续。他们与阿穆尔州其他地区的埃文基人保持着经常的联系和文化互动，与此同时也希望与中国的同族兄弟建立联系，村民们通过我们了解中国鄂温克人的强烈愿望以及对卖给中国驯鹿一事津津乐道，就是很好的证明。阿穆尔州结雅地区的五一村与黑河市爱辉区的新生鄂伦春民族乡已有多年的文化交流历史。

伊万诺夫斯基村埃文基人对于国家认同的构建经历了从帝俄时代晚期到苏俄时代中期半个多世纪的发展历程。其实当17世纪沙皇俄国向东西伯利亚暨黑龙江流域北部殖民时期，已有部分埃文基人（中国时称索伦）被迫"归顺"，但阿穆尔州的埃文基人一直到19世纪后期才因中俄边界的重新划定被动成为"俄罗斯人"。但"我是俄罗斯人"的观念并不是一下子就建立起来的，而是经历了一个较长的转变过程，这是由俄罗斯文化样式与埃文基等土著文化样式截然不同所决定的。其实直至20世纪初期，仍然有埃文基部落主动脱离俄罗斯的统治而内迁到中国境内。[①] 直至20世纪三四十年代苏联在远东少数民族地区强制推行集体农庄和俄罗斯化运动，在弱化民族认同的同时，向国家认同的嬗变才得以完成。这一点与我国的鄂温克、鄂伦春等民族的"国家认同"的形成是截然不同的。

如果说民族认同是民族文化保持与繁荣的前提，那么国家认同则是民族地区稳定的根基。虽然经历的过程和方式不一样，但中俄两国的鄂温克（埃文基）人都经历了从民族认同到国家认同的嬗变。而国家认同的养成则是中俄边疆稳定的有力保证。

（四）关于少数民族政策与民族发展问题的思考

从伊万诺夫村来看，虽然俄罗斯没有中国的少数民族优待政策，但也实施民族自治，埃文基人拥有绝对的发言权，也主导着这里的乡村生活和文化。拿谢尔盖的话来讲，"上面"很少派人下来，他们也支持民族文化的弘扬，但却是宏观的，很少干预乡村的日常管理，民族文化活动，如乡村俱乐部、民族教育、民间节庆等，取决于埃文基人自身和自愿。

综上所述，俄罗斯伊万诺夫村的埃文基人和中国的鄂温克、鄂伦春人面临的困境是一样的，那就是民族文化的日益丢失。面对如此境况，中俄两国的鄂温克民族应该做的就是积聚民族精英，提炼培植民族文化、民族经济和民族精神，在政府及各界支持下对自身发展有明确定位，在现代文明的洪流中不迷失自我；要制定宏观、长远、切实可行的民族战略发展规划；应加强民族教育，要建立民族教育体系，要从儿童、学生抓起，要制定完善全面的培养方案；另外中俄两国民族交流与合作也有助于该民族自身的发展。同时我们也要历史地和发展地看问题。丢掉的东西很难寻回，

---

① 内蒙古陈巴尔虎旗的通古斯鄂温克人就是在俄国十月革命后从俄罗斯"内迁"过来的。

消失的文化就更难挽救。即使做努力挽救或复原，也是高成本低回报。那么现在加强民族文化的调查研究是当务之急，另外就是在保护好现有文化的同时去创造新文化产品。

最后我想说的是，民族独立与民族融合是交替并行的。在全球化的大背景下，俄罗斯远东地区及中国黑龙江地区的山林渔猎民族经历数个世纪的发展、融合，在传统文化走向衰落的同时，新文化也会破茧而出。俄罗斯民族的"俄罗斯化"，中华民族的"中华化"，汇聚的都应是民族文化之河，所谓"百川异趋，必汇于海"，这才是人类文明的希望。

（作者为黑龙江黑河学院远东研究院研究员）

叶理绥——20世纪美国东方学的拓荒者*

王启龙

所谓"东方学"或"东方研究"（Oriental Studies），是近代西方工业文明以来欧美国家学者（以及外交官）对作为"他者"的非西方国家，亦即东方国家人民、语言、历史、文化等方面进行研究的称谓。在世界东方学版图中，俄罗斯占有举足轻重的地位。由于历史地缘的特殊性，俄罗斯与欧洲在传统学术文化上相互影响、水乳交融。俄罗斯的人文学术传统与欧洲一脉相承，俄罗斯的东方学秉承的实际上就是欧洲传统，从18世纪初开始，直到20世纪初俄国十月革命期间，俄罗斯东方学研究与西方学术界紧密相连，曾经涌现出一代代杰出的东方学家。

但是，毋庸讳言，1917年苏维埃革命之后，一批重要的东方学家离开祖国，远赴异国他乡。这段本来很是不幸的历史，却为东方学在世界各地的发展客观上起了积极的推动作用。他们中不乏具有世界影响的杰出学者。而中国学术界较为熟悉的有两位：一位是长期在北京生活和工作，对中国学术界颇具影响的钢和泰（Alexander von Staël-Holstein）；

---

* 本文缩减版曾在《西北工业大学学报》（社会科学版）2019年第2期发表，题为《史海钩沉：美国远东研究创建者叶理绥学术考述》。这里谨发表此文的修订稿，以纪念著名学者、翻译家耿昇先生。Steffi Marung, Katja Naumann (2014): "The Making of Oriental Studies: Its Transational and Transatlantic Past", in *The Making of the Humanities: Volume III: The Modern Humanities*, Amsterdam University Press, 2014。

另一位是被誉为美国远东研究的奠基人之一和日本学之父的叶理绥（Serge Elisséeff）。前者对中国人文学术的近现代化过程做过重要贡献，对此我们已经有所研究和了解[1]；后者是哈佛燕京学社首任主任，也是任期最长的主任，其名号在国际东方学界广为人知，但对其生平学术依然缺乏较为系统的了解。本文旨在借鉴学术界相关成果的基础上，在介绍其生平事迹的基础上，简要讨论了叶理绥学术贡献及相关问题。

一 叶理绥生平考述

（一）青少年时期的家庭教育与学校教育（1889—1907年）

1889年1月13日，圣彼得堡[2]一位富商家庭的第三个儿子诞生，他就是本文的主人公叶理绥。"叶理绥"是其中文名字，其本名俄文为"谢尔盖·叶里西耶夫"（Сергей Елисеев），带有法文特色的英文名即Serge Elisséeff。叶理绥后来留学日本，最终成为著名日本学家，自然有个日语名字，那就是"英利世夫"。本文通用其中文名字表述。叶理绥的祖父是这个家族产业的创建者，他是俄罗斯中部的农民，后来成为一位成功的葡萄酒进口商。这个家族在食品行业颇负盛名。这个家族宗教信仰为俄罗斯东正教。这或许与叶理绥后来撰写东正教相关的文章有一定关系。[3]

叶理绥从小就接受了良好的语言培训。除了母语俄语之外，他幼时也接受过法语的熏陶，因为"他的父母在餐桌上讲法语，以防止男管家

---

[1] 参阅 Wang Qilong & Deng Xiaoyong, *The Academic Knight between East and West*, Cengage Learning Asia, 2014; 王启龙、邓小咏：《钢和泰学术评传》，北京大学出版社2009年版；王启龙：《钢和泰学术年谱简编》，中华书局2008年版。

[2] 圣彼得堡和莫斯科毫无疑问是俄罗斯最重要的两个城市。圣彼得堡的名称变迁与其在俄罗斯的历史地位和世界格局的改变息息相关。1712年，彼得一世将俄罗斯首都从莫斯科迁到圣彼得堡，在此定都200多年，直到1914年。1914年第一次世界大战爆发，当时俄罗斯同德国是敌对国，因为圣彼得堡的"堡"字是源自德语发音，当局决定把城市改名叫彼得格勒，"格勒"在俄语中为城市的意思。1917年，列宁领导的十月革命在这里获得成功，拉开了苏联时代的序幕。1918年3月，首都从这里又迁回莫斯科。1924年列宁逝世后，为了纪念列宁，城市改名为列宁格勒。1991年9月6日，俄罗斯联邦最高苏维埃颁布法令宣布列宁格勒恢复圣彼得堡旧名。

[3] Serge Elisséeff: "The Orthodox Church and the Russian Merchant Class: Some Personal Recollections", in *The Harvard Theological Review*, Vol. 49, No. 4 (Oct., 1956): pp. 185–205.

和仆人收集有关主人及其家庭的流言蜚语"。① 从6岁（1895）起，叶理绥跟母亲的秘书——一位出生于德国的年轻女士学习德语。第二年（1896），家里请来一位老先生（Monsieur Doyen）给家里的孩子们当家庭教师，讲法语。

同年（1896）秋天，叶理绥开始上小学，那是一所由穆勒（Fräulein Müller）家的三姐妹开办的学校，她们用德语讲授一些课程。

他的德语启蒙老师（即母亲的私人秘书）在他很小的时候就带他去参观圣彼得堡的博物馆和艺术展览，把他领进艺术世界。因此，叶理绥从小就开始接受艺术熏陶，并颇有艺术兴趣。8岁（1897）的时候，他主动要求开始学习水彩画和铅笔画。从少年时期开始的艺术教育，为他后来毕生的东方学研究中撑起了灿烂的艺术研究那片天空。②

1899年，10岁的叶理绥开始上中学，那是在凯瑟琳大帝统治时期建立的拉林斯基学堂（Larinsky College），是一家接受了拉丁语和希腊语训练的完全中学（gymnasium）。

1900年，叶理绥开始学习油画。这年夏天，他都在巴黎附近的纳伊（Neuilly）的家宅度过，开始接受英语正字法和发音方面的私人辅导，对少年叶理绥而言英语反倒是最困难的语言。但不管怎样，在他十几岁之前，他就已经掌握了欧洲的主要语言，包括古典语言和现代语言。

---

① Edwin O. Reischauer, "Serge Elisseeff", in Harvard Journal of Asiatic Studies, Vol. 20, No. 1/2, 1957.

② 少年时期叶理绥的艺术教育是系统而广泛的，除了绘画之外，戏剧是他另一项重要的课外爱好，他每年两次和兄弟姐妹们一起，在皇家戏剧学院（the Imperial Drama Theater）的一位演员的指导下，参与家庭剧排练［参见 Edwin O. Reischauer（1957）］。叶理绥一生中的艺术研究成就令人瞩目，他撰写的第一篇论文《1913年日本的剧院》（载《德国自然与大众杂志通报》）和第一部著作《日本当代绘画》（巴黎：E. De Boccard 出版社编辑出版，1923）。他一生的著译的作品中有近1/3与艺术有关。篇幅所限，此处不赘。

据叶理绥的学生，同样是著名的美国东方学家赖世和①所说，就在纳伊的那个夏天，在圣彼得堡大学一位思想激进的教师指导下，叶理绥参观了1900年巴黎世界博览会（the Paris World Exposition of 1900）上的各个国家馆，一个崭新的世界呈现在他面前。仅仅几个月后，在与法语老师——洛桑大学的一位神学专业学生的一次关于道德基础的交谈中，通过对班上那两个韩国佛教徒和两个中亚穆斯林教徒的道德标准的观察和思考，11岁少年叶理绥"开始摆脱19世纪欧洲人对亚洲的态度，并开始形成20世纪针对非西方世界的研究方法"。②

1904年，叶理绥15岁。这一年对少年叶理绥的世界观和价值观影响至巨。首先，俄日战争的爆发吸引了他对远东和左翼政治理论的关注。他订阅了英国的《海滨杂志》（Strand Magazine）并阅读其中的反俄文章。和许多俄罗斯年轻人一样，他对旧俄帝国政府深感不满。他开始阅读俄文翻译的马克思和恩格斯著作，他意识到他的老师们大多同情左派，甚至他自己的父母也把每一个社会主义者视为潜在的弑君者。

同年夏天，一位业余爱好绘画的年轻化学教师来到他家乡的庄园做客，此人使叶理绥放弃了对艺术的"学术"态度，而对法国印象派画家产

---

① 赖世和，美国著名亚洲历史学家和外交家。1910年10月15日生于日本东京，其父奥古斯特·K. 赖肖尔是1905年从美国去日本传教的基督教长老会传教士。16岁之前在日本生活，接触了日语和日本文化。1931年毕业于美国俄亥俄州的奥伯林学院（Oberlin College）并取得艺术学士学位，之前主修历史，辅修政治。1932年取得哈佛大学硕士学位，1933—1938年获得哈佛燕京学社奖学金，赴法国、日本、中国等地研究日本语言和历史，1939年因对日本天台宗三祖圆仁法师所著的佛教史传《入唐求法巡礼行记》的研究取得哈佛大学哲学博士学位，其导师是叶理绥。其后在哈佛大学任教，并与美国的汉学家费正清一起开设东亚文明课程。1937年，他还与美国人George M. McCune合作发展了韩语的罗马字体书写法McCune–Reischauer系统，在欧美国家广为使用，并成为韩国的官方罗马字法，主要用于地图和手语。1943—1945年应征入美国陆军部工作，负责解读日本电讯密码。二战后重回哈佛大学任教，开设了日本语言和历史课程。在哈佛大学度过了绝大部分教学生涯，曾任远东语言系的主席。1955年，当选美国亚洲学会会长。1956—1963年任哈佛燕京学社第二任社长。1961—1966年任美国驻日本大使，是美国公认的日本问题专家。1966年返回哈佛任教。1973年创办哈佛大学日本研究所。1981年退休。1990年9月1日于美国去世。主要著作有：《圆仁唐代中国之旅》（Ennin's Travels in T'ang China），1955年；《日本的过去与现在》（Japan Past and Present），1964年第三版；《生活在美国与日本之间》（My Life Between Japan and America）；《日本人》（The Japanese）等。此外，与费正清合著：《东亚：伟大的传统》（East Asia: The Great Tradition），1960，哈佛大学出版社；与费正清、克雷格合著《东亚：近代的变革》（East Asia: The Modern Transformation），1965哈佛大学出版社等。译著有：《入唐求法巡礼行记》（Ennin's Diary: The Record of a Pilgrimage to China in Search of the Law，1955）等。

② Edwin O. Reischauer（1957），第5页。

生了兴趣。① 在随后的几个月里，在新艺术老师——一位马奈（Manet）崇拜者的指导下，叶理绥非常认真地对自己的整个绘画技巧进行了彻底的修正。

　　1904—1905 年的俄日战争是日、俄帝国列强之间为了争夺朝鲜半岛和中国辽东半岛的控制权，而在中国东北土地上进行的一场帝国主义之间的战争。俄罗斯战败，暴露了俄帝国的弊端，导致了 1905 年革命的爆发，动摇了沙皇的统治，继而进行了一定的政治改革。1905 年的政治改革和俄国战败鼓励了叶理绥对左派的同情，同时，他越来越不满足于马克思主义本身的美学和宗教基础。他对绘画越发着迷，开始希望自己可以摆脱资产阶级背景，成为一名职业艺术家。然而，这个梦想被他的俄罗斯文学老师打破了，后者得知他想去巴黎索邦大学学习油画时，告诫他说，以他的资产阶级背景和经济保障，他永远不会知道任何创造性艺术所需要的痛苦。这位老师建议他成为一名人文学者，因为他的艺术敏感性和广泛的语言知识特别适合他这样发展。并补充说，由于他对中国和日本的艺术感兴趣，他最好专攻远东研究，为此，他应该请教俄罗斯科学院的杰出秘书、俄罗斯东方学元老谢尔盖·奥登堡（Serge Oldenburg）教授。两周后，叶理绥应约拜见了奥登堡，当他表示要去牛津大学学习中文时，奥登堡建议他最好是从事日本研究，原因很简单，当时的汉学家已然不少，而日本研究学者却很少。② 这些建议得到了叶理绥及其父母的认可，日后叶理绥的学术生涯和前途命运受益良多。

　　1907 年 5 月，18 岁的叶理绥以全班第一的优异成绩从拉林斯基学堂毕业，并获得了教育部颁发的优秀学生金奖。根据奥登堡的建议，他将先赴柏林大学学习汉语和日语，熟悉西方的东方学家们的研究方法和著作；然

---

　　① 这位化学老师对其绘画风格之深刻影响，导致了他新的人生取向：一方面鼓励他相信军事失败和革命对俄罗斯有好处，另一方面，介绍他阅读日本德川时期伟大的木板艺术家的作品以及期刊《国华》（Kokka）和审美书院（Shimbi Shoin）的出版物，在审美书院可以找到日本传统艺术集美的复制品。从那时起，歌川广重（Hiroshige）和葛饰北斋（Hokusai）的一幅绘画作品装饰了这个年轻人书房的墙壁。与此同时，年轻人和他父亲在政治观点上的分歧变得无法容忍。他经常以头痛为借口离开家庭餐桌，父子之间产生了永远无法弥合的裂痕。参见 Edwin O. Reischauer（1957）。

　　② 在奥登堡看来，当时训练有素的欧洲汉学家很多，而杰出的日本研究学者只有巴希尔·霍尔·张伯伦（Basil Hall Chamberlain, 1850 – 1935）一人。俄日战争表明，日本的崛起已成必然，俄日之间的交流与竞争在所难免且越发重要，不仅对俄罗斯，而且对整个欧洲来说，都需要有一位受过与日本学者同等训练的西方专家。

后，再赴日本留学。之所以建议他去柏林而不是巴黎学习，是因为奥登堡认为，由于德国对日本教育的强大影响，柏林的西方学生比其他任何西方大学的学生更可能有机会被日本大学录取。于是，从拉林斯基学堂毕业才两天，他就带着奥登堡写给德国那些东方学权威的介绍信，动身前往德国进入柏林大学学习。

(二) 海外求学：从德国到日本 (1907—1914 年)

1907 年，叶理绥进入柏林大学后，在萨肖 (Eduard Sachau)[①] 指导的东方语言研讨会 (the Seminar für Orientalischen Sprachen) 走上了他毕生的东方学求索之路。他在这里的主要任务是学习汉语和日语，为留学日本做准备。既然要去日本，直接学习日语算了，为什么还要学习汉语呢？这大概因为中日文化之间特殊的源流关系，任何一位域外日本学专家都必须同时学会汉语，才能真正了解日本文化的原因吧。

他对柏林大学的日语入门教育并不十分满意，因为日语教授赫尔曼·普劳特 (Hermann Plaut) 博士从未去过日本，而当时的日语外教市川代治 (Ichikawa Daiji) 说的却是日本西北海岸一带的方言，比如日语的 ichigo (草莓) 在他的家乡话里却念成 echigo。由此可见奥登堡的判断正确，当时日本研究专家稀缺。而汉学的情况则完全不同，叶理绥跟随的汉学老师都是当时著名的汉学家：叶理绥先是在格鲁伯[②]的指导下开始学习汉语，

[①] 关于爱德华·萨肖 (Eduard Sachau, 1845－1930)，请参阅 A. F. Eduard Sachau. *Journal of the Royal Asiatic Society of Great Britain and Ireland*, No. 1 (Jan., 1931): pp. 242－243。

[②] 系德国早期著名汉学家威廉·格鲁伯 (Wilhelm Grube, 1855－1908) 的汉语名字，又译顾威廉。生于俄国圣彼得堡，是甲柏连孜 (Georg von der Gabelentz, 1840－1893) 教授在莱比锡大学的高足，以对中国哲学经典的翻译取得博士学位和教授资格。经甲柏连孜推荐，1883 年格鲁伯出任柏林民俗博物馆东亚部主任。1885 年夏季学期起，格鲁伯兼任柏林大学教授并主持《东亚语言》讲座，在讲授汉语、满语和蒙古语之外，还开设了民俗学和民间宗教的课程。1892 年应聘为汉学教授，讲授汉语和满语课程。格鲁伯是德国女真文字研究的开创者，1896 年发表的《女真的语言和文字》(*Sprache und Schrift der Jucen*) 始终受到西方学者的重视。但其主要贡献在中国文化与文学研究方面，既发表《神仙传》，也翻译过《封神演义》。对中国的民间文化和民间宗教兴趣浓厚，1898—1899 年在华旅行，考察过厦门、北京的民俗，1901 年出版的《北京民俗学》(*Pekinger Volkskunde*)，颇获好评。其所撰《中国文学史》(*Geschichte der Chinesischen Literatur*) 是德国第一部由专家撰写的中国文学史著作，代表当时德国汉学的研究水平，1902 年出版后屡次再版。遗著《中国的宗教礼俗》(*Religion und Kultus der Chinesischen*) 是根据他 1903—1904 年间在柏林大学的讲稿整理而成，系概论性的著作。关于此人，可参阅李学勤主编《国际汉学著作提要》，江西教育出版社 1996 年版。

后者去世后继续在傅兰克①的指导阅读《孟子》。当然，他的主攻方向从一开始就很明确，就是日本研究。

他还在鲁道夫·兰格（Rudolf Lange）的指导下学习德川（幕府时期）历史（Tokugawa history）课程。他还参加了通常每隔一周的星期五在一家餐馆举行的非正式会议，与会者都是当地的中亚和远东学者。他虽然听不太懂，但他获得了大量有价值的书目信息，还有机会认识一些与日本研究相关的学者。

在柏林，他开始交日本朋友。著名语文学家新村出（Shimmura Izuru）碰巧跟他一起听印欧语言学的一门课程。有一天他注意到叶理绥随身携带的日文书籍就跟他聊了起来。另外，叶理绥还认识了其他几位日本教授，其中有新康德主义哲学家桑木严翼（Kuwaki Gen'yoku）、数学家桑木彧雄（Kuwaki Ayao），以及历史学家原胜郎（Hara Katsurō）。他们都对其赴日留学计划充满热情，同时告诫说作为第一个试图成为日本帝国大学正式学生的西方人，前路无疑困难重重。

在柏林期间，叶理绥的学习兴趣仍然很广泛。他还修了心理学、哲学、美学和劳工问题的通识课程。通过参加劳工课程老师组织的实地考察，他遇到了当时的社会民主党领袖倍倍尔（August Bebel，1840－1913）和仅仅十多年后就成为德国总统的艾伯特（Friedrich Ebert，1871－1925）。他还结识了一群来自莫斯科的俄罗斯青年学者，他们使他对俄罗斯现代诗歌、韵律问题和文学批评产生了兴趣，并向他介绍了法国学者柏格森（Henri Bergson，1859－1941）和奥地利学者弗洛伊德（Sigmund Freud，1856－1939）的著作。

柏林大学一年的汉语和日语进修学习匆匆而过。1908年夏天，叶理绥回到圣彼得堡。短暂停留之后，于8月乘火车沿西伯利亚大铁路前往日本。随身带着一封岛村（Shimamura）写给东京帝国大学的日语教授上田万年的信函，以及奥登堡写给其他日本学者的一些信函。到了日本，开始

---

① 系德国汉学家奥托·弗兰克（Otto Franke，1863－1946）汉文名字，又译福兰阁。早年在哥廷根大学攻读梵文，并于1886年取得博士学位。后在柏林大学学习两年法律，兼修汉语。1888年来华，为使馆翻译学生，1890年以后在中国各埠德领事馆任翻译和领事。1895—1896年任使馆代理翻译。1901—1907年转任中国驻柏林使馆参赞。1907—1922年任汉堡大学汉文教授，后转任柏林大学汉文教授。一生著述甚丰，文章和著作200多种，书评100多篇。主要有：《中国历史》（Geschichte des Chinesischen Reiches，五卷本，1930—1952）等。

了他漫长而重要、艰难而智慧的留日生涯。这一年他19岁，血气方刚、精力旺盛的年龄。

一到东京，他就带着一封信去拜见大学的俄文教授八杉贞利（Yasugi Sadatoshi）。八杉给他解释大学的课程结构和考试制度，但提醒说因为他是第一个试图申请正式录取就读帝国大学的外国人，又没完成日本大学入学必备的高等中学（Tōtō gakkō, higher school）课程，恐有诸多困难。建议他立刻咨询帝国大学文学院（当时称文科大学 Bunka daidaku）坪井马九三（Tsuboi Kumazō）院长。

第二天与坪井的见面并不令人鼓舞。坪井本人留学德国，主攻历史，德语很好，对这位外国青年彬彬有礼，同时强调接受一个非高中毕业生，日语和古汉语远不如其他学生的外国人入学非常困难。不过，院长表示，叶理绥可以用日语提交一份书面申请，并将在下周的教师会议上讨论。初生牛犊不怕虎！早有准备的叶理绥要求院长能迅速答复：接受或拒绝，以便他必要时能返回柏林就读秋季学期。他还指出，那些不是完全中学（gymnasium）或公立中学（lycée）毕业生，根本不懂拉丁文或希腊语，对现代欧洲语言所知甚少的日本学生却被欧洲的顶尖大学录取。但是，如果一个已经在柏林大学修完三学期课程的学生被日本大学拒之门外的话，将会令德国学者吃惊等。但在离开院长办公室时，尽管充满自信，叶理绥还是怀疑自己说话是否得体。

随后，他把岛村的信交给上田万年[①]教授，后者的欢迎要热忱一些。上田叫他别担心坪井院长的态度，因为做出决定的是上田万年和他的日本语言文学领域的同事们。上田又给叶理绥写了几封推荐信，把他介绍给芳贺矢一[②]教授和藤冈作太郎[③]教授，和当时还是年轻教员的保

[①] 上田万年（Ueda Mannen, 1876 – 1937），日本著名汉学家，著有《汉语大字典》，哈佛大学出版社1945年版，第3000页。

[②] 芳贺矢一（Haga Yaichi, 1867 – 1927），日本著名文学家。东京大学毕业后曾赴德国留学，回国后任东京大学教授。其以德国文献学为参照，确立了日本文献学。在对国语、文法的改良方面也做出贡献。并任国学院大学校长、帝国学士院会员。著有《国文学史十讲》《日本文献学》。

[③] 藤冈作太郎（Fujioka Sakutarō, 1870 – 1910），日本国文学者。他确立了以实证和训诂为基础的文学史研究方法，在文学批评等方面也极有成就。

科孝一①。上田教授还建议他请八杉帮他起草申请。八杉欣然答应，但指出叶理绥需要在申请上盖私人印章。印章雕刻师帮他把名字译成了"英利世夫"，后来他一直沿用。

在收到申请后，坪井院长通知叶理绥，必须为自己良好的道德行为找两名担保人，并建议他请八杉和俄罗斯大使馆的某人担保。八杉没有问题，但大使馆的某名秘书却因没有先例而断然拒绝。叶理绥决定，从此以后，他将尽量避免与俄罗斯大使馆打交道。于是上田教授做他的第二担保人。叶理绥还呼吁上田教授推荐给他的几位学者和奥登堡写信介绍他认识的高楠顺次郎（Takakusu Junjirō）② 帮忙。尽了全力之后，他才安顿下来静候佳音。当上田教授私下告诉他已被顺利录取的喜讯时，叶理绥立刻给自己买了一套日本学生装。③

1908年9月，他开始了在东京帝国大学的学习，因为当时日本大学的学年与西方是平行一致的，还没有变成4月初开学。叶理绥学习有条不紊、刻苦认真。他在这里一待就是六年，四年本科，两年研究生。

一年四门课算完整的课程设置。第一学年（1908—1909）对他而言相

---

① 保科孝一（Hoshina Kōichi，1872－1955），日本著名的语言学家，山形县米泽市人，1897年（明治三〇年）帝国大学国文科毕业。1901年国语调查委员会补助委员。1902年东京帝国大学助教。1904年钦定教科书的编修委员。1911年（明治四十四年）作为文部省国语"国字问题"的调查员而欧洲出差，1913年（大正二年）回国。1917年杂志《国语教育》的创刊。1927年（昭和二年）晋升为教授退职。东京高等师范学校教授，1930年东京文理科大学教授。

② 高楠顺次郎（Takakusu Junjirō，1866－1945），日本著名佛教学者。1894年毕业于牛津大学。1895年入柏林大学，跟乔治·胡特（1867－1906）学习藏文、蒙古文和乌拉尔阿尔泰语，中亚文明史。又进基尔大学，跟赫尔曼·奥定贝格（1854－1920）、保罗·雅各布·德森（1845－1919）等学者学习印度《奥义书》、吠陀哲学。1896年入莱比锡大学，学习语言学、哲学史。又进法兰西学院，和希尔万·列维等人相交。同年回到牛津大学，取得艺术硕士学位。留学欧洲期间，英译义净《南海寄归内法传》由牛津大学出版社1896年出版，题为 A Record of the Buddhist Religion as Practised in India and the Malay Archipelago, by I－Tsing。1897年，32岁的高楠顺次郎回到日本。任东京帝国大学文科大学讲师。1899年10月升任教授。其间，受到上田万年的提拔。1901年，任东京大学首任梵文讲座教授。曾参与成立"东京大正一切经刊行会"（后称大藏出版株式会社 Daizo huppansha），该社主要任务是在1924—1934年间编辑出版《大正新修大藏经》（Taisho Tripitaka）。曾著有8卷本《南传大藏经解题》（Samantapasadika：Buddhaghosa's commentary on the Vinaya Pitaka. Vol. I－VIII）（伦敦：The Pali Text Society，1975）等。

③ 更有甚者，此后的留学岁月中叶理绥酣畅地沐浴于他梦寐以求且费尽心力才获得的日本社会文化之中。与日本人同食宿，与《每日新闻》（Mainichi Newspaper）的一位有俩孩子的员工一起租房，合租了两年。之后，他独自接手租用这所房子后，就按照德川家族的封建制度来管理他的佣人。很快就把学生装换成了和服（kimono）和长袍（hakama），犹如在中国的洋人穿长袍马褂一般。

对艰难一些。他选修的四门课程如下：1. 上田万年讲授的"《古事记》（Kojiki）的语言及其语法"（巴希尔·张伯伦的英文译本是一个决定性帮助）；2. 芳贺矢一讲授的"8 世纪到 1600 年的日本文学史"；3. 藤冈胜二①讲授的"普通语言学课程"；4. 俄籍德国人科贝尔②（Raphael von Koeber, 1848 – 1923）教授用英文讲的"西方语文学导论"。尽管他在日语方面存在严重缺陷，但在自身努力和老师们的理解和帮助下，他都顺利通过了这个非常严格的课程计划。除此之外，他还夜以继日地参加各种课外辅导，以弥补他在日本语言和历史文化上的薄弱基础。在此过程中，"这不仅为他的大学学习奠定了坚实的语言基础，而且使他对当时日本人开始发展的通过教育进行民族主义教化的做法有了深邃的了解"。③ 同年，在八杉贞利教授指导下，叶理绥撰写了一篇关于现代俄罗斯诗歌的文章，译成日语发表在 1909 年 1 月号的《帝国文学》（*Teikoku Bungaku*）上了④。

到了第二学年（1909—1910），这位外国青年艰苦的双倍学习计划获得了丰厚的回报。他能够听懂大学里讲课中的全部内容，正式的课程作业他也毫无困难。选的四门正式课程：1. 保科孝一的《日语史研究》；2. 藤冈作太郎的另一门《德川文学》；3. 芳贺矢一的《室町时代文学》（Muromachi literature），选修 1/3；4. 德国著名的日本学家卡尔·弗洛伦茨（Karl Florenz）的《比较文学》，选修 1/4。课外阅读进修方面，他从（初级）中学课本转到高中课本，阅读《能》（Nō）、《狂言》（*Kyōgen*）和《御伽草纸》（*Otogi – zōshi*）等。他还去听话家（hanashika，即专业的故事讲述者）幽默的寄席（yose）表演，学习模仿他们粗俗的演讲。他还通过参加长呗（nagauta）音乐会，开始艰难地熟悉日本音乐（他的

---

① 藤冈胜二（Fujioka Katsuji, 1872 – 1935），日本著名语言学家。著有《英日大词典》（*A Complete English – Japanese Dictionary*：*Dai Ei – Wa jiten*, Tokyo：Okura Shorten, 1900/1932)、《如何学好日语》（*How to Study the Japanese Language*, Tokyo：Tooa no Hikari, 1907）等，曾将《满文老档》译为日文，是第一位将它译为另外一种文字的学者。他还译介过西方语言学家布龙菲尔德的《语言研究导论》（*Introduction to the Study of Language*）、索绪尔的《普通语言学教程》（*Cours de linguistique générale*）等。

② 科贝尔（Raphael von Koeber, 1848 – 1923），俄籍德国人，俄文名字为 Рафаэль Густавович фон Кёбер。日本东京帝国大学著名的哲学教授。

③ Edwin O. Reischauer (1957)，第 12 页。

④ 即 "Modern Russian Potery"（现代俄罗斯诗歌），载 *Teikoku Bungaku*《帝国文学》, 1909 年 1 月。

日本老师们也未必能懂)。与此同时,他开始频繁地光顾歌舞伎(Kabuki)剧院,深入了解舞伎艺术。此后几年,始终如一。于是,他成了许多演员的好朋友,并能成功地模仿歌舞伎的措辞和舞蹈风格。他在大学里的日本同学开始更平等地接受他。时为研究生的小宫丰隆[①]把他介绍给了著名小说家夏目漱石[②],后者邀请这位俄罗斯青年正式出席他例行的周四会议。

本学年的某个时候,叶理绥与卡尔·弗洛伦茨畅谈过一次。后者是日本古代历史文献的重要翻译家,著有高水准的《日本文学史》,他对未来的日本学家叶理绥非常感兴趣,但却不看好他能精通日语,无论他学了多长时间。弗洛伦茨劝他在一些狭窄的领域成为一个专家,比如《万叶集》(Man'yōshū)研究专家,并特别建议,在一位懂西方语言的日本青年学者帮助下,他可以将《万叶集》翻译成一部厚重的俄文版译著。年轻的叶理绥婉拒建议,继续他的学习计划,他要像日本人一样懂得日本。这很好地诠释了这位年轻人试图打破传统的东方研究。

到了大学三年级(1910—1911),叶理绥在大学里就完全像在家里一样,他已经完全被同学们所接受,他们邀请他去家里做客,并经常来他的家里看望他。他的大学同学中有1948年当选日本首相的芦田均[③]。本学年的四门课程是:上田万年讲授的《〈万叶集〉的语法和句法》,芳贺矢一讲授的《日本平安时代文学》(Heian literature),黑木安雄[④]的《汉文(Kambun)文献阅读》,以及一门(日本原住民)《阿伊努语课》。叶理绥不时会在周日上午去拜访黑木安雄,通过后者的聚会活动,他逐渐认识了

---

① 小宫丰隆(Komiya Toyotaka,1884 – 1966),夏目漱石门下"四天王"之一,德文学者,文艺评论家,岩波书店版《夏目漱石全集》主编。著有《夏目漱石传》《漱石的文学世界》等多部相关专辑,被评论家誉为"漱石研究第一人"。

② 夏目漱石(Natsume Sōseki,1867 – 1916),本名夏目金之助,笔名漱石,取自"漱石枕流"(《晋书》孙楚语)。日本著名作家。在日本近代文学史上享有很高的地位,被称为"国民大作家"。他对东西方的文化均有很高造诣,既是英文学者,又精擅俳句、汉诗和书法。写小说时他擅长运用对句、叠句、幽默的语言和新颖的形式。他对个人心理的描写精确细微,开了后世私小说的风气之先。1984年,他的头像被印在日元1000元的纸币上。代表作有《我是猫》《心》等。

③ 芦田均(Ashida Hitoshi,1887 – 1959),日本外交家,政治家。1912年东京帝国大学毕业后进入外务省,先后在俄罗斯、法国等大使馆工作。在法期间,与叶理绥关系愈加密切。1932年,当选众议院议员。1933—1939年间曾任日本时报社长。1948年出任美国占领日本期间的日本首相。

④ 黑木安雄(Kuroki Yasuo,1866 – 1923),日本明治时代书法家、汉学家。

后来于1931年担任日本首相的犬养毅。① 黑木还使叶理绥对日语草书（sōsho）产生了兴趣。按照惯例，东京帝国大学（Tokyo Imperial University）的学生在三年级时要完成学业，写一篇论文，并参加最后的口试。然而，在上田（万年）教授的允许下，叶理绥决定将他的口试和论文推迟到第四年。

第四学年（1911—1912），他完整选修了下列课程：1. 藤村作（Fujimura Saku）讲授的《德川时代小说》（Tokugawa novel）；2. 芳贺矢一讲授的《镰仓时期文学》（Kamakura literature）；3. 上田万年讲授的《室町时代的日本语言》（Muromachi language）；4. 金泽庄三郎（Kanazawa Shōsaburō）讲授的《朝鲜语》（Korean language）等课程。此外，他还圆满完成了从三年级推迟到四年级的题为《芭蕉研究之一方面》（Baishō kenkyū no ippen 芭蕉研究の一片）的研究论文，研究的是17世纪著名诗人芭蕉（Baishō）俳句（Haiku）。

1912年6月，叶理绥参加了最后的口试，考试非常严格，内容繁多，日本语言、文学、目录文献学，还有日语方言、语音问题、比较文学和历史等内容，分为四个单元，各一个小时，两位教授主考。据说这一"考试程序让人想起中国古代的考试制度"②。教授们对这位俄罗斯青年的表现非常满意，给了他82分（相当于A-），他以接近全班第一名的成绩毕业。在毕业典礼的彩排中，他和系里的其他三个A等学生站在第一排。这碰巧是明治天皇最后一次出席官方活动，几周后他去世了。然而，作为一个外国人，叶理绥还是受到某些歧视。在正式的毕业生（bungakushi 文学士会）名单中，他的名字被印在最底部，与其他人相隔很远。似有低人一等的意味。后来叶理绥要求加入校友会（bungakushi 文学士会），虽然没有理由拒绝他，但每次都是在活动结束后次日他才收到邀请。当他问个究竟时，被坦率地告知，外国人出席这些会议将妨碍讨论。因此，当他拿到毕业文凭时，曾仔细地确认其形制是否和其他人的一致。由此可见当时的日本崇洋但却保守且不自信。不过，最重要的是，他在1912年成为东京帝国大学历史上第一位取得大学学位的外国

---

① 犬养毅（Inukai Ki, 1855 – 1932），日本著名的政党政治人物，第29任首相（1931.12—1932.5）。

② Edwin O. Reischauer（1957），第15页。

学生，也是第一位外国研究生。①

这年夏天，叶理绥是在福井县（Fukui Prefecture）一海滨小镇度过的，并在其朋友兼导师东新（Higashi Arata）先生指导下研究日本文学和《史记》（Shih-chi）。到了秋天，他以优异的学业成绩轻松获得帝国东京大学研究生院（Daigakuin 大学院）的入学资格。进入了为期两年（1912—1914）的研究生学业阶段：他选修了瀧精一（Taki Seiichi）主讲的四门有关中国和日本绘画的课程和研讨会，三上参次（Mikami Sanji）主讲的两门日本历史课程，以及藤村（Fujimura）主持的两个有关西鹤（Ihara Saikaku 井原西鹤，1642—1693，日本诗人）和德川戏剧（Tokugawa drama）的研讨会。与此同时，叶理绥继续扩大他的社交和学术圈，广泛深入日本生活，尽情浸润于日本文化之中。②开始撰写和发表日本学论著。③

（三）回到俄罗斯：成家易而立业难（1914—1920）

1914 年，已经在日本学成的叶理绥应该回俄罗斯了。实际上一年多前在东京帝国大学任客座教授的德国经济学家海因里希·瓦蒂格（Heinrich Eugen Waentig, 1870-1943）告诫他别在日本待得太久。原因可能有二：一是趁俄罗斯日本研究人才缺乏之际赶紧回国谋职④；二是当时的西方学者对欧洲之外的学术研究（至少在技术层面）是嗤之以鼻的。当瓦蒂格阅读了他 1913 年在《德国自然与大众杂志》（Deutsche Gesellschaft fur Natur-

---

① G. W. B., Serge Eliséeff: 1889-1975. *Harvard Journal of Asiatic Studies*, Vol. 35 (1975), p. 13.

② 研究生期间除了三位日本导师之外，他还有一位满族绅士给他讲授中国古典文献，普通话的发音和声调结构。他还与歌舞伎（Kabuki）保持密切联系，继续在藤间学校（Fujima School）舞蹈专业老师，即小说家森田草平（Morita Sōhei）的妻子指导下学习舞蹈课程，并开始书法和陶瓷作品的收藏。另外，在他还访问了德川家族的最后一位将军（Shōgun）庆喜（Keiki）老人，并用一个春假研究佛教艺术珍品。参阅 Edwin O. Reischauer (1957)，第 16 页。与此同时，他还开始撰写有关日本研究的文章发表。

③ 比如 1913 年在《德国自然与大众杂志通报》（Mitteilungen der Deutschen Gesellschaft fur Natur-und Völkerkunde Ostasiens）发表了"1913 的日本剧院"（Das Theater in Japan im Jahre 1913）一文，后来还应夏目漱石（Natsume Sōseki, 1867-1916）之约，在《朝日新闻》（Asahi Shimbun）的文艺栏目上发表了几篇有关最近俄罗斯小说的文章。

④ 据说 1913 年夏，圣彼得堡大学中文教授亚历克西斯·伊万诺夫（Alexis Ivanov）访问东京时就向叶理绥发出邀请，称他和同事们会欢迎一个像他这训练有素的人才加盟他们的学院。并解释说，当时唯一的日语教员黑野（Kurono）早在明治时期初就来到了俄罗斯，讲一口过时的日语，他本人对汉文（kambun）的兴趣都要超过日语。参阅 Edwin O. Reischauer (1957)，第 17 页。

und Volkerkundr Ostasiens）发表的一篇关于芭蕉（Baishō）的论文后，就指出文章条理不清，缺乏问题意识。他觉得叶理绥的语言和实际知识远远超过了他组织材料以满足西方学者要求的能力，因此建议他继续在西方而不是日本学习。可见，当时日本大学教育依然属于东方传统教育模式，受中国文化影响更深，而受西方学理沁润不够，与中国高等教育发展情形颇为相似。

1914年夏，叶理绥回到俄罗斯后在友人帮助下得以跟教育部副部长见了一面。这位副部长建议他参加圣彼得堡大学博士学位考试，以便有资格担任大学里编外副教授（private-dozent）教职，并提出帮助解决政府承认他在东京获得学位相当于欧洲公认大学学位的主要技术困难——因为当时的俄罗斯遵循的是欧洲教育传统，对东方国家——哪怕是早就竭力拥抱西方文明的日本的大学文凭一般是不承认的。沙皇也同意破例处理他的这种例外情况。① 加上东方语言学院院长尼古拉马尔（Nicolas Marr）早就从奥登堡和伊万诺夫那里听说过叶理绥，因此，全体教员投票一致同意他为博士候选人，并决定他可参加第二年的相关考试。

1914年对叶理绥而言还有一件大事需要记载：他与自己一生的忠诚伴侣维拉·艾琪（Vera Eiche）在11月22日结婚，开启了他的一生美满而成功的婚姻和家庭生活。②

为了准备1915年的考试，叶理绥广泛阅读，并得到俄罗斯学者伊万诺夫（Ivanov）、瓦西里·阿列克谢耶夫（Basil Alexeev）等教授的大力支持。圣彼得堡的学者们提出了大量的新的、他和日本老师从未讨论过

---

① 对欧洲以外的高等教育的鄙视，是包括俄罗斯在内的欧洲学者们当时一贯的认知。尽管叶理绥本人在日本接受教育，但他自认为其学术素养是欧洲教育的产物，他自己也同样有着无比的优越感。在20世纪30年代，他与钢和泰书信往来中讨论教育时，就曾流露出对美国教育的不屑，对欧洲教育的赞美，称他们自己的子女都选择在欧洲接受教育，而不是美国，更遑论东方国家。对此参阅王启龙、邓小咏《钢和泰学术评传》，北京大学出版社2009年版，第19页；Wang Qilong & Deng Xiaoyong, *The Academic Knight between East and West*, Cengage Learning Asia, 2014, pp. 17, 21。

② 叶理绥夫妇婚后有两个儿子，后来成为著名的东方学者。长子尼基塔（Nikita）专攻阿拉伯史，是叙利亚大马士革阿拉伯法国研究所的现任秘书长；幼子瓦迪姆（Vadime）专攻中国考古学，现任巴黎塞努奇博物馆（Musée Cernuschi）主任、索邦高等研究院（École des Hautes Études）的研究主任。参阅Edwin O. Reischauer（1957），第18页。

的尖锐问题，这让他印象深刻。他还跟伊万诺夫和一名中国来的教师学习中文。

1915年春天，叶理绥参加了日本语言、文学和历史的口试，并在同年秋天参加相应的汉学领域的口试。然后是一次三小时的笔试，由于举行笔试的房间是关着的，因此称为"clausura"，并在规定时间之前的24小时就一个既定题目讲一堂公开课。根据伊万诺夫的建议，叶理绥在三月选择以《传统的日本历史学家新井白石》（*Arai Hakuseki* 新井白石 *as a Traditional Japanese Historian*）为题做了演讲。1915年4月的日语口语考试以及汉语考试他都顺利过关。[①] 两天后，他轻松通过笔试（clausura），并于12月初向约60位听众发表了关于"清少纳言和她的枕头书"（Sei Shonagon and Her Pillow Book）的公开演讲，成功通过了测试。

1916年1月初，叶理绥被任命为（圣彼得堡大学）日语讲师，开始教学时有10位学生听课。因为日语人才奇缺，他可谓炙手可热，兼职颇多：被要求担任外交部的正式口译，于是有资格获得外交签证；被选为商会远东分会副主席；加入了考古学会和东方研究学会，并在1917年2月革命后成为日本考古学会会长。同时，他当选为一家私立艺术史研究所的助理教授，在那里开设中国绘画史课程，这可能是西方第一次以汉文和日文材料为主要基础开设的中国艺术课程。

当然，这段时间叶理绥最关心的还是撰写关于芭蕉研究的博士学位论文，为此他在1916年和1917年的夏天都到日本度过，[②] 目的就是查找需要的研究资料，正如钢和泰当年到北京为了查找研究资料一样。事实上，1916年初夏的5月，叶理绥和钢和泰都作为中亚及远东科学考察委员会成

[①] 据说伊万诺夫建议叶理绥专注于东方主题的西方目录学，因为考官们是不熟悉这些他一直在用日文阅读的材料，并建议他通过在考古学会东方分部发表演讲的方式把自己介绍给学院同事。东方语言学院的大多数教授都参加他的口试，Edwin O. Reischauer（1957：第18—19页）也有栩栩如生的描述："伊万诺夫要叶理绥阅读和翻译《今昔物语》（*Konjaku monogatari*），然后根据现代著作问他有关第一个文本长度。A. E. Liubimov 问他关于德川立法和库页岛和千岛群岛的问题。主考的马尔院长在考试结束时评论说，他从来没有听过任何一个西方人能将东方书籍读得如此迅速和流利。在汉语考试方面，叶理绥的表现虽然不那么出色，但令人满意。伊万诺夫让他阅读和翻译段落，从《史记》、《汉书》、《孟子》和《论语》里的片段，卢比莫夫（Lyubimov）和巴索尔德（W. W. Barthold）就中国历史上的一些观点对他提问。"

[②] Edwin O. Reischauer（1957）：第19页。

员，奉命随同科学考察团到远东考察。考察团最先到达日本东京，后来才到中国北京。① 可以肯定的是，1916年夏到了日本后，叶理绥没有继续前往中国，而是当年回到了俄罗斯。到了1917年夏，他再度回到日本。而他的同事钢和泰（1909年受聘为圣彼得堡大学梵文助理教授）则在日本待了一段时间，至少半年之后，于1917年来到中国，此后再也没回俄罗斯或其故乡爱沙尼亚。②

对他们而言，1917年是刻骨铭心的年份。滞留北京的钢和泰男爵因为十月革命而失去爱沙尼亚领地的几乎所有财产，再也没能回去而流落异乡，但这也成就了北京大学的第一位梵文教授和哈佛大学的中亚语文学教授。对于叶理绥来说，当时看似荣归故里，实则厄运连连。

1917年他从日本回国时，考虑到局势混乱（当时正值十月革命前夕），将几乎完成的博士学位论文手稿托付给了俄罗斯外交使团邮差。不幸的是，布尔什维克在邮袋到达前就已经接管了，他们烧毁了论文手稿以及邮袋里的所有非官方文件。革命摧毁了他的私人财产，并剥夺了他在旧政府外交部的兼职。由于讲师的工资难以养家，他只好在亚洲博物馆（Asiatic Museum，今为俄罗斯科学院东方文献研究所）兼职，一方面可以挣个小钱以补家用，另一方面在那危险的岁月，这里是东方学者的避难所。他尽其所能地继续他的学业，继续听课，偶尔也去讲课。

当然，革命后的新政府也需要人才。他还被选为新改组的考古委员会（Archaeolo‐gical Commission）远东部秘书，当该委员会成为物质文化史研究院（the Academy of the History of Material Culture）时，他成为最年轻的正式院士。苏联大作家高尔基（Maxim Gorky，1868 – 1936）组织了一个项目，旨在为年轻作家和学者提供经济援助。这个项目促使叶理绥发表

---

① 参阅王启龙、邓小咏《钢和泰学术评传》，北京大学出版社2009年版，第20页；Wang Qilong & Deng Xiaoyong, *The Academic Knight between East and West*, Cengage Learning Asia, 2014, pp. 18, 23。

② 关于钢和泰生平学术，参阅王启龙、邓小咏《钢和泰学术评传》，北京大学出版社2009年版；Wang Qilong & Deng Xiaoyong, *The Academic Knight between East and West*, Cengage Learning Asia, 2014。

了一篇关于日本文学的短文。①

1920年春，东方语言学院和文献学与历史学学院合并，叶理绥被选为新机构秘书，被迫投身于大学的自身保护中。当然，革命确实给他带来一点好处，由于讲师（Privat - Dozent）职级的废除，他被转为助理教授职位。然而，叶理绥这样的学者在彼得格勒的生活越发困难。他难以承受教学必须符合主流意识的压力，与他有同样社会背景的人经常遭到突然搜查和逮捕。在1918和1919年的冬天，叶理绥及其家人从未远离饥饿，一些近亲竟因饥寒而死。为了熬过严冬，他们一家只好把公寓里不太重要的家具和书房里的一些书籍献给了火炉——结果证明一部过时的大型百科全书这时却非常"有价值"……

迫于无奈，为了活下去，他们决定非法逃离，因为没有护照或任何合法许可。1920年夏末，在与芬兰湾一带活动的走私犯取得联系之后，举家逃离了俄罗斯②，来到芬兰。生计依然困难。一个月后他们到了斯德哥尔摩，叶理绥在大学里用德语发表有关远东艺术的演讲。在瑞典的三个月里，他还忙于写一本日本童话书，但不幸的是，书还没有写成出版商就破产了。叶理绥的灰暗人生很快就会画上句号。未来迎接他的将是铸就著名东方学家、"日本学之父"的辉煌人生。

（四）游走于法兰西与美利坚的完美人生（1921—1975）

1. 在法兰西获得重生

1921年1月，叶理绥举家搬到了巴黎，加入了这里成千上万的俄罗斯难民行列。从此，他总算慢慢拉开了未来可谓完美的人生序幕。

即便在法国，当时像他这样的日本通也是寥寥无几。他往日的艰辛付出终于开始得到回馈：他很快就在著名的吉美博物馆找到了一份研究助理

---

① 即俄文撰写的"日本文学"，载 *Universal Literature*（《世界文学》）第二部分 Literature of the East《东方文学》，彼得格勒，国家出版社1920年版，第38—39页。

② 在叶理绥的学生赖世和的文章中，对逃离过程的描述令人心酸，他们一家"在一个渔村的阁楼里躲了一段痛苦的时间之后，又在一艘小渔船的地板下躺了漫长而痛苦的一天，眼看着俄罗斯海岸的防御工事平静远去，这一家人终于在芬兰获得了自由和安全。讽刺的是，布尔什维克的饥饿帮助他们成功逃脱，如果两个小男孩没有因为营养不良而衰弱得只好安安静静、一动不动地躺几个小时的话，叶理绥一家人就可能不会在逃离过程中成功地躲过了当局的警戒而获得自由。" Edwin O. Reischauer（1957）：第21页。

的工作，并被日本驻法大使馆聘为翻译。

由于他在给德国—比利时和德国—丹麦边界划界委员会日本首席代表前田侯爵（Marquis Maeda）担任秘书时，能在法、英、德、日等多种语言之间来回翻译。语言才华发挥得淋漓尽致。日本大使馆的其他工作也接踵而至，经常请他协助组织各种活动，推进日本和法国的文化交流等①。其中，日本大使馆给他最刺激的任务，是在朋友克劳德·麦特尔（Claude Maitre）帮助下，于1923年12月创办了《日本与远东》（Japon et Extrême-Orient）文化月刊。他每期都要在上面发文章，要么是现代日本短篇小说的法语译文，要么是关于日本文化的小论文，要么是某部日文著作的书评，深受法国人士欢迎。可惜由于麦特尔在1924年秋过早去世，这本杂志也因为其他种种原因而停刊。②

但是，这并没有阻碍叶理绥蓄势已久、多年积累的成果在这段时期的井喷势头。随后的几年依然是其学术的高产期。他继续用法文撰述或翻译了大量文章，发表在刚创刊的《亚洲艺术评论》（Revue des Arts Asiatiques）上。据统计，从1925至1934年间，仅在此刊他就发表了30篇

---

① 比如，1923年，他协助组织了一场日本现代画展，并开始协助使馆与法国机构建立文化交流关系。1925年他成为一个国际联盟知识合作研究所（the International Institute of Intellectual Cooperation of the League of Nations）的联络官，作为日本代表团的翻译参加在布拉格和罗马召开的代表大会；1929—1930年担任巴黎的日本学生之家（Maison des Édudiants Japonais）的执行主任，等等。

② 叶理绥在上面共发表17篇文章，其中译文有10篇：《变戏法的罪行》（第1期：24—39）、《Tanizaki Junichiro——"纹身"》（第2期：116—129）、《Nagai Kafu.——"狐狸"》（第3期：194—216）、《Akutagawa Ryunosuke.——"玩偶"》（第4期：327—346）、《Mme Okada Yachiyo.——"三天"》（第5期：405—419）、《Kubota Mantaro.——"夏天来了"》（第6期：471—484）、《Hasegawa Nyozekan.——"向导"》（第7—8期：13—55）、《Kikuchi Kan.——"Shimabara的双重自杀"》（第9期：123—147）、《Satomi Ton.——"河水的波涛"》（第10期：205—227）和《Nishimura Shinji.——"日本文明与船舶形态的关系"》（第11—12期：346—369）；书评有4篇：《评Sekine Mokuan的〈歌舞伎剧院及其演员〉》（第1期：77—84）、《评Takasu Baikei的〈现代文学史研究〉第1卷》（第3期：281—288）、《Hina Matsuri的〈玩偶节〉》（第4期：364—366）和《评〈在火炉边〉》（第10期：279—292）；其他文章有3篇：《新年皇家诗歌大会》（第2期：139—142）、《Jippensha Ikku和le Hizakurige》（第5期：439—448）和《双重自杀（Shinju）》（第9期：107—122）。译文中后来选出9篇结集为《日本小说9篇》（Neuf nouvelles japonaises）由巴黎G. Van Oest出版社1924年出版。

文章①。主要介绍日本文化、研究日本学术,同时也旁及汉学、藏学、蒙古学以及韩国研究等,领域涵盖艺术、考古、语言、文学、历史、宗教等。毫无疑问,他应该是法国(或者说是西方)第一位全面、系统推介日本文化、研究日本学术,以及其他东方文化,推动东西方学术文化交流的重要学者。

叶理绥在学术上的卓越表现,不但使他终于可以安身立命、养家糊口,同时也为他赢得了荣誉。1931年,瑞典国王曾因他出色完成歌舞伎(Kabuki)表演的编目而授予他"北极星十字勋章"(the North Polar Star Cross)。更重要的是,他开始重建原本支离破碎的学术生涯。他充分利用当时巴黎这个西方汉学之都,去听了伯希和(P. Pelliot)、马伯乐(H. Maspero)、梅耶(A. Meillet)等人的课。于是与伯希和成了相知相惜的师生关系。为他后来出任哈佛燕京学社首任主任埋下伏笔。

同时,他在巴黎也开始有机会回到教学岗位,这方面他同样成绩斐然:1922年,他在巴黎索邦大学以客座讲师的身份讲授德川文学史课程,在东方语言学院讲日本文学语言语法课程,一直讲授到1930年。1928—1929年间,他在卢浮宫讲授日本艺术史。1930年,他被任命为巴黎大学高等研究院宗教史分部的会议主任(Maitre de Conférences),讲授日本的

---

① 篇目如下(按发表时间顺序):《论日本的(中国)水墨画》(第2卷第2期)、《卡诺学校的画家》(第2卷第4期)、《评Albert Maybon的〈日本剧院〉》(同上)、《Sueji Umehara.——"韩国的两大考古发现"》(第3卷第1期)、《克劳德麦特尔》(同上)、《评P. K. Kozlov的〈关于北蒙古探险和蒙—藏探险研究的简要报告〉》(同上)、《评罗列赫的〈西藏绘画〉》(同上)、《评B. Y. Vladimirtsov的〈成吉思汗〉》(同上)、《王维:〈画学秘诀〉》(译文,第4卷第4期)、(I. Shimmura.——"西方绘画在日本的介绍")(译文,同上)、《评Kuroda Genji的〈西方对日本绘画的影响〉》(第5卷第1期)、《评Georg Schurhammar的〈在16世纪和17世纪的日本耶稣会传教士中教会的语言问题〉》(第5卷第2期)、《评Emile Bayard的〈识别风格的艺术:日本风格〉》(第5卷第3期)、《评Albert Maybon的〈日本的寺庙:建筑和雕塑〉》(第5卷第4期)、《评Osvald Siren的〈美国收藏的中国绘画〉》(第6卷第1期)、《评Nakaya Juijiro的〈日本新石器时代的参考书目〉》(第7卷第1期)、《评Imaoka Dzsuicsiro的〈新日本〉》(同上)、《评〈星期一的社会〉〈江户时代以来的100本书〉》(同上)、《评〈Yoyogi〉学会:〈1929年日本历史学家的研究〉》(同上)、《评〈古代朝鲜艺术:Sekkutsuan和Bukkokuji神社〉》(第7卷第3期)、《评Takasu Hojiro的〈第16届日本思想史学术会议〉》(同上)、《评Tokiwa Daijo的〈中国的佛教、儒家和道教〉》(第7卷第4期)、《评Kobayashi Katsu的〈歌舞伎剧院的面部化妆〉》(同上)、《评劳费尔的〈早期马球史:以古代文献为据之马球运动起源考〉》(第8卷第1期)、《Rokuji Morimoto.——"日本的青铜时代和汉朝的扩张"》(译文,第8卷第2期)、《评Bijutsu Kenkyu》(同上)、《日本关于中国古代青铜器的研究注记》(第8卷第3期)、《日月书目》(同上)和《中国青铜器展览的几个小时》(第8卷第4期)。

神道教（Shintoism），并带着他的学生一起读汉文的《妙法莲华经》。两年后（1932），他成为该学院的主任，获得了完全的专业地位。

1931年，他和妻子薇拉成为法国公民。他们一生怀着感恩珍视这个身份，因为，是法国这个国度使他们一家获得重生、获得尊重、获得人生价值。那就是为什么从1934年叶理绥任职哈佛到他1957年退休，他们一家在美国居住了23年，也从未放弃法国公民身份，他们认为，他们对法国的忠诚比土生土长的法国人还要深厚。

2. 转战美利坚

1928年1月4日，哈佛燕京学社（the Harvard-Yenching Institute）宣告成立。这是在查尔斯·霍尔（Charles M. Hall）遗产的大笔馈赠下，决定资助亚洲的高等教育而成立的。坊间流传甚广的是，成立之初邀请伯希和出任首任主任。其实未成立之前中美多方机构、众多人士的反复磋商和数年筹备中，最先大家属意的人选并非伯希和，而是同样大名鼎鼎的胡适。[①]学社成立后正式受邀应该是伯希和，但他婉拒邀请，转而推荐他的学生叶理绥接替他任职。当然，哈佛不会贸然听从伯希和的建议。因此，哈佛燕京学社成立之初大约四五年时间（1928—1933）是由哈佛大学文理学院院长乔治·蔡斯（George Chase）代行主任职责。蔡斯在学社成立之初，在全球网罗人才，参与学社的教学科研工作。钢和泰就是在这个时候应邀来到哈佛大学，在那里做了一年的访问之后，于1929年正式受聘为哈佛大学中亚语文学教授。[②]随着哈佛燕京学社相关工作的顺利开展，比如在燕京大学启动项目，以提升研究生文言文水平和研究能力，并协助中国本科生教学工作。为了帮助在中国的这些活动建立较高的学术标准，学社的理事会希望哈佛大学建立一个小型的远东语言系，现在他们需要一位杰出的西方学者在哈佛领导这项工作，并就理事会与中国高等院校之间关系给予专业性指导。伯希和当初推荐的叶理绥哈佛大学虽然没有立即认可，但哈佛并没有完全将他忘记。既然需要人才，哈佛决定试试看，于是叶理绥受邀于1932—

[①] 关于哈佛燕京学社成立过程的具体细节，请参阅 Shuhua Fan（2009）To Educate China in the Humanities and Produce China Knowledge in the United States: The Founding of the Harvard-Yenching Institute, 1924. *The Journal of American-East Asian Relations*, Vol. 16, No. 4: 251-283。

[②] 关于蔡斯兼任哈佛燕京学社主任，以及钢和泰先受邀后受聘哈佛的故事，请参阅王启龙、邓小咏《钢和泰学术评传》，北京大学出版社2009年版；Wang Qilong & Deng Xiaoyong *The Academic Knight between East and West*, Cengage Learning Asia, 2014。

1933 学年到哈佛大学做访问教授，到了哈佛。

说白了，所谓访问教授，实际上相当于试用和考察。长期留学日本且受过严格的西方学术训练的叶理绥当然不负众望。在访问期间，除了讲授本科生课程外，他还在哈佛洛厄尔学院（the Lowell Institute）就日本艺术和文学之间的关系进行了 8 次系列讲座。充分展示了自己的专业才华和管理能力。哈佛燕京学社应该很满意，否则不会在一年结束后的 1933 年，派他到中国参访与学社有关的几所大学。在返回巴黎之前，时隔 17 年之后他再度访问了日本。

1934 年，叶理绥教授受聘为哈佛燕京学社主任和哈佛大学远东语言教授，开始了他"日本学之父"[①] 的铸就历史，直到他 1957 年正式退休，回到法国安度晚年，1975 年去世。

二 叶理绥的学术贡献

坦率地说，自从叶理绥任职哈佛以后，虽然也发表了一些重要学术成果[②]，但这不是他的最重要"作品"。他一生中"撰写"的最重要"作品"应该是通过日常大量的教学工作和繁重的行政工作，在美国按照欧洲汉学传统建立了哈佛的远东研究中心，并通过这样的中心去影响中国基督教大学的汉学研究。他不但高标准地奠定了美国远东研究基础和学科体系，而且还凭借其执掌的哈佛燕京学社为东西方学术、文化和教育的交流做出了卓越贡献。

在 20 世纪上半叶，纵然美国的政治经济强国地位已然确立，但其文化教育、学术科技还远没有达到世界之巅。正如上文所述，在 20 世纪 30 年代，在叶理绥与钢和泰的往来书信中，当他们谈到教育问题时，就曾流露过对美国教育的不屑，对欧洲教育的赞美，称他们自己的子女都选择在欧洲接受教育，而不是美国。[③] 事实上，就东方研究而言，当时美国大学在

---

① 他的学生赖世和认为，作为"西方的第一位日本学家"（the first professional Japanologist in the West），叶理绥日本学之父的地位是难以撼动的。在他看来，叶理绥更应该是"美国远东研究之父"（Father of Far Eastern Studies in the United States）。因为他开创了美国远东研究之先河。参阅 Edwin O. Reischauer（1957）：第 1—3 页。

② 比如《Bommōkyō 与东大寺大佛》（载《哈佛亚洲研究学报》第 1 卷第 1 期）、《东正教和俄国商人阶级：一些个人的回忆》（载《哈佛神学评论》第 49 卷第 4 期）等，都是颇有见地的学术论文，对学术界产生过重要影响。

③ 参阅王启龙、邓小咏《钢和泰学术评传》，北京大学出版社 2009 年版，第 19 页；Wang Qilong & Deng Xiaoyong The Academic Knight between East and West, Cengage Learning Asia, 2014, pp. 17, 21。

欧洲学者眼里尚未入流，而在美国大学执教的那些来自欧洲或者与欧洲有渊源关系的学者对此也有冷静而深刻的认识。因此，他们从未因为美国的国家地位而产生学术自恋，而是积极进取，虚心学习，努力借助叶理绥这种通晓西方学术体制且饱受东方文化熏陶的学者参与工作，结果很快迎头赶上。尤其在二战以后，美国大有超越老师（传统欧洲）之势，且独领风骚至今。

叶理绥之所以成为"美国远东研究之父"，成就非凡的学术事业。原因很多，但主要有两点。

首先，他接受过严格的西方传统人文学术训练，并在长期的东方文化熏陶中深谙东西方文化之精髓和异同。这方面我们从上述叶理绥生平中可知，叶理绥从小聪慧过人，且有抱负。他几乎接受过人文学术诸方面的训练，比如语言、文学、历史、宗教、艺术、音乐、心理学、哲学、美学和劳工问题等，尤其是语言，他不但从小就学习俄语、法语、德语、英语等主要欧洲语言，长大后还学习了汉语、日语等东方语言，阅读过《孟子》《史记》等经典。而更重要的是，他跟随过众多名师，且能择善如流，听从老师的建议，做出明智的选择。当时的潮流是东方学者大多选择中国研究，他反其道而行之，下定决心投身日本研究，成为到日本大学留学并获得学位的第一位西方人。他在日本的留学经历上文已述，他以非凡的毅力、艰苦的学习使自己以跟日本同学同样优秀的成绩毕业，更为难能可贵的是，他并没有满足于课堂学习或满足于拿学分，他还以饱满的热情投入对日本社会文化的学习、体验和熏陶之中，竭尽全力把自己变成地道的日本人。

因为没有先例，他到日本后的入学过程波折颇多。但当上田教授私下告诉他已经被录取时，他立刻给自己买了一套日本学生校服。刚到日本，他就坚持租住日本人的房屋，与日本人交朋友。后来独自租用房子时，他甚至自觉地按照德川家族的封建制度来安排他的用人。他也很快就从学生制服换成和服（kimono）和长袍（hakama），也就是正式的双裙，俨然一副日本传统文人雅士的装扮。

为了深刻了解并融入日本社会，他经常参加各种社交活动。为了与青年作家们保持密切联系，年轻的叶理绥还每月在家里举办茶话会，讨论法国、德国和俄罗斯文学。在参与者中，值得注意的人物有永井荷风（Nagai Kafu）、森田草平（Morita Sōhei）、久保万田太郎（Kubota Mantarō）、后藤末雄（Gotō Sueo）和小宫丰隆（Komiya Toyotaka）。据说警方曾指控他组织了一次"左翼"会议，会上日本政府甚至天皇都受到了批评云云。

为了亲自领略东方的人文地理风光，他常常利用假期在日本帝国各地旅行。每年春天，他都会去京都地区，在那里他受到了岛村（Shimamura）和他在柏林认识的其他一些日本学者的热烈欢迎。有一个寒假，他前往当时日本殖民的台湾，与一位英国领事一起攀登阿里山。第一个暑假他在（日本）北方度过的，游览了北海道（Hokkaidō）和南库页岛（South Sakhalin）。第二个暑假，他去日本占领的韩国，并在返回东京途中游览了九州（Kyūshū）。[①]

可见，叶理绥试图从外到内、从表到里，全方位把自己训练成日本人。

其次，时势造英雄。特定的历史时空，为叶理绥提供了在变故或变化中不断提升自己，在机遇与挑战中投身东方学研究和东西方学术文化交流。俄国十月革命后的动荡局势和饥寒交迫，使他破釜沉舟，举家逃离俄罗斯，几经辗转，来到当时的东方学之都巴黎，他才慢慢有了英雄用武之地；世界格局的变迁，美国世界地位的崛起需要相应强大的学术文化和科技实力支撑，在此背景下哈佛燕京学社的成立，东方语言研究的兴起，美国东方学领域需要有根本性提升和实质性进步。于是，1934年，叶理绥受聘来到美国东方研究的最高学术殿堂，出任哈佛燕京学社首任专职主任和哈佛大学远东语言教授。于是，他开始在世界东方学领域崭露头角，并在东西方学术文化交流方面做出了更加辉煌的学术贡献，并为此奉献了自己毕生的精力，最终铸就了自身"美国远东研究之父"的地位。

从1934年他上任起到他1957年正式退休，长达23年的时间里，叶理绥将自己的全部身心投入哈佛燕京学社的发展、哈佛大学远东研究学科的建立和发展或者说美国东方学的创立和发展上，全身心致力于东西方学术文化的交流。实事求是地说，由于叶理绥学术行政繁重，社会活动频繁，他在美国这二十多年所撰写的学术论著并不算多，但是这并不影响他在国际东方学领域的崇高地位。他伟大的学术成就难以详述，这里仅是略举数端，述其大要。

（一）他是一位桃李满天下的教育家。作为教师，他全身心地投入他的学术演讲和语言教学中，不仅以其学识启迪学生，以治学热情鼓舞他们，而且还用其智慧使学生们欢欣鼓舞。他既是哈佛历史上第一位专业的日本研究专家，又是哈佛燕京学社主任兼远东语言系主任，因此，他不但

[①] 参阅 Edwin O. Reischauer (1957)：第14—15页。

身体力行地承担了远东系大量的教学任务，还要负责大量烦琐的行政事务。他是美国历史上最早系统开设初、中、高级日语课程的教授，也是在他的领导下，哈佛大学编订最为完备、科学的初、中、高级各类日语教材①，建立了日语专业的培养体系。他不但亲自上语言课程，还主持初级到高级的研讨会，并毫不吝惜时间开设个别阅读课程；他隔年讲授日本历史和日本文学；有一段时间，他开设了一门阅读《史记》的课程。第二次世界大战期间，他还担任华盛顿战略服务办公室（the Office of Strategic Services）的顾问，并组织和参加了哈佛大学为军队官兵组织的

---

① 叶理绥、赖世和（Serge Elisseeff and Edwin O. Reischauer）合编：*Elementary Japanese for University Students*，*Texts*《大学生初级日语：课文》，马萨诸塞州，剑桥：哈佛大学哈佛燕京学社 1941 年版，第 111 页；*Elementary Japanese for University Students*，*Vocabularies*，*Grammar and Notes*《大学生初级日语：词汇、语法和注记》，马萨诸塞州，剑桥：哈佛大学哈佛燕京学社 1941 年版，第 vii + 137 页。

叶理绥、赖世和（Serge Elisseeff and Edwin O. Reischauer）合著：*Elementary Japanese for University Students*，*Texts*《大学生初级日语：课文》，修订第二版，马萨诸塞州，剑桥：哈佛大学哈佛燕京学社 1942 年版，第 166 页；*Elementary Japanese for University Students*，*Vocabularies*，*Grammar and Notes*《大学生初级日语：词汇、语法和注记》，修订第二版，马萨诸塞州，剑桥：哈佛大学哈佛燕京学社 1942 年版，第 x + 181 页。

叶理绥、赖世和（Serge Elisseeff and Edwin O. Reischauer）合编：*Elementary Japanese Texts for University Students*《大学生初级日语读本》，第 1 册，马萨诸塞州，剑桥：哈佛大学哈佛燕京学社 1942 年版，第 166 页；*Elementary Japanese Texts for University Students*（*Encyclopedias*，*Dcitionaries and Newspapers*）《大学生初级日语读本：百科全书、词典和报刊》，第 2 册，马萨诸塞州，剑桥：哈佛大学哈佛燕京学社 1942 年版，第 114 页；*Selected Japanese Texts*，*Literature and History*《日本文学与历史文选》，第 3 卷，马萨诸塞州，剑桥：哈佛燕京学社、哈佛大学出版社 1947 年版，第 vii + 302 页；*Selected Japanese Texts for University Students*《大学生日语文选》，第 1 卷，马萨诸塞州，剑桥：哈佛燕京学社、哈佛大学出版社 1948 年版，vi + 302 页；*Selected Japanese Texts for University Students*（*Encyclopedias*，*Dcitionaries and Newspapers*）《大学生日语文选：百科全书、词典和报刊》，第 2 卷，马萨诸塞州，剑桥：哈佛燕京学社、哈佛大学出版社 1948 年版，第 114 页。

叶理绥、赖世和、竹彦吉桥（Serge Elisseeff, Edwin O. Reischauer and Takehiko Yoshihashi）合编：*Elementary Japanese for College Students*，*Japanese Texts*《大学本科生初级日语：日语课文》，第 1 部分，马萨诸塞州，剑桥：哈佛燕京学社、哈佛大学出版社 1944 年版，第 150 页；*Elementary Japanese for College Students*，*Vocabularies*，*Grammar and Notes*《大学本科生初级日语：词汇、语法和注记》，第 2 部分，马萨诸塞州，剑桥：哈佛燕京学社、哈佛大学出版社 1944 年版，第 ix + 209 页；*Elementary Japanese for College Students*，*Rōmaji Text*《大学本科生初级日语：罗马字母转写课文》，第 3 部分，马萨诸塞州，剑桥：哈佛燕京学社、哈佛大学出版社 1944 年版，第 iv + 83 页；*Elementary Japanese for College Students*，*Japanese Texts*《大学本科生初级日语：日语课文》，第 1 部分，马萨诸塞州，剑桥：哈佛燕京学社、哈佛大学出版社 1956 年版，第 150 页【第 3 次印刷】；*Elementary Japanese for College Students*，*Vocabularies*，*Grammar and Notes*《大学本科生初级日语：词汇、语法和注记》，第 2 部分，马萨诸塞州，剑桥：哈佛燕京学社、哈佛大学出版社 1956 年版，第 ix + 209 页【第 3 次印刷】。

日语特殊项目，同样，也为民政事务培训学校（the Civil Affairs Training School）举办了大规模的军官特殊训项目。可以毫不夸张地说，随着时间的推移，叶理绥可谓桃李满天下，在美国各界，以至于在世界各地，都有他培养的学生。

（二）他以自己娴熟的欧洲标准，也就是当时世界上最高学术标准建构了美国远东研究的学科体系。为了在美国建立远东研究，叶理绥教授引入了一个全新的理念来培养潜在的学者。根据自身经验，他希望看到学生在西方和亚洲的远东研究中都获得彻底的基础知识。他在1933年就开始将相关奖学金计划付诸实施，研究生被送到巴黎继续学习了两年，接着在日本、韩国和中国学习三年。通过东西方的生活和学习的熏陶，通过对东西方文化的比较和研究，通过具体的研究项目的培训，再加上通过自己的启发教学，叶理绥在二十多年里培养了一大批训练有素的年轻学者，他们占据了哈佛新设置的远东研究职位，而且占据了其他地方主要的研究中心的大多数职位。

（三）他努力推动美国东方研究的蓬勃发展。为了促进美国的东方学研究，他凭借掌握的学术平台和资源，开始了一项雄心勃勃的研究和出版计划，目的是发展哈佛远东研究中心（Center of Far Eastern studies），并帮助与学社有联系的中国大学建立学术标准。多年来，在古汉语词典编纂领域开展了广泛的研究活动，开展了大量的实证研究工作。他创办了《哈佛燕京学社丛书》（Harvard-Yenching Institute Monograph Series），在他的领导下，学社出版了许多其他重要的学术著作。他最雄心勃勃的出版事业是1936年创办的《哈佛亚洲研究学报》（Harvard Journal of Asiatic Studies），如今已经蜚声中外。迄今（2020）已经出版到了第84卷。此外，他推动了哈佛燕京学社汉和图书馆（Chinese‐Japanese Library of the Harvard‐Yenching Institute）的发展。1932年他第一次来到哈佛时，藏书只有7.5万册，到他退休前的1956年底已达30.6万册。今天的哈佛燕京图书馆，已被公认为世界上最好的东亚研究图书馆之一。

（四）他推动了东西方学术文化的交流和发展。他不但通过派遣学生到欧洲和亚洲留学的方式加强东西方的交流，作为哈佛燕京学社主任，他必须身体力行，奔走于中美之间，协调学社和与之有关系的数所大学的关系，解决出现的问题，组织相关活动，以促进彼此的交流和发展。尤其是在那个特殊的年代，古老中国局势动荡，工作开展难度之大、问题之多、事情之繁，在此就难以言尽了。

尽管叶理绥要履行和完成上述种种职责和任务，他依然忙里偷闲，从事学术研究，发表了一些主要著述。[1]由于他卓越的学术贡献和广泛的学术影响，他先后荣获了法国远东学院的荣誉院士（1940）、英国和爱尔兰皇家亚洲学会院士（1955）、荣誉军团骑士（1946）等头衔。由于他在美国远东研究方面的杰出地位，他被选为美国东方学会1954—1955年主席。在他1957年正式退休，准备回法国之际，当时哈佛大学校长内森·普西（Nathan M. Pusey）在其贺信中对他赞誉有加，称"没有一所大学能够在所有的学术领域获得并保持卓越的地位。哈佛在20世纪很幸运地在一些方面做得很好。在你自己足智多谋的领导下，在你自己高标准的学术激励下，在远东研究领域中取得的光荣历史和丰硕成果，我们还没有任何一个领域能超越它"[2]。

总之，无论作为西方第一位专业的"日本学家"（Japanologist）还是"美国远东研究之父"（Father of Far Eastern Studies in the United States），叶理绥都是当之无愧的。他的学术贡献不在于有多少论著，而在于他在20世纪上半叶，通过艰苦卓绝的努力，开了美国远东研究之先河，并推动了东西方学术文化的交流。他不但开创了西方的日本学研究，而且改写了20世纪东方学研究的世界版图。在他之后，东方研究不再只是欧洲的学术制高点，美国也逐渐成为东方研究的重要国度。

余 论

说地直接一些，美国的东方学研究，一开始就是欧洲传统的自然延伸而已。东方学之于欧美，同源异流，殊途同归。但就发展历程来说，东方学最早发源于欧洲，而美国后来居上那是经过两次世界大战，世界政治经

---

[1] 比如除上述系列日语教材的编写外，还在《哈佛亚洲研究学报》撰述了一系列论文、书评和讣告，出版了非常有用、多次再版的《关于日本的书籍和文章的精选清单》（*A Selected List of Books and Articles on Japan*，1940，1954）、《大学生文献选读》（*Selected Texts for University Students*，3 vols. 1942，1947）等。

[2] 参阅 Edwin O. Reischauer（1957）：第28页。

济格局发生重大变化，国际政治势力版块重组，美国一跃成为世界头号国家之后的事。欧洲的东方学历史远比美国悠久，而我们这里所谓的欧洲，并非专指传统意义的西欧，我们必须将历史上与日耳曼民族有千丝万缕联系的俄罗斯包括进去。由于俄罗斯与欧洲大陆独特的历史地缘关系，双方的学术文化影响浑然天成，长期以来，俄罗斯那些权贵们都热衷于到欧洲，尤其是德国接受文化教育洗礼，他们的子孙后代当然也是如此。反之亦然，早在 18 世纪初，就开始有"相当数量的德国学者进入到俄罗斯科学院系统——革命前俄罗斯东方研究与西方学术界仍然紧密相连"①，这么说一点不为过。

东方研究，是"在 18 世纪由来自不同国家的学者组成的网络建立起来的，这些学者有着共同的全球视野，深植于国际文学界"②。从一开始就是以文献整理、翻译、释读、研究为核心内容的语文学方法独占鳌头。但是，东方学发展至今，已经不是传统意义的纯粹的语文学研究了。随着人类学、社会学、政治学、传播学等的迅速发展，西方学者对东方的研究早已不再局限于传统的文本释读、翻译和对勘研究，而更多地将视角转移到了现当代社会政治经济变化的现实问题研究。从研究领域来说，不再局限于语言、历史、宗教等领域，而是极大地延伸到了社会、政治、经济、文化的各个问题领域；从研究方法上来说，不再局限于传统的语文学研究方法，也就是文本的释读、翻译和对勘等研究，而拓展到了社会科学各相关领域的研究方法，比如社会学、人类学等领域的田野考察研究方法就颇受现当代欧美东方学家的青睐，他们对东方国家和地区现实问题的关切已经远远大于传统语文学文本文献研究的兴趣。在这方面，美国走在了欧洲大陆的前面，引领了东方学研究的当代风骚。这是毋庸置疑的。随着东方学研究领域的拓展和深化，又根据国别或区域分为若干分支学科，比如 Sinology（汉学）或 China studies（中国学、中国研究），Japanology（日本学）或 Japan studies（日本研究）、Tibetology（藏学）或 Tibetan studies

---

① Steffi Marung, Katja Naumann: "The Making of Oriental Studies: Its Transational and Transatlantic Past", in *The Making of the Humanities*: Volume III: *The Modern Humanities*, Amsterdam University Press, 2014.

② Steffi Marung, Katja Naumann: "The Making of Oriental Studies: Its Transational and Transatlantic Past", in *The Making of the Humanities*: Volume III: *The Modern Humanities*, Amsterdam University Press, 2014.

(藏区研究、西藏研究）等。一般而言，前者不涵盖后者，但后者涵盖前者。这里需要指出的是，传统意义上说，Sinology（汉学）包括 Tibetology（藏学）[1]，China studies（中国学、中国研究）包括 Tibetan studies（藏区研究、西藏研究），对此无须解释，因为这是我们不得不知道但又常常被忽略的常识。

（作者为西安外国语大学教授）

---

[1] 对此只要查阅欧美早期东方学学术刊物文章分类即可。

论美国传教士卜舫济的晚清中国政治观

石建国

近代西方来华传教士出于传教的需要,对中国政治和社会环境天然保持着一种别样的敏感和悟性。而且众多西方传教士诸如李提摩太、林乐知等,从不同层面用不同方式参与了中国近代以来政治社会文化发展的历史进程,影响了中国社会风气、政治局面以及中外关系。卜舫济(Francis Lister Hawks Pott)作为美国圣公会传教士,自1886年来华后接办美国圣公会在上海创办的圣约翰书院,将其发展为一所素有远东"哈佛""剑桥"之称的著名大学——圣约翰大学。在长达50余年的办学生涯中,卜舫济深入观察中国政治环境演化以及对圣约翰的影响。况且,以培养中国新一代社会领袖人才为目标的卜舫济,每每以中国政治的变化为素材,以撰写评论、著书立说或演讲的方式,意图引导和教育学生。卜舫济的观察言论极有代表性,是了解和认识西方传教士是如何影响和看待近代中国事务的重要窗口。本文着眼于卜舫济的晚清中国政治观,意图通过一些系统梳理和简单评析抛砖引玉,以有助于推进相关问题的进一步深入研究。

一 晚清时期卜舫济中国政治观概观

19世纪90年代以后,中国在半殖民地半封建的道路上快速沉沦,在列强导演的一次次侵略战争中丧失了大量权益。受此影响,中国政治局势不断发生变化,也给卜舫济观察中国政治局面提供了难得的机遇。卜舫济的中国政治观就是在中国政局变化中形成的,显示了复杂性和西方人观察的独特视角。由于资料和其他原因,笔者将着重围绕以下重要事件来展现卜舫济政治观的不同侧面。

(一) 关于甲午中日战争

以1894年爆发的中日甲午战争为契机，卜舫济通过评论这场战争，呈现了他眼中的中国形象。第一，他陈述了战争的起因，他写道："毫无疑问，所有人都听说了关于最近朝鲜叛乱的不利消息。一些人认为这些叛乱是日本政府鼓动引起的。这一事件的出现非常严重，而且中国人像以往一样热爱和平，打算外交上处理此事。但是，日本妄自尊大，很难接受它。很可能战争是解决争端的唯一方式，两个国家都在做大量的战争准备"。① 但是，中国就像是猎狗平静等待捕杀的几头大鹿，而日本则像捕猎前的狼一样，张牙舞爪。卜舫济并不掩饰自己的偏好，他承认"生活和工作在中国，自然很同情中国人和他们的事业"②。

第二，他抨击了战争的策划者日本。他认为"如果中国在竭力保护他们的藩属国朝鲜的战争中失败了"，但由于国际事务中奉行"强权即公理"，没有人会承认"道义是在中国人一边"。但"日本绝对没有充足的理由进攻中国"，"它可能是国家命运的最高主宰者打算让中国受到羞辱，它可能是除非首先含垢忍辱，日本决不能成为一个强国。但是，这依然将无法饶恕使两个国家陷入战争中的日本高手的厚颜无耻"。

第三，他用假设的方式，分析了中国战败的原因。他说："如果中国战败了，谁该为此负责？中国有丰富的资源、人力，也有信心。它的军人在正确的指挥下，非常出色。中国人有智慧，而且永远憎恶侵略者。"在这里，中国的正面形象跃然纸上。但是，假如失败了，卜舫济说"第一个答案是满清官员将为此负责。他们的贪婪、狂妄、自私和缺乏爱国主义，使中国在沉重的负担中呻吟。有关部分官员腐败、奸诈的传闻几乎要使我们的双耳失去听力，中国怎么能赢得胜利呢？"但是，也许有一个更好的答案。毕竟官僚系统是隐藏甚深的一个根系，"除非这个根系已被撕碎和抛弃，在统治者中进行改革是不可能的"③。

第四，他总结了战争对中国的影响。他认为："中日战争的结果对中国是灾难性的，它向世界其他各国暴露了中国的弱点。因此，外国列强为

---

① "Rebellion in Corea", *The St. John's Echo*, (July 20th 1894), p. 1.
② F. L. H. Pott, "Editorial", *The St. John's Echo*, (September 20th 1894), p. 1.
③ F. L. H. Pott, "Editorial", *The St. John's Echo*, (September 20th 1894), p. 1.

获得让步不再依赖于外交，而是诉诸威胁和展示武力，自信中国是不会采取严重的反对态度的，随之而来的是几个欧洲列强对中国领土连续的一系列侵犯。中国第一次背负了超过五千万英镑的沉重外债。"①

第五，他通过甲午战争，揭示了中国未来的出路。他说："开学第一天，我们收到的'贺礼'是威海卫彻底投降，这某种程度上是一个令人震惊的打击。随着要塞的陷落，中国期望在战争中重新找回糟糕运气的希望彻底丧失了。现在怎么办？无论如何，可以做到的改革必须彻底进行，而且要竭尽全力。"他认为："中国如果要有能力自立于世界民族之林，就必须从上到下进行彻底地重新改造。"自然，他认为圣约翰可以为中国培养"幸运的改革者"来"拯救中国"，从而使"中国成为一个基督教国家"。②

卜舫济借甲午战争，对这场战争中的中日双方作了独到的分析。以一个西方人的视角，通过战争中暴露的问题，展现和剖析了中国的弱点，提出了未来发展的路径选择。

（二）关于义和团运动

1897年，德国借传教士在山东被杀，派军强行进入胶州湾，并强租青岛作为租借地，随即掀起了帝国主义瓜分中国的狂潮。随后，俄国向清政府强租旅顺和大连，英国强租威海卫。一时间，世界列强纷纷向中国伸出了贪婪的双手。受此刺激，中国各地尤其是山东民众揭竿而起，举起了义和团的旗帜，反抗列强的侵略和瓜分行径。各国在华传教士首当其冲，成为义和团运动攻击的重点和对象，由此引发了八国联军侵华战争的爆发。义和团运动被八国联军镇压后，1901年夏季，受美国驻华公使馆中文秘书卫理邀请，为搜集关于中国政治和传教士状况的资料，卜舫济曾有北京之行。结合切身的观察和深入思考，卜舫济形成了自己的认识和观点。

第一，关于义和团运动的起因，卜舫济认为，由于诸如上述这些列强的各种各样占领，"我们观察到了一种排外精神中的新活力。中国人开始认识到他们国家的统一受到了威胁。瓜分中国的恐惧唤醒了他们"，就这

---

① F. L. H. Pott, *A Sketch of Chinese History*, Shanghai: Kelly and Walsh, Limited, 1936, p. 199.
② F. L. H. Pott, "Editorial", *The St. John's Echo*, (April 20th 1895), p. 1.

样,"庄严的起义之路铺好了,以便摆脱他们感受到的控制和强加给他们国家的束缚"。"从这一点理解,以及随之发生的排外态度,我们找到了最近麻烦的真正原因。"① 卜舫济的这种认识相对比较公允和客观。

第二,关于传教士的状况。卜舫济指出:"浅薄的批评家时常将最近中国出现的麻烦,归咎于活跃的传教士工作的发展。"有四方面的指控:"(1)传教士反对中国人的宗教信仰;(2)传教士干涉政治事务。传教士依赖强大的世俗军队的帮助从事传教工作,而且为无论何时只要他认为自身处于危险中就寻求炮舰保护辩护;(3)传教士冒充中国官员的模样和特权;(4)传教士传播仅仅能带来叛乱的教义。"卜舫济对此指控作了辩解,但也不得不承认,对于第一项指控,"在完全坦率的精神下,作为一个整体,我们不认为传教士能对这项指控作无罪辩护。"对于第二项指控,卜舫济说:"我担心至少天主教传教士不得不承认罪行。"显然卜舫济为新教传教士作了掩饰。对于第三项指控,卜舫济认为"我们勉强被责成承认此项指控",因为他认为这也是天主教传教士的"专利"。对于第四项指控,卜舫济承认"传教士大概将愿意承认罪行。他知道他是正在'新酒装旧瓶'。在伟大的中国人的启蒙运动中充当领袖,他为此很自豪。"最后,卜舫济的结论是:"基督教的传播频繁地伴随着反基督教暴乱,传教士受到了攻击,与其说是因为他们是基督教的传播者,毋宁说是因为他们是外国人。"② 因此,他感慨地认为:"我认为我们传教士卷入非属灵性的事务越少越好,如果我们只是依靠精神的力量而不借助于政府与条约,到头来教会将会更迅速地成长"。③

第三,"中国该如何处置?"卜舫济认为:"在一个公平的措施下,既然暴乱已被镇压,外交官们开始考虑应该采取什么样的政策来保证永久和平与秩序,防止将来出现类似目前的剧变。"至少有四条政策建议:(1)瓜分中国;(2)中国政府由一个欧洲列强来联合共管;(3)组建以光绪皇帝为首的改革政府,由它来决定自己的命运;(4)承诺在将来遵守条约的情况下,恢复目前的政府。他简要系统地概述了支持和反对每条政策建议的理由。卜舫济认为,当时最受支持和欢迎的是第一和第三种意见。第一

---

① F. L. H. Pott, *The Outbreak in China*, New York: James Pott & Company, 1900, pp. 30 – 32.
② F. L. H. Pott, *The Outbreak in China*, New York: James Pott & Company, 1900, pp. 95 – 111.
③ F. L. H. Pott, "A Holiday Trip to Peking", *The Spirit of Missions*, Vol. 66, 1901, p. 739.

种意见即赞成瓜分中国的"理由"是：

（1）中国实际上早已开始被瓜分，无法永久地予以制止。俄、德、法绝对不肯放弃已经获得利益；（2）经过和平地安排划分势力范围，将消除未来争吵的原因；（3）瓜分以后，各国可在其辖区范围内更便于实施改革……（4）可以防止中国落入任何一国之手，比如落入俄国魔掌的可能性将不复存在；（5）将永久建立地方秩序和和平，在各国辖区内，中国人自身将获得更大的人身和财产安全保障，而且会被一个主人而不是多个主人更好地对待。

反对瓜分中国的"理由"是：

（1）在划定各种边界时，可能遇到巨大的困难，而且很可能在外国列强间导致严重的混乱；（2）瓜分政策在中国不受欢迎，除了更多的冲突和流血外，难以贯彻执行。中国人将为他们国家的领土完整而战斗；（3）"门户开放"将被彻底毁掉，而且差别关税将对已有的贸易带来严重干扰；（4）铁路和工矿企业组织获得的特权将会无效，已有的投资将会损失；（5）将总是处于部分中国人摆脱外国枷锁起义的危险中。①

第三种意见即赞成组建以光绪皇帝为首的改革政府，由它来决定自己命运的"理由"是：

（1）在中国最受欢迎。绝大多数中国人将欢迎这位合法皇帝复位；（2）大量和部分有影响的中国人真诚地渴望改革；（3）改革运动证明中国存在爱国主义，而且有才能的人在新政权中担任了领导职务；（4）这是与基督教国家的宣言——它们的干涉不仅仅是由自私的

---

① F. L. H. Pott, "Editorial", *The St. John's Echo*, (September 20th 1900), pp. 1–2; F. L. H. Pott, *The Outbreak in China*, New York: James Pott & Company, 1900, pp. 120–122. 其中，《中国的暴乱》一书陈述的反对理由略有不同，它是这样的：（1）这样做最符合广大中国官员和百姓的愿望；（2）这是最容易、最快速、最实惠的解决办法；（3）这对目前的贸易关系和早已存在的与最少干扰；（4）这可以保持"门户开放"，保证各国贸易机会均等；（5）这是英、美、日公开声明的政策。

动机所激励的,而且也是中国人的最大利益——最一致的解决方式;(5)这将给中国一个更多的机会去决定它自己的命运和去实现国家的统一。

反对组建以光绪皇帝为首的改革政府,由它来决定自己命运的"理由"是:

(1)反改革精神要比改革精神强大,而且新政府还不足以保持优势;(2)中国人缺乏组织能力,不能建立起一个强有力的中央政府;(3)一些欧洲列强,特别是俄国将不愿意看到中国成为一个强大的国家,宁愿使其处于一种虚弱的状态;(4)在中日之间将会发生可能的联合,这将威胁世界的未来平衡;(5)中国国内存在太多的派别,靠它自身的努力,很难容许它结合成一个实体。①

在卜舫济看来,中国"太幸运了",因为英国、美国、日本戏剧性地反对瓜分中国,意味着第一种意见实际上不可能实施了。最好和最可能的计划似乎是组建以合法皇帝光绪为首的改革政府,挽救他们的国家,并保持它在世界各国中的地位。② 后来的历史并没有像卜舫济预想的那样发展,而是奉行了第四条建议,出乎卜舫济的意料。

1901年1月,在中国未来命运悬而未决之时,卜舫济又在《约翰声》撰写社评指出,"在纯粹实用主义基础上的一场改组,考虑的只是商业和物质文明。这既不能挽救中国,又不能使之成为一个强国。国家的宗教和道德的改革是最大的需要。如果没有它,所有其他努力或多或少将证明是失败的。中国的绝境就是教会的机会。"③ 这里卜舫济又有意识将中国的变局与基督教在中国的传播联系起来,反映了他作为传教士的使命情结和心态。

7月份,卜舫济再一次在《约翰声》撰写社评,毫不客气地指出了中国应该从义和团运动中吸取的教训。他认为这些值得中国人吸取的教训

---

① F. L. H. Pott, "Editorial", *The St. John's Echo*, (September 20th 1900), p. 2.
② F. L. H. Pott, "Editorial", *The St. John's Echo*, (September 20th 1900), p. 3.
③ F. L. H. Pott, "Editorial", *The St. John's Echo*, (January 20th 1901), p. 1.

是：第一，组织的价值。中国所有政府部门的缺点是由缺乏有效组织引起的；第二，愚蠢地、无分别地责难外国人。尽管中国在西方人的手里受到了伤害，同样它也获得了很多好处。大多数洋人是它真正的朋友，而且真诚地渴望帮助它进行改革，使之成为一个进步的国家；第三，愚蠢地试图通过驱逐所有洋人来抵抗外国入侵；第四，愚昧无知的可怕危险。中国大多数的麻烦可以归因于此。中国的教育体系完全改造后，才能消除未来灾难性暴乱的可能性；第五，需要道德的改革。目前在华传教士的传教行为，主要目标是引进新精神和道德的力量。这是当前中国最需要的。[①]

其实，透过整个事件看，无论观点如何，都是卜舫济对中国政治的一种理解和解读。毕竟十多年在华的经验，使卜舫济能持一种相对理性和平和的心态，既看到了传教士在中国传教中的不当行为和负面作用，外国瓜分中国狂潮与义和团运动的关系，又认识到了中国自身的弱点，尤其是指出中国应从中吸取的经验教训，确实难能可贵。不过，西方人的心态和视角始终是卜舫济观察问题的切入点，这也不可避免显露出他的"救世主"心态。

(三) 关于"民族歧视"问题

作为一个美国人，最初踏上中国土地，卜舫济对中国人对待外国人的态度还是有切身体会的。在嘉定学习汉语和中国礼仪时，他称自己曾被当地孩子以"猴子"对待。[②] 那时的卜舫济就认为中国社会存在针对西方人的"民族歧视"。实际上，和中国人的"民族歧视"相比，伴随着殖民侵略，西方人更为明显。对此，卜舫济并未掩饰，也透过一些关键问题展示了他的认识和观察。

第一，传教士应如何对待中国人。早在1894年5月，卜舫济就向参加美国圣公会在华传教士大会的传教士发表演讲，专门谈论了传教士对待中国人的问题。他警告说应尽力避免以下危险："（1）民族偏见……传教士致命的错误是以自认为高人一等的态度来对待我们在他们中工作的中国人。不欢迎中国人到他餐桌、客室和家门口来的人，最好永远别来中国做传教士；（2）采取实施主傲慢态度的危险：称入教者为'我的教民'，好

---

① F. L. H. Pott, "Editorial", *The St. John's Echo*, (July 20th 1901), p. 1.
② 《卜舫济自述》，徐以骅译，载《近代中国》第六辑，立信会计出版社1996年版，第251页。

像他们的灵肉均属于传教士。我们千万不能视他们为孩子，必须珍视与我们接触之人的自尊，并像耶稣所做的那样对之加以鼓励；（3）不公正的危险。我们有动辄批评中国人和中国文明所有那些弊病的习惯。我们用闪光的词句来描述西方文明和制度，并竭力为本国辩护遮羞。传教士如果要对受其教育的中国人产生影响，就必须勇敢地批评那些无论是在中国人还是在本国人那里看到的虚伪和不公正现象；（4）咄咄逼人习惯的危险。许多人对待中国人，似乎像是对待魔鬼而非上帝的子民。"①

第二，西方人应如何对待民族歧视的问题。1894年5月，卜舫济在《约翰声》社评中，撰文指出："关于中国人的民族歧视意味着什么？事实上，我们中的大多数人都经历过。但是，因为在我们的脑海中它是如此明显、突出、清楚，以致我们又忘记了在部分欧洲人中也存在反对中国人的民族歧视。或许最好我们把它称之为'种族反感'。正如无知的中国人以为，除自己的国度，国外没有什么值得夸耀的东西，同样盎格鲁撒克逊人也嘲笑东方人和她所有的风俗。中国人的蔑视是由于他们生活的狭小环境引起的，盎格鲁撒克逊人的傲慢则是由他们生活和知识的方方面面的感觉引起的，当然有夸张的成分。一个真正的绅士应该像对待他自己民族中的成员一样对待一位外国种族的成员。"他呼吁租界的盎格鲁撒克逊人，要纠正自己歧视华人的行为。"如果我们以平等的身份对待中国士绅，如果我们愿在处理与劳动阶级关系中较少扮演暴君的角色，那么，在外国人和中国人之间的交往肯定将越来越顺畅，而且相互之间的理解将跨越式快速发展。"②

历史显示，卜舫济是较早关注这一问题的西方人，实际上那时中国人特别是文人和官僚中鄙视西方人的现象大量存在。这种局面的改观是在甲午战争以后。

（四）关于美国"排华法案"

1904年，卜舫济的中国妻子黄素娥前往美国探视子女，结果在旧金山遭到海关人员的刁难。③ 此事引发了卜舫济对1882年美国"排华法案"的

---

① F. L. H. Pott, "Attitude of the Missionary toward Those among Whom He Works"，转引自徐以骅《教育与宗教：作为传教媒介的圣约翰大学》，珠海出版社1999年版，第110—111页。
② F. L. H. Pott, "Editorial", *The St. John's Echo*, (March 20th 1894), p. 1.
③ 徐以骅：《教育与宗教：作为传教媒介的圣约翰大学》，珠海出版社1999年版，第113页。

反思，他在《约翰声》撰写社评，指出美国实施这一政策的后果是：号称"自由之家"的"美国正在迅速丧失中国人的好感，并且对中国施加巨大影响的机会也消失了。此外，美国传教士的传教工作也受到了干扰。因为，受过教育的中国人，很自然会产生'你们国家对待华人为何不照你们跑来宣扬的宗教教义行事'这样的疑问"。① 因此，他反对美国歧视华人的这一政策。他还赞扬了美国高等法院法官 Mr. Justice. Brewer 批评"排华法案"的行为，他写道："我们很高兴看到一位身居高位者鼓起勇气，斥责我们国家对待华人缺乏感情的愚蠢和非美洲人的态度。""毫无疑问，中国落后的一个原因是它与世界长久的隔绝。……现在，当中国人开始承认他们的缺点，并寻求进入世界各国大家庭时，拒绝允许他们进入我们海岸的政策是该到头了。我们不应该提倡限制中国人移民美国。"所以，卜舫济大声疾呼"我们应该给求学的中国青年打开更宽广的大门"。他还反问说："为什么我们美国不向中国学生全部开放我们的公立和国立大学呢？这将是一项真正友好的行动。"②

虽然他对"排华法案"的反思有个人因素，但可以看出卜舫济确实少有种族歧视的意识，能站在中国以及中美关系的角度分析得失，从侧面反映出他对此事认识的水平和角度是不同凡响的。

（五）卜舫济反对中国抵制美货的运动

1905 年，中国社会为迫使美国修改或取消"排华法案"，掀起了广泛的政治运动。上海是运动的中心，圣约翰学生也卷入其中，于 1905 年 5 月 22 日要求"校方致电美政府，废除华工禁约"。③ 对此，卜舫济深为忧虑，害怕学生卷入太深，使学校成为政治运动中心。

卜舫济指出："最近，中美之间协商谈判美国'排华法案'，清楚显示中国人中一种民族主义精神的成长。过去中国人已习惯于一个地方很少关心另一个地方发生的事情。……缺乏团结的情况正在明显消失。"进而，他认为："在每种方式用尽为止，不应该求助于报复的政策。应小心研究和冷静处理这一问题。中国人应认识到，对于美国允许劳工自由移民，美

---

① F. L. H. Pott, "Editorial", *The St. John's Echo*, (May 20th 1904), p. 1.
② F. L. H. Pott, "Editorial", *The St. John's Echo*, (September 1904), pp. 1 – 2.
③ 汤志钧主编：《近代上海大事记》，上海辞书出版社 1989 年版，第 596 页。

国还有很多障碍。他们应该愿意承认他们无权要求这一切。只要中国对外国居民的限制存在，中国人就不能要求解除来自美国的限制。""我们坚信，在目前中国劳工自由输入美国将是一个错误。对每个问题要有两面认识。我们希望爱国主义精神不是盲目的，中国人要看到美国有美国的立场，就像中国人有中国人的立场一样。如果伤害两国人民之间感情的事情发生，这将是悲哀的。和解是完全可能的。中国人有权且应该要求学生和商人要分别考虑对待，同样，劳工将不是侮辱的对象。"

针对圣约翰学生的过激行为，卜舫济指出："我们将对学生的想法施加影响，使其明白，学校生活的时间要用在研究所有有关自己国家福利的问题上，而不应该浪费在煽动和骚动上。在学校内的政治煽动不仅将伤害中国的教育启蒙事业，而且同样将阻碍学生进入学问的大门。"他规劝学生说："虽然等待和无所事事旁立一边，并暂时不采取行动是很困难的，但这是最聪明的方法。"他认为："在重要主题上，爱国者持有顽固不化的思想和偏见，与好处相比，他们带来的将更多的是损害。"年轻人应以华盛顿为榜样，不应当是"暴躁者、高谈阔论者和煽动者"。①

与此同时，卜舫济对抵制美货运动中学生的作用甚为感慨。他指出："目前情势最有趣的一个特点是学生阶层影响的增长。过去中国的文人是舆论的制造者，但是我们看到，现在他们的权力已转移给了接受新教育的学者。……当然，众所周知，抵制美货的积极煽动者是学生，而且几乎所有改革运动也间接起源于他们。"卜舫济认为，既然"大量好的或邪恶的机会掌握在这些年青人手里"，传教士就应加强对他们的影响，因为"观念将导致在中国一种基督教文明的发展"。②

随着中国社会抵制美货运动的发展，卜舫济的认识也在变化。他说："作为一个外国人，在目前情势下冒险给中国年轻人提出忠告，某种程度上是一个危险的经历。"不过，他还是愿意做这样的冒险。他认为："首先，毫无疑问中国应做的极端重要的事应该是整理自己。在提出废除与外国列强签订的任何条约的要求前，在要求从其他国家获得更有利的待遇前，中国必须向世界展示它所有的要求都是值得的，它已建立起一个强大

---

① F. L. H. Pott, "Editorial", *The St. John's Echo*, (July 20th 1905), pp. 1–2.
② F. L. H. Pott, "Editorial", *The St. John's Echo*, (November 1905), pp. 1–2.

而有效的政府，完善了所有的政府部门。"那么，中国不应当做什么呢？卜舫济认为："它不应该反抗外国列强。它需要他们的友谊而不是敌视。"如果抵制美货运动一直持续，将会丧失美国的友谊。"中国应竭力避免一切外交纠纷和尽其全力使自己强大起来。要是它引起外国列强的反抗……使其诉诸武力强迫中国屈服于它们的要求，那么中国国内改革的时间可能再一次被推迟，更不用说要冒丧失更多统治权力的风险了。……中国要想解除所有外国干涉和控制的唯一方法，就是继续推行内部改革的政策，并将其当作一个最主要的目标来实现。"①

如果和前述在"排华法案"问题上的立场和态度相比，很显然卜舫济是后退了，而且已完全戴上了一副美国面孔来"教训"中国人。卜舫济确实很复杂，但反映出他骨子里就是实实在在的美国人。

（六）关于晚清政体变革问题

和反对学生从事政治活动的思想一脉相承，卜舫济从来就不鼓励学生作"头脑发热的反叛者"。虽然他来自美国，思想相对自由，但在涉及中国政治事务时，在政治上却相当保守，有着非常独特的观念。

第一，他主张"平静的改革"，反对"激进的革命"；主张"精英民主"，反对"大众民主"。1906年在清政府宣布不久将颁布预备立宪章程后，卜舫济便撰文指出："我们对改革的前景非常满意。……它给中国指明了奋斗的理想。……我们最热切的希望是中国旧秩序的变革能像日本发生那样平静地进行，而且一份立宪章程的承诺可以对头脑发热的革命者产生清凉剂的作用。代之以煽动，从容、彻底的准备应该是议事日程。"那时他就不信任大众行使民主的能力，他说："不能确实地委托给无知的民众自治的权力，应该尽快地培养中国大众中的普通知识分子。"② 卜舫济还认为："中国的改革者是在不清楚的情况下使用民主这个词的。他们很显然以为，只要能将权力从统治者的手里移交给人民，好像一切都会走上正轨。大量的反映将显示，权力的转移将绝不是一个幸事。因为把统治人民自身的权力委托给人民，当人民无力行使权力时，这将导致暴民统治。而且历史表明，这样的统治远比最极端的专制或缺乏统治还要糟糕。自私的

---

① F. L. H. Pott, "Editorial", *The St. John's Echo*, (January 1906), pp. 1–2.
② F. L. H. Pott, "Editorial", *The St. John's Echo*, (September 1906), p. 1.

民主和不诚实的公民要比专制统治更加邪恶不幸。"① 他心目中的民主就是他所欣赏的意大利爱国者马志尼所说的："在最优秀、最有智慧之人领导下的所有人的进步"。他认为这是世界上最好的民主和最伟大的理想，值得中国人民去追求。他甚至认为："自私的一个民主和不诚实的公民将远比最腐败的政府还要邪恶。"② 1911 年辛亥革命前夕，他又进一步指出："今中国改革之时机已迫，行将去君主所施之束缚，而就国民所自役之范围，享受立宪之幸福。举动自由较胜于今日，可无容疑也。虽然，当此千钧一发之时，人民而欲享政治自由，当先具之要素，即自修、自立、自治是也。苟无此三者，则立宪必不能成。苟试为之，则违法乱纪，适足以致败亡也。"③ 由此可见，卜舫济对中国政治的认识确有独到之处。

第二，他对辛亥革命持支持和理解的态度。1911 年 10 月 10 日，武昌起义爆发，清王朝统治顷刻间土崩瓦解。面对这突如其来的政治变故，卜舫济在表明立场的同时，也作了评述。在 11 月的《约翰声》上，他撰写社评指出："在目前中国发生的麻烦中，作为在外国土地上的来自欧美的陌生人和客人，是负有严格采取中立政策义务的。我们希望无论哪一边证明是胜利者，最终结果将某种程度上加快进步的步伐。" 至于为什么清朝统治集团不受欢迎，为什么现在面临被推翻的危险？卜舫济也作了分析。他认为，主要的原因是："首先，自满清统治开始后，满族人并没有彻底地和汉人融为一体；其次，是缘于他们天生的保守性造成的；第三，听任分别商议，削弱了他们的权威和权力。众所周知，在朝廷存在'帝党'和'后党'两个集团；第四，政府极其缺乏效率；第五，满洲人已丧失了人心。"他认为，清朝统治者要纠正以上这些错误是否有点太迟了，要靠时间来证明。④

但是，12 月的社评中，卜舫济已有了不同态度和立场。他一开始便将 1850—1864 年的太平天国运动和目前的大革命做了比较，他认为：目前的革命运动"是中国新民族主义意识的大迸发，是由爱国动机所激发的，它的伟大目标是国家的新生。"他接着说："我们不知道结局会是什么，但有

---

① F. L. H. Pott, "Editorial", *The St. John's Echo*, (May, 1907), p. 1.
② F. L. H. Pott, "Editorial", *The St. John's Echo*, (May 1907), p. 1.
③ 卜舫济：《社说》, *The St. John's Echo*, (March 1911), 第 1 页。
④ F. L. H. Pott, "Editorial", *The St. John's Echo*, (November 1911), pp. 1 – 3.

一点我们可以肯定，中国将证明自身作为一个国家是值得尊敬的，并在适当的时候解决它的命运问题，而且中国人民将成为一个伟大的人民。"①

二 卜舫济晚清中国观的特点

卜舫济1886年11月来到中国上海，长久接触和观察中国社会，而且学识渊博，又勤于思考。当然，他的思考带有西方人特有的的视角，又不失其客观、公正的一面。概括来说，他的中国政治观具有以下特点：

第一，以时政评论的方式，涉猎晚清所有重大的政治事件。从前述内容可以看出，卜舫济对晚清几乎所有重大政治事件都有大量的论述，其反映了卜舫济对中国晚清政治观察的深入、全面，而且持久，他并非仅持有一个角度、一种视角，而是全方位、多层面的观察和剖析中国政治。可以说卜舫济是传教士中名副其实的"中国通"。

第二，卜舫济针对中国存在的种种问题，提出了相应的看法和主张。他揭露晚清中国政治的种种弊端，并非仅仅为暴露中国政治的缺点和丑恶现象，而是本着"救赎"的心态，善意提出种种改进和克服的办法，指出改良的方向。而且，只要不涉及美国的根本利益，他都能站在较为公正、客观的立场，看待发生的事情。

第三，卜舫济是西方利益尤其是美国利益的维护者。他的中国政治观，总体上反映了美国人、特别是传教士眼中的中国利益。他自觉不自觉地以美国为榜样和参照物，或提出的观点和认识以美国立场和角度为依归，不时反映出美国对中国的期望。按照政治术语，就是试图影响中国，按符合美国利益的方式行事和发展，按美国期望的中国形象塑造中国，以符合美国的利益。一句话，是美国影响中国的一种方式和手段。卜舫济曾经说过，如果有一个国家应该对中国的未来感兴趣的话，那这个国家肯定就是美国。② 毫无疑问，他扮演了美国影响中国的最佳角色，履行了特有的"使命观"。

第四，卜舫济政治上较为保守。从卜舫济对中国事务关心的程度看，在来华传教士中是少有的。虽然他不像李提摩太、丁韪良等那样直接深入

---

① F. L. H. Pott, "Editorial", *The St. John's Echo*, (December 1911), pp. 1-2.
② "Forman Opening of the New Buildings of St. John's College, Shanghai", *The Spirit and Missions*, Vol. 60, 1895, p. 145.

参与中国政治事务，但也绝不是漠然视之，他以特有的方式，即发表演讲和发表评论的方式广泛参与了中国的政治事务。从他的关于民主政治等政治观可以看出，他政治上保守的一面体现为：他反对革命，要求学生服从而不能反抗和背叛，不允许圣约翰成为煽动"政治骚乱"的策源地，他主张渐进改革、服从权威和维护秩序。

第五，卜舫济一定程度上对西方的侵华行径持批评态度。作为圣约翰大学的校长，如何引导和培养圣约翰大学学生确立正确的世界观、人生观、价值观，卜舫济下了不少功夫，比如为学生创办校刊《约翰声》写社评，在学校教堂布道时做演讲等。面对中国学生，他对八国联军的一些暴行、美国排华法案等，都有一些批判的言论，以符合圣约翰大学校训"光和真理"的精神。

三　对卜舫济政治观之认识与评论

卜舫济来华以后，正值中国多事之秋，国势日衰，内忧外患接连不断，加上三次巨大的政治变局，影响着中国的政治走向。中国到底走向何方？有识之士莫不费心劳神，苦苦追寻中国的出路。作为一个传教士教育家，卜舫济对中国政治保持了一种敏感性和积极介入的态度。于是，他写下了大量的评论和观感，试图从自身的角度予以解读。中国的政治是不断发展的过程，卜舫济对中国政治的关切和介入也没有中断。上述呈现的是他丰富政治观的关键片段，透过这些内容，我们或许能理解那个时代和卜舫济的复杂性。

概而言之，在中日甲午战争问题上，卜舫济能置身事外，言辞虽同情中国，但立论较为公允，尚能秉持客观的态度；在"民族歧视"问题上，他敏感地捕捉到不论是中国人还是白种人身上都存在这种现象，他特别提醒基督教传教士们，尤其是上海租界的白种人要克服对华人的歧视行为，这说明他具有种族平等主义精神；在义和团问题上，他的言论表明，在那时传教士中他比较独特，也甚为美国政府所重视。这里可以看出，卜舫济与美国政府之间的微妙关系，即卜舫济绝不是与美国对华政策无关，而是厕身其间，一定程度上充当着美国在华利益代言人的角色。所不同的是，卜舫济能根据自己的观察和认识，较为客观地反映事情的真相，而所有的偏狭如同那时大多数西方人一样，都源于他是基督教传教士、美国人的缘故；卜舫济对"排华法案"的批评，并不代表他多么讨厌这项臭名昭著的法案，只因这项法案连他妻子这样完全基督化的中国人也要刁难以及阻挡圣约翰基督徒学生留学美国的通道，事实上这会影响基督教的事业和圣约翰名声的扩大。所以，从良知出发，他要抗议它的不人道；在对待中国人抵制美货问题上，卜舫济的态度和面目就非常清楚了，他要维护美国的利益，劝告中国民众不要损害美国的"好意"，在中美关系中，中国比美国更需要对方。而且没有比这一问题更能体现卜舫济的真实对华态度了。无论和中国社会接触多深，多么熟悉中国文化，或娶中国人为妻，受中国文化熏陶，他的美国本色是不会改变的；在晚清变局观上，卜舫济是渐进主义者，持保守立场。毕竟他是从现存秩序中获益者之一，在他看来任何激进的革命都有不可控性，会危及圣约翰和传教士的利益。不过，辛亥革命发生后，卜舫济还是谨慎地表示欢迎，这反映了他支持中国进步的一贯立场。当袁世凯建立北洋军阀独裁政府后，卜舫济对他恢复秩序甚为企盼，鼓吹宁要袁世凯的强人独裁，也不要大众的民主。代表了西方和一部分中国人的情绪，反映了既得利益者对稳定秩序的要求。

卜舫济的中国政治观，是一个多棱镜，丰富而复杂，折射出了人性和历史环境的复杂性。

四 结语

综上所述，笔者采撷的这些内容，是最具代表性的方面，大体上可以反映和揭示卜舫济政治观的全貌和实质。那个时代的中国，列强的侵略和压迫不断深入和强化，自古就有自强不息精神的中国人民，也在不断抗争，为民族寻找新的出路。毫无疑问，中国的屈辱遭遇和跌宕起伏的历史，给卜舫济提供了展示自我的舞台。作为一位美国传教士和上海圣约翰大学校长，卜舫济把他视野下观察到的中国政治状况以及思考呈现给中外人士，一方面有助于西方人进一步了解中国事务，帮助建构他们心目中的中国形象；另一方面则引导中国舆论的走向，帮助中国社会认识自身存在的问题和努力的方向，他的思考和他对中国事务的主张和建议，无论正确、客观与否，都已成为我们今日认识那个时代不可或缺的精神财富，丰富了我们对近代中国的认识。同时，这些内容也是一个检验卜舫济观点和主张的试金石，作为置身于中国历史舞台中的美国传教士，对中国事务到底持何种立场和态度，他的所思所想又给我们提供了思考的空间。

卜舫济的政治观既激进又保守。从中国当时的社会环境看，卜的言论当数惊世骇俗之言，敢于直面问题，并且公开发表和刊载出来，实属不易。通过引导教育圣约翰大学学生，这是他影响中国社会的一种方式与手段。同时，以一位美国传教士的视角，对中国发生的重大事件发声，用西方人的观点做出自己的评判，形成观察言论，在上海乃至江浙地区形成影响力。卜舫济希望中国走出困境，但是以西方"医者"的视角，观察和看待中国问题的，存在着殖民者与被殖民者、拯救者与被拯救者、教徒与非教徒、西方人与非西方人等诸多心理与文化差异，概括起来就是"我"与"他者"的关系，始终是卜舫济观察与思考的原点。因此，在涉及"我"时，卜舫济尽管也有不满的言论，但以不损害"我"的利益为前提，小心翼翼，比如20世纪初中国人民因美国排华法案发起抵制美货运动，要求美国废除排华法案，卜舫济就持保留和反对态度，声言：如果抵制美货运动一直持续，将会丧失美国的友谊。① 当然，需要指出的是卜舫济的这种观点并非特例，而是近代来华西方人的"通病"。

总体来看，他的政治观点，有些切中时弊，有些则反映西方人的诉求，是一个矛盾复合体。但无论正确、客观与否，都有助于我们了解当时在华西方人的言论状况。

（作者为青岛科技大学马克思主义学院教授）

---

① F. L. H. Pott, "Editorial", *The St. John's Echo*, (January 1906), pp. 1 – 2.

美国早期政治视野中的孔子

张 涛

本文所谓的美国早期，是指 18 世纪末 19 世纪初。彼时，托马斯·杰斐逊就任美国第三任总统，开启了美国政治史上的新时代。曾经在 18 世纪 90 年代的宪法争论中恣意肆虐的党派敌对情绪，因为联邦党人在 1800 选举中的败北，而趋于平静。杰斐逊两届任期之后，与其政见大体相似、同样来自弗吉尼亚的詹姆斯·麦迪逊和詹姆斯·门罗继任总统，形成了美国历史上著名的杰斐逊时代，或曰"弗吉尼亚王朝"。在此相对平稳的政治氛围中，今日的很多美国传统开始成型或者得到巩固。这其中不仅有政府的引导作用，更得益于借助日渐丰富的传播媒介而开展的社会争论。争论将民众聚集到特定的观点周围，为美国传统的生成奠定民意基础。参与者不但援引欧美思想经典，而且频繁提及中国的文化圣人孔子。学界对此尚无涉足。故本文依据 1801—1815 年间美国的报纸和各类大众出版物，论述如下发现：因其特有的处世与治世思想，以及对于中国政治与社会的象征意义，孔子进入了美国政治传统的塑造过程，是别具一格的中美文化交融形式。

一 重申美国革命理想的孔子

杰斐逊是美国独立宣言的最主要起草者，他在就任总统之后自然极为强调革命理想。受其影响，全美掀起重申革命原则的热潮。社会舆论不仅不厌其烦地提及此类理念的重要性，而且常以它们为依据，评判政治人物的言行。在舆论的字里行间，孔子因其广为认可的道德伦理家地位，成为革命理念现实价值的重要支撑，也是不同阐释者竞相利用的理论依据。

既然把孔子作为美国革命的同盟者，美国舆论自然将孔子的伦理道德置于思想体系中极其显著的位置。舆论如此称赞孔子，认为"即使最孤陋寡闻的人都不可能完全没有听说过"其盛名。之所以妇孺皆知，全因孔子拥有"不同寻常的优点，深刻影响了他的时代和后世众生"。① 孔子还被称作生活年代离创世纪不远的"卓越天才"之一。② 而面对不断蔓延的社会道德颓废之势，多家报纸不禁哀叹，"三千多年以来"，世界造就了不计其数的王侯将相，"似乎已经忘记……曾经如何塑造了孔子的大脑"。③

至于孔子理想的总体效果，虽然多数时候位列基督之下，舆论还是赞赏有加。孔子与基督和其他伟大思想家一样，反对道德痼疾，立志变革社会和提升个人修养。例如，孔子、加尔文派、路德派和罗马天主教等，"无一例外地同等憎恶欺骗、偷窃、谋杀"和各种各样的不端和犯罪行为，视仁慈、道德、有用之人为"上帝的杰作"。④ 孔子道德和基督教都劝导人们适时悔悟，赢得赞誉。⑤ 被奉为道德戒律的还有孔子的君子三戒之说："少之时，血气未定，戒之在色；及其壮也，血气方刚，戒之在斗；及其老也，血气既衰，戒之在得。"（《论语·季氏》）⑥ 在改革道德痼疾的途径上，孔子建议"先正其心"（《大学》），一位美国牧师深有同感。⑦ 出版物不时登载人们因为遵从孔子而焕然一新的事例，激励他人效仿。有人在深刻领悟孔子的道德与哲学思想之后，"从愚蠢的梦境醒悟"，发现芸芸众生仍在沉沦之中，因而备感"惊奇和惋惜"。⑧ 另一位研读孔子学说者，则希望实践其"高尚的政治义务原则，造福国人"。⑨

---

① Wieland, "The Pythagorean Women," *Weekly Visitor, or Ladies' Miscellany*, Apr. 30, 1803: 235.
② *Beauties of the Studies of Nature: Selected from the Works of Saint Pierre* (New York: W. A. Davis, 1811), 91.
③ "For the National Aegis," *National Aegis*, Nov. 9, 1803; "Death of Dr. Priestly," *Weekly Wanderer*, Mar. 5, 1804 and Reporter, Mar. 10, 1804; "Dr. Priestly," *Suffolk Gazette*, Mar. 26, 1804.
④ Joseph Neef, *Sketch of a Plan and Method of Education, Founded on an Analysis of the Human Faculties and Natural Reason, Suitable for the Offspring of a Free People and for All Rational Beings* (Philadelphia, 1808), 75.
⑤ *The Confessions of J. Lackington, Late Bookseller, at the Temple of the Muses, in a Series of Letters to a Friend* (New York: John Wilson and Daniel Hill, 1808), 28.
⑥ George Berkley, *Alciphron, or the Minute Philosopher* (New Haven: Increase Cooke, 1803), 49.
⑦ P. Doddridge, *Lectures on Preaching, and the Several Branches of the Ministerial Office* (Boston: Manning and Loring, 1808), 14.
⑧ Herman Mann, *Human Prudence, or the Art by Which a Man May Be Advanced to Fortune, to Permanent Honor, and to Real Grandeur* (Dedham, Mass.: H. Mann, 1806), 223 – 24.
⑨ "The History of Aden—An Allegory," *Port - Folio*, Jun. 1815: 563.

所以，对于杰斐逊时代的美国舆论而言，孔子就是崇高思想境界的代名词。那些玷污道德、贻害社会的人，即使有非凡的才能，也只能站在孔子或苏格拉底的对立面。① 那些宣讲高尚社会道德的人则与孔子一样，"发出最为耀眼的光芒"。② 就是在文学作品中，人们也希望看到孔子式的道德情感点缀在字里行间。③ 鉴于孔子宣扬的伦理道德几近完美，他在很多人心目中与耶稣基督相差无几。有些人甚至把孔子置于基督之上，称赞他早于基督数百年表达了圣经新约中的道德原则。④ 虽然美国舆论在多数时候让基督高高在上，孔子作为一个"异教"思想家，能够获得如此密集的褒扬之声，已经宣告了他在杰斐逊时代道德建构过程中的重要参照价值。

独立是美国人引以为豪之事，自豪情绪在每一时代都不乏热情表达之人。由于杰斐逊与独立宣言的紧密关系，盛赞美国独立构成了杰斐逊时代美国人重温革命理想的宏大背景，孔子常常现身，强化美国人的爱国激情。独立日演讲乃这一背景的关键支柱。1810 年 7 月 4 日，缅因州尤宁镇（Union）的一篇演讲颇具代表性。演讲者将独立之于美国的意义比作孔子在中国的角色。他盅惑道，既然"盲从的亚洲人自古以来从未忘记纪念圣人孔子的生死"，美国人更无理由忘却国家的独立。"我们的目标是高尚的，内心是兴奋的"，美国的"真理和原则"必须时刻重温。⑤ 作为美国革命和民族灵魂象征的乔治·华盛顿更是不容玷污和亵渎。托马斯·佩因曾为鼓动美国人的革命激情而做出巨大贡献，但在 1805 年致朋友的一封信中，挑战华盛顿的神圣地位，指责华盛

---

① *The Beauties of the Spectators, Tatlers, and Guardians, Connected and Digested under Alphabetical Heads*, vol. 1 (Boston: Joseph Bumstead, 1801), 175; Asa Lyman, *The American Reader: Containing Elegant Selections in Prose and Poetry*, 2nd ed. (Portland, Me.: A. Lyman, 1811), 199 – 200.

② J. Hamilton Moore, *The Young Gentleman and Lady's Monitor, and English Teacher's Assistant; Being a Collection of Select Pieces from Our Best Modern Writers* (Albany: Charles R. and George Webster, 1803), 34.

③ William H. Brown, *Ira and Isabella: Or the Natural Children* (Boston: Belcher and Armstrong, 1807), iv – v; Maria Edgeworth, *Belinda*, vol. 1 (Boston: Wells and Lilly, 1814), 196.

④ John Milner, *Letters to a Prebendary* (Baltimore: Bernard Dornin, 1810), 331; "Of the Old and New Testament," *Prospect: Or, View of the Moral World*, Mar. 31, 1804: 131.

⑤ William White, *An Address, Made at Union, (Maine,) July 4th, 1810* (Castine, Me.: 1810), 5 – 6.

顿屈从英国而又性格虚伪。此信一经刊载，立刻引发舆论的口诛笔伐。化名"孔子"的评论者不但称呼佩因为"背信弃义者的使徒"，讽刺他为"即将登基的美国皇帝"，甚至对准许他返回美国的杰斐逊也深表愤怒。①

事实上，在杰斐逊时代，重温革命理想和革命领袖的典范作用俨然已成经久不衰的社会仪式，主流社会的各个阶层都参与其中。② 前述两例就是这一社会现象的真实反映。然而，在此宏大背景之下，人们对于众多美国原则的理解却莫衷一是，甚至尖锐对立，实乃社会共识之下的政治多元图景。革命者为美国后世确立了很多理想，而在 19 世纪早期的社会舆论中，人们不断重温且与孔子有关的理想大致有三：为政美德、政治公正和社会宽容。

"美德"（virtue）一词在美国革命和早期共和国的大众政治话语中出现频率极高，指代为民着想的执政理念和高尚的道德操守。杰斐逊时代的社会舆论在重提美德原则之时，不断引用中国的道德家孔子，增加观点的可信度。1802 年，有感于某些政治人物追逐私利，忽略"公众的安全与富足"，化名"一位农夫"的评论者旧事重提，引用身为开国元勋的约翰·亚当斯写于 1776 年的信件。亚当斯大谈政府的存在目的，认为"能够向最大多数的人民提供最大程度的安宁、舒适、安全，或者归根结底，幸福，就是最好的政府"。这一政府观得到了孔子等"所有严肃的真理追求者"的认同，因而值得永久提倡。③ 然而，环顾当时的美国政治形势，目光犀利者却发现，背离为政美德的情形比比皆是，让人深感愤慨。他们纷纷以维护民众权利为出发点，批评政治人物。比如，署名"孔子"的撰文者多次现身报纸，抨击杰斐逊的政治对手唯尊权力，采用多种手段蛊惑民众，实则奴役民众。此说遭致批驳。反对者声称，"孔子"故意夸大杰斐逊阵营为民着想的举措，抹杀对手的民众情怀，乃"卑鄙小人"。"孔子"反戈一击，认为诘难者虽然自称"农

---

① "Miscellany," *New England Palladium*, Apr. 9, 1805.
② David Waldstreicher, *In the Midst of Perpetual Fetes: The Making of American Nationalism, 1776 - 1820* (University of North Carolina Press, 1997).
③ A Farmer, *Letters to the People* (Salem, 1802), 90; "To the People—No. XI II," *American Mercury*, Nov. 4, 1802; *Salem Register*, Dec. 23, 1802.

民",但不专注农事,而是染指政治,本身就违背了杰斐逊时代的美德观,绝非远离政治的自耕农。①

不符合所谓为政美德者被人以孔子的名义加以抨击,不仅见于论战者之间的相互批驳,更有联邦层面的政治人物成为鞭策对象。1808年,又一场选战拉开帷幕。曾在独立战争中慷慨陈词的詹姆斯·麦迪逊披挂上阵,来势汹汹。对麦迪逊心怀芥蒂的人模仿在美中国人的口吻,抨击麦迪逊。"中国人"写道,麦迪逊结党营私,唆使国会议员支持自己,"率先玷污了这一神圣机制(国会)的纯洁","迟早会卷走国家自由的闸门已经打开"。麦迪逊及其支持者滥用权力,伪装成最为忠心的爱国者,制造政治混乱。有鉴于此,"中国人""以孔子的精神"发誓,即便他第二天就能登上总统宝座,他也不愿多待一日。② 来自马萨诸塞州诺福克(Norfolk)的戴(Day)参议员通常自诩言行一致,信守承诺,乃"孔子第二"。时值各路政治人物为是否延续国家银行的许可令而争论不休,戴声称,除非许可令明确银行股东的个人责任,他不会投票支持。然而,在与银行支持者"门外密谈"之后,戴决定,"改弦更张才符合自身利益","孔子第二"的美德杳然无存。③

政治公正是人们重温的革命理想之二。与人类社会的普遍模式一样,美国奉行多数决定权原则。但这种惯例虽然顾及主要社会群体的诉求,却是对少数社会成员的漠视,有悖真正的政治公正。对此深感忧虑者时而撰文,提醒人们重视少数派的存在。杰斐逊时代的美国崇尚庶民权利,排斥被称作"贵族"的社会上层。然而,此举引发身为少数派的社会上层严重不满。其代言人宣称,上层社会才是美国道德、美德、科学和文学品位的承载者和延续者,美国政府忽略他们就如同"中国皇帝消灭孔子门徒",不但有失公允,而且得不偿失,于国家无益。④ 化名"孔子"的评论者也加入这一讨论之中。他尽管并不认可社会"贵族"的做派,却同样反对多

---

① "Communication," *Farmers' Museum, or Literary Gazette*, May 12, 1804; "For the Political Observatory," *Political Observatory*, Jul. 14, 1804; *Political Observatory*, Sept. 22, 1804.

② Untitled article, *Republican Watch-Tower*, Oct. 18, 1808.

③ Untitled article, *Scourge*, Nov. 16, 1811: 1.

④ "The Beauties of Protest: Or, Federal Taste and Talents, Being a Very 'Puerile' and 'Feeble' Attempt, to Display, in a Distant Perspective, a Few of those Sublime Stars, That Glitter in the Glorious Galaxy of Genius, Which Adorns the Northern Hemisphere of Federalism," *Vermont Federal Galaxy*, Dec. 6, 1802.

数社会成员滥用决定权。很多手握权力者假借"人民的声音",充耳不闻少数人的要求和独到见解。在引用古今众多事例之后,"孔子"声称,"所有例证已经证明,多数人是他们自己最为凶恶的敌人"。"美国政治史"充斥着"人民的声音"导致的恶果。① 为保证政治公正,法律机构的独立和严谨程序必须得到尊重。"孔子"在另一文章中写道,立法机构,即国会,不应参与具体的人事任免,而应专注相关法律原则的制定。② 数份小册子还从爱尔兰法官审判叛国罪的实践中,悟出了司法公正对于健康政治气候的极端重要性。据称,某些爱尔兰法官认为,叛国罪的审理并不一定需要两名证人的证词。但美国小册子却相信,孔子和柏拉图等人曾经明示,"公正公平的审判"必须拥有两名证人。③

政治包容乃舆论借助孔子着力突出的第三大理想目标。19世纪早期,美国的政治模式仍未完全定型,派系林立,政治纷争缺乏规范。所以,舆论希望,派系之间需要相互包容,成就美国政治生活的和谐,造福美国民众。此为政治包容的内容之一。化名"孔子"的评论者感触颇深。他指出,派系斗争是导致所有古今共和国政治搁浅的暗礁,大革命之后法国出现的无政府状态就是最好的说明。"孔子"呼吁,美国政治人物应该摒弃"派系的计划和目的",致力于国家福祉,美国方可避免重蹈覆辙。④ 一篇独立日演讲同样要求美国人,不要让"派系恶魔"阴谋得逞,窒息爱国主义情怀,以免出现"孔子"所哀叹的国家混乱局面。⑤

宽容异己是政治包容的另一标志。然而,在多家报纸异口同声的讨伐中,"杰斐逊的恐怖统治"却与此背道而行。报纸声称,"针对共和党内任何不愿默许总统观点和措施,但却拥有美德和才能的人,一场无情的报复性战争已经开始"。杰斐逊据信发动了与宗教迫害相比有过之而无不及的政治迫害,个人独立遭受破坏,人们必须顺从"王室旨意"。甚至在国会

---

① Confucius, "The Voice of the People," *New-England Palladium*, May 28, 1805.
② Confucius, Untitled Article, Federal Gazette & Baltimore Daily Advertiser, Dec. 16, 1801.
③ *Sketches of Trials in Ireland for High Treason*, Etc. (Baltimore, 1804), 263; *Sketches of Trials in Ireland for High Treason*, Etc., 2nd ed. (Baltimore, 1805), 249; *Speeches of John Philpot Curran, Esq. with the Speeches of Grattan, Erskine and Burke, to Which Is Prefixed, a Brief Sketch of the History of Ireland, and Also a Biographical Account of Mr. Curran*, vol. 1 (New York, 1809), 329.
④ "Miscellany," *New-England Palladium*, Apr. 30, 1805.
⑤ Hext M'Call, *An Oration, Delivered in St. Michael's Church, before the Inhabitants of Charleston, South Carolina, on the Fourth of July, 1810* (Charleston, 1810), 26.

里，如果出现德才兼备的共和党人，那也是"应该遭受诅咒的罪恶"。国会议员必将群起而攻之，就如同中国人对待不是孔子门徒的人一样。① 此处的共和党并非当今同名党派的前身，而是民主党在19世纪早期的称呼。杰斐逊本为该党领袖人物，却无法容忍党内意见相左之人。在舆论的建构之下，排斥和迫害异己的严峻程度可见一斑。

尊重多元文化是政治包容的再一内容。多元文化主义虽然出现在20世纪后半期，但在早期美国，很多人已经有此意识，并以"孔子"为例，说明文化多元实乃政治包容的要素之一。波士顿牧师杰里米·贝尔纳普（Jeremy Belknap）已在19世纪之前去世，他关于美国理想的论述却经久不衰，在杰斐逊时代仍不断见诸报端。贝尔纳普写道，长久以来，新英格兰地区唯有特定群体才能享有"政府的荣耀和好处"。"即便在如此开明的今天"，孔子门徒和犹太人等仍然无缘"我们的公共议会"，不管他们是多么优秀的公民。而道德败坏的基督徒却可以在政府部门畅行无阻，贝尔纳普为此"感到脸红"。② 1849年淘金热之前，造访美国的"孔子门徒"极为稀少，贝尔纳普文中所提，当为比喻，显示美国欠缺文化包容。有人甚至提出，美国应该创造适当氛围，开阔民众视野，让他们既为路德和卡尔文而战，也要为"孔子"而争。既如此，美国就能引领世界。③ 路德和卡尔文是欧洲宗教改革的先驱，直接促成了新教的产生，而美国又是新教占据主导地位的国家。所以，这一提议实际上把孔子与美国人的精神先驱等同起来，体现文化包容。此外，孔子还被用来提醒美国人，在对待各种古今文化时，也需要宽容的胸怀。尤其应该注意的是，人们不能因为古代思想在实施过程中出现的问题而全盘否定。换言之，"中国有欺凌百姓的和尚"，但切不可据此认为"睿智的孔子就是拙劣的江湖骗子"。④ 早期美国，由于对中国缺乏深入了解，常把佛家弟子视作孔子门徒，便有了前述

---

① Untitled article, *American Citizen*, May 4, 1809; *Republican Watch – Tower*, May 5, 1809; *Trenton Federalist*, May 15, 1809; *Independent American*, May 16, 1809; *Portsmouth Oracle*, May 20, 1809; *American*, May 23, 1809; *Portland Gazette*, May 29, 1809.

② "Extract," *Carolina Gazette*, May 7, 1801; "Extract," *City – Gazette and Daily Advertiser*, May 7, 1801; "Extract," *Salem Impartial Register*, Apr. 30, 1801; "From the Independent Chronicle," *Political Observatory*, Mar. 10, 1804.

③ "The 4th of July," *Enquirer*, Jul. 8, 1806.

④ "Zaleucus and Other Legislators," *Constitutional Telegraphe*, Jan. 3, 1801.

说法。信息虽然有误，强调思想包容的意图却是明显的。

毫无疑问，美国革命奠定或重申了诸多耳熟能详的理想原则，其中就包括此处论及的美德、公正与包容等。然而，建国之后，各种政治群体出于自身利益考虑，争斗激烈，弃立国理想于不顾，或者假借捍卫理想之名，逐名夺利。杰斐逊时代奉革命理想为圭臬，反而导致言行反差更为明显。借助中国道德家孔子的盛名针砭时弊、重温理想便有了合适的政治和民意土壤。

二 孔子与美国早期的农商道路之争

美国的独立与建国不仅事关理想原则的确立，亦是决定美国未来发展道路的关键时期。杰斐逊时代，美国依然以农业为主导，但受欧洲工业革命的刺激，商业和制造业已有长足进步。农业与工商业，孰轻孰重，引发激烈争论。杰斐逊与汉密尔顿的唇枪舌剑早已成为经典话题。但常被人忽视的是，即便秉持重农主义的杰斐逊就任总统之后，两条道路之争仍然余波难平。1807—1809年的美国贸易禁运所引发的社会辩论就是典型例证。

1799年开始，法国的拿破仑政府为了争夺殖民利益和欧洲霸权，与英国进行了长达十数年的战争，史称拿破仑战争。战争初期，美国利用中立地位与交战双方开展贸易，大获其利。然而，1806—1807年，法国和英国先后宣布，严惩进入敌国港口的第三方船只。而且，英国还从1807年开始，强征抓获的美国海员入伍。杰斐逊政府为了避免美国商船遭受更大损失，于1807—1809年实行自我闭关，禁止与英法两国开展贸易。此事虽说本意良好，但却损害了依赖进出口的工商业者的利益。很多人自然就把此举解释为杰斐逊政府重农轻商，并由此展开了另一场关于美国发展道路的辩论。因为中国社会厚重的农耕色彩，孔子成为辩论中美国重农主义者的代名词，频频招致工商业者的抨击。

在工商业的很多支持者看来，禁运法令的根源就在于，杰斐逊等人的见解与孔子的反商思想一脉相承。数家报纸转载的文章声称，孔子告诫他的国人，"有尊严地蜷缩在自己的躯壳里并且一刀斩断与外国的所有交往"，能够"最好地"保护中国的独立与自由。但事实却是，由于缺乏商业，而商业又是"思想的高效催化剂和土壤的增肥剂"，中国人的思维陷入"人类思想深渊的最低点"，整个国家弥漫着"极端的无知、极端的贫穷和极端的不幸"。与此同时，闭关锁国也让中国人无法摆脱"彻头彻尾的专制主义",因为他们无法知晓外界更加开明的政治形式。就"毁灭自由"的效果而言,"中国的反商业体制"盖世无双。杰斐逊及其继任者麦迪逊与孔子观点类似,相信"唯有摧毁商业,才能保存自由"。禁运措施的出台,目的就在于"永远切断我们与海洋的联系"。文章作者只能希望,"我们比中国人幸运",能够在禁运体制下"维系我们的自由与独立"。①

在另一篇广为流传的政治评论中,撰文者指责杰斐逊将在法国学到的重农主义思想发挥到了极致,在他授意之下出笼的禁运法案"将很快迫使我们的商人把锄扶犁,他们的妻子则养牛挤奶、纺纱织布",是"没有绞索、没有流血"的道德革命。依赖海外贸易的沿海各州因为禁运而经济衰败,奴隶制农业支撑的弗吉尼亚(杰斐逊的故乡)则统领全国。评论者声言,虽然杰斐逊被支持者视为比孔子高明的人,但他的政策思路其实与孔子如出一辙。文章特地在末尾的注释中说明,孔子"坚决赞成永久禁运并断绝对外交往"。② 禁运措施的反对者提醒政府,在人类历史上,商业程度最高的国家往往"最有教养,最为高雅,最为开明,最为幸福",而"中国人的无知和贫穷则显示,孔子的反商业精神绝对不可效仿"。③

杰斐逊和他的继任者显然没有听从上述建议,禁运机制仍然沿着既有的程序运转。反对之声也就绵延不断。抨击者不但如前所述,挖掘禁运动机与所谓孔子"反商业精神"之间的相似性,更在很多时候直接把禁运措施的始作俑者比喻为孔子。此为人们主张工商业利益的第二大话语策略。杰斐逊设计和推动了禁运政策的出台,因此受到反对派的集中讽刺。杰斐逊有时被直接称呼为孔子。例如,听闻国会已在考虑组建海岸民兵,以便阻挠船只出海,有人气愤地写道,即便微型船只也会在"永久的商业禁运中"消失,而杰斐逊政府只有在上帝面前,才有可能"放弃迫使我们融入

---

① "Manufacturing," *Republican Watch - Tower*, Aug. 19, 1808; *Poulson's American Daily Advertiser*, Aug. 20, 1808; *Newport Mercury*, Sept. 24, 1808; *Portsmouth Oracle*, Oct. 1, 1808; *Spooner's Vermont Journal*, Oct. 17, 1808.

② A Citizen of New - York, "On the Mystical Object of the Embargo," *New - York Evening Post*, Jul. 12, 1808; *New - York Herald*, Jul. 13, 1808; *Boston Gazette*, Jul. 18, 1808; *Connecticut Herald*, Jul. 19, 1808; *Portsmouth Oracle*, Jul. 23, 1808; *Olive - Branch*, Jul. 30, 1808; *Middlebury Mercury*, Aug. 3, 1808; *Thomas's Massachusetts Spy, or Worcester Gazette*, Aug. 10, 1808; *Vermont Centinel*, Aug. 19, 1808.

③ "The Pulpamentum, No. 4," *Providence Gazette*, Nov. 5, 1808.

孔子商业体系的企图,终止荒诞而又残酷的计划"。① 杰斐逊主导的商业禁运被比作"孔子商业体系",杰斐逊自然就成了孔子在美国的化身。

而在另外一些时候,杰斐逊又被称作"小孔子"(Confucius the Younger)。深信孔子反对商业的美国人直呼杰斐逊控制之下的华盛顿为"新北京",乃"西方荒野之城和新中华帝国的首都"。以此为背景,好事者编写了一则发自新北京的报道,在中国的语境之下讽刺杰斐逊的贸易禁运。杰斐逊摇身一变,成为黄袍加身的"小孔子"。"我们卓尔不凡而又可敬可爱的皇帝"并不明确昭示应该如何处理"当前的危机",只是私下暗示文武百官,"小孔子的反商业体系,经过修正和补充,必须继续"。议事官员虽然颇有微词,但"在我们的制度中",他们也只能点头称是。② 美国第二任总统约翰·亚当斯的儿子约翰·昆西·亚当斯也加入反对杰斐逊禁运政策的行列当中。在致马萨诸塞州议员的信中,亚当斯声称,禁运如不立即终止,民主将在美国东部死亡。杰斐逊的反对者由此蛊惑道,有众多确凿证据显示,本来顺从的那些美国人正在酝酿"针对'小孔子反商业体系'的暴动"。③ 另一文章假借华盛顿多风的气候特点,揭示迅速聚集的反禁运力量,认为见证分歧急剧扩大的国会山将成为"凤山"(Windy Hill)。作者预测,如果"小孔子"继续占据总统职位,而华盛顿又成为另一个北京,国会真就变成"雷锋塔"(Tower of the Thundering Winds)了。④

即使杰斐逊不被视作孔子的翻版,他在某些人眼里,仍然是孔子的虔诚追随者。1808 年 8 月,又一场国会和总统选举即将上演。不满禁运政策的人呼吁选民,抵制杰斐逊或其指定的接班人以及支持杰斐逊的国会议员。杰斐逊被指"敌视国家的商业,并且有意将其摧毁","危害人类幸福"。商人和相关人等成为一无是处的群体。杰斐逊正在从行为和习惯上,将美国人同化为孔子门徒。诘难者信誓旦旦地说,如果发现杰斐逊正与"中国首领"在华盛顿展开谈判,准备"用自己的红马裤换取中国官服",

---

① "Embargo Cutters," *Newburyport Herald*, Dec. 13, 1808.
② "Telegraphic Communication," *Portland Gazette*, Dec. 19, 1808; *Farmer's Museum*, Dec. 26, 1808.
③ "Confusion in the Camp," *New - Jersey Telescope*, Jan. 6, 1809; *Newburyport Herald*, Jan. 10, 1809; *Northern Whig*, Jan. 10, 1809; *Alexandria Daily Gazette, Commercial & Political*, Jan. 10, 1809; *Litchfield Gazette*, Jan. 11, 1809; *Hampshire Federalist*, Jan. 12, 1809; *Reporter*, Jan. 16, 1809.
④ "Temple of the Winds," *Farmer's Museum*, Jul. 17, 1809.

民众不应感到惊诧。① 因为相信杰斐逊操控国会，指定詹姆斯·麦迪逊为总统候选人，"老派共和党人"（杰斐逊所在政党的保守派）特地开会声讨。会议决议强调，青睐或者仇视外国的人都不能担当总统之职。然而，麦迪逊与杰斐逊一样，因为反对商业，而成"孔子的门徒"，因此没有资格登上总统宝座。② 贸易禁运不仅导致杰斐逊与孔子被归为同类，受其影响的麦迪逊也难逃指责，可见孔子反商业形象的根深蒂固。

杰斐逊与孔子在贸易禁运问题上"殊途同归"，但杰斐逊"僵化"之至，甚至引起崇尚孔子的中国人不满，更显贸易禁运的不合时宜。从真正的孔子信奉者的视角，暴露杰斐逊对于孔子反商精神的拙劣模仿，乃禁运期间重农倾向遭致的第三大话语冲击。1808 年 7、8 月间，一艘从事中国贸易的商船获得总统许可，打破禁运，前往中国广州。此事传得沸沸扬扬，引发约 20 家报纸高度关注。根据报道，商船拥有者恰恰是假托孔子之名，突破了杰斐逊与孔子一脉相承的反商业禁运。7 月下旬，一名中国官商及其秘书造访华盛顿，申请免除禁运限制，以便他所乘坐的商船能够前往中国，载回其在美国积蓄的四、五万美元财产。商人申诉的理由尤为特别：其父 90 高龄，随时可能驾鹤西去；而依照孔子戒律，如果儿子不在现场，老父去世七年之内不得安葬。商人因此必须赶回中国。③ 禁运措施受到孔子"启发"，而中国人则以孔子为武器，对抗禁运。这在用孔子嘲讽杰斐逊的人眼里，无疑是对美国政府的一大讽刺。

后经查实，事件涉及的中国人并非官员，而是美国商人为了骗取许可而专门安排的普通中国人。杰斐逊在未查明事实真相的情形下，居然颁布特别许可，招致反对者的严词抨击。有人撰文斥责曰，当美国与最近地区

---

① "The Embargo," *Poulson's American Daily Advertiser*, Aug. 10, 1808; "To Farmers and Merchants," *Portland Gazette, and Maine Advertiser*, Aug. 19, 1808.

② "Nomination and Denunciation," *American Citizen*, Jul. 30, 1808; *Republican Watch - Tower*, Aug. 2, 1808。19 世纪早期的美国，党派体系尚未完全形成，总统候选人因此由国会提名。

③ "Washington, July 25," *New - York Commercial Advertiser*, Jul. 28, 1808; *Public Advertiser*, Jul. 28, 1808; *American Citizen*, Jul. 29, 1808; *L'Oracle and Daily Advertiser*, Jul. 29, 1808; *New - York Spectator*, Jul. 30, 1808; *Newburyport Herald*, Aug. 2, 1808; *Repertory*, Aug. 2, 1808; *New - Bedford Mercury*, Aug. 5, 1808; *Pittsfield Sun*, Aug. 6, 1808; *Hampshire Federalist*, Aug. 11, 1808; *Connecticut Journal*, Aug. 11, 1808; *Rutland Vermont Herald*, Aug. 13, 1808; *Olive - Branch*, Aug. 13, 1808; *World*, Aug. 15, 1808; *Herkimer Herald*, Aug. 16, 1808; *Merrimack Intelligencer*, Aug. 20, 1808.

的海上贸易都被禁止时，总统却允许此船前往中国，他"必须做出解释"。作者要求，如果海外贸易对美国有利，就向所有人开放，反之则应全面禁止，特别许可有悖法理。① 此事广为流传之后，成为人们讽刺贸易禁运时的重要素材。比如，一则评论称呼涉案中国人为"卑劣的中国小贩"。他极具揶揄意味地宣称，目睹此种策略大获成功，从事东印度贸易的美国商人，正在四处寻找合适人选，以便把他们培养成"中国官员和孔子门徒"。一所培训学校即将在费城开业，"一名优秀教师负责传授中国习俗和礼仪"。② 在报纸杜撰的信件中，名叫梁志宏（Lien Chi – Hoam）的中国人因为禁运而无法回国，便给远在北京的朋友写信，大倒苦水。编者按趁机嘲讽道，"没有任何船只敢于把一只老鼠带到海上，更别说一个饱受折磨的中国人，除非他是一品官员，并且'海狸'号愿意出手相助，驶往中国"。在信件末尾，梁以孔子的名义发誓，自己绝对不愿在自闭国门的美国多待一天。③ "一品官员"显然指代帮助美国商人骗取出海许可的中国人，"海狸"号则是获得许可的美国商船。他们与孔子出现在同一信件中，既讽刺贸易禁运不得人心，又批判杰斐逊政府愚昧无知，缺乏判断力。

贸易禁运虽有保护美国商船免受英法攻击的本意，却因为作茧自缚，严重压缩了美国工商业的市场与发展空间，遭到大力抵制。反对禁运的人并不认为杰斐逊政府有着高尚的国家利益观念，而是相信，禁运措施的出台标志着杰斐逊重农反商思想的胜利。几乎所有抨击都在着力强调这一点。中国以农为主，孔子便被建构成重农思想的代言人，与杰斐逊的言行本质相通。所以，无论揭示杰斐逊禁运思维的根源，还是讽刺这种思维的偏狭古怪，抑或暴露他的无知与缺乏理性，诘难者总是喜欢引用孔子为参照。以这种特殊方式，孔子融入了美国早期的农商发展道路之争。这种争论为美国最终走上商业化和工业化道路做出了贡献。

三　孔子与美国社会的宗教属性

在围绕革命理想和发展道路激烈争论之际，杰斐逊时代还是美国政府明确宗教的社会地位之时。联邦宪法第一修正案规定，国会不得建立

---

① "The Ship Beaver and the Mandarin," *New – England Palladium*, Aug. 19, 1808.
② "From the Philadelphia True American," *New – York Evening Post*, Aug. 13, 1808.
③ Lien Chi – Hoam, "To the Editor of the *American Citizen*," *American Citizen*, Oct. 17, 1808.

国教或干预信仰自由。然而，此条并未说明政府与宗教的关系以及宗教的社会功能。杰斐逊的当选将宗教悬案的解决提上了议事日程。早在殖民地时期的弗吉尼亚，杰斐逊反对政府资助教会的立场就已为人所熟知。他不愿神化耶稣，基督教仅被视为道德体系。杰斐逊更在1802年明确提出政教分离原则，为后世处理宗教问题奠定了基础。由于美国民众的信仰自由诉求，杰斐逊的宗教立场得到舆论的普遍认可，有别于禁运措施激起的社会不满。在杰斐逊宗教立场的大背景之下，美国社会就宗教的存在意义和政府的作用展开了热烈讨论。由此达成的共识是，美国社会需要宗教的道德与价值规范作用，但政府不应卷入宗教事务之中。今天美国的宗教观便是来源于此。孔子散发出某种程度上的宗教气息，他在中国的处境和社会作用因此常被用作杰斐逊时代美国宗教地位讨论的参照体系。

一方面，孔子对中国社会产生的深远影响说明，宗教乃包括美国在内的所有社会必须拥有的信仰支撑，不论它以何种形式存在。人们声称，大多数欧洲人和他们在美国的后裔信奉基督教，中国和世界其他地区的很多人信仰自然神论。尤其在中国，孔子"以宗教的名义……向民众传播极为优秀的道德体系"。所以，"世界何处不拥有宗教，不信奉上帝"，所不同者，仅在崇拜上帝的形式。① 这实际上是在反驳那些一味否定宗教必要性的人。本着类似的出发点，宗教讨论的另一参与者抨击孟德斯鸠关于信仰正误的言论。孟德斯鸠以是否宣扬精神不朽论为标准，划分信仰的优劣。据此，"孔子宗教"因其现世性，而根植于"低劣的原则"，其长久存在仅仅得益于"绝佳的社会影响"。美国的反对者认为，既然具有极好的社会影响，孔子和类似信仰就不应被归入谬误之列。② 该人士的言下之意是，不论何种宗教，只要有益于社会，就须得到尊重和肯定。换言之，美国和其他社会需要各类宗教的引导和规范。

在美国，基督教占据着信仰主流。如有淡化基督教的社会功能之举，必然遭到人们群起而攻之。因为追随其他信仰而荒废基督教尤其让人难以接受，通过孔子映衬出来的此类事例时有所见。有些人否认上帝的存在，

---

① "Religion—Can It Be Destroyed?" *Haswell's Vermont Gazette*, Nov. 16, 1801.
② "Natural Ideas Opposed to Super-Natural," *Temple of Reason*, Apr. 3, 1802.

相信哲学，不信圣经；相信传统，不信福音；相信孔子，不信基督。舆论以"不信上帝者的信仰"加以形容，足见不愿苟同的心态。① 假借其他信仰之名全盘否定基督教存在价值的举动，必然招致更为猛烈的抨击。纽约有神论协会（Theistical Society）主席伊莱休·帕尔默（Elihu Palmer）1801年发表的言论就遭到公开挑战。帕尔默声称，孔子等人的思想原则"正确、高雅、有用"，而圣经的道德教义却"残酷、不道德"，甚至有"吹嘘"之嫌。② 舆论批驳道，帕尔默有此主张，不配作为牧师。③ 引起异议的与其说是孔子获得的高度评价，不如说是基督教遭到了贬低。撰文者不希望基督教因为其他信仰的渗入而被削弱。而对于孔子本人，杰斐逊时代的美国还未见激烈的抵制情绪，容忍度明显高于19世纪中期华人大举移民美国之后。即便基督教人士也会引用孔子言论，为加强美国社会的宗教信仰造势。例如，1801年出版的一本布道小册子写道，孔子曾说，"年四十而见恶焉，其终也已"（《论语·阳货》）。有鉴于此，"我对那些年纪轻轻就忘记上帝的人几乎不抱希望"。④

另一方面，孔子学说的实用性表明，美国在宗教信仰方面，应该秉持开放包容的态度，利用孔子思想等非基督教道德体系。本杰明·拉什（Benjamin Rush）是美国早期著名教育家和社会改革家，他所提出的教育思想影响极为深远，经常被各类媒体所转载。在拉什1813年辞世之时，他关于美国教育原则的思考再次引发关注。其中引起巨大社会共鸣之处当数他对教育基础的界定。拉什认为，美国教育的"唯一基础"是宗教。如果偏离这一基础，美国就会丧失美德，没有美德就没有自由，美国的共和政府就会坍塌。至于发挥教育奠基作用的宗教，他首推新约，但也不排斥孔子和穆罕默德的思想。舆论称赞这一思想不但"独到新颖"，而且"效

---

① "Modern Infidelity," *Connecticut Magazine*, Jun. 1801; "The Unbeliever's Creed," *Visitor*, Apr. 7, 1810; *Moral and Religious Extracts; Containing an Account of Remarkable Providences, and Interesting Anecdotes and Narratives*, Part III (Philadelphia, 1813), 70–71.

② Elihu Palmer, *Principles of Nature; Or, a Development of the Moral Causes of Happiness and Misery among the Human Species* (New York, 1801), 61–62.

③ "Extracts from 'Principles of Nature,' Published by Elihu Palmer, President of Theistical Society in New-York," *New-York Gazette and General Advertiser*, Oct. 20, 1802; *Alexandria Advertiser and Commercial Intelligencer*, Nov. 12, 1802.

④ Job Orton, *Discourses to the Aged* (Salem, 1801), 261.

果极佳"。① 其他人关于教育的见解有着异曲同工之妙。例如，一则建议劝告曰，人们可以用孔子等人的哲学规范言行，但圣经是无可争议的"完美模式"。② 有作者指出，某些人虽然天资不凡，却因为没有正确信仰的引导，而成为"社会的害虫和人类的敌人"，站在"孔子或苏格拉底的对立面"。③

鼓励美国人格教育吸纳孔子原则的人不在少数，各类出版物经常选登的孔子言论或者假托孔子的所谓名言就是明证。一本讲述生活道理的小册子选登了"知者乐"（《论语·雍也》）等孔子语录。④ 几家报纸以"孔子的哲学"为题，阐述孔子的中庸之道，教导人们不可走向极端。报纸还把明代哲学家王守仁"圣人之心如明镜。只是一个明，则随感而应，无物不照"（《传习录》卷上）误作孔子语录，规劝人们心态淡泊。⑤ 1810 年的一本历书告诫人们日常生活需要节制，孔子"食无求饱"（《论语·学而》）等言论赫然列于数位古今圣人的名言之中，作为佐证。⑥

而在更多时候，由于早期美国真正阅读孔子语录的人不多，假借孔子之名编写生活警句的情形较为明显。例如，不同报纸竞相刊载的"孔子"格言居然包含"所罗门"和"罗马"等字眼。如"尽管用某些伟人的名字给小孩取名完全妥当，但孩子绝对不会因此获赐不凡的天赋和美德。很多人叫所罗门，但从未拥有以色列国王的智慧"；为了劝阻人们迷恋大城市，"孔子"又说，"一个国家的最大城市通常是最腐化的……正是在罗马，喀提林（Cataline）图谋政变，并几乎得逞"。⑦ 孔子生活于东西方交

---

① Dr. Rush, "On the Mode of Education Proper in a Republic," *New England Quarterly Magazine*, Apr. – Jun. 1802: 133 – 34; Benjamin Rush, *Essays, Literary, Moral and Philosophical* (Philadelphia: Thomas and William Bradford, 1806), 8; Samuel K. Jennings, *The Married Lady's Companion, or Poor Man's Friend* (New York: Lorenzo Dow, 1808), 180; "A Tribute to the Memory of Dr. Rush," *Port – Folio*, Oct. 1813; David Ramsat, *An Eulogium upon Benjamin Rush, M. D.* (Philadelphia, 1813), 108.

② *Thoughts on the Importance of the Manners of the Great to General Society*, 12th American ed. (Wilmington: Joseph Jones, 1805), 91.

③ *Addisonian Miscellany* (Boston, 1801), 175.

④ *The Mental Friend, and Rational Companion; Consisting of Maxims and Reflections Which Relate to the Conduct of Life* (Baltimore, 1807), 113.

⑤ "Philosophy of Confucius," *Rhode – Island American, and General Advertiser*, Nov. 14, 1815; *Burlington Gazette*, Nov. 24, 1815.

⑥ *Poor Richard Improved: An Almanck for the Year of Our Lord 1810* (Philadelphia, 1810).

⑦ "Maxims," *Balance, and Columbian Repository*, Dec. 24, 1805; *Albany Centinel*, Dec. 31, 1805; *Post – Boy*, Jan. 14, 1806; *Hampshire Federalist*, Jan. 21, 1806. 喀提林是古罗马共和国贵族，因竞选失败而图谋叛乱，遭镇压，后战死。

流尚未开始的时代，显然不可能知晓所罗门和喀提林等西方人物。两人出现在所谓的孔子格言中，只能是看重孔子声望的美国人蓄意为之。喜欢炫耀幸福富有的人也得到报纸借用孔子之名发出的劝告，"试图说服他人相信我们很幸福，比我们自信很幸福更加困难"。① 谈论爱情的诗歌告诉女性，拴紧男人浪荡的心并非延续爱情的锦囊妙计。"孔子"说，如果束缚男人真有奇效，"一种方式绝对可行——割掉他的喉咙"。② 崇尚思想自由的人告诫众人不可画地为牢，束缚思维。此举绝非难事，因为"孔子"说过，"人要咬掉自己的鼻子何其不易！"③ 诸如此类的言论不是出自孔子之口，但不同的撰文者却乐此不疲地编写"孔子"语录，传播被视为得体的社会价值观念。这表明，在杰斐逊时代的美国，孔子的社会规范功能已得到普遍认可，否则不会涌现如此众多的假冒孔子。放置在基督教占据主导的美国语境之下，真假孔子语录的存在见证了美国人在宗教信仰方面极力营造的开放宽容氛围。

所以，正因为宗教多元与宽容业已成为气候，人们极其警惕政府以行政手段干预宗教事务、偏袒特定信仰体系之举。类似事件如有发生，必然引发抗议之声。孔子以其特殊的异域信仰领袖的身份，为抗议者提供参照和证据。一本地理教材尽管声称，美国的立国者选择了基督教，而不是孔教或者伊斯兰教，但为避免激起民怨，特地声明，"法律或宪法没有偏袒特定教会"。④ 托马斯·佩因曾是美国独立革命的功臣，但在旅居法国时创作了"理性时代"一文，宣扬自然神论，反对基督教条，为很多美国人所不齿。因此，当杰斐逊于1802年同意佩因返回美国时，斥责杰斐逊袒护自然神论的声音不绝于耳。杰斐逊的支持者则化名"孔子"，竭力利用孔子既是非基督教精神领袖又以公正客观著称的形象，证明杰斐逊不但没有偏袒之意，反而在践行宗教宽容。"孔子"写道，宗教本是"人与上帝之间的事情"，无关政府法律。既然佩因没有侵犯他人的信仰自由，他错误

---

① "Ostentation," *Weekly Museum*, Apr. 6, 1805.
② *Romantic Tales*, by M. G. Lewis, Author of the Monk, Adelgitha, &c, 2nd vol. (New York, 1809), 150.
③ William Wizard, "The Work's All Aback," *Salmagundi*, Jan. 25, 1808: 423.
④ Benjamin Davis, *A New System of Modern Geography, or a General Description of the Most Remarkable Countries throughout the Known World*, 2nd ed., vol. 1 (Philadelphia, 1805), 200.

虚伪与否就不应成为美国拒之于国门之外的理由。①

舆论针对两个外国事例的评论同样证明，杰斐逊时代的美国人已经极为防范任何建立国家信仰体系的企图。19世纪初，一位"值得尊敬但却腐朽的法国贵族"现身美国杂志。此人妄想成为美国的国王。视共和民主制为至宝的美国人憎恶至极，斥责"法国贵族"妄图主宰美国的思想，充当美国的孔子。②孔子对于美国人而言，具有宗教意义。用"充当孔子"来比喻建立美国王室的企图，表明文章作者既恐惧君主制，也排斥一统国家的宗教。拿破仑在法国国内的举动是触动美国人宗教敏感神经的另一事件。据称，拿破仑施以行政权力，禁止书店出售圣经，竭力排斥基督教，代之以"拿破仑主义"。拿破仑深信，"相比仅懂政治和军事之人，摩西、孔子、耶稣基督和穆罕默德更能在追随者的脑海中扎根"。所以，他自己也要以宗教形式让后世永久铭记。美国人所不满者，在于拿破仑滥用行政手段，打击既有宗教，"另立新教派"。③可见，不论国内国外，只要事关政府偏袒特定宗教，美国人都会显露强烈的抵触情绪和批判精神。

杰斐逊时代正式确立政教分离的原则，美国政治与宗教的关系从此有规可循。杰斐逊的决定纵然有着个人思想背景因素，但他显然也在迎合民意走向。社会舆论涉及孔子的宗教争论就是极好的民意映衬。通过引用孔子及其特殊的信仰寓意，19世纪早期的美国人确认和固定了后世奉为圭臬的宗教原则：宗教是必须的，但政府干预则不可取。孔子既是杰斐逊时代宗教话语的构成要素，亦让宗教话语更加形象、更具活力。

结束语

"1800年革命"不仅让杰斐逊荣登总统宝座，而且开启了美国政治史上的新时代。领土扩张、政局相对稳定、美国再次赢得对英战争的胜利等，构成这一时期的显著特征。与此同时，此前引发激烈社会争论的众多

---

① Confucius, "The Inquirer No. 1," *Political Calendar*, Apr. 19, 1804.

② "Letters on Various Topics of Foreign Literature, from an American, Resident Abroad," *Port-Folio*, Aug. 15, 1801: 258.

③ "Extract of a Letter from a Respectable Clergyman in London, to a Friend in This Country", *Connecticut Journal*, Jan. 16, 1815; *Federal Republican*, Feb. 7, 1815.

话题仍是民众讨论的焦点，如为政理念、发展重点和宗教信仰等。而在围绕诸如此类的话题展开讨论的过程中，美国人不但引用欧美名人名言和思想经典，更在引证中国思想家孔子时得心应手。孔子从而参与美国早期的政治大讨论，揭示出华人大举移民美国之前独特的中美文化交融现象：美国人在多种话语体系中，将中国的文化象征引为证据或参照。

政治讨论中的孔子发挥着彰显立场的作用，从不同角度佐证着社会舆论的主要趋势。首先，因为杰斐逊本人乃美国独立宣言的主要起草者，亦是美利坚国家的重要奠基人，他上台之后极力将自己刻画成美国革命理想的真正阐释者和捍卫者。在其引导之下，美国掀起重温革命理想之风。孔子的道德伦理原则经久不衰，且与美国的革命理想多有重叠，故被用以证明重申之举的必要性与合法性。其次，建国之初就已沸沸扬扬的发展道路之争到了19世纪初仍未尘埃落定。随着拿破仑战争在欧洲爆发，杰斐逊政府为避免本国商船遭受敌对双方的袭击，采取自我贸易禁运之策。杰斐逊的思想本就具有重农主义色彩，禁运举措徒增人们对于杰斐逊治下的美国向何处发展的疑虑。工商业的支持者斥责杰斐逊意在摧毁美国的工商体系，将美国带回农耕状态。孔子这次站在了美国反禁运舆论的对立面，化身杰斐逊重农思想的代言人。最后，美国社会的宗教属性也是早期美国政治讨论颇多的问题。到了杰斐逊时代，与杰斐逊确立的政教分离原则相应，美国舆论终于达成共识：宗教为社会所必需，但政府须置身事外。引用孔子时，舆论的兴趣转移到了西方广泛认可的孔子宗教身份，把他在宗教体系中的地位和意义作为参照，衡量美国宗教状况是否符合前述原则。

我们据此可以得出几点结论。第一，中美思想交流早在文化人士造访对方之前就已广泛进行。虽然美国商人自从1784年便开始穿梭于两国之间，但他们的目标在于获取商业利益，而非思想交流。真正带着文化目的来到中国的美国人是1830年以后的传教士。所以，在此之前，中美两国并无直接的思想文化接触。但本文的分析显示，两国文化已经相互交融，美国人亦对中国文化甚为熟悉。欧洲充当着此时的中美文化交流桥梁，值得我们进一步关注。第二，尽管中美两国直接交往尚不深入且极为有限，美国人根据转自欧洲的间接材料，业已形成基本的中国和孔子认知模式。中国被视作闭关锁国而又崇尚农业和道德的国家；孔子乃中国国民性格的总根源，既是志存高远的道德家，又代表着某种形式的宗教信仰，当然也有如本文揭示的轻商思维等所谓缺陷。这种认识定式影响深远，随后的直接思想接触也未能从根本上加以改变。第三，学界以外的美国社会并不关心孔子及其思想的本来面目，而是依据具体的需求进行诠释，赋予孔子超越中国语境的角色和内涵。孔子帮助美国人重申革命理想、反证重农思想不足可取以及界定宗教与政府的相互关系等，均属明证之列。总之，美国早期政治视野中的孔子是近代以前中美文化交流的见证，对于我们完整认识中美关系的演变历程具有积极意义。

（作者为四川外国语大学美国研究所教授）

袁世凯与"驱逐福久事件"*

张礼恒

遗憾的是，迄今为止，中国学界对该事件的研究，无论是学术著作，还是学术论文，或者言语不详[①]，或者史实错误[②]，致使该事件迷雾重重。近年虽有新作问世，还仍存在剖析不够，有待挖掘的缺憾[③]。有鉴于此，本文拟从事件的缘起、过程、结果与影响三个方面，对该问题进行深入探讨，以期深化、拓展近代中朝关系史的研究。

一 "驱逐福久事件"的缘起

1886年11月16日、17日，上海洋文报纸《北华捷报》（North-China Herald）连续两天刊载了美国驻朝鲜使馆海军武官、时任美国驻朝临时

---

* 本文系2013年山东省社科规划重大项目"从闭关到开放：朝士视察团研究"（13BLBSJ02）阶段性成果。文中所提英文《北华捷报》由中国石油大学（华东）周国瑞博士翻译并提供，在此谨表谢意。

① 大陆学者侯宜杰的《袁世凯全传》（群众出版社2013年版）、李宗一的《袁世凯传》（中华书局1980年版）、廖一中的《一代枭雄：袁世凯》（北京图书馆出版社1997年版）、刘忆江的《袁世凯评传》（经济日报出版社2004年版）对该事件均未提及。林明德的《袁世凯与朝鲜》（"中研院"近代史研究所1984年版，第284页）只是简单地称该事件为"福久的排斥事件"。在论文方面，程龙的《柔克义与中国》（《读书》2013年第6期）、陈诗启的《中国近代海关史总述之二——中国半殖民地海关的扩展时期（1875—1901）》[《厦门大学学报》1980年第2期]、杨涛的《袁世凯在朝鲜的外交活动述评》[《新乡师范高等专科学校学报》（2007年第4期］等，虽有提及，但均是只言片语。

② 邵鼎勋的《日本维新时代美国的远东政策（一八六八——一八九五）》（《历史研究》1960年第Z1期）、戴鞍钢的《1882年〈朝美条约〉的缘起与影响》（《韩国研究论丛》第2期）、王春良的《甲午战争前后的远东国际关系——为甲午战争100周年而作》[《烟台大学学报》（哲学社会科学版）1994年第4期]则误把福久当成了时任美国驻朝公使福德。

③ 徐忱：《袁世凯与"福久新闻事件"考析》（《清史研究》2016年第3期），运用较为丰富的美国史料，还原了该事件发生的基本脉络，是目前笔者所见最有新意的佳作，但仍存在剖析欠缺的缺憾。

代理公使乔治·C. 福克斯（又名福久）撰写的有关朝鲜国情的报告书。在报告书中，福久先是指斥闵氏家族把持朝鲜朝政、掌控社会财富，成为一个不折不扣的社会特权阶层。他写道："朝鲜政府已经被闵氏家族无限期地实际掌握着，在此家族中，闵妃是朝鲜王朝事实上的统治者。这个家族的血脉大部分都是中国血统，它一直保持对其国民管理控制的欲望和目标"。"这个家庭非常庞大，并且包含了许多占据全朝鲜贵族家庭绝大部分领地的贵族。政治特权差异已经长期存在于这个家庭和王国，以及其他大部分贵族之中。"① 福久在报告书中又谴责大院君李昰应是一位极端仇外、疯狂迫害基督徒的施暴者，"李昰应是前任摄政王，也是国王的父亲。他摄政后，狂热地遏制基督教在朝鲜的传播。驻朝美国使馆人员不断地告诉我有朝鲜人因为传播基督教被李昰应折磨处死，并且怀疑被处死的人数有数万之多"。② 福久在报告书中还详述了与朝鲜开化派的密切交往，言语中对徐光范、金玉均、洪英植等人多有赞赏，称其"坚持西方政治原则，具有强大的忍耐力和进取精神"③，预测朝鲜将会发生惊天政变。他说："我预感到，一个不局限于朝鲜官员之间的暴力流血事件即将要爆发，""汉城将会发生严重暴动"。④

事实上，《北华捷报》刊载的福久的这篇文章，是福久在1884年12月向美国外交部提交的一份有关朝鲜国情的报告书。1885年1月26日接收，收录于《美国国务院/美国众议院第四十九届大会第一次会议执行文件索引（1885—1886）》[United States Department of State Index to the esecutive documents of House of Representives for fhe first session of forty - ninth Congress, 1885 - '86（1885 - 1886）]（下称《美国外交文书（1885—1886）》）卷中，其名为《福久少尉报告汉城革命相关情报，1884年12月4—7日》（Report of information relative to the revolationary attempt in Seoul, Corea, by Ensign GeorgeC. Foulk, December4 - 7, 1884）。1886年前后，美国政府将其编入《美国外交文书》出版发行。11月16日、17日，《北华捷报》将

---

① 《北华捷报》1886年11月16日。
② 《北华捷报》1886年11月16日。
③ 《北华捷报》1886年11月16日。
④ 《北华捷报》1886年11月17日。

其刊发。①

令《北华捷报》没有料到的是，该刊转发的一篇写于两年前的旧文章竟在中国、朝鲜、美国之间引起了一场严重的外交风波，将文章的作者福久推入了纷争的旋涡，并最终演化为一场声势浩大的"驱逐福久事件"。

1886年12月30日，朝鲜外署督办金允植照会美国驻朝代理公使柔克义，就美国驻朝使馆人员福久撰文诋毁朝鲜政府一事，提出强烈抗议，要求美方在报纸上公开道歉，以正视听。照会全文如下："顷据上海洋文新闻，贵国海军中尉福久，于西历一千八百八十六年十一月十六、十七两日，刊布新闻三纸，专论我国事情，认逆为忠，指无为有，诋毁我亲贵之臣，疏离我友邦之谊。本大臣见之，不胜诧异。查福君前任贵国代理公使，现虽解任，尚在公使馆中，体貌自别。我政府之待福君，情好有加，凡有过失，宜当面忠告，方符友谊，何图听无根之言，刊播四远，非唯本大臣深失所望，我国之人无不慨叹。惟此新闻所刊，是非颠倒，大伤我国体面，兹以备文照会，请烦代理公使查照，设法知会于该新闻局，另刊正误一板〔版〕，俾开人惑而全友谊，实合事宜。"② 以此为开端，拉开了驱逐福久事件的大幕。

对于朝鲜政府的抗议照会，美国驻朝使馆给予了高度重视。代理公使柔克义于12月31日照会金允植，以尚未看见朝鲜所称福久撰文诋毁朝鲜政府的新闻报道为由，要求朝鲜政府提供报纸，以辨事情的真伪。在照会的最后，柔克义信誓旦旦地表示，依据美国法律，概不允许商贾、官员妄议他国内政。福久身为外交官员决无执法犯法之理。③ 1887年1月2日，福久向柔克义详细解释了报纸刊载诋毁朝鲜政府一事的来龙去脉，再三声明报纸所言，皆非本意。④ 1月6日，柔克义向金允植转交了福久的陈辩书。1月8日，柔克义照会金允植对朝鲜没能及时提供报纸表示了不满。

---

① 转引自徐忱：《袁世凯与"福久新闻事件"考析》，《清史研究》2016年第3期，第135—136页。

② 《大朝鲜督办交涉通商事务金允植为照会事》（清光绪十二年十二月六日），郭廷以、李育澍主编《清季中日韩关系史料》，"中研院"近代史研究所1972年版，第4卷，第2308—2309页。

③ 《大美国代理公使柔克义为照会事》（清光绪十二年十二月七日），《清季中日韩关系史料》，第4卷，第2309页。

④ 《福久呈柔克义书》（清光绪十二年十二月九日），《清季中日韩关系史料》，第4卷，第2309—2310页。

他说:"西历十一月十六、十七日上海洋文新闻福公刊播三件事,尚未得见,业为请借,间经九日,终不挪示,幸乞贵督办随其所览指福公之事,一一解释照示为荷。若无明白可据,则仆决不妥服。请三纸新闻借示为望。"① 在此后的时间里,朝鲜政府经过多方调查,查证《北华捷报》刊发文章,并非福久专门为该报而写,只是该报节选于《美国外交文书》而已。为此,3 月 28 日,金允植特地照会柔克义,表示"始知该新闻非福中尉之所印布,向日肆障,豁然顿开。间因敝署丛冗,未暇裁覆,深为歉仄"。并委托柔克义向福久表达歉意。②

然而,就在外界以为因福久新闻事件引发的朝美外交风波趋于和缓之际,朝美两国关系却陡然紧张起来,并升级为驱逐福久离境的外交事件。5 月 1 日,金允植向美国新任驻朝公使兼总领事丹时谟递交了一份辞词强硬的照会。照会提到,《北华捷报》所载诋毁朝鲜政府之新闻,虽非福久直接投稿,但所述事实均系福久所为,福久大名赫列其间。无论其是否有意为之,诋毁朝鲜政府的客观后果却是显而易见。"福君既认为二年前送于贵政府之书,则福君所报未免冒昧诟讪,且新闻之刊布虽非福君手作,而实由福君先有此诟讪之报,以至新闻纸有此诟讪之传。推其本源,谁之咎也?"有鉴于此,为维护国体,敦睦邦交,特请丹时谟主动裁撤福久。金允植在照会的最后,用婉转的语气,表达了驱逐福久离境的强硬立场。他说:"本国与贵国友谊敦睦,如以福君一人久留敝邦,滋人疑议,非敝国之望,亦岂贵国之望耶?况福君既为本政府及本大臣终不释,或至由本大臣迳照会贵国外部查办此案,或因福君不符人望,勒限送出本境,则福君所损多矣。且福君诟讪误报,实有关乎本邦制体,亦有关乎贵国邦交,贵公使幸留意焉。为此合行照会,请烦贵公使查照妥办,速即见覆。"③

至此,"福久新闻事件"升级为"驱逐福久事件",且外交影响持续发酵。交涉国家由朝美两国,扩大为中朝美三国;交涉地点由汉城拓展到北京、华盛顿;交涉主体由朝鲜外交大臣、美国驻朝公使,升格为清政府

---

① 《柔克义照会》(清光绪十二年十二月十五日),《清季中日韩关系史料》,第 4 卷,第 2310—2311 页。
② 《金允植照会》(清光绪十三年三月初四日),《清季中日韩关系史料》,第 4 卷,第 2311 页。
③ 《大朝鲜督办交涉通商事务金为照会事》(清光绪十三年四月初九日),《清季中日韩关系史料》,第 4 卷,第 2311—2312 页。

总理衙门、美国外交部。后世治史者在惊讶于朝美关系峰回路转的同时，不禁要问：就在朝美双方已经呈现出和解的氛围下，"福久新闻事件"何以升级为"驱逐福久事件"？原本发生在朝美之间的外交交涉，中国为何介入其间？

二 福久的在朝言行触碰了中朝两国的底线

中朝两国之所以在福久问题上同仇敌忾，甚至为了驱逐福久不惜与美国政府公然撕破脸面，就是因为福久的在朝言行，触碰了中朝两国的底线，招致了中朝两国的联袂回击。

福久（George Clayton Foulk），1856年10月30日，出生于美国宾夕法尼亚州，1872—1876年，入美国海军学院学习。1878年12月，跟随美国海军准将薛斐尔率领的舰队作环球巡游，1880年初到访中国香港、日本长崎、朝鲜釜山，11月初回到美国，供职于华盛顿海军图书馆。工作之余，自学汉语、日语、朝语。令福久没有想到的是，他的这一自学行动与近代东亚历史的变动联系在了一起，他也由一个原本默默无闻的人，赫然载入了东亚近代史册。

朝鲜报聘使团赴美，是福久与朝鲜历史结缘的开始。1882年5月，《朝美修好通商条约》签订，美国成为近代第一个与朝鲜签订条约的欧美国家。1883年5月13日，福德（L. H. Foote）就任美国首任驻朝公使，美国成为近代第一个向朝鲜派驻公使的西方国家。同年7月，作为对美国遣使敦睦的回谢，朝鲜国王李熙指派由闵泳翊、洪英植、徐光范、边燧等组成的"报聘使团"出访美国。福久作为美国国务院的指定翻译，从报聘使团抵达旧金山开始，在此后的40天（9月2日—10月12日）时间里，陪同访问华盛顿、纽约，面见美国总统阿瑟，递交国书，全方位考察美国社会，恪尽职守，表现完美。当报聘使团返国时，报聘正使闵泳翊邀请福久与之同行，并获得美国国务院的同意。1884年6月，福久以美国驻朝使馆海军武官的身份，随同报聘使团来到了汉城。

福久来到朝鲜后，深受国王李熙的器重，成为开化派的挚友。朝鲜自1882年与美英等国签订通商条约以来，在欧风美雨的浸淫下，决意依恃西洋势力，摆脱中朝宗藩体制的掣肘，实现富国强兵的民族独立梦想。报聘使团回国后对美国文明富强的描述，使国王李熙对美国这个"富强天下第一"的国家顿生好感。1884年1月14日，聘任美国人厚礼节担任朝鲜驻纽约总领事。①1885年10月,任命美国人墨贤理担任朝鲜海关总税务司司长。1886年3月,授予美国人德尼"协办内署外署,掌交司堂上"的名目,参与内政外交。②1887年9月9日,美国人米孙被委任为襄办事务。③9月12日,"美国医士敖兰以医进官,升参判,每持议背华自主,昨派为驻美参赞"。④美国成为朝鲜争取实现民族独立的最大外援。美国作为后起的资本主义大国,出于全球争霸的考虑,亟待打破东亚地区的原有格局,彰显美国影响的存在。朝鲜谋求独立的企图恰好给了美国插手东亚事务的良机。此时来到朝鲜的福久,兼具了双重身份,既是美国远东政策的执行者,又是朝鲜政府援美独立的依恃者。根据史料记载,福久在朝期间主要做了三件大事。其一,大规模推行西化运动。鼓动国王花费巨资,设置电灯。史称,1885年12月,国王"请美人办电气灯,将遍置宫中,尚未运到,闻需费三万余金"⑤。1886年之后,"又派小人分赴中国、东洋,购置珍奇玩好之物,目不暇给"⑥。移植美国模式,组建了典圜局、种桑局、制药局、邮政局、电报总局等;购置枪支弹药、炮舰,编练新式陆海军;买进新式轮船,成立了"转运总局";聘请美国教师,创办了"育英学堂""梨花学堂""济众堂"等西式学校、医院。1886年8月,鼓动国王,花费二万元巨款,从日本购买船体"甚旧且小"的"志蒇丸"号轮船,筹办朝鲜海军。⑦其二,勾结宠臣,取悦王室。福久深知,欲在朝鲜售其心志,必须赢取国王、闵妃的信任。为此,他利用朝鲜国王李熙崇慕西洋、亟欲独立的心态,投其所好,兴办近代军民用企业。与此同时,福久又广泛结交国王、王妃的宠臣,与全良默、郑秉夏、金箕锡、郑洛镕等人接触频繁,编织了一张由内臣、外将构成的关系网络。其中,福久与全良默私交甚密。全良默时任宫廷内署主事,原本出身卑微,只是凭借与国王世子

---

① [韩]高丽大学亚细亚问题研究所编:《旧韩国外交文书》,1973年版,第10卷,[美案1],第30页。
② 《禀北洋大臣李鸿章文》(光绪十二年四月初四日),骆宝善、刘路生主编《袁世凯全集》,河南大学出版社2013年版,第1卷,第161页。
③ [韩]《旧韩国外交文书》,第10卷,[美案1],第314页。
④ 《寄译署》(清光绪十三年七月二十六日),戴逸、顾廷龙主编《李鸿章全集》(22),《电报二》,安徽教育出版社2008年版,第240页。
⑤ 《禀北洋大臣李鸿章文》(清光绪十一年十一月初一日),《袁世凯全集》第1卷,第69页。
⑥ 《禀北洋大臣李鸿章文》(清光绪十二年十二月初二日),《袁世凯全集》第1卷,第267页。
⑦ 《致北洋大臣李鸿章密电》(清光绪十二年七月初四日),《袁世凯全集》第1卷,第203页。

奶妈吴氏的姻亲关系，获取了国王、王妃的宠信。擅于经营的福久遂以美国驻朝使馆翻译的名义，给予全良默每月数十元的薪俸，并由其居间沟通，与闵妃建立联系，"往来宫中，妃颇信之，日派小人全良默等往来其馆"①，"福久遂因之以固宠"。② 其三，教唆朝鲜背清自立。1884年12月，福德离职，福久代理美国驻朝临时公使，"时建自主背华之议，并云：如韩用我，必能联络各国以制中国，使韩与万国并驾齐驱等语。韩王深信之"。③ 并与俄国驻朝公使韦贝串通一气，教唆朝鲜国王脱离中国而独立，公开扬言："韩贫弱不能自主，时受制于中国，各国每派代理公使及领事等官，亦隐不以敌体之国相待。若韩能派公使全权分赴各国，各国亦必派真正公使驻扎朝鲜，各有权势，遇事牵制，中国自不敢以属邦视之。"④ 福久成为鼓动朝鲜遣使海外的第一个西方人，故史称："韩王之谬于自主，至死不悔，亦大半误于福久之议。"⑤ 完全可以说，福久就是1887—1892年导致中朝关系恶化的"朴定阳事件"的始作俑者。⑥

福久的苦心经营，换来了朝鲜国王李熙的恩宠。先是任命其为陆军训练总教习，按照西式操典，编练朝鲜军队；⑦ 次是指令其筹办海军，欲授其水师提督一职；⑧ 再是授予其参政议政之权。福久虽为域外之人，但依恃王室的宠信，俨然以王臣的身份，对朝鲜的军国大事妄加评论，横加干预。尤其是在事关中朝关系问题上，福久时常以挑拨离间、制造矛盾为能事。史称：福久"每欲挟制中国以要好于韩王，凡遇中韩事件，辄置喙议"。⑨ 可以说，福久的投机性活动，收到了投桃报李的奇效，成为朝鲜国王须臾不离的高参、智囊。1886年7月，福久将离朝赴日，作短暂停留。

---

① 《密禀北洋大臣李鸿章文》（清光绪十二年十月二十六日），《袁世凯全集》第1卷，第257页。
② 《禀北洋大臣李鸿章文》（清光绪十三年五月二十六日），《袁世凯全集》第1卷，第356页。
③ 《北洋大臣李鸿章文》（清光绪十三年五月二十六日），《清季中日韩关系史料》第4卷，第2306页。
④ 《北洋大臣李鸿章文》（清光绪十三年八月二十日），《清季中日韩关系史料》第4卷，第2361页。
⑤ 《北洋大臣李鸿章文》（清光绪十三年五月二十六日），《清季中日韩关系史料》第4卷，第2306页。
⑥ 张礼恒、王伟：《"朴定阳事件"与中朝之间的外交纷争》，《当代韩国》2010年秋季号。
⑦ 《致北洋大臣李鸿章密电》（清光绪十二年六月初七日），《袁世凯全集》第1卷，第195页。
⑧ 《致北洋大臣李鸿章密电》（清光绪十二年七月初四日），《袁世凯全集》第1卷，第203页。
⑨ 《北洋大臣李鸿章文》（清光绪十三年五月二十六日），《清季中日韩关系史料》第4卷，第2306页。

临行前觐见国王，李熙依依不舍，反复叮嘱"须早回来助我"，并承诺待其归来，"请办内治外交"。①

作为一个域外之人，福久显然是不懂得东方哲学"益则损之"的哲理，更不了解中朝宗藩关系的根深蒂固性。就在福久为讨国王的欢心而唆使朝鲜背清自立之时，孰不知，他的言行已经触碰了中朝关系的底线，超越了清政府容许的范围。早在人类文明发展史上的"轴心时代"，朝鲜半岛就纳入了中华文化圈的范围，深受中华文化的浸染。14世纪，李氏朝鲜建元伊始，高祖李成桂就自动皈依于大明王朝的卵翼之下，心悦诚服地加入宗藩体制的序列之中，成为明王朝的藩属国，定期来华，称臣纳贡。更因大明王朝对其有匡复之恩，遂口称明王朝为"再造之邦"。17世纪，明清鼎革，江山易帜。清朝继承了明朝的全部政治遗产，朝鲜作为藩属国家，依旧是勤修职贡。时至19世纪80年代，尽管在欧美列强的炮击下，"天朝上国"的神威褪色不少，但对维系拥有五百年历史的中朝宗藩关系，大清王朝依旧是雄心万丈。更难能可贵的是，以李鸿章为代表的清朝精英们，准确地预测到，随着朝鲜与欧美国家的缔约，中朝宗藩关系必将受到冲击，为防微杜渐，祸起萧墙，必须适时而动。1882年3月28日，还在朝美缔约谈判之时，李鸿章就为朝美缔约后的中朝关系建章立制，明确提出"不沾不脱"的对朝原则。② 即在保有宗藩关系的前提下，绝不主动介入朝鲜事务，主旨仍然是为了维护宗藩体制的权威性。具体而言，所谓的"不脱"，即延续宗藩体制的既定规范，在名分上，中国是宗主国，朝鲜是藩属国，这是中朝关系不可逾越的红线。"不沾"，是宗主国处理藩属国事务的方式，即对属国内政外交，宗主国采取"向不过问"的政策，实行"属国自主"。"不脱"是根本，"不沾"是前提，两者互为表里，相互依存，实质上是在约定中朝两国各自的行为规范。只要藩属国承认宗主国的地位，即"不脱"，宗主国绝不能干涉藩属国的内部事务，即"不沾"，两国便可相安无事。言外之意，只要朝鲜跨越了中朝宗藩关系这条红线，清政府必定干预。由此可见，福久教唆、鼓动朝鲜国王背清自立的言行，明显触碰到了清政府最为敏感的神经，触犯了清政府预设的禁忌，逾越了

---

① 《复北洋大臣李鸿章密电》（清光绪十二年六月初一日），《袁世凯全集》第1卷，第192页。
② 《北洋大臣李鸿章函》（清光绪八年二月初十日），《清季中日韩关系史料》第2卷，第548—549页。

清政府划定的红线。因而，遭到清政府的围剿、驱逐自然也就在情理之中。这就是当"福久新闻事件"曝光后，以李鸿章、袁世凯为代表的清政府何以穷追猛打，必欲驱逐而后快的根本原因。单就最后的结果而论，福久显然是高估了朝鲜国王谋求独立的决心，低估了清政府反击的力度和把控朝鲜局势的能量。

对"甲申政变"知情不报，几陷国王、王妃于绝境，是福久遭朝鲜政府驱逐的另一原因。平心而论，朝鲜国王李熙、闵妃对福久是信赖有加的。在国王、王妃的恩宠下，福久俨然成为朝鲜近代化的设计者、规划师，深度地介入朝鲜的内政外交。然而，被国王、王妃视为心腹的福久，却在国王、王妃将有血光之灾之际，匿情不报，见死不救，亵渎了王室的信任，伤害了国王、王妃的感情，遭到摒弃实属正常。而这一切就要从福久与开化派的交往谈起。

19世纪80年代初期，朝鲜社会内部出现了一个以追求西化、改革国政、谋求独立的政治派别，史称"开化党"或"开化派"。因自忖力量有限，开化党人误将独霸朝鲜的日本视为靠山，试图在日本的扶植下，终结中朝宗藩关系，实现朝鲜的民族独立，代表人物有洪英植、金玉均、朴泳孝、徐光范等人。因这些人多为"报聘使团"的成员出访过美国、欧洲，"福久先生同他们一起共同生活了八个月"。[①] 福久来到朝鲜后，与开化党人接触频繁，"相深结纳"[②]，被视为同道。

福久赞赏开化党人对闵氏家族把持国政、事大结清的抨击，支持开化党人力主西化、背清自立的理念，断言开化党人是引领朝鲜结束黑暗、走上光明的希望所在。福久在家信与寄呈美国国务院的报告中对开化党人多有褒奖，称颂长期滞留日本的金玉均，"受日本政治领域福泽渝吉影响很深，因此坚持西方政治原则，具有强大的忍耐力和进取精神"；[③] 徐光范是一位"心地纯洁、待人和蔼、充满热情的人"，"勇于国家牺牲的伟人"；[④] 洪英植是一个"被强烈的光照而目眩的人"；[⑤] 闵泳翊"虽有尽最大能力

[①] 《北华捷报》1886年11月16日。
[②] 《禀北洋大臣李鸿章文》（清光绪十三年五月二十六日），《袁世凯全集》第1卷，第356页。
[③] 《北华捷报》1886年11月16日。
[④] Samuel Hawley, ed., *America's Man in Korea*, p. 45. 转引自徐忱《袁世凯与"福久新闻事件"考析》，《清史研究》2016年第3期，第133页。
[⑤] 《北华捷报》1886年11月17日。

改变国家的真诚，但他生性怯懦、性情多变，习惯于用儒家思想来考虑自己利益的得失，很可能会转到与期望完全相反的方向"。① 被视为同道的福久，既获悉了开化党人的治国理想，又获得了开化党人的行动方案。他在寄呈国务院的报告书中提到："（1884 年）10 月 25 日，一名开化党领导以激烈的语气告诉我，基于国王和开化党的悲惨境遇，经过深思熟虑后，为了朝鲜的前途，闵台镐、赵宁夏等四位将军以及另外四名下级官员将不得不被杀死。"② "10 月 26 日，在与闵泳翊的谈话中，我得知两派的分歧非常大，以至于难以谈论公共事务。这使我预感到，一个不局限于朝鲜官员之间的暴力流血事件即将要爆发。"

"10 月 28 日，我详细地向他（美国驻朝公使福德——引者注）告诉了我所听到的，并且向他断言，汉城将会发生严重暴动。" "10 月 31 日，我拜访了海军上尉博纳登和 W. D. 汤森先生这两名也在汉城的美国人，并且告诉了他们我相信接下来将要发生的事情。"③ 福久在 10 月 26 日写给家人的书信中，更是详细地披露了开化党人政变计划。他说："虽然我可能是唯一一个有此看法的人，但有证据显示汉城不久将爆发动乱。守旧派强烈反对政府西化，而开化党则暗示头可断血可流，表示舍此无法摆脱朝鲜成为中国一省的命运。徐光范公开对我讲，他强烈主张杀掉 10 个人，其中 6 个是朝廷命官。这本是东方政府官员间处理分歧的一种手段，眼下在朝鲜被视为理所当然之举。一个政府官员宣称他要杀掉 10 名现任官员，这听起来有些不可思议，可事实确系如此。"④

事实验证了福久预测的正确性。1884 年 12 月 4 日晚上 7 点，开化党人在庆贺朝鲜邮政局大楼落成的宴会上，借用日本驻朝公使竹添进一及日本军队的帮助，大开杀戒，砍伤闵泳翊，斩杀海防总营闵泳穆、辅国闵台镐、内侍柳在贤、左营使李祖渊、后营使尹泰骏、前营使韩圭稷，挟持国王李熙，追杀闵妃，把持朝政，宣布政纲，首条即废除与中国的宗藩关系

---

① 《北华捷报》1886 年 11 月 17 日。
② 《北华捷报》1886 年 11 月 17 日。
③ 《北华捷报》1886 年 11 月 17 日。
④ Samuel Hawley, ed., *America's Man in Korea*, p. 66 - 67. 转引自徐忱《袁世凯与"福久新闻事件"考析》，《清史研究》2016 年第 3 期，第 133 页。

（"朝贡虚礼设行废止"），①并密谋废除国王李熙，另立新君。史称"甲申政变"。7日，在袁世凯等驻朝清军追讨下，开化党人或被杀，或逃亡日本，开化党人的"三日天下"灰飞烟灭。

"甲申政变"虽有若干资本主义改革的色彩，但在王室的眼中，就是一场罪不可赦的宫廷政变。国王李熙几被废黜，闵妃扮成村姑才死里逃生，闵氏家族更是遭受到毁灭性杀戮。按照常理，事先获悉政变消息的福久理应报告给国王、王妃，未雨绸缪，以备不测。然而，福久却知情不报，在政变发生前，悄然离开汉城，云游四方。11月1日，福久"从汉城出发，按照海军给予的提示，开始了第二次朝鲜内部地区旅行"②，继续其军事间谍的使命。就在国王李熙数度派人追杀逃亡日本的开化党领袖金玉均以泄私愤之时，1886年11月16日、17日，《北华捷报》刊载了福久写于"甲申政变"前的报告，披露了福久知情不报的事实。视福久为心腹，对其百般信赖的朝鲜国王、闵妃，在感情大受伤害的同时，自然是异常恼怒，驱逐福久自然也就在意料之中了。

三 袁世凯借机驱逐福久

福久在朝鲜兴风作浪之际，正是袁世凯作为中国"驻扎朝鲜总理交涉通商事宜"之时。③1885年10月30日，清政府下达给袁世凯的指令就是"以重体制，而资镇慑"④，遏制朝鲜日趋严重的独立倾向，维系中朝宗藩关系。11月8日，袁世凯致书总理衙门，力表忠心，定当恪尽职守，不辱使命。他说："朝鲜为东方屏蔽，世守藩封。数年以来，再经变乱。凡所以明尊亲之义，定摇惑之志，内修政治，外联邦交，因势利导，刻不待缓，加以各国通商，友邦环伺，交际之间，卑亢均难。卑府才力驽下，深惧弗克胜任，惟有仰赖声威，敬谨从事，以期无负委任至意。"⑤据此可知，福久作为中朝宗藩关系的肢解者，袁世凯作为中朝宗藩关系的捍卫

---

① 中国史学会编：《中日战争》第2册，上海人民出版社、上海书店出版社2000年版，第491页。
② 《北华捷报》1886年11月17日。
③ 《派员接办朝鲜事务折》（清光绪十一年九月二十一日），戴逸、顾廷龙主编《李鸿章全集》（11），《奏议十一》，第203页。
④ 《直督李鸿章奏请派袁世凯总办朝鲜交涉事宜折》（清光绪十一年九月二十三日），王彦威编纂《清季外交史料》（二），书目文献出版社1987年版，卷62，第19页。
⑤ 《袁世凯禀》（清光绪十一年十月初二日），《清季中日韩关系史料》，第4卷，第1957页。

者，这对天然的敌人尚未谋面，就注定要在朝鲜这个舞台上激烈搏杀，以决高下。

现存史料显示，袁世凯首次提到福久是在1886年3月3日。是日，袁世凯密电李鸿章，内称：福久对于1885年7月17日签订的《中国代办朝鲜陆路电线条款合同》大为不满，当面斥责朝鲜外署督办金允植，"韩电线由中国专办，与韩国体有碍"，鼓动朝鲜自主兴办。袁世凯据此认定福久为中朝大局的破坏者。他说："福本水师小官代理公使，素昧条例，屡欲干预华、韩。前屡与驳诘，伊当面不认，而暗勾结韩小人，煽惑播弄，并存美商多云善欺骗韩廷买洋牛、马、羊、猪、电气灯诸玩物，希图沾润，殊失美国体面，颇碍大局。"① 此后，随着福久以蛊惑朝鲜背清自立为能事，深度介入朝鲜的内政外交，朝鲜国王李熙在谋求独立自主的道路上加速前行。1886年6月29日，袁世凯在致李鸿章电报中，明显流露出朝鲜局势几近失控的情绪。他说：据传闻，朝鲜国王李熙近期欲对福久委以重任，"惟福非正人，如用之，殊非宜。然韩方谬自主，劝阻恐难"。②

面对日渐恶化的朝鲜局势，为使命所在，袁世凯必须加以遏制。以1882年初次入朝以来对朝鲜国王李熙的观察了解，袁世凯深知，生性懦弱、素无主见的他之所以"以三千里山河臣服于华为耻"③，敢于挑战宗藩体制，谋求自主，就是因为挟美自重，受到了福久的教唆、蛊惑。福久已成中朝关系的搅局者，驱逐福久势在必行，意义重大，既可以震慑朝鲜国王李熙的自主冲动，收敲山震虎之功效，又可以清除乱源，平复朝鲜乱局。为此，袁世凯自1885年11月驻扎朝鲜起，就在为驱逐福久而奔走。先是开展外围工作，试图通过朝鲜官员进谏国王，万不可一味听信福久，要"防其狡险"，无奈福久"蛊惑太深，结党太固，言不能入"，几无成效。次是借用李鸿章的名号，直接劝诫朝鲜国王李熙远离福久，结果却适得其反，国王"反疑中国疑忌福久，而益信福久之能制中国"。再是搜寻福久的罪证，但因福久"鬼蜮多谋，皆无实在凭据，且事多妨碍韩王，尤

---

① 《致北洋大臣李鸿章密电》（清光绪十二年正月二十八日），《袁世凯全集》，第1卷，第118页。
② 《致北洋大臣李鸿章密电》（清光绪十二年五月二十八日），《袁世凯全集》，第1卷，第191页。
③ 《覆北洋大臣李鸿章密电》（清光绪十二年七月初六日），《袁世凯全集》，第1卷，第204页。

难执词责问"。①

就在袁世凯为驱逐福久绞尽脑汁之际，1886 年 11 月 16 日、17 日，福久文章在《北华捷报》的刊发，让袁世凯看到了希望。因福久在文章中对朝鲜政情多有非议，且隐匿开化党人的政变计划，坐视朝鲜国王、王妃的生死于不顾，简直是其心可诛。袁世凯决计由此入手，离间国王、王妃与福久的关系，借机驱逐福久。袁世凯遂指派公署翻译，将《北华捷报》上的文章译成汉文，送交朝鲜国王。国王李熙阅后，勃然大怒，遂指令外署督办金允植于 12 月 30 日向美国驻朝代理公使柔克义递交了一份措辞强硬的照会，表达了驱逐福久出境的意愿。"福久虽外面辩说，已知为韩王所疑恶，未几即赴日本"。② 袁世凯的离间之计初显成效。

然而，随后事态的发展却超出了袁世凯的臆想，"福久新闻事件"不仅没有持续发酵，反而呈偃旗息鼓之势。美国驻朝代理公使柔克义在 1886 年 12 月 31 日、1887 年 1 月 6 日、8 日的照会抗辩，1887 年 1 月 2 日，福久的自辩陈述③，促成了朝鲜国王态度的软化。福久在朝亲信的谏言，则使朝鲜国王萌生了放弃追究福久的念头。福久出走日本后，全良默屡次三番地进谏，口称《北华捷报》所载文章，并非福久刻意为之，此事的曝光，全系"他人顾忌倾害之术"，万勿坠入其中。④ 朝鲜国王权衡再三，决定既往不咎，重用福久。先是委托柔克义电招福久，许以高官厚禄。而福久以朝鲜外署曾经照会谴责为由，故作扭捏之状。国王李熙遂接受全良默的建议，指令朝鲜外署发表照会，声明此前对福久的指责全系误会所致，现已冰释前嫌。⑤ 3 月 28 日，金允植照会柔克义，一改往日的强硬，用极为谦卑的语气，表达对福久的歉意。照会中说："福中尉来驻敝邦，两国交谊日敦，本大臣深相佩服。向来新闻之说固所疑讶而未信者，然既已刊布，非可掩置之事。而洋文翻译或多讹误，所以专布一函，披赤仰质者

---

① 《北洋大臣李鸿章文》（清光绪十三年五月二十六日），《清季中日韩关系史料》，第 4 卷，第 2306 页。
② 《禀北洋大臣李鸿章文》（清光绪十三年五月二十六日），《袁世凯全集》，第 1 卷，第 356 页。
③ 《福久呈柔克义书》（清光绪十二年十二月初九日），《清季中日韩关系史料》，第 4 卷，第 2309—2310 页。
④ 《禀北洋大臣李鸿章文》（清光绪十三年五月二十六日），《袁世凯全集》，第 1 卷，第 356 页。
⑤ 《北洋大臣李鸿章文》（清光绪十三年五月二十六日），《清季中日韩关系史料》，第 4 卷，第 2307 页。

也。及奉来函，始知该新闻非福中尉之所印布，向日疑障，豁然顿开。间因敝署丛冗，未暇裁覆，深为歉仄"。故特此拜托贵代理公使向福中尉转达歉意之情。① 4月份，福久体面地回到了朝鲜，住进了朝鲜国王李熙专门为其修缮一新的豪宅。

面对峰回路转的变局，机敏果敢的袁世凯焉有坐视之理？袁世凯深知，福久此番归来，必定会变本加厉地鼓动朝鲜挣脱宗藩体制的掣肘，唆使朝鲜谋求独立。只有驱逐福久，才能斩断朝鲜国王李熙的非分之想，确保中国"保藩固边"战略的实施。为此，袁世凯决计动用一切社会资源，继续炒作"福久新闻事件"，使其影响漫过朝鲜，涉及中国、美国，升级为关涉中朝美三国政府的外交事件。经过袁世凯的一番密谋筹划，原本已近尾声的"福久新闻事件"再度成为热点。

大致说来，袁世凯借"福久新闻事件"，驱逐福久的谋略有三。第一，借用李鸿章的声威，威吓朝鲜国王。从1879年与朝鲜重臣李裕元通信始，李鸿章就名扬朝鲜。尤其是1882年3月奉旨全权经管朝鲜事务后，李鸿章接受朝鲜学徒留学天津，赠送朝鲜枪炮弹药，主持朝美缔约谈判，博得了朝鲜王臣的赞誉与敬畏。福久从日本返回朝鲜后，袁世凯就手持李鸿章的信函，"嘱韩廷逐之，韩王阳为托词搪塞，内而愈加亲密。虽重以宪谕，亦置若罔闻"。为此，袁世凯提请提高施压力度。1887年5月1日，李鸿章致电朝鲜外署，要求停止重用福久，否则将调袁世凯回国。电文内称："韩用福久，必生事误国，若阳奉阴违，甘自受害，我当调袁回云。但示以勿听用，福将自去，未显言驱逐，以防小人急则生变。"② 电报虽未明确提出驱逐福久，却用强硬的言辞，警告朝鲜国王务当悬崖勒马。倘若一意孤行，后果难料，驱逐福久之意不言而喻。据袁世凯禀报，收到李鸿章的电报后，"韩王始恐，一面派近臣留守卑府，一面即饬外署送文美使丹时谟，逐送福久"。③ 从此以后，"福久新闻事件"的演化完全纳入了袁世凯的设计轨道。

---

① 《金允植照会柔克义》（清光绪十三年三月初四日），《清季中日韩关系史料》，第4卷，第2311页。
② 《寄朝鲜袁道》（清光绪十三年四月十一日），《李鸿章全集》（22），《电报二》，第193页。
③ 《北洋大臣李鸿章文》（清光绪十三年五月二十六日），《清季中日韩关系史料》，第4卷，第2307页。

5月1日，朝鲜外署督办金允植向美国新任驻朝公使兼总领事丹时谟递交了实由袁世凯代拟的照会，指称《北华捷报》所载文章，败坏了朝鲜的国际声誉，伤害了朝鲜人民的感情，虽非福久所写，但所载朝鲜内情，实由福久提供，福久已成不受欢迎之人，故请调离福久，以敦朝美邦交。① 此后，朝美之间照会往来不断，交涉日渐升级。5月4日，丹时谟照会金允植，回击朝鲜的指责，拒绝驱离福久。丹时谟指责朝鲜出尔反尔，旧事重提；宣称福久身为政府公务人员，向政府提供朝鲜国情报告是其职责所系；按照新闻自由的法律规定，美国政府不得干涉《北华捷报》刊发其文；福久身为海军军官，隶属于外交部的驻朝公使无权调离其工作。在照会的最后，丹时谟提醒朝鲜，谨防离间之计，共同维护美朝友谊。他说："此事必有蹊跷，意有何人离间福公于贵国，并欲使贵国与我国好谊隔绝也。"② 5月8日，金允植在袁世凯草拟的照会中，驳斥丹时谟的福久无罪说，列举证据，指证福久在"甲申政变"前与罪臣金玉均等人往来密切，深谙乱党欲图谋乱之事而不禀报，致使国王蒙难，大臣涂炭，福久即朝鲜之"仇敌"，理应被驱离。③ 5月10日，丹时谟在金允植列举的确凿证据面前，难以正面回答，只得以金允植不懂英语为由，敷衍搪塞，拒绝驱逐福久，提出赴朝鲜外署，对福久的指控进行辩论。④ 5月23日，金允植依照袁世凯的授意，指斥丹时谟照会前后矛盾，罔顾事实，偏袒福久。为以正视听，金允植将上海洋文报纸刊发福久诋毁朝鲜文章的英文翻译稿送交丹时谟，作为对其不懂英语的回击。⑤ 5月31日，丹时谟照会金允植，宣布已将涉事资料送交美国政府，福久的去留问题交与美国政府裁决。在结果公布前，停止与朝鲜外署的照会往来。⑥

---

① 《大朝鲜督办交涉通商事务金为照会事》（清光绪十三年四月初九日），《清季中日韩关系史料》，第4卷，第2311—2312页。

② 《大美国钦差驻扎朝鲜管理本国事宜兼总领事丹时谟为照会事》（清光绪十三年四月十二日），《清季中日韩关系史料》，第4卷，第2313页。

③ 《大朝鲜督办交涉通商事务金为照会事》（清光绪十三年四月十六日），《清季中日韩关系史料》，第4卷，第2314—2315页。

④ 《大美国钦差驻扎朝鲜管理本国事宜兼总领事丹时谟为照会事》（清光绪十三年四月十八日），《清季中日韩关系史料》，第4卷，第2315—2316页。

⑤ 《大朝鲜督办交涉通商事务金为照会事》（清光绪十三年闰四月初一日），《清季中日韩关系史料》，第4卷，第2316—2317页。

⑥ 《大美国钦差驻扎朝鲜管理本国事宜兼总领事丹时谟为照会事》（清光绪十三年闰四月初九日），《清季中日韩关系史料》，第4卷，第2317—2318页。

至此，朝鲜外署督办与美国驻朝公使围绕驱逐福久的交涉，无果而终。

与美国驻朝公使直接交锋，婉转表达驱离福久之意，是袁世凯策划驱逐福久的第二方略。丹时谟与朝鲜金允植交涉无果后，在全良默等人的授意下，向袁世凯发起外交攻势，试图逼迫袁世凯否认参与了驱离福久事件，赢得对朝外交的主动权。5月26日，丹时谟致函袁世凯，就外界传言，进行质问。函文写道："近日常有谣言到耳，谓福中尉居住汉城，阁下大有不恰意之处，且有一日阁下坚持以如福中尉再留此处，阁下必退去汉京，即退中国云云。"因福久中尉既是美国公民，又是"本馆之随员"，倘若"阁下如于福中尉有何不顺意之处"，务请告之，以便报告美国政府，请示裁决。① 袁世凯当即判定，这是丹时谟的投石问路之计。如果否认质问，必定授人以柄。只有勇于承认，才能将驱逐福久这场大戏继续演绎下去。为此，他在致李鸿章函中写道："美使明向卑府诘问，欲卑府推不敢认，即可含糊结束。卑府已窥其隐，回书即明认不合于福久，并暗示外署之意亦卑府主持。"② 5月28日，袁世凯致函丹时谟，在正面回应质问的同时，紧抓丹时谟早前所称福久非使馆人员的话题展开反击。福久虽为美国公民，但毕竟不是外交人员，其对朝鲜内政、中朝关系的肆意诋毁，显然就是一种个人行为，并不代表美国政府的意志。以此而论，中朝两国对福久提出驱离要求，针对的仅是福久个人，与重视中朝美邦交友谊无关，希望获得贵公使的理解和支持。③ 通篇函文不卑不亢，反击有理有节，尽显袁世凯的外交智慧与技巧。5月29日，丹时谟再度致函袁世凯，除对福久的身份详加辨析外，暗讽"福久新闻事件"，原本是美朝之间的事情，中国不应置喙；暗示朝鲜政府必欲驱离福久而后快，是因为获得了中国的支持。④ 5月30日，唐绍仪奉袁世凯之命，手持《北华捷报》，赴美国驻朝使馆交涉，遭到丹时谟的拒绝。丹时谟扬言："此事已禀政府，不必再

---

① 《美公使来函》（清光绪十三年闰四月初四日），《清季中日韩关系史料》，第4卷，第2318页。

② 《北洋大臣李鸿章文》（清光绪十三年五月二十六日），《清季中日韩关系史料》，第4卷，第2307页。

③ 《世凯复函》（清光绪十三年闰四月初六日），《清季中日韩关系史料》，第4卷，第2318—2320页。

④ 《美公使来函》（清光绪十三年闰四月初七日），《清季中日韩关系史料》，第4卷，第2320—2321页。

谈，我政府未回文以前，无论何文，亦不必再察。"① 与丹时谟的交涉无疾而终。

应该说，袁世凯与丹时谟的交涉还是富有成效的。交涉中，袁世凯采取了不回避的策略，完整表达了本人的诉求，中国政府的意愿，表现出一种大国担当的气概，有力地支持了以朝鲜外署督办金允植为代表的追讨行动，维系了中朝联盟，保证了驱逐福久事件沿着预设的轨道前行。

抛开美国驻朝公使，升级为中美两国政府交涉，是袁世凯策划驱逐福久的第三谋略。尽管与美国驻朝代理公使柔克义、美国驻朝公使丹时谟的交涉取得了一些成效，但还远远不足以驱逐福久。既然丹时谟声称无权调离福久，那就必须另寻他法。1887年6月初，袁世凯密电李鸿章，为达驱逐福久之目的，"请宪台电达驻美张星使②，就近向美廷商办"。③ 李鸿章对此表示赞同。6月3日，李鸿章致电中国驻美使馆参赞徐寿朋，敦促美国外交部调离福久。电文内称："前署朝鲜美使福久好言生事，为中、韩所深恶，转商外部电调速回，以全三国和好。"④ 至此，交涉福久事件的外交主体由朝美政府变成了中美政府；交涉的地点由汉城移到了华盛顿。

6月7日，徐寿朋致电李鸿章，禀报了与美国外交部交涉的情况。美国外交部查实，福久本系海军下级军官，曾经一度代行美国驻美公使之职，早已解职。目前是否归属海军，尚不确定，容待查证。经徐寿朋交涉，美国外交部答应与海军部联系，查明福久的隶属关系，"俟有确音，再电禀闻"。⑤ 为了强调驱逐福久的必要性和紧迫性，李鸿章于6月8日再度致电徐寿朋，叮嘱其绝不可等闲视之。李鸿章在电文中说道："福与韩诸小人勾结，谋衅华，久恐生知乱。商之驻中、韩美使，均云可径请外部

---

① 《禀北洋大臣李鸿章文》（清光绪十三年闰四月初八日），《袁世凯全集》，第1卷，第357页。
② 张星使即张荫桓，1885年7月—1889年3月，任清政府驻美公使。
③ 《北洋大臣李鸿章文》（清光绪十三年五月二十六日），《清季中日韩关系史料》，第4卷，第2307—2308页。
④ 《寄华盛顿徐参赞》（清光绪十三年闰四月十二日），《李鸿章全集》（22），《电报二》，第202页。
⑤ 《附 驻美徐参赞来电》（清光绪十三年闰四月十六日），《李鸿章全集》（22），《电报二》，第203页。

调回。"① 徐寿朋始知此事非同小可，加紧斡旋自不待言。6月11日，徐寿朋电告李鸿章，经过反复交涉，美国外交部答复，海军部决定在6月13日"发电撤离"福久。② 事实上，美国海军部电告福久离境，是在6月15日。此处有徐寿朋的电报为据。是日，徐寿朋致电李鸿章，"今早水师部已电调福久"。③ 6月19日，袁世凯电寄李鸿章，"昨见美廷寄福久电"，撤福久驻韩公使随员差使，调往兵船充当随员，"速启行"。④ 驱逐福久行动即将大功告成。

然而，福久私党们还在进行着最后的抗争。自接到美国政府的撤离电令起，全良默、郑秉夏、郑洛镕等福久私党就密谋聚会，频繁进宫，以朝鲜的独立自主游说国王，试图借用国王的力量，让美国政府收回成命，口称"福久在此，听中国官论，论即使之去，大妨朝鲜自主体面"。国王李熙受其蛊惑，心生悔意，"复密派人抚慰挽留"福久。⑤ 关键时刻，袁世凯再露峥嵘。袁世凯先是招集郑秉夏、郑洛镕等人，对他们晓以利害，放弃无谓的抵抗；后又专门召见骨干分子全良默，劝其迷途知返，倘若一意孤行，只会是螳臂挡车，自取其辱。与此同时，袁世凯指派素有朝鲜"第一公忠臣"⑥的闵泳翊，凭借闵妃族侄的特殊身份，苦谏国王、王妃，痛陈背清自立的虚妄性，驱逐福久的必要性。此外，袁世凯还安排闵泳翊、韩圭卨等组织人员，采取切实举措，"密加伺察，防禁群小出入"王宫，阻隔对国王的蛊惑。从此以后，"群小始皆观望不敢议"⑦，福久被驱逐已是指日可待。

收到美国政府的调令后，福久故技重施，先是径去仁川，做出乘船离朝的姿态。其实，他是借此试探朝鲜的动向，以求国王再度劝留。然而，

---

① 《致华盛顿徐参赞》（清光绪十三年闰四月十七日），《李鸿章全集》（22），《电报二》，第203页。
② 《附 徐参赞来电》（清光绪十三年闰四月二十日），《李鸿章全集》（22），《电报二》，第205页。
③ 《附 美京徐参赞来电》（清光绪十三年闰四月二十四日），《李鸿章全集》（22），《电报二》，第207页。
④ 《致北洋大臣李鸿章电》（清光绪十三年闰四月二十八日），《袁世凯全集》，第1卷，第348页。
⑤ 《北洋大臣李鸿章文》（清光绪十三年五月二十六日），《清季中日韩关系史料》，第4卷，第2308页。
⑥ 《致二姊函》（清光绪十三年五月二十三日），《袁世凯全集》，第1卷，第353页。
⑦ 《禀北洋大臣李鸿章文》（清光绪十三年闰四月初八日），《袁世凯全集》，第1卷，第357页。

经过袁世凯的周密部署，福久的希望落空了。眼见无人挽留，福久只得尴尬地回到汉城，"收拾行囊"，再赴仁川，于6月29日搭乘美国军舰，30日抵达日本长崎。① 至此，袁世凯策划的"驱逐福久事件"落下帷幕。1893年，福久因心脏病发作，死于日本箱根的狩猎中。

四　结语

"驱逐福久事件"发生的全部过程显示，它既是必然性与偶然性的统一，又是袁世凯精心策划，周密罗织的结果。仅就结局而论，它是清政府19世纪80年代调整对朝政策取得的阶段性胜利。

　　朝鲜是清朝众多藩属国中的典范，素有"东藩绳美"②的美誉。到19世纪80年代，随着东西方列强的蚕食鲸吞，攀附中国周边的藩属国相继沦为了殖民地半殖民地，硕果仅存的朝鲜成为"天朝上国"的点缀品。地缘政治的关系，又赋予了朝鲜非比寻常的现实价值。朝鲜毗邻清王朝的发祥地——中国的东北，倘若朝鲜不保，中国的东北必将面对列强的虎视鹰瞵。站在王朝国家的立场上，保朝鲜就是保中国，更是保大清王朝。因此，朝鲜既是中国国家利益的保障线，又是清政府的生命线。为了实现"保藩固边"战略，清政府在东西方列强大规模侵朝前夕，未雨绸缪，先于1879年8月制定了意在保全朝鲜的"以夷制夷"策略，力图劝导朝鲜与欧美缔结条约，引进西洋诸国，借用列强之间的矛盾，遏制日本、俄国对朝鲜的独占；次在1882年3月朝美缔约之前，确立了新形势下的对朝原则——"不沾不脱"。该原则的宗旨意在防范朝鲜的背离倾向，维护中朝宗藩关系，并通过在"壬午兵变""甲申政变"中的外交实践，赢得了列强或明或暗的首肯，成为特殊时空下的东亚国际关系准则，掌握了处置朝鲜问题的主动权。当朝鲜开化党人勾结日本，发动政变，废止中朝宗藩关系之时，在德国人穆麟德策动朝鲜援俄自立，缔结"朝俄密约"之际，清政府采取断然措施，对前者予以坚决镇压，对后者撤职调离，向全世界表明了保全朝鲜的决心和意志。1886年10月，面对朝鲜日趋严重的背清自立倾向，清政府果断裁撤了1883年10

---

①《北洋大臣李鸿章文》（清光绪十三年五月二十六日），《清季中日韩关系史料》，第4卷，第2308页。

② 吴晗辑：《朝鲜李朝实录中的中国史料》（十一），中华书局1980年版，第4667页。

月驻朝的陈树棠,改派足智多谋、敢于担当的袁世凯为驻扎朝鲜总理事宜。由此可见,袁世凯奉命入朝的职责就是为了平息由朝鲜国王李熙助推的独立风潮,驾驭中朝关系这艘大船平稳前行。这也就决定了奉命保藩的袁世凯,与蛊惑朝鲜独立的福久,天然存在着不可调和的矛盾,驱逐福久具有历史的必然性。

当"福久新闻事件"出现后,袁世凯抓住了洋人赐予的良机,在必然性的大背景下,将这一偶然性事件演绎到了极致,最终实现了驱逐福久离境的夙愿。在这一事件的处理过程中,袁世凯展现出高度的政治敏锐性和卓越的组织协调能力。初见《北华捷报》刊载福久撰写诋毁朝鲜内政的文章,袁世凯即刻捕捉到了其中可供利用的价值,决意将其炒热,打造成离间朝鲜国王与福久关系的重磅炸弹。先是派人将其"译为汉文,送韩廷阅视"①,既表现了一种中朝一体,共御外侮的姿态,又提供了福久诽谤朝政,诋毁国王、王妃的证据,暗示了"非我族类,其心必异"的东方古训。国王李熙盛怒之下,指令朝鲜外署照会美国驻朝公使,明确提出驱逐福久。至此,袁世凯的计策初步奏效。当朝鲜国王李熙中途变卦,驱逐福久即将夭折之际,袁世凯施展其高超的外交手段,广泛动用中朝两国内部、外部的一切力量,排除各种干扰,化被动为主动,将事态的发展重新带入了预设的轨道,最终驱逐了福久。史料显示,从1886年11月到1887年6月,为了驱逐福久,袁世凯宛如一名杰出的导演,每天高度运转,动用资源,收集情报,制定预案,组织演出。为了演出的成功,袁世凯虽为一个三品衔的官员,竟调动了朝鲜国王李熙、美国国务卿、清朝一品大员李鸿章参与其中;为了演出的精彩,袁世凯将驱逐福久的舞台,从朝鲜搬到了中国,移到了美国,将一出地方戏,导演成了一部名扬四海的鸿篇巨制。驱逐福久事件的成功,体现了袁世凯的使命感与担当精神,折射出袁世凯非凡的大局观与决策力。当驱逐福久事件尘埃落定后,袁世凯向家人诉说了其中的辛劳。1887年7月13日,袁世凯在致二姐的信中说道:"近日事甚忙,""每日应酬商办,或终日或终夜,殊觉疲倦耳"。②

---

① 《禀北洋大臣李鸿章文》(清光绪十三年五月二十六日),《袁世凯全集》,第1卷,第356页。
② 《致二姊函》(清光绪十三年五月二十三日),《袁世凯全集》,第1卷,第352页。

深入探究则会发现，袁世凯策划的驱逐福久事件之所以能够成功，是与此期美国的对朝政策大有关系的。客观而论，美国作为后起的资本主义国家，尽管从19世纪60年代起，就急于跻身朝鲜半岛，彰显在东亚地区的存在感，但时至80年代，毕竟国力有限，根基尚浅，无法改变由英俄等国主导的东亚格局。表面上看，美国在朝鲜表现得极为活跃，既移植近代工业体系，又输出资本主义伦理与价值观，装扮成一副救世主的模样，但当其在朝行动触及东亚域内、域外国家的根本利益时，美国权衡再三，最终还是抛弃了朝鲜。按照近代国际惯例，驱逐外交官是一件非常严肃的外交事件，无论是驻扎国，还是派出国，对此都极为慎重。然而，美国副国务卿爱提商、国务卿拜亚在驱逐福久问题上均表现得十分淡漠。1887年6月8日，清政府驻美使馆参赞徐寿朋向美国外交部递交照会，提请"速将福久电调回国，免生变乱"。① 6月16日，拜亚照会徐寿朋，同意所请，现已解除福久驻朝使馆随员之职，令其赴"马利安"号军舰供职。② 原本对美国外交部寄予厚望的福久，接到调令后，表现得极为沮丧。6月28日，福久在家书中写道："本月18日，我接到驻横滨海军上将的电报，命令我离开公使馆，去泊于仁川的'马里昂'号战舰报到。我服从命令，立即照办。这标志着美国政府制造的'新闻事件'已经结束。证据显示，朝鲜人对我的攻击，实乃外署督办迫于中国的压力而为之。我被美国政府撤职一事向全世界和朝鲜人证明中国代表是这里的主宰，而且也证明了中美是一丘之貉。"③ 正因为如此，《福久书信集》的编者Samuel Hawley就曾辛辣地揭披了美国对朝政策的虚伪性。他说："1882—1905年间，美国政府一直赞成朝鲜独立。然而同期，她却拒绝给予任何相关支持——如派遣军队、资助金钱，或建立防御联盟——以保障朝鲜王国的持续主权。这主要是因为美国在中国以及之后在日本的利益，远大于其在朝鲜的利益。因此，美国不愿向朝鲜提供直接援助，以免惹怒这两个亚洲大国。1887年，美国国务卿托马斯·拜亚召回强烈反对中国操纵朝鲜的乔治·福久，便是

---

① 《照译致美外部文》（清光绪十三年闰四月十七日），《清季中日韩关系史料》，第4卷，第2337—2338页。
② 《照译美外部来文》（清光绪十三年闰四月二十五日），《清季中日韩关系史料》，第4卷，第2338—2339页。
③ Samuel Hawley, ed., America's Man in Korea, p. 25。参见徐忱《袁世凯与"福久新闻事件"考析》，《清史研究》2016年第3期，第139页。

这项美国政策实施的重要例证。"①

驱逐福久事件在近代中朝关系史上具有独特的价值与意义。"福久新闻事件"升级为"驱逐福久事件",表明清政府作为一种客观的存在,在朝鲜的现实政治生活中发挥着难以撼动的作用;中朝之间延续数百年之久的宗藩关系,时至19世纪80年代,仍然以其强大的生命力,影响着中朝两国的政治运行,维系着东方国家相处的传统。但是,更应该认识到,"驱逐福久事件"作为一个信号,昭示了中朝宗藩关系出现了巨大的裂缝。它是朝鲜政府对五百多年中朝臣属关系的抗争,对奉行东亚地区千年之久的宗藩体制的挑战,而这种来自东亚内部的挑战有着远非欧美列强外部挑战所无法比拟的意义。福久被驱逐之后,美国人德尼、薛斐尔、李仙得继续扮演着中朝关系的搅局者,并从国际公法的法理上,为朝鲜的独立自主寻找法律依据,最终促成了朝鲜遣使美国的"朴定阳事件",预示了倡行千年之久的宗藩体制即将走到历史的尽头。

(作者为聊城大学历史文化学院教授)

---

① Samuel Hawley, ed., *An American Adriser in Late Yi Korea: The Letters of Owen Nickerson Denny*, University of Alabama, 1984, p.12。参见徐忱《袁世凯与"福久新闻事件"考析》,《清史研究》2016年第3期,第141页。

1905—1909年日本调查"间岛"归属问题的内幕[*]

李花子

20世纪初日本挑起的"间岛问题"包括两个方面,一是"间岛"领土归属权问题[①],二是"间岛"地区朝鲜人裁判权问题。[②]"间岛"一词并非固有名称,是1880年以后朝鲜人大规模越境开垦图们江以北地区的创名[③],主要指今天延边朝鲜族自治州的部分地区。

在日本插手"间岛问题"之前,清朝与朝鲜围绕图们江以北的领土归

---

[*] 本文原刊于《近代史研究》2015年第2期。

[①] 有关"间岛"领土归属权的研究,中国学界主要有杨昭全、孙玉梅:《中朝边界史》,吉林文史出版社1993年版,第446—526页;倪屹:《"间岛问题"研究》,博士学位论文,延边大学历史系,2013年等。韩国学界自1955年申基硕发表《间岛归属问题》(《中央大学校三十周年纪念论文集》)一文以来,出现不少研究成果,如李汉基:《韩国的领土》,首尔大学出版部1969年版;梁泰镇:《韩国的国境研究》,首尔:同和出版公社1981年版;梁泰镇:《韩国国境史研究》,首尔:法经出版社1992年版;崔长根:《韩中国境问题研究——日本的领土政策史的考察》,首尔:白山资料院1998年版;陆洛现编:《白头山定界碑和间岛领有权》,首尔:白山资料院2000年版;黄铭浚:《间岛领有权问题的国际法分析》,硕士学位论文,首尔大学法学科,2005年等。

[②] 有关"间岛"朝鲜人裁判权的研究,有[韩]李盛焕:《近代東をめぐの政治力学―間島をめぐる日中関係の史的展開―》,東京,錦正社1991年版,第95—170页;姜龙范:《近代中朝日三国对间岛朝鲜人的政策研究》,黑龙江朝鲜民族出版社2000年版;[韩]白榮勋:《東アジア政治・外交史研究―「間島協約」と裁判管轄権―》,大阪経済法科大学出版部2005年版等。

[③] 1880年,朝鲜会宁府使洪南周允许朝鲜边民开垦图们江以北的土地,此即"庚辰开拓",从此揭开了朝鲜人向图们江以北中国境内移民的浪潮。参见金春善《1880—1890年代清朝的"移民实边"政策与韩人移住民实态研究——以北间岛地区为中心》,《韩国近现代史研究》第8集,1998年版,第17页。

属问题曾发生过三次大的交涉。一次是在1712年（康熙五十一年），清朝为了制作舆图即《皇舆全览图》，派遣乌喇总管穆克登调查中朝边界，在长白山分水岭上立碑，碑文记载："西为鸭绿，东为土门，故于分水岭上勒石为记"，从而划分了长白山地区的中朝边界。① 另一次是1885年（光绪十一年）、1887年（光绪十三年）中朝共同勘界，自1880年开始朝鲜人大规模越境开垦图们江以北地区，并否认以图们江为界的历史事实，指出土门、豆满（指今图们江）二江说，在朝鲜的要求之下，1885、1887年中朝两国派代表进行了共同勘界，其结果达成了以图们江为界的共识，只是在图们江上游红土水、石乙水合流处以上未达成协议。② 还有一次是在1902—1904年，朝鲜宣布成立大韩帝国③以后，趁俄国占领中国东北之机，实行"间岛"扩张政策，派遣李范允为"北垦岛视察使"（1903年起称"管理使"），企图将图们江以北地区纳入其管辖。不久李范允被清朝"吉强军"赶出上述地区，双方地方官之间签订了《边界善后章程》。④ 由于中朝两国并没有签订正式的边界条约，从而给日本插手这一问题提供了借口。1905年日本控制朝鲜以后，抓住中朝边界问题和朝鲜人管辖权问题大做文章，挑起了中日之间"间岛案"的交涉。

国内学界以往对"间岛"归属问题的研究，强调日本早已认识到间岛属韩的证据薄弱，却仍以本属于中国的"间岛"领土权作为交换条

---

① 有关1712年长白山定界，详见于张存武《清代中朝边务问题探源》，台北："中央"研究院近代史研究所集刊》第二期，1971年；杨昭全、孙玉梅《中朝边界史》，第164—206页；李花子《康熙年间中朝查界交涉与长白山定界》，《欧亚学刊》第5辑，中华书局2005年版；李花子《明清时期中朝边界史研究》，知识产权出版社2011年版，第38—87页。

② 有关1885、1887年中朝勘界，详见于张存武《清代中朝边务问题探源》，台北：《中央研究院近代史研究所集刊》，1971（2）；杨昭全、孙玉梅《中朝边界史》，第253—390页；李花子《明清时期中朝边界史研究》，第87—104页，185—217页。

③ 中日甲午战争以后，1895年签订的《马关条约》规定朝鲜为"独立自主国家"，1897年朝鲜宣布成立"大韩帝国"，1910年沦为日本的殖民地。

④ 有关1902—1904年李范允在图们江以北地区的活动，详见于杨昭全、孙玉梅《中朝边界史》，第369—445页；刘秉虎《在满韩人的国籍问题研究（1881—1911）》，博士学位论文，韩国中央大学史学科，2001年；李花子《大韩帝国时期（公元1897—1910年）的疆域观与间岛政策的出台》，《中国社会科学院历史研究所学刊》第7集，商务印书馆2011年版；[韩] 殷丁泰：《大韩帝国时期'间岛问题'的演变过程及'殖民化'》，首尔《历史问题研究》17号，2007年12月等。

件，获得了在"间岛"的特权和"东三省五案"的利权。① 这一结论毋庸置疑是正确的，但是国内学界对于日本调查"间岛"归属问题的内幕，即通过实地踏查和文献研究，得出间岛属朝的证据薄弱的过程，讨论得还不够全面。

日本学者名和悦子著有《内藤湖南的国境领土论再考——以二十世纪初的清韩国境问题"间岛问题"为中心》一书。该作者利用丰富的资料论述了内藤湖南对"间岛问题"的调查及对日本"间岛"政策的影响，可谓这方面的开拓性研究。② 不过该作者的关注点集中在内藤湖南个人身上，而没有对长白山踏查活动等进行论述。另外，该作者虽然认识到中朝边界纠纷存在"松花江说"和"豆满江说"（今图们江），但是并不了解所谓松花江说先由朝鲜人、后由日本人在实地踏查中杜撰。③ 另外对于中日谈判的结果——签订《间岛协约》和《满洲五案件协约》，作者认为这是中日双方达成的双赢局面，而没有认识到日本间岛政策的狡猾性和欺诈性的一面，特别对于日本通过《满洲五案件协约》攫取东北利权，认识也较模糊。④

本文利用《日本外交文书》、《统监府文书》、日本外务省史料馆收藏的地图资料，以及中朝两国边务交涉资料，再结合笔者近几年研究和实地考察的结果⑤，探讨日俄战以后日本通过实地踏查、文献研究两方面来确

---

① 杨昭全、孙玉梅：《中朝边界史》，第520—521页。姜龙范：《近代中朝日三国对间岛朝鲜人的政策研究》，第131、144页。
② ［日］名和悦子：《内藤湖南の国境領土論再考—二〇世紀初頭の清韓国境問題「間島問題」を通じて—》，東京，汲古書院2012年版。
③ 最初提出土门、豆满为二江的是朝鲜人。1883年朝鲜北道经略使鱼允中派钟城人金禹轼等到长白山踏查后，指出立碑处东边的黄花松沟子与松花江相连，认为这是碑文中的"东为土门"，并把它和豆满江（今图们江）区别开来，进而主张从朝鲜人开垦的土门以南、豆满以北的"间岛"属于朝鲜。参见金鲁奎编《北舆要选》，［韩］梁泰镇：《韩国国境史研究》，第348—354页。
④ 名和悦子：《内藤湖南の国境領土論再考》，第193、202页。
⑤ 笔者有关中朝边界史的研究，包括专著《清朝与朝鲜关系史研究——以越境交涉为中心》（延边大学出版社2006年版），《明清时期中朝边界史研究》（知识产权出版社2011年版），以及论文《康熙年间中朝查界交涉与长白山定界》《朝鲜王朝的长白山认识》（《中国边疆史地研究》2007年第2期），《康熙年间穆克登立碑位置再探》（《社会科学辑刊》2011年第6期），《康熙年间长白山定界与图们江上流堆栅的走向》（《朝鲜·韩国历史研究》第13辑，延边大学出版社2013年版），《黑石沟土石堆考》（《清史研究》2014年第1期）等。笔者对长白山碑、堆的考察，详见于李花子《康熙年间中朝边界的标识物——长白山土堆群的新发现》（中国朝鲜民族史学会编：《朝鲜族研究2013》，民族出版社2014年版）。

定"间岛"假定区域的范围,形成对"间岛"归属问题的认识,制定对清谈判策略的过程。这将有助于我们加深理解日本蓄意挑起"间岛"交涉案,并借机向东三省扩张利权的侵略本质。

一 对"间岛"假定区域的调查及长白山踏查活动

在日俄战争结束以后,日本开始关注"间岛问题",准备以"保护"朝鲜人的名义向这一地区渗透、扩张。首先要解决的是"间岛"到底指哪里,其范围有多大。"间岛"一词属于朝鲜人的创名,最初用来指图们江流经朝鲜钟城、稳城之间形成的江中岛屿,被朝鲜边民开垦出来,又被称作"垦岛"。后来随着朝鲜人渐向图们江以北地区越境开垦,便成为滥觞,图们江以北的所有新垦地均被称作"间岛",实则已非岛屿。① 由于它是新创名,最初其范围也是不确定的,有人认为指海兰河以南,有人认为指布尔哈通河以南,总之与朝鲜人移住开垦图们江以北地区有关。②

日本驻朝鲜军最早参与了此项调查。1905年11月,驻朝鲜军司令官长谷川好道向陆军参谋本部提交了一份报告书,叫作《间岛境界调查材料》。③ 该调查材料篇幅不长,主要搜集了朝鲜人对中朝边界及"间岛"的看法,包括咸镜道观察使赵存禹(1897年)和庆源郡守朴逸宪(1899年)的调查记,其内容包括以下几个方面。

1. 有关1712年中朝定界,指出中朝两国派官员在长白山(朝鲜称白头山)分水岭上立碑,以西边的鸭绿江、东边的"土门江"为界。④ 土门江因碑东的沟壑(指黄花松沟子)⑤ 到了大角峰呈"土壁如门"状

---

① 李重夏:《乙酉别单》,《土门勘界》(1885年,首尔大学奎章阁收藏,21036),胶片第8页。
② 朝鲜咸镜道观察使赵存禹等认为"间岛"指布尔哈通河以南(参见图1,从水流方向看"分界江"实指布尔哈通河),而日本驻朝鲜军则认为"间岛"指海兰河以南(参见图2)。
③ 《間島境界調查材料》(1905年11月),日本防卫省防卫研究所藏,陆军省—日露战役—M37—6-127/1424-1431(アジア歴史資料センター网,レファレンスコード:C06040131500,下同)。
④ 《間島境界調查材料》,陆军省—日露战役—M37—6-127/1426。
⑤ 黄花松沟子是1885年中朝勘界时起的名称,是因为沟子里有很多落叶松即黄花松树,朝文叫"伊戛力盖"。1907年刘建封受东三省总督徐世昌之命考察这里时,起名叫"黑石沟",是因为沟子里有很多黑石,此名沿用至今。参见李重夏《乙酉别单》,《土门勘界》(1885年,首尔大学奎章阁收藏,21036),胶片第6页;刘建封《长白山江岗志略》,李澍田主编:《长白丛书》初集,吉林文史出版社1987年版,第344—345、370、380页;《中朝边界议定书》(1964年),〔韩〕徐吉洙《白头山国境研究》,"附录",首尔:与犹堂2009年版,第422页。

而得名；建有石堆20里，土堆70里，共有180余处，其上树木老而拱；堆止处涧水流出即杉浦，杉浦之水流入松花江。① 而"豆满江"（指今图们江）发源于长山岭池（指圆池），距离分水岭立碑处为90里。② 以上内容是朝鲜人典型的土门、豆满二江说，意在说明康熙五十一年（1712）穆克登定的是"土门江"（指松花江上流）而不是豆满江（今图们江）③，那么由朝鲜人开垦的土门江以南、豆满江以北的"间岛"属于朝鲜。

2. 指出朝鲜人移住的范围："位于茂山以东至稳城之间的六百里间，长百里或数十里，广五六十里或二三十里，韩人移住者有数万户，受到清人的压制，而清人不足韩人的百分之一。"④ 这个范围实际上是早期朝鲜人移住图们江以北的地理分布，即朝鲜人所谓"间岛"的范围。另参见该报告书的附图（图1），"间岛"位于"分界江"和豆满江之间，这里的"分界江"指布尔哈通河⑤，豆满江指今天的图们江，即认为间岛位于布尔哈通河和图们江之间。

第二年（1906年）3月，日本驻朝鲜军再次提交了一份报告书，叫作《关于间岛的调查概要》。这份"调查概要"除了参考已有文献外，还结合了驻朝鲜军搜集的情报，其内容包括："间岛"名称的起因、地域、地势、生产，以及清人、朝鲜人居住状况，清朝的统治，朝鲜对间岛的政策，国境问题的起因，乙酉（1885年）、丁亥（1887年）清和朝鲜边界谈判要领，间岛在国防上的价值等，另附有长白山碑文（1712年）抄本和"间岛"范围图（图2）。⑥

---

① 《間島境界調査材料》，陸軍省－日露戦役－M37－6－127/1429。
② 《間島境界調査材料》，陸軍省－日露戦役－M37－6－127/1427－1428。
③ 本论文中的"豆满江"均指今天的图们江。"豆满江"是历史上形成的朝鲜对图们江的称呼。
④ 《間島境界調査材料》，陸軍省－日露戦役－M37－6－127/1428。
⑤ 在朝鲜古地图上，图们江支流海兰河、布尔哈通河往往被标为"分界江"，这是一种错误的地理认识，这与朝鲜人对1712年穆克登定界的认识有关。朝鲜人认为穆克登定界的南流之水并不是正源，正源应该是从天池发源后向东流的水，而海兰河、布尔哈通河都是自西向东流的，所以常被误认为是图们江正源，在地图上标为"分界江"。1880年朝鲜人越过图们江以后，将"分界江"（指海兰河、布尔哈通河）与"间岛"联系起来，提出分界江以南是"间岛"。有关朝鲜的"土门江""分界江"认识，详见于李花子《明清时期中朝边界史研究》，第120—147页。
⑥ 《間島ニ関スル調査概要》（1906年3月），外務省外交史料館藏，《間島ノ版図ニ関シ清韓両国紛議一件》第1卷，アジア歴史資料センター網，レファレンスコード：B03041192800（下同），REEL No.1－0350/0444－0454。

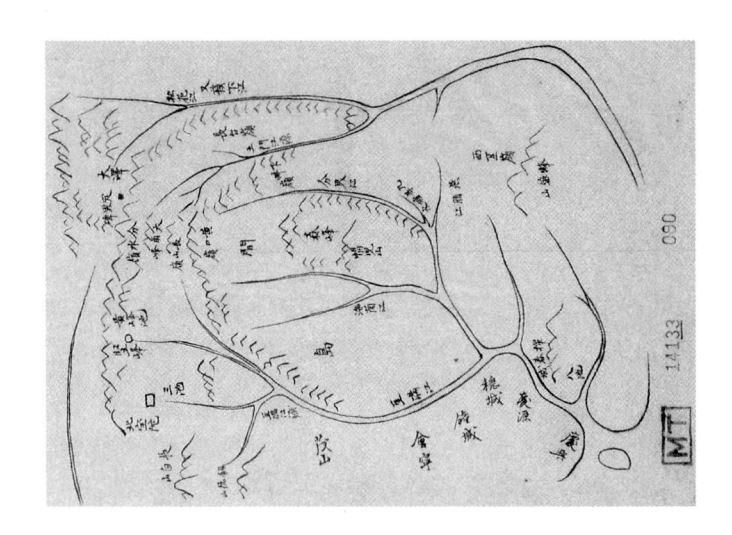

图 1 "间岛"范围图（出自《間島境界調査材料》）①

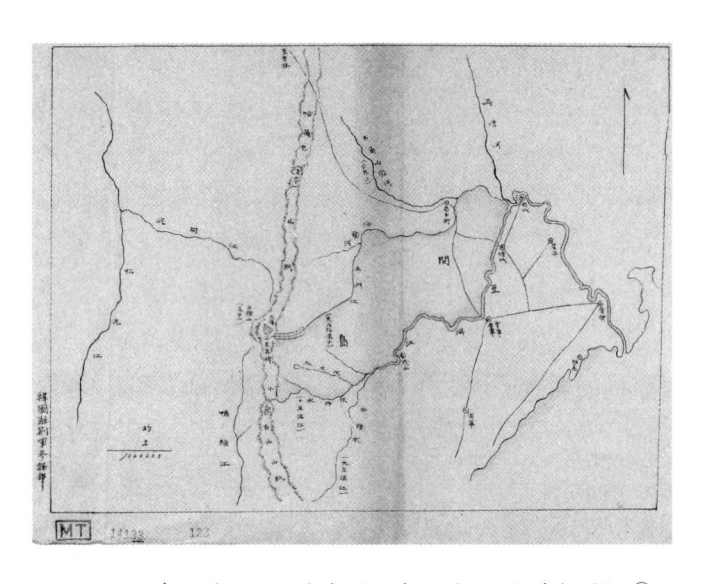

图 2 "间岛"范围图（出自《間島ニ関スル調査概要》）②

---

① 此图收入《間島境界調査材料》，防衛省防衛研究所藏，陸軍省－日露戦役－M37－6－127/1431；以及外務省外交史料館藏，《間島ノ版図ニ関シ清韓両国紛議一件》第1卷，MT14133/090。

② 此图制作时参考了100万分之一《东亚舆地图》、俄版42万分之一图，以及清朝军队的实测图。参见《間島ニ関スル調査概要》，《間島ノ版図ニ関シ清韓両国紛議一件》第1卷，REEL No.1－0350/0445。此图收入外務省外交史料館藏，《間島ノ版図ニ関シ清韓両国紛議一件》第1卷，MT14133/123。

从这份"调查概要"所述间岛的范围来看，指海兰河和图们江之间，如记载：间岛地域"从白头山沿土门江，到达海兰河的合流点，再沿海兰河到达布尔哈通河的合流点，从这里沿北方的布尔哈通河到达豆满江"。① 值得注意的是，这里的"土门江"并不是指松花江上流，而是指海兰河上流（参见图2），这与驻朝鲜军对长白山碑文"东为土门"的看法有关，如指出："根据韩国人的传说和记载，土们江发源于白头山向东流，再向北流入松花江。如果以这样的河流为土们江，那么韩领区域会甚广大，等于说现在的俄、清地域均为韩领，然而这毕竟不过是韩人特有的牵强附会。"② 即从中俄两国的领土现状考虑，朝鲜人所谓中朝两国以"土门江"即松花江上流为界是不能成立的。该"调查概要"值得关注的一点是强调了"间岛"在国防上的价值，如指出：（1）间岛位于由吉林通往朝鲜咸北的要冲，物质丰富，敌人若先占有该地，就可以解决从当地获得粮食的便利，而咸北处于无人之地，不得不仰赖远处后方的物质。（2）会宁对岸的间岛地势较高，敌人如果占有了这块高地，就会使会宁平地委之于敌人。日本若采取进攻之势，从咸北进军吉林，就必须占有间岛，否则难以达到目的。因此，间岛属于清和朝鲜哪一方，从朝鲜国土防御上讲，不可等闲视之。③ 以上内容无疑对日本在第二年（1907年）设立"统监府临时间岛派出所"起了促进作用，即为了巩固对朝鲜的殖民统治，作为向中国东北扩张的新据点，以及牵制近邻俄国，日本都需要占有这块战略要地。④ 不难看出这是日本实施"间岛"扩张政策的原因和目的所在。

1907年，日本为了设立统监府"间岛派出所"，紧锣密鼓地进行准备。3月，日本参谋本部派遣东京第一地形测图班在图们江上游地区进行测量。这个测图班分为四个组，分别在茂山、会宁、钟城、稳城等地进行

---

① 《間島ニ関スル調査概要》，《間島ノ版図ニ関シ清韓両国紛議一件》第1卷，REEL No.1-0350/0445。
② 《間島ニ関スル調査概要》，《間島ノ版図ニ関シ清韓両国紛議一件》第1卷，REEL No.1-0350/0445。
③ 《間島ニ関スル調査概要》，《間島ノ版図ニ関シ清韓両国紛議一件》第1卷，REEL No.1-0350/0451。
④ 有关牵制俄国及借"保护"朝鲜人的名义在间岛地区设立统监府派出所，从而使"间岛问题"朝有利于朝鲜的方向解决，参见〔日〕篠田治策：《間島問題の回顧》，首尔：谷冈商店印刷部1930年版，第1—15页。

测量，准备制作五万分之一的"间岛局子街表面略测图"。这是作为陆军参谋本部正在实施的"外邦测量"计划的一环而进行的。①

同年4月7—20日，日本驻朝鲜的统监府派遣陆军中佐齐藤季治郎和嘱托筱田治策二人潜入图们江以北地区，其目的一是考察当地一般情况，二是物色将要设置的统监府派出所的位置。二人从朝鲜会宁渡江，经过东盛涌、局子街（延吉）、铜佛寺、天宝山、头道沟、六道沟（龙井村），返回朝鲜钟城。他们用两周时间集中考察了朝鲜垦民聚居的海兰河、布尔哈通河流域，最后决定在海兰河流经的六道沟（龙井村）建立统监府派出所。②

8月19日，日本在龙井村正式设立了"统监府临时间岛派出所"。同日，日本驻北京公使向清外务部发出照会指出："间岛为中国领土，抑为韩国领土，久未解决。该处韩民十万余，受马贼及无赖凌虐。拟即由统监派员至间岛保护，希电该处华官，免生误会。"③可见日本以"间岛"所属未定和"保护"朝鲜人的名义在中国领土内设立了非法的侵略机构。对此，8月24日清外务部复照表示："此地隶属延吉厅，确系中国领土"，"查中朝边界向以图们江为天然界限，本无间岛名目"，"来照所称统监府派员一节，中国断难允议"。④自此，日方向中方挑起了有关"间岛问题"的外交交涉。

与此同时，为了了解康熙五十一年（1712）设立于长白山的碑、堆的情况，特别是碑以东"土门江"的实际流向。9月5日，参谋本部派出两名测量手大曾根诚二、中原佐藏，与派出所的铃木信太郎一起，前往长白山进行考察。一行人溯图们江而上，在途中铃木因身体不适在茂山休养，其余二人继续前行。从他们行进的路线看，先到达图们江发源地和圆池附近，再转往天池东南立碑处。观天池以后，沿碑东的"土门江"（指黄花

---

① 《外邦测量沿革史》（1907年3月），"草稿第2编前，明治40年度"，"13、明治40年3月28日在東京第1地形測図班命令"，日本防衛省防衛研究所藏，支那‐兵要地志‐129，アジア歴史資料センター網，レファレンスコード：C13110088900，0537。

② 篠田治策編：《統監府臨時間島派出所紀要》（1910年），水原：史芸研究所2000年影印，第47页。

③ 外務省編：《日本外交文書》40卷2册，"間島問題一件"，東京：巖南堂書店2001年版（下同），第92页。

④ 外務省編：《日本外交文書》40卷2册，"間島問題一件"，第92—93页。

松沟子，又称黑石沟）前行，在东南岸发现了石堆。继续沿沟下行，一直走到了松花江上流小沙河口。再沿图们江上游红旗河顺流而下，到达红旗河与图们江汇合处，沿图们江而下，于10月2日返回派出所所在地龙井村（参见图4）。①

在考察结束以后，两名测量手绘制了两幅地图，一是五万分之一的"自白头山至小沙河线路图"（图3）②，实为黄花松沟子图；一是四十万分之一的"长白山附近线路测图"（图4）。③ 此外，二人还留下了定界碑的拓本和照片等。④ 这些材料于10月18日由统监府寄至外务省，成为外务省制定"间岛"政策和对清谈判策略的重要参考依据。⑤

根据这两名测量手的踏查结果，派出所报告如下："从定界碑的东边开始有一道地罅（指黄花松沟子——笔者注）向东北行，这就是土门江的本流"，其东南岸建有石堆，延长约7公里（一说5公里）。⑥ 到了石堆尽头，两岸断崖深百米，如门耸立，"土门"名称由此而来。从石堆尽头，沟子呈河川形状，在大森林中向东北延伸16公里（记载为4日本里≈16公里，1日本里≈3.927公里），再向北有1公里的砂川，向下有细流12公里（记载为3日本里≈12公里），与松花江上流二道江汇合，流至小沙河口。另据向导讲，森林里有土堆24公里（记载为6日本里≈24公里），但由于杂草丛生，并没有发现。⑦ 总之，一行人沿沟下行数十公里，到达松花江上流小沙河口，最终确认康熙五十一年定界时设置的碑、堆与松花江

---

① 《統監府臨時間島派出所紀要》，第89—91页；《統監府文書》2，"有关间岛问题的书类一——三"，首尔：国史编纂委员会1998年版（下同），第349、356、369页。
② "自白頭山至小沙河線路図配置図"，收入外务省外交史料館藏，《間島ノ版図ニ関シ清韓両国紛議一件》第7卷，MT14133/3443。
③ "長白山附近線路測図"，收入外务省外交史料館藏，《間島ノ版図ニ関シ清韓両国紛議一件》第7卷，MT14133/1903。
④ 《統監府臨時間島派出所紀要》，第90页。
⑤ 《統監府文書》2，"有关间岛问题的书类一——三"，第415页。
⑥ 《統監府文書》2（第369页）记载，石堆从定界碑开始延长5公里，与《統監府臨時間島派出所紀要》所载7公里有出入（第90页）。另据朝鲜学者黄铁山于1948年考察后指出，此沟东南岸有石堆106个，从第一个石堆到最后一个石堆相距5391米（Yun howoo：《'间岛Odyssey'白头山的历史之谜》，首尔《周刊京乡》848号，2009年11月3日）。
⑦ 《統監府臨時間島派出所紀要》第90、91页；《统监府文书》2，"有关间岛问题的书类一——三"，第369页。

相连。① 这一考察结果支持了所谓土门、豆满二江说，成为支撑"间岛"属朝观点的一个基石。以后日方在与中方交涉、谈判时，屡屡强调与长白山碑、堆相连的实际水流并不是豆满江（今图们江）而是"土门江"，这里"土门江"指的是松花江支流。

以上测量手的考察结果仍发现有两处值得怀疑的地方，一是黄花松沟子下游果真与松花江相连吗？据笔者近几年实地探查发现，黄花松沟子（今称黑石沟）到了下游沟形消失无踪，并不和松花江相连。其真实情况是，土堆先于沟形消失，沟子再向前延伸数百米后消失，沙道最后在距离黄花松草甸子500米处断掉，表明曾在沟里流淌的水流至此全部渗入地下，再向前跨过森林和大草甸子才有松花江支流发源。② 另外，这条沟除了夏季短时间内部分地段有水流以外，大部分时间没有水流，属于一条干沟，正如1887年朝鲜勘界使李重夏所说："所谓松花之源，只是干川，元无点水。"③ 换言之，此沟没有水流入松花江，并不是松花江支流。二是这两名测量手似乎隐瞒了沟子东南岸有土堆的事实，这一点令人费解。只要到现场考察，就不难发现石堆下面相沿十几公里的土堆，但他们为什么没有看到呢？是因为土堆尽头并不和松花江相连，所以故意隐瞒吗？这将是个无解之谜。

这两名测量手不仅对碑以东的黄花松沟子进行了详细的考察和测量，还对位于天池东南的立碑处也进行了考察和测量，据记载：定界碑高二尺余，宽一尺余，位于"白头山绝顶湖水东南麓1里（约4公里）多，鸭绿、土门两江源所挟，向东南倾斜的平坦鞍部，碑面朝南，由西向北成30度方向。从立碑处至西边鸭绿江源断崖处约三町（1町≈109米，3町≈327米），至东方土门江约五六町（545—654米）"。④ 由此可见，立碑处位于天池东南约4公里，向西300多米有鸭绿江发源，向东500多米有"土门江"（指黄花松沟子）发源。

---

① 外務省编：《日本外交文書》41卷1册，"間島問題一件"，東京，巖南堂書店2002年版（下同），第455—457页。
② 李花子：《康熙年间中朝边界的标识物——长白山土堆群的新发现》；李花子：《黑石沟土石堆考》，《清史研究》2014年第1期。
③ 李重夏：《勘界使交涉报告书》（1887年），"4月15日答华员"，首尔大学奎章阁收藏，11514之2。
④ 《统监府临时间岛派出所纪要》，第10—11页。

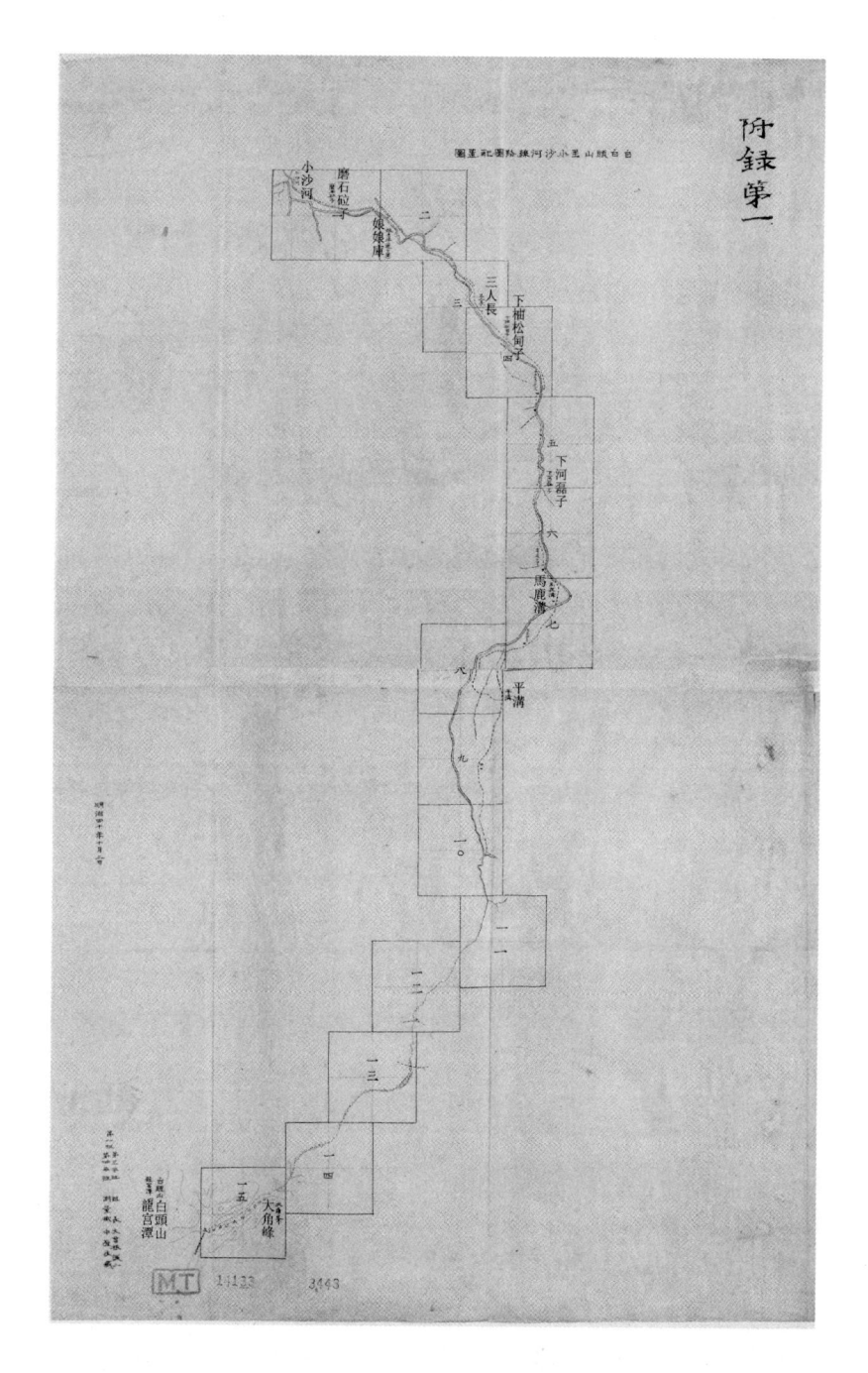

图3："自白头山至小沙河线路图"

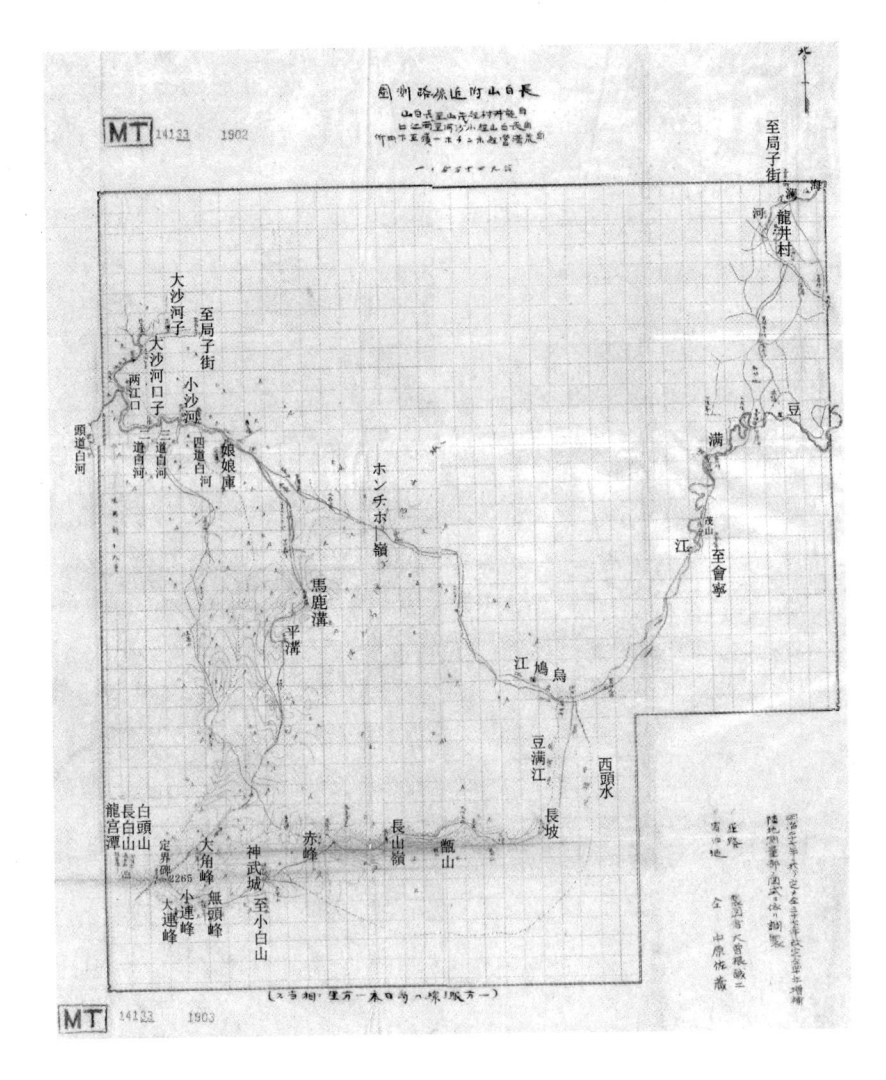

图 4 "长白山附近线路测图"

以上的考察结果，除去黄花松沟子和松花江相连的部分以外，其他的考察数据还是较客观的，尤其测量手所绘制的五万分之一"等高线图"（图3），都是迄今为止有关黄花松沟子（黑石沟）的最详细的地图。其实，从前述内容中仍可以分辨出黄花松沟子的长度，如记载石堆延长7公里（一说5公里），再加上在大森林中延伸的16公里（这里应该有土堆），总长度为23公里（或者21公里），这应该是黄花松沟子的总长度。这个数据与笔者近几年考察、研究所得的数据相近。① 从这里再向前有1公里的砂川（沙道），一般称之为"杉浦"，这是沟的下游，至此沟形基本消失无踪。再向前记载有12公里的细流，但这已经不是黄花松沟子的自然延伸，在细流和沟子的中间有森林、草甸子分布，将二者隔开，换言之，黄花松沟子和松花江上流其中间是断开的，并不相连。但就在砂川和细流的过渡部分，日本人似乎做了手脚，进行了模糊处理，从而造成二者相连的假象（参见图3）。这与1883年朝鲜西北经略使鱼允中的做法如出一辙②，其真实目的是杜撰土门、豆满二江说，因为这是间岛属朝成立的前提条件。

二 中井喜太郎和内藤湖南对"间岛"归属问题的文献研究

为了与中方进行"间岛问题"的谈判，日方需要了解中朝双方边界纷争的由来及症结所在，以便制定针对清朝的谈判策略。为此在日俄战结束后不久，日本着手进行有关"间岛"归属问题的文献研究。中井喜太郎被统监府任命为嘱托，内藤湖南（号湖南，本名虎次郎）被参谋本部、外务省任命为嘱托。

中井喜太郎曾担任过《读卖新闻》的总编和主笔，1902年作为"朝鲜协会"的干事来到朝鲜，之后参加"对俄同志会"鼓吹主战论。日俄战结束以后，俄国人还没有完全撤出延边地区时，他便和日本驻朝鲜军司令部的调查员一起，于1905年5月潜入延边地区进行情报搜集活动。③ 不仅如此，他还在首尔查阅了有关中朝界务交涉的资料，包括1712年定界时洪世泰的《白头山记》《朝鲜肃宗实录》的相关记载，《同文汇考》的设栅咨文，以及《北舆要选》（金鲁奎编）中朝鲜军官李义复的记事、肃宗国王的"白头山诗"等。另外，他还查阅了1885、1887年勘界时朝方

---

① 笔者对中国境内黄花松沟子（黑石沟）东南岸的土堆进行了全程实地考察，认为石堆延长约5.3公里（采纳朝鲜学者黄铁山的5391米说），土堆延长约18公里，土石堆总长度约23公里，黑石沟全长约24公里。详见于李花子《康熙年间中朝边界的标识物——长白山土堆群的新发现》；以及《黑石沟土石堆考》（《清史研究》2014年第1期）。

② 1883年朝鲜北道经略使鱼允中派钟城人金禹轼等考察后，指出黄花松沟子（称之为"土门江"）与松花江相连，这是土门（松花江上流）、豆满（今图们江）二江说的最初发端。其后1885、1887年中朝勘界时，由于双方代表对此沟的看法不同，各执一词，争论不休，所以未能纠正这一错误。相关研究详见于李花子《黑石沟土石堆考》，《清史研究》2014年第1期。

③ 名和悦子：《内藤湖南の国境领土论再考》，第52页。

勘界使李重夏的状启，双方的往复文书、谈判记录（《覆勘图们界址谈录公文节略》）等。还查阅了1902—1904年朝鲜派李范允为"北垦岛视察使"，以及他在图们江以北地区活动的资料。在以上资料的基础上，中井于1907年9月完成了《间岛问题的沿革》，提交给了统监府，11月转至外务省。①

中井的这份报告书，分为三部分，即"定界使"（指穆克登）、"勘界使"（指李重夏）、"视察使"（指李范允）。第一，有关1712年定界，他指出穆克登在长白山立"定界碑"以后，沿豆满江而下到达茂山，经过会宁、庆源到下游观入海口，之后从庆源越向珲春，由吉林回到北京，这说明穆克登定的是豆满江。还指出，在穆克登回国以后，朝鲜沿碑的东边连设石堆、土堆，再从土堆尽头到豆满江上流红土水源头设置了木栅，后来木栅年久朽烂，这同样说明穆克登定的是豆满江。②另外，他指出朝鲜人所说的碑以东的"土门江"（指黄花松沟子），实际上是穆克登被朝鲜土人（金爱顺）所骗而定错的豆满江源。③但是笔者并不认同这个观点。参考《朝鲜肃宗实录》《同文汇考》，齐召南的《水道提纲》及奎章阁收藏的《白山图》等可以确认，黄花松沟子从一开始就是指图们江水"入地暗流"，即表示水在地下伏流，到了发源地再涌出地面流为图们江。④所以

---

① [日] 中井喜太郎：《间岛问题ノ沿革》（1907年9月），外务省外交史料馆藏，《间岛ノ版图ニ関シ清韓両国纷议一件》第3卷，アジア歴史资料センター网，レファレンスコード：B03041195400－B03041195600。

② 中井喜太郎：《間島問題ノ沿革》，《間島ノ版図ニ関シ清韓両国紛議一件》第3卷，アジア歴史资料センター网，レファレンスコード：B03041195500，REEL No.1－0352/0336－0337。

③ 中井喜太郎：《間島問題ノ沿革》，《間島ノ版図ニ関シ清韓両国紛議一件》第3卷，アジア歴史资料センター网，レファレンスコード：B03041195400，REEL No.1－0352/0272。

④ 参见金鲁奎编：《北舆要选》，梁泰镇：《韩国国境史研究》，第337—340页；《朝鲜肃宗实录》肃宗三十八年五月丁酉、六月乙卯、十二月丙辰，肃宗三十九年四月丁巳，首尔：国史编纂委员会1969年影印；洪世泰：《白头山记》，东北亚历史财团编：《白头山定界碑资料集》（6），2006年版，第138页；金指南：《北征录》（1712年），"五月十五日""五月二十三日""六月二十三日"，"朝鲜总督府朝鲜史编修会"1945年抄本；朴权：《北征日记》，《白头山定界碑资料集》06，2006年版，第122页；承文院：《同文汇考》原编卷48，"疆界"，首尔：国史编纂委员会1978年影印，第907页；齐召南：《水道提纲》卷26，"东北海诸水·土门江"，《景印文渊阁四库全书》，台湾商务印书馆1986年影印本等。另外，首尔大学奎章阁收藏的《舆地图》（古4709－1）中的《白山图》，似为康熙五十一年穆克登定界时清朝画员绘制的山图或者模本，其上的一条断流之水标为"入地暗流"，指水在地下伏流，从其方位来看（从天池东南开始向东延伸，过大角峰），指的是黄花松沟子，它和松花江并不相连，沟尾是断开的。

说，黄花松沟子并非穆克登定错的图们江源，而从一开始就被认为是连接图们江发源地的陆地边界的重要组成部分。① 总之，中井认为1712年穆克登定的是今图们江，而不是松花江上流。

第二，有关1885、1887年中朝勘界，他根据资料梳理出两次勘界的原因、经过和结果，并指出：朝方对于"穆碑所谓'土门江'承认即是图们江，提议以此定界（当然不清楚是否接受了中央政府的命令），由此豆满江上流境界，尤其茂山以下的会宁、钟城、稳城两岸，明明白白以豆满江为两国境界。从朝鲜政府来说，毫无疑问地确实承认现今的间岛地方属于清国领土。"② 还指出："（韩方）勘界使李重夏通过再勘，明确勘定豆满江红土水为两国境界，只是红土水上流二水中以何为界未了。"③ 以上中井对1885、1887年勘界的看法也是较客观的。

第三，有关1902—1904年李范允在图们江以北地区的活动，记述了朝鲜派遣李范允为"北垦岛视察使"的背景、经过及中韩交涉等内容，并指出："《清韩条约》（1899年）第十二条规定，'边民已经越垦者听其安业，俾保性命、财产安全，以后如有潜越边界者，彼此均应禁止'，这表明（韩方）承认间岛为清国领地。"④ 尽管如此，他仍强调当1904年清政府要求朝方派员勘界时，日本内田公使表示日俄战以后再谈，这得到了清政府的认可，表明中朝勘界并没有结束，日本可以利用这一点徐徐与中方谈判、交涉，"以等待时局的发展，不久清国将面临被分割、被分裂的国难"。⑤ 这最后一句话充分暴露出中井作为日本殖民政策拥护者的本来面目，不久他被任命为殖民地朝鲜的咸镜北道书记官也就不足为奇了。⑥

---

① 从黄花松沟子下游的土堆尽头到图们江上流红土水之间，原来设有四十余里的木栅，后来木栅年久朽烂，才使沟子和图们江断开。有关连接图们江的堆栅的走向，详见于李花子《明清时期中朝边界史研究》，第38—87页；李花子《康熙年间长白山定界与图们江上流堆栅的走向》。
② 中井喜太郎：《間島問題ノ沿革》，《間島ノ版図ニ関シ清韓両国紛議一件》第3卷，レファレンスコード：B03041195500，REEL No. 1－0352/0330。
③ 中井喜太郎：《間島問題ノ沿革》，《間島ノ版図ニ関シ清韓両国紛議一件》第3卷，レファレンスコード：B03041195600，REEL No. 1－0352/0368。
④ 中井喜太郎：《間島問題ノ沿革》，《間島ノ版図ニ関シ清韓両国紛議一件》第3卷，レファレンスコード：B03041195600，REEL No. 1－0352/0368。
⑤ 中井喜太郎：《間島問題ノ沿革》，《間島ノ版図ニ関シ清韓両国紛議一件》第3卷，レファレンスコード：B03041195600，REEL No. 1－0352/0369。
⑥ 外務省編：《日本外交文書》41卷1册，"間島問題一件"，第544页。

内藤湖南作为日本东洋史学界"京都学派"的创始人之一而广为人知，他在出任京都大学教授之前，曾担任《大阪朝日新闻》的论说委员，在这一任上他被参谋本部和外务省两次任命为嘱托，调查了"间岛问题"，撰写了两份《间岛问题调查书》。① 这两份调查书所参考的文献略有不同，得出的结论也有差异。

1906年1月，内藤湖南被参谋本部任命为嘱托调查"间岛问题"，2月他完成了《间岛问题调查书》。② 从这份调查书所列的书目来看，主要参考了中朝两国的历史文献资料，包括朝方的《东国舆地胜览》《国朝宝鉴》《大韩疆域考》《通文馆志》《北舆要选》等，中方的资料参考了奉天翔凤阁的满文长白山地图、满文盛京图、崇谟阁的汉文旧档，以及《吉林通志》、齐召南的《水道提纲》等。③ 在调查书的末尾，他坦言自己并没有看到中朝边务交涉的公文书资料，包括朝鲜政府内廷保管的公文书，以及清朝盛京将军、吉林将军的档案，也未能对长白山地区及图们江本、支流进行实地考察。④ 或许由于这个原因，第一份调查书的结论有明显的偏颇，未能准确把握中朝边界及边务交涉的客观实际。

在第一份调查书中，内藤从地理的、历史的角度分析了"间岛"归属问题。第一，有关1712年定界，他指出穆克登本想定的是鸭绿江、豆满江，但是他和朝鲜官员看错了江源，把松花江源（指黄花松沟子）看作豆满江源⑤，后来朝鲜人沿着看错的松花江源筑设了土石堆、木栅，因此，从地理的观察来看，朝鲜正当的主张只是好好地以现存证据物为据⑥，意思是说应该以碑堆所在的松花江为界，那么"间岛"理应属于

---

① 参见名和悦子《内藤湖南の国境領土論再考》，第23—36页。
② 参见名和悦子《内藤湖南の国境領土論再考》，第43—44页。
③ 〔日〕内藤湖南：《間島問題調査書》（1906年），外務省外交史料館藏，《間島ノ版図ニ関シ清韓両国紛議一件》附属書（内藤虎次郎嘱託及調査報告），アジア歴史資料センター網，レファレンスコード：B03041212500，REEL No.1-0364/0142。
④ 内藤湖南：《間島問題調査書》（1906年），《間島ノ版図ニ関シ清韓両国紛議一件》附属書（内藤虎次郎嘱託及調査報告），レファレンスコード：B03041212500，REEL No.1-0364/0142-0143。
⑤ 内藤和中井均以为黄花松沟子是松花江支流，因而认为此沟是穆克登定错的图们江源。
⑥ 内藤湖南：《間島問題調査書》（1906年），《間島ノ版図ニ関シ清韓両国紛議一件》附属書（内藤虎次郎嘱託及調査報告），レファレンスコード：B03041212500，REEL No.1-0364/0139-0140。

朝鲜。① 其实，在这里内藤搞错了一个重要事实：他以为土石堆和木栅全部设置于黄花松沟子上连接到了松花江，但实际上木栅并没有设于黄花松沟子上，而是设于从黄花松沟子的沟尾到红土水（图们江上流）之间的平坡上②，这一点要等到他第二次调查"间岛问题"时，才得以搞清楚。

第二，内藤认为从历史的观察来看，"间岛"属朝有以下有利的证据：（1）朝鲜国王的祖先在豆满江以北，是其坟墓所在③；（2）明朝二百年间豆满江东北边的女真人接受朝鲜的官爵，呈现半属状态④；（3）清太祖努尔哈赤兴起后空出其地，只是统治人民，清和朝鲜两国均禁止流民侵入江北，这里实为中立地⑤；（4）鸭绿江以北也是中立地，旺清、叆阳边门外面的空地是清人犯禁开发的地方，所以朝鲜人犯禁开发的"间岛"（指图们江以北）也应属于朝鲜领土。⑥ 以上所谓对朝方有利的证据，特别是鸭绿江、图们江以北属于无主"中立地"的说法⑦，纯属歪曲事实，但这些恰恰是日本政府所需要的，可以用来反驳中方，起到牵制中方的作用，因而受到了日本政府的重视。

或许由于内藤提出了对日本政府"有用"的东西，在提交第一份调查书不久，他再次被外务省任命为嘱托调查"间岛问题"。同年（1906年）7月，他前往首尔查阅朝方资料，这次他看到了上次未能看到的公文书

---

① 内藤湖南：《間島問題調査書》（1906年），《間島ノ版図ニ関シ清韓両国紛議一件》附属書（内藤虎次郎嘱託及調査報告），レファレンスコード：B03041212500，REEL No.1-0364/0139-0140。

② 朝鲜勘界使李重夏在1885年第一次勘界时，发现了从黄花松沟子的堆尾到图们江上源红土水之间的界标遗迹，其内容在秘密报告书《追后别单》（《土门勘界》，1885年，首尔大学奎章阁收藏，21036）中有记载。笔者对李重夏《追后别单》的分析，详见于李花子《明清时期中朝边界史研究》，第56—87页，以及李花子《康熙年间长白山定界与图们江上流堆栅的走向》。

③ 内藤湖南：《間島問題調査書》（1906年），《間島ノ版図ニ関シ清韓両国紛議一件》附属書（内藤虎次郎嘱託及調査報告），レファレンスコード：B03041212500，REEL No.1-0364/0139-0140。

④ 内藤湖南：《間島問題調査書》（1906年），《間島ノ版図ニ関シ清韓両国紛議一件》附属書（内藤虎次郎嘱託及調査報告），レファレンスコード：B03041212500，REEL No.1-0364/0139-0140。

⑤ 内藤湖南：《間島問題調査書》（1906年），《間島ノ版図ニ関シ清韓両国紛議一件》附属書（内藤虎次郎嘱託及調査報告），レファレンスコード：B03041212500，REEL No.1-0364/0140。

⑥ 内藤湖南：《間島問題調査書》（1906年），《間島ノ版図ニ関シ清韓両国紛議一件》附属書（内藤虎次郎嘱託及調査報告），レファレンスコード：B03041212500，REEL No.1-0364/0140。

⑦ 内藤湖南有关鸭绿江、图们江以北地区为中朝两国归属未定的"中立地"的观点，后来被筱田治策写进《白頭山定界碑》（東京，楽浪書院1938年版）一书中。

资料，包括李重夏的状启、秘密报告书（《追后别单》），以及双方代表的谈判记录等。其间他还与中井喜太郎见面，二人进行了交流。同年8月，他再次到奉天查阅资料。第二年（1907年），他到京都大学任教，继续研究间岛问题。他已经积累了不少文献资料，除了中朝双方资料以外，他还看到了法国人杜赫德编纂的《中华帝国全志》，其中的地图和雷孝思备忘录引起了他的注意。在这幅地图上，他发现在图们江以北划有一条虚线（自西向东），雷孝思（参与编纂康熙《皇舆全览图》）对此的解释认为虚线以南是中朝两国达成的无人居住地带，他认识到这是对朝方有利的证据。①

经过近一年的搜集资料和进行研究，1907年9月，内藤湖南向外务省提交了第二份《间岛问题调查书》，其内容有以下四点。

第一，有关1712年定界，引用中朝双方资料②，分析指出："清国为了将长白山纳入其版图，遂决行此事，将分界的石碑立于山南分水岭，于是无论清国人还是朝鲜人，皆认定以豆满、鸭绿二江本流为界限。"③还指出："在间岛问题发生以后，朝鲜人认为穆使指定的境界是分界江（指布尔哈通河——笔者注）或者松花江支流，这不过是附会。从金指南在茂山对越界的韩人费力辩解来看，无疑以茂山的豆满江为界。"④ 总之，他认为

---

① 参见名和悦子《内藤湖南の国境領土論再考》，第49—68页。
② 内藤湖南第二份《间岛问题调查书》（1907年）所参考的有关1712年定界的资料，包括定界碑的碑文、洪世泰的《白头山记》《同文汇考》中的设栅咨文，《北舆要选》中的朝鲜军官李义复的记事、穆克登奏文、"谢定界表"，《通文馆志》中的金指南传、金庆门传，齐召南的《水道提纲》，盛京翔凤阁的满文长白山图、满文盛京图，清朝舆图的民间刻本（胡林翼、严树森编），以及金正浩的《大东舆地图》等。参见内藤湖南《間島問題調査書引用書目》（1907年），《間島ノ版図ニ関シ清韓両国紛議一件》附属書（内藤虎次郎嘱託及調査報告），アジア歴史資料センター網，レファレンスコード：B03041213300, REEL No. 1-0364/0244-246；内藤湖南《間島問題調査書》（1907年），外務省外交史料館藏，《間島ノ版図ニ関シ清韓両国紛議一件》附属書（内藤虎次郎嘱託及調査報告），アジア歴史資料センター網，レファレンスコード：B03041213400-B03041213900。名和悦子在《内藤湖南の国境領土論再考》一书中，对内藤的两份调查书及《韓国東北疆界考略》（1907年8月）所引用的资料，列表进行了对比分析，这对笔者了解内藤调查书中所引资料有帮助。参见名和悦子《内藤湖南の国境領土論再考》，第99—104页。
③ 内藤湖南：《間島問題調査書》（1907年）第3，《間島ノ版図ニ関シ清韓両国紛議一件》附属書（内藤虎次郎嘱託及調査報告），レファレンスコード：B03041213600（下同），REEL NO. 1-0364/0340。
④ 内藤湖南：《間島問題調査書》（1907年）第3，《間島ノ版図ニ関シ清韓両国紛議一件》附属書（内藤虎次郎嘱託及調査報告），REEL NO. 1-0364/0340-0341。

1712年穆克登定的是豆满江（今图们江）。尽管如此，他仍指出"间岛"对朝方有利的证据：在穆克登定界以后，朝鲜实际统治了鸭绿江、豆满江以南地区，但是清朝却空出其地，使江北地区不在统治范围内，成为"无人中立地"即"间荒状态"。① 这个主张迎合了日本政府所谓"间岛"所属未定的观点，后来屡屡出现在日方致中方的照会中，用来反驳中方"间岛"属中的观点。

第二，有关1885年第一次勘界，他列举了李重夏的状启、秘密报告书（《追后别单》）及1886年朝鲜承认土门、豆满为一江的照会，指出："这个问题缩小为单单勘定豆满江源，而间岛问题已经被放弃了。"② 意思是说，1886年朝方承认以图们江为界，实际上等于放弃了间岛所有权。有关1887年第二次勘界，他根据李重夏的状启指出，中朝双方对于红土水、石乙水合流处以下均已勘定，只是合流处以上二源仍未协议，李重夏主张红土水，秦煐主张石乙水。③ 总之，内藤有关1885、1887年勘界的评价是较为客观的，与前面中井的观点，特别是清外务部的主张基本相同，有助于外务省了解两次勘界的客观结果，以便制定对清谈判策略。

第三，有关1902—1904年李范允在图们江以北地区的活动，他指出朝鲜政府派李范允为"北垦岛视察使"，企图管理图们江以北地区，这是朝鲜借俄、日之力欲发扬国威。④ 这一结论也是较客观的。不过内藤和中井一样所看重的是李范允被逐出该地以后，当中方要求朝方派员勘界时，日本内田公使表示说日俄战以后再谈，这得到了中方的认可，说明中朝勘界并没有结束，因此日方可以与中方进行交涉谈判。⑤

第四，有关"间岛"的名称和区域，内藤指出间岛（指东间岛）位

---

① 内藤湖南：《間島問題調查書》（1907年）第3，《間島ノ版図ニ関シ清韓両国紛議一件》附属書（内藤虎次郎嘱託及調查報告），REEL NO.1－0364/0342。
② 内藤湖南：《間島問題調查書》（1907年）第4，《間島ノ版図ニ関シ清韓両国紛議一件》附属書（内藤虎次郎嘱託及調查報告），レファレンスコード：B03041213700，REEL NO.1－0364/0359－0364。
③ 内藤湖南：《間島問題調查書》（1907年）第4，《間島ノ版図ニ関シ清韓両国紛議一件》附属書（内藤虎次郎嘱託及調查報告），レファレンスコード：B03041213700，REEL NO.1－0364/0364－0365。
④ 名和悦子：《内藤湖南の国境領土論再考》，第126页。
⑤ 内藤湖南：《間島問題調查書》（1907年）第5，《間島ノ版図ニ関シ清韓両国紛議一件》附属書（内藤虎次郎嘱託及調查報告），レファレンスコード：B03041213700，REEL NO.1－0364/0371－0372。

于布尔哈通河（图们江支流）以西，即从长白山开始，向东沿哈尔巴岭、连山，到图们江为止的区域，又称"北垦岛"。而长白山西南、鸭绿江上游以北地区，应称作"西间岛"。与此同时，他反对统监府踏查员把图们江以北至嘎呀河称作"东间岛"，而把松花江上源地区称作"西间岛"的做法，指出这是没有任何根据的。他更反对"一进会"及朝鲜人凭借定界碑及"土门"下流（指松花江）为据，将间岛的范围扩张至宁古塔、吉林地方，认为这是牵强的。① 以上内藤所说的"间岛"范围与统监府、"一进会"的主张相比，稍显保守。特别是他所指"北垦岛"的范围，与后来《间岛协约》（1909年）所规定的朝鲜人杂居区的范围接近，可见外务省采纳了稍显保守的"间岛"范围主张。究其原因，是因为"北垦岛"地区②朝鲜移民相对集中，清朝统治相对薄弱，日本可以打着"保护"朝鲜人的名义向这一地区渗透、扩张。而一旦将"间岛"范围扩大到鸭绿江流域或者松花江流域，只会引起中方更大的抗议，招来列强的干涉，考虑到这些因素，后来"间岛"范围被限定在朝鲜人相对集中的图们江以北地区。

三 外务省出台对清谈判策略及《间岛协约》的签订

外务省作为对清谈判的担当机构，自身也通过各种途径搜集资料和进行研究。如1907年10月30日，驻朝鲜的统监府向外务省抄送了李重夏的启草、别单草、"辨晰考证八条"及两份咨文。③ 12月3日，朝鲜内阁总理大臣李完用抄送了1711年及1712年定界时《同文汇考》中的往复公文，包括清礼部咨文等。④ 然而在朝鲜宫内府并没有找到光绪十三年（1887）八月十九日朝鲜致清礼部咨文中的地图和《覆勘图们界址谈录公文节略》（谈判记录）等，于是外务省下令驻北京公使与清外务部交涉获

---

① 内藤湖南：《間島問題調査書》（1907年）第6，《間島ノ版図ニ関シ清韓両国紛議一件》附属書（内藤虎次郎嘱託及調査報告），レファレンスコード：B03041213800，REEL NO.1-0364/0374。

② 北垦岛即北间岛，位于图们江以北，相对于鸭绿江以北的"西间岛"，它又被称作"东间岛"，指今天延边地区。

③ 《统监府文书》2，"有关间岛问题的书类一——三"，第422—423页。两份咨文分别为光绪十三年8月19日朝鲜国王致礼部咨文，以及光绪十四年四月二十日朝鲜国王致北洋大臣的咨文。

④ 《统监府文书》2，"有关间岛问题的书类一——三"，第455页。

得这些资料。① 12月7日，驻京公使与清外务部的那桐、袁世凯见面时，要求描摹1885、1887年勘界地图，得到了允许。12月27日包括两次勘界地图及1887年李重夏致秦煐的照会、朝鲜国王致北洋大臣的咨文等，均被抄送回国。结果外务省发现在1885、1887年勘界地图上，并没有在朝鲜认为的"土门江"（黄花松沟子）上记载其名称，据此外务省认识到中朝两国在土门江即豆满江上分歧并不大。②

经过前述1907年9月的实地踏查（参谋本部测量手）、文献研究（中井、内藤），以及外务省自身的搜集资料和调查研究，到了1907年12月6日外务省终于得出如下结论："据我方调查，有关间岛问题的韩国政府的主张，其论据薄弱，"于是下令驻京公使"为了制定境界的基础，先要了解对方的论据"。③ 这里所谓朝鲜政府的"论据薄弱"，指的是建立在土门、豆满二江说基础上的间岛属朝的观点难以成立。

既然间岛属朝的论据薄弱，那么日本理应撤回"间岛派出所"，放弃"间岛"交涉案才是正理，但是正相反，外务省准备利用二江说及所谓"间岛"对朝方有利的证据与中方周旋、谈判，以便争取日方利益。12月28日外务省提出"关于间岛所属问题在沿革上有助于韩方证据的诸要领"，其内容包括④：1. 间岛又称垦岛、垦土，是移住的新垦地，即无住之地。爱新觉罗氏兴起后，带领豆满江左岸（北岸）住民南征北战，而间岛地方全然空虚。清和朝鲜各自禁止人民移住该地，宛然中立地带。另据法人雷孝思的"备忘录"记载，"在长栅和朝鲜国境之间设立了无人地带"，这说明豆满江左岸（北岸）具有中立地带的性质。2. 间岛处于清朝政令之外，是无主的中立地带，相反在这一地方行使实力的是朝鲜官宪，这可以通过文献得到证明。李朝发祥于豆满江下游，旧基陵寝在豆满江外（图们江以北）。3. 清朝主张以豆满江为界，这颇值得怀疑。雷孝思奉康熙帝之命实测国境后所绘制的地图，以该江左岸（图们江以北）山脉为清、朝鲜境界。其后康熙帝虽然派穆克登定界，但是仍未对

---

① 外務省編：《日本外交文書》40卷2册，"間島問題一件"，第141—142、145—147、171頁。
② 外務省編：《日本外交文書》40卷2册，"間島問題一件"，第173—175、187—188、190—191頁。
③ 外務省編：《日本外交文書》40卷2册，"間島問題一件"，第172頁。
④ 外務省編：《日本外交文書》40卷2册，"間島問題一件"，第192—194頁。

豆满江左岸行使统治权。只是在下流地方建珲春厅，但上流地方全部抛弃，对岸（图们江以北）不得建房。4. 对朝方最不利的是1887年勘界时李重夏的措施，清朝凭借力量主张石乙水说，还搬运碑石欲诉之威力来决定界址，但是双方终未达成任何协议。对于李重夏的独断越权行为，朝鲜政府并未加以承认，这一点从后来朝鲜政府派李范允到间岛主张茂山以下的豆满江左岸（以北）为朝鲜领土，以及试图加以管辖的事实可以得到证明。以上"诸要领"特别是有关"间岛"对朝方有利的证据，参考了内藤湖南的第二份调查书①，而有关李重夏的独断越权行为则出自"间岛派出所"的意见。②

同一天，外务省将上述要领和雷孝思备忘录、法文地图、参考书等③，分发给了驻京公使、驻奉天总领事、驻吉林领事，总理大臣、陆军大臣、海军大臣、参谋总长、军令部长、曾弥副统监、在英大使、在安东事务代理、伊藤统监、山县公爵，以及其他驻外使领馆（美、法、德、意、俄、奥、上海、天津、汉口）等④，其意图是通告各方将利用这些有利于朝方的证据与中方进行谈判。其实从所提供的参考书即内藤湖南的调查书来看，不利于朝方的内容更多，如指出1712年定的是豆满江（今图们江），1885、1887年勘界时在红土水、石乙水合流处以下达成了以豆满江为界的共识，特别是1886年朝方承认以豆满江为界，等于抛弃了"间岛"所有

---

① 参见外务省"诸要领"的内容，不少地方标有引用内藤湖南第二份调查书的卷、页标记（外務省编：《日本外交文書》40卷2册，"間島問題一件"，第192—194页）。

② 篠田治策编：《統監府臨時間島派出所紀要》，第22—27页。

③ 从外务省档案资料来看，外务省向各部门长官和驻外使领馆寄送的材料，除了"要领"以外，还有法文地图、雷孝思备忘录和参考书（两部）、派出所的电文等。在这些资料中，只有驻京公使得到了全部资料，其余各部门长官得到了要领书、法文地图、雷孝思备忘录和一部参考书（内藤湖南的第二份调查书），而驻外使领馆（美、法、德、意、俄、奥、上海、天津、汉口）只得到了要领、法文地图和备忘录（外務省外交史料館藏，《間島ノ版図ニ関シ清韓両国紛議一件》第5卷，アジア歴史資料センター网，レファレンスコード：B03041197400 - B03041197500，REEL NO. 1 - 0353/0563 - 0581），而没有得到其他资料。这两部参考书，一个是内藤湖南提交给外务省的调查书（参见名和悦子：《内藤湖南の国境領土論再考》，第170—171页），另一个参考书是什么，尚不清楚。笔者推测似为日本驻朝鲜军于1906年提交的《間島ニ関スル調査概要》（收入《間島ノ版図ニ関シ清韓両国紛議一件》第1卷和"参考书"第2卷。参见《間島ノ版図ニ関シ清韓両国紛議一件》第1卷，レファレンスコード：B03041192800，REEL No. 1 - 0350/0444 - 0454；以及《間島ノ版図ニ関シ清韓両国紛議一件》"参考書"第2卷，REEL No. 1 - 0366/0328 - 0338）。

④ 《間島ノ版図ニ関シ清韓両国紛議一件》第5卷，レファレンスコード：B03041197500，REEL NO. 1 - 0353/0572 - 0581。

权等。① 即便如此，外务省仍准备利用所谓有利于朝方的证据与中方进行谈判。

几天后（1908年1月15日），驻京公使提出了"有关间岛境界碑文中'土门'的意见"，指出长白山碑文中的"土门"就是指豆满江（今图们江），以此表明赞同外务省有关朝方"论据薄弱"的观点，其详细内容为②：（1）1712年定界碑中的"土门"与1711年上谕中的"土门"，都是指豆满江，朝方对此无异议。（2）李重夏在1885年要求以误定的水流（指黄花松沟子）为界，但是清朝未接受。（3）李重夏在秘密复命书（指《追后别单》）中指出，碑东的土石堆、木栅到达豆满江边。1886年朝方承认以豆满江（今图们江）为界，1887年主张红土水说（图们江上流）。这以后清、朝鲜境界交涉，只是1887年的未勘部分（指红土水、石乙水合流处以上未定）。（4）从外务省寄送的参考书来看，认为碑文中的土门非豆满的朝方主张极其遗憾，缺乏理由。以此为论据，主张以流入松花江的支流为界，决难支持。即便以错定的松花江支流为界，但到什么地方为止也不好主张，到头来不过是红土水（图们江上流）附近的问题。最后，驻京公使提出了处理"间岛问题"的对策：牵制性地利用这一问题，使清朝承认间岛地方和朝鲜有密切的关系，签订"国境贸易条约"，以扩大朝鲜人的保护管辖设施。

4月7日（1908年），外务省向驻京公使下达了更加具体的对策，此即"间岛问题内训"，指出：朝方的主张其根据有些薄弱，结果不得不承认以图们江为界，准备向清提出如下要求：1）允许日、朝人杂居于此；2）在局子街设立领事馆，在其他重要地点设分馆或派出所，朝鲜人的裁判权由领事馆行使；3）"吉长铁路"延长至会宁，即提出修筑"吉会铁路"的建议；4）天宝山矿及其他事业的权利使之承认；5）清、朝鲜两国承认以豆满江为界，红土、石乙二水由日、清查员立会调查。对于以上条件，考虑到清政府不可能立即接受，暂时仍坚持过去的方针，即主张间岛

---

① 内藤湖南：《間島問題調查書》（1907年）第3，《間島ノ版図ニ関シ清韓両国紛議一件》附属書（内藤虎次郎嘱託及調查報告），REEL NO.1-0364/0340-0341；内藤湖南：《間島問題調查書》第4，《間島ノ版図ニ関シ清韓両国紛議一件》附属書（内藤虎次郎嘱託及調查報告），REEL NO.1-0364/0359-0364。

② 外務省編：《日本外交文書》41卷1册，"間島問題一件"，第418—420页。

所属未定，在适当的时机再提上述条件。另外，有关"吉长铁路"延长件，在适当之时与"间岛问题"分开。① 这份"内训"具备了后来的《间岛协约》（1909年签订）的雏形，只差"满洲五案件"与此挂钩。该内训的出台标志着日本的"间岛"政策及对清谈判策略基本形成。日本准备以承认图们江为界，换取在间岛的特权，包括对日本人、朝鲜人的领事裁判权等。4月11日（1908年），日本政府通过敕令公布了"统监府临时间岛派出所官制"②，其用意是一方面通过驻在当地的派出所继续向中方施加压力，另一方面与清外务部进行谈判，争取实现上述目标。

按照上述内训，4月14—28日，"间岛派出所"所长齐藤季治郎前往北京与驻京公使一起讨论撰写反驳中方照会的事宜。③ 5月10日，这份照会正式出笼。其核心内容是土门、豆满二江说、1887年勘界成果无效及"间岛"对朝方有利的证据。如前述，外务省已经了解了土门、豆满为一江，以及1887年勘界时双方达成了以豆满江（今图们江）为界的共识，但是为了牵制中方和讨价还价，决定仍坚持二江说和1887年勘界案无效。日方照会的详细内容如下：（1）清、朝鲜两国境界以白头山（长白山）上的碑为起点，西边以鸭绿江为界，东边以土门江为界。土门江是与碑堆相连的实际水流，而非豆满江。（2）1885年朝方要求以土门江为界，1887年朝方迫于清方的压力，同意红土、石乙二水合流处以下以豆满江为界，但是合流处以上相争未决，因此1887年会勘结果全然无效。1888年以后两国进行复勘的交涉，但至今仍未实行。（3）1903年朝鲜派李范允管理豆满江以北地方，并向清朝知照，但是从两国近年的交涉来看，以白头山碑为起点，东方一带的境界全线仍未确定。（4）1904年清、朝鲜"善后章程"第一条规定，两国界址以白头山上碑记为证（暗指"东为土门"不是豆满江），表明豆满江并不是两国确定的境界。除此以外，该照会还列举了在历史上"间岛"对朝方有利的证据：（1）豆满江（今图们江）以北为朝鲜发祥地，该地方内附于朝鲜并成为朝鲜的藩屏，古城址、古坟遗迹丰富。（2）康熙年间老爷岭以南没有一处清朝卡伦，表明此地在清朝统治之外。（3）白头山建碑后清人在豆满江以北结舍垦田，朝鲜人一旦抗

---

① 外務省編：《日本外交文書》41卷1册，"間島問題一件"，第437—439頁。
② 外務省編：《日本外交文書》41卷1册，"間島問題一件"，第437—439頁。
③ 外務省編：《日本外交文書》41卷1册，"間島問題一件"，第437—439、441—442頁。

议，清朝则加以毁撤。① 在1883年以前豆满江以北没有清朝地名。总之，以为两国境界自古以豆满江为界，这和历史事实不符。② 以上照会内容显然杂糅了参谋本部测量手调查碑东之沟的结果（认为和松花江相连）和内藤湖南所谓"间岛"对朝方有利的证据，以此来反驳中方以图们江为界和"间岛"属中的观点。

日方并不满足于在"间岛"获得特权，不久又追加了"满洲五案"，形成了"满洲六案"。③ 1908年9月25日日本阁议决定："韩政府的主张其根据甚薄弱，从康熙定界以来清韩交涉的历史，以及清朝先于韩国在该地方实施行政的事实，可以证明豆满江是两国的国境，这是毋庸置疑的。现在留下来的问题只是豆满江上源（红土水、石乙水）哪一个是该江上流境界的问题"。考虑到双方官宪之间的冲突不断，为了防止激起异变和影响大局，推进日本在满洲的经营，决定向清提出以下条件：（1）承认豆满江为清和朝鲜两国的国境，上游地方的境界，由日、清两国派共同委员调查决定。（2）清朝承认日本人、朝鲜人杂居于间岛。（3）在局子街及其他枢要地方设立日本领事馆或分馆，根据条约行使领事官的权利。（4）清朝承认该地方日本人、朝鲜人已经获得的财产及所进行的事业。（5）有关"吉会铁路"在适当之时再与清方交涉。（6）提出"满洲五案"的要求，包括修筑法库门铁路，撤毁大石桥、营口铁路，开采抚顺、烟台煤矿，延长京奉铁路至奉天城根，安奉线及其他铁路沿线矿山开采等要求。④

第二年（1909年）1月11日，日本伊集院公使向清外务部提出"间

---

① 康熙五十三年清朝撤毁图们江以北兵民的房舍、垦田，是出于怀柔朝鲜边疆的措施。参见《备边司誊录》第67册，肃宗四十年六月七日、八月八日、九月二十八日，首尔：国史编纂委员会1959年、1960年影印；《朝鲜肃宗实录》肃宗四十年八月丁丑、十二月辛未，《同文汇考》原编卷48，"疆界"，第909—911页等。相关研究，详见于张存武《清韩陆防政策及其实施——清季中韩界务纠纷的再解释》，台北《"中央"研究院近代史研究所集刊》第3期，1972年；李花子《清朝与朝鲜关系史研究——以越境交涉为中心》，第127—133页。
② 外务省编：《日本外交文书》41卷1册，"間島問題一件"，第444、455—457页。
③ 有关"间岛问题"与"满洲五案"一起解决的建议，是由寺内正毅任陆相兼外相时提出的（1908年7—9月），其目的是巩固日俄战以后日本获得的南满铁路的利益。参见名和悦子《内藤湖南の国境領土論再考》，第183—186页。
④ 外务省编：《日本外交文书》41卷1册，"満州ニ関スル日清協約締結一件"，東京，巖南堂書店2002年版，第685—691页。

岛问题"和"满洲五案"一起解决。① 2月17日，在双方进行第六次谈判时，伊集院公使表示只要清政府接受"间岛问题"的五个条件和满洲其他悬案，那么日本可以在"间岛"所属问题上做出让步②，表明日本拿"间岛"所属问题与中方讨价还价。9月4日，中日两国正式签订了《间岛协约》和《满洲五案件协约》。《间岛协约》③规定：中日两国政府彼此声明，以图们江为中朝两国国界，其江源地方自定界碑至石乙水为界。还规定开放龙井村、局子街、头道沟、百草沟四处为商埠，日本可以建立领事馆或分馆。还规定了图们江以北允许朝鲜人居住的杂居区的范围，绘制了地图，其范围东边是嘎呀河，西边和北边是哈尔巴岭（老爷岭），南边是图们江。还规定在上述杂居区内统治权归中国，但是对于针对朝鲜人的民刑事案件的审判，日本领事有到堂听审及要求复审的权利，这一条为后来日本干涉"间岛"的司法权埋下隐患。还规定了日本修筑"吉会铁路"的权力。另外，通过《满洲五案件协约》，日本获取了修筑新法铁路、京奉铁路延长至奉天城根，以及开采抚顺、烟台煤矿等权利。至此，近二年之久的中日"间岛"交涉案告一段落。11月3日，统监府派出所从龙井村撤退，代之而立的是日本的领事馆和分馆。

总之，日本一方面通过设立非法的统监府派出所向中方施加压力，另一方面提出所谓"间岛"所属未定的假命题与中方周旋、谈判，最终以承认"间岛"属中作为交换条件，获得了在间岛设立领事馆、修筑"吉会铁路"及"东三省五案"等利权。这不能不说是日本借日俄战争胜利的余威靠推行强权外交而获得的。尽管如此，由于中方的反对，日方并不能在"六案"问题上全部得逞，比如朝鲜人裁判权问题，日本只在四处商埠内获得领事裁判权，而在商埠以外者由中国处分。④ 而对于中方来说，在自身实力弱小的情况之下，不得不靠出让部分利权来保住领土权。值得一提的是，以吴禄贞为首的"吉林边务公署"与派出所进行了针锋相对的斗

---

① 外務省編：《日本外交文書》42卷1册，"満州ニ関スル日清協約締結一件"，東京，巖南堂書店2002年版，第222—203页。
② 外務省編：《日本外交文書》42卷1册，"満州ニ関スル日清協約締結一件"，第235—239页。
③ 《间岛协约》又称"图们江中韩界务条款"，但后者并不是签订条约时的正式名称。
④ 参见姜龙范《近代中朝日三国对间岛朝鲜人的政策研究》，博士学位论文，延边大学，1999年，第140页。

争，使日方感受到了压力，更担心引起列强的干涉，影响满洲全局的利益，这是迫使日方最终在领土权问题上让步的一个重要原因。

小　结

日俄战以后，日本接续大韩帝国政府的"间岛"扩张政策，以"保护"朝鲜人的名义，于1907年8月在延边的龙井村设立了统监府"间岛派出所"，从而向中方挑起了"间岛案"的交涉。为了与中方进行谈判，需要了解中朝边界纠纷的由来及症结所在，以便制定谈判策略，为此日本一方面派人前往长白山进行实地探查，另一方面任命嘱托进行文献研究。

日本驻朝鲜军最早参与有关"间岛问题"的调查，分别于1905、1906年提交了两份报告书。第一份报告书搜集了韩人对"间岛"问题的看法，指出"间岛"位于布尔哈通河和图们江之间，另有所谓"土门江"指松花江上流，位于"土门江"以南、豆满江（今图们江）以北的"间岛"属于朝鲜。第二份报告书结合日军情报搜集的结果，指出"间岛"位于海兰河和图们江之间，否认朝鲜人所谓"土门江"指松花江上流的看法，认为从中俄领土现状考虑，松花江不可能是两国边界，指出"土门江"是海兰河上流。由于这两份调查书所指"间岛"的范围不一致，长白山碑文中的"东为土门"也不一样，一个指松花江上流，一个指海兰河上流，为了搞清楚真相，1907年由参谋本部派遣两名测量手与派出所的官员一起对长白山的碑、堆进行了考察。

测量手经过考察指出，碑东之沟（指黄花松沟子）与松花江相连，沟的东南岸建有约7公里（一说5公里）的石堆。这一考察结果支持了所谓土门、豆满二江说，为日方反驳中方提供了依据。但是其结果仍发现有两处值得怀疑的地方，一是黄花松沟子的下游并不和松花江相连的事实，换言之，黄花松沟子是一条干沟，并不是松花江支流。二是测量手似乎隐瞒了石堆下面相延十几公里的土堆，这似乎同样是为了造成黄花松沟子与松花江相连的假象，因为只有二者相连了，土门、豆满二江说才能成立，"间岛"才会属于朝鲜。

与此同时，日方还任命嘱托进行文献研究，以便了解中朝边界纠纷的症结所在，制定对清谈判策略。中井喜太郎被统监府任命为嘱托，内藤湖南被参谋本部和外务省任命为嘱托。二人除了在首尔查阅资料以外，如中井还潜入"间岛"搜集情报，内藤则到奉天查阅地图、档案资料等，二人于 1907 年 9 月分别提交了报告书。此二人参考的文献差不多，得出的结论也相似。有关 1712 年定界，指出穆克登定的是豆满江，土门、豆满实为一江；朝鲜人所指以分界江或者松花江为界，那不过是附会；朝鲜人所说的碑东的"土门江"（指黄花松沟子，以为与松花江相连），那是穆克登定错的豆满江（今图们江）源。另外，有关 1885、1887 年勘界，认为中朝两国在图们江上游红土、石乙二水合流处以下既已勘定，只是合流处以上未达成协议。而 1886 年朝方承认以图们江为界，实际上等于放弃了"间岛"所有权。以上基于文献的研究结果是较为客观的，有助于外务省客观了解中朝边界纠纷的由来及交涉的历史。据此 1907 年 12 月 6 日外务省得出间岛属朝的论据薄弱，准备以承认图们江为界来换取在间岛的特权和东三省的利权。

为了牵制中方使其接受日方提出的各项条件，日方一面通过间岛派出所向中方施加压力，一面利用土门、豆满二江说，光绪十三年勘界案无效，以及所谓"间岛"对朝方有利的证据，来与清外务部周旋、谈判。1908 年 4 月，外务省向驻京公使下达"间岛问题内训"，决定以承认图们江为界，获取在"间岛"设立领事馆和修筑"吉会铁路"等特权，同年 9 月又经阁议讨论，决定除了要求在"间岛"享有特权以外，再追加"满洲五案"，形成了所谓的"满洲六案"。

1909 年 9 月，中日两国签订了《间岛协约》和《满洲五案件协约》。日本以承认"间岛"领土权归属中国作为谈判筹码，迫使中方接受了有关"间岛"及"满洲五案件"的要求。这不能不说是日本借日俄战争胜利的余威靠推行强权外交而获得的。对于中方来说，在当时国力不及的情况下，针对日本在中国领土内设置非法的统监府派出所的侵略行径，一方面以吴禄贞为首的"吉林边务公署"与派出所进行了针锋相对的斗争，使日方感受压力和有所收敛，另一方面通过谈判出让部分利权，从而守住了领土权。这是迫不得已而为之。中方为了维护国家领土、主权而进行的斗争是值得肯定的。由于中方的坚决斗争，日方并不能全部实现"满洲六案"的要求，做出了部分让步。

（作者为中国社会科学院古代史研究所研究员）

留法勤工俭学百年纪念有感

端木美

2019年纪念留法勤工俭学运动一百周年非常不平凡。正逢习主席访法，在习主席与法方的多次讲话中都提到："中国老一代领导人曾留学法国，结下不解之缘。"3月25日在爱丽舍宫欢迎宴会前，两国元首还共同参观了中法建交55周年和留法勤工俭学运动100周年图片展。说明了双方高度重视这次纪念活动。

报纸杂志上对留法勤工俭学运动目的、发起人、经过也发表了很多文章，央视法语频道也与法国电视人合作拍摄了"留法百年"上下集公映，受到广大观众的关注和好评。这些普及宣传工作一定程度上帮助公众很好地了解这个运动。我试图先简要介绍这个过程，然后就留法勤工俭学运动的研究情况谈谈个人的看法。

一 留法勤工俭学运动史简述

1919年3月17日上午九点半，一艘日轮"因幡号"从上海杨树浦码头启程赴法，其中89名乘客是蔡元培、李石曾等创办的华法教育会和留法勤工俭学会组织的第一批留法勤工俭学生。

由此而起，直至1920年12月15日（1921年1月20日）到达，共有20批来自全国各地的勤工俭学生乘海轮历经一个多月前往法国，不完全统计共18个省约1700多人。这20批勤工俭学生以中学生为多，也有其他职业、学界甚至政界、商界和华侨等。其中年龄最大的是蔡和森、蔡畅的母亲葛健豪，54岁；年龄最小的12岁；邓小平以邓希贤名字随叔叔同去，16岁。此外还有向警予、蔡畅、郭隆真等几十名女生。辛亥革命参加者、湖南教育家徐特立先生42岁、贵州的王若飞和他的40岁的舅舅黄齐生也参加了留法勤工俭学。这次大规模的出国留学潮：留法勤工俭学运动，是发起和推动者们在中国首创平等的、大众的留学路径。可以视为现代留学法国的开端。

留法勤工俭学生抵达法国后，据不完全统计，他们就读的学校有30余所，做过工的工厂有60多处。然而，一战后资本主义经济危机加剧，工厂倒闭、工人失业、物资匮乏、物价上涨。很多留法勤工俭学生们失工失学、生活艰难。1921年形势继续恶化，留法勤工俭学生为求学、求生存进行了三次大的斗争，最后在9月占领里昂中法大学的斗争中学生代表被法国军警扣押，10月，蔡和森、陈毅同志等104人被押送上法国兵船遣送回国。此后留在法国的先进分子在法国建立共产主义组织，1922年6月，旅欧中国少年共产党成立，1923年2月，旅欧少共改名旅欧中国共产主义青年团，加入国内中国社会主义青年团。留法勤工俭学生中的先进分子就在经历了艰苦的求工、求学斗争的过程中才百炼成钢。

他们中一些人后来成为中国政界领袖及要员，如周恩来、邓小平、陈毅、聂荣臻、李富春、李维汉、蔡畅等。还有一些留法勤工俭学生同样怀着救国救民、改造中国的梦想前往法国，虽然他们不一定成为革命家，但是他们坚持勤工俭学完成学业，成为学有所长的各方面优秀人才，为振兴中华做出可贵的贡献。如科学家钱三强、严济慈等，艺术家徐悲鸿，林风眠，作家盛成等。

二 留法勤工俭学运动史研究点滴

2019年3月5日纪念留法勤工俭学100周年，法国使馆文化处请来了法国著名的中国近代史专家王枫初（Nora WANG）女士。她的重要著作《移民与政治》（《Emigration et Politique—Les étudiants - ouvriers chinois en France 1919 - 1925》），对我国有关研究人员都有很大的影响。本书着重以大量第一手资料还原留法勤工俭学运动中的中国学生在法国生活、学习及参加政治活动的经历，由此阐明早期赴法学生在中国现代化历史进程的贡献以及对中法文化教育交流的作用。

她的报告主题是：《Le Mouvement Travail - Etudes en France（1919 - 1925），un moment privilégié des relations franco - chinoises》（《留法勤工俭学运动（1919—1925），中法关系中的特殊时刻》）。

长久以来，法国历史学界，或者说法国汉学界当代中国研究学者们对推动这个课题的研究、扩大留法勤工俭学运动历史的影响起到重要作用。在相当长的时间里，他们从法国各级不同部门浩如烟海的历史档案中，如同大海捞针般地把20世纪初中国各类留学人员来法学习生活留下的极为分散而又珍贵的资料一一收集并且分类整理，重现那个时代最早以勤工俭学形式留学法国的1700多名来自中下层的中国知识青年在法国的经历轨迹提供极为珍贵的资料线索。1981年，法国高等社会科学研究院出版了两位汉学家热内维埃娃·巴尔曼（Genevieve Barman 和妮古拉·杜里乌斯特（Nicole Dulioust，1988年逝世）多年整理的《1920—1940年中国留法勤工俭学生资料汇编》，在20世纪80年代引起中外历史学界的高度关注。由著名汉学家 L. Bianco 和 Y. Chevrier 主编，法国国家政治学基金会出版社1985年出版的《国际工人运动人物辞典·中国卷》中，不仅有像周恩来、邓小平这样的著名人物，还有过去西方不够了解的蔡和森、向警予、蔡畅、李富春、李维汉、李立三等。在法国还有很多相关的论文、人物介绍等著作出版，在此就不一一列举。

关于研究资料我们也不会忘记在法国从事有关研究的华人朋友，他们虽然不全是专业人士，但是也努力收集大量有关材料、口头历史记录，对于宣传留法勤工俭学运动做了大量重要的工作。如华人作家、儒商叶星球、留尼汪大学教授廖遇常等。

在相当长时间里国内大众对这段历史知之甚少。党史工作者早在50年代起就进行大量艰苦的资料收集整理工作，查找历史档案、旧报纸杂志中文章以及采访当时尚活着的当事人，陆续出版了一些留法勤工俭学资料汇编以及回忆录，如20世纪80年代清华大学中共党史教研组出版了多卷本《赴法勤工俭学运动史料》等，为国人认识了解和深入研究这段历史提供了宝贵的真实的历史资料。一些历史学工作者也多年为这个课题研究做出贡献。这里举几个有限的例子，恐怕会挂一漏万。如黄利群著《留法勤工俭学简史》（教育科学出版社1982年版），张洪祥、王永祥著《留法勤工俭学运动简史》（黑龙江人民出版社1982年版），郑名桢编著《留法勤工俭学运动》（山西高校联合出版社1994年版），周永珍著《留法纪事：二十世纪初中国留法史料辑录》（国家图书馆出版社2008年版）等。四川的鲜于浩先生为此做出过特别的贡献，他是较早利用法国外交部档案馆等第一手法文材料研究留法勤工俭学运动史的中国学者，1994年就出版了国家社科基金项目"留法勤工俭学运动史稿"，后与田永秀著《留法勤工俭学运动中的四川青年》（巴蜀书社2006年版）、再著《留法勤工俭学运动史》（人民出版社2016年版）。为我国研究这一重要课题留下了宝贵财富。

特别值得提到一些纪念馆和博物馆的贡献。例如保定留法勤工俭学运动纪念馆。河北保定高阳县是留法勤工俭学运动发起人之一李石曾的故乡。1983年2月在位于保定市金台驿街的保定育德中学旧址上建立留法勤工俭学运动纪念馆。1917—1921年在该校附设了"留法高等工艺预备班"，培养大批参加勤工俭学的人才。目前，留法勤工俭学运动史料陈列展是该馆的基本陈列，该展览是全国唯一一部系统、全面反映留法勤工俭学运动始末的展览，非常珍贵和重要。留法勤工俭学运动纪念馆已经成为留法勤工俭学运动的纪念中心及其史料文献的保护收藏中心、陈列展览中心和留法精神研究中心。2004年12月该馆主编、解放军文艺出版社出版的大型图册《留法勤工俭学运动》（赵静主编，王会田常务副主编）展示了该馆珍贵历史文献，为广大专业人员提供了宝贵的研究材料。此外，该馆主持的纪念运动90周年、100周年等活动都得到许多留法勤工俭学生的后代、研究者的支持和参与，获得很大的成功。

国家博物馆在收集留法勤工俭学史料和编撰有关著作上也发挥重大作用，我就不一一赘述。特别是1997年在当时的革命博物馆举办留法勤工俭学运动展览、1999年在法国蒙达尔纪举办"20年代在蒙达尔纪的中国学生"展览，从6月21日至7月25日，反响很大。2013年新文化运动纪念馆在他们的"法国文化在中国1900—1949"中专门有第二部分"中国人远赴法兰西"，第一章"留法勤工俭学"，该展览到法国蒙达尔纪展出过，有很好的反响。

三 法国人眼里的留法勤工俭学运动

应该说一般法国人对中国历史知之不多。百年前留法勤工俭学运动就所知更少。前面已经提到，多年来法国历史学界，或者更具体说是法国汉学界当代中国研究学者对推动这个课题的研究、扩大留法勤工俭学运动历史的影响起到重要作用。

对于百年前的故事，能找到历史见证人已经不可能。在勤工俭学生最多的蒙达尔纪，只有少数当地人后代还能记得隐隐约约听过长辈们的一些口述。而1994年我去调研考察时，有幸采访到已经隐居的历史见证人勒内·迪蒙（René Dumont 1904—2001）。他与邓小平同岁，他是法国乃至世界著名的农学家；也是一位政治活动家，1974年曾经被尚弱小的绿党知识分子推举为总统候选人，与德斯坦、密特朗一决高下。虽然不成功，但是扩大了绿党的影响。这样一位名人，一生与中国，特别是中国留法勤工俭学历史有着密切关联。他的母亲老迪蒙夫人在20世纪初曾担任蒙达尔纪女校的校长。1920年底部分勤工俭学生来到蒙达尔纪女校和男校。他们中间有蔡和森、向警予、蔡畅以及蔡母葛健豪，还有来自湖南新民学会的其他人。女校共接纳了十余人。

1994年迪蒙先生已经90高龄。但对发生在70多年前的事情记忆犹新。他深情地回忆起这些中国学生的端庄朴素、学习努力，但是生活艰苦。少年迪蒙同情他们，力图理解、帮助他们。他了解到这些自南方的中国人习惯吃大米，但是当时大米在法国很贵，小迪蒙便自告奋勇带中国学生到附近农家养鸡场买成袋价格低廉的大米。正是通过这些中国学生，小迪蒙了解到贫困国家的粮食的重要性，由此立志学农。正是这些来法国勤工俭学的中国学生确定了他一生的志向。农学院毕业后，他马上到最靠近中国的越南从事水稻研究，并由此出发多次考察中国云南、广东等地区的三农状况。中华人民共和国成立后，他得以以农学家和友好人士身份从50年代起到80年代4次考察中国三农问题，每次都写一部非常专业的考察专著，建议都非常中肯和客观。这4部专著在西方反响强烈，但是因为用法文写成，中国对此知之甚少。

迪蒙先生还积极推动这段历史的友好延续。他多次回忆到，1948年蔡畅女士作为中国妇女代表参加布拉格会议后绕道来法国专程看望他的母亲，可惜其母已去世几个月。他为此很感动，并清楚地记得蔡畅如何向他讲述长征的艰苦历程。1949年后他4次访华中仅在1964年得以见到蔡畅，但是他始终忠实于青年时代的友谊。中法建交后，他积极与黄镇大使交往，努力安排1964、1965年派来法国留学的中国学生在1966年到蒙达尔纪过暑假。希望这些新一代留学生能够传承留法勤工俭学运动的历史和精神。1994年在笔者访问后，他也曾经表示想见到当年那些共同生活过的学生的后代，在当时驻法大使蔡方柏先生与蒙达尔纪市共同努力下，促成了蔡畅女士的女儿李特特大姐的访法，由大家熟悉的北京语言大师胡玉龙老师陪同，可惜李大姐到达时间不合适，迪蒙先生不在法国，就这样他们永远地失之交臂。

结　语

今天纪念留法勤工俭学一百周年，我们不仅追忆百年前的留法前辈，而且也要向中法两国有关的研究人员和机构致敬，今天的研究成果可以说是建立在他们长期艰苦的研究发掘工作之上。

电视媒体人也为宣传留法勤工俭学运动做了很多工作。早在1996年中央电视台和中共党史研究室就合作拍摄过《邓小平》纪录片，并且到法国实地拍摄。此后有些电视片取材于在留法勤工俭学运动中成长的革命家。2016年湖南广播电视台与中国旅法勤工俭学蒙达尔纪纪念馆合作拍摄了《寻梦蒙达尔纪 En quête de rêve à Montargis》，并把此片留在蒙达尔纪纪念馆常年播放。这次央视法语频道的《留法百年》也相当成功。

今天这段历史不但成为当代中国现代史的重要组成部分，也成为一个世纪以来中法文化教育交流记忆中的重要篇章。

（作者为中国社会科学院世界历史所研究员）

【作者的话：耿昇先生是我国中外关系史研究著名专家、翻译家、法国汉学研究专家，他的离世是我国学术界的重大损失。自20世纪80年代起，耿昇先生长期负责中国中外关系史学会的日常工作，为中国中外关系史研究的学术体系构建与学科建设，做出了杰出贡献。也正是从那时起，耿昇先生与中国法国史研究会有过积极的交集与互动。1978年在老一代著名学者沈炼之、王养冲、张芝联、咸佑烈、端木正等带领下，中国法国史研究会率先成立。抱着向老一辈学习的态度，耿昇先生很快就参加研究会组织的活动，他是最早加入法国史研究会的会员之一。当时他在同龄人中学识不凡、谦虚认真，给几位老学者都留下深刻印象。耿昇先生对研究会工作的支持还表现在细节上，有好几次他专门到世界历史所转交会费，令我们很感动。记得他在所里与几位同事经常就不少话题侃侃而谈、面对不同意见也能宽宏大量，实属难得。我对中外关系史研究甚少，后来参加中外关系史学会活动也不多，感到很愧对耿昇先生。今天仅以一点现代中法文化教育交流史的体会致敬耿昇先生，不成敬意！】

书自有命——福克司旧藏《高松竹谱》的原本与摹本

王 丁

德国汉学家福克司（Walter Fuchs, 1902 – 1979）（图一），柏林人，就读于柏林东方语言学院（Seminar für Orientalische Sprachen in Berlin），学习汉语，当时汉语课程的教师为福克（Alfred Forke）、薛蕍（Karl Shen Hsüeh）和 T. C. Tseng。后转入柏林大学，师从高延（Jan Jacob de Groot）、米维礼（F. W. K. Müller）、黑尼士（Erich Haenisch）、郝爱礼（E. Hauer）等，主修汉语，并学习东部突厥语及满语。从 1923 年跟随福兰阁（Otto Franke）撰写博士学位论文，1925 年以《唐代以前的吐鲁番地区历史沿革》① 获得哲学博士学位，口试科目：汉语（主专业），满语、民族学、哲学（必修副专业）。就学期间在柏林民族学博物馆担任米维礼的助理。1926 年起接替雷兴（Ferdinand Lessing），担任日本南满州铁道株式会社附属的满洲医科大学（The Manchuria Medical College）的教师，教授专业德

---

① 本文使用简称：

Heu =《Heu, me beatum!》Der Kölner Sinologe Walter Fuchs im Briefwechsel mit Wolfgang Franke und Martin Gimm. Bearbeitet und herausgegeben von Hartmut Walravens. (Sinologica coloniensia 33) Wiesbaden: Harrassowitz Verlag, 2013.

Ume = Ume heoledere《Vernachlässige (deine Pflicht) nicht》Der Ostasienwissenschaftler Walter Fuchs (1902 – 1979). Band Ⅱ. Bearbeitet und herausgegeben von Hartmut Walravens unter Mitarbeit von Martin Gimm. (Sinologica coloniensia 30) Wiesbaden: Harrassowitz Verlag, 2011.

Weijiao = Wei jiao zi ai 为教自爱《Schone dich für die Wissenschaft》. Leben und Werk des Kölner Sinologen Walter Fuchs (1902 – 1979) in Dokumenten und Briefen. Bearbeitet und herausgegeben von Hartmut Walravens und Martin Gimm. (Sinologica coloniensia 28) Wiesbaden: Harrassowitz Verlag, 2010.

"Das Turfangebiet. Seine äusseren Geschicke bis in die T'ang – Zeit". Ostasiatische Zeitschrift, N. S. Ⅲ, 1926, S. 124 – 166.

语、拉丁语。1938年转职北京，任教于辅仁大学、燕京大学，任职于德国外交部下属的德国会馆（Deutschland – Institut，中国名字是"中德学会"），担任过会长一年。1941年慕尼黑大学设立汉学教授讲席，向福克司发出聘任邀请，福克司有意接受，但因战事日殷未能成行。居京期间与人合作主编《华裔学志》（Monumenta Serica – Journal of Oriental Studies），在华期间除发表很多论文外，出版的重要著作有：《慧超五天竺与中亚行纪译注》（1938年）[1]、《康熙时代耶稣会士地图集》（1943年）[2]、《朱思本广舆图版本考》（1946年）[3]。

图一 福克司

可以说，福克司驻华的21年（1926—1947年），是他的事业辉煌期，称他为德国汉学第一人也不为过。在人生的后半段，福克司回到德国，重新创业。最初阶段因纳粹甄别程序（Entnazifizierung sverfahren）经历过长达数年之久的学术空窗期，其间曾受饥寒之苦、重体力劳动之累，最后于

---

[1] Huei – ch'ao's Pilgerreise durch Nordwest – Indien und Zentral – Asien um 726. Sonderausgabe aus den Sitzungsberichten der Preußischen Akademie der Wissenschaften Phil. – hist. Klasse XXX (1938).

[2] Der Jesuiten – Atlas der Kanghsi – Zeit, seine Entstehungsgeschichte nebst Namensindices fur die Karten der Mandjurei, Mongolei, Ostturkestan und Tibet mit Wiedergabe der Jesuiten – Karten in Originalgröße. Monumenta Serica, Monograph Series IV, Peping, 1943, 2 Bde., Ⅲ + 414 S., 36 Karten.

[3] The "Mongol – Atlas" of China by Chu Ssu – pen and the Kuang – yü – t'u with Facsimile maps dating from about 1555. Monumenta Serica, Monograph VIII, Peiping, 1946, 48 S.

1949 年 7 月 14 日结束审查，慕尼黑甄别总署（Hauptkammer München）正式作出结论，定性为"免予处罚者"（第五类）（Entlasteter, Gruppe V）①。由此福克司重获在公务机关工作的权利，旋即任慕尼黑大学私人讲师，先后在汉堡大学（替代傅吾康 Wolfgang Franke）、慕尼黑大学（替代傅海波 Herbert Franke）担任代理教授，1956 年获得柏林自由大学的正式教职，创建汉学系，1960 年转任科隆大学教授，1970 年退休。其间与傅吾康合作创办并主编 Oriens Extremus（《泰东杂志》），主编《科隆大学汉学丛书》（Sinologica Coloniensia）。他编制的《德藏汉文、满文写本与珍本图书总目》作为《德藏东方写本目录》的一卷出版于 1966 年。②

福克司是出色的汉学家、满学家、地图学家、书志家，学风朴茂，下笔不苟，论文多系专题考证，在吸收乾嘉学派及其现代亚流与日本东方学——尤其是满蒙研究——的精华方面，福克司是为数不多的西方学者中的一个。

福克司在德国的门下弟子有嵇穆（Martin Gimm，科隆大学教授，满文、音乐史专家）、冯孟德（Erling von Mende，柏林自由大学教授，东亚史专家）、魏汉茂（Hartmut Walravens，柏林国家图书馆馆员，先后任国际标准书号 ISBN 管理局局长、国际标准音乐号 ISMN 管理局局长，书志学、目录学、学术史专家）、林克女士（Gudula Linck，基尔大学教授，汉学家）等。

福克司在中国购藏图书甚多，满文书是冷门，他所获独多。汉文明清刻本是他收藏的大宗，其中颇有珍本、孤本。在他晚年与嵇穆的对谈中，他多次提及三四十年代在北京访书的往事。"那时候北京有二、三十个旧书铺，可买的古书很多，现在的人是无法想象的，价钱也不比从前。那时候花上二、三十个马克，就可以买得到很漂亮、很珍罕的书。那时候还有明版书可买。"③二战后，德国因战败国的身份，加上福克司曾加入过德国国家社会主义党（NSDAP，俗称"纳粹党"），担任过官方色彩的职务（Deutschland‑Institut，"中德学会"），他于 1947 年被遣返，所有私人财

---

① Beglaubigte Abschrift „ Spruch ", Aktenzeichen3226/Dr. Kro/Dr. K/Be. Heu, S. 19.
② Walter Fuchs, *Chinesische und mandjurische Handschriften und seltene Drucke nebst einer Standortliste der sonstigen Mandjurica. Verzeichnis der Orientalischen Handschriften Deutschlands*, hgg. von W. Voigt, Band Ⅻ, 1, Wiesbaden, Ⅻ ＋ ⅩⅦ ＋160 S.
③ "Erinnerungen aus China." Wei jiao, S. 27.

产被定为"敌产"（enemy property）封存没收。图书后来转藏北京大学图书馆。

在回到德国的初期，福克司为重新取回他的藏书进行过种种努力，终于未果。1966年他利用带薪休假（Freisemester）的半年时间，重游日本，途经香港、澳门，购书时有一次奇遇，留下一篇德文的备忘录，生前未刊，现由魏汉茂、嵇穆整理发表于2013年出版的福克司与友人书札及生平资料集的第二卷。备忘录的标题袭用拉丁成语 Habent sua fata libelli，译云《书自有命》，全文如下①：

> 1966年2月17日澳门竹仔室酒店（Hotel Bela Vista）
>
> 今天我在星光书店买到一册《高松竹谱》的影印本，1958年北京初版，此为1962年第2次印刷。编者 Wang Shih‑hsiung 王世兄（引者按：即王世襄。详下文）在后记（第173页）里写道，他于1942年制作了摹绘本，现予出版，只是将尺寸加以缩小。
>
> 需要补充的是，此书的原本属于我的收藏，王世襄于1942年7、8月间借去摹写，当时我去了北戴河度假。同年10月书归还到我手。由此，我的北京藏书中的孤本之一得以化身千百，流传于世。
>
> 王没有提及，他的蓝本来自敝藏。在后记里（第178页注8），他提到《高松竹谱》的一种相当残破的本子，日人薄井恭一曾影印其中的一页或数页，收入《明清插图本图录》②。
>
> 关于《高松竹谱》原本的下落，王显然一无所知。这本书应该是随着我的所有藏书于1947年下半年（9、10月份）进入燕京图书馆（Yenching‑Bibliothek），其时我已于8月30日被从北京拉到上海，9月1日乘船遣返德国。另一个可能是这本书无恙流入哈佛燕京学社的某位教授之手。对此翁独健教授（现在仍健在，居北京）应该知情。
>
> 福克司（科隆）

---

① Walter Fuchs,„ Habent sua fata libelli. " Ume, S. 17–18.
② 薄井君入营记念会编、长泽规矩也责任主编《明清插图本图录》，1942年，第一五页：《竹谱》，明无名氏编，明中叶刊本，残本。图版五七。

附记：

在我此生也许是最后一次的东亚之旅当中，能够再次接续我的北京"国家"图书馆（meine Pekinger《Staats》bibliothek）因缘，似乎冥冥中有命运之神操纵。我真的需要询问一下，我在北京的藏书今在何方。

王世襄曾经用英文给我写了一封信，对书做了鉴定，连同书一起寄给了我。这封信现在科隆我处，当年由罗越（Max Loehr）从北京带回，夹在我的1951年手稿中。

（此文附有一张印刷的通信地址：）

K. T. Ouang, 3 Fong chia Yuen, Tungsze pailu, Peking, China（北京东四牌楼芳嘉园3号 王继曾）

（王世襄信：）

尊敬的福克司教授，

承蒙值您度假间歇惠借《竹谱》，裨我可得机会拜读，不胜感谢。我曾求助于一位在沪上从事艺术书籍收藏的友人，他答云藏有此书，但刻下存于老家，不在手边。因此之故，他无法借书给我们，以补抄尊藏的缺页，以成全璧。他说，此书诚为珍本，历三十载收藏岁月，他所见不过两本，其一即为郑氏收藏。

（有关作者高松的考证一段。）倘您不拟就此作文，在下于清朝艺术批评研究主业外尚有闲暇，我则甚愿为《华裔学志》作一文，讨论竹谱类种种图书之经纬。为此我也许需要摹绘尊藏此书中若干页以为插图。如蒙慨允，不胜欣感。

翘盼阁下归来，使在下可趋前请教。

敬颂夏日清凉。

王世襄
1942年8月3日

这部《高松竹谱》，福克司在40年代末手写的"遗留北京书物简目"中也予著录（图二）①：

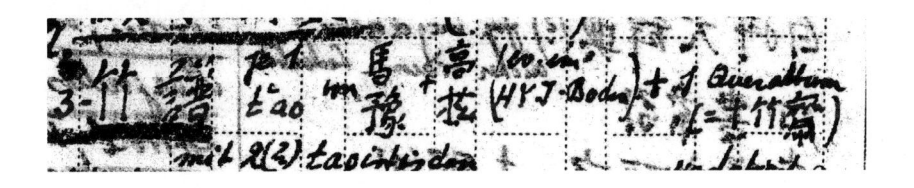

图二 福克司手书"遗留北京书物简目"局部

3竹谱，je 1 t'ao，von 马豫 + 高松（ev. im HYI – Boden）+ 1 Queralbum(= 十竹斋）"竹谱三种，各一套，分别为马豫、高松（可能存在哈燕社顶楼）及十竹斋［书画谱］。

"可能存在哈燕社顶楼"，此事有一个背景。福克司在1946年已经预感到作为战胜国的中国和美国可能会对作为战败国德国的受雇于官方机构的驻华人员进行清算。未雨绸缪，有所行动，谋求规避藏书被作为敌产扣留的命运。在美国汉学家芮沃寿夫妇（Arthur Frederick Wright, Mary Clabaugh Wright）的斡旋下，与哈燕社写了一纸转让购买福氏藏书的合同②：

（从琉璃厂）我还买了一大批明版书，带有木刻插图，其中的精品我已经在遣返之前存到北京的哈燕社了。我的藏书其余的90%—95%还留在住处。当时我住在朗润园，是一处很漂亮的花园宅第，人称"皇子赐园"，道光的一个侄子（引者按：应是奕䜣，道光第六子）曾是这里的主人。这样一来，大部分东西无法处置，后来下落如何，我一无所知。我想，一切都散失了，留在住处的那些，和运到燕京大学校区的那些。美国人知道那些藏书，特别是那里的汉学家们了解这个情况。

住在朗润园的那段时间，我遇到芮沃寿、芮玛丽夫妇。是他们夫妇从中运筹，让美方权且把我的藏书接过去。他们知道，这些书后来要在

---

① 柏林国家图书馆东亚部藏傅吾康（Wolfgang Franke）遗赠品中与福克司通信，1949年12月17日/26日。录文收入Ume, S. 93。
② Wei Jiao, S. 27.

美国出卖。可惜芮氏夫妇突然要提前离开中国，不得已就请费正清（John King Fairbank）接手操办此事。费也接受了这个请求。我们写了一个合同，把我的藏书整体作价为当时的20000美元，然后我们就去了美国使馆，把这份合同敲定。我们谈好，藏书运往美国哈佛燕京学社，哈燕社每个月支付我1000美元。离开美使馆，我如释重负，费正清却说："也许我们还得去中国人那里一趟，跟他们说一下这件事。"当时萧一山是蒋介石的北平行辕秘书长。"我们需要请萧一山同意才能办理出口外运。"我们对费正清说："没有必要吧，你们（美国人）到底是强势方。装箱，装车，运走了事，哪里有问题。"他还是进去了。出来的时候，他说："太抱歉了——敌产，禁止出口。"事情就这样吹了。另外一个情形是当时司徒雷登不再是燕大校长，已去作了美国驻华大使。

福克司北京藏书的总量，他本人似乎没有提及。有一种说法，"北大有一部分未编古籍存于红二、三楼及俄文楼楼顶，后迁入新馆。当时馆内会议室外厅堆放的就是福克司的藏书，有两万册左右"。①

福克司1966年在澳门写的备忘录里，把王世襄的名字误写成"王世兄"，这有好几个原因。王世襄，按旧拼法，英文里写Wang shih-hsiang，最后一词跟hsiung相近。另一个原因，1958年版《高松竹谱》邵章题签中有"王畅安世兄"几个字，福克司把"王世兄"误会成作者的名字了。王世襄，号畅安，"世兄"云者，说的是邵章跟王世襄是长幼辈的熟人。这也侧面体现出福克司跟王世襄关系不是很近，他们之间的交往可能也仅限于1942年这次看书、借书。王世襄也曾把福克司的斋号"雨读斋"误记为"听雨斋"（王世襄《高松竹谱跋》，末署"壬午立秋前四日"，即1942年8月4日）。

王世襄借抄《高松竹谱》，是出于容庚的建议。此事见于容庚1947年的《记竹谱十四种》②：

> 民国三十二年春，余初见此书于德国人福克司雨读斋中，笔法刚

---

① 杨芬：《北京大学图书馆未编古籍整理历程》，《河南科技学院学报》2017年第3期，第43页；高树伟：《福克司、〈文昌帝君阴骘文〉与〈红楼梦〉》，《上海书评》2019年10月1日。
② 《岭南学报》第八卷（1947年）第1期，第123—150页，此处在第134页。

劲，解说绵密，未经昔人论及，惊为秘笈。且高松之画，亦未有著录者，实赖此书以传。恐将去国，后人无复知者，乃属同学王世襄君影摹以传其法。王君手临二部，一廓填，一双钩，凡一月而毕。七月一日，余复从王本对临一过，费十日之力。不如王本之工也。其写竹法五节以多同于李谱而未钞。复拟作此文，王君已西往重庆。复从福氏假观。不私于一己而公之同好，福氏之雅量为不可及也。

王世襄的摹本，后来以《高松竹谱》为名于1958年出版，署名"王畅安摹"（中国古典艺术出版社1958年初版；朝花美术出版社1964年再版；人民美术出版社2004年重版）。此外港台有一些来自这个版本的无版权翻印本，如香港南通图书公司（Namtung Stationary & Publishing Company）的"重印本"，松柏书局未署出版时间。台湾中华书画出版社1979年也有一个翻印本。1988年5月，在王世襄同意的情况下，香港大业公司出版了一个新版，题曰《遁山竹谱：俪松居摹本》，与旧版不同之处是署名更改为王世襄，附有徐宗浩、郭则沄、张尔田、黄宾虹、傅增湘、吴湖帆、启功、邓以蛰、林志钧、吴诗初、叶恭绰、夏承焘等十二位名家题跋。书后附王世襄1942年夏天摹绘大功告成之日撰写的跋。1999年5月，王世襄再次为《高松竹谱》撰写跋语，叙述1958年初版署名王畅安、删去十二家题跋这两件事的原委，并说"手摹此谱已于1996年6月由本人捐赠给北京图书馆，收入善本部"[①]。

那么，《高松竹谱》原书如今情形如何呢？查《北京大学图书馆藏古籍善本书目》子部，有如下著录[②]：

明高松绘，明刻本（有王世襄、容庚等题跋），一册37.12/0048。

北大藏本确系福藏原本的根据，见于书中的"雨读斋藏"阳文朱印、"福克司"满汉合璧阳文朱印。王世襄跋（3页）略同于后来收入《锦灰堆》集中的1999年版，均有"《竹谱》一册，福克斯先生所藏"之句。文末钤朱文方印"王世襄"、白文方印"畅安"。

容庚跋（1页）有两则：

---

① 王世襄：《高松竹谱》跋，《王世襄集 锦灰堆》合编本3卷，生活·读书·新知三联书店2013年版，第1098—1099页。

② 李学勤主编：《十三经注疏·标点本》，北京大学出版社1999年版，第272页。

中华民国三十四年一月 容庚假观（钤印：白文方印"容庚之印"）

（略记行款等）书此以告福克司先生。容庚再题。（钤印：容庚）

坊间为了宣传王世襄传宝之功，曾渲染"这部流落海外的明代画谱，能够得到更广泛的传播"（张建智《一门风雅——王世襄家族的艺术世界》，上海书画出版社2019年版）。

至于容庚摹本，新近出版的《容庚北平日记》[①]对制作过程有比较详细的记录，自1943年6月20日起：早校《高松竹谱》。1943年6月25日：临《高松竹谱》。到7月10日：摹《竹谱》毕。同年9月19日：摹《竹谱》第二本，得三十页。1944年10月31日、11月1日连续两天，容庚仍然在校《竹谱》。

容庚当年任教于燕京大学，福克司执教辅仁大学之余，还在燕大兼课，教授满语。加上有共同的艺术品收藏的爱好，容、福两位交往颇勤。容庚日记中对此也有记录，唯记录语句多为"某日访福克司"[②]，不知与《竹谱》还有没有关系。据现藏北大的《高松竹谱》容跋，可以知道他曾于1945年1月向福克司"假观"此书。目前不知容氏所作的两份摹本现藏何处。

容庚在跋文中提到福克司的"雨读斋"（图二），全称为"晴耕雨读斋"，见于他在书信中的签名"晴耕雨读老人"（Heu 123，晴误作睛）。福克司是个对中国士大夫风尚很沉迷的外国学者，就是在离开中国、重新置身欧洲生活中的晚年，在与朋友的书信往还中仍不时使用他的汉名、字号、斋号。后期他更喜欢"福华德"作为自己的大名（Heu 34, 138, 170, 171, 173, 178, 193; Ume 124; Wei jiao 63, 73）。有时他还把"华德"义译为"Blumige Tugend"（Wei jiao 131）。他使用过的"安善楼主人"（Heu 96）、"安香山人"（Heu 124）等斋号，或许可以在福克司藏书的钤印调查中进一步得到印证。

综上所述，福克司19世纪20—40年代中国时期的旧藏《高松竹谱》，

[①] 《容庚北平日记》，中华书局2019年。
[②] 1944年12月27日上午，访罗越、福克司。1945年1月12日（访于省吾、杨堃、罗越、高名凯、秦裕、福克司）。1945年1月16日（访于省吾、秦裕、福克司）。

原书现藏北京大学图书馆。现在流传颇广的王世襄摹本虽自有其艺术价值，但并不能取代原本。希望原本能够尽早影印面行，版本学界得以细致研究，艺术专家得以利用取资，促进画艺。

耿昇先生逝世三周年祭
（2021年4月10日于上海）

（作者为上海外国语大学全球文明史研究所教授）

一部编纂 80 多年还未完成的辞书

谢必震

近代来华外国人成千上万，外国人来到中国都常常给自己取个中国姓名，通常我们称之为汉名。由于日本人的姓名基本是汉字，因此我们说外国人的汉名，不包括日本人姓名。

外国人汉名的形成有多种渠道，通常是中国人帮助他们取名，后来就由先前来华的外国人帮助新来的外国人取名。有的来华外国人不曾自己取过中国姓名，其汉名来自中外交往过程中的各种文书上使用的译名，久而久之，就成了他们的汉名。了解这些来华外国人的汉名、译名与西文原名对照，这在中国近代史研究方面，在中外关系史研究方面极其重要，从而避免了人们在研究过程中将人物姓名混淆。

近代来华外国人的汉名内容庞杂，这给学术界的研究带来诸多困惑。譬如来华外国人的汉名，有同名异译和异名同译的现象。这就使学者在研究中容易将同名异译的同一个人看作好几个人。相反，也容易将异名同译的不同的人当作同一个人。外国人汉名与原名的错误，使相关的研究常常闹出笑话。

譬如，美国人李仙得（C. W. Le Gendre），1866 年任驻厦门领事，他还有另外五个不同的汉名：李让礼、李真得查厘、李善得、李圣得、李赞达。

葡萄牙耶稣会士曾德昭（A. deSemedo），原来汉名为谢务禄。1616年沈㴶教难起入狱，继被押出澳门。1620 年其改名曾德昭，始得重入内地传教，这种现象也就造成了来华外国人同名异译的结果。因此，这就需要我们在历史研究中注意汉名与原名的对照，避免将同一人当作不同人的错误。

同样，外国人的汉名异名同译的现象也存在，这也需要我们在研究中加以注意。如近代中国历史上出现了三个来华外国传教士同取汉名为"南怀仁"。第一个南怀仁是比利时天主教传教士。原名 Ferdinand. Verbiest，字勋卿。1685 年来华，曾任康熙皇帝的数学教师，并主持当时清廷钦天监工作，对中国天文学的发展做出了极大的贡献。第二位南怀仁是奥地利传教士。其原名 Godefroid Xavier de Laimbeckhoven，字莪德，1738 年来华传教，1775 年任南京教区主教。第三位南怀仁是比利时圣母圣心会的创始人，其原名 Theophile Verbist，1865 年被罗马教皇委任为中国蒙古教区副主教。同年来华，在西湾子（今河北崇礼县）主持教务。以上三位传教士，汉名相同，均长期在华传教，都曾死葬于中国。因此稍有不慎，人们就可能将三人的关系混淆。

来华外国人汉名与原名的对照弄清楚，就能避免一些常识性的错误，如避免张冠李戴，避免犯将中国人当作外国人的错误、将外国人当作中国人的错误。实际的应用中，出现这些错误在所难免。就连 1981 年出版的《近代来华外国人名辞典》工具书也出现了张冠李戴的错误。如《近代来华外国人名辞典》第 241 页"梅宝善"（A. D. Johansson）与第 507 页"乐传道"（Otte F. Wikholm）辞条，就犯了张冠李戴的错误。

梅宝善与乐传道都是来自瑞典的传教士，1893 年 7 月，他们执意到湖北麻城传教，在麻城宋埠郝家铺被老百姓殴毙。由于中文文献的记载与英文资料的记载将两人的顺序颠倒了，因此《近代来华外国人名辞典》梅宝善的原名就成了乐传道的，而乐传道的原名实际上是梅宝善的，这只有从教会传教士的名录上才能得到证明。正确的汉名原名对照，应该是梅宝善（Otte F. Wikholm）和乐传道（A. D. Johansson）。

同样是《近代来华外国人名辞典》，该辞典第 314 页的"黄明祭"，实际上是一个中国教徒。因为他取了个西文姓名"Francois Martinez"，这在《耶稣会士花名册》和《入华耶稣会士列传》中都在"Francois Martinez"的姓名处注明其为中国人。由于《近代来华外国人名辞典》的编者并没有看到这些材料，因此误将"黄明祭"作为外国人收录辞典中。类似的错误，在一些学术著作中，在《近代史词典》中层出不穷。

近代来华外国人取汉名有诸多特点，除了上述同名异译和异名同译的现象外，有的汉名由原名音译而来，有的汉名由原名意译而来，也有放弃原名音义另取汉名的。许多来华的外国人不仅取有汉名，还取有字，或出自经典，或名、字相对，烦琐复杂，由此可见，学界还真需要有一部完备的来华外国人名辞典。关于近代来华外国人名检索的工具书，目前比较权威的有1981年出版的《近代来华外国人名辞典》。只可惜这部辞典收录的人名仅2000多人，还包含了不少日本人。客观地说，近代来华外国人名的研究尚有诸多拓展的空间。

就近代来华外国人名辞典的编纂工作而言，早在1938年就读于燕京大学的陈增辉先生早就萌发了这一念想，1938年他也开始付诸行动。

陈增辉是福建永泰嵩口人，早年毕业于教会的小学、中学。1928年考入福建协和大学，1936年入燕京大学师从洪业攻读宗教史，后来获神学硕士学位。由于受到洪业"引得学"的影响，他矢志编纂近代来华外国人汉名录的工作，迄今收藏在福建师范大学历史系数以万计的近代来华外国人名资料卡片中，就保存了他1938年做的第一张来华外国人汉名资料卡片。

历经坎坷，陈增辉先生真正大规模开展这一工作是1972年福建师范大学复办之后，在校领导的支持下，许多师生投入这项工作，辑录了不少资料。1975年，这项工作被列入商务印书馆的出版计划，由赵琪任责任编辑，负责协调这一编纂出版工作。为此，商务印书馆还就这部辞典的编纂征求了许多著名学者的意见。其中有戴逸、孙毓棠、朱士嘉、翁独健、王钟瀚、丁名楠、龚书铎等人。他们都一致认为这是一项有意义的工作，应该给予最有力的支持。

戴逸致信陈增辉曾说，"这是一册很重要的工具书，作者搜罗甚为丰富，可想见其工作之辛勤，这本书对于近代史和中外关系的研究很有参考价值。甚盼作者能继续努力，将全书编成，可说是工程很大的一项基本工作"。

孙毓棠致信陈增辉亦说，"为研究中国近代史、中外关系史、翻译工作，编辑这部东西很有必要。多年以来，对译名是大家感到苦恼的事情，有了这部东西，便可很容易地解决"。

丁名楠致信说到，"此书对研究近代史极有用"。

朱士嘉致信陈增辉说过，"尊著对于历史研究工作者，国际关系研究工作者以及其他研究工作者确是一部有用的参考书。我准备为《十九世纪美国侵华档案资料选辑》和《美国迫害华工史料》增编人名地名索引；对我来说，尊著更有参考价值。仅就'B字头样稿'来看已有146页，全书内容何等丰富，可想而知。恳切盼望贵系老师同学们在党支部领导下，在商务印书馆支持下继续努力完成这项光荣的编辑任务，为广大读者作出贡献"。

翁独健、王钟瀚致信陈增辉说，"在当前研究中国近代史、中外关系史、翻译等工作上，正缺少这一类的工具书，能出版这本书是很必要的"。

陈瀚伯致信陈增辉说，"这个东西很有用。40年前我就听说有人要编，但始终未见编出来。但是部分编出来的，可能有。解放前，商务出版社有明清之际来华传教士的名录或载于某书，为附录。希望这一回编辑用集体力量，一定会成功"。

尽管有许多学者的支持，但是要编纂一部完备的《近代来华外国人名大辞典》谈何容易。这部由陈增辉主编的辞典计划收入外国人名10000人左右，时间跨度从1524年至1949年，收入的人物主要有外交官、海关职员，在银行、税务、邮政、洋行工作的外国人，天主教、耶稣教传教士、医生、教师、汉学家、探险家、军人、政府顾问、新闻报刊出版者等。

近代来华外国人汉名研究内容丰富，有规律可循。弄清楚这一点对编纂大辞典非常重要。福建师范大学已投入了大量的人力、物力开展这项工作。实际上，这项工作在1991年已基本完成。不幸的是1991年辞典主编陈增辉教授罹患绝症，致使编纂审订工作一度搁置。1994年2月24日陈增辉教授与世长辞，辞典编纂工作从而一直搁置至今，无人问津。迄今，距陈增辉先生离世已26年，距其萌生念想已80多年过去。好在近年福建师范大学学者们又重新启动这项工作，辞典编纂工作条件和各种社会资源较前都有了根本性的改观。相信不久的将来，《近代来华外国人名大辞典》在编纂者的努力下，在各界的关心支持下，一定会圆满完成，呈现在研究者的面前。

我们满怀信心，冀望大辞典早日问世。

译者何以重生

张洋云

《说文解字注》对"译"的解释是：传四夷之语者。[①] 在漫长的中外文化交流中，译者的重要作用和他们较低的地位是不相称的。从《史记·大宛传》《后汉书·西域传》等古书的记载看，中外文化交流由来已久，不曾断绝。华夏文化虽具极强的包容性，但古代中外交流较近现代毕竟不多，且中外文化的地位是不平等的。很长期以来，中国本土文化在中外交流中占据中心位置，"传四夷之语"的译者地位自然不高，即便有寥寥几人能身居士林，也绝非得益于其译者的身份。自闭关锁国，康熙、雍正两朝驱逐传教士后，中外文化交流更入低谷，译者数量亦少之又少。近代以降，中国被动卷入世界潮流之中，清朝统治者以"中学为体，西学为用"为圭臬，进行诸多自救。中西文化地位发生翻转，"天朝上国"面对"他者"的西方文化，其态度从"轻慢"到"失措"，再到"仰慕""学习"。中国社会的近代化进程也随之展开，西方文化在其中发生过重要的作用。要彻底打开关闭了数百年的西学大门，外语犹如钥匙，而译者则是开门人。"人丁凋零"的译者群体，如何在近代中国重获新生，将世界介绍给中国，这是个极为有趣的话题。

在中国近代文化史的研究中，中西交通史这个话题一直备受学界重视，成果颇丰：前辈学人不仅对中国近代化过程中的西学东渐做了宏观梳

[①] （汉）许慎纂，（清）段玉裁注：《说文解字注》，上海古籍出版社1988年版，三篇上言部101页。

理，还进行了颇为细致的个案探讨，涉及晚清开明士人、西方传教士、民国学者等代表性人物；在西学东渐的研究中，对严复、林纾等翻译人才的考察亦成绩斐然；外语类培训学校譬如京师同文馆、广方言馆、江南制造局翻译馆等领域内的论著更层出不穷。但将译者视作一整个群体考察，他们如何走出凋敝困局，重新壮大，进而推动中西交通和中国近代化，这个问题得到的关注则相对较少。若对这个问题进行探讨，或也可对中国近代化历程开启之艰难窥见一二。

一　近代译者的前生

在五口通商之前，通事制度一直是沟通中外的重要桥梁，通事作为几千年来中外交流的产物，其官阶品衔、职责范围都有明确的制度设计。自清朝闭关锁国到五口通商之前，清政府只准广州一口通商，在中外贸易交流中，也一直沿用通事制度，来华贸易的商船必须通过清政府指定的行商和通事完成交易。[①] 两广总督李鸿宾、广东巡抚卢坤道光十年（1830）在《查禁纹银偷漏及鸦片分销章程》中描述如下：

> 夷商来粤贸易，凡起货上行、置货出口、有无违禁物件，洋商通事买办必所深悉。应责成洋商通事买办随时查察。[②]

如上所述，通事并非职业译者，他们不仅履行翻译人员的职能还兼负有监督货船进出、稽查违禁货品等管理职责，后一种职能甚至可以认为是他们的主要职责。他们的职责里没有引进外来文化这项内容，同时，这个群体本身也并没有强烈的主观意愿来沟通中外，他们促成的中外交流至多只能认为是其职责的附带效应。并且彼时所有合法贸易均通过广州十三行进行，中西贸易交流极为有限，通事的数量十分稀少。而随着通商口岸开放数量的日益增多，外国商船可达之处随之不断增多，通事制度逐渐凋零，其在中外交流中的作用亦更加微弱，而通商口岸民间自发形成的译者

[①] 陈海燕：《同文馆外语人才培养的困境与破解途径的研究》，博士学位论文，北京外国语大学，2015年，第11页。

[②] 中国第一历史档案馆编：《鸦片战争档案史料》（一），天津古籍出版社1992年版，第69页。

则在那时逐渐出现了。

二 近代译者最初的窘境

近代以降，在通商口岸诞生了职业译者——非官方通事，他们语言水平参差不齐，其主要职责是商业贸易翻译。香港中文大学孔慧怡将翻译大致分为两种：一是事务性译者，一是文化性译者①，她认为事务性译者主要职责是满足雇主在翻译方面的要求，遵循雇主定下来的工作守则，完成相应任务。根据孔慧怡的分类，通商口岸的商业贸易译者应为事务性翻译，这类译者在当时也被称作"通事"，但显然已不同于通事制度下的"通事"，他们没有官阶品衔，且已不再是清政府利益的代言人，换句话说，他们也不被官方认可。由于列强以军事手段不断扩展在华通商口岸，西方列强在通商口岸进行着对中国的经济侵略和文化冲击，此时的通事作为事务性翻译，甚至不自觉地与来华外商成为利益共同体。鸦片战争战败后相当长时间内，仍自居"天朝上国"的清王朝，面对西方文化，其态度在逐渐经历由"鄙夷"、"轻慢"到"失措"的过程，绝大部分人对"洋人"是恐惧、仇视的，而由于领事裁判权的保护，时人自然很少敢与来华的西方商人产生激烈的正面冲突。但是，通事不受外国法律保护，又看似替"洋人"办事，也就莫名成了国人对西学的抵触情绪的发泄口。

通商口岸的通事一来与外国商人交好，距离西方文化更近；二来他们并不是清政府利益的代言人，不受官方承认；三来译者自古地位不高，有"舌人"之称，源于以上种种，在时人眼里他们是极不入流的。冯桂芬曾对通商口岸的译者有过这样的描述：

> 今之习于夷者曰通事。其人率皆市井佻达游闲，不齿乡里，无所得衣食者，始为之。其质鲁，其识浅，其心术又鄙，声色货利之外，不知其他。且其能不过略通夷语，间识夷字，仅知货目数名，与俚浅文理而已。②

---

① 孔慧怡：《重写翻译史》，香港中文大学出版社2005年版，第122页。
② 冯桂芬：《采西学议》，该文写于1860年（咸丰十年），收于《校邠庐抗议·下卷》第37页，《续编四库全书·子部·儒家类》第540页。

这些民间自发产生的通事，外语水平和个人素质参差是事实，"略通夷语，间识夷字"这样的描述虽不能概括彼时所有译者，但也确实能在一定程度上说明问题。冯桂芬是较为开明的晚清士人，他对通商口岸译者如此鄙夷，当时社会对通商口岸译者评价可见一斑。近代译者伴随着被迫开关的屈辱重生，与当时被鄙夷恐惧的西学有着天然联系，加之自古"舌人"地位低下的历史惯性，这个群体生来带着"原罪"，处境尴尬。外语是接触西方文化文明的基础，译者在当时社会却被如斯看待，其沟通中外、引进西学的作用也就相对比较微弱。从另一个角度来考察，若冯桂芬所述"其能不过略通夷语，间识夷字，仅知货目数名，与俚浅文理而已"属实，那么这群非官方译者大有机会接触更多西学却不为，也可知当时国人对西方文化的接纳相对后来是非常保守的。彼时的中国，面对西方文化，依然端着"天朝上国"的架子，"中学为体，西学为用"尚未成为政府意志，大规模的引进西学尚未被提上清政府的议事日程，培养翻译人才也仅仅停留在少数开明士大夫的奏折条陈之中。不过当时社会对通商口岸的通事负面的评价，也侧面反映出西方文化不断与传统中国文明发生着碰撞，中国的近代化虽还未开启，但近代译者群体已开始在窘迫的处境中缓慢重生。

三 官方译者群体的壮大

冯桂芬虽对通商口岸的译者评价极低，但他却主张清政府应当培养官方的翻译人才。他在《采西学议》中曾提议：

  ……今欲采西学，宜于广东、上海设一翻译公所……[①]

他的部分提议后来成为现实。随着洋务运动的开展，1862年8月京师同文馆正式开办，作为清末第一所官办外语学校，京师同文馆专门培养外文译员和洋务人才，属总理事务衙门，这是极大的进步。

清政府于现实原因意识到培养译者的重要性，但是民间对此的反应依

[①] 冯桂芬：《采西学议》，该文写于1860年(咸丰十年)，收于《校邠庐抗议·下卷》第37页，《续编四库全书·子部·儒家类》第540页。

然冷淡。齐如山①在其回忆录中有这样一段描述：

> 馆是成立了，但招不到学生，因为风气未开，无人肯入，大家以为学了洋文，便是降了外国。在汉人一方面，政府无法控制，招学生太费事，于是由八旗官学中挑选，虽然是奉官调学生，但有人情可托的学生谁也不去，所挑选者，大多数都是没有人情，或笨而不用功的学生。因为这种学生，向来功课成绩不好，八旗官学虽腐败，这种学生也站不住，或将被革；倘到同文馆，或者还可以混一个时期。这是最初招生的情形，而且还有一层，这些学生入了同文馆以后，亲戚朋友……对于学生们的家庭，可就大瞧不起了，说他堕落，有许多人便同他们断绝亲戚关系，断绝来往。甚而至于人家很好的儿媳妇，因她家中弟弟入了同文馆，便一家瞧不起这个媳妇……②

齐如山的这段回忆形象地反映了京师同文馆成立之初的艰难。入京师同文馆习洋文在当时还是下下之举：天资聪颖的学子不愿入馆学习，即便天资平平，但凡有门路，对学习洋文仍是避之而不及，科举仍为"正途"。时人不愿弃八股而习外文，一是对西方文化感性上的抵触，一是出于习外文前景不明，译者社会地位不高这一现实的理性选择。习八股能"朝为田舍郎，暮登天子堂"，而习洋文则被视为堕落和屈从"洋人"，两相对比，足见当时译者的社会地位，也可见"师夷长技"这个时代大课题在那个时候尚未被大部分民众接受，即所谓的"风气未开"。据《齐如山回忆录》所述，清政府为吸引学生入同文馆学习，所立章程对学生极为优待。"初进馆每月二三两（膏火），学一二年之后，洋文有成绩者，则增至六两，再过一期增为八两，后增为十二两"③，对比当时官员的年俸，这些数字更明了：七品翰林院编修年俸45两，五品外官年俸80两④。清政府在经济

---

① 齐如山（1877—1962），中国近代史上贡献卓著的京剧理论家与实践家、民俗学家、实业家。1894年，时年17岁的齐如山在父亲（齐禊亭，清光绪甲午时期的进士，翁同龢的门生）的安排下进入北平同文馆学习法文、德文。庚子事变（1900年），齐如山肆业，离开同文馆进入家族企业经商。
② 齐如山：《齐如山回忆录》，上海文艺出版社2014年版，第22页。
③ 齐如山：《齐如山回忆录》，上海文艺出版社2014年版，第23页。
④ 熊月之：《西学东渐与晚清社会》，上海人民出版社1994年版，第315页。

上如此优待京师同文馆的学生，自然有吸引学生入馆的意图在，但需要通过超出寻常的优待来吸引学生入馆，亦印证了齐如山的说法：由于风气未开，即便政府提倡，学习西文仍不被广大民众接受，近代译者的培养虽得到官方重视，但到具体落实层面，其推动是十分艰难的。

随着洋务运动的进一步开展和清政府对培养外语人才的日渐重视，大众对外文和西学的消极态度到了光绪中叶似乎开始转向，到戊戌年的时候，甚至表现得十分积极。

> 到了光绪中叶，风气渐开，汉人已有愿入者……我入馆后之第二年，因为想入的人太多了，所以才有考试的规定，然考亦不难，且有大人情者，不考亦仍可加入。到光绪戊戌，……想入者更多，以后就非经考试不能入馆了。①

从1862年京师同文馆建馆之初，须通过摊派方能勉强凑来学生，到后来想入同文馆必得参加考试，一前一后变化如此之大，亦可印证普通民众对学习外文的热情越来越高，这种热情与译者的数量是呈正相关的。究其原因，一则洋务运动开展，后来甲午战败，"天朝上国"的架子已经端不住了，不仅清政府，包括普通民众对待西方文化也逐渐进入"仰慕"的阶段；二则京师同文馆、广方言馆、江南制造局翻译馆等一系列官办外语培训机构已有二、三十个年头，从微观个体的视角看，这已算是比较长的时间，清政府长期的政策倾斜使民众对译者职业前景的信心逐渐建立起来，这对于译者群体的壮大作用巨大。另外，官方培养出来的译者虽也水平各异，但他们的学历与科举一样，均获得政府的认可，改变了长期以来译者低下，被排除在士林阶层之外的情况，这也使越来越多人愿意学习外语，成为译者。1876年起，中国开始在国外设立使馆，而大使馆译者多出自京师同文馆，1888年总理衙门添设翻译官后，在中外交涉中担任翻译工作的，也多半出自京师同馆②，习外文似乎成了通往士林的捷径，这对于自古崇尚"学而优则仕"的中国人确有吸引力。总理衙门居于六部之上，主事之人也多地位显赫，其设立虽是迫于中外交涉不断增多的形势，

---

① 齐如山：《齐如山回忆录》，上海文艺出版社2014年版，第29页。
② 熊月之：《西学东渐与晚清社会》，上海人民出版社1994年版，第316页。

但却客观上给了译者晋升之阶，促进译者群体的迅速扩大。

除了通过新式学堂直接培养翻译人才外，清政府派遣出的留学生归国后，也有人成为译者，将西方的文化通过译著介绍到中国，这些人往往是译者中的精英群体，在文化界亦影响较大，更加有力地推动中国的近代化，严复就是这其中的重要代表。

四 译者的"策略"

因中西传统文化观念激烈冲突，将西方经典著作及思想介绍到中国后，如何被更多人接受，成为译者必须解决的一个问题。

严复在《原富》的正文开始之前有三篇短短的人物传记，有一篇《斯密亚丹传》其中的描述颇有趣味：

> 斯密亚丹者，斯密其氏，亚丹其名，苏格兰之噶谷邸人也。父业律师，为其地监榷，死逾月而亚丹生。母守志不再醮，抚遗腹甚有慈恩，卒享大年，亲见其子成大名。而亚丹亦孝爱，终其身不娶妇，门以内，雍雍如也。①

这段亚当·斯密幼年丧父，其母"守节"未嫁，全心全意培养儿子，其子为报恩终身不娶的故事，极为迎合传统中国对寡母孤儿的角色设定。有学者认为这是严复对西方文化的一种误读，本文认为这种"误读"可以有另外一种解释：对于亚当·斯密终身未娶，在他那个年代就已众说纷纭，并且同性恋这个说法在欧洲最为流传，严复留学欧洲，没有听说过这种说法的可能性并不大，并且在中国古代亦有断袖的说法，所以严复是有可能接受"亚当·斯密是同性恋者"这个说法的。另有一种说法则认为，严复的英文水平可能不完全了解亚当·斯密的情况，本文认为这种推断是站不住脚的。严复对赫胥黎的《进化论与伦理学》以及斯宾塞的思想分别作取舍，以"春秋笔法"译成《天演论》的过程，可见他严复因为不完全了解亚当·斯密的情况而产生误读的可能性是比较小的。

严复对亚当·斯密的"误读"极有可能是有意而为之：他在《原富》未进入正文部分时，便塑造慈母孝子的形象，为亚当·斯密在中国读者心

---

① 亚当·斯密著：《原富》，严复译，商务印书馆1981年版，第3页。

中塑造出非常正面的形象,进而推动严复所译的《原富》被更多国人阅读。通过塑造迎合中国传统的西方名人形象,人为增加中西文化交流的"润滑剂",来减少中西文化的正面冲突,这一策略可见译者之苦心。

结　语

　　近代以降,中国的译者群体在不断增多的通商口岸上自发形成,因清政府的政治、经济、军事需要而不断壮大,成为中国教育的近代化最早的一批受益者。译者群体最初的壮大虽有个人功利心的考虑在其中,但是随着中外交流的不断增多,译者这个群体不断丰富。他们随中国的近代化节律而动,肩负将世界介绍给中国的使命,引进西学,促进中外交流,反过来推动中国的近代化,为改变当时中国的困境做出这个群体重要的努力。

(作者为北京师范大学历史学院硕士研究生)

中西文化交流的见证——北京法国传教士墓地

明晓艳

北京石刻艺术博物馆露天展区内，陈列着清代以来入华传教士的墓碑36通。这些与众不同的镌刻着拉丁文和中文的墓碑，是清朝法国在华传教团所属正福寺墓地的幸存之物，其中有著名的耶稣会神父张诚、白晋、雷孝思、巴多明、冯秉正、蒋友仁、钱德明等人的墓碑。这些物证，记录了中国清代与西方的文化交流、发展脉络以及"西学东渐""中学西传"的历程。为进一步研究自利玛窦以来，耶稣会士在京传教的历史与中国清代社会的政治、经济、文化提供了不可或缺的实物佐证。

一 墓碑变迁

（一）发现墓碑

20世纪90年代初，北京市教委拟在位于北京西城区月坛北街的西城酱菜厂的旧址上建立112中学，后更名为北京35中学。建筑工人在施工中发现酱菜厂院内有一个防空洞，内有一批传教士墓碑当作防空洞的盖板，有些当作墙体。施工单位很快将这一发现报告给北京市文物局。北京市文物局闻讯后，立即派出北京石刻艺术博物馆文物工作者前去勘察。经调查发现，这批墓碑的主人大多数是来自法国的耶稣会和遣使会（味增爵会）的传教士，其中有1685年法王路易十四派遣来华的第一批耶稣会传教团成员白晋、张诚，第二批来华的耶稣会士雷孝思、巴多明以及其后相继来华的蒋友仁、殷弘绪、冯秉正和被学者们誉为北京耶稣会中"最后一位汉学家"的法国神父钱德明等30余人。有关专家学者认为，这是一批十分珍贵的历史文物，它们记载了继利玛窦之后来华的天主教传教士在中国的足迹，是研究清朝和民国初年中国的政治、外交和文化的重要佐证。为此，北京市文物局拨出专款，进行抢救性保护。由时任北京石刻艺术博物馆馆长韩永负责，组织专业队伍，购买了建筑材料，将这批墓碑替换出来，运至北京石刻艺术博物馆进行收藏、保护、研究并展出。

事后，北京石刻艺术博物馆业务部主任何维良先生回忆："当时防空洞内没有照明，一下去黑黑的，也不知道哪来的那么多水，都没过了膝盖，根本无法工作。于是，我们购买了雨靴、雨衣和手电筒，接通了防空洞内的照明。这时才发现，脚下的污水原来是从地面上酱菜池子流下来的酱菜汤，又脏又臭。防空洞顶部是水泥质的盖板，也有几处用传教士墓碑当作盖板的，但传教士墓碑不是都排列在一起，而是分布在岔路或拐弯等处的顶部或墙壁上，也许是因为墓碑的材质比较好，都用在了重要部位。我们按照传教士墓碑在防空洞中的分布位置，绘制了一张传教士墓碑位置分布平面图，以便于施工外运。当时正赶上暑天，勘察、运碑又热又臭，几天下来，身上的臭味好几天都去不掉。"

为了搞清这些墓碑的来历，我和课题组的成员多次走访了当时西城酱菜厂基建科的负责人和当地的居民，基建科长说"不知道这些墓碑具体是什么时候拉到这儿的，只听说是修防空洞时，从海淀区正福寺那边的酱菜厂拉来的"。之后，我们又对海淀区四季青乡的正福寺及酱菜厂（西城酱菜厂的一个车间）进行追踪调查，确认这些墓碑来自海淀区正福寺天主教墓地，于是多次对正福寺村落及周边地区寻找散落的正福寺墓地相关石刻，最终找到了传教士墓碑和碑座十余个，后运至北京石刻艺术博物馆收藏。

（二）保护与陈列

北京石刻艺术博物馆，位于海淀区白颐路五塔寺村24号，东临中苑宾馆，西临奥林匹克饭店，与北京动物园隔河相望。是在明代古刹真觉寺（俗称五塔寺）遗址上建立的。所谓"五塔"即馆内佛教密宗建筑——金刚宝座式塔，1961年被国务院公布为第一批全国重点文物保护单位。博物馆1978年正式对社会开放，是以收藏、研究和展示北京地区历代石刻文物为主的专题性博物馆。

1994年，北京石刻艺术博物馆首次将清理后的36通传教士墓碑对外展出。展览的推出，引起了大批中外学者的关注，人们在研究"西学东渐"的同时也更加关注"中学西传"的进程。这些墓碑大部分保存完好,特别是那些作为建筑材料埋藏于地下的墓碑,没有受到风雨的侵蚀,文字十分清晰。特殊的环境,无意中保护了这些客死异国他乡的传教士的墓碑。但是,墓碑的碑身和碑座已不能确定是否为原配。因为,墓碑在被用作建筑材料的那一刻,碑身与碑座已经分了家,展出的墓碑是否原配也已无从考证。

展出的 36 通墓碑中,有耶稣会士 23 人、遣使会士 12 人、传教会士 1 人;其国籍:法国 24 人、中国 11 人、爱尔兰 1 人。

二 墓地缘起

正福寺墓地是北京第二古老的天主教公墓,又称为法国传教士墓地或法国公墓,以区别于栅栏的葡萄牙公墓。获得墓地的具体时间至今不详。自遣使会历史学家包世杰撰写《正福寺墓地与教堂(1732—1917)》一书,至今已经过去 92 年了。①

(一)法国国王路易十四派遣的耶稣会士抵达北京

17 世纪 80 年代的法国,正是波旁王朝路易十四统治时期。1678 年(康熙十七年),在大清朝钦天监任职的南怀仁向欧洲的耶稣会寄了一封信,呼吁派更多的传教士到中国来。与此同时,法国天文台台长卡西尼也提出派人到东方去进行天文观测的建议。1681 年,耶稣会中国教区副会长南怀仁(Ferdinand Verbiest)派遣柏应理(Philippe Couplet)为使者,到欧洲汇报中国教区的形势和需要。柏应理的任务之一,就是说服耶稣会总会长和其他在朝野有影响力的大人物,让他们相信对将要供职于中国朝廷的耶稣会士进行科学方面的培训是件有益的事情。

在太阳王路易十四的忏悔神父弗郎索瓦·拉雪兹和法国财政大臣柯尔贝这两位大人物的支持下,柏应理顺利地获得了国王的恩准。六名受过良好数学教育的法国耶稣会士被挑选出来。在 1685 年离开法国之前,他们被任命为新成立的"法国皇家科学院"的通讯院士,并授予"国王数学家"的头衔。其中有五位顺利地走完全程并于 1688 年 2 月抵达北京,他们是:洪若翰(Jean de Fontaney)、白晋(Joachim Bouvet)、刘应(Claude

---

① 包世杰:《正福寺墓地与教堂(1732—1917)》(Le cimeitiere et la paroisse de Tcheng-fousse 1732~1917, Peking, Imprimerie des Lazaristes, 1918)。

de Visdelou)、张诚和李明（Louis le Comte）。① 康熙皇帝挑选了白晋和张诚做他的数学老师，并准许其余三位在中国任意居留。

（二）发展法国在海外利益需要

在去罗马的途中，柏应理在巴黎停留下来，向同属耶稣会的路易十四的告解神父弗郎索瓦·拉雪兹（François de La Chaise）和权倾一时的法国财政部长柯尔贝（Jean-Baptiste Colbert）陈述了他希望派遣更多的科学家到中国传教的想法。柯尔贝则看到了这样做的商业前景：通过派遣科学家、发展法国在海外的利益，从而打破葡萄牙在东亚的商业垄断。显然，柏应理的请求是一个能将法国的利益和宗教与科学结合在一起的难得契机。

（三）法国耶稣会争夺保教权的需要

由于葡萄牙拥有东方的"保教权"，所有去东方的传教士必须得到葡萄牙国王的批准并纳入葡萄牙传教体系。当时在北京的法国耶稣会士和来自其他国家受葡萄牙保教权统辖的耶稣会士一起住在南堂（当时叫西堂）。但是，由于国家政治立场上的差异、相互间的猜疑和嫉妒使这个教区内纠纷不断。因此，法国耶稣会希望摆脱葡萄牙耶稣会的统辖，成为独立的传教团，拥有独立的教堂和属地。

（四）法国耶稣会希望有一块自己的墓地

1707年，法国耶稣会第一任总会长张诚在京病逝，由于该教团没有独立墓地，只好暂时葬在藤公栅栏墓地（又称葡萄牙公墓），即今北京市委党校院内的利玛窦墓地，但法国教团更希望有一块属于自己的墓地。

在正福寺墓地建成之前，有9位法国耶稣会士安葬在栅栏墓地（见表1）。

序	中文名	法文名	抵华时间	卒年	朝廷中任职
1	翟敬臣	Fr. CharlesDolzé	1698	1701	无
2	南光国	Fr. Louis dePernon	1698	1702	乐师

---

① 这五人中只有张诚、白晋在北京终老。1699年卸任使团主管洪若翰于1702年11月返回法国，李明和刘应分别于1691年底和1709年6月离开中国。

续　表

序	中文名	法文名	抵华时间	卒年	朝廷中任职
3	樊继训	Br. PierreFrapperie	1700	1703	医务
4	习圣学	Fr. Charles deBroissia	1698	1704	无
5	张　诚	Fr. Jean-François Gerbillon	1687	1707	数学、通译
6	罗德先	Br. Bernard Rhodes	1699	1715	医务
7	陆伯嘉	Br. Jacques Brocard	1701	1718	钟表师
8	杜德美	Fr. PierreJartoux	1701	1720	钦天监
9	汤尚贤	Fr. Pierre Vincent de Tartre	1701	1724	绘图师

三　始建年代

1701—1724 年间，法国和来自其他国家的耶稣会士都安葬于栅栏墓地。法国传教团独立出来以后，谋求一块独立的墓地也就势在必然了。最终，他们在北京老城西方约 15 里处得到了一大块土地，足以作墓地和盛夏避暑静修之用。据法国学者包士杰 90 多年前的文献记载①，与这块墓地相邻的小村庄建于明朝万历年间，地产原属于一座佛教寺庙。在民间传说的基础上，包士杰推断：那块地方原名"正佛寺"——真佛之寺，是后来住在那里的基督徒将此更名为"正福寺"——真正幸福之寺，因为他们认为这个名称与天主教的信仰更为相符。但这个说法其实是很难站得住脚的，因为"正福寺"作为佛教寺庙的名字亦极为恰当；况且，没有任何确凿的材料显示这个村庄曾经改过名字。

这块墓地后来被称为正福寺公墓或法国公墓，以区别于栅栏的葡萄牙公墓。获得墓地的具体时间至今不详，包士杰坚决反对民间流传的这块土地原为明朝一位皇帝所赠的说法。在耶稣会或中文的档案中，至今确实未见此类记载或其他任何相关原始或抄传的文件。这一说法形成的原因，极

---

① 包世杰：《正福寺墓地与教堂（1732—1917）》（Le cimeitiere et la paroisse de Tcheng-fou-sse 1732-1917, Peking, Imprimerie des Lazaristes, 1918）P. 1。参见 L. C. Arlington and Willam Lewisohn《寻找老北京》（In search of Old Peing, H. Vetch, 1935），P. 307-308。

可能是因为正福寺和栅栏墓地同南堂、北堂一样，均为皇帝赐地；此外，这两处地方以前的确曾为明朝富裕宦官墓地的事实，也会加深人们对此的误解。

据史料记载，逝于1724年的汤尚贤（Pierre Vincent de Tartre）是最后一位葬于栅栏的法国传教士，而1730年6月去世的白晋则为安葬于正福寺的第一人。由此可推测法国神父获得这块墓地的时间是在1724—1730年之间，而且极可能就是在白晋去世前不久，因为两年之后，人们才于墓地内建起一座石质的祭坛，上有一个花岗石的大十字架，墓地至此才算正式落成。那个十字架早已遗失，但是，那方沉重的基座收藏在北京石刻艺术博物馆，上有两处铭文：一处在基座阴面，是两行已经模糊的文字，这是此前研究者大多忽略的地方；另一处在基座阳面底端，是一段较长也更加清晰的碑文。

基座阴面拉丁文铭文：

  P. P. GALLI SOC. JESU POSUERE① AN. DOM.
    MDCCXXXII

大意为：法国耶稣会教士建于我主诞生后1732年②

基座阳面拉丁文铭文：

  HOC FIDEI CHRISTIANÆ MONUMENTUM
  A PRÆDECESSORIBUS SUIS ANNO 1732 ERECTUM
  P. P. GALLI S. J. EX INTEGRO RESTAURARUNT ANNO 1777.
  IMPIA MANU DESTRUCTUM ALUMNI CONGR. MISS.
    DENUO EXTRUXERUNT
      ANNO 1863

可逐行译为：

    天主教公墓记碑
   他们的（耶稣会）先辈建立于1732年
   法国耶稣会士重修于1777年

---

① Posuere 为 posuerunt 的缩写。
② 明晓艳、魏扬波著：《历史遗踪——正福寺天主教墓地》，文物出版社2007年版，第5页。

后被不信仰者破坏，遣使会士另立新碑一通
于 1863 年①

若对基座细加考察，可得出如下重要结论。

其一，基座阴面铭文更为陈旧，和阳面铭文应该是在不同时期刻上去的。铭文笔迹上的细致差异，尤其是年代刻文上的差别，也很说明问题。18 世纪初期，欧洲人在出版物和纪念碑上仍习惯于使用罗马数字纪年，而在较晚时期，阿拉伯数字则更为普遍使用。

其二，由于人们通常都是将碑文刻在碑阳，因此可推测，现在的基座阴面起初实际上是阳面，因为在很多年中都只有这一面有铭文。

此外，现在阳面上的铭文应该是在两段不同的时期镌刻上去的，这一点是由基座碑面的外观以及铭文字迹的风格、大小推测出来的。1777 年，最后一批耶稣会士完成墓地的修整后，想将此事件记载下来。但是原来铭文下的底座部分已严重风化和损坏，不可能再于其上鋆刻文字，而基座背面的情况则好得多。因此那些耶稣会士将基座掉转过来，在底座边缘上做了些装饰的花边，并刻上了两行文字：

HOC FIDEI CHRISTIANÆ MONUMENTUM

P. P. GALLI S. J. EX INTEGRO RESTAURARUNT ANNO 1777

译文：

天主教公墓记碑

法国耶稣会士重修于 1777 年②

也许这些耶稣会士认为没有必要在上面刻上最初立碑的日期，因为另一面上已刻有这些内容。于是，大约一百年后，遣使会的人不仅在上面刻上了重建的时间 1863 年，还添上了现在的第 2 行和第 4 行。为了能在有限的空间上将正福寺自 1732 年初建后几次修复的记录全部加上去，这两行铭文的字迹比原有的两行小很多。

A PRÆDECESSORIBUS SUIS ANNO 1732 ERECTUM

IMPIA MANU DESTRUCTUM ALUMNI CONGR. MISS.

---

① 明晓艳、魏扬波著：《历史遗踪——正福寺天主教墓地》，第 6 页。
② 明晓艳、魏扬波：《历史遗踪——正福寺天主教墓地》，第 7 页。

DENUO EXTRUXERUNT

ANNO 1863

译文：

他们的（耶稣会）先辈建立于1732年

后被不信仰者破坏，遣使会士另立新碑一通

于1863年

这也恰好能解释为什么第3行的字迹比第2行和第4行的大很多，以及为什么只有第3行上有耶稣会的名称，而第2行上没有。当然，铭文如此排列也便于观瞻。无论如何，这两处碑文都足以证明，到1732年正福寺已归法国耶稣会士所属。整块墓地呈长方形，东西长218.5米，南北宽80米，正门在围墙南边。后来，耶稣会士将这块地划分为两部分，北面一块用作墓地，南面是一座四合院，院子中间有一个日晷。院子的背后，建有一座礼拜堂。除用作墓地之外，耶稣会士还将此处作度假和静修之用。正福寺位于西山脚下，比北京城内凉爽很多，夏天尤为宜人①。

四　三次修复

（一）1777年正福寺第一次修复

1773年，罗马教皇宣布取缔耶稣会，在京城的法国耶稣会士接到关于耶稣会被取缔的正式通告。近十年过去后，接管北京法国传教团的遣使会士于1785年4月29日抵达北堂。

1835年遣使会孟振生神父在致信遣使会总会长Dominique Salhorgne 的信中，对所见正福寺当时情形的描述十分详尽，特别谈到"耶稣会士于1731年在此立十字架，1777年进行修复并刻碑……靠近十字架最前面的，是北堂法国教会创建人白晋、张诚神父之墓……"此时，正福寺距1777年第一次修复已经过去了58年。

孟振生在信中这样描述正福寺：②"整个公墓呈长方形，由两部分构成，前半部分是住所，后半部分是墓园。进门有一个小门厅，穿过走廊就

---

① 包世杰：《正福寺墓地与教堂》，第5页。
② 1835年8月1日孟振生致大主教信。大部分内容刊载于《遣使会在中国》第3卷，第60—82页；托马斯：（A. Thomas）《北京教会史》，第2卷，第153页。

是一座四合院，院子中心有一个日晷，三面是住房。教堂是独立的建筑，位于住所后面。房子周围种满了果树，一条架满葡萄藤的长廊通往后面的墓地。围墙高 8—10 英尺。一条上面架有葡萄藤的小径通向入口。门开着，我看到了对面的十字架……我不敢相信的是，在北京教区经历如此多的磨难后，我们圣教的这一荣耀的标记还矗立在那里"。

（二）孟振生来京与正福寺的第二次修复

道光皇帝（1821—1850）即位之后，由于怀疑中国信徒和传教士们与觊觎中国的洋人私下勾结，因此继续奉行他父亲的禁教政策，且不再在朝廷任用任何传教士。此时，北堂的住房被迫卖掉，教堂亦于次年被毁。毕学源逝于 1838 年 11 月 2 日，在这之前，他将南堂藏书楼和栅栏墓地产权转交给了俄罗斯东正教传教士团的大司祭魏若明（Veniamin Morachevich，维尼阿明·莫拉切维奇）。毕学源一去世，南堂产业就被中国官方没收了，住房被拆除，教堂则被查封①。

1860 年 10 月 24—25 日中国政府被迫分别和英国、法国签订了《北京条约》。根据条款中国政府应归还此前没收的教会财产。在北京，这就意味着要退还包括正福寺在内的所有教堂及其附属产业。此时已成为北京主教的孟振生，将法国传教会的中心从西湾子迁入北堂。10 月 28 日，也就是《北京条约》签署后几天，在法国、英国、俄国官兵、使节，以及东正教大司祭固里（Gury Carps）及其侍从等的护卫下，重新打开栅栏公墓的大门，在那里安葬了战死在北京郊区通州的六名法国士兵。孟振生决定以同样的仪式将 1860 年 9 月 18 日阵亡于北京附近张家湾的法国军官达马斯（Count Albert – Marie de Damas）入葬正福寺，以标志正福寺重新开放。11 月 10 日恭亲王被迫签发了归还正福寺公墓的公文。

与此同时，孟振生主教开始着手重建所有教堂和住所的庞大工程。在正福寺，他开始修复围墙，然后他重修了教堂，这次是将教堂建在公墓大门的前面，以方便周边村庄的天主教徒来教堂礼拜。到 1863 年底，所有

---

① 孟振生《关于 1784 年之后在北京的法国传教团的历史记载》，巴黎公教会档案馆 1849 年版；托马斯：《北京教会史》第 95 页、第 109—116 页、第 401 页；《遣使会在中国》第 3 卷，第 367—370 页。

坟墓的修复工作完成。破损的墓碑又都接合好，重新立起来。如前文所述，主教为了将此次修复事件记录下来，在他的耶稣会士前辈刻在十字架基座上的碑文中添加了两行铭文。

随着1860年教堂财产的归还，北京天主教教会领袖的继任者们开始了教堂复建的庞大工程。除了重修北堂外，孟振生主教还修建了一座新的西堂，并维修了南堂的住所。他的继任者田嘉璧（Gabriel Delaplace）主教于1884年建造了一座新的东堂，比其他三所教堂更为富丽堂皇。1887年，当清皇室决定扩展皇城边界时，已有20多年历史的北堂，因为有碍于紫禁城的扩建而不得不拆迁到西边的一处新址。达里布（François Tagliabue）主教于1889年12月9日为他所建造的新北堂举行了落成典礼。这座仍然存在的教堂在外观上与孟振生1867年所建的那座极为相似。同年，达里布主教在正福寺教堂的后面增建了三所房子，作为来这里静修的神父和修士们的住所。正福寺一直保持这个格局，直到1900年6月被义和团毁坏。

1900年义和团运动爆发后，栅栏和正福寺墓地遭受了前所未有的破坏。掀倒了墓碑，扒掉了坟墓外层的砖块，并掘开坟墓，暴棺扬尸。在栅栏，利玛窦、汤若望、南怀仁的墓碑也惨遭破坏。正福寺的破坏更为严重，包士杰神父在其书中记载了所见到的景象，整个墓园被铲平了，所有的建筑都消失了，只有一段围墙残留下来，墓园遍地碎骨。所有的墓碑都被推倒在地，靠近墓园大门的那些碑都被重物砸成了碎片，以致无法辨认碑文。

杰出的亚洲历史研究专家劳弗（Berthold Laufer，1874-1934）大约也就在那个时候到访北京，在其助手的协助下，他绘制了栅栏和正福寺墓地图，并将残留墓碑的碑文拓了下来。劳弗1934年去世后，这些拓片作为他给芝加哥自然历史博物馆的捐赠之一，被收藏进该馆。劳弗所绘的正福寺图表，以及他为祭坛、十字架基座和48块墓碑拓片所做的注解，均被威尔莱文斯（Hartmut Walravens）收入《菲尔德自然历史博物馆藏中国拓片编目》（*Catalogue of Chinese Rubbings from the Field Museum*）一书。

（三）正福寺最后一次修复（1907—1917）

樊国梁（Pierre Marie Alphonse Favier，1837.9.22-1905.4.4）主教担

负了重大的修复任务。他先是重建了北京那三座在义和团运动中被毁的教堂。至于正福寺，修好围墙后，主教命人暂缓修复工程。他认为正福寺离北京市中心太远，所以决定将栅栏定为遣使会士的墓地。直到1907年林懋德（Stanislas Jarlin）继任北京主教后才开始修复正福寺，修复工程为期十年。首先修建的是教堂，以替代1900年被毁的那一座，随后陆续修建了几座住房。同时，林懋德主教还让人修补了残留下来的那些墓碑，至于被盗或无法修复的，则立了新碑并补刻了铭文。然后，他将所有墓碑沿围墙陈列于祭坛两边，而没有将它们复归原位，教士们的遗骸悉心整理后被埋在墓碑下。一个新的大理石十字架立在基座上，代替那个遗失了的花岗岩十字架。最后，他将那块新坟地和整个墓园隔开来，还让人将原先的坟地整平为绿地。这样一来，墓地的面积大为缩小，并且很巧妙地隐蔽在正福寺的后面，从此不再用作墓地，而只是留作此前来京的法国传教团的纪念陵园。

安葬在正福寺墓地的法国耶稣会士，大部分曾服务于中国朝廷。最初来华的那五位法国数学家中的最后一位，白晋于1730年去世，成为埋在正福寺这块新墓地的第一个传教士。两年后，当法国耶稣会士为那块地建好围墙并竖起十字架后，他们考虑到应该将他们那位于1707年去世的同伴、传教团的第一任会长张诚安葬于此。因此于1735年3月24日，他们将张诚的坟墓从栅栏迁至正福寺。这样，葬于正福寺的法国耶稣会士共计24位：

序	中文名	法文名	抵华时间	卒年	朝廷中任职
1	张诚	Fr. Jean – François Gerbillon	1687	1707	数学家、通译
2	雷孝思	Fr. Jean – Baptiste Régis	1698	1738	绘图师、测量师
3	巴多明	Fr. DominiqueParrenin	1698	1741	通译、绘图师
4	殷弘绪	Fr. François – XavierDentrecolles	1699	1741	无
5	沙如玉	Fr. Valentin Chalier	1728	1747	钟表师
6	冯秉正	Fr. Joseph deMoyriac de Mailla	1703	1748	绘图师
7	汤执中	Fr. Pierre d'Incarville	1740	1757	花匠、御花园执事

续　表

序	中文名	法文名	抵华时间	卒年	朝廷中任职
8	安　泰	Br. Etienne Rousset	1719	1758	医师
9	纪　文	Br. Léonard de Brossard	1740	1758	钟表师、玻璃匠、画家
10	宋君荣	Fr. AntoineGaubil	1722	1758	钦天监、通译
11	赵圣修	Fr. LouisDesrobert	1737	1760	无
12	杨自新	Br. GillesThébault	1738	1766	钟表师、机械师
13	孙　璋	Fr. Alexandre de La Charme	1728	1767	钦天监、通译
14	巴德尼	Br. Jean-DenisAttiret	1738	1768	画家
15	严守志	Fr. Pierre de La Baume	1768	1770	钦天监
16	蒋友仁	Fr. Michel Benoît	1744	1774	钦天监、绘图师、建筑师
17	李俊贤	Fr. Hubert de Méricourt	1773	1774	钟表师、建筑师
18	巴　新	Br. Louis Bazin	1765	1774	医务
19	韩国英	Fr. Pierre-MartialCibot	1759	1780	机械师、花匠
20	方守义	Fr. Jacques-FrançoisDollières	1759	1780	通译
21	金济时	Fr. Jean-Paul Collas	1767	1781	数学家
22	汪达洪	Fr. Matthieu deVentavon	1766	1787	机械师、钟表匠
23	赵进修	Fr. François Bourgeois	1767	1792	无
24	钱德明	Fr. Joseph-Marie Amiot	1751	1793	钦天监、乐师

五　墓地遗存

近年，我们多次走访了这座距今有着一百多年历史的法国传教士墓地遗址，除了5间当年神父住过的房屋外，只剩下几处弥足珍贵的文物遗存。

（一）墓园老墙

虽然正福寺天主堂、校舍、坟地不在了，但正福寺墓园的老墙还在，东西两侧的老墙，下半部分是虎皮石墙，上半部分是青砖砌成。虽然残破得裸露出旧砖碎石，但墓园的轮廓依旧清晰。

（二）天主堂茔地碑

这是位于墓地东南角，刻有"天主堂茔"四字的界碑，碑石虽有些风化，但字迹清晰。有些文章记载："正福寺有一通刻有'天主堂'三字的界碑"。调查中笔者发现，在"天主堂"三字的下方，还刻有"茔"字，虽然只露出地面（水泥路面）半个字，仍然可以辨认出它的全貌。

据居住在四季青乡正福寺村的居民马先生回忆说："打小，我就生活在正福寺这地方，经常随大人到天主堂去。当时彰化村有很多人都信天主教，每到主日就去正福寺教堂望弥撒。正福寺墓地四周，砌有围墙，墙外四角都立有'天主堂茔地'界碑，而且四块石碑一样大小，字也一模一样。"依据马先生的描述和栽置土地界碑的习俗，我们可以确定正福寺墓园原立有四至碑，即墓园的东、西、南、北四角各一通。

界碑已残，高79厘米，宽19厘米，厚19厘米。质为青白石。正书："天主堂茔地"四字。

（三）神父宿舍

神父宿舍，位于正福寺天主堂（已拆）的北侧，房屋坐北朝南，面阔5间。1949年后，房屋虽被翻修过，但基本保持了原样，窗户和窗户把手还是原物。据当地老人讲，在神父用房最东头的那间房内还有地窖，原用于储藏酒和其他物品。

（四）传教士墓碑

正福寺墓地遗存传教士墓碑有41通，其中有《正福寺公教公墓记碑》一通，耶稣会士墓碑24通，遣使会士墓碑15通，传教会士墓碑1通。其中法国人27名，中国人11名，意大利人1名，爱尔兰人1名。

按照清代典章制度，中国官员丧葬礼仪的碑制规定："其墓门勒碑，公、侯、伯螭首高三尺二寸，碑身高九尺，广三尺六寸，龟趺高三尺八寸。一品为螭首，二品为麒麟首；三品天禄辟邪首，四至七品圆首方趺"。① 在下列名单中，从1号张诚到17号蒋友仁的墓碑碑首，均为团龙螭首碑；碑阳用拉丁文和汉文镌刻着墓主人的生平；碑阴镌刻着皇帝下旨拨帑银安葬的额度。表明这些耶稣会士，在中国和欧洲之间起到了文化双向传播的作用，将各自在宗教、哲学、医药、舆图、植物学、精密科学、艺术等领域的知识传播给对方。乾隆皇帝为表示嘉许，从国库拨款抚恤安葬这些传教士，享受一品官员的团龙螭首碑刻的葬仪。

表2 正福寺传教士墓碑遗存

序	姓名	生卒年	修会	国籍
1	张诚 Jean – François Gerbillon	1656 – 1730	耶稣会	法国
2	白晋 Joachim Bouvet	1656 – 1730	耶稣会	法国
3	雷孝思 Jean – Baptiste Regis	1663 – 1738	耶稣会	法国
4	殷弘绪 François – Xavier Dentrecolles	1662 – 1741	耶稣会	法国
5	巴多明 Dominique Parennin	1665 – 1741	耶稣会	法国
6	罗秉中 Mathieu Lo	1717 – 1746	耶稣会	中国
7	沙如玉 Valentin Chalier	1693 – 1747	耶稣会	法国
8	冯秉正 Joseph de Moyriac de Mailla	1668 – 1748	耶稣会	法国
9	汤执中 Pierre d'Incarville	1706 – 1757	耶稣会	法国
10	安泰 Etienne Rousset	1689 – 1758	耶稣会	法国
11	纪文 Gabriel – Léonard de Brossard	1703 – 1758	耶稣会	法国
12	赵圣修 Louis Desrobert	1703 – 1760	耶稣会	法国
13	巴德尼（又名王致诚）Jean – Denis Attiret	1702 – 1763	耶稣会	法国
14	杨自新 Gilles Thébault	1703 – 1765	耶稣会	法国

---

① 赵尔巽等：《清史稿》卷九三《礼十二》，中华书局1998年版，第2723页。

续 表

序	姓名	生卒年	修会	国籍
15	高若望（又名高尚德）P. Jean – Etienne Gao	1704 – 1767	耶稣会	中国
16	孙璋 Alexandre de La Charme	1694 – 1767	耶稣会	法国
17	蒋友仁 Michel Benoit	1715 – 1774	耶稣会	法国
18	韩国英 Pierre – Martial Cibot	1727 – 1780	耶稣会	法国
19	方守义 Jacques – François – Dieudonné d'Ollières	1722 – 1780	耶稣会	法国
20	汪达洪 Jean – Matthieu de Ventavon	1733 – 1787	耶稣会	法国
21	赵进修 François Bourgeois	1722 – 1792	耶稣会	法国
22	钱德明 Jean – Joseph – Marie Amiot	1717 – 1793	耶稣会	法国
23	刘保禄 Paul Lieou	1717 – 1794	耶稣会	中国
24	刘多默 Thomas – Jean – Baptiste Lieou	1725 – 1796	耶稣会	中国
25	韩纳庆 Robert Hanna	1761 – 1797	传教会	爱尔兰
26	冀若望 Jean – Joseph Ghislain	1750 – 1812	遣使会	法国
27	郑自贵 Jean Tcheng	1814 – 1866	遣使会	中国
28	贺安德肋 André Jandart	1811 – 1867	遣使会	法国
29	赵玛窦 Mathieu Tchao	1809 – 1869	遣使会	中国
30	靳若翰 Jean – Baptiste Kin	1803 – 1869	遣使会	中国
31	索拂理斯 Félix Saupurein	1834 – 1874	遣使会	法国
32	狄仁吉 Jean – Baptiste Raphael Thierry	1823 – 1880	遣使会	法国
33	田嘉璧 Bishop Louis – Gabriel Delaplace	1818 – 1884	遣使会	法国
34	达里布 Bishop François Augustin Tagliabue	1821 – 1890	遣使会	法国

续表

序	姓名	生卒年	修会	国籍
35	柯若望 Jean Chrysostome Ko	1806–1891	遣使会	中国
36	富成章 Joannes-Baptista Fioritti	1832–1896	遣使会	意大利
37	罗亚立山 Alexandre Provost	1849–1897	遣使会	法国
38	张伯多禄 Petrus Tchang	1843–1897	遣使会	中国
39	郑巴尔大撒 Balthasar Tcheng	1827–1898	遣使会	中国
40	朱若翰保弟斯大 J. Baptista Tchou	1826–1899	遣使会	中国
41	正福寺公教公墓记碑 HOC FIDEI CHRIST MONUMENTUM	1863 立	遣使会	

六 结语

16—18 世纪，欧洲了解中国的重要来源是耶稣会士发自中国的史料性报道以及他们发表的介绍中国社会和文化的著作，耶稣会士的书信、报道及其汉学著述，对欧洲当时的著名思想家、经济学家、政治家、文学家、科学家产生了深远的影响，并且又通过他们在欧洲政界、知识界的特殊作用，在更大规模、更深层次的基础上，将东方文明古国的文化介绍到欧洲社会中，为当时的"中国热"推波助澜，深刻地改变了欧洲汉学和教会影随其身的旧面貌，为汉学告别教会而步入科学殿堂铺平了道路。英国科学家。历史学家李约瑟（Joseph Needham，1900–1995）说得好："在文化交流史上，看来没有一件事足以和 17 世纪时耶稣会传教士那样一批欧洲人的入华相比，因为他们既充满了宗教热情，同时又精通那些随欧洲文艺复兴和资本主义兴起而发展起来的科学。"[①] 中国文明与欧洲文明相遇的牵线人，便是以耶稣会为代表的来华传教士。据费赖之神父《在华耶稣会士列传及书目》一书统计，1552—1687 年间，在华耶稣会士撰写或翻译与汉学有关的著作达 68 种，1687—1773 年达 353 种。正是通过他们，中国和欧洲才有了精神层面上的相识；正是通过他们，西方文化第一次大规模传入

---

① [英]李约瑟：《中国科学技术史》第 4 卷第 2 分册，科学出版社 1975 年版，第 689 页。

中国，促成了明末清初中国思想和文化的重大变化；正是通过他们，中国文化和思想大量传入欧洲，助推了欧洲 18 世纪的"中国热"。

今天，康熙帝的数学老师张诚、白晋；为大清帝国绘制《皇舆全览图》的雷孝思、巴多明、冯秉正、安泰、纪文；设计修建圆明园大水法的蒋友仁；为乾隆帝绘画战事图的王致诚（巴德尼）；大汉学家宋君荣、韩国英、钱德明等法国耶稣会士的墓碑遗存，已成为中西文化交流历史的见证。

（作者为北京石刻艺术博物馆研究馆员）

中国周边学发凡：一种交叉学科的诞生[*]

石源华

2018年初，复旦大学中国与周边国家关系研究中心经过较长时期的准备，提出了中国周边学的新概念和建设新学科的命题。2019年4月，由我主编的《中国周边学研究文集》由世界知识出版社出版。这是两年来近百位学者共同参与撰文、评论、研讨的阶段性成果，引起了学界的

---

[*] 本研究为国家社科基金专项工程项目"十八大以来党中央实施周边外交的新理念新思想新战略研究"（项目编号：16ZZD035）阶段性成果。关于中国周边学的理论创新和学科建设，本人曾撰文《建设中国周边学的时代使命和内涵》，作了初步的论述，原载石源华主编《中国周边学研究文集》，世界知识出版社2019年版，第16—28页。该文发表后，本人继续在《世界知识》"周边外交新视点"专栏等发表一系列研讨文章：《中国周边学：70年历史总结与新时代理论创新》（2020年第3期）、《中国周边学：中国进一步崛起的理论支撑》（2019年第13期）、《中国周边学构建的两大层面》（2019年第15期）、《中国周边学构建须借鉴大国经验》（2019年第17期）、《中国周边学与中美博弈与共处》（2019年第19期）、《中国周边学与周边区域合作》（2019年第21期）、《中国周边学与中华优秀文化传播》（2019年第23期）、《中国周边学与周边命运共同体构建》（2020年第1期）、《中国周边学与周边伙伴关系》（2020年第3期）、《中国周边学与共同应对周边突发性灾害》（2020年第5期）、《中国周边学与"周边防疫共同体"建设》（2020年第7期）、《后新冠疫情时代的中国外交课题》（2020年第9期）等，进一步探讨中国周边学理论创新和学科建设的相关内容，在这些研究的基础上形成本文，比较系统地阐述了我对于中国周边学研究和交叉学科建设的主要观点，供大家批评和讨论。

关注和探讨。①

中国周边学的创立和建设与中共十九大四中全会提出的国家治理体系和治理能力现代化建设的重大问题密切相关。中国需要形成不同于美国主导的民主价值观和社会发展模式的中国社会主义特色的大国发展新模式。提出和推介中国周边学是时代的重大课题。②

一　建设中国周边学的时代需求

任何一门学科的产生和发展都起源于时代的需求，任何一个国家的强大都离不开对于周边国家深入细致的了解和研究。任何一个世界级强国都一定有自己的"周边学"理论和体系。中国周边学新概念的提出和新学科的建设是新时代中国特色社会主义现代化强国建设的需求和产物。构建中国周边学的理论体系、学科体系和战略体系，将有助于党中央推行中国周边外交的现实需要。

（一）世界大国"周边学"的重要启示③

每个大国都有自己的"周边学"。任何一个国家的强大都离不开对于

---

① 我主持和组织的中国周边学理论创新和学科建设研究的主要活动有：2018年1月3日，复旦大学周边中心首次发出《中国周边学理论务虚研讨会征稿通知》，提出17个研讨参考议题。由于突然的天气原因，研讨会改为笔谈会。2月5日，《中国社会科学报》在显著位置发表《构建中国周边学正当其时》，较为详细报道本次笔谈会文章的主要观点。4月16日，《世界知识》第8期刊载《中国周边学呼之欲出》封面专题论文，发表6篇论文，引起学术界关注。会后，复旦大学周边中心公众号"复旦中国周边研究"开辟《中国周边学研究简报》，组织和吸引更多学者参与研讨，先后共刊出68篇文章，拓展了研讨议题和范围，提出了不少新观点。6月23日，"中国周边学研究和新学科建设研讨会"在复旦大学举行，来自中国社会科学院、北京师范大学、国防大学、山东大学、山东师范大学、青岛科技大学、烟台大学、南京大学、吉林大学、武汉大学、云南大学、广东外语外贸大学、陆军炮兵防控兵学院、上海社会科学院、上海国际问题研究院、同济大学、华东师范大学、上海交通大学、上海外国语大学、上海理工大学、上海金融学院、复旦大学等40余名学者出席会议，提交论文或书面论文45篇。中共中央对外联络部研究室栾建章主任应邀出席会议，并发表特别演讲，对本次会议起了重要的引领和指导作用。7月2日，《中国社会科学报》在头版重要位置刊载《发展回应时代的中国周边学》，详细介绍参会代表的重要观点。会后，结集出版了《中国周边学研究文集》，共收入27篇论文和14篇笔谈稿，是这一场大讨论的结晶和最新成果。同时，复旦大学周边中心主编的《中国周边外交研究》集刊开辟了"中国周边学笔谈"专栏，先后刊出3辑，发表了近20篇文章，继续深入研讨相关问题。笔者在《世界知识》"周边外交新视点"专栏刊出对于中国周边学研讨的新作10篇，并发表《中国周边学：70年历史总结和新时代理论创新》综论文章，进一步研讨中国周边学的理论问题和实践问题。据我了解，有的学校已经在筹备开设"中国周边学概论"课程。《人民日报内参》刊载了李文撰写的《学者建议构建中国周边学服务外交需求》，为政府决策提供参考。

② 石源华主编：《中国周边学研究文集》，世界知识出版社2019年版。

③ 石源华：《中国周边学构建须借鉴大国经验》，《世界知识》2019年第17期。

周边国家国情深入细致的了解和研究。中国周边学的构建和推进，需要学习和借鉴历史上和现实中大国或国家联盟在发展和治理世界过程中重视"周边学"，重视对于周边国家国情深入调研的历史经验。

在帝国主义阵营中晚起的日本在明治维新后，对于周边国家调研的重视胜于任何欧美强国。日本曾经提出了以"大亚洲主义"为理论基础的各种标记的"周边学"，服务于侵略中国、征服亚洲的战略意图。日本注重对中国进行全方位的调研，大量日本学者、外交官、商人、浪人、间谍以及其他政府派遣人员纷纷来到中国，通过各种方式，了解各方面的详尽情况，日本对于中国国情调研之广、之细、之深，达到触目惊心的程度。邵汉明、王建朗编著的《南满洲铁道株式会社社史资料汇编》（50卷）是再现当年日本对中国国情调研的典型案例。第二次世界大战结束后，特别是战败的日本重新崛起成为世界第二大经济体、亚洲第一强国后，日本的"周边学"研究再度强盛，以官办的日本亚洲经济研究所及其每年出版的《亚洲动向年报》为中心，研究亚洲和中国的机构层出不穷，形成了一支强大的研究队伍和众多的研究人才，产生了很多卓越的研究成果。日本驻外使领馆一直保持着驻馆访问研究员制度，官费安排日本大学和研究机构的研究人员驻馆一年或更多的时间，非直接为使领馆的现实外交工作服务，而是从事对驻在国的综合国情调研，与驻在国学者进行广泛的学术交流，对于"日本周边学"研究贡献良多。今天日本很多著名中国问题专家都有过驻华使领馆驻馆研究员的经历。

第二次世界大战结束前后，美国成为世界超级强国，从其全球战略出发，改变了长期推行的"孤立主义"外交政策，将美国的周边范围从加、墨等邻国扩展至与其利益相关的众多国家和地区，包括苏联、中国、日本等，开始重视扶植周边"新疆域"研究，以应对管制日本、抗衡苏联、打压中国等战略新需求。这个时期出版的费正清著《美国与中国》（1948）、本尼迪克特著《菊与刀》（1946），是"美国周边学"研究的范例和早期成果，迄今仍是美国认知中国和日本国情的重要参考著作。20世纪50年代，"美国周边学"迅速发展。福特、洛克菲勒、卡耐基等民间基金会高度关注"美国周边学"的国别研究。1958年，美国政府颁布《国防教育法》，哥伦比亚、哈佛、普林斯顿、耶鲁、斯坦福等一百多所著名高校的地区国别研究得到资助。民间资助、国家支持和大学弹性管理令"美国周边学"得以蓬勃发展。

"欧盟周边学"是中国周边学研究的另一个重要参考案例。苏东解体、欧盟大幅东扩后，中欧东部、巴尔干半岛东部和西北部被纳入欧盟版图，欧盟基本接管了苏联在这些地区的势力范围，并试图实施"大周边战略"，谋求主导欧洲事务。欧盟的"周边"概念迅速扩展为自西亚、北非经中东延伸至俄罗斯、中亚的"大周边"概念。欧盟公布的"欧亚互联互通"战略文件，主动寻求与欧亚大陆主要国家加强经济合作和政治对话。同时，积极塑造和推广自身价值观，推行人文外交，对欧盟周边国家进行整合，推进周边国家"欧盟化"。"欧盟周边学"的重要设想是采取切实有效的周边外交方针，建立稳定、安全和繁荣的"周边友邦圈"。"欧盟周边学"应运而生，其理论和实践可对中国周边学的构建提供重要启示。①

世界大国在不同历史阶段产生"周边学"的背景和动机各不相同，并非可以完全照搬，但他们对于"周边学"和周边国情研究的重视和做法，值得效法。中国周边学将成为适应中国从富起来到强起来需求的重要理论支撑，将以"合作共赢""和平发展"为核心理念，以"一带一路"为推行路径，以实现"命运共同体"为战略目标，可以借鉴世界大国或国家联盟的若干做法。中国周边学建设需要强调坐"冷板凳"精神，力除浮躁和急于求成之风，要沉下心来，甘坐"冷板凳"，潜心研究，努力写出诸如《美国与中国》《菊与刀》那样的深度研究著作。不仅需要对于周边现实外交问题的针对性和咨询性研究，更要重视对于周边国家政治、经济、文化、国防等内容的综合性和具有长远目光的深度研究；不仅需要对于周边重要大国的国情研究，更要注重填补空白，遍及周边每一个国家的国情研究，重视各种冷门绝学的研究，构造中国周边学研究的基础工程。笔者建议中国驻外使领馆应建立和完善以调研周边国家国情为宗旨的驻馆研究员制度，选择和派遣优秀的中国学者到中国驻周边国家使领馆驻馆研究，形成制度，深化对于周边国家的国情调研，培养高水平专家，提升中国周边学的总体水平。

（二）中国周边外交地位逐步提升的需要

中共十八大以来，中共中央对于周边外交的重视程度不断提升。2013

---

① 宋黎磊：《欧盟周边治理对中国周边学构建的启示》，复旦大学"中国周边外交公众号"《中国周边学研究简报》第66期。

年10月，我党历史上首次中央周边外交工作座谈会在习近平总书记主持下召开，会议决定将做好周边外交工作，提升至"实现'两个一百年'奋斗目标、实现中华民族伟大复兴的中国梦的需要"的高度。① 这在中国共产党的历史上是前所未有的。② 随着中国经济的进一步高速发展和中国国际地位的不断提升，中国周边外交局势出现的新情况和新问题不断增加，中国周边外交的重要性不断得到提升。2017年，中共十九大继续高度重视中国周边外交。可以预测，在今后一个相当长的历史时期内，至少在2035年中国基本建成社会主义现代化强国之前，中国周边外交仍将处于外交全局的首要地位。即使到了2050年，中国经济总量超越美国成为世界级强国后，中国外交需要更多关注全球治理问题，但周边外交仍将继续在外交总布局中处于极其重要的地位。③

目前，中国周边学的研究水平与中国周边外交的实际需要处于不对称的状态。总体而论，中国周边学的整体研究处于滞后和散片状态，缺乏对于中国周边学的理论性、系统性、体系性研究和总结，尚未将其提升为一门独立的新学科。为了适应中国周边外交定位不断提升的需要，无论是从把握形势，树立正确的历史观、大局观、战略观，还是从中国在世界事务中承担正确的角色观，都需要重视中国周边外交，建设中国周边学的理论体系、学科体系和战略体系是刻不容缓的历史性任务。

（三）中国走向大国强国的时代需求。

根据中共十九大提出的至20世纪中叶中国社会主义强国建设路线图和"中国梦"的远景规划，中国正处于从富起来到强起来、从发展中国家到发达国家、从将强未强国家到世界级强国的转变时代。中国周边地区是中国强大起来的地缘依托和发挥首要作用的地区，时代的需求正催生中国周边学新学科的诞生和发展。

随着2020、2035、2050中国发展壮大路线图和时间节点的不断推进，

---

① 《习近平在周边外交工作座谈会上发表重要讲话强调：为我国发展争取良好周边环境》，《人民日报》2013年10月26日。
② 《习近平在周边外交工作座谈会上发表重要讲话强调：为我国发展争取良好周边环境》，《人民日报》2013年10月26日。
③ 石源华：《新时代中国周边外交的新定位与战略思考》，石源华主编《中国周边外交研究报告（2017—2018）》"序言"，世界知识出版社2018年版，第2—4页。

中国综合国力的不断提升，中国在周边地区的国家定位将随之发生重大变化。目前，中国已经是中国周边地区经济发展、安全与合作的中流砥柱和核心国家，对于周边地区正发生着日益增大的影响力和辐射力。当 2050 年中国发展成为一个富强、民主、文明、和谐、美丽的社会主义现代化强国，并成为世界上 GDP 明显超过美国的最大经济体和世界级强国之时，中国同时也必然会在实际上成为一个名副其实的周边和世界的"中心国家"。届时中国周边外交仍将发挥重要的作用。

中国周边学的提出和学科建设需要适应这个历史演变过程。中国周边学新学科将研究和解决强起来的中国作为一个世界和周边的"中心国家"，将如何与周边国家友好相处，合作共赢，建设中国所倡导的各个层次的"命运共同体"，并实现和彰显中国强大后仍然"永不称霸"的庄严承诺。为此，需要避免使用"中国中心论"的提法，避免国际社会不必要的争议和对中国崛起的担忧。中国周边学提出和建设的历史目标和任务，正是要实际解决中国成为周边和世界"中心国家"后对中国周边地区的理论建树和应对方略。①

（四）"一带一路"建设的现实需要。

2013 年，习近平提出"一带一路"倡议，构建了中国周边外交的战略大方针和活动大舞台。习近平指出："'一带一路'不是要替代现有地区的合作机制和倡议，而是在已有基础上，推动沿线国家实现发展战略相互对接、优势互补。"② 中共十九大后，务实推进"一带一路"倡议，成为中国向周边地区混合投射软硬实力的最佳模式。根据中共十九大设计的实现"中国梦"的时间表和两大步发展路线图，"一带一路"倡议将与"中国梦"实现路线图推进，同步融合，环环相扣，并将主要在中国周边地区

---

① 在中国周边学推介和研讨过程中，出现过不同意见。一种主张质疑中国周边学概念，认为中国周边学可能会带着某种"中国中心主义"的色彩，不利于该学科的推介发展和国际接轨，会引发不同的意见和理解。另一种主张则认为中国周边学的构建虽然要避免"霸权主义"的诉求，但是却需要相对明确研究的旨趣所在。直言作为一个可以追求的目标，中国周边学旨趣在于，一定意义上恢复亚洲的"中国中心主义"，认为中国强大后成为世界和周边的"中心国家"将不可避免。笔者认为提出和推介中国周边学概念正是解决此种不同意见的最好方式。实际上，中国的每个周边国家都会有自己的"周边圈"和自己处理周边国家的方略，这是最平常的事情，担心中国一提出周边学就会被误解为"中国中心论"，是某种不自信的心态作祟。

② 习近平：《迈向命运共同体，开创亚洲新未来》，《人民日报》2015 年 3 月 29 日。

推行。2020年，中国将在周边地区欢迎和吸引更多的周边国家通过五个发展方向和六条经济走廊，共同构建"一带一路"建设大框架，使中国与周边国家初步享受"一带一路"建设之利益。①2035年，中国将以建设"命运共同体"为目标，在五大发展方向和六条经济走廊的基础上，成功完成关键地区的"五通"重大项目，在中国基本实现社会主义现代化的同时，彻底提升中国周边沿线国家的经济发展和社会进步。至2050年，随着中国成为世界一流大国、强国，"中国方案""中国制度""中国道路""中国文化"将在中国周边产生更大影响，中国将为周边和世界提供更多更好的公共产品，同步推行更高水平的合作发展，共同实现将中国和周边建设得更加美好的梦想。

"一带一路"倡议的宏伟建设计划正召唤中国周边学学科的产生和发展。中国周边学对于中国周边外交、周边政治、周边安全、周边军事、周边经济、周边文化乃至语言等的全面而深入的研究，将为"一带一路"建设提供必不可少的战略性服务，并成为其发展的重要利器和驱动力。中国周边学的建设必将与"一带一路"建设同步推进。

（五）中国周边学建设的学科需要

目前，"中国学"或称"世界中国学"适应中国迅速和平崛起和战略需要，已经成为一门"显学"，广受重视，发展迅猛。同时，中华美国学、欧洲学、日本学、俄罗斯学，乃至印度学、越南学、韩国学等国别学科，或已经成为成熟的学科，或正在兴起，建立了学科群，成立了全国性学会，创办了专门刊物，设立了相关论坛等，呈现十分兴旺发达的局面。②中国周边外交问题研究虽然也出现了对于周边俄罗斯、日本、印度以及韩国等大中型国家较多的研究成果，但缺乏对于周边国家群体，尤其是中、

---

① 五个发展方向是："丝绸之路经济带"重点畅通中国经中亚、俄罗斯至欧洲（波罗的海）的发展方向；中国经中亚、西亚至波斯湾、地中海的发展方向；中国至东南亚、南亚、印度洋的发展方向；"21世纪海上丝绸之路"重点畅通从中国沿海港口过南海到印度洋，延伸至欧洲的发展方向；从中国沿海港口过南海到南太平洋的发展方向。六条经济走廊是：中俄蒙经济走廊、新亚欧大陆桥经济走廊、中国—中亚—西亚经济走廊、中巴经济走廊、孟中印缅经济走廊、中国—中南半岛经济走廊。笔者多次撰文认为，在中国周边仅仅建设六条经济走廊是不够的，建设"东北亚经济走廊"是非常必要的，而且已经到了刻不容缓的阶段。只有建设好"东北亚经济走廊"，才能实现中国周边合作圈的全方位合围。

② 石源华：《开展"中国周边学"研究刻不容缓》，《世界知识》2018年第8期，第14页。

小国家的全面关注和研究，相关周边国家的语言人才也处于极其缺乏的状态。冠名"周边"的专业研究机构虽已经成立了一些，但数量偏少，研究方向和研究内容偏窄，或注重周边安全，或注重周边战略，或注重周边合作，或注重周边文化，或注重历史研究等，这些机构和已经开展的研究工作对于中国周边学的发展具有重要的意义，是完全必要的，但就总体而论，尚缺乏对于中国周边学的整体推介和体系性研究，距离建设中国周边学的独立学科和新话语体系尚有较大的差距。① 中国周边学研究所处的滞后、散片状态，要求中国周边学从头开始，努力建设中国周边学新学科。

每个成长中的世界级大国都会重视和发展自身的"周边学"。提出和创建中国周边学学科，是新时代的需求，具有重要的现实意义和理论意义。中国周边学是"中国学"的重要组成部分，也是区域国别研究的重要方面。中国周边学应该与中华美国学、中华欧洲学、中华日本学、中华俄罗斯学等一样，受到高度关注和重视。努力建设成独立的新学科和新话语体系，建立相应的全国性学会、学刊、论坛等，形成专业的学者群，推动中国周边学的学科化，更好地实现自身的时代使命。

二 中国周边学的定义和内涵

中国周边学将为中国继续崛起提供理论支撑。中国周边学的概念定义是研究和解决从富起来到强起来的中国如何与周边国家友好相处、合作共赢、治理周边，建设命运共同体，并实现和展示中国强大后仍不称霸庄严承诺的学说。中国周边学将以"合作共赢"为核心理念，以"命运共同体"为建设目标，以"一带一路"为发展路径，形成系统的理论、学科和战略，成为新时代中国特色国际关系和大国外交新理论体系的重要部分和中国继续崛起的重要理论支撑。②

---

① 根据不完全统计，现有相关研究机构有：中国社会科学院亚太与全球研究院中国周边研究室、中国人民大学中国周边外交与安全研究中心、中国政法大学周边安全研究中心、北京师范大学中国周边地缘研究中心、华东师范大学周边合作与发展协同创新中心和中国周边国家研究院、上海师范大学中国周边国家研究院、华中师范大学中国周边安全与合作中心、云南大学周边外交研究中心、广东外语外贸大学中国周边战略研究中心、曲阜师范大学中国南海与周边国家关系研究中心、温州大学中国及周边俗文学研究中心以及复旦大学中国与周边国家关系研究中心等一批有特色的学术研究机构。

② 石源华：《中国周边学：中国继续崛起的理论支撑》，《世界知识》2019年第13期。

(一) 新中国 70 年周边外交的历史总结

中国周边学的内涵之一，是对新中国 70 年周边外交的历史总结。中国周边外交经历三个时代七个阶段，分别为中国站起来的毛泽东时代，可划分为"联苏抗美阶段""反美又反苏阶段""联美反苏阶段"；中国从站起来走向富起来的邓小平及江泽民、胡锦涛时代，可划分为"不与大国结盟阶段""全方位外交阶段""向大国转型阶段"；中国从富起来走向强起来的习近平时代，进入"大国外交阶段"。[1] 这种不断演变的历史进程和中共历代领导人周边外交思想的阶段性变化反映了中国面临国际形势特点、国家实力发展和周边环境的变化，也反映了中国领导人的周边外交理论在曲折中逐步走向成熟。中国是世界上拥有众多周边邻国的国家，也是世界上处理周边外交问题最为复杂和困难的国家。中国的国家安全、政治稳定、经济发展、文化自信以及国际地位提升都需要一个和平、友好、稳定的周边环境。中国历届领导人的周边外交思想和外交实践，是研究中国周边学的重要理论基础和基本内涵。

中国共产党第一代领导人在实施周边外交的实践中，经历了"联苏抗美""反美又反苏""联美反苏"三个阶段，根据不同的世界局势和周边环境，实施了不同的外交战略和政策，初步奠定了新中国进行社会主义革命和建设的周边和平环境。毛泽东时期，党中央确定和实施的周边外交新思想和新战略，包括"革命与战争"成为时代主题，将国家生存安全放在首位；坚持对外交涉的独立自主原则，维护中国主权和领土完整；支持邻国反对外来侵略，打破美帝孤立封锁中国阴谋；创立和平共处五项原则，巩固和发展与周边国家友好关系；提出"两个中间地带"和"三个世界"理论，全方位开展反帝反修斗争；反对"输出"革命，尊重周边国家发展道路选择；互谅互让，用谈判方式解决与周边邻国的历史遗留问题等，新中国第一代领导人的周边外交战略和思想是中国共产党的宝贵财富，极大地丰富和发展了马列主义关于国际关系的学说，成为后继者处理周边外交问题的重要理论依据，也成为中国周边学理论体系建设的重要理论来源。[2]

---

[1] 石源华：《新中国周边外交的历史演变》，石源华等：《新中国周边外交史研究》，第 68 页。
[2] 石源华：《毛泽东时期的周边外交思想》，石源华等著：《新中国周边外交史研究》，第 30—39 页。

以中共十一届三中全会为标志，中国共产党第二代领导集体审时度势，科学分析了美苏战略态势和军事力量的发展变化，判断世界战争的危险依然存在，但世界上和平力量和制约战争的力量也在增长，世界战争可以避免，"和平与发展"取代"革命与战争"成为当今时代主题，在外交上改变"一条线"战略为"不同任何大国结盟"的自主战略，并对周边外交政策进行了重大调整。以邓小平为代表的第二代领导人在周边国家中全方位地开展外交活动，采取逐步融入既成国际体系和国际规则的战略方针，区别各种不同情况，化解各种消极因素，使中国周边已没有公开的敌对国家，基本形成了和平安定的周边环境，为中国改革开放事业塑造了和平的外部环境和发展的历史机遇。邓小平时期，党中央确定和实施周边外交新思想和新战略更多地体现了从"和平共处"向"和平发展"的全面转型，包括坚持独立自主的外交方针，不与任何大国结盟或为敌；坚持和平共处五项原则，建立周边政治经济新秩序；不走苏美军备竞争老路，构建和平发展大战略；立足和平与发展，全面发展和调整与周边国家关系；认同现行国际体系，迈开融入国际社会步伐；主张"搁置争议、共同开发"，解决边界领海问题；韬光养晦，有所作为，分化和粉碎西方国家联合制裁等。[①] 新中国第二代领导人的周边外交思想和实践继承和发展了马列主义、毛泽东思想关于国际关系的学说，成为中共第三代领导人处理周边外交问题的指南和中国周边学理论体系、学科体系和战略体系的重要组成部分。

20 世纪 90 年代，中国共产党第三代领导人根据毛泽东、邓小平外交思想和战略，坚持 80 年代中国发展的轨道，将不结盟外交战略扩展为"全方位"外交战略。周边外交被放置到特别重要的地位，在进一步发展与周边国家友好关系的过程中，逐渐产生了一些新思路和新做法，包括坚持和平共处五项原则，构筑中国周边新安全观；实施"伙伴"外交，构筑中国与周边大国战略框架；开展高层互访，发展与周边国家睦邻友好关系；参与周边区域合作，发展和稳定周边环境等。第三代领导人的周边外交思想继承和发展了邓小平的外交思想，更多地表现出着眼于未来和全球

---

① 石源华：《邓小平时期的周边外交思想》，石源华等著：《新中国周边外交史研究》，第39—44页。

化的特色。①

进入 21 世纪，中国改革开放取得了巨大成就，中国经济进入高速发展新阶段，人民生活总体上实现由温饱到小康的历史性进步。2001 年，中国经过 10 多年的艰苦谈判，正式加入 WTO，意味着中国将以更加积极和更加主动的姿态在更大范围和更深层次上参与全球化的进程，在 21 世纪的国际竞争中占据更为有利的地位，为中国参与全球范围内的产业结构调整提供了机遇，也为中国实现跨越式发展创造了有利条件。同年，美国发生"9·11"事件，引发了美国在全球范围内的反恐战争，美国需要中国和世界各国对反恐战争的配合和支持，中美关系有所改善，两国在战略性、长期性、全局性问题上的协调和沟通有所加强，中美关系的相对稳定发展有利于中国和平发展战略机遇期的持续和延长。党中央依据国际形势新特点和周边环境新变化，提出和实施了一系列新论述和新思想，包括提出"和平发展道路"，化解周边国家对中国崛起的疑虑；确定"周边是首要"的战略布局，夯实周边边缘战略依托；坚持"与邻为善，以邻为伴"，实施"三邻"周边外交；倡议互利共赢开放战略，强化周边区域合作；区分三种国家利益，维护国家核心利益；维护海洋权益和海外利益，强化海军建设等，胡锦涛时期的中国周边外交新思想和新成就，具有继往开来的重要作用，为开创新时代中国周边外交新局面积累了新经验，奠定了重要基础。②

中国周边学的基本任务之一是研究和总结新中国 70 年周边外交的历史经验，分析和比较周边外交实践的历史功过，认知和创新新时代中国周边外交的新思路、新战略、新路径。

（二）新时代中国社会主义特色大国外交的理论创新

中国周边学的内涵之二，是研究新时代中国社会主义特色大国外交的理论创新。新中国成立以来，在中国国际关系理论界得到广泛运用和占据主导地位的，先是苏联的国际关系理论体系，以后发生更大影响的一直是西方国际关系理论体系。如何构建面向百年未有之大变局、具有中国特色

---

① 石源华：《江泽民时期的周边外交思想》，石源华等著：《新中国周边外交史研究》，第44—47页。

② 石源华：《胡锦涛时期的周边外交思想》，石源华等著：《新中国周边外交史研究》，第47—52页。

的东方国际关系新理论体系，是新时代面临的重大课题。

中共十八大以来，中国周边格局发生重大变动，崛起大国中国与霸权大国美国的内在结构性矛盾进一步深化，中国发展成为世界级强国的上升趋势锐不可当，但整体实力尚处于将强未强的历史阶段。美国意欲保持世界霸主地位，与中国保持不对称的实力地位。强势的美国将打压中国作为历史性任务，从未停止对中国的围堵和遏制，尤其重在挑拨、分裂和撕裂中国与周边国家的关系，给中国周边外交带来挑战和考验。2013 年 10 月，中共中央召开周边外交工作座谈会，习近平根据新形势和新挑战，提出了中国周边外交的新理念和新战略，设计了中国周边外交新思路和新路径，开创了中国周边外交的新局面和新时代。以习近平为首的党中央实施周边外交的新理念、新思路、新战略出现了十大亮点，包括强化中国周边外交的"首要"定位；弘扬"亲诚惠容"周边外交新理念；谋划"大周边"外交地缘新概念；推动构建"命运共同体"新目标；绘制"一带一路"建设新宏图；构建新型"亚洲安全观"；实施建设海洋强国新方略；推行和平解决周边争端的"双轨"新思路；践行改善地区和国际体系的"新尝试"；建设周边外交人脉新工程等。① 这些新提法和新措施构成了中国周边学研究的重要对象。

中国周边学将以中国周边外交为研究对象，以"合作共赢"为核心理念，以"一带一路"为治理路径，以"命运共同体"为建设目标，形成系统的理论、战略和政策，成为新时代中国特色国际关系和大国外交新理论体系的重要组成部分，努力为中国继续崛起提供重要的理论支撑。

（三）提升中国治理体系和治理能力现代化的整体水平

中国周边学的内涵之三，是从处理好中国与周边国家关系角度提升中国治理体系和治理能力现代化的整体水平。做大、做强、做好自身，是实现两个"中国梦"理想的关键所在。中国周边学要在妥善处理中国与周边国家关系方面形成独特的中国方案、中国道路、中国模式、中国风格，形成与世界霸权国家不同的思路和战略。

其一是为不确定的世界注入更多确定性。"一个各方面制度更加成熟完善、发展前景更加光明可期的中国，一个坚持独立自主和对外开放、积

---

① 石源华：《习近平的周边外交思想》，石源华等著：《新中国周边外交史研究》，第 53—67 页。

极参与全球治理的中国，一个为构建人类命运共同体不断作出贡献的中国，必将进一步成为国际局势的稳定器和世界发展的动力源。"

其二是为广大发展中国家展现通往治理现代化的新路径。"为世界提供了一种全新的治理现代化方案。该路径和方案将打破西方对现代化道路和话语垄断，破除西方中心主义的迷信，对于世界上那些既希望加快发展，又希望保持自身独立性的国家和民族，无疑具有重要的启示意义，这是现代制度文明进步的重大贡献。"

其三是为世界社会主义开辟更光明的前景。中国特色社会主义事业取得的举世瞩目的伟大成就，以不可辩驳的事实彰显社会主义制度的强大生命力，"对世界社会主义力量无疑是一个巨大鼓舞，必将激励世界上更多人为探索建设更好的社会制度而努力奋斗"。

其四是为解决人类面临的新问题提供丰富的中国智慧。"对于各国探索符合自身国情的制度建设之道，推进全球治理体系和治理能力现代化具有重要的借鉴意义。"[①]

(四) 中国周边学的学术价值和现实意义

提出和创建中国周边学新理论和新学科，具有重要的现实意义和理论意义。中国周边学具有重要而长远的国内意义，中国周边学将总结新中国周边外交的思想和实践，构建经得起百年考验，再现大国风度的新思路，为中国与周边国家在 21 世纪和更加长远时期都友好相处提供理论支撑，推动习近平大国外交思想的丰富、发展和普及，顺应中国从富裕起来到强起来的历史性大变化。

中国周边学同时具有世界意义，中国周边学将为未来中国与周边邻国友好相处指明方向，彻底根除美国型施展霸凌手段、经济制裁和武力威胁的霸权行径，也要区别于印度视周边为其势力范围的"周边外交观"，真正实现"强起来也不称霸"的承诺，构画中国设计和首创的人类命运共同体建设新蓝图，为人类进步和发展开辟新道路。

三 中国周边学的历史变迁

中国周边学源远流长。考察中国周边学的环境变迁和历史变迁，将为

---

① 季思:《中共十九届四中全会对世界意味着什么?》,《当代世界》2019 年第 12 期。

构建中国周边学提供丰富的历史资料和具有理论价值的经验事实，并可能产生创新性成果。"端起历史望远镜回顾过去，总结历史规律，展望未来，把握历史前途前进大势"，① 将有助于构建中国周边学的新理论体系、学科体系和战略体系。

（一）"朝贡体系学"的历史评价

2003 年，韩裔美国学者康灿雄（DavidKang）发表文章，指出如果仅仅从基于欧洲历史经验提炼的国际关系理论来理解亚洲，会导致认识上出现很大的偏差，因为亚洲的经验、文化、国家行为模式与欧洲国家有较大不同。为了更好地解释亚洲国家的行为，需要对历史上以及当前的东亚国际关系作更为深入和符合实际的研究和分析，需要从亚洲的视角来理解亚洲，而不能只是把亚洲或者东亚国家之间的关系作为西方国家关系理论的一个普通案例来对待。这一观点指出了现有国际关系理论在经验基础方面存在的不足，特别是对东亚国际关系历史经验的重要性未能予以充分的重视。这样的做法，会在一定程度上造成理论发展过程中的选择性偏误，也会导致理论未能实现真正的包容性和普遍化。②

在数千年的中国历史上，一直存在着结构严密而理论完备的东方独特的国际关系体系，亦即"朝贡体系学"，治理中国与东亚周边国家的关系，长时期为维系东亚社会的和平局面发挥了积极的作用。根据北京大学宋成有教授考订，至少有以下一些说法，如日本学者西（山鸟）定生的"册封关系体制说"，堀敏一的"东亚世界体系说"，谷川道雄的"古代东亚世界说"，安部健夫的"四方天下说"，西栗朋信的"内臣外臣礼法说"，藤间生大的"东亚世界说"，信夫清三郎的"华夷秩序说"，滨下武志的"中华帝国朝贡贸易体系说"，韩国学者全海宗的"进贡制度说"，美国学者费正清的"中华世界秩序说"，中国大陆学者何川芳的"华夷秩序说"，中国台湾学者张启雄的"中华世界帝国体系说"等，都肯定东亚国际关系体系是一个独立的具有世界影响的国际关系体系，并指出："这个体系以华夷观念来区分中心部位与半边缘、边缘部位在文化礼教上的差别，通过

---

① 《习近平在中央外事工作会议上强调，坚持以新时代中国特色社会主义外交思想为指导，努力开创中国特色大国外交新局面》，《新华每日电讯》2018 年 6 月 24 日。
② 周方银：《中国周边学的理论视角与理论意义》，《世界知识》2018 年第 8 期。

前者对后者的册封或后者对前者的朝贡为纽带，编组成中原王权君临其上，周边国家或民族皆为其藩屏的区域国际社会。"[1]

周方银也认为古代东亚构成的自成一体、充分演化的国际体系，是一个"十分有价值的理论分析对象"。指出"中国与周边的关系研究，有着丰富的、尚未充分整理和研究的历史材料，有很多具有理论价值的经验事实，也有许多有待于进一步深入开发的理论议题。加强这个方面的研究，具有重要的理论意义，并可能做出具有创新性的成果，这在国际关系及区域研究方面，也具有深刻的方法意义"。他总结了古代东亚国际体系的5个特点：（1）东亚是一个稳定的单极体系，在任何时候中国都理所当然地认为自己是体系内的中心国家，朝鲜、日本、越南在不同程度上总体予以接受；（2）在东亚国际体系中，实力不对称是一种普遍的现象，并在此基础上建立稳定的秩序；（3）古代东亚在很长的时期是一个封闭的自我运转的国际体系，有限的外来因素未能使这一基本特征受到根本性冲击，因此它构成了一个分析上纯粹的案例和理想形态；（4）文化对国际秩序的影响，在某种意义上，儒家文化圈构成了东亚国际体系，特别是朝贡核心区域，受儒家文化影响，日本、朝鲜甚至试图在一定范围内构建自己的小中华体系；（5）鸦片战争以来，或者自更早一些的东西相遇以来，东亚国际体系对来自西方的冲击的反应、适应的过程，是一个大规模的体系转型过程，儒家文化也在努力适应现代化的压力和要求，并同时顽强保留其一些内在的要素、传统。这一转型过程，也影响了中国周边外交的一些底色，使其具有鲜明的特色。[2]

这些学说均可视为对古代中国周边学各有差异的解读。尽管中国学者对于朝贡制度的认知，看法一直存在分歧，中国学者和中国周边国家的学者对此也有不同的评价，分歧更大。一个基本的事实是，以"朝贡体系"为代表的古代中国周边学已不能为当代中国所继承和运用，两者有本质的区别。历史上的中国周边学既有精华，亦有糟粕，需要进行扬弃性的研究和总结。这正是中国周边学需要研究的重要课题之一。

---

[1] 宋成有：《东北亚传统国际体系的变迁——传统中国与周边国家及民族的互动关系述论》，台北"中央"研究院东北亚区域研究演讲6，2002，第2—4页。

[2] 周方银：《中国周边学的理论视角与理论意义》，《世界知识》2018年第8期。

(二) 近代中国周边学的断裂

16世纪以来，由于世界航海业的发展，新航路的开辟和新大陆的发现，海洋不再是阻挡人类联系的障碍，世界变成了一个相互联系、不可分割的整体。资本主义首先在欧洲发展，西方工业文明很快超越和战胜东方农业文明。西班牙、葡萄牙最早称霸世界。19世纪初，英国成为日不落帝国，欧美列强群雄纷起，在世界政治中占据了统治地位。俄罗斯也在短短的两三个世纪内迅速膨胀为地跨欧亚、濒临三洋的庞大帝国。稍后，在历史上曾与中国有过密切关系的日本经历了"明治维新"改革，实现了"脱亚入欧"，加入了西方列强侵略亚洲的行列。同时，中国的综合国力却开始下降，结束了历史上的辉煌时代，进入了江河日下的"衰世"，东亚国际大格局发生了裂变。

由于西方列强和日本对东亚和中国的侵略，中国逐步走向衰弱，彻底改变了中国与周边世界的政治安全结构，不仅中国自身沦为半殖民地半封建国家，成为几个帝国主义瓜分奴役的对象国，而且历史上受到中国的影响的周边封贡国家和友邦国家几乎全部沦为不同列强的殖民地，或半殖民地，或各国争夺的势力范围。中国主导的"朝贡体系学"和东亚独立的国际体系失去了生存的基本条件和土壤，走向衰微、瓦解。

取而代之的是西方列强弱肉强食的殖民主义霸权理论和东方日本提出的"大亚洲主义"和以"大东亚共荣圈"为主要特征的"霸道"理论。中国与周边国家的关系进入畸形状态：一方面，中国与周边殖民地国家的被压迫民族同受西方列强和日本的殖民侵略和压迫，失去了完整的独立性；另一方面，中国的反帝反殖民族解放运动又与周边各国被压迫民族争取民族独立复国的斗争紧密结合，相互支持和帮助，出现了帝国主义殖民统治与东方被压迫民族反帝反殖民斗争并行的局面。① 历史上中国强则周边稳、周边兴的局面为中国弱则周边衰、周边亡的乱局所取代，中国周边学在近代遭遇了断裂的历史命运。

(三) 中国周边学的再生尝试

第二次世界大战期间，中国坚持长达14年艰苦卓绝的抗日战争，为

---

① 石源华：《中国周边外交十四讲》，社会科学文献出版社2016年版，第35—38页。

世界反法西斯战争做出了巨大的贡献，彻底改变了中国的历史命运，结束了西方和东方帝国主义对中国的统治，中国的国际地位得到了重要提升，中国周边被压迫民族的独立复国斗争也得到了中国朝野有力而无私的帮助和支持。战后，世界殖民主义体系首先在东方崩塌瓦解，不仅中国成为一个在亚洲和世界具有重大影响力的新兴独立国家，成为联合国的五大常任理事国之一，中国周边地区也出现了一批民族独立国家。中国与周边新独立国家建立了友好的邻邦关系，出现了以平等为主要特征的新变化和新特点，给中国周边学的新生创造了条件。然而，这一历史进程却为随之而来的中国国共内战、特别是美苏国际冷战所打断。

中华人民共和国成立后，随着中国周边地区政治安全格局的不断变化，中国先后处于美国围困遏制和美苏两面夹击的总体困境之下，中国领导人对于中国周边外交问题进行过长期探索，提出不少富有创见的理论和政策，如对外关系的六条方针①、独立自主对外交涉原则、和平共处五项原则、"中间地带"理论和三个世界理论等，而且已经本着和平协商的原则和实现周边环境的安定，与14个陆地邻国中的12个国家和平协商解决了边界划分问题，对于稳定中国周边政治安全形势，争取和平建设的外部环境，发挥了积极的作用，并为中国周边学的产生建立了重要的理论和实践基础。然而，在整个冷战时代，治理中国周边地区安全格局的基本思路是美国和苏联两大阵营的以意识形态对立为主要特征的理论体系，中国周边外交理论难脱其影响，建立独立的国际关系理论体系，创建中国周边学的历史条件尚未成熟。

冷战结束后，美国成为世界唯一的霸权大国，主导中国周边地区安全格局的是以美国为主导的霸权稳定论、市场经济体系和西方价值观念的一元结构。中国实现改革开放后，加入了几乎所有的国际条约和国际组织，在数量上甚至超过美国；特别是经过10多年的艰辛谈判，中国加入了世界上最重要的国际贸易组织WTO，表明中国认可西方制订、主导的资本主义经济体系和国际规则，并在此主导之下，实现中国经济的高速发展和和平崛起。其间，中国周边外交有了重大的推进，提出并实践

---

① 六条方针：指"另起炉灶""一边倒""打扫干净屋子再请客""礼尚往来""互通有无""团结世界人民"。中华人民共和国外交部、中共中央文献研究室编：《周恩来外交文选》，中央文献出版社1990年版，第48—52页。

了一系列新理念和新判断,如以经济建设为中心的决策、明确外交工作的主要任务、重新判断国际形势、调整外交战略;提出"和平与发展"是时代主题,紧密配合改革开放需要;重新诠释独立自主的和平外交政策,在多样化的世界中寻求均衡;建立全方位对外关系格局,谋求合作共赢,以渐进的方式推动国际秩序的改进;倡议"走和平发展道路"和"和谐世界"理论,制定中国社会发展的国际战略等,① 为建设独立的中国国际关系理论体系和中国周边学新学科做了重要的探索,积累了丰富的实践经验和理论要素。

(四)中国周边学应运而生

进入 21 世纪,随着中国的和平崛起,成为世界第二大经济体,中国特色社会主义建设道路的影响日益扩大。中国周边地区和政治安全结构发生重大变化,中国已经成为亚太安全和经济合作的核心国家和中流砥柱。具有中国特色的中国周边学应运而生,将成为历史的必然,构建中国周边学的理论体系、学科体系和战略体系将成为中国学者的时代使命。

四 中国周边学的理论体系②

中国周边学是一门交叉学科。构建中国周边学的理论体系主要在政治学、国际关系学、外交学,兼及历史学、经济学、军事学、语言学、宗教学、民族学、边疆学、人类学等众多的学科领域开展。中国周边学理论创新和新学科建设需要从三个层面展开。一是理论体系,设计和研究中国周边学的理论体系;二是学科层面,建设和完善中国周边学的交叉学科体系;三是实践层面,谋划和制订中国周边学实施的战略体系。

中国周边学的理论体系是中国社会主义特色大国外交理论的重要组成部分,也是中国国家治理体系和治理能力现代化不断提升的重要外延。这个新理论体系源于东方和西方的传统思想和国际关系理论两个理论来源,既有借鉴又有超越,既有继承又有扬弃,形成具有创新意义的理论新体系。

---

① 章百家:《新中国成长历程中外交观念的变迁——从革命的、民族的视角到发展的、全球的视野》,《冷战国际史研究》2018 年第 24 辑,第 10—15 页。
② 石源华:《中国周边学:中国继续崛起的理论支撑》,《世界知识》2019 年第 13 期。

(一) 中国周边学与东方传统理论的扬弃和创新

中国周边学新理论体系并非恢复历史上的"朝贡体系学",也有别于西方别有用心人士所渲染和一些周边国家人士所担心的"中国中心主义",而是在总结和吸取传统的中国儒家文化和东方国际关系理论合理成分的基础上,创建符合时代需求和具有民族特点的中国社会主义特色的新理论。

儒家文化是亚洲文化的代表和亚洲人民的共同财富。2014年9月24日,习近平在纪念孔子诞辰1565周年国际学术研讨会上的讲话中指出,包括儒家思想在内的中国优秀文化蕴藏着解决当代人类面临难题的重要启示,并列举有15种之多:"比如关于道法自然、天人合一的思想,关于天下为公、大同世界的思想,关于自强不息、厚德载物的思想,关于以民为本、安民富民乐民的思想,关于为政以德、政者正也的思想,关于苟日新日日新又日新、革故鼎新、与时俱进的思想,关于脚踏实地、实事求是的思想,关于经世致用、知行合一、躬行实践的思想,关于集思广益、博施众利、群策群力的思想,关于仁者爱人、以德立人的思想,关于以诚待人、讲信修睦的思想,关于清廉从政、勤勉奉公的思想,关于俭约自守、力戒奢华的思想,关于中和、泰和、求同存异、和而不同、和谐相处的思想,关于安不忘危、存不忘亡、治不忘乱、居安思危的思想,等等。"诚恳地表示"希望中国和各国学者相互交流、相互切磋","让中国的优秀文化和世界各国的优秀文化一道造福人类"。[①]

中共十八大以来,习近平倡议"亲、诚、惠、容"处理周边事务的新思念,推行"好邻居""好伙伴""走亲戚""交朋友"等新创举,努力营造睦邻友好的周边环境。2013年10月,习近平在中央周边工作座谈会上提出要"多做得人心、暖人心的事,使周边国家对我们更友善、更亲近、更认同、更支持"。任晓撰文将此概括为中国应"做可亲的人",指出中国的周边国家间亲近感的养成,并非一朝一夕之事,而是需要长时间的积累,细水长流,润物无声,并认为"这抓住了一个重要和关键的问题,指出了未来中国外交工作的一个方向"。[②] 习近平强调以软实力为支撑,弘扬东方色彩的传统思想,逐步形成了具有中国特色的、区别于美国和西方主

---

① 习近平:《从延续民族文化血脉中开拓前进》,《新华每日电讯》2014年9月25日。
② 任晓:《做可亲的人》,《世界知识》2014年第4期。

导的以儒家思想为特征的中国周边学理论体系，构成中国周边外交的理论基础和全新理念。①

（二）中国周边学与西方国际关系理论的联系和创新

中国周边学亦非简单接受和运用西方国际关系理论体系，区别于既有国际关系学界习惯于以西方国际关系理论阐述当今现实国际问题的固有定式，而是要突破西方范式的理论观念，吸收和借鉴西方国际关系理论的合理成分，摒弃和克服西方国际关系理论中已经日益显露的弊病和过时的错误理论，提出和阐述以"合作共赢"为核心理念的中国特色国际关系和大国外交理论新体系。

这个理论新体系的主要特征是：在战略层面，将破除西方世界惯行的"势力范围"理论和旧有的"圈地"陋轨，树立以"合作共赢"为核心理念的国际关系新范式，阐述中国并非如西方世界所指责的那样通过"一带一路"在中国周边建立"势力范围"，而是在"和谐世界"理念下，以全新的发展战略，推动在中国周边建设"命运共同体"。在经济层面，将破除西方主导世界经济的旧地缘政治经济理论和旧全球化范式，总结和阐述"一带一路"倡议是在"共商、共建、共享"的原则下，与中国周边所有的参与者平等合作，为周边国家提供新的合作平台，为周边治理提供新的公共产品，为周边国家全方位的经济合作提供新的方案。在安全层面，将破除西方主导世界的"同盟体系论"和"零和博弈论"，尤其是美国特朗普政府推导的印太新战略，在中国周边彻底清除冷战残余和强权政治，通过总结"一带一路"与周边外交建设的实践，创新安全理念，进一步阐述和论证习近平倡导的"共同安全、综合安全、合作安全、可持续安全"的"亚洲安全观"，推动中国周边地区的和平与合作。在政治层面，将破除西方主导世界的"霸权稳定论"和强权政治逻辑，通过总结"一带一路"和中国周边外交建设的理论和实践创新，进一步阐述和论证习近平提出的"命运共同体"理论，展示美国倡导的"霸权稳定论"与中国倡导的"人类命运共同体"所形成的世界不同发展方向和路径，中国将通过与各国共同的和平努力，开创以"人类命运共同体"为目标的中国与周边国家和平建设的新局面。在理论层面，将吸收和超越西方国际关系理论体系，克服

---

① 石源华：《亚洲命运共同体的文化内涵》，《世界知识》2015年第2期。

西方国际关系理论已经日益显露的种种弊病，阐述习近平提出的以"合作共赢"为核心理念、以"命运共同体"为建设目标的国际关系理论新体系和"一带一路"背景下中国特色大国周边外交的新理念、新战略和新路径，推动"一带一路"和中国周边外交更加健康发展。

中国周边学的理论新体系将在扬弃、整理东方旧传统思想和借鉴、超越西方国际关系既有理论体系的基础上逐步形成、丰富、成熟。这样的理论体系将为构建中国周边学奠定理论基础。

(三) 构建具有中国特色的中国周边学理论体系

中国周边学的理论体系须体现中国特色，既要继承和运用西方国际关系理论的重要成果和遗产，又要充分吸收中国传统文化的精华和结晶，进而总结、提炼、创造具有中国特色的中国周边学新理论体系。中共十八大以来，以习近平为首的党中央在实施中国周边外交的过程中，进行了卓有成效的理论和实践的尝试和创新，形成了具有中国特色的社会主义大国外交新理论体系，成为构建中国周边学理论体系的重要组成部分，笔者认为这个理论体系由8个新理论观点组成。

1. 以儒家思想为主要特征的新文化观

中国周边学理论主张继承和发扬以儒家思想为主要特征的新文化观。习近平强调建设中国自身的文化观，主张继承和发扬以马克思列宁主义、毛泽东思想为理论指导的、以儒家思想为主要特征的文化观。但不主张重返中华封贡体系的旧范式。儒家文化是亚洲文化的代表和亚洲人民的共同财富，它根源于东亚文化、宗教和精神传统的历史发展，是亚洲各国在现代化过程中适应本国国情形成的治世之道。习近平在走访周边邻国时，每每广征博引中国儒学经典语言，阐述和平相处的重要历史经验，弘扬亚洲各国在现代化过程中运用以儒家思想为主要特征的东亚价值观念，与周边各国领导人一起总结新的亚洲文化思想，共同推动亚洲国家的"命运共同体"建设。

2. 坚持"四个自信"的新价值观

中国周边学理论坚持"四个自信"的新价值观。习近平强调中国自身的价值观，坚持道路自信、理论自信、制度自信、文化自信，强调中国走中国特色社会主义道路，包括价值观念、发展道路、政治制度和治理体系与治理能力现代化。

美国在世界各地推行"颜色革命"和"价值观念普世化",已被证明为新的世界动乱之源,陷某些实现"颜色革命"和改信西方价值观的国家于困境,几无一有好的结果。中国承认各国文明多样化和国际关系民主化,承认西方价值观在人类文明发展中的地位与作用,但不认同、不接受其"普世性",更强烈反对强行迫使他国接受其价值观念的强权逻辑。中国认为各国文化包括中国特色的社会主义文化以及历史上形成的儒家文化、伊斯兰文化、基督教文化、佛教文化等都是适合各国发展需要的人类文明精华,都有其生存、发展的理由和权利,各种文明应该和平共处,共同建设中国和周边国家的美好家园。

3. 以"合作共赢"为核心的新合作观

中国周边学理论坚持以"合作共赢"为核心的新合作观。习近平强调自身的合作观。无论提出"亚洲命运共同体""亚洲安全观"等新理念,还是"一带一路"倡议、"亚投行"新战略等,都是以"合作共赢"为核心理念的新合作观。"中国发展壮大,带给世界的是更多机遇而不是什么威胁,我们要实现的中国梦,不仅造福中国人民,而且造福各国人民,"[1]以"合作共赢"为核心的新合作观,强调"分享而不是独裁权力,共赢而不是独占,伙伴而不是结盟;一体化而不是分割化;国际政治民主化而不是国际政治权力化"。[2]中国不仅是"合作共赢"的积极倡导者,更是"合作共赢"的切实践行者。中国外交将继续立足国情与世情,从中国与世界各国人民根本利益出发,使和平发展道路越走越通畅,让合作共赢理念越来越深入人心。[3]

4. "共同、综合、合作、可持续"的新安全观

中国周边学理论积极倡导"共同、综合、合作、可持续"的新安全观。2014年,习近平在亚信峰会上首倡"亚洲安全观",是党中央实施周边外交的重大战略举措之一,[4]也是中国周边学理论体系的重要组成部分。习近平亲自对"亚洲安全观"逐条作了精辟而细致的理论阐述和政策概

---

[1] 习近平:《顺应时代前进潮流 促进世界和平发展》,《新华每日电讯》2013年3月24日。
[2] 王帆:《中国特色大国外交:缘起、成就与发展》,《当代世界》2017年第7期。
[3] 王毅:《构建以合作共赢为核心的新型国际关系》,新华网,http://www.xinhuanet.com/world/2015-03/23/c_1114735844.htm. 2015年3月23日。
[4] 杨洁勉:《中国特色大国外交的理论探索和实践创新》,世界知识出版社2019年版,第43页。

括:① 强调"共同安全",就是要尊重和保障每一个国家安全。"综合安全",就是要统筹维护传统领域和非传统领域安全。"合作安全",就是要通过对话合作,促进各国和本地区安全。"可持续安全",就是要发展和安全并重以实现持久安全。党中央据此重新审视制定中国的新国家安全政策。2015 年 5 月,中国颁布《中国军事战略》白皮书,提出"总体国家安全观"新概念,强调统筹内部安全与外部安全、传统安全与非传统安全、生存安全与发展安全、国土安全与国民安全、自身安全和共同安全。7 月 1 日,全国人民代表大会通过新的《国家安全法》,以国家立法形式构建了集政治安全、国土安全、军事安全、经济安全、文化安全、社会安全、科技安全、信息安全、生态安全、资源安全、核安全等于一体的国家安全体系,将传统安全与非传统安全、内部安全与外部安全、自身安全与共同安全整合为一体,将中国和周边国家共同的安全建设推进到一个新阶段。②

5. 欢迎"搭便车"的新义利观

中国周边学理论倡导欢迎周边国家搭乘中国经济发展快车的新义利观。习近平强调继承和发扬中国人数千年来一以贯之的道德准则和行为规范,将"互惠互利"的原则提升至"命运共同体"的高度。③ "搭便车"的提法,本来是奥巴马嘲讽中国的,说中国经济高速发展搭乘了美国 30 年的便车。习近平接过此论作了出色的发挥性阐述,表明"我们希望全世界共同发展,特别希望广大发展中国家加快发展"。强调"我们有义务对贫困的国家给予力所能及的帮助,有时甚至要重义轻利、舍利取义,绝不能唯利是图、斤斤计较"。④ 正确的义利观是中华民族的优秀传统。在两千多年中国与周边国家相处当中,凡是中国强大、稳定的时候,历来都是让周边国家和地区搭乘中国发展便车的,而且也只有在周边国家能够搭乘中国便车之时,整个亚洲才是稳定的。"搭便车"是中国与周边国家发展互相关系重情重义的一个传统,也是中国周边学理论的重要

---

① 习近平:《积极树立亚洲安全观共创安全合作新局面》,《新华每日电讯》2014 年 5 月 22 日。
② 《全局性视野构建国家安全法体系——全国人大决议通过国家安全法,习近平签署主席令予以公布》,《解放日报》2015 年 7 月 2 日。
③ 《以亲、诚、惠、容外交理念推进周边安全与繁荣》,《新华每日电讯》2014 年 9 月 25 日。
④ 转引自王毅《坚持正确义利观 积极发挥负责任大国作用》,国务院新闻办《解读中国外交新理念》,五洲传播出版社 2014 年版,第 29 页。

组成部分。

6. "亲诚惠容"的近邻观

中国周边学理论倡导"亲诚惠容"的近邻观。2013年10月，习近平在中共中央周边外交工作座谈会上首次提出以"亲诚惠容"为中国处理周边外交的重要理念。"亲诚惠容"四字箴言，是新形势下中国坚持走和平发展道路的生动宣言，是对多年来中国周边外交实践的一个精辟概括和总结，反映了我国新一届中央领导集体外交理念的创新发展。中国领导人以前所未有的频率加大与周边国家领导人的互访，积极推行"好邻居"外交、"走亲戚"外交、"交朋友"外交等，使"深化各国友谊，推进国际关系的友情外交日益成为中国周边外交的又一道靓丽风景线，必将为世人所称道、铭记"①。

7. "国强而不称霸"的和平观

中国周边学理论的重要内容是主张"国强而不称霸"的和平观。习近平强调中国自己的和平观。习近平反复论述："走和平发展道路是中国根据时代发展潮流和自身根本利益作出的战略抉择。中国人民崇尚'己所不欲，勿施于人'。中国不认同'国强必霸论'，中国人的血脉中没有称王称霸、穷兵黩武的基因。"习近平在十九大报告中郑重宣告："中国发展不对任何国家构成威胁。中国无论发展到什么程度，永远不称霸，永远不搞扩张。"②

8. "以人为本"、生命第一的新防疫观

中国周边学理论的最新内容是强调"以人为本"、生命第一的防疫观。席卷全球的新冠疫情告诉我们，随着全球气候变暖趋势加强，人类生态环境持续恶化，迎战频频发生的各种突发性灾害，将成为中国继续崛起过程中必会遭遇的新常态。习近平强调中国自己的防疫观，在抗击新冠疫情的全球性斗争中，坚持旗帜鲜明地宣告中国抗疫坚持"以人为本"，生命第一，强调要展现"人间大爱"，始终秉持人类命运共同体理念，既对本国人民生命安全和身体健康负责，也对全球公共卫生事业尽责，并宣布将为

---

① 新华社：《"友情外交"为中国外交增添"人情味"》，《新华每日电讯》2014年9月23日。
② 习近平：《在党的十九大上的报告》（摘要），《新华每日电讯》2017年10月18日。

推进全球抗疫合作提供巨量卫生防疫公共产品，① 为全世界的卫生防疫事业作出了重要贡献，也为中国周边学理论建设增添了重要内容。

事涉中国周边外交的新文化观、新价值观、新合作观、新安全观、新义利观、新近邻观、新和平观、新防疫观构成了中国周边学的理论体系，并将在实践中不断拓展、丰富和发展。

五 中国周边学的交叉学科体系

中国周边学学科建设的指导思想是：以"合作共赢"为核心理念和以"命运共同体"为建设目标的国际关系理论新体系和新时代中国特色的社会主义大国外交的新理念、新战略、新路径。构建中国周边学交叉学科体系亟须研究和解决的主要框架性问题有以下几个方面。

（一）中国周边学的战略定位和时代使命

研究论证中共十九大以后中国周边外交的战略定位，至少在2035年前中国周边外交仍将占据中国外交全局的首要地位，其后中国周边外交仍将占据重要地位。中国周边学的交叉学科体系将长期服务于中国与周边国家合作协力，共建"周边命运共同体"。

研究和论证中国周边学交叉学科建设的必然性和必要性，阐述其理论意义和时代意义。其最重要的时代使命是要研究和解决强起来的中国如何与周边国家友好相处，共建周边和世界的"人类命运共同体"，构建中国周边学的新话语体系，扶植和培养中国周边学研究人才和团队。

（二）中国周边学的地理范围

中国周边学新交叉学科建设应动态区别和分类研究中国周边地理范围，如陆地邻国、隔海邻国、次区域国家、周边国家、大周边国家等。笔者在研究新时代中国周边外交的过程中，相对原周边国家概念，提出了

---

① 《习近平在第73届世界卫生大会视频会议开幕式上致辞》，2020年5月18日。习近平代表中国政府承诺：1. 中国将在2年内提供20亿美元国际援助，用于支持受疫情影响的国家特别是发展中国家抗疫斗争以及社会经济恢复发展；2. 中国将同联合国合作，在华设立全球人道主义应急仓库和枢纽，努力确保抗疫物资供应链，并建立运输和清关绿色通道；3. 中国将建立30个中非对口医院合作机制，加快建设非洲疾控中心总部，助力非洲提升疾病防控能力；4. 中国新冠疫苗研发成功后，将作为全球公共产品，为实现疫苗在发展中国家的可及性和可负担性作出中国贡献；5. 中国将同二十国集团成员一道落实"暂缓最贫困国家债务偿付倡议"，并愿同国际社会一道，加大对疫情特别重、压力特别大的国家的支持力度，帮助其克服当前困难。《人民日报》2020年5月19日。

"大周边"概念,其地理范围包括"印太两洋"和东北亚、东南亚、中亚、南亚、西亚、南太平洋6个次区域。

(三)中国周边学的交叉学科建设

目前,学术界、教育界在讨论新学科建设时,往往首先关注学位和专业设置,争论是设置一级学科,还是二级学科。笔者以为一级、二级学科的设置必须建立在理论发展和学科成熟的基础之上,否则,即便设置了一级学科和专业,实际上仍是原有各个专业的拼凑,不能产生富有学理,又具有生命力的新学科或新专业。在现有的条件下,重要的是需要界定中国周边学的交叉学科建设主要是理论和战略研究而非学位和专业设置,研究和论证中国周边学的研究领域、理论体系、基本内涵(历史、现状与未来)、研究方法以及团队建设、推介阵地等,形成强有力的中国周边学交叉学科体系。

应关注中国周边学的关联交叉学科,研究和阐述中国周边学与中国政治学、历史学、语言学、中国学、地区国别学、边疆学(边海学)、海洋学、军事学、人类学、跨境民族学、跨境区域学、跨境宗教学、跨境水外交学等学科之间的区别和联系,共同促进这门交叉学科的建设和发展。

(四)中国周边学的理论体系

应总结和阐述东方传统文化和西方国际关系理论的精华,剔除其不合时宜的糟粕,构建和阐述以"合作共赢"为核心理念和以"命运共同体"为建设目标的新时代中国特色的国际关系和大国外交的理论体系,包括文化观、价值观、合作观、安全观、义利观、近邻观、和平观、防疫观等在内的中国周边外交新观点和新理论,并在此基础上,构建中国周边学交叉学科新体系。

(五)中国周边学的战略架构

应提出、研究和阐述百年未遇大变局和中国从富起来到强起来的历史转变过程中不断出现的中国周边学战略体系诸问题和课题,不断地增加中国周边学交叉学科体系的新课题和新内容。进一步研究和阐述十八大以来倡议和实施的"人类命运共同体""一带一路"倡议"亚洲安全观""亚投行"等不断提出的战略性新举措,构建中国周边学新交叉学科体系的战略架构。

（六）中国周边学的实施路径

应总结、研究和阐述中国周边外交实践以及推行的"合作共赢"核心理念、新型大国关系、各种形式伙伴关系、顶层设计和底线思维、维权维稳的平衡、"亲诚惠容"的新理念、解决分歧和争端的"双轨思路""六大板块"和"印太两洋"的统筹等为主要内容的周边外交实施新路径，也是中国周边学新交叉学科体系所要回答的重要问题。

（七）中国周边学的史料建设

收集和整理已经公布的中国外交档案资料、文献资料、报刊资料以及口述历史资料等，进而收集和整理国内外相关中国周边外交问题、周边国家国情的档案资料。整理各类史料和编撰年度编年史、专题编年史、综合编年史等。

六　中国周边学的战略体系

中国周边学理论体系和交叉学科体系研究都不能离开实践层面的战略体系设计和研究，应从中国继续崛起面临的百年未有大变局和中美关系发生大变化以及中国与周边国家关系新格局出发，研究和阐述中国周边学的新定位、新问题、新战略、新路径和新定力。

研究和确定在一个较长的历史时期内，至少在2035年前中国周边外交将占据中国外交全局的首要地位，其后中国周边外交仍将占据重要地位的战略新定位；研究和解决中国从富起来到强起来的历史转变过程中不断出现的种种新问题和新课题；研究和阐述中共十八大以来倡议和实施的"两个中国梦"、"人类命运共同体"、"一带一路"倡议、"亲诚惠容"新理念、"亚洲安全观"、"亚投行"等不断提出的战略性新举措，构建中国周边外交的新战略架构和政策体系；总结和研究中国周边外交实践以及推行的"合作共赢"理念、新型大国协调合作关系、各种形式和级别的伙伴关系、周边战略的顶层设计和底线思维、海洋维权与周边维稳的平衡互动、解决周边分歧和争端的"双轨思路"、周边区域合作、统筹"六大板块"与"印太两洋"、"五海联动"应对海洋争端等为主要内容的周边外交新路径；研究和阐述中国继续崛起的关键是做大做强、做好自身，坚持多边主义，形成在错综复杂困难国际环境下的中国战略新定力。中国周边学将为中国未来发展设计和塑造一个新的大战略以及一整套具体可行的政策体系，为中国继续崛起提供理论支撑和政策保证。① 本节将在战略层面阐述中国周边学研究的以下诸问题。

(一) 中国周边学与中美博弈与共处②

中国周边学构建的首要战略问题是处理好中美关系，这是维持中国周边和平稳定发展的关键。中国应冷静判断美国是阻碍中国崛起的主要国家，中美间的战略较量将不可避免，绝不存侥幸心理。坚信中国已进入近代以来最好的发展期，时间和优势在中国一边，需要努力控制和避免双方内在结构性矛盾的扩张和破裂，扩大中美双方"兼容共存"的空间，迫使美国从"冷战化危险"制造者困境中走出，实现中美在中国周边地区的战略平衡和协调。

中国既要保护自身的根本利益，不作无原则妥协，也不必在乎一时的获利高低，力争中国崛起的战略机遇期不断延长，始终将做大、做好、做强自身放在首位，届时的中美关系将会出现我们今天无法想象的全新局面。

(二) 中国周边学与周边区域合作③

中国周边学构建的重大战略问题之二是需要创新中国与周边区域合作的新思路和新战略。

首先要实现从"一洋战略"到"两洋战略"的战略转换，逐步建立一个包括经济战略、政治战略、安全战略、文化战略在内的中国自己的"印太两洋战略"，包括亚太战略、印度洋战略和南太平洋战略，是新时代中国实施周边区域合作的大战略，也是中国周边学建设的重要内容。十八大以来，中国的印太战略已经实际付诸实施，中国政府公布的"一带一路"建设蓝图，包括"印太"和南太平洋两大地区，已经确定的五条建设路径中有两条以印度洋为终极目标，一条以南太平洋为终极目标。中国的"两洋战略"尚有待进一步决策化、具体化和细则化。

其次要构建"7+3"周边区域合作的大布局，中国在从富起来走向强起来的过程中，在中国周边须建设完整的合作圈，形成中国周边区域合作

---

① 石源华：《中国周边学构建的两大层面》，《世界知识》2019年第15期。
② 石源华：《中国周边学与中美博弈和共处》，《世界知识》2019年第19期。
③ 石源华：《中国周边学与周边区域合作》，《世界知识》2019年第21期。

的大布局。中国目前已经宣布的周边经济走廊有六条：北向——中俄蒙经济走廊；西北向——中国—中亚—西亚经济走廊；西向——中巴经济走廊；西南向——孟中印缅经济走廊；南向——中国与中南半岛经济走廊。加上以中日韩为中心的东北亚经济走廊正在建设中。这七条经济走廊将构成中国周边区域合作的基本框架。除此而外，还须关注中国周边的三个区域经济合作方向：一是以"中阿合作论坛"升级版为主要内容的中国与阿拉伯区域合作；二是以中新、中澳自由贸易区和中国南太平洋岛屿合作机制为内容的中国与南太平洋区域合作；三是以中国北极航线为中心的"冰上丝绸之路"区域合作。"7+3"将构成中国周边区域合作的大布局。

最后要推动"一带一路"成为建设周边区域合作的大路径。中国周边的区域合作将与"一带一路"同步推进。习近平曾指出："一带一路"不是要替代现有地区合作机制和倡议，而要在已有基础上，推动沿线国家实现发展战略的相互对接，优势互补。中国不会通过"一带一路"谋求霸权与对外扩张，没有谋求势力范围的地缘战略意图，不做侵犯别国主权或强人所难的事，中国强调和平发展和互利共赢，实现共商、共建、共享原则。中国也无意在沿线国家间搞政治结盟，结伴不结盟是中国外交的原则，中国强调自愿参加，协商落实，积极沟通，相互尊重，以"政策沟通、道路沟通、贸易沟通、货币沟通、民心沟通"为五大任务，实现周边区域合作，经济合作与经贸交流将成为中国和"一带一路"沿线国家的"最大公约数"。

(三) 中国周边学与中华优秀文化传播[①]

中国周边学构建的重大战略问题之三是中华优秀文化在周边国家的传播。随着中国的不断强大，中华优秀文化将对于中国周边发展进步再度发挥和超越历史上曾经起过的重大关键作用。中华优秀文化是中国的立国之本。大国崛起需要以文化自信为依托。中国对于世界的贡献将首先体现在中国周边，不仅在物质层面推动周边经济发展和社会进步，还将在精神层面对周边发展和历史进程产生重大影响。以中华优秀文化为底蕴的中国国家治理体系和治理能力现代化将首先影响周边，进而影响世界。

中华文化可为解决周边地区面临的历史性难题做出独特的贡献。中华

---

① 石源华：《中国周边学与中华优秀文化传播》，《世界知识》2019年第23期。

优秀文化是延续五千年而不中绝的巨型文化,其核心价值表现为政治伦理的"民惟邦本,本固邦宁",经济伦理的"以义制利,以道制欲",社会伦理的"中为大本,和为达道",天下伦理的"德施普也,天下文明",这些价值观念不仅深植于世代中国人心中,也在周边地区有深远影响,成为判断是非、评价优劣的基本准绳,可以应对周边生存和发展的困境挑战,为解决当今周边和世界难题做出独特贡献。

中华文化可对周边地区的文化发展和文明进步发挥积极的创造性推动作用。具有中国特色的国际关系和大国外交理论体系将以中华优秀文化为底蕴,包容、超越西方文化理论体系,形成相对独立的理论体系,用"命运共同体"化解西方霸权主义理论,不仅适用于中国周边,而且具有世界意义。中华文化还将为中国和周边以及世界共同繁荣进步贡献力量。中国的优秀文化在历史上曾为中国与周边国家友好相处,共同发展发挥过核心作用。随着中国的进一步强盛,在一个相当长的历史时期里,中国将让周边邻国搭乘中国快速发展的"便车"获取共同发展。

(四) 中国周边学与中国周边伙伴关系建设①

中国周边学构建的重大战略问题之四是中国与周边国家建立合作伙伴关系或战略合作伙伴关系或全面战略合作伙伴关系等。冷战结束后,按照冷战阵营划线站队,以结盟为主要特征的国家关系,已经不能适应时代的需要。从20世纪90年代起,中国开始推行"伙伴关系"新型国家关系。

中共十八大以来,中国与周边国家"伙伴关系"建设进入了一个新的高强度发展阶段,成为中国特色社会主义大国外交的重要组成部分,也成为中国周边学关注和研究的重大问题。中国周边是中国建设"伙伴关系"建设的先进地区、重点地区和示范地区。新时代中国与周边国家"伙伴关系"研究,将有助于推进中国周边学研究的深入展开,有助于推进中国国家治理体系和治理现代化建设的提升,有助于推进"一带一路"在中国周边的深耕细作,为习近平大国外交理论建设的丰富和成熟添砖加瓦。

(五) 中国周边学与周边命运共同体建设②

中国周边学战略体系的终极目标是为构建"人类命运共同体"提供理

---

① 石源华:《中国周边学与中国周边伙伴关系建设》,《世界知识》2020年第3期。
② 石源华:《中国周边学与周边命运共同体构建》,《世界知识》2020年第1期。

论支撑和战略思维，其发展路径是从周边命运共同体走向人类命运共同体。中国周边学的理论根基是中国与周边国家和平相处、合作共赢的"共生哲学"。中国周边亚洲的复杂性超过任何一个大洲。亚洲同时拥有几大宗教，不同地区人们的价值观念有很大差异，各国之间领土、领海纠纷众多，经济发展水平差距很大，政治制度各不相同。中国崛起能否成功，在很大程度上取决于中国能否善于与周边国家和平共处，分享发展机会，拓展合作共赢空间。

中国积极推进"命运共同体"构建，与周边国家搭建越来越多的合作共赢平台，为各国汇聚共同利益提供更多支点，取得了良好效果。中国处理周边问题最应当关注的是做强、做大、做好自身，争取长期稳定发展的历史机遇期，使中国稳步成为一个世界级强国。中国将与周边国家共谋发展繁荣的"周边命运共同体"的系统工程。这个工程可以破除和瓦解美国等域外大国对于中国和周边国家的分化和分裂政策，按照"亲诚惠容"的理念和"与邻为善、以邻为伴"的周边外交方针，深化与所有周边国家的友好关系；可以按照"双轨思路"解决中国与周边国家间的分歧和争端，清除域外大国的挑拨和干扰，实现地区合作稳定，合作共赢；可以充分发挥中国在周边国家发展中的核心力量和中流砥柱作用，通过"一带一路"建设，与周边国家实现"五通"，为"命运共同体"在全球范围内推广做出榜样与示范；可以理解、接受和正确对待周边国家在中美间实行平衡政策，冷战时期那种非此即彼、划线站队式对待周边国家的态度已经过时，中国应以包容的态度争取与所有周边国家建立友好关系，以建设"命运共同体"为指导和标向，与周边国家建设共同发展繁荣的系统工程。

中国正处于百年未遇大变局和第四次工业革命的行进之中，世界格局正经历前所未有的大变化，中国在发展和前进的道路上，将会不断遭遇新的战略性的重大挑战和亟待解决的各种问题，不断形成中国周边学研究的新战略课题。

七 中国周边学建设的设想和建议[①]

中国周边学的兴旺是在中国和平崛起的实践中形成的，随着反对"中国威胁论"及"讲好中国故事"的现实需要而迅速壮大。中华美国学是顺

---

① 石源华：《中国周边学构建的两大层面》，《世界知识》2019 年第 15 期。

应中美关系正常化而诞生,伴随中美关系发展而兴旺起来。中华欧洲学是顺应中欧伙伴关系发展进程而发展起来的。中华俄罗斯学比较特殊,20世纪60年代的中俄争端和对抗,刺激了中国学界对于沙俄侵华史的研究,奠定了该学科的重要研究基础,20世纪90年代以后中俄关系迅速发展以及中俄全面战略合作关系发展达到历史高端的现实需求,进一步催动和推进了中华俄罗斯学的兴盛和发展。中华日本学的发展与中日围绕历史问题和领土问题的分歧和争端相关,更与中日关系正常化和双边关系发展相联系。

复旦大学中国与周边国家关系研究中心对于中国周边学的推介得到学界的大力支持。复旦大学中国周边外交公众号开辟了《中国周边学研究简报》,迄今刊出68期,吸引了老中青三代学者踊跃参与研讨。2018年6月23日,在复旦大学举办了首届"中国周边学研究和新学科建设研讨会",收到论文45篇。2019年4月,《中国周边学研究文集》正式由世界知识出版社出版,收入论文29篇和笔谈14篇。中国社会科学院学部委员张蕴岭、中共中央对外联络部研究室主任栾建章应邀为文集写了序言,热情支持中国周边学的研究和推介,并对中国周边学研究做了阶段性总结。

中国周边学研讨取得的学术进展主要体现在四个方面:(1)全面广泛地研讨了中国周边学的研究缘起、时代使命、理论视角、研究框架与应用领域等,明确了其学科归属、学科定位、学科特色以及学科理论体系,为中国周边学交叉学科构建勾勒出了基本雏形;(2)提出了一系列亟须回答的若干重大命题,如中国周边学与中国中心主义,"封贡体系学"的历史评价与学理价值,当代西方国际关系的理论缺陷,中国周边学与中国边疆学、区域国别学研究的异同,中国周边的范围与变动等,针对性地展开论述,从深层次点出问题实质,回答好这些问题将成为中国周边学未来发展的关键;(3)推动了中国周边学在理论研究方法上的突破,站在时代的高度,既批判和摒弃东西方国际关系理论中的种种弊病和糟粕,又借鉴和汲取东西方理论的合理成分和思想精华,形成对东西方思想和文化的继承和超越,为形成以"合作共赢"为核心理念和以"人类命运共同体"为目标的新理论体系进行了理论探索;(4)多学科交叉开辟中国周边学发展新路径,研讨除对周边政治、经济、安全等传统问题外,还拓展到周边民族宗教、边疆历史、言语文化、国防军事、周边国情、跨界河流、北极航道等关联问题，从理论和实践的多维视角探讨了中国与周边的互动关系，为促进中国周边学发展开辟了新路径。①

中国周边学研究的未来发展方向将从三个方面展开：在理论层面，期待通过大家的共同努力，出版《中国周边学研究文集》第二、三集，甚至更多，更希望产生若干部不同风格和特点的《中国周边学概论》；在交叉学科层面，让中国周边学走进大学课堂，真正推动中国周边学成为独立新交叉学科；从实践层面，针对中国继续崛起面临的百年未有大变局和中美关系发生重大变化的新形势，不断涌现的新问题和新挑战，探讨和谋划中国周边学实施的战略体系。

目前，中国周边学产生的时代条件已经逐步成熟，国家从富起来走向强起来的现实需要，成为催动中国周边学问世和构建三个层面体系的现实驱动力。积极推介和研究中国周边学，打造理论体系、交叉学科体系和战略体系，可使其为实现中国强国外交的实际运作贡献智慧和力量。为此，建议学术界关注和加强对于中国周边学的研究和推介，积极推行以下各项工作。

（1）积极推动相关交叉学科的研究者共同推介和研讨中国周边学，研究其概念内涵和理论范式，形成较为一致的认知和开展研究的共识，明确中国周边学将为中国强起来后如何与周边国家"合作共赢"，建设"命运共同体"做出贡献，并对彰显中国实现强起来后也永不称霸的庄严承诺，发挥积极作用。

（2）设置中国周边学论坛，创办中国周边学学刊，或在相关刊物设置中国周边学专栏，广泛开展多学科的研讨，推介新概念，逐步形成一批专论中国周边学的研究性理论专著，奠定中国周边学理论体系、学科体系和战略体系。

（3）积极推动媒体宣传，使学术界和国人逐步接受中国周边学的新概念、新理论体系、新交叉学科体系和新战略体系，进一步开展中国周边学相关内容的研究，鼓励涉足中国周边学的研究禁区和研究无人问津的若干重要问题，探索中国周边外交的顶层设计和实践方案，更好地为中国开展

---

① 栾建章：《中国周边学研究文集》"序言"二，石源华主编《中国周边学研究文集》，第5—6页。

周边外交贡献智慧和提供理论支撑。

（4）建议国家社科基金、教育部以及各省市社科基金设置相关项目，资助和扶植中国周边学研究，包括已经资助的正在进行的中国周边国家档案收集与研究等，继续大力推进中国周边外交史料整理和研究，从各个相关学科视角加强对于中国周边学的重大理论问题和实践问题的研究，加强对于中国周边国家的语言学建设和国别国情研究，创造条件编撰中国周边外交史料汇编、中国周边外交大事编年、中国周边国家国别史、中国周边外交史等基础研究，奠定中国周边学的基础建设。建议国家出版部门为这些著作的出版提供便利。

（5）在条件成熟时，建立中国周边学研究会或学会，集结全国相关学者，合力协作，进一步深入开展研究，努力探索和研究中国周边学的理论体系、交叉学科体系和战略体系，不断解决中国周边外交实践中出现的新问题和新课题，充实和丰富中国周边学的新话语体系。

（6）鉴于中国周边学包容交叉学科的多样性和综合性，并不适合设置独立的中国周边学一级学科，应是在政治学、经济学、历史学、语言学、军事学、民族学、人类学、宗教学等相关学科的硕士、博士研究生专业设置二级学科或三级研究方向，吸引和招收硕士、博士研究生和博士后研究员，从各个不同领域，积极开展中国周边学研究，培养和形成中国周边学研究的学术团队和后备梯队，形成强有力的中国周边学新话语体系。[1]

（作者为复旦大学中国与周边国家关系研究中心教授）

---

[1] 石源华：《建设中国周边学的时代使命和基本内涵》，石源华主编《中国周边学研究文集》，第27—28页。

中国丝路学理论与方法刍议

周伟洲

一 中国丝路学的建立与发展

中国丝绸之路学（简称"丝路学"）是20世纪80年代之后，在中外学术界丝绸之路研究热的影响下，逐渐形成的一门热门学科名称，虽然只有部分学者采用，但事实上"丝路学"或称"丝路研究"已逐渐成为中国学术界十分流行的一门专门学术门类，称之为"丝路学"，可以说是名副其实。

中国的丝绸之路研究，大致可划分为三个时期：（1）萌芽时期，即清代乾嘉、道光年间西北史地研究之学兴起，及1840年鸦片战争前后，我国开始注重对西方诸国研究的时期；（2）发展时期，即清末至20世纪80年代，"中西交通史"或"海交史"、"中外关系史"兴起，进行（广义的）中西方文化交往研究时期；（3）兴盛时期，即从20世纪80年代至今，丝绸之路研究热的时期。关于三个时期的研究特点及主要成果，这里不作详细讨论。[①] 我们所说的学科意义的"丝路学"，是在丝路热之后才逐渐建立的。

20世纪80年代，中国进入改革开放新时期，国内掀起了持续不断的丝路热。丝绸之路无论在社会普及、媒体传播、推动经济发展、旅游兴盛等方面，或者在丝绸之路理论研究和方法的深化、内涵的扩展、多学科学者的参与等方面，都呈现出百花齐放、欣欣向荣的局面，丝路研究与社会

[①] 参见周伟洲《中国丝路学与〈丝绸之路大辞典〉》，林超民编：《方国瑜诞辰一百一十周年纪念文集》，云南大学出版社2013年版，第197—206页。

的丝路热相互影响、相得益彰，使丝路热经久不衰，一浪高过一浪。

究其原因，一是改革开放以来，确定了改革开放和以经济建设为中心的国策，人们物质、精神生活水平逐步提高的需要，也是更加宽松的学术环境使然。

二是受世界各国尤其是邻国日本丝路热的影响。日本从明治维新以来出现过四次丝路热。[①] 其中第四次就是20世纪80年代至今，其特点是检查过去丝路研究的问题，提出了新的方向等。此时中国开放，日本到中国西部丝路考察和旅游人数增多，成为影响、推动我国丝路热的一个重要因素。国内一些学术团体、研究机构，甚至个人纷纷组织丝绸之路考察活动。如早在1981年中国唐史学会组织的丝绸之路考察、1982年中国秦汉史学会组织的丝绸之路考察、1984年青海省组织的"唐蕃古道"考察等。中央电视台、《人民画报》编辑部及自然地理、生物、地质等学科有关研究所、大学等组织的专题考察更是不计其数。1989—1992年，联合国教科文组织多次考察丝路，如1989年的沙漠路线考察（从西安至喀什，成果已经结集出版）、"海上丝绸之路"考察（由威尼斯至广州、泉州）、1992年的"草原丝绸之路"考察（由土库曼斯坦至哈萨克斯坦阿拉木图及蒙古国境内）。中日学者多次合作组织对丝绸之路的考察活动，其中包括对南方丝绸之路的考察等。1991年10月，中国社会科学院边疆史地研究中心与瑞典国立博物馆、斯文·赫定基金会，为纪念斯文·赫定诞生100周年，举办了"二十世纪西域考察与研究国际学术讨论会"。会后，由瑞典、美国、日本及中国学者组成的考察队进行了丝绸之路的考察活动，等等。

三是媒体的宣传，关于丝绸之路的广播、影视、各种出版物大量出现，使丝绸之路深入人心，几乎是家喻户晓。

四是新的有关丝路的文物考古资料的不断发现，吐鲁番学、敦煌学的勃兴，也促进了丝路学的创新和发展。

五是在国内改革开放大潮的冲击下，地处古丝路上的西北各省（区），特别是陕西、甘肃和新疆，与沿海省区差距日渐增大，它们提出了诸如"重振丝路雄风"的口号，寄希望于新的丝路"欧亚大陆桥"（陇海—兰新经济带），大力开展与中亚、欧洲的陆路贸易，希望重现昔日丝绸之路

---

① 参见童斌《日本的"丝绸之路热"》，《世界历史》1979年第6期，第86—88页。

的繁华。故而往日的丝绸之路就成为西北各省（区）乃至全国的文化热点。1989年西北各省（区）联合举办纪念丝绸之路2100年的大型活动，1992年兰州举办了首届"丝路节"，1993年西安、兰州等继续举办了丝路节的活动，1995年国家旅游局召开西北五省国际丝路学术讨论会等。21世纪初，联合国教科文组织提议丝绸之路沿线各国集体申请世界人类文化遗产后，更促进了我国丝路热和丝路研究的发展。持续不断的丝路热，提出一系列理论问题，比如什么是丝绸之路，它的本质、内涵、外延是什么，如何断代，研究丝绸之路有何意义，等等。对这些问题的探索和深入，逐渐建构了中国丝路学的理论基础。

二 对丝绸之路的定义、本质、内涵、外延及断代的新认识

20世纪80年代丝路热以来，中国学术界普遍接受了"丝绸之路"的名称，一般认为，这一名称最早由德国地理学家李希霍芬（F. V. Richthofen）在1877年出版的《中国亲程旅行记》一书中提出。它最初是指中国汉代与中亚河中地区、印度之间以丝绸为主的贸易交通路线。到20世纪初，在德国历史学家赫尔曼（A. Heroman）所著《中国和叙利亚之间的古丝绸之路》①（1910年，柏林）中，作者对多种文献进一步研究，将丝路从中国延伸到地中海西岸和小亚细亚，并确定了它的基本内涵。同时，一批外国探险家在我国西北地区考察，发现了大批与丝路有关的遗物。他们著书立说，使用"丝绸之路"这一名称并将研究范围进一步扩展。这一名称遂固定下来，成为学术研究一项重要的课题。

最初中国学界对丝绸之路的定义是："中国古代经中亚通往南亚、西亚及欧洲、北非的陆上贸易通道。因大量中国丝和丝织品多经此路西运，故称丝绸之路。简称丝路。"②

80年代后，学者们对丝绸之路的本质和内涵有了新的认识，认为丝绸之路从本质上讲应是一条连接欧亚大陆的贸易通道。然而，它又不仅仅是古代沟通东西方文明交往的贸易通道，其内涵还扩大到政治军事、经济贸易、文化科技交流、民族迁徙与融合等各方面。近几年有学者对"丝绸之

---

① Albert Herrmann, *Die alten Seidenstrarsen zuischen China und Syrien: Beitrige zur alten Geographie Asiens*, Berlin: Weidmannsche Buchhandlung, 1910.
② 《中国大百科全书》中国历史卷，中国大百科全书出版社1992年版，第957页。

路"的概念史也作了深入的研究。①

丝路含义扩大的另一方面,是交通道路的范围。丝路原来的含义,是指经中亚(西域)到南亚、西亚、欧洲、北非的陆上交通道路。可是,近几十年来古代中国与四邻各国的交通道路,包括陆路、海路,均被统称为丝绸之路。现今的提法是:原来所说的经中亚的陆路丝绸之路,被命名为"绿洲路""沙漠路";另有经北方蒙古草原的游牧民居地至中亚的"草原路";经海上西行的"海上丝绸之路";经云南入缅甸、印度的"南方丝绸之路"(西南丝绸之路);甚至包括由中国向东边的日本及朝鲜半岛的交通道路。上述各种名称的丝路,仅沙漠路、草原路可算作原来含义的丝绸之路,其余的均非原来意义的丝绸之路了。然而,这些提法已逐渐为人们所接受,上述联合国教科文组织的丝路考察即是一例。因此,我们可以将这些丝绸之路视为广义的丝绸之路。

另有一些学者,为上述各条中西贸易的道路冠以主要流通商品的名称,于是就有称海上丝绸之路为"瓷器之路"或"香丝之路";称从青海经西藏至印度之路为"麝香之路";称草原之路为"皮毛之路";称早期丝路为"玉石之路",等等。这些名称与狭义的丝绸之路含义相距更远了。

在丝绸之路的定义、本质、内涵与外延、断代等问题上,学术界并没有统一的认识,而是意见分歧,争论激烈。2001年,中国中外关系史学会在昆明召开了"西北、西南、海上丝绸之路比较研究学术讨论会",有学者提出:传统上认为丝路专指从长安出发,经河西走廊及新疆通向中亚、西亚、地中海沿岸的商路的定义,应该是不准确的。丝绸之路应为中国古代沟通中外海上和陆上以丝绸贸易为标志的通商路线。丝路不止一条,应为每条丝路确定一个具体而科学的名词(山东大学吴士英)。② 又有学者认为,"丝绸之路"本由德国人李希霍芬提出。近半个世纪一直沉寂无闻,国内外老一辈治中西交通史的学者从未采用过该词。20世纪上半叶法国汉学家以及我国的陈垣、向达、张星烺等国学大师们,也只采用"中西交通

---

① 如徐朗《"丝绸之路"概念的提出与拓展》,《西域研究》2020年第1期,第140—151页;刘进宝《"丝绸之路"概念的形成及其在中国的传播》,《中国社会科学》2018年第11期,第181—202页。

② 耿昇:《丝绸之路研究在中国——昆明丝绸之路学术会议综述》,《西北第二民族学院学报》2002年第4期,第5—6页。

史"、"南洋交通史"或"海交史"一类的概念。我国学者大量使用该词，是在80年代之后，而且来势汹涌。李希霍芬对"丝绸之路"有确指，即从长安出发，经西域、古印度、阿拉伯—波斯世界而一直到达希腊—罗马的这条交通大道。"丝绸之路"不宜过分延伸，招致有路无丝的结果，甚至造成如同某些学者戏称的那样："丝绸之路"实际上变成了"一丝不挂"。"海上丝绸之路""西南丝绸之路""草原丝绸之路"等，都是晚期的衍生词，它们虽有实用性，但科学性不足（中国社会科学院历史研究所耿昇）。[①] 还有学者认为，丝绸之路中的"丝绸"一词，已不再是中外商业交流史上的商品——丝绸之狭义，而是一个文化象征符号。所以，丝绸之路是沟通中国与域外交流的一个交通网络，它包括商业、文化与民族迁徙交融这三大功能，由西北和西南两个陆路网络、陆海相衔的东北网络与海洋网络四大块组成。丝路始于先秦，下限为明代。交通工具包括驼队、马帮和舟楫（云南大学姚继德）。[②]

总之，有关丝绸之路的理论问题，中外学者意见不一，但是并不妨碍我们的研究。依笔者愚见，我们所说的"丝绸之路"的"丝绸"，已经不仅仅是专指贸易商品中的丝绸，正如姚继德所说，它已是一个文化象征的符号，那些因丝路上已没有丝绸商品流通而怀疑丝绸之路存在的看法，不尽妥当。关于其断代，我以为西汉张骞出使以前连接中西方文明交往的丝绸之路已存在，有的学者称之为"前丝绸之路"或"早期丝绸之路"，只是张骞出使才可称为丝绸之路的正式或官方的开辟，而古丝绸之路的下限可断至1840年中国近代史开始前。近代至现代可称为"新丝绸之路"或"近现代的丝绸之路"。至于交通道路的延伸和扩展，中外学者、联合国教科文组织均认同，我们可以将这些丝绸之路视为广义的丝绸之路。

三 丝路学理论与方法的建构

正是由于丝路热和学界对丝绸之路理论问题的广泛而又深入的探讨，作为一门学科的"丝路学"才基本得以建构。

据笔者的理解，丝路学的定义（概念），简言之就是：研究丝绸之路

---

① 耿昇：《丝绸之路研究在中国——昆明丝绸之路学术会议综述》，《西北第二民族学院学报》2002年第4期，第6页。

② 耿昇：《丝绸之路研究在中国——昆明丝绸之路学术会议综述》，《西北第二民族学院学报》2002年第4期，第6页。

的一门综合的学科。它不仅包括古丝绸之路的研究，也包括近现代新丝绸之路的研究；既是基础学科，也是应用学科。而作为研究对象的"丝绸之路"，其内涵十分丰富：它不仅是一条中西文明交往的贸易通道，而且涵盖了通过这条道路连接在一起的中西方及沿途国家民族的政治军事、经济贸易、文化交流、民族迁徙与融合等内容。通过这条道路，历史上因贸易而上演了一场场轰轰烈烈的、悲壮的政治军事场景，诸如张骞出使西域、汉匈祁连山之战、李广利征大宛、隋炀帝西巡、波斯帝国与东罗马帝国的丝绸战争、唐朝与西突厥的战争、回鹘与吐蕃的北庭争夺战、唐与大食（阿拉伯）的怛逻斯之战、蒙古西征花剌子模等。究其根由，莫不与丝绸贸易或争夺丝路控制权有关。沿途各国的文化，包括文学艺术、风俗习惯、宗教信仰、科学技术等，也是通过丝路得到交流和传播，甚至民族的迁徙、往来与融合，也是在丝路上进行的。①

丝路学的研究涉及历史学、地理学、经济学、政治学、军事学、文学艺术、民族学，甚至自然科学的各个门类，如医学、药物学、地质学、天文学等。比如，从古至今，在丝绸之路上中西方的各种药方、药物和香料的相互交流，促进了医学的发展；中国的丝绸、瓷器及造纸术、印刷术、火药、指南针四大发明就通过丝路传到西方，对世界历史的发展起了巨大的作用；印度的佛教、天文历法等经丝路传入我国内地，对中国历史文化也产生了巨大的影响等。因此，丝路学是一门包括多种学科的、交叉的、综合的学科。

丝路学不仅包含对古丝绸之路的研究，而且也应包括对近现代的新丝绸之路，特别是当今中国提出的"一带一路"倡议的研究。20 世纪 80 年代以来，由于现代交通、资讯飞速发展和全球化浪潮，古丝绸之路开始焕发出新的青春和活力。促进沿线区域经贸各领域的发展合作，传承历史文化，深入开发沿线各国蕴藏的巨大潜力，已具有了成熟的条件。特别是 21 世纪以来，在以和平、发展、合作、共赢为主题的新时代，面对复苏乏力的全球经济形势、纷繁复杂的国际和地区局面，传承和弘扬丝绸之路精神更显重要和珍贵。

---

① 参见周伟洲《丝绸之路与古代民族》，载《"草原丝绸之路"学术研讨会论文集》，甘肃人民出版社 2010 年版，第 1—6 页。

1990年，中亚铁路从新疆阿拉山口接入国内铁路网，与陇海线连成一体，西面通达欧洲，从而开启了新亚欧大陆桥（第一亚欧大陆桥为西伯利亚大陆桥）。但新丝路亚欧大陆桥的构想和实施，限于当时的国际国内政治形势，沿途各国的社会制度、管理理念和运作方式差异无法协调统一等诸多因素，实际上未达到预期的目标。这一时期，日本、俄罗斯和美国也以建设"新丝绸之路"为题，开展了一系列活动。如1997年日本桥本龙太郎内阁提出的"丝绸之路外交"战略。又如1996年3月，俄罗斯、白俄罗斯、哈萨克斯坦和吉尔吉斯斯坦签署协议，决定成立四国关税联盟。1999年2月，塔吉克斯坦加入这一联盟。2000年10月，五国签署条约将关税联盟改组为欧亚经济共同体。2011年7月美国国务卿希拉里·克林顿在印度参加第二次美印战略对话期间，第一次明确提出"新丝绸之路"计划等。

　　2013年，国家主席习近平同志及党中央向世界各国提出了建设"一带一路"的倡议，经过几年的谋划和实践，这一倡议不仅得到绝大多数国家的响应，而且取得了巨大的成就。2015年3月28日，国务院授权发改委、外交部、商务部联合发布了《推动共建丝绸之路经济带和21世纪海上丝绸之路的愿景与行动》重要文件，全文近9000字，分8个部分。既是中央一年多来对"一带一路"倡议认识的深化和实践的总结，又是一个实践、建构"一带一路"的顶层设计。从时代背景、共建原则、框架思路、合作重点、合作机制等方面阐述了"一带一路"的主张与内涵，提出了共建"一带一路"的方向和任务。这一重要文件，可以说是丝路学中当代丝绸之路研究的重点和创新成果之一，值得进一步研究。

　　2016年，"一带一路"倡议提出仅三年，在顶层设计、政策沟通、设施联通、贸易畅通、资金融通、民心相通，以及全国布局等方面均取得了超出预期的成果，这说明"一带一路"的建构已形成各国共商、共建、共享的合作局面。总之，"一带一路"不仅推动丝绸之路研究进入一个新的阶段，而且对中国乃至世界经济的复兴和发展，世界和平及人类命运共同体的建构等，均有巨大的作用。而其中关于"一带一路"与"人类命运共同体"建构的关系等问题，均是"丝路学"研究新的重要课题。

　　新兴的"丝路学"与其他学科一样，研究对象包括古与今、历史与现实，而丝绸之路现实研究更是赋予这门新兴学科广阔前景和重大现实意义。正如有学者所说："当代的丝路学，不只是面向过去的，也是立足现实、发掘过去、面向未来的。"① 无怪乎近几年来，全国高等院校及科研机构纷纷成立以"一带一路"或"丝绸之路"命名的研究机构。至于丝路学学科的研究方法，以往研究多以历史学，特别是中外关系史，以及地理学中的历史地理学的视角和方法为主，综合其他学科。新兴的丝路学，是一门综合的学科，在研究方法上除了结合现实、实地调查研究等各门学科基本方法之外，也需要历史学、考古学、语言学、人类学、民族学等诸多社会科学、人文学科及各种自然科学的理论和方法，即多种学科研究的融合，视具体研究内容有时偏重某一学科的方法，而兼采用其他学科的方法。20世纪80年代后兴起的一些热门学科，如藏学、敦煌学、吐鲁番学、西夏学、蒙古学、边疆学等，也将丝绸之路作为重要的研究内容之一，其理论和方法也将引入丝路学研究，促进丝路学的发展和创新。

以上仅是个人对丝路学理论与方法一些粗浅的认识，相信随着丝路学的发展，其理论和方法将进一步充实和创新。

四 丝绸之路研究的工具书

一个学科发展到一定阶段，会催生工具书的编撰，而工具书的出版必将推动学科的发展。目前国内出版的有关丝绸之路的成果，浩如烟海，而且逐年增多。其中最能反映丝路学理念和内容的是关于丝绸之路的工具书。国内先后出版了三部关于丝绸之路的工具书：即雪犁主编的《中国丝绸之路辞典》，1994年新疆人民出版社出版，共收词4000条；王尚寿、季成家主编的《丝绸之路文化大辞典》，1995年红旗出版社出版，共收词条12500条；由笔者和丁景泰主编的《丝绸之路大辞典》，2006年陕西人民出版社出版。在已出版的三部丝绸之路辞典中，《丝绸之路大辞典》出版最晚。它集中体现了笔者上述关于丝绸之路及"丝路学"的理论和方法，较为全面、系统地介绍了狭义丝绸之路的情况，兼及广义的海上丝绸之路和西南丝绸之路。以丝绸之路的内涵为纲，共分为十五编，每编大致按类（性质或地区、时代等）分为若干目（人物、海上丝绸之路、西南丝绸之路例外）。

第一编"道路交通"，下分道路、工具、制度、汉唐驿馆、关隘、津

---

① 昝涛：《"一带一路""丝路学"与区域研究》，《新丝路学刊》2018年第1期，第138页。

渡、桥梁等四个目。第一词条"丝绸之路"为全书总纲，可视为全书的代前言。第二编"地理环境"，下分山脉，河流、河川，湖泊、水泉，高原、塬，盆地，沙漠，绿洲五个目。第三编"政区城镇"，下分总述，河南，陕西，甘肃，青海，宁夏，新疆，内、外蒙古，中、西、南亚及欧非地区九个目。第四编"政治军事"，下分国别朝代，典章制度、军事镇戍，历史事件三个目。第五编"经济贸易"，下分贸易与制度，场所与商人，贸易事件，物产与商品，丝路流通货币等五个目。第六编"文化科技"，下分文学与教育，语言文字，石窟艺术，音乐舞蹈，科学技术等五个目。第七编"民族宗教"，下分民族，制度职官，宗教，文献典籍等四个目。第八编"文物古迹"，下分考古学文化、遗址，纺织品，石刻与岩画，青铜器与铁器，碑铭与碑志，玉器与宝石，金银器，玻璃器，陶瓷器，简牍文书，其他等十一个目。第九编"方言习俗"，下分陕西及内地方言，甘肃方言，青海方言，新疆方言，陕西及内地民俗，甘肃民俗，青海民俗，新疆民俗等八个目。第十编"丝路人物"，不分目，按中外人物卒年顺序排列。第十一编"海上丝路"，不分目，大致按本书编目顺序排列。第十二编"西南丝路"，不分目，大致按本书编目顺序排列。第十三编"丝路文献"，下分先秦秦汉文献，魏晋南北朝文献，隋唐五代文献，宋辽金文献，元代文献，明代文献，清代文献，外国部分文献等八个目。第十四编"丝路研究"，下分考察探险，研究著作，研究学者（收录已去世的中外学者）等三个目。第十五编"丝路今日"，下分今日陕西，今日甘肃，今日宁夏，今日青海，今日新疆等五个目。书前有分类目录，后附有《条目汉语拼音索引》以便检索。另书前配有彩色图片60余张，书中还插有若干黑白图片。全书共收11607条，2300千字。

笔者认为，《丝绸之路大辞典》有如下特点。

其一，辞典所收有关丝绸之路的词和事较为全面和系统，不仅包括狭义的丝绸之路交通道路、地理环境、政区城镇、政治军事、经济贸易、文化科技、民族宗教、方言习俗等内涵，而且对海上丝路、西南丝路亦有所涉及；并增加了丝路文献、丝路研究和今日丝路的新内容。今日丝路虽然只收录2001年前的词目，现在看来有的已过时，但作为历史保存，仍有一定的意义。

其二，从辞典编纂学看，词目的选择、编排均较为严谨，十五编标题均浓缩为四个字，排列合乎逻辑；每编所分的目也较为合理。释词文字简洁，符合辞典文字要求；且释文格式基本统一，即词目后为原名或他名，再为定性语，再释词之内容。

其三，辞典词目及释文较充分地吸收了中外学者研究丝绸之路的已有成果，突出表现在对文物考古新发现和新成果的利用上，如石窟艺术部分词条、新出土的金银器、碑铭墓志等。方言习俗部分词目及释文也多有新意。

辞典出版后，得到学者、辞书专家及广大读者的好评，并于2009年获得陕西省哲学社会科学优秀成果一等奖。丝绸之路及丝路学涉及面很广，几乎涵盖了社会科学和自然科学的大部分学科，绝非一部辞书所能包容，加之许多问题尚无定论，因而辞书仍然存在各种各样的问题，今后还需要进一步修改、补充，进一步完善。

到2014年，由于丝绸之路及其研究对于今天中国甚至世界均有着重大的现实意义，我们与陕西人民出版社共同商议，对《丝绸之路大辞典》进行增订，由笔者及王欣主编，以《丝绸之路辞典》之名重新出版。此次增订，主要做了以下工作：（1）在基本保持原《辞典》结构、辞目的基础上，进行认真校对的同时，改正个别错讹的字或句。（2）增加一批图片。（3）增补有关辞目。原《辞典》辞目选用截止时间是2001年，此次增补2001至2015年的相关内容。其中增补最多的是"第八编文物古迹"和"第十四编丝路研究"。（4）对"第十五编丝路今日"作了大量删改和增补：删去了已经发生很大变化的西北五省区的交通、企业、文教等辞目，仅保留"旅游与特产"部分；增加了有关"新丝绸之路"词目。《丝绸之路辞典》增订本于2018年12月由陕西人民出版社正式出版。此辞典将上述笔者关于丝绸之路及丝路学的理念贯穿于全书，对"新丝绸之路"词条的增补尽管辞目不多，但对丝路学研究的现实方面予以重点的关注。

《丝绸之路辞典》出版后，颇得学界好评。研究丝绸之路的学者武斌发表书评，称此辞典为"鸿篇巨制的'丝路学'奠基之作"[1]；历史学者

---

[1] 武斌：《鸿篇巨制的"丝路学"奠基之作——评〈丝绸之路辞典〉》，《中国边疆史地研究》2019年第4期，第194页。

李鸿宾称此辞典为"一部明了古代中外交往'必备'的工具书"[①];中国中外关系史学会会长万明称此辞典为"丝绸之路研究百科全书",等等。

通过《丝绸之路辞典》编纂工作这一实例,我们对丝路学这门既古老而又新兴的学科,产生了更深入的认识。过去,老一辈的中外学者为丝路学的建立和发展作出了巨大的贡献,现今在"一带一路"及"人类命运共同体"的新时代,我们更应该在新的形势下,将丝路学向前推进,不断创新,让21世纪的新丝绸之路为中国及世界作出新的贡献!

(作者为陕西师范大学中国西部边疆研究院教授)

[①] 李鸿宾:《一部明了古代中外交往必备的工具书——〈丝绸之路辞典〉书后》,《中国历史地理论丛》2020年第2期,第128页。

一千年来的东西军事交流与分流

——欧阳泰《从丹药到枪炮：世界史上的中国军事格局》读后感

张晓东

耿昇教授是杰出的前辈学者，不仅著书立言，成果丰富，而学术翻译的成就也是著作等身。这样一位大学者留给我们后辈的，不仅有优秀的学术成果，还有理论方法和治学精神方面的宝贵财富。耿先生重视学术著作翻译的作用，这种治学思路值得我们学习。好的外文学术著作翻译成中文，可以加强学术交流，并且可以让更多学者更方便地看到不同的研究角度，获得新的启发。

近年来对中世纪结束后东西方兴衰易势做比较研究一直很热，史学新书出版不断，其中的佳品引起了一定的关注热度。近世以来东西方历史发生了天翻地覆的变化。中世纪的西方只是欧亚大陆的西部边缘地带，但是经过几个世纪，西方的富强就远远超越了东方。20世纪后期亚洲的快速发展和中国的崛起使历史发展的重心再次回到东方，这样的历史格局，难免使人们思考东西方兴衰的原因和模式，反思以往兴起和落后的原因，并期望对历史和现实做出科学的解释，甚至由此看清未来的方向与路径。此类研究的出现，不仅是史学长期发展的结果，也部分地反映了中国崛起的现实所引起的历史反思。此外，"全球史的视野还能为学者提供一个重新审视过往的尺度，增进对人类文明的深刻认识并以相互之间的欣赏、分享和接纳替代彼此的贬低、冲突和排斥"。[1]

笔者经出版社友人推荐，也发现一本质量较高的西人全球史学术著作

---

[1] 李鸿宾：《从全球史语境看唐史研究新范式出现的可能性》，《陕西师范大学学报》2018年第3期。

《从丹药到枪炮》，是雅俗共赏的学术精品，由美国埃默里大学历史系教授、东亚系主任欧阳泰撰写。对于中国在近世何以"落后"于西方，如何公正客观认识一直是难题。寻找历史变革过程的方程式，永远是历史学学者的探索兴趣所在。作为美国的中国史与西方殖民史资深专家，欧阳泰掌握的东西方史料数据信息非常丰富和准确，且熟悉军事科学技术发展的知识和视角，问题意识明确而强烈。该书关注的主题实为中西间的"军事大分流"，选题很好地体现了学术"预流"，且观点独到，史料选择原则精准而兼顾生动翔实，使该书不仅通俗易懂，而且具有较高的学术价值，在赋予读者别致的阅读情趣的同时，以大历史的眼光和比较军事史的视角来研究东西方的大分流，提出了独到见解。笔者读后也颇有启发，特兹发表学术感想，以资交流。

一 观感五则：军事大分流视角、"挑战—应战"变革模式、城墙巨盾、远洋补给及不足处

读书之后，笔者感觉其观点与视角颇为新颖，特点不少，分享几则观感以资交流。

其一，欧阳泰重视军事史分析的角度，以军事大分流的视角去理解这段东西方易势的历史，并使东方历史停滞论再次遭到一记重击，在军事革命理论模式的基础上提出了东西方军事交流与"竞赛"的新理解。[①]

对于东西方历史大分流的研究，以往是经济史角度的探讨多而军事角度相对少。欧阳泰也指出"几乎所有的文献都着眼于经济方面。"[②] 但早有人说过军事史是社会史的集中体现，军事发展现象也是社会发展的一个重要体现。正如欧阳泰所说"贯穿本书的主题是火器战争"[③]。"自公元900多年火药第一次用于战争起，火药时代开始，到公元1900年前后被无烟火药取代，火药时代结束，前后达千年。考察这整个过程有益于回答或至

[①] 笔者按，这种所谓"竞赛"是一种中西军事技术进步不断相互赶超的客观形势的描述，只在几个不同时期分别存在一定主观上的争胜意识，并非在几百年中中西国家始终存在有明确的、针对性竞争观念，但却是一种不可否认的客观存在。

[②] ［美］欧阳泰：《从丹药到枪炮》，张孝铎译，中信出版集团2019年版，第1页。

[③] ［美］欧阳泰：《从丹药到枪炮》，张孝铎译，中信出版集团2019年版，第2页。

少厘清，西方是如何崛起的，以及中国又是如何'停滞'的问题。"① 欧阳泰著作的价值是宝贵与及时的。

我国历史教材以鸦片战争为古代史和近代史的分期，但是仅仅从晚清史去判断过去这一段东西方重大历史变革是很不完整的。东西方的变革和分流自宋明已经逐渐发生，晚清只是一个所谓的下滑曲线的底端而已。中国封建社会停滞说的观点是早在20世纪二三十年代的社会史论战时期提出的。对于中国在近世何以"落后"于西方，如何公正客观认识一直是难题，而欧阳泰没有简单地完全摒弃"停滞说"的理论模式。正如他所云"不是要完全抛弃停滞理论，而只是要更加精确地表述它"。②从军事科技发展来比较中西，在其笔下，同样重视统一和分裂所发生的历史作用，论述了并非"停滞"，而是变革的起起伏伏构成了这段漫长的历史。在他笔下中西双方实际曾存在相互学习然后再相互赶超的过程，而获胜者之所以速度领先是因为"挑战—应战"的模式起作用的方式有所不同，不能简单归因于文化和制度的内在顽固性。阅读此书所具有的有意义启发之一即为再次提醒读者，历史发展是曲线的进程，很少表现为直线，中国近代的"落后"并非一天造成的，也不是长期停滞的结果。

以军事大分流的角度来观察，东西方的这段"近世"发展"竞赛"是"你追我赶"的波状前进，并非"一战定乾坤"，而是经历了好几个回合。一方面，西方经历军事革命的阶梯式前进，如历史学家杰弗里·帕克的名著《军事革命》，提出引发变化的是火炮技术进步，15世纪晚期和16世纪早期，欧洲人造出可移动野战炮，在攻击城堡时更为便利，于是中世纪西欧城墙不堪一击，而工程师开始设计更为坚固的城墙。围城战时间延长，开支巨大，这使统治者更加普遍地征税，出现财政和金融的新变化，不同力量间优胜劣汰，以至于出现中央集权国家，带来了其他军事创新。中世纪史专家克利福德·罗杰斯又提出了三次革命说，即14世纪的步兵革命，15世纪的炮兵革命，16世纪初的城堡革命。历史学家杰里米·布兰克则认为真正的革命发生于17世纪末，当刺刀取代长矛，陆军真正变

---

① ［美］欧阳泰：《从丹药到枪炮》，张孝铎译，中信出版集团2019年版，第2页。
② ［美］欧阳泰：《从丹药到枪炮》，张孝铎译，中信出版集团2019年版，第8页。

成了火枪部队。奥拉夫·范·尼姆维根认为在1600年前后发生了一场"战术革命",17世纪60年代则有一场"组织革命"。① 中国这一方面也在1450年开始,"中国的军事样态就开始和欧洲分道扬镳了"。本来洪武年间的造铳技术水平有很大提高,居于世界领先水平,但"中国没有发展出可以摧毁城墙的火炮。它的火铳尺寸小巧,针对的目标是单兵个体。相反,欧洲的火炮就变得无比巨大"②。从1450年到1550年,中国的战争越来越少,烈度越来越低,军事革新也放慢了脚步,这时却恰好是碎片化的欧洲军事加速革新的时期,残酷的大规模战事接连爆发为之助力。③ 但是,"从16世纪50年代开始,战争在整个东亚又开始增多,军事革新开始加速。中国、日本、朝鲜掌握并改进了欧洲加农炮和滑膛枪的生产技术,对它们的排阵也很先进"。④ 而到18世纪中叶清朝在广大边疆的成功治理,导致了新的一段大范围的长期和平,并在鸦片战争中使英国人充分感知了清军武备的废弛或是落后。⑤ 中国军队输给英国军队,缺少对方的实验科学是重要原因。⑥

以往中国学者王兆春指出东西方火器技术在世界范围内的两次大交流,出现交替领先的局面,⑦ 而欧阳泰明显地论证出了其间中西"竞赛"的好几个回合。第一个回合实际是宋代发起的火器革命,从此依靠新军事技术的第一代火器帝国逐个崛起,接下来蒙古战争促进了火器技术的交流和火铳的进步,西方只是一个后来的学习者,第二个回合的开始则是在14世纪末欧洲人和土耳其人的火炮发展道路和中国分道扬镳之时,西方火炮走出了自己的大型化之路,⑧ 以致1490年出现经典形制,⑨ 于是,"在16世纪的第一个十年和第二个十年,中国人遭遇了欧洲人的火炮,前者马上意识到了后者的先进"。⑩ "在1550—1700年的加速创新中,东亚和西方在

---

① [美]欧阳泰:《从丹药到枪炮》,张孝铎译,中信出版集团2019年版,第99页
② [美]欧阳泰:《从丹药到枪炮》,张孝铎译,中信出版集团2019年版,第59页
③ [美]欧阳泰:《从丹药到枪炮》,张孝铎译,中信出版集团2019年版,第4页。
④ [美]欧阳泰:《从丹药到枪炮》,张孝铎译,中信出版集团2019年版,第5页。
⑤ [美]欧阳泰:《从丹药到枪炮》,张孝铎译,中信出版集团2019年版,第189页
⑥ [美]欧阳泰:《从丹药到枪炮》,张孝铎译,中信出版集团2019年版,第201页
⑦ 王兆春:《中国古代军事工程技术史》(宋元明清),山西教育出版社2007年版。
⑧ [美]欧阳泰:《从丹药到枪炮》,张孝铎译,中信出版集团2019年版,第599页
⑨ [美]欧阳泰:《从丹药到枪炮》,张孝铎译,中信出版集团2019年版,第84页。
⑩ [美]欧阳泰:《从丹药到枪炮》,张孝铎译,中信出版集团2019年版,第85页。

军事上平分秋色。""训练有素的东亚军队迎战欧洲军队,前者都一定获胜。这些对垒绝少有人研究。"① 在这个回合中,欧洲人的优势是远洋海战和要塞修建,东亚的长处是机动高效的地面部队。其实中国学者王兆春也指出"从14世纪80年代到17世纪40年代,由于管形射击火器的发展,世界上出现了两个军事变革中心:一个是以中国明朝为中心的东方军事变革中心;另一个是以欧洲为中心的西方军事变革中心"。② 此后到鸦片战争英军痛击大清军队,是第三个回合。英国最终借助工业化拉开了双方的差距。③ 于是,"18世纪中叶到19世纪早期军事大分流发生之时,正好也是中国给西方人留下庞大落后、裹足不前印象的时候"。④ 不难看出在几个回合之间,双方存在相互学习,如"第一批火药武器是公元900年到1300年东亚诸国在战争中互相习得、演化出来的"。⑤

其二,分裂和战争对军事发展乃至历史发展的作用得到了欧阳泰的足够重视,也反映出他对"挑战—应战"历史变革模式和军事革命理论范式的重视,由此推出了新颖观点。

以往我们的史学书写模式曾以王朝的兴替和盛衰为描述线索,重视统一时期和单一政权研究单位背景下的治理。回顾宋元明清的历史,过去同样曾习惯于以统一趋势和治理成败为故事的阐述主线,欧阳泰独具慧眼地强调了分裂和战争在军事发展上的作用,如他就著名的"醒狮预言"指出"拿破仑相当了解,当一个国家遭遇军事挑战时,它将回应以革新"⑥。从军事科技发展来比较中西,同样重视统一和分裂所发生的历史作用,这是因为军事技术的发展受军事活动的推动,快速发展当然应该是在军事活动频繁而强烈的情况下发生的,东西方军事的比较当然会体现社会发展的差异。欧阳泰的线索很明确:"从1450年到1550年,在明帝国相对和平的这个时期,中国的军事革新放慢了脚步,而西欧此时正因为战争,军事革新搞得风生水起。1550年以后,东亚爆发了战争,快速的革新和技术交流同时现身于欧亚大陆两端,直到18世纪中叶这段'齐头并进的时代'方

---

① [美]欧阳泰:《从丹药到枪炮》,张孝铎译,中信出版社集团2019年版,第5页。
② 王兆春:《中国古代军事工程技术史》(宋元明清),山西教育出版社2007年版,第349页。
③ [美]欧阳泰:《从丹药到枪炮》,张孝铎译,中信出版社集团2019年版,第5页。
④ [美]欧阳泰:《从丹药到枪炮》,张孝铎译,中信出版社集团2019年版,第6页。
⑤ [美]欧阳泰:《从丹药到枪炮》,张孝铎译,中信出版社集团2019年版,第10页。
⑥ [美]欧阳泰:《从丹药到枪炮》,张孝铎译,中信出版社集团2019年版,第4页。

才结束。1760年到1839年，东亚地区的战争数量急剧下降，中国军队的战斗力相对于欧洲来说就下滑了。"①

纵观全书，外部军事挑战和自身变革应战的活动是论述的重点。在欧阳泰看来，宋朝尚武是有证据的，重视战争和火器崛起存在一定的关系，②宋代的"战国时代"状态促进了"许多军事创新和行政管理创新"，③宋金元的相互战争促进了火器演化，明代中国的坚固城墙导致火炮发展裹足不前，而同期欧洲火炮则因击破城墙的需要而大型化。④欧阳泰一直强调中国人在被挑战之后所表现出的学习能力。明代后期中国学习西方火炮技术较快较有效："中国火器技术在第一次中葡冲突的系列战中远远落后，而第二次就略胜一筹，或至少旗鼓相当了。这说明中国人学习迅速，在火器装备上赶上了葡萄牙。"⑤笔者也认同明朝后期学习西来火器的实践不少，如果说明朝存在一场"洋务运动"可能夸张了，但是一个有意识地学习和改进火器的历程是存在的。中国晚清面临的频繁战争和相应的洋务运动成效也被欧阳泰高度肯定。

对于西方历史学研究中"竞争国家体系"理论范式的历史作用，⑥欧阳泰予以否定。指出中华帝国晚期战争的频繁性和规模至少不比同时期的西欧稍逊，而火器发展也相应受到推动。⑦在这方面，爱用大数据支撑观点分析也是欧阳泰此书的长处。他得出结论，中西战争数量在1350年到1700年之间甚为相似。⑧其实，中国的邻国日本在明代时期也发生过类似情况，有学者指出明中叶的日本是当时世界第三人口大国，拥有丰富的人力资源，可以征调大量的人力参加战争，"经过多年内战，日本在火枪的制造和使用技术方面已处于国际前列，军队久经沙场，具有丰富的实战经验"。⑨因此，笔者非常认同欧阳泰对"挑战—应战"历史变革

---

① [美]欧阳泰：《从丹药到枪炮》，张孝铎译，中信出版集团2019年版，第239页。
② [美]欧阳泰：《从丹药到枪炮》，张孝铎译，中信出版集团2019年版，第20页。
③ [美]欧阳泰：《从丹药到枪炮》，张孝铎译，中信出版集团2019年版，第22页。
④ [美]欧阳泰：《从丹药到枪炮》，张孝铎译，中信出版集团2019年版，第六章。
⑤ [美]欧阳泰：《从丹药到枪炮》，张孝铎译，中信出版集团2019年版，第110页。
⑥ [美]欧阳泰：《从丹药到枪炮》，张孝铎译，中信出版集团2019年版，第2页。
⑦ [美]欧阳泰：《从丹药到枪炮》，张孝铎译，中信出版集团2019年版，第3页。
⑧ [美]欧阳泰：《从丹药到枪炮》，张孝铎译，中信出版集团2019年版，第6—7页。
⑨ 李伯重：《火枪与账簿：早期经济全球化时代的中国与东亚世界》，生活·读书·新知三联书店2017年版，第274页。

模式在军事史领域所起作用的重视。

其三,武器装备发展史包含了永恒的"矛和盾"的竞赛史,但在东西方易势的近世史研讨中,火器进步的重要作用已经被赋予了很高的地位,而城墙的历史作用却被有所忽视,欧阳泰观察角度高度敏锐,对军事装备史发展的各个关键环节及其构成的线索论述得比较清晰,从城墙和火器的"矛盾"关系入手,推动对历史的新解释,也提供了对"挑战—应战"历史演变模式的新颖案例。

欧阳泰认为明清中国因为统一局势下的长期内部和平,忽视了火器进步,同时高大城墙建筑技术的领先也造成了火器无用的困境,而西方殖民者利用棱堡和火炮都发达的沿海要塞"炮塞"形成了巩固的海滨殖民据点,也就是说城墙不仅是传统陆权的战略工具,也成为新兴海权的尖锐矛头。这一观点相对而言比较新鲜。以往远洋海战是最受有关西方崛起历史书写关注的主题,海权、航海、海上贸易的历史作用在诸多关于西方海洋强国崛起的论著中被无数次肯定,以至许多读者耳熟能详。至于武器装备,人们更多看到的是西方近代先进枪炮及其背后的工业与科技进展,而几百年间的城墙修建对于武器发展和军事变革的微妙作用往往被忽视了。在火器之"矛"面前,"盾"的历史作用通过欧阳泰的东西方比较视角来重新深刻认识。在分析这一点的史实时他也客观地承认东方传统军事力量曾拥有强大与精练的一面,客观的态度同样值得赞许。

欧阳泰对明初苏州之战案例中城墙与火器的较量进行了详细的论证,①而在有关大元朝崛起战中攻城与火器的关系也作了客观讨论。② 这正是挑战力度适中,促进应战成功的历史案例。该书第六章的重点是讨论火炮的大型化过程,对于在这个历史回合中为何是西欧而非中国获胜,欧阳泰强调了欧洲城墙相对于中国城墙的薄弱性是重要原因。③ 明朝的城墙高大坚固,以至当时火炮所能达到的大型化水平面临难以克服的效应瓶颈,"应战"不可能战胜"挑战":

---

① [美]欧阳泰:《从丹药到枪炮》,张孝铎译,中信出版集团2019年版,第53—59页。
② [美]欧阳泰:《从丹药到枪炮》,张孝铎译,中信出版集团2019年版,第37—45页。
③ [美]欧阳泰:《从丹药到枪炮》,张孝铎译,中信出版集团2019年版,第81—84页。

答案或许非常直接，明朝人没有继续发展火炮，可能无关火药粉，无关游牧民族，无关后知后觉，无关故步自封，无关专制，无关保守主义，而仅仅是他们不需要更好的火炮。①

同时期欧洲的火炮大型化在脆弱城墙面前表现出了鼓励式的效应，反而刺激城墙建筑技术的进步。这是耐人寻味的历史启示。当然，中国的城墙也在明代后期发生了变革的萌芽。② 如有学者指出："伴随欧洲势力的不断东渐，明代中国在火器装备、战略思想以及军事学术等方面已经融入一定欧洲元素，欧洲因素开始成为引发传统军事工程改良改造的又一推力。在内外因素的共同作用下，晚明陆防筑城与海防筑城都已出现有别既往的新变化。"③ "通过来华耶稣会士，晚明中国大体了解甚至把握了世界军事筑城技术的发展趋向。"④

其四，欧阳泰富有丰富的军事知识和视野，因此看问题比较全面，西方海上机动性和后勤交通能力所起的历史作用得到了足够的肯定。

以往研究欧洲人的海上军事优势，论者对火力的关注最多，对船只的建造与航行技术也有很多重视，但是由此带来的远洋补给能力所受关注较少，似乎只要船开到远方国度，用比别人厉害的炮就能在别人家门口摆平一切，但历史远非如此简单。

《从丹药到枪炮》一书把远洋航行这一因素上升到和火炮、城墙并列的重要地位，申明巨舰、金城和利炮都是西方人崛起的利器，并用明末郑氏集团和荷兰远征军的较量作为案例加以阐述，即中华海权名将郑成功在台湾围攻荷兰人的城堡，长期屯兵于坚城之下，眼睁睁看着荷兰人运来补给物资加强守备，以致郑氏的胜利拖延了很久才到来。⑤ 郑成功足足花了九个月时间才完成热兰遮城堡的攻克。欧阳泰指出"荷兰人的优势还体现在驾驶上：逆风行驶的能力"。书中也列举了17世纪中国学者

---

① [美] 欧阳泰：《从丹药到枪炮》，张孝铎译，中信出版集团2019年版，第93页。
② 王兆春：《中国古代军事工程技术史》（宋元明清），山西教育出版社2007年版，第370页。另见郑诚《守圉增壮——明末西洋筑城术之引进》，《自然科学史研究》2011年第2期。
③ 庞乃明：《欧洲势力东渐与晚明军事工程改良》，《东岳论丛》2011年第7期，第31页。
④ 庞乃明：《欧洲势力东渐与晚明军事工程改良》，《东岳论丛》2011年第7期，第38页。
⑤ [美] 欧阳泰：《从丹药到枪炮》，张孝铎译，中信出版集团2019年版，第172—173页。

的文献记载为证。①

其实国人回顾自己的历史，常常会感叹明代郑和下西洋的远洋航行能力，郑和的船队可以在远离本土万里的情况下解决补给，完成行动使命，实现大规模的力量投送效应。同样地西欧人在大航海时代开启之后可以在印度洋和太平洋上跨洋开拓殖民，其远洋航运能力造就的跨海投送能力和军事补给能力更加不可轻视。跨洋航行能力的历史作用其实并不低于新式舰炮，这保证了远征殖民者在人生地不熟的异国他乡开拓的时候可以在必要时及时获得有效的远洋后勤补给，这支持了他们可以坚韧地推行上百年的军事殖民，建立坚固的沿海据点作为下一个世纪继续深入广大内陆的桥头堡。随着时间的消逝，这种不远万里跨洋通信、作战、补给的能力日益增强，终于，在19世纪中叶，大英舰队和陆军沿着东北半球超过一半的海岸线从不列颠岛投射到了天津港口和北京内陆。

最后，该书当然也存在着一些不足之处。

正如伟大的历史学家马克思所云："随着新作战工具即射击火器的发明，军队的整个内部组织就必然改变了，各个军队相互间的关系也发生了变化。"欧阳泰重视火器时代的战术操练与组织技术，也指出"操练文化的不同有可能会化解一个全球军事史上的核心谜团"。② 组织技术和装备技术的发展一起拉开了东西双方作战能力的距离，而组织技术在很大程度上要围绕装备技术的进步来进步，这是不争的历史事实。西方殖民者能够常常在亚非拉实现以少胜多的军事胜利，不仅和武器装备领先，也和其军事力量的组织、技术进步有很大关系，而后者是受前者的推动或说适应前者来实现的。明清中国虽然也在不断引进和改进武器装备，但是能够最有效发挥新型武器装备效能的组织方式发生的变革相当有限，组织技术和装备技术的共同进步往往局限于少量的精锐部队或是新编兵团，其组织体制甚至新式装备难以实现彻底推广，直到晚清依然如此。这是因为中国是一个规模巨大的广阔国家吗？组织体制和政治意识起的约束作用究竟怎样发生作用？此书没有能够完全指出答案。书中也谈论到了制度和文化的作用，并予以带有否定意味的评价。保守主义对历史变革造成的消极影响当然存

---

① ［美］欧阳泰：《从丹药到枪炮》，张孝铎译，中信出版集团2019年版，第166页。
② ［美］欧阳泰：《从丹药到枪炮》，张孝铎译，中信出版集团2019年版，第131页。

在，但没有以往有些观点认为的那么严重，这一态度笔者有所赞成，但是对制度与文化的保守性及其成因，中国军事组织体制为何未能出现全面彻底并快速进行的变革，该书同样未能展开论述。

贾雷德·戴蒙德的名著《枪炮、细菌和钢铁》曾指出了西方人战胜美洲印第安人的几种优势手段，包括装备先进和生物学优势，但是笔者认为组织技术的领先也是不能质疑的。西方组织技术的进步使他们可以用少量兵力控制广大的地区和人口，与装备技术的叠加则使东方和印第安的人海无用武之地。几百个远征军在美洲击溃古老帝国的中枢，此类以少胜多的殖民战例在近代殖民史上绝非特例。因此，葡萄牙商人瓦斯科·卡尔沃才会出现以数千之众可以占领闽广并进而征服全中国的盲目自信，这种自信也建立在欧阳泰提到的印度洋殖民战略的成功经验上。[①] 葡萄牙的印度洋殖民战略是通过先用舰载火炮清除沿海防御，再用水滨坚固要塞"炮塞"来实现殖民据点的确立和推进，最终完成由点到面的征服。[②] 但是1521年和次年的两次中葡战役打破了以往的神话和新起的美梦，[③] 因为中西装备差距拉开之日远未到来，鲁莽狂妄的葡萄牙人碰了壁。

中国的大一统体制在宋代以前已经有上千年的历史，数量庞大、纪律严明、训练有素的军队在中国历史上并不罕见，正如欧阳泰书中所提到的，在火器引起的变革之前，已经存在轮射战术，而"日常操练阵型于中世纪欧洲煞是罕见，但于中国就很平常，这是一项自古以来、经久不衰的传世技艺"[④]。笔者相信，所谓"操练文化"不仅是一个大军的战术训练问题，而是涉及组织技术的变革，其中也包含了不同民族的战略文化和组织体制的传统特征及其差异，这里面应该有很多必须深入论述的问题。

在欧阳泰看来，明清中国的军事组织体制是有效的，不落后的。明朝早期朝廷规定，兵勇中10%须装备火枪，"在15世纪最后30年里，这个数字上升到了30%，这一比例欧洲要到16世纪方才达到。""中国军队能

[①] [美] 欧阳泰：《从丹药到枪炮》，张孝铎译，中信出版集团2019年版，第100页。
[②] [美] 欧阳泰：《从丹药到枪炮》，张孝铎译，中信出版集团2019年版，第101—102页。
[③] [美] 欧阳泰：《从丹药到枪炮》，张孝铎译，中信出版集团2019年版，第104—110页。
[④] [美] 欧阳泰：《从丹药到枪炮》，张孝铎译，中信出版集团2019年版，第126页。

够与西方势均力敌，不仅是因为技术上不落下风，更是因为长于治国经略，它维持了一支大规模常备军，勤于练兵，还有精细化的后勤供应。清朝时期尤其如此，它不仅战胜俄国，更征服了地球上最难进入的秘境，消除了长久以来面对的中北亚游牧民族的威胁。"①

笔者也认同晚明军事改革是有不少可圈可点的成绩，甚至可以说存在一场微缩版的明代"洋务运动"，但是抛开这样说是否夸张，从军事组织体制进步看，其成果确实是有限的。李伯重认为"除了为数很少的新式部队外，晚明军事改革运动的成果主要体现在明军其他部队装备的改进方面，主要是装备更多更先进的火器，即使是京军也如此。更加重要的是军队要适应先进武器的使用就必须提高军人素质，提供高效率的教育训练手段，发明新的体制编制"。② 这个观点应当是符合事实的。

欧阳泰著作的不足之处也包括，宋朝时期的冷兵器持有者固然有机会学习并超过火器领先者，但是为何火器领先者不能彻底打败和征服落后者，并实现长期压制？反而被学生战胜老师？还需要进一步研究来解释。

欧阳泰对近代案例包括作战的理解也有跟不上史学研究进展之处。比如他认为在甲午海战中"中国人或许可以取胜，但它们打得太差"③。他夸大了"定远"和"镇远"这两艘清朝大型铁甲舰的作用，借助了美国顾问马吉芬的回忆，认同乔治·巴拉德的观点，即这两艘战舰"完全能对付六艘日本最好的战舰"④。但是根据以前国内学者倪乐雄关于甲午海战胜负结论的研究，以及笔者本人对美国军事学家马汉有关甲午海战论述的梳理，⑤ 北洋水师的装备已经和日本联合舰队并不处在一个台阶上，倪乐雄指出由于北洋水师缺少新式速射炮，无法战胜日本海军，⑥ 而在百年前的马汉看来北洋水师仅有的两艘大型铁甲舰虽然有厚实的装甲和大型重炮，占有局部优势，但其在速射炮方面的欠缺限制了其整体作战能力，甚至战

---

① ［美］欧阳泰：《从丹药到枪炮》，张孝铎译，中信出版集团2019年版，第239页。
② 李伯重：《火枪与账簿：早期经济全球化时代的中国与东亚世界》，生活·读书·新知三联书店2017年版，第379页。
③ ［美］欧阳泰：《从丹药到枪炮》，张孝铎译，中信出版集团2019年版，第228页。
④ ［美］欧阳泰：《从丹药到枪炮》，张孝铎译，中信出版集团2019年版，第229页。
⑤ 张晓东：《马汉对甲午海战舰艇装备的分析及其启示》，金永明主编：《筹海文集》第三卷，海洋出版社2018年版。
⑥ 倪乐雄：《中日甲午黄海海战战斗队形与火力再探讨——最糟糕与最合理的怪异组合——"夹缝雁行阵"》，《军事历史研究》2014年第3期。

术发挥,故虽有重创敌舰之机会而胜利机会渺茫。看来欧阳泰对这方面需要更多的了解和观察。

二 余论:历史与现实之间的启示与反思

前人的研究为我们提供了更上一层楼的便利阶梯。欧阳泰的探索给予了我们有意义的启发,笔者个人也受益匪浅,结合以往研究军事史、海洋史和海权的经验体会,引发进一步思考,将所受启发与思考所得分享一二,或有不当之处,以供批评交流。

首先,欧阳泰此书具有大历史的格局和眼光,研究大分流,选择宋朝为起点,笔者结合自身的研究体会来看确实是精准高明的,主要启发在于从海陆地缘战略形势看,宋朝实为古代向近现代转折的变革期的重要开端。

对于东西方历史的大分流,不仅文化史、社会史、经济史和军事史、政治史可以有不同的观察支点,不同学者研究不同课题所参照的时空坐标也会有不同。宋代是火器取得重大发展的历史时期,因此欧阳泰从军事角度研究长时段点的精准定位在此。在宋朝的中华大地上点燃的火器文明的火种传递到欧洲,再自东西方之间来回蔓延,最后以烈焰的形式自海上烧到东方,经历千年完成了一场变革历程。这个进程与一般认为的近世阶段大体重合。看待这场军事革命的意义,仅仅从军事技术优劣高下去看待是远远不够的,背后所反映的变迁历程意味深长。这不仅仅是一场东西方之间的技术交流与竞赛,同时逐渐孕育一场政治与战略的模式竞争。克劳塞维茨说过,"战争无非是国家政治通过另一种手段的继续"。[①] 军事是政治的工具,军事活动无疑是附属于政治活动的。在军事史分流开始的同时,海陆地缘权力模式竞争的大分流同样存在。

笔者认为,宋代至现代的历史体现了在欧亚世界上一千年来海权逐渐压倒陆权的宏伟历史进程。海权和陆权同属地缘政治权力形态,是截然相对的两种形态。海权以制海权为基础,表现为军事和经济的两种权力相联合,以军事权力来维护经济权力,以制海权捍卫海上生命线,维护海外利益。海权的战略观念是视海洋为可利用的公共通道。海权在古代最早出现

[①] [德]克劳塞维茨:《战争论》,中国人民解放军军事科学院译,商务印书馆2003年版,第11页。

于古希腊文明时期，而在当代国际环境中海权经略首先着眼于国际公域。陆权以陆地控制权为基础，表现为军事政治为主的地缘控制权，以军事权力来支撑政治权力，自国家最初形态出现即随之出现，在当代国际环境中陆权经略仍然是首先着眼于对国家和领土疆域的控制力。宋代以前，中国中央王朝的国家安全威胁主要来源于内陆亚洲的游牧强族，面对的主要是单一的陆权斗争。游牧民族实现陆权的方式与农业民族不同。宋代中国经济重心南移的趋势逐步完成，北宋中期西夏国在西北地区崛起，改变了陆上丝绸之路的地缘秩序，再加上航运技术的飞跃进步，相对于海上贸易，陆上丝绸之路的贸易地位急剧下降，海上贸易的各种优势更加凸显。美国历史学家斯塔夫里阿诺斯指出："海港而不是古老陆地的陆路，首次成为中国同外界联系的主要媒介。"① 回顾中国古代的历史，汉唐是宋朝以前中国社会与国家发展的两个高峰，在其盛期都曾深入内亚树立自身陆权的优势，以此接触内陆战略威胁。甚至发动一定规模的海上远征，如唐朝把苏定方的十多万军队一次性送到仁川登陆，② 但其海上周边并无威胁可言，因此也无常备海上力量发展，海上丝绸之路的战略影响基本引不起像样的朝议，这种情况在宋代开始发生重大变化。从战略的角度看，海洋活动的影响日益扩大，重要性日益赶超陆地活动。宋朝出现常备海上军事力量。甚至有学者称宋朝为"海洋帝国"。宋代以前，中国面临的地缘政治问题主要是陆权，即来自内亚游牧民族的争锋，宋代中国开始面临海洋问题的新面貌，发展到明晚期，出现"南倭北虏"的局面，海洋战略问题的严峻性终于开始接近陆权。

无论我们持何种批判思维去看西方资本主义借殖民主义与海上扩张来崛起，东西方不同的民族在客观上出现了一场地缘战略模式的竞争。如果从军事力量的发展看，那就是海上力量的战略能力逐渐压倒陆上强权，中国在海陆两种力量的对比演变进程中一度失去成为强者的机会，同时也落后于世界潮流。从宋到清，内亚地区和长城以南两大地带之间的战略竞争，中国王朝和南方海洋世界之间的交流与冲突，两者都是重

---

① ［美］斯塔夫里阿诺斯：《全球通史：1500年以前的世界》，吴象婴、梁赤民译，上海社会科学院出版社1999年版，第438页。
② 张晓东：《唐太宗与高句丽之战跨海战略——兼论海上力量与高句丽之战成败》，《史林》2011年第4期。

要的历史主题,在这些宏大的历史活动中,海陆权力和海陆战略发展模式的竞赛已经早早地拉开了序幕,不必等到 1840 年英国战舰炮轰广东。以中国自身和周边所面临的地缘挑战来看,宋元变迁是陆权强国形态占据优势,强势碾过借助海洋发展的政策,明代是在明初自我放弃远洋开拓的成绩与机遇,在地缘战略专注防御北虏却不知不觉被"南倭"和"红夷"侵入,而清代的陆权发展再次达到中国史的顶峰,但却在海洋上面临战略被动。仅仅从晚清去考察东西方重大历史变革是很不完整的,变革和分流自宋明已经悄然发生,晚清只是一个所谓的下滑曲线底端而已,在 19 世纪东西方在战略观念、国家与社会形态、战略能力上已经有本质差异。近代西方真正取得较快发展的是西欧国家,他们的佼佼先驱是大西洋沿岸的英、法、葡、西、荷,这海上五雄成功地把军舰开进印度洋和环中国海,在明清时期先后完成最早的对华接触。先进火器与其他同时运用的军事优势手段,包括欧阳泰重视的棱堡炮塞和远洋航行技术,这些都转化为跨海扩张的利器。在机械化没有出现之前,海权及其衍生的跨海投送能力,海外殖民据点的建设和保障能力,自大西洋一路横扫到南海,以致绕过半球的东西两方向的扩张在此汇合。陆权的全面落伍开始拉开帷幕。[①]

有趣的是在其书第十五章"复兴城堡:欧洲扩张的利器"一章中,欧阳泰为了把欧洲城堡和海战的优势与清朝后勤保障的优势说清楚而举出郑成功收复台湾和康熙收复雅克萨的两个案例,恐怕很难有人注意到这两个历史案例反映了海权和陆权两种地缘政治权力的东西碰撞,具有深刻的战略代表性。雅克萨大战体现出了当时清军的后勤及动员能力、火炮规模与质量等方面绝不处于弱势,但这是中俄的传统陆权之争,双方的陆权都正处于巅峰状态。中荷战争则不同,交战双方都是海权势力,海上商业—军事集团领袖郑成功是中国海权发展的代表,[②] 荷兰则是西方海权的佼佼者。

---

① 俄罗斯陆权并未在近代和大清的传统陆权一起退出历史舞台,相反,借助近代化和早期现代化,俄罗斯陆权延长生命,在 20 世纪迎来了极盛,但这并不意味着在海权面前,俄罗斯陆权所处的被动局面及其缺陷弱点不存在。

② 倪乐雄:《从海权和社会转型角度看郑氏水师——兼对中国古代资本主义萌芽问题的再思考》,《郑成功研究》,中国社会科学出版社 1999 年版。

李伯重称中荷台海战争为晚明东亚四大战之一，①无论从战役规模还是战略意义都毫不为过。在明清易代之际，中国尚能同时与西人争锋海陆，但随后就失去了开拓海洋的能力和意识。

其次，很多事关历史重大转变的讨论都很激烈，意见纷纭，到底是何种因素影响了历史变革，这些因素是否还会继续发生某种作用，是有意义的讨论，历史变革的方程式正解何在，一直是吸引学者的热题，而即使明了，评价历史却也是复杂的，不宜苛责古人。

对于近世的变革是如何发生，很多种新颖的观点被提出，也有不少结论被推翻。比如欧阳泰书中论及的制度和文化的作用，以及书中的军事革命模型等。汤因比的"挑战—应战"理论和杰弗里·帕克的"挑战—回应的动态模式"其实在原理阐述上如出一辙，唯有这种阐释模式屡试不爽。正是"挑战—应战"的历史模式造就了火器的持续进步。但是，挑战和应战的历史发展模式发生作用的形式，有时也表明不主动谋求进步并不是历史当事人的错误与责任，后人不宜轻易苛责。

"传统主义学者爱把停滞归罪于深层文化和制度上的特性。他们认为，中国为保守、封闭所苦，受文化自大心理和儒家之害。"②而欧阳泰总结出："在中国历代，儒家都不是改革和吸收新事物的障碍。形形色色的儒家官员热衷于佛朗机铳、西洋鸟铳、红夷大炮等外来事物，包括王阳明这位中国过去五百年最有名的大儒。那么，19世纪有什么不同吗？"③学者的主观特征往往影响其思想倾向，影响其解释和理解的方式与方向，历史学也不例外，比如保守派的学者，多数信奉"多元文化主义会摧毁西方各国的独特性"。④完全的客观真实很难追求。但是历史学特别要求研究者以客观的状态去研究。

在欧阳泰看来，其实是"科学在军事大分流中充当了关键因素"。同时他也认为："推行改革要冒巨大而持续的风险，因为乐于维持现状的利益集团必然不肯让位。只有在对决策者和精英同时有所触动的时候，改革

---

① 李伯重：《火枪与账簿：早期经济全球化时代的中国与东亚世界》，生活·读书·新知三联书店2017年版，第354页。
② [美] 欧阳泰：《从丹药到枪炮》，张孝铎译，中信出版集团2019年版，第8页。
③ [美] 欧阳泰：《从丹药到枪炮》，张孝铎译，中信出版集团2019年版，第217—218页。
④ [美] 欧阳泰：《从丹药到枪炮》，张孝铎译，中信出版集团2019年版，第8页。

者才有机会获得改革的动能,这就是社会学家所谓的'系统脆弱性'。要产生这个效果,地缘政治不安全感是关键因素。"①

那么怎么理解中国的现代化进程晚迟而被动?按照欧阳泰的梳理,在鸦片战争以前,西方的军事力量已经自海上向中国发起了几次挑战,明晚期中国的火炮仿制迅速赶上西方,如王兆春写道"洪武时期的造铳能力和技术设备、水平等方面已有很大的提高,在当时的世界是首屈一指的"②。军事大分流的分段拐点至少应该包括明初海洋活动和明中叶。但中西的继续碰撞为何不能制造出足够的刺激?是两次挑战的间隔时间太长了,还是后一次挑战的力度和前一次相比力度差过大了?海洋交流的发展为何没有使中国的应战模式生效?欧阳泰称:"也许是清朝成功过了头。濮培德和魏斐德认为,清朝前无古人的霸权地位消解了它军事革新的动力。"③ 在这个问题上,笔者或许尚无足够学力去回答,但是可以就海权发展夭折角度发一言。笔者认为军事和经济的推动力作用方式不同,军事更直接地涉及安全问题,当挑战不够强烈,即安全感无法被真正撼动的时候,应战是很难深刻有效的,像上文论及的城墙作用问题就是最说明问题的例子。有的时候发展一种能力是要满足一种需求,没有足够需求,动力就不足,能力就没有被"逼"出来。尽管宋朝以后海洋问题日益突出,但中国古代不能形成强大的海权,和来自海洋的强力战略挑战出现的太晚有关。中国迟迟没有出现海上生命线,宋元明清时尽管海上丝绸之路取得重要发展,但是中国国家安全没有受到足够的海上威胁,社会经济命脉对海洋没有形成依赖,因此海权发展提不上国家的日程。这不能简单地归咎为缺乏海洋意识,或者是持有落后观念,这样去评价宋元明清中国的海洋开拓的消极面,难免简单化,不但不符合历史本来面貌,也有"事后诸葛亮"之嫌。

最后,史学研究与现实关怀的关系,有时很密切,有时又若即若离,有时淡如清水,但是不可否认的是这种关系非常重要,且无法摆脱。今人应当反思古史,这是毋庸置疑的。历史是个过程,从未结束,包括过去、现在和未来,研究方法上要求并允许专注处理有关过去的资料,然而三者

---

① [美]欧阳泰:《从丹药到枪炮》,张孝铎译,中信出版集团2019年版,第216页。
② [美]欧阳泰:《从丹药到枪炮》,张孝铎译,中信出版集团2019年版,第47页。
③ [美]欧阳泰:《从丹药到枪炮》,张孝铎译,中信出版集团2019年版,第239页。

的客观联系不可割裂。

愚以为历史研究有三大目的，求真，形成智慧和寻找价值。① 全球史研究本来就是现实中全球化快速发展刺激的产物。有学者指出晚明时期"在这个时期，经济全球化已经开始。不把中国的历史放进这个大过程中去研究，就会陷入一种'乃不知有汉，无论魏晋'的境地"。② 而我们今天之所以和当时当事人相比有如此眼光，也是主观受客观发展的一种刺激提醒。正如意大利著名历史学家、哲学家克罗齐说过"一切历史都是当代史"。中国的现实也构成反思历史的刺激，或者说动力。无论是国人还是外人都在全球化和中国崛起面前重新审视这段中外交往的历史，但其心态不同。除了学术自身发展原因，学者，包括广大对历史感兴趣的国人重新回顾，部分地基于或是致使国民自信的改变，而外人的重新审视则包含了不再小看和重新评价的想法。在一些历史议论中可见，很多国人在欣喜于中国崛起前景的同时，也存在对于新挫折的焦虑。反思历史教训对于成功被赋予了极度甚至有时过度的重要性。

无论如何国人应当重新从历史中获得自信，即使我们复赛中曾经的"落后"也是以初赛中的"先进"开启的：

> 全球史学者，比如孙来臣和我自己（按：欧阳泰），则认为军事革命最好是被视为一个发端于中国的全球进程。③

在"落后"或者说"追赶"的过程中中华民族的学习能力也曾经被认为是很快的。即使在鸦片战争中，1843年的来华英军中尉亚历山大·莫里，在目睹中国军队仿制英军火炮之后表示：

> 这个民族非常聪明，不会意识不到自己战争技术的落后。④

据说拿破仑说被唤醒的中国人"会从法国、美国甚至伦敦找到工匠，

---

① 张晓东：《汉唐军事史论集》，花木兰文化出版社2015年版，"后序"，第217—218页。
② 李伯重：《火枪与账簿：早期经济全球化时代的中国与东亚世界》，生活·读书·新知三联书店2017年版，第3页。
③ [美]欧阳泰：《从丹药到枪炮》，张孝铎译，中信出版集团2019年版，第99页。
④ [美]欧阳泰：《从丹药到枪炮》，张孝铎译，中信出版集团2019年版，第201页。

他们会建起船队，花一些时间，击败你"。不论此话是否确实为名人所言，如果扩大到整个军事和科技领域的发展，这句话所说的内容自晚清至今已经部分地成为事实，当然成果不仅限于军事。

历史的所谓"进化"是在"挑战—应战"过程模式中发生的，但是其发生作用的方式不像人们认为的那样简单。以上文的城墙作为例子，有的时候发展一种能力是要满足一种需求。没有需求，动力就不足，能力就没有被"逼"出来。直白地说，技术曾经让古代中国足以领先和应对所面临的问题，结果就没有动力发展更先进的技术。中国在晚清终点线上落后于西方，并非应归罪于输在宋代的起跑线，而是在比赛过程中发生了类似"龟兔赛跑"的效果，而且晚清终点线只是一次复赛，决赛远未到来，除了火炮，全球化参与方式、海权、人工智能都是重要的比赛项目。就如欧阳泰所说：

> 历史长期就是战国式互动，没有意外它将继续发挥作用，除非今天的人类亟须联手解决全球问题，达成了空前的一致。①

他在书中把最后结语的首尾关注点放在了现实关怀上，即中国快速穿越历史的进步，中国崛起与国际环境这两个问题。

因此，笔者相信，要始终处于世界潮流赛场的前列，就要主动地勇往直前，不要等到压力出现才反应，因为那就有可能来不及了，或者要付出代价，而保持日日履新的状态需要转换意识和文化，这不是说保持忧患意识那么简单，是寻求一种不甘于停顿于现状并且不断科学反思的状态，客观上始终直指终点，和赛道上暂时领先一两个比分相比，这才是最难的。

（作者为上海社会科学院历史研究所副研究员）

---

① ［美］欧阳泰：《从丹药到枪炮》，张孝铎译，中信出版集团2019年版，第241页。

附 录

耿昇先生著译系年目录

尹汉超

说明

1. 本目录分为专著、编著、译著、译文、论文和专著序言及附录文章六个部分，均以发表时间顺序排列；

2. 将专著和译著中所含文章列在著作下面；主编的丛书将丛书所含图书列出；

3. 将所涉译著译文国外学者外文译名和国籍标出，同一人物的外文译名和国籍只标注一次；

4. 将译文中出处信息以及专著序言中发表时间列出；

5. 未核查到原著原文均以"※"标出；

6. 个别文献因年代稍久，排版时以"耿升"名字发表，均统一改为"耿昇"；耿昇先生曾使用"岳岩"笔名及其他笔名，均用"＊"标出。

一 专著

1. 耿昇著：《中法文化交流史》，云南人民出版社2013年版（共收录43篇论文）。

［1］《试论法兰西学院的汉学讲座》，第3—34页。

［2］《法国汉学界对中西文化首次撞击的研究》，第35—61页。

［3］《学术汉学与实用汉学之争》，第62—89页。

［4］《基督宗教的第三次入华高潮——耶稣会士们的在华活动》，第93—112页。

［5］《试论遣使会传教士的在华活动》，第113—132页。

[6]《试论巴黎外方传教会会士的在华活动》，第 133—154 页。

[7]《传教士与远征军——法国传教士艾嘉略第二次鸦片战争亲历记》，第 155—168 页。

[8]《法国遣使会士古伯察的环中国大旅行与中法外交交涉》，第 169—195 页。

[9]《孟斗班与第二次鸦片战争——从新公布的档案文献看英法联军侵华战争》，第 196—236 页。

[10]《西方对中国开封犹太人的调研始末》，第 237—256 页。

[11]《16—18 世纪的中学西渐和中国对法国哲学思想的影响》，第 257—266 页。

[12]《莱布尼茨与中学西渐——评法国汉学界近年来有关莱布尼茨与中国的几部论著》，第 267—276 页。

[13]《英国传教士韦廉臣夫人对烟台与山东半岛的记述》，第 277—289 页。

[14]《中外学者对大秦景教碑的研究综述》，第 290—311 页。

[15]《远航 600 载，环球共注目——评法国汉学界有关郑和下西洋的研究》，第 315—332 页。

[16]《18 世纪广州的欧洲商船与茶叶贸易》，第 333—352 页。

[17]《贡斯当与〈中国 18 世纪对外贸易回忆录〉》，第 353—366 页。

[18]《广州在 17—18 世纪的海上丝路中的作用与地位》，第 367—388 页。

[19]《清季西方人视野中的澳门与广州》，第 389—403 页。

[20]《澳门在基督宗教第三次入华中的作用与地位》，第 404—418 页。

[21]《西方人视野中的宁波地区》，第 419—441 页。

[22]《法国汉学界对丝绸之路的研究》，第 442—453 页。

[23]《福州船政与法国的军政影响》，第 454—460 页。

[24]《明末西班牙传教士笔下的广东口岸》，第 461—485 页。

[25]《古代希腊罗马人笔下的赛里斯人》，第 489—495 页。

[26]《考察草原丝绸之路的法国人》，第 496—520 页。

[27]《西方人视野中的喀什》，第 521—536 页。

[28]《法国东方学家格鲁塞及其对玄奘西游的研究》，第 537—550 页。

[29]《伯希和西域探险与中国文物的外流》，第551—573页。

[30]《伯希和对库车地区的科考及其所获汉文文书》，第574—587页。

[31]《马苏第〈黄金草原〉中有关中国的记载》，第588—597页。

[32]《20世纪80年代的法国敦煌学论著简介》，第598—609页。

[33]《法国汉学界对敦煌民俗文化的研究》，第610—619页。

[34]《中法学者合作与交流的成果——〈敦煌壁画与写本〉内容简介》，第620—629页。

[35]《1979年巴黎国际敦煌学讨论会概况》，第630—644页。

[36]《法国里昂商会中国考察团于1895—1897年对云南的考察》，第647—657页。

[37]《大锡之路与锡都文化》，第658—672页。

[38]《法国云南东方汇理银行在蒙自与云南府的活动》，第673—686页。

[39]《北圻与中国传统文化——法国入华耶稣会士罗历山及其对"东京王国"的研究》，第687—701页。

[40]《法国女藏学家大卫-妮尔的生平与著作》，第702—718页。

[41]《法国藏学家石泰安教授对汉藏走廊古部族的研究》，第719—725页。

[42]《法国藏学家石泰安教授对格萨尔史诗的研究》，第726—732页。

[43]《法国对茶马古道北道的考察》，第733—748页。

2. 耿昇：《法国汉学史论》（上下册），学苑出版社2015年版（共收录7篇译文，24篇论文）。

[1]［法］若瑟·佛莱什（José Frèches）著：《从法国汉学到国际汉学》，耿昇译，《法国汉学史论》上册，第1—78页（译自巴黎1975年出版的"我知道什么？"丛书第1610号，《汉学》）。

[2]［法］戴密微（Paul Demiéville）著：《法国汉学研究史》，耿昇译，《法国汉学史论》上册，第79—129页（该文是作者于1966年3月15—16日，在京都大学人文科学研究所所作的讲演）。

[3]［法］苏远鸣（Michel Soymié）著：《法国汉学50年（1923—1973年）》，耿昇译，《法国汉学史论》上册，第130—160页（译自法国巴黎出版的《亚细亚学报》，1973年，亚细亚学会成立150周年纪念专刊号）。

[4]《法国的学术汉学与实用汉学之争》,《法国汉学史论》上册,第161—198页。

[5]《试论法兰西学院的汉学讲座》,《法国汉学史论》上册,第199—241页。

[6]《法国汉学界对中西文化首次撞击的研究》,《法国汉学史论》上册,第242—277页。

[7]《中外学者对大秦景教碑的研究综述》,《法国汉学史论》上册,第278—308页。

[8]《西方学术界对中国开封犹太人的调查始末》,《法国汉学史论》上册,第309—335页。

[9]《基督宗教的第三次入华高潮——耶稣会士在华活动》,《法国汉学史论》上册,第336—360页。

[10]《试论巴黎外方传教会会士的在华活动》,《法国汉学史论》上册,第361—388页。

[11]《试论遣使会传教士的在华活动》,《法国汉学史论》下册,第389—414页。

[12]《法国的传教士与远征军——法国传教士艾嘉略第二次鸦片战争亲历记》,《法国汉学史论》下册,第415—435页。

[13]《康熙大帝、路易十四与天主教入华》,《法国汉学史论》下册,第436—457页。

[14]《法国汉学界对丝绸之路的研究》,《法国汉学史论》下册,第458—472页。

[15]《伯希和西域探险与中国文物的外流》,《法国汉学史论》下册,第473—503页。

[16]《伯希和对库车地区的科考及其成果》,《法国汉学史论》下册,第504—521页。

[17]《探讨古丝路重镇龟兹的历史文明——〈伯希和西域探险日记〉中有关库车绿洲的记述》,《法国汉学史论》下册,第522—532页。

[18]《考察草原丝绸之路的法国人》,《法国汉学史论》下册,第533—565页。

[19]《广州与17—18世纪的中法关系》,《法国汉学史论》下册,第

566—594 页。

［20］《18 世纪的澳门与广州的对外贸易——法国〈贡斯当的中国贸易回忆录〉辨析》，《法国汉学史论》下册，第 595—638 页。

［21］《17—18 世纪在广州的法国商人、外交官与十三行行商》，《法国汉学史论》下册，第 639—660 页。

［22］《18 世纪广州的欧洲商船与茶叶贸易》，《法国汉学史论》下册，第 661—684 页。

［23］《冯承钧·法国汉学与〈中国南洋交通史〉》，《法国汉学史论》下册，第 685—702 页（该文为商务印书馆再版《中国南洋交通史》的导读）。

［24］《法国里昂商会中国考察团对四川养蚕业与丝绸业的考察》，《法国汉学史论》下册，第 703—723 页。

［25］《法国里昂商会中国考察团于 1895—1897 年对云南的考察》，《法国汉学史论》下册，第 724—736 页。

［26］《法国对茶马古道北道的考察》，《法国汉学史论》下册，第 737—757 页。

［27］［法］马伯乐（Henri Maspero）著：《沙畹大师与法国汉学研究的新时代》，耿昇译，《法国汉学史论》下册，第 758—766 页（该文是马伯乐于 1921 年 1 月 24 日在法兰西学院讲座中的开课讲演稿，译自 1922 年号的《通报》）。

［28］戴密微著：《卓越的法国东方学家伯希和》，耿昇译，《法国汉学史论》下册，第 767—779 页（译自 1946 年法国亚细亚学会于巴黎出版的《伯希和》一书）。

［29］［法］谢和耐（Jacques Gernet）等著：《游弋于多学科中的汉学家马伯乐》，耿昇译，《法国汉学史论》下册，第 780—801 页（共五节，分别由谢和耐、康德谟、梅弘理、艾丽白、苏远鸣执笔，译自巴黎圣—波利尼亚克基金会 1984 年出版的《纪念马伯乐，1883—1945 年》纪念文集）。

［30］谢和耐等著：《法国 20 世纪下半叶的汉学大师戴密微》，耿昇译，《法国汉学史论》下册，第 802—812 页（该文是谢和耐教授于 1986 年 10 月 31 日在法国金石和美文学科学院纪念戴密微的大会上作的报告，

载该院《学报》1986 年第 3 卷）。

[31]《法国当代汉学大师谢和耐教授》，《法国汉学史论》下册，第 813—825 页（后有附录一：谢和耐的主要汉学著作目录，附录二：谢和耐在法兰西学院的授课与讲座目录，《中国人的智慧》1994 年版文集）。

二 编著

3. 耿昇主编：《国外藏学研究译文集》第八辑，西藏人民出版社 1992 年版。

4. 耿昇、马大正主编：《中国大探险丛书》，云南人民出版社 2001 年版（共 4 种）。

[1][俄]瓦·米·阿列克谢耶夫（Василий Михайлович Алексеев）著：《1907 年中国纪行》，阎国栋译。

[2][英]阿奇博尔德·约翰·立德（Archibald John Little）著：《扁舟过三峡》，黄立思译。

[3][法]亨利·奥尔良（Henri d'Orleans）著：《云南游记：从东京湾到印度》，龙云译。

[4][法]伯希和（Paul Pelliot）等著：《伯希和西域探险记》，耿昇译。

5. 耿昇、李国庆主编：《亲历中国丛书》，北京图书馆出版社 2004 年版（共参与主编 11 种）。

[1][英]阿奇博尔德·立德夫人（Mrs. Archibald Little）著：《我的北京花园》，李国庆、陆瑾译，2004 年。

[2][俄]叶·科瓦列夫斯基（Путешествие в Китай）著：《窥视紫禁城》，阎国栋等译，2004 年。

[3][英]托马斯·霍奇森·利德尔（Thomas Hodgson Liddell）著文/绘图：《帝国丽影》，陆瑾、欧阳少春译，2005 年。

[4][哥伦比亚]唐可·阿尔梅洛（Nicolas Tanco Armero）著：《穿过鸦片的硝烟》，郑柯军译，2006 年。

[5][英]亨利·阿瑟·布莱克（Henry Arthur Blake）著：《港督话神州》，余静娴译，2006 年。

[6][英]施美夫（George Smith）著：《五口通商城市游记》，温时幸译，2007 年。

[7]［英］约翰·巴罗（John Barrow）著：《我看乾隆盛世》，李国庆、欧阳少春译，2007年。

[8]［英］芮尼（Rennie）著：《北京与北京人：1861》，李绍明译，2008年。

[9]［英］夏金（Charles J. Halcombe）著：《玄华夏：英人游历中国记》，严向东译，2009年。

[10]［英］密福特（Bertam Freeman Mitford）著：《清末驻京英使信札（1865—1866）》，温时幸、陆瑾译，2010年。

[11]［美］柏生士（William Barclay Parsons）著：《西山落日：一位美国工程师在晚清帝国勘测铁路见闻录》，余静娴译，李国庆校订，2011年。

6. ※耿昇、吴志良主编：《16—18世纪的中西关系与澳门》，商务印书馆2005年版。

7. ※耿昇、朴灿奎、李宗勋、孙泓主编：《多元视野中的中外关系史研究》，延边大学出版社2007年版。

8. 耿昇、刘凤鸣、张守禄主编：《登州与海上丝绸之路：登州与海上丝绸之路国际学术研讨会论文集》，人民出版社2009年版。

9. 张西平、耿昇、武斌编：《明清之际中外文化交流史研究新进展》，外语教学与研究出版社2013年版。

10. 耿昇、戴建兵主编：《历史上中外文化的和谐与共生：中国中外关系史学会2013年学术研讨会论文集》，甘肃人民出版社2014年版。

11. 张昌山、耿昇主编：《行走中国丛书》，云南出版社2015年版（共参与主编21种）。

[1]［英］R. F. 约翰斯顿（R. F. Johnston）著：《北京至曼德勒：四川藏区及云南纪行》，黄立思译，2015年。

[2]［法］L. 布尔努瓦（Luce tte Boulnois）著：《丝绸之路：神祇、军士与商贾》，耿昇译，2015年。

[3] 周惠：《时间之痕》，2019年。

[4] 瓦·米·阿列克谢耶夫著：《1907年中国纪行》，阎国栋译，2016年。

[5]［英］阿奇博尔德·约翰·利特尔（Archibald John Little）著：《扁舟过三峡》，黄立思译，2016年。

[6] 王坤红：《原始之镜：怒江大峡谷笔记》，2016 年。

[7] 亨利·奥尔良著：《云南游记：从东京湾到印度》，龙云译，2016 年。

[8] ［瑞士］希尔维亚·安吉斯·麦斯特尔、［瑞士］鲍尔·胡格编著：《笛荡幽谷：1903—1910 年一位苏黎世工程师亲历的滇越铁路》，王锦译，2018 年。

[9] ［英］约翰·贝尔（John Bell）著：《从圣彼得堡到北京旅行记：1719—1722》，蒋雯燕、崔焕伟译，2018 年。

[10] ［法］埃米尔·罗歇著：《漫游彩云之南》，［英］阿奇博尔德·利特尔著、［英］阿奇博尔德·利特尔太太编：《穿越云南的惊奇之旅》，李明强译，2018 年。

[11] ［俄罗斯］A. B. 维舍斯拉夫采夫著：《笔尖上的环球航行：1857—1860》，李秋梅译，2018 年。

[12] ［英］柯乐洪（Archibald R. Colquhoun）著：《横穿克里塞：从广州到曼德勒》，张江南译，2018 年。

[13] 杨福泉：《大江高地行：从云之南到青藏高原》，2018 年。

[14] 谢彬著，张昌山编：《云南游记》，2019 年。

[15] 海男：《洱海传：寻访洱海历史自然景观的诗性笔记》，2019 年。

[16] 海男：《神性弥漫的行走：沿着香格里拉疆域的诗性笔记》，2019 年。

[17] 杨杨：《滇越铁路：在高原与大海之间》，2019 年。

[18] 彭愫英：《盐马古道》，2019 年。

[19] 黄玲：《极边第一城》，2019 年。

[20] 美 R. C. 安德鲁斯、［美］Y. B. 安德鲁斯著：《滇闽猎踪》，黄立思译，2019 年。

[21] 于坚：《云南这边》，2019 年。

三 译著

12. ［法］石泰安（Rolf Alfred Stein）著：《西藏的文明》，耿昇译，王尧校，西藏社会科学院西藏学汉文文献编辑室 1981 年版。

石泰安著：《西藏的文明》，耿昇译，王尧审订，中国藏学出版社 1999 年版。

石泰安著：《西藏的文明》，耿昇译，王尧审订，第 2 版，中国藏学出版社 2005 年版。

※石泰安著：《西藏的文明》，耿昇译，中国书店 2010 年版。

石泰安著：《西藏的文明》，耿昇译，第 2 版，中国藏学出版社 2012 年版。

13. 戴密微著：《吐蕃僧诤记》，耿昇译，甘肃人民出版社 1984 年版。

戴密微著：《吐蕃僧诤记》，耿昇译，台北：商鼎文化出版社 1994 年版。

戴密微著：《吐蕃僧诤记》，耿昇译，西藏人民出版社 2001 年版。

※戴密微著：《吐蕃僧诤记》，耿昇译，中国书店 2010 年版。

戴密微著：《吐蕃僧诤记》，耿昇译，中国藏学出版社 2013 年版。

14. 布尔努瓦著：《丝绸之路》，耿昇译，新疆人民出版社 1984 年版。

布尔努瓦著：《丝绸之路》，耿昇译，山东画报出版社 2001 年版。

布尔努瓦著：《丝绸之路》，耿昇译，中国藏学出版社 2016 年版。

15. ［法］勒内·吉罗（René Giraud）著：《东突厥汗国碑铭考释：骨咄禄、默啜和毗伽可汗执政年间（680—734 年）》，耿昇译，新疆社会科学院历史研究所 1984 年版。

※勒内·吉罗著：《东突厥汗国碑铭考释：骨咄禄、默啜和毗伽可汗执政年间（680—734 年）》，耿昇译，中国藏学出版社 2014 年版。

16. ［意］柏朗嘉宾（Jean—du PlanCarpin）著，［法］贝凯（Dom Jean Becquet）、［法］韩百诗（Louis Hambis）译注：《柏朗嘉宾蒙古行纪》，耿昇译；［法］鲁布鲁克（William of Rubruk）著，［美］柔克义（William Woodville Rockhill）译注：《鲁布鲁克东行纪》，何高济译，中华书局 1985 年版。

贝凯、韩百诗译注：《柏朗嘉宾蒙古行纪》，耿昇译；柔克义译注：《鲁布鲁克东行纪》，何高济译，中华书局 2002 年版。

※柏朗嘉宾著，贝凯、韩百诗译注：《柏朗嘉宾蒙古行纪》，耿昇译；鲁布鲁克著，柔克义译注：《鲁布鲁克东行纪》，何高济译，中华书局 2013 年再版。

柏朗嘉宾原著，贝凯、韩百诗译注：《柏朗嘉宾蒙古行纪》，耿昇译；鲁布鲁克原著，柔克义译注《鲁布鲁克东行纪》何高济译，商务印书馆、中国旅游出版社 2018 年版。

贝凯、韩百诗译注：《柏朗嘉宾蒙古行纪》，耿昇译；柔克义译注：《鲁布鲁克东行纪》，何高济译，中国藏学出版社 2018 年版。

17. 敦煌文物研究所编：《敦煌译丛·第一辑》，甘肃人民出版社 1985 年版（内收译文 12 篇，全部为耿昇先生译作）。

［1］戴密微著：《敦煌学近作》，耿昇译，第 1—108 页（译自《通报》1970 年第 61 卷，第 1—3 期）。

［2］戴密微著：《列宁格勒所藏敦煌汉文写本简介》，耿昇译，第 109—132 页（译自 1964 年《通报》）。

［3］戴密微著：《唐代的入冥故事——黄仕强传》，耿昇译，第 133—147 页（译自 1977 年荷兰出版的《中国历史文学论文集》，此书是普实克祝寿文集）。

［4］韩百诗著：《克失的迷考》，耿昇译，第 148—156 页（译自《亚细亚学报》第 246 卷，第 3 期）。

［5］谢和耐著：《敦煌的砲户与梁户》，耿昇译，第 157—172 页（选译自巴黎 1956 年出版的《中国 5—10 世纪的寺院经济》一书）。

［6］谢和耐著：《敦煌写本中的一项缓税请状》，耿昇译，第 173—176 页（译自 1979 年巴黎—日内瓦出版的《敦煌学论文集》第 1 卷）。

［7］［法］康德谟（Max Kaltenmark）著：《〈本际经〉人名考释》，耿昇译，第 177—188 页（译自 1979 年巴黎—日内瓦出版的《敦煌学论文集》第 1 卷）。

［8］［法］艾丽白（Danielle Eliasberg）著：《敦煌汉文写本中的鸟形押》，耿昇译，第 189—211 页（译自 1979 年巴黎—日内瓦出版的《敦煌学论文集》第 1 卷）。

［9］［匈］乌瑞（Geza urag）著：《吐蕃统治结束后甘州和于阗官府中使用藏语的情况》，耿昇译，第 212—220 页（译自 1981 年《亚细亚学报》第 269 卷，第 1—2 期）。

［10］［日］木村隆德著：《摩诃衍之后的吐蕃禅宗》，耿昇译，第 221—230 页（译自 1981 年《亚细亚学报》第 269 卷，第 1—2 期）。

［11］［日］森安孝夫著：《伯希和敦煌藏文写本第 1283 号新释》，耿昇译，第 231—246 页（译自《匈牙利科学院东方文献》，1980 年第 34 卷）。

[12] 森安孝夫著：《回鹘吐蕃789—792年的北庭之争》，耿昇译，第247—257页（译自1981年《亚细亚学报》第269卷，第1—2期）。

18. [法]哈密屯（James Russell Hamilton）著：《五代回鹘史料》，耿昇、穆根来译，新疆人民出版社1986年版。

※哈密屯著：《五代回鹘史料》，耿昇、穆根来译，中国藏学出版社2014年版。

19. 谢和耐著：《中国5—10世纪的寺院经济》，耿昇译，甘肃人民出版社1987年版。

谢和耐著：《中国5—10世纪的寺院经济》，耿昇译，台北：商鼎文化出版社1994年版。

谢和耐著：《中国5—10世纪的寺院经济》，耿昇译，上海古籍出版社2005年版。

谢和耐著：《中国5—10世纪的寺院经济》，耿昇译，中国书店2010年版（新编世界佛学名著译丛第127册）。

谢和耐著：《中国5—10世纪的寺院经济》，耿昇译，中国藏学出版社2020年版。

20. [法]戈岱司（George Coedès）编：《希腊拉丁作家远东古文献辑录》，耿昇译，中华书局1987年版。

※戈岱司编：《希腊拉丁作家远东古文献辑录》，耿昇译，中华书局2001年版。

戈岱司编：《希腊拉丁作家远东古文献辑录》，耿昇译，中国藏学出版社2017年版。

21. [意]图齐（Giuseppe Tucci）、[德]海西希（Walther Hessig）著：《西藏和蒙古的宗教》，王尧校订，耿昇译，天津古籍出版社1989年版。

※图齐、海西希著：《西藏和蒙古的宗教》，耿昇译，中国藏学出版社1999年版。

※图齐、海西希著：《西藏和蒙古的宗教》，耿昇译，中国藏学出版社2004年版。

图齐著，南开大学宗教与文化研究中心主编：《中国西藏和蒙古的宗教：蒙古的宗教》，耿昇译，中国书店2010年版。（新编世界佛学名著译丛第131—132册）

※图齐、海西希著：《西藏和蒙古的宗教》，耿昇译，中国藏学出版社2013年版。

22. ［法］费琅（Gabriel Ferrand）辑注：《阿拉伯波斯突厥人东方文献辑注》，耿昇、穆根来译，中华书局1989年版。

※费琅辑注：《阿拉伯波斯突厥人东方文献辑注》，耿昇、穆根来译，中华书局2001年版。

费琅编：《阿拉伯波斯突厥人远东文献辑注》，耿昇、穆根来译，中国藏学出版社2018年版。

23. ［英］布洛菲尔德（John Eaton Calthorpe Blofeld）著：《西藏佛教密宗》，耿昇译，西藏人民出版社1990年版。

※布洛菲尔德著：《西藏佛教密宗》，耿昇译，西藏人民出版社1992年再版。

约翰·布洛菲尔德著：《西藏佛教密宗》，耿昇译，中国藏学出版社2005年版。

约翰·布洛菲尔德著：《西藏佛教密宗》，耿昇译，中国藏学出版社2012年版。

※约翰·布洛菲尔德著：《西藏佛教密宗》，耿昇译，中国书店2010年版。（新编世界佛学名著译丛第125册）

24. 谢和耐著：《中国和基督教——中国和欧洲文化之比较》，耿昇译，上海古籍出版社1991年版。

25. ［法］麦克唐纳（Ariane Macdonald）著，王尧校订：《敦煌吐蕃历史文书考释》，耿昇译，青海人民出版社1991年版。

※A. 麦克唐纳著：《敦煌吐蕃历史文书考释》，耿昇译，中国书店2010年版。

A. 麦克唐纳著：《敦煌吐蕃历史文书考释》，耿昇译，青海人民出版社2010年版。

26. ［法］古伯察（Régis–Evariste Huc）著：《鞑靼西藏旅行记》，耿昇译，中国藏学出版社1991年版。

※古伯察著：《鞑靼西藏旅行记》，耿昇译，商务印书馆2004年版。

古伯察著：《鞑靼西藏旅行记》，耿昇译，第2版，中国藏学出版社2006年版。

※古伯察著：《鞑靼西藏旅行记》，耿昇译，中国书店2010年版。

古伯察著：《鞑靼西藏旅行记》，耿昇译，中国藏学出版社2012年版。

27. ※［法］荣振华（Joseph S. J. Dehergne）、［澳］莱斯利（Donald Daniel Leslis）著：《中国的犹太人》，耿昇译，中州古籍出版社1992年版。（后译作李渡南）

荣振华、［澳］李渡南（Donald Daniel Leslis）等编著：《中国的犹太人：18世纪入华耶稣会士未刊书简》，耿昇译，大象出版社2005年版。

※荣振华、李渡南等编著：《中国的犹太人：18世纪入华耶稣会士未刊书简》，耿昇译，广东人民出版社2015年版。

28. 石泰安著：《川甘青藏走廊古部落》，王尧校，耿昇译，四川民族出版社1992年版。

29. 石泰安著：《西藏史诗与说唱艺人的研究》，耿昇译，西藏人民出版社1993年版。

石泰安著：《西藏史诗和说唱艺人》，耿昇译，中国藏学出版社2005年版。

石泰安著：《西藏史诗和说唱艺人》，耿昇译，第2版，中国藏学出版社2012年版。

30. 伯希和著：《伯希和敦煌石窟笔记》，耿昇、唐健宾译，甘肃人民出版社1993年版。

伯希和著：《伯希和敦煌石窟笔记》，耿昇译，甘肃人民出版社2007年版。

31. ［法］玛扎海里（Aly Mazaheri）著：《丝绸之路：中国—波斯文化交流史》，耿昇译，中华书局1993年版。

※玛扎海里著：《丝绸之路：中国—波斯文化交流史》，耿昇译，中华书局1995年再版。

阿里·玛扎海里著：《丝绸之路：中国—波斯文化交流史》，耿昇译，新疆人民出版社2006年版。

阿里·玛扎海里著：《丝绸之路：中国—波斯文化交流史》，耿昇译，中国藏学出版社2014年版。

32. 谢和耐等著：《法国学者敦煌学论文选萃》，耿昇译，中华书局1993年版。

[1] 谢和耐著：《敦煌卖契与专卖制度》，耿昇译，第 1—76 页（译自《通报》，1957 年版，第 45 卷，第 4—5 期，本文后又出单行本）。

[2] [法] 侯锦郎（Hou Ching - Lang）著：《敦煌龙兴寺的器物历》，耿昇译，第 77—95 页（译自日内瓦 1981 年出版的《敦煌学论文集》第 2 卷）。

[3] 谢和耐著：《敦煌写本中的租骆驼旅行契》，耿昇译，第 96—104 页（译自巴黎 1966 年出版的《献给戴密微先生的汉字论文集》第 1 卷）。

[4] [法] 郭丽英（Kuo Li - ying）著：《敦煌本〈东都发愿文〉考略》，耿昇译，第 105—119 页（译自巴黎 1984 年出版的《敦煌壁画和写本》一书）。

[5] [法] 石奈德（Richard Schneider）著：《敦煌本〈普化大师五台山巡礼记〉初探》，耿昇译，第 120—136 页（译自《远东亚洲丛刊》1987 年第 3 期）。

[6] [法] 梅弘理（Paul Magnin）著：《敦煌本佛教教理问答书》，耿昇译，第 137—149 页（译自巴黎 1984 年出版的《敦煌壁画和写本》论文集）。

[7] 苏远鸣著：《敦煌石窟中的瑞像图》，耿昇译，第 151—175 页（译自巴黎 1984 年出版的《敦煌学论文集》第 3 卷）。

[8] 苏远鸣著：《敦煌佛教肖像札记》，耿昇译，第 176—199 页（译自《远东亚洲丛刊》1987 年第 3 期）。

[9] 苏远鸣著：《敦煌写本中的壁画题识集》，耿昇译，第 200—228 页（译自日内瓦 1981 年出版的《敦煌学论文集》第 2 集）。

[10] 苏远鸣著：《敦煌写本中的某些壁画题识》，耿昇译，第 229—237 页（译自巴黎 1984 年出版的《敦煌壁画和写本》论文集）。

[11] 艾丽白著：《敦煌写本中的"儿郎伟"》，耿昇译，第 238—248 页（译自日内瓦 1981 年出版的《敦煌学论文集》第 2 卷）。

[12] [法] 茅甘（Carole Morgan）著：《敦煌写本中的"五行堪舆"法》，耿昇译，第 249—256 页（译自巴黎 1984 年出版的《敦煌学论文集》第 3 卷）。

[13] 艾丽白著：《敦煌写本中的"大傩"仪礼》，耿昇译，第 257—271 页（译自巴黎 1984 年出版的《敦煌学论文集》第 3 卷）。

［14］侯锦郎著：《敦煌写本中的"印沙佛"仪轨》，耿昇译，第272—300页（译自巴黎1984年版《敦煌学论文集》第3卷）。

［15］茅甘著：《敦煌写本中的"九宫图"》，耿昇译，第301—311页（译自日内瓦1981年出版的《敦煌学论文集》第2卷）。

［16］［法］戴仁（Jean-Pierre Drege）著：《敦煌写本中的解梦书》，耿昇译，第312—349页（译自日内瓦1981年出版的《敦煌学论文集》第2卷）。

［17］侯锦郎著：《敦煌写本中的唐代相书》，耿昇译，第350—366页（译自巴黎—日内瓦1979年版的《敦煌学论文集》第1卷）。

［18］茅甘著：《敦煌写本中的乌鸣占吉凶书》，耿昇译，第367—390页（译自《远东亚洲丛刊》1987年第3期）。

［19］苏远鸣著：《敦煌写本中的地藏十斋日》，耿昇译，第391—429页（译自巴黎—日内瓦1979年出版的《敦煌学论文集》第1卷）。

［20］［法］魏普贤（Helene Vetch）著：《敦煌写本和石窟中的刘萨诃传说》，耿昇译，第430—463页（译自巴黎1984年出版的《敦煌壁画和写本》论文集）。

［21］魏普贤著：《刘萨诃和莫高窟》，耿昇译，第464—475页（译自日内瓦1981年出版的《敦煌学论文集》第2卷）。

［22］［法］吴其昱（Wu Chi-yu）著：《敦煌本〈珠英集〉两残卷考》，耿昇译，第476—498页（译自巴黎1974年版的《纪念戴密微汉学论文集》第2卷）。

［23］吴其昱著：《敦煌本〈珠英集〉中的14位诗人》，耿昇译，第499—521页（译自巴黎—日内瓦1981年出版的《敦煌学论文集》第2卷）。

［24］戴仁著：《敦煌和吐鲁番写本的断代研究》，耿昇译，第522—547页（译自《法兰西远东学院通报》，1985年版，第74卷）。

［25］苏远鸣著：《敦煌汉文写本的断代》，耿昇译，第548—561页（译自京都1990年出版的《中亚文献和档案》文集）。

［26］梅弘理著：《敦煌的宗教活动和断代写本》，耿昇译，第562—576页（译自《远东亚洲丛刊》1987年第3期）。

［27］戴仁著：《敦煌的经折装写本》，耿昇译，第577—589页（译自

巴黎 1984 年出版的《敦煌学论文集》第 3 卷）。

［28］载仁著：《敦煌写本纸张的颜色》，耿昇译，第 590—594 页（译自《远东亚洲丛刊》1987 年第 3 期）。（著者应为戴仁——笔者）。在 dℓ

［29］［法］罗伯尔·热拉－贝扎尔（Robert Jera-Bezard）、莫尼克·马雅尔（Monique Maillard）著：《敦煌幡幢的原形与装潢》，耿昇译，第 595—614 页（译自《亚洲艺术》，1985 年版，第 40 卷）。

［30］热拉－贝扎尔、莫尼克·马雅尔著：《敦煌和西域的古代绘画考》，耿昇译，第 615—636 页（译自格拉兹 1986 年出版的《东西方艺术之反映》一书）。

33. ※［法］安田朴（René Etiemble）、谢和耐等著：《明清间入华耶稣会士和中西文化交流》，耿昇译，巴蜀书社 1993 年版。

34. 伯希和著：《卡尔梅克史评注》，耿昇译，中华书局 1994 年版。

※伯希和著：《卡尔梅克史评注》，耿昇译，中国藏学出版社 2016 年版。

35. ［法］莫尼克·玛雅尔（Monique Maillard）著：《古代高昌王国物质文明史》，耿昇译，中华书局 1995 年版。

※莫尼克·玛雅尔著：《古代高昌王国物质文明史》，耿昇译，中华书局 2003 年再版。

莫尼克·玛雅尔著：《中世纪初期吐鲁番绿洲的物质生活》，耿昇译，中国国际广播出版社 2012 年版。

※莫尼克·玛雅尔著：《古代高昌王国物质文明史》，耿昇译，中国藏学出版社 2016 年版。

36. 荣振华著：《在华耶稣会士列传及书目补编》，耿昇译，中华书局 1995 年版。

37. 谢和耐著：《中国社会史》，耿昇译，江苏人民出版社 1995 年版。

※谢和耐著：《中国社会史》，耿昇译，上海古籍出版社 2004 年版。

谢和耐著：《中国社会史》，耿昇译，江苏人民出版社 2005 年版。

谢和耐著：《中国社会史》，耿昇译，中国藏学出版社 2006 年版。

38. ［法］大卫—妮尔（Alexandra David-Néel）著：《一个巴黎女子的拉萨历险记》，耿昇译，西藏人民出版社 1997 年版。

亚历山德莉娅·大卫-妮尔著：《一个巴黎女子的拉萨历险记》，耿昇译,东方出版社 2002 年版。

※亚历山德莉娅·大卫-妮尔著:《一个巴黎女子的拉萨历险记》,耿昇译,中国书店 2010 年版。

亚历山德莉娅·大卫-妮尔著:《一个巴黎女子的拉萨历险记》,耿昇译,中国国际广播出版社 2012 年版。

39. [法]路易·巴赞(Louis Bazin)著:《突厥历法研究》,耿昇译,中华书局 1998 年版。

※路易·巴赞著:《突厥历法研究》,耿昇译,中国藏学出版社 2013 年版。

40. 戴仁主编:《法国当代中国学》,耿昇译,中国社会科学出版社 1998 年版。(共收录 50 篇译文)

[1]戴仁著:《序言》,耿昇译,第 1—3 页。

[2]戴密微著:《法国汉学研究史》,耿昇译,第 1—65 页。(这是作者于 1966 年 3 月 15—16 日,在京都大学人文科学研究所的讲演)

[3]苏远鸣著:《法国汉学 50 年(1923—1973)》,耿昇译,第 66—104 页。(译自法国巴黎出版的《亚细亚学报》,1973 年,亚细亚学会成立 150 周年纪念专刊号)

[4]谢和耐著:《法国 20 世纪下半叶的汉学大师戴密微》,耿昇译,第 105—118 页。(这是谢和耐教授于 1986 年 10 月 31 日在法国金石和美文学科学院纪念戴密微的大会上的报告,载该院《学报》1986 年第 3 卷)

[5]耿昇:《法国当代汉学大师谢和耐教授》,第 119—133 页。

[6][法]童丕(Éric Trombert)、[法]蓝克利(Christian Lamouroux)著:《法国对中国古代经济社会史的研究》,耿昇译,第 134—146 页。(本文为特邀稿)

[7][法]裴天士(Thierry Pairault)著:《法国对中国经济的研究》,耿昇译,第 147—150 页(译自巴黎 1992 年出版的《法国汉学简况》)。

[8][法]鲁林(Alain Roux)著:《法国对 20 世纪中国史的研究》,耿昇译,第 151—167 页(本文为特邀稿)。

[9][法]魏丕信(Pierre-Etienne Will)著:《法国对 20 世纪之前中国史的研究》,耿昇译,第 168—171 页(译自巴黎 1992 年出版的《法国汉学简况》)。

[10]［法］毕仰高（Lucien Bianco）著：《法国对中国近代史的研究》，耿昇译，第172—177页（译自巴黎1992年出版的《法国汉学简况》）。

[11]［法］贾永吉（Michel Cartier）著：《法国对中国史研究的新前景》，耿昇译，第178—182页（译自巴黎1992年出版的《法国汉学简况》）。

[12]［法］汪德迈（Léon Vandermeersch）、［法］程艾兰（Anne Cheng）著：《法国对中国儒教哲学史的研究》，耿昇译，第183—189页（本文为特邀稿）。

[13]［法］朱利安（François Jullien）著：《法国对中国哲学的研究》，耿昇译，第190—193页（译自巴黎1992年出版的《法国汉学简况》）。

[14]［法］马克（Marc Kalinowski）著：《法国战后对中国占卜的研究》，耿昇译，第194—200页（本文为特邀稿）。

[15]布尔努瓦著：《法国对丝绸之路的研究》，耿昇译，第201—220页（本文为特邀稿）。

[16]［法］毕梅雪（Michèle Pirazzoli-t'Serstevens）著：《法国对中国考古和艺术史的研究》，耿昇译，第221—237页（本文为特邀稿）。

[17]戴仁著：《法国的敦煌学研究》，耿昇译，第238—255页（本文为特邀稿）。

[18]［法］詹嘉玲（Catherine Jami）著：《法国对入华耶稣会士的研究》，耿昇译，第256—268页（本文为特邀稿）。

[19]［法］林富士（Fu-Shih Lin）著：《法国对中国道教的研究》，耿昇译，第269—310页。

[20]［法］鄂法兰（Françoise Aubin）著：《法国对中国伊斯兰教的研究》，耿昇译，第311—319页（本文为特邀稿）。

[21]郭丽英著：《法国对中国汉传佛教的研究》，耿昇译，第320—331页（本文为特邀稿）。

[22]［法］施博尔（Kristofer Marinus Schipper）著：《法国对中国宗教的研究》，耿昇译，第332—338页（译自巴黎1992年出版的《法国汉学简况》）。（施博尔又译施舟人——编者）。

[23]［法］艾乐桐（Viviane Alleton）著：《法国对中国语言学的研

究》，耿昇译，第 339—351 页（本文为特邀稿）。

[24]［法］雷威安（André Lévy）著：《法国对中国文学史的研究》，耿昇译，第 352—370 页（本文为特邀稿）。

[25]［法］居里安（Annie Curien）著：《法国对中国当代文学的研究》，耿昇译，第 371—375 页（译自巴黎 1992 年出版的《法国汉学简况》）。

[26]［法］马若安（Jean - Claude Martzloff）著：《法国对中国数学和天文学史的研究》，耿昇译，第 376—381 页（本文为特邀稿）。

[27]［法］梅泰理（Georges Métallié）著：《法国对中国传统生物学的研究》，耿昇译，第 382—386 页（本文为特邀稿）。

[28]［法］塞尔日·弗朗吉尼（Serge Franzini）著：《法国对中国医学史的研究》，耿昇译，第 387—390 页（本文为特邀稿）。

[29] 罗伯尔·热拉 - 贝扎尔著：《法国对中国西域史的研究》，耿昇译，第 391—399 页（本文为特邀稿）。

[30] 路易·巴赞著：《法国的突厥学研究》，耿昇译，第 400—418 页（本文为特邀稿）。

[31] 鄂法兰著：《法国的蒙古学研究（1949—1995）》，耿昇译，第 419—452 页。

[32] 耿昇编译：《法国的藏学研究》，第 453—492 页（译自巴黎 1992 年出版的《法国汉学简况》）。

[33] 谢和耐著：《法兰西学院的汉学讲座》，耿昇译，第 493—498 页（本文为特邀稿）。

[34] 贾永吉、［法］叶利世夫（Danielle Elisseeff）著：《法国社会科学高等学院的汉学研究》，耿昇译，第 499—508 页（本文为特邀稿）。

[35]［法］阮桂雅（Chistine Nguyen Tri）著：《法国国立东方现代语言学院有关中国语言和文化的教学》，耿昇译，第 509—517 页（本文为特邀稿）。

[36]［法］桀溺（Jean - Pierre Diény）著：《法国高等研究实验学院第 4 系（史学和语文系）的汉学研究》，耿昇译，第 518—525 页（本文为特邀稿）。

[37] 郭丽英著：《法国高等研究实验学院第 5 系的汉文化圈宗教学讲

座》,耿昇译,第 526—529 页。

[38] [法] 戴路德 (Hubert Durt) 著:《法兰西远东学院的汉学研究》,耿昇译,第 530—537 页 (本文为特邀稿)。

[39] 耿昇编译:《法国巴黎第 10 大学的中国学研究》,第 538—541 页。

[40] [法] 白莲花 (Flora Blanchon) 著:《法国巴黎第 4 大学的中国教学与科研》,耿昇译,第 542—544 页 (本文为特邀稿)。

[41] 耿昇编译:《法国利氏学社的汉学研究》,第 545—550 页。

[42] 戴仁著:《法国汉学研究所的历史与现状》,耿昇译,第 551—553 页。

[43] [法] 林力娜 (Karine Chemla)、梅泰理著:《法国的中国科学技术史研究组》,耿昇译,第 554—559 页。

[44] 梅弘理著:《法国敦煌写本研究组》,耿昇译,第 560—564 页 (译自巴黎 1992 年出版的《法国汉学简况》)。

[45] [法] 贾洛琳 (Caroline Gyss‐Vermande)、[法] 杜德兰 (Alain Thote) 著:《法国国立科研中心第 315 研究组对中国艺术史与考古学的研究》,耿昇译,第 565—571 页 (译自巴黎 1992 年出版的《法国汉学简况》)。

[46] 戴路德著:《法国的〈远东亚洲丛刊〉》,耿昇译,第 572—576 页 (本文为特邀稿)。

[47] [法] 白诗薇 (Sylvie Pasquet)、[法] 溥杰峰 (Jerome Bourgon) 著:《法国的汉学期刊〈中国研究〉》,耿昇译,第 577—585 页 (本文为特邀稿)。

[48] 毕梅雪著:《〈亚洲艺术〉期刊的汉学研究》,耿昇译,第 586—589 页 (本文为特邀稿)。

[49] [法] 洪怡沙 (Isabelle Aug)、魏丕信著:《〈通报〉杂志小史》,耿昇译,第 590—599 页。

[50] [法] 郭恩 (Monique Cohen) 著:《法国巴黎国立图书馆的中文藏书》,耿昇译,第 600—607 页 (本文为特邀稿)。

41. [法] 沙百里 (Jean Charbonnier) 著:《中国基督徒史》,耿昇、郑德弟译,中国社会科学出版社 1998 年版。

沙百里著:《中国基督徒史》,耿昇、郑德弟译,光启文化事业出版社

2005 年版。

※沙百里著：《中国基督徒史》，耿昇、郑德弟译，广东人民出版社 2016 年版。

42. ［法］陈艳霞（Ysia Tchen）著：《华乐西传法兰西》，耿昇译，商务印书馆 1998 年版。

陈艳霞著：《华乐西传法兰西》，耿昇译，商务印书馆 2013 年版。

43. ［古代阿拉伯］马苏第（Masudi）著：《黄金草原：一、二卷》，耿昇译，青海人民出版社 1998 年版。

马苏第著：《黄金草原》，耿昇译，中国藏学出版社 2013 年版。

马苏第著：《黄金草原》，耿昇译，人民出版社 2013 年版。

44. 图齐著：《西藏宗教之旅》，王尧校订，耿昇译，中国藏学出版社 1999 年版。

图齐著：《西藏宗教之旅》，耿昇译，第 2 版，中国藏学出版社 2005 年版。

图齐著：《西藏宗教之旅》，耿昇译，中国藏学出版社 2012 年版。

45. L. 布尔努瓦著：《西藏的黄金和银币：历史、传说与演变》，耿昇译，中国藏学出版社 1999 年版。

布尔努瓦著：《西藏的黄金和银币：历史、传说与演变》，耿昇译，中国藏学出版社 2015 年版。

46. ［瑞士］米歇尔·泰勒（Michael Taylor）著：《发现西藏》，耿昇译，中国藏学出版社 1999 年版。

米歇尔·泰勒著：《发现西藏》，耿昇译，第 2 版，中国藏学出版社 2005 年版。

※米歇尔·泰勒著：《发现西藏》，耿昇译，中国书店 2010 年版。

米歇尔·泰勒著：《发现西藏》，耿昇译，中国藏学出版社 2012 年版。

47. 安田朴著：《中国文化西传欧洲史》，耿昇译，商务印书馆 2000 年版。

安田朴著：《中国文化西传欧洲史》，耿昇译，商务印书馆 2013 年版。

48. ［法］维吉尔·毕诺（Virgile Pinot）著：《中国对法国哲学思想形成的影响》，耿昇译，商务印书馆 2000 年版。

维吉尔·毕诺著：《中国对法国哲学思想形成的影响》，耿昇译，商务

· 1245 ·

印书馆 2013 年版。

49. ［法］罗伯尔·萨耶（Robert Sailley）著：《印度—西藏的佛教密宗》，耿昇译，中国藏学出版社 2000 年版。

罗伯尔·萨耶著：《印度—西藏的佛教密宗》，耿昇译，中国藏学出版社 2013 年版。

罗伯尔·萨耶著：《印度—西藏的佛教密宗》，耿昇译，中国藏学出版社 2016 年版。

50. 陈增辉主编，中国第一历史档案馆、福建师范大学历史系编：《清末教案·第四册，法文资料选译》，耿昇、杨佩纯译，中华书局 2000 年版。

51. 伯希和等著：《伯希和西域探险记》，耿昇译，云南人民出版社 2001 年版。

伯希和等著：《伯希和西域探险记》，耿昇译，人民出版社 2011 年版。

伯希和著：《伯希和西域探险日记 1906—1908》，耿昇译，中国藏学出版社 2014 年版。

52. ［法］伯德莱（Michel Beurdeley）著：《清宫洋画家》，耿昇译，山东画报出版社 2002 年版。

伯德莱著：《清宫洋画家》，耿昇译，广东人民出版社 2016 年版。

53. ［法］雅克·布罗斯（Jacques Brosse）著：《发现中国》，耿昇译，山东画报出版社 2002 年版。

雅克·布罗斯著：《发现中国》，耿昇译，广东人民出版社 2016 年版。

54. ［法］雅克玲·泰夫奈（Jacqueline Thevenet）著：《西来的喇嘛》，耿昇译，山东画报出版社 2003 年版。

雅克玲·泰夫奈著：《西来的喇嘛》，耿昇译，广东人民出版社 2017 年版。

55. 谢和耐著：《中国与基督教：中西文化的首次撞击》，耿昇译，第 2 版，增补本，上海古籍出版社 2003 年版。

谢和耐著：《中国与基督教：中西文化的首次撞击》，耿昇译，商务印书馆 2013 年版。

56. ［法］F. B. 于格（Francors - Bernard Huyghe）、［法］E. 于格（Edith Huyghe）著：《海市蜃楼中的帝国：丝绸之路上的人，神与神话》，耿昇译，喀什维吾尔文出版社 2004 年版。

F·B. 于格、E. 于格著：《海市蜃楼中的帝国：丝绸之路上的人，神与神话》，耿昇译，中国藏学出版社 2013 年版。

57. ［法］杜赫德（Jean - Baptiste Du Halde）编：《耶稣会士中国书简集：中国回忆录Ⅳ》，耿昇译，大象出版社 2005 年版。

58. ［法］鲁保罗（Jean - Paul Roux）著：《西域的历史与文明》，耿昇译，新疆人民出版社 2006 年版。

鲁保罗著：《西域的历史与文明》，耿昇译，人民出版社 2012 年版。

鲁保罗著：《西域文明史》，耿昇译，中国藏学出版社 2014 年版。

59. 戴仁编：《法国中国学的历史与现状》，耿昇译，上海辞书出版社 2010 年版（共收录 70 篇译文）。

［1］戴仁著：《序言》，耿昇译，第 9—10 页。

［2］若瑟·佛莱什著：《从法国汉学到国际汉学》，耿昇译，第 11—73 页。（译自巴黎 1975 年出版的"我知道什么？"丛书第 1610 种，《汉学》）

［3］戴密微著：《法国汉学研究史》，耿昇译，第 74—122 页（译自荷兰莱顿 1973 年出版的《戴密微汉学论文选》）。

［4］苏远鸣著：《法国汉学五十年（1923—1973）》，耿昇译，第 123—151 页（译自法国巴黎出版的《亚细亚学报》，1973 年，亚细亚学会成立 150 周年纪念专刊号）。

［5］马伯乐著：《沙畹与法国汉学研究的新时代》，耿昇译，第 155—163 页（译自 1922 年号的《通报》）。

［6］路易·勒努（Louis Renou）著：《法国的超级东方学家和汉学家伯希和》，耿昇译，第 164—177 页（译自巴黎 1950 年出版的《法国金石和美文学科学院会议纪要》，第 4 辑）。

［7］戴密微著：《法国卓越的东方学家伯希和》，耿昇译，第 178—190 页（译自 1946 年法国亚细亚学会于巴黎出版的《伯希和》一书）。

［8］戴密微著：《马伯乐与法国的汉学研究》，耿昇译，第 191—206 页（译自《通报》第 38 卷，1946 年号）。

［9］谢和耐等著：《游弋于多领域中的法国汉学家马伯乐》，耿昇译，第 207—226 页（译自巴黎辛格—波利尼亚克基金会 1984 年出版的《纪念马伯乐，1883—1945 年》纪念文集）。

[10] 伯希和著：《法国的百科全书式汉学家考狄》，耿昇译，第227—235页（译自《通报》1926年号）。

[11] 戴密微著：《法国著作等身的东方学家格鲁塞》，耿昇译，《法国中国学的历史与现状》，上海辞书出版社2011年版，第236—238页（译自《通报》1952年号）。

[12] 谢和耐著：《法国20世纪下半叶的汉学大师戴密微》，耿昇译，第239—248页（这是谢和耐教授于1986年10月31日在法国金石和美文学科学院纪念戴密微的大会上作的报告，载该院《学报》1986年第3卷）。

[13] 谢和耐著：《法国汉学界的唐史专家戴何都》，耿昇译，第249—251页（译自《法兰西远东学院通报》1981年号）。

[14] 耿昇：《法国的入华耶稣会士汉学家荣振华神父（华南）》，第252—260页。

[15] 荣振华著：《法国的入华耶稣会士汉学家裴化行（华北）》，耿昇译，第261—270页（译自《法兰西远东学院通报》1976年号）。

[16] ［法］玛塞尔·拉露（Marcelle Lalou）著：《法国的藏学先师雅克·巴科》，耿昇译，第271—276页（译自《亚细亚学报》1976年号）。

[17] 耿昇：《法国的藏学泰斗石泰安教授》，第277—283页。

[18] ［法］让·菲利奥扎（Jean Filliozat）著：《法国的藏学家玛塞尔·拉露》，耿昇译，第284—288页（译自1969年《法兰西远东学院通报》第55卷，第1—3期）。

[19] 耿昇：《法国的中国南海与南洋史专家龙巴尔教授》，第289—293页。

[20] 让·菲利奥扎著：《法国的蒙古史与中亚史专家韩百诗》，耿昇译，第294—298页（译自《亚细亚学报》，1979年）。

[21] 戴密微：《法国的经济史汉学家白乐日》，耿昇译，第299—306页（译自《法兰西远东学院通报》第51卷，1946年号）。

[22] 耿昇：《法国当代汉学大师谢和耐教授》，第309—319页。

[23] 童丕、蓝克利著：《法国对中国古代经济社会史的研究》，耿昇译，第323—331页。

[24] 斐天士著：《法国对中国经济的研究》，耿昇译，第332—335页

（译自巴黎1992年出版的《法国汉学简况》）。（又译裴天士）

[25] 鲁林著：《法国对20世纪中国史的研究》，耿昇译，第336—348页。

[26] 魏丕信著：《法国对20世纪之前中国史的研究》，耿昇译，第349—351页（译自巴黎1992年出版的《法国汉学简况》）。

[27] 毕仰高著：《法国对中国近代史的研究》，耿昇译，第352—356页（译自巴黎1992年出版的《法国汉学简况》）。

[28] 贾永吉著：《法国对中国史研究的新前景》，耿昇译，第357—360页（译自巴黎1992年出版的《法国汉学简况》）。

[29] 汪德迈、程艾兰著：《法国对中国儒家哲学史的研究》，耿昇译，第361—365页。

[30] 朱利安著：《法国对中国哲学的研究》，耿昇译，第366—368页（译自巴黎1992年出版的《法国汉学简况》）。

[31] 马克著：《法国战后对中国占卜的研究》，耿昇译，第369—374页。

[32] 布尔努瓦著：《法国对丝绸之路的研究》，耿昇译，第375—389页。

[33] 毕梅雪著：《法国对中国考古和艺术史的研究》，耿昇译，第390—402页。

[34] 戴仁著：《法国的敦煌学研究》，耿昇译，第403—416页。

[35] 詹嘉玲著：《法国对入华耶稣会士的研究》，耿昇译，第417—426页。

[36] 林富士著：《法国对中国道教的研究》，耿昇译，第427—457页。

[37] 鄂法兰著：《法国对中国伊斯兰教的研究》，耿昇译，第458—464页。

[38] 郭丽英著：《法国对中国汉传佛教的研究》，耿昇译，第465—473页。

[39] 施博尔著：《法国对中国宗教的研究》，耿昇译，第474—478页（译自巴黎1992年出版的《法国汉学简况》）。

[40] 艾乐桐著：《法国对中国语言学的研究》，耿昇译，第479—488页。

[41] 雷威安著：《法国对中国文学史的研究》，耿昇译，第489—502页。

[42] 安妮·居里安著：《法国对中国当代文学的研究》，耿昇译，第503—506页（译自巴黎1992年出版的《法国汉学简况》）。

[43] 马若安著：《法国对中国数学和天文学史的研究》，耿昇译，第507—511页。

[44] 梅泰理著：《法国对中国传统生物学的研究》，耿昇译，第512—515页。

[45] 塞尔日·弗朗吉尼著：《法国对中国医学史的研究》，耿昇译，第516—518页。

[46] 罗伯尔·热拉-贝扎尔著：《法国对中国西域史的研究》，耿昇译，第519—525页。

[47] 路易·巴赞：《法国的突厥学研究》，耿昇译，第526—539页。

[48] 鄂法兰著：《法国的蒙古学研究（1949—1995）》，耿昇译，第540—564页。

[49] 耿昇：《法国的藏学研究》，第565—594页。

[50] 谢和耐著：《法兰西学院的汉学研究》，耿昇译，第597—601页。

[51] 贾永吉、叶利世夫：《法国社会科学高等学院的汉学研究》，耿昇译，第602—608页。

[52] 让·菲利奥扎著：《法国亚细亚学会与法国的东方学研究》，耿昇译，第609—616页（译自巴黎1973年出版的《亚细亚学报》）。

[53] 阮桂雅著：《法国国立东方现代语言学院有关中国语言和文化的教学》，耿昇译，第617—624页。

[54] 桀溺著：《法国高等研究实验学院第4系（史学和语文系）的汉学研究》，耿昇译，第625—630页。

[55] 郭丽英著：《法国高等研究实验学院第5系的汉文化圈宗教学讲座》，耿昇译，第631—633页。

[56] 戴路德著：《法兰西远东学院的汉学研究》，耿昇译，第634—639页。

[57] 耿昇：《法国巴黎第10大学的中国学研究》，第640—642页。

[58] 白莲花著：《法国巴黎第 4 大学的中国教学与科研》，耿昇译，第 643—645 页。

[59] [法] 白吉尔（M. - C. Bergère），安必诺（Angel Pino）、伊莎贝尔·拉比（Isabelle Rabut）：《法国国立东方现代语言学院早期的汉语教学与汉学研究》，耿昇译，第 646—682 页（节译自巴黎阿亚泰克出版社 1995 年出版的《东方语言学院汉语教学的一个世纪》）。

[60] 耿昇：《法国利氏学社的汉学研究》，第 683—687 页。

[61] 戴仁著：《法国汉学研究所的历史与现状》，耿昇译，第 688—690 页。

[62] 林力娜、梅泰理著：《法国的中国科学技术史研究组》，耿昇译，第 691—694 页。（译自巴黎 1992 年出版的《法国汉学简况》）

[63] 梅弘理著：《法国敦煌写本研究组》，耿昇译，第 695—698 页（译自巴黎 1992 年出版的《法国汉学简况》）。

[64] 贾洛琳、杜德兰著：《法国国立科研中心第 315 研究组对中国艺术史与考古学的研究》，耿昇译，第 699—703 页（译自巴黎 1992 年出版的《法国汉学简况》）。

[65] 戴路德著：《法国的〈远东亚洲丛刊〉》，耿昇译，第 707—710 页。

[66] 白诗薇、溥杰峰著：《法国的汉学期刊〈中国研究〉》，耿昇译，第 711—716 页。

[67] 毕梅雪著：《〈亚洲艺术〉期刊的汉学研究》，耿昇译，第 717—719 页。

[68] 洪怡沙、魏丕信著：《〈通报〉杂志小史》，耿昇译，第 720—727 页。

[69] 郭恩著：《法国巴黎国立图书馆的中文藏书》，耿昇译，第 728—729 页。

[70] [法] 马古安（Francis Macouin）著：《法国国立亚洲艺术——吉美博物馆的图书馆》，耿昇译，第 730—733 页。

60. 荣振华等著：《16—20 世纪入华天主教传教士列传》，耿昇译，广西师范大学出版社 2010 年版（包括 1552—1800 年在华耶稣会士列传、1697—1935 在华遣使会士列传、1659—2004 年入华巴黎外方传教会会士列传）。

61. 郑炳林主编：《法国藏学精粹》，耿昇译，甘肃人民出版社 2011 年版（共收录 2 篇论文，57 篇译文）。

［1］耿昇：《法国藏学研究的历史与现状（代序）》，《法国藏学精粹》①，第 1—37 页。

［2］石泰安著：《汉藏走廊的羌族》，耿昇译，《法国藏学精粹》①，第 3—17 页（译自法国《高等实验学院宗教学系 1957—1958 年年鉴》）。

［3］［英］桑木丹·噶尔美（Samten Gyaltsen Karmay）著：《法国藏学精粹》①，《〈黑头矮人〉出世》，耿昇译，第 18—44 页（原载 1986 年《亚细亚学报》）。

［4］A. 麦克唐纳著：《〈汉藏史集〉初探》，耿昇译，《法国藏学精粹》①，第 45—134 页（原载 1963 年的《亚细亚学报》）。

［5］A. 麦克唐纳著：《〈四天子理论〉在吐蕃的传播》，耿昇译，《法国藏学精粹》①，第 135—151 页（译自 1962 年《亚细亚学报》）。

［6］石泰安著：《〈圣神赞普〉名号考》，耿昇译，《法国藏学精粹》①，第 152—180 页。（译自巴黎 1981 年出版的《亚细亚学报》，第 246 卷，第 1—2 期）。

［7］乌瑞著：《吐蕃统治结束后在甘肃和于阗官府中使用藏语的历史》，耿昇译，《法国藏学精粹》①，第 181—188 页（译自 1981 年的《亚细亚学报》第 269 卷，第 1—2 期）。

［8］森安孝夫著：《回鹘吐蕃于 789—792 年的北庭之争》，耿昇译，《法国藏学精粹》①，第 189—198 页（译自 1981 年的《亚细亚学报》第 269 卷，第 1—2 期）。

［9］［意］毕达克（Luciano Petech）著：《西藏的噶伦协札旺曲结布》，耿昇译，《法国藏学精粹》①，第 199—211 页（译自 1971 年巴黎出版的《拉露纪念集》）。

［10］乌瑞著：《吐蕃编年史辨析》，耿昇译，《法国藏学精粹》①，第 212—222 页（原载《亚细亚学报》，1975 年版，第 263 卷，第 1—2 期）。

［11］［法］巴科（Jacques Bacot）著：《吐蕃王朝政治史》，耿昇译，《法国藏学精粹》①，第 223—259 页（译自法国巴黎 1962 年出版的《西藏史导论》）。

[12] 石泰安著：《吐蕃王朝时代告身中对隐喻的使用》，耿昇译，《法国藏学精粹》①，第263—276页（译自1984年的《法兰西远东学院学报》第73卷）。

[13] 石泰安著：《两卷敦煌藏文写本中的儒教格言》，耿昇译，《法国藏学精粹》①，第277—288页（译自《法兰西远东学院学报》第79卷第1期，1992年版）。

[14] 戴密微著：《新发现的吐番僧诤会汉文档案写本》，耿昇译，《法国藏学精粹》①，第289—301页（译自荷兰莱敦1973年出版的《戴密微佛教论文选》）。

[15]［日］上山大峻著：《吐蕃僧诤问题的新透视》，耿昇译，《法国藏学精粹》①，第302—309页（译自巴黎—京都1990年出版的法—日学者的敦煌西域学术讨论会论文集《有关西域的文献与档案》一书）。

[16]［法］今枝由郎（Yoshiro Imaeda）著：《有关吐蕃僧诤会的藏文文书》，耿昇译，《法国藏学精粹》①，第310—325页（译自《亚细亚学报》，1975年版，第263卷，第1—2期）。

[17] 戴密微著：《达摩多罗考》，耿昇译，《法国藏学精粹》②，第329—344页（译自巴黎1975年出版的《敦煌白画》一书的附录）。

[18] 今枝由郎著：《老工夹布仪礼考》，耿昇译，《法国藏学精粹》②，第345—350页（译自1978年《亚细亚学报》）。

[19] 木村隆德著：《摩诃衍之后的吐蕃禅宗》，耿昇译，《法国藏学精粹》②，第351—359页（译自1981年《亚细亚学报》第269卷，第1—2期）。

[20] 石泰安著：《8至9世纪唐蕃会盟条约中的盟誓仪式》，耿昇译，《法国藏学精粹》②，第360—380页（译自《法兰西远东学院通报》，1988年版，第74卷）。

[21] 今枝由郎著：《敦煌藏文写本中的六字箴言》，耿昇译，《法国藏学精粹》②，第381—389页（译自巴黎1979年出版的《敦煌学论文集》）。

[22] 拉露著：《〈8世纪吐蕃官员呈文〉解析》，耿昇译，《法国藏学精粹》②，第390—419页（译自《亚细亚学报》，1955年版，第243卷，第2期）。

[23] 布尔努瓦著：《西藏的金矿》，耿昇译，《法国藏学精粹》②，第 423—473 页（译自巴黎 1983 年出版的《西藏的黄金和银币：历史、传说与演变》中的"历史和传说"一节）。

[24] [法] 安娜·莎耶（Anne Chayet）著：《西藏瓷器制造考》，耿昇译，《法国藏学精粹》②，第 474—488 页（译自维也纳 1991 年出版的乌瑞纪念文集《西藏的历史和语言》一书）。

[25] 石泰安著：《吐蕃佛教起源的传说》，耿昇译，《法国藏学精粹》②，第 491—526 页（译自 1987 年号的《法兰西远东学院通报》。这是史泰安先生的札记性系列文章《吐蕃古代文献汇编》之Ⅳ）。

[26] 石泰安著：《〈祖拉〉与吐蕃巫教》，耿昇译，《法国藏学精粹》②，第 527—580 页（译自 1986 年《法兰西远东学院学报》）。

[27] 今枝由郎著：《生死轮回史》，耿昇译，《法国藏学精粹》②，第 581—640 页（译自日内瓦—巴黎 1981 年出版的《生死轮回史》一书）。

[28] 石泰安著：《西藏的印度神话》，耿昇译，《法国藏学精粹》②，第 641—664 页（译自罗马 1988 年出版的《图齐东方学研究纪念文集》）。

[29] 雅克·巴科著：《藏传佛教发展史》，耿昇译，《法国藏学精粹》②，第 665—682 页（译自巴黎出版的《西藏史导论》一书）。

[30] 石泰安著：《古代吐蕃和于阗的密教特殊论述法》，耿昇译，《法国藏学精粹》②，第 683—698 页（译自巴黎出版的《亚细亚学报》，1987 年版）。

[31] 今枝由郎著：《丽江版的藏文〈甘珠尔〉》，耿昇译，《法国藏学精粹》②，第 699—710 页（原载《亚细亚学报》，1982 年版，第 270 卷，第 1—2 期）。

[32] [瑞士] 阿米·海莱（Amy Heller）著：《布达拉宫的红色和黑色护法神》，耿昇译，《法国藏学精粹》②，第 711—725 页（译自巴黎 1990 年出版的《西藏的文明与社会》论集）。

[33] 图齐著：《吐蕃的佛教》，耿昇译，《法国藏学精粹》②，第 726—753 页（译自巴黎 1973 年出版的《西藏和蒙古的宗教》）。

[34] 图齐著：《西藏的苯教》，耿昇译，《法国藏学精粹》③，第 757—798 页（译自巴黎 1973 年出版的《西藏的宗教》）。

[35] 石泰安著：《敦煌写本中的吐蕃巫教与苯教》，耿昇译，《法国

藏学精粹》③，第799—844页（译自《法兰西远东学院学报》，1988年版，第74卷）。

［36］石泰安著：《敦煌吐蕃写本中有关苯教仪轨的故事》，耿昇译，《法国藏学精粹》③，第845—899页（译自巴黎1971年出版的《拉露纪念文集》，本译文有删节）。

［37］石泰安著：《有关吐蕃苯教殡葬仪轨的一卷古文书》，耿昇译，《法国藏学精粹》③，第900—928页（译自《亚细亚学报》1970年版，第258卷，第1—2期）。

［38］［法］布隆多（Anne-Maric Blondeau）著：《〈嘛呢宝训集〉的掘藏师是苯教徒吗?》，耿昇译，《法国藏学精粹》③，第929—982页（译自布达佩斯1984年出版的纪念乔玛诞生200周年的《西藏和佛教研究文集》）。

［39］布隆多著：《〈苯教密咒〉的传说与莲花生传及其史料来源》，耿昇译，《法国藏学精粹》③，第983—1035页（译自罗马1985年出版的《纪念图齐东方学论文集》）。

［40］韩百诗著：《成吉思汗时代的蒙古史和松巴堪布的〈如意宝树史〉》，耿昇译，《法国藏学精粹》③，第1039—1049页（译自巴黎1971年出版的《拉露纪念文集》）。

［41］森安孝夫著：《敦煌藏文写本Pt.1283号新释》，耿昇译，《法国藏学精粹》③，第1050—1063页（译自《匈牙利科学院东方文献》，1980年第34卷）。

［42］［匈牙利］李盖提（Ligeti Lajos）著：《〈北方王统记述〉考》，耿昇译，《法国藏学精粹》③，第1064—1093页（译自巴黎1971年出版的《拉露纪念文集》）。

［43］伯希和著：《秦噶哔和古伯察神父的拉萨之行》，耿昇译，《法国藏学精粹》③，第1097—1139页（译自荷兰莱顿1926年号的《法兰西远东学院通报》）。

［44］古伯察著：《塔尔寺纪实》，耿昇译，《法国藏学精粹》③，第1140—1177页。

［45］布尔努瓦著：《西藏的牦牛与西方的旅行家和自然学家》，耿昇译，《法国藏学精粹》③，第1178—1197页（原载巴黎1976年出版的

《畜牧学志》第 15 期）。

［46］A. 麦克唐纳著：《五世达赖喇嘛的雕像》，耿昇译，《法国藏学精粹》④，第 1201—1237 页（原载巴黎 1977 年出版的《西藏艺术论文集》）。

［47］石泰安著：《西藏法器摩羯罗嘴考》，耿昇译，《法国藏学精粹》④，第 1238—1248 页（原载巴黎 1977 年出版的《西藏艺术论文集》）。

［48］石泰安著：《敦煌写本中的印—藏与汉—藏两种辞汇》，耿昇译，《法国藏学精粹》④，第 1251—1327 页（译自《法兰西远东学院学报》，1983 年版，第 72 卷）。

［49］路易·巴赞、哈密屯著：《"吐蕃" 名称源流考》，耿昇译，《法国藏学精粹》④，第 1328—1353 页（译自维也纳 1991 年出版的乌瑞纪念文集《西藏历史和语言》一书）。

［50］乌瑞著：《古藏文 RGod—G—yun 考》，耿昇译，《法国藏学精粹》④，第 1354—1359 页（译自 1971 年巴黎出版的《拉露纪念文集》）。

［51］石泰安著：《敦煌藏文写本综述》，耿昇译，《法国藏学精粹》④，第 1363—1373 页（本文是作者作为 1983 年 2 月 21—23 日举行的中法学者敦煌壁画和遗书讨论会的名誉主席所做的欢迎词和学术报告，载巴黎 1984 年出版的这次讨论会的论文集《敦煌壁画和写本》一书）。

［52］石泰安著：《敦煌藏文写本中的某些新发现》，耿昇译，《法国藏学精粹》④，第 1374—1379 页（译自巴黎 1984 年出版的《敦煌壁画和写本》文集）。

［53］安娜—玛丽·布隆多著：《法国 50 年来的藏学研究》，耿昇译，《法国藏学精粹》④，第 1380—1392 页（译自《亚细亚学报》1973 年第 1—4 期）。

［54］石泰安、［法］隋丽玫等（Morie - Rose Séguy）著：《〈敦煌古藏文文献辑〉第 1 辑简介》，耿昇译，《法国藏学精粹》④，第 1393—1401 页（译自巴黎 1978 年出版的《敦煌古藏文文献辑》第 1 辑）。

［55］今枝由郎、麦克唐纳等著：《〈敦煌古藏文文献辑〉第 2 辑简介》，耿昇译，《法国藏学精粹》④，第 1402—1439 页（译自巴黎 1979 年出版的《敦煌藏文文献辑》第 2 辑）。

［56］吴其昱著：《"台北中央图书馆" 藏敦煌藏文写卷考察》，耿昇

译，《法国藏学精粹》④，第 1440—1447 页（译自巴黎 1971 年出版的《拉露纪念文集》）。

［57］玛塞尔·拉露著：《法国的藏学先师雅克·巴科》，耿昇译，《法国藏学精粹》④，第 1448—1455 页（译自《亚细亚学报》第 1976 年号）。

［58］耿昇：《法国的藏学泰斗石泰安教授》，《法国藏学精粹》④，耿昇译，第 1456—1464 页。

［59］让·菲利奥扎著：《法国的女藏学家玛塞尔·拉露》，耿昇译，《法国藏学精粹》④，第 1465—1470 页（译自 1969 年《法兰西远东学院通报》第 55 卷，第 1—3 期）。

62. 郑炳林主编：《法国敦煌学精粹》，耿昇译，甘肃人民出版社 2011 年版（共收录 1 篇论文，44 篇译文）。

［1］耿昇：《伯希和西域敦煌探险与法国的敦煌学研究（代序）》，《法国敦煌学精粹》①，第 1—53 页。

［2］谢和耐著：《敦煌卖契与专卖制度》，耿昇译，《法国敦煌学精粹》①，第 3—68 页（译自《法兰西远东学院通报》1957 年第 4—5 期）。

［3］童丕著：《10 世纪敦煌的借贷人》，耿昇译，《法国敦煌学精粹》①，第 69—132 页［译自《法兰西远东学院通报》（T'oung Pao），荷兰，布里尔出版社，第 80 卷，1994 年，4—5 期］。

［4］谢和耐著：《敦煌写本中的一项缓税请状》，耿昇译，《法国敦煌学精粹》①，第 133—136 页（译自 1979 年日内瓦—巴黎出版的《敦煌学论文集》第 1 卷）。

［5］谢和耐著：《敦煌写本中的租骆驼旅行契》，耿昇译，《法国敦煌学精粹》①，第 137—143 页（译自巴黎 1966 年出版的《献给戴密微先生的汉学论文集》）。

［6］谢和耐著：《敦煌的碾户与梁户》，耿昇译，《法国敦煌学精粹》①，第 144—157 页（译自西贡 1956 年出版的《中国 5—10 世纪的寺院经济》一书）。

［7］侯锦郎著：《敦煌龙兴寺的器物历》，耿昇译，《法国敦煌学精粹》①，第 158—173 页（译自日内瓦 1981 年出版的《敦煌学论文集》第 2 卷）。

[8][苏]丘古耶夫斯基（Леонид Захарович Чугуевский）著:《8—10世纪的敦煌》,耿昇译,《法国敦煌学精粹》①,第177—191页（原载1981年日内瓦出版的《敦煌学论文集》第2卷）。

[9]莫尼克·玛雅尔著:《古代高昌王国物质文明史》,耿昇译,《法国敦煌学精粹》①,第192—207页（译自1973年巴黎出版的《亚洲艺术》第29卷）。

[10]戴密微著:《从敦煌写本看汉传佛教传入吐蕃的历史》,耿昇译,《法国敦煌学精粹》①,第208—230页（译自巴黎1979年出版的《敦煌学论文集》）。

[11]韩百诗著:《克失的迷考》,耿昇译,《法国敦煌学精粹》①,第231—238页（译自《亚细亚学报》第246卷第3期）。

[12]侯锦郎著:《敦煌写本中的"印沙佛"仪轨》,耿昇译,《法国敦煌学精粹》②,第241—261页（译自格拉兹—巴黎1984年出版《敦煌学论文集》第3卷）。

[13]艾丽白著:《敦煌写本中的鸟形押》,耿昇译,《法国敦煌学精粹》②,第262—282页（译自1979年日内瓦—巴黎出版的《敦煌学论文集》第1卷）。

[14]茅甘著:《敦煌写本中的乌鸣占凶吉书》,耿昇译,《法国敦煌学精粹》②,第283—302页（译自《远东亚洲丛刊》,1987年第3期）。

[15]茅甘著:《敦煌写本中的"五行堪舆"法》,耿昇译,《法国敦煌学精粹》②,第303—309页（译自巴黎1984年出版的《敦煌学论文集》第3卷）。

[16]茅甘著:《敦煌写本中的"九宫图"》,耿昇译,《法国敦煌学精粹》②,第310—319页（译自日内瓦1981年出版的《敦煌学论文集》第2卷）。

[17]艾丽白著:《敦煌写本中的"儿郎伟"》,耿昇译,《法国敦煌学精粹》②,第320—329页（译自日内瓦1981年出版的《敦煌学论文集》第2卷）。

[18]艾丽白著:《敦煌写本中的"大傩"仪轨》,耿昇译,《法国敦煌学精粹》②,第330—342页（译自巴黎1984年出版的《敦煌学论文集》第3卷）。

[19] 戴仁著:《敦煌写本中的解梦书》,耿昇译,《法国敦煌学精粹》②,第 343—375 页 (译自巴黎—日内瓦 1981 年出版的《敦煌学论文集》第 2 卷)。

[20] 侯锦郎著:《敦煌写本中的唐代相书》,耿昇译,《法国敦煌学精粹》②,第 376—389 页 (译自巴黎—日内瓦 1979 年出版的《敦煌学论文集》第 1 卷)。

[21] 苏远鸣著:《敦煌写本中的地藏十斋日》,耿昇译,《法国敦煌学精粹》②,第 390—423 页 (译自巴黎—日内瓦 1979 年出版的《敦煌学论文集》第 1 卷)。

[22] 吴其昱著:《敦煌本〈珠英集〉两卷残考》,耿昇译,《法国敦煌学精粹》②,第 427—446 页 (译自巴黎 1974 年出版的《纪念戴密微汉学论文集》第 2 卷)。

[23] 吴其昱著:《敦煌本〈珠英集〉中的 14 位诗人》,耿昇译,《法国敦煌学精粹》②,第 447—465 页 (译自巴黎—日内瓦 1981 年出版的《敦煌学论文集》第 2 卷)。

[24] 魏普贤著:《刘萨诃与莫高窟》,耿昇译,《法国敦煌学精粹》②,第 466—473 页 (译自巴黎—日内瓦 1981 年出版的《敦煌学论文集》第 2 卷)。

[25] 魏普贤著:《敦煌写本与石窟中的刘萨诃传说》,耿昇译,《法国敦煌学精粹》②,第 474—502 页 (译自巴黎 1984 年出版的《敦煌壁画和写本》一书)。

[26] 戴密微著:《唐代的入冥故事——黄仕强传》,耿昇译,《法国敦煌学精粹》②,第 503—516 页 (译自 1977 年荷兰出版的《中国历史文学论文集》,此书是普实克祝寿文集)。

[27] 戴密微著:《敦煌变文与胡族习俗》,耿昇译,《法国敦煌学精粹》②,第 517—525 页。(译自伦敦 1973 年出版的《戴密微汉学论文选》)。

[28] 梅弘理著:《敦煌写本〈斋琬文〉的复原与断代》,耿昇译,《法国敦煌学精粹》②,第 526—535 页 (这是梅弘理先生于 1988 年 8 月在北京召开的敦煌吐鲁番学讨论会上的报告)。

[29] 石内德 (Richard Schneider) 著:《敦煌本〈普化大师五台山巡礼记〉初探》,耿昇译,《法国敦煌学精粹》③,第 539—553 页 (译自

《远东亚洲丛刊》1987年第3期)。(同石奈德-笔者)

[30] 梅弘理著:《敦煌本佛教教理问答书》,耿昇译,《法国敦煌学精粹》③,第554—565页(译自巴黎1984年出版的《敦煌壁画和写本》论文集)。

[31] 郭丽英著:《敦煌本〈东都发愿文〉考略》,耿昇译,《法国敦煌学精粹》③,第566—578页(译自巴黎1984年出版的《敦煌壁画和写本》一书)。

[32] 康德谟著:《〈本际经〉神仙名称考释》,耿昇译,《法国敦煌学精粹》③,第579—589页(译自巴黎—日内瓦1979年出版的《敦煌学论文集》第1卷)。

[33] 苏远鸣著:《敦煌石窟中的瑞像图》,耿昇译,《法国敦煌学精粹》③,第593—613页(译自巴黎1984年出版的《敦煌学论文集》第3卷)。

[34] 苏远鸣著:《敦煌写本中的壁画题识集》,耿昇译,《法国敦煌学精粹》③,第614—639页(译自日内瓦1981年出版的《敦煌学论文集》第2集)。

[35] 苏远鸣著:《敦煌佛教图像札记》,耿昇译,《法国敦煌学精粹》③,第640—660页(译自《远东亚洲丛刊》1987年第3期)。

[36] 苏远鸣著:《敦煌写本中的某些壁画题识》,耿昇译,《法国敦煌学精粹》③,第661—668页(译自巴黎1984年出版的《敦煌壁画和写本》一书)。

[37] 热拉-贝扎尔、莫尼克·玛雅尔著:《敦煌和西域古代绘画考》,耿昇译,《法国敦煌学精粹》③,第669—688页(译自格拉兹1986年出版的《东西方艺术之反映》一书)。

[38] 热拉-贝扎尔、莫尼克·玛雅尔著:《敦煌幡幢的原形与装潢》,耿昇译,《法国敦煌学精粹》③,第689—705页(译自《亚洲艺术》1985年版,第40卷)。

[39] 梅弘理著:《敦煌的宗教活动和断代写本》,耿昇译,《法国敦煌学精粹》③,第709—721页(译自《远东亚洲丛刊》1987年第3期)。

[40] 戴仁著:《敦煌写本纸张的颜色》,耿昇译,《法国敦煌学精粹》③,第722—726页(译自《远东亚洲丛刊》1987年第3期)。

[41] 戴仁著:《敦煌和吐鲁番写本断代研究》,耿昇译,《法国敦煌

学精粹》③，第 727—748 页（译自《法兰西远东学院通报》1985 年版，第 74 卷）。

［42］戴仁著：《敦煌的经折装写本》，耿昇译，《法国敦煌学精粹》③，第 749—760 页（译自巴黎 1984 年出版的《敦煌学论文集》第 3 卷）。

［43］苏远鸣著：《敦煌汉文写本的断代》，耿昇译，《法国敦煌学精粹》③，第 761—769 页（译自京都 1990 年出版的《中亚文献和档案》文集）。

［44］戴密微著：《敦煌学近作》，耿昇译，《法国敦煌学精粹》③，第 775—865 页（译自《法兰西远东学院通报》1970 年版，第 61 卷，第 1—3 期）。

［45］戴密微著：《列宁格勒藏敦煌汉文写本简介》，耿昇译，《法国敦煌学精粹》③，第 866—888 页（译自 1964 年《法兰西远东学院通报》）。

63. 谢和耐、戴密微等著：《明清间耶稣会士入华与中西汇通》，耿昇译，东方出版社 2011 年版。

64. 郑炳林主编：《法国西域史学精粹》，耿昇译，甘肃人民出版社 2011 年版（共收录 1 篇论文、44 篇译文）。

［1］耿昇：《法国学者对丝绸之路与西域史的研究（代序）》，《法国西域史学精粹》①，第 1—35 页。

［2］韩百诗等著：《西域的历史文明与丝绸之路》，耿昇译，《法国西域史学精粹》①，第 3—18 页（译自法国《西域历史文明》）。

［3］韩百诗著：《西域历史文明研究概论》，耿昇译，《法国西域史学精粹》①，第 19—32 页（译自巴黎 1960 年出版的《韩百诗先生在法兰西学院西域历史和文明讲座开讲仪式中的演讲》）。

［4］罗伯尔·热拉-贝扎尔著：《法国对中国西域史的研究》，耿昇译，《法国西域史学精粹》①，第 33—40 页。

［5］韩百诗著：《法国 50 年来对西域的研究》，耿昇译，《法国西域史学精粹》①，第 41—51 页（译自《海淀杂志》，1979 年第 2 期）。

［6］［美］芮沃寿（Arthur Frederick Wright）著：《583—904 年的长安史概要》，耿昇译，《法国西域史学精粹》①，第 52—66 页（原载巴黎 1974 年出版的《献给戴密微先生的汉学论文集》第 2 卷）。

[7] 伯希和著:《喀什与图木舒克考古笔记（节录）》，耿昇译，《法国西域史学精粹》①，第69—122页（译自巴黎法兰西学院1964年出版的伯希和探险团考古档案《图木舒克》一书）。

[8] 伯希和著:《库车地区考古笔记》，耿昇译，《法国西域史学精粹》①，第123—142页（译自1982年法兰西学院出版的《都勒都尔—阿乎尔和苏巴什》一书）。

[9] 伯希和著:《三仙洞和水磨坊探珍》，耿昇译，《法国西域史学精粹》①，第143—158页（译自1906年出版的《中亚通信》）。

[10] 伯希和著:《从新疆到沙州的考察记》，耿昇译，《法国西域史学精粹》①，第159—166页（译自巴黎1908年出版的《地理学报》第17卷）。

[11] [法] 路易·瓦扬（Louis Vaillant）著:《中国西域地理考察报告》，耿昇译，《法国西域史学精粹》①，第167—215页（译自1936年出版的《地理学报》）。

[12] 哈密屯著:《九姓乌古斯与十姓回鹘考》，耿昇译，《法国西域史学精粹》①，第219—264页。

[13] 哈密屯著:《仲云考》，耿昇译，《法国西域史学精粹》①，第265—290页（译自1977年《亚细亚学报》，第265卷，第4—3期）。

[14] 哈密屯著:《鲁尼突厥文碑铭中的地名和姑臧考》，耿昇译，《法国西域史学精粹》①，第291—301页（原载1974年《法兰西远东学院通报》，第60卷，第4—5期）。

[15] 路易·巴赞著:《蒙古布古特碑文中的突厥人和粟特人》，耿昇译，《法国西域史学精粹》①，第302—310页（译自法国《邦文尼斯特语言学纪念文集》1975年版）。

[16] 哈密屯著:《回鹘文尊号阇梨与都统考》，耿昇译，《法国西域史学精粹》①，第311—322页（译自1984年《亚细亚学报》，第272卷）。

[17] 哈密屯著:《敦煌回鹘文写本概述》，耿昇译，《法国西域史学精粹》①，第323—335页（原文为巴黎1986年出版的哈密屯先生之法国国家博士论文《9—10世纪的敦煌回鹘文献汇编》的结论部分）。

[18] 哈密屯著:《敦煌回鹘文写本〈善恶两王子的故事〉》，耿昇译，《法国西域史学精粹》①，第336—342页（原载巴黎1971年出版的《回

鹘文本善恶两王子的佛教故事》一书中的序）。

[19] 路易·巴赞著：《法国的突厥学研究》，耿昇译，《法国西域史学精粹》②，第345—363页。

[20] 鄂法兰著：《李盖提教授与匈牙利的阿尔泰学研究》，耿昇译，《法国西域史学精粹》②，第364—385页（摘自巴黎1988年《亚细亚学报》第276卷，第1—2期）。

[21] ［法］让·德尼（Jean Deny）著：《法国的阿尔泰学研究先驱——伯希和》，耿昇译，《法国西域史学精粹》②，第386—399页（摘自巴黎亚细亚学会1946年出版的《伯希和》一书，这是德尼先生于1945年11月9日在亚细亚学会的报告）。

[22] 哈密屯著：《851—1001年的于阗王统世系》，耿昇译，《法国西域史学精粹》②，第403—415页（摘自巴黎—日内瓦1979年出版的《敦煌学论文集》，第1卷）。

[23] 哈密屯著：《钢和泰藏卷杂考（述要）》，耿昇译，《法国西域史学精粹》②，第416—434页（摘自1958年《法兰西远东学院通报》第46卷，第1—2期）。

[24] ［法］彼诺（Georges Pinault）著：《西域的吐火罗语写本与佛教文献》，耿昇译，《法国西域史学精粹》②，第435—463页（译自《法国金石和美文学科学院1991年报告提要》，1991年1—3月，第1册，博卡尔出版社1991年版）。

[25] 韩百诗著：《叶尼塞河上游三部族考》，耿昇译，《法国西域史学精粹》②，第467—480页（译自《亚细亚学报》第245卷，1967年第4期）。

[26] 韩百诗著：《谦河考》，耿昇译，《法国西域史学精粹》②，第481—504页（译自《亚细亚学报》1989年）。

[27] 韩百诗著：《高地亚洲元代历史地名的沿革》，耿昇译，《法国西域史学精粹》②，第505—533页（译自巴黎1994年出版的《纪念戴密微汉学论文集》第二卷）。

[28] 海西希著：《蒙古的宗教》，耿昇译，《法国西域史学精粹》②，第537—680页（译自巴黎1973年出版的《西藏与蒙古的宗教》一书）。

[29] ［法］里夏尔著：《13世纪西方史学家论蒙古人取胜的原因》，

耿昇译，《法国西域史学精粹》②，第681—688页（译自德国威斯巴登1979年号的《中亚学报》第23卷，第1—2期）。

[30] 鄂法兰著：《法国的蒙古学研究（1949—1995年）》，耿昇译，《法国西域史学精粹》②，第689—721页。

[31] 韩百诗著：《法国的蒙古学泰斗——伯希和》，耿昇译，《法国西域史学精粹》②，第722—731页（译自法国亚细亚学会1946年出版的《伯希和》一书）。

[32] 让·菲利奥扎著：《法国的蒙古史与西域史专家韩百诗》，耿昇译，《法国西域史学精粹》②，第732—740页（译自《法兰西远东学院通报》1952年号）。

[33] [荷] 胡四维（Anthony Francois Paulus Hulsewé）著：《汉代丝绸贸易考》，耿昇译，《法国西域史学精粹》③，第743—757页（译自1974年巴黎出版的《献给戴密微先生的汉学杂文集》第2卷）。

[34] 布尔努瓦著：《天马与龙涎》，耿昇译，《法国西域史学精粹》③，第758—781页（译自《第欧根尼》杂志第167期，1994年第7—9月号）。

[35] 布尔努瓦著：《法国对丝绸之路的研究》，耿昇译，《法国西域史学精粹》③，第782—800页。

[36] 布尔努瓦著：《彼得大帝与西域的黄金》，耿昇译，《法国西域史学精粹》③，第801—846页（译自巴黎1983年出版的《西藏的黄金与银币》一书）。

[37] B.于格、E.于格著：《约翰长老传说在丝路上的传播》，耿昇译，《法国西域史学精粹》③，第847—867页（译自巴黎1893年出版的《海市蜃楼中的帝国》）。

[38] 石泰安著：《远东和高地亚洲的住宅、社会及人类集团》，耿昇译，《法国西域史学精粹》③，第871—902页（耿昇、王耀强译自《亚细亚学报》，1957年版，第245卷）。

[39] [法] 多维耶著：《中世纪中国和西域的亚美尼亚人》，耿昇译，《法国西域史学精粹》③，第903—923页（原载巴黎1974年出版的《献给戴密微先生的汉学论文集》第2卷）。

[40] 韩百诗著：《匈人与匈奴人》，耿昇译，《法国西域史学精粹》③，第924—939页（摘译自法国《史学杂志》第200卷，1969年）。

[41] 保罗·拉切夫斯基著：《室韦人是蒙古人吗?》，耿昇译，《法国西域史学精粹》③，第 940—969 页（译自 1966 年巴黎出版的《献给戴密微先生的汉学论文集》第 1 卷）。

[42] 石泰安著：《观音，从男神变女神一例》，耿昇译，《法国西域史学精粹》③，第 973—1065 页（译自巴黎 1966 年出版的《远东亚洲丛刊》第 2 卷）。

[43] 郭丽英著：《中国佛教中的占卜、游戏和清净》，耿昇译，《法国西域史学精粹》③，第 1066—1092 页（译自法兰西远东学院于 1994 年出版的《佛教与地方文化》一书）。

[44] 谢和耐著：《静坐仪，宗教与哲学》，耿昇译，《法国西域史学精粹》③，第 1093—1112 页（译自 1981 年《法兰西远东学院学报》第 69 卷）。

65. 石泰安著：《汉藏走廊古部族》，耿昇译，中国藏学出版社 2013 年版。

66. 路易·巴赞著：《古突厥社会的历史纪年》，耿昇译，中国藏学出版社 2014 年版。

67. L. 布尔努瓦著：《丝绸之路：神祇、军士与商贾》，耿昇译，云南人民出版社 2015 年版。

68. 海西希著：《蒙古的宗教》，耿昇译，中国藏学出版社 2016 年版。

69. 石泰安著：《喜马拉雅的社会与宗教》，耿昇译，中国藏学出版社 2017 年版（译文集，共收译文 18 篇）。

[1] 雅克·巴科著：《吐蕃王朝政治史》，耿昇译，第 3—39 页（译自法国巴黎 1962 年出版的《西藏史导论》）。

[2] 路易·巴赞、哈密屯著：《"吐蕃"名称源流考》，耿昇译，第 40—64 页（译自维也纳 1991 年出版的乌瑞纪念文集《西藏历史和语言》一书）。

[3] 戴密微著：《达摩多罗考》，耿昇译，第 65—80 页（译自巴黎 1978 年出版的《敦煌白画》一书的附录）。

[4] A. 麦克唐纳著：《五世达赖喇嘛的雕像》，耿昇译，第 81—118 页（原载巴黎 1977 年出版的《西藏艺术论文集》）。

[5] 石泰安著：《西藏法器摩羯罗嘴考》，耿昇译，第 119—129 页

（原载巴黎 1977 年出版的《西藏艺术论文集》）。

［6］布尔努瓦著：《西藏的牦牛与西方旅行家和自然学家》，耿昇译，第 130—149 页（原载巴黎 1976 年出版的《畜牧学志》第 15 期）。

［7］古伯察著：《塔尔寺纪实》，耿昇译，第 150—186 页（写有译者按，节译自《中国中原、鞑靼和西藏游记》一书）。

［8］石泰安著：《吐蕃佛教起源的传说》，耿昇译，第 189—221 页（译自 1987 年号的《法兰西远东学院通报》。这是石泰安先生的札记性系列文章《吐蕃古代文献汇编》之Ⅳ）。

［9］石泰安著：《"祖拉"与吐蕃巫教》，耿昇译，载《喜马拉雅的社会与宗教》，第 222—277 页（译自 1986 年的《法兰西远东学院通报》）。

［10］图齐著：《吐蕃的佛教》，耿昇译，第 278—305 页（译自巴黎 1973 年出版的《西藏和蒙古的宗教》）。

［11］今枝由郎著：《敦煌藏文写本中的六字箴言》，耿昇译，第 306—314 页（译自巴黎 1979 年出版的《敦煌学论文集》）。

［12］石泰安著：《"圣神赞普"名号考》，耿昇译，第 315—343 页（译自巴黎 1981 年出版的《亚细亚学报》第 264 卷，第 1—2 期）。

［13］今枝由郎著：《生死轮回史》，耿昇译，第 347—406 页（译自日内瓦—巴黎 1981 年出版的《生死轮回史》一书译者注：本文是今枝由郎 1979 年于法国高等实验学院的毕业论文。文后附敦煌藏文写本图版。此书于 1981 年由日内瓦—巴黎出版，作为法国高等研究实验学院第 4 系的《东方研究丛书》第 15 卷出版）。

［14］石泰安著：《西藏的印度神话》，耿昇译，第 407—429 页（译自罗马 1988 年出版的《图齐东方学研究纪念文集》）。

［15］雅克·巴科著：《西藏佛教发展史》，耿昇译，第 430—447 页（译自巴黎出版的《西藏史导论》一书）。

［16］石泰安著：《敦煌吐蕃写本中有关苯教仪轨的故事》，耿昇译，第 448—503 页（译自巴黎 1971 年出版的《拉露纪念文集》，本译文有删节）。

［17］桑木丹·噶尔美著：《"黑头矮人"出世》，耿昇译，2017 年版，第 504—531 页（原载 1986 年《亚细亚学报》）。

［18］石泰安著：《敦煌写本中的吐蕃巫教与苯教》，耿昇译，第

532—578 页（译自《法兰西远东学院学报》，1988 年版，第 74 卷）。

四 译文

1. 耿昇译：《人物介绍：戴密微、埃狄纳·巴拉兹》，《中国史研究动态》1979 年第 6 期，第 30—33 页（据《世界报》1978 年 3 月 31 日的文章和《亚细亚学报》、《法兰西远东学院通报》等资料整理；根据 1964 年《法兰西远东学院通报》整理）。

2. ［法］苏瓦米耶著：《五十年来法国的"汉学"研究》，耿昇译，《中国史研究动态》1979 年第 7 期，第 19—24 页（摘译自《法国东方学五十年》，载 1973 年《亚细亚学报》1—4 期）。

3. ［法］弗朗索瓦兹·欧班著：《法国出版〈宋史研究〉丛书》，耿昇译，《中国史研究动态》1979 年第 10 期，第 16—21 页（摘译自《宋史研究》丛书前言部分）。

4. 韩伯诗著：《法国五十年来对中亚地区的研究》，耿昇译，《中国史研究动态》1979 年第 12 期，第 19—21 页（摘译自法国《亚细亚学报》1973 年第 1—4 期和 1973 年出版的《敦煌幡和绘画》）。（韩伯诗今一般译作韩百诗）。

5. 戴密微著：《法国汉学研究史》，耿昇译，《中国史研究动态》1980 年第 1 期，第 6—18 页（摘译自 1973 年荷兰莱顿出版的《戴密微汉学论文选》）。

6. 安娜—玛丽·布隆多著：《法国五十年来对西藏的研究》，耿昇译，《民族译丛》1980 年第 2 期，第 46—52 页（摘译自法国《亚细亚学报》1973 年第 1—4 期）。

7. 戴密微著：《二十世纪上半叶法国的汉学》，耿昇译，《中国史研究动态》1980 年第 3 期，第 17—23 页（摘译自 1973 年荷兰莱顿出版的《戴密微汉学论文选》，标题为译者所加）。

8. ［法］于阿尔、翁同文著：《十八世纪法国对中国科学与工艺的调查》，耿昇译，《中国史研究动态》1980 年第 4 期，第 20—28 页（摘译自《法兰西远东学院通报》1976 年版，第五十三卷，第一期）。

9. 耿昇译：《高本汉》，《中国史研究动态》1980 年第 4 期，第 32—34 页（摘译自法国《亚细亚学报》1979 年第 1—12 期）。

10. ［法］德尔尼著：《紧急出版〈耶稣会士书简集〉中有关中国的书信》，耿昇译，《中国史研究动态》1980年第6期，第16—19页（摘译自1977年巴黎出版的《古代中国论文集》。本文系作者在第二十九届国际东方学者代表大会上的发言摘要）。

11. ［法］伊萨贝尔、微席叶著：《〈耶稣会士书简集〉的由来和现状》，耿昇译，《中国史研究动态》1980年第6期，第8—16页（摘译自1979年法国出版的《耶稣会士书简选》的序言部分）。

12. 韩百诗著：《中亚历史和文明研究概论》，耿昇译，《中国史研究动态》1980年第7期，第1—8页。（摘译自巴黎1966年出版的《韩百诗先生在法兰西学院中亚历史和文明讲座开讲仪式中的发言稿》）

13. 耿昇译：《人物介绍：韩百诗》，《中国史研究动态》1980年第7期，第31—33页（摘译自《亚细亚学报》，1979年第267卷，第3—4期）。

14. 耿昇译：《人物介绍：谢和耐》，《中国史研究动态》1980年第8期，第32—34页。

15. ［法］M. 罗克著：《伯希和诞生一百周年》，耿昇译，《中国史研究动态》1980年第8期，第29—32页（译自《海淀杂志》，1979年11—12月，第2期）。

16. 胡四维著：《汉代丝绸贸易考》，耿昇译，《中国史研究动态》1980年第11期，第1—8页（摘译自1974年巴黎出版的《献给戴密微先生的汉学杂文集》第二卷）。

17. ［匈］F. 托凯著：《中国周代土地所有制的状况》，耿昇译，程效竹、曹松豪校，郝镇华编：《外国学者论亚细亚生产方式》，中国社会科学出版社1981年版，第225—256页（载《匈牙利科学院古代文献》1958年第6卷，第3—4期）。

18. ［法］J. 休列—卡纳尔著：《热带非洲的传统社会和马克思主义的亚细亚生产方式概念》，耿昇译，郝镇华编：《外国学者论亚细亚生产方式》，中国社会科学出版社1981年版，第257—274页（载法国《思想》杂志1964年第117页）。

19. ［法］P. 布瓦多著，许明龙校：《殖民地化以前马达加斯加社会的土地所有权——"亚细亚生产方式"研究》，耿昇译，郝镇华编：《外国学者论亚细亚生产方式》，中国社会科学出版社 1981 年版，第 297—312 页（载法国《思想》杂志 1965 年第 112 期）。

20. 戴密微著：《〈拉萨宗教会议僧诤记〉导言》，耿昇译，王尧校，《敦煌学辑刊》1981 总第 2 期，第 132—150 页（译自 1952 年巴黎出版的《拉萨宗教会议僧诤记》导言部分）。

21. 叶理夫著：《法国是如何发现中国的》，耿昇译，《中国史研究动态》1981 年第 3 期，第 24—32 页（摘译自 1978 年巴黎出版的《十八世纪的人文主义者 N. 佛雷烈（1688—1749 年）对中国的看法》一书的前言部分，此书为法兰西学院高等中国研究所丛书第 11 卷）。（同叶利世夫—笔者）

22. 耿昇译：《〈中亚历史和文明〉第一、二章摘要》，《中国史研究动态》1981 年第 4 期，第 10—18 页［第一章由韩百诗本人执笔；第二章为韩百诗和国立科学研究中心的马亚尔夫人（Monique Maillard）以及基迈博物馆的里布夫人（Khrishna Riboud）共同撰写］。

23. ［法］德东布（Marcel Destombes）著：《法国国立图书馆发现的一张十六世纪的中国地图》，耿昇译，《中国史研究动态》1981 年第 6 期，第 27—33 页（摘译自 1974 年《亚细亚学报》第 262 卷，第 1—2 期）。

24. ［意］约瑟夫·奇（Joseph Shih）著：《利玛窦和中国》，耿昇译，《中国史研究动态》1981 年第 7 期，第 2—12 页（摘译自《利玛窦日记》导言）。

25. 哈密屯著：《851—1001 年于阗王世系》，耿昇译，《敦煌学辑刊》1982 年第 3 期，第 162—169 页（译自巴黎—日内瓦 1979 年出版的《敦煌论文集》第 1 卷）。

26. 耿昇：《一九七九年巴黎国际敦煌学讨论会概况》，《敦煌研究》1982 年第 2 期，第 142—155 页。

27. 戴密微著：《中国和欧洲最早在哲学方面的交流》，耿昇译，《中国史研究动态》1982 年第 3 期，第 26—30 页（摘译自 1973 年莱顿出版的《戴密微汉学论文选》）。

28. ［美］J. E. 威尔斯：《多明我会士李科罗与台湾郑氏政权》，《中国史研究动态》1982 年第 5 期，第 14—20 页（摘译自 1980 年巴黎出版的《1977 年第二届国际汉学讨论会论文集》）。

29. ［法］戴何都（Robert des Rotours）著：《〈唐六典〉正确地描述了唐朝的制度吗?》，耿昇译，《中国史研究动态》1982 年第 10 期，第 18—22 页（译自《亚细亚学报》1975 年第 1、2 期）。

30. 石泰安著：《〈敦煌古藏文文献〉第一辑前言》，耿昇译，四川民族出版社 1983 年版，第 195—200 页。

31. M—R·塞居伊著：《〈敦煌古藏文文献〉第一辑导言》，耿昇译，王尧、陈践译：《敦煌吐蕃文献选》，四川民族出版社 1983 年版，第 201—207 页。

32. 耿昇译：《〈敦煌古藏文文献〉第一辑写本介绍》，王尧、陈践译：《敦煌吐蕃文献选》，四川民族出版社 1983 年版，第 207—209 页。

33. 戴密微著：《从敦煌写本看汉族佛教传入吐蕃的历史——日文近作简析》，耿昇译，王尧主编：《国外藏学研究选译》，甘肃民族出版社 1983 年版，第 1—28 页（译自巴黎 1979 年出版的《敦煌学论文集》）。

34. 吴其昱著：《台北中央图书馆藏敦煌藏文写卷考察》，耿昇译，王尧主编：《国外藏学研究选译》，甘肃人民出版社 1983 年版，第 49—58 页（译自 1971 年法国巴黎出版的《拉露纪念文集》）。

35. 王春、耿昇摘译：《法国的西藏学研究专家——玛塞尔·拉露小传》，王尧主编：《国外藏学研究选译》，甘肃人民出版社 1983 年版，第 124—128 页（原载 1969 年《法兰西远东学院通报》第 55 卷，第 1—3 期和 1970 年《亚细亚学报》第 1—4 期）。

36. 耿昇摘译：《戴密微评传》，王尧主编：《国外藏学研究选译》，甘肃人民出版社 1983 年版，第 128—135 页（本文为《法兰西远东学院通报》主编谢和耐教授对戴密微先生的悼词的摘要，摘译自《法兰西远东学院通报》，1979 年版，第 65 卷，第 1—3 期，书目摘译自《戴密微汉学论文集》中发表的戴密微书目，1973 年莱顿出版）。

37. ［法］贝西尔（G. Bessiere）著：《附录：1978 年法文版序言》，耿昇译，［意］利玛窦（Matteo Ricci）、［法］金尼阁（Nicolas Trigaut）著：《利玛窦中国札记》，何高济等译，中华书局 1983 年版，第 651—705 页。（译自法文本《基督教远征中国史》巴黎 1978 年版）

38. ※韩百诗著：《成吉思汗时代的蒙古史和松巴堪布的〈如意宝树史〉》，耿昇译，中央民族学院藏学研究所编：《藏族研究译文集》第 1 辑，

1983 年。

39. 哈密屯（James Hamilton）著：《九姓乌古斯和十姓回鹘考》，耿昇译，《敦煌学辑刊》1983 年第 4 期，第 130—140 页。（译自《亚细亚学报》，1962 年版，第 250 卷，第 1 期）

40. J. 布罗斯著：《明代以前的中外关系简介》，耿昇译，《中国史研究动态》1983 年第 4 期，第 25—29 页。（目录没有耿昇的名字，只是在文章末尾处标注"耿昇摘译自巴黎一九八一年出版的《发现中国》一书"，标题为译者所加）。

41. ※石泰安著：《圣神赞普名号考》，耿昇译，中央民族学院藏学研究所编：《藏族研究译文集》第 2 辑，1983 年。

42. 哈密屯著：《九姓乌古斯和十姓回鹘考（续）》，耿昇译，《敦煌学辑刊》1984 年第 1 期，第 128—143 页（译自《亚细亚学报》，1962 年版，第 250 卷，第 1 期）。

43. ［法］克洛松撰：《论伯希和敦煌藏文写本第 1283 号》，耿昇译，《西北民族文丛》1984 年第 1 期，第 235—243 页（原载《亚细亚学报》第 245 卷第 4 期）。

44. 吴其昱著：《有关唐代和十世纪奴婢的敦煌卷子》，耿昇译，《敦煌学辑刊》1984 年第 2 期，第 140—144 页（译自巴黎—日内瓦 1979 年出版的《敦煌论文集》第 1 卷）。

45. 里夏尔著：《十三世纪西方史学家论蒙古人取胜的原因》，耿昇译，《蒙古学资料与情报》1984 年第 2 期，第 19—22 页、第 60 页（摘译，原载德国威斯巴登 1979 年号的《中亚学报》第 23 卷，第 1—2 期）。

46. 韩百诗著：《匈人和匈奴人》，耿昇译，《民族译丛》1984 年第 2 期，第 44—52 页（摘译自法国《史学杂志》第 20 卷，1969 年）。

47. ［法］旺迪埃—尼古拉（Nicole Nicolas - Vandier）著：《伯希和〈敦煌石窟笔记〉第一卷序言》，耿昇译，《中国敦煌吐鲁番学会研究通讯》1984 年第 2 期，第 20—23 页。

48. ※海西希著：《蒙古的宗教》，耿昇译，《蒙古史研究参考资料》1984 年第 32—33 期。

49. 哈密屯著：《仲云考》，耿昇译，本书编辑组：《西域史论丛》第 2 辑，新疆人民出版社 1985 年版，第 163—189 页（译自 1977 年《亚细亚学报》第 265 卷，第 4—5 期）。

50. 耿昇：《耶稣会士书简集中国书简选（选译）》，中国社会科学院历史研究所清史研究室编：《清史资料》第六辑，中华书局 1985 年版，第 133—177 页（根据微席叶父子编法文《耶稣会士书简集中国书简选》，1979 年法国巴黎加尔尼耶——弗拉马利翁出版社出版）。

[1]《安菲特立特号首航中国》，第 134—136 页。

[2]《安菲特立特号二航中国》，第 137—152 页。

[3]《法国北京传教团的创始》，第 152—177 页。

51. 旺迪埃—尼古拉著：《伯希和〈敦煌石窟笔记〉第二卷序言》，耿昇译，《中国敦煌吐鲁番学会研究通讯》1985 年第 3 期，第 19—21 页。

52. 哈密屯著：《鲁尼突厥文碑铭中的地名姑臧》，耿昇译，《甘肃民族研究》1985 年第 3 期，第 105—111 页（原载 1974 年《法兰西远东学院通报》第 60 卷，第 4—5 期）。

53. 旺迪埃—尼古拉著：《〈伯希和敦煌石窟笔记〉第 3 卷序言》，耿昇译，《中国敦煌吐鲁番学会研究通讯》1985 年第 4 期，第 30—33 页。

54. 毕达克著：《西藏的噶伦协札旺曲结布》，耿昇译，[日]佐藤长等著：《国外藏学研究译文集》第一辑，姜镇庆等译，西藏人民出版社 1986 年版，第 252—268 页（译自 1971 年巴黎出版的《拉露纪念集》）。

55. *石泰安著：《远东和高地亚洲的住宅、社会及人类集团》，耿昇、王耀强译，李范文、陈奇猷等主编：《国外中国学研究译丛》①，青海人民出版社 1986 年版，第 1—35 页。

56. *[德]孔斯特勒著：《东汉时代的三公》，范畴译，李范文、陈奇猷等主编：《国外中国学研究译丛》①，青海人民出版社 1986 年版，第 222—242 页（原载巴黎 1976 年出版的普实克（Jaroslaw Prusek）纪念文集：《中国文历史和文学论集》）。

57. [法]侯思孟（Donald Holzman）著：《"九品中正"考》，耿昇译，李范文、陈奇猷等主编：《国外中国学研究译丛》①，青海人民出版社 1986 年版，第 243—263 页（原载法国巴黎 1957 年出版的《高等中国研究所杂文集》第 1 卷）。

58. *谢和耐著：《利玛窦的归化政策与当时的中国政局》，吕商摘译，李范文、陈奇猷等主编：《国外中国学研究译丛》①，青海人民出版社 1986 年版，第 281—297 页（原载 1978 年巴黎出版的《宗教社会档案》第 36 卷。本文是根据罗马于 1980 年出版的单行本而翻译的）。

59. *［英］格鲁弗著：《巴多明的北京科学书简》，鲍丁摘译，李范文、陈奇猷等主编：《国外中国学研究译丛》①，青海人民出版社 1986 年版，第 396—409 页（原载巴黎 1980 年出版的《1977 年第二届国际汉学讨论会文集》）。

60. *［法］夏真著：《法国十八世纪对中国音乐的研究》，林荫摘译，李范文、陈奇猷等主编：《国外中国学研究译丛》①，青海人民出版社 1986 年版，第 470—488 页（原书于 1974 年由法国国立东方语言和文明学院出版）。

61. ［法］吴德明著：《论〈史记〉和〈汉书〉文献的相对价值》，耿昇译，李范文、陈奇猷等主编：《国外中国学研究译丛》①，青海人民出版社 1986 年版，第 522—539 页（原载巴黎 1974 年出版的《献给戴密微先生的汉学杂文集》第 2 卷）。

62. *芮沃寿著：《583—904 年长安历史概要》，何为译，李范文、陈奇猷等主编：《国外中国学研究译丛》①，青海人民出版社 1986 年版，第 540—556 页（原载巴黎 1974 年出版的《献给戴密微先生的汉学论文集》第 2 卷）。

63. *玛雅尔著：《古代高昌王国物质文明史》，楚平摘译，李范文、陈奇猷等主编：《国外中国学研究译丛》①，青海人民出版社 1986 年版，第 557—574 页（原载 1973 年巴黎出版的《亚洲艺术》第 29 卷。本卷为《古代高昌王国物质文明史》专刊号，全刊只有这一篇长文。本译文摘译自第 2 章）。

64. *［苏］丘古耶夫斯基著：《8—10 世纪的敦煌》，桑林摘译，李范文、陈奇猷等主编：《国外中国学研究译丛》①，青海人民出版社 1986 年版，第 575—590 页（原载 1981 年日内瓦出版的《敦煌学论文集》第 2 卷）。

65. *［美］威特克著：《傅圣泽对中国的研究》，江畔摘译，李范文、陈奇猷等主编：《国外中国学研究译丛》①，青海人民出版社 1986 年版，第 612—627 页（原载巴黎 1976 年出版的《1974 年的第一届国际汉学讨论会论文集》）。

66. 耿昇校：《国外研究〈格萨尔〉论著目录》，陈宗祥译，中国社会科学院少数民族文学研究所主编：《格萨尔研究》第二集，中国民间文艺出版社 1986 年版，第 267—298 页。

67. 石泰安著：《汉藏走廊的羌族》，耿昇译，《西北民族研究》1986 年第 1 期，第 358—365 页（原载《1957—1958 年法国高等实验学院宗教科学系年鉴》）。

68. 耿昇译：《国外论文摘编·法国》，《中国敦煌吐鲁番学会研究通讯》1986 年第 1 期，第 16—21 页。

[1] 苏远鸣：《一卷敦煌壁画题识集》，第 16 页（原载日内瓦 1981 年出版的《敦煌学论文集》第 2 卷）。

[2] 侯锦郎：《敦煌写本中的"印沙佛"仪轨》，第 17—18 页（原载巴黎 1984 年出版的《敦煌学论文集》第 3 卷）。

[3] 艾丽白：《论敦煌"大傩"仪礼的某些特点》，第 18 页（原载 1984 年巴黎出版的《敦煌学论文集》第 3 卷）。

[4] 茅甘：《敦煌写本中的五姓宗》，第 18—19 页（原载巴黎 1984 年出版的《敦煌学论文集》第 3 卷）。

[5] 梅弘理：《从三篇汉文中宗经文看超越思维的经验》，第 19 页（原载巴黎 1984 年出版的《敦煌学论文集》第 3 卷）。

[6] [法] 石德勒：《〈太上灵宝老子化胡妙经〉研究》，第 20 页（原载巴黎 1984 年出版的《敦煌学论文集》第 3 卷）。

[7] 戴仁：《论已断代的敦煌写本之纸张和字体》，第 20—21 页（原载 1981 年《法兰西远东学院通报》第 67 卷，第 3—5 期）。

[8] 今枝由郎：《生死轮回史》，第 21 页（原载巴黎—日内瓦 1981 年出版的《生死轮回史》一书）。

69. 旺迪埃—尼古拉著：《〈伯希和敦煌石窟笔记〉第四卷序言》，耿昇译，《中国敦煌吐鲁番学会研究通讯》1986 年第 1 期，第 22—25 页。

70. 韩百诗著：《叶尼塞河上游三部族考》，耿昇译，《西北史地》，1986 年第 2 期，第 115—122 页（原载《亚细亚学报》第 245 卷，第 4 期）。

71. J·汉密尔顿著：《敦煌回鹘文写本综述》，耿昇译，《民族译丛》1986 年第 3 期，第 48—51 页（译自法国《敦煌壁画和写本》巴黎 1984 年

版）。(同哈密屯—编者)

72. 哈密屯著：《敦煌回鹘文写本〈善恶两王子的故事〉》，耿昇译，《中国敦煌吐鲁番学会研究通讯》1986年第3期，第32—35页（原载巴黎1971年出版的《回鹘文本善恶两王子的佛教故事》一书的"序"）。

73. 旺迪埃—尼古拉著：《〈伯希和敦煌石窟笔记〉第五卷序言》，耿昇译，《中国敦煌吐鲁番学会研究通讯》1986年第4期，第21—24页（译自巴黎1986年出版的《伯希和敦煌石窟笔记》第5卷）。原文为尼迪埃—编者。

74. 耿昇译：《法国敦煌论文摘要》，《中国敦煌吐鲁番学会研究通讯》1986年第4期，第24—29页。

[1] 贝扎尔和玛雅尔：《论敦煌幡幢的原形与装潢》，第24—25页（原载《亚洲艺术》1985年版，第40卷）。

[2] 苏远鸣：《敦煌写本中每年的十二日历书》，第25页（原载1981年《法兰西远东学院通报》第69卷）。

[3] 戴仁：《敦煌和吐鲁番写本中的武则天时代的新字》，第25—26页（原载1984年《法兰西远东学院通报》第73卷）。

[4] 石泰安：《敦煌藏文写本的某些新发现》，第26—27页（原载1984年出版的《敦煌壁画和写本》一书）。

[5] 哈密屯：《敦煌回鹘文写本综述》，第27页（原载巴黎1984年出版的《敦煌壁画和写本》一书）。

[6] 苏远鸣：《敦煌写本中收集的某些壁画题识》，第28页（原载巴黎1984年出版的《敦煌壁画和写本》一书）。

[7] 戴仁：《研究敦煌文书的方法论》，第28—29页（原载巴黎1984年出版的《敦煌壁画和写本》一书）。

[8] 魏普贤：《对萨诃的传说和肖像》，第29页（原载巴黎1984年出版的《敦煌壁画和写本》一书）。

75. ※耿昇：《法国的西藏学研究小史》，《国外藏学》1986年第5期。

76. J·巴科著：《吐蕃王朝政治史》，耿昇译，王尧等编译：《国外藏学研究译文集》第二辑，西藏人民出版社1987年版，第1—48页（节译自法国巴黎1962出版的《西藏史导论》第1章）。

77. *乌瑞著：《吐蕃编年史辨析》，肖更译，《国外藏学研究译文集》

第二辑，王尧等编译，西藏人民出版社 1987 年版，第 54—67 页（原载《亚细亚学报》1975 年版，第 263 卷，第 1—2 期）。

78. ＊今枝由郎著：《有关吐蕃僧诤会的藏文文书》，一民译，《国外藏学研究译文集》第二辑，王尧等编译，西藏人民出版社 1987 年版，第 68—87 页（原载《亚细亚学报》1975 年版，第 263 卷，第 1—2 期）。

79. ＊［法］麦克唐纳夫人著：《"四天子理论"在吐蕃的传播》，罗汝译，《国外藏学研究译文集》第二辑，王尧等编译，西藏人民出版社 1987 年版，第 88—108 页（原载 1962 年《亚细亚学报》）。

80. ＊今枝由郎著：《老工夹布仪礼考》，张彝译，《国外藏学研究译文集》第二辑，王尧等编译，西藏人民出版社 1987 年版，第 356—361 页（译自 1978 年《亚细亚学报》）。

81. 石泰安著：《敦煌藏文写本综述》，耿昇译，《国外藏学研究译文集》第三辑，王尧等编译，西藏人民出版社 1987 年版，第 1—14 页（本文是作者作为 1983 年 2 月 21—23 日举行的中法敦煌壁画和艺术讨论会的名誉主席所作的欢迎词和学术报告。载巴黎 1984 年出版的这次讨论会的论文集《敦煌壁画和写本》一书）。

82. 今枝由郎、麦克唐纳夫人著：《〈敦煌吐蕃文献选〉第二辑序言及注记》，耿昇译，《国外藏学研究译文集》第三辑，王尧等编译，西藏人民出版社 1987 年版，第 15—64 页。

83. ＊戴密微著：《新发现的吐蕃僧诤会汉文档案写本》，施肖更译，《国外藏学研究译文集》第三辑，王尧等编译，西藏人民出版社 1987 年版，第 65—81 页（原载于荷兰莱顿 1973 年出版的《戴密微佛教论文选》）。

84. 乌瑞著：《古典藏文 RGod—G—Yun 考》，耿昇译，《国外藏学研究译文集》第三辑，王尧等编译，西藏人民出版社 1987 年版，第 363—369 页（译自 1971 年巴黎出版的《拉露纪念文集》）。

85. 哈密屯著：《9—10 世纪的于阗纪年》，耿昇译，《中国敦煌吐鲁番学会研究通讯》1987 年第 1 期，第 21—24 页（原载巴黎 1984 年出版的《敦煌学论文集》第 3 卷）。

86. 石泰安著：《敦煌藏文写本中的新发现》，耿昇译，《中国敦煌吐鲁番学会研究通讯》1987 年第 2 期，第 34—37 页（本文是作者作为 1983

年 2 月 21—23 日举行的中法学者敦煌壁画和艺术讨论会的名誉主席所作的学术报告。载巴黎 1984 年出版的这次艺术讨论会的论文集《敦煌壁画和写本》一书）。

87. 路易·巴赞著：《蒙古布古特碑中的突厥和粟特人》，耿昇译，《民族译丛》1987 年第 5 期，第 48—52 页（译自法国《邦文尼斯特语言学纪念文集》，1975 年版）。

88. 伯希和著：《伯希和库车地区考古笔记》，耿昇译，《新疆社会科学情报》1987 年第 5 期，第 2—11 页（译自《都勒都尔—阿库尔和苏巴什》，1982 年）。

89. 麦克唐纳著：《〈汉藏史集〉初释》，耿昇译，《国外藏学研究译文集》第四辑，西藏人民出版社 1988 年版，第 1—120 页（原载 1963 年的《亚细亚学报》）。

90. *图齐著：《西藏的苯教》，金文昌译，《国外藏学研究译文集》第四辑，西藏人民出版社 1988 年版，第 1—120 页（译自巴黎 1973 年出版的《西藏的宗教》一书）。

91. *石泰安著：《敦煌吐蕃文书中的苯教仪轨故事》，岳岩译，《国外藏学研究译文集》第四辑，西藏人民出版社 1988 年版，第 195—262 页（原载巴黎 1971 年出版的《拉露纪念文集》，本文系节译）。

92. 布尔努瓦著：《西藏的金矿》，耿昇译，《国外藏学研究译文集》第四辑，西藏人民出版社 1988 年版，第 329—390 页（译自巴黎 1983 年出版的《西藏的黄金和银币》一书第 1 章）。

93. ［法］保罗·拉切聂夫斯基著：《室韦人是蒙古人吗？》，耿昇译，李范文、陈奇猷等主编：《国外中国学研究译丛》2，青海人民出版社 1988 年版，第 303—331 页（原载 1966 年巴黎出版的《献给戴密微先生的汉学论文集》第 1 卷）。

94. 多维耶著：《中世纪中国和中亚的亚美尼亚人》，耿昇译，李范文、陈奇猷等主编：《国外中国学研究译丛》2，青海人民出版社 1988 年版，第 332—352 页（原载巴黎 1974 年出版的《献给戴密微先生的汉学论文集》第 2 卷）。

95. *戴密微著：《马可·波罗时代中国的宗教形势》，葛胜译，李范文、陈奇猷等主编：《国外中国学研究译丛》2，青海人民出版社 1988 年版,第 390—422 页(原载荷兰莱顿 1973 年出版的《戴密微汉学论文集》)。

96. 哈密屯著:《敦煌回鹘文写本的历史背景》,耿昇译,《西北民族研究》1988 年第 1 期,第 272—282 页[本文是法国著名汉学家哈密屯为《九—十世纪敦煌回鹘文写本汇编》一书(巴黎·1986)所写的导论。本刊发表时删去了敦煌经洞发现过程及归义军统治河西历史叙述两部分]。

97. [法]雅克·吉埃著:《伯希和特藏和敦煌绘画语言·对于甘肃圣地壁画年代的综合考释(摘要)》,耿昇译,《敦煌研究》1988 年第 2 期,第 76 页。

98. ※图齐著:《吐蕃的佛教》,耿昇译,《国外藏学动态》1988 年第 2 期。

99. ※哈密屯著:《回鹘文尊号阇梨和都统考》,耿昇译,《甘肃民族研究》1988 年第 3—4 期,第 118—224 页。

100. [丹麦]克劳德·伦德贝克著:《理学在欧洲的传播过程》,耿昇译,《中国史研究动态》1988 年第 7 期,第 15—20 页(摘译自巴黎 1983 年版《欧洲对中国传统的评价》一书)。

101. 桑木丹·噶尔美著:《"黑头矮人"出世》,耿昇译,王尧主编:《国外藏学研究译文集》第五辑,西藏人民出版社 1989 年版,第 237—269 页(原载 1986 年《亚细亚学报》)。

102. 今枝由郎著:《丽江版的藏文〈甘珠尔〉》,耿昇译,王尧主编:《国外藏学研究译文集》第五辑,西藏人民出版社 1989 年版,第 277—291 页(原载《亚细亚学报》1982 年版,第 270 卷,第 1—2 期)。

103. *石泰安著:《摩羯罗嘴——某些法器中的一种的特点》,岳岩译,王尧等编译:《国外藏学研究译文集》第六辑,西藏人民出版社 1989 年版,第 252—266 页(原载于巴黎 1977 年出版的《西藏艺术论文集》)。

104. [法]麦克唐纳著:《五世达赖喇嘛的肖像》,耿昇译,王尧等编译:《国外藏学研究译文集》第六辑,西藏人民出版社 1989 年版,第 267—313 页(原载巴黎 1977 年出版的《西藏艺术论文集》)。

105. [法]布尔努瓦著:《西藏的牦牛与西方旅行家和自然学家》,耿昇译,王尧等编译:《国外藏学研究译文集》第六辑,西藏人民出版社 1989 年版,第 314—337 页(原载巴黎 1976 年出版的《畜牧学志》

第 15 期）。

106. ＊古伯察著：《塔尔寺纪实》，金昌文译，王尧等编译：《国外藏学研究译文集》第六辑，西藏人民出版社 1989 年版，第 375—421 页。

107. ［挪］P. 克瓦尔内著：《释藏文术语"苯"》，耿昇译，《民族译丛》1989 年第 3 期，第 53 页、第 79—80 页（这是作者于 1988 年 8 月 20—25 日在北京召开的"敦煌吐鲁番国际学术讨论会"上的发言，征得作者同意，译于此）。

108. 耿昇编译：《石泰安教授关于汉藏走廊古部族的研究》，《青海民族学院学报》1989 年第 4 期，第 29—34 页。

109. 石泰安著：《八至九世纪唐蕃会盟条约的盟誓仪式》，耿昇译，《西藏研究》1989 年第 4 期，第 109—122 页（译自《法兰西远东学院通报》，1988 年第 74 卷）。

110. 戴仁著：《有关中国造纸术与发明者的研究》，耿昇译，《中国史研究动态》1989 年第 7 期，第 19—23 页（译自巴黎 1987 年出版的《金石和美文学科学院报告》7—10 月号）。

111. 戴仁著：《近年来有关中国印刷术史研究的综述》，耿昇译，《中国史研究动态》1989 年第 11 期，第 20—25 页（译自 1985 年《亚细亚学报》，第 1—2 期）。

112. ※图齐著：《西藏密教的基本修持方法》，耿昇译，《国外藏学动态》第三辑，1989 年。

113. ※石泰安著：《"祖拉"及吐蕃巫教》，耿昇译，《国外藏学动态》第三辑，1989 年。

114. 戴密微著：《达摩多罗考》，耿昇译，王尧主编：《国外藏学研究译文集》第七辑，西藏人民出版社 1990 年版，第 121—139 页（译自巴黎 1978 年出版的《敦煌白画》一书的附录）。

115. 石泰安著：《古代吐蕃和于阗的一种特殊密教论述法》，耿昇译，王尧主编：《国外藏学研究译文集》第七辑，西藏人民出版社 1990 年版，第 140—161 页（译自巴黎出版的《亚细亚学报》，1987 年。）。

116. 雅克·巴科著：《藏传佛教的发展》，耿昇译，王尧主编：《国外藏学研究译文集》第七辑，西藏人民出版社 1990 年版，第 162—183 页（译自巴黎 1962 年出版的《西藏史导论》一书）。

117. 石泰安著：《有关吐蕃佛教起源的传说》，耿昇译，王尧主编：《国外藏学研究译文集》第七辑，西藏人民出版社 1990 年版，第 261—309 页（译自 1987 年号的《法兰西远东学院通报》。这是石泰安先生的札记性系列文章《吐蕃古代文献汇编》之四）。

118. 露丝特·布尔努瓦著：《沙洲、地图和鬼魅》，耿昇译，段文杰主编：《敦煌石窟研究国际讨论会文集·石窟考古编：1987》，辽宁美术出版社 1990 年版，第 534—556 页。

119. 戴仁著：《敦煌的经折装写本》，耿昇译，《中国敦煌吐鲁番学会研究通讯》1990 年第 1 期，第 24—30 页（译自巴黎 1984 年出版的《敦煌学论文集》第 3 卷）。

120. 梅弘理著：《根据 P.2547 号写本对〈斋琬文〉的复原和断代》，耿昇译，《敦煌研究》1990 年第 2 期，第 39 页、第 50—55 页（这是梅弘理先生于 1988 年 8 月在北京召开的敦煌吐鲁番学讨论会上的报告，征得作者同意，于此发表）。

121. ［法］约瑟夫·弗莱彻著：《中国苏菲派的"道乘"》，耿昇译，西北第二民族学院回族研究所、兰州穆斯林教育基金会编：《中国回族研究》第一辑，宁夏人民出版社 1991 年版，第 183—192 页（译自巴黎 1988 年出版的《伊斯兰教的神秘派教团》论文集一书）。

122. ［法］隆巴尔—萨尔蒙著：《贵州史研究导论》，耿昇译，张良春主编：《国外中国学研究》第一辑，漓江出版社 1991 年版，第 310—338 页。

123. 梅弘理著：《敦煌的宗教活动与断代写本》，耿昇译，《中国敦煌吐鲁番学会研究通讯》1991 年第 1 期，第 17—26 页。

124. 今枝由郎著：《生死轮回史》，耿昇译，中国敦煌吐鲁番学会主编：《国外敦煌吐蕃文书研究选译》，甘肃人民出版社 1992 年版，第 105—169 页（原载日内瓦—巴黎 1981 年出版的《生死轮回史》一书）。

125. 石泰安著：《论"祖拉"及吐蕃的巫教》，耿昇译，中国敦煌吐鲁番学会主编：《国外敦煌吐蕃文书研究选译》，甘肃人民出版社 1992 年版，第 262—340 页（译自 1986 年《法兰西远东学院通报》）。

126. ［法］弗朗索瓦丝·奥班著：《西方汉学界五年（1984—1989）来对中国伊斯兰教研究的综述》，耿昇译，马明达、邱树森、郝苏民主编：《中国回族研究》第二辑，宁夏人民出版社 1992 年版，第 164—182 页。

127. 石泰安著：《敦煌写本中的印—藏和汉—藏两种辞汇》，耿昇译，耿昇主编：《国外藏学研究译文集》第八辑，西藏人民出版社 1992 年版，第 97—197 页（译自《法兰西远东学院通报》，1983 年版，第 72 卷，本文为石泰安先生的系列文章《西藏古代文献汇编》之一）。

128. ＊茅甘著：《敦煌汉藏文写本中乌鸣占凶吉书》，金昌文译，耿昇主编：《国外藏学研究译文集》第八辑，西藏人民出版社 1992 年版，第 253—277 页（译自巴黎出版的《远东亚洲丛刊》1987 年第 3 期）。

129. 安娜—玛丽·布隆多著：《根据〈苯教密咒〉传说写成的莲花生传及其史料来源》，耿昇译，《国外藏学研究译文集》第九辑，西藏人民出版社 1992 年版，第 1—68 页（译自罗马 1985 年出版的《纪念图齐东方学论文集》）。

130. 安娜—玛丽·布隆多著：《〈嘛呢宝训集〉的掘藏师是苯教徒吗?》，耿昇译，《国外藏学研究译文集》第九辑，西藏人民出版社 1992 年版，第 69—138 页（译自布达佩斯出版的纪念乔玛诞生 200 周年的《西藏和佛教研究文集》）。

131. 路易·巴赞、哈密屯著：《"吐蕃"名称源流考》，耿昇译，《国外藏学研究译文集》第九辑，西藏人民出版社 1992 年版，第 183—216 页（译自维也纳 1991 年出版的乌瑞纪念文集《西藏历史和语言》一书）。

132. ＊[法] 安娜·沙耶著：《西藏瓷器制造考》，岳岩译，《国外藏学研究译文集》第九辑，西藏人民出版社 1992 年版，第 236—254 页（译自维也纳 1991 年出版的乌瑞纪念文集《西藏的历史和语言》一书）。

133. ＊米歇尔·泰勒著：《西方发现西藏史（上）》，岳岩译，《国外藏学研究译文集》第九辑，西藏人民出版社 1992 年版，第 389—467 页。

134. 戴密微著：《敦煌变文与胡族习俗》，耿昇译，《中国敦煌吐鲁番学会研究通讯》1992 年第 1 期，第 10—15 页（译自莱顿 1973 年出版的《戴密微汉学论文选》）。

135. [法] 阿莫加特（Armogathe）著：《伏尔泰和中国》，耿昇译，《中国史研究动态》1992 年第 6 期，第 21—27 页（译自巴黎 1976 年出版的《尚蒂伊第一届国际汉学讨论会文集》）。

136. ※布尔努瓦著：《喜马拉雅山口的开放与贸易》，耿昇译，《国外藏学研究动态》1992 年第 6 期。

137. 谢和耐著:《入华耶稣会士和中国明末社会》,耿昇译,《北京图书馆馆刊》1993 年 1—2 期,第 143—148 页(译自巴黎 1984 年出版的《宗教学研究》第 72 卷,第 1 期)。

138. *[法]米歇尔·泰勒著:《西方发现西藏史(下)》,岳岩译,《国外藏学研究译文集》第十一辑,西藏人民出版社 1994 年版,第 375—442 页(译自巴黎 1985 年出版的《从马可·波罗到大卫—妮尔时代的西藏》一书)。

139. 石泰安著:《敦煌写本中的吐蕃巫教和苯教》,耿昇译,《国外藏学研究译文集》第十一辑,西藏人民出版社 1994 年版,第 1—60 页(译自《法兰西远东学院通报》,1988 年版,第 74 卷。本文系石泰安先生的系列文章《西藏文献汇编》之五)。

140. *石泰安著:《西藏的印度教神话》,岳岩译,《国外藏学研究译文集》第十一辑,西藏人民出版社 1994 年版,第 138—168 页。

141. 上山大峻著:《吐蕃僧诤问题的新透视》,耿昇译,《国外藏学研究译文集》第十一辑,西藏人民出版社 1994 年版,第 258—267 页(译自巴黎—京都 1990 年出版的法—日学者的敦煌西域学术讨论会论文集《有关中亚的文献与档案》一书)。

142. 石泰安著:《两卷敦煌藏文写本中的儒教格言》,耿昇译,《国外藏学研究译文集》第十一辑,西藏人民出版社 1994 年版,第 268—283 页(译自《法兰西远东学院通报》第 79 卷第 1 期,1992 年版。此文是石泰安先生连续发表的系列文章《古代吐蕃文献汇编》之六)。

143. [英]伊凡娜·格鲁弗撰:《巴多明神父的北京科学书简》,耿昇译,《北京图书馆馆刊》1994 年—2 期,第 118—125 页(译自 1980 年巴黎出版的《尚蒂伊第二届汉学讨论会论文集》)。

144. ※大卫-妮尔著:《一个巴黎女子的拉萨之行》,耿昇译,《国外藏学研究动态》1994 年第 7 期。

145. 维吉尔·毕诺著:《中国文化对十八世纪法国哲学家的影响》,耿昇译,任继愈主编:《国际汉学》第一辑,商务印书馆 1995 年版,第 135—163 页(该文译自巴黎 1972 年出版的《中国对法国哲学思想形成的影响》一书)。

146. *[美]艾德蒙·莱特著:《中国儒教对英国政府的影响》,李文昌译，任继愈主编：《国际汉学》第一辑，商务印书馆 1995 年版，第 164—179 页（译自巴黎 1980 年出版的《尚蒂伊第 2 届国际汉学讨论会论文集》）。

147. ＊谢和耐著：《十七和十八世纪的中欧文化交流》，方骏译，任继愈主编：《国际汉学》第一辑，商务印书馆 1995 年版，第 215—229 页（载日本东方学会 1972 年的《通讯》第 21 期，译自东京 1972 年出版的《亚洲学报》）。

148. ＊雅克·布罗斯著：《从西方发现中国到国际汉学的缘起》，李东日译，任继愈主编：《国际汉学》第一辑，商务印书馆 1995 年版，第 427—475 页（译自巴黎 1981 年出版的《发现中国》一书）。

149. 耿昇编译：《法国著名汉学家谢和耐教授简介》，［法］龙巴尔、［中］李学勤主编：《法国汉学》第一辑，清华大学出版社 1996 年版，第 1—16 页。

150. 谢和耐著：《论中国人的变化观念》，耿昇译，［法］龙巴尔、［中］李学勤主编：《法国汉学》第一辑，清华大学出版社 1996 年版，第 17—28 页（译自巴黎法兰西学院汉学研究所 1994 年出版的《中国的变化观念和感觉》文集）。

151. 谢和耐著：《中欧交流中的时空、科学和宗教》，耿昇译，［法］龙巴尔、［中］李学勤主编：《法国汉学》第一辑，清华大学出版社 1996 年版，第 29—39 页（译自巴黎 1993 年出版的《欧洲在中国论文集》）。

152. 魏丕信著：《文牍助人，1600—1850 年间的文件传递和官僚动员》，耿昇译，［法］龙巴尔、［中］李学勤主编：《法国汉学》第一辑，清华大学出版社 1996 年版，第 57—88 页。

153. ［法］苏尔梦（Claude Salmon）著：《王大海及其〈海岛逸志〉（一七九一年)》，耿昇译，［法］龙巴尔、［中］李学勤主编：《法国汉学》第一辑，清华大学出版社 1996 年版，第 155—181 页。

154. 贾永吉著：《论中国的棉花史：工艺、经济和社会探讨》，耿昇译，［法］龙巴尔、［中］李学勤主编：《法国汉学》第一辑，清华大学出版社 1996 年版，第 250—262 页。

155. 蓝克利著：《法国远东学院简介》，耿昇编译，［法］龙巴尔、［中］李学勤主编：《法国汉学》第一辑，清华大学出版社 1996 年版，第

303—326 页。

156. 谢和耐著：《法兰西学院的汉学讲座》，耿昇译，阎纯德主编：《汉学研究》第一集，中国和平出版社 1996 年版，第 55—60 页。

157. ［意］史兴善著：《利玛窦入华的行程路线》，耿昇译，阎纯德主编：《汉学研究》第一集，中国和平出版社 1996 年版，第 164—175 页。

158. 戴仁著：《法国的敦煌学研究》，耿昇译，阎纯德主编：《汉学研究》第一集，中国和平出版社 1996 年版，第 273—289 页。

159. 鄂法兰著：《法国对中国伊斯兰教的研究（1948—1949）》，耿昇译，阎纯德主编：《汉学研究》第一集，中国和平出版社 1996 年版，第 290—297 页。

160. 戴仁著：《法国汉学研究所简介》，耿昇译，阎纯德主编：《汉学研究》第一集，中国和平出版社 1996 年版，第 535—537 页。

161. 石泰安著：《观音，从男神变女神一例》，耿昇译，《法国汉学》编委会编：《法国汉学》第二辑，清华大学出版社 1997 年版，第 86—192 页。

162. 郭丽英著：《中国佛教中的占卜、游戏和清净——汉文伪经〈占察经〉研究》，耿昇译，《法国汉学》编委会编：《法国汉学》第二辑，清华大学出版社 1997 年版，第 193—223 页（本文译自法兰西远东学院于 1994 年出版的《佛教与地方文化》一书）。

163. 谢和耐著：《静坐仪，宗教与哲学》，耿昇译，《法国汉学》编委会编：《法国汉学》第二辑，清华大学出版社 1997 年版，第 224—243 页（译自《法兰西远东学院学报》第 69 卷，1981 年）。

164. 戴路德著：《〈远东亚洲丛刊〉简介》，耿昇译，《法国汉学》编委会编：《法国汉学》第二辑，清华大学出版社 1997 年版，第 348—352 页。

165. 戴仁著：《法国汉学研究所简介》，耿昇译，《法国汉学》编委会编：《法国汉学》第二辑，清华大学出版社 1997 年版，第 357—359 页。

166. 布尔努瓦著：《天马和龙涎——12 世纪之前丝绸路上的物质文化传播》，耿昇译，阎纯德主编：《汉学研究》第二集，中国和平出版社 1997 年版，第 70—92 页（译自《迪欧根尼》杂志第 167 期，1994 年 7—9 月）。

167. *彼埃·于阿尔、明翁著：《法国入华耶稣会士对中国科技的调查》，岳岩译，阎纯德主编：《汉学研究》第二集，中国和平出版社1997年版，第93—119页（译自《法兰西远东学院学报》，1986）。

168. 童丕、蓝克利著：《法国对中国古代经济社会史的研究》，耿昇译，阎纯德主编：《汉学研究》第二集，中国和平出版社1997年版，第128—139页（本文为特邀稿）。

169. *马古安著：《法国国立亚洲艺术博物馆——吉美博物馆的图书馆》，岳岩译，阎纯德主编：《汉学研究》第二集，中国和平出版社1997年版，第528—531页（本文为特邀文）。

170. 童丕著：《10世纪敦煌的借贷人》，耿昇译，《法国汉学》编委会编：《法国汉学》第三辑，清华大学出版社1998年版，第60—128页［译自《法兰西远东学院通报》（*T'oung Pao*），荷兰，布里尔出版社第80卷，1994年，4—5期］。

171. 洪怡沙、魏丕信著：《〈通报〉杂志小史》，耿昇译，《法国汉学》编委会编：《法国汉学》第三辑，清华大学出版社1998年版，第308—317页。

172. 耿昇编译：《法国汉学家谢和耐》，任继愈主编：《国际汉学》第二辑，大象出版社1998年版，第85—98页（本文是谢和耐教授应邀为《国际汉学》中的"汉学家专页"写的供独家发表的文章）。

173. 谢和耐著：《二战以后法兰西学院的汉学研究》，耿昇译，任继愈主编：《国际汉学》第二辑，大象出版社1998年版，第465—470页。

174. 罗贝尔·热拉—贝扎尔著：《法国对中国西域的研究》，耿昇译，阎纯德主编：《汉学研究》第三集，中国和平出版社1998年版，第190—197页。

175. 路易·巴赞著：《法国对古突厥、回鹘和新疆的研究》，耿昇译，阎纯德主编：《汉学研究》第三集，中国和平出版社1998年版，第198—214页。

176. 马若安、弗朗吉尼、梅泰理著：《法国近年来对中国科技史的研究》，耿昇译，阎纯德主编：《汉学研究》第三集，中国和平出版社1998年版，第215—226页。

177. *詹嘉玲著：《18世纪中国和法国的科学触撞》，岳岩译，阎纯德主编：《汉学研究》第三集，中国和平出版社 1998 年版，第 227—234 页。

178. *郭丽英著：《法国高等实验研究学院第 5 部有关汉文化圈的宗教科学讲座》，岳岩译，阎纯德主编：《汉学研究》第三集，中国和平出版社 1998 年版，第 422—425 页。

179. 谢和耐著：《再论中欧最早的文化交流》，耿昇译，黄时鉴主编：《东西交流论谭》，上海文艺出版社 1998 年版，第 290—312 页。

180. 詹嘉玲著：《法国对入华耶稣会士的研究》，耿昇译，黄时鉴主编：《东西交流论谭》，上海文艺出版社 1998 年版，第 481—497 页。

181. 鄂法兰著：《法国的蒙古学研究》，耿昇译，《蒙古学信息》1998 年第 1 期，第 26—43 页（本文是译者的特邀稿，原法文稿未曾发表过，专供在中国发表汉译文）。

182. 汪德迈、程艾兰著：《法国对中国哲学史和儒教的研究》，耿昇译，《世界汉学》1998 年第 1 期，第 94—99 页．

183. 鲁林著：《法国对 20 世纪中国史的研究》，耿昇译，《世界汉学》1998 年第 1 期，第 100—108 页．

184. 马克著：《法国战后对中国占卜的研究》，耿昇译，《世界汉学》1998 年第 1 期，第 109—114 页．

185. 郭丽英著：《法国对汉传佛教研究的历史与现状》，耿昇译，《世界汉学》1998 年第 1 期，第 115—121 页．

186. 戴仁著：《法国汉学研究所》，耿昇译，《世界汉学》1998 年第 1 期，第 202—203 页。

187. 韩百诗著：《"成吉思汗碑"铭考》，耿昇译，《蒙古学信息》1998 年第 3 期，第 1—11 页（译自《法国高等中国研究所文集》第 2 卷，巴黎，1980 年）。

188. 布尔努瓦著：《法国的丝绸之路研究》，耿昇译，《传统文化与现代化》1998 年第 4 期，第 85—95 页。

189. 马若安著：《利玛窦著作中的科学与技术》，耿昇译，任继愈主编：《国际汉学》第三辑，大象出版社 1999 年版，第 203—216 页（原载巴黎 1983 年出版的《中西交流》论文集）。

190. ［法］赫哈尔德著：《18 世纪的中国"政府"问题》，耿昇译，任继愈主编：《国际汉学》第三辑，大象出版社1999年版，第241—256页（译自巴黎1983年出版的《尚蒂伊第三届国际汉学讨论会论文集》）。

191. ［意］彼埃罗·科拉迪尼著：《利玛窦与文艺复兴》，耿昇译，任继愈主编：《国际汉学》第四辑，大象出版社1999年版，第367—373页（本文译自《中西文化交流论集》，巴黎，1993年）。

耿昇：《中外学者对大秦景教碑的研究综述》，谢方主编，中外关系史学会编：《中西初识》，大象出版社1999年版，第167—200页。

192. 韩百诗著：《谦河考》，耿昇译，《蒙古学信息》1999年第1期，第7—18页。（译自《亚细亚学报》1989年）

193. 耿昇：《意大利入华画家年修士事迹钩沉》，阎纯德主编：《汉学研究》第四集，中华书局2000年版，第231—238页。

194. 耿昇：《从法国安菲特利特号船远航中国看17—18世纪的海上丝绸之路》，阎纯德主编：《汉学研究》第四集，中华书局2000年版，第321—344页。

195. 韩百诗著：《高地亚洲元代历史地名的沿革》，耿昇译，阎纯德主编：《汉学研究》第四集，中华书局2000年版，第415—440页。

196. *［俄］斯莫林著：《论王则领导的弥勒教秘密会社的起义》，岳岩译，阎纯德主编：《汉学研究》第四集，中华书局2000年版，第441—462页。

197. 耿昇编译：《法国学者对海瑞16世纪在淳安县改革的研究》，阎纯德主编：《汉学研究》第五集，中华书局2000年版，第88—102页。

198. ［俄］克恰诺夫著：《北宋与西夏的战争》，耿昇译，阎纯德主编：《汉学研究》第五集，中华书局2000年版，第367—377页（摘译自1991年法国巴黎出版的《宋史研究》第1集第1分册）。

199. 彼诺著：《西域的吐火罗语写本与佛教文献》，耿昇译，《法国汉学》编委会编：《法国汉学》第五辑，中华书局2000年版，第215—244页（本文原载 Académie des Inscriptions et Belles - Lettres, Comptes rendus des seances de l'année 1991, janvier – mars fasc. 1, Paris, Boccard, 1991, pp. 227—251）。

200. ［丹麦］K·龙伯格（Knud Lundbæk）著：《宋程理学在欧洲的传播》，耿昇译，任继愈主编：《国际汉学》第五辑，大象出版社2000年版，第 302—350 页（译自巴黎 1983 年出版的《尚蒂伊第三届国际汉学讨论会论文集》）。

201. 谢和耐著：《20 世纪的法国汉学大师戴密微》，耿昇译，任继愈主编：《国际汉学》第六辑，大象出版社 2000 年版，第 20—33 页（这是谢和耐教授 1986 年 10 月 31 日在法国金石和美文学科学院纪念戴密微的大会上所作的报告，载该院学报 1986 年第 3 卷）。

202. [法] 舒特（J. F. Schütte）著：《耶稣会士进入中国的过程》，耿昇译，《西北第二民族学院学报》（哲学社会科学版）2000 年第 1 期，第 3—14 页（译自巴黎 1982 年出版的《利玛窦和其他入华耶稣会士对中国艺术及日常生活诸领域的描述》一书的序言）。

203. 伯希和著：《高地亚洲三年探险记》，耿昇译，《丝绸之路》2000 年第 4 期，第 18—26 页。

204. 韩百诗（Louis Hambis）著：《蒙古学泰斗伯希和》，耿昇译，《蒙古学信息》2001 年第 2 期，第 38—42 页（译自法国亚细亚学会 1946 年出版的《伯希和》）。

205. 德尼著：《法国阿尔泰学研究先驱伯希和》，耿昇译，《蒙古学信息》2001 年第 3 期，第 52—58 页（译自巴黎亚细亚学会 1946 年出版的《伯希和》一书）。

206. 戴密微著：《中国与欧洲早期的哲学交流》，耿昇译，任继愈主编：《国际汉学》第七辑，大象出版社 2002 年版，第 41—67 页（这是戴密微于 1976 年 2 月 3 日在东京大学文学系和 2 月 22 日在京都大学文学系所作的报告。译自《戴密微汉学论文集》，莱顿，1973）。

207. 阿米·海莱著：《布达拉宫的红色和黑色护法神初探》，耿昇译，王尧、王启龙主编：《国外藏学研究译文集》第十六辑，西藏人民出版社 2002 年版，第 325—341 页（译自巴黎 1990 年出版的《西藏的文明与社会》论集）。

208. 路易·勒内、路易·瓦扬、让·菲利奥扎著：《法国汉学泰斗伯希和》，耿昇译，阎纯德主编：《汉学研究》第六集，中华书局 2002 年版，第 35—66 页（译自法国亚细亚学会 1946 年于巴黎出版的《伯希和》一书）。（同路易·勒努—编者）

209. 谢和耐著：《入华耶稣会士和中国明末社会》，耿昇译，阎纯德主编：《汉学研究》第六集，中华书局 2002 年版，第 67—76 页（译自巴黎 1984 年出版的《宗教学研究》第 72 卷，第 1 期）。

210. 古伯察著：《野牦牛》，耿昇译，王蒙等著：《中国西部人文地图》，四川文艺出版社 2002 年版，第 68—70 页。

211. 伯德莱著：《清宫洋画家》，耿昇译，《华夏时报》2002 年 4 月 15 日，第 13 版。

212. 谢和耐著：《中国与欧洲国家观念的比较》，耿昇译，阎纯德主编：《汉学研究》第七集，中华书局 2003 年版，第 185—197 页（译自 1988 年东京出版的《日佛会馆学报》第 50 卷）。

213. 谢和耐著：《17 世纪基督教在中国的本土化问题》，耿昇译，阎纯德主编：《汉学研究》第七集，中华书局 2003 年版，第 248—257 页（译自巴黎 1988 年出版的《天主教与亚洲社会》文集）。

214. 伯希和著：《秦噶哗和古伯察先生的拉萨之行》，耿昇译，王尧、王启龙主编：《国外藏学研究译文集》第十七辑，西藏人民出版社 2004 年版，第 93—138 页（译自荷兰莱顿 1926 年号的《法兰西远东学院通报》）。

215. 毕梅雪著：《法国对中国考古和艺术的研究（1950—1994）》，耿昇译，《世界汉学》2005 年第 1 期，第 121—135 页。

216. 彼诺著：《西域的吐火罗语写本与佛教文献》，耿昇译，仲高主编，新疆龟兹学会编：《龟兹学研究》第三辑，新疆大学出版社 2008 年版，第 20—44 页。

217. 白吉尔、安必诺、伊莎贝尔·拉比著：《法国国立东方现代语言学院早期的汉语教学与汉学研究》，耿昇译，阎纯德主编：《汉学研究》第十二集，学苑出版社 2010 年版，第 155—189 页（节译自巴黎阿亚泰克出版社 1995 年出版的《东方语言学院汉语教学的一个世纪》）。

218. 若瑟·佛莱什（José Frèches）著：《从法国汉学到国际汉学》，耿昇译，阎纯德主编：《汉学研究》第十三集，学苑出版社 2011 年版，第 106—177 页（译自巴黎 1975 年出版的"我知道什么？"丛书第 1610 号，《汉学》）。

219. ［法］洛朗·加利（Laurent Galy）著：《法国汉学界的"翻译—外交官"时代》，耿昇译，阎纯德主编：《汉学研究》第十五集，学苑出版社 2013 年版，第 203—227 页（译自巴黎 1990 年出版的《法国东方语言学院的汉语教学 100 周年，1840—1954》）。

220. 伯希和著：《伯希和西域探险日记（一）》，耿昇译，《丝绸之路》2013 年第 21 期，第 47—53 页。

221. 伯希和著：《伯希和西域探险日记（二）》，耿昇译，《丝绸之路》2013 年第 23 期，第 61—65 页。

222. 戴密微著：《卓越的法国东方学家伯希和》，耿昇译，阎纯德主编：《汉学研究》第十六集，学苑出版社 2014 年版，第 119—131 页（译自法国亚细亚学会 1946 年于巴黎出版的《伯希和》一书）。

223. 谢和耐著：《法国 20 世纪下半叶的汉学大师戴密微》，耿昇译，阎纯德主编：《汉学研究》第十六集，学苑出版社 2014 年版，第 132—142 页（这是谢和耐教授于 1986 年 10 月 31 日在法国金石和美文学科学院纪念戴密微的大会上作的报告，载该院《学报》1986 年第 3 卷）。

224. 伯希和著：《伯希和西域探险日记（三）》，耿昇译，《丝绸之路》2014 年第 1 期，第 59—68 页。

225. 伯希和著：《伯希和西域探险日记（四）》，耿昇译，《丝绸之路》2014 年第 3 期，第 45—53 页。

226. 伯希和著：《伯希和西域探险日记（五）》，耿昇译，《丝绸之路》2014 年第 5 期，第 40—48 页。

227. 耿昇：《法国里昂商会中国考察团对四川养蚕业与丝绸业的考察》，《中华文化论坛》2014 年第 6 期，第 5—15 页，第 191 页。

228. 伯希和著：《伯希和西域探险日记（六）》，耿昇译，《丝绸之路》2014 年第 7 期，第 32—41 页。

229. 伯希和著：《伯希和西域探险日记（七）》，耿昇译，《丝绸之路》2014 年第 9 期，第 64—71 页。

230. 伯希和著：《伯希和西域探险日记（八）》，耿昇译，《丝绸之路》2014 年第 16 期，第 48—55 页。

231. 伯希和著：《伯希和西域探险日记（九）》，耿昇译，《丝绸之路》2014 年第 21 期，第 45—52 页。

232. 伯希和著：《伯希和西域探险日记（十）》，耿昇译，《丝绸之路》2014 年第 23 期，第 55—62 页。

233. 伯希和著：《致色纳尔先生的信（选）》，耿昇译，王明明主编：

《大匠之门》9，广西美术出版社2015年版，第26—36页。

234. 耿昇：《十八世纪在广州的法国商人和外交官》，《海洋史研究》2015年第2期，第87—103页。

235. 伯希和著：《伯希和西域探险日记（十一）》，耿昇译，《丝绸之路》2015年第1期，第66—73页。

236. 伯希和著：《伯希和西域探险日记（十二）》，耿昇译，《丝绸之路》2015年第3期，第63—70页。

237. 伯希和著：《伯希和西域探险日记（十三）》，耿昇译，《丝绸之路》2015年第5期，第55—62页。

238. 伯希和著：《伯希和西域探险日记（十四）》，耿昇译，《丝绸之路》2015年第7期，第56—62页。

239. 伯希和著：《伯希和西域探险日记（十五）》，耿昇译，《丝绸之路》2015年第11期，第52—59页。

五　论文

1. 耿昇：《法国的敦煌学研究概况》，《中国史研究动态》1981年第9期，第20—26页。

2. 耿昇：《法国敦煌学研究概况》，西北民族学院历史系民族研究所编：《西北民族文丛》第三辑，西北民族学院历史系民族研究所，1983年版，第180—191页。

3. 耿昇：《伯希和敦煌石窟笔记1—3卷出版》，《中国敦煌吐鲁番学会研究通讯》1984年第2期，第27页。

4. 耿昇：《伯希和敦煌汉文写本第3卷出版》，《中国敦煌吐鲁番学会研究通讯》1984年第2期，第27—28页。

5. 耿昇：《〈敦煌吐鲁番学研究译丛〉即将陆续出版》，《中国敦煌吐鲁番学会研究通讯》1984年第3期，第32页。

6. 耿昇：《戴密微和〈吐蕃僧诤记〉》，《中国敦煌吐鲁番学会研究通讯》1985年第1期，第41—42页。

7. 耿昇：《法国〈敦煌学论文集〉第三卷出版》，《中国敦煌吐鲁番学会研究通讯》1985年第1期，第43—45页。

8. 耿昇：《谢和耐和〈中国5—10世纪的寺院经济〉》，《中国敦煌吐鲁番学会研究通讯》1985 年第 2 期，第 26—27 页。

9. 耿昇：《法国的中国学家石泰安》，李范文、陈奇猷等主编：《国外中国学研究译丛》1，青海人民出版社 1986 年版，第 637—640 页。

10. 耿昇：《哈密屯〈钢和泰藏卷考释〉述要》，黄盛璋主编：《亚洲文明论丛》，四川人民出版社 1986 年版，第 247—269 页。（原载 1958 年《法兰西远东学院通报》第 4 卷第 1—2 期）

11. 耿昇：《马苏第〈黄金草原〉一书中有关突厥和吐蕃民族的记载》，《甘肃民族研究》1986 年第 3 期，第 103—112 页。

12. 耿昇：《八十年代的法国敦煌学论著简介》，《敦煌研究》1986 年第 3 期，第 57、78—88 页。

13. 耿昇：《法国对中国西域的研究》，《西北史地》1986 年第 4 期，第 64—74 页。

14. 耿昇：《中法学者友好合作的成果——〈敦煌壁画和写本〉内容简介》，《敦煌研究》1987 年第 1 期，第 104—112 页。

15. 耿昇：《〈九—十世纪敦煌回鹘文写本汇编〉出版》，《中国敦煌吐鲁番学会研究通讯》1987 年第 1 期，第 25—26 页。

16. ※耿昇：《18 世纪入华耶稣会士对开封一赐乐业教的调查》，《世界宗教研究资料》1987 年第 1 期。

17. 耿昇：《敦煌石窟国际讨论会在敦煌研究院举行》，《中国敦煌吐鲁番学会研究通讯》1987 年第 2 期，第 21—24 页。

18. 耿昇：《古代希腊罗马人笔下的赛里斯人》，《西北史地》1987 年第 2 期，第 22—27 页。

19. 耿昇：《法国近年来对入华耶稣会士问题的研究》，《中国史研究动态》1987 年第 3 期，第 20—27 页。

20. 耿昇：《尚蒂伊国际汉学讨论会综述》，《中国史研究动态》1987 年第 6 期，第 26—32 页。

21. 耿昇：《敦煌回鹘文写本的概况》，《敦煌研究》1988 年第 1 期，第 101—106 页。

22. 耿昇：《论〈伯希和敦煌石窟笔记〉及其学术价值（摘要）》，《敦煌研究》1988 年第 2 期，第 58—59、64 页。

23. 耿昇：《法国近年来的敦煌学研究》，《文史知识》1988 年第 8 期，第 113—117 页。

24. 耿昇：《法国学者推出敦煌学新作》，《中国敦煌吐鲁番学会研究通讯》1989 年第 1 期，第 17—22 页。

25. 耿昇：《古伯察及其〈鞑靼西藏旅行记〉》，《西北民族研究》1989 年第 2 期，第 224—232、246 页。

26. 耿昇：《路易·巴赞与法国突厥学研究》，《新疆社会科学情报》1989 年第 9 期，第 15—19 页。

27. 耿昇：《〈伯希和敦煌石窟笔记〉及其学术价值》，段文杰主编：《敦煌石窟研究国际讨论会文集·石窟考古编：1987》，辽宁美术出版社 1990 年版，第 557—569 页。

28. 耿昇：《法国的藏学研究综述》，《中国藏学》1990 年第 3 期，第 136—148 页。

29. ※＊岳岩（笔名）：《意大利藏学家图齐和〈西藏的宗教〉一书》，《国外藏学研究动态》1990 年第 4 期。

30. 耿昇：《法国学者近年来对敦煌民俗文化史的研究》，《中国史研究动态》1990 年第 6 期，第 20—28 页。

31. 耿昇、继光：《关于法国传教士古伯察西藏之行的汉文史料》，《西藏研究》1991 年第 1 期，第 109—113 页。

32. 耿昇：《法国女藏学家大卫－妮尔传》，《中国边疆史地研究》1991 年第 2 期，第 80—88 页。

33. ※耿昇：《西沙群岛历史档案》，《中国边疆史地研究导报》1991 年第 2 期。

34. ※耿昇：《法国藏学家小传》，《国外藏学》1992 年。

35. ※耿昇：《法国遣使会士古伯察的中国行记》，《九州学刊》1992 年第 14—15 期。

36. 耿昇：《中国中外关系史学会扬州会议纪要》，《中国史研究动态》1992 年第 9 期，第 24—31 页。

37. ※耿昇：《国外中外关系史名著简介》，《中国中外关系史学会通讯》1992 年第 10 期。

38. ＊岳岩（笔名）：《中国中外关系史学会扬州会议纪要》，中国中外关系史学会编：《中外关系史论丛》第 4 辑，天津古籍出版社 1994 年版，第 254—262 页。

39. ※耿昇：《国外中外关系史名著简介》，《中国中外关系史学会通讯》，1994 年第 11 期。

40. *岳岩：《国内近年来对国外有关蒙古、西藏和西域史名著的翻译出版概况》，任继愈主编：《国际汉学》第一辑，商务印书馆 1995 年版，第 408—424 页。

41. 耿昇：《法国学者近年来对中学西渐的研究（专著部分上）》：《中国史研究动态》1995 年第 4 期，第 13—19 页。

42. 耿昇：《法国学者近年来对中学西渐的研究（专著部分中）》，《中国史研究动态》1995 年第 5 期，第 20—26 页。

43. 耿昇：《法国学者对中学西渐的研究（专著部分下）》，《中国史研究动态》1995 第 9 期，第 22—29 页。

44. 耿昇：《第 18 届国际历史科学大会在蒙特利尔举行》，《中国史研究动态》1995 年第 12 期，第 19—21 页。

45. 耿昇：《十六—十八世纪的中学西渐和中国对法国哲学思想形成的影响》，《传统文化与现代化》1996 年第 1 期，第 88—95 页。

46. *李东日：《近年来外国学者对利玛窦的研究》，任继愈主编：《国际汉学》第二辑，大象出版社 1998 年版，第 411—433 页。

47. 耿昇：《法国女藏学家大卫－妮尔的生平与著作》，阎纯德主编：《汉学研究》第三集，中国和平出版社 1998 年版，第 301—324 页。

48. 耿昇：《莱布尼茨与中学西渐——评法国汉学界近年来有关莱布尼茨与中国的几部论著》，《中国文化研究》1998 年第 4 期，第 128—135 页。

49. 耿昇：《四海存知己 华文铸友谊——追忆法国著名汉学家龙巴尔教授》，《中国史研究动态》1998 年第 6 期，第 17—20 页。

50. 耿昇：《中外学者对大秦景教碑的研究综述》，谢方主编，中外关系史学会编：《中西初识》，大象出版社 1999 年版，第 167—200 页。

51. 耿昇：《外国学者对于西安府大秦景教碑的研究》，《世界宗教研究》1999 年第 1 期，第 56—64 页。

52. 耿昇：《16—18 世纪的中学西渐和中国对法国哲学思想形成的影响》，《西北第二民族学院学报》（哲学社会科学版）1999 年第 3 期，第 15—22 页。

53. 耿昇：《西方汉学界对开封犹太人调查研究的历史与现状》，阎纯德主编：《汉学研究》第五集，中华书局 2000 年版，第 327—347 页。

54. 耿昇：《西方汉学界对开封犹太人调查研究的历史与现状》，《西北第二民族学院学报》（哲学社会科学版）2000 年第 4 期，第 3—13 页。

55. 耿昇：《中国对意大利文艺复兴的影响》，《学习时报》2000 年 12 月 18 日，第 4 版。

56. 耿昇：《从法国安菲特利特号船远航中国看 17—18 世纪的海上丝绸之路》，《西北第二民族学院学报》（哲学社会科学版）2001 年第 2 期，第 3—11 页。

57. 耿昇：《伯希和西域探险与中国文物的外流》，《西北第二民族学院学报》（哲学社会科学版）2001 年第 4 期，第 5—17 页。

58. 耿昇：《法国汉学界对入华耶稣会士的研究》，《光明日报》2001 年 1 月 9 日，B3 版。

59. ※耿昇：《从〈18 世纪广州的对外贸易〉看广州在海上丝绸中的作用和地位》，广东省人民政府文史研究馆、岭南文史杂志社：《海上丝绸之路与中国南方港学术研讨会论文集》，2002 年。

60. ※耿昇：《中国儒家文化于 17—18 世纪在法国的传播与影响》，《齐鲁文化研究》第一辑，齐鲁书社 2002 年版，第 125—133 页。

61. 耿昇：《法国遣使会士古伯察的环中国大旅行与中法外交交涉》，纪宗安、汤开建主编：《暨南史学》第一辑，暨南大学出版社 2002 年版，第 349—373 页。

62. 耿昇：《西方汉学界对开封犹太人调查研究的历史与现状》，中国中外关系史学会编：《中西初识二编》，大象出版社 2002 年版，第 261—283 页。

63. 耿昇：《中国儒家文化于 17—18 世纪在法国的传播与影响》，《中西文化研究》2002 年第 1 期，第 109—122 页。

64. 耿昇：《法国学者对丝绸之路的研究》，《中西文化研究》2002 年第 2 期，第 138—157 页。

65. 耿昇：《法国汉学界对丝绸之路的研究》，《西北第二民族学院学报》（哲学社会科学版）2002 年第 2 期，第 5—13、111 页。

66. 耿昇：《丝绸之路研究在中国——昆明丝绸之路学术会议综述》，

《西北第二民族学院学报》(哲学社会科学版) 2002 年第 4 期, 第 5—10 页。

67. 耿昇:《贡斯当与〈中国 18 世纪广州对外贸易回忆录〉》, 纪宗安、汤开建主编:《暨南史学》第二辑, 暨南大学出版社 2003 年版, 第 362—375 页。

68. 耿昇:《伯希和西域探险与中国文物的外流》, 梁尉英主编, 敦煌研究院编:《2000 年敦煌学国际学术讨论会文集: 纪念敦煌藏经洞发现暨敦煌学百年 (1900—2000), 历史文化卷》, 甘肃民族出版社 2003 年版, 第 378—413 页。

69. 耿昇:《2001 年海上丝路研究在中国 (上)》,《南洋问题研究》2003 年第 1 期, 第 70—79、93 页。

70. 耿昇:《法国汉学界对于中西文化首次撞击的研究 (一)》,《中西文化研究》2003 年第 1 期, 第 100—112 页。

71. 耿昇:《法国汉学界对于中西文化首次撞击的研究 (二)》,《中西文化研究》2003 年第 2 期, 第 98—113 页。

72. 耿昇:《近年蓬勃发展的中外关系史研究》,《中国文化研究》2003 年第 2 期, 第 122—134 页。

73. 耿昇:《2001 年海上丝路研究在中国 (下)》,《南洋问题研究》2003 年第 2 期, 第 66—82、98 页。

74. 耿昇:《"中国海外贸易与海外移民史"研讨会综述》,《深圳大学学报》(人文社会科学版) 2003 年第 3 期, 第 125—128 页。

75. 耿昇:《法国汉学界对中西文化首次撞击的研究 (上)》,《河北学刊》2003 年第 4 期, 第 173—182 页。

76. 耿昇:《欧洲汉学: 法国独领风骚》,《社会科学报》2003 年 4 月 3 日, 第 4 版。

77. 耿昇:《法国对入华耶稣会士与中西文化交流的研究》, 任继愈主编:《国际汉学》第十辑, 大象出版社 2004 年版, 第 128—156 页。

78. 耿昇:《用世界眼光看清史——兼谈中国文化于 17—18 世纪在法国的传播》, 国家清史编纂委员会编译组:《清史译丛》第一辑, 中国人民大学出版社 2004 年版, 第 7—20 页。

79. 耿昇:《法国汉学界对中西文化首次撞击的研究 (下)》,《河北学刊》2004 年第 2 期，第 180—186 页。

80. ※耿昇：《清代西方人视野中的澳门与广州》，《文化杂志》2004 年第 53 期。

81. ※耿昇：《法国入华耶稣会士罗历山及其对"东京王国"的研究》，《炎黄文化》2004 年。

82. ※耿昇：《17—19 世纪西方人视野中的澳门与广州》，耿昇、吴志良主编：《16—18 世纪的中西关系与澳门》，商务印书馆 2005 年版，第 1—18 页。

83. 耿昇：《法国入华耶稣会士罗历山及其对"东京王国"的研究》，石源华、胡礼忠主编：《东亚汉文化圈与中国关系》，中国社会科学出版社 2005 年版，第 261—282 页。

84. 耿昇：《孟斗班与第二次鸦片战争——从新公布的档案文献看英法联军侵华战争》，纪宗安，汤开建主编：《暨南史学》第四辑，暨南大学出版社 2005 年版，第 376—414 页。

85. 耿昇：《法国学者对敦煌文本的研究与谢和耐教授的贡献》，任继愈主编：《国际汉学》第十三辑，大象出版社 2005 年版，第 241—258 页。

86. 耿昇：《远航 600 载，环球共注目——法国汉学界有关郑和下西洋的研究》，杨允中主编：《郑和与海上丝绸之路》，澳门：澳门大学澳门研究中心 2005 年版，第 111—139 页。

87. ※耿昇：《继承锡文化的悠久传统，开创锡都的光辉未来》，个旧市委宣传部、云南社科院编：《锡文化论文集》，2005 年。

88. ※耿昇：《蓬勃发展的中外关系史研究》，《三条丝绸之路比较研究学术讨论会论文集》，香港社会科学出版社 2005 年。

89. 耿昇：《伯希和西域探险与中国文物的外流》，《世界汉学》2005 年第 1 期，第 98—120 页。

90. 耿昇：《北圻与中国传统文化——法国入华耶稣会士罗历山及其对"东京王国"的研究》，《西北第二民族学院学报》（哲学社会科学版）2005 年第 1 期，第 18—24 页。

91. 耿昇：《西方人视野中的澳门与广州》，《中国文化研究》2005 年第 2 期，第 108—121 页。

92. 耿昇：《传教士与远征军——法国传教士艾嘉略第二次鸦片战争亲

历记》,《杭州师范学院学报》（社会科学版）2005年第4期,第19—29页。

93. 耿昇:《传教士与远征军——法国传教士艾嘉略第二次鸦片战争亲历记》,朱政惠主编:《海外中国学评论》第1辑,上海古籍出版社2006年版,第136—153页。

94. 耿昇:《试论法兰西学院的中国学讲座》,王荣华主编:《多元视野下的中国：首届世界中国学论坛》,学林出版社2006年版,第73—104页。

95. 耿昇:《试论法兰西学院的中国学讲座》,阎纯德主编:《汉学研究》第九集,中华书局2006年版,第145—185页。

96. ※耿昇:《西方人对中国开封犹太人的调查始末》,中国人民大学清史研究所、国家清史编纂委员会编:《"西学与清代文化"国际学术研讨会论文集》,2006年。

97. 耿昇:《千年宁波港 荣辱伴中华——西方人视野中的宁波地区》,宁波"海上丝绸之路"申报世界文化遗产办公室、宁波市文物保护管理所、宁波市文物考古研究所编著:《宁波与海上丝绸之路》,科学出版社2006年版,第6—22页。

98. 耿昇:《孟斗班与第二次鸦片战争——新公布的档案文献揭露英军焚毁圆明园之真相》,《学术月刊》2006年第1期,第94—100页。

99. 耿昇:《传教士与远征军——法国传教士艾嘉略第二次鸦片战争亲历记》,《中西文化研究》2006年第1期,第11—23页。

100. 耿昇:《法国汉学界有关郑和下西洋的研究》,《中国文化研究》2006年第2期,第162—173页。

101. 耿昇:《新公布的档案文献揭露英军焚毁圆明园之真相》,《文史知识》2006年第3期,第36—37页。

102. ※耿昇:《开幕词》,耿昇、朴灿奎、李宗勋、孙泓主编:《多元视野中的中外关系史研究》,延边大学出版社2007年版。

103. ※耿昇:《孟斗班与第二次鸦片战争——从新公布的档案文献看英法联军侵华战争》,耿昇、朴灿奎、李宗勋、孙泓主编:《多元视野中的中外关系史研究》,延边大学出版社2007年版。

104. 耿昇:《丝路花絮落鲁东：读刘凤鸣研究员〈山东半岛与东方海上丝绸之路〉偶感》,刘凤鸣:《山东半岛与东方海上丝绸之路》,人民出版社 2007 年版，第 1—8 页（2007 年 10 月 29 日于中国社会科学院历史研究所）。

105. 耿昇：《西方人视野中的喀什》，中国中外关系史学会，暨南大学文学院主编：《中国关系史论丛·第 11 辑·丝绸之路与文明的对话》，新疆人民出版社 2007 年版，第 205—228 页。

106. 耿昇：《西方人视野中的宁波地区》，阎纯德主编：《汉学研究》第十集，学苑出版社 2007 年版，第 291—323 页。

107. 耿昇：《西方人视野中的喀什》，《西北第二民族学院学报》（哲学社会科学版）2007 年第 1 期，第 5—13 页。

108. 耿昇：《西方人对中国开封犹太人的调查始末》，《河南大学学报》（社会科学版）2007 年第 2 期，第 106—118 页。

109. ※耿昇：《西方人视野中的宁波地区》，《文化杂志》2007 年第 62 期。

110. 耿昇：《伯希和西域探险团对库车地区的考察及其所获汉文书》，仲高主编，新疆龟兹学会编：《龟兹学研究》第三辑，新疆大学出版社 2008 年版，第 45—65 页。

111. 耿昇：《探索中西关系源头，谱写丝路文化新章——重读丘进先生的〈中国与罗马〉》，丘进：《中国与罗马：汉代中西关系研究》，黄山书社 2008 年版，第 1—5 页。

112. 耿昇：《试论遣使会传教士的在华活动》，朱政惠主编：《海外中国学评论》第 3 辑，上海辞书出版社 2008 年版，第 225—248 页。

113. 耿昇：《西方人对中国开封犹太人的调查始末》，王荣华主编：《中国与世界：和谐 和平：第二届世界中国学论坛·文史哲卷》，学林出版社 2008 年版，第 207—234 页。

114. 耿昇：《伯希和西域探险团对库车地区的考察及所获汉文文书》，《西北第二民族学院学报》（哲学社会科学版）2008 年第 6 期，第 5—13 页。

115. 耿昇：《丝路花絮落鲁东》，《大众日报》2008 年 3 月 21 日，B2 版。

116. 耿昇：《登州是中国海上丝绸之路的始发港之一》，耿昇、刘凤鸣、张守禄主编：《登州与海上丝绸之路：登州与海上丝绸之路国际学术研讨会论文集》，人民出版社 2009 年版，第 6 页（这是 2008 年 10 月 11 日作者在"登州与海上丝绸之路"国际学术研讨会开幕式上的讲话摘录。标题为编者所加)。

117. 耿昇:《从英国传教士韦廉臣夫人的游记看19世纪下半叶的烟台与山东半岛》,耿昇、刘凤鸣、张守禄主编:《登州与海上丝绸之路:登州与海上丝绸之路国际学术研讨会论文集》,人民出版社2009年版,第124—134页。

118. 耿昇:《法国里昂商会中国考察团于1895—1897年对云南的考察》,《北方民族大学学报》(哲学社会科学版)2009年第1期,第14—20页。

119. 耿昇:《从基督宗教的第3次入华高潮到西方早期中国观的形成》,《华侨大学学报》(哲学社会科学版)2009年第2期,第20—35页。

120. 耿昇:《考察草原丝绸之路的法国人》,《北方民族大学学报》(哲学社会科学版)2009年第6期,第18—28页。

121. 耿昇:《从方济各·沙勿略客死上川到耶稣会士大举入华》,中国中外关系史学会等主编:《新视野下的中外关系史》,甘肃人民出版社2010年版,第125—147页。

122. 耿昇:《18世纪广州的欧洲商船与茶叶贸易》,广州大学十三行政策研究中心、中共广州市荔湾区委宣传部编:《广州十三行研究回顾与展望》,世界图书出版公司2010年版,第225—252页。

123. 耿昇:《考察草原丝绸之路的法国人》,张柱华主编:《"草原丝绸之路"学术研讨会论文集》,甘肃人民出版社2010年版,第7—39页。

124. 耿昇:《法国云南东方汇理银行在中国的活动》,《北方民族大学学报》(哲学社会科学版)2010年第6期,第24—29页。

125. 耿昇:《伯希和对库车地区的考察成果》,新和县文化体育广播电视管理局编:《丝路印记:丝绸之路与龟兹中外文化交流》,甘肃人民出版社2011年版,第8—27页。

126. 耿昇:《试论巴黎外方传教会的在华活动》,单周尧主编:《东西方研究》,上海古籍出版社2011年版,第165—181页。

127. 耿昇:《明末西班牙传教士笔下的广东口岸(上)》,《华侨大学学报》(哲学社会科学版)2011年第4期,第23—31页。

128. 耿昇:《法国东方学家格鲁塞对玄奘西游的研究》,《北方民族大学学报》（哲学社会科学版）2011年第5期，第5—15页。

129. ※耿昇：《澳门在基督宗教第三次入华中的作用与地位》，《文化杂志》2011年第78期。

130. 耿昇：《澳门在基督宗教第三次入华中的作用与地位》，郝雨凡、吴志良、林广志主编：《澳门学引论：首届澳门学国际学术研讨会论文集》，社会科学文献出版社2012年版，第453—479页。

131. 耿昇：《法国里昂商会中国考察团对四川养蚕业与丝绸业的考察》，王士元等主编：《茶马古道研究集刊》第2辑，云南大学出版社2012年版，第40—54页。

132. 耿昇：《法国汉学家格鲁塞对玄奘西游的研究》，中国中外关系史学会、华侨大学华人华侨研究院主编《多元宗教文化视野下的中外关系史》，甘肃人民出版社2012年版，第15—32页。

133. 耿昇、钱婉约、贾永会：《积跬步以至千里的翻译家——耿昇先生访谈录》，阎纯德主编：《汉学研究》第十四集，学苑出版社2012年版，第23—32页。

134. 耿昇：《从基督宗教的第三次入华高潮到西方早期中国观的形成》，朱政惠主编：《海外中国学评论》第4辑，上海辞书出版社2012年版，第65—88页。

135. 耿昇：《法国里昂商会中国考察团对四川养蚕业与丝绸业的考察》，段渝主编：《巴蜀文化研究集刊7：南方丝绸之路研究论集2》，巴蜀书社2012年版，第95—108页。

136. 耿昇：《学术汉学与实用汉学之争》，潘世伟、黄仁伟、周武编：《中国学》第2辑，上海人民出版社2012年版，第2—36页。

137. 耿昇：《明末西班牙传教士笔下的广东口岸（下）》，《华侨大学学报》（哲学社会科学版）2012年第1期，第38—47页。

138. 耿昇：《法国里昂商会中国考察团对四川和贵州养蚕业与丝绸业的考察》，《北方民族大学学报》（哲学社会科学版）2012年第3期，第5—16页。

139. 耿昇：《古丝路重镇龟兹历史文明探索——〈伯希和西域探险日记〉中有关库车绿洲的记述》，《丝绸之路》2012年第22期，第5—9页。

140. ※耿昇：《明末西班牙传教士笔下的广东海岸》，《文化杂志》

2012 年第 84 期。

141. 耿昇：《康熙大帝、路易十四与天主教入华》，潘世伟、黄仁伟、乔兆红编：《中国学》第 3 辑，上海人民出版社 2013 年版，第 82—102 页。

142. 耿昇：《法国政界与商界对云南茶马古道南北两道的考察》，马明达、纪宗安主编：《暨南史学》第八辑，广西师范大学出版社 2013 年版，第 395—422 页。

143. 耿昇：《"中国与周边国家关系学术研讨会"开幕词》，中国中外关系史学会、云南省社会科学院、红河州人民政府编：《中国与周边国家关系研究》，中国书籍出版社 2013 年版，第 10—11 页（2009 年 9 月 26 日）。

144. 耿昇：《法国云南东方汇理银行在蒙自与云南府的活动》，中国中外关系史学会、云南省社会科学院、红河州人民政府编：《中国与周边国家关系研究》，中国书籍出版社 2013 年版，第 196—219 页。

145. 耿昇：《试论遣使会传教士的在华活动》，张西平、耿昇、武斌编：《明清之际中外文化交流史研究新进展》，外语教学与研究出版社 2013 年版，第 115—142 页。

146. 耿昇：《探索古丝路重镇龟兹的历史文明》，王欣主编：《城市与中外民族文化交流》，陕西师范大学出版总社有限公司 2013 年版，第 49—56 页。

147. 耿昇：《康熙大帝、路易十四与天主教入华》，耿昇、戴建兵主编：《历史上中外文化的和谐与共生：中国中外关系史学会 2013 年学术研讨会论文集》，甘肃人民出版社 2014 年版，第 1—22 页。

148. ※耿昇：《法国汉学界的丝路研究》，《亚洲合作对话丝绸之路务实合作论坛论文集》，外交部、甘肃省政府、西北师范大学《丝绸之路》杂志社，2014 年。

149. 耿昇：《17—18 世纪在广州的法国商人、外交官与十三行行商》，马明达、纪宗安主编：《暨南史学》第九辑，广西师范大学出版社 2014 年版，第 209—227 页。

150. 耿昇：《法国的学术汉学与实用汉学之争》，阎纯德主编：《汉学研究》第十六集，学苑出版社 2014 年版，第 82—118 页。

151. 耿昇：《我与法国汉学》，《国际汉学》2014 年第 1 期，第 189—

198 页。

152. 耿昇：《搭中法文化交流之虹桥涉中外关系史之学海——我的治学之道》，《社会科学战线》2014 年第 1 期，第 228—233 页，第 2 页。

153. 耿昇：《康熙大帝、路易十四与天主教入华》，《社会科学战线》2014 年第 1 期，第 218—227 页。

154. 耿昇：《中法早期关系史：柏朗嘉宾与鲁布鲁克出使蒙元帝国》，《北方民族大学学报》（哲学社会科学版）2014 年第 3 期，第 5—16 页。

155. 耿昇：《薪火相传二百年——法兰西学院"汉学讲座"回望》，《南国学术》2014 年第 4 期，第 155—167 页。

156. 耿昇、宋岘：《法国汉学界的丝路研究》，《丝绸之路》2014 年 13 期，第 122—135 页。

157. ※耿昇：《康熙大帝、路易十四与天主教入华》，《文化杂志》2014 年第 91 期。

158. 耿昇：《法兰西学院汉学讲座 200 周年与伯希和的贡献》，朱政惠主编：《海外中国学评论》第 5 辑，上海辞书出版社 2015 年版，第 93—120 页。

159. 耿昇：《中国、哈萨克斯坦与丝绸之路经济带》，阎纯德主编：《汉学研究》第十九集，学苑出版社 2015 年版，第 499—505 页。

160. 耿昇：《法兰西学院汉学讲座 200 周年与伯希和的贡献》，丘进、张倩红、万明主编：《全球视野下的中外关系史：中国中外关系史学会 2014 年学术论文集》，中国华侨出版社 2015 年版，第 1—34 页。

161. 耿昇：《康熙大帝、路易十四与天主教入华》，赵克生主编：《第三届"利玛窦与中西文化交流"国际学术研讨会论文集》，中山大学出版社 2015 年版，第 111—127 页。

162. ※万明、耿昇：《明代丝绸之路上的泾川》，李斌诚、韩金科主编：《2015 丝绸之路与泾川文化学术研讨会论文集》，2015 年，第 243—253 页。

163. 耿昇：《香格里拉的"德钦特藏"》，《社会科学战线》2015 年第 11 期，第 71—79 页。

164. 耿昇：《方济各会士出使蒙元帝国，中法关系的肇始》，《西部蒙古论坛》2015 年第 1 期，第 3—15、126 页。

165. 耿昇：《法兰西学院汉学讲座 200 周年与伯希和的贡献》，《社会科学战线》2015 年第 1 期，第 84—94 页。

166. 耿昇：《香格里拉访书记（一）》，《丝绸之路》2015 年第 17 期，第 1—5 页。

167. 耿昇：《香格里拉访书记（二）》，《丝绸之路》2015 年第 19 期，第 46—53 页。

168. 耿昇：《中国儒家文化通过丝绸之路在法国的传播与影响》，于建福、于述胜主编，国际儒学联合会编：《国际儒学研究》第二十三辑，华文出版社 2016 年版，第 105—115 页。

169. 耿昇：《法国探险家弥皋对于康藏地区的科学考察》，王启龙主编：《国外藏学研究集刊》第一辑，上海古籍出版社 2017 年版，第 107—117 页。

170. 耿昇：《十八世纪在广州的法国商贾和外交官》，李庆新、胡波主编：《东亚海域交流与南中国海洋开发》（下），科学出版社 2017 年版，第 391—408 页。

171. 耿昇：《学问要从具体问题作起》，《博览群书》2019 年第 1 期，第 64、68—69 页。

六　专著序言及附录文章

1. 耿昇：《译者的话》，石泰安著：《西藏的文明》，耿昇译，西藏社会科学院西藏学汉文文献编辑室，1981 年版，第 1—2 页（1982 年 8 月 15 日于北京）。

2. 耿昇：《译者的话》，戴密微著：《吐蕃僧诤记》，耿昇译，甘肃人民出版社 1984 年版，第 1—3 页（1980 年 8 月 15 日）。

3. 耿昇：《戴密微》，戴密微著：《吐蕃僧诤记》，耿昇译，甘肃人民出版社 1984 年版，第 546—549 页。

4. 耿昇：《译者的话》，布尔努瓦著：《丝绸之路》，耿昇译，新疆人民出版社 1984 年版，第 6 页。

5. 耿昇：《译者的话》，勒内·吉罗著：《东突厥汗国碑铭考释：骨咄禄、默啜和毗伽可汗执政年间（680—734 年)》，耿昇译，新疆社会科学院历史研究所，1984 年版（1984 年 2 月 5 日于北京）。

6. 耿昇：《勒内·吉罗小传》，勒内·吉罗著：《东突厥汗国碑铭考释：骨咄禄、默啜和毗伽可汗执政年间（680—734年）》，耿昇译，新疆社会科学院历史研究所，1984年版，第319—321页（根据1970年的法国《突厥学报》第1期所刊巴黎大学突厥学研究所所长巴赞先生的悼念文章编译）。

7. 耿昇：《译后记》，敦煌文物研究所编：《敦煌译丛·第一辑》，甘肃人民出版社1985年版，第258页（1984年3月11日于中国社会科学院历史研究所）。

8. 耿昇：《中译者序言》，柏朗嘉宾著、贝凯、韩百诗译注：《柏朗嘉宾蒙古行纪》，耿昇译；鲁布鲁克著，柔克义译注：《鲁布鲁克东行纪》，何高济译，中华书局1985年版，第5—7页（1982年国庆于中国社会科学院历史所）。

9. 耿昇：《译者的话》，哈密屯著：《五代回鹘史料》，耿昇、穆根来译，新疆人民出版社1986年版（1980年8月17日于北京）。

10. 耿昇：《译后附记》，哈密屯著：《五代回鹘史料》，耿昇、穆根来译，新疆人民出版社1986年版，第218页（1984年4月10日）。

11. 耿昇：《译者的话》，戈岱司编：《希腊拉丁作家远东古文献辑录》，耿昇译，中华书局1987年版，第1—4页（1981年岁末于中国社会科学院历史研究所）。

12. 耿昇：《译者的话》，谢和耐著：《中国5—10世纪的寺院经济》，耿昇译，甘肃人民出版社1987年版，第1—4页（1984年7月1日于中国社会科学院历史研究所）。

13. 耿昇：《译者的话》，图齐、海西希著：《西藏和蒙古的宗教》，耿昇译，王尧校订，天津古籍出版社1989年版，第1—3页（1986年8月1日于北京）。

14. 耿昇、穆根来：《中译者序》，费琅辑注：《阿拉伯波斯突厥人东方文献辑注》，耿昇、穆根来译，中华书局1989年版，第1—2页（1982年岁初于北京）。

15. 耿昇：《译者的话》，布洛菲尔德著：《西藏佛教密宗》，耿昇译，西藏人民出版社1990年版，第1—3页（1989年3月于北京）。

16. 耿昇：《译者的话》，谢和耐著：《中国和基督教——中国和欧洲文化之比较》，耿昇译，上海古籍出版社 1991 年版，第 1—7 页（1988 年 3 月 10 日于北京中国社会科学院历史研究所）。

17. 耿昇：《译者前言》，麦克唐纳（Ariane Macdonald）著：《敦煌吐蕃历史文书考释》，耿昇译，青海人民出版社 1991 年版，第 1—3 页（1982 年 9 月于中国社会科学院历史研究所）。

18. 耿昇：《译者的话》，古伯察著：《鞑靼西藏旅行记》，耿昇译，中国藏学出版社 1991 年版，第 1—12 页（1988 年岁末于中国社会科学院历史研究所）。

19. 耿昇：《译后记》，石泰安著：《川甘青藏走廊古部落》，耿昇译，王尧校，四川民族出版社 1992 年版，第 176—180 页（1981 年元月 5 日于北京）。

20. 耿昇：《译者的话》，石泰安著：《西藏史诗与说唱艺人的研究》，耿昇译，西藏人民出版社 1993 年版，第 1—14 页（1991 年 9 月 9 日夜灯下于中国社会科学院历史研究所）。

21. 耿昇：《后记》，伯希和著：《伯希和敦煌石窟笔记》，耿昇、唐健宾译，甘肃人民出版社 1993 年版，第 412—415 页（1987 年 11 月底于中国社会科学院历史研究所）。

22. 耿昇：《译者的话》，谢和耐等著：《法国学者敦煌学论文选萃》，耿昇译，中华书局 1993 年版，第 1—3 页（1992 年 5 月 22 日于中国社会科学院历史研究所）。

23. 耿昇：《附录：谢和耐教授的主要汉学著作目录》，谢和耐等著：《法国学者敦煌学论文选萃》，耿昇译，中华书局 1993 年版，第 365—370 页。

24. 耿昇：《译者的话》，玛扎海里著：《丝绸之路：中国—波斯文化交流史》，耿昇译，中华书局 1993 年版，第 1—5 页（1992 年 6 月 1 日于中国社会科学院历史研究所）。

25. 耿昇：《译者的话》，伯希和著：《卡尔梅克史评注》，耿昇译，中华书局 1994 年版，第 1—6 页（1993 年春节）。

26. 耿昇：《〈吐蕃僧净记〉中译本台湾版序言》，戴密微著：《吐蕃僧净记》，耿昇译，台北：商鼎文化出版社 1994 年版，第 1—4 页（1993 年 9 月 5 日于北京中国社会科学院历史研究所中外关系史研究室）。

27. 耿昇：《译者的话》，戴密微著：《吐蕃僧诤记》，耿昇译，台北：商鼎文化出版社1994年版，第7—8页（1980年8月15日）。

28. 耿昇：《戴密微》，戴密微著：《吐蕃僧诤记》，耿昇译，台北：商鼎文化出版社1994年版，第468—470页。

29. 耿昇：《译者小传》，戴密微著：《吐蕃僧诤记》，耿昇译，台北：商鼎文化出版社1994年版，第471—473页。

30. 耿昇：《〈中国5—10世纪的寺院经济〉中译本台湾版序言》，谢和耐著：《中国5—10世纪的寺院经济》，耿昇译，台北：商鼎文化出版社1994年版，第1页（1993年9月5日于北京中国社会科学院历史研究所中外关系史研究室）。

31. 耿昇：《谢和耐教授的主要汉学著作目录》，谢和耐著：《中国5—10世纪的寺院经济》，耿昇译，台北：商鼎文化出版社1994年版，第410—416页。

32. 耿昇：《译者小传》，谢和耐著：《中国5—10世纪的寺院经济》，耿昇译，台北：商鼎文化出版社1994年版，第417—419页。

33. 耿昇：《译者的话》，荣振华著：《在华耶稣会士列传及书目补编》，耿昇译，中华书局1995年版，第1—8页（1991年国庆，北京）。

34. 耿昇：《译后记》，谢和耐著：《中国社会史》，耿昇译，江苏人民出版社1995年版，第689—691页（1993年国庆节于中国社会科学院历史所）。

35. 耿昇：《译者的话》，大卫-妮尔著：《一个巴黎女子的拉萨历险记》，耿昇译，西藏人民出版社1997年版，第1—7页（1986年国庆）。

36. 耿昇：《译序》，陈艳霞著：《华乐西传法兰西》，耿昇译，商务印书馆1998年版，第i—iii页（1992年岁末于中国社会科学院历史研究所）。

37. 耿昇：《译者的话》，莫尼克·玛雅尔著：《古代高昌王国物质文明史》，耿昇译，中华书局1995年版，第1—3页（1993年初）。

38. 耿昇：《译者的话》，戴仁主编：《法国当代中国学》，耿昇译，中国社会科学出版社1998年版，第1—8页（1997年香港回归祖国前夜于中国社会科学院历史研究所中外关系史研究室）。

39. 耿昇：《译者的话》，马苏第著：《黄金草原》一、二卷，耿昇译，青海人民出版社1998年版，第5—8页（1998年2月5日灯下于中国社会科学院历史研究所)。

40. 耿昇、郑德弟:《译者的话》,沙百里著:《中国基督徒史》,耿昇、郑德弟译,中国社会科学出版社 1998 年版,第 1—3 页(1997 年初岁始)。

41. 耿昇:《译者的话》,路易·巴赞著:《突厥历法研究》,耿昇译,中华书局 1998 年版,第 1—5 页(1996 年 7 月 1 日于中国社会科学院历史研究所)。

42. 耿昇:《译者序言》,图齐著:《西藏宗教之旅》,耿昇译,王尧校订,中国藏学出版社 1999 年版,第 3—27 页(1999 年 7 月中国社会科学院历史研究所)。

43. 耿昇:《译者的话》,L. 布尔努瓦著:《西藏的黄金和银币:历史、传说与演变》,耿昇译,中国藏学出版社 1999 年版,第 1—5 页(1997 年 12 月 1 日于中国社会科学院历史研究所)

44. 耿昇:《译者的话》,石泰安著:《西藏的文明》,耿昇译,王尧审订,中国藏学出版社 1999 年版,第 1—8 页(1997 年 4 月 1 日于中国社会科学院历史研究所)。

45. 耿昇:《译者的话》,米歇尔·泰勒著:《发现西藏》,耿昇译,中国藏学出版社 1999 年版,第 282 页(1996 年 12 月 1 日于中国社会科学院历史研究所)。

46. 耿昇:《译者的话》,安田朴著:《中国文化西传欧洲史》,耿昇译,商务印书馆 2000 年版,第 1—5 页。

47. 耿昇:《译者的话》,罗伯尔·萨耶著:《印度—西藏的佛教密宗》,耿昇译,中国藏学出版社 2000 年版,第 1—2 页(1999 年 9 月 25 日赴法作学术访问前夜)。

48. 耿昇:《译后记》,陈增辉主编,中国第一历史档案馆、福建师范大学历史系编:《清末教案 4》,耿昇、杨佩纯译,中华书局 2000 年版,第 587—590 页(1994 年国庆之夜灯下于中国社会科学院历史研究所)。

49. 耿昇:《译者的话》,维吉尔·毕诺著:《中国对法国哲学思想形成的影响》,耿昇译,商务印书馆 2000 年版,第 1—3 页(1996 年于中国社会科学院历史研究所)。

50. 耿昇:《丝绸之路与法国学者的研究》,布尔努瓦著:《丝绸之路》，耿昇译，山东画报出版社 2001 年版，第 1—8 页。

51. 耿昇：《译者的话》，戴密微著：《吐蕃僧诤记》，耿昇译，西藏人民出版社 2001 年版，第 1—2 页（1980 年 8 月 15 日）。

52. 耿昇：《再版序言》，戴密微著：《吐蕃僧诤记》，耿昇译，西藏人民出版社 2001 年版，第 1—6 页（1999 年 7 月 10 日于中国社会科学院历史研究所）。

53. 谢和耐著：《戴密微传》，耿昇译，戴密微著：《吐蕃僧诤记》，耿昇译，西藏人民出版社 2001 年版，第 485—499 页（这是谢和耐教授于 1986 年 10 月 31 日在法国金石和美文学科学院纪念戴密微的大会上的报告，载该院《学报》1986 年第 3 卷）。

54. 耿昇：《译者的话》，伯希和等著：《伯希和西域探险记》，耿昇译，云南人民出版社 2001 年版，第 1—41 页（2000 年国庆夜于中国社会科学院历史研究所）。

55. 耿昇：《中译者序言》，贝凯，韩百诗译注：《柏朗嘉宾蒙古行纪》，耿昇译；［美］柔克义译注：《鲁布鲁克东行纪》，何高济译，中华书局 2002 年版，第 5—7 页（1982 年国庆于中国社会科学院历史所）。

56. 耿昇：《译后记》，雅克·布罗斯著：《发现中国》，耿昇译，山东画报出版社 2002 年版，第 254—256 页。

57. 耿昇：《译者的话》，亚历山德莉娅·大卫—妮尔著：《一个巴黎女子的拉萨历险记》，耿昇译，东方出版社 2002 年版，第 1—2 页（2001 年 5 月 7 日于中国社会科学院历史研究所）。

58. 耿昇：《法国神话般的女藏学家亚历山德莉娅·大卫-妮尔的生平与著作》，亚历山德莉娅·大卫—妮尔著：《一个巴黎女子的拉萨历险记》，耿昇译，东方出版社 2002 年版，第 315—343 页。

59. 耿昇：《译后记》，伯德莱著：《清宫洋画家》，耿昇译，山东画报出版社 2002 年版，第 240—249 页。

60. 耿昇：《法国汉学界对于中西文化首次撞击的研究（代重版序）》，谢和耐著：《中国与基督教：中西文化的首次撞击》，耿昇译，第 2 版，增补本，上海古籍出版社 2003 年版，第 1—43 页（2002 年 7 月 10 日于中国社会科学院历史所）。

61. 耿昇：《译后记》，雅克玲·泰夫奈著：《西来的喇嘛》，耿昇译，山东画报出版社 2003 年版，第 273—274 页。

62. 耿昇：《序》，阿奇博尔德·立德夫人著，李国庆、陆瑾译：《我的北京花园》，北京图书馆出版社 2004 年版，第 1—7 页（"亲历中国丛书"）。

63. 耿昇：《跋尾 法国学者对丝绸之路的研究》，F. B. 于格、E. 于格著：《海市蜃楼中的帝国：丝绸之路上的人，神与神话》，耿昇译，喀什维吾尔文出版社 2004 年版，第 375—400 页（2004 年 4 月于京西陋室）。

64. 耿昇：《法国的敦煌学研究与谢和耐教授的贡献（代序）》，谢和耐著：《中国 5—10 世纪的寺院经济》，耿昇译，上海古籍出版社 2005 年版，第 1—44 页（2004 年 6 月 15 日夜于陋舍灯下）。

65. 耿昇：《译者的话》，石泰安著：《西藏史诗和说唱艺人》，耿昇译，中国藏学出版社 2005 年版，第 1—11 页（1991 年 9 月 9 日夜灯下于中国社会科学院历史所）。

66. 耿昇：《汉译本新版赘言》，石泰安著：《西藏史诗和说唱艺人》，耿昇译，中国藏学出版社 2005 年版（2004 年 10 月 15 日）。

67. 耿昇：《译后记》，谢和耐著：《中国社会史》，耿昇译，江苏人民出版社 2005 年版，第 652—654 页（1993 年国庆节于中国社会科学院历史所）。

68. 耿昇：《译者的话》，石泰安著：《西藏的文明》，耿昇译，王尧审订，中国藏学出版社 2005 年版，第 1—8 页（1997 年 4 月 1 日于中国社会科学院历史研究所）。

69. 耿昇：《译者的话》，米歇尔·泰勒著：《发现西藏》，耿昇译，第 2 版，中国藏学出版社 2005 年（2004.10.15）。

70. 耿昇：《译者序言》，图齐著，耿昇译：《西藏宗教之旅》，第 2 版，中国藏学出版社 2005 年版，第 1—17 页（2004 年 10 月补识）。

71. 耿昇：《译者的话》，约翰·布洛菲尔德著：《西藏佛教密宗》，耿昇译，中国藏学出版社 2005 年版，第 1—3 页（2004 年 10 月）。

72. 耿昇：《译者的话》，荣振华、李渡南等编著：《中国的犹太人：18 世纪入华耶稣会士未刊书简》，耿昇译，大象出版社 2005 年版，第 1—8 页（2003 年 5 月于抗击"非典"的日子里）。

73. 耿昇：《法国遣使会士古伯察的入华之行》，古伯察著：《鞑靼西藏旅行记》，耿昇译，第 2 版，中国藏学出版社 2006 年版，第 1—51 页（2002 年元月 8 日于中国社会科学院历史研究所）。

74. 耿昇：《译者的话》，鲁保罗著：《西域的历史与文明》，耿昇译，新疆人民出版社 2006 年版，第 1—2 页（2006 年国庆长假之末）。

75. 耿昇：《译者的话》，阿里·玛扎海里著：《丝绸之路：中国—波斯文化交流史》，耿昇译，新疆人民出版社 2006 年版，第 1—4 页（1992 年 6 月 1 日于中国社会科学院历史研究所）。

76. 耿昇：《附录阿里·玛扎海里小传》，阿里·玛扎海里著：《丝绸之路：中国—波斯文化交流史》，耿昇译，新疆人民出版社 2006 年版，第 462—473 页（本文原是应译者的要求，由本书的作者——已故的阿里·玛扎海里教授的侄子与版权继承人彼埃·玛扎海里先生写的悼念其伯父的文章。这篇文章于 1992 年春曾刊布于阿里·玛扎海里师友会的会刊中。现译出作为本书的附录。——译者附记）。

77. 耿昇：《法兰西学院的中国学讲座与谢和耐教授的〈中国社会史〉代序》，谢和耐著：《中国社会史》，耿昇译，中国藏学出版社 2006 年版，第 1—51 页（2005 年 8 月于京西陋舍）。

78. 耿昇：《伯希和西域敦煌探险与法国的敦煌学研究（代序）》，伯希和著：《伯希和敦煌石窟笔记》，耿昇译，甘肃人民出版社 2007 年版，第 1—47 页（2007 年 8 月 5 日于陋室下）。

79. 耿昇：《译者的话》，戴仁编：《法国中国学的历史与现状》，耿昇译，上海辞书出版社 2010 年版，第 1—3 页（2008 年 5 月底于陋室）。

80. 耿昇：《1998 年版译序》，戴仁编：《法国中国学的历史与现状》，耿昇译，上海辞书出版社 2010 年版，第 4—9 页（1997 年香港回归祖国前夜于中国社会科学院历史研究所中外关系史研究室）。

81. 耿昇：《法国对敦煌藏文文书的研究与麦克唐纳夫人的贡献（代序）》，A. 麦克唐纳著：《敦煌吐蕃历史文书考释》，耿昇译，青海人民出版社 2010 年版，第 1—23 页（2009 年 6 月 10 日于京西陋室）。

82. 石泰安著：《附录："祖拉"与吐蕃巫教》，耿昇译，A. 麦克唐纳著：《敦煌吐蕃历史文书考释》，耿昇译，青海人民出版社 2010 年版，第 342—406 页（译自 1986 年《法兰西远东学院学报》）。

83. 耿昇：《总序》，荣振华等著：《16—20 世纪入华天主教传教士列传》，耿昇译，广西师范大学出版社 2010 年版，第 1—2 页（2007 年岁末于中国社会科学院历史研究所）。

84. 耿昇：《基督教传入中国的第三次高潮——耶稣会士入华（代序）》，荣振华等著：《16—20 世纪入华天主教传教士列传》，耿昇译，广西师范大学出版社 2010 年版，第 3—10 页（2007 年岁末于中国社会科学院历史研究所）。

85. 耿昇：《遣使会传教士的在华活动（代序）》，荣振华等著：《16—20 世纪入华天主教传教士列传》，耿昇译，广西师范大学出版社 2010 年版，第 531—546 页（2009 年 4 月于北京）。

86. 耿昇：《试论巴黎外方传教会的在华活动（代序）》，荣振华等著：《16—20 世纪入华天主教传教士列传》，耿昇译，广西师范大学出版社 2010 年版，第 779—793 页。

87. 耿昇：《从基督宗教的第三次入华高潮到西方早期中国观的形成（代序）》，谢和耐、戴密微等著：《明清间耶稣会士入华与中西汇通》，耿昇译，东方出版社 2011 年版，第 1—21 页（2009 年岁末于中国社会科学院历史研究所）。

88. 耿昇：《伯希和西域敦煌探险与法国的敦煌学研究（代序）》，《法国敦煌学精粹》①，郑炳林主编：《法国敦煌学精粹》，耿昇译，甘肃人民出版社 2011 年版，第 1—53 页（2007 年 8 月）。

89. 耿昇：《法国藏学研究的历史与现状（代序）》，郑炳林主编：《法国藏学精粹》①，耿昇译，甘肃人民出版社 2011 年版，第 1—37 页（2009 年 3 月）。

90. 耿昇：《法国学者对丝绸之路与西域史的研究（代序）》，郑炳林主编：《法国西域史学精粹》，耿昇译，甘肃人民出版社 2011 年版，第 1—35 页（2009 年 8 月）。

91. 耿昇：《冯承钧先生学术年表》，冯承钧著：《中国南洋交通史》，商务印书馆 2011 年版，第 240—243 页。

92. 耿昇：《冯承钧与〈中国南洋交通史〉》，冯承钧著：《中国南洋交通史》，商务印书馆 2011 年版，第 244—268 页。

93. 耿昇：《译者的话》，伯希和等著：《伯希和西域探险记》，耿昇译，人民出版社 2011 年版，第 1—38 页（2000 年国庆夜于中国社会科学院历史研究所）。

94. 耿昇：《译者的话》，莫尼克·玛雅尔著：《中世纪初期吐鲁番绿洲的物质生活》，耿昇译，中国国际广播出版社 2012 年版，第 1—3 页（2011 年 8 月 10 日于中国社会科学院历史所）。

95. 耿昇：《译者的话》，石泰安著：《西藏的文明》，耿昇译，第 2 版，中国藏学出版社 2012 年版，第 1—6 页（1997 年 4 月 1 日于中国社会科学院历史研究所）。

96. 耿昇：《译者序言》，图齐著：《西藏宗教之旅》，耿昇译，中国藏学出版社 2012 年版，第 1—17 页（2004 年 10 月补识）。

97. 耿昇：《〈西藏的文明〉汉译第三版赘言》，石泰安著：《西藏的文明》，耿昇译，第 2 版，中国藏学出版社 2012 年版，第 1—6 页（2004 年 10 月 15 日）。

98. 耿昇：《译者的话》，亚历山德莉娅·大卫－妮尔著：《一个巴黎女子的拉萨历险记》，耿昇译，中国国际广播出版社 2012 年版，第 1—2 页（2011 年 10 月 7 日）。

99. 耿昇：《译者的话》，鲁保罗著：《西域的历史与文明》，耿昇译，人民出版社 2012 年版，第 1—2 页。（2006 年国庆长假之末）。

100. 耿昇：《法国遣使会士古伯察的入华之行》，古伯察著：《鞑靼西藏旅行记》，耿昇译，中国藏学出版社 2012 年版，第 1—51 页（2002 年元月 8 日于中国社会科学院历史研究所）。

101. 耿昇：《译者的话》，米歇尔·泰勒著：《发现西藏》，耿昇译，中国藏学出版社 2012 年版（2004.10.15）。

102. 耿昇：《译者的话》，石泰安著：《西藏史诗和说唱艺人》，耿昇译，第 2 版，中国藏学出版社 2012 年版，第 1—11 页（1991 年 9 月 9 日夜灯下于中国社会科学院历史所）。

103. 耿昇：《汉译本新版赘言》，石泰安著：《西藏史诗和说唱艺人》，耿昇译，第 2 版，中国藏学出版社 2012 年版（2004 年 10 月 15 日）。

104. 耿昇：《译者的话》，约翰·布洛菲尔德著：《西藏佛教密宗》，耿昇译，中国藏学出版社 2012 年版，第 1—3 页（2004 年 10 月）。

105. 耿昇：《译者的话》，戴密微著：《吐蕃僧诤记》，耿昇译，中国藏学出版社 2013 年版，第 1—2 页（1980 年 8 月 15 日）。

106. 耿昇：《新版前言》，戴密微著：《吐蕃僧诤记》，耿昇译，中国藏学出版社 2013 年版，第 1—5 页（2013 年 1 月 27 日于中国社会科学院历史研究所）。

107. 耿昇：《法国学者对丝绸之路的研究》，F.‑B. 于格、[法] E. 于格著：《海市蜃楼中的帝国：丝绸之路上的人，神与神话》，耿昇译，中国藏学出版社 2013 年版，第 471—506 页（2004 年 4 月于京西陋室 2013 年 5 月补记）。

108. 耿昇：《法国汉学界对于中西文化首次撞击的研究（代重版序）》谢和耐著：《中国与基督教：中西文化的首次撞击》，耿昇译，商务印书馆 2013 年版，第 i—l 页（2012 年 1 月 10 日于中国社会科学院历史所）。

109. 耿昇：《译者的话》，马苏第著：《黄金草原》，耿昇译，人民出版社 2013 年版，第 1—4 页（1998 年 2 月 5 日灯下于中国社会科学院历史研究所）。

110. 耿昇：《译者的话》，马苏第著：《黄金草原》，耿昇译，中国藏学出版社 2013 年版，第 1—4 页（1998 年 2 月 5 日灯下于中国社会科学院历史研究所）。

111. 耿昇：《译序》，陈艳霞著：《华乐西传法兰西》，耿昇译，商务印书馆 2013 年版，第 i—iii 页（1992 年岁末于中国社会科学院历史研究所）。

112. 耿昇：《译者的话》，维吉尔·毕诺著：《中国对法国哲学思想形成的影响》，耿昇译，商务印书馆 2013 年版，第 i—iii 页（1996 年于中国社会科学院历史研究所）。

113. 耿昇：《译者的话》，安田朴著：《中国文化西传欧洲史》，耿昇译，商务印书馆 2013 年版，第 1—5 页。

114. 耿昇：《译者的话》，罗伯尔·萨耶著：《印度—西藏的佛教密宗》，耿昇译，中国藏学出版社 2013 年版，第 1—2 页（1999 年 9 月 25 日赴法做学术访问前夜）。

115. 耿昇：《法国藏学家石泰安对汉藏走廊古部族的研究（代序）》，石泰安著：《汉藏走廊古部族》，耿昇译，中国藏学出版社 2013 年版，第 1—11 页。

116. 耿昇：《石泰安小传》，石泰安著：《汉藏走廊古部族》，耿昇译，中国藏学出版社 2013 年版，第 158—161 页。

117. 耿昇：《译后记》，石泰安著：《汉藏走廊古部族》，耿昇译，中国藏学出版社 2013 年版，第 162—163 页。

118. 耿昇：《自序》，《中法文化交流史》，云南人民出版社 2013 年版，第 1—2 页（2010 年 8 月 10 日于中国社会科学院历史研究所）。

119. 耿昇：《译者的话》，伯希和著：《伯希和西域探险日记 1906—1908》，耿昇译，中国藏学出版社 2014 年版，第 1—9 页（2013 年 5 月 1 日于西郊草庐）。

120. 耿昇：《译者的话》，鲁保罗：《西域文明史》，耿昇译，中国藏学出版社 2014 年版，第 1—2 页（2006 年国庆长假之末）。

121. 耿昇：《译者的话》，路易·巴赞著：《古突厥社会的历史纪年》，耿昇译，中国藏学出版社 2014 年版，第 1—5 页（2013 年 12 月 13 日于中国社会科学院历史研究所）。

122. 耿昇：《附录路易·巴赞小传及其主要突厥学论著目录》，路易·巴赞著：《古突厥社会的历史纪年》，耿昇译，中国藏学出版社 2014 年版，第 671—680 页。（译者据作者提供资料编写）

123. 耿昇：《自序》，《法国汉学史论》（上下册），学苑出版社 2015 年版，第 1—2 页（2013 年 7 月 12 日于京西草庐）。

124. 耿昇：《译者的话》，L. 布尔努瓦著：《丝绸之路：神祇、军士与商贾》，耿昇译，云南人民出版社 2015 年版，第 1—4 页（2010 年 10 月 25 日写于西郊陋室，2013 年 12 月底校对清样）。

125. 耿昇：《译者的话》，布尔努瓦著：《西藏的黄金和银币：历史、传说与演变》，耿昇译，中国藏学出版社 2015 年版，第 I—IV 页（1997 年 12 月 1 日，2015 年 1 月 15 日修订）。

126. 耿昇：《丝绸之路与法国学者的研究》，布尔努瓦著：《丝绸之路》，耿昇译，中国藏学出版社 2016 年版，第 1—7 页。

127. 耿昇：《译者的话》，罗伯尔·萨耶著：《印度—西藏的佛教密宗》，耿昇译，中国藏学出版社 2016 年版，第 1—2 页（1999 年 9 月 25 日赴法做学术访问前夜）。

128. 耿昇：《译后记》，雅克·布罗斯著：《发现中国》，耿昇译，广东人民出版社 2016 年版，第 234—236 页。

129. 耿昇：《译后记》，伯德莱著：《清宫洋画家》，耿昇译，广东人民出版社 2016 年版，第 252—259 页（2016.8.1 于北京）。

130. 耿昇：《中译本序》，戈岱司编：《希腊拉丁作家远东古文献辑录》，耿昇译，中国藏学出版社 2017 年版，第 1—6 页（2017 年 9 月 21 日于北京西郊草庐精舍）。

131. 耿昇：《译后记》，雅克玲·泰夫奈著：《西来的喇嘛》，耿昇译，广东人民出版社 2017 年版，第 242—243 页（2016 年 10 月）。

132. 耿昇：《中译者序言》，柏朗嘉宾原著；贝凯、韩百诗译注：《柏朗嘉宾蒙古行纪》，耿昇译；鲁布鲁克原著；柔克义译注：《鲁布鲁克东行纪》，何高济译，商务印书馆；中国旅游出版社 2018 年版，第 1—3 页（1982 年国庆于中国社会科学院历史所）。

133. 耿昇：《中译者序》，费琅编：《阿拉伯波斯突厥人远东文献辑注》，耿昇、穆根来译，中国藏学出版社 2018 年版，第 1—4 页（2017 年 10 月 13 日）。

编后记

2018年4月10日是一个令人憎恨的日子，这一天夺走了我们最敬爱的师长、中国中外关系史研究领域的翻译巨擘耿昇先生。

2018年4月10日圣彼得堡时间上午10点多，在去研究所路上的我拨通了万明先生的电话，因为今天我要跟俄国科学院东方文献研究所所长波波娃讨论中外关系史学会和俄罗斯科学院东方文献研究合办学术会议的时间、议题等诸多具体事宜，在讨论之前，我需要了解万明会长的一些具体想法。电话拨通，传来的竟是悲恸的大哭，"……是耿昇……刚刚……突然……！"耿昇先生，万明老师的爱人，我们北外的杰出校友，我们亦师亦友的前辈学者耿昇先生，永久地离开了我们！顿时，天旋地转！阳光骤然刺痛了我的双眼……移步新冬宫正门的门斗下，倚靠着亚特兰蒂斯人像的基座，放眼望去，这十座光洁幽暗、平素总是给人以力量的雕像，今天不知怎么显得特别冰冷、特别无情……

初识耿昇是在2001年中外关系史学会在云南召开的一次学术会议上，会议研讨和会间交流中，学识渊博的耿昇先生风趣并时常夹杂着以古称今的地名的话语和谈吐间体现出的见多识广的经历，令人折服和赞叹；而他那幽默风趣的话语又给人以平易近人之感，有时甚至令人忍俊不禁。耿先生对我们这些学外语出身的北外校友鼓励有加，耿先生小小书房里双层排书、一直堆到天花板的书架，数十个插满笔的笔筒守护着的摊开的手写译稿和复印本原书，使每一位前来拜访的人得到知识的启发和全心投身学术的鼓舞。北京外国语大学海外汉学研究中心自创建时起就得到耿昇先生有力的学术支持、人脉支持，耿昇先生鼓励青年学者关注对象国家历史文化、梳理中国与对象国之间的关系发展的历史、深耕对象国的中国研究成就和汉学发展的历史，为母校北外的学术发展做出了切实的贡献。作为国内外最著名的中外关系史研究的重要学者之一，这一领域的很多学者在成长过程中都得到耿昇先生的教诲和指导。耿昇先生领导之下的中国中外关系史学会，堪称全国最有活力的学术机构，每年举办大型学术活动达四五次之多，为青年学者的成长提供广阔的交流平台。

耿昇先生突如其来的离去，令国内外学人怅然若失、无限哀伤，承载着许多学人期待的、已接近尾声的新译——伯希和著作中译本成为永久的遗憾，耿昇先生在法国汉学、中法关系史、敦煌学、藏学、西域考古学领域留下的赫然达数千万字的译著论著，令人发出了"耿昇之后再无耿昇"的叹息。

2019 年 4 月 13 日，在耿昇先生逝世一周年之际，中国中外关系史学会联合耿昇先生的母校北京外国语大学（法语系、历史学院）联合举办了纪念耿先生的活动和学术研讨会。当天上午，来自中国社会科学院、北京大学、郑州大学、中山大学、北京语言大学、暨南大学、中国科学院、国家图书馆、中国人民大学、鲁东大学、四川省社会科学院、宁波大学、陕西师范大学、北京石刻艺术博物馆、四川师范大学、山东画报出版社、北京外国语大学、澳门基金会等高校和学术研究、组织机构的 100 余位专家学者出席耿昇先生学术纪念会，27 位专家学者发表追思致辞，追忆耿昇先生的学术贡献，感念耿昇先生为 20 世纪 80 年代以来中国的敦煌学、突厥学、藏学、蒙古学、中阿关系史、中西文化交流史等多个学科与领域的发展所发挥的推动作用。在当天下午的"中外关系史学术研讨会"上，30 余位专家学者就中外关系史各个领域问题展开深入的研讨，以学术成果和学术思想的交流纪念耿昇先生。

本文集寄托着学术界以及耿昇先生生前之友人的追忆、哀思以及对其孜孜以求的学术精神的继承。为完整体现在耿先生逝世一周年之际学界对他的追思之情，特将 2020 年 4 月 13 日在北京外国语大学召开的"耿昇先生学术纪念会暨中外关系史学术研讨"上午的"开幕式致辞和追思会发言"按当时发言的先后顺序集结成篇，这一部分内容与学界朋友会后又相继发来的追忆耿昇先生的文字一起，形成本文集中的"追思篇"。阅尽一篇篇饱含深情的追思文录，耿昇先生的执着于学术、诚挚地待友、宽厚提携后辈、幽默智慧的形象跃然纸上，仿佛又回到了我们中间谈笑风生。本

编后记

文集的"问学篇"除集结当时与会学者的会议发言外，学界朋友纷纷以自己的研究深情纪念耿昇先生，全部计六十余篇论文，所涉时代涵盖从秦汉至 20 世纪，编排顺序主要以主题涉及的时代先后为基本原则。大家的研究主题涉及中外之间在文献、语言、文学、历史、哲学、考古等领域的交流，既反映了中外关系史研究的当今发展现状，也体现了中外关系史研究在中国史、世界史领域的延伸，反映了当今史学的发展方向，间接透视出耿昇先生对中国中外关系史研究的贡献。

本文集在编辑过程中，北京外国语大学法语学院全慧老师给予了很多帮助，国际中国文化研究院博士研究生付磊在收稿、编排等方面做了大量繁杂的工作。尽管如此，自那次纪念会议结束至今已近两年，文集编辑出版的进度还是一拖再拖，原因是多方面的。除去本文集编辑小组未能及时获得全部会议资料和与会人员联系方式之外，学界很多朋友陆续发来研究成果希望以学术的方式表达对耿昇先生的追思感念之情，中间又遭遇举世罕见的全球新冠肺炎疫情（现在仍未结束）……致使文集出版进度大受影响，加之本人近一年工作变动较多较繁杂。本人为此向早早为文集交稿的各位师友致歉、向万明会长致歉。

近两年阅读、编辑学界师友纪念耿先生的大作，今天面对这部洋洋百万字的文集，我感到耿昇先生虽然不幸过早地离开了我们，但是他那些卷帙浩繁的译著、论著的生命力是永久的。他坚持不懈刻苦钻研的执着精神，将在中国和国际中外关系史研究领域持续发挥影响，并推动这一学术领域不断发展、鼓励后辈学人不断努力奋进。

我们永远怀念耿昇先生！

柳若梅

2021 年 7 月 30 日